ESSENTIAL C# 7/e

ESSENTIAL C# 7/e

가장 신뢰할 수 있는 C#의 고전

마크 미카엘리스 지음 안철진 · 김도균 옮김

에이콘

나의 소중한 가족에게.
엘리자베스, 벤자민, 한나, 아비가일은 남편과 아빠가 가장 필요했던 시기에,
집필에 매달린 나를 위해 헤아릴 수 없는 많은 시간을 내어 주었습니다.

고맙습니다!

또한, IntelliTect의 친구들과 동료에게.
내가 일을 하지 않고 집필을 할 때도 나를 대신해 준 것과
코드 베이스가 원활하게 실행되도록 도움을 준 데브옵스 프로세스,
많은 세부적인 내용으로 콘텐츠를 개선하도록 도움을 준 것에 감사합니다.

추천사

C#의 세계에서 가장 유명하고 신뢰할 수 있는(아마도 훨씬 뛰어난) 시리즈에 온 걸 환영합니다. 마크 미카엘리스^{Mark Michaelis}의 『Essential C#』 시리즈는 고전으로 인정받아 왔지만, 처음 마크를 만났을 때는 아직 빛을 보기 전이었습니다.

2005년에 LINQ^{Language Integrated Query}가 세상에 나왔을 때 나는 막 마이크로소프트에 입사해 이 대규모 공개 행사인 마이크로소프트 프로페셔널 개발자 회의^{Microsoft Professional Developers Conference}에 따라온 참이었습니다. LINQ 기술에 기여한 바가 거의 없음에도 나는 LINQ 기술을 선전하는 일에 푹 빠졌습니다. 대화의 자리가 끊임없이 이어지는 동안에 인쇄된 전단지는 날개 돋친 듯이 사라져 갔습니다. C# 및 .NET에 대한 정말 의미 있는 하루였으며, 잊을 수 없는 시간이었습니다.

실습 공간에 있던 사람들은 잘 작성된 실습 자료를 사용해 이 기술의 미리보기를 시험해 보려고 말이 없었습니다. 그곳에서 마크를 만났습니다. 짐작하겠지만 그는 제공된 실습 자료의 스크립트를 따르지 않았습니다. 하고 싶은 방식대로 실습해 보면서 문서를 샅샅이 뒤지기도 하고 다른 사람과 이야기도 하면서 열심히 자신의 그림을 모으고 있었습니다.

C# 커뮤니티에 갓 들어온 신입 회원처럼 나는 그 콘퍼런스에서 처음으로 많은 사람을 만났고 좋은 관계를 맺었습니다. 그러나 솔직히 그때 만났던 사람들이 잘 기억나지 않습니다. 대부분은 희미하게 생각날 뿐입니다. 그중 기억하는 단 한 사람이 바로 마크입니다. 이유는 내가 이 새로운 기술이 좋은지 마크에게 물었을 때 마크는 남들처럼 극찬하지 않았기 때문입니다. 아주 신중하게 "아직 잘 모르겠습니다. 이 기술에 확신이 서

지 않습니다"라고 말했습니다. 마크는 전체 패키지를 흡수하고 이해하기 원했고 그때까지는 이것이 어떻다고 누군가에게 얘기하지 않는 사람이었습니다.

내가 기대했던 긍정의 찬사 대신 이 새로운 기술과 관련한 세부 내용, 결과, 염려에 관해 솔직하고 유익하게 대화를 나눈 것은 지난 수년 동안에 이때가 처음이었습니다. 그 이래로 마크는 우리 언어 설계자에게는 탁월한 가치를 지닌 커뮤니티 멤버로 남아 있는데 그는 정말 똑똑하고 핵심에 대한 모든 것을 이해하기를 고집하며, 이런 기술이 실제 개발자에게 어떻게 영향을 끼치는지에 대한 놀라운 통찰력을 갖고 있습니다. 무엇보다도 그는 솔직하며 자신의 생각을 얘기하는 데 두려움이 없기 때문입니다. 어떤 것이 '마크 시험'을 통과하고 나면 시작이 좋다는 느낌을 갖게 됩니다.

이러한 재능이 마크를 훌륭한 저자로 만들었습니다. 마크는 본질에 집중하고 사탕발림이 없는 진실한 대화를 추구하며 실용적인 가치와 실세계 문제를 꿰뚫어 보는 눈을 지녔습니다.

마크는 C#을 명료하게 설명하는 뛰어난 재주를 갖췄으며 어느 누구도 마크가 한 것처럼 C#을 이해하는 데 도움을 주지는 못할 겁니다.

즐거운 시간이 되길 바랍니다!

– **매드 토르거슨**(Mads Torrgersen)
마이크로소프트 C# 책임 설계자

지은이 소개

마크 미카엘리스^{Mark Michaelis}

마크 미카엘리스 Mark Michaelis

혁신적인 소프트웨어 아키텍처와 개발 회사인 인텔리텍트IntelliTect의 창업자이며, 수석 기술 아키텍트와 트레이너로 활동한다. 전 세계를 누비며 리더십이나 기술에 관한 콘퍼런스 세션을 진행하고 마이크로소프트나 다른 클라이언트를 대신해 연사로 참여하면서 회사를 성공적으로 이끌고 있다. 수많은 기사를 쓰고 여러 책을 집필했으며 이스턴 워싱턴 대학Eastern Washington University의 부교수이자 스포캔Spokane .NET 사용자 그룹 창립자, 매년 열리는 TEDx 쿠르 달렌Coeur d'Alene 이벤트의 공동 주최자다.

세계적인 C# 전문가이며 2007년부터 마이크로소프트 지역 디렉터이자 25년차 마이크로소프트 MVP로 활동하고 있다.

일리노이 주립대학University of Illinois에서 철학 학사 학위를 받았고 일리노이 공과대학Illinois Institute of Technology에서 컴퓨터과학 석사 학위를 받았다.

컴퓨터와 씨름하고 있지 않을 때는 다른 나라의 실제 삶을 아이들에게 보여 주거나 철인 3종 경기에 참여하느라 바쁘게 지낸다(2008년에 처음으로 철인 경주를 완주했다). 아내 엘리자베스와 세 자녀인 벤자민, 한나, 아비가일과 함께 워싱턴 주에 있는 스포캔에서 살고 있다.

기술 편집자 소개

케빈 보스트 ^{Kevin Bost}

뛰어난 마이크로소프트 MVP이자 인텔리텍트의 수석 소프트웨어 아키텍트다. System. CommandLine과 Moq.AutoMocker, ShowMeTheXAML을 포함해 몇몇 혁신적인 제품을 만드는 데 중요한 역할을 했다. 일하지 않을 때는 유튜브(youtube.keboo. dev)에서 다른 개발자들에게 온라인 멘토링을 하고 XAML 툴킷의 인기 있는 Material Design(http://materialdesigninxaml.net/)을 유지 관리한다. 보드 게임과 얼티밋(Ultimate Frisbee), 오토바이를 즐기기도 한다.

에릭 리퍼트 ^{Eric Lippert}

페이스북에서 개발자 도구 부분에서 일하고 있다. 이전엔 마이크로소프트의 C# 언어 설계팀 멤버였다. 스택오버플로에서 C#에 관한 질문에 답을 달지 않을 때는 자신의 작은 요트와 멋진 시간을 즐긴다. 워싱턴 주 시애틀에서 아내 리아와 함께 살고 있다.

감사의 글

혼자서 쓸 수 있는 책이 얼마나 될까요? 이 책을 쓰는 데 도움을 준 많은 사람에게 깊은 감사를 표합니다. 맨 처음 언급한 분을 제외한, 감사를 표한 모든 분의 순서에 특별한 의미를 두지 않았습니다. 이 책이 일곱 번째 책이라는 점을 감안할 때 지난 14년 동안(그 전의 책은 말할 것도 없고) 가족이 얼마나 희생했는지 상상할 수 있을 것입니다. 벤자민, 한나, 아비가일은 종종 이 책에 아빠를 뺏겼다고 느꼈겠지만 엘리자베스는 더 심하게 고통받았습니다. 아내는 그런 고통을 돌보지 않고 혼자서 가족의 세계를 지키고자 고군분투했습니다(2017년의 휴가 동안, 가족은 해변에서 즐겼고 나는 실내에서 글을 쓰면서 며칠을 보냈습니다).

이 책을 집필할 때의 차이점은 가정생활을 희생하는 대신에 내 업무가 실제로 영향을 받았다는 점입니다. 나와 독립적으로 탁월함을 드러내는 놀라운 소프트웨어 엔지니어 팀으로 둘러싸여 있어서 정말 감사하게 생각합니다. 내가 부족해 보였을 때 여러 엔지니어가 정오표, 데브옵스, 예제 번호 지정에서 기술 편집까지 많은 세부 사항을 도와줬습니다. 특별히 카메론 오스본Cameron Osborn과 필 스포카스Phil Spokas(24장의 일부는 그의 덕택입니다), 안드레스 스콧Andres Scott, 최근에는 오스틴 프로스타Austen Frostad에게 감사드립니다.

나는 2013년부터 케빈 보스트와 함께 일했으며, 케빈은 소프트웨어 개발에 대한 놀라운 적성으로 나를 놀라게 했습니다. 케빈의 C# 지식의 깊이는 경이적일 뿐만 아니라 너무나 많은 개발 기술에 있어서 레벨 10의 전문가입니다. 이 모든 배경이 케빈에게 올해 공식 기술 편집자로 이 책을 검토해 달라고 요청한 이유이며, 케빈에게 정말 고맙게 생각합니다. 케빈은 이 책의 초판 이후 누구도 언급하지 않았던 책의 내용에 대한 통찰력과 개선점을 제시했습니다. 케빈의 변함없는 탁월함에 대한 추구와 결합된 세부 사항에 대한 집중은 이 책을 언어에 초점을 맞춘 본질적인 C# 책으로 확립시켰습니다.

물론 에릭 리퍼트는 더 없이 놀라움을 선사했습니다. C# 어휘 자체에 대한 이해는 진실로 놀라웠으며 에릭이 수정해 준 부분에 정말 감사했는데, 완벽한 용어를 밀어붙인 것에 특별히 더 감사하고 싶습니다. C# 3.0을 다룬 여러 장에서 에릭이 기여한 개선 내용은 믿을 수 없을 만큼 중요합니다. 2판의 모든 장도 에릭이 진작 검토해 주지 않은 것이 안타까울 따름입니다. 하지만 이제는 유감스럽게 생각하지 않습니다. 에릭은 놀라우리만치 자세하고 정확하게 『Essential C# 4.0』의 모든 장을 신중하게 검토했으며 『Essential C# 5.0』과 『Essential C# 6.0』의 기여 저자로 참여했습니다. 너무나 고맙게도 에릭은 이 책의 기술 편집자로 참여했습니다. 고마워요. 에릭! 이 일을 다른 누구와 한다는 것은 상상조차 할 수 없습니다. 좋은 책을 넘어 위대한 책으로 나아가게 한 모든 공적은 에릭에게 있습니다.

에릭과 C#의 경우처럼 스티븐 토브Stephen Toub는 .NET 다중스레딩multithreading을 가장 잘 아는 소수의 전문가입니다. 스티븐은 (세 번째로) 다시 쓴 다중스레딩에 관련된 장과 C# 5.0의 async 지원을 집중적으로 확인해 줬습니다. 스티븐, 고마워요!

수년 동안 정확성을 기하고자 많은 전문 편집자가 각 장을 세세하게 검토했습니다. 이 분들이 잡아 낸 미묘한 문제들을 보며 얼마나 놀라워했는지 모릅니다. 폴 브람스만Paul Bramsman, 코디 브라운Kody Brown, 랜 데이비스Ian Davis, 더그 데쇼Doug Dechow, 제라드 프란츠Gerard Frantz, 토마스 해비Thomas Heavey, 앤슨 홀튼Anson Horton, 브라이언 존스Brian Jones, 셰인 커처벌Shane Kercheval, 안젤리카 레인저Angelika Langer, 에릭 리퍼트Eric Lippert, 존 미카엘리스John Michaelis, 제이슨 모스Jason Morse, 니콜라스 파르디노Nicholas Paldino, 존 스킷Jon Skeet, 마이클 스토크스배리Michael Stokesbary, 로버트 스토크스배리Robert Stokesbary, 존 팀니John Timney, 닐 룬드비Neal Lundby, 앤드류 콤브Andrew Comb, 제이슨 피터슨Jason Peterson에게 감사드립니다.

원고가 아닌 다른 일에 가끔 주의를 뺏기며 작업하는 동안에도 인내심을 지니고 지원해 준 애디슨 웨슬리 출판사 구성원 모두에게 감사를 전합니다. 콘텐트의 포맷을 만들고 읽기 쉽게 만들어 준 크리스 잔^{Chris Zahn}에게 감사를 전합니다. 고마워요. 질 홉스^{Jill Hobbs} 영어에 대한 세부 사항과 지식에 대한 당신의 관심은 나를 놀라게 했습니다. 페이지의 레이아웃을 만들어 준 프로덕션 팀, 롭 마우하르^{Rob Mauhar}와 비올라 자스코^{Viola Jasko}에게 감사를 전합니다. 여러분의 뛰어난 능력으로 인해 내 의견은 근본적으로 원고에서 올바로 이해되지 않은 것을 해결하는 데만 국한됐습니다. 레이첼 폴^{Rachel Paul}이 뒤에서 해줬던 모든 관리 외에도 사소한 모든 일을 계속 처리해 준 것에 감사드립니다. 제안에서 출판에 이르기까지 전체 프로세스 동안 도움을 준 말로비카 차크라보티^{Malobika Chakraborty}에게도 감사드립니다.

옮긴이 소개

안철진(andalf@gmail.com)

아리랑3호 위성 지상시험 SW 개발, 조종사 훈련용 비행 시뮬레이터 SW 개발, 항공기 유지보수 SW 개발 등 국방/우주 분야를 거쳐 현재는 KTDS에서 텔콤 분야 시스템 개발/운영 업무에 몸담고 있다. GoDev 멤버로 활동하며, 틈틈이 Essential C# 시리즈를 포함한 프로그래밍 관련 서적을 번역하고 있다.

김도균(kimdokyun@outlook.com)

2003년 처음으로 번역한 『Beginning Direct3D Game Programming』을 계기로 지금까지 번역과 저술을 계속해 오고 있다. 마이크로소프트 MVP를 10회 수상했으며 19년째 마이크로소프트의 공인 강사(MCT)로 활동하고 있다. 최근엔 마이크로소프트 애저(Azure)의 엄청난 성장으로 인해 독립 애저 트레이너로 바쁜 일상을 보내고 있다. 하루 4시간만 일하는 세상을 꿈꾼다.

이 책은 지속적인 혁신과 변화를 거치는 과정에서도 변치 않는 C#의 가치와 핵심을 저자의 경험과 노하우에서 비롯한 잘 정리된 논리에 따라 차근차근 설명하며, 개정판을 거치면서 진화하는 C#의 주요 변경 사항을 적재적소에서 녹여 내고 있습니다. 다양한 매체를 이용해 자유롭게 찾아 볼 수 있는 넘쳐나는 정보로 인해 혼란스럽기까지 한 시대에 이 책과 같은 인쇄물이 갖는 강점은 길을 잃지 않고 목표에 보다 잘 집중해 원하는 것 이상의 지식을 단단히 머릿속에 새길 수 있는 포장된 길을 제공하는 것입니다. 너무나 빠른 기술 발전 속도와 신기술 등장에 현혹되어 자칫 기본을 다지는 데 필요한 투자의 중요성을 놓치기 십상입니다만, 부디 이 책과 함께하는 분들은 적어도 C#에 한해서는 무한한 가능성을 펼칠 수 있는 누구보다 단단한 기반을 다지는 기회로 삼아 주셨으면 하는 바람입니다.

Essential C# 개정판을 몇 권에 걸쳐 번역하는 사이 C#은 이제 20대에 접어든 한창 에너지 넘치는 젊음을 떠올리는 시절을 맞이했고, 한편으로 역자처럼 C# 초기를 함께한 개발자들이 어느덧 중년을 넘어서고 있습니다. 최근 몇 년 동안 직접 코딩하기보다는 개발팀을 리딩하는 업무에 집중하고 있어, 코드를 쫓는 눈길이 예전처럼 빠르지 못하고 생각한 것을 코드로 옮기기까지 많은 대기시간을 요구하는 비동기적 사고방식에 젖어 있지만, 개발의 즐거움과 창조의 매력에 빠져 본 사람이라면 누구나처럼 가슴 속에 꺼지지 않는 코딩에 대한 열정은 여전함을 느낍니다. 개정판을 번역하면서 조금은 식어 가던 열정을 다시 깨울 수 있었던 것은 반복되는 일상에서 얻기 힘든 가치 있는 경험이었습니다. 독자분들이 책을 보고 C#을 이해하고 제대로 사용할 수 있는 힘을 얻으실 수 있도록 노력했습니다만, 역자의 부족함으로 인해 저자의 의도를 정확히 짚지 못한 부분이 있을 수 있는 점 미리 너그러이 양해 부탁 드립니다.

끝으로 번역 작업에 도움을 주신 분들께 감사 말씀 드립니다. 긴 시간 함께하며 늘 부드럽게 이끌어 주시는 김도균 역자님, 역자들의 부족함을 꼼꼼하고 부지런히 채워 주신 편집자님과 밝은 소통으로 팀워크를 만들어 주신 이지은 님, 그리고 어려운 여건 속에도 보이지 않는 든든한 버팀목이 되어 주신 에이콘 관계자 여러분 덕분에 끝까지 잘 마무리 할 수 있었습니다. 또, 힘든 맞벌이 중에도 주말과 퇴근 후 작업하는 날이면 두 어린 공주들이 내뿜는 에너지를 온몸으로 받아 낸 와이프, 잠들 무렵 사라지는 아빠지만 늘 해맑은 눈으로 바라보며 웃어 주는 딸들, 규빈/소민이에게 한없는 고마움을 전합니다.

차례

1장 | C# 소개   39

2장 | 데이터 형식   87

에이콘출판의 기틀을 마련하신 故 정완재 선생님 (1935-2004)

들어가며

소프트웨어 공학의 역사를 통틀어 컴퓨터 프로그램을 작성하는 데 사용된 방법론은 몇 번의 패러다임의 전환을 거치면서, 각 전환기마다 코드 구조를 향상시키고 복잡성을 줄이는 식으로 다음의 전환에 대한 토대를 이뤄 왔다. 이 책은 이러한 동일한 패러다임 전환을 따른다.

처음 몇 장에서는 구문이 작성된 순서대로 실행되는 **순차 프로그래밍 구조**^{sequential programming structure}를 살펴본다. 이런 모델에 내포된 문제는 요구 사항이 증가함에 따라 복잡성이 기하급수적으로 증가한다는 점이다. 이런 복잡성을 줄이려면 코드 블록을 메서드로 옮기는 **구조화된 프로그래밍 모델**^{structured programming model}을 만들면 된다. 이 모델을 사용하면 프로그램 내의 여러 위치에서 코드 중복 없이 동일한 코드 블록을 호출할 수 있다. 하지만 이런 구조도 빠르게 커져 가는 프로그램을 통제하는 데 한계에 부딪혔고 추상화가 더 필요했다. 6장에서 설명한 객체 지향 프로그래밍은 이런 상황을 바로잡고자 등장했다. 뒤이은 장들에서 인터페이스 기반 프로그래밍과 LINQ(그리고 이를 컬렉션 API로 만든 변환), 특성을 통한 선언형 프로그래밍의 기본 형식(18장)과 같은 추가적인 방법론을 배운다.

이 책의 주요 특징은 다음 세 가지다.

- C# 언어를 포괄적으로 다루면서 단순한 학습서 수준을 넘어 효과적인 소프트웨어 개발 프로젝트를 시작할 수 있는 토대를 제공한다.
- 이미 C#에 익숙한 독자의 경우 더 복잡한 프로그래밍 패러다임에 대한 통찰력을 제공하며 C# 8.0과 .NET 프레임워크 4.8/.NET Core 3.1 이상의 최신 .NET 6.0

에서까지 사용할 수 있는 기능을 상세히 다룬다.

- 언어에 능숙해진 후에도 참고서로 계속 사용할 수 있다.

C# 학습에 성공하려면 가능한 한 빨리 코드부터 작성해야 한다. 이론적으로 완전히 무장할 때까지 기다릴 필요가 없다. 바로 소프트웨어를 작성하는 것이 좋다. 반복 개발의 신봉자처럼 나는 이 책을 통해 초보 프로그래머일지라도 2장의 말미에서 기본 C# 코드 작성을 시작하기 바란다.

이 책은 많은 주제를 다루지는 않는다. ASP.NET, Entity Framework, 자마린^{Xamrin}, 스마트 클라이언트 개발, 분산 프로그래밍 등과 같은 주제는 다루지 않는다. 이들 주제가 .NET 프레임워크와 관련이 있지만, 이들을 다루려면 각 주제별로 책 한 권이 따로 필요할 정도다. 다행히 애디슨-웨슬리^{Addison-Wesley} 출판사의 마이크로소프트 윈도우 ^{Microsoft Windows} 개발 시리즈는 이러한 주제를 다룬 책이 많다. 이 책은 C#과 기본 클래스 라이브러리 내의 형식에 초점을 맞춘다. 이 책을 읽으면 다른 시리즈에서 다루는 영역에서 전문성을 개발하는 데 필요한 준비를 마칠 수 있다.

이 책의 대상 독자

이 책이 의도하는 바는 프로그래머보다는 대장장이에게 더 어울릴 것 같은 어셈블리, 링크, 체인, 스레드, 퓨전과 같은 단어를 사용해 초보자를 겁먹게 하지 않으면서 고급 개발자를 깨우치게 하는 데 있다. 이 책의 주요 독자는 또 다른 언어를 자신의 무기고에 추가하고자 하는 경험 있는 개발자다. 하지만 이 책은 대부분의 수준에 해당하는 개발자에게 중요한 가치를 제공하도록 신중하게 만들었다.

- **입문자**: 프로그래밍에 처음 입문한다면 이 책은 초급 수준 프로그래머에서 C# 개발자로 전환하는 데 도움을 주는 리소스를 제공하므로 부여받은 어떠한 C# 프로그래밍 작업에도 편안해질 것이다. 이 책은 문법을 가르쳐 줄 뿐만 아니라 여러분의 프로그래밍 경력 전체에 유용한 프로그래밍 연습을 제공한다.
- **구조적 프로그래머**: 몰입식 외국어 공부가 최고인 것처럼 컴퓨터 언어 학습은 모든 세세한 것을 알기에 앞서 언어를 사용해야 할 때 가장 효과적이다. 이런 맥락에

서 이 책은 구조적 프로그래밍에 익숙한 이들이 편안함을 느끼는 튜토리얼로 시작하고 5장 후반부에서 이 범주에 해당하는 개발자는 편안한 기분으로 기본 흐름 제어 프로그램을 작성하게 될 것이다. 하지만 뛰어난 C# 개발자가 되고자 구문을 다 외우지 않아도 된다는 점은 큰 장점이다. 간단한 프로그램 작성 수준을 기업용 개발 수준으로 높이려면 C# 개발자는 근본적으로 개체^{object}와 개체의 관계라는 측면에서 생각해야 한다. 이를 위해 6장의 초급 주제에서 클래스와 객체 지향 개발을 소개한다. 역사적으로 C, 코볼, 포트란 같은 구조적 프로그래밍 언어로 채워진 역할은 여전히 중요하지만 영향력이 줄었으므로 소프트웨어 엔지니어는 객체 지향 개발에 익숙해져야 한다. C#은 핵심 원리 중 하나로 객체 지향 개발에 맞춰 설계됐기 때문에 객체 지향 개발로 전환을 위해 배울 만한 이상적인 언어다.

- **개체 기반과 객체 지향 개발자**: C++, 자바, 파이썬, 타입 스크립트, 비주얼 베이직, 자바 프로그래머가 이 범주에 들어간다. 독자 중 대부분은 이미 세미콜론과 중괄호에 아주 편안함을 느낄 것이다. 1장의 코드를 한번 슬쩍 본다면 C#의 핵심은 이미 알고 있는 C, C++ 스타일 언어와 유사하다.

- **C# 전문가**: C#에 이미 정통한 이들의 경우 이 책은 비교적 덜 접하는 구문에 대한 편리한 참고서가 될 것이다. 더욱이 거의 잘 다루지 않는 언어 세부 사항과 미묘한 문제에 대한 답을 제공한다. 가장 중요한 점은 견고하고 유지보수하기 좋은 코드를 프로그래밍하기 위한 지침과 패턴을 제공한다는 점이다. 이 책은 C#을 다른 사람에게 가르치는 일에도 도움이 된다. C#이 3.0에서 8.0까지 오면서 가장 두드러진 주요 개선 사항은 다음과 같다

    - 문자열 보간(2장 참고)

    - 암시적으로 형식화된 변수(3장 참고)

    - 튜플(3장 참고)

    - null 허용 참조 형식(3장 참고)

    - 패턴 매칭(4장 참고)

    - 확장 메서드(6장 참고)

    - 부분 메서드(6장 참고)

    - 기본 인터페이스 멤버(8장 참고)

- 익명 형식(12장 참고)
- 제네릭(12장 참고)
- 람다 구문과 식(13장 참고)
- 표현식 트리(13장 참고)
- 표준 질의 연산자(15장 참고)
- 질의 식(16장 참고)
- 동적 프로그래밍(18장 참고)
- Task Programming Library와 async를 사용한 멀티스레드 프로그래밍
  (20장 참고)
- PLINQ를 사용한 병렬 질의 처리(21장 참고)
- 동시성 컬렉션(22장 참고)

이들 주제는 아직 여기에 익숙하지 않은 이들을 위해 자세히 다뤘다. 고급 C# 개발과 관련된 몇 가지 주제도 23장에서 설명했다. 경험 있는 C# 개발자라도 종종 이런 주제를 잘 이해하지 못하는 경우가 있다.

이 책에 대해

핵심 C# 언어 명세에 충실한 언어 책이다. 다양한 C# 구문을 이해하는 데 도움을 얻도록 각 기능을 설명하는 많은 예제를 제공한다. 각 개념은 가이드라인과 모범 사례를 포함하고, 코드를 컴파일하고 함정을 피하도록 주의를 환기시키며, 최대한 유지 보수를 용이하게 했다.

가독성을 높이고자 코드에는 별도 서식을 적용했고, 각 장마다 마인드맵을 사용해 큰 흐름을 보였다.

C# 코드 작성 가이드라인

이 책의 더 중요한 특징 중 하나는 10장에서 가져온 다음의 예에서 보인 것처럼 C# 코드 작성 가이드라인을 제시한 것이다.

가이드라인

- 네임스페이스 이름 접두사로 회사 이름을 사용해 다른 회사의 네임스페이스와 겹치는 일을 방지한다.
- 네임스페이스 이름의 두 번째 수준으로는 안정되고 버전 독립적인 제품 이름을 사용한다.
- 네임스페이스에 넣지 않는 형식은 정의하지 않는다.
- 네임스페이스 계층 구조와 일치하는 폴더 구조를 만든다.

이들 가이드라인은 상황에 따라 작성하는 가장 효과적인 코드를 식별할 수 있는 전문가에서 단순히 문법을 알고 있는 프로그래머와 구분하는 핵심이다. 이런 전문가는 컴파일되는 코드를 작성하는 것은 물론 버그를 최소화하고 향후에 유지보수가 잘 되는 모범 사례를 따른다. 이 코드 작성 가이드라인은 독자가 개발에 적용하고자 하는 핵심 원리를 강조한다.

전체 가이드라인의 현재 목록은 https://intellitect.github.io/CodingGuidelines/를 방문해 보기 바란다.

코드 샘플

이 책에서 대부분의 코드 조각은 CLI^{Common Language Infrastructure}를 구현한 모든 플랫폼에서 실행할 수 있지만, 마이크로소프트 .NET 프레임워크와 .NET 코어 구현에 초점을 맞춘다. 이들 플랫폼에만 관련 있는 중요 개념을 말할 때(예를 들어, 윈도우의 단일 스레드 사용자 인터페이스를 적절히 처리하는 경우)를 제외하고 플랫폼이나 벤더에서 제공하는 라이브러리는 거의 사용하지 않았다. C# 5.0이나 6.0, 7.0, 8.0과 구체적으로 관련되는 모든 코드는 이 책의 마지막에 별도 C# 버전 인덱스로 표시했다.

다음은 이 책에서 사용하는 예제의 샘플 코드다.

예제 1.19 코드에 주석 넣기

```
class CommentSamples
{
    static void Main()
    {
```

```
                              한 줄 주석
                          ┌──────────────┐
    string firstName; // 이름을 저장하는 변수
    string lastName;  // 성을 저장하는 변수

    System.Console.WriteLine("Hey you!");
                          구문 내에 분리된 주석
    System.Console.Write /* 줄 바꿈 없음 */ (
        "Enter your first name: ");
    firstName = System.Console.ReadLine();

    System.Console.Write /* 줄 바꿈 없음 */ (
        "Enter your last name: ");
    lastName = System.Console.ReadLine();

    /* 복합 서식을 사용해 콘솔에 인사의 말 표시. */ ┤─ 여러 줄 주석

    System.Console.WriteLine("Your full name is {0} {1}.",
        firstName, lastName);
    // 프로그램 리스트의 끝
    }
}
```

서식은 다음과 같다.

- 주석은 **고딕체**로 나타낸다.

    ```
    /* 복합 서식을 사용해 콘솔에
        인사말을 표시한다. */
    ```

- 키워드는 굵은 글씨체로 표시한다.

    ```
    static void Main()
    ```

- 강조한 코드는 앞서 예제에서 변경했거나 본문에서 설명하는 개념을 나타내는 특
  정 코드 조각을 표시한다.

    ```
    System.Console.WriteLine(valerie);
    miracleMax = "It would take a miracle.";
    System.Console.WriteLine(miracleMax);
    ```

강조는 줄 전체에 나타내거나 줄 내에서 몇 글자에만 표시할 수 있다.

```
System.Console.WriteLine(
    $"The palindrome \"{palindrome}\" is"
    + $" {palindrome.Length} characters.");
```

- 완성되지 않은 예제는 생략 기호를 넣어 관련 코드가 생략됐음을 표시한다.

```
// ...
```

- 예제 다음에 콘솔 출력 내역을 다음과 같이 결과로 나타냈다. 프로그램에 대한 사용자 입력은 굵은 글씨로 나타냈다.

결과 1.7

```
Hey you!
Enter your first name: Inigo
Enter your last name: Montoya

Your full name is Inigo Montoya.
```

자신의 프로그램으로 복사해 쓸 수 있는 예제 코드 전체를 제공하면 편할 수는 있겠지만, 그렇게 하면 특정 주제를 배운다는 목적을 벗어날 수 있다. 따라서 여러분의 프로그램에 이들 코드를 통합하기 전에 예제 코드를 수정해야 한다. 주로 생략된 부분은 예외 처리와 같은 에러 검사 부분이다. 예제 코드는 using System 구문을 명시적으로 포함하지 않았다. 모든 예제에 이 구문이 있다고 가정해야 한다.

예제 코드는 intellitect.com/essentialcsharp과 에이콘출판사 도서정보 페이지(www.acornpub.co.kr/book/essential-csharp-7e)에서 찾을 수 있다.

마인드 맵

각 장의 도입부에 내용을 한눈에 참조하도록 마인드 맵mind map을 제공한다. 다음은 6장의 마인드맵 예다.

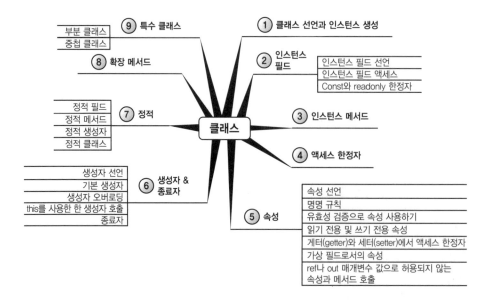

각 장의 중심 주제를 마인드 맵의 중심에 나타냈다. 상위 수준 주제는 중심 주제에서 뻗어 나간다. 마인드맵을 사용하면 상위 수준에서 더 자세한 개념으로 쉽게 흐름을 타고 나갈 수 있으며 당장은 관심을 갖지 않는 특정 지식을 바로 부딪힐 기회는 줄어든다.

유용한 정보

경험 수준에 따라서 다르기는 하겠지만 특별한 구성으로 본문을 탐구하는 데 도움을 제공한다.

- '초급 주제'는 구체적으로 초급 프로그래머를 대상으로 정의나 설명을 제공한다.
- '고급 주제'는 경험 있는 개발자에게 관련 내용의 보다 자세한 자료를 제공한다.
- '노트'라고 표시한 부분은 독자가 쉽게 그 중요성을 인식하도록 별도 상자로 핵심 원리를 강조했다.
- '언어 비교'라는 보조 설명에서는 다른 언어에 익숙해지는 데 도움을 주고자 C#과 그 밖의 관련 언어 간의 주요 차이점을 알아본다.

이 책에서 다루는 내용

추상적으로 보면 소프트웨어 공학이란 복잡성 관리라고 할 수 있으므로『에센셜 C# 8.0』도 이러한 목적에 맞게 구성했다. 1~5장은 구조적 프로그래밍을 소개하며, 바로 간단한 기능을 제공하는 코드를 작성해 볼 수 있다. 6~10장은 C#의 객체 지향 구조를 나타낸다. 초보자인 독자는 이 책의 나머지에서 설명하는 고급 주제를 진행하기 전에 이 부분을 완전히 이해하는 데 초점을 맞춰야 한다. 12~14장은 복잡성을 줄이는 구조와 사실상 요즘의 모든 프로그램에 필요한 일반 패턴을 다루는 방법을 소개한다. 각 장에서 다루는 내용은 이어지는 장에서 스레드와 상호 운용성을 위해 광범위하게 사용되는 리플렉션과 특성을 갖는 동적 프로그래밍에 필요하다.

이 책의 24장은 C#이 동작하는 개발 플랫폼 콘텍스트 내에서 C#을 설명하는 CLI Common Language Infrastructure를 다룬다. CLI는 C# 명세가 아니며 책에서 다루는 문법이나 프로그래밍 스타일과는 거리가 있기 때문에 맨 마지막 장에 소개했다. 하지만 24장은 아무 때나 읽어 보기에 적당하다. 어쩌면 1장을 읽은 뒤 바로 읽어 보는 것이 나을지도 모르겠다. 마지막 부록은 C# 9.0에서 소개한 기능을 간략하게 정리했다.

다음은 각 장에 대한 간단한 설명이다(목록에서 밑줄을 표시한 장은 C# 7.0-8.0 관련 내용이 있음을 가리킨다).

- **1장, C# 소개** C#으로 작성한 HelloWorld 프로그램을 보인 후 분석해 본다. 독자가 C# 프로그램의 모습에 익숙할 수 있게 하며 프로그램을 컴파일하고 디버깅하는 방법도 자세히 설명한다. C# 프로그램의 실행 콘텍스트와 중간 언어도 잠깐 설명한다.
- **2장, 데이터 형식** 프로그램을 실행하고 데이터를 처리한다. 2장에서는 C#의 기본 데이터 형식을 소개한다.
- **<u>3장, 고급 데이터 형식</u>** 3장은 값 형식과 참조 형식이라는 두 가지 형식 범주를 다룬다. 이 범주에서 암시적으로 형식화된 변수와 튜플, null 허용 한정자, C# 8.0이 소개한 기능인 null 허용 참조 형식을 설명한다. 마지막으로 기본 배열 구조를 자세히 살펴본다.

- **4장, 연산자와 제어 흐름** 컴퓨터에서 반복 처리의 이점을 이용하려면 프로그램 내의 루프와 조건 로직을 포함하는 방법을 알아야 한다. 4장은 C# 연산자와 데이터 변환, 전처리 지시문도 다룬다.

- **5장, 메서드와 매개변수** 메서드와 매개변수의 세부 사항을 살펴본다. 값에 의한 전달과 참조에 의한 전달, out 매개변수를 통한 데이터 반환을 포함한다. C# 4.0에서 기본 매개변수 지원이 추가됐으므로 기본 매개변수를 사용하는 방법을 설명한다.

- <u>**6장, 클래스**</u> 클래스라는 기본 빌딩 블록이 제공되므로 6장은 이들 구문을 결합해 전체 기능 형식을 구성한다. 클래스는 개체에 대한 템플릿을 정의함으로써 객체지향 기술의 핵심을 형성한다. 6장은 C# 8.0에서 새로 소개한 null 허용 특성도 설명한다.

- **7장, 상속** 상속은 많은 개발자에게 기본 프로그래밍 지식이지만, C#은 new 한정자와 같은 다소 고유한 구조를 제공한다. 7장은 재정의^{overriding}를 포함해 상속 구문의 세부 사항을 설명한다.

- <u>**8장, 인터페이스**</u> 클래스 간에 버전을 지정할 수 있는, 상호작용 계약을 정의하는 데 인터페이스를 사용하는 방법을 설명한다. C#은 명시적 및 암시적 인터페이스 멤버 구현 모두를 포함하며, 대부분의 다른 언어에서 지원하지 않는 추가적인 캡슐화 수준을 사용할 수 있다. 기본 인터페이스 멤버의 소개와 더불어 C# 8.0의 인터페이스 버전 관리에 관한 새로운 절을 추가했다.

- **9장, 값 형식** 참조 형식 정의처럼 일반적이진 않지만, C#에 내장된 기본 형식과 유사한 방식으로 동작하는 값 형식을 정의해야 할 때가 가끔 있다. 9장은 구조체를 정의하는 방법과 이들 구조체에서 드러내는 고유한 특성을 설명한다.

- <u>**10장, 잘 구성된 형식**</u> 고급 형식 정의를 설명한다. +와 캐스트 같은 연산자를 구현하는 방법을 설명하고 여러 클래스를 단일 라이브러리로 캡슐화하는 방법을 다룬다. 네임스페이스와 XML 주석을 정의하는 과정을 보이고, 가비지 수집을 고려해 클래스를 설계하는 방법을 설명한다.

- **11장, 예외 처리** 5장에서 소개한 예외 처리를 확장하고, 예외가 사용자 지정 예외를 만들 수 있는 예외 계층 구조를 어떻게 따르는지 설명한다. 11장에서는 예외 처리의 모범 사례도 몇 가지 설명한다.

- **12장, 제네릭** 제네릭은 C# 1.0에는 없는 핵심 기능이다. 12장은 C# 2.0 기능 전체를 다룬다. 12장에서 제네릭이라는 맥락으로 다루는 공변covariance과 반공변contravariance에 대한 지원은 C# 4.0에서 추가했다.

- **13장, 대리자와 람다 식** 대리자는 코드 내에서 이벤트 처리를 위한 패턴을 정의하는 이전의 언어와 C#을 명확히 구별 짓기 시작했다. 이 관례는 사실상 폴링 루틴을 작성할 필요성을 없앴다. 람다 식은 C# 3.0의 LINQ를 가능하게 한 핵심 개념이다. 13장은 람다 식이 더 우아하고 간결한 구문을 제공함으로써 대리자 구문을 만드는 방법을 설명한다. 13장은 다음에 설명하는 새로운 컬렉션 API의 토대다.

- **14장, 이벤트** 캡슐화된 대리자인 이벤트는 CLRCommon Language Runtime의 핵심 구문이다. C# 2.0의 또 다른 기능인 익명 메서드도 여기서 설명한다.

- **15장, 컬렉션 인터페이스와 표준 쿼리 연산자** C# 3.0에서 소개된 간단하면서도 세련되고 강력한 변화는 새로운 Enumerable 클래스의 확장 메서드를 찾을 때 15장에서 한 줄기 빛을 비춰 준다. 이 클래스를 사용하면 표준 질의 연산자로 알려진 컬렉션 API를 사용할 수 있다. 여기서 이를 자세히 살펴본다.

- **16장, LINQ와 쿼리 식** 표준 질의 연산자를 단독으로 사용하면 해독하기 곤란한 긴 구문이 나올 수 있다. 하지만 16장에서 설명하는 것처럼 질의 식은 SQL과 유사한 대체 구문을 제공한다.

- <u>**17장, 사용자 지정 컬렉션 만들기**</u> 비즈니스 개체를 대상으로 동작하는 사용자 지정 API를 만듦에 있어서 사용자 지정 컬렉션을 만들어야 할 때가 있다. 17장은 이 컬렉션을 만드는 방법을 상세하게 다루며, 이 과정에서 사용자 지정 컬렉션을 더 쉽게 만드는 상황에 맞는 키워드를 소개한다.

- <u>**18장, 리플렉션, 특성, 동적 프로그래밍**</u> 객체 지향 프로그래밍은 1980년대 후반의 프로그램 구조에서 패러다임이 변화하는 단초를 제공했다. 마찬가지 방식으로 특성은 선언형 프로그래밍과 메타데이터의 포함을 용이하게 해 새로운 패러다임을 안내했다. 18장은 특성을 살펴보고 리플렉션을 통해 이들 특성을 가져오는 방법을 설명한다. BCLBase Class Library 내에서 직렬화 프레임워크를 통해 수행하는 파일 입력과 출력도 다룬다. C# 4.0에서 새로운 키워드인 dynamic이 언어에 추가됐다. 이 키워드는 C#으로 할 수 있는 일의 중요한 확장으로 런타임 때까지 모든 형식 검

사를 제거했다.

- **19장, 다중스레딩 소개** 대부분의 현대 프로그램은 동시 이벤트에 능동적으로 응답을 제공하면서 오랫동안 돌아가는 작업을 실행하는 스레드의 사용을 필요로 한다. 프로그램이 더 복잡해짐에 따라 이들 고급 환경에서 데이터를 보호하고자 추가적인 예방 조치를 취해야 한다. 다중 스레드를 적용한 애플리케이션 프로그래밍은 복잡하다. 19장은 태스크^Task 취소와 태스크 콘텍스트에서 예외 실행을 처리하는 방법을 포함해 태스크를 다루는 방법을 소개한다.

- **20장, 태스크 기반 비동기 패턴** async/await 구문을 수반하는 태스크 기반 비동기 패턴을 살펴본다. 이 패턴은 다중 스레드 프로그래밍에 상당히 단순화된 접근 방식을 제공한다. 그리고 비동기 스트림의 C# 8.0 개념을 포함했다.

- **21장, 병렬 반복** 성능을 개선하는 쉬운 방법 한 가지는 Parallel 개체나 병렬 LINQ 라이브러리를 사용해 데이터를 병렬로 반복하는 것이다.

- **22장, 스레드 동기화** 21장에서 다룬 내용을 기반으로 20장은 다중스레드 코드의 명시적 제어를 단순화할 수 있는 내장 스레딩 패턴 지원을 설명한다.

- **23장, 플랫폼 상호 운용성과 안전하지 않은 코드** C#은 비교적 젊은 언어이므로 C#보다는 다른 언어로 작성된 코드가 상당히 많다. 이런 기본 코드의 이점을 누리고자 C#은 P/Invoke를 통해 비관리 코드와의 상호 운용성을 지원한다. 게다가 C#은 포인터의 사용과 직접 메모리 조작을 지원한다. 포인터를 사용한 코드는 실행에 특수 권한을 필요로 하지만, 전통적인 C 기반 애플리케이션 프로그래밍 인터페이스와 완전히 상호 작용하는 강력함을 제공한다.

- **24장, 공용 언어 인프라(CLI)** 근본적으로 C#은 기본 CLI 위에 가장 효과적인 프로그래밍 언어로 설계된 구문이다. 22장은 C# 프로그램이 기본 런타임과 런타임 명세와 어떤 관련이 있는지 깊이 살펴본다.

- **C# 6.0, 7.0, 8.0의 인덱스** 이들 인덱스는 C# 6.0~8.0에서 추가된 기능을 빨리 찾아 볼 수 있는 참조를 제공한다. 이들 인덱스는 더 최신 버전으로 언어 스킬을 빠르게 올리고 싶어 하는 프로그래머를 돕고자 특별히 고려한 것이다.

- **부록, C# 9.0의 새로운 기능** .NET 5에서 지원하기 시작한 C# 9.0의 새로운 기능과 개선 사항을 정리했다.

이 책이 여러분에게 C# 전문가로 가는 뛰어난 리소스가 되길 바라며, C#을 잘 다루게 된 이후에서도 이 책을 통해 계속해서 자주 사용하지 않는 영역을 참고할 수 있길 바란다.

– 마크 미카엘리스

블로그: IntelliTect.com/mark

트위터: @Intellitect, @MarkMichaelis

▪1▪

C# 소개

C# 프로그래밍 언어는 모바일 디바이스, 게임 콘솔, 웹 애플리케이션, 사물 인터넷[IoT], 마이크로서비스, 데스크톱 애플리케이션을 포함해 다양한 운영체제(플랫폼)에서 돌아가는 소프트웨어 컴포넌트와 애플리케이션을 만드는 데 사용할 수 있다. 더구나 C#은 무료다. 사실 완전히 오픈소스이므로 그 내부를 살펴보거나 수정, 재배포할 수 있고 여러분이 향상시킨 것을 다시 기여할 수도 있다. 언어로서 C#은 이제 확고한 위치를 차지한 언어로 전통 C 스타일 언어(C와 C++, 자바)에 있던 특징을 담고 있으므로 C 언어를 사용해 본 프로그래머라면 쉽게 배울 수 있다.[1]

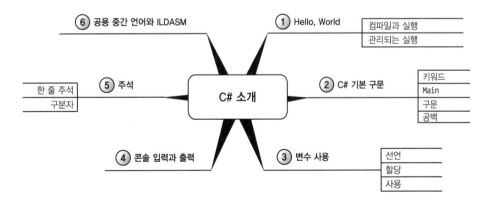

---

1   첫 번째 C# 설계 회의는 1998년에 있었다.

1장에서는 관례를 따라 HelloWorld 프로그램을 사용해 C#을 소개한다. 여기서는 C# 프로그램의 진입점 정의를 포함해 C# 기본 구문에 초점을 맞춰 여러분이 C# 구문 스타일과 구조에 익숙해지게 만들고, 아주 간단한 C# 프로그램을 만들 수 있게 한다. 기초 C# 구문을 설명하기 앞서 관리되는 실행 콘텍스트가 런타임에 C# 프로그램을 어떻게 실행하는지 설명한다. 1장에서는 변수 선언, 콘솔에서 데이터 쓰기 및 읽기, C#의 코드 주석 기초에 관한 설명으로 마무리한다.

Hello, World

새로운 프로그래밍 언어를 배우는 최고의 방법은 직접 코드를 작성해 보는 것이다. 첫 번째 예제 프로그램은 관행적으로 작성하는 HelloWorld 프로그램이다. 이 프로그램은 화면에 약간의 글자를 표시한다.

예제 1.1에서 완전한 HelloWorld 프로그램을 나타냈다. 다음 절에서 이 코드를 컴파일하고 실행한다.

예제 1.1 C#에서 HelloWorld[2]

```csharp
class HelloWorld
{
    static void Main()
    {
        System.Console.WriteLine("Hello. My name is Inigo Montoya.");
    }
}
```

> **▇ 노트**
>
> C#은 대소문자를 구분하는 언어다. 대소문자를 올바르게 사용하지 않으면 코드 컴파일이 실패한다.

---

2 이니고 몬토야(Inigo Montoya)가 누군지 궁금하다면 영화 〈프린세스 브라이드〉(1987, 롭 라이너 감독)를 찾아보자. (아버지를 죽인 원수를 죽이는 장면에서 그는 여러 차례 "Hello, my name is Montoya, ……"를 외친다. 이와 비슷하게 프로그래머들 또한 특정 언어를 처음 배우게 될 때 "Hello, World!"를 관습적으로 출력하고는 한다. – 옮긴이)

자바나 C, C++로 프로그램을 작성해 봤다면 아주 비슷하다는 것을 바로 알게 된다. C#은 자바처럼 C와 C++에서 기본 구문을 이어받았다.[3] 이런 언어를 사용해 본 프로그래머에게 C# 구문 문장 부호(세미콜론과 중괄호 등), 특징(대소문자 구분), 키워드(class와 public, void 등)는 익숙하다. 다른 언어의 프로그래머와 초보자도 이러한 구문을 직관적으로 바로 알아볼 수 있다.

C# 소스 코드 작성, 편집, 컴파일, 실행

C# 코드를 작성했다면 컴파일해서 실행해 보자. 사용할 .NET 구현(보통 .NET 프레임워크를 뜻하기도 한다)을 선택한다. 대개 이 구현은 **소프트웨어 개발 키트**^{SDK, Software Development Kit} 패키지에 포함돼 있다. SDK에는 컴파일러와 런타임 실행 엔진, 런타임이 액세스할 수 있는 프로그래밍 방식으로 액세스 가능한 기능의 프레임워크(1장 뒤에 나오는 '애플리케이션 프로그래밍 인터페이스' 참고), SDK와 함께 공급되는 다양한 추가 도구(자동 빌드 단계를 위한 빌드 엔진 등)를 포함한다. C#이 처음 공개된 2000년을 기점으로 선택할 수 있는 여러 버전의 서로 다른 .NET 프레임워크가 존재한다(1장 뒤에 나오는 '여러 가지 .NET 프레임워크' 참고).

각 .NET 프레임워크의 설치 지침은 개발에 사용하는 운영체제와 선택한 .NET 프레임워크에 따라 다양하다. 이런 이유로 다운로드와 설치 지침을 확인하고자 'https://dotnet.microsoft.com/download'를 방문한 뒤 필요한 경우 먼저 .NET 프레임워크와 개발 대상 운영체제에 따라 다운로드할 패키지를 선택하자. 각 조합의 최신 지침은 .NET 다운로드 사이트에서 확인하기 바란다.

현재 권장하는 .NET 프레임워크는 .NET 6.0이다. .NET 6.0은 리눅스와 macOS, 마이크로소프트 윈도우^{Windows}에서 동작하며 .NET 개발 팀이 주로 집중 투자하는 구현이다. 더욱이 크로스플랫폼 기능 때문에 각 장에서 .NET 6.0 명령 인라인을 선호한다.

윈도우의 메모장이나 Mac/macOS TextEdit, 리눅스의 vi와 같은 가장 기본적인 도구를 포함해 소스 코드를 편집하는 다양한 방법이 있다. 하지만 적어도 코드를 컬러로

---

3 C#을 만든 이들은 C/C++ 명세를 들고 앉아 좋아하지 않았던 기능은 지우고 좋아했던 기능 목록을 만들었다. 다른 언어에 능통한 설계자 또한 이들 집단에 참여했다.

보여 주는 더 고급 기능 등을 원할 수도 있겠다. C#을 지원하는 프로그래밍 편집기라면 충분하다. Visual Studio Code와 같은 오픈 소스 편집기를 권장한다(https://code.visualstudio.com). Visual Studio Code에서 C#을 최적으로 사용하고 싶다면 그림 1.1에서 보인 것처럼 C# 확장을 설치한다. 윈도우나 맥^{Mac}에서 작업 중이라면 Microsoft Visual Studio 2022 이상을 고려하자(https://visualstudio.microsoft.com/vs/ 참고). 두 가지 도구 모두 무료로 사용할 수 있다.

그림 1-1 Visual Studio Code용 C# 확장 설치하기

이어지는 2개의 절에서 두 가지 편집기에 대한 지침을 설명한다. Visual Studio Code의 경우 초기 C# 프로그램 스캐폴딩을 만들고, 프로그램을 컴파일 및 실행하는 작업에 명령줄 인터페이스^{CLI, Command-Line Interface} 도구인 dotnet CLI를 사용한다. 윈도우와 맥의 경우는 여기서 비주얼 스튜디오 2019를 사용한다.

dotnet CLI

7.0 시작

dotnet 명령(dotnet.exe)은 dotnet 명령줄 인터페이스, 또는 dotnet CLI이며, 프로그램을 컴파일하고 실행하는 작업 외에 C# 프로그램의 초기 코드 베이스를 생성하는 데 사용된다.[4] (공통 언어 인프라^{Common Language Infrastructure}나 명령줄 인터페이스^{command-line interface}를 뜻하는 동일한 약어인 CLI 사용의 혼란을 줄이고자 이 책에서는 dotnet CLI를 말할 때 CLI에

---

4   이 도구는 C# 7.0과 거의 비슷한 시기에 출시됐으며 C# 컴파일러인 csc.exe를 사용해 직접 컴파일하는 작업을 무색하게 만들었다.

dotnet 접두어를 붙인다. dotnet 접두어가 없는 CLI는 Common Language Infrastructure를 뜻한다.) 설치를 완료했다면 dotnet 명령을 명령 프롬프트에서 사용해 보면 설치가 잘 됐는지 확인할 수 있다.

다음은 윈도우 또는 macOS, 리눅스의 명령줄에서 HelloWorld 프로그램을 만들고 컴파일, 실행하는 순서다.

1. 마이크로소프트 윈도우에서 명령 프롬프트 또는 Mac/macOS에서 터미널 애플리케이션을 실행한다(크로스플랫폼 PowerShell 명령줄 인터페이스를 사용할 수도 있다.)[5]

2. 코드를 넣을 새로운 디렉터리를 만든다. ./HelloWorld 또는 ./EssentialCSharp/HelloWorld와 같은 이름을 고려하자. 명령줄에서 다음 구문을 사용한다.

   ```
   mkdir .\HelloWorld
   ```

3. 명령 프롬프트의 현재 디렉터리를 방금 만든 디렉터리로 변경한다.

   ```
   cd .\HelloWorld
   ```

4. HelloWorld 디렉터리 내에서 dotnet new console을 실행해 프로그램에 대한 초기 스캐폴딩(프로젝트)을 생성한다. 몇 가지 파일이 생성되지만 핵심 파일은 Program.cs과 프로젝트 파일 두 가지다.

   ```
   dotnet new console
   ```

5. 생성된 프로그램을 실행한다. dotnet new console 명령으로 만든 기본 Program.cs를 컴파일하고 실행한다. Program.cs의 콘텐츠는 예제 1.1과 비슷하지만 대신에 출력은 'Hello World!'다.

   ```
   dotnet run
   ```

   애플리케이션을 명시적으로 컴파일(또는 빌드)하도록 요청하지 않아도 dotnet run 명령을 실행할 때 암시적으로 컴파일 단계를 거친다.

---

5   https://github.com/PowerShell/PowerShell

6. 예제 1.1에서 보인 코드와 일치하도록 Program.cs 파일을 수정한다. Visual Studio Code를 사용해 Program.cs를 열어 편집한다면 프로그램에서 서로 다른 형식의 구문을 가리키는 코드 색을 보여 주는 C# 인식 편집기의 이점을 누릴 수 있다. 코드를 열어서 편집하려면 명령줄에서 다음과 같이 명령을 실행한다.

```
code .
```

(결과 1.1은 Bash와 PowerShell에서 동작하는 명령줄을 사용한 다른 접근 방식을 보였다.)

7. 프로그램을 다시 실행한다.

```
dotnet.exe run
```

결과 1.1은 이전 단계의 출력을 나타냈다.[6]

결과 1.1

```
1>
2> mkdir .\HelloWorld
3> cd .\HelloWorld\
4> dotnet new console

.NET 6.0을(를) 시작합니다.
--------------------
SDK 버전: 6.0.100

원격 분석
---------
.NET 도구는 사용자 환경 개선을 위해 사용량 현황 데이터를 수집합니다. Microsoft에서 데이터를 수
집하여 커뮤니티와 공유합니다. 원하는 셸을 사용해 DOTNET_CLI_TELEMETRY_OPTOUT 환경 변수를 '1'
또는 'true'로 설정하여 원격 분석을 옵트아웃할 수 있습니다.

.NET CLI 도구 원격 분석에 대한 자세한 내용은 https://aka.ms/dotnet-cli-telemetry를 참조하
세요.

-----------------
ASP.NET Core HTTPS 개발 인증서를 설치했습니다.
인증서를 신뢰하려면 'dotnet dev-certs https --trust'를 실행합니다(Windows 및 macOS만).
HTTPS에 대한 자세한 정보: https://aka.ms/dotnet-https
-----------------
```

---

6 출력 결과에서 굵은 글씨는 사용자가 입력한 콘텐츠를 가리킨다.

```
첫 번째 앱 작성: https://aka.ms/dotnet-hello-world
새로운 기능 확인: https://aka.ms/dotnet-whats-new
설명서 살펴보기: https://aka.ms/dotnet-docs
GitHub에서 문제 보고 및 소스 찾기: https://github.com/dotnet/core
사용 가능한 명령을 보려면 'dotnet --help'를 사용하거나 https://aka.ms/dotnet-cli를 방문하
세요.
--------------------------------------------------------------------------------
"콘솔 앱" 템플릿이 성공적으로 생성되었습니다.

생성 후 작업 처리 중...
C:\Users\tony\HelloWorld\HelloWorld.csproj에서 'dotnet restore' 실행 중 ...
    복원할 프로젝트를 확인하는 중...
    C:\Users\tony\HelloWorld\HelloWorld.csproj을(를) 86 ms 동안 복원했습니다.
복원에 성공했습니다.

5> dotnet run
Hello World!

6> echo '
class HelloWorld
{
    static void Main()
    {
        System.Console.WriteLine("Hello. My name is Inigo Montoya.");
    }
}
' > Program.cs
7> dotnet run
Hello. My name is Inigo Montoya.
```

7.0 끝

Visual Studio 2022

Visual Studio 2022에서도 절차는 비슷하지만, 명령줄을 사용하는 대신 **통합 개발 환경**
IDE, Integrated Development Environment를 사용하기 때문에 명령줄에서 모든 것을 실행하지 않고

메뉴에서 선택할 수 있다.

1. Visual Studio 2022를 시작한다.

2. **새 프로젝트 만들기** 버튼을 클릭한다. (시작 창이 보이지 않으면 **파일 ➤ 시작 기간** 메뉴에서 시작 창을 열거나 **파일 ➤ 새로 만들기 ➤ 프로젝트**(Ctrl+Shift+N) 메뉴를 사용해 **새 프로젝트** 대화 상자로 바로 건너뛸 수 있다.)

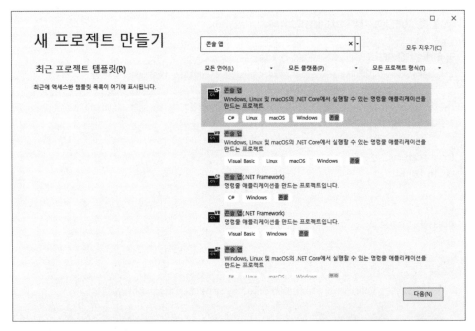

그림 1.2 [새 프로젝트 만들기] 대화상자

3. **템플릿 검색상자**(Ctrl+E)에서 '콘솔 앱'을 입력하고 Visual C#용 '**콘솔 앱**' 항목을 선택하고 **다음** 버튼을 클릭한다.

4. **프로젝트 이름** 상자에 HelloWorld를 사용하고, **위치**에는 작업할 디렉터리를 선택하고 **다음** 버튼을 클릭한다. **추가 정보** 화면에서 프레임워크 버전을 확인하고 **만들기** 버튼을 클릭한다(그림 1.3 참고).

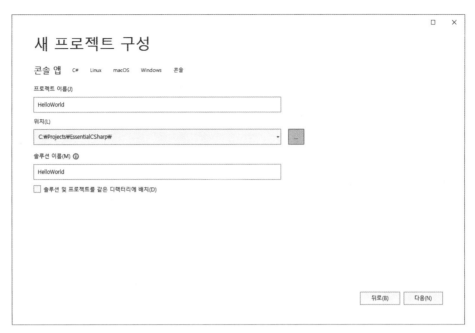

그림 1.3 [새 프로젝트 구성] 대화상자

5. 프로젝트가 만들어지면 그림 1.4에서 나타낸 `Program.cs` 파일을 보게 된다.[7]

그림 1.4 Program.cs 파일을 보여 주는 Visual Studio 2022

---

7 .NET 6부터 console 템플릿을 사용하는 새 프로젝트는 이전 버전과 다르게 Main 메서드 본문만 간소화하는 최신 C# 기능을 사용한다. 물론 이전 프로그램 스타일을 사용할 수 있다. 이 책에서는 편의상 이전 스타일을 사용한다. – 옮긴이

6. **디버그 ＞ 디버그하지 않고 시작**(Ctrl+F5) 메뉴를 사용해 생성된 프로그램을 실행한다. 출력은 첫 번째 줄이 'Hello World!'만 출력한다는 점만 빼고 결과 1.2에서 보인 명령 창에 표시한 텍스트와 크게 다를 바 없다.

7. Program.cs를 수정해 예제 1.1과 일치시킨다.

8. 프로그램을 다시 실행해 결과 1.2에서 보인 출력을 확인한다.

결과 1.2

```
Hello. My name is Inigo Montoya.

C:\Projects\EssentialCSharp\HelloWorld\HelloWorld\bin\Debug\net6.0\HelloWorld.exe
(프로세스 1500개)이(가) 종료됐습니다(코드: 0개).
이 창을 닫으려면 아무 키나 누르세요...
```

디버깅

IDE를 사용하는 이유 중 하나는 강력한 디버깅 기능을 지원하기 때문이다. Visual Studio나 Visual Studio Code에서 다음의 단계를 따라서 디버깅을 맛보자.

1. Program.cs를 열어 Console.WriteLine 줄에 커서를 옮기고 **디버그 ＞ 중단점 설정/해제**(F9) 메뉴를 클릭해 중단점을 활성화한다.

2. **디버그 ＞ 디버깅 시작**(F5) 메뉴를 클릭해 애플리케이션을 다시 시작하면 이번엔 디버깅이 활성화된다.

   .NET 5 환경에서 Visual Studio Code의 **실행 ＞ 디버깅 시작**(F5) 메뉴를 클릭하면 환경 선택 없이 디버깅을 시작하는데, 이때 빌드가 처음이면 launch.json 파일과 tasks.json 파일이 생성된다.

   디버깅이 시작되면 중단점을 설정한 줄에서 실행이 멈춘다. 변수(예, args)에 마우스를 가리키면 변수의 값을 확인할 수 있다. 파일 창의 왼쪽 여백에서 노란색 화살표를 드래그해 프로그램의 현재 실행을 현재 줄에서 메서드 내의 다른 줄로 옮길 수도 있다.

3. 프로그램을 계속 실행하려면 **디버그 ＞ 계속**(Ctrl+F5) 메뉴(또는 계속 버튼)를 사용한다.

디버깅할 때 '계속하려면 아무 키나 누르십시오 . . .' 텍스트를 더 이상 출력 창에 나타내지 않고 콘솔 창을 자동으로 닫고 싶으면 **도구 ❯ 옵션 ❯ 디버깅 ❯ 디버깅이 중지되면 자동으로 콘솔 닫기**를 사용하도록 설정한다.

Visual Studio 2022에서 디버깅하는 방법에 관한 자세한 설명은 'http://itl.tc/vsdebugging'[8]를 참고하자.

Visual Studio Code에서 출력은 **디버그 콘솔** 탭에 표시된다(보기 ❯ 디버그 콘솔 또는 Ctrl+Shift+V를 클릭하면 'Hello, My name is Inigo Montoya.' 출력을 확인할 수 있다). Visual Studio Code를 사용한 디버깅에 관한 더 자세한 내용은 'https://code.visualstudio.com/docs/editor/debugging'을 참고하자.

프로젝트 만들기

dotnet CLI나 Visual Studio 중 어느 편을 선택하든 몇 가지 파일이 만들어진다. 첫 번째 파일은 관례상 `Program.cs`라는 이름의 C# 파일이다. Program이라는 이름은 콘솔 프로그램의 출발점으로 주로 사용되지만 어떤 이름이든 붙일 수 있다. 모든 C# 파일의 표준 관례는 .cs 확장자이며 컴파일러에서 최종 프로그램으로 컴파일할 때 이 확장자로 인식한다. 예제 1.1에서 보인 코드를 사용하고자 `Program.cs` 파일을 열고 예제 1.1의 내용으로 교체한다. 업데이트된 파일을 저장하기 전에 예제 1.1과 기본으로 생성된 코드의 유일한 기능적 차이점은 인용 부호 내의 텍스트와 System이 등장하는 위치의 의미적인 차이다.

> **언어 비교: 자바 코드 파일 이름과 클래스 이름의 일치**
>
> 자바에서는 파일 이름이 해당 클래스의 이름을 따라야 한다. C#에서 이런 관례를 따르기도 하지만 필수는 아니다. C#에서는 한 파일에 2개의 클래스가 들어갈 수 있고, 하나의 클래스를 여러 파일에 나눠 작성할 수 있는데 이 기능을 부분 클래스라고 한다. 이 때문에 다음 절에서 간략히 SOAP를 간단히 다룬다. SOAP와 관련된 기술도 도구다. 이를 더 잘 이해할수록 특정 애플리케이션에 필요한 가장 적절한 아키텍처를 선택할 수 있다.

---

8 한글 사이트: https://docs.microsoft.com/ko-kr/visualstudio/debugger/debugger-feature-tour?view=vs-2022 - 옮긴이

꼭 필요하진 않지만 **프로젝트 파일**project file이라는 구성 파일이 C# 프로젝트의 생성된 소스 코드의 일부로 포함된다. 프로젝트 파일 내용은 애플리케이션 형식과 .NET 프레임워크에 따라 다르다. 이 파일은 컴파일에 포함하는 파일이나 빌드하는 애플리케이션 유형(콘솔, 웹, 모바일, 테스트 프로젝트 등), 지원하는 .NET 프레임워크, 애플리케이션 디버깅이나 시작에 필요한 잠재적인 설정, 코드가 의존하는 다른 종속성(라이브러리) 등을 식별한다. 예를 들어, 앞 절에서 만든 .NET 6 콘솔 애플리케이션 프로젝트 파일을 예제 1.2에서 나타냈다.

예제 1.2 .NET 콘솔 프로젝트 파일 샘플

```
<Project Sdk="Microsoft.NET.Sdk">

  <PropertyGroup>
    <OutputType>Exe</OutputType>
    <TargetFramework>net6.0</TargetFramework>
    <ImplicitUsings>enable</ImplicitUsings>
    <Nullable>enable</Nullable>
  </PropertyGroup>

</Project>
```

예제 1.2의 애플리케이션 유형은 .NET 6 (net6.0) 콘솔 애플리케이션Exe이다. 다른 모든 설정(컴파일할 C# 파일)은 규칙에 따라 확인한다. 예를 들어, 프로젝트 파일과 동일한 디렉터리(또는 하위 디렉터리) 내의 모든 *.cs 파일은 해당 컴파일에 포함된다.

컴파일과 실행

7.0 시작

dotnet build 명령으로 만들어진 컴파일 결과는 HelloWorld.dll이라는 **어셈블리**assembly다.[9] 확장자는 동적 링크 라이브러리DLL, Dynamic Link Library를 뜻하며, .NET에서는 콘솔 프로그램이라고 해도 모든 어셈블리는 .dll 확장자를 갖는다. 기본적으로 .NET 애플리케이션의 컴파일 결과는 하위 디렉터리에 들어간다(./bin/Debug/net6,0/). **Debug** 디렉터리는 기

---

9   .NET 6를 사용해 콘솔 프로그램을 만든다면 컴파일된 코드는 HelloWorld.dll 외에도 HelloWorld.exe가 포함돼 Windows에서 바로 실행할 수 있다.

본 구성이 디버그이기 때문이다. 이 구성은 최적의 성능이 아니라 디버깅용으로 결과를 최적화한다. 컴파일된 결과 자체를 실행할 수는 없다. 이 코드를 호스팅하는 CLI가 필요하다. .NET 애플리케이션의 경우 애플리케이션에 대한 호스트 프로세스로 dotnet.exe(리눅스와 맥에서 dotent) 프로세스를 사용한다.

이 때문에 프로그램을 dotnet run 명령으로 실행한다. 즉, dotnet 런타임 설치가 필요하지 않도록 필요한 런타임 파일을 포함하는 독립 실행형 실행 파일을 생성하는 방법이 필요하다. '고급 주제- 독립 실행형 실행 파일 게시하기'를 참고하자.

7.0

■ 고 급 주 제

독립 실행형 실행 파일 게시하기

dotnet 명령을 독립적으로 실행할 수 있는 독립 실행형 실행 파일을 만들 수 있다. 이를 위해서는 결과가 호환되는 대상 플랫폼(운영체제)을 식별하고자 --runtime(-r) 인수와 함께 dotnet publish 명령을 실행한다. 예를 들어, 대부분의 리눅스 플랫폼에서 CSPROJ 파일이 위치한 동일한 디렉터리에서 linux-x64를 사용할 수 있다.

```
dotnet publish --runtime linux-x64
```

이 명령을 실행하면 먼저 dotnet 런타임을 실행하지 않고 HelloWorld 콘솔 프로그램을 실행하는 데 필요한 모든 파일을 포함하는 디렉터리(./bin/Debug/net6.0/linux-x64/publish/)를 만든다. HelloWorld 프로그램을 실행하려면 현재 디렉터리가 publish 디렉터리가 아닌 경우 경로를 지정해 간단히 실행 파일을 호출하면 된다.

```
./bin/Debug/net6.0/linux-x64/publish/HelloWord
```

(윈도우의 경우 실행 파일 이름은 .exe 확장자를 포함하지만, 프로그램을 실행할 때 이 확장자를 지정해야 하는 것은 아니다.)

만들어진 실행 파일은 linux-x64 호환 플랫폼에서만 실행할 수 있다. 대상으로 하는 각 플랫폼에 맞도록 dotnet publish를 실행해야 한다. 공용 런타임이 win-x64와 osx-x64를 포함해 다른 플랫폼을 식별한다(전체 목록은 'http://itl.tc/ridcatalog'를 참고하자).[10]

---

10 한글 버전 https://docs.microsoft.com/ko-kr/dotnet/core/rid-catalog - 옮긴이

독립 실행형 실행 파일을 단일 파일로 게시할 수도 있다(그렇게 하지 않으면 거의 200개의 파일이 필요하다). 단일 실행 파일의 경우 명령에 '/p:PublishSingleFile=true'을 덧붙인다.

```
dotnet publish --runtime linux-x64 -p:PublishSingleFile=true
```

-p 매개변수에 관한 더 자세한 내용은 10장에서 다룬다.

7.0 끝

에센셜 C# 소스 코드

이 책에서 제공하는 소스 코드[11]는 모든 장의 코드를 함께 모은 EssentialCSharp.sln이라는 솔루션 파일을 포함하고 있다. 소스 코드의 빌드와 실행, 테스트는 Visual Studio나 dotnet CLI에서 가능하다.

가장 단순한 접근 방식은 1장에서 앞서 만든 HelloWorld 프로그램에 소스 코드를 넣은 뒤 실행해 보는 방법일지 모른다. 함께 제공하는 소스 코드를 사용하는 경우 각 장은 프로젝트 파일을 포함하고 있고 다음 두 절에서 보인 것처럼 프로그램을 실행할 때 실행할 예제를 선택할 수 있는 메뉴를 제공한다.

Dotnet CLI

7.0 시작

dotnet CLI를 사용해 코드를 빌드하고 실행하려면 명령 프롬프트를 열고 현재 디렉터리를 EssentialCSharp.sln 파일과 같은 디렉터리로 설정한다. 이 위치에서 'dotnet build' 명령을 사용해 모든 프로젝트를 컴파일한다.

특정 프로젝트에 대한 소스 코드를 실행하려면 해당 프로젝트 파일을 포함하는 디렉터리를 찾아서 'dotnet run' 명령을 실행한다. 다른 방법으로, 모든 디렉터리에서 'dotnet run --project <projectfile>' 명령을 사용할 수 있는데, 여기서 <projectfile>은 실행하려는 프로젝트 파일에 대한 경로다(예, dotnet run --project .\src\Chapter01\Chapter01.csproj). 일단 실행하면 프로그램이 실행할 예제를 물어 본 뒤 그 예제를 진행한다.

---

11 이 책에서 사용하는 소스 코드(일부 장은 이전 버전 C#과 관련 있다)는 https://IntelliTect.com/EssentialCSharp에서 제공한다. 깃허브, https://github.com/IntelliTect/EssentialCSharp에서 코드를 바로 다운로드할 수도 있다. 프로젝트의 프레임워크 버전을 .net 6.0으로 변경한 소스 코드는 에이콘 출판사의 웹사이트에서 다운로드할 수 있다. 저자가 제공하는 소스 코드의 닷넷 프레임워크는 .netcore 3.1로 맞춰져 있으므로 실행 전에 .net 6.0으로 변경해야 한다. – 옮긴이

대부분의 예제는 Chapter[??].Tests 디렉터리에 해당 단위 테스트 프로젝트를 포함하며, 여기서 [??]는 해당 장 번호를 가리킨다. 해당 장의 테스트를 실행하려면 실행할 테스트의 프로젝트 테스트 디렉터리에서 'dotnet test' 명령을 사용한다(아니면 Essential CSharp.sln 파일 디렉터리에서 동일한 명령으로 모든 테스트를 실행한다).

7.0 끝

Visual Studio

Visual Studio로 솔루션 파일을 연 후 **빌드 ❯ 솔루션 빌드** 메뉴를 사용해 코드를 컴파일한다. 소스 코드를 실행하기 전에 해당 장의 프로젝트를 시작 프로젝트로 선택해야 한다. 예를 들어, 1장의 샘플을 실행하려면 Chapter01 프로젝트를 오른쪽 클릭하고 **시작 프로젝트로 설정**을 선택한다. 알맞은 장을 선택하지 않으면 실행 시 예제 번호를 지정할 때 'Error, could not run the Listing…'이라는 예외 메시지를 받게 된다.

올바른 프로젝트를 선택했다면 **디버그 ❯ 디버그하지 않고 시작** 메뉴에서 프로젝트를 실행할 수 있다. 프로젝트를 디버깅하고 싶다면 **디버그 ❯ 디버깅 시작**을 사용한다. 실행하면 프로그램에서 원하는 예제(예, 18.33)를 요청한다. 앞서 언급한 것처럼 시작으로 설정했던 프로젝트의 예제만 입력해야 한다.

대부분의 예제에는 단위 테스트가 있다. 테스트를 실행하려면 테스트 프로젝트를 열고 실행하고 싶은 예제에 해당하는 테스트를 찾는다. 테스트 메서드를 오른쪽 클릭하고 **테스트 실행**(Ctrl+R, T) 또는 **테스트 디버깅**(Ctrl+R, Ctrl+T) 중에서 선택한다.

C# 구문 기초

HelloWorld 프로그램을 제대로 컴파일하고 실행했다면 이 코드를 뜯어 보며 구석구석 살펴볼 준비가 된 셈이다. 먼저 개발자가 선택하는 식별자와 함께 C# 키워드를 살펴보자.

■ 초 급 주 제

키워드

컴파일러가 코드를 해석할 수 있도록 C#은 특정 단어에 특별한 상태와 의미를 부여했다. 이와 같은 단어를 **키워드**keyword라 하며 컴파일러는 프로그래머가 작성한 표현식을 해석할 때 이 키워드를 이용한다. HelloWorld 프로그램에서는 class와 static, void가 키워드에 해당한다.

컴파일러는 코드의 구조와 체계를 식별할 때 이 키워드를 사용한다. 컴파일러가 이들 단어를 특별한 의미로 해석하므로 C# 개발자는 이들 키워드를 특정 위치에서만 써야 한다. 프로그래머가 이 규칙을 위반하면 컴파일러는 에러를 표시한다.

C# 키워드

2.0 시작

표 1.1에 C# 키워드를 나타냈다.

표 1.1 C# 키워드

abstract	enum	long	stackalloc
add* (1)	equals* (3)	nameof* (6)	static
alias* (2)	event	namespace	string
as	explicit	new	struct
ascending* (3)	extern	nonnull* (8)	switch
async* (5)	false	null	this
await* (5)	finally	object	throw
base	fixed	on* (3)	true
bool	float	operator	try
break	for	orderby* (3)	typeof
by* (3)	foreach	out	uint
byte	from* (3)	override	ulong
case	get* (1)	params	unchecked
catch	global* (2)	partial* (2)	unmanaged* (7.3)
char	goto	private	unsafe
checked	group* (3)	protected	ushort
class	if	public	using
const	implicit	readonly	value* (1)
continue	in	ref	var* (3)
decimal	int	remove* (1)	virtual
default	interface	return	void
delegate	internal	sbyte	volatile
descending* (3)	into* (3)	sealed	where* (2)
do	is	select* (3)	when* (6)
double	join* (3)	set* (1)	while
dynamic* (4)	let* (3)	short	yield* (2)
else	lock	sizeof	

* 문맥 키워드: (n)의 형태로 괄호 안에 적어 둔 숫자는 해당 키워드가 어느 버전에서 추가됐는지 나타낸다.

3.0 시작

4.0 시작

5.0 시작

6.0 시작

7.0 시작

8.0 시작

2.0 끝

3.0 끝

4.0 끝

5.0 끝

6.0 끝

7.0 끝

8.0 끝

C# 1.0 이후 C#에서 새로 **예약된 키워드**^{reserved keyword}는 없었다. 하지만 뒤에 나온 버전에서 몇 가지 구문은 특정 위치에서만 의미를 갖는 **문맥 키워드**^{contextual keyword}를 사용한다. 지정된 위치가 아닌 곳에 해당 문맥 키워드를 사용하면 그 키워드는 특별한 의미를 갖지 않는다.[12] 이런 방식을 도입한 덕분에 대다수 C# 1.0 코드가 그 뒤에 나온 표준과도 호환된다.[13]

식별자

다른 언어처럼 C#에서도 프로그래머가 작성하는 구문을 확인하는 데 쓰는 **식별자**^{identifier}가 있다. 예제 1.1에서 HelloWorld와 Main은 식별자의 한 예다. 구문에 할당된 이 식별자는 나중에 해당 구문을 참조하는 데 사용되므로 이름을 아무렇게나 정하지 말고 의미를 부여하는 것이 좋다.

간결하고 직설적인 이름을 선택하는 예리한 능력은 코드의 이해와 재사용을 쉽게 하기 때문에 뛰어난 프로그래머의 특징이다. 일관성과 명확성은 아주 중요하므로 .NET 프레임워크 가이드라인(http://bit.ly/dotnetguidelines)[14]에서는 약어 사용이나 식별자 이름을 짧게 작성하는 문제에 대해 조언하면서 널리 쓰지 않는 머리글자를 피하라고 권장한다. 머리글자를 제대로 만든 경우(예, HTML)일지라도 일관성 있게 사용해야 한다. 다른 이유가 없는 한 널리 쓰이는 머리글자를 굳이 풀어서 표시하지 않도록 하자. 모든 머리글자는 용어집에 있어야 한다는 제약 사항을 추가해 두면 머리글자를 남용하지 않을 것이다. 궁극적으로 명확하고 자세한 이름을 선택하자. 특히, 팀으로 작업할 때나 다른 사람이 프로그래밍 시 참조할 라이브러리를 개발할 때 중요하다.

식별자에는 두 가지 기본 표기 형식이 있다. **파스칼 표기법**(이후로 PascalCase)은 식별자에서 각 단어의 첫 문자를 대문자로 표기하는 방법으로, .NET 프레임워크를 만든 이들

---

12 예를 들어, C# 2.0의 초기에 설계자는 yield를 키워드로 지정했고, 이후에 마이크로소프트는 C# 2.0 컴파일러의 알파 버전을 수천 명의 개발자에게 출시하면서 지정된 키워드로 yield를 포함했다. 하지만 언어 설계자는 yield를 return과 함께 사용할 때만 의미가 있기 때문에 결국 yield보다는 yield return을 사용하기로 결정했다.

13 드물지만 다음과 같은 몇 가지 호환성 문제가 있다.
  – C# 2.0에서는 간단히 Dispose( ) 메서드를 사용하기보다는 using 구문으로 IDisposable의 구현이 필요하다.
  – 드물지만 몇 가지 제네릭 표현식은 버전 간에 차이가 있다. 예를 들어, 'F(G⟨A,B⟩(7))'은 C# 1.0에서 F((G⟨A⟩,(B,⟩7))을 의미하지만, C# 2.0에서는 인수 7로 제네릭 메서드 G⟨A,B⟩를 호출하고 그 결과를 F에 전달하는 것을 의미한다.

14 한글 버전: https://docs.microsoft.com/ko–kr/dotnet/standard/design–guidelines/?redirectedfrom=MSDN

이 파스칼 프로그래밍 언어의 높은 인기를 의식했기 때문이다. 예를 들어, ComponentModel, Configuration, HttpFileCollection처럼 표기하는 식이다. HttpFileCollection을 보면 HTTP라는 식으로 머리글자를 2개 이상 쓰는 대신에 첫 번째 문자만 대문자로 표시했다. 두 번째 형식인 카멜 표기법(이후로 camelCase)은 첫 번째 문자가 소문자라는 점만 빼고는 파스칼 표기법과 동일하다. 예를 들어, quotient, firstName, httpFileCollection, ioStream, theDreadPirateRoberts처럼 표기하는 식이다.

밑줄을 써도 되기는 하지만 보통 밑줄, 가로줄(하이픈), 영숫자가 아닌 다른 문자는 식별자 이름으로 사용하지 않는다. 더욱이 C#은 헝가리안 표기법(데이터 형식을 나타내는 약어를 접두어로 사용하는 표기법)을 사용하지 않는다는 점에서 이전 언어들과는 다르다. 이렇게 함으로써 데이터 형식을 변경할 때 변수 이름을 변경하지 않아도 되고, 헝가리안 표기법 사용 시 데이터 형식 접두어 조정의 실패로 인한 불일치도 피할 수 있다.

드물기는 하지만 Main과 같은 일부 식별자는 C# 언어에서 특수한 의미를 지닌다.

키워드

드물지만 키워드에 접두어로 '@'를 쓰면 식별자로 사용할 수 있다. 예를 들어, 지역 변수 이름으로 @return을 쓸 수 있다. 마찬가지로(C# 코딩 표준의 대소문자 구분 표준을 따르지는 않더라도) @throw()라는 메서드 이름도 가능하다.

마이크로소프트가 구현한 예약 키워드에는 문서에 명시되지 않은 __arglist와 __makeref, __reftype, __refvalue도 있다. 이들 키워드는 흔치 않은 Interop 시나리오에서만 필요하며, 대다수 실무 작업에는 필요하지 않다. 이들 네 가지 특별한 키워드는 밑줄 2개로 시작한다. C# 설계자들은 다음 버전에서 2개의 밑줄로 시작하는 식별자를 키워드로 만들 권리를 예약해 뒀다. 안전하게 프로그램을 작성하려면 밑줄 2개로 시작하는 식별자를 만들지 않도록 하자.

형식 정의

C#의 실행 가능한 모든 코드는 형식 정의^{type definition} 내에 나타나고, 가장 일반적인 형식 정의 부분은 class라는 키워드로 시작한다. 클래스 정의 부분은 예제 1.3에서 보인 것처럼 'class 식별자 { ... }'로 시작하는 코드 섹션이다.

예제 1.3 기본 클래스 선언

```
class HelloWorld
{
    //...
}
```

형식에 사용하는 이름(이 경우 HelloWorld)을 정할 때도 관례상 파스칼 표기법을 따르면 된다. 이 예제 클래스 이름으로 Greetings, HelloInigoMontoya, Hello를 쓸 수 있고 간단히 Program이라고 쓸 수 있다(뒤에서 설명한 Main() 메서드를 클래스에 포함할 때는 Program이라는 이름이 좋은 관례다).

일반적으로 프로그램은 여러 가지 형식을 포함하며 각 형식은 여러 가지 메서드를 포함한다.

Main 메서드

■ 초 급 주 제

메서드란?

C#에서 **메서드**^{method}는 메서드 선언 부분(예를 들어, static void main())다음에 오는 중괄호 내의 구문(빈 중괄호 포함)들로 이뤄진 코드 블록이다. 메서드는 연산이나 작업을 수행한다. 문장의 단락처럼 메서드는 코드를 구조화하고 체계화하므로 더 읽기 좋게 만든다. 더 중요한 점은 메서드를 재사용할 수 있고 여러 곳에서 메서드를 호출할 수 있어 코드를 중복해 작성하지 않아도 된다는 것이다. 메서드 선언으로 메서드를 시작하며 메서드의 이름과 함께 메서드로 전달되거나 메서드에서 전달하는 데이터를 정의한다. 예제 1.4에서 Main() 다음에 나오는 { ... }이 C# 메서드의 한 예다.

C# 프로그램의 실행 시작 위치인 Main 메서드는 static void Main()으로 시작한다. 명령 콘솔에서 dotnet run을 입력해 해당 프로그램을 실행하면 이 프로그램이 실행돼 Main의 위치를 확인한 다음 예제 1.4 내의 첫 번째 구문부터 실행한다.

```
class HelloWorld
{
    static void Main()  ─┤ 메서드 선언 부분
    {
        System.Console.WriteLine("Hello, My name is Inigo Montoya");
    }                                        구문
}
```

Main ─ Main
클래스
정의 부분

Main 메서드 선언 부분은 조금씩 달라질 수 있지만 프로그램에 static과 메서드 이름인 Main은 항상 필요하다.

■ 고 급 주 제

Main 메서드의 선언

C#은 void나 int 중 하나를 반환하는 Main 메서드가 필요하고, 매개변수가 없거나 문자열 배열 하나를 받는다. 예제 1.5에서 Main 메서드의 전체 선언을 나타냈다. args 매개변수는 명령줄 매개변수에 해당하는 문자열 배열이다. C나 C++와는 달리 실행 파일 이름은 args 배열에 포함되지 않는다. 프로그램 이름을 포함해 프로그램을 실행하는 데 사용되는 전체 명령을 가져오려면 System.Environment.CommandLine을 사용한다.

예제 1.5 매개변수와 반환 값을 가진 Main 메서드

```
static int Main(string[] args)
{
    //...
}
```

언어 비교: C++/Java에서는 main()

Main이 반환한 int는 상태 코드이며 프로그램 실행의 성공 여부를 알려 준다. 일반적으로 0이 아닌 값을 반환하면 에러를 가리킨다.

C# 7.1은 Main 메서드에서 async/await 지원도 추가했다.

static으로 지정한 Main 메서드는 다른 메서드가 클래스 정의로 Main 메서드를 바로 호출할 수 있음을 가리킨다. static으로 지정하지 않으면 프로그램을 시작한 해당 명령 콘솔에서 Main 메서드를 호출하기 전에 추가적인 작업('인스턴스화'라고 한다)을 수행해야 한다(6장은 정적 멤버라는 주제에 전체 섹션을 할애했다).

Main() 앞에 나오는 void는 이 메서드가 어떠한 데이터도 반환하지 않음을 가리킨다 (여기에 대해서는 2장에서 자세히 설명한다).

C#이 계승한 특유한 C/C++ 스타일 특징 중 한 가지는 클래스나 메서드처럼 본문을 구성할 때 중괄호를 사용한다는 점이다. 예를 들어, Main 메서드는 구현 내용을 중괄호로 감싼다. 앞 예제의 경우는 이 메서드에 하나의 구문만 나타냈다.

구문과 구문 구분자

앞 예제에서 Main 메서드는 콘솔에 한 줄의 텍스트를 표시하는 System.Console.WriteLine()이라는 구문이 하나 있다. C#은 **구문**의 끝을 가리킬 때 세미콜론을 사용하고, 이 구문은 해당 코드에서 수행할 하나 이상의 작업으로 구성된다. 변수를 선언하고 프로그램 흐름을 제어하며, 메서드를 호출하는 데 구문을 사용한다.

언어 비교: 비주얼 베이직의 줄 단위 구문

일부 언어는 줄 단위로 처리하는데 이는 특별한 주석이 없다면 여러 줄에 걸친 구문을 인식할 수 없다는 의미다. 비주얼 베이직 2010 이전까지 비주얼 베이직은 줄 단위로 처리하는 언어를 대표했다. 한 구문이 여러 줄에 나뉠 때는 줄의 끝에 밑줄을 붙여야 했지만 비주얼 베이직 2010부터는 줄을 이어 주는 문자는 선택 사항이 됐다.

세미콜론 없는 구문

C#에서 대부분의 프로그래밍 요소는 세미콜론으로 끝난다. 세미콜론으로 끝나지 않는 한 가지 예는 switch 구문이다. 중괄호가 switch 구문 내에 항상 포함되기 때문에 C#은 해당 구문 다음에 세미콜론을 요구하지 않는다. 사실 코드 블록 그 자체를 구문으로(코드 블록 또한 여러 구문으로 구성된다) 취급하므로 세미콜론을 사용해 닫지 않아도 된다. 마찬가지로 using 선언과 같은 경우에는 세미콜론이 끝에 나오지만 구문은 아니다.

새 줄을 넣는다고 구문을 분할하는 것은 아니므로 한 줄에 여러 구문을 넣을 수도 있으며 C# 컴파일러는 한 줄이 여러 개의 명령을 갖는 것으로 해석한다. 예를 들어, 예제 1.6은 한 줄에 2개의 구문을 담고 있지만 출력 화면에는 두 줄에 걸쳐 Up과 Down이 표시된다.

예제 1.6 한 줄에 여러 구문 작성

```
System.Console.WriteLine("Up");System.Console.WriteLine("Down");
```

C#은 한 구문을 여러 줄에 걸쳐 작성할 수도 있다. C# 컴파일러는 해당 구문의 끝을 가리키는 세미콜론을 찾는다. 예를 들어, 예제 1.7은 HelloWorld 프로그램의 원래 WriteLine() 구문을 여러 줄로 나눴다.

예제 1.7 한 구문을 여러 줄에 나눠 작성하기

```
System.Console.WriteLine(
    "Hello. My name is Inigo Montoya.");
```

공백이란?

공백은 탭, 스페이스, 새 줄 문자와 같은 하나 이상의 연속 서식 문자의 조합이다. 문자열 내 공백이 들어가면 전체를 따옴표 내에 둬야 하기 때문에 단어 사이의 모든 공백을 제거하는 것이 좋다.

공백

세미콜론을 만나면 C# 컴파일러는 코드의 공백을 무시한다. 몇 가지 예외를 제외하고 C#은 개발자가 의미를 변경하지 않는 한 코드 곳곳에 공백을 삽입할 수 있도록 허용한다. 예제 1.6과 예제 1.7에서 문 내 또는 문 사이에 새 줄을 삽입하는 것은 중요하지 않으며, 삽입하더라도 컴파일러가 만들어 낸 결과 실행 파일에는 영향을 주지 않는다.

프로그래머는 가독성을 더 높이려고 공백을 사용해 코드를 들여 쓸 때가 많다. 예제 1.8과 예제 1.9에서 보인 HelloWorld의 두 가지 변형을 살펴보자. 이 두 가지 예제는 원본 프로그램을 다르게 나타냈지만, C# 컴파일러는 의미상 같은 것으로 취급한다.

예제 1.8 들여쓰기 없는 서식

```
class HelloWorld
{
static void Main()
{
System.Console.WriteLine("Hello Inigo Montoya");
}
}
```

예제 1.9 공백 제거

```
class HelloWorld{static void Main()
{System.Console.WriteLine("Hello Inigo Montoya");}}
```

■ 초 급 주 제

공백으로 코드 서식 적용하기

공백으로 코드를 들여쓰면 가독성이 좋아진다. 가독성을 높이려면 코드 작성을 시작할 때 코딩 표준과 관례를 따라야 한다.

이 책에서 사용하는 관례는 새 줄에 중괄호를 넣고 중괄호 쌍 사이에 코드를 들여쓰기 한다. 다른 중괄호 쌍이 첫 번째 중괄호 쌍 내에서 나타난다면 두 번째 중괄호 집합 내의 모든 코드도 들여쓰기 한다.

이런 관례는 일률적인 C# 표준은 아니지만 권장하는 방식이다.

변수 사용

이제 가장 간단한 C# 프로그램을 소개했으므로 지역 변수를 선언해 볼 때다. 변수를 선언한 다음에는 값을 할당하거나 기존 값을 새로운 값으로 바꿀 수 있으며 계산이나 출력 등에 사용할 수 있다. 하지만 변수의 데이터 형식을 변경할 수는 없다. 예제 1.10에서 string max는 변수 선언이다.

예제 1.10 변수 선언과 할당

```
class miracleMax
{
    static void Main()
    {
                데이터 형식[15]
          string max;
                     변수
        max = "Have fun storming the castle!";
        System.Console.WriteLine(max);
    }
}
```

■ 초 급 주 제

지역 변수

변수variable는 시간이 지남에 따라 바뀔 수 있는 값을 참조하는 이름이다. 지역local은 프로그래머가 한 메서드 내에서 그 변수를 선언declare한다는 뜻이다.

변수를 선언하는 것이 변수를 정의하는 것이며, 다음의 순서로 수행한다.

1. 해당 변수를 포함하는 데이터의 형식을 지정한다.
2. 식별자(이름)를 할당한다.

---

15 데이터 형식(data type)을 자료형, 자료 유형, 데이터 유형이라고도 한다. – 옮긴이

데이터 형식

예제 1.10에서는 string이라는 데이터 형식으로 변수를 선언했다. 1장에서 사용한 다른 일반적인 데이터 형식으로 int와 char가 있다.

- int는 크기가 32비트인 정수 형식의 C# 명칭이다.
- char은 문자 형식에 사용한다. 크기는 16비트이며, (비서로게이트$^{non-surrogate}$)유니코드 문자용으로 충분하다.

2장에서 이들 데이터 형식과 다른 기본 데이터 형식을 더 자세히 살펴본다.

■ 초 급 주 제

데이터 형식

변수 선언에서 지정하는 데이터의 종류를 **데이터 형식**(또는 개체 형식)이라고 한다. 데이터 형식, 또는 간단히 **형식**^{type}은 비슷한 특징과 동작을 공유하는 데이터를 분류한 것이다. 예를 들어, '동물'은 형식이다. 즉, 이 형식은 동물이 갖는 특징(다세포, 이동 능력 등)이 있는 모든 것(원숭이, 멧돼지, 오리너구리 등)을 분류한 것이다. 마찬가지로 프로그래밍 언어에서 형식은 비슷한 특질을 갖는 몇 가지 항목에 대한 정의다.

변수 선언

예제 1.10에서 string max는 이름이 max인 문자열 형식의 변수 선언이다. 데이터 형식을 지정하고 콤마로 각 식별자를 분리해 동일한 문내에 여러 변수를 선언할 수 있다. 예제 1.11에서 이러한 선언을 나타냈다.

예제 1.11 한 구문에 2개의 변수 선언

```
string message1, message2;
```

개발자가 하나의 데이터 형식에 여러 변수로 선언한 구문은 모든 변수가 동일한 형식을 갖는다.

C#에서 변수의 이름은 문자나 밑줄(_)로 시작하고 이어서 몇 개의 문자, 숫자, 밑줄

을 사용할 수 있다. 하지만 관례상, 지역 변수 이름은 카멜 표기법(각 단의 첫 번째 문자를 대문자로 하되 첫 번째 단어는 제외)을 따르고 밑줄을 포함하지 않는다.

> **가이드라인**
>
> • 지역 변수는 카멜 표기법을 사용한다.

변수 할당

지역 변수를 선언한 후 그 변수에서 값을 읽기 전에 값을 할당해야 한다. 값을 할당하는 한 가지 방법은 **할당 연산자**assignment operator인 **= 연산자**를 사용하는 것이다. 연산자는 코드에서 수행하는 기능을 확인하는 데 사용한다. 예제 1.12에서 변수 miracleMax와 valerie가 가리키는 문자열 값을 지정하는 데 할당 연산자를 사용하는 방법을 나타냈다.

예제 1.12 변수 값 변경하기

```
class StormingTheCastle
{
    static void Main()
    {
        string valerie;
        string miracleMax = "Have fun storming the castle!";

        valerie = "Think it will work?";

        System.Console.WriteLine(miracleMax);
        System.Console.WriteLine(valerie);

        miracleMax = "It would take a miracle.";
        System.Console.WriteLine(miracleMax);
    }
}
```

이 예제에서 변수 선언의 일부로 값을 할당하거나(miracleMax의 경우) 뒤에 별도 구문에서 할당할 수 있다(변수 valerie의 경우). 할당되는 값은 항상 선언의 오른편에 있어야 한다.

컴파일된 프로그램을 실행하면 결과 1.3에서 보인 출력 결과를 만들어 낸다.

결과 1.3

```
>dotnet run
Have fun storming the castle!
Think it will work?
It would take a miracle.
```

이 예제에서는 dotnet run 명령을 명시적으로 보였다. 뒤에 나오는 예제 결과에서는 프로그램을 실행하는 데 사용된 명령에 관한 뭔가 특별한 점이 있지 않는 한 이 줄은 생략한다.

C#은 지역 변수를 읽기 전에 컴파일러가 변수를 '확실히 할당'한 것으로 인식해야 한다. 또한 할당 결과는 값이다. 따라서 C#은 예제 1.13에서 보인 것처럼 동일한 구문 내에서 두 번의 할당을 허용한다.

예제 1.13 첫 번째 할당이 두 번째 할당의 값이 된다

```csharp
class StormingTheCastle
{
    static void Main()
    {
        // ...
        string requirements, miracleMax;
        requirements = miracleMax = "It would take a miracle.";
        // ...
    }
}
```

변수 사용

물론, 할당의 결과는 변수 식별자를 사용해 그 값을 참조할 수 있다. 따라서 System.Console.WriteLine(miracleMax) 구문 내에서 변수 miracleMax를 사용할 때 이 프로그램은 콘솔에 miracleMax의 값인 'Have fun storming the castle!'을 표시한다. miracleMax의 값을 변경하고 동일한 System.Console.WriteLine(miracleMax) 구문을 실행하면 새로운

miracleMax 값 'It would take a miracle.'이 표시된다.

문자열은 불변이다

string 형식의 모든 값은 문자열 리터럴이든 그렇지 않든 불변(즉, 수정 불가)이다. 예를 들어, 'Come As You Are'라는 문자열을 'Come As You Age'로 변경하지 못한다. 이처럼 변경하려면 해당 변수가 원래 참조한 데이터를 수정하지 않고 변수를 다시 할당해야 한다.

콘솔 입력과 출력

1장에서 이미 System.Console.WriteLine을 반복적으로 사용해 명령 콘솔에 텍스트를 출력해 봤다. 데이터를 출력하는 작업 외에도 프로그램은 때로 사용자가 입력하는 데이터를 받기도 해야 한다.

콘솔에서 입력 얻기

콘솔에서 입력한 텍스트를 가져오는 한 가지 방법이 System.Console.ReadLine() 사용이다. 이 메서드는 프로그램 실행을 멈추고 사용자 입력한 문자를 받는다. 사용자가 엔터 키를 누르면 새 줄이 만들어지고 프로그램은 계속 실행된다. System.Console.ReadLine() 메서드는 입력한 텍스트 문자열을 **반환**한다. 예제 1.14와 해당하는 결과 1.4를 살펴보자.

예제 1.14 System.Console.ReadLine() 사용

```
class HeyYou
{
    static void Main()
    {
        string firstName;
        string lastName;

        System.Console.WriteLine("Hey you!");

        System.Console.Write("Enter your first name: ");
        firstName = System.Console.ReadLine();
```

```
            System.Console.Write("Enter your last name: ");
            lastName = System.Console.ReadLine();
    }
}
```

결과 1.4

```
Hey you!
Enter your first name: Inigo
Enter your last name: Montoya
```

이 프로그램은 각 프롬프트가 표시된 뒤에 사용자가 입력한 텍스트를 System.
Console.ReadLine() 메서드로 읽어 와 적절한 변수에 할당한다. 두 번째 System.Console.
ReadLine() 처리가 끝날 때 firstName은 Inigo라는 값을, lastName은 Montoya라는 값을 참
조한다.

■ 고 급 주 제

System.Console.Read()

System.Console.ReadLine() 메서드 외에 System.Console.Read()라는 메서드가 있다. 하지
만 System.Console.Read() 메서드가 반환하는 데이터 형식은 읽은 문자 값에 해당하는
정수 형식이며, 더 이상 읽을 문자가 없는 경우 -1을 반환한다. 실제 문자를 읽어 오려
면 예제 1.15에서 보인 것처럼 정수를 문자로 캐스팅해야 한다.

예제 1.15 System.Console.Read() 사용

```
int readValue;
char character;
readValue = System.Console.Read();
character = (char) readValue;
System.Console.Write(character);
```

System.Console.Read() 메서드는 사용자가 엔터키를 누를 때까지 입력을 반환하지
않는다. 여러 문자를 입력했더라도 사용자가 엔터키를 누르기 전엔 어떤 문자도 처리하
지 않는다.

C# 2.0 이상에서 System.Console.ReadKey()라는 메서드를 사용할 수 있는데, 이 메서드는 System.Console.Read()와 대조적으로 한 번의 키 입력 후 그 입력을 반환한다. 개발자가 키 입력을 가로채서 키 검증과 같은 작업을 할 수 있고 문자를 숫자로 제한하는 동작을 수행할 수 있다.

콘솔로 출력하기

예제 1.14에서 System.Console.WriteLine()이 아니라 System.Console.Write() 메서드를 사용해 사용자에게 성과 이름을 요청하도록 했다. System.Console.Write() 메서드는 텍스트를 표시한 후 새줄 문자를 넣지 않으므로 현재 위치를 같은 줄에 유지한다. 이런 방식으로 사용자가 입력하는 텍스트를 입력 프롬프트와 동일한 줄에 유지한다. 예제 1.14의 출력은 System.Console.Write()의 효과를 나타냈다.

다음 단계는 System.Console.ReadLine()을 사용해 읽은 값을 다시 콘솔에 출력한다. 예제 1.16의 경우 프로그램에서 사용자의 전체 이름을 출력한다. 앞서처럼 System.Console.WriteLine()을 사용하는 대신 이 코드는 **문자열 보간**string interpolation이라는 C# 6.0 기능을 활용해 약간 변형했다. Console.WriteLine 호출에서 문자열 리터럴 앞에 달러 기호를 붙였다. 달러 기호는 문자열 보간을 사용한다는 것을 가리킨다. 결과 1.5에서 해당하는 출력을 나타냈다.

예제 1.16 System.Console.WriteLine()을 사용한 서식 지정

```
class HeyYou
{
    static void Main()
    {
        string firstName;
        string lastName;

        System.Console.WriteLine("Hey you!");

        System.Console.Write("Enter your first name: ");
        firstName = System.Console.ReadLine();

        System.Console.Write("Enter your last name: ");
        lastName = System.Console.ReadLine();
```

```
        System.Console.WriteLine(
            $"Your full name is { firstName } { lastName }.");
    }
}
```

```
Hey you!
Enter your first name: Inigo
Enter your last name: Montoya

Your full name is Inigo Montoya.
```

'Your full name is' 다음에 firstName을 출력하는 또 다른 Write 문, 공백을 출력하는 세 번째 Write 문, 마지막으로 lastName을 출력할 WriteLine 문의 순으로 작성하지 않고, 예제 1.16은 C# 6.0의 문자열 보간을 사용해 전체 출력을 작성했다. 문자열 보간을 사용하면 컴파일러는 문자열 내의 중괄호 내부를 문자열을 평가하고 변환하는 코드(표현식) 영역으로 해석한다. 문자열 보간은 많은 코드 조각을 각각 실행한 다음 마지막에 문자열로 조합하지 않고, 이 작업을 한 단계로 수행할 수 있다. 이 기능은 코드의 이해를 더 쉽게 만든다.

6.0 끝

C# 6.0 이전에 C#은 **복합 서식**composite formatting이라는 다른 접근 방법을 사용했다. 복합 서식을 사용하면 출력 서식을 정의하고자 코드에서 먼저 **서식 문자열**format string을 사용한다(예제 1.17 참고).

예제 1.17 System.Console.WriteLine()의 복합 서식을 사용한 서식 지정

```
class HeyYou
{
    static void Main()
    {
        string firstName;
        string lastName;

        System.Console.WriteLine("Hey you!");

        System.Console.Write("Enter your first name: ");
```

```
        firstName = System.Console.ReadLine();

        System.Console.Write("Enter your last name: ");
        lastName = System.Console.ReadLine();

        System.Console.WriteLine(
            "Your full name is {0} {1}.", firstName, lastName);
    }
}
```

이 예제에서 서식 문자열은 'Your full name is {0} {1}'이다. 여기서는 문자열에 데이터를 넣기 위해 인덱스를 붙인 2개의 위치 구분자를 확인할 수 있다. 각 위치 구분자는 서식 문자열 다음에 나오는 인수의 순서에 해당한다.

인덱스는 0부터 시작한다. 삽입된 각 인수(서식 항목)는 해당 인덱스 값에 대응하는 순서로 서식 문자열 뒤에 나온다. 이 예제에서 firstName이 서식 문자열 뒤에 바로 나오는 첫 번째 인수이므로 인덱스 값은 0이다. 마찬가지로 lastName은 인덱스 값이 1이다.

서식 문자열 내의 위치 구분자는 순서대로 나타내지 않아도 된다. 예를 들어, 예제 1.18은 인덱스를 붙인 위치 구분자의 순서를 바꾸고 콤마를 추가해 이름을 표시하는 방식을 변경했다(결과 1.6 참고).

예제 1.18 인덱스를 붙인 위치 구분자와 대응하는 변수의 교환

```
System.Console.WriteLine("Your full name is {1}, {0}", firstName, lastName);
```

결과 1.6

```
Hey you!
Enter your first name: Inigo
Enter your last name: Montoya

Your full name is Montoya, Inigo
```

서식 문자열 내에 위치 구분자를 연속으로 표시하는 방식 외에도, 서식 문자열 내에 동일한 위치 구분자를 여러 번 사용할 수도 있다. 위치 구분자를 생략할 수도 있다. 하지만 대응하는 인수 없이 위치 구분자를 사용할 수는 없다.

주석

이 절은 예제 1.17의 주석을 넣어 프로그램을 수정했다. 주석을 넣어도 프로그램의 실행에는 조금도 영향을 주지 않는다. 오히려 코드 내에 주석을 제공함으로써 불명확한 어려운 코드를 더 잘 이해하게 할 수 있다. 예제 1.19는 새로운 코드를 나타냈고 이에 대한 출력을 결과 1.7에서 나타냈다.

예제 1.19 코드에 주석 넣기

```
class CommentSamples
{
    static void Main()
    {
                                    한 줄 주석
        string firstName; // 이름을 저장하는 변수
        string lastName;  // 성을 저장하는 변수

        System.Console.WriteLine("Hey you!");
                                    구문 내에 분리된 주석
        System.Console.Write /* 줄 바꿈 없음 */ ("Enter your first name: ");
        firstName = System.Console.ReadLine();

        System.Console.Write /* 줄 바꿈 없음 */ ("Enter your last name: ");
        lastName = System.Console.ReadLine();

        /* 복합 서식을 사용해 콘솔에 인사의 말 표시. */  여러 줄 주석

        System.Console.WriteLine("Your full name is {0} {1}.",
            firstName, lastName);
        // 예제 프로그램의
        // 끝
    }
}
```

```
Hey you!
Enter your first name: Inigo
Enter your last name: Montoya

Your full name is Inigo Montoya.
```

주석을 삽입한 새로운 프로그램을 컴파일하고 실행하면 전과 같은 결과를 표시한다.

프로그래머는 자신이 작성하는 코드를 묘사하고 설명하는 데 주석을 사용하며, 특히 이해하기 어려운 구문이나 놀랄 만한 특정 알고리듬 구현 등의 설명에 필요하다. 주석은 프로그래머가 코드를 검토할 때만 관련 있으므로 컴파일러는 주석을 무시하며 주석이 원래 소스 코드의 일부였더라도 상관없이 어셈블리 코드를 생성한다.

표 1.2는 네 가지 서로 다른 C# 주석 형식을 나타냈다. 예제 1.19의 프로그램은 이들 형식 중 두 가지를 포함하고 있다.

표 1.2 C# 주석 형식

2.0 시작

주석 형식	설명	예
분리된 주석	슬래시 다음에 별표가 나오는 '/*'를 사용해 분리된 주석의 시작을 표시한다. 주석의 끝을 표시하고자 별표 다음에 슬래시가 표시되는 '*/'를 사용한다. 이런 형식의 주석은 코드 파일에서 여러 줄을 대상으로 하거나 한 줄 내에 포함돼 나타나기도 한다. 해당 줄의 시작 부분에 나타나지만 구분 기호 내에 있는 별표는 단순히 서식 지정용이다.	/* 주석 */
한 줄 주석	주석은 2개의 연속된 정방향 슬래시 문자인 '//'로 선언하기도 한다. 컴파일러는 이 구분 기호부터 줄 끝까지에 해당하는 모든 텍스트를 주석으로 취급한다. 이런 형식의 주석이 한 줄 주석이다. 하지만 예제 1.19의 마지막 주석의 경우처럼 한 줄 주석을 연속해서 쓸 수도 있다.	// 주석
XML 형식 여러 줄 주석	/** 시작하고 **/로 끝나는 주석을 'XML 형식 여러 줄 주석'이라 한다. 이런 형식의 주석은 XML 주석을 완전히 무시하는 것이 아니라 컴파일러가 별도의 텍스트 파일에 이 주석을 넣을 수 있다는 점을 제외하면 보통의 여러 줄 주석과 동일한 특징을 갖는다.*	/** 주석 **/
XML 형식 한 줄 주석	XML 형식 한 줄 주석은 ///로 시작하고 해당 줄의 끝까지 영향을 미친다. 게다가 컴파일러는 XML 여러 줄 주석과 함께 한 줄 주석을 별도 파일에 저장할 수 있다.	///주석

2.0 끝

* XML 여러 줄 주석은 C# 2.0에서 명시적으로 추가됐지만 그 구문은 C# 1.0과 호환된다.

XML 주석에 관한 더 포괄적인 논의와 이를 활용해 API 문서를 생성하는 방법은 10 장에서 다양한 XML 태그의 자세한 설명과 함께 추가로 다룬다.

프로그래밍 역사를 거슬러 올라가면 잘 훈련되고 경험 많은 프로그래머가 주석을 많이 작성한다고 여기던 시기가 있었다. 이젠 더 이상 그런 논리가 먹히지는 않는다. 주석이 없어도 가독성 좋은 코드가, 주석을 통해 코드의 동작을 명확히 하려는 코드보다 더 가치가 있다. 개발자는 특정 코드 블록의 동작을 명확히 하려고 주석을 입력하기보다는 해당 코드를 더 명확하게 재작성하는 편이 더 낫다. 코드를 명확히 하고자 반복해서 주석을 채워 넣으면 가독성이 떨어지며, 주석을 업데이트하지 않고 코드를 변경하는 일이 자주 일어나면서 주석이 쓸모없어질 가능성도 높아진다.

> **가이드라인**
> - 코드를 작성한 개발자 외에 누군가에게 명확한 설명을 해야 할 필요가 없는 한, 주석을 사용하지 않는다.
> - 복잡한 알고리듬을 명확히 하고자 주석을 입력하기보다는 코드 자체를 더 명료하게 작성한다.

■ 초 급 주 제

확장 마크업 언어(XML, Extensible Markup Language)

XML은 웹 애플리케이션 내에서 그리고 애플리케이션 간에 데이터를 교환하고자 자주 사용되는 간단하고 유연한 텍스트 형식이다. XML을 확장성이 좋다고 하는 이유는 XML 문서 내에 데이터를 기술하는 메타데이터^{metadata}라는 정보를 포함하기 때문이다. 다음은 샘플 XML 파일이다.

```
<?xml version="1.0" encoding="utf-8" ?>
<body>
    <book title="Essential C# 8.0">
        <chapters>
            <chapter title="C# 소개"/>
            <chapter title="데이터 형식"/>
            ...
        </chapters>
```

```
    </book>
  </body>
```

이 파일은 XML 파일의 버전과 문자 인코딩을 가리키는 헤더로 시작한다. 그 이후 하나의 메인 'book' 요소가 있다. 요소는 <body>처럼 꺾쇠괄호로 단어를 시작한다. 요소의 끝은 꺾쇠괄호에 동일한 단어가 들어가되 </body>처럼 해당 단어 앞에 슬래시를 추가한다. 요소 외에 XML은 특성을 지원한다. title="Essential C# 8.0"은 XML 특성의 한 예다. XML 파일은 해당 데이터('Essential C# 8.0', '데이터 형식')를 기술하는 메타데이터(책 제목, 장 등)를 포함한다. 이런 방식은 파일의 크기를 부풀릴 수 있지만 데이터 해석을 돕는 설명을 포함하는 이점이 있다.

관리되는 실행과 공용 언어 기반

프로세서가 어셈블리를 직접 해석해 실행할 수 없다. 어셈블리는 **공용 중간 언어**^{CIL, Common Intermediate Language} 또는 짧게 IL[16]이라고 부르는 2차 언어로 구성된다. C# 컴파일러는 C# 소스 파일을 중간 언어로 변환한다. 다음 단계는 실행 시간에 수행되며 이때 CIL 코드를 프로세서가 이해하는 **기계어 코드**^{machine code}로 변경한다. 여기에는 C# 프로그램 실행의 중요한 요소인 **가상 실행 시스템**^{VES, Virtual Execution System}이 수반된다. VES를 보통 **런타임**^{runtime}이라고도 부르는데, VES는 필요시 CIL 코드를 컴파일한다(이런 과정을 JIT^{Just-In-Time} 컴파일 또는 jitting이라 한다). 런타임처럼 에이전트의 콘텍스트 아래에서 실행하는 코드를 **관리되는 코드**^{managed code}라고 하며, 런타임의 제어 아래의 실행 과정을 **관리되는 실행**^{managed execution}이라고 한다. 런타임이 메모리 할당과 JIT 컴파일, 보안 같은 측면을 관리함으로써 프로그램 동작의 중요한 부분을 제어하기 때문에 '관리'라는 표현을 썼다. 실행에 런타임이 필요하지 않은 코드를 **네이티브 코드**^{native code}(또는 비관리 코드, unmanaged code)라 한다.

---

16 CIL을 지칭하는 세 번째 용어가 Microsoft IL(MSIL)이다. 이 책은 CLI 표준에서 사용된 용어를 적용해 CIL을 사용한다. 다른 사람들이 IL은 형식의 중간 언어라기보다 CIL을 의미한다고 가정하기 때문에 C# 코드를 작성하는 사람들 사이의 대화에서 널리 퍼진 용어다.

런타임에 대한 명세는 **공용 언어 기반**[CLI, Common Language Infrastructure]이라는 더 광범위한 명세에 포함돼 있다.[17] CLI는 국제 표준으로서 다음과 같은 명세를 담고 있다.

- VES 또는 런타임
- CIL
- 언어 상호 운용성을 지원하는 형식 시스템인 **공용 형식 시스템**[CTS, Common Type System]
- CLI 호환 언어에서 액세스할 수 있는 라이브러리를 작성하는 방법에 대한 가이드 (공용 언어 사양[CLS, Common Language Specification]에서 확인)
- CLI에서 확인된 많은 서비스를 사용하게 해주는 메타데이터(레이아웃이나 어셈블리의 파일 형식에 대한 명세 포함)

■ 노트

런타임이라는 용어는 '실행 시간'이나 VES라고 할 수 있다. 이를 좀 더 명확히 하려는 의도로 이 책에서는 프로그램이 실행될 때는 실행 시간(execution time)이라는 용어를 사용하고 C# 프로그램이 실행되는 동안의 실행 관리를 담당하는 에이전트를 가리킬 때는 런타임이라는 용어를 사용한다.

런타임 실행 엔진의 콘텍스트 내에서 프로그램을 실행하면 프로그래머는 직접 코드로 작성할 필요가 없는 많은 서비스와 기능을 지원받을 수 있다.

- **언어 상호 운용성**: 다른 원본 언어 사이의 상호 운용성을 말한다. 언어 컴파일러가 각 원본 언어를 동일한 공용 중간 언어[CIL]로 변환하기 때문에 가능하다.
- **형식 안전성**: 형식 간의 변환을 검사하고, 호환 형식 간의 변환만 보장한다. 이 기능은 보안 취약성을 일으키는 버퍼 오버런의 발생을 방지한다.
- **코드 액세스 보안**: 어셈블리 개발자의 코드가 컴퓨터에서 실행할 권한을 지녔는지 인증한다.
- **가비지 컬렉션**: 이전에 런타임에서 할당된 메모리를 자동으로 해제하는 메모리 관리 기능이다.

---

17 Miller, J., and S. Ragsdale. 2004. The Common Language Infrastructure Annotated Standard. Boston: AddisonWesley.

- **플랫폼 이식성**: 잠재적으로 다양한 운영체제에서 동일한 어셈블리를 실행하도록 지원한다. 한 가지 분명한 제약 사항은 플랫폼 의존적인 라이브러리를 사용하지 않아야 한다는 점이다. 따라서 플랫폼 종속적인 특징은 별도로 풀어야 한다.
- BCL^{Base Class Library}: 개발자가 자체적인 코드를 개발하지 않아도 되도록 (모든 .NET 프레임워크에서)대규모 코드 기반을 제공한다.

> ■ **노트**
>
> 이 절은 C# 프로그램 실행 콘텍스트에 익숙하도록 CLI의 간단한 개요를 설명한다. 이 책 전반에 나타나는 일부 용어에 대한 요약을 제공한다는 취지도 있다. 24장에서 CLI와 C# 개발자에 관련된 주제에 할애했다. 24장이 이 책의 마지막이지만 앞서 나온 다른 장을 먼저 학습하지 않아도 되므로 CLI에 좀 더 익숙해지고 싶다면 언제든지 24장으로 건너뛰어도 된다.

공용 중간 언어와 ILDASM

이 단원의 소개에서 언급한 것처럼 C# 컴파일러는 C# 코드를 공용 중간 언어^{CIL} 코드로 변환하고 기계어 코드로는 변환하지 않는다. 프로세서가 바로 이해하는 코드는 기계어 코드다. 따라서 CIL 코드를 프로세서에서 실행하기 전에 변환해야 한다. CIL 디스어셈블러 유틸리티를 사용해 어셈블리를 CIL 표시로 분석한 다음 CIL 코드를 확인할 수 있다. (CIL 디스어셈블러는 IL Disassembler를 의미하는 Microsoft .NET 프레임워크식 파일 이름인 ILDASM으로 부른다.) ILDASM은 어셈블리를 분석하고 C# 컴파일러가 생성한 CIL을 텍스트로 추출한다.

.NET 어셈블리를 역컴파일한 결과는 기계어 코드보다 더 이해하기 쉽다. ILDASM과 같은 도구를 통해 소스 코드 없이도 프로그램을 역컴파일하고 알고리듬을 알아내기 쉽기 때문에 많은 개발자가 우려할 수도 있다. 다른 모든 프로그램과 마찬가지로 CLI 기반이든 아니든 디스어셈블 작업을 막는 가장 간단한 방법은 컴파일된 프로그램에 액세스하지 못하게 하는 일이다(예를 들어, 사용자의 컴퓨터에 배포하지 않고 웹사이트에서 프로그램을 호스팅하는 방식). 하지만 소스 코드에 대한 접근성을 줄여야 하는 요구 사항이 있다면 몇 가지 난독화 도구^{obfuscator}가 있다. 이들 난독화 도구는 IL 코드를 열고 뒤섞어 놓아

동작에는 변함이 없지만 이해를 어렵게 만든다. 이런 방식은 실력보다 잡기에 능한 개발자가 코드를 액세스하지 못하게 만들고, 이해할 수 있는 코드로 역컴파일하기 어렵고 분석에 시간이 많이 걸리는 어셈블리를 만든다. 프로그램 요구 사항이 고도의 알고리듬 보안을 요구하지 않는 한 이들 난독화 도구 정도면 충분하다.

■ 고 급 주 제

HelloWorld.exe에 대한 CIL 출력

CIL 디스어셈블러에 사용한 정확한 명령은 사용한 CLI 구현에 달렸다. .NET Core의 경우 'http://itl.tc/ildasm'를 참고하자. 예제 1.20은 ILDASM으로 생성한 CIL 코드다.

예제 1.20 CIL 출력 샘플

```
.assembly extern System.Runtime
{
    .publickeytoken = (B0 3F 5F 7F 11 D5 0A 3A )
    .ver 6:0:0:0
}

.assembly extern System.Console
{
    .publickeytoken = (B0 3F 5F 7F 11 D5 0A 3A )
    .ver 6:0:0:0
}

.assembly HelloWorld
{
    .custom instance void [System.Runtime]System.Runtime.CompilerServices.Compila
tionRelaxationsAttribute::.ctor(int32) = ( 01 00 08 00 00 00 00 00 )
    .custom instance void [System.Runtime]System.Runtime.CompilerServices.
RuntimeCompatibilityAttribute::.ctor() = ( 01 00 01 00 54 02 16 57 72 61 70 4E 6F
6E 45 78   // ....T..WrapNonEx
63 65 70 74 69 6F 6E 54 68 72 6F 77 73 01 )   // ceptionThrows.

    // --- 다음 사용자 지정 특성이 자동으로 추가됩니다. 주석 처리를 제거하지 마십시오. -------
    //   .custom instance void [System.Runtime]System.Diagnostics.
DebuggableAttribute::.ctor(valuetype [System.Runtime]System.Diagnostics.
DebuggableAttribute/DebuggingModes) = ( 01 00 07 01 00 00 00 00 )
```

```
        .custom instance void [System.Runtime]System.Runtime.Versioning.
TargetFrameworkAttribute::.ctor(string) = ( 01 00 18 2E 4E 45 54 43 6F 72 65 41
70 70 2C 56   // ....NETCoreApp,V
65 72 73 69 6F 6E 3D 76 36 2E 30 01 00 54 0E 14   // ersion=v6.0..T..
46 72 61 6D 65 77 6F 72 6B 44 69 73 70 6C 61 79   // FrameworkDisplay
4E 61 6D 65 00 )                                  // Name.
        .custom instance void [System.Runtime]System.Reflection.
AssemblyCompanyAttribute::.ctor(string) = ( 01 00 0A 48 65 6C 6C 6F 57 6F 72 6C
64 00 00 )   // ...HelloWorld..
        .custom instance void [System.Runtime]System.Reflection.AssemblyConfiguration
Attribute::.ctor(string) = ( 01 00 05 44 65 62 75 67 00 00 )   // ...Debug..
    .custom instance void [System.Runtime]System.Reflection.
AssemblyFileVersionAttribute::.ctor(string) = ( 01 00 07 31 2E 30 2E 30 2E 30 00
00 )   // ...1.0.0.0..
        .custom instance void [System.Runtime]System.Reflection.AssemblyInformational
VersionAttribute::.ctor(string) = ( 01 00 05 31 2E 30 2E 30 00 00 )   // ...1.0.0..
        .custom instance void [System.Runtime]System.Reflection.
AssemblyProductAttribute::.ctor(string) = ( 01 00 0A 48 65 6C 6C 6F 57 6F 72 6C
64 00 00 )   // ...HelloWorld..
        .custom instance void [System.Runtime]System.Reflection.
AssemblyTitleAttribute::.ctor(string) = ( 01 00 0A 48 65 6C 6C 6F 57 6F 72 6C 64
00 00 )   // ...HelloWorld..
    .hash algorithm 0x00008004
    .ver 1:0:0:0
}

.module HelloWorld.dll
// MVID: {2974F183-59EC-4095-92F0-55D39ECD30CC}
.imagebase 0x00400000
.file alignment 0x00000200
.stackreserve 0x00100000
.subsystem 0x0003       // WINDOWS_CUI
.corflags 0x00000001    //  ILONLY
// Image base: 0x07170000


// =============== CLASS MEMBERS DECLARATION ===================

.class private auto ansi beforefieldinit HelloWorld
       extends [System.Runtime]System.Object
{
    .method private hidebysig static void  Main() cil managed
```

```
{
    .entrypoint
    // 코드 크기 13 (0xd)
    .maxstack  8
    IL_0000:  nop
    IL_0001:  ldstr  "Hello. My name is Inigo Montoya."
    IL_0006:  call   void [System.Console]System.Console::WriteLine(string)
    IL_000b:  nop
    IL_000c:  ret
} // end of method HelloWorld::Main

.method public hidebysig specialname rtspecialname
    instance void.ctor() cil managed
{
    // 코드 크기  8 (0x8)
    .maxstack  8
    IL_0000:  ldarg.0
    IL_0001:  call   instance void [System.Runtime]System.Object::.ctor()
    IL_0006:  nop
    IL_0007:  ret
} // end of method HelloWorld::.ctor

} // end of class HelloWorld
```

이 목록은 메니페스트 정보로 시작된다. 여기에는 역컴파일된 모듈(HelloWorld.exe)의 전체 이름뿐만 아니라 종속성 있는 모든 어셈블리, 버전 정보를 함께 포함하고 있다.

이 예제를 통해 확인할 수 있는 가장 흥미로운 사실은 아마도 기계어 코드(어셈블러)를 읽고 이해하려는 시도와 비교해 이 프로그램이 무엇을 하는지 상대적으로 파악하기 쉽다는 점이다. 예제에서 System.Console.WriteLine()에 대한 명확한 언급이 보인다. CIL 코드 목록에 대한 주변 정보가 많지만, 난독화 도구를 사용하지 않는 한 개발자가 원래 소스 코드를 액세스하지 않고도 C# 어셈블리(또는 모든 CLI 기반 프로그램)의 내부 동작을 상대적으로 이해하기 쉽다. 사실상 CIL을 C#으로 자동 역컴파일할 수 있는 몇 가지 무료 도구(Red Gate의 Reflector나 ILSpy, JustDecompile, dotPeek, CodeReflect)를 사용할 수도 있다.

여러 가지 .NET 프레임워크

1장 서두에서 간단히 언급한 것처럼 여러 가지 .NET 프레임워크가 있다. 이들 .NET 프레임워크는 여러 운영체제와 심지어 다른 하드웨어 플랫폼을 위한 .NET 구현을 제공하려는 희망에 따른 것이다. 표 1.3에서 대표적인 몇 가지를 나타냈다.

표 1.3 대표적인 .NET 프레임워크 구현

종류	설명
.NET Core	진정한 크로스 플랫폼이자 오픈소스 .NET 프레임워크이며 서버와 명령줄 애플리케이션 모두에 대한 고도로 모듈화된 API 집합을 지원한다. 현재는 .NET 5부터 통합 .NET 프레임워크가 됐다.
Microsoft .NET 프레임워크	첫 번째 .NET 프레임워크. 서서히 .NET Core로 대체되다가 .NET 5.0에서 .NET Core와 .NET 프레임워크를 통합했다.
자마린(Xamarin)	iOS와 안드로이드 모두에서 동작하는 .NET의 모바일 플랫폼 구현이며 네이티브 플랫폼 API에 대한 액세스를 여전히 지원하면서 단일 코드 기반에서 모바일 애플리케이션을 개발할 수 있게 했다.
모노(Mono)	자마린과 유니티의 기반을 형성한 .NET의 가장 오래된 오픈소스 구현. 모노는 새로 개발한 .NET Core로 대체됐다.
유니티(Unity)	게임 콘솔과 PC, 모바일 장치, 심지어 웹사이트용 비디오 게임을 개발하는 데 사용된 크로스 플랫폼 엔진. (유니티 엔진은 마이크로소프트 홀로렌즈 증강 현실 영역으로의 투영을 지원하는 첫 번째 공개 구현이다.)

이 책의 모든 샘플은 달리 명시하지 않는 한 .NET Core와 Microsoft .NET 프레임워크에서 동작한다.[18] .NET Core가 향후 .NET 투자의 대부분을 차지하기 때문에 책에서 제공하는 샘플 소스 코드('https://IntelliTect.com/EssentialCSharp'에서 사용 가능)는 기본적으로 .NET Core에서도 동작한다.

> **▪ 노트**
>
> 책 전체에서 '.NET 프레임워크'는 보통 .NET 구현을 지원하는 프레임워크를 뜻한다. 반면에 'Microsoft .NET 프레임워크'는 마이크로소프트 윈도우에서만 동작하고 2001년에 마이크로소프트가 처음 출시한 특정 .NET 프레임워크 구현을 뜻한다.

---

18 .NET 5 이상의 통합 .NET 프레임워크에서도 동작한다. – 옮긴이

애플리케이션 프로그래밍 인터페이스

System.Console과 같은 데이터 형식에서 찾을 수 있는 모든 메서드(또는 더 일반적으로 멤버)는 System.Console의 **애플리케이션 프로그래밍 인터페이스**[API, Application Programming Interface]를 정의한 것이다. API는 소프트웨어 프로그램이 컴포넌트와 상호 작용하는 방법을 정의한다. 이런 API는 하나의 데이터 형식에서만 해당되는 것이 아니고 일반적으로 적용되는 개념이다. 일련의 데이터 형식을 위한 모든 API의 조합이 컴포넌트 집합용 API를 만든 것이다. 예를 들어, .NET에서 어셈블리의 모든 형식(그리고 이들 형식 내의 멤버)은 어셈블리의 API를 구성한 것이다. 마찬가지로 .NET Core와 .NET 프레임워크에 있는 어셈블리의 조합과 어셈블리의 집합군이 더 큰 API를 형성한다. 종종 이 더 큰 API 그룹을 **프레임워크**라고 한다. 이런 이유로 API와 관련해 .NET 프레임워크라는 용어는 .NET Core나 Microsoft .NET 프레임워크에 포함된 모든 어셈블리를 노출한다. 일반적으로 API는 컴포넌트 집합을 사용하는 프로그래밍을 위한 일련의 인터페이스와 프로토콜(또는 명령)로 구성된다. 사실 .NET에서 프로토콜 자체는 .NET 어셈블리를 실행하는 방법에 대한 규칙이다.

C#과 .NET 버전

.NET 프레임워크의 개발 수명 주기는 C# 언어와는 다르므로 기본 .NET 프레임워크 버전과 해당하는 C# 언어의 버전은 다르다. 즉, C# 5.0 컴파일러로 컴파일한다면 'Microsoft .NET 프레임워크 버전 4.6'을 사용해 컴파일한다는 의미다. 표 1.4는 Microsoft .NET 프레임워크와 .NET Core용 C#과 .NET 릴리스의 간단한 개요를 나타냈다.

표 1.4 C#과 .NET 버전

버전	설명
C# 1.0과 Microsoft .NET 프레임워크 1.0/1.1 (Visual Studio 2002와 2003)	C#의 초기 릴리스. .NET 프로그래밍을 지원하고자 완전히 다시 만든 언어.
C# 2.0과 Microsoft .NET 프레임워크 2.0 (Visual Studio 2005)	C# 언어와 라이브러리에 제네릭이 추가되고 Microsoft .NET 프레임워크 2.0에 제네릭 지원.

2.0 시작

3.0 시작

4.0 시작

5.0 시작

6.0 시작

7.0 시작

8.0 시작

버전	설명
Microsoft .NET 프레임워크 3.0	분산 통신(WCF, Windows Communication Foundation)과 리치 클라이언트 프레젠테이션(WPF, Windows Presentation Foundation), 워크플로(WF, Windows Workflow), 웹 인증(Cardspace)을 위한 일련의 API 추가.
C# 3.0과 Microsoft .NET 프레임워크 3.5 (Visual Studio 2008)	LINQ, 컬렉션 프로그래밍에 사용되는 API에 대한 중요한 개선이 추가됨. Microsoft .NET 프레임워크 3.5는 기존 API를 확장해 LINQ를 가능하게 만든 라이브러리 제공.
C# 4.0과 Microsoft .NET 프레임워크 4 (Visual Studio 2010)	프로세서들 내에서 다중 프로세서와 코어를 활용하는 멀티스레드 프로그램 작성을 위해 API의 중요한 개선과 함께 동적 타입 지원 추가.
C# 5.0과 Microsoft .NET 프레임워크 4.5 (Visual Studio 2012), WinRT 통합	명시적인 대리자 콜백 등록 없이 비동기 메서드 호출에 대한 지원 추가. 프레임워크의 추가적인 변경에서 WinRT(Windows Runtime)와 상호 운용성 지원.
C# 6.0과 Microsoft .NET 프레임워크 4.6, .NET Core 1.X (Visual Studio 2015)	문자열 보간과 null 전파 멤버 액세스, 예외 필터, 사전 이니셜라이저, 수많은 다른 기능이 추가됨
C# 7.0과 Microsoft .NET 프레임워크 4.7, .NET Core 1.1 또는 2.0 (Visual Studio 2017)	튜플, deconstructors, 패턴 매칭, 로컬 함수, 참조에 의한 반환 등이 추가됨
C# 8.0과 Microsoft .NET 프레임워크 4.8, .NET Core 3.0	null 허용(nullable) 참조 형식, 고급 패턴 매칭, using 선언, 정적 로컬 함수, disposable ref struct, 범위와 인덱스, 비동기 스트림에 대한 지원 추가(마지막 두 가지는 Microsoft .NET 프레임워크 4.8에서 지원 안 함)

5.0 끝

4.0 끝

3.0 끝

2.0 끝

C# 6.0에서 추가된 가장 중요한 프레임워크 기능은 아마 크로스 플랫폼 컴파일에 대한 지원일 것이다. 즉, 마이크로소프트는 Microsoft.NET 프레임워크를 윈도우에서 실행하는 것뿐만 아니라 리눅스와 macOS에서 실행할 수 있는 .NET Core 구현도 제공했다. .NET Core가 전체 Microsoft.NET 프레임워크와 동일한 기능 집합을 제공하지는 않지만, 전체(ASP. NET) 웹사이트는 윈도우와 IIS^Internet Information Server 외의 운영체제에서도 호스팅할 수 있다. 이는 동일한 코드 베이스로 크로스 플랫폼에서 애플리케이션을 컴파일하고 실행할 수 있음을 의미한다. .NET Core는 리눅스와 macOS에서 자체적으로 실행되는 .NET 컴파일러 플랫폼('Roslyn')에서부터 Dotnet 명령줄 유틸리티인 dotnet CLI(C# 7.0에서 소개했다)와 같은 도구를 제공하는 .NET Core 런타임까지 포함한다. .NET Core와 dotnet CLI 모두는 C# 8.0과 .NET Core 3.0에서 주류가 될 정도로 계속 성숙해졌다.

6.0 끝

7.0 끝

8.0 끝

.NET Standard

각 .NET 프레임워크의 다양한 버전을 포함해 .NET의 많은 다른 구현은 다소 겹치는 API만의 다른 집합을 지원하도록 구현하면서 여러 갈래로 나뉘었다. 결과적으로 특정 API를 사용할 수 있는지 여부를 조건 검사하는 코드가 필요했기 때문에 여러 .NET 프레임워크에 걸쳐 재사용할 수 있는 코드를 작성하기는 어려웠다. 복잡성을 제거하고자 .NET Standard가 어떤 API를 어떤 버전의 표준에서 지원하는지 정의하는 수단으로 등장했다. 따라서 .NET Standard는 각 .NET Standard 버전 번호와 호환되는 .NET 프레임워크를 정의한다. 하지만 많은 구현이 이미 출시됐으므로 어떤 API가 어떤 Standard에 들어갔는지 확인하는 의사결정 트리는 기존 구현과 .NET Standard 버전 번호와 이들 기존 구현의 연관성 정도에 기반을 뒀다.

이 책을 집필할 때 .NET Standard 버전은 2.1이다. 유감스럽게도 최신 Microsoft .NET 프레임워크 버전(4.8)은 여전히 .NET Standard 2.0을 따르므로 C# 8.0의 범위/인덱스 그리고 비동기 스트림(async stream) 기능을 지원하지 않는다. 이 부분을 제외하고 모든 베이스 프레임워크는 .NET Standard 2.0을 구현했다. 따라서 .NET Standard 2.0은 각 프레임워크의 이전 버전에서 발견된 갈라진 API를 다시 통합했고 각 .NET 프레임워크 구현의 최신 버전을 대상으로 한 크로스 컴파일을 허용한다.

마이크로소프트의 비전은 다양한 .NET 프레임워크 소스 코드를 모두 단일 코드 베이스로 병합하는 .NET 5.0을 만드는 것이었다(.NET 프레임워크, .NET Core, Xamarin/Mono의 재통합). 그리고 이런 병합이 이뤄졌고 .NET 6.0에 이르면서 .NET Standard는 용도가 없어졌다. 즉, 모든 .NET 프레임워크가 동일한 코드 베이스에서 만들어진다면 API는 자동으로 통합된 API가 되고 준수해야 할 표준은 필요 없어졌다.

요약

1장은 C#의 가장 기본적인 내용을 소개했다. 여기서는 기본 C# 문법에 익숙해지는 데 도움을 주고자 했다. C++ 스타일 언어와 C#의 유사성 때문에 1장의 많은 부분이 그다지 새롭지 않을 수도 있다. 하지만 C#과 관리되는 코드는 CIL로 컴파일하는 것처럼 일부 구별되는 특징이 있다. 이런 특징이 독특하지 않더라도 C#의 또 다른 핵심 특징이 객체 지향 프로그래밍을 완전하게 지원한다는 사실이다. 콘솔에서 데이터를 읽고 콘솔에 출력하는 작업도 객체 지향이다. 이 책 전체에서 보게 되겠지만 객체 지향은 C#의 기본 토대다.

2장에서는 C# 언어의 일부인 기본 데이터 형식을 살펴보고 이들 데이터 형식과 피연산자로 식을 구성하는 방법을 설명한다.

2. 데이터 형식

1장의 HelloWorld 프로그램에서 C# 언어와 구조, 기본 문법 특징, 간단한 프로그램 작성 방법에 대한 감을 잡았다. 2장은 계속해서 기본 C# 형식을 살펴보면서 C# 기초를 설명한다.

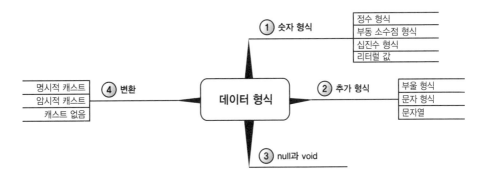

지금까지는 몇 가지 기본 데이터 형식만 사용하면서 설명했다. C#은 많은 데이터 형식이 있으며 이들 형식을 조합해 새로운 형식을 만들어 낸다. C#의 몇 가지 형식은 상대적으로 단순하고 다른 모든 형식의 빌딩 블록이 된다. 이들 형식은 **사전 정의된 형식** predefined type이다. C# 언어의 사전 정의한 형식은 여덟 가지 정수 형식과 공학 계산을 위한 두 가지 이진 부동 소수점 형식, 금융 계산을 위한 한 가지 십진 부동소수점, 부울 형식 하나와 문자 형식 하나가 있다. 2장은 이들 기본 형식을 조사하고, string 형식을 보

다 자세히 살펴본다.

기본 숫자 형식

C#의 기본 숫자 형식에는 관련된 키워드가 있다. 이들 형식은 정수 형식과 부동 소수점 형식, 표현 오류 없이 큰 수를 저장하는 decimal이라는 특수한 부동 소수점 형식이다.

정수 형식

표 2.1에서 보인 것처럼 C# 정수 형식은 여덟 가지다. 이런 다양성으로 인해 자원을 낭비하지 않고 값의 범위를 충분히 담을 수 있는 데이터 형식을 선택할 수 있다.

표 2.1 정수 형식

형식	크기	범위	BCL 이름	부호화	리터럴 접미사
sbyte	8 bits	−128 ~ 127	System.SByte	예	
byte	8 bits	0 ~ 255	System.Byte	아니오	
short	16 bits	−32,768 ~ 32,767	System.Int16	예	
ushort	16 bits	0 ~ 65,535	System.UInt16	아니오	
int	32 bits	−2,147,483,648 ~ 2,147,483,647	System.Int32	예	
uint	32 bits	0 ~ 4,294,967,295	System.UInt32	아니오	U 또는 u
long	64 bits	−9,223,372,036,854,775,808 ~ 9,223,372,036,854,775,807	System.Int64	예	L 또는 l
ulong	64 bits	0 ~ 18,446,744,073,709,551,615	System.UInt64	아니오	UL 또는 ul

표 2.1(그리고 표 2.2와 2.3)은 각 형식의 전체 이름을 나타내는 열이 있다. 리터럴 접미사는 2장 뒤에서 다룬다. C#의 모든 기본 형식은 약식 이름과 전체 이름 두 가지를 갖는다. 전체 이름은 기본 클래스 라이브러리BCL, Base Class Library에서 이름을 붙인 형식에 해당한다. 이 이름은 모든 언어에서 동일하며, 어셈블리 내에서 해당 형식을 고유하게 구

분하다. 이들 형식의 기본 성질 때문에 기본 형식의 전체 이름에 대한 축약형 이름이나 약식 이름으로 키워드를 제공한다. 컴파일러 관점에서 두 가지 이름은 동일한 형식을 가리키며 동일한 코드를 만들어 낸다. 사실 최종 공용 중간 언어^{CIL} 코드를 조사해 보면 사용된 이름에 대한 어떠한 암시도 주지 않는다.

C#은 전체 BCL 이름을 사용할 수도 있고 키워드를 사용할 수도 있지만, 언제 어떤 것을 사용할지는 개발자에게 달렸다. 상황에 따라 혼용해 쓰지 말고 한 가지 형식을 일관되게 사용하는 것이 좋다. 이러한 이유로 C# 개발자는 보통 C# 키워드 형식을 사용하는데, 예를 들어 System.Int32보다는 int를, System.String보다는 string(또는 String의 가능한 약식 표현)을 선택해 사용하는 식이다.

가이드라인

- 데이터 형식을 지정할 때 BCL 이름보다는 C# 키워드를 사용하자(예를 들어, String보다 string 사용).
- 코드 내에서 다양성보다는 일관성을 추구하자.

일관성을 위한 선택이 다른 지침과 맞지 않을 때도 자주 있다. 예를 들어, BCL 이름 대신 C# 키워드 사용에 대한 가이드라인이 있는 상황에서, 반대 스타일을 사용하는 파일(또는 파일들로 이뤄진 라이브러리)을 직접 유지 관리할 경우가 많다. 이런 경우 관례대로 새로운 스타일을 집어넣어 일관성을 깨기보다는 이전 스타일과 일관성을 유지하는 편이 더 좋다. 그렇지만 해당 '스타일'이 실제로 버그를 유도하고 성공적인 유지관리를 방해할 수도 있는 나쁜 코드 작성 습관이라면 무슨 수를 쓰더라도 그 문제를 완전히 바로잡아야 한다.

언어 비교: C++의 short 데이터 형식

C/C++에서 short 데이터 형식은 short int에 대한 축약어다. C#에서 short은 그 자체로 실제 데이터 형식이다.

부동 소수점 형식

부동 소수점 수는 다양한 정밀도를 가지며, 이진 부동 소수점 형식(float, double)은 분모를 2의 거듭제곱으로 나타낼 수 있는 분수인 경우만 숫자를 정확히 나타낼 수 있다. 부동 소수점 변수의 값을 0.1로 설정했다면 0.0999999999999999나 0.1000000000000001 또는 0.1에 아주 가까운 다른 수로 나타낼 가능성이 높다. 마찬가지로 변수를 아보가드로^{Avogadro}의 수인 6.02×10^{23}과 같은 큰 수로 설정하면 약 10^8의 표현 오차를 일으키는데, 원래 숫자의 크기에 비하면 아주 적은 정밀도라고 느낄 수 있다. 부동 소수점 수의 정밀도는 그 수를 표현하는 크기에 비례한다. 부동 소수점 수는 ±0.01 같은 고정 값이 아니라 지정한 수의 유효 자릿수로 정밀도를 나타낸다. .NET Core 3.0 이상에서 double은 최대 17자리 유효 숫자가 있고 float의 경우 9자리 유효 숫자가 있다(이 유효 자릿수는 '고급 주제 – 부동 소수점 형식 해부'에서 다룬다).[1]

C#은 표 2.2에서 나타낸 두 가지 이진 부동 소수점 형식을 지원한다. 이진수는 사람이 읽기 좋은 열 가지 수(십진수)로 표현된다.

표 2.2 부동 소수점 형식

형식	크기	범위	BCL 이름	유효 자릿수	리터럴 접미사
float	32비트	$\pm 1.5 \times 10^{-45} \sim$ $\pm 3.4 \times 10^{38}$	System.Single	7	F 또는 f
double	64비트	$\pm 5.0 \times 10^{-324} \sim$ $\pm 1.7 \times 10^{308}$	System.Double	15 – 16	D 또는 d

■ 고 급 주 제

부동 소수점 형식 해부

십진수는 decimal 형식의 범위와 정밀도 한계 내에서 정확히 표현된다. 그에 반해서 이진 부동 소수점으로 표현한 많은 십진수는 반올림 오차가 있다. 1/3을 유한한 소수 자릿수로 정확히 표현할 수 없는 것처럼 11/10 역시 유한한 이진수로 정확히 표현할 수

---

1 .NET Core 3.0 이전에 비트 수(2진수)는 15자리의 십진 숫자로 변환되며, 나머지는 표 2.2에서 나타낸 것처럼 16번째 자리 십진 숫자에 영향을 끼친다. 구체적으로는 1.7×10^{307}과 1×10^{308} 미만 사이의 수는 유효 자릿수 15자리뿐이다. 하지만 1×10^{308}에서 1.7×10^{308} 범위의 수가 갖는 유효 자릿수는 16이다. 비슷한 유효 자릿수의 범위가 decimal 형식에서도 발생한다.

없다(이진 표현은 '1.0001100110011001101…'가 된다). 양쪽 모두 일종의 반올림 오차가 생긴다.

decimal은 다음 조건이 참이면 ±N * 10^{k}로 표현된다.

- 가수인 N은 96비트 양의 정수다.
- 지수인 k는 -28 <= k <= 0 범위다.

그에 반해 이진 부동 소수는 다음 조건이 참이면 ±N * 2^{k}로 표현된다.

- N은 양의 24비트(float) 또는 53비트(double) 정수다.
- k는 float의 경우 -149에서 +104까지의 범위이고 double의 경우는 -1074에서 +970까지의 범위다.

Decimal 형식

C#은 128비트 정밀도를 갖는 십진 부동 소수점 형식도 제공한다(표 2.3 참고). 이 형식은 재무 계산에 적합하다.

표 2.3 Decimal 형식

형식	크기	범위	BCL 이름	유효 자릿수	리터럴 접미사
decimal	128비트	1.0×10^{-28} ~ approximately 7.9×10^{28}	System.Decimal	28 – 29	M 또는 m

이진 부동 소수점 형식과 달리 decimal 형식은 범위 내의 모든 십진수에 정확한 정밀도를 제공한다. 따라서 decimal 형식 값으로 0.1은 정확히 0.1이다. decimal 형식이 부동 소수점 형식보다 더 나은 정밀도를 갖지만 범위는 더 좁다. 따라서 부동 소수점 형식에서 decimal 형식으로 변환하는 과정에서 오버플로^{overflow} 오류를 일으킬 수도 있다. decimal로 계산하면 미미하지만 조금 더 느리기도 하다.

리터럴 값

리터럴 값[literal value]은 소스 코드 내에서 상수 값 표현이다. 예를 들어, System.Console. WriteLine()으로 정수 값 42와 double 값 1.618034를 출력하고 싶다면 예제 2.1에 보인 코드를 사용할 수 있다.

예제 2.1 리터럴 값 지정하기

```
System.Console.WriteLine(42);

System.Console.WriteLine(1.618034);
```

예제 2.1의 결과를 결과 2.1에서 나타냈다.

결과 2.1

```
42
1.618034
```

■ 초 급 주 제

값을 하드 코딩할 때 주의하자

소스 코드에 직접 값을 넣는 관행을 일컬어 하드코딩[hardcoding]이라 하는데, 값을 변경하면 코드를 다시 컴파일해야 값 변경이 적용되기 때문이다. 개발자는 코드 내에 값을 하드 코딩하는 방식과, 다시 컴파일하지 않고도 해당 값을 수정할 수 있도록 구성 파일 같은 외부 소스에서 값을 가져오는 방식 간에 신중히 선택해야 한다.

소수점이 있는 리터럴 숫자를 지정하면 컴파일러는 이 숫자를 double 형식으로 해석한다. 반대로 소수점이 없는 리터럴 값은 일반적으로 기본 값이 int이며, 해당 값이 32비트 정수로 저장되는 그리 크지 않은 값이라 가정한다. 이 값이 너무 크면 컴파일러는 그 값을 long으로 해석한다. 더욱이 리터럴 값이 대상 데이터 형식에 더 잘 맞는다고 가정하면 C# 컴파일러에서 int 외의 숫자 형식으로 할당할 수도 있다. 예를 들어, short s = 42와 byte b = 77이 허용된다. 하지만 상수 값인 경우만 적절하다. 2장 뒤에 나오는 '데이터 형식 간의 변환' 단원에서 설명한 것처럼 b = s를 가능하게 하려면 추가적인 구문이 필요하다.

이 절 앞에서 설명한 것처럼 C#은 다른 숫자 형식이 많다. 예제 2.2는 C# 코드 내에 리터럴 값이 들어 있다. 소수점이 있는 숫자는 double 데이터 형식이 기본이므로 결과 2.2에서 보인 출력은 예상된 정밀도 double에 해당하는 1.61803398874989(마지막 자리 5가 잘림)다.

예제 2.2 리터럴을 double 형식으로 지정하기

```
System.Console.WriteLine(1.618033988749895);
```

결과 2.2

```
1.61803398874989
```

의도한 숫자를 완전한 정밀도로 보려면 M(또는 m)을 붙여 리터럴 값을 decimal 형식으로 선언해야 한다(예제 2.3과 결과 2.3 참고).

예제 2.3 리터럴을 decimal로 지정하기

```
System.Console.WriteLine(1.618033988749895M);
```

결과 2.3

```
1.618033988749895
```

예제 2.3의 결과는 예상한 대로 1.618033988749895다. d는 double을 의미한다. m이 decimal을 뜻한다고 기억하려면 'm은 머니[2] 계산용'이라고 기억하자.

값에 F와 D 접미사를 추가해 리터럴을 각각 명시적으로 float이나 double로 선언할 수도 있다. 정수 데이터 형식의 경우 접미사는 U, L, LU, UL이다. 정수 리터럴의 형식은 다음과 같이 결정한다.

---

2   번역상 통화이지만, 저자는 m으로 시작하는 돈 관련 단어를 연상케 하려한 의도이므로 여기서는 '머니'라는 표현을 사용했다. − 옮긴이

- 접미사가 없는 숫자 리터럴은 값을 저장할 수 있는 첫 번째 데이터 형식을 int, uint, long, ulong 순서로 결정한다.
- 접미사 U가 있는 숫자 리터럴은 uint 다음 ulong 순서로 값을 저장할 수 있는 첫 번째 데이터 형식을 결정한다.
- 접미사 L이 있는 숫자 리터럴은 long 다음 ulong 순서로 값을 저장할 수 있는 첫 번째 데이터 형식을 결정한다.
- 숫자 리터럴에 UL이나 LU 접미사를 사용하면 이 숫자 리터럴은 ulong 형식이다.

리터럴용 접미사는 대소문자를 구분한다. 하지만 소문자 l과 숫자 1 사이의 모호함을 피하고자 보통 대문자를 선호한다.

가이드라인

- 대문자 리터럴 접미사를 사용한다(예, 1.618033988749895M).

7.0 시작

때때로 숫자가 아주 커져 읽기기 어려울 수 있다. 가독성 문제를 극복하고자 C# 7.0은 숫자 리터럴을 표현할 때 예제 2.4에서 보인 것처럼 밑줄(_)을 **숫자 구분자**^{digit separator}로 지원한다.

예제 2.4 Specifying Digit Separator

```
System.Console.WriteLine(9_814_072_356);
```

7.0 끝

이 예제의 경우 숫자를 1000단위(3개)로 나누지만, C#에서 필수는 아니다. 첫 번째와 마지막 숫자 사이에 밑줄을 넣을 수 있다면 숫자 구분자를 사용해 원하는 그룹을 만들 수 있다. 사실 밑줄 사이에 숫자 없이 여러 개의 밑줄을 나란히 둘 수도 있다.

게다가 어떤 상황에선(숫자 구분자를 사용하든 사용하지 않든) 소수점 앞이나 뒤에 0을 여러 번 쓰는 대신 지수 표기법을 사용할 수 있다. 지수 표기를 사용하려면 e나 E 중위 문자^{infix character} 다음에 양의 정수나 음의 정수를 넣고 적합한 데이터 형식 접미사로 리터럴을 완성한다. 예를 들어, 예제 2.5와 결과 2.4에서 보인 것처럼 아보가드로의 수를 float으로 출력할 수 있다.

예제 2.5 지수 표기

```
System.Console.WriteLine(6.023E23F);
```

결과 2.4

```
6.023E+23
```

■ 초 급 주 제

16진수 표기법

보통 숫자의 각 자리에 열 가지 기호(0~9)를 사용하는 십진법으로 숫자를 표기한다. 숫자를 16진수 표기법으로 표시하려면 기수를 16개의 숫자로 표시해야 하는데, 이를 위해 0~9라는 숫자와 A~F(또는 소문자)라는 문자를 포함해 모두 16개의 기호를 사용한다. 따라서 0x000A는 십진 값 10에 해당하며 0x002A는 2×16+10으로 계산돼 십진값 42가 된다. 실제 숫자는 동일하다. 16진수를 십진수로나 그 반대로 변환하는 것은 숫자 자체를 변경하는 것이 아니라 단지 숫자의 표현 방식이다. 16진수는 4개의 비트이므로 1바이트로 2개의 16진수를 나타낸다.

지금까지 리터럴 숫자 값에 관한 설명은 기수가 10인 형식의 값만 다뤘다. C#은 16진수 값도 지정할 수 있다. 16진수 값을 지정하려면 예제 2.6에서 보인 것처럼 0x라는 값을 접두사로 사용하고 그 뒤에 16진수를 사용한다.

예제 2.6 16진수 리터럴 값

```
// 16진수 리터럴을 사용해 42라는 값 표시.
System.Console.WriteLine(0x002A);
```

결과 2.5에서 예제 2.6의 결과를 나타냈다. 이 코드는 0x002A가 아니라 여전히 42를 표시하고 있다.

결과 2.5

```
42
```

C# 7.0부터는 숫자를 이진 값으로도 표시할 수 있다(예제 2.7 참고).

예제 2.7 이진 리터럴 값

```
// 이진 리터럴을 사용해 값 42 표시
System.Console.WriteLine(0b101010);
```

이 구문은 접두사 0b(대문자 B도 허용)를 제외하면 16진수 구문과 비슷하다. 4장에서

'비트와 바이트'라는 초급 주제에서 이진수 표기와 이진수와 십진수 간의 변환을 설명한다.

C# 7.2부터 16진수 문자 x나 이진수 문자 b 다음에 숫자 구분자를 넣을 수 있다.

■ 고 급 주 제

숫자를 16진수로 표시하기

숫자 값을 16진수 형식으로 표시하려면 숫자 서식 지정자로 x나 X를 사용해야 한다. 대/소문자 지정자 표시는 16진수 문자를 소문자나 대문자로 나타낼지 여부를 결정한다. 예제 2.8은 16진수 서식을 적용한 예다.

예제 2.8 16진수 서식 지정자의 예

```
// "0x2A" 표시
 System.Console.WriteLine($"0x{42:X}");
```

결과 2.6에서 출력을 나타냈다.

결과 2.6

```
0x2A
```

숫자 리터럴(42)는 십진 형식이나 16진수 형식일 수 있다. 결과는 동일하다. 16진수 서식을 얻으려면 콜론이 있는 문자열 보간 식과 별도로 서식 지정자를 사용해야 한다.

라운드 트립(Round-Trip) 서식

기본적으로 System.Console.WriteLine(1.618033988749895);은 마지막 자리가 잘린 1.61803398874989를 표시한다. double 값에 대한 문자열 표현을 더 정밀하게 확인하려면 서식 문자열과 라운드 트립 서식 지정자 R(또는 r)을 사용해 변환할 수 있다. 예를 들어 string.Format("{0:R}", 1.618033988749895)는 1.6180339887498949라는 결과를 반환한다.

라운드 트립 서식 지정자는 다시 숫자 값으로 변환하는 경우 항상 원래 값의 문자열을 반환한다. 예제 2.9에서는 라운드 트립 서식을 사용하지 않으면 해당 숫자가 같지 않음을 나타냈다.

예제 2.9 R 서식 지정자를 사용한 서식 지정

```
// ...
const double number = 1.618033988749895;
double result;
string text;

text = $"{number}";
result = double.Parse(text);
System.Console.WriteLine($"{result == number}: result == number");

text = string.Format("{0:R}", number);
result = double.Parse(text);
System.Console.WriteLine($"{result == number}: result == number");

// ...
```

결과 2.7에서 출력을 나타냈다.

결과 2.7

```
False: result == number
True: result == number
```

처음 text에 값을 할당하는 구문은 라운드 트립 서식 지정자가 없다. 이 때문에 double.Parse(text)가 반환한 값은 원래 number 값과 같지 않다. 하지만 라운드 트립 서식 지정자를 사용하면 double.Parse(text)는 원래 값을 반환한다.

C 기반 언어에서 == 구문이 익숙하지 않은 사람을 위해 부연하자면 'result == number'라는 식의 경우에 result가 number와 같으면 true를 반환하지만 result != number 는 그 반대다. 할당 연산자와 동등 연산자는 3장에서 설명한다.

더 알아야 할 기본 형식

지금까지 다뤘던 기본 형식은 숫자 형식이다. C#에서는 bool, char, string 같은 형식 역시 포함하고 있다.

부울 형식

또 다른 C# 기본 형식은 조건문이나 식에서 참이나 거짓을 나타내는 부울^{Boolean} 또는 조건 형식인 bool이다. 허용하는 값은 true와 false 키워드다. bool의 BCL 이름은 System. Boolean이다. 예를 들어, 대소문자를 구분하지 않고 문자열 2개를 비교하려면 string. Compare() 메서드에 bool 리터럴인 true를 전달해 호출한다(예제 2.10 참고).

예제 2.10 대소문자 구분하지 않는 2개의 문자열 비교

```
string option;
...
int comparison = string.Compare(option, "/Help", true);
```

이 경우 리터럴 텍스트인 /Help가 있는 변수 옵션의 콘텐츠를 대소문자 구분 없이 비교하고 해당 결과를 comparison 변수에 할당한다.

이론상 부울 값을 1비트^{bit}로 담을 수 있지만, bool의 크기는 1바이트^{byte}다.

문자 형식

char 형식은 유니코드 문자 집합의 UTF-16 인코딩에서 나온 사용 가능한 16비트 문자 집합을 나타낸다. char는 16비트 부호 없는 정수(ushort)와 동일한 크기이며 0에서 65,535 사이의 값을 나타낸다. 하지만 char은 C#의 고유 형식이며 코드에서도 고유 형식으로 다뤄야 한다.

char의 BCL 이름은 System.Char다.

■ 초 급 주 제

유니코드 표준

유니코드[Unicode]는 대부분의 인간 언어에 등장하는 문자를 표현하는 국제 표준이다. 유니코드는 다른 문화권에 대한 적합한 언어와 문화적 특성을 표시하는 지역화된 애플리케이션을 만드는 기능을 갖춘 컴퓨터 시스템을 제공한다.

■ 고 급 주 제

16비트는 모든 유니코드 문자를 처리하기에 너무 작다

불행히도 모든 유니코드 문자를 16비트 char 하나로 표현할 수 없다. 본래 유니코드 설계자는 16비트 정도면 충분하리라 생각했지만, 더 많은 언어를 지원하면서 이러한 가정이 틀렸음을 알았다. 결과적으로 일부 (잘 사용되지 않는) 유니코드 문자는 char 값 2개의 '서로게이트 쌍[surrogate pair]'으로 구성된다.

리터럴 char를 구성하려면 'A'처럼 단일 인용 부호로 해당 문자를 감싼다. 이렇게 쓸 수 있는 문자로는 문자, 숫자, 특수 기호를 포함해 전체 키보드 문자의 범위로 구성된다. 일부 문자는 소스 코드에 직접 넣을 수 없으므로 특수한 처리가 필요하다. 이들 문자에는 역슬래시(\) 다음에 특수 문자 코드가 오는 접두어를 사용한다. 역슬래시와 특수 문자 코드의 이러한 조합으로 **이스케이프 시퀀스**[escape sequence]를 구성한다. 예를 들어, \n은 새 줄[newline]을 나타내고 \t는 탭을 나타낸다. 역슬래시는 이스케이프 시퀀스의 시작을 알리므로 더 이상 단순 역슬래시로 볼 수 없다. 역슬래시 문자 자체를 표시하려면 \\를 사용해야 한다.

예제 2.11은 단일 인용 부호에 해당하는 \'를 나타냈기 때문에 단일 인용 부호 하나를 출력한다.

예제 2.11 이스케이프 시퀀스를 사용해 단일 인용 부호 표시하기

```
class SingleQuote
{
    static void Main()
    {
        System.Console.WriteLine('\'');
    }
}
```

표 2.4에서 이스케이프 시퀀스 표시 외에도 각 문자의 유니코드도 나타냈다.

표 2.4 이스케이프 문자

이스케이프 시퀀스	문자 이름	유니코드 인코딩
\'	작은따옴표	\u0027
\''	큰따옴표	\u0022
\\	역슬래시	\u005C
\0	Null	\u0000
\a	경고(시스템 비프)	\u0007
\b	백스페이스	\u0008
\f	폼 피드	\u000C
\n	라인피드(종종 새 줄)	\u000A
\r	개행	\u000D
\t	수평 탭	\u0009
\v	수직 탭	\u000B
\uxxxx	16진수 유니코드 문자	\u0029
\x[n][n][n]n	16진수 유니코드 문자(첫 번째 3개 위치 구분자는 옵션). \uxxxx의 변수 길이 버전	\u3A
\Uxxxxxxxx	서로게이트 쌍을 만들기 위한 유니코드 이스케이프 시퀀스	\UD840DC01

유니코드 인코딩을 사용해 어떤 문자든 나타낼 수 있다. 이렇게 하려면 유니코드 값에 접두사 \u를 붙인다. 유니코드 문자는 16진수 표기로 나타낸다. 예를 들어, 문자 A는 16진수 값 0x41이다. 예제 2.12는 유니코드 문자를 사용해 웃는 얼굴 기호(:))를 표시했고 결과 2.8에서 나타냈다.

예제 2.12 유니코드 인코딩을 사용한 웃는 얼굴 표시

```
System.Console.Write('\u003A');

System.Console.WriteLine('\u0029');
```

결과 2.8

```
:)
```

문자열

0개(공백 문자) 이상의 유한한 연속 문자를 **문자열**string이라 한다. C#에서 문자열 형식은 string이며 BCL 이름은 System.String이다. 문자열 형식에는 다른 프로그래밍 언어에 익숙한 개발자에겐 예상치 못한 특수한 문자가 몇 가지 있다. 1장에서 설명한 문자열 리터럴 형식 외에 문자열은 @라는 '축자 문자열verbatim string' 접두 문자와 $ 접두 문자를 사용하는 문자열 보간이 있으며, 문자열은 불변이라는 놀랄 만한 사실이 있다.

리터럴

HelloWorld 프로그램에서 본 것처럼 이중 인용 부호(")에 텍스트를 넣어 리터럴 문자열을 코드에 넣을 수 있다. 문자열은 문자들로 구성되므로 결과적으로 이스케이프 시퀀스 문자를 문자열 내에 포함할 수 있다.

예를 들어, 예제 2.13은 두 줄의 텍스트를 표시한다. 하지만 System.Console.WriteLine()을 사용하지 않고 코드에서는 \n과 함께 System.Console.Write()를 사용했다. 결과 2.9에서 출력을 나타냈다.

```
class DuelOfWits
{
    static void Main()
    {
        System.Console.Write(
            "\"Truly, you have a dizzying intellect.\"");
        System.Console.Write("\n\"Wait 'til I get going!\"\n");
    }
}
```

결과 2.9

```
"Truly, you have a dizzying intellect."

"Wait 'til I get going!"
```

이중 인용 부호용 이스케이프 시퀀스는 문자열의 시작과 끝에 정의한 이중 인용 부호와 출력용 이중 인용 부호를 구분한다.

C#에서 @ 기호를 문자열 앞에 사용해 역슬래시를 이스케이프 시퀀스의 시작으로 해석하지 못하게 할 수 있다. **축자 문자열 리터럴**의 결과는 해당 역슬래시 문자를 재해석하지 않는다. 공백 또한 @ 문자열 구문을 사용할 때 축자 문자열로 취급된다. 예를 들어, 예제 2.14의 삼각형은 역슬래시와 새 줄, 들여쓰기를 포함해 정확히 콘솔에 표시한다. 결과 2.10에서 그 출력을 나타냈다.

예제 2.14 축자 문자열 리터럴을 사용해 삼각형 표시하기

```
class Triangle
{
    static void Main()
    {
        System.Console.Write(@"begin
               /\
              /  \
             /    \
            /      \
           /_____\
```

```
    end");
    }
}
```

결과 2.10

```
    begin
             /\
            /  \
           /    \
          /      \
         /_____\

    end
```

@ 문자가 없다면 이 코드는 컴파일도 되지 않는다. 사실 모양을 사각형으로 변경하고 역슬래시를 제거해도 @ 기호를 붙이지 않은 문자열 내에 새 줄을 넣을 수 없기 때문에 여전히 컴파일되지 않는다.

축자 문자열이 지원하는 유일한 이스케이프 시퀀스는 이중 인용 부호("")이며 이때 는 이중 인용 부호가 아니며 문자열을 끝내지 않는다.

언어비교: 컴파일 타임에 C++ 문자열 연결

C++과 달리 C#은 자동으로 리터럴 문자열을 연결하지 않는다. 예를 들어, 다음처럼 문자열 리터럴을 지정할 수 없다.

```
"Major Strasser has been shot."
"Round up the usual suspects."
```

연결에는 더하기 연산자를 사용해야 한다. (컴파일러가 컴파일 타임에 결과를 계산할 수 있다면 결과 CIL 코드는 단일 문자열이 된다.)

같은 리터럴 문자열이 한 어셈블리 내에서 여러 번 나타나면 컴파일러는 해당 어셈 블리 내에서 단 한 번만 해당 문자열을 정의하고 모든 변수는 그 동일한 문자열을 참조 한다. 이런 식으로 수천 개의 문자를 포함하는 동일한 문자열 리터럴이 코드에 여러 번 들어간다면 결과 어셈블리는 그중 하나의 크기만 반영한다.

문자열 보간

1장에서 설명한 것처럼 문자열에서 문자열 보간 형식을 사용할 때 포함 식^{embedded} ^{expressions}을 지원한다. 문자열 보간 구문은 달러 기호를 축자 문자열 리터럴 접두사로 붙인 다음 중괄호 내에 식을 포함한다. 다음이 그 예다.

```
System.Console.WriteLine($"Your full name is {firstName} {lastName}.");
```

여기서 firstName과 lastName은 변수를 참조하는 간단한 식이다.

축자 문자열 리터럴은 다음 예에서처럼 '@' 기호 앞에 '$'를 지정해(또는 C# 8.0에서 @$"..."로 시작) 문자열 보간과 조합할 수 있다.

```
System.Console.WriteLine($@"Your full name is:
    { firstName } { lastName }");
```

이 코드는 축자 문자열 리터럴이므로 텍스트는 두 줄로 출력된다. 하지만 다음처럼 중괄호 내에 라인 피드^{line feed}를 둠으로써 출력에 줄 바꿈을 발생시키지 않고 코드에 유사한 줄 바꿈을 만들 수 있다.

```
System.Console.WriteLine($@"Your full name is: {
    firstName } { lastName }");
```

@ 기호는 중괄호 내에 새 줄만 넣을 때도 여전히 필요하다.

■ 고 급 주 제

문자열 보간의 내부 이해하기

문자열 보간은 string.Format() 메서드 호출을 줄인 것이다. 예를 들어, 다음과 같은 줄임 구문이 있다고 하자.

```
System.Console.WriteLine($"Your full name is {firstName} {lastName}.")
```

이 구문은 동일한 다음 C# 구문으로 변환된다.

```
object[] args = new object[] { firstName, lastName };
Console.WriteLine(string.Format("Your full name is {0} {1}.", args));
```

이는 복합 문자열과 동일한 동작 방식으로 지역화에 대한 적절한 지원을 제공하면서 문자열을 통한 코드의 컴파일 후 주입은 지원하지 않는다.

String 메서드

System.Console 형식처럼 string 형식은 몇 가지 메서드가 있다. 예를 들어, 문자열 서식 지정, 연결, 비교를 위한 메서드가 있다.

표 2.5의 결과를 콘솔 창에 표시하지 않고 string.Format()이 호출자에게 결과를 반환하는 경우를 제외하고 Format() 메서드는 Console.Write(), Console.WriteLine()와 유사하게 동작한다. 물론 문자열 보간을 사용하면 string.Format()의 필요는 줄어든다(지역화 지원은 제외). 하지만 문자열 보간은 내부적으로 상수와 string.Concat() 및 string.Format() 호출의 CIL 조합을 컴파일한다.

표 2.5의 모든 메서드는 static이다. 이는 해당 메서드를 호출하려면 메서드의 형식을(예, string) 메서드 이름(예, Concat)에 접두어로 붙여야 한다는 것을 의미한다. 하지만 2장 뒤에서 설명하는 것처럼 string 클래스의 일부 메서드는 **인스턴스** 메서드다. 인스턴스 메서드는 메서드에 해당 형식을 접두어로 붙이지 않고 변수 이름(또는 인스턴스에 대한 다른 참조)을 사용한다. 표 2.6은 사용 예와 더불어 메서드 몇 가지를 나타냈다.

표 2.5 string 정적 메서드

구문	예제

static string string.
Format(
    string format,
    ...)
	string text, firstName, lastName;
	//...
	text = **string**.Format("Your full name is {0} {1}.", firstName,
	    lastName);
	// 표시
	// "전체 이름은 <firstName> <lastName>."
	System.Console.WriteLine(text);

static string string.
Concat(
    string str0,
    string str1)
	string text, firstName, lastName;
	//...
	text = string.Concat(firstName, lastName);
	// 표시 "<firstName><lastName>"
	// 이름 사이에 공백이 없다.
	System.Console.WriteLine(text);

구문	예제

`static int string.`
`Compare(`
    `string str0,`
    `string str1)`
	`string option;`
	`//...`
	`// 문자열 비교에서 대소문자 구분.`
	`int result = string.Compare(option, "/help");`
	
	`// 표시:`
	`// 같으면 0`
	`// option < /help 이면 음수`
	`// option > /help 이면 양수`
	`System.Console.WriteLine(result);`

	`string option;`
	`//...`
	`// 문자열 비교에서 대소문자 구분 안함`
	`int result = string.Compare(option, "/Help", true);`
	
	`// 표시:`
	`// 같으면 0`
	`// option < /help이면 < 0`
	`// option > /help이면 > 0`
	`System.Console.WriteLine(result);`

표 2.6 string 메서드

구문	예제

`bool StartsWith(`
    `string value)`
`bool EndsWith(`
    `string value)`
	`string lastName`
	`//...`
	`bool isPhd = lastName.EndsWith("Ph.D.");`
	`bool isDr = lastName.StartsWith("Dr.");`

`string ToLower()`
`string ToUpper()`
	`string severity = "warning"`
	`// 대문자로 심각도 표시`
	`System.Console.WriteLine(severity.ToUpper());`

`string Trim()`
`string Trim(...)`
`string TrimEnd()`
`string TrimStart()`
	`// 시작과 끝 모두에서`
	`// 공백 제거`
	`username = username.Trim();`

	`string text =`
	    `"indiscriminate bulletin";`
	`// 시작과 끝 모두에서 'i'와 'n' 제거`
	`text = text.Trim("in".ToCharArray());`
	`// 표시: discriminate bullet`
	`System.Console.WriteLine(text);`

구분	예제

string Replace(
　　string oldValue,
　　string newValue)
	string filename;
	//...
	// 문자열에서 ? 제거
	filename = filename.Replace("?", "");;

6.0 시작

■ 고 급 주 제

using과 using static 지시문

지금까지 지시문을 사용해 온 것처럼 정적 메서드의 호출은 항상 네임스페이스 접두사 다음에 형식 이름이 온다. 예를 들어, System.Console.WriteLine을 호출할 때 호출된 메서드가 WriteLine()이고 해당 콘텍스트 내에 이 이름의 다른 메서드가 없어도 여전히 네임스페이스(System) 다음에 형식 이름(Console)을 메서드의 접두사로 붙여야 한다. 때로 이를 줄여 쓰고 싶을 수도 있다. 그렇게 하려면 예제 2.15에서 보인 것처럼 C# 6.0 using static 지시문을 활용할 수 있다.

예제 2.15 using static 지시문

```
//using 지시문으로 해당 네임스페이스를 생략할 수 있다.
using static System.Console;
class HeyYou
{
    static void Main()
    {
        string firstName;
        string lastName;

        WriteLine("Hey you!");

        Write("Enter your first name: ");
        firstName = ReadLine();

        Write("Enter your last name: ");
        lastName = ReadLine();

        WriteLine(
            $"Your full name is {firstName} {lastName}.");
```

```
        }
    }
```

---

　　using static 지시문은 파일의 맨 위에 나와야 한다.[3] System.Console 클래스를 사용할 때마다 'System.Console' 접두어를 더 이상 사용할 필요가 없다. 따라서 메서드 이름을 간단히 작성할 수 있다. using static 지시문에 관해 주목할 중요한 점은 인스턴스 멤버가 아니라 정적 메서드와 속성에 대해서만 동작한다는 것이다.

　　비슷한 지시문인 using 지시문은 네임 스페이스 접두사(예를 들어, 'System.')를 제거할 수 있다. using static 지시문과 달리 using 지시문은 파일(또는 네임스페이스) 내에(정적 멤버 포함) 어디서나 적용한다. using 지시문으로 인스턴스를 생성하는 동안이나 정적 메서드를 호출하는 동안 심지어 C# 6.0에서 제공하는 nameof 연산자를 사용하든 해당 네임스페이스에 대한 모든 참조를 (선택적으로)제거할 수 있다.

문자열 서식

복잡한 문자열 서식 구성에 string.Format()이나 C# 6.0 문자열 보간 기능을 사용하는지 여부에 따라 풍부하고 복잡한 일련의 복합 서식 패턴을 숫자, 날짜, 시간, 시간 간격 등을 나타내는 데 사용할 수 있다. 예를 들어, price가 decimal 형식의 변수라면 string.Format("{0,20:C2}", price)와 보간 기능을 사용한 $"{price,20:C2}" 모두는 기본 통화 서식 규칙을 사용해 십진 값을 문자열로 변환하고 소수점 이하 두 숫자를 반올림한 다음 20 글자 너비 문자열을 오른쪽 맞춤 정렬한다. 사용할 수 있는 서식 문자열을 모두 설명하기에는 지면이 부족하다. 사용할 수 있는 복합 서식 문자열 전체 목록은 MSDN 문서를(http://itl.tc/CompositeFormatting)[4] 살펴보기 바란다.

　　보간을 적용한 문자열이나 서식을 적용한 문자열 내에 실제 왼쪽이나 오른쪽 중괄호를 원한다면 이중 중괄호를 사용해 패턴을 피한다. 예를 들어, 보간을 적용한 문자열 $"{{ {price:C2} }}"은 다음과 같은 문자열을 출력한다.

3　　또는 네임스페이스 선언의 맨 위

4　　한글 버전: https://docs.microsoft.com/ko-kr/dotnet/standard/base-types/composite-formatting – 옮긴이

```
"{ $1,234.56 }"
```

새 줄

새 줄^{newline}을 작성할 때 정확한 새 줄 문자는 사용하는 운영체제에 따라 다르다. 마이크로소프트 윈도우 운영체제에서 새 줄은 캐리지 리턴(\r)과 줄 바꿈(\n)을 조합해 나타내지만, 유닉스에서는 줄 바꿈 하나만 사용한다. 운영체제 간의 이러한 차이를 극복하는 한 가지 방식은 간단히 System.Console.WriteLine을 사용해 빈 줄을 출력하는 것이다.

여러 운영체제에서 동일한 코드 기반으로 새 줄이 동작하기 위한 또 다른 핵심 접근 방법은 System.Environment.NewLine을 사용하는 것이다. 다시 말해서 System.Console.WriteLine("Hello World")와 System.Console.Write($"Hello World{System.Environment.NewLine}")은 같다. 하지만 윈도우에서 System.WriteLine()과 System.Console.Write(System.Environment.NewLine)은 System.Console.Write("\r\n")(System.Console.Write("\n")이 아님)과 동일하다. 요약하면 리눅스와 iOS에서 동작하는 동일한 코드로 윈도우 운영체제 특성을 수용하려면 \n이 아니라 System.WriteLine()과 System.Environment.NewLine을 사용하자.

> **가이드라인**
> - 리눅스와 iOS에서 동작하는 동일한 코드로 윈도우 운영체제 특성을 수용하려면 \n이 아니라 System.WriteLine()과 System.Environment.NewLine를 사용하자.

■ 고 급 주 제

C# 속성

다음 절에서 다루는 Length 멤버는 호출할 때 괄호가 없으므로 실제로 메서드가 아니다. Length는 string의 속성이며, C# 문법에서 멤버 변수처럼 속성에 접근할 수 있다(C#에서 필드라 한다). 즉, 속성은 세터^{setter}와 게터^{getter}라고 하는 특별한 메서드의 동작을 갖지만 이 동작을 접근하는 문법은 필드와 같다.

속성의 기본 CIL 구현을 살펴보면 두 가지 메서드 set_<PropertyName>와 get_<Proper tyName>로 컴파일한 결과로 드러난다. 하지만 둘 중 어느 것도 C# 속성 구문 외에 C# 코드로 직접 접근할 수 없다. 6장에서 속성을 더 자세히 살펴본다.

문자열 길이

문자열의 길이를 알려면 Length라는 문자열 멤버를 사용한다. 이런 특수한 멤버를 **읽기 전용 속성**read-only property이라 한다. 따라서 이 속성에는 값을 설정할 수 없을 뿐더러 호출할 때 매개변수도 필요하지 않다. 예제 2.16은 Length 속성을 사용하는 방법을 나타냈으며 결과 2.11에서 해당 결과를 나타냈다.

예제 2.16 문자열의 Length 멤버 사용하기

```
class PalindromeLength
{
    static void Main()
    {
        string palindrome;

        System.Console.Write("Enter a palindrome: ");
        palindrome = System.Console.ReadLine();

        System.Console.WriteLine(
            $"The palindrome \"{palindrome}\" is"
            + $" {palindrome.Length} characters.");
    }
}
```

결과 2.11

```
Enter a palindrome: Never odd or even
The palindrome, "Never odd or even" is 17 characters.
```

문자열의 길이는 직접 설정할 수 없다. 문자열의 문자수로 길이를 계산한다. 더욱이 문자열은 **불변**이기 때문에 문자열의 길이는 변경할 수 없다.

문자열은 불변이다

string 형식의 핵심 특징은 불변이라는 것이다. 문자열 변수에 완전히 새로운 값을 할당할 수 있지만, string의 내용을 수정하는 기능은 없다. 따라서 string을 모두 대문자로 변환하는 작업 등은 할 수 없다. 기존 문자열을 대문자로 구성한 새로운 문자열을 만드는 편이 간단하지만, 이 과정에서 이전 문자열은 변하지 않는다. 예제 2.17을 살펴보자.

예제 2.17 오류. 문자열은 불변이다

```
class Uppercase
{
    static void Main()
    {
        string text;

        System.Console.Write("Enter text: ");
        text = System.Console.ReadLine();

        // 예기치 않음: 텍스트는 대문자로 변환되지 않습니다.
        text.ToUpper();

        System.Console.WriteLine(text);
    }
}
```

결과 2.12에서 예제 2.17의 결과를 나타냈다.

결과 2.12

```
Enter text: This is a test of the emergency broadcast system.
This is a test of the emergency broadcast system.
```

text.ToUpper()에서 text 내의 문자를 대문자로 변환하려는 것임을 한눈에 알 수 있다. 하지만 문자열은 불변이므로 text.ToUpper()로 수정할 수 없다. 대신에 text.ToUpper()에서 새로운 문자열을 반환하므로 변수에 저장하거나 바로 System.Console.WriteLine()에 전달할 수 있다. 올바른 코드를 예제 2.18에서 보였으며 그 출력을 결과 2.13에서 보였다.

```
class Uppercase
{
    static void Main()
    {
        string text, uppercase;

        System.Console.Write("Enter text: ");
        text = System.Console.ReadLine();

        // 새로운 문자열을 대문자로 반환한다.
        uppercase = text.ToUpper();

        System.Console.WriteLine(uppercase);
    }
}
```

결과 2.13

```
Enter text: This is a test of the emergency broadcast system.
THIS IS A TEST OF THE EMERGENCY BROADCAST SYSTEM.
```

문자열의 불변성을 무시하면 예제 2.17에서 보인 실수가 다른 문자열 메서드에서도 일어날 수 있다. text에 있는 값을 실제로 변경하려면 다음 코드처럼 ToUpper() 실행한 후 결과를 다시 text에 할당해야 한다.

```
text = text.ToUpper();
```

System.Text.StringBuilder

여러 단계로 긴 문자열을 구성할 때처럼 문자열 수정이 많이 필요하다면 string보다는 System.Text.StringBuilder라는 데이터 형식을 사용해야 한다. StringBuilder 형식은 Append(), AppendFormat(), Insert(), Remove(), Replace() 같은 메서드를 포함하며, 이 중 일부는 string에서도 사용할 수 있다. 하지만 주요 차이점은 StringBuilder의 메서드는 StringBuilder 자체에서 데이터를 수정하는 것이지 새로운 문자열을 단순히 반환하는 것이 아니다.

null과 void

형식과 관련한 두 가지 추가적인 키워드로 null과 void가 있다. null 키워드로 구분하는 null 값은 해당 변수가 다른 유효한 개체를 참조하지 않음을 가리킨다. void는 형식이 없거나 어떤 값도 전혀 존재하지 않음을 가리킨다.

null

null은 '리터럴' 문자열 형식으로도 사용할 수 있다. null은 변수에 아무것도 설정하지 않았음을 가리킨다. 변수를 null로 설정한 코드는 명시적으로 'nothing'을 할당한다. 사실 변수가 null 값을 참조하는지 여부도 검사할 수 있다.

null 값을 할당하는 것과 할당하지 않는 것은 전혀 다르다. 즉, null을 할당한 변수는 설정된 것이지만 아무것도 할당하지 않은 변수는 설정되지 않았으므로 할당 전에 사용할 경우 컴파일 에러를 일으킬 때가 종종 있다.

null 값을 string 변수에 할당하는 것은 빈 문자열 ""을 할당하는 것과 전혀 다르다. null 사용은 해당 변수에 값이 없음을 가리키지만, ""은 빈 문자열이라는 값이 있음을 가리킨다. 이런 유형의 차이점은 상당히 유용하다. 예를 들어, 프로그래밍 로직에서 homePhone을 null이라고 해석하는 것은 집 전화번호를 모른다는 의미이지만 homePhone이 ""이면 집 전화번호가 없음을 가리킨다.

■ 고 급 주 제

8.0 시작

2.0 시작

null 허용 한정자

예제 2.19는 null 허용 한정자(? 기호)를 형식 선언에 추가해 integer 변수에 null을 할당했다.

예제 2.19 String에 null 할당하기

```
static void Main()
{
    int? age;
    // ...

    // age의 값을 지운다.
```

```
        age = null;

        // ...
    }
```

---

null 허용 한정자 지원은 C# 2.0에서 추가됐다. null 허용 한정자 이전에는 string(참조 형식)을 제외하고 지금까지 어떤 형식의 변수에도(값 형식) null을 할당할 방법이 없었다. (값 형식과 참조 형식에 관한 자세한 내용은 3장을 참고하자.)

더욱이 C# 8.0 이전엔 참조 형식(string처럼)은 기본적으로 null 할당을 지원하므로 null 한정자로 참조 형식을 꾸밀 수 없다. null은 암시적으로 할당될 수 있으므로 null 허용 한정자를 사용하면 중복이었다.

2.0 끝

■ 고 급 주 제

Null 허용 참조 형식

C# 8.0 이전엔 모든 참조 형식은 기본적으로 null 허용이었으므로 null 허용 참조 형식의 개념이 없었다. 하지만 C# 8.0에서 이 동작이 구성 가능하게 돼 참조 형식은 null 허용 한정자로 null 허용으로 선언하거나 그렇지 않은 경우 기본 값이 null이 아니라고 선언할 수 있다. 그렇게 해서 C# 8.0은 null 허용 참조 형식의 개념을 도입했다. null 허용 한정자가 있는 참조 형식 변수가 null 허용 참조 형식이다. 그리고 null 허용 참조 형식을 사용하면 null 허용 한정자 없이 참조 형식의 변수에 null을 할당할 때 경고가 표시된다.

지금까지 이 책에서 참조 형식은 string뿐이다. 예를 들어, 참조 형식에서 null 허용 한정자를 지원하도록 구성한다면 'string? homeNumber = null;'처럼 문자열 변수를 선언한다.

C# 8.0 이상에서 동작을 활성화하는 한 가지 방법은 null 허용 참조 형식이 사용될 때 모든 줄 이전에 '#nullable enable' 문법을 사용하는 것이다.

8.0 끝

void '형식'

C# 구문은 데이터 형식을 지정해야 할 때도 있지만 전달하는 데이터가 없을 때도 있다. 예를 들어, 메서드에서 반환할 필요가 없는 경우 C#은 데이터 형식으로 대신 void를 지정할 수 있다. HelloWorld 프로그램(예제 1.1) 내에서 Main의 선언이 그 예다. 반환 형식으로서 void를 사용하면 메서드는 어떤 데이터도 반환하지 않으며 컴파일러에게 값을 기대하지 말라고 통지하는 것이다. void 그 자체는 데이터 형식이 아니며 반환되는 데이터가 없음을 가리킨다.

언어 비교: C++

C++과 C# 모두에서 void는 두 가지 의미가 있다. 하나는 메서드가 어떤 데이터도 반환하지 않는다는 표시이며, 다른 하나는 알려지지 않은 형식의 저장소 위치에 대한 포인터를 나타낸다. C++ 프로그램에서 void**와 같은 포인터 형식은 아주 흔하다. C#에서도 동일한 구문을 사용해 알려지지 않은 형식의 저장소 위치에 대한 포인터를 나타낼 수도 있지만, 이러한 사용법은 C#에서는 비교적 드문 일이며 일반적으로 비관리 코드 라이브러리와 상호작용하는 프로그램을 작성할 때만 마주친다.

언어 비교: 비주얼 베이직에서 void 반환은 서브루틴 정의와 같다

비주얼 베이직에서 C#의 void 반환과 동일한 것은 값을 반환하는 함수가 아니라 서브루틴(Sub/End Sub)을 정의하는 것이다.

데이터 형식 간의 변환

.NET 프레임워크에서 미리 정의된 수많은 형식이 있고 코드가 정의할 수 있는 형식의 수에 제한이 없으므로 한 형식에서 또 다른 형식으로 변환을 합리적으로 지원하는 것이 중요하다. 변환의 가장 일반적인 연산이 캐스팅casting이다.

long 형식의 변수에서 int 형식의 변수로 변환하는 두 가지 숫자 형식 간의 변환을 생각해 보자. long 형식은 9,223,372,036,854,775,808만큼 값을 담을 수 있다. 하지만 int의 최대 크기는 2,147,483,647이다. 그렇기 때문에 이 변환은 데이터 손실을 일으킬 수 있다. 예를 들어, long 형식의 변수가 int의 최대 크기보다 큰 값을 담는 경우다. 변

환이 실패해 데이터의 손실(크기나 정밀도)이나 예외가 발생하는 변환에는 **명시적 캐스트**
explicit cast가 필요하다. 반대로 크기의 손실이 없거나 피연산자 형식에 관련 없이 예외를
던지지 않는 변환이 **암시적 변환**implicit conversion이다.

명시적 캐스트

C#에서는 **캐스트 연산자**cast operator를 사용해 형 변환을 한다. 괄호 내에 변수를 변환할 형
식을 지정함으로써 명시적 캐스팅을 수행하며, 이 변환은 정밀도와 데이터의 손실이 일
어나거나 예외가 발생할 수 있음을 감안한다. 예제 2.20의 코드는 시스템에 명시적으로
long을 int로 변환하는 연산을 한다고 알려 준다.

예제 2.20 명시적 캐스트 예제

```
long longNumber = 50918309109;
int intNumber = (int) longNumber;
                     └──┬──┘
                     캐스트 연산자
```

캐스트 연산자를 사용하는 것은 마치 프로그래머가 컴파일러에게 "날 믿어, 내가 하
려는 작업을 알고 있어. 해당 값을 대상 형식에 맞춰 넣을 거야"라고 말하는 셈이다. 이
런 선택을 하게 되면 컴파일러는 해당 변환을 허용한다. 하지만 명시적 변환을 하더라
도 여전히 데이터 변환이 성공적이지 않은 경우 프로그램을 실행하는 동안 예외라는 형
식으로 에러를 일으킬 수 있다. 따라서 프로그래머의 책임은 데이터가 성공적으로 변환
되게 하거나 아니면 변환이 실패할 때 에러 처리에 필요한 코드를 제공하는 것이다.

■ 고 급 주 제

Checked 및 Unchecked 변환

C#에서 대상 데이터 형식이 할당된 데이터를 담기에 너무 작은 경우 무슨 일이 일어날
지를 지시하고자 코드 블록에 표시하는 특수한 키워드를 제공한다. 대상 데이터 형식이
할당된 데이터를 담을 수 없다면 그 데이터는 할당하는 동안 잘린다. 예를 들어, 예제
2.21을 살펴보자.

```
public class Program
{
    public static void Main()
    {
        // int.MaxValue는 2147483647이다.
        int n = int.MaxValue;
        n = n + 1 ;
        System.Console.WriteLine(n);
    }
}
```

결과 2.14에서 해당 결과를 나타냈다.

결과 2.14

```
-2147483648
```

예제 2.21은 콘솔에 -2147483648라는 값을 표시한다. 하지만 checked 블록 내에 코드를 두거나 컴파일러를 실행할 때 checked 옵션을 사용하면 런타임에 System.Overow Exception 형식의 예외를 던진다. checked 블록에 대한 문법은 예제 2.22에서 보인 것처럼 checked 키워드를 사용한다.

예제 2.22 Checked 블럭 예제

```
public class Program
{
    public static void Main()
    {
        checked
        {
            // int.MaxValue는 2147483647
            int n = int.MaxValue;
            n = n + 1 ;
            System.Console.WriteLine(n);
        }
    }
}
```

결과 2.15에서 해당 출력을 나타냈다.

결과 2.15

```
Unhandled exception. System.OverflowException: Arithmetic operation resulted in
an overflow.
   at AddisonWesley.Michaelis.EssentialCSharp.Chapter02.Listing02_22.Program.
Main() in C:\Projects\EssentialCSharp-8.0\src\Chapter02\Listing02.22.
ACheckedBlockExample.cs:line 11
```

이 결과는 checked 블록 내에서 런타임에 오버플로 할당이 발생하는 경우 예외를 던졌다.

C# 컴파일러는 기본 checked 동작을 unchecked에서 checked로 변경하는 명령줄 옵션을 제공한다. C#은 해당 블록 내 할당에 대해 예외를 던지지 않고 데이터를 오버플로시키는 unchecked 블록도 지원한다(예제 2.23 참고).

예제 2.23 Unchecked 블럭 예제

```csharp
using System;

public class Program
{
    public static void Main()
    {
        unchecked
        {
            // int.MaxValue는 2147483647
            int n = int.MaxValue;
            n = n + 1 ;
            System.Console.WriteLine(n);
        }
    }
}
```

결과 2.16에서 출력을 나타냈다.

결과 2.16

```
-2147483648
```

checked 옵션은 컴파일 하는 동안에 적용되지만, 앞서의 코드에서 unchecked 키워드는 실행 숭 런타임에서 예외가 발생하지 않도록 막아 준다.

unchecked인 int.MaxValue에 1을 더할 때 결과가 -2147483648이 되는 이유는 뭘까? 이 동작은 wraparound-semantics가 원인이다. int.MaxValue의 이진 표현은 01111111111111111111111111111111이며, 첫 번째 숫자 0은 양수를 가리킨다. 이 값을 증가시키면 값은 첫 번째 숫자가 1이어서 음수를 표시하는 가장 작은 정수(int.Min Value)10000000000000000000000000000000이 된다. int.MinValue에 1을 더하면 결과는 10000000000000000000000000000001(-2147483647)이다.

캐스트 연산자를 사용해 명시적 변환을 지정하기 때문에 모든 형식을 다른 형식으로 간단히 변환할 수는 없다. 컴파일러는 여전히 해당 연산이 유효한지 확인한다. 예를 들어, long을 bool로 변환할 수는 없다. 이런 변환이 정의돼 있지 않다면 컴파일러는 이런 형 변환을 허용하지 않는다.

암시적 변환

int 형식을 long 형식으로 변환하는 다른 예에서는 정밀도의 손실이 없으며 해당 형식의 값에는 근본적인 변화가 일어나지 않는다. 이런 경우 코드는 할당 연산자만 지정해야 한다. 이런 변환을 **암시적**implicit이라고 한다. 즉, 컴파일러는 이런 변환이 올바르게 작동한다고 본다. 예제 2.24의 코드는 할당 연산자를 사용해 int에서 long으로 간단히 변환한다.

```
int intNumber = 31416;
long longNumber = intNumber;
```

명시적 캐스트 연산자가 굳이 필요하지 않더라도(암시적 변환이 허용되기 때문) 여전히 캐스트 연산자를 포함할 수 있다(예제 2.25 참고).

예제 2.25 암시적 형 변환을 위해 캐스트 연산자 사용하기

```
int intNumber = 31416;
long longNumber = (long) intNumber;
```

캐스트 연산이 없는 형식 변환

문자열에서 숫자 형식으로의 변환은 어떤 것도 정의돼 있지 않으므로 Parse()와 같은 메서드가 필요하다. 각 숫자 데이터 형식은 문자열에서 해당 숫자 형식으로 변환할 수 있는 Parse() 함수가 있다. 예제 2.26에서 이러한 호출을 나타냈다.

예제 2.26 float.Parse()를 사용해 문자열에서 숫자 데이터 형식으로 변환하기

```
string text = "9.11E-31";
float kgElectronMass = float.Parse(text);
```

한 형식에서 다른 형식으로 변환하는 데 사용할 수 있는 또 다른 특수한 형식이 있다. 이 형식은 System.Convert이며 이 형식의 사용 예를 예제 2.27에서 나타냈다.

예제 2.27 System.Convert를 사용한 형식 변환

```
string middleCText = "261.626";
double middleC = System.Convert.ToDouble(middleCText);
bool boolean = System.Convert.ToBoolean(middleC);
```

System.Convert는 지원하는 형식이 적으며 확장할 수 없다. bool, char, sbyte, short, int, long, ushort, uint, ulong, float, double, decimal, DateTime, string 형식 중에서 다른 형식으로 변환할 수 있다.

모든 형식은 ToString() 메서드를 지원하므로 해당 형식의 문자열을 표현할 수 있다. 예제 2.28은 이 메서드를 사용하는 방법을 나타냈다. 출력은 결과 2.17에서 나타냈다.

예제 2.28 ToString()을 사용해 문자열로 변환하기

```
bool boolean = true;
string text = boolean.ToString();
// "True" 표시
System.Console.WriteLine(text);
```

결과 2.17

```
True
```

대다수 형식에서 ToString() 메서드는 해당 데이터의 문자열 표현이 아니라 데이터 형식 이름을 반환한다. 문자열 표현은 해당 형식에서 ToString()을 명시적으로 구현한 경우만 반환된다. 한 가지 더 언급할 요점은 사용자 지정 변환 메서드를 작성할 수 있다는 점이며, 이런 많은 메서드를 런타임에서 클래스들에 사용할 수 있다.

■ 고 급 주 제

2.0 시작

TryParse()

C# 2.0(.NET 2.0)은 모든 숫자 기본 형식에 정적 TryParse() 메서드를 포함시켰다. 이 메서드는 Parse() 메서드와 매우 유사하지만, 예제 2.29에서 나타낸 것처럼 변환에 실패할 경우 예외를 던지지 않고 TryParse() 메서드가 false를 반환한다는 점이 다르다.

예제 2.29 유효하지 않은 캐스트 예외 발생 위치에 TryParse() 사용

```
double number;
string input;

System.Console.Write("Enter a number: ");
input = System.Console.ReadLine();
if (double.TryParse(input, out number))
{
    // 변환 성공, 이제 숫자 사용
```

```
        // ...
    }
    else
    {
        System.Console.WriteLine(
            "The text entered was not a valid number.");
    }
```

예제 2.29의 출력을 결과 2.18에서 보였다.

결과 2.18

```
Enter a number: forty-two
The text entered was not a valid number.
```

코드에서 입력 string을 파싱한 결과 값은 out 매개변수를 통해 반환한다. 이 경우는 number다.

다양한 숫자 형식 외에도 TryParse() 메서드는 열거형에서도 사용할 수 있다.

C# 7.0에 와서는 더 이상 out 인수를 사용하기 전에 변수를 선언할 필요가 없다. 이 기능을 사용해 예제 2.30에서 숫자에 대한 선언을 보였다.

예제 2.30 C# 7.0에서 인라인 out 선언으로 TryParse() 사용하기

```
// double number;
string input;

System.Console.Write("Enter a number: ");
input = System.Console.ReadLine();
if (double.TryParse(input, out double number))
{
    System.Console.WriteLine(
        $"input was parsed successfully to {number}."); }
else
{
    // 노트: 여기도 역시 number 범위이며 0.0이 할당됐다.
    System.Console.WriteLine(
        "The text entered was not a valid number.");
}
```

```
System.Console.WriteLine(
    $"'number' currently has the value: { number }");
```

7.0 끝

여기서 number의 데이터 형식은 out 한정자 다음에 지정했고 그다음에 변수를 선언했다. number 변수는 if문의 참과 거짓 결과 모두에서 사용할 수 있으며 if문 외부에서도 사용할 수 있다.

Parse()와 TryParse()의 핵심적인 차이는 TryParse()는 실패 시 예외를 던지지 않는다는 점이다. 흔히 string을 숫자 형식으로 변환하는 것은 사용자가 입력한 텍스트에 달렸다. 사용자가 유효하지 않는 데이터를 입력해 파싱에 성공하지 못하는 시나리오가 예상될 때가 있다. Parse()보다는 TryParse()를 사용함으로써 예상되는 상황에서 예외를 던지는 경우를 피할 수 있다. (이 경우 예상되는 상황은 사용자가 유효하지 않은 데이터를 입력하고 예외를 던지는 예상 시나리오를 피하려는 상황이다.)

2.0 끝

요약

숙련된 프로그래머라도 C#의 몇 가지 새로운 프로그래밍 구문을 눈여겨봐야 한다. 예를 들어, 2장은 데이터 형식 단원의 일부로 부동 소수점을 변칙으로 사용하지 않고 금융 계산을 위해 정밀하게 사용될 수 있는 decimal 형식을 다뤘다. 게다가 2장은 부울 형식인 bool을 정수 형식과 암시적으로 변환하지 못하므로 조건식에서 할당 연산자의 잘못된 사용을 방지한다는 사실을 소개했다. 이전 버전과 구별되는 C#의 다른 특징은 문자열에서 이스케이프 문자를 무시하는 @ 축자 문자열 한정자와, 문자열에 포함해 문자열을 더 읽기 쉽게 만든 문자열 보간, string 데이터 형식의 불변성이다.

3장에서는 데이터 형식이라는 주제를 계속 다루는데 값 형식과 참조 형식이라는 두 가지 데이터 형식의 설명에 더 공을 들인다. 그리고 데이터 요소를 튜플 및 배열과 함께 결합하는 방법을 살펴본다.

3.

고급 데이터 형식

2장은 C#의 기본 형식을 다뤘고 간단히 참조 형식과 값 형식을 건드렸다. 3장은 형식의 범주를 더 자세히 설명하고자 데이터 형식에 관한 설명을 이어간다.

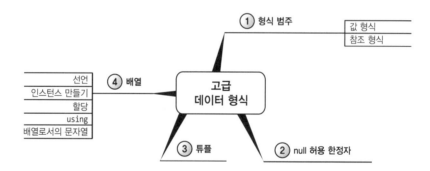

그 밖에 C# 7.0에서 도입된 기능인 튜플에 데이터 요소를 결합하는 내용을 자세히 살펴보고 데이터를 **배열**array이라는 집합으로 그룹화하는 방법을 설명한다. 먼저 값 형식과 참조 형식을 자세히 살펴보자.

형식 범주

모든 형식은 **값 형식**value type과 **참조 형식**reference type이라는 두 가지 범주 중 하나에 속한다. 각 범주의 형식 간의 차이점은 이들 형식이 복사되는 방식에 기인한다. 값 형식 데이터는 항상 값으로 복사되지만, 참조 형식 데이터는 항상 참조로 복사된다.

값 형식

string 외에 지금까지 이 책에 나온 미리 정의된 모든 형식은 값 형식이었다. 값 형식의 변수에는 데이터가 바로 들어간다. 즉, 변수는 해당 값이 저장된 메모리상의 같은 위치를 참조한다. 이 때문에 다른 변수에 동일한 값을 할당할 때 원래 변수의 값 사본이 새로운 변수의 위치에 만들어진다. 동일한 값 형식의 두 번째 변수는 첫 번째 변수와 같은 메모리 위치를 참조할 수 없다. 따라서 그림 3.1에서 나타낸 것처럼 첫 번째 변수의 값을 변경해도 두 번째 변수의 값에는 영향을 끼치지 않는다. 그림에서 number1은 42라는 값을 담고 있는 메모리의 특정 위치를 참조한다. number1을 number2에 할당한 후 양쪽 변수는 42라는 값을 담고 있다. 하지만 어느 변수의 값을 수정해도 다른 쪽에는 영향을 끼치지 않는다.

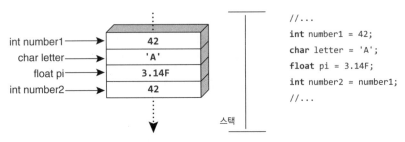

그림 3.1 값 형식에는 데이터가 바로 들어간다.

마찬가지로 Console.WriteLine() 같은 메서드에 값 형식을 전달하면 값을 메모리에 복사하며, 메서드 내의 매개변수 변경은 함수를 호출할 때 사용한 원래 값에 어떠한 영향도 주지 않는다. 값 형식은 메모리 복사가 필요하므로 일반적으로 메모리를 적게 사용하도록 정의해야 한다. 값 형식은 항상 16바이트 이하의 크기로 유지해야 한다.

참조 형식

값 형식과는 달리 참조 형식 변수의 값은 데이터가 들어 있는 저장소 위치에 대한 참조다. 참조 형식은 값 형식처럼 데이터를 직접 저장하지 않고 데이터가 위치한 곳의 참조를 저장한다.

따라서 런타임은 데이터를 접근하고자 변수에서 메모리의 위치를 읽어 낸 뒤 해당 데이터가 들어 있는 메모리의 위치로 '점프'하는 **역참조**dereferencing라고 알려진 작업을 수행한다. 참조 형식이 가리키는 해당 데이터의 메모리 영역을 **힙**heap이라 한다(그림 3.2 참고).

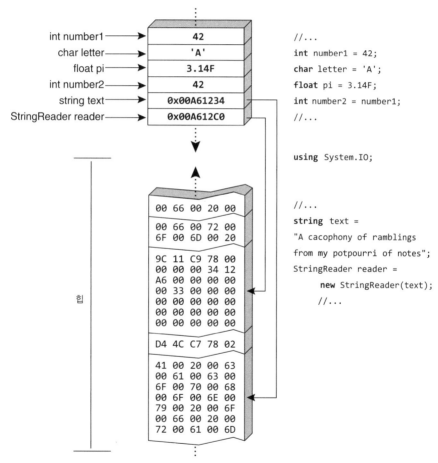

```
//...
int number1 = 42;
char letter = 'A';
float pi = 3.14F;
int number2 = number1;
//...


using System.IO;


//...
string text =
"A cacophony of ramblings
from my potpourri of notes";
StringReader reader =
    new StringReader(text);
    //...
```

그림 3.2 참조 형식은 힙을 가리킨다.

참조 형식은 값 형식의 동작처럼 해당 데이터의 동일한 메모리 복사가 필요하지 않으므로 참조 형식을 복사하는 편이 커다란 값 형식을 복사하는 작업보다 더 효과적이다. 참조 형식 변수 값을 또 다른 참조 형식 변수에 할당할 때 해당 참조만 복사되며 참조되는 데이터는 복사되지 않는다. 실제로 참조는 항상 해당 프로세서의 '기본 크기'와 같은 크기다. 즉, 32비트 프로세서는 32비트 참조를, 64비트 프로세서는 64비트 참조를 복사한다는 말이다. 확실히 커다란 데이터 블록에 대한 작은 참조를 복사하는 편이 값 형식 전체 블록을 복사하는 것보다는 더 빠르다.

참조 형식은 데이터에 대한 참조를 복사하므로 서로 다른 두 변수가 같은 데이터를 참조할 수 있다. 두 변수가 동일한 개체를 참조한다면 한 변수를 통해 해당 개체의 데이터를 변경하는 작업은 또 다른 변수를 통해 동일한 데이터를 액세스할 때 결과를 확인할 수 있다. 이런 결과는 할당과 메서드 호출 모두에서 일어난다. 따라서 한 메서드에서 해당 참조 형식의 데이터에 영향을 줄 수 있고, 그에 따른 변화는 호출자에 제어를 반환할 때 확인할 수 있다. 이러한 이유로 참조 형식이나 값 형식 정의 중 선택할 때 중요한 요소는 해당 개체가 논리적으로 고정 크기의 불변 값(값 형식)이냐 아니면 논리적으로 변할 수 있어서 참조해야 하는 대상인가(참조 형식) 하는 점이다.

Program과 같은 사용자 지정 클래스와 string 외에 지금까지 설명한 모든 형식은 값 형식이다. 하지만 대부분의 형식은 참조 형식이다. 사용자 지정 값 형식을 정의할 수 있지만 사용자 지정 참조 형식의 수에 비하면 그런 일은 흔하지 않다.

null을 허용하는 형식 선언하기

8.0 시작

2.0 시작

값이 '없음'을 나타내고 싶은 경우가 종종 있다. 예를 들어, count를 지정할 때 count를 아직 모르거나 할당되지 않은 경우 무엇을 저장해야 할까? 한 가지 가능한 해답은 -1이나 int.MaxValue 같은 '매직magic' 값을 지정하는 것이다. 하지만 이런 값은 유효한 정수 값이므로 매직 값이 일반적인 int이거나 값이 없음을 의미할 때 모호해질 수 있다. 바람직한 접근 방식은 값이 유효하지 않거나 값이 할당되지 않음을 나타내고자 null을 할당하는 것이다. null 할당은 데이터베이스 프로그래밍에서 특히 유용하다. 데이터베이스의 열에 null 값을 허용하는 일이 자주 있다. 이런 열을 조회하고 C# 코드 내에서 이들 열을 해당 변수에 할당할 경우 C# 데이터 형식 역시 null을 포함하지 않는 한 문제가 된다.

어떤 형식을 선언할 때 null 허용 한정자^{nullable modifier}로 null 값을 허용 또는 허용하지 않는 형식으로 선언할 수 있다. (기술적으로 C#만 null 허용 한정자를 지원하는데 C# 2.0은 값 형식으로 지원하고 C# 8.0에서는 참조 형식까지도 지원한다.) null 허용 여부를 활성화하려면 간단히 형식 선언 다음에 null 허용 한정자를 쓴다(형식 이름 다음 ? 기호). 예를 들어, 'int? number = null'은 null을 허용하는 int 형식 변수를 선언하고 null 값을 할당한다. 안타깝게도 null 허용 여부는 몇 가지 위험이 내포돼 있으므로 null 허용 여부를 변경할 때는 특별한 처리를 해야 한다.

null 참조를 역참조하기

null을 변수에 할당하는 지원은 매우 유용하지만 문제가 없는 것은 아니다. null 값을 다른 변수와 메서드에 복사하거나 전달하는 것이 별것 아니지만 null의 인스턴스를 역참조(멤버 호출)하면 System.NullReferenceException을 던진다(예를 들어, 텍스트에 null 값이 들어 있을 때 text.GetType( ) 호출). 운영 코드가 System.NullReferenceException을 던진다면 이것은 항상 버그다. 이 예외는 코드를 작성한 개발자가 호출 전에 null 검사를 빠뜨렸음을 나타낸다. 기본적으로 null 값이 존재할 수 있으므로 명시적인 조치가 필요하다는 개발자의 인식이 있어야 null 검사를 고려할 수 있다. 이 때문에 null 허용 변수를 선언하려면 null이 기본적으로 허용되는 반대의 접근 방식이 아니라 null 허용 한정자를 명시적으로 사용해야 한다(단원 뒤에 나오는 'null 허용 참조 형식' 참고). 즉, 프로그래머에겐 변수가 null이 될 수 있도록 허용할 때 값이 null인 변수를 역참조하지 않도록 보장해야 하는 추가적인 책임이 있다.

null 검사는 아직 설명하지 않은 구문과 연산자를 사용해야 하므로 null 검사 방법의 자세한 내용은 '고급 주제 - null 검사하기'에서 설명한다. 하지만 전체적인 설명은 4장에서 다룬다.

null 검사하기

개발자가 null을 검사하는 데 사용할 수 있는 많은 구문과 연산자가 있다. 예제 3.1은 몇 가지 예를 제공한다. null을 검사하는 가장 명확한 방법은 예제 3.1에서 보인 if 문과 is 연산자를 사용하는 것이다.

예제 3.1 null 검사

```
static void Main()
{
    int? number = null;
    // ...
    if(number is null)
    {
        System.Console.WriteLine(
                "'number' requires a value and cannot be null");
    }
    else
    {
        System.Console.WriteLine(
                $"'number' doubled is { number * 2 }.");
    }
}
```

if 문은 number가 null인지 여부를 검사한 다음 조건에 따라 다른 동작을 수행한다. 같음 연산자(==)를 사용할 수도 있지만, 같음 연산은 동작하는 방식을 변경할 수 있다 (재정의). 따라서 is 연산자를 사용하는 것이 좋다.

null을 다룰 때 또 다른 유용한 연산자(C# 6.0에서 추가됨)가 null 조건부 연산자다. 이 연산자는 null 값을 역참조하기 전에 먼저 null을 검사한다. 예를 들어, 'int? length = text?.Length;'은 text가 null 값을 갖는 경우 자동으로 null을 반환하고 그렇지 않은 경우 text에 저장된 문자열의 길이를 반환한다. text?.Length에서 반환한 값이 null일 수 있기 때문에(text가 null인 경우) length 변수는 null 허용 가능으로 선언해야 한다.

if 문과 null 조건부 연산자 모두는 4장에서 더 자세히 설명했다. is 연산자도 4장에서 간단히 언급했지만, 7장에서 패턴 매칭의 개념을 설명할 때까지는 자세히 설명하지 않았다.

null 허용 값 형식

값 형식은 실제 값을 바로 참조하므로 정의에 따라 값 형식은 무^{nothing}에 대한 참조를 포함해 모든 참조를 포함할 수 없기 때문에 근본적으로 null을 포함할 수 없다. 그럼에도 값 형식에서 멤버를 호출할 때 '값 형식 역참조'라는 용어를 여전히 사용한다. 즉, 값 형식인지 여부에 상관없이 기술적으로 옳지 않더라도 멤버를 호출할 때 '역참조'라는 용어를 사용하곤 한다.[1]

■ 고 급 주 제 / 초 급 주 제

값 형식에서 null 역참조하기

기술적으로 null 허용 한정자로 선언된 값 형식은 여전히 값 형식이므로 null로 동작하더라도 내부적으로는 실제로 null이 아니다. 따라서 대부분의 경우 null을 나타내는 null 허용 값 형식의 역참조는 null 허용 예외를 던지지 않는다. HasValue와 ToString(), 동등성 관련 멤버(GetHashCode()와 Equals())는 모두 Nullable<T>에서 구현됐으므로 해당 값이 null을 나타낼 때 예외를 던지지 않을 것이다. (대신 null 값 형식 역참조는 InvalidOperationException(NullReferenceException이 아님)을 던져 역참조 전에 값을 검사해야 한다고 프로그래머에게 상기시킨다.) 하지만 값이 null을 나타낼 때 GetType() 호출은 NullReferenceException을 던진다. 이러한 불일치 GetType()이 가상 메서드가 아니기 때문에 발생하므로 Nullable<T>는 해당 동작을 오버로드할 수 없다. 그래서 기본 값(NullReferenceException)을 그대로 남겨 뒀다.

null 허용 참조 형식

C# 8.0 이전에 모든 참조 형식은 null을 허용했다. 안타깝게도 이는 개발자가 null 참조 예외를 피하고자 null 검사를 수행하고 null 값 역참조를 피하도록 프로그래밍해야 했기 때문에 많은 버그를 일으켰다. 문제를 더 악화시키는 것은 참조 형식이 기본적으로 null 허용인 점이다. 참조 형식의 변수에 어떤 값도 할당되지 않는 경우 값은 기본적으로 null이다. 더욱이 값이 할당되지 않은 참조 형식 지역 변수를 역참조한다면 컴파일러

---

[1] null 허용 값 형식은 C# 2.0에서 소개됐다.

3장 고급 데이터 형식   **131**

는 '할당되지 않은 'text' 지역 변수를 사용했습니다'라는 에러를 (적절하게) 발생시키므로 가장 쉽게 고치는 방법은 실행 경로와 상관없이 적절한 값이 할당되게 하는 것이 아니라 선언할 때 간단히 null을 할당하는 것이다(예제 3.2 참고). 즉, 개발자는 (아마 잘못 판단해) 변수가 역참조되기 전에 코드에서 변수를 다시 할당할 것으로 기대하면서 에러를 해결하는 가장 간단한 방법으로 변수를 선언하고 null 값을 할당하는 함정에 쉽게 빠질 수 있다.

예제 3.2 할당되지 않은 변수 역참조

```
#nullable enable
static void Main()
{
    string? text;
    // ...
    // 컴파일 에러: 할당되지 않은 'text' 지역 변수를 사용했습니다.
    System.Console.WriteLine(text.length);
}
```

요약하면 기본적으로 참조 형식의 null 허용 여부는 System.NullReferenceExceptions 형태의 잦은 결함을 일으키는 원인이었으며 함정을 피하기 위한 명시적인 동작을 취하지 않으면 개발자들은 컴파일러의 동작을 잘못 이해하는 우를 범했다.

이런 상황을 획기적으로 개선하고자 C# 팀은 C# 8.0에서 **null 허용 참조 형식**nullable reference type이라고 알려진 기능인 참조 형식에 대한 null 허용 여부의 개념을 도입했다(물론 참조 형식 역시 null을 허용하지 않을 수 있음을 의미한다). null 허용 참조 형식은 참조 형식 선언이 null 허용 한정자 존재 여부와 상관없이 일어날 수 있다는 점에서 값 형식과 같다. C# 8.0에서 null 허용 한정자 없이 변수를 선언하는 것은 null을 허용하지 않는다는 의미다.

안타깝게도 null 허용 한정자로 참조 형식의 선언을 지원하고 null 한정자 없는 참조 형식 선언을 null 허용이 아닌 것으로 기본 설정하면 이전 버전의 C#에서 업그레이드된 코드에 큰 영향을 준다. C# 7.0 이전이 모든 참조 형식 선언에 null 할당을 지원했다고 가정하면 C# 8.0에서 코드 컴파일이 실패할까?

132

다행히도 하위 호환성은 C# 팀에게 아주 중요하므로 참조 형식 null 허용 여부는 기본적으로 사용되지 않는다. 대신 사용하기 위한 두 가지 옵션으로 #nullable 지시문과 프로젝트 속성이 있다.

먼저, null 참조 형식 기능은 이 예제에서 #nullable 지시문으로 활성화됐다.

```
#nullable enable
```

이 지시문은 enable, disable, restore라는 값을 지원하는데, 마지막 값은 null 허용 콘텍스트를 프로젝트 범위 설정으로 복원한다. 예제 3.2는 nullable 지시문으로 null 허용을 설정하는 예제다. 그렇게 해서 string?으로써 text 선언이 활성화되고 더 이상 컴파일러 경고가 발생하지 않는다.

다른 방법으로 프로그래머는 프로젝트 속성을 사용해 참조 형식 null 허용 여부를 활성화할 수 있다. 기본적으로 프로젝트 파일의(*.csproj) 프로젝트 범위 설정은 nullable을 비활성화했다. 이를 사용하려면 예제 3.3에서 보인 것처럼 Nullable 프로젝트 속성에 enable 값을 추가한다.

예제 3.3 csproj 파일에서 프로젝트 범위 null 허용 사용하기

```
<Project Sdk="Microsoft.NET.Sdk">
    <PropertyGroup>
        <OutputType>Exe</OutputType>
        <TargetFramework>netcoreapp3.0</TargetFramework>
        <Nullable>enable</Nullable>
    </PropertyGroup>
</Project>
```

이 책의 모든 샘플 코드(https://github.com/EssentialCSharp)는 프로젝트 수준에서 nullable을 사용한다. 다른 방법으로 dotnet 명령줄에서 /p 매개변수와 함께 프로젝트 속성을 설정할 수도 있다.

```
dotnet build /p:Nullable=enable
```

명령줄에서 Nullable에 대한 값을 지정하면 프로젝트 파일의 값 설정을 재정의한다.

8.0 끝

암시적 형식 지역 변수

C# 3.0은 **암시적 형식 지역 변수**implicitly typed local variable를 선언할 수 있게 문맥 키워드인 var 가 추가했다. 코드에서 선언할 때 명확한 형식으로 변수를 초기화하면 C# 3.0 이후는 예제 3.4에서 보인 것처럼 나중에 변수 데이터 형식을 명시적으로 선언하지 않고 암시 적으로 다룰 수 있다.

예제 3.4 문자열 다루기

```
class Uppercase
{
    static void Main()
    {
        System.Console.Write("Enter text: ");
        var text = System.Console.ReadLine();

        // 새 문자열을 대문자로 반환한다.
        var uppercase = text.ToUpper();

        System.Console.WriteLine(uppercase);
    }
}
```

이 예제는 두 가지 방식에서 예제 2.18과 다르다. 첫 번째, 선언에 string이라는 명시 적 데이터 형식을 사용하기보다는 예제 3.2는 var를 사용한다. 결과 CIL 코드는 명시적 으로 string을 사용한 것과 동일하다. 하지만 var는 컴파일러에게 선언 내에서 할당된 값(System.Console.ReadLine())에서 데이터 형식을 결정하라고 한다.

두 번째, 변수 text와 uppercase는 선언으로 초기화한다. 그렇게 하지 않으면 컴파일 시에 오류가 발생한다. 앞서 언급했듯이 컴파일러는 초기화 식의 데이터 형식을 결정 하고 마치 프로그래머가 명시적으로 형식을 지정하는 경우처럼 그에 맞는 변수를 선언 한다.

명시적 데이터 형식이 아닌 var 사용을 허용하지만 데이터 형식을 알 때는 var의 사 용을 피하는 게 좋겠다. 예를 들어, text와 uppercase의 선언에 대해 string을 사용한다. 이렇게 하면 코드를 더 이해하기 쉽게 만들 뿐만 아니라 오른편 식에서 반환되는 데이터 형식이 예상한 형식인지 컴파일러가 의도를 확인할 수 있다. var를 선언한 변수를 사용할 때 오른편 데이터 형식은 분명해야 한다. 그렇지 않다면 var 선언을 사용하지 않아야 한다.

가이드라인

- 할당된 값의 데이터 형식이 명확하지 않으면 암시적 형식 지역 변수는 사용하지 않는다.

언어 비교: C++/비주얼 베이직/자바스크립트 - void*, Variant, var

암시적 형식 변수는 C++의 void*와 비주얼 베이직의 Variant, 자바스크립트의 var와 동일하지 않다. 이들 각각의 경우에서 변수는 C#에서 object 형식의 변수를 선언해 할당하는 것처럼 어떤 형식의 값도 할당할 수 있기 때문에 변수 선언이 제한을 받지 않는다. 대조적으로 var는 컴파일러가 명확하게 형식을 결정한다. 일단 선언하고 해당 형식을 변경하지 않으면 형식 검사와 멤버 호출은 컴파일 타임에 검증된다.

■ 고 급   주 제

익명 형식

익명 형식을 허용하고자 C# 3.0에서 var에 대한 지원을 추가했다. 익명 형식은 명시적 클래스 정의를 통해서가 아니라 예제 3.5에서 보인 것처럼 메서드 내에서 '바로' 선언하는 데이터 형식이다. (익명 형식에 대한 더 자세한 내용은 15장을 참고하자.)

예제 3.5 익명 형식을 갖는 암시적 지역 변수

```csharp
class Program
{
    static void Main()
    {
        var patent1 =
            new { Title = "Bifocals",
            YearOfPublication = "1784" };
        var patent2 =
            new { Title = "Phonograph",
            YearOfPublication = "1877" };

        System.Console.WriteLine(
            $"{ patent1.Title } ({ patent1.YearOfPublication })");
```

3.0

```
            System.Console.WriteLine(
                $"{ patent2.Title } ({ patent2.YearOfPublication })");
        }
    }
```

결과 3.1에서 해당 출력을 나타냈다.

결과 3.1

```
Bifocals (1784)
Phonograph (1784)
```

예제 3.5는 암시적 형식(var) 지역 변수에 익명 형식 할당을 나타냈다. 이런 작업 유형
은 데이터 형식을 결합(연결)하거나 특정 형식의 크기를 더 작은 데이터 요소로 축소하기
위한 C# 3.0의 지원과 더불어 중요한 기능을 제공했다. 하지만 C# 7.0은 익명 형식에 대한
필요성을 대체하는 튜플^{tuple} 구문을 소개했다.

3.0 끝

7.0 시작

튜플

때로는 데이터 요소를 함께 결합하는 것이 유용하다. 예를 들어, 수도는 주바^{Juba}이고
1인당 GDP가 275.18 달러인, 2019년 세계 최빈국인 남수단과 같은 나라에 관한 정보
를 생각해 보자. 지금까지 구조는 개별 변수에 각 데이터를 저장할 수 있지만, 결과는 데
이터 요소 서로간의 연관성이 없다. 즉, 변수 이름에서 공통 접미사나 접두사를 붙이는
경우를 제외하고 $275.18은 남수단과 연관성이 없다. 또 다른 옵션은 모든 데이터를 하
나의 문자열로 결합하는 것인데, 이 방식은 각 데이터 요소를 개별로 다루려면 그 문자
열을 파싱해야 한다는 단점을 갖는다.

C# 7.0은 세 번째 옵션으로 튜플을 제공한다. 튜플을 사용하면 다음에 보인 것처럼
국가 데이터를 단일 구문으로 각 변수에 할당할 수 있다.

```
(string country, string capital, double gdpPerCapita) = ("South Sudan", ""Juba",
275.18);
```

튜플은 표 3.1에서 보인 것처럼 몇 가지 추가적인 구문을 제공한다.

표 3.1 튜플 선언과 할당에 대한 샘플 코드

예제	설명	예제 코드
1.	튜플을 선언된 변수 각각에 할당한다.	```(string country, string capital, double gdpPerCapita) = ("South Sudan", "Juba", 275.18); System.Console.WriteLine($@"The poorest country in the world in 2019 was { country}, {capital}: {gdpPerCapita}");```
2.	튜플을 사전에 선언한 각 선언 변수에 할당한다.	```string country; string capital; double gdpPerCapita; (country, capital, gdpPerCapita) = ("South Sudan", "Juba", 275.18); System.Console.WriteLine($@"The poorest country in the world in 2019 was { country}, {capital}: {gdpPerCapita}");```
3.	튜플을 개별로 선언된 암시적 형식 변수에 할당한다.	```(var country, var capital, var gdpPerCapita) = ("South Sudan", "Juba", 275.18); System.Console.WriteLine($@"The poorest country in the world in 2019 was { country}, {capital}: {gdpPerCapita}");```
4.	튜플을 분배 구문을 사용해 암시적 형식으로 선언한 변수 각각에 할당한다.	```var (country, capital, gdpPerCapita) = ("South Sudan", "Juba", 275.18); System.Console.WriteLine($@"The poorest country in the world in 2019 was { country}, {capital}: {gdpPerCapita}");```
5.	명명된 항목 튜플을 선언하고 여기에 튜플 값을 할당한 다음, 이름으로 튜플 항목을 액세스한다.	```(string Name, string Capital, double GdpPerCapita) countryInfo = ("South Sudan", "Juba", 275.18); System.Console.WriteLine($@"The poorest country in the world in 2019 was { countryInfo.Name}, {countryInfo.Capital}: { countryInfo.GdpPerCapita}");```
6.	명명된 항목 튜플을 하나의 암시적 형식 변수에 할당한 다음, 이름으로 튜플 항목을 액세스한다.	```var countryInfo = (Name: "South Sudan", Capital: "Juba", GdpPerCapita: 275.18); System.Console.WriteLine($@"The poorest country in the world in 2019 was { countryInfo.Name}, {countryInfo.Capital}: { countryInfo.GdpPerCapita}");```

7.0

예제	설명	예제 코드
| 7. | 명명되지 않은 튜플을 암시적 형식 변수 하나에 할당한 다음, 튜플의 항목 번호 속성으로 튜플 항목을 액세스한다. | ```csharp
var countryInfo =
    ("South Sudan", "Juba", 275.18);
System.Console.WriteLine(
    $@"The poorest country in the world in 2019 was {
    countryInfo.Item1}, {countryInfo.Item2}: {
    countryInfo.Item3}");
``` |
| 8. | 명명된 항목 튜플을 하나의 암시적 형식 변수에 할당 한 다음, 항목 번호 속성으로 튜플 항목을 액세스한다. | ```csharp
var countryInfo =
    (Name: "South Sudan", Capital: "Juba", GdpPerCapita:
    275.18);
System.Console.WriteLine(
    $@"The poorest country in the world in 2019 was {
    countryInfo.Item1}, {countryInfo.Item2}: {
    countryInfo.Item3}");
``` |
| 9. | 밑줄을 사용해 튜플의 일부를 버린다. | ```csharp
(string name, _, double gdpPerCapita) countryInfo =
    ("South Sudan", "Juba", 275.18);
``` |
| 10. | 튜플 요소 이름을 변수 및 속성 이름에서 추론할 수 있다(C# 7.1). | ```csharp
string country = "South Sudan";
string capital = "Juba";
double gdpPerCapita = 275.18;

var countryInfo =
    (country, capital, gdpPerCapita);
System.Console.WriteLine(
    $@"The poorest country in the world in 2019 was {
    countryInfo.country}, {countryInfo.capital}: {
    countryInfo.gdpPerCapita}");
``` |

첫 4개의 예제에서 오른편은 튜플을 나타내지만, 왼편은 **튜플 구문**^{tuple syntax}을 사용해 할당한 개별 변수를 나타내며 둘 이상의 요소를 포함하는 경우 쉼표로 분리하고 괄호로 묶었다. (컴파일러가 오른편에서 생성하는 기본 데이터 형식은 기술적으로 튜플이 아니기 때문에 여기서는 튜플 구문이라는 용어를 사용한다.) 오른쪽에서 튜플로 결합된 값으로 시작하고, 왼쪽 할당에서 튜플을 성분으로 분해한다. 예제 2에서 왼편 할당은 미리 선언한 변수에 대한 것이다. 하지만 예제 1, 3, 4에서 변수는 튜플 구문 내에서 선언했다. 변수만 선언한다는 점을 고려해 이름 및 대소문자 지정은 1장에서 설명한 지침, 예를 들어 '지역 변수에는 카멜 표기법을 사용한다'를 따른다.

예제 4에서 보인 것처럼 암시적 형식(var)은 한 번의 선언으로 튜플 구문 내에서 각 변수에 적용할 수 있지만, 명시적 형식(예, 문자열)으로는 그렇게 할 수 없다. 튜플은 각 항목이 다른 데이터 형식인 것을 허용하므로 한 번의 선언으로 명시적 형식 이름을 모든 요소에 적용하는 것은 모든 항목 데이터 형식이 동일하지 않는 한 동작하지 않는다 (그리고 컴파일러가 이를 허용하지 않는다).

예제 5에서 왼편에 튜플을 선언한 다음 오른편에서 그 튜플을 할당한다. 이 튜플은 명명된 항목을 갖는다(튜플에서 해당 항목 값을 다시 조회할 때 이 이름으로 참조한다). 이 때문에 System.Console.WriteLine 구문에서 countryInfo.Name, countryInfo.Capital, countryInfo.GdpPerCapita 구문을 사용할 수 있다. 왼편에서 튜플을 선언한 결과는 변수들의 그룹을 하나의 변수^{countryInfo}로 만들어 구성 성분을 액세스할 수 있다. 이런 방식이 유용한 이유는 4장에서 설명하는 것처럼 하나의 변수를 다른 메서드에 전달한 뒤 이들 메서드가 튜플 내에서 개별 항목을 액세스할 수도 있기 때문이다.

이미 언급한 것처럼 튜플 구문을 사용해 정의한 변수는 카멜 표기법^{camelCase}을 사용한다. 하지만 튜플 항목 이름의 관례는 잘 정의되지 않았다. 튜플 구문 이전에 출력 매개변수를 사용해 여러 값을 반환하는 경우처럼 튜플이 매개변수처럼 동작할 때 매개변수 명명 관례를 사용하는 것이 좋다. 다른 방법은 형식의 멤버(5장과 6장에서 설명하는 속성과 함수, 공용 필드)가 명명 관례를 따르는데 파스칼 표기법을 사용하는 것이다. 나는 C# 과 .NET에서 모든 멤버 식별자의 대소문자 관례에 일관성을 갖는 후자의 파스칼 표기법을 굉장히 선호한다. 그렇지만 이 관례가 널리 받아들여진 것은 아니라서 가이드라인에서 강하게 사용해야 한다고 주장하기보다는 '권장한다'는 의미로 '모든 튜플 항목 이름에 파스칼 표기법 사용을 고려하자'라고 썼다.

가이드라인
- 튜플 구문을 사용해 변수를 선언할 때 카멜 표기법을 사용하자.
- 모든 튜플 항목 이름에 파스칼 표기법 사용을 고려하자.

예제 6은 예제 5와 동일한 기능을 제공하지만 오른편 튜플 값에 명명된 튜플 항목 그리고 왼편에 암시적 형식 선언을 사용한다. 하지만 항목의 이름은 암시적 형식 변수에 유지되므로 `WriteLine` 구문에 계속 사용할 수 있다. 물론 이 사용 예는 오른편에서 사용한 것과 다른 이름으로 왼편의 항목에 지정할 수 있는 가능성을 열어 준다. C# 컴파일러는 이를 허용하지만 왼쪽 항목이 우선순위를 갖기 때문에 오른쪽 항목의 이름은 무시된다는 경고를 표시한다.

7.0

항목 이름을 지정하지 않으면 각 요소는 할당된 튜플 변수에서 여전히 사용할 수 있다. 하지만 이름은 예제 7에서 보인 것처럼 `Item1`, `Item2`, ...와 같다. 사실 `ItemX` 이름은 사용자 지정 이름을 사용할 때도 튜플에서 항상 사용할 수 있다(예제 8 참고). Visual Studio(C# 7.0을 지원하는 버전)와 같은 통합 개발 환경IDE, Integrated Development Environment 도구를 사용할 때 `ItemX` 속성은 인텔리센스 드롭다운 내에 나타나지 않는데, 추측하건대 이는 사용자 지정 이름이 더 바람직하기 때문일 것이다. 예제 9에서 보인 것처럼 튜플 할당의 일부는 밑줄을 사용해 무시할 수 있다.

예제 10에서 보인 것처럼 튜플 항목 이름을 추론하는 기능은 C# 7.1까지는 등장하지 않았다. 예제에서 나타낸 것처럼 튜플 내의 항목 이름은 변수 이름 또는 심지어 속성 이름으로 추론할 수 있다.

튜플은 우리가 상점에 가서 여러 가지 상품을 장바구니에 집어넣듯이 데이터를 하나의 개체로 캡슐화하는 가벼운 솔루션이다. 다음에 다룰 배열과 달리 튜플은 코드에서 식별되고 런타임에 바꿀 수 없다는 점을 제외하고 제약 조건[2] 없이 다양한 데이터 형식을 항목으로 포함할 수 있다. 또한, 튜플 내의 항목 수는 배열과 달리 컴파일 시간에 하드코딩된다. 마지막으로 확장 메서드임에도 불구하고 튜플에 사용자 지정 동작을 추가할 수 없다. 캡슐화된 데이터와 연결된 동작이 필요하다면 선호하는 접근 방식은 객체지향 프로그래밍을 활용하고 클래스를 정의하는 것인데 이 개념은 6장에서 깊이 살펴본다.

---

2   기술적으로 튜플은 포인터가 될 수 없다. 포인터는 23장에서 소개한다.

System.ValueTuple<...> 형식

C# 컴파일러는 표 3.1에서 예제의 오른편에 있는 모든 튜플 인스턴스에 대한 튜플 구문의 기본 구현으로 System.ValueTuple<T1, T2, T3>와 같은 제네릭 값 형식의 집합(구조체)에 의존하는 코드를 생성한다. 마찬가지로 System.ValueTuple<...> 제네릭 값 형식은 예제 5부터 시작하는 왼편 데이터 형식에 사용된다. 튜플 형식에서 예상하듯이 포함된 유일한 메서드는 비교 및 같음 여부에 관련된 것이다.

사용자 지정 항목 이름과 그 형식이 System.ValueTuple<...> 정의에 포함되지 않은 경우 각 사용자 지정 항목 이름이 겉으로는 System.ValueTuple<...> 형식의 멤버이면서 그 형식의 멤버로 액세스하는 게 어떻게 가능할까? (특히 익명 형식 구현에 익숙한 이들에게)놀라운 점은 컴파일러가 사용자 지정 이름에 해당하는 멤버에 대한 기본 CIL 코드를 생성하지 않는 것이다. 하지만 사용자 지정 이름을 가진 기본 멤버가 없더라도 C# 관점에서는 (겉으로 보기에)그러한 멤버가 존재한다.

표 3.1의 명명된 튜플 예제 모두에서 범위는 선언된 멤버 내에서 바인딩된다고 할 수 있으므로 컴파일러가 튜플의 나머지 범위에 대해 해당 이름을 알려 줄 수 있다. 사실, 컴파일러(그리고 IDE)는 간단히 이 범위를 사용해 이름으로 각 항목을 액세스할 수 있다. 즉, 컴파일러는 튜플 선언 내에서 항목 이름을 찾고 코드에서 이름을 활용해 해당 범위 내에서 이들 이름을 사용할 수 있게 한다. 역시 이러한 이유로 튜플에서 사용할 수 있는 멤버인 ItemX는 IDE 인텔리센스에서 보이지 않는다(IDE는 ItemX라는 이름을 무시하고 명시적인 항목 이름으로 대체한다).

멤버 내에서 범위를 지정해 항목 이름을 결정하는 일은 컴파일러에게는 합리적이지만, 다른 어셈블리에 있는 메서드의 매개변수나 반환 값처럼 튜플이 멤버 외부에 노출되면 어떻게 될까(소스 코드를 사용하지 못할 수도 있다)? API(공개 및 비공개 API)의 일부인 모든 튜플의 경우 컴파일러는 항목 이름을 특성의 형식으로 멤버의 메타데이터에 추가한다. 예를 들어, 다음 코드에 대해 컴파일러가 생성하는 동일한 C# 코드를 예제 3.6에서 보였다.

```
public (string First, string Second) ParseNames(string fullName)
```

```
[return: System.Runtime.CompilerServices.TupleElementNames(new string[]
{"First", "Second"})]
public System.ValueTuple<string, string> ParseNames(string fullName)
{
    // ...
}
```

이와 관련해 C# 7.0은 명시적인 System.ValueTuple<...> 데이터 형식을 사용할 때 사용자 지정 항목 이름을 사용할 수 없다. 따라서 표 3.1의 예제 8에서 var을 바꾸면 각 항목 이름이 무시된다는 경고를 받게 된다.

여기서 System.ValueTuple<...>에 관해 염두에 둬야 할 몇 가지 추가 사항이 있다.

- 최대 7개 항목을 갖는 튜플을 지원할 수 있는 여덟 가지 제네릭 System.ValueTuple<...>이 있다. 여덟 번째 튜플 System.ValueTuple<T1, T2, T3, T4, T5, T6, T7, TRest>의 경우 마지막 형식 매개변수는 ValueTuple을 추가 지정할 수 있으므로 n개 항목을 지원할 수 있다. 예를 들어, 8개의 매개변수가 있는 튜플을 지정하면 컴파일러는 기본 구현 형식으로 System.ValueTuple<T1, T2, T3, T4, T5, T6, T7, System .ValueTuple<TSub1>>을 자동으로 생성한다. (완전성이라는 측면에서 C# 튜플 구문은 최소 2개의 항목이 필요하므로 System.Value<T1>이 있지만 거의 사용하지 않는다.)

- 각 ValueTuple 매개변수에 해당하는 Create() 메서드가 있는 튜플 팩토리로 동작하는 비제네릭 System.ValueTuple이 있다. var t1 = ("Inigo Montoya", 42)처럼 튜플 리터럴을 간편하게 사용할 수 있어서 C# 7.0 이후 프로그래머는 Create() 메서드를 사용하지 않아도 된다.

- 실제로 C# 개발자는 기본적으로 System.ValueTuple과 System.ValueTuple<T>을 무시할 수 있다.

Microsoft .NET 프레임워크 4.5에서 처음 포함했던 System.Tuple<...>이라는 또 다른 튜플 형식이 있다. 이 형식이 포함될 당시에는 앞으로 핵심 튜플 구현이 될 것이라 예상했다. 하지만 C#에서 튜플 구문을 지원하긴 했지만 값 형식이 조금 더 효율적임을 깨달았기 때문에 System.ValueTuple<...>를 도입했다. System.Tuple<...>에 종속적인 기존 API 와 하위 호환성을 제외하면 대부분은 System.Tuple<...>을 효과적으로 대체할 수 있다.

6.0 끝

7.0 끝

8.0 시작

배열

1장에서 다루지 않은 한 가지 특별한 변수 선언이 배열 선언이다. 배열 선언을 사용하면 하나의 변수를 사용해 동일한 형식의 여러 항목을 저장할 수 있으며 필요시 인덱스를 사용해 개별적으로 접근할 수 있다. C#에서 배열 인덱스는 0에서 시작한다. 따라서 C#의 배열은 제로 베이스다.

■ 초 급 주 제

배열

배열은 하나의 변수를 사용해 동일한 형식의 데이터 항목 컬렉션을 선언하는 수단을 제공한다. 배열 내의 각 항목은 **인덱스**라고 하는 정수 값을 사용해 고유하게 가리킨다. C# 배열의 첫 번째 항목은 인덱스 0을 사용해 액세스한다. 프로그래머는 배열의 크기보다 적은 인덱스 값을 지정해야 한다. C# 배열은 0에서 시작하기 때문에 배열의 마지막 요소에 대한 인덱스는 해당 배열의 전체 항목의 수보다 1이 적다. C# 8.0에는 '끝부터 인덱스$^{index\ from\ end}$' 연산자가 있다. 예를 들어, ^1이라는 인덱스 값은 배열의 마지막 요소를 액세스한다.

초급자의 경우라면 인덱스를 오프셋으로 생각하는 편이 도움이 된다. 첫 번째 항목은 배열의 시작에서 0만큼 떨어져 있다. 두 번째 항목은 배열의 시작에서 1만큼 떨어져 있다는 식으로 생각하는 것이다.

배열은 거의 모든 프로그래밍 언어의 기초이므로 사실상 모든 개발자가 학습해야 한다. 배열은 C# 프로그래밍에서 자주 사용하고 초급자가 이해해야 할 부분이지만, 현재는 대부분의 C# 프로그램이 데이터의 컬렉션을 저장할 때 배열보다는 제네릭 컬렉션 형식을 사용한다. 따라서 여러분은 곧이어 나오는 '배열 선언' 절을 빠르게 훑어만 봐도 간단히 배열의 인스턴스 생성과 할당에 익숙해질 수 있다. 표 3.2에서는 주목할 부분을 정리했다. 제네릭 컬렉션은 15장에서 자세히 다룬다.

표 3.2 배열 요약

설명	예제
선언(declaration) 대괄호와 함께 데이터 형식을 나타낸다. 다차원 배열은 쉼표를 사용해서 선언하며 쉼표 개수+1이 차원의 수다.	`string[] languages; // 1차원` `int[,] cells;       // 2차원`

할당(assignment)
new 키워드와 해당 데이터 형식은 선언 시에 선택적이다. 선언하는 동안 할당하지 않았다면, 배열의 인스턴스를 만들 때 new 키워드가 필요하다.
배열은 리터럴 값 없이 할당할 수도 있다. 결과적으로 배열의 각 항목 값은 자체 기본 값으로 초기화된다.
리터럴 값이 제공되지 않으면 배열의 크기를 지정해야 한다. (크기가 상수일 필요는 없다. 크기는 런타임에 계산된 변수가 될 수도 있다.)
C# 3.0부터 데이터 형식 지정은 선택 사항이다.
	`string[] languages = { "C#", "COBOL", "Java",`
	`    "C++", "TypeScript", "Pascal",`
	`    "Fortran", "Lisp", "JavaScript"};`
	`languages = new string[9];`
	`languages = new string[]{"C#", "COBOL", "Java",`
	`    "C++", "TypeScript", "Pascal",`
	`    "Fortran", "Lisp", "JavaScript" };`
	
	`// 다차원 배열 할당과 초기화`
	`int[,] cells = int[3,3];`
	`  {`
	`      {1, 0, 2},`
	`      {1, 2, 0},`
	`      {1, 2, 1}`
	`  };`

배열을 순방향으로 액세스하기
배열은 0에서 시작하므로 배열의 첫 번째 요소는 인덱스가 0이다.
대괄호는 배열에 데이터를 저장하거나 배열에서 조회하는 데 사용된다.
	`string[] languages = new string[9]{`
	`    "C#", "COBOL", "Java",`
	`    "C++", "TypeScript", "Pascal",`
	`    "Fortran", "Lisp", "JavaScript"};`
	`// languages 배열에서 5번째 항목 조회.`
	`// (TypeScript)`
	`string language = languages[4];`
	`// "TypeScript" 출력.`
	`System.Console.WriteLine(language);`

배열을 역방향으로 액세스하기
C# 8.0에서 배열 끝부터 인덱스를 부여할 수도 있다. 예를 들어, 항목 ^1은 배열의 마지막 요소 인덱스에 해당하고 ^3은 마지막 요소에서 세 번째 인덱스에 해당한다.
	`// 끝에서 두 번째 항목 검색.`
	`language = languages[^3];`
	`//  "Python" 출력`
	`System.Console.WriteLine(language);`

설명	예제

범위(range)
C# 8.0은 시작 항목을 식별하지만 마지막 항목을 제외하는 범위 연산자를 사용해 요소 배열을 식별하고 추출할 수 있다.
	``csharp
	System.Console.WriteLine($@"^3..^0: {
	    // Python, Lisp, JavaScript
	    string.Join(", ", languages[^3..^0])
	}");
	System.Console.WriteLine($@"^3..: {
	    // Python, Lisp, JavaScript
	    string.Join(", ", languages[^3..])
	}");
	System.Console.WriteLine($@" 3..^3: {
	    // C++, TypeScript, Visual Basic
	    string.Join(", ", languages[3..^3])
	}");
	System.Console.WriteLine($@" ..^6: {
	    // C#, COBOL, Java
	    string.Join(", ", languages[..^6])
	}");
	``

3.0 끝

8.0 끝

추가로 3장의 마지막 단원인 '일반적인 배열 오류'에서 배열의 일부 까다로운 점을 몇 가지 살펴본다.

배열 선언

C#은 대괄호를 사용해 배열을 선언한다. 먼저 배열의 요소 형식을 지정한 후 이어서 대괄호([])를 나타내고 변수의 이름을 입력한다. 예제 3.7에서 languages라는 변수로 문자열 배열을 선언했다.

예제 3.7 배열 선언

```csharp
string[] languages;
```

배열의 첫 번째 부분은 배열 내의 요소에 대한 데이터 형식을 나타낸다. 선언의 일부인 대괄호는 랭크^{rank}나 차원의 수를 나타내는데 조금 전 예제의 경우 랭크 1의 배열이다. 이 두 부분으로 변수 languages에 대한 데이터 형식을 구성한다.

예제 3.7은 랭크가 1인 배열을 정의했다. 대괄호 내의 쉼표로 차원을 정의한다. 이를 테면 예제 3.8은 체스나 3목 두기 같은 게임용 2차원 셀 배열을 정의했다.

예제 3.8 2차원 배열 선언

```
//      |   |
//   ---+---+---
//      |   |
//   ---+---+---
//      |   |
int[,] cells;
```

예제 3.6의 배열은 2차원이다. 첫 번째 차원은 가로 셀에 해당하고 두 번째 차원은 세로 셀에 해당한다. 차원이 추가되면 쉼표가 하나 더 들어가고, 전체 차원 수는 쉼표의 개수에 1을 더한 것이다. 특정 차원에 해당하는 항목의 수는 변수 선언의 일부가 아니다. 항목의 수는 배열을 생성(인스턴스 생성)하고 각 요소에 대한 공간을 할당할 때 지정한다.

배열 인스턴스 생성과 할당

배열을 선언하면 중괄호 쌍 내에서 쉼표로 분리한 목록을 사용해 값을 바로 채울 수 있다. 예제 3.9는 문자열 배열을 선언한 뒤 중괄호 내에서 9개의 언어 이름을 할당하고 있다.

예제 3.9 배열 선언과 할당

```
string[] languages = {"C#", "COBOL", "Java",
    "C++", "TypeScript", "Visual Basic",
    "Python", "Lisp", "JavaScript"};
```

쉼표로 분리된 목록에서 첫 번째 항목은 해당 배열의 첫 번째 항목이 되고, 목록의 두 번째 항목은 배열의 두 번째 항목이 되는 식이다. 중괄호는 배열 리터럴을 정의하기 위한 표기법이다.

예제 3.9에서 보인 할당 구문은 한 문장 내에서 값을 선언하고 할당하는 경우에만 사용할 수 있다. 선언한 후에 값을 할당하려면 예제 3.10에서 보인 것처럼 new라는 키워드를 사용해야 한다.

예제 3.10 배열을 선언한 후 할당하기

```
string[] languages;
languages = new string[]{"C#", "COBOL", "Java",
    "C++", "TypeScript", "Visual Basic",
    "Python", "Lisp", "JavaScript"};
```

C# 3.0에서 new 다음에 배열의 데이터 형식(string) 지정은 컴파일러가 배열 이니셜라이저의 요소 형식에서 배열 요소 형식을 추정할 수 있다면 선택 사항이다. 대괄호는 여전히 필요하다.

C#은 선언문의 일부로 new 키워드를 사용할 수도 있으므로 예제 3.11에서 보인 할당과 선언이 가능하다.

예제 3.11 선언할 때 new로 배열 할당하기

```
string[] languages = new string[]{
    "C#", "COBOL", "Java",
    "C++", "TypeScript", "Visual Basic",
    "Python", "Lisp", "JavaScript"};
```

new 키워드를 사용하면 런타임에 해당 데이터 형식에 대한 메모리 할당을 요청한다. new는 런타임에게 해당 데이터 형식의 인스턴스를 생성하도록 지시하는데 이 경우는 배열의 인스턴스다.

배열 할당의 일부로 new 키워드를 사용할 때마다 대괄호 내에서 배열의 크기 또한 지정할 수 있다. 예제 3.12는 이 구문을 나타냈다.

```
string[] languages = new string[9]{
    "C#", "COBOL", "Java",
    "C++", "TypeScript", "Visual Basic",
    "Python", "Lisp", "JavaScript"};
```

초기화 구문에서 배열 크기와 중괄호 내에 포함된 요소의 수는 일치해야 한다. 더욱이 예제 3.13에서 보인 것처럼 배열을 할당하지만 해당 배열의 초기 값을 지정하지 않기도 한다.

```
string[] languages = new string[9];
```

배열을 할당하면서 초기 값으로 초기화하지 않아도 각 요소는 여전히 초기화된다. 런타임은 다음처럼 배열 요소를 기본 값으로 초기화한다.

- 참조 형식은 null을 허용하거나 허용하지 않거나(예, string과 string?) null로 초기화된다.
- null 허용 값 형식은 모두 null로 초기화된다.
- null을 허용하지 않는 숫자 형식은 0으로 초기화된다.
- bool은 false로 초기화된다.
- char는 \0로 초기화된다.

기본형이 아닌 값 형식은 각 필드를 자체 기본 값으로 초기화하면서 재귀적으로 초기화된다. 결과적으로 배열의 각 요소를 사용하기 전에 개별로 할당할 필요는 없다.

배열 크기는 변수 선언의 일부로 포함되지 않기 때문에 런타임에 크기 지정이 가능하다. 예를 들어, 예제 3.14는 Console.ReadLine() 호출에서 지정한 크기에 따라 배열을 만든다.

```
string[] groceryList;
System.Console.Write("How many items on the list? ");
int size = int.Parse(System.Console.ReadLine());
groceryList = new string[size];
// ...
```

C#은 다차원 배열도 비슷하게 초기화한다. 쉼표를 통해 각 랭크의 크기를 분리한다. 예제 3.15는 아직 한 수도 두지 않은 상태로 3목 보드를 초기화했다.

예제 3.15 2차원 배열 선언

```
int[,] cells = int[3,3];
```

예제 3.16에서는 특정 위치로 3목 보드를 초기화했다.

예제 3.16 2차원 정수 배열 초기화

```
int[,] cells = {
        {1, 0, 2},
        {1, 2, 0},
        {1, 2, 1}
    };
```

초기화는 int[] 형식의 세 가지 요소로 이뤄진 배열 패턴을 따르며 각 요소의 크기는 같다(이 예제의 경우는 3). 각 int[] 요소의 크기가 동일해야 한다. 따라서 예제 3.17에서 보인 선언은 잘못됐다.

예제 3.17 일치하지 않는 크기를 갖는 다차원 배열은 에러를 일으킨다.

```
// 에러: 각 차원은 동일한 크기여야 한다.
int[,] cells = {
        {1, 0, 2, 0},
        {1, 2, 0},
        {1, 2}
        {1}
    };
```

3목을 표현할 때 각 위치에 정수를 써야만 하는 것은 아니다. 한 가지 대안은 각 선수별로 가상의 보드를 나누고 각 보드에서 해당 선수가 선택한 위치를 가리키는 bool 값을 이용하는 것이다. 예제 3.18에서는 3차원 보드를 나타냈다.

예제 3.18 3차원 배열 초기화하기

```
bool[,,] cells;
cells = new bool[2,3,3]
  {
      // 선수 1 이동              //  X |   |
      {   {true, false, false},   // ---+---+---
          {true, false, false},   //  X |   |
          {true, false, true} },  // ---+---+---
                                  //  X |   | X

      // 선수 2 이동              //    |   | O
      {   {false, false, true},   // ---+---+---
          {false, true, false},   //    | O |
          {false, true, false} }  //  // ---+---+---
                                  //    | O |
  };
```

이 예제에서 보드는 초기화되고 각 랭크의 크기를 명시적으로 지정했다. new 식에 크기도 지정했지만 배열에 리터럴 값도 제공했다. bool[,,] 형식의 리터럴 값을 bool[,] 형식 배열 2개로 나눴고 크기는 3×3이다. 각 2차원 배열은 3개의 bool 배열로 구성됐으며 크기는 3이다.

앞서 언급한 것처럼 다차원 배열에서 각 차원은 동일한 크기를 가져야 한다. 하지만 배열의 배열인 **가변 배열**jagged array을 정의할 수도 있다. 가변 배열 구문은 다차원 배열과는 약간 다르다. 게다가 가변 배열은 크기에 일관성이 없어도 된다. 따라서 예제 3.19에서 보인 것처럼 가변 배열을 초기화할 수 있다.

예제 3.19 가변 배열 초기화

```
int[][] cells = {
    new int[]{1, 0, 2, 0},
    new int[]{1, 2, 0},
    new int[]{1, 2},
```

```
      new int[]{1}
};
```

가변 배열은 새로운 차원을 식별하고자 쉼표를 사용하지 않는다. 오히려 가변 배열은 배열의 배열이라고 정의한다. 예제 3.19는 []를 int[]처럼 데이터 형식 뒤에 붙였으므로 int[] 형식의 배열을 선언한 것이다.

가변 배열은 내부 배열 각각에 대한 배열 인스턴스(또는 null)가 필요하다. 앞서의 예제는 new를 사용해 가변 배열 내부 요소의 인스턴스를 생성했다. 인스턴스를 생성하지 않으면 컴파일 에러가 발생한다.

배열 사용하기

8.0 시작

배열 접근자array accessor로 알려진 대괄호 표기법을 사용해 배열에서 특정 항목을 액세스한다. 배열에서 첫 번째 항목을 조회하려면 인덱스를 0으로 지정해야 한다. 예제 3.20에서 languages 변수의 다섯 번째 항목의 값(인덱스 0이 첫 번째 항목이기 때문에 인덱스 4를 사용)을 변수 language에 저장했다.

예제 3.20 배열 선언과 접근

```
string[] languages = new string[9]{
    "C#", "COBOL", "Java",
    "C++", "TypeScript", "Visual Basic",
    "Python", "Lisp", "JavaScript"};
// languages 배열의 다섯 번째 항목(TypeScript)을 가져온다.
string language = languages[4];
// "TypeScript" 출력
Console.WriteLine(language);
// 끝에서 세번째 항목 검색 (Python)
language = languages[^3];
// "Python"
Console.WriteLine(language);
```

C# 8.0에서 끝부터 인덱스 연산자 ^(hat)를 사용해 배열의 끝을 기준으로 항목을 액세스할 수도 있다. 예를 들어, ^1은 배열에서 마지막 항목을 가져오지만 끝부터 인덱스

연산자를 사용해 첫 번째 요소는 ^9(9는 배열에서 항목의 개수다)가 된다. 예제 3.20에서 ^3은 languages 변수에서 끝에서 세 번째 항목에 저장된 값("Python")을 가리키고 이 값이 language에 할당됐다.

항목 ^1은 마지막 요소이므로 항목 ^0은 목록의 끝을 지난 항목에 해당한다. 물론 이런 요소는 없으므로 배열의 인덱스로 ^0을 사용할 수 없다. 마찬가지로 배열의 길이를 사용해(이 경우는 9) 배열의 마지막 요소를 참조할 수 있다. 그리고 배열의 인덱스로 음수 값을 사용할 수 없다.

언뜻 보기엔 배열의 시작부터 양의 정수로 인덱싱하는 것과 배열의 끝에서 '^정수 값(또는 정수 값을 반환하는 식)'으로 인덱싱하는 것 사이에 모순이 있는 것처럼 보인다. 전자는 첫 번째 요소를 액세스할 때 0에서 시작하지만 후자는 마지막 요소를 액세스하는 데 ^1에서 시작한다. C# 설계 팀은 C#이 참고했던 다른 언어(C, C++, 자바)와의 일관성을 위해 인덱스를 0에서 시작하기로 선택했다. 끝부터 인덱스를 사용할 때 C#은 파이썬^{Python}의 우선순위를 따라서(C 기반 언어는 끝부터 인덱스 연산자를 지원하지 않았다) 역시 끝에서 1로 계산한다. 하지만 파이썬과 달리 C# 팀은 음수 값을 허용하는 컬렉션 형식(배열이 아님)에서 인덱스 연산자를 사용할 때 하위 호환성이 지켜지도록 ^ 연산자(음의 정수가 아닌)를 선택했다. (^ 연산자는 범위를 지원할 때 추가적인 이점이 있는데 3장 뒤에서 다룬다) 끝부터 인덱스 연산자가 어떻게 동작하는지 기억하는 한 가지 방법은 양의 정수로 끝에서 인덱스를 붙일 때 마지막 요소는 길이 −1, 끝에서 두 번째 요소는 길이 −2와 같은 식이다. 길이에서 빼는 정수 값이 끝부터 인덱스 값(^1, ^2 등)에 해당한다. 더욱이 이러한 접근법을 사용하면 배열의 시작부터 인덱스와 배열의 끝부터 인덱스를 더하면 항상 배열의 전체 길이가 된다.

끝부터 인덱스 연산자는 리터럴 정수 값만 쓸 수 있는 것은 아니다. 다음과 같은 표현식도 사용할 수 있다.

```
languages[^langauges.Length]
```

이 식은 첫 번째 항목을 반환한다.

대괄호(배열 접근자) 표기법은 데이터를 배열에 저장하는 데도 사용된다. 예제 3.21은 "C++"과 "Java"의 순서를 서로 바꿨다.

```
string[] languages = new string[9]{
    "C#", "COBOL", "Java",
    "C++", "TypeScript", "Visual Basic",
    "Python", "Lisp", "JavaScript"};
// "C++"을 language라는 변수에 저장.
string language = languages[3];
// "Java"를 C++ 위치에 할당.
languages[3] = languages[2];
// language를 "Java"의 위치로 할당.
languages[2] = language;
```

다차원 배열의 경우 요소는 예제 3.22에서 보인 것처럼 각 차원에 대한 인덱스로 식별된다.

예제 3.22 2차원 정수 배열 초기화

```
int[,] cells = {
        {1, 0, 2},
        {0, 2, 0},
        {1, 2, 1}
    };
// 선수 1이 3목에서 승리하도록 설정.
cells[1,0] = 1;
```

가변 배열 요소 할당은 가변 배열 선언의 특징을 따르기 때문에 약간 다르다. 첫 번째 요소는 배열 내의 배열이다. 두 번째 인덱스는 선택된 배열 요소 내에서 항목을 지정한다(예제 3.23 참고).

예제 3.23 가변 배열 선언

```
int[][] cells = {
  new int[]{1, 0, 2},
  new int[]{0, 2, 0},
  new int[]{1, 2, 1}
};

cells[1][0] = 1;
// ...
```

길이

예제 3.24에서 보인 것처럼 배열의 길이를 얻을 수 있다.

예제 3.24 배열의 길이 얻기

```
Console.WriteLine(
    $"There are { languages.Length } languages in the array.");
```

배열은 고정된 길이를 갖는다. 배열의 길이를 변경하려면 다시 생성해야 한다. 더구나 해당 배열의 **크기**(또는 길이)를 초과하면 런타임 에러가 발생한다. 이 에러는 배열의 요소가 없는 인덱스로 배열 액세스(가져오기 또는 할당)를 시도할 때 발생한다. 이런 에러는 예제 3.25에서 보인 것처럼 배열 길이를 인덱스로 사용할 때 자주 일어난다.

예제 3.25 배열의 크기를 넘어서 액세스하면 예외를 던진다.

```
string languages = new string[9];
...
// 런타임 에러: 인덱스가 크기를 벗어남.
// 마지막 요소의 경우 8이어야 함.
languages[4] = languages[9];
```

◾ 노트

Length 멤버는 가장 높은 인덱스 번호를 반환하지 않고 해당 배열 항목의 수를 반환한다. languages 변수에 대한 Length 멤버는 9이지만, 가장 높은 런타임 허용 가능 인덱스는 시작점에서 얼마나 떨어져 있느냐이기 때문에 8이 된다.

언어 비교: C++의 버퍼 오버플로 버그

비관리 C++는 배열의 경계를 넘는지 여부를 항상 검사하지 않는다. 이런 실수는 디버깅하기 어렵기도 하지만 **버퍼 오버런(buffer overrun)**이라는 잠재적인 보안 에러를 일으키기도 한다. 이와 대조적으로 공통 언어 런타임(CLR, Common Language Runtime)은 모든 C# 코드에서 배열의 크기를 초과하는 문제를 예방한다. 사실상 관리되는 코드는 버퍼 오버런 문제의 가능성을 없앴다.

C# 8.0에서도 ^0 항목을 액세스할 때 동일한 문제가 발생한다. ^1이 마지막 항목이므로 ^0은 배열의 끝을 지난 항목이며 이런 항목은 없다.

마지막 요소를 액세스할 때 배열의 크기 초과 문제를 피하려면 길이가 0보다 큰지를 확인하고 배열의 마지막 요소를 액세스할 때 하드코딩한 값 대신 ^1(C# 8.0) 또는 Length - 1을 사용한다. 예를 들어, Length를 인덱스로 사용할 때 범위 초과 에러를 피하려면 1을 빼야 한다(예제 3.26 참고).

예제 3.26 배열 인덱스에서 Length − 1 사용

```
string languages = new string[9];
...
languages[4] = languages[languages.Length - 1];
```

(물론 배열 인스턴스가 없을 가능성이 있는 경우 먼저 배열을 액세스하기 전에 null을 검사한다.)

가이드라인

- 배열 인스턴스가 존재한다고 가정하지 말고 배열을 액세스하기 전에 null 여부를 검사한다.
- 길이를 가정하지 말고 배열을 인덱싱하기 전에 배열 길이를 검사한다.
- C# 8.0 이상에서는 길이−1보다는 끝부터 인덱스 연산자(^)를 사용한다.

Length는 배열의 전체 요소 수를 반환한다. 따라서 크기가 2×3×3인 bool cells[,,]과 같은 다차원 배열이 있다면 Length는 전체 요소의 수, 18을 반환한다.

가변 배열의 경우에 Length는 첫 번째 배열의 요소 수를 반환한다. 가변 배열은 배열의 배열이기 때문에 Length는 내부 배열 안에 무엇이 있는지 상관없이 배열을 포함하고 있는 외부에서만 평가해 요소 개수를 반환한다.

범위

C# 8.0에 추가된 또 다른 인덱스 관련 기능은 배열 자르기 지원이다. 즉, 배열의 조각을 새로운 배열로 추출한다. 범위^{range}를 지정하는 구문은 '..' 범위 연산자이며 인덱스 사이에 선택적으로 배치할 수 있다(끝부터 인덱스 포함). 예제 3.27에서 범위 연산자의 예를 보였다.

```
string[] languages = new string[]{
    "C#", "COBOL", "Java",
    "C++", "TypeScript", "Visual Basic",
    "Python", "Lisp", "JavaScript"};

System.Console.WriteLine($@" 0..3: {
    string.Join(", ", languages[0..3]) // C#, COBOL, Java
    }");
System.Console.WriteLine($@"^3..^0: {
    string.Join(", ", languages[^3..^0]) // Python, Lisp, JavaScript
    }");
System.Console.WriteLine($@" 3..^3: {
    string.Join(", ", languages[3..^3]) // C++, TypeScript, Visual Basic
    }");
System.Console.WriteLine($@" ..^6: {
    string.Join(", ", languages[..^6]) // C#, COBOL, Java
    }");
System.Console.WriteLine($@" 6..: {
    string.Join(", ", languages[6..]) // Python, Lisp, JavaScript
    }");
System.Console.WriteLine($@" ..: {
    // C#, COBOL, Java, C++, TypeScript, Visual Basic, Python, Lisp, JavaScript
    string.Join(", ", languages[..])
    }");
```

범위 연산자에 관해 주목할 부분은 첫 번째(포함)와 마지막(제외)을 지정해 항목을
식별하는 것이다. 따라서 예제 3.27의 0..3에서 0은 첫 번째 항목을 포함하고 네 번째
항목은 포함하지 않는 조각을 지정한다(3은 0에서 시작하는 정방향 인덱스이기 때문에 네
번째 항목을 식별하는 인덱스다). 두 번째 예에서 ^3..^0과 같이 지정하면 마지막 3개 항목
을 가져온다. 범위의 끝에서 인덱스는 식별된 항목을 포함하지 않기 때문에 ^0은 배열의
끝을 지난 항목을 액세스하려는 시도로 에러를 일으키지 않는다.

예제 3.27의 예 4-6에서 보인 것처럼 시작 인덱스나 '마지막' 인덱스는 선택 사항이
다. 따라서 인덱스가 완전히 빠진 경우는 0..^0을 지정한 것과 같다.

마지막으로 .NET/C#에서 인덱스와 범위(고급 주제에서 System.Index와 System.Range
설명)는 갑종first-class 형식이다. 이들 형식의 동작은 배열 접근자에서만 사용하는 것은

아니다.

■■ 고급 주제

8.0

System.Index와 System.Range

끝부터 인덱스 연산자 사용은 System.Index 값을 지정하는 리터럴 방식이다. 따라서 대괄호의 콘텍스트 외부에서 인덱스를 사용할 수 있다. 예를 들어, "System.Index index = ^42"처럼 인덱스를 선언하고 리터럴 값을 할당할 수 있다. System.Index에 일반 정수를 할당할 수도 있다. System.Index 형식은 int 형식의 Value와 부울 형식의 IsFromEnd라는 두 가지 속성을 갖는다. 후자는 배열의 시작이나 끝에서 인덱스를 계산하는지 여부를 가리키는 데 사용된다.

게다가 범위를 지정하는 데 사용된 데이터 형식은 System.Range다. 이처럼 범위 값을 선언하고 할당할 수 있다. 예를 들어, System.Range는 Start와 End라는 두 가지 속성을 가진다.

이러한 형식을 사용할 수 있게 만듦으로써 C#에서 범위와 '끝부터' 인덱스를 지원하는 사용자 지정 컬렉션을 작성할 수 있다. (17장에서 사용자 지정 컬렉션 작성 방법을 설명한다.)

그 밖의 배열 메서드

배열은 배열 내의 요소를 조작하는 추가 메서드를 제공한다. Sort(), BinarySearch(), Reverse(), Clear() 메서드 등이 바로 주인공이다(예제 3.28 참고).

예제 3.28 추가 배열 메서드

```csharp
class ProgrammingLanguages
{
    static void Main()
    {
        string[] languages = new string[]{
            "C#", "COBOL", "Java",
            "C++", "TypeScript", "Visual Basic",
            "Python", "Lisp", "JavaScript"};

        System.Array.Sort(languages);
```

```
        string searchString = "COBOL";
        int index = System.Array.BinarySearch(
            languages, searchString);
    System.Console.WriteLine(
        "The wave of the future, "
        + $"{ searchString }, is at index { index }.");

    System.Console.WriteLine();
    System.Console.WriteLine(
        $"{ "First Element",-20 }\t{ "Last Element",-20 }");
    System.Console.WriteLine(
        $"{ "-------------",-20 }\t{ "------------",-20 }");
    System.Console.WriteLine(
            $"{ languages[0],-20 }\t{ languages[languages.Length-1],-20}");
    System.Array.Reverse(languages);
    System.Console.WriteLine(
            $"{ languages[0],-20 }\t{ languages[languages.Length-1],-20}");
    //다음은 배열에서 모든 항목을 제거하는 것이 아니다.
    //오히려 각 항목을 해당 형식의 기본 값으로 설정하는 것이다.
    System.Array.Clear(languages, 0, languages.Length);
    System.Console.WriteLine(
            $"{ languages[0],-20 }\t{ languages[languages.Length-1],-20}");
    System.Console.WriteLine(
        $"After clearing, the array size is: { languages.Length }");
    }
}
```

예제 3.28의 출력을 결과 3.2에서 나타냈다.

결과 3.2

```
The wave of the future, COBOL, is at index 2.

First Element           Last Element
-------------           ------------
C#                      TypeScript
TypeScript              C#

After clearing, the array size is: 9
```

158

이들 메서드는 System.Array 클래스를 통해 액세스한다. 이들 메서드의 사용 방식은 대체로 직관적이지만 두 가지 정도는 예외적으로 주목해서 살펴봐야 한다.

- BinarySearch() 메서드는 사용하기 전에 배열을 정렬해야 한다. 값이 증가하는 순서로 정렬되지 않은 경우에 잘못된 인덱스를 반환할 수 있다. 검색 요소가 없다면 해당 값은 음수를 반환한다. (보수 연산자인 ~index를 사용하면 첫 번째 인덱스를 반환하고 그 값은 검색된 값보다 더 크다.)

- Clear() 메서드는 배열의 요소를 제거하거나 길이를 0으로 설정하지 않는다. 배열 크기는 고정이므로 변경될 수 없다. 따라서 Clear() 메서드는 배열의 각 요소를 기본 값(null, 0, 또는 false)으로 설정한다. 이 때문에 Clear()가 호출된 후 배열을 출력할 때 Console.WriteLine()이 빈 줄을 만든다.

> **언어 비교: 비주얼 베이직의 배열 크기 재정의**
>
> 비주얼 베이직은 Redim이라는 구문이 있어서 배열의 항목 수를 변경할 수 있다. C#은 이와 비슷한 특정 키워드는 없지만, .NET 2.0에는 배열을 다시 만들고 모든 요소를 새로운 배열로 복사하는 메서드가 있다. 이 메서드는 System.Array.Resize다.

8.0 끝

배열 인스턴스 멤버

문자열과 마찬가지로 배열도 데이터 형식에서 액세스하지 못하는 인스턴스 멤버가 있지만 변수에서 직접 액세스한다. 클래스가 아닌 배열 변수를 통해 Length에 액세스하기 때문에 Length는 인스턴스 멤버의 한 예다. 다른 중요한 인스턴스 멤버로는 GetLength(), Rank, Clone()이 있다.

특정 차원의 길이를 알아내는 데 Length 속성은 필요하지 않다. 특정 랭크의 크기를 가져오는 데 배열은 GetLength() 인스턴스 메서드를 사용한다. 이 메서드를 호출할 때 길이를 반환할 랭크를 지정해야 한다(예제 3.29 참고).

예제 3.29 특정 차원의 크기 가져오기

```
bool[,,] cells;
cells = new bool[2,3,3];
```

```
System.Console.WriteLine(cells.GetLength(0)); // 2 표시
System.Console.WriteLine(cells.Rank); // 3 표시
```

예제 3.29의 출력을 결과 3.3에서 나타냈다.

결과 3.3

```
2
```

예제 3.29가 2를 표시하는 이유는 첫 번째 차원을 이루는 요소의 수이기 때문이다.

배열의 Rank 멤버를 액세스하면 전체 배열의 랭크를 가져올 수도 있다. 예를 들어, cells.Rank는 3을 반환한다.

기본적으로 배열 변수 하나를 또 다른 사본에 할당하면 그 배열의 개별 요소가 아니라 해당 배열 참조만 복사한다. 완전히 새로운 배열의 사본을 만들려면 배열의 Clone() 메서드를 사용한다. Clone() 메서드는 해당 배열의 사본을 반환한다. 이 새로운 배열의 멤버를 변경하더라도 원래 배열의 멤버에는 영향을 끼치지 않는다.

문자열을 배열로 다루기

string 형식의 변수는 문자 배열처럼 액세스할 수 있다. 예를 들어, palindrome라는 문자열의 네 번째 문자를 조회하려면 palindrome[3]을 호출할 수 있다. 하지만 문자열은 불변이기 때문에 한 문자열 내에 특정 문자를 할당할 수 없다. 따라서 palindrome[3]='a'와 같은 구문은 유효하지 않다. 여기서 palindrome은 문자열로 선언된 것이다. 예제 3.30은 배열 접근자를 사용해 명령줄에서 인수가 옵션인지 여부를 결정한다. 여기서 옵션은 첫 번째 문자로 대시(-)가 있는지를 확인해 결정된다.

예제 3.30 명령줄 옵션 찾기

```
string[] args;
...
if(args[0][0]=='-')
{
    //이 매개변수는 옵션이다.
}
```

이 코드 조각은 4장에서 다룰 if 문을 사용하고 있다. 게다가 배열 접근자를 사용해 문자열의 배열 args에서 첫 번째 요소를 가져오는 흥미로운 예를 들었다. 첫 번째 배열 접근자 다음에 두 번째 접근자가 나오는데 이번에는 해당 문자열의 첫 번째 문자를 조회한다. 예제 3.31에서 이 코드를 나타냈다.

예제 3.31 명령줄 옵션 찾기(단순화된 버전)

```
string[] args;
...
string arg = args[0];
if(arg[0] == '-')
{
    //이 매개변수는 옵션이다.
}
```

배열 접근자를 사용해 개별적으로 액세스할 수 있는 문자들을 꿰어 놓을 수 있는 데다가 문자열의 ToCharArray() 메서드를 사용해 전체 문자열을 문자들의 배열로 조회할 수도 있다. 이런 접근 방식을 사용하면 입력한 문자열이 회문(palindrome, 앞에서 읽으나 뒤에서 읽으나 동일한 단어나 구)인지 알아내는 예제 3.32처럼 System.Array.Reverse() 메서드로 해당 문자열을 거꾸로 바꿀 수 있다.

예제 3.32 문자열 거꾸로 뒤집기

```
class Palindrome
{
    static void Main()
    {
        string reverse, palindrome;
        char[] temp;

        System.Console.Write("Enter a palindrome: ");
        palindrome = System.Console.ReadLine();

        // 공백을 제거하고 소문자로 바꾼다.
        reverse = palindrome.Replace(" ", "");
        reverse = reverse.ToLower();

        // 배열로 변환한다.
```

```
            temp = reverse.ToCharArray();

            // 해당 배열을 거꾸로 뒤집는다.
            System.Array.Reverse(temp);

            // 해당 배열을 다시 문자열로 변환하고
            // 거꾸로 뒤집은 문자열과 같은지를 확인한다.
            if(reverse == new string(temp))
            {
                System.Console.WriteLine(
                    $"\"{palindrome}\" is a palindrome.");
            }
            else
            {
                System.Console.WriteLine(
                    $"\"{palindrome}\" is NOT a palindrome.");
            }
        }
    }
```

예제 3.32의 출력을 결과 3.4에서 나타냈다.

결과 3.4

```
Enter a palindrome: NeverOddOrEven
"NeverOddOrEven" is a palindrome.
```

이 예제는 new 키워드를 사용하므로 이번엔 거꾸로 뒤집은 문자 배열에서 새로운 문자열을 만든다.

일반적인 배열 오류

이 절은 세 가지 배열 유형인 일차원, 다차원, 가변 배열을 소개했다. 배열을 선언하고 사용하는 데는 몇 가지 규칙과 특이점이 있었다. 표 3.3은 가장 일반적인 오류 몇 가지를 나타냈고 규칙을 확실히 인식하도록 정리했다. 배열과 배열의 구문에 대한 이해를 확인하기 위한 방법으로 먼저 '흔한 실수' 열에서('오류 설명'과 '올바른 코드' 열을 살펴보지 말고) 코드를 검토해 보자.

표 3.3 일반적인 배열 코드 작성 오류

흔한 실수	오류 설명	올바른 코드
`int numbers[];`	배열을 선언하기 위한 대괄호는 변수 식별자 뒤가 아니라 데이터 형식 뒤에 나타난다.	`int[] numbers;`

`int[] numbers;`
`numbers = {42, 84, 168 };`
	선언 후에 배열을 할당할 때 new 키워드를 사용하고 그다음에 데이터 형식을 지정해야 한다.	`int[] numbers;`
		`numbers = new int[]{`
		`  42, 84, 168 }`

`int[3] numbers =` `  { 42, 84, 168 };`	변수 선언의 일부로 배열 크기를 지정할 수 없다.	`int[] numbers =` `  { 42, 84, 168 };`
`int[] numbers =` `  new int[];`	초기화할 때 배열 리터럴이 제공되지 않으면 배열 크기가 필요하다.	`int[] numbers =` `  new int[3];`

`int[] numbers =`
`  new int[3]{}`
	배열 크기가 3으로 지정됐지만 배열 리터럴에 요소가 없다. 배열 크기는 배열 리터럴의 요소의 수에 일치해야 한다.	`int[] numbers =`
		`  new int[3]`
		`  { 42, 84, 168 };`

`int[] numbers =`
`  new int[3];`
`Console.WriteLine(`
`  numbers[3]);`
	배열 인덱스는 0에서 시작한다. 따라서 마지막 항목은 배열 크기보다 하나 적다. (이것은 컴파일 타임 에러가 아니고 런타임 에러다.)	`int[] numbers =`
		`  new int[3];`
		`Console.WriteLine(`
		`  numbers[2]);`

`int[] numbers =`
`  new int[3];`
`numbers[^0] =`
`  42;`
	앞서의 에러와 동일하다. 끝부터 인덱스 연산자는 ^1을 사용해 배열에서 마지막 항목을 식별한다. ^0은 존재하지 않는 끝을 지난 항목이다. (이것은 컴파일 타임 에러가 아니고 런타임 에러다.)	`int[] numbers =`
		`  new int[3];`
		`numbers[^1] =`
		`  42;`

`int[] numbers =`
`  new int[3];`
`numbers[numbers.Length] =`
`  42;`
	앞서의 에러와 동일하다. 마지막 요소를 액세스하려면 Length에서 1을 빼야 한다. (이것은 컴파일 타임 에러가 아니고 런타임 에러다.)	`int[] numbers =`
		`  new int[3];`
		`numbers[numbers.Length-1] =`
		`  42;`

`int[] numbers;`
`Console.WriteLine(`
`  numbers[0]);`
	numbers는 아직 배열 인스턴스를 할당하지 않았으므로 접근할 수 없다.	`int[] numbers = {42, 84};`
		`Console.WriteLine(`
		`  numbers[0]);`

`int[,] numbers =`
`  { {42},`
`    {84, 42} };`
	다차원 배열은 일관된 구조여야 한다.	`int[,] numbers =`
		`  { {42, 168},`
		`    {84, 42} };`

`int[][] numbers =`
`  { {42, 84},`
`    {84, 42} };`
	가변 배열은 배열 내에서 해당 배열용으로 지정되는 배열 인스턴스가 필요하다.	`int[][] numbers =`
		`  { new int[]{42, 84},`
		`    new int[]{84, 42} };`

요약

값 형식과 참조 형식이라는 두 가지 다른 형식 범주를 설명하는 것으로 3장을 시작했다. 이런 사항은 코드를 읽을 때 명확하지는 않더라도 형식이 동작하는 근본적인 생각을 바꾸기 때문에 C# 프로그래머에겐 중요한 기본 개념이다.

배열을 설명하기 전에 최근에 추가된 두 가지 언어 구조를 살펴봤다. 첫 번째는 null 허용 한정자(?)를 소개했는데 C# 2.0에서 값 형식을 지원했고 C# 8.0에서는 참조 형식을 지원했다. null 허용 한정자를 사용하면 null 허용 여부를 선언할 수 있다. (기술적으로 이 선언에서 값 형식은 null을 저장하고 참조 형식은 null을 저장할지 여부를 명시적으로 지정할 수 있게 한다.) 두 번째로는 튜플을 소개했으며 기본 데이터 형식과 명시적으로 동작하지 않고 튜플을 사용하는 언어 지원을 제공하는 C# 7.0의 새로운 구문을 소개했다.

3장은 C# 배열 구문과 함께 배열을 다루는 여러 가지 수단을 설명하는 것으로 끝을 맺었다. 많은 개발자에겐 이 구문이 처음엔 만만찮게 보일 수 있으므로 배열 코드 작성과 관련한 일반적인 오류 목록을 별도로 다뤘다.

4장은 표현식과 제어 흐름 구문을 살펴본다. 3장의 끝부분에서 몇 번 등장한 if 문 역시 다룬다.

4.

연산자와 흐름 제어

4장은 연산자, 흐름 제어문, C# 전처리기를 배운다. **연산자**operator는 서로 다른 계산이나 계산 내에서 피연산자를 대상으로 적절한 동작을 수행하기 위한 구문을 제공한다. **흐름 제어 구문**control flow statement은 프로그램 내에서 조건 로직을 위한 수단이나 특정 코드 섹션을 여러 번 반복하는 기능을 제공한다. 4장은 if 흐름 제어문을 소개한 후 많은 흐름 제어문 내에 포함된 부울 식의 개념을 살펴본다. 정수를 bool로 변환할 수 없는 이유와 이러한 제약 사항의 이점도 다룬다. 4장은 C# 전처리 지시문에 대한 내용을 마지막으로 다룬다.

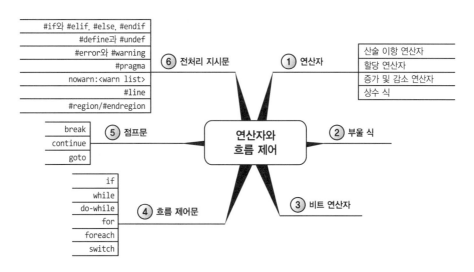

연산자

사전 정의된 데이터 형식(2장 참고)도 소개했으니 이들 데이터 형식과 연산자를 조합해 연산을 수행하는 방법을 배울 때가 됐다. 예를 들어, 선언한 변수를 계산 과정에 끌어들이는 것이다.

연산자

연산자는 **피연산자**^{operand}라는 값(또는 변수)에서 수학적 또는 논리적 연산을 수행해 **결과**로 새로운 값을 만들어 내는 데 사용된다. 예를 들어, 예제 4.1에서 빼기 연산자 -는 2개의 피연산인 4에서 2를 빼는 데 사용한다. 빼기의 결과는 변수 difference에 저장한다.

예제 4.1 간단한 연산자 예제

```
int difference = 4 - 2;
```

연산자는 일반적으로 해당하는 피연산자의 수(각각 하나, 둘, 셋)에 따라 단항, 이항, 삼항의 3개의 범주로 분류한다. 일부 연산자는 +, -, ?, ??와 같은 기호로 표시되지만, default와 is와 같은 키워드 형식의 연산자를 사용하기도 한다. 이번 단원은 가장 기본적인 단항 및 이항 연산자를 다룬다. 삼항 연산자는 4장 뒷부분에서 소개한다.

더하기와 빼기 단항 연산자(+, −)

숫자 값의 부호를 변경하고 싶을 때가 있다. 이런 경우 단항 빼기 연산자(-)가 편리하다. 예를 들어, 예제 4.2는 현재 미국의 전체 부채를 음수 값으로 변경해 부채 규모를 알려준다.

예제 4.2 음수 값 지정하기[1]

```
//국가 채무를 껌 값으로
decimal debt = -26457079712930.80M;
```

---

1 www.treasurydirect.gov에서 2020년 7월 1일 현재.

빼기 연산자를 사용하면 0에서 피연산자를 뺀 것과 같다.

단항 더하기 연산자(+)는 값에 영향을 거의 주지 않는다.[2] 이 연산자는 C# 언어에 그리 필요치 않으며 대칭성을 위해 포함한 것이다.

산술 이항 연산자(+, −, *, /, %)

이항 연산자는 피연산자 2개가 필요하다. C#은 이항 연산자 중위 표기법을 사용한다. 이항 연산자는 왼편 피연산자와 오른편 피연산자 사이에 들어간다. 할당 연산자 외의 모든 이항 연산자의 결과는 어떤 식으로든 사용해야 한다. 예를 들어, 할당처럼 또 다른 식에서 피연산자로 사용하는 식이다.

언어 비교: C++의 연산자 전용 구문

앞서 언급한 규칙과 대조적으로 C++은 '4+5;'처럼 단일 이항식으로 완전한 구문을 구성하고 컴파일할 수 있다. C#은 할당과 호출, 증가, 감소, await, 개체를 만드는 식만 완전한 구문으로 사용할 수 있다.

예제 4.3의 나누기 및 나머지 계산 예제는 이항 연산자, 정확히 말하면 산술 이항 연산자를 사용하고 있다. 피연산자는 해당 산술 연산자의 좌우측에 나타나고 그다음 계산된 값이 할당된다. 다른 산술 이항 연산자로 더하기(+), 빼기(-), 곱하기(*), 나머지(% [종종 mod 연산자라고도 한다])가 있다.

예제 4.3 이항 연산자 사용하기

```
class Division
{
    static void Main()
    {
        int numerator;
        int denominator;
        int quotient;
        int remainder;
```

---

2 단항 + 연산자는 int와 uint, long, ulong, float, double, decimal(그리고 이들 형식의 null 허용 버전) 형식의 피연산자를 받도록 정의돼 있다. short처럼 다른 숫자 형식에서 + 연산자를 사용하면 피연산자를 이들 형식 중 하나로 적절하게 변환한다.

```
System.Console.Write("Enter the numerator: ");
numerator = int.Parse(System.Console.ReadLine());

System.Console.Write("Enter the denominator: ");
denominator = int.Parse(System.Console.ReadLine());

quotient = numerator / denominator;
remainder = numerator % denominator;

System.Console.WriteLine(
        $"{numerator} / {denominator} = {quotient} with remainder
{remainder}");
    }
}
```

결과 4.1은 예제 4.3의 결과를 나타냈다.

결과 4.1

```
Enter the numerator: 23
Enter the denominator: 3
23 / 3 = 7 with remainder 2
```

예제의 강조 표시한 할당 문에서 할당 전에 나누기와 나머지 연산이 실행됐다. 연산자가 실행되는 순서는 **우선순위**^{precedence}와 **결합**^{associativity}에 따라 결정된다. 지금까지 사용한 연산자의 우선순위는 다음과 같다.

1. *, /, %는 가장 높은 우선순위를 갖는다.
2. +와 -는 그 보다 낮은 우선순위를 갖는다.
3. =은 이들 6개의 연산자 중 가장 낮은 우선순위를 갖는다.

따라서 할당하기 전에 나누기와 나머지 연산자가 실행되므로 해당 구문은 예상한 대로 동작한다고 가정할 수 있다.

이들 이항 연산자의 결과를 할당하는 일을 잊어버린다면 결과 4.2에서 보인 컴파일 에러를 만난다.

결과 4.2

.... 에러 CS0201: 할당, 호출, 증가, 감소, 새 개체 식만 문으로 사용할 수 있습니다.

■ 초급 주제

괄호, 결합, 우선순위, 평가

식에 여러 연산자를 포함할 경우 각 연산자의 피연산자가 정확히 무엇인지 명확하지 않을 수 있다. 예를 들어, 식 x+y*z에서 식 x는 더하기의 피연산자이며 z는 곱하기의 피연산자다. y는 더하기나 곱하기 중 어떤 연산의 피연산자일까?

괄호를 사용하면 피연산자를 연산자에 모호하지 않게 연결할 수 있다. y가 덧셈의 제1항(피가수)이 되길 원하면 식을 (x+y)*z처럼 작성한다. y가 피승수가 되길 원하면 x+(y*z)와 같이 작성한다.

하지만 C#은 하나 이상의 연산자를 포함하는 모든 식을 꼭 괄호 안에 넣어야 하는 것은 아니다. 그 대신에 컴파일러는 콘텍스트에서 어떤 괄호를 생략했는지 찾아내기 위해 결합과 우선순위를 사용한다. **결합**은 비슷한 연산자를 괄호로 묶는 방식이며 **우선순위**는 서로 다른 연산자를 괄호로 묶는 방식이다.

이항 연산자는 '좌 결합성'을 띠거나 '우 결합성'을 띠게 되는데, 이는 '가운데' 있는 해당 식이 왼쪽의 연산자에 속하는지 오른쪽의 연산자에 속하는지 여부에 달렸다. 예를 들어, a-b-c는 a-(b-c)가 아니라 (a-b)-c를 의미한다고 가정한다. 따라서 뺄셈은 '좌 결합성'을 지닌다. C#에서 대부분의 연산자는 좌 결합성을 지니며 할당 연산자는 우 결합성을 지닌다.

연산자들이 서로 다를 때 가운데 있는 피연산자가 어떤 쪽에 속할지를 결정할 수 있게 연산자에 **우선순위**가 사용된다. 예를 들어, 곱셈은 더하기보다 높은 우선순위를 가지므로 x+y*z는 (x+y)*z가 아니라 x+(y*z)로 평가된다.

괄호를 사용해도 해당 식의 의미를 바꾸지 않을 경우 괄호를 사용하면 코드 가독성이 더 좋아진다. 예를 들어, 섭씨를 화씨 온도로 변환을 수행할 때 괄호가 전혀 필요 없더라도 (c*9.0/5.0)+32.0이 c*9.0/5.0+32.0보다 읽고 이해하기 쉽다.

우선순위가 높은 연산자는 분명히 인접한 우선순위가 낮은 연산자보다 먼저 실행돼야 한다. x+y*z에서 곱셈의 결과가 왼편 더하기의 피연산자이기 때문에 덧셈 이전에 곱셈이 먼저 실행돼야 한다. 하지만 우선순위와 결합성은 연산자들이 실행되는 순서에만 영향을 끼친다. 연산자는 피연산자가 평가되는 순서에는 영향을 주지 않는다.

C#에서 피연산자는 항상 왼쪽에서 오른쪽으로 평가된다. A()+B()*C()처럼 3개의 메서드를 호출하는 식에서는 먼저 A()가 평가되고 나서 B()가 평가된 다음 C()가 평가된 후 곱셈 연산자에서 곱을 결정하고 마지막으로 덧셈 연산자에서 합을 결정한다. C()가 곱셈에 포함되고 A()는 더 낮은 우선순위의 덧셈에 포함된다고 해서 메서드 호출 C()가 메서드 호출 A() 이전에 발생한다는 뜻은 아니다.

언어 비교: C++의 피연산자 평가 순서

앞서 언급한 규칙과는 대조적으로 C++ 명세에 따르면 피연산자의 평가 순서를 폭넓게 구현할 수 있다. A()+B()*C()와 같은 식이 있을 때 C++ 컴파일러가 곱셈도 하나의 피가수(덧셈의 제1항)라고 보는 한 함수 호출을 평가하는 순서를 선택할 수 있다. 예를 들어, 합리적인 컴파일러라면 B()를 평가한 뒤 A() 그다음 C()를 평가한 후 곱셈 다음 덧셈을 수행할 수 있다.

문자열에 덧셈 연산자 사용

연산자는 숫자가 아닌 피연산자를 대상으로 동작할 수도 있다. 예를 들어, 예제 4.4에서 보인 것처럼 덧셈 연산자로 둘 이상의 문자열을 연결할 수 있다.

예제 4.4 숫자가 아닌 형식에 이항 연산자 사용하기

```
class FortyTwo
{
    static void Main()
    {
```

```
        short windSpeed = 42;
        System.Console.WriteLine(
            "The original Tacoma Bridge in Washington\nwas "
            + "brought down by a "
            + windSpeed + " mile/hour wind.");
    }
}
```

결과 4.3에서 예제 4.4의 결과를 나타냈다.

결과 4.3

```
The original Tacoma Bridge in Washington
was brought down by a 42 mile/hour wind.
```

　문장 구조는 다른 문화권의 언어에 따라서 다양하기 때문에 개발자는 지역화가 필요할 수 있는 문자열에 덧셈 연산자를 사용하지 않도록 주의해야 한다. 마찬가지로 C# 6.0의 문자열 보간을 사용해 문자열 내에서 식을 포함할 수 있지만, 다른 언어에 대한 지역화는 여전히 문자열을 리소스 파일로 이동해야 하고 이는 문자열 보간을 무력화시킨다. 이런 이유로 지역화 가능성이 있을 때 덧셈 연산자를 삼가야 하고 복합 서식을 사용하는 편이 바람직하다.

> **가이드라인**
> ● 지역화 가능성이 있을 때 문자열 연결에 더하기 연산자보다는 복합 서식을 사용하자.

산술 연산에서 문자 사용하기

2장에서 char 형식을 소개할 때 숫자가 아닌 문자를 저장하더라도 char 형식은 정수 계열 형식이라고 언급했다. char 형식은 다른 정수 형식과 산술 연산에 참여할 수 있다. 하지만 char 형식의 값이라는 해석에 따르면 그 안에 저장된 문자를 기반으로 하지 않고 기본 값을 기준으로 한다. 예를 들어, 문자로 표시한 숫자 3은 0x33(16진수)이라는 유니코드 값을 가지는데 이 값은 십진수로는 51이다. 숫자 4는 유니코드 값으로 0x34 또는 십진수 값으로 52다. 예제 4.5에서 3과 4를 더하면 결과는 16진수로 0x67이거나 십진수로 103인데 이는 문자 g의 유니코드 값이다.

예제 4.5 char 데이터 형식과 더하기 연산자 사용하기

```
int n = '3' + '4';
char c = (char)n;
System.Console.WriteLine(c); // g를 출력한다.
```

결과 4.4에서 예제 4.5의 결과를 나타냈다.

결과 4.4

```
g
```

2개의 문자가 서로 얼마나 떨어져 있는지를 결정하고자 이런 문자 형식의 특성을 사용할 수 있다. 예를 들어, 문자 f는 문자 c에서 문자 3개만큼 떨어져 있다. 예제 4.6에서 나타낸 것처럼 이 값은 문자 f에서 문자 c를 빼면 나온다.

예제 4.6 두 문자 사이의 문자 간격 확인하기

```
int distance = 'f' ? 'c';
System.Console.WriteLine(distance);
```

결과 4.5에서 예제 4.6의 결과를 나타냈다.

결과 4.5

```
3
```

특별한 부동 소수점 특징

이진 부동 소수점 형식인 float과 double은 정밀도를 처리하는 방식과 같은 몇 가지 특별한 특징이 있다. 이 절은 몇 가지 구체적인 예와 고유한 부동 소수점 형식의 특징을 살펴본다.

float의 정밀도는 소수점 이하 일곱 자리여서 값 1,234,567과 값 0.1234567을 모두 담을 수 있다. 하지만 이들 두 float 값을 함께 더하면 결과는 1,234,567로 반올림되는데, 이 때문에 정확한 결과를 내려면 float이 담을 수 있는 유효 자릿수 7 이상의 정밀도가 필요하다. 일곱 번째 자리에서 반올림해 발생한 에러는 계산된 값에 비해 커질 수 있으며, 특히 반복되는 계산에서는 더 커진다. (곧 나올 고급 주제인 '부동 소수점 형식의 예상치 못한 불일치' 참고).

내부적으로 이진 부동 소수점 형식은 십진 소수가 아니라 이진 소수를 저장한다. 이는 double number = 140.6F와 같은 단순 할당에서 부정확한 '표현 오류representation error'가 발생할 수 있다는 의미다. 140.6의 정확한 값은 분수 703/5이지만, 이 분수의 분모는 2의 거듭 제곱이 아니므로 이진 부동 소수점 수로 정확히 표현할 수 없다. 표시되는 실제 값은 분모가 2의 거듭제곱으로 나뉘는 수에 가장 가까운 분수이며 float의 16비트에 해당한다.

double은 float보다 더 정밀한 값을 담을 수 있으며 float의 140.6에 가장 가까운 이진 소수가 140.600006103516이기 때문에 C# 컴파일러는 실제로 이 식을 double number = 140.600006103516로 평가한다. 이 분수는 double로 표시될 경우 140.6보다 약간 더 크다.

가이드라인

- 정확한 소수 연산이 필요할 때는 이진 부동 소수점 형식이 아니라 십진 부동 소수점 형식을 사용한다.

■ 고 급 주 제

부동 소수점 형식의 예상치 못한 불일치

부동 소수점 수는 예상치 못하게 비십진nondecimal 소수로 반올림이 일어날 수 있기 때문에 부동 소수점 값의 등가성을 비교하면 상당히 혼란스러울 수 있다. 예제 4.7을 살펴보자.

```csharp
decimal decimalNumber = 4.2M;
double doubleNumber1 = 0.1F * 42F;
double doubleNumber2 = 0.1D * 42D;
float floatNumber = 0.1F * 42F;

Trace.Assert(decimalNumber != (decimal)doubleNumber1);
// 1. 표시: 4.2 != 4.20000006258488
System.Console.WriteLine(
    $"{decimalNumber} != {(decimal)doubleNumber1}");

Trace.Assert((double)decimalNumber != doubleNumber1);
// 2. 표시: 4.2 != 4.20000006258488
System.Console.WriteLine(
    $"{(double)decimalNumber} != {doubleNumber1}");

Trace.Assert((float)decimalNumber != floatNumber);
// 3. 표시: (float)4.2M != 4.2F
System.Console.WriteLine(
    $"(float){(float)decimalNumber}M != {floatNumber}F");

Trace.Assert(doubleNumber1 != (double)floatNumber);
// 4. 표시: 4.20000006258488 != 4.20000028610229
System.Console.WriteLine(
    $"{doubleNumber1} != {(double)floatNumber}");

Trace.Assert(doubleNumber1 != doubleNumber2);
// 5. 표시: 4.20000006258488 != 4.2
System.Console.WriteLine(
    $"{doubleNumber1} != {doubleNumber2}");

Trace.Assert(floatNumber != doubleNumber2);
// 6. 표시: 4.2F != 4.2D
System.Console.WriteLine(
    $"{floatNumber}F != {doubleNumber2}D");

Trace.Assert((double)4.2F != 4.2D);
// 7. 표시: 4.19999980926514 != 4.2
System.Console.WriteLine(
    $"{(double)4.2F} != {4.2D}");

Trace.Assert(4.2F != 4.2D);
```

```
// 8. 표시: 4.2F != 4.2D
System.Console.WriteLine(
    $"{4.2F}F != {4.2D}D");
```

결과 4.6에서 예제 4.7의 결과를 나타냈다.

결과 4.6

```
4.2 != 4.20000006258488
4.2 != 4.20000006258488
(float)4.2M != 4.2F
4.20000006258488 != 4.20000028610229
4.20000006258488 != 4.2
4.2F != 4.2D
4.19999980926514 != 4.2
4.2F != 4.2D
```

Assert() 메서드는 인수가 false로 평가될 때마다 개발자에게 경고한다. 하지만 이 코드 예제에서 모든 Assert() 호출 중 절반만 true로 평가되는 인수를 갖는다. 코드 예제에서 해당 값이 분명히 동일해도 float 값과 관련된 부정확성으로 인해 실제로는 동일하지 않다.

> **가이드라인**
> - 이진 부동 소수점 형식에 동등 조건을 사용하지 않는다.
> - 두 값을 대상으로 뺄셈을 해서 그 차이가 허용 오차보다 작은지 확인하거나 decimal 형식을 사용한다.

그 밖의 고유한 부동 소수점 특징도 알아 둬야 한다. 이를테면 0으로 정수를 나누면 에러 발생이 예상되는데 이런 문제는 int와 decimal 같은 데이터 형식에서 일어난다. 하지만 float과 double 형식에서는 특정 특수 값을 허용한다. 예제 4.8과 출력 결과 4.7을 살펴보자.

```
float n=0f;
// 표시: NaN
System.Console.WriteLine(n / 0);
```

결과 4.7

```
NaN
```

수학에서 0으로 나눈다든지 하는 특정 수학 연산은 정의되지 않았다. C#에서 float 0을 0으로 나누면 'Not a Number'라는 특수한 값이 나온다. 이런 숫자의 결과를 출력하려는 모든 시도는 NaN이 된다. 마찬가지로 System.Math.Sqrt(-1)처럼 음수의 제곱근을 구할 때도 결과는 NaN이다.

부동 소수점 수 역시 범위를 초과하는 오버플로가 발생할 수 있다. 예를 들어, float 형식의 상한 값은 대략 3.4×10^{38}이다. 숫자가 이 범위를 넘어가면 결과는 '양의 무한대positive infinity'로 저장되고 이 숫자의 출력은 'Infinity'다. 마찬가지로 float 형식의 하한 값은 -3.4×10^{38}이고 범위를 벗어나는 값을 계산하면 '음의 무한대negative infinity'가 돼 문자열 '-Infinity'로 표시한다. 예제 4.9는 각기 음의 무한대와 양의 무한대가 나오도록 했으며 결과 4.8에 해당 결과를 나타냈다.

예제 4.9 float의 범위 오버플로

```
// 표시: -Infinity
System.Console.WriteLine(-1f / 0);
// 표시: Infinity
System.Console.WriteLine(3.402823E+38f * 2f);
```

결과 4.8

```
-Infinity
Infinity
```

부동 소수점 수를 좀 더 확인해 보면 실제로는 0을 포함하지 않고 0에 매우 가까운 값을 포함한다. 값이 float이나 double 형식에 대한 하한 임계값을 초과하면 숫자의 값은 숫자가 음수인지 양수인지에 따라 '음의 0$^{\text{negative zero}}$'이나 '양의 0$^{\text{positive zero}}$'으로 표시되는데 출력을 각각 -0이나 0으로 표시한다.

복합 수학 할당 연산자(+=, −=, *=, /=, %=)

1장은 연산자의 오른편에 값을 두고 왼편에 변수를 두는 간단한 할당 연산자를 설명했다. **복합 수학 할당 연산자**$^{\text{compound mathematical assignment operator}}$는 할당 연산자와 일반적인 이항 연산자를 결합한다. 예를 들어, 예제 4.10을 살펴보자.

예제 4.10 일반적인 증분 계산

```
int x = 123;
x = x + 2;
```

이 할당에서 먼저 x + 2의 값을 계산한 뒤 계산된 값을 다시 x에 할당한다. 이런 형식의 연산은 비교적 자주 수행되므로 연산자 하나로 계산과 할당을 모두 처리하는 할당 연산자가 있다. += 연산자는 예제 4.11에서 보인 것처럼 해당 연산자의 오른편 값으로 연산자의 왼편 변수를 증가시킨다.

예제 4.11 += 연산자 사용하기

```
int x = 123;
x += 2;
```

따라서 이 코드는 예제 4.10과 같다.

비슷한 기능을 제공하는 다른 복합 할당 연산자가 많다. 빼기, 곱하기, 나누기, 나머지 연산자와 할당 연산자를 함께 사용할 수도 있다(예제 4.12 참고).

예제 4.12 다른 할당 연산자 예제

```
x -= 2;
x /= 2;
x *= 2;
x %= 2;
```

증가 연산자와 감소 연산자(++, --)

C#은 증가 및 감소 카운터로 쓸 만한 특수한 단항 연산자가 있다. **증가 연산자**^{increment} ^{operator} ++는 사용될 때마다 변수를 1씩 증가시킨다. 즉, 예제 4.13에서 보인 각 줄의 모든 코드의 결과는 같다.

예제 4.13 증가 연산자

```
spaceCount = spaceCount + 1;
spaceCount += 1;
spaceCount++;
```

마찬가지로 **감소 연산자**^{decrement operator} --를 사용하면 변수를 1씩 감소시킨다. 따라서 예제 4.14에서 보인 각 줄의 코드 또한 결과가 모두 같다.

예제 4.14 감소 연산자

```
lines = lines - 1;
lines -= 1;
lines--;
```

■ 초 급 주 제

반복문의 감소 연산 사용 예

증가와 감소 연산자는 4장 뒤에서 설명하는 while 문과 같은 반복문에서 특히 널리 사용된다. 예를 들어, 예제 4.15는 감소 연산자를 사용해 알파벳의 각 문자를 역순으로 반복해서 꺼내 온다.

예제 4.15 각 문자의 유니코드 값을 내림차순으로 표시

```
char current;
int unicodeValue;

// 현재 초기 값 설정.
current='z';

do
{
```

```
    // 현재 유니코드 값 가져오기.
    unicodeValue = current;
    System.Console.Write($"{current}={unicodeValue}\t");

    // 알파벳 순서를 거슬러 올라간다.
    current--;
  }
while(current>='a');
```

결과 4.9에서 예제 4.15의 결과를 나타냈다.

결과 4.9

```
z=122 y=121 x=120 w=119 v=118 u=117 t=116 s=115 r=114
q=113 p=112 o=111 n=110 m=109 l=108 k=107 j=106 i=105
h=104 g=103 f=102 e=101 d=100 c=99 b=98 a=97
```

예제 4.15에서 사용된 증가와 감소 연산자는 특정 연산의 수행 횟수를 제어하는 데 사용된다. 이 예제에서 증가 연산자가 문자(char) 데이터 형식에서도 사용된 것을 주목하자. 데이터 형식에 '다음' 또는 '이전' 값의 개념이 있는 경우 다양한 데이터 형식에 증가와 감소 연산자를 사용할 수 있다.

할당 연산자는 먼저 할당되는 값을 계산한 뒤 할당한다. 할당 연산자의 결과는 할당된 값이다. 증가와 감소 연산자는 비슷하다. 이들 연산자는 할당될 값을 계산하고 할당을 수행해 값을 낸다. 따라서 할당 연산자를 증가나 감소 연산자와 함께 사용할 때 주의를 기울이지 않으면 큰 혼란을 줄 수 있다. 여기에 대한 예로 예제 4.16과 결과 4.10을 살펴보자.

예제 4.16 후위 증가 연산자 사용

```
int count = 123;
int result;
result = count++;
System.Console.WriteLine(
    $"result = {result} and count = {count}");
```

```
result = 123 and count = 124
```

count가 증가되기 전에 result에서 count 값을 할당받았다. 증가나 감소 연산자를 두는 위치에 따라 할당된 값이 계산의 전이나 후에 피연산자의 값이 될지 여부가 결정된다. count에 할당된 값이 result의 값이 되게 하려면 예제 4.17에서 보인 것처럼 증가되는 해당 변수 앞에 연산자를 둬야 한다.

예제 4.17 전위 증가 연산자 사용하기

```
int count = 123;
int result;
result = ++count;
System.Console.WriteLine(
    $"result = {result} and count = {count}");
```

결과 4.11에서 예제 4.17의 결과를 나타냈다.

결과 4.11

```
result = 124 and count = 124
```

이 예제에서 증가 연산자는 피연산자 앞에 나타나므로 식의 결과는 증가된 후에 변수에 할당된 값이다. count가 123이면 ++count는 124를 count에 할당하고 결과는 124가 된다. 그에 반해서 후위 증가 연산자 count++은 124를 count에 할당하며 증가 전에 count가 유지하는 값인 123을 나타낸다. 해당 연산자가 후위인지 전위인지에 상관없이 값이 출력되기 전에 변수 count가 증가된다. 유일한 차이점은 어떤 값이 출력되느냐다. 전위와 후위 동작의 차이점을 예제 4.18에서 나타냈다. 출력은 결과 4.12에서 나타냈다.

예제 4.18 전위 및 후위 증가 연산자 비교

```
class IncrementExample
{
    public static void Main()
    {
```

```
        int x = 123;
        // 표시: 123, 124, 125.
        System.Console.WriteLine($"{x++}, {x++}, {x}");
        // x는 이제 125라는 값을 포함한다.
        // 표시: 126, 127, 127
        System.Console.WriteLine($"{++x}, {++x}, {x}");
        // x는 이제 127이라는 값을 포함한다.
    }
}
```

결과 4.12

```
123, 124, 125
126, 127, 127
```

예제 4.18에서 보인 것처럼 피연산자에 관련해서 증가와 감소 연산자를 표시하는 방식에 따라 식의 결과에 영향을 끼친다. 전위 연산자의 결과는 증가나 감소 연산 전에 변수가 갖는 값이다. 후위 연산자의 결과는 증가나 감소 연산 후에 변수가 갖는 값이다. 구문 내에 이들 연산자를 포함할 때는 주의해야 한다. 어떤 일이 일어날지 의심스러우면 이들 연산자를 독립적으로 사용하고 자체 구문 내에서 이들 연산자를 사용하자. 이런 방식은 코드의 가독성을 높이고 작성 의도를 오해하지 않게 만든다.

언어 비교: C++의 구현 정의 동작

앞서 식의 피연산자는 C++에서 어떤 순서로든 평가될 수 있다고 했지만 C#에서는 항상 왼쪽에서 오른쪽으로 평가된다. 마찬가지로 C++에서 구현은 어떤 순서로든 증가와 감소를 수행할 수 있고 이때 나타나는 부차적인 효과조차도 적합한 결과가 된다. 예를 들어, C++에서 x가 1인 M(x++, x++) 형식의 호출은 컴파일러에서 변덕을 부려 M(1,2)으로 호출하든 M(2,1)로 호출하든 모두 정상 호출에 해당한다. C#에서는 항상 M(1,2)를 호출하는데 이는 C#이 다음 두 가지를 모두 보장하기 때문이다. 먼저 호출에 대한 인수는 항상 왼쪽에서 오른쪽으로 계산되며 두 번째로 증가된 값을 변수에 할당하는 일은 항상 해당 식의 값이 사용되기 전에 일어난다. C++는 어느 쪽도 보장하지 않는다.

■ 고 급 주 제

스레드 안전한 증가와 감소

증가와 감소 연산자는 코드를 간결하게 하지만, 이들 연산자는 원자성^{atomic}이 없다. 이 연산자를 실행하는 동안 스레드 콘텍스트 전환이 발생할 수 있고 경합 상태를 유발할 수 있다. lock 구문을 사용해 이런 경합 상태를 차단한다. 하지만 간단한 증가와 감소의 경우 비용이 덜 드는 대안으로 System.Threading.Interlocked 클래스의 스레드 안전한 ^{thread-safe} Increment()와 Decrement()를 사용하자. 이들 메서드는 스레드 안전한^{thread-safe} 증가와 감소를 빠르게 수행하기 위해 프로세서 기능에 의존한다. 더 자세한 내용은 19장에서 다룬다.

상수 식과 지역 상수

3장은 리터럴 값이나 코드에서 직접 포함시킨 값을 다뤘다. 연산자를 사용해 **상수 식**^{constant expression}에서 다수의 리터럴 값을 결합할 수 있다. 정의에 따르면 상수 식은 완전히 상수 피연산자로 구성되기 때문에 C# 컴파일러가 (프로그램 실행 시에 계산하지 않고) 컴파일 타임에 평가할 수 있다. 상수 식은 지역 상수를 초기화하는 데 사용될 수 있어 상수 값에 이름을 부여할 수 있다(지역 변수에서 했던 방식처럼 저장소 위치에 이름을 부여한다). 예를 들어, 하루를 초 단위로 계산하는 상수 식 이름을 다른 식에서 사용할 수 있다.

예제 4.19는 const 키워드로 지역 상수를 선언했다. 지역 상수는 **변수**의 반대 개념으로 정의되므로('상수'는 '바뀔 수 없음'을 의미한다) 나중에 나오는 코드에서 이 값을 수정하려고 시도하면 컴파일 타임 에러가 발생한다.

```
// ...
public long Main()
{
                                 상수 식
    const int secondsPerDay = 60 * 60 * 24;
    const int secondsPerWeek = secondsPerDay * 7;
                   상수
    // ...
}
```

가이드라인

- 시간이 지남에 따라 바뀌는 값에는 상수를 사용하지 않는다. 원주율 값이나 금 원자를 구성하는 양성자 개수는 변하지 않는 수이므로 상수에 해당한다. 금 가격과 회사 이름, 프로그램의 버전 번호는 변하므로 상수가 아니다.

예제 4.19에서 secondsPerWeek에 할당한 식은 해당 식의 모든 피연산자도 상수이기 때문에 상수 식이다.

흐름 제어 소개

4장 후반부는 숫자를 이진 형식으로 나타내는 간단한 방식을 코드 예제로 들었다(예제 4.45). 하지만 그런 간단한 프로그램조차도 흐름 제어 구문을 사용하지 않고서는 작성하지 못한다. 흐름 제어 구문은 프로그램의 실행 경로를 제어한다. 이 절은 조건 검사를 바탕으로 구문 실행 순서를 변경하는 방법을 설명한다. 뒤에서 루프 구조를 통해 구문 그룹을 반복해서 실행하는 방법을 배운다.

표 4.1에서 흐름 제어 구문을 요약했다. 일반 문법 구조를 나타내는 칸은 완전한 어휘 구조가 아니라 일반 구문 용례를 나타낸다. 표 4.1의 포함 문은 레이블이 있는 구문이나 선언 외에 다른 구문을 나타내지만 일반적으로 구문 블록이다.

표 4.1에서 C#의 각 제어 흐름 구문은 3목[3] 프로그램에서 나온 것인데 4장의 소스

---

3 원서는 'tic-tac-toe'라고 했다. 보통 미국 외 지역에서는 'noughts and crosses'라고 하는데 우리말로 하면 3목두기다. – 옮긴이

코드인 TicTacToe.cs 파일에서 사용할 수 있다(http://itl.tc/EssentialCSharpSCC 참고). 이 프로그램은 3목 보드를 표시하고 각 플레이어에게 플레이를 요청한 뒤 각각의 이동 내역을 업데이트한다.

4장의 나머지 부분에서 각 구문을 더 자세히 살펴본다. if 구문을 다룬 후 남은 흐름 제어 구문을 계속 설명하기 전에 코드 블록, 범위, 부울 식, 비트 연산자를 소개한다. C#과 다른 언어와의 유사성으로 인해 이 표가 익숙한 독자는 'C# 전처리 지시문' 단원으로 건너뛰거나 4장의 마지막인 '요약' 단원으로 넘어가자.

표 4.1 흐름 제어 구문

구문	일반 문법 구조	예문

if 문	if(*boolean-expression*)
	  embedded-statement
		```if (input == "quit")```
		 ```{```
		 ``` System.Console.WriteLine(```
		 ``` "Game end");```
		 ``` return;```
		 ```}```

	if(*boolean-expression*)
	  embedded-statement
	else
	  embedded-statement
		```if (input == "quit")```
		 ```{```
		 ``` System.Console.WriteLine(```
		 ``` "Game end");```
		 ``` return;```
		 ```}```
		 ```else```
		 ``` GetNextMove();```

while 문	while(*boolean-expression*)
	  embedded-statement
		```while(count < total)```
		 ```{```
		 ``` System.Console.WriteLine(```
		 ``` $"count = {count}");```
		 ``` count++;```
		 ```}```

do while 문	do
	  embedded-statement
	while(*boolean-expression*);
		```do```
		 ```{```
		 ``` System.Console.WriteLine(```
		 ``` "Enter name:");```
		 ``` input =```
		 ``` System.Console.ReadLine();```
		 ```}```
		 ```while(input != "exit");```

구문	일반 문법 구조	예문
| for 문 | **for**(*for-initializer;*<br>  *boolean-expression;*<br>  *for-iterator*)<br>  *embedded-statement* | ```csharp
for (int count = 1;
  count <= 10;
  count++)
{
  System.Console.WriteLine(
    $"count = {count}");
}
``` |
| foreach 문 | **foreach**(*type identifier* **in**<br>  *expression*)<br>  *embedded-statement* | ```csharp
foreach (char letter in email)
{
  if(!insideDomain)
  {
    if (letter == '@')
    {
      insideDomain = true;
    }
    continue;
  }
  System.Console.Write(
    letter);
}
``` |
| continue 문 | **continue**; | |
| switch 문 | **switch**(governing-type-expression)<br>{<br>  ...<br>  **case** const-expression:<br>    statement-list<br>    jump-statement<br>  **default**:<br>    statement-list<br>    jump-statement<br>} | ```csharp
switch(input)
{
  case "exit":
  case "quit":
    System.Console.WriteLine(
      "Exiting app....");
    break;
  case "restart":
    Reset();
    goto case "start";
  case "start":
    GetMove();
    break;
  default:
    System.Console.WriteLine(
      input);
    break;
}
``` |
break 문	**break**;	
goto 문	**goto** identifier;	
	goto case const-expression;	
	goto default;	
```

if 문

if 문은 C#에서 가장 일반적인 구문 중 하나다. 이 문은 **조건**이라는 **부울 식**^{Boolean} expression(결과가 참이나 거짓인 식)을 평가한다. 조건이 참이면 **후속 문**^{consequence statement}이 실행된다. if 문은 선택적으로 **대안 문**^{alternative statement}을 포함하는 else 절을 가질 수 있고 이 절은 조건이 거짓인 경우 실행된다. 일반적인 형식은 다음과 같다.

```
if (조건)
    후속 문(consequence-statement)
else
    대안 문(alternative-statement)
```

예제 4.20에서 사용자가 1을 입력하면 프로그램은 '컴퓨터와 게임 진행'을 표시한다. 아니면 '다른 플레이어와 게임 진행'을 표시한다.

예제 4.20 if/else 구문 예

```csharp
class TicTacToe // TicTacToe 클래스 선언.
{
    static void Main() // 프로그램 진입점 선언.
    {
        string input;

        // 사용자에게 1- 또는 2- 플레이어 게임을 선택하도록 요청.
        System.Console.Write(
            "1 - 컴퓨터와 게임 진행\n" +
            "2 - 다른 플레이어와 게임 진행.\n" +
            "선택:"
        );
        input = System.Console.ReadLine();

        if(input=="1")
            // 사용자가 컴퓨터와 게임하도록 선택
            System.Console.WriteLine(
                "컴퓨터와 게임 진행.");
        else
            // 기본 값은 2명의 플레이어(2를 입력하지 않은 경우에도 선택됨).
            System.Console.WriteLine(
                "다른 플레이어와 게임 진행.");
    }
}
```

중첩 if

때로 코드에 여러 개의 if 문이 필요할 때가 있다. 예제 4.21의 코드는 먼저 사용자가 0 이하의 번호를 입력해서 게임을 나가려는지 여부를 판단한다. 사용자가 게임 나가기를 선택하지 않으면 사용자가 3목의 최대 턴[turn] 수 미만으로 입력했는지 확인한다.

예제 4.21 중첩된 if 문

```
1.    class TicTacToeTrivia
2.    {
3.      static void Main()
4.      {
5.          int input; // 입력을 저장할 변수 선언.
6.
7.          System.Console.Write(
8.              "What is the maximum number " +
9.              "of turns in tic-tac-toe?" +
10.             "(Enter 0 to exit.): ");
11.
12.         // int.Parse()는 ReadLine()을 변환해서
13.         // int 데이터 형식으로 반환.
14.         input = int.Parse(System.Console.ReadLine());
15.
16.         if (input <= 0)
17.                 // 입력이 0보다 작거나 같다.
18.                 System.Console.WriteLine("Exiting...");
19.         else
20.             if (input < 9)
21.                 // 입력이 9 미만.
22.                 System.Console.WriteLine(
23.                     $"Tic-tac-toe has more than {input}" +
24.                     " maximum turns.");
25.             else
26.                 if(input>9)
27.                     // 입력이 9 이상.
28.                     System.Console.WriteLine(
29.                         $"Tic-tac-toe has fewer than {input}" +
30.                         " maximum turns.");
31.                 else
32.                     // 입력이 9와 같다.
33.                     System.Console.WriteLine( //라인 33
34.                         "Correct, tic-tac-toe " +
```

```
35.                       "has a max. of 9 turns.");
36.        }
37.    }
```

결과 4.13에서 예제 4.21의 결과를 나타냈다.

결과 4.13

What is the maximum number of turns in tic-tac-toe? (Enter 0 to exit.): **9**
[3]Correct, tic-tac-toe has a max. of 9 turns.

14번째 줄 요청에서 사용자가 9를 입력했다고 하자. 실행 경로는 다음과 같다.

1. 줄 16: 입력이 0보다 작은지 확인. 0보다 크면 20번째 줄로 진행.

2. 줄 20: 입력이 9 미만인지 확인. 9보다 크면 26번째 줄로 진행.

3. 줄 26: 입력이 9보다 큰지 확인. 9보다 크지 않으면 33번째 줄로 진행

4. 줄 33: 입력한 값이 올바르다고 표시.

예제 4.21는 중첩 if 문을 포함한다. 중첩을 명확히 하려고 해당 줄을 들여쓰기 했다. 1장에서 배운 것처럼 공백은 실행 경로에 영향을 주지 않는다. 들여쓰기와 새 줄 없이도 실행은 동일하다. 예제 4.22의 중첩 if 문에서 나타낸 코드는 예제 4.21과 동일하다.

예제 4.22 연속해서 작성한 if/else

```
if (input < 0)
    System.Console.WriteLine("Exiting...");
else if (input < 9)
    System.Console.WriteLine(
        $"Tic-tac-toe has more than {input}" +
        " maximum turns.");
else if(input < 9)
    System.Console.WriteLine(
        $"Tic-tac-toe has less than {input}" +
        " maximum turns.");
else
    System.Console.WriteLine(
        "Correct, tic-tac-toe has a maximum " +
```

```
    " of 9 turns.");
```

후자가 더 일반적이지만 각 상황에서 코드가 더 명확해지도록 서식을 사용해야 한다. 두 가지 if 문 모두 중괄호를 사용하지 않았다. 이런 방식은 다음에 설명하는 지침을 따르지 않은 것이지만 코드가 단지 한 줄뿐인 시나리오에서는 예외적으로 코드 블록을 사용하지 않기도 한다.

코드 블록({})

앞서 if 문의 예에서 if와 else 다음에 나오는 구문은 하나뿐이다. 다음 예제 4.23처럼 System.Console.WriteLine() 하나만 사용되고 있다.

예제 4.23 코드 블록 없는 if 문

```
if(input < 9)
    System.Console.WriteLine("Exiting");
```

하지만 중괄호로 여러 줄의 구문을 **블록 문**block statement 또는 **코드 블록**code block이라고 하는 단일 구문으로 결합할 수 있다. 예를 들어, 예제 4.24는 원의 면적을 구하는 코드 블록을 강조했다.

예제 4.24 if 문 다음에 오는 코드 블록

```
class CircleAreaCalculator
{
    static void Main()
    {
        double radius; // 반지름을 저장하는 변수 선언
        double area; // 면적을 저장하는 변수 선언

        System.Console.Write("Enter the radius of the circle: ");

        // double.Parse에서 ReadLine()을 변환해
        // double을 반환.
        radius = double.Parse(System.Console.ReadLine());
```

```
if(radius>=0)
{
    // 원의 면적 계산
    area = 3.14*radius*radius;
    System.Console.WriteLine(
        $"The area of the circle is: { area : 0.00 }");
}
else
{
    System.Console.WriteLine(
        $"{ radius } is not a valid radius.");
}
}
}
```

결과 4.14에서 예제 4.24의 결과를 나타냈다.

결과 4.14

```
Enter the radius of the circle: 3
The area of the circle is: 28.27
```

이 예제에서 if 문은 radius가 양수인지 여부를 검사한다. 양수라면 원의 면적을 계산해 표시한다. 양수가 아니면 유효하지 않은 반지름이라는 메시지를 표시한다.

이 예제에서 첫 if 다음에 2개의 구문이 온다. 하지만 이들 2개의 구문은 중괄호 내에 들어 있다. 중괄호는 이들 구문을 코드 블록으로 묶어서 단일 구문으로 만든다.

예제 4.24에서 코드 블록을 만드는 중괄호를 생략하면 부울 식 다음에 나오는 해당 구문만 조건에 따라 바로 실행된다. 그다음에 나오는 구문은 if 문의 부울식과 상관없이 실행된다. 이런 식의 잘못된 코드를 예제 4.25에서 나타냈다.

예제 4.25 들여쓰기로 표시했지만 잘못된 코드다

```
if(radius>=0)
    area = Math.PI * radius *radius;
    System.Console.WriteLine(
        $"The area of the circle is: { area:0.00}");
```

C#에서 들여쓰기는 코드 가독성을 높이는 데만 사용된다. 컴파일러는 들여쓰기를 무시하므로 예제 4.25의 코드는 의미상 예제 4.26과 같다.

예제 4.26 중괄호가 있는 if 문

```
if(radius>=0)
{
    area = Math.PI * radius * radius;
}
System.Console.WriteLine(
    $"The area of the circle is:{ area:0.00}");
```

프로그래머는 제어 흐름 구문 다음에 한 줄의 코드뿐이라도 항상 코드 블록에 포함해 이런 미묘한 버그를 피해야 한다. 널리 사용되는 코딩 지침은 가장 간단한 한 줄짜리 if 문의 경우 코드 블록이 꼭 필요하지 않다고 해도 괄호를 생략하지 않는 것이다.

특이하지만 흐름 제어 구문에 속한 어휘가 아니어도 코드 블록을 쓸 수 있다. 즉, 예를 들어 조건이나 루프 없이 중괄호를 단독으로 사용해도 맞는 문법이다.

예제 4.25와 예제 4.26에서 pi의 값은 System.Math 클래스에서 PI 상수로 나타냈다. π와 e(자연 로그의 밑) 값을 하드 코딩하지 않고 코드에서는 System.Math.PI와 System.Math.E를 사용해야 한다.

> **가이드라인**
> - 내용이 한 줄뿐인 if 문 외에는 괄호를 생략하지 않는다.

코드 블록, 범위, 선언 공간

코드 블록을 종종 '**범위**scope'라고 하지만 두 가지 용어가 정확히 같은 의미는 아니다. 이름을 부여한 요소의 범위는 그 이름으로 해당 요소를 참조해도 되는 소스 코드 영역이다. 예를 들어, 지역 변수의 범위는 정확히 그 변수를 감싸는 코드 블록의 텍스트이므로 일반적으로 코드 블록을 '범위'라고 한다.

종종 범위를 **선언 공간**declaration space과 쉽게 혼동하곤 한다. 선언 공간은 이름을 부여한 요소들의 논리 컨테이너로 여기서는 두 가지가 동일한 이름을 갖지 않는다. 코드 블록은 범위를 정의할 뿐만 아니라 지역 변수 선언 공간도 정의한다. 같은 이름을 가진 2개의 지역 변수를 동일한 선언 공간에 선언할 수 없다. 마찬가지로 동일한 클래스 내에 Main()이라는 시그니처를 갖는 2개의 메서드도 선언할 수 없다. (이 규칙은 메서드의 경우 다소 관대한 편이다. 2개의 메서드가 다른 시그니처를 갖는다면 한 선언 공간에서 동일한 이름을 가질 수도 있다. 메서드의 시그니처는 이름과 매개 변수의 개수와 형식을 포함한다.) 블록 내에서 지역 변수는 이름으로 언급할 수 있으며 블록에서 그 이름은 유일한 요소로 선언해야 한다. 블록 선언 외부에서 이름으로 지역을 참조할 수 없다. 이 지역이 해당 블록의 외부일 때 '범위 밖'이라고 한다.

요약하면 범위는 이름이 참조하는 대상을 결정하는 데 사용되고, 선언 공간은 두 가지 요소가 동일한 이름으로 선언될 때 서로 충돌하는지 여부를 결정짓는다. 예제 4.27에서 if 문이 블록 문 내부에 지역 변수 message를 선언한 것은 범위를 해당 블록 문으로 한정 짓는다. 뒤에 나오는 메서드에서 지역 변수 이름이 사용될 때 '범위 밖'이라고 한다. 이 에러를 피하려면 변수를 if 문 밖에서 선언해야 한다.

예제 4.27 변수를 자신의 범위 밖에서 접근할 수 없다

```
class Program
{
    static void Main(string[] args)
    {
        int playerCount;
        System.Console.Write(
            "Enter the number of players (1 or 2):");
        playerCount = System.Console.ReadLine();
        if (playerCount != 1 && playerCount != 2)
        {
            string message =
                "You entered an invalid number of players.";
        }
        else
        {
            // ...
        }
```

```
        // 에러: message가 범위에 없다.
        System.Console.WriteLine(message);
    }
}
```

결과 4.15에서 예제 4.27의 결과를 나타냈다.

결과 4.15

```
...

...\Program.cs(18,26): 에러 CS0103: 'message' 이름이 현재 콘텍스트에 없습니다.
```

지역 변수의 이름이 고유해야 하는 선언 공간은 원래 해당 지역 변수를 선언한 블록 내에서 감싼 모든 자식 코드 블록을 포함한다. C# 컴파일러는 메서드 코드 블록 내에서 직접 선언한 지역 변수 이름을 자식 코드 블록 내에서 (또는 매개변수로) 재사용하지 못하게 한다. 예제 4.27에서 args와 playerCount는 메서드 코드 블록 내에서 선언했기 때문에 이들은 해당 메서드 내 어디서도 다시 선언할 수 없다.

message라는 이름은 해당 지역 변수의 범위 즉, 해당 선언을 둘러싼 블록 전체에서 이 지역 변수를 참조한다. 마찬가지로 playerCount는 if 문을 만족하는 결과와 만족하지 않은 경우의 대안을 나타낸 두 가지 자식 블록 모두를 포함하는 블록 내에서 동일한 변수를 나타낸다.

> **언어 비교: C++ - 지역 변수 범위**
>
> C++의 경우 블록에서 선언한 지역 변수의 범위는 선언문의 위치에서 해당 블록의 끝까지다. 지역 변수를 선언하기 전에 참조하려 하면 그 지역 변수가 범위에 없기 때문에 찾지 못한다. '범위'에 해당 이름을 가진 다른 요소가 있다면 C++ 언어의 경우 해당 이름을 다른 것으로 풀이해 의도하지 않은 동작을 낳을 수 있다. C#에서 이 규칙은 미묘한 차이가 있다. 지역 변수는 선언된 전체 블록에 걸쳐 범위가 되지만 지역 변수를 선언하기 전에 참조하는 것은 잘못이다. 즉, 지역 변수를 찾는 시도는 성공하지만 사용하려면 에러로 취급한다. 이는 C++ 프로그램에서 흔히 발생하는 에러를 방지해 주는 C#의 많은 규칙 중 하나일 뿐이다.

부울 식

if 문에 나오는 괄호 안에 담긴 조건은 **부울 식**^{Boolean expression}이다. 예제 4.28에서 조건 부분을 강조해서 나타냈다.

예제 4.28 부울 식

```
if(input < 9)
{
    // 입력이 9 미만
    System.Console.WriteLine(
        $"Tic-tac-toe has more than { input }" +
        " maximum turns.");
}
// ...
```

부울 식은 대부분의 제어 흐름 구문 내에서 나온다. 핵심 특징은 항상 참이나 거짓으로 평가한다는 점이다. 부울 식인 input<9의 경우 결과는 bool이어야 한다. 예를 들어, 컴파일러가 x=42와 같은 식을 부울 식으로 보지 않는 이유는 변수의 값이 42인지 여부를 검사하는 것이 아니라 x에 값을 할당하기 때문이다.

> **언어 비교: C++에서 == 대신 =를 잘못 사용하는 경우**
>
> C#은 C와 C++에서 흔한 코드 작성 에러를 제거했다. C++에서 예제 4.29는 허용된다.
>
> **예제 4.29** C#은 안되지만 C++에서는 조건식으로 허용
>
> ```
> if(input=9) // C++에서는 허용, C#에서는 안 됨
>     System.Console.WriteLine(
>         "Correct, tic-tac-toe has a maximum of 9 turns.");
> ```
>
> 얼핏 보면 이 코드는 구조상 input이 9와 같은지를 검사하는 것이라 볼 수 있지만, 1장에서 =는 등가성을 검사하는 것이 아니라 할당 연산자라고 설명했다. 할당 연산자의 반환 결과는 해당 변수에 할당된 값이다(이 경우는 9). 하지만 9는 int이므로 부울 식으로는 자격 미달이니 C# 컴파일러는 허용하지 않는다. C와 C++ 언어는 0이 아닌 정수를 참으로 취급하고 0은 거짓으로 취급한다. 대조적으로 C#은 실제로 부울 형식이 되는 조건식이 필요하며 정수는 허용하지 않는다.

관계 연산자와 같음 연산자

관계 연산자^{relational operator}와 **같음 연산자**^{equality operator}는 한쪽 값이 다른 쪽 값보다 큰지 또는 작은지, 같은지를 판단한다. 표 4.2는 모든 관계 연산자와 같음 연산자를 나타냈다. 이들 모두는 이항 연산자다.

표 4.2 관계 연산자와 같음 연산자

연산자	설명	예제
<	보다 작음	input < 9;
>	보다 큼	input > 9;
<=	작거나 같음	input <= 9;
>=	크거나 같음	input >= 9;
==	같음 연산자	input == 9;
!=	같지 않음 연산자	input != 9;

같음을 나타내는 C# 문법은 다른 많은 프로그래밍 언어처럼 ==를 사용한다. 예를 들어, input이 9와 같은지를 판단하는 데는 input==9를 사용한다. 같음 연산자는 2개의 같음 기호를 사용해서 할당 연산자 =와 구별한다. 감탄 부호는 C#에서 NOT을 의미하므로 같지 않음을 테스트하려면 같지 않음 연산자인 !=를 사용한다.

예제 4.30에서 보인 것처럼 관계 연산자와 같음 연산자의 결과는 항상 bool 값이다.

예제 4.30 관계 연산자의 결과를 bool 변수에 할당하기

```
bool result = 70 > 7;
```

3목 프로그램 전체 예제에서 사용자가 프로그램을 종료하려는지 여부는 같음 연산자를 사용해 결정한다. 예제 4.31의 부울 식은 OR (||)라는 논리 연산자가 포함돼 있는데 이 연산자는 다음 절에서 자세히 설명한다.

예제 4.31 부울 식에서 같음 연산자 사용

```
if (input == "" || input == "quit")
{
```

```
    System.Console.WriteLine($"Player {currentPlayer} quit!!");
    break;
}
```

논리 부울 연산자

논리 연산자^{logical operator}는 부울 피연산자를 취하며 결과는 부울 값이다. 논리 연산자를 사용하면 다수의 부울 식을 결합해 더 복잡한 부울 식을 구성할 수 있다. 논리 연산자는 |, ||, &, &&, ^가 있으며 각각 논리합^{OR}과 논리곱^{AND}, 배타적 논리합^{OR}에 해당한다. 이 절에서 설명하는 몇 가지 이유로 인해 OR와 AND의 |와 & 버전은 부울 로직에서 거의 사용하지 않는다.

OR 연산자(||)

예제 4.31은 사용자가 quit을 입력하거나 값을 입력하지 않고 엔터키를 누르면 프로그램을 종료하기 원한다고 가정한다. 사용자가 두 가지 방식으로 사용을 끝내게 하려면 논리 OR 연산자 ||를 사용한다. || 연산자는 부울 식을 평가해 피연산자가 하나라도 참이면 결과를 참으로 만든다(예제 4.32 참고).

예제 4.32 OR 연산자 사용하기

```
if((hourOfTheDay > 23) || (hourOfTheDay < 0))
    System.Console.WriteLine("The time you entered is invalid.");
```

OR 식은 한쪽 피연산자의 결과가 참이면 다른 피연산자의 결과는 볼 필요도 없이 참이 되므로 양쪽을 다 평가할 필요가 없다. C#의 다른 모든 연산자와 마찬가지로 왼쪽 피연산자는 오른쪽보다 먼저 평가되므로 식의 왼쪽 부분이 참으로 평가되면 오른쪽 부분은 무시된다. 예제 4.32에서 hourOfTheDay가 33이라는 값을 가지면 (hourOfTheDay > 23)는 참으로 평가되고 OR 연산자는 식을 **단락**^{short-circuit}시켜 식의 두 번째 부분을 무시한다. 식을 단락시키는 동작은 부울 AND 연산자에서도 일어난다. (여기서는 괄호가 필요하지 않다. 논리 연산자는 관계 연산자보다 더 높은 우선순위를 갖는다. 하지만 초보자에게는 내부식을 괄호에 넣는 것이 더 명확하다.)

196

AND 연산자(&&)

부울 AND 연산자 &&는 양쪽 피연산자가 모두 참으로 평가될 때만 참이다. 어느 한쪽 피연산자가 거짓이면 결과는 거짓이다. 예제 4.33은 주어진 변수가 10보다 크고 24[4] 미만이면 메시지를 작성한다. OR 연산자와 마찬가지로 AND 연산자는 식의 오른편을 항상 평가하지는 않는다. 왼쪽 피연산자가 거짓으로 판단되면 전체 결과는 오른쪽 피연산자의 값에 상관없이 거짓이므로 런타임에 오른쪽 피연산자의 평가를 건너뛴다.

예제 4.33 AND 연산자 사용하기

```
if ((10 < hourOfTheDay) && (hourOfTheDay < 24))
    System.Console.WriteLine(
    "Hi-Ho, Hi-Ho, it's off to work we go.");
```

배타적 OR 연산자(^)

캐럿 기호인 ^가 '배타적 OR'(XOR) 연산자다. 표 4.3에서 보인 것처럼 2개의 부울 피연산자에 XOR 연산자를 적용하면 피연산자 중 하나만 정확히 참인 경우 참을 반환한다.

표 4.3 XOR 연산자에 대한 조건 값

왼쪽 피연산자	오른쪽 피연산자	결과
True	True	False
True	False	True
False	True	True
False	False	False

부울 AND 연산자나 부울 OR 연산자와는 달리 부울 XOR 연산자는 단락이 일어나지 않는다. 양쪽 피연산자의 값을 알아야만 결과를 판단할 수 있으므로 항상 양쪽 피연산자의 값을 검사한다. XOR 연산자는 부울 '같지 않음' 연산자와 똑같다.

---

4 프로그래머가 보통 매일 일하는 시간.

논리 부정 연산자(!)

논리 부정 연산자^{logical negation operator} 또는 **NOT 연산자**^{NOT operator}인 !는 bool 값을 반대로 바꾼다. 이 연산자는 단항 연산자로 피연산자 하나만 사용한다. 예제 4.34는 이 연산자가 어떻게 동작하는지 보였고 결과 4.16은 연산의 결과를 나타냈다.

예제 4.34 논리 부정 연산자의 사용

```
bool valid = false;
bool result = !valid;
// 표시: "result = True".
System.Console.WriteLine($"result = { result }");
```

결과 4.16

```
result = True
```

예제 4.34의 시작 부분에 valid를 false로 설정했다. 그다음 부정 연산자를 valid에 사용하고 결과 값은 result에 할당했다.

조건 연산자(?:)

2개의 값 중 하나를 선택하는 if-else문 사용의 대안으로 **조건 연산자**^{conditional operator}를 사용할 수 있다. 조건 연산자는 물음표와 콜론 두 가지를 사용한다. 일반적인 형식은 다음과 같다.

조건 ? 결과 : 대안

조건 연산자는 조건, 결과, 대안이라는 3개의 피연산자가 있는 '삼항' 연산자다. (이 연산자는 C#에서 유일한 '삼항 연산자'이지만, 피연산자의 수보다는 이름으로 부르는 편이 더 명확하다.) 논리 연산자처럼 조건 연산자는 단락 형식을 사용한다. 조건이 참이면 조건 연산자는 결과 항만 평가한다. 조건이 거짓이면 대안 항만 평가한다. 연산자의 결과는 평가된 식이다.

예제 4.35는 조건 연산자를 사용하는 방법을 나타냈다. 이 프로그램의 전체 코드 목록은 소스 코드의 Chapter04\TicTacToe.cs에서 나타냈다.

예제 4.35 조건 연산자

```csharp
class TicTacToe
{
    static string Main()
    {
        // 내부적으로 현재 플레이어를 Player 1로 설정;
        int currentPlayer = 1;

        // ...

        for (int turn = 1; turn <= 10; turn++)
        {
            // ...

            // 플레이어 바꿈
            currentPlayer = (currentPlayer == 2) ? 1 : 2;
        }
    }
}
```

이 프로그램은 현재 플레이어를 바꾼다. 그렇게 하려고 현재 값이 2인지를 검사한다. 이 부분이 조건식의 조건 부분이다. 조건의 결과가 참이면 조건 연산자의 결과는 '결과' 항의 값 1이다. 그렇지 않으면 결과는 '대안' 항의 값 2다. if 문과는 달리 조건 연산자의 결과는 반드시 할당(또는 매개변수로 전달)돼야 한다. 조건 연산 구문만 덩그러니 나타날 수 없다.

> **가이드라인**
> - 조건식이 너무 복잡해진다면 if/else 문을 사용하자.

C# 언어는 조건 연산자에서 결과 식과 대안 식이 일관성 있게 입력되고, 식의 주변 상황을 검사하지 않고도 일관된 형식이 결정돼야 한다. 예를 들어, f ? "abc" : 123는

결과 항과 대안 항이 문자열과 숫자이며 서로 변환할 수 없기 때문에 잘못된 조건식이다. "object result = f ? "abc" : 123;"라고 작성했더라도 두 식이 일관성 있는 형식(즉, object)이라는 부분이 조건식 외부에 있기 때문에 C# 컴파일러는 이 식이 잘못됐다는 꼬리표를 붙인다.

프로그래밍에 null 사용하기

3장에서 설명한 것처럼 null은 매우 유용한 값이 될 수 있지만 몇 가지 문제가 있다. 즉, 개체의 멤버를 호출하거나 값을 null에서 좀 더 상황에 적합한 값으로 변경하기 전에 값이 null이 아닌지 검사해야 한다.

　　같음 연산자와 관계 연산자를 사용해 null을 검사할 수 있지만 C# 7.0의 향상된 is 연산자를 포함해 몇 가지 다른 방법이 있다. 게다가 몇몇 연산자는 null 값을 다루기 위해 배타적으로 설계됐다. 여기에는 null 병합 연산자(그리고 C# 8.0의 null 병합 할당) 와 null 조건 연산자가 포함된다. 컴파일러에게 명확하지 않더라도 값이 null이 아니라고 믿을 때 컴파일러에게 알려 주는 연산자도 있다(null-forgiving 연산자).[5] 간단히 값이 null인지 여부를 검사해 보자.

7.0 시작

8.0 시작

null 여부 검사

null을 검사하는 여러 가지 방법을 표 4.4에서 보였다.

표 4.4 null 검사

설명	예제

같음/같지 않음
모든 C# 버전에서 같음 및 같지 않음 연산자를 사용한다. 게다가 이런 방법으로 null을 검사하면 가독성이 아주 좋다. 잠재적으로 약간의 성능 영향을 감수하면서 같음/같지 않음 연산자를 재정의할 수 있다.
	```string? uri = null;```
	```// ...```
	
	```if(uri != null)```
	```{```
	``` System.Console.WriteLine($"Uri is: { uri }");```

5　자세한 내용은 다음 기술 문서 참고. https://docs.microsoft.com/ko-kr/dotnet/csharp/language-reference/operators/null-forgiving

설명	예제
| | ```
}
else // (uri == null)
{
    System.Console.WriteLine("Uri is null");
}
``` |
| **ReferenceEquals()**<br>object.ReferenceEquals()은 모든 C# 버전에서 동작하는 같음/같지 않음 연산과 같은 간단한 연산을 위한 다소 긴 구문이며 재정의를 허용하지 않는다. 따라서 항상 이름이 명시하는 것을 실행한다. | ```
string? uri = null;
// ...

if(object.ReferenceEquals(uri, null))
{
    System.Console.WriteLine("Uri is null");
}
``` |
| **is null 연산자 패턴 매칭**<br>패턴 매칭은 연산자가 피연산자(uri)가 개체인지 여부를 질의해 null이 아닌지 검사하는 접근 방법을 제공하는 것이다. C# 7.0은 "is null" 구문을 추가해 null인지 검사하는 기능을 향상시켰다. | ```
if( uri is object )
{
    System.Console.WriteLine($"Uri is: { uri }");
}
else // (uri is null)
{
    System.Console.WriteLine("Uri is null");
}
``` |
| **is { } 속성 패턴**<br>C# 8.0에서 사용할 수 있는 마지막 접근 방식 하나는 피연산자가 null이 아닌지 검사하는 데 속성 패턴 매칭을 사용한다.<br>구문이 직관적이진 않지만 is object를 사용하는 것보다는 약간의 이점이 있다. is {}는 null 허용이 아닌 값 형식(예, int)으로 null이 아닌지 검사하면 경고를 발생한다. 즉, null을 허용하지 않는 값 형식이므로 값이 결코 null이 될 수 없기 때문에 null 검사의 의미가 없음을 경고한다. 이와 대조적으로 이 책을 집필하는 시점에 is object에 null 허용이 아닌 값 형식을 사용하면 이런 경고를 발생하지 않는다. | ```
if( uri is { } )
{
    System.Console.WriteLine($"Uri is: { uri }");
}
else
{
    System.Console.WriteLine("Uri is null");
}
``` |

물론 값이 null인지 검사하는 여러 가지 방법이 있다면 그중 어떤 것을 사용해야 할까? 명확하게 말하면 C# 6.0 이전 버전을 사용해 프로그래밍한다면 'is object'를 사용하는 방법 외에 같음/같지 않음 연산자가 null이 아닌지 검사하는 유일한 옵션이다. 마찬가지로 C# 7.0의 향상된 is 연산자를 사용한다면 'is null' 구문을 사용해 null을 검사할 수 있다. 사실 이 접근 방식은 is 연산자의 동작이 바뀌지 않고 고려해야 할 성능 영향이 없기 때문에 선호한다. 마지막으로 'is {}'를 사용하는 패턴 매칭(C# 8.0)은 null

이 아닌지 검사하지만, 'is object'와 달리 null을 허용하지 않는 형식에서 null이 아닌지 검사할 때 경고를 표시하지 않는다.

요약하면 C# 7.0 이후 버전에서 null이 아닌지 검사할 때 'is object'를 사용하고 null인지 검사할 때는 'is null'을 사용한다. C# 7.0 이전에는 object.ReferenceEquals (<target>, null)을 사용해 예상 동작을 보장하거나 재정의와 가독성 최적화가 없는 경우 ==을 사용한다.

표 4.4의 2행과 3행은 패턴 매칭을 소개했는데 이 개념은 7장에서 더 자세히 다룬다.

null 병합 연산자(??)와 null 병합 할당 연산자(??=)

null 병합 연산자^{null-coalescing operator}는 '이 값이 null이면 다른 값을 사용한다'는 표현의 간결한 방식이다. 형태는 다음과 같다.

식1 ?? 식2;

null 병합 연산자는 단락의 형식을 사용한다. 식1이 null이 아니면 그 값이 연산의 결과이고 다른 식은 평가되지 않는다. 식1이 null로 평가되면 식2의 값이 이 연산자의 결과다. 조건 연산자와 달리 null 병합 연산자는 이항 연산자다.

예제 4.36은 null 병합 연산자 사용 방법을 나타냈다.

예제 4.36 null 병합 연산자

```
string? fullName = GetDefaultDirectory();
// ...

// Null 병합 연산자
string fileName = GetFileName() ?? "config.json";
string directory = GetConfigurationDirectory() ??
        GetApplicationDirectory() ??
        System.Environment.CurrentDirectory;

// Null 병합 할당 연산자
fullName ??= $"{ directory }/{ fileName }";

// ...
```

이 예제에서 fileName이 null이면 fullName을 "default.txt"로 설정하는 null 병합 연산자를 사용한다. fileName이 null이 아니면 fullName에 간단히 fileName의 값이 할당된다.

null 병합 연산자로 멋진 '체인'을 만들 수 있다. x ?? y ?? z 형식의 식은 x가 null이 아니면 결과는 x가 된다. 그렇지 않으면 다음으로 y가 null이 아니면 결과는 y가 되고, 그 외에는 z가 된다. 즉, 왼쪽에서 오른쪽으로 진행하고 첫 번째 null이 아닌 식을 선택하거나 모든 이전 식이 null이라면 마지막 식을 사용한다. 예제 4.36에서 directory의 할당이 그 예다.

C# 8.0은 null 병합 연산자와 할당 연산자의 조합으로 null **병합 할당 연산자**null-coalescing assignment operator를 제공한다. 이 연산자로 왼편이 null인지를 평가하고 그 값을 오른편에 할당할 수 있다. 예제 4.36은 fullName을 할당할 때 이 연산자를 사용한다. null을 허용하는 값 형식과 함께 null 병합 연산자가 C# 2.0에 추가됐다. null 병합 연산자는 null 허용 값 형식의 피연산자와 참조 형식에서 모두에서 동작한다.

null 조건 연산자(?.,?[])

멤버 호출 전에 null 검사하는 빈번한 패턴을 인식하고 C# 6.0은 예제 4.37에서 보인 것처럼 null **조건 연산자**null-conditional operator로 알려진 '?.' 연산자를 소개했다.

예제 4.37 null 조건 연산자

```
string[]? segments = null;
// ...

int? length = segments?.Length;
if (length is object && length != 0){
    uri = string.Join('/', segments!);
}

// 배열 접근자가 있는 null 조건 연산자
// 최소 하나의 요소를 안다고 가정
// uri = segments?[0];

if (uri is null || length is 0){
    System.Console.WriteLine(
        "There were no segments to combine.");
```

```
    }
    else
    {
        System.Console.WriteLine(
            $"Uri: { uri }");
    }
```

null 조건 연산자는 피연산자(예제 4.37의 segments)가 메서드나 속성(이 경우 Length)을 호출하기 전에 null인지 여부를 검사한다. 논리적으로 동등한 명시적인 코드는 다음과 같다(C# 6.0 문법에서 segments 값이 한 번만 평가된다).

```
int? length =
    (segments != null) ? (int?)segments.Length : null
```

null 조건 연산자에 관해 주목할 중요한 점은 이 연산자는 항상 null 허용 값을 생성한다는 것이다. 이 예제에서 string.Length 멤버가 null을 허용하지 않는 int를 생성하더라도 null 조건 연산자가 있는 Length 호출은 null 허용 int(int?)를 생성한다.

배열 접근자가 있는 null 조건 연산자를 사용할 수도 있다. 예를 들어, segments?[0]는 segments 배열이 null이 아니라면 segments 배열의 첫 번째 요소를 생성한다. 하지만 null 조건 연산자의 배열 접근자 버전을 사용하는 일은 상대적으로 드물지만, 피연산자가 null인지 여부를 모르고 요소의 수를 알거나 적어도 특정 요소가 존재하는지 여부를 알 때만 유용하다.

null 조건 연산자는 연결할 수 있기 때문에 특히 편리하다(null 병합 연산자 더 많이 사용하거나 사용하지 않고). 예를 들어, 다음 코드에서 ToLower()와 StartWith()는 segments와 segments[0] 모두가 null이 아닌 경우만 호출된다.

```
segments?[0]?.ToLower().StartsWith("file:");
```

물론 이 예제에서 segments의 요소는 잠재적으로 null이 될 수 있다고 가정하므로 선언(C# 8.0 가정)을 더 정확하게 하면 다음과 같이 될 것이다.

```
string?[]? segments;
```

즉, segments 배열은 null 허용이며, 배열 요소 각각은 null 허용 문자열이다.

null 조건식을 연결할 때 첫 번째 피연산자가 null이면 식 평가는 단락되며 식 호출 체인 내에서 추가적인 호출이 일어나지 않는다. 피연산자가 null인 경우 사용할 기본 값을 지정할 수 있도록 식의 끝에서 null 병합 연산자를 연결할 수도 있다.

```
string uri = segments?[0]?.ToLower().StartsWith(
    "file:")??"intellitect.com";
```

null 병합 연산자의 결과로 나온 데이터 형식은 null 허용이 아니다(연산자의 오른편 [이 예제에서 "intellitect.com"]이 null이 아니라고 가정[거의 말이 안 됨]).

하지만 추가적인 null 조건 연산자를 의도치 않게 무시하지 않도록 주의를 기울여야 한다. 예를 들어, ToLower()에서 null을 반환하는 경우 어떻게 될지 생각해 보자. 이 시나리오에서 NullReferenceException은 StartsWith()의 호출에서 발생한다. 이는 null 조건 연산자의 체인을 사용해야 한다는 것이 아니라 오히려 논리를 고려할 때 의도적이어야 한다는 뜻이다. 이 예제에서 ToLower()가 null이 될 일은 결코 없기 때문에 추가적인 null 조건 연산자는 필요 없다.

조금 색다를 수 있지만(다른 연산자 동작과 비교해) null 허용 값 형식은 호출 체인의 마지막에서만 생성된다. 따라서 Length에서 점('.') 연산자를 호출하면 int(int? 아님) 멤버만 호출한다. 하지만 괄호에서 segments?.Length를 캡슐화(그럼으로써 괄호 연산자 우선순위를 통해 int? 결과를 강제)하는 것은 int? 반환을 호출하고 Nullable<T> 특정 멤버 (HasValue와 Value)를 사용할 수 있게 한다.

null-forgiving 연산자(!)

예제 4.37의 Join() 호출은 segments 다음에 느낌표를 포함하고 있다.

```
uri = string.Join('/', segments!);
```

이 시점에서 코드는 segments.Length를 length 변수에 할당해 null이 아니다. 더욱이 length가 null이 아니기 때문에 if 문이 null이 아님을 확인해 준다.

```
if (length is object && length != 0){ }
```

하지만 컴파일러가 동일한 결정을 내릴 수 있다. 그리고 Join()은 null을 허용하지 않는 문자열 배열이 필요하기 때문에 null 허용으로 선언한 segments 변수를 수정하지 않고 전달할 때 경고를 표시한다. 이 경고를 피하고자 C# 8.0이 제공하는 null-forgiving 연산자(!)를 추가할 수 있다. 이 연산자는 프로그래머가 이미 알고서 컴파일러에 segments 변수가 null이 아니라고 선언한다. 컴파일 타임에 컴파일러는 프로그래머가 잘 알고 있다고 가정하고 경고를 무시한다(런타임은 여전히 null이 아닌지 검사한다).

불행히도 이 예제는 단편적이며 위험하지는 않지만, null 조건 연산자가 안정성에 대한 잘못된 인식을 주기 때문에 segments가 null이 아니라면 해당 요소가 존재해야 한다. 물론 이 코드가 그와 같은 경우는 아니다. segments가 null이 아니라도 요소가 존재하지 않을 수 있다.

■■ 고 급 주 제

대리자가 있는 null 조건 연산자의 활용

null 조건 연산자는 그 자체로 뛰어난 기능이다. 하지만 대리자 호출과 조합해서 사용하면 C# 1.0 이후에 존재해 온 C# 문제점을 해결한다. 예제 4.38에서 값이 null인지 확인하고 최종적으로 이벤트를 발생시키기 전에 PropertyChange 이벤트 핸들러가 지역 사본(propertyChanged)에 어떻게 할당되는지 주목하자. 이 부분은 null인지 확인하는 시간과 이벤트가 발생하는 시간 사이에 이벤트 구독 해제가 발생할 위험 없이 이벤트를 호출하는 가장 쉬운 스레드 안전한thread-safe 방식이다. 불행히도 이러한 접근 방식은 직관적이지 않으며 개발자가 이런 패턴을 따르는 코드를 방치하는 경우가 많아서 일관성 없는 NullReferenceExceptions을 던지는 결과를 낳는다. 다행히도 C# 6.0이 null 조건 연산자가 소개함으로써 이 문제는 해결됐다.

예제 4.38 이벤트 핸들러가 있는 null 조건 연산자

```
PropertyChangedEventHandler propertyChanged =
    PropertyChanged;
if(propertyChanged != null)
{
    propertyChanged(this,
```

```
                new PropertyChangedEventArgs(nameof(Name)));
    }
```

C# 6.0은 대리자 값 확인을 예제 4.38에서 보인 코드로 단순하게 바꿨다.

```
PropertyChanged?.Invoke(propertyChanged(
    this, new PropertyChangedEventArgs(nameof(Name)));
```

6.0 끝

이벤트는 단지 대리자이기 때문에 null 조건 연산자와 Invoke()를 통한 대리자 호출의 동일한 패턴은 항상 사용할 수 있다.

비트 단위 연산자(《《, 》》, |, &, ^, ~)

이진 형식의 값을 조작하는 데 사용하는 일련의 연산자를 나타내는 비트 연산자는 사실상 모든 프로그래밍 언어에 있는 추가 연산자 집합이다.

■ 초 급   주 제

비트와 바이트

컴퓨터 내의 모든 값은 1과 0의 이진 형식으로 나타내는데 이를 **이진수**(비트)라 한다. 비트^{bit} 8개를 모은 것을 **바이트**^{byte}라 한다. 바이트에서 연속하는 각 비트는 2의 거듭 제곱의 값에 해당하며 그림 4.1에서 보인 것처럼 오른쪽의 2^0에서 시작해 왼쪽으로 2^7까지다.

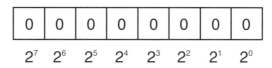

그림 4.1 해당 위치 구분자의 값

대부분의 시나리오, 특히 저수준 또는 시스템 서비스를 다룰 때면 정보를 이진 데이터로 얻는다. 이러한 장치와 서비스를 조작하려면 이진 데이터를 조작해야 한다.

그림 4.2에서 각 상자는 2의 거듭제곱에 해당한다. 바이트의 값(8비트 숫자)은 1로 설정된 8개 비트 모두에서 2의 거듭제곱을 구한 합이다.

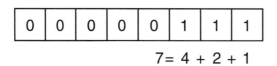

그림 4.2 부호 없는 바이트 값 계산하기

방금 설명한 이진 변환은 부호 있는 숫자의 경우는 상당히 다르다. 부호 있는 숫자(long, short, int)는 '2의 보수' 표기를 사용해서 나타낸다. 2의 보수 표기는 양수에 음수를 더할 때 양쪽이 양수 피연산자인 것처럼 계속해서 덧셈을 수행하도록 만든다. 이 표기법을 사용하면 음수는 양수와 다르게 동작한다. 음수는 맨 왼쪽 위치에 1을 넣어 구분한다. 맨 왼쪽 위치에 1이 있다면 1인 위치가 아니라 0인 위치를 더한다. 0인 위치에서 2의 제곱을 구하고 음수로 표시한 다음 그 결과에서 1을 다시 빼야 한다. 이를 그림 4.3에서 나타냈다.

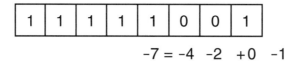

그림 4.3 부호 있는 바이트 값 계산

따라서 1111 1111 1111 1111은 -1에 해당하고 1111 1111 1111 1001는 -7이다. 이진수 표현인 1000 0000 0000 0000은 16비트 정수가 갖는 가장 작은 음수 값이다.

시프트 연산자(<<, >>, <<=, >>=)

어떤 숫자의 이진 값을 오른쪽이나 왼쪽으로 이동해야 할 때가 종종 있다. 왼쪽 시프트 실행에서 숫자를 이진수로 표현한 모든 비트는 시프트 연산자의 오른편에 지정한 위치 숫자만큼 왼쪽으로 이동된다. 이때 이진수의 오른편 위치에서 뒤 메우기하는 데 0을 사용한다. 오른쪽 시프트 연산자는 반대 방향으로 동일한 동작을 한다. 하지만 숫자가 부호 있는 형식의 음수라면 이진수의 왼편을 뒤 메우기하는 데 사용되는 값은 1이며 0이 아니다. 시프트 연산자는 >>와 <<이며 이들을 각기 오른쪽 시프트 및 왼쪽 시프트 연산자라 한다. 시프트 연산자와 할당 연산자를 결합한 <<=와 >>=도 사용할 수 있다.

다음 예제를 살펴보자. 이진수 표현으로는 1111 1111 1111 1111 1111 1111 1111 1001이 되는 int 값 −7이 있다고 하자. 예제 4.39에서 숫자 −7의 이진수 표현을 두 위치만큼 오른쪽으로 이동한다.

예제 4.39 오른쪽 시프트 연산자 사용

```
int x;
x = (-7 >> 2);  // 11111111111111111111111111111001은
                // 11111111111111111111111111111110이 된다.
// "x는 -2"로 출력된다.
System.Console.WriteLine($"x = { x }.");
```

결과 4.17에서는 예제 4.39의 결과를 나타냈다.

결과 4.17

```
x = -2.
```

오른쪽 시프트 때문에 맨 오른쪽 위치의 비트 값은 가장자리에서 밀려 떨어지고 왼쪽 시프트의 음수 비트 표시자는 두 칸을 1로 대체한다. 결과는 -2가 된다.

x << 2가 x * 4보다 빠르다고는 하지만 곱하기나 나누기용으로 비트 시프트 연산자를 사용하지 않아야 한다. 이러한 차이는 1970년대 당시 특정 C 컴파일러에 적용된 얘기였지만, 현대의 컴파일러와 마이크로프로세서는 산술 연산을 완벽하게 최적화했다. 곱하기와 나누기에 시프트 연산을 사용하는 것은 혼란을 주고 코드를 유지 보수하는 사람들이 시프트 연산자가 산술 연산자보다 더 낮은 우선순위를 갖는다는 점을 망각해서 종종 오류를 유발시키기도 한다.

비트 연산자(&, |, ^)

가끔 피연산자 2개에 비트 단위로 AND, OR, XOR 같은 논리 연산을 수행해야 할 경우가 있다. 이 연산은 각각 &와 |, ^ 연산자로 수행한다.

논리 연산자 설명

그림 4.4에서 보인 것처럼 2개의 숫자가 있다면 비트 연산은 최상위 값^{leftmost significant value}에서 시작해 끝에 이를 때까지 오른쪽으로 계속 진행하면서 해당 위치의 값을 서로 비교한다. 해당 위치에서 1이라는 값은 참, 0이라는 값은 거짓으로 처리한다.

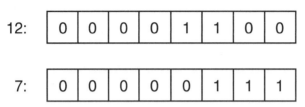

그림 4.4 숫자 12와 7의 이진수 표시

그림 4.4의 두 값을 비트 AND 연산을 하면 첫 번째 피연산자(12)의 비트와 두 번째 피연산자(7)의 비트를 비트 단위로 비교하므로 그 결과는 00000100 즉, 4가 된다. 두 값에 비트 OR 연산을 하면 00001111이 되며 이는 십진수 15다. XOR 연산의 결과는 00001011이며 이는 십진수 11이다.

예제 4.40은 이들 비트 연산자의 사용 방법을 설명한다. 예제 4.40의 결과는 결과 4.18에서 나타냈다.

예제 4.40 비트 연산자 사용

```
byte and, or, xor;
and = 12 & 7;    // and = 4
or = 12 | 7;     // or = 15
xor = 12 ^ 7;    // xor = 11
System.Console.WriteLine(
    $"and = { and } \nor = { or }\nxor = { xor }");
```

결과 4.18

```
and = 4
or = 15
xor = 11
```

예제 4.40에서 값 7은 **마스크**mask다. 이 값은 특정 연산자 식을 사용해 첫 번째 피연산자 내의 특정 비트를 드러내거나 제거하는 데 사용된다. AND (&&) 연산자와 달리 & 연산자는 왼쪽 부분이 거짓이라도 항상 양쪽을 평가한다. 마찬가지로 OR 연산자의 | 버전도 '단락'을 일으키지 않는다. 왼쪽 피연산자가 참이더라도 항상 양쪽 피연산자를 평가한다. 따라서 비트 버전 AND와 OR 연산자는 단락을 일으키지 않는다.

숫자를 이진수 표현으로 변환하려면 숫자의 각 비트를 반복해야 한다. 예제 4.41은 정수를 이진수 표현 문자열로 변환하는 프로그램의 예다. 결과 4.19에서 예제 4.41의 결과를 나타냈다.

예제 4.41 이진수를 문자열로 표시하기

```
public class BinaryConverter
{
    public static void Main()
    {
        const int size = 64;
        ulong value;
        char bit;

        System.Console.Write ("Enter an integer: ");
        // 음수를 지원하도록 long.Parse() 사용
        // ulong으로 비검사 할당(unchecked assignment)을 가정.
        value = (ulong)long.Parse(System.Console.ReadLine());

        // 초기 mask를 100으로 설정 ....
        ulong mask = 1UL << size - 1;
        for (int count = 0; count < size; count++)
        {
            bit = ((mask & value) != 0) ? '1': '0';
            System.Console.Write(bit);
            // mask 한 위치를 오른쪽으로 이동
            mask >>= 1;
        }
        System.Console.WriteLine();
    }
}
```

```
Enter an integer: 42
00000000000000000000000000000000000000000000000000000000101010
```

예제 4.41에서 for 루프의 각 반복 내에서(조금 있다가 설명한다) 오른쪽 시프트 할당 연산자를 사용해 value의 각 비트 위치에 해당하는 마스크를 만든다. & 비트 연산자를 사용해 특정 비트를 마스킹하면 해당 비트가 설정됐는지를 판단할 수 있다. 마스크 테스트에서 0이 아닌 결과가 나온다면 콘솔에 1을 출력한다. 그렇지 않으면 0을 출력한다. 이런 식으로 부호 없는 long의 이진 값을 출력한다.

(mask & value)!= 0의 괄호는 같지 않음 연산자가 AND 연산자보다 더 높은 우선순위를 갖기 때문에 필요하다. 명시적인 괄호가 없다면 mask & (value != 0)와 같아서 결과는 전혀 다르다. &의 왼편은 ulong이고 오른편은 bool이다.

이 특정 예제는 학습 목적으로만 제시한 것이다. 실제로 내장 CLR 메서드인 System.Convert.ToString(value, 2)에서 이런 변환을 수행한다. 사실 두 번째 인수는 밑수(예를 들어, 이진수의 경우 2, 십진수의 경우 10, 16진수의 경우 16)를 지정하기 때문에 이진수 변환 이상의 작업이 가능하다.

비트 복합 할당 연산자(&=, |=, ^=)

놀랄 일도 아니지만 &=, |=, ^=처럼 비트 연산자와 할당 연산자를 결합할 수 있다. 이 결합의 결과는 한 변수를 준비한 다음 그 변수와 숫자의 OR 연산을 하고 그 결과를 다시 원래 변수에 대입한다. 다음 예제 4.42에서 이를 나타냈다.

예제 4.42 논리 할당 연산자 사용

```
byte and = 12, or = 12, xor = 12;
and &= 7;    // and = 4
or  |= 7;    // or = 15
xor ^= 7;    // xor = 11
System.Console.WriteLine(
    $"and = { and } \nor = { or }\nxor = { xor }");
```

결과 4.20에서 예제 4.42의 결과를 나타냈다.

결과 4.20

```
and = 4
or = 15
xor = 11
```

fields &= mask와 같은 코드를 사용해 비트맵과 마스크를 결합하면 mask에서 설정되지 않은 fields의 해당 비트를 지운다.

비트 보수 연산자(~)

비트 보수 연산자^{bitwise complement operator}는 피연산자의 각 비트의 보수를 취하는데 여기서 피연산자는 int나 uint, long, ulong이다. 그러므로 ~1은 이진수 표기로 1111 1111 1111 1111 1111 1111 1111 1110인 값을 반환하고 ~(1<<31)은 이진수 표기로 0111 1111 1111 1111 1111 1111 1111 1111인 숫자를 반환한다.

흐름 제어 구문(계속)

이제 부울 식을 더 자세히 설명했으므로 C#에서 지원하는 흐름 제어 구문을 더 명확히 설명할 수 있겠다. 경험 많은 프로그래머라면 대다수의 구문이 익숙할 것이므로 이 단원의 일부 내용을 건너뛰고 C#의 다른 부분을 자세히 살펴보는 것도 좋겠다. 특히 foreach 루프는 많은 프로그래머에게 새로운 내용일 것이다.

while과 do/while 루프

지금까지는 배운 프로그램 작성 방법은 어떤 작업을 단 한 번만 수행한다. 하지만 컴퓨터는 비슷한 작업을 쉽게 여러 번 수행할 수 있다. 이렇게 하려면 명령 루프를 만들어야한다. 여기서 다룰 첫 번째 명령 루프로 가장 간단한 조건 루프인 while 루프를 살펴보자. while 문의 일반적인 형식은 다음과 같다.

```
while (조건)
    구문
```

컴퓨터는 조건(부울 식이어야 한다)이 참으로 평가되는 동안 루프의 '본문^{body}'인 구문을 반복적으로 실행한다. 조건이 거짓으로 평가되면 코드 실행에서 본문을 건너뛰고 루프문 다음의 코드를 실행한다. 구문이 조건을 거짓으로 만들더라도 해당 구문은 실행된다. '루프의 맨 처음'에서 조건이 재평가될 때만 루프를 빠져나간다. 예제 4.43에서 보인 피보나치 계산기에서 while 루프를 사용하고 있다.

예제 4.43 while 루프 예제

```
class FibonacciCalculator
{
    static void Main()
    {
        decimal current;
        decimal previous;
        decimal temp;
        decimal input;

        System.Console.Write("Enter a positive integer:");

        // decimal.Parse는 ReadLine을 십진수로 변환한다.
        input = decimal.Parse(System.Console.ReadLine());

        // 피보나치수열에서 첫 2개의 숫자인 current와 previous를 1로 초기화
        current = previous = 1;

        // 수열에서 현재 피보나치 수가 사용자가 입력한 값보다 작다면
        // 루프를 반복한다.
        while(current <= input)
        {
            temp = current;
            current = previous + current;
            previous = temp; // 이전 구문에서 현재 값이 입력 값의 초과를
                             // 일으키더라도 실행한다.
        }

        System.Console.WriteLine(
            $"The Fibonacci number following this is { current }");
```

```
        }
    }
```

피보나치 수^{Fibonacci number}는 피보나치 수열^{Fibonacci series}의 멤버로 여기에는 수열에서 각각 1로 시작하는 이전 두 수의 합인 모든 수를 포함한다. 예제 4.43에서 사용자에게 정수를 요청했다. 그다음 사용자가 입력한 수보다 큰 첫 번째 피보나치 수를 찾고자 while 루프를 사용한다.

■ 초 급 주 제

while 루프를 사용하는 시기

4장의 나머지는 코드 블록을 반복적으로 실행하는 다른 구문을 다룬다. '루프 본문'이라는 용어는 while 문 내에서 실행될 해당 구문(흔히 코드 블록)을 의미하는데 이는 해당 코드가 종료 조건을 얻을 때까지 '루프'에서 실행되기 때문이다. 어떤 루프 구조를 선택할지 이해하는 것이 중요하다. 조건이 참인 동안 반복하는 경우 while 구문을 사용한다. 0에서 n까지 세는 것처럼 반복 횟수를 알고 있는 경우 for 루프를 사용한다. do/while은 while 루프와 비슷하지만 최초 한 번은 루프 본문을 항상 실행한다는 점이 다르다.

do/while 루프는 while 루프와 아주 비슷하지만 do/while 루프의 경우는 반복 회수가 1에서 n까지이면서 반복을 시작할 때 n을 모르는 경우 주로 사용한다. 이 패턴은 사용자에게 입력을 요청할 때 자주 발생한다. 예제 4.44는 3목 프로그램의 일부다.

예제 4.44 do/while 루프 예제

```
// 보드에서 유효한 위치를 입력할 때까지 플레이어에게
// 반복적으로 이동을 요청한다.
bool valid;
do
{
    valid = false;

    // 현재 플레이어에게 이동을 요청한다.
    System.Console.Write(
        $"\nPlayer {currentPlayer}: Enter move:");
```

```
    input = System.Console.ReadLine();

    // 현재 플레이어의 입력을 검사한다.
    // ...

} while (!valid);
```

예제 4.44에서 각 **반복**iteration 또는 루프 반복의 처음에서 항상 valid를 false로 초기화한다. 다음으로 사용자에게 숫자 입력을 요청하고 입력한 숫자를 검색한다. 여기서는 보이지 않았지만 그다음엔 해당 입력이 올바른지를 검사하고 올바르다면 valid에 true를 할당한다. 코드에서 while 구문이 아니라 do/while 구문을 사용하기 때문에 사용자는 적어도 한 번은 입력을 요청받는다.

do/while 루프의 일반적인 형식은 다음과 같다.

```
do
    구문
while (조건);
```

모든 제어 흐름 구문에서처럼 여러 구문이 루프 본문으로 실행되도록 일반적으로 코드 블록이 단일 문으로 사용된다. 하지만 레이블 문이나 지역 변수 선언을 제외하고 어떤 단일 구문이든 사용할 수 있다.

for 루프

for 루프는 지정한 조건에 도달할 때까지 코드 블록을 반복한다. 이런 방식은 while 루프와 상당히 유사하다. 차이점이라면 for 루프에는 카운터의 값을 초기화하고 증가시키며 검사하는 **루프 변수**loop variable라는 내장 구문이 있다는 점이다. 루프 구문에 증가 연산을 위한 특정 위치가 있기 때문에 증가 및 감소 연산자가 for 루프의 일부로 종종 사용된다.

예제 4.45는 정수를 이진 형식으로 표시하는 데 for 루프를 사용하고 있다. 이 예제의 결과는 결과 4.21에서 나타냈다.

```
class BinaryConverter
{
    static void Main()
    {
        const int size = 64;
        ulong value;
        char bit;

        System.Console.Write ("Enter an integer: ");
        // 음수를 지원하도록 long.Parse() 사용
        // ulong에 대한 할당을 검사하지 않았다고 가정한다.
        value = (ulong)long.Parse(System.Console.ReadLine());

        // 초기 mask를 100으로 설정 ....
        ulong mask = 1UL << size - 1;
        for (int count = 0; count < size; count++)
        {
            bit = ((mask & value) > 0) ? '1': '0';
            System.Console.Write(bit);
            // mask를 오른쪽으로 한 위치 이동한다.
            mask >>= 1;
        }
    }
}
```

결과 4.21

```
Enter an integer: -42
1111111111111111111111111111111111111111111111111111111111010110
```

예제 4.45는 숫자의 각 비트마다 한 번씩, 비트 마스크를 총 64회 수행한다. for 루프 헤더의 세 부분은 먼저 count 변수를 선언하고 초기화한 후, 루프 본문이 실행될 조건을 기술한 다음, 마지막으로 루프 변수를 업데이트하는 작업을 작성한다. for 루프의 일반 적인 형식은 다음과 같다.

```
for (초기 식 ; 조건식 ; 루프)
    구문
```

다음은 for 루프의 각 부분에 대한 설명이다.

- '초기 식' 부분은 첫 번째 반복에 앞서 작업을 수행한다. 예제 4.45에서 변수 count를 선언하고 초기화했다. 초기 식에서 새로운 변수를 선언하는 것(자주 그렇게 하지만)은 피해야 한다. 예를 들어, 그 전에 변수를 선언하고 for 루프에서 간단히 그 변수를 초기화하거나 이 부분을 비워 놓아 초기화 부분 전체를 건너뛸 수 있다. 여기서 선언된 변수는 for 문의 헤더와 본문을 범위로 한다.
- for 루프의 '조건식' 부분은 종료 조건을 지정한다. while 루프처럼 이 조건이 정확히 거짓이 될 때 루프를 벗어난다. for 루프는 조건이 참으로 평가되는 동안만 본문을 실행한다. 예제 4.45에서 루프는 count가 64보다 크거나 같을 때 종료한다.
- '루프' 식은 각 반복 이후에 실행된다. 예제 4.45에서 count++은 mask의 오른쪽 시프트(mask >>= 1) 이후에 실행되지만 조건이 평가되기 전이다. 64번의 반복이 일어나는 동안 count는 64로 증가돼 해당 조건은 거짓이 되므로 루프는 종료된다.
- for 루프의 '구문' 부분은 조건식이 참인 동안 실행되는 '루프 본문' 코드다.

for 루프 실행 단계를 for 루프 식을 사용하지 않고 의사코드로 적어 보면 다음과 같다.

1. count를 선언하고 0으로 초기화한다.
2. count가 64보다 적다면 단계 3으로 가고, 그렇지 않으면 단계 7로 간다.
3. bit를 계산하고 표시한다.
4. mask를 시프트한다.
5. count를 1 증가시킨다.
6. 단계 2로 다시 돌아간다.
7. 루프 이후의 프로그램을 계속 실행한다.

for 문은 헤더에 아무런 요소를 넣지 않아도 된다. for(;;){ ... }와 같은 표현도 유효하다. 하지만 무한히 실행되지 않도록 루프에서 탈출하는 수단은 필요하다. (조건이 빠진다면 항상 참이라고 가정한다.)

초기 식 및 루프 식은 예제 4.46에서 보인 것처럼 다중 루프 변수가 필요한 루프를
지원하는 특이한 구문도 가능하다.

예제 4.46 여러 식을 사용하는 for 루프

```
for(int x=0, y=5; ((x<=5) && (y>=0)); y--, x++)
{
    System.Console.Write("{0}{1}{2}\t",
            $"{ x }{ ((x > y) ? '>' : '<' )}{ y }\t";
}
```

결과 4.22에서 예제 4.46의 결과를 나타냈다.

결과 4.22

```
0<5 1<4 2<3 3>2 4>1 5>0
```

이 예제의 초기화 절은 2개의 루프 변수를 선언하고 초기화하는 복잡한 선언을 담았
지만 다수의 지역 변수를 선언하는 선언문과 얼추 비슷하다. 루프 절이 특이한데 식 목
록을 콤마로 구분해 구성하고 있으며 단일식이 아니다.

> **가이드라인**
>
> - 복잡한 조건과 다수의 루프 변수가 있는 for 루프를 작성하고 있다면 제어 흐름을 더 이해
>   하기 쉽게 만들도록 메서드를 리팩터링해 보자.

for 루프는 while 루프를 작성하는 더 편리한 방법에 지나지 않는다. for 루프는 다음
처럼 다시 작성할 수 있다.

```
{
    초기식;
    while(조건식)
    {
        구문;
        루프;
    }
}
```

foreach 루프

C# 언어의 마지막 루프 문이 foreach다. foreach 루프는 항목의 컬렉션을 반복하며 루프 변수를 설정해 각 항목을 차례로 나타낸다. 루프의 본문에서 해당 항목에 작업을 수행한다. foreach 루프의 한 가지 멋진 속성은 모든 항목이 정확히 한 번만 반복되는 것이다. 다른 루프에서처럼 해당 컬렉션의 마지막을 잘못 세거나 반복을 지나칠 가능성은 없다.

foreach 문의 일반적인 형식은 다음과 같다.

```
foreach(형식 변수 in 컬렉션)
    구문
```

다음은 foreach 문의 구조에 대한 설명이다.

- '형식'은 컬렉션 내에서 각 항목에 대한 변수의 데이터 형식을 선언한다. 컬렉션의 형식에서 그 항목의 형식을 유추하는 var도 쓸 수 있다.
- '변수'는 foreach 루프가 컬렉션 내의 다음 항목을 자동으로 할당하는 읽기 전용 변수다. 이 변수의 범위는 루프의 본문으로 제한된다.
- '컬렉션'은 배열과 같은 표현식으로, 모든 항목의 수를 나타낸다.
- '구문'은 루프의 각 반복에서 실행하는 루프 본문이다.

예제 4.47에서 보인 간단한 예제의 foreach 루프를 살펴보자.

```csharp
class TicTacToe               // TicTacToe 클래스 선언
{
    static void Main()        // 프로그램의 진입점 선언
    {
        // 다음처럼 초기 보드를 하드코딩한다.
        //    ---+---+---
        //     1 | 2 | 3
        //    ---+---+---
        //     4 | 5 | 6
        //    ---+---+---
        //     7 | 8 | 9
        //    ---+---+---
        char[] cells = {
            '1', '2', '3', '4', '5', '6', '7', '8', '9'
        };

        System.Console.Write(
            "The available moves are as follows: ");

        // 초기 가능한 이동을 작성한다.
        foreach (char cell in cells)
        {
            if (cell != 'O' && cell != 'X')
            {
                System.Console.Write($"{ cell } ");
            }
        }
    }
}
```

결과 4.23에서 예제 4.47의 결과를 나타냈다.

결과 4.23

```
The available moves are as follows: 1 2 3 4 5 6 7 8 9
```

실행 엔진이 foreach 문에 도달할 때 cells 배열의 첫 번째 항목을 변수 cell에 할당 하는데 이 경우는 '1'이라는 값이다. 그다음 foreach 루프 본문을 구성하는 블록 내의

코드를 실행한다. if 문에서 cell의 값이 'O' 인지 'X'인지 여부를 결정한다. 어느 쪽도 아닌 경우 cell의 값이 콘솔에 표시된다. 그 뒤 다음 반복에서 다음 배열 값을 cell에 할 당하는 식이다.

foreach 루프의 실행 동안 컴파일러가 변수(cell)의 수정을 방지한다. C# 5.0에서 루 프 변수는 이전 버전에서의 동작과는 미묘하게 다른 동작을 하기도 한다. 루프 본문이 루프 변수를 포함하는 익명 메서드나 람다 식을 포함할 때만 차이점이 드러난다. 자세 한 내용은 13장을 참고하자.

■ 초 급 주 제

switch 문이 더 적합한 곳

예제 4.48에서 input 변수로 보인 것처럼 몇 개의 연속한 if 문에서 같은 값을 비교하는 경우가 종종 있다.

예제 4.48 if 문으로 플레이어의 입력 검사

```
// ...

// 현재 플레이어의 입력을 검사한다.
if( (input == "1") ||
  (input == "2") ||
  (input == "3") ||
  (input == "4") ||
  (input == "5") ||
  (input == "6") ||
  (input == "7") ||
  (input == "8") ||
  (input == "9") )
{
    // 플레이어 지시대로 저장/이동한다.
    // ...
}
else if( (input == "") || (input == "quit") )
{
    // 재시도 또는 종료
    // ...
}
```

```
else
{
    System.Console.WriteLine(
        "\nERROR: Enter a value from 1-9. "
        + "Push ENTER to quit");
}

// ...
```

이 코드는 유효한 3목 이동인지 확인하고자 입력한 텍스트의 유효성을 확인한다. 예를 들어, input의 값이 9라면 프로그램에서는 9개의 다른 평가를 수행한다. 이런 경우는 한 가지만 평가한 후에 알맞은 코드로 건너뛰는 편이 좋다. 이렇게 고치려면 switch 문을 사용한다.

기본 switch 문

다른 상수 값과 비교해야 하는 값이 있을 때 기본 switch 문이 복잡한 if 문보다 더 이해하기 쉽다. switch 문은 다음과 같은 형식이다.

```
switch(식)
{
    case 상수:
        구문
    default:
        구문
}
```

다음은 switch 문의 구성 요소에 대한 설명이다.

- '식'은 다른 상수와 비교되는 값이다. 이 식의 형식으로 switch의 '관련 형식'을 결정한다. 사용할 수 있는 관련 데이터 형식은 bool, sbyte, byte, short, ushort, int, uint, long, ulong, char, 모든 enum 형식(9장에서 다룬다), 이들 각 값 형식에 해당하는 null 허용 형식, string이다.
- '상수'는 관련 형식과 호환되는 모든 상수 식이다.

- 하나 이상의 case 레이블(또는 default 레이블)의 그룹 다음에는 switch **섹션**이라는 하나 이상의 구문이 온다. 앞서의 패턴은 2개의 스위치 섹션이 있다. 예제 4.49는 3개의 스위치 섹션이 있는 switch 문을 나타냈다.
- '구문'은 스위치 섹션의 레이블에서 표시한 상수 값 중 하나와 해당 식이 같을 때 실행되는 하나 이상의 구문이다. 구문 그룹의 마지막 위치는 이 실행 구문과 구별한다. 보통 마지막 구문은 break나 return, goto 문과 같은 점프문이다.

> **가이드라인**
> - 스위치 섹션을 나가는 점프문으로 continue를 사용하지 않도록 한다. switch가 루프 내부에 있을 때 이 점프문은 적합하지만 뒤에 나오는 스위치 섹션의 break 의도와 혼란을 주기 쉽다.

switch 문은 적어도 하나의 스위치 섹션이 있어야 한다. switch(x){}을 사용해도 문제는 없지만 경고를 표시한다. 앞서 제시했던 가이드라인은 중괄호를 생략하지 않는 것이었다. 이 경험 법칙의 한 가지 예외라면 case와 break는 블록의 시작과 끝을 가리키는 역할을 하므로 case와 break 구문에서는 중괄호를 생략한다.

예제 4.49의 switch 문은 예제 4.48의 if 문과 의미가 같다.

예제 4.49 switch 문으로 if 문 대체하기

```
static bool ValidateAndMove(
    int[] playerPositions, int currentPlayer, string input)
{
    bool valid = false;

    // 현재 플레이어의 입력을 검사한다.
    switch (input)
    {
        case "1" :
        case "2" :
        case "3" :
        case "4" :
        case "5" :
        case "6" :
```

```
        case "7" :
        case "8" :
        case "9" :
            // 플레이어 지시대로 저장/이동한다.
            ...
            valid = true;
            break;

        case "" :
        case "quit" :
            valid = true;
            break;
        default :
            // 다른 case 문 중 하나를 만나면
            // 이 텍스트는 유효하지 않음.
            System.Console.WriteLine(
                "\nERROR: Enter a value from 1-9. "
                + "Push ENTER to quit");
            break;
    }

    return valid;
}
```

예제 4.49에서 input은 테스트 식이다. input이 문자열이므로 관련 형식은 string이다. input의 값이 문자열 1이나 2, 3, 4, 5, 6, 7, 8, 9 중 하나이면 이동은 유효하고, 현재 사용자의 토큰(X나 O)과 일치하도록 적절한 셀을 변경한다. 실행 중에 break 문을 만나면 switch 문의 제어를 벗어난다.

다음 스위치 섹션은 빈 문자열이나 문자열 quit을 처리하는 방법을 기술한다. input 변수의 값이 이들 값 중 하나라면 valid가 true로 설정된다. default 스위치 섹션은 다른 스위치 섹션에 테스트 식과 일치하는 case 레이블이 없는 경우 실행된다.

switch 문에 관해 몇 가지 주목할 부분이 있다.

- 스위치 섹션이 없는 switch 문은 컴파일러 경고를 생성하지만 컴파일은 된다.
- 스위치 섹션이 나타나는 순서는 중요하지 않다. default 섹션이 마지막에 나와야 하는 것은 아니다. 사실 default 스위치 섹션은 없어도 무방하며 선택적이다.
- C# 언어는 마지막 섹션을 포함해 모든 스위치 섹션이 점프문(다음 절)으로 끝나도록 요구한다. 즉 스위치 섹션은 보통 break나 return, goto로 끝난다는 의미다.

C# 7.0은 이전에 제한했던 몇 가지 데이터 형식을 포함해 모든 데이터 형식을 switch 식에 사용할 수 있도록 패턴 매칭을 사용할 수 있게 switch 문을 개선했다. 패턴 매칭은 switch 식의 형식과 변수를 선언하는 case 레이블의 사용에 기반을 둬 switch 문을 사용할 수 있게 한다. 마지막으로 패턴 매칭 switch 문은 조건식을 지원하므로 case 레이블의 끝에 작성한 해당 형식이나 부울 식으로 어떤 case 레이블을 실행해야 하는지 식별할 수 있다. 패턴 매칭 switch 문에 대한 더 자세한 내용은 7장을 참고하자.

점프문

이 구문은 루프의 실행 경로를 바꿀 수 있다. 사실 루프 조건이 참이더라도 점프문으로 루프 밖으로 빠져나가거나 남은 반복을 건너뛰고 다음 반복을 시작할 수 있다. 이 단원에서는 한 위치에서 다른 위치로 실행 경로를 건너뛰는 방법 몇 가지를 살펴본다.

break 문

루프나 switch 문을 탈출할 때 C#은 break 문을 사용한다. break 문을 만날 때마다 제어권은 루프나 스위치를 바로 벗어난다. 예제 4.50은 3목 프로그램에서 foreach 루프를 검토한다.

예제 4.50 break를 사용해 승자가 나오면 종료하기

```csharp
class TicTacToe // TicTacToe 클래스 선언
{
    static void Main() // 프로그램의 진입점 선언
    {
            int winner=0;
            // 각 플레이어가 이동한 위치 저장
            int[] playerPositions = {0,0};

            // 하드코딩한 보드 위치
            // X  | 2 | 0
            // ---+---+---
            // 0  | 0 | 6
            // ---+---+---
            // X  | X | X
            playerPositions[0] = 449;
            playerPositions[1] = 28;

            // 승자가 있는지 여부 결정
            int[] winningMasks = {
                    7, 56, 448, 73, 146, 292, 84, 273 };

            // 승자가 있는지 여부를 결정하고자 각 우승 마스크를 반복적으로 검사
            foreach (int mask in winningMasks)
            {
                    if ((mask & playerPositions[0]) == mask)
                    {
                            winner = 1;
                            break;
                    }
                    else if ((mask & playerPositions[1]) == mask)
                    {
                            winner = 2;
                            break;
                    }
```

```
        }

        System.Console.WriteLine(
            $"Player { winner } was the winner");
    }
}
```

결과 4.24에서 예제 4.50의 결과를 나타냈다.

결과 4.24

```
Player 1 was the winner
```

예제 4.50은 break 문을 사용해 플레이어가 우승 위치를 유지하도록 했다. break 문은 둘러싼 루프(또는 switch 문)의 실행을 중지시키고 제어를 루프의 다음 줄로 이동한다. 이 예제의 경우 비트 비교 연산이 true를 반환하면(보드에서 우승 위치를 유지하면) break 문이 제어를 점프시켜 우승자를 표시한다.

■ 초 급 주 제

위치에 대한 비트 연산자

전체 3목 예제는 비트 연산자를 사용해 게임에 이긴 플레이어를 결정한다. 먼저 코드에서 각 플레이어의 위치를 playerPositions이라는 비트맵으로 저장한다. (배열을 사용해 양쪽 플레이어의 위치를 저장한다.)

게임을 시작하면 양쪽 playerPositions이 0으로 설정된다. 각 플레이어가 이동함에 따라 이동에 해당하는 비트가 설정된다. 예를 들어, 플레이어가 셀 3을 선택하면 shifter는 3-1로 설정된다. C#은 0을 기준으로 하기 때문에 첫 번째 위치를 1이 아니라 0으로 조정해야 한다. 다음으로 코드에서 시프트 연산자 000000000000001 << shifter를 사용해 셀 3에 해당하는 비트의 position을 설정하면 shifter는 이제 2라는 값을 갖는다. 끝으로 현재 플레이어에 대한 playerPositions(0을 기준으로 하려고 1을 뺀다)을 0000000000000100으로 설정한다. 예제 4.51은 |=를 사용해 이전 이동과 현재 이동을 결합한다.

```
int shifter;  // 비트를 설정하고자 이동할 위치의 수
int position; // 설정할 비트

// int.Parse()는  "input"을 정수로 변환
// 배열은 0에서 시작하기 때문에 "int.Parse(input) ? 1"
shifter = int.Parse(input) - 1;

// 00000000000000000000000000000001이라는 마스크를 셀 위치만큼 이동
position = 1 << shifter;

// 현재 플레이어 셀을 취해 이들에 대해 OR 연산을 수행하고 새로운 위치를 설정한다.
// currentPlayer가 1이나 2 중 하나이므로 0에서 시작하는 배열의 인덱스로
// currentPlayer를 사용하고자 1을 뺀다.
playerPositions[currentPlayer-1] |= position;
```

이 프로그램 뒤에서 현재 플레이어가 우승 위치를 가졌는지 판단하고자 예제 4.50에서 보인 것처럼 보드의 우승 위치에 해당하는 각 마스크를 반복하면서 검사한다.

continue 문

루프 내에 일련의 구문을 포함하는 블록이 있는 경우가 있다. 어떤 조건은 특정 반복 순서에 이들 구문의 일부만 실행하게 만들고 싶다면 continue 문을 사용해 현재 반복의 끝으로 건너뛰고 다음 반복을 시작할 수 있다. continue 문은 현재 반복을 빠져나가고(다른 구문이 남아 있더라도) 해당 루프 조건을 건너뛴다. 이때 해당 루프 조건이 여전히 참이라면 이 루프는 계속 실행된다.

예제 4.52는 continue 문을 사용해 이메일의 도메인 부분 문자만 표시한다. 결과 4.25에서 예제 4.52의 결과를 나타냈다.

예제 4.52 이메일 주소의 도메인 부분만 가져오기

```
class EmailDomain
{
    static void Main()
    {
        string email;
```

```
bool insideDomain = false;
System.Console.WriteLine("Enter an email address: ");

email = System.Console.ReadLine();

System.Console.Write("The email domain is: ");

// 전자 메일 주소의 각 문자를 차례로 반복하면서 검사한다.
foreach (char letter in email)
{
    if (!insideDomain)
    {
        if (letter == '@')
        {
            insideDomain = true;
        }
        continue;
    }

    System.Console.Write(letter);
}
}
}
```

결과 4.25

```
Enter an email address:
kimdokyun@outlook.com
The email domain is: outlook.com
```

예제 4.52에서 전자 메일 주소의 도메인 부분에 아직 도달하지 않았다면 continue 문을 사용해 제어를 루프의 끝으로 이동하고 전자 메일 주소의 다음 문자를 처리한다.

continue 문 대신 항상 if 문을 사용할 수 있으며 이렇게 하면 가독성이 더 좋다. continue 문을 사용해서 생기는 문제는 하나의 반복 내에서 여러 개의 제어 흐름을 제공해 가독성을 떨어뜨린다는 점이다. 예제 4.53에서 예제 4.52의 예제를 다시 작성하면서 continue 문을 if/else 구조로 대체해 continue 문을 사용하지 않고도 가독성을 더 좋게 만들었다.

```csharp
foreach (char letter in email)
{
    if (insideDomain)
    {
        System.Console.Write(letter);
    }
    else
    {
        if (letter == '@')
        {
            insideDomain = true;
        }
    }
}
```

goto 문

초기 프로그래밍 언어는 C#과 같은 현대 언어에서 당연한 비교적 정교한 '구조화된' 제어 흐름이 부족해서 필요한 제어 흐름의 대부분을 간단한 조건 분기(if)와 비조건 분기 문(goto)에 의존했다. 이렇게 만든 프로그램은 이해하기 어려울 때가 종종 있었다. C# 내에서 goto 문이 아직 존재한다는 점이 많은 경험 있는 프로그래머에게는 시대착오적인 것처럼 보일 수 있다. 하지만 C#은 switch 문 내에서 제어 이동을 지원하는 유일한 방법이 goto이기 때문에 이를 지원한다. 예제 4.54에서 /out 옵션이 설정되면 코드 실행은 goto 문을 사용해 default 케이스로 건너뛰며 /f의 경우도 마찬가지다.

예제 4.54 goto 문을 포함하는 switch

```csharp
// ...
static void Main(string[] args)
{
    bool isOutputSet = false;
    bool isFiltered = false;

    foreach (string option in args)
    {
        switch (option)
```

```
    {
        case "/out":
            isOutputSet = true;
            isFiltered = false;
            goto default;
        case "/f":
            isFiltered = true;
            isRecursive = false;
            goto default;
        default:
            if (isRecursive)
            {
                // 계층 구조 아래로 재귀 실행
                // ...
            }
            else if (isFiltered)
            {
                // 필터의 목록에 옵션을 추가한다.
                // ...
            }
            break;
    }

    // ...
}
```

결과 4.26에서 예제 4.54에서 보인 코드를 실행하는 방법을 보였다.

결과 4.26

```
C:\SAMPLES>Generate /out fizbottle.bin /f "*.xml" "*.wsdl"
```

default 레이블 외의 스위치 섹션 레이블로 분기하려면 'goto case constant;' 구문을 사용할 수 있는데, 여기서 constant는 분기하고자 하는 case 레이블과 연결된 상수다. 스위치 섹션과 연결되지 않은 구문으로 분기하려면 대상 구문 앞에 식별자를 작성한 뒤 콜론을 붙인다. 그다음 goto 문에서 이 식별자를 사용한다. 예를 들어, 'myLabel : Console. WriteLine();'이라는 레이블 구문을 작성할 수 있다. 그다음 구문 'goto myLabel;' 문으로 해당 레이블이 있는 문으로 분기한다. 다행히 C#은 goto를 사용해 코드 블록으로 분기하지 못하게 했다. 대신 코드 블록 내에서 분기하거나 바깥쪽 코드 블록으로 분기하는 데만 goto를 사용할 수 있다. C#은 이러한 제약 사항을 강제해 다른 언어에서 심각한 goto 남용을 피했다.

이런 개선 사항에도 불구하고 goto의 사용은 그다지 매력적인 방법이 아니며, 프로그램을 이해하기 힘들게 만들고, 구조가 빈약한 코드의 징후를 보여 준다. 한 코드 섹션을 여러 번 실행하거나 서로 다른 환경에서 실행해야 한다면 루프를 사용하거나 코드를 자체 메서드로 뽑아내는 편이 좋다.

가이드라인

- goto의 사용은 피한다.

C# 전처리 지시문

흐름 제어문은 런타임에 식을 평가한다. 그에 반해 C# 전처리기는 컴파일하면서 호출된다. 전처리기 명령은 C# 컴파일러에 대한 지시문으로, 컴파일할 코드 부분을 지정하거나 해당 코드 내에서 특정 에러와 경고를 처리하는 방법을 식별한다. C# 전처리기 명령은 코드의 구성과 관련해 C# 편집기에 지시문을 제공할 수도 있다.

언어 비교: C++의 전처리

C나 C++ 같은 언어는 특별한 토큰을 기반으로 코드에서 동작을 수행하고자 **전처리기**를 사용한다. 전처리 지시문은 일반적으로 컴파일러에 코드를 컴파일하는 방법을 알려 주며 컴파일 과정 자체에는 관여하지 않는다. 그에 반해 C# 컴파일러는 소스 코드의 정규 어휘 분석의 일부로 '전처리' 지시문을 처리한다. 결과적으로 C#은 상수의 정의를 넘어서는 전처리기 매크로를 지원하지 않는다. 사실 전처리기라는 용어는 일반적으로 C#에겐 적절한 명칭이 아니다.

각 전처리 지시문은 해시 기호(#)로 시작하고, 모든 전처리 지시문을 한 줄에 표시해야 한다. 세미콜론이 아니라 새 줄 기호로 해당 지시문의 끝을 나타낸다.

전처리 지시문의 목록을 표 4.5에 나타냈다.

표 4.5 전처리 지시문

문이나 식	일반적인 구문 구조	예제

#if 지시문	**#if** preprocessor-expression
	  code
	#endif
		#if CSHARP2PLUS
		  Console.Clear();
		#endif

#elif 지시문	**#if** preprocessor-expression1
	  code
	#elif
	preprocessor-expression2
	  code
	#endif
		#if LINUX
		...
		#elif WINDOWS
		...
		#endif

#else 지시문	**#if**
	  code
	#else
	  code
	#endif
		#if CSHARP1
		...
		#else
		...
		#endif

#define 지시문	**#define** conditional-symbol	**#define** CSHARP2PLUS
#undef 지시문	**#undef** conditional-symbol	**#undef** CSHARP2PLUS
#error 지시문	**#error** preproc-message	**#error** Buggy implementation
#warning 지시문	**#warning** preproc-message	**#warning** Needs code review
#pragma 지시문	**#pragma** warning	**#pragma** warning disable 1030
#line 지시문	**#line** org-line new-line **#line default**	**#line** 467 "TicTacToe.cs" ... **#line default**
#region 지시문	**#region** pre-proc-message code **#endregion**	**#region** Methods ... **#endregion**
#nullable 지시문	**#nullable** enable | disable | restore	**#nullable** enable ..**string**? text = **null**; **#nullable** restore

예제 코드가 완전하지 않을 때가 종종 있기 때문에 이 책 전체에서 코드 경고가 자주
발생한다. 즉, 완전히 개발되지 않은 초기 코드 조각을 보이는 경우다. 예제 코드 시나

리오와는 관련 없으므로 이런 경고를 표시하지 않도록 파일에 #pragma 지시문을 추가한다. 표 4.6은 4장의 다양한 코드 조각 내에서 비활성화되는 몇 가지 경고의 예다.

표 4.6 경고 샘플

범주	경고
CS0168	변수가 선언됐지만 사용되지 않았습니다.
CS0219	변수가 할당됐지만 해당 값이 사용되지 않았습니다.
IDE0059	불필요한 값 대입 제거

불쑥 나타나는 경고를 다루고자 이런 #pragma 경고 비활성화 지시문이 책의 소스 코드 내에 포함된 이유는 예제 코드가 완전히 개발된 것이 아니라 설명을 목적으로 제시됐기 때문이다.

코드 제외 및 포함(#if, #elif, #else, #endif)

전처리 지시문의 가장 흔한 사용 예는 아마도 코드를 언제 어떻게 포함할지를 제어하는 경우일 것이다. 예를 들어, C# 2.0 이후의 컴파일러와 이전 1.0 버전 컴파일러가 모두 컴파일할 수 있는 코드를 작성하려면 1.0 버전 컴파일러로 컴파일할 때 C# 2.0에 특정한 코드를 제외하는 전처리 지시문을 사용한다. 이 부분을 3목 예제와 예제 4.55에서 확인할 수 있다.

예제 4.55 C# 1.x 컴파일러에서 C# 2.0 코드 제외하기

```
#if CSHARP2PLUS
System.Console.Clear();
#endif
```

이 예제는 System.Console.Clear() 메서드를 호출한다. #if와 #endif 전처리 지시문을 사용해 이 줄의 코드는 전처리 기호 CSHARP2PLUS가 정의돼야만 컴파일된다.

또 다른 전처리 지시문의 사용 예는 WINDOWS와 LINUX #if 지시문으로 윈도우와 리눅스의 특정 API를 감싼 것처럼 플랫폼 간의 차이점을 다루는 경우다. 개발자들은 여러 줄 주석(/*...*/) 대신에 이들 지시문을 종종 사용하는데, 적절한 기호를 정의하거나 검색

과 바꾸기로 제거하기가 더 쉽기 때문이다.

마지막으로 지시문을 사용하는 흔한 예는 디버깅 목적이다. 코드를 #if DEBUG로 감싼다면 대부분의 IDE에서 릴리스 빌드 시에 해당 코드를 제거한다. IDE들은 기본적으로 디버그 컴파일에서는 DEBUG 기호를 정의하고 릴리스 빌드의 경우에는 기본적으로 RELEASE를 정의한다.

else-if 조건을 처리하려면 2개의 완전히 별개인 #if 블록을 생성하지 않고 예제 4.56에서 보인 것처럼 #if 지시문 내에서 #elif 지시문을 사용할 수 있다.

예제 4.56 #if와 #elif, #endif 지시문 사용하기

```
#if LINUX
...
#elif WINDOWS
...
#endif
```

전처리 기호 정의하기(#define, #undef)

두 가지 방식으로 전처리 기호를 정의할 수 있다. 첫 번째는 예제 4.57에서 보인 것처럼 #define 지시문을 사용하는 방식이다.

예제 4.57 #define 예제

```
#define CSHARP2PLUS
```

두 번째 방식은 define 명령줄을 사용한다. 결과 4.27은 Dotnet 명령줄 인터페이스로 데모를 보였다.

결과 4.27

```
>dotnet.exe -define:CSHARP2PLUS TicTacToe.cs
```

여러 개의 정의를 추가하려면 세미콜론으로 정의를 분리한다. define 컴파일러 옵션의 이점은 소스 코드 변경이 전혀 필요하지 않으므로 동일한 소스 파일을 사용해 두 가

지 다른 바이너리를 얻을 수 있다는 점이다.

기호 정의를 해제하려면 #define을 사용한 동일한 방식으로 #undef 지시문을 사용한다.

에러와 경고 발생시키기(#error, #warning)

종종 코드의 잠재적인 문제에 표시하고 싶을 때가 있다. #error와 #warning 지시문을 삽입하면 에러와 경고를 발생시킨다. 예제 4.58은 3목 예제를 사용해 코드에서 아직은 플레이어가 동일한 이동을 여러 번 입력하는 것을 막지 않았음을 경고하고 있다. 결과 4.28에서 예제 4.58의 결과를 나타냈다.

예제 4.58 #warning으로 경고 정의하기

```
#warning    "동일한 이동이 여러 번 허용됐습니다."
```

결과 4.28

```
주 컴파일을 수행하고 있습니다....
...\tictactoe.cs(471,16): warning CS1030: #warning: '"동일한 이동이 여러 번
허용됐습니다."'

빌드 완료 - 오류 0, 경고 1
```

#warning 지시문을 포함시킴으로써 컴파일러는 결과 4.28에서 보인 것처럼 경고를 보고 한다. 이 특정 경고는 코드 내에 잠재적 향상이나 버그가 있다는 사실을 표시해 두는 방식이다. 이는 개발자에게 보류 중인 작업을 일깨워 주는 간단한 방식이 될 수도 있다.

경고 메시지 끄기(#pragma)

2.0 시작

경고는 잠재적으로 골칫거리가 될 수 있는 코드를 가리키기 때문에 유용하다. 하지만 이들 경고를 무시하는 편이 좋을 때는 명시적으로 특정 경고를 끌 수 있다. C#은 바로 이런 목적을 위한 전처리 지시문 #pragma를 제공한다(예제 4.59 참고).[6]

---

6   C# 2.0에서 소개했다.

```
#pragma warning disable CS1030
```

경고 번호는 컴파일러 출력에서 CS라는 문자를 접두어로 붙이는데 이 접두어는 #pragma 경고 지시문에서 선택 사항이다. 번호는 전처리기 명령이 없을 때 컴파일러가 발생시키는 경고 에러 번호에 해당한다.

경고를 다시 사용할 경우 예제 4.60에서 보인 것처럼 #pragma에서 restore 옵션 다음에 해당 경고를 나타낸다.

예제 4.60 전처리기 #pragma 지시문을 사용한 경고 사용

```
#pragma warning restore CS1030
```

이들 두 지시문을 조합해 해당 경고와 명시적으로 관련 없다고 확인된 특정 코드 블록을 감쌀 수 있다.

가장 흔한 경고 중 하나인 CS1591을 해제하는 경우가 많다. 이 경고는 /doc 컴파일러 옵션을 사용해 XML 문서를 생성하도록 선택할 때 나타나지만 여러분은 프로그램 내모든 public 항목을 문서화하지 않는다.

nowarn:⟨warn list⟩ 옵션

#pragma 지시문 외에 C# 컴파일러는 nowarn:<warn list> 옵션을 지원한다. 이 옵션은 소스 코드에 추가하지 않고 컴파일러 옵션으로 명령을 삽입할 수 있다는 점을 제외하면 #pragma와 동일한 결과를 낸다. nowarn 옵션은 전체 컴파일에 영향을 끼치지만 #pragma 옵션은 이 옵션이 나타난 파일에만 영향을 끼친다. 예를 들어, CS0219 경고를 해제하기 위해 결과 4.29에서 보인 것처럼 명령줄에서 해제한다.

결과 4.29

2.0 끝

```
> dotnet build /p:NoWarn="0219"
```

238

줄 번호 지정(#line)

#line 지시문은 C# 컴파일러에서 에러나 경고를 보고하는 줄 번호를 제어한다. 이 지시문은 주로 C# 코드를 내보내는 유틸리티와 디자이너에서 사용된다. 예제 4.61에서 파일 내의 실제 줄 번호를 왼쪽에 나타낸다.

예제 4.61 #line 전처리기 지시문

```
124        #line 113 "TicTacToe.cs"
125        #warning "동일한 이동이 여러 번 허용됐습니다."
126        #line default
```

#line 지시문을 포함시키면 결과 4.30의 컴파일러 에러 메시지처럼 컴파일러에서 125번 줄에서 발견된 경고를 마치 113번 줄에서 있었던 것처럼 보고한다.

결과 4.30

```
주 컴파일을 수행하고 있습니다...
...\tictactoe.cs(113,18): warning CS1030: #warning: '"동일한 이동이 여러 번
허용됐습니다."'

빌드 완료 - 오류 0 , 경고 1
```

default가 있는 #line 지시문은 앞서 모든 #line 지시문의 효과를 제거하고 컴파일러에게 이전에 #line 지시문을 사용해 지정한 내용이 아니라 실제 줄 번호를 보고하도록 지시한다.

비주얼 편집기를 위한 힌트(#region, #endregion)

C#은 비주얼 코드 편집기의 콘텍스트 내에서 유용한 2개의 전처리 지시문인 #region와 #endregion을 제공한다. Microsoft Visual Studio와 같은 코드 편집기는 코드를 작성할 때 편집 기능을 사용해 소스 코드를 검색하고 이들 지시문을 찾을 수 있다. C#은 #region 지시문을 사용해 코드의 영역을 선언할 수 있게 했다. #region 지시문은 #endregion 지시문과 일치하도록 쌍을 이뤄야 하며, 두 가지 지시문 다음에 선택적으로 설명 문자열을 포함할 수도 있다. 게다가 한 영역 내에서 다른 영역을 중첩할 수도 있다.

예제 4.62에서는 3목 프로그램을 예제로 나타냈다.

예제 4.62 #region과 #endregion 전처리 지시문

```csharp
...
#region Display Tic-tac-toe Board

#if CSHARP2PLUS
    System.Console.Clear();
#endif

// 현재 보드 표시
border = 0;     // 첫 번째 border 설정 (border[0] = "|")

// 맨 위 대시 라인 표시
// ("\n---+---+---\n")
System.Console.Write(borders[2]);
foreach (char cell in cells)
{
    // 셀 값과 그다음에 오는 border 작성
    System.Console.Write($" { cell } { borders[border] }");

    // 다음 border 증가
    border++;

    // border가 3이면 border를 0으로 재설정
    if (border == 3)
    {
        border = 0;
    }
}
#endregion Display Tic-tac-toe Board
...
```

예를 들어, 이들 전처리 지시문은 Microsoft Visual Studio에서 사용된다. Visual Studio는 해당 코드를 검사하고 #region 지시문으로 구획된 영역에 일치하는 코드를 열거나 접는 트리 컨트롤(코드 편집기 창의 왼편)을 제공한다(그림 4.5 참고).

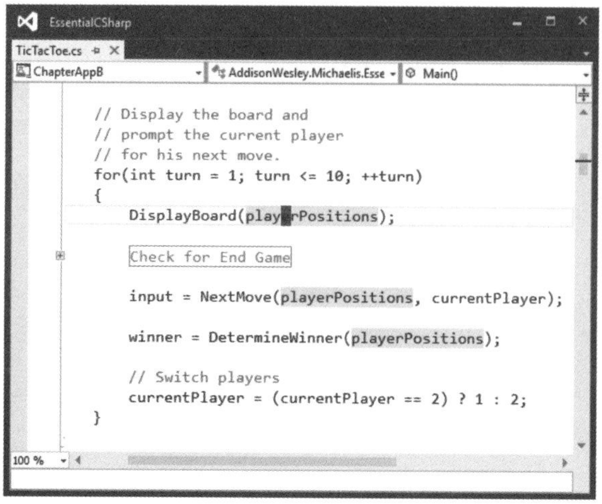

그림 4.5 Microsoft Visual Studio에서 접힌 영역

null 허용 참조 형식 활성화(#nullable)

8.0 시작

3장에서 설명한 것처럼 #nullable 전처리 지시문은 null 허용 참조 형식 지원을 활성화 (또는 비활성화)한다. '#nullable enable'은 null 허용 참조 형식 기능을 켜고 '#nullable disable'은 기능을 끈다. '#nullable restore'는 null 허용 참조 형식 기능을 다시 프로젝트 파일의 Nullable 요소에서 확인되는 기본 값으로 되돌린다.

8.0 끝

요약

4장은 할당과 산술 연산에 관계된 C# 연산자를 소개하는 것으로 시작했다. 다음으로 const 키워드와 함께 연산자를 사용해 상수를 선언했다. 하지만 모든 C# 연산자를 순서 대로 다루지는 않았다. 4장에서는 관계 연산자와 논리 비교 연산자를 설명하기 전에 if 문, 코드 블록 및 범위라는 중요한 개념을 소개했다. 연산자의 설명을 마치면서 비트 연산자, 특히 마스크에 관해 설명했다. 또한 루프와 switch, goto 같은 다른 제어 흐름 구문 도 설명했으며 C# 전처리 지시문에 대한 설명으로 4장을 마무리했다.

연산자 우선순위는 4장 앞부분에서 설명했다. 표 4.7은 아직 다루지 않은 몇 가지를 포함해서 모든 연산자의 우선순위를 요약했다.

표 4.7 연산자 우선순위*

범주	연산자
기본	x.y f(x) a[x] x++ x-- new typeof(T) checked(x) unchecked(x) default(T) nameof(x) delegate{} ()
단항	+ - ! ~ ++x --x (T)x await x
곱셈	* / %
덧셈	+ -
시프트	<< >>
비교와 형식 검사	< > <= >= is as
등가	== !=
논리곱	&
배타적 논리합	^
논리합		
조건부 곱	&&
조건부 합	||
Null 병합	??
조건	?:
할당 및 람다	= *= /= %= += -= <<= >>= &= ^= |= =>

* 가장 높은 우선순위에서 낮은 우선순위의 순으로 나타냈다.

1장, 2장, 3장에서 다룬 모든 내용을 복습하기 위한 가장 좋은 방법 중 하나는 Chapter04\TicTacToe.cs의 3목 프로그램을 살펴보는 것이다. 이 프로그램을 검토해 봄으로써 배운 모든 내용을 완전한 프로그램으로 조합하는 방법을 확인할 수 있다.

5.

메서드와 매개변수

지금까지 C# 프로그래밍에 관해 배운 지식으로 1970년대에 프로그램을 만들었던 방식과 유사한 구문 목록을 구성해 간단한 프로그램을 작성할 수 있다. 프로그래밍은 1970년대 이후로 오랫동안 변화를 겪었다. 하지만 프로그램이 더 복잡해짐에 따라 이런 복잡성을 관리하기 위한 새로운 패러다임이 부상했다. '절차적' 프로그래밍 또는 '구조적' 프로그래밍은 여러 구문을 묶어서 하나의 단위를 형성하는 구조를 제공했다. 더욱이 구조적 프로그래밍에서는 데이터를 여러 구문으로 이뤄진 그룹에 전달한 다음 해당 구문에서 실행한 다음 데이터를 반환했다.

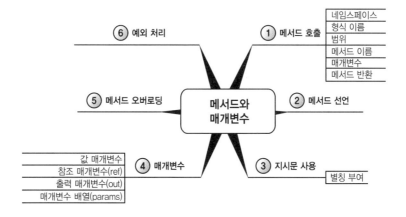

5장은 메서드 호출과 정의에 관한 기본 내용 외에도 재귀와 메서드 오버로딩, 선택적 매개변수, 명명된 인수와 같은 고급 개념도 약간 다룬다. 지금까지 설명한 메서드 호출과 5장 전체에서 설명하는 모든 메서드 호출은 정적이다(이 개념은 6장에서 더 자세히 살펴본다).

앞서 1장의 HelloWorld 프로그램에서 메서드를 정의하는 방법을 이미 배웠다. 이 예제에서는 Main() 메서드를 정의했다. 5장에서는 메서드에 값이 아니라 변수를 전달하는 매개변수를 위한 특수한 C# 구문(ref와 out)을 포함해 메서드 만드는 방법을 더 자세히 배운다. 마지막으로 몇 가지 기본적인 에러 처리를 잠깐 설명한다.

메서드 호출

■ 초 급 주 제

메서드란 뭘까?

지금까지는 작성한 프로그램의 모든 구문을 Main() 메서드에 넣었다. 프로그램이 이제까지 살펴본 것보다 더 복잡해질 때 메서드 하나로 급하게 구현하면 유지관리가 힘들며 복잡해져 읽고 이해하기도 어렵다.

메서드는 특정 동작을 수행하거나 특정 결과를 계산하는 일련의 구문을 묶는 수단이다. 메서드는 프로그램을 이루는 구문들에 대한 더 큰 구조와 체계를 제공한다. 예를 들어, 한 디렉터리에 있는 소스 코드 파일의 줄 수를 세는 Main() 메서드가 있다고 하자. 하나의 큰 Main() 메서드 대신 필요에 따라 세부 내용에 집중하는 더 짧은 버전의 여러 메서드를 구현할 수 있다. 예제 5.1이 그 예다.

예제 5.1 여러 구문을 메서드로 묶기

```
class LineCount
{
    static void Main()
    {
        int lineCount;
        string files;
        DisplayHelpText();
```

```
        files = GetFiles();
        lineCount = CountLines(files);
        DisplayLineCount(lineCount);
    }
    // ...
}
```

이 예제는 Main()에 모든 구문을 넣지 않고 구문들을 메서드라는 그룹으로 분할하고 있다. 도움말 텍스트를 표시하는 System.Console.WriteLine() 구문은 DisplayHelpText() 메서드로 이동했다. 파일에서 줄 수를 셀지 결정하는 데 사용하는 모든 구문은 GetFiles() 메서드에 있다. 실제로 해당 파일의 내용을 세고자 코드는 CountLines() 메서드를 호출한 다음 DisplayLineCount() 메서드를 사용해 결과를 표시한다. 메서드 이름에서 해당 메서드의 목적을 잘 설명하고 있기 때문에 한눈에 코드를 검토하고 큰 흐름을 파악하기 쉽다.

가이드라인

- 메서드 이름에 동사나 동사구를 사용하자.

메서드는 관련된 메서드를 함께 그룹화하는 수단을 제공하는 형식(통상 class)과 항상 연결된다.

메서드는 **매개변수**에 제공되는 **인수**를 통해 데이터를 받는다. 매개변수는 **호출자**(메서드 호출을 담고 있는 코드)에서 호출된 메서드(Write(), WriteLine(), GetFiles(), CountLines() 등)에 데이터를 전달하는 데 사용되는 변수다. 예제 5.1에서 files와 lineCount는 매개변수를 통해 CountLines()와 DisplayLineCount() 메서드에 전달한 인수의 예다. 메서드는 **반환 값**을 통해 다시 호출자에게 데이터를 반환할 수도 있다(예제 5.1에서 GetFiles() 메서드 호출은 반환 값을 files에 할당한다).

우선 1장의 System.Console.Write()와 System.Console.WriteLine(), System. Console.ReadLine()을 다시 살펴보자. 이번에는 콘솔에서 데이터를 받거나 출력하는 부분이 아

니라 일반적인 메서드 호출의 예로 이들을 살펴본다. 예제 5.2는 사용 중인 세 가지 메서드를 각각 나타냈다.

예제 5.2 간단한 메서드 호출

```
class HeyYou
{
    static void Main()
    {
        string firstName;
        string lastName;

        System.Console.WriteLine("Hey you!");

        System.Console.Write("Enter your first name: ");

        firstName = System.Console.ReadLine();
        System.Console.Write("Enter your last name: ");
        lastName = System.Console.ReadLine();
        System.Console.WriteLine(
            $"Your full name is { firstName } { lastName }.");
    }
}
```

메서드 호출 부분은 메서드 이름, 인자 목록, 반환 값을 포함한다. 완전히 정규화된 메서드 이름은 네임스페이스, 형식 이름, 메서드 이름을 포함한다. 완전히 정규화된 메서드 이름의 각 부분은 점으로 구분한다. 앞으로 살펴보겠지만 메서드는 완전히 정규화된 이름의 일부만으로 호출하기도 한다.

네임스페이스

네임스페이스는 특정 기능 영역에 관련된 모든 형식type을 그룹으로 만든 메커니즘이다. 네임스페이스는 계층적이며 여러 수준의 계층을 구성할 수 있지만 여섯 수준이 넘는 네임스페이스는 드물다. 보통 계층은 기업 이름으로 시작해 제품 이름, 기능 영역의 순서로 구성한다. 예를 들어, Microsoft.Win32.Networking에서 가장 바깥쪽 네임스페이스는 Microsoft이고 내부 네임스페이스인 Win32를 담고 있으며, 가장 안쪽으로 중첩된

Networking 네임스페이스가 있다.

네임스페이스는 형식을 기능 영역으로 체계화해 더 쉽게 찾고 이해를 돕는 데 주로 사용되지만 형식 이름의 충돌을 피하는 데도 사용된다. 예를 들어, 컴파일러는 Button이라는 이름을 갖는 두 가지 형식이 서로 다른 네임스페이스를 갖는다면 이 둘을 구별할 수 있다. 따라서 System.Web.UI.WebControls.Button과 System.Windows.Controls.Button 형식은 분명히 다르다.

예제 5.2에서 Console 형식은 System 네임스페이스 내에 있다. System 네임스페이스는 프로그래머가 많은 기본 프로그래밍 작업을 하는 데 필요한 형식을 제공한다. 거의 모든 C# 프로그램은 System 네임스페이스 내의 형식들을 사용한다. 표 5.1은 다른 공통 네임스페이스 목록을 나타냈다.

표 5.1 공통 네임스페이스

네임스페이스	설명
System	형식과 수학, 프로그램 호출, 환경 관리 사이의 변환을 위한 형식과 기본 형식을 제공한다.
System.Collections.Generics	제네릭을 사용하는 강력한 형식의 컬렉션을 제공한다.
System.Data	데이터베이스 작업에 사용하는 여러 가지 형식을 제공한다.
System.Drawing	디스플레이 장치에 그리기와 이미지 작업에 사용하는 여러 가지 형식을 제공한다.
System.IO	디렉터리 작업, 파일 조작, 파일 로드, 저장을 위한 여러 가지 형식을 제공한다.
System.Linq	LINQ(Language Integrated Query)를 사용해 컬렉션의 데이터를 질의하는 데 사용하는 클래스와 인터페이스를 제공한다.
System.Text	문자열과 다양한 텍스트 인코딩 작업, 인코딩간의 변환을 위한 여러 가지 형식을 제공한다.
System.Text.RegularExpressions	정규식 작업을 위한 여러 가지 형식을 제공한다.
System.Threading	다중스레드 프로그래밍을 위한 여러 가지 형식을 제공한다.
System.Threading.Tasks	태스크 기반 비동기에 대한 여러 가지 형식을 제공한다.
System.Web	일반적으로 HTTP를 통해 브라우저와 서버 간의 통신을 가능케 하는 여러 가지 형식을 제공한다. 이 네임스페이스 내의 기능은 ASP.NET을 지원하는 데 사용된다.

네임스페이스	설명
System.Windows	선언형 UI 디자인용 XAML(Extensible Application Markup Language)을 활용하는 WPF(Windows Presentation Framework)라는 UI 기술을 사용해 .NET 3.0 이상에서 제공하는 풍부한 사용자 인터페이스를 만드는 데 사용하는 여러 가지 형식을 제공한다.
System.Xml	XML 처리를 위한 표준 기반 지원을 제공한다.

4.0 끝

메서드를 호출할 때 항상 네임스페이스를 붙일 필요는 없다. 예를 들어, 호출 식이 동일한 네임스페이스의 형식에서 호출된 메서드로 나타나면 컴파일러는 이 네임스페이스가 그 형식을 포함하는 네임스페이스라고 유추한다. 5장 뒷부분에서 네임스페이스 한정자의 필요성을 없애 주는 using 지시문도 설명한다.

가이드라인

- 네임스페이스 이름에는 파스칼 표기법을 사용한다.
- 네임스페이스 계층 구조와 일치하도록 소스 코드 파일의 디렉터리 계층 구조를 만든다.

형식 이름

정적 메서드 호출은 대상 메서드가 동일한 형식[1] 내에 있지 않으면 형식 이름 한정자가 필요하다. (5장 앞에서 설명한 것처럼, 'using static' 지시문을 사용하면 형식 이름을 생략할 수 있다.) 예를 들어, HelloWorld.Main() 메서드 내의 호출 식인 Console.WriteLine()은 Console이라는 형식을 지정해야 한다. 하지만 네임스페이스처럼 C#은 해당 메서드가 호출 식을 포함하는 형식의 멤버라면 언제든지 메서드에서 형식 이름을 생략할 수 있다. (이와 같은 메서드 호출의 예를 예제 5.4에서 나타냈다.) 이런 경우 컴파일러는 해당 호출의 위치에서 형식을 유추하기 때문에 형식 이름이 필요 없다. 컴파일러에서 유추하지 못한다면 메서드 호출에 이름을 포함해야 한다.

---

1 또는 베이스 클래스.

핵심은 형식이 메서드와 메서드에 연결된 데이터를 함께 묶는 수단이라는 점이다. 예를 들어, Console은 Write(), WriteLine(), ReadLine() 메서드 등을 포함하는 형식이다. 이들 메서드 모두는 Console 형식에 속하기 때문에 동일한 '그룹'에 있다.

범위

4장에서 프로그램 요소 중 '범위scope'는 정규화되지 않은 이름으로 참조할 수 있는 텍스트의 영역이라고 배웠다. 해당 형식에서 선언한 메서드를 형식 선언 내부에서 호출하면 그 메서드가 형식을 포함하는 '범위'에 있기 때문에 해당 형식 한정자가 필요 없다. 마찬가지로 형식은 선언한 네임스페이스 전체에서 범위 내에 있다. 특정 네임스페이스의 형식에서 나타나는 메서드 호출은 해당 메서드 호출 이름에서 그 네임스페이스를 지정할 필요가 없다.

메서드 이름

모든 메서드 호출은 메서드 이름을 포함하며 호출할 때 앞서 설명한 대로 네임스페이스와 형식 이름으로 정규화하거나 혹은 그렇지 않을 수도 있다. 메서드 이름 다음에는 인수 목록이 온다. 인수 목록은 괄호로 둘러싸고 콤마로 분리된 값의 목록으로 해당 메서드의 매개변수에 대응한다.

매개변수와 인수

메서드는 하나 이상의 매개변수를 가질 수 있고, 각 매개변수마다 특정 데이터 형식을 갖는다. 호출자가 매개변수에 제공하는 값을 **인수**라고 한다. 모든 인수는 특정 매개변수에 대응한다. 예를 들어, 다음 메서드 호출에는 인수가 3개다.

```
System.IO.File.Copy(
    oldFileName, newFileName, false)
```

이 메서드는 System.IO 네임스페이스의 File 클래스에 있다. 3개의 매개변수를 갖도록 선언했으며 첫 번째와 두 번째 형식은 string이고 세 번째는 bool이다. 이 예제에서 이전 파일 이름과 새 파일 이름에 대한 2개의 string 형식 변수(oldFileName와

newFileName)를 사용했고, 그다음 새로운 파일 이름이 이미 존재하는 경우 복사 실패를 나타내는 false를 지정했다.

메서드 반환 값

System.Console.WriteLine()과 달리 예제 5.2에서 System.Console.ReadLine() 메서드 호출은 메서드가 매개변수를 갖지 않도록 선언했기 때문에 아무런 인수도 취하지 않는다. 하지만 이 메서드는 **메서드 반환 값**^{method return value}이 있다. 메서드 반환 값은 호출자에게 호출된 메서드의 결과를 다시 전달하는 수단이다. System.Console.ReadLine()은 반환 값이 있기 때문에 변수 firstName에 반환 값을 할당할 수 있다. 게다가 예제 5.3에서 보인 것처럼 이 메서드 반환 값 자체를 또 다른 메서드 호출에 인수로 전달할 수 있다.

예제 5.3 메서드 반환 값을 또 다른 메서드 호출에 인수로 전달하기

```
class Program
{
    static void Main()
    {
        System.Console.Write("Enter your first name: ");
        System.Console.WriteLine("Hello {0}!",
            System.Console.ReadLine());
    }
}
```

예제 5.3은 변수에 반환 값을 할당한 뒤 그 변수를 System.Console.WriteLine() 호출에 대한 인수로 사용하지 않고 System.Console.WriteLine() 호출 내에서 System.Console.ReadLine() 메서드를 호출한다. 실행 시간에 System.Console.ReadLine() 메서드를 먼저 실행하고 그 반환 값을 변수가 아닌 System.Console.WriteLine() 메서드에 바로 전달한다.

모든 메서드가 데이터를 반환하지는 않는다. System.Console.Write()와 System.Console.WriteLine()의 두 가지 버전 모두 그런 메서드의 예다. 곧 살펴보겠지만 이들 메서드는 void를 반환하는 Main의 HelloWorld 선언처럼 void라는 반환 형식을 지정했다.

구문 vs. 메서드 호출

예제 5.3은 구문과 메서드 호출간의 차이점을 나타냈다. 'System.Console.WriteLine ("Hello {0}!", System.Console.ReadLine ());'은 단일 구문이지만 2개의 메서드 호출을 포함한다. 구문은 하나 이상의 표현식을 포함할 때가 종종 있고, 이 예제에서 이들 표현식 2개는 메서드 호출이다. 따라서 메서드 호출이 구문의 일부를 구성한다.

한 구문에서 여러 메서드를 호출하는 코드가 코드의 양을 줄일 수도 있지만, 가독성을 향상시키거나 중요한 성능상의 이점을 주는 것은 아니다. 간결성보다는 가독성을 중요하게 여기자.

> **▪ 노트**
>
> 개발자는 간결성보다는 가독성을 우위에 둬야 한다. 가독성은 코드 자체를 설명적으로 작성하는 것이며, 시간이 흘러도 코드의 유지관리를 쉽게 한다.

메서드 선언

6.0 시작

이 단원은 매개변수나 반환 형식을 포함해 메서드 선언을 더 상세히 설명한다. 예제 5.4는 이러한 개념에 대한 예를 포함하고 있으며 결과 5.1에서 출력을 나타냈다.

예제 5.4 메서드 선언

```
class IntroducingMethods
{
    public static void Main()
    {
        string firstName;
        string lastName;
        string fullName;
        string initials;

        System.Console.WriteLine("Hey you!");

        firstName = GetUserInput("Enter your first name: ");
        lastName = GetUserInput("Enter your last name: ");
```

```csharp
        fullName = GetFullName(firstName, lastName);
        initials = GetInitials(firstName, lastName);
        DisplayGreeting(fullName, initials);
    }

    static string GetUserInput(string prompt)
    {
        System.Console.Write(prompt);
        return System.Console.ReadLine();
    }

    static string GetFullName(   // C# 6.0 식 본문 메서드
        string firstName, string lastName) =>
            $"{ firstName } { lastName }";

    static void DisplayGreeting(string fullName, string initials)
    {
        System.Console.WriteLine(
            $"Hello { fullName }! Your initials are { initials }");
        return;
    }

    static string GetInitials(string firstName, string lastName)
    {
        return $"{ firstName[0] }. { lastName[0] }.";
    }
}
```

결과 5.1

```
Hey you!
Enter your first name: Inigo
Enter your last name: Montoya
Hello Inigo Montoya! Your initials are I. M.
```

예제 5.4는 메서드 4개를 선언했다. Main()는 GetUserInput()을 호출하고 이어서 GetFullName()과 GetInitials()을 호출한다. 마지막 메서드 3개는 값을 반환하고 인수를 받는다. 게다가 이 예제는 데이터를 반환하지 않는 DisplayGreeting()을 호출한다. C#

의 어떤 메서드도 바깥쪽 형식의 경계 외부에 존재할 수 없다. 이 경우 바깥쪽 형식은 IntroducingMethods 클래스다. 1장에서 살펴본 Main 메서드조차도 한 형식 내에 있어야 한다.

6.0 끝

> ### 언어 비교: C++과 비주얼 베이직의 전역 메서드
>
> C#은 전역 메서드를 제공하지 않는다. 모든 메서드는 형식 선언 내에 있어야 한다. Main() 메서드가 C++의 전역 메서드와 비주얼 베이직의 '공유' 메서드에 해당하는 static으로 표시된 것도 이 때문이다.

■ 초 급 주 제

메서드로 리팩터링하기

더 큰 메서드 내의 여러 구문을 인라인으로 남겨 두지 않고 다른 메서드로 옮기는 작업이 **리팩토링**refactoring의 한 형태다. 리팩토링을 하면 코드를 중복적으로 사용하지 않고 여러 곳에서 메서드를 호출할 수 있기 때문에 코드 중복을 줄인다. 리팩토링은 코드 가독성도 높여 준다. 코드 작성 과정의 일부로 코드를 계속적으로 검토하고 리팩토링할 기회를 찾는 것이 좋다. 한눈에 이해하기 어려운 코드 블록을 찾아 코드의 동작을 명확히 정의하는 이름을 가진 메서드로 이동한다. 이런 관례는 해당 메서드 이름으로 구현 내용이 무엇을 수행하는지 설명하기 때문에 코드 블록에 주석을 다는 것보다 우선할 때가 종종 있다.

예를 들어, 예제 5.4에서 보인 Main() 메서드는 1장의 예제 1.16에서 보인 Main() 메서드와 동일한 동작을 한다. 두 가지 예제를 비교하면 사소하지만 더 주목할 부분이 예제 5.4는 Main() 메서드를 한번 쓱 보고 호출된 각 메서드의 구현 세부 내용을 고민하지 않고 한눈에 더 쉽게 파악할 수 있다는 점이다.

Visual Studio는 메서드 내의 코드 블록에서 오른쪽 클릭하고 **빠른 작업 및 리팩토링...(Ctrl+.)**을 선택하면 해당 코드 블록을 별도 메서드로 추출해 원래 위치에서 이 새로운 메서드를 호출하는 코드를 자동으로 집어넣는다.

정식 매개변수 선언

DisplayGreeting(), GetFullName(), GetInitials() 메서드의 선언을 살펴보자. 메서드 선언의 괄호 사이에 나타나는 텍스트가 **정식 매개변수 목록**formal parameter list이다. (제네릭을 설명할 때 살펴보겠지만, 메서드는 **형식 매개변수 목록**type parameter list을 갖기도 한다. 설명하고 있는 매개변수의 종류가 맥락상 명확할 때는 '매개변수 목록'이라고 지칭하지 않고 간단히 '매개변수'로 지칭한다.) 매개변수 목록에서 각 매개변수는 매개변수의 형식과 함께 매개변수 이름을 포함한다. 목록에 포함된 각 매개변수는 콤마로 구분한다.

동작으로 보면 대부분의 매개변수는 사실 지역 변수와 동일하며 매개변수의 이름을 붙이는 관례도 지역 변수에 따른다. 따라서 매개변수 이름은 카멜 표기법(camelCase)으로 표기한다. 포함하는 메서드의 매개변수와 이름이 같은 지역 변수(메서드 내부에서 선언한 변수)를 선언하면 이름이 같은 지역 변수를 만드는 셈이다.

> **가이드라인**
> ● 매개변수 이름을 지을 때는 '카멜 표기법'을 사용한다.

메서드 반환형 선언

GetUserInput(), GetFullName(), GetInitials() 메서드는 매개변수를 지정해야 하는 것 외에도, 각 메서드는 **메서드 반환형**method return type을 포함한다. 메서드가 값을 반환한다고 말할 수 있는 이유는 메서드 선언에서 메서드 이름 앞에 바로 데이터 형식이 나오기 때문이다. 이들 각 메서드 예제 반환형은 string이다. 여러 개를 쓸 수 있는 매개변수와 달리 메서드 반환형은 하나만 쓸 수 있다.

GetUserInput()과 GetInitials()처럼 반환형이 있는 메서드는 항상 호출자에게 제어를 반환하는 하나 이상의 return 문이 있다. return 문은 return 키워드와 메서드가 반환하는 값을 계산하는 표현식으로 구성된다. 예를 들어, GetInitials() 메서드의 return은 'return $"{ firstName[0] }. { lastName[0] }.";'이다. return 키워드 다음의 표현식은(이 경우는 보간된 문자열이다) 해당 메서드에서 나타낸 반환 형식과 호환돼야 한다.

메서드가 반환 형식이 있다면 이 메서드의 본문을 이루는 구문의 블록은 '도달할 수 없는 끝점'이 없어야 한다. 즉, 값을 반환하지 않고서 메서드의 끝에서 벗어날 수 없어야 한다. 이런 조건이 부합하도록 보장하는 가장 쉬운 방법은 메서드의 마지막 구문에 return 문을 넣는 것이다. 하지만 return 문은 메서드 구현의 끝 이외에 다른 위치에서 등장할 수 있다. 예를 들어, 메서드 구현에서 if나 switch 문은 내부에 return 문을 포함할 수 있다. 예제 5.5를 살펴보자.

예제 5.5 메서드의 끝 이전에 나오는 return 문

```
class Program
{
    static bool MyMethod()
    {
        string command = ObtainCommand();
        switch(command)
        {
            case "quit":
                return false;
            // ... 다른 케이스는 생략
            default:
                return true;
        }
    }
}
```

(return문은 switch 밖으로 제어를 전달하므로 return 문으로 끝나는 switch 섹션에서 잘못된 제어 이동을 방지하는 break 문은 필요 없다.)

예제 5.5에서 메서드의 마지막 구문은 return 문이 아니라 switch 문이다. 하지만 컴파일러는 메서드에서 모든 가능한 코드 경로가 반환되므로 메서드의 끝 점에 도달할 수 없음을 추정할 수 있다. 따라서 이 메서드는 return 문으로 끝나지 않아도 적합하다.

특정 코드 경로가 return 다음에 도달할 수 없는 구문을 포함한다면 컴파일러는 실행할 수 없는 구문이 있다는 경고를 낸다.

C#은 다중 return 문을 허용하지만 코드는 해당 메서드의 다양한 코드 경로로 다수의 return을 뿌려 대는 것보다는 하나의 종료 위치를 가질 때 가독성이 더 좋고 유지관

리하기 쉽다.

　반환 형식으로 void를 지정하면 메서드에서 반환 값이 없음을 가리킨다. 결과적으로 이 메서드에 대한 호출은 변수에 할당하거나 호출하는 측에서 매개변수 형식으로 사용하지 못한다. void 메서드는 구문으로만 사용할 수 있다. void 메서드의 본문 내에 return 문을 쓸 수도 있는데 그때는 return 키워드 다음에 값을 쓰지 않는다. 예를 들어, 예제 5.4에서 Main()의 반환은 void이고 메서드 내에 return 문이 전혀 없다. 하지만 DisplayGreeting()은 반환된 결과를 포함하지 않는 (선택적)return 문이 있다.

　기술적으로 메서드는 하나의 반환 형식만 가질 수 있지만 반환 형식이 튜플이 될 수 있다. 결과적으로 C# 7.0은 C# 튜플 구문을 사용해 여러 값을 패키징해 튜플로 반환할 수 있다. 예를 들어, 예제 5.6에서 보인 것처럼 GetName() 메서드를 선언할 수 있다.

7.0 시작

예제 5.6 튜플을 사용해 여러 값 반환하기

```
public class Program
{
    static string GetUserInput(string prompt)
    {
        System.Console.Write(prompt);
        return System.Console.ReadLine();
    }
    static (string First, string Last) GetName()
    {
        string firstName, lastName;
        firstName = GetUserInput("Enter your first name: ");
        lastName = GetUserInput("Enter your last name: ");
        return (firstName, lastName);
    }
    static public void Main()
    {
        (string First, string Last) name = GetName();
        System.Console.WriteLine($"Hello { name.First } { name.Last }!");
    }
}
```

7.0 끝

　기술적으로는 여전히 ValueTuple<string, string>이라는 한 가지 데이터 형식만 반환하고 있다. 하지만 원하는 만큼(합리적인 선에서)의 값을 효과적으로 반환할 수 있다.

식 본문 메서드

메서드 본문의 형식 없이 아주 간단히 메서드를 선언할 수 있도록 C# 6.0은 전체 메서드 본문이 아닌 표현식을 사용해 선언하는 **식 본문 메서드**expression bodied method를 소개했다. 예제 5.4의 GetFullName() 메서드는 다음과 같은 식 본문 메서드의 예를 보였다.

```
static string GetFullName( string firstName, string lastName) =>
```

식 본문 메서드는 전형적인 메서드 본문의 중괄호 대신 'goes to' 연산자(13장에서 설명)를 사용하며 결과로 나온 데이터 형식은 메서드의 반환 형식과 일치해야 한다. 즉, 식 본문 메서드 구현에서 명시적인 return 문이 없더라도 메서드 선언의 반환 형식과 표현식에서 나온 반환 형식은 일치해야 한다.

식 본문 메서드는 완전한 메서드 본문 선언의 구문 바로가기다. 이처럼 식 본문 메서드를 사용할 때는 아주 단순한 메서드 구현, 보통 한 줄로 표현할 수 있는 경우로 제한해야 한다.

언어 비교: C++의 헤더 파일

C++와 달리 C# 클래스는 선언과 구현을 분리하지 않는다. C#은 헤더(.h) 파일이나 구현(.cpp) 파일이 없다. 그 대신 선언과 구현이 동일한 파일에 함께 나타난다. (C#은 '부분 메서드'라는 고급 기능을 지원하는데 이는 메서드의 정의 선언을 구현과 분리하지만, 5장의 목적상 부분 메서드가 아닌 경우만 고려한다.) C#에서는 선언과 구현을 분리하지 않으므로 헤더와 구현 파일을 별도로 갖는 C++와 같은 언어처럼 두 가지 장소에서 중복 선언 정보를 관리할 필요가 없다.

■ 초 급 주 제

네임스페이스

앞서 설명한 것처럼 **네임스페이스**namespace는 관련된 형식을 범주로 나누고 함께 그룹화하기 위한 체계적인 메커니즘이다. 개발자는 익숙한 형식으로 동일한 네임스페이스 내의 다른 형식을 검사해 관련 형식을 찾을 수 있다. 게다가 서로 다른 네임스페이스로 명확히 구분된다면 둘 이상의 형식이 동일한 이름을 쓸 수도 있다.

using 지시문

완전히 정규화된 네임스페이스 이름은 아주 길고 불편할 수 있다. 하지만 정규화 없이 사용할 수 있게 하나 이상의 네임스페이스에서 모든 형식을 한 파일로 가져올 수 있다. 이렇게 하려면 C# 프로그래머는 파일의 상위에 using 지시문을 포함한다. 예를 들어, 예제 5.7에서 Console은 System이라는 접두어를 붙이지 않았다. 예제 코드의 상위에 using System; 지시문이 있기 때문에 네임스페이스가 생략된 것이다.

예제 5.7 using 지시문 예제

```csharp
// using 지시문은 지정한 네임스페이스의 모든 형식을
// 해당 전체 파일로 가져오기 한다.
using System;

class HelloWorld
{
    static void Main()
    {
        // using 지시문이 위에 있기 때문에
        // Console 앞에 System을 붙일 필요가 없다.
        Console.WriteLine("Hello, my name is Inigo Montoya");
    }
}
```

결과 5.2에서 예제 5.7의 결과를 나타냈다.

결과 5.2

```
Hello, my name is Inigo Montoya
```

using System처럼 using 지시문을 작성했다고 해서 System의 자식 네임스페이스 내에 선언된 형식에서 System을 생략할 수는 없다. 예를 들어, 코드에서 System.Text 네임스페이스의 StringBuilder 형식에 액세스할 경우 Text.StringBuilder와 같이 쓰면 안 되고 'using System.Text;' 지시문을 추가하거나 해당 형식을 System.Text.StringBuilder로 정규화해야 한다. 요약하자면 using 지시문은 모든 **중첩된 네임스페이스**nested namespace의 형

식을 가져오지 않는다. 중첩된 네임스페이스는 해당 네임스페이스에서 마침표로 구분하고 항상 명시적으로 포함해야 한다.

특정 네임스페이스 내의 형식을 자주 사용하는 경우 해당 네임스페이스 내의 모든 형식을 완전히 정규화해서 표시하는 대신 그 네임스페이스에 대한 using 지시문을 추가하는 것이 좋다. 따라서 거의 모든 C# 파일은 상단에 using System 지시문을 포함한다. 이 책의 나머지에서 코드 예제는 using System 지시문을 종종 생략한다. 하지만 다른 네임스페이스 지시문은 명시적으로 포함한다.

using System 지시문의 한 가지 흥미로운 효과는 String이나 string처럼 문자열 데이터 형식의 대소문자를 식별할 수 있다는 점이다. 전자는 using System 지시문에 의존하고 후자는 string 키워드를 사용한다. 두 가지 모두는 System.String 데이터 형식을 참조하는 유효한 C# 표현이며, 어떤 버전을 선택해도 결과 CIL[Common Intermediate Language] 코드에는 영향이 없다.[2]

---

2 나는 string 키워드를 선호하지만 프로그래머가 어떤 표현을 선택하든지 프로젝트 내에서 코드의 일관성을 유지하는 것이 좋다.

중첩된 using 지시문

파일의 상단에 using 지시문을 넣을 수도 있지만 네임스페이스 선언 부분 중 맨 위에 포함할 수도 있다. 예를 들어, EssentialCSharp이라는 새로운 네임스페이스를 선언했다면 네임스페이스 선언의 상단에 using 지시문을 추가할 수 있다(예제 5.8 참고).

예제 5.8 네임스페이스 선언 내에 using 지시문 지정하기

```csharp
namespace EssentialCSharp
{
    using System;

    class HelloWorld
    {
        static void Main()
        {
            // 위에 using 지시문 때문에 System을 붙여
            // Console을 정규화할 필요가 없다.
            Console.WriteLine("Hello, my name is Inigo Montoya");
        }
    }
}
```

결과 5.3에서 예제 5.8의 결과를 나타냈다.

결과 5.3

```
Hello, my name is Inigo Montoya
```

네임스페이스 선언 부분의 상단에 두는 경우와 파일의 맨 위에 using 지시문을 두는 경우의 차이점은 네임스페이스에 두면 해당 지시문이 네임스페이스 선언 내에서만 동작한다는 점이다. 코드가 EssentialCSharp 선언 위나 아래에 새로운 네임스페이스 선언을 포함한다면 다른 네임스페이스 내의 using System 지시문은 동작하지 않는다. 이런 식으로 코드를 작성하는 경우는 그리 흔하지 않은데 특히 파일 단위로 단일 형식 선언을 제공한다는 표준 관례가 있는 경우 그렇다.

using static 지시문

using 지시문을 사용하면 이름의 네임스페이스 부분을 생략해 형식 이름을 줄여 쓸 수 있다. 다만 형식 이름은 명시한 네임스페이스 내의 모든 형식에 지정할 수 있다. 반면에 using static 지시문을 사용하면 명시한 형식의 모든 멤버에서 네임스페이스와 형식 이름 모두를 생략할 수 있다. 예를 들어, using static System.Console 지시문을 사용하면 System.Console.WriteLine()이라는 정규화된 메서드 이름이 아니라 WriteLine()으로 지정할 수 있다. 예제 5.9는 using static System.Console 지시문을 활용해서 예제 5.2를 업데이트한 것이다.

예제 5.9 using static 지시문

```
using static System.Console;

class HeyYou
{
    static void Main()
    {
        string firstName;
        string lastName;

        WriteLine("Hey you!");

        Write("Enter your first name: ");

        firstName = ReadLine();
        Write("Enter your last name: ");
        lastName = ReadLine();
        WriteLine(
            $"Your full name is { firstName } { lastName }.");
    }
}
```

이 예제의 경우 코드의 가독성을 전혀 해치지 않으면서 WriteLine(), Write(), ReadLine() 모두 명확히 console 지시문과 연결했다. 사실, 결과 코드가 더 단순하므로 이전보다 명확해졌다고 주장할 수 있다.

하지만 그렇지 않은 경우도 있다. 예를 들어, 파일의 Exists() 메서드와 디렉터리의 Exists() 메서드처럼 겹치는 이름을 갖는 클래스들을 코드에서 사용하는 경우 using static 지시문은 Exists()를 호출할 때 모호함을 줄 수 있다. 마찬가지로 using static 문을 쓸 때 작성하는 클래스에 겹치는 동작 이름을 갖는 자체 멤버가 있다면(예를 들어, Display()와 Write()) 코드를 읽는 사람에게 명확성을 주지 못할 수 있다.

이런 모호함은 컴파일러가 허용하지 않는다. 동일한 시그니처를 갖는 두 가지 멤버를 사용할 수 있다면(using static 지시문이나 별도로 선언한 멤버를 통해) 모호한 멤버의 호출은 컴파일 에러를 일으킨다.

6.0 끝

별칭

using 지시문은 네임스페이스나 형식에 **별칭**aliasing을 사용할 수도 있다. 별칭은 using 지시문을 적용하는 텍스트 내에 사용할 수 있는 대체 이름이다. 별칭을 사용하는 두 가지 일반적인 이유는 이름이 같은 두 가지 형식을 구분하고 긴 이름을 줄이는 것이다. 예를 들어, 예제 5.10에서 CountDownTimer 별칭은 System.Timers.Timer 형식에 대한 참조로 선언한 것이다. 단순히 using System.Timers 지시문을 추가했다고 코드에서 Timer 형식을 완전히 정규화할 필요가 없는 것은 아니다. 이유는 System.Threading도 Timer라는 형식을 포함하기 때문이다. 따라서 코드 내에서 Timer를 사용하는 것만으로는 모호해짐을 피하지 못한다.

예제 5.10 형식 별칭 선언

```
using System;
using System.Threading;
using CountDownTimer = System.Timers.Timer;

class HelloWorld
{
    static void Main()
    {
        CountDownTimer timer;

        // ...
    }
}
```

예제 5.10은 CountDownTimer라는 완전히 새로운 이름을 별칭으로 사용한다. 하지만 예제 5.11에서 보인 것처럼 Timer라는 별칭을 지정할 수도 있다.

예제 5.11 동일한 이름을 가진 형식 별칭 선언

```csharp
using System;
using System.Threading;

// System.Timers.Timer에 대한 참조로 Timer라는 별칭을 선언해
// System.Threading.Timer와 모호성을 갖는 코드를 피한다.
using Timer = System.Timers.Timer;

class HelloWorld
{
    static void Main()
    {
        Timer timer;

        // ...
    }
}
```

별칭 지시문 때문에 'Timer'는 모호한 참조가 아니다. System.Threading.Timer 형식을 참조하려면 해당 형식을 정규화하거나 다른 별칭을 정의해야 한다.

Main()의 반환과 매개변수

지금까지 실행 파일의 Main() 메서드를 가능한 한 아주 간단히 선언했다. Main() 메서드 선언에서 매개변수나 비void 반환 형식을 포함하지 않았다. 하지만 C#은 프로그램을 실행할 때 명령줄 인수를 받는 기능을 지원하며 Main() 메서드에서 상태 표시를 반환할 수 있다.

런타임은 string 배열 매개변수 하나를 사용해 명령줄 인수를 Main()에 넘긴다. 매개변수를 가져오려면 예제 5.12에서 보인 것처럼 이 배열만 액세스하면 된다. 이 프로그램의 목적은 URL로 제공된 위치의 파일을 다운로드하는 것이다. 첫 번째 명령줄 인수는

해당 URL을 확인하고 두 번째 매개변수는 파일을 저장할 파일 이름이다. 이 예제는 다음처럼 매개변수의 수(args.Length)를 평가하는 switch 문으로 시작한다.

1. 2개의 인수가 없다면 URL과 파일 이름을 제공해야 한다는 에러를 표시한다.
2. 2개의 인수가 존재하면 사용자가 리소스에 대한 URL과 다운로드 대상 파일 이름을 제공한 것이다.

예제 5.12 Main에 명령줄 인수 전달하기

```csharp
using System;
using System.IO;
using System.Net.Http;

class Program
{
    static int Main(string[] args)
    {
        int result;
        switch (args.Length)
        {
            default:
                // 정확히 2개의 인수가 지정돼야 한다. 에러를 표시한다.
                Console.WriteLine(
                    "ERROR: You must specify the "
                    + "URL and the file name");
                Console.WriteLine(
                    "Usage: Downloader.exe <URL> <TargetFileName>");
                result = 1;
                break;
            case 2:
                WebClient webClient = new WebClient();
                webClient.DownloadFile(args[0], args[1]);
                result = 0;
                break;
        }
        return result;
    }

}
```

결과 5.4에서 예제 5.12의 결과를 나타냈다.

결과 5.4

```
>Downloader.exe
ERROR: You must specify the URL and the file name
Downloader.exe <URL> <TargetFileName>
```

대상 파일 이름을 잘 지정했다면 그 이름으로 다운로드한 파일을 저장한다. 그렇지 않으면 도움말 텍스트를 표시한다. 이 Main() 메서드는 void가 아니라 int를 반환한다. 이 방식은 Main()을 선언할 때 선택 사항이지만, 이렇게 하면 프로그램이 호출자(스크립트나 배치파일 등)에게 상태 코드를 반환할 수 있다. 관례상 0 이외의 반환 값은 에러를 가리킨다.

모든 명령줄 인수가 문자열 배열을 거쳐 Main()에 전달될 수 있지만, Main() 이외의 메서드 내에서 이 인수를 접근하는 편이 편리할 때가 있다. System.Environment.GetCommandLineArgs() 메서드는 Main(string[] args)이 인수를 Main()에 전달하는 동일한 형식으로 명령줄 인수 배열을 반환한다.

■ 고 급 주 제

다중 Main() 메서드 구분하기

프로그램이 Main() 메서드가 있는 2개의 클래스를 포함한다면 진입점으로 사용할 Main()을 지정할 수 있다. Visual Studio에서 **솔루션 탐색기**의 프로젝트를 오른쪽 클릭하고 **속성**을 선택해 프로젝트 파일의 사용자 인터페이스를 표시한다. 왼쪽의 **애플리케이션** 탭을 선택하면 **시작 개체**를 편집해 프로그램을 시작할 각 형식의 Main() 메서드를 선택할 수 있다. 명령줄에서 빌드할 때 StartupObject 속성을 설정해 동일한 값을 지정할 수 있다. 예를 들면 다음과 같다.

```
dotnet build /p:StartupObject=AddisonWesley.Program2
```

여기서 AddisonWesley.Program2는 선택된 Main() 메서드를 포함하는 네임스페이스와 클래스다.

호출 스택과 호출 사이트

코드가 실행되면서 메서드가 또 다른 메서드를 호출하고 호출된 메서드는 차례로 다른 메서드를 호출하는 형태는 흔하다. 예제 5.4와 같은 간단한 사례에서 Main()은 GetUserInput()을 호출하고 이 메서드는 차례로 System.Console.ReadLine()을 호출하면서 내부적으로는 더 많은 메서드를 차례차례 호출한다. 새로운 메서드가 호출될 때마다 런타임은 새로운 호출에 전달된 인수에 관한 정보와 새로운 호출의 지역 변수, 새 메서드가 반환될 때 제어를 재개해야 하는 위치에 관한 정보를 담고 있는 '활성 프레임'을 만든다. 호출 속의 호출, 또 그 속의 연속 호출을 일으키는 방식은 '**호출 스택**call stack '[3]이라는 일련의 활성 프레임을 만든다. 프로그램의 복잡성이 증가함에 따라 호출 스택은 각 메서드가 또 다른 메서드를 호출하면서 커져 간다. 하지만 호출이 완료됨에 따라 호출 스택은 또 다른 메서드가 호출될 때까지 축소된다. 호출 스택에서 활성 프레임을 제거하는 과정이 **스택 풀기**stack unwinding다. 스택 풀기는 항상 메서드 호출의 역순으로 발생한다. 메서드가 완료될 때 실행은 '**호출 사이트**'(해당 메서드가 호출된 위치)로 반환한다.

메서드 매개변수 심화

지금까지 5장의 예제는 메서드 반환 값을 통해 데이터를 반환했다. 이번 단원은 메서드가 메서드 매개변수를 통해 데이터를 반환하는 방법과 다양한 인수의 개수를 취하는 방법을 보인다.

값 매개변수

메서드 호출은 대개 인수를 **값으로 전달**passed by value하는데 이는 인수 표현식의 값이 대상 매개변수로 복사된다는 뜻이다. 예를 들어, 예제 5.13에서 Combine()을 호출할 때 Main()이 사용하는 각 변수의 값은 Combine() 메서드의 매개변수로 복사된다. 결과 5.5는 이 예제의 결과를 나타냈다.

---

3   활성기 레코드(activator record)를 힙으로 이동시키는 비동기나 반복기 메서드는 제외한다.

```
class Program
{
    static void Main()
    {
        // ...
        string fullName;
        string driveLetter = "C:";
        string folderPath = "Data";
        string fileName = "index.html";

        fullName = Combine(driveLetter, folderPath, fileName);

        Console.WriteLine(fullName);
        // ...
    }

    static string Combine(
        string driveLetter, string folderPath, string fileName)
    {
        string path;
        path = string.Format("{1}{0}{2}{0}{3}",
            System.IO.Path.DirectorySeparatorChar,
            driveLetter, folderPath, fileName);
        return path;
    }
}
```

결과 5.5

```
C:\Data\index.html
```

Combine() 메서드가 반환하기 전에 변수 driveLetter, folderPath, fileName에 null을 할당하더라도 Main() 내의 해당 변수는 메서드를 호출할 때 변수가 복사되기 때문에 원래 값을 유지한다. 호출 스택이 호출의 끝에서 풀리면 복사된 데이터를 버린다.

호출자 변수와 매개변수 이름 일치시키기

예제 5.13에서 호출자의 변수 이름은 호출된 메서드의 매개변수 이름과 정확히 일치한다. 이유는 가독성을 위해서다. 이름의 일치 여부는 메서드 호출의 동작과 전혀 관련이 없다. 호출된 메서드의 매개변수와 호출하는 메서드의 지역 변수는 다른 선언 공간에 있으므로 서로 관련이 없다.

참조 형식 vs. 값 형식

이 단원의 목적상 전달된 매개변수가 값 형식인지 참조 형식인지 여부는 중요하지 않다. 오히려 중요한 문제는 호출된 메서드가 호출자의 원래 변수에 값을 쓸 수 있는지 여부다. 호출자 변수 값의 사본이 만들어지면 해당 호출자의 변수에 값을 다시 할당할 수 없다. 그럼에도 값 형식을 포함하는 변수와 참조 형식을 포함하는 변수 간의 차이를 이해해야 한다.

그 이름이 의미하듯 참조 형식 변수의 값은 해당 개체에 연결된 데이터가 저장된 위치에 대한 참조다. 런타임에 참조 형식 변수의 값을 나타내고자 선택하는 방법이 해당 런타임의 구현 세부 내용이다. 전형적으로 개체의 데이터가 저장되는 메모리 위치의 주소로 표현되지만 필요한 것은 아니다.

참조 형식 변수가 값으로 전달되면 참조 그 자체는 호출자에서 메서드 매개변수로 복사된다. 결과적으로 대상 메서드는 호출자 변수의 값을 업데이트할 수 없지만 해당 참조로 참조되는 데이터는 업데이트할 수 있다.

메서드 매개변수가 값 형식이면 값 자체가 매개변수로 복사되고, 호출된 메서드에서 매개변수 변경은 원래 호출자의 변수에 영향을 주지 않는다.

참조 매개변수(ref)

두 값을 교환하는 함수를 호출하는 예제 5.14와 해당 결과를 나타낸 결과 5.6을 살펴보자.

```
class Program
{
    static void Main()
    {
        // ...
        string first = "hello";
        string second = "goodbye";
        Swap(ref first, ref second);

        System.Console.WriteLine(
            $@"first = ""{ first }"", second = ""{ second }""" );
        // ...
    }

    static void Swap(ref string x, ref string y)
    {
        string temp = x;
        x = y;
        y = temp;
    }
}
```

결과 5.6

```
first = "goodbye", second = "hello"
```

　first와 second에 할당된 값을 잘 교환했다. 이런 결과를 보려고 변수를 **참조로 전달**했다. Swap() 호출과 예제 5.13의 Combine() 호출간의 명백한 차이점은 매개변수의 데이터 형식 앞에 ref라는 키워드를 포함한 것이다. 이 키워드는 인수로 사용된 변수를 참조로 전달하도록 호출을 변경함으로써 호출된 메서드는 원래 호출자의 변수를 새로운 값으로 업데이트할 수 있다.

　호출된 메서드가 매개변수를 ref로 지정하면 호출자는 값이 아니라 변수를 인수로 제공해야 하고 전달된 변수 앞에 ref를 붙여야 한다. 이렇게 함으로써 호출자는 대상 메서드가 받은 모든 ref 매개변수와 연결된 변수의 값을 다시 할당할 수 있다고 명시적으로 인식한다. 더욱이 대상 메서드는 처음에 값을 할당하지 않고 ref 매개변수에서 데이터를 읽을 수 있기 때문에 ref로 전달된 모든 지역 변수를 초기화해야 한다. 예를 들어, 예제 5.14에서 first에 전달된 변수를 호출자가 초기화했다는 가정에서 temp는 first의 값을 할당받았다. 사실상 ref 매개변수는 전달되는 변수의 별칭이다. 즉, 새로운 변수를 만들고 인수의 값을 그 변수에 복사하는 것이 아니라 기존 변수에 매개변수 이름을 제공하는 것이다.

출력 매개변수(out)

7.0 시작

앞서 언급한 것처럼 ref 매개변수로 사용된 변수는 호출된 메서드에 전달되기 전에 할당돼야 호출된 메서드가 이 변수의 내용을 읽을 수 있다. 앞서의 'swap' 예제는 전달된 두 가지 변수에서 읽고 양쪽 변수에 기록했다. 하지만 변수에 대한 참조를 얻은 메서드가 해당 변수에 데이터를 쓰지만 변수에서 데이터를 읽지 않는 경우가 종종 있다. 이런 경우 초기화되지 않은 지역 변수를 참조로 전달하는 편이 안전할 수 있다.

이렇게 하려면 코드에서 매개변수 형식에 out이라는 키워드를 붙여야 한다. 예제 5.15에서 어떤 문자에 해당하는 전화기 버튼을 반환하는 TryGetPhoneButton() 메서드를 보였다.

예제 5.15 변수 출력만 전달하기

```
class ConvertToPhoneNumber
{
    static int Main(string[] args)
    {
        if(args.Length == 0)
        {
            Console.WriteLine(
                "ConvertToPhoneNumber.exe <phrase>");
            Console.WriteLine(
                "'_' indicates no standard phone button");
            return 1;
        }
        foreach(string word in args)
        {
            foreach(char character in word)
            {
                if(TryGetPhoneButton(character, out char button))
```

```
                {
                    Console.Write(button);
                }
                else
                {
                    Console.Write('_');
                }
            }
        }
        Console.WriteLine();
        return 0;
    }
```

```
    static bool TryGetPhoneButton(char character, out char button)
    {
        bool success = true;
        switch( char.ToLower(character) )
        {
            case '1':
                button = '1';
                break;
            case '2': case 'a': case 'b': case 'c':
                button = '2';
                break;
            // ...

            case '-':
                button = '-';
                break;
            default:
                // 유효하지 않은 값을 가리키도록 버튼을 설정한다.
                button = '_';
                success = false;
                break;
        }
        return success;
    }
}
```

결과 5.7은 예제 5.15의 결과를 나타냈다.

```
>ConvertToPhoneNumber.exe CSharpIsGood
274277474663
```

이 예제에서 TryGetPhoneButton() 메서드는 character의 해당 전화기 버튼을 잘 확인할 수 있다면 true를 반환한다. 이 함수는 out이 붙은 button 매개변수를 사용해 해당 버튼도 반환한다.

out 매개변수는 기능적으로 ref 매개변수와 동일하다. 유일한 차이점은 별칭이 부여된 변수를 읽고 쓰는 방법에 관해 해당 언어에서 적용하는 요구 사항이다. 매개변수가 out으로 표시될 때마다 컴파일러는 해당 매개변수가 메서드 내에서 정상적으로 반환하는 모든 코드 경로(즉, 예외를 던지지 않는 코드 경로)로 설정됐는지 확인한다. 예를 들어, 코드가 일부 코드 경로에서 button에 값을 할당하지 않으면 컴파일러는 해당 코드가 button을 초기화하지 않았음을 가리키는 오류를 나타낸다. 예제 5.15에서 button에 밑줄 문자를 할당한 것은 올바른 전화기 버튼을 확인할 수 없더라도 값을 할당해야 하기 때문이다.

out 매개변수를 다룰 때 범하는 일반적인 코딩 에러는 이 매개변수를 사용하기 전에 out 변수를 선언하지 않는 것이다. C# 7.0은 해당 함수를 호출할 때 out 변수를 인라인으로 선언할 수 있게 했다. 예제 5.15는 이 기능을 사용해 button 변수를 미리 선언하지 않고 TryGetPhoneButton(character, out char button) 구문으로 해결했다. C# 7.0 이전엔 먼저 button 변수를 선언한 다음 TryGetPhoneButton(character, out button) 함수를 호출했다.

C# 7.0의 또 다른 기능은 out 매개변수를 완전히 무시하는 기능이다. 예를 들어, 문자가 실제로 숫자 값은 반환하지 않지만 유효한 전화기 버튼이었는지 여부만 알고 싶다면 TryGetPhoneButton(character, out _)처럼 밑줄을 사용해 button 매개변수를 무시할 수 있다.

C# 7.0의 튜플 구문 이전엔 메서드의 개발자는 메서드가 한 가지 반환 형식만 갖는다는 제약 사항을 피할 수 있게 out 매개변수를 하나 이상 선언했다. 2개의 값을 반환해야 하는 메서드는 메서드의 반환 값으로 보통 하나의 값을 반환하고 두 번째 값은 out

매개변수로 전달되는 별칭을 부여한 변수에 작성한다. 이런 패턴이 일반적이고 합리적이긴 하나 좀 더 나은 방법이 있다. 예를 들어, 한 메서드에서 2개 이상의 값을 반환하려 한다면 C# 7.0 튜플 구문을 사용하는 것이 좋다. C# 7.0 구문을 사용하지 않는 경우는 각 값에 대해 하나씩 2개의 메서드를 작성하거나 System.ValueTuple 형식을 사용한다.

■ 노트

모든 정상적인 코드 경로는 모든 out 매개변수에 할당이 이뤄져야 한다.

참조로 읽기 전용 전달하기(in)

C# 7.2에서 참조로 값 형식을 전달할 때 읽기 전용 기능을 추가했다. 값 형식을 변경될 수 있도록 함수로 전달하는 대신 참조에 의한 읽기 전용 전달 기능이 추가됐다. 값 형식을 참조로 전달할 수 있게 함으로써 값 형식의 사본이 만들어지거나 호출된 메서드에서 값 형식을 변경할 수 없도록 했다. 즉, 이 기능의 목적은 값을 읽기 전용으로 전달하면서 메모리 복사를 줄이고 성능을 향상시키는 것이다. 이 구문은 매개변수에 in 한정자를 추가한다. 예를 들면 다음과 같다.

```
int Method(in int number) { ... }
```

in 한정자를 사용한 number를 다시 할당하려고 하면(예를 들어, number++) number가 읽기 전용임을 가리키는 컴파일 에러를 일으킨다.

참조로 반환하기

C# 7.0은 참조를 변수에 반환하는 기능도 추가했다. 예를 들어, 예제 5.16에서 보인 것처럼 눈이 빨갛게 나온 이미지의 첫 번째 픽셀을 반환하는 함수를 살펴보자.

예제 5.16 ref Return and ref Local Declaration

```
// 참조 반환
public static public ref byte FindFirstRedEyePixel(byte[] image)
{
```

```
        // 머신러닝으로 멋진 이미지 감지
        for (int counter = 0; counter < image.Length; counter++)
        {
            if (image[counter] == (byte)ConsoleColor.Red)
            {
                return ref image[counter];
            }
        }
        throw new InvalidOperationException("No pixels are red.");
    }
    public static void Main()
    {
        byte[] image = new byte[254];
        // 이미지 로딩
        int index = new Random().Next(0, image.Length - 1);
        image[index] =
            (byte)ConsoleColor.Red;
        System.Console.WriteLine(
            $"1mage[{index}]={(ConsoleColor)image[index]}");
        // ...

        // 첫 번째 붉은 픽셀에 대한 참조 얻기
        ref byte redPixel = ref FindFirstRedEyePixel(image);
        // 붉은 픽셀을 검은색으로 업데이트
        redPixel = (byte)ConsoleColor.Black;
        System.Console.WriteLine(
            $"image[{index}]={(ConsoleColor)image[redPixel]}");
    }
```

변수에 참조를 반환함으로써 호출자는 예제 5.16의 강조 표시한 행에서 보인 것처럼
해당 픽셀을 다른 색으로 업데이트할 수 있다. 배열을 통해 업데이트를 검사하면 해당
값을 이젠 검은색으로 표시한다.

참조로 반환할 때는 개체 수명 주기에 기인한 두 가지 제약 사항이 있다. (1) 개체 참
조는 참조되는 동안에는 가비지garbage 수집 대상이 되지 않아야 하며 (2) 더 이상 참조
가 없을 때는 메모리를 소비하지 않아야 한다. 이러한 제약 조건을 적용하려면 참조 반
환 함수에서 다음의 항목만 반환할 수 있다.

- 필드나 배열 요소에 대한 참조

- 다른 참조 반환 속성이나 함수

- 참조로 반환되는 함수에 매개변수로 전달된 참조

예를 들어, FindFirstRedEyePixel()은 이 함수에 대한 매개변수였던 이미지 배열의 항목에 대한 참조를 반환한다. 마찬가지로 이미지가 클래스 내에서 필드로 저장됐다면 해당 필드를 참조로 반환할 수 있다.

```
byte[] _Image;
public ref byte[] Image { get { return ref _Image; } }
```

두 번째, ref 지역변수를 특정 변수에 대한 참조로 초기화하며 다른 변수를 참조하도록 수정할 수 없다.

다음은 참조에 의한 반환에서 확인하는 몇 가지 특성이다.

- 참조를 반환하는 경우 그 참조를 분명히 반환해야 한다. 이 말은 예제 5.16에서 눈이 빨갛게 나온 픽셀이 없더라도 참조 바이트를 반환해야 한다는 뜻이다. 유일한 해결 방법은 예외를 던지는 것이다. 참조에 의한 매개변수 접근 방식을 사용하면 해당 매개변수를 변경하지 않고 성공을 가리키는 bool을 반환할 수 있다. 대부분의 경우 이 방식이 바람직하다.

- 참조 지역 변수를 선언할 때 초기화가 필요하다. 여기에는 함수의 ref 반환이나 변수에 대한 참조를 할당하는 것이 포함된다.

    ```
    ref string text; // 에러
    ```

- C# 7.0에서 참조 지역 변수를 선언할 수 있지만 ref 형식의 필드는 선언하지 못한다.

    ```
    class Thing { ref string _Text; /* 에러 */ }
    ```

- 자동 구현 속성을 위한 참조 형식을 선언할 수 없다.

    ```
    class Thing { ref string Text { get;set; } /* 에러 */ }
    ```

- 참조를 반환하는 속성은 허용된다.

    ```
    class Thing { string _Text = "Inigo Montoya";
        ref string Text { get { return ref _Text; } } }
    ```

7.0 끝

- 참조 지역 변수는 값(null이나 상수)으로 초기화할 수 없다. 이 변수에는 참조 반환 멤버나 지역 변수, 필드, 배열 요소로 할당해야 한다.

```
ref int number = 42; // 에러
```

매개변수 배열(params)

지금까지 예제에서 전달하는 인수의 개수는 대상 메서드 선언에서 선언한 매개변수의 개수로 정해졌다. 하지만 인수의 개수를 바꿀 수 있는 경우가 편할 때가 있다. 예제 5.13 에서 Combine() 메서드를 살펴보자. 이 메서드에 드라이브 문자, 폴더 경로, 파일 이름을 전달한다. 해당 경로가 하나 이상의 폴더를 갖고, 호출자가 추가 폴더를 합쳐서 전체 경로를 구성하고 싶다면 어떻게 해야 할까? 최선의 옵션은 해당 폴더에 대한 문자열을 배열로 전달하는 것일 수 있다. 하지만 이런 경우에 인수로 전달하려면 배열을 구성해야 하므로 조금 더 복잡한 형태의 코드 호출이 필요하다.

호출자에서 이런 메서드의 호출을 더 쉽게 구현하는 방법으로 C#은 대상 메서드에서 설정하는 대신 인수의 수를 사용할 수 있는 키워드를 제공한다. 이 메서드 선언을 논의하기 전에 예제 5.17에서 보인 것처럼 Main() 내에서 선언한 호출 코드를 살펴보자.

예제 5.17 가변 매개변수 목록 전달하기

```
using System;
using System.IO;
class PathEx
{
    static void Main()
    {
        string fullName;

        // ...

        // 4개의 인수로 Combine() 호출
        fullName = Combine(
            Directory.GetCurrentDirectory(),
            "bin", "config", "index.html");
        Console.WriteLine(fullName);

        // ...
```

```
            // 3개의 인수로만 Combine() 호출
            fullName = Combine(
                Environment.SystemDirectory,
                "Temp", "index.html");
            Console.WriteLine(fullName);

            // ...


            // 배열로 Combine() 호출
            fullName = Combine(
                new string[] {
                    "C:\\", "Data",
                    "HomeDir", "index.html"} );
            Console.WriteLine(fullName);
            // ...
        }


    static string Combine(params string[] paths)
    {
        string result = string.Empty;
        foreach (string path in paths)
        {
            result = Path.Combine(result, path);
        }
        return result;
    }
}
```

결과 5.8에서 예제 5.17의 결과를 나타냈다.

결과 5.8

```
C:\Data\mark\bin\config\index.html
C:\WINDOWS\system32\Temp\index.html
C:\Data\HomeDir\index.html
```

Combine()을 처음 호출할 때 4개의 인수를 지정했다. 두 번째 호출에는 인수를 3개만 포함했다. 마지막 호출에서는 배열 하나를 인수로 전달했다. 즉, Combine() 메서드는 쉼표로 구분한 문자열 인수가 몇 개든지, 한 개짜리 문자열 배열이든지 상관없이 인수의 수를 다양하게 받는다. 전자의 구문을 '확장'형 메서드 호출이라 하고, 후자의 형식을 '일반'형 메서드 호출이라 한다.

이렇게 어떤 형식이든 호출이 가능하려면 Combine() 메서드는 다음을 따라야 한다.

1. 메서드 선언의 마지막 매개변수 바로 앞에 params를 배치한다.
2. 마지막 매개변수를 배열로 선언한다.

매개변수 배열을 선언하면 해당 인수를 params 배열의 멤버로 액세스할 수 있다. Combine() 메서드 구현에서 paths 배열의 요소들을 반복해서 하나씩 액세스하면서 System.IO.Path.Combine()을 호출한다. 이 메서드는 플랫폼에 따른 디렉터리 구분 문자를 적절히 사용해 경로 부분을 자동으로 결합한다. PathEx.Combine()은 단지 2개의 매개변수가 아니라 다양한 매개변수 개수도 처리할 수 있다는 점을 제외하고는 Path.Combine()과 동일하다.

매개변수 배열의 몇 가지 주목할 만한 특성은 다음과 같다.

- 매개변수 배열이 메서드에서 꼭 유일한 매개변수는 아니다.
- 매개변수 배열은 메서드 선언에서 마지막 매개변수여야 한다. 마지막 매개변수만 매개변수 배열이 되므로 메서드는 매개변수 배열을 하나 이상 가질 수 없다.
- 호출자는 매개변수 배열 매개변수에 해당하는 인수를 지정하지 않을 수 있고 그렇게 되면 매개변수 배열로 항목이 0개인 배열을 전달한다.
- 매개변수 배열은 형식에 안전하다. 주어진 인수는 매개변수 배열의 요소 형식과 호환돼야 한다.
- 호출자는 콤마로 구분된 매개변수 목록이 아니라 명시적 배열을 사용할 수 있다. 결과 CIL 코드는 동일하다.
- 대상 메서드 구현이 최소 매개변수 개수가 필요하다면 이들 매개변수는 해당 메서드 선언 내에서 나타나야 하며, 필요한 매개변수가 누락될 경우 런타임 오류가 아니라 컴파일 오류를 표시하게 해야 한다. 예를 들어, 하나 이상의 정수 인수가 필요한 메서드가 있다면 int Max(params int[] operands)가 아니라 int Max(int first, params int[] operands)로 선언해야 적어도 하나의 값을 Max()에 전달한다.

매개변수 배열을 사용해 메서드에 동일한 형식의 인수를 여럿 전달할 수 있다. 5장 뒤에서 나오는 '메서드 오버로딩' 단원에서 동일한 형식이 아닌 여러 인수를 지원하는 방법을 설명한다.

> **가이드라인**
> - 메서드가 다수의 인수(인수가 없는 경우도 포함)를 처리할 때 매개변수 배열을 사용하자.

그런데 경로 Combine() 함수는 사실 System.IO.Path.Combine()이 매개변수 배열을 지원하도록 오버로딩된 기존 함수이므로 억지스런 예다.

재귀

메서드를 재귀적으로 호출하거나 **재귀**recursion를 사용하는 메서드 구현은 자신을 호출하는 메서드를 사용한다는 뜻이다. 재귀로 특정 알고리듬을 아주 간단히 구현하기도 한다. 예제 5.18은 한 디렉터리와 그 하위 디렉터리의 모든 C# 소스 파일(*.cs)의 줄 수를 센다.

예제 5.18 주어진 디렉터리의 *.cs 파일 내의 줄 수를 센다

```
#nullable enable
using System.IO;

public static class LineCounter
{
    // 첫 번째 인수로 검색할 디렉터리로 사용하거나
    // 현재 디렉터리를 기본 값으로 한다.
    public static void Main(string[] args)
    {
        int totalLineCount = 0;
        string directory;
        if (args.Length > 0)
        {
            directory = args[0];
        }
        else
```

```
        {
            directory = Directory.GetCurrentDirectory();
        }
        totalLineCount = DirectoryCountLines(directory);
        System.Console.WriteLine(totalLineCount);
    }

    static int DirectoryCountLines(string directory)
    {
        int lineCount = 0;
        foreach (string file in
            Directory.GetFiles(directory, "*.cs"))
        {
            lineCount += CountLines(file);
        }

        foreach (string subdirectory in
            Directory.GetDirectories(directory))
        {
            lineCount += DirectoryCountLines(subdirectory);
        }

        return lineCount;
    }

    private static int CountLines(string file)
    {
        string line;
        int lineCount = 0;
        FileStream stream =
            new FileStream(file, FileMode.Open);4
        StreamReader reader = new StreamReader(stream);
        line = reader.ReadLine();

        while(line != null)
        {
            if (line.Trim() != "")
            {
                lineCount++;
```

---

4 이 코드는 using 문으로 개선할 수 있지만 아직 이 부분을 소개하지 않았기에 코드를 이런 식으로 남겼다.

```
            }
            line = reader.ReadLine();
        }

        reader.Close(); // 해당 스트림을 자동으로 닫는다.
        return lineCount;
    }
}
```

결과 5.9에서 예제 5.18의 결과를 나타냈다.

결과 5.9

```
104
```

첫 번째 명령줄 인수를 DirectoryCountLines()에 전달하거나 인수를 제공하지 않는 경우 프로그램은 현재 디렉터리를 사용한다. 이 메서드는 먼저 현재 디렉터리의 모든 파일을 하나씩 반복해서 액세스하고 각 파일의 소스 코드 줄 수를 합산한다. 디렉터리의 각 파일을 다 처리한 후 DirectoryCountLines() 메서드에 다시 하위 디렉터리를 전달하고 그 하위 디렉터리를 처리한 결과를 반환한다. 더 이상 처리할 디렉터리가 없을 때까지 동일한 처리 과정을 각 하위 디렉터리를 대상으로 재귀적으로 반복한다.

재귀에 익숙하지 않다면 이런 내용이 처음엔 혼란스러울 수 있다. 그렇지만 이런 방식이 파일 시스템처럼 특히 계층적 형식의 데이터를 다루는 코드를 작성하는 가장 간단한 패턴일 때가 있다. 이런 패턴의 접근 방식이 가독성은 좋겠지만 일반적으로 가장 성능이 좋은 구현 방식은 아니다. 성능이 중요하다면 개발자는 재귀 구현의 대안을 찾아야 한다. 가독성과 성능의 균형을 고려해 선택하는 것이 바람직하다.

■ 초 급 주 제

무한 재귀 오류

재귀 메서드 구현에서 만나는 일반적인 프로그래밍 오류는 프로그램 실행 동안 스택 오버플로의 형태로 나타난다. 이 오류는 대개 **무한 재귀**infinite recursion 때문에 일어나며 메서드에서 자신을 계속해서 다시 호출함으로써 재귀의 끝을 트리거하는 지점에 결코 도달하지 못하는 현상이다. 재귀를 사용하는 모든 메서드를 검토하고 재귀 호출이 유한한지를 검증하는 것이 프로그래머의 바람직한 습관이다.

의사코드를 사용해 재귀에 대한 일반적인 패턴을 다음과 같이 나타냈다.

```
M(x)
{
    if x is trivial
        return 결과
    else
        a. 작업을 수행해 해당 문제를 더 작게 만든다.
        b. 더 작아진 문제를 풀려고 M을 재귀적으로 호출한다.
        c. a 와 b를 기반으로 결과를 계산한다.
        return 결과
}
```

이 패턴을 따르지 않으면 문제가 생길 수 있다. 예를 들어, 문제를 더 작은 문제로 만들지 못하거나 모든 가능한 '가장 작은' 케이스를 처리하지 않으면 재귀가 끝나지 않는다.

메서드 오버로딩

예제 5.18은 DirectoryCountLines()를 호출해 *.cs 파일의 줄 수를 계산했다. 하지만 *.h/*.cpp 파일이나 .vb 파일에서 코드를 계산하고자 한다면 DirectoryCountLines()은 동작하지 않는다. 파일 확장자를 받는 메서드가 필요하지만 아직은 *.cs 파일을 기본으로 다루도록 기존 메서드 정의는 그대로 유지하고자 한다.

클래스 내의 모든 메서드는 고유한 시그니처가 있어야 하며, C#은 메서드 이름이나 매개변수 데이터 형식, 매개변수의 수에 변화를 주어 고유성을 정의한다. 여기에 메서드 반환 데이터 형식은 포함하지 않는다. 메서드의 반환 데이터 형식만 다른 메서드 2개를 정의하면 컴파일 오류를 일으킨다. 반환 형식이 두 가지 다른 튜플이라도 마찬가지다. **메서드 오버로딩**method overloading은 한 클래스가 이름은 같지만 매개변수 개수나 데이터 형식이 다른 둘 이상의 오버로딩된 메서드를 가질 때 일어난다.

　　메서드 오버로딩은 **연산 다형성**operational polymorphism의 한 유형이다. 다형성은 동일한 논리 연산이 많은('poly') 형태('morphs')를 취할 때 해당 데이터가 달라지기 때문에 일어난다. 예를 들어, WriteLine()을 호출하고 매개변수와 함께 서식 문자열을 전달하는 경우와 WriteLine()을 호출하고 정수를 지정하는 경우는 구현이 서로 다르다. 하지만 논리적으로 호출자 입장에서 이 메서드는 데이터를 출력하며 내부적인 구현과는 다소 무관하다. 예제 5.19는 이 예를 나타냈고 결과 5.10에서 실행 결과를 보였다.

예제 5.19 오버로딩을 사용해 *.cs 파일 내의 줄 수 세기

```
#nullable enable
using System.IO;

public static class LineCounter
{
    public static void Main(string[] args)
    {
        int totalLineCount;

        if (args.Length > 1)
        {
            totalLineCount =
                DirectoryCountLines(args[0], args[1]);
        }
        if (args.Length > 0)
        {
            totalLineCount = DirectoryCountLines(args[0]);
        }
        else
        {
            totalLineCount = DirectoryCountLines();
        }

        System.Console.WriteLine(totalLineCount);
    }
```

```csharp
static int DirectoryCountLines()
{
    return DirectoryCountLines(
        Directory.GetCurrentDirectory());
}
```

```csharp
static int DirectoryCountLines(string directory)
{
    return DirectoryCountLines(directory, "*.cs");
}
```

```csharp
static int DirectoryCountLines(
    string directory, string extension)
{
    int lineCount = 0;
    foreach (string file in
        Directory.GetFiles(directory, extension))
    {
        lineCount += CountLines(file);
    }

    foreach (string subdirectory in
        Directory.GetDirectories(directory))
    {
        lineCount += DirectoryCountLines(subdirectory);
    }

    return lineCount;
}

private static int CountLines(string file)
{
    int lineCount = 0;
    string line;
    FileStream stream =
        new FileStream(file, FileMode.Open);5
    StreamReader reader = new StreamReader(stream);
    line = reader.ReadLine();
    while(line is object)
```

---

5 이 코드는 using 문으로 개선할 수 있지만 아직 이 부분을 소개하지 않았기에 코드를 이런 식으로 남겼다.

```
            {
                if (line.Trim() != "")
                {
                    lineCount++;
                }
                line = reader.ReadLine();
            }

            reader.Close(); // 자동으로 해당 스트림을 닫는다.
            return lineCount;
        }
    }
```

결과 5.10

```
>LineCounter.exe .\ *.cs
28
```

오버로딩의 효과는 메서드를 선택적으로 호출하는 방식을 제공하는 것이다. Main() 내부에서 나타낸 것처럼 검색할 디렉터리와 파일 확장자를 전달하거나 전달하지 않고 DirectoryCountLines()를 호출할 수 있다.

매개변수가 없는 DirectoryCountLines의 구현을 단일 매개변수 버전, int Directory CountLines(string directory) 호출로 변경했다. 이러한 방법은 오버로드된 메서드를 구현할 때 일반적인 패턴이다. 이 아이디어는 개발자가 한 메서드에서 핵심 로직만 구현하고 다른 모든 오버로드된 메서드는 그 하나의 메서드를 호출하는 것이다. 핵심 구현을 변경하면 각 구현 내에서가 아니라 한 위치에서만 수정하면 된다. 이러한 패턴은 컴파일 시에 값이 결정되지 않는 선택적 매개변수를 사용하려고 메서드 오버로딩을 사용할 때 특히 일반적이므로 선택적 매개변수를 사용해 값을 지정할 수 없다.

> **▪ 노트**
>
> 다른 모든 오버로딩 메서드가 호출하는 한 메서드에 핵심 기능을 넣는다는 것은 핵심 메서드만 구현을 변경할 수 있고 다른 메서드는 자동으로 이 변경의 결과를 이용한다는 뜻이다.

선택적 매개변수

언어 설계자들은 **선택적 매개변수**optional parameter[6] 지원도 추가했다. 메서드 선언의 일부로
상수 값과 매개변수를 연결시킴으로써 메서드의 모든 매개변수에 인수를 전달하지 않
고도 메서드를 호출할 수 있다(예제 5.20 참고).

예제 5.20 선택적 매개변수를 갖는 메서드

```csharp
#nullable enable
using System.IO;

public static class LineCounter
{
    public static void Main(string[] args)
    {
        int totalLineCount;

        if (args.Length > 1)
        {
            totalLineCount =
                DirectoryCountLines(args[0], args[1]);
        }
        if (args.Length > 0)
        {
            totalLineCount = DirectoryCountLines(args[0]);
        }
        else
        {
            totalLineCount = DirectoryCountLines();
        }

        System.Console.WriteLine(totalLineCount);
    }

    static int DirectoryCountLines()
    {
        // ...
    }
```

---

6 C# 4.0에서 소개.

```
    /*
        static int DirectoryCountLines(string directory)
        { ... }
    */


    static int DirectoryCountLines(
        string directory, string extension = "*.cs")
    {
        int lineCount = 0;
        foreach (string file in
            Directory.GetFiles(directory, extension))
        {
            lineCount += CountLines(file);
        }

        foreach (string subdirectory in
            Directory.GetDirectories(directory))
        {
            lineCount += DirectoryCountLines(subdirectory);
        }

        return lineCount;
    }

    private static int CountLines(string file)
    {
        // ...
    }
}
```

예제 5.20에서 하나의 매개변수를 갖는 DirectoryCountLines() 메서드 선언을 제
거했지만(주석 처리), Main()에서의 호출(하나의 매개변수 지정)은 남아 있다. 호출에서
extension 매개변수를 지정하지 않았을 때 해당 선언 내에서 extension에 할당된 값(이
경우는 *.cs)이 사용된다. 필요시 호출코드에서 값을 지정하지 않는 경우도 허용하며, 그
렇지 않을 경우 필요했던 추가 오버로드를 제거했다. 선택적 매개변수는 모든 필수 매
개변수(기본 값을 갖지 않는다) 다음에 나타나야 한다. 또한 기본 값이 상수이며 컴파일
시간에 결정되는 값이어야 한다는 사실은 상당히 제약적이다. 예를 들어, Environment.
CurrentDirectory는 상수가 아니기 때문에 다음처럼 메서드를 선언할 수 없다.

```
DirectoryCountLines(
    string directory = Environment.CurrentDirectory,
    string extension = "*.cs")
```

반면 "*.cs"는 상수이므로 C#은 선택 매개변수의 기본 값으로 허용한다.

가이드라인

- 가능한 모든 매개변수에 알맞은 기본 값을 제공한다.
- 필요한 매개변수의 수가 적은 단순한 메서드 오버로드를 제공한다.
- 가장 단순한 것에서 아주 복잡한 순으로 오버로드를 구성한다.

두 번째 메서드 호출 기능은 **명명된 인수**named argument[7]를 사용하는 것이다. 명명된 인수를 사용하면 호출자가 매개변수와 인수만으로 서로의 상관관계를 확인하지 않고 매개변수의 이름을 명시적으로 확인해 값을 할당할 수 있다(예제 5.21 참고).

예제 5.21 이름으로 매개변수 지정하기

```
#nullable enable
using System.IO;

class Program
{
    static void Main()
    {
        DisplayGreeting(
            firstName: "Inigo", lastName: "Montoya");
    }

    public void DisplayGreeting(
        string firstName,
        string? middleName = null,
        string? lastName = null
    {

        // ...
```

```
    }
}
```

예제 5.21에서 Main() 내의 DisplayGreeting()을 호출하면 매개변수에 이름으로 값을 할당한다. 선택적 매개변수 2개 중(middleName와 lastName), lastName만 인수로 제공됐다. 메서드가 많은 매개변수를 가졌고 이들 중 대다수가 선택적인 경우(Microsoft COM 라이브러리를 액세스할 때 일반적이다) 명명된 인수 구문이 확실히 편리하다. 하지만 이런 편리함은 메서드 인터페이스의 유연성에 영향을 준다. 이전엔 메서드를 호출하는 C# 코드를 다시 컴파일하지 않고도 매개변수 이름을 변경할 수 있었다. 명명된 매개변수를 추가하면 매개변수 이름이 해당 인터페이스의 일부가 되므로 이름을 변경하면 명명된 매개변수를 사용하는 코드는 더 이상 컴파일되지 않는다.

가이드라인

- 매개변수 이름을 API의 일부로 다루고 API들 간의 버전 호환성이 중요한 경우 이름을 변경하지 않는다.

이 사실은 경험 많은 C# 개발자에게는 놀랄 만한 제약 사항이다. 하지만 이 제약 사항은 .NET 1.0 이후로 공용 언어 사양Common Language Specification의 일부가 됐다. 더욱이 비주얼 베이직은 항상 명명된 인수가 있는 메서드 호출을 지원했다. 따라서 라이브러리 개발자는 다양한 버전의 다른 .NET 언어와 상호작용을 잘 하려고 매개변수 이름을 변경하지 않는 관례를 이미 따라왔다. 요컨대 명명된 인수는 많은 다른 .NET 언어가 이미 요구한 매개변수 이름 변경에 동일한 제약 사항을 부과했다.

메서드 오버로딩과 선택적 매개변수, 명명된 매개변수의 조합으로 호출할 메서드를 확인하는 작업은 분명히 줄었다. 매개변수가 선택적이거나 매개변수 배열이 아닌 한, 모든 매개변수가 형식이 호환되는 정확히 하나의 해당 인수(이름이나 위치 둘 중 하나로)를 가지면 호출은 하나의 메서드에 **적용**(호환)될 수 있다. 이런 점이 호출할 수 있는 메서드의 수를 제한함에도 고유한 메서드를 확인하지 못한다. 호출되는 특정 메서드를 잘 구

4.0

별하려고 컴파일러는 해당 호출자에서 명시적으로 확인되는 매개변수만 사용하고 호출자에서 지정하지 않은 모든 선택적 매개변수는 무시한다. 따라서 이들 메서드 중 하나가 선택적 매개변수를 갖기 때문에 2개의 메서드를 적용할 수 있다면 컴파일러는 선택적 매개변수 없는 메서드로 결정한다.

■ 고 급 주 제

메서드 결정

컴파일러는 적용할 수 있는 몇 개의 메서드 중에서 특정 호출에 맞는 메서드를 하나만 선택해야 할 때 '가장 구체적인' 매개변수 형식을 가진 메서드를 선택한다. 적용할 수 있는 메서드가 2개고 각 메서드가 인수를 매개변수 형식으로 암시적으로 변환해야 한다고 가정할 때 매개변수 형식이 더 구체적으로 파생된 형식인 메서드가 사용된다.

예를 들어, 호출자가 int 형식의 인수를 전달하는 경우 object 매개변수를 갖는 메서드보다는 double 매개변수를 갖는 메서드가 선택된다. 이유는 double이 object보다 구체적이기 때문이다. double이 아닌 개체는 있지만 개체가 아닌 double은 없으므로 double이 더 구체적이다.

메서드를 하나 이상 적용할 수 있고 유일한 메서드를 결정할 수 없다면 컴파일러는 이 호출이 모호하다는 에러를 표시한다.

예를 들어, 다음과 같은 메서드가 있다고 하자.

```
static void Method(object thing){}
static void Method(double thing){}
static void Method(long thing){}
static void Method(int thing){}
```

Method(42) 형식으로 호출하면 인수 형식과 매개변수 형식이 정확히 일치하기 때문에 Method(int thing)이 선택된다. Method(int thing) 메서드를 없애면 double이나 object보다는 long이 더 구체적이기 때문에 오버로드 결정은 long 버전을 선택한다.

C# 명세는 byte, ushort, uint, ulong, 기타 숫자 형식 간의 암시적 변환을 지배하는 추가 규칙이 있다. 그러나 의도한 대상 메서드를 더 잘 인식하도록 캐스트(명시적 형 변환)를 사용하는 것이 좋다.

예외를 사용한 기본 에러 처리

이 단원은 예외 처리 메커니즘을 이용해 에러 보고를 다루는 방법을 살펴본다. **예외 처리** exception handling를 사용하면 메서드가 반환 값을 사용하거나 명시적으로 매개변수를 제공하지 않고 메서드 호출에 에러 관련 정보를 전달할 수 있다. 예제 5.22는 1장의 HeyYou 프로그램을 약간 수정했다. 대신 사용자의 성(姓)을 요청하지 않고 사용자의 나이를 요청한다.

예제 5.22 string을 int로 변환하기

```csharp
using System;

class ExceptionHandling
{
    static void Main()
    {
        string firstName;
        string ageText;
        int age;

        Console.WriteLine("Hey you!");

        Console.Write("Enter your first name: ");
        firstName = System.Console.ReadLine();

        Console.Write("Enter your age: ");
        ageText = Console.ReadLine();
        age = int.Parse(ageText);

        Console.WriteLine(
            $"Hi { firstName }!  You are { age*12 } months old.");
    }
}
```

결과 5.11에서 예제 5.22의 결과를 나타냈다.

결과 5.11

```
Hey you!
Enter your first name: Inigo
```

```
Enter your age: 42
Hi Inigo! You are 504 months old.
```

System.Console.ReadLine()의 반환 값은 ageText라는 변수에 저장되고 int 데이터 형
식의 Parse() 메서드로 전달된다. 이 메서드는 숫자를 나타내는 문자열 값을 받아 int
형식으로 변환시킨다.

■ 초 급 주 제

문자열 42와 정수 42

C#은 null이 아닌 모든 값은 그 값과 연결된 잘 정의된 형식이 필요하다. 따라서 데이터
값뿐만 아니라 그 데이터와 연결된 형식도 중요하다. 42라는 문자열 값은 정수 값 42와
분명히 다르다. 문자열은 4와 2라는 2개의 문자로 구성된 반면 int는 숫자 42다.

변환된 문자열이 제공되면 마지막 System.Console.WriteLine() 구문은 age 값에 12
를 곱해서 나이를 개월 수로 출력한다.

그러나 사용자가 유효한 정수 문자열을 입력하지 않으면 어떻게 될까? 예를 들어,
사용자가 'forty-two'라고 입력한다면 어떤 일이 일어날까? Parse() 메서드는 그런 변
환을 다룰 수 없다. 사용자가 숫자만 포함된 문자열을 입력하리라고 기대할 뿐이다.
Parse() 메서드가 유효하지 않은 값을 받았다면 호출자에 다시 이 사실을 알릴 몇 가지
방법이 필요하다.

에러 잡기

매개변수가 유효하지 않은 int.Parse() 호출은 **예외를 던진다**. 예외를 던지면 현재 제어
흐름에서 더 이상의 실행을 중단하고 예외를 처리하는 콜 스택 내에서 첫 번째 코드 블
록으로 간다.

아직은 이런 처리를 제공하지 않았으므로 프로그램은 사용자에게 **처리되지 않은 예외**
라고 알려 준다. 시스템에 등록된 디버거가 없다면 이 에러는 결과 5.12에서 보인 메시
지를 콘솔에 표시한다.

결과 5.12

```
Hey you!
Enter your first name: Inigo
Enter your age: forty-two

Unhandled exception. System.FormatException: Input string was
        not in a correct format.
    at System.Number.ThrowOverflowOrFormatException(ParsingStatus status,
TypeCode type)
    at System.Int32.Parse(String s)
    at AddisonWesley.Michaelis.EssentialCSharp.Chapter05.Listing05_22.
ExceptionHandling.Main() in C:\Projects\EssentialCSharp-8.0\src\Chapter05\
Listing05.22.ConvertingAStringToAnInt.cs:line 20
```

확실히 이런 에러는 그다지 유용하지 않다. 에러 내용이 유용하도록 고치려면 사용자에게 더 의미 있는 에러 메시지를 제공하는 에러 처리 메커니즘을 제공해야 한다.

이 과정을 '**예외 잡기**^{catching an exception}'라고 한다. 해당 구문을 예제 5.23에서 나타냈고 결과 5.13에서 실행 결과를 보였다.

예제 5.23 예외 잡기

```csharp
using System;

class ExceptionHandling
{
    static int Main()
    {
        string firstName;
        string ageText;
        int age;
        int result = 0;

        Console.Write("Enter your first name: ");
        firstName = Console.ReadLine();

        Console.Write("Enter your age: ");
        ageText = Console.ReadLine();

        try
```

```
    {
        age = int.Parse(ageText);
        Console.WriteLine(
            $"Hi { firstName }! You are { age*12 } months old.");
    }
    catch (FormatException )
    {
        Console.WriteLine(
            $"The age entered, { ageText }, is not valid.");
            result = 1;
    }
    catch(Exception exception)
    {
        Console.WriteLine(
            $"Unexpected error:  { exception.Message }");
        result = 1;
    }
    finally
    {
        Console.WriteLine($"Goodbye { firstName }");
    }

    return result;
    }
}
```

결과 5.13

```
Enter your first name: Inigo
Enter your age: forty-two
The age entered, forty-two, is not valid.
Goodbye Inigo
```

예외 처리 시작은 먼저 잠재적으로 예외를 던질 가능성 있는 코드(age = int.Parse( ))
를 **try 블록**으로 감싸는 것이다. 이 블록은 try 키워드로 시작한다. 이 작업은 개발자가
블록 내의 해당 코드가 예외를 던질 가능성이 있음을 인지하고 있으며, 예외를 일으키
는 경우 catch 블록 중의 하나가 해당 예외를 처리할 것이라고 컴파일러에게 알리는 것
이다.

try 블록 바로 다음에 하나 이상의 catch 블록(또는 finally 블록)이 나와야 한다. catch 블록 헤더(5장 뒤의 고급 주제 - 일반 catch 참고)는 선택적으로 예외의 데이터 형식을 지정할 수 있고, 데이터 형식이 예외 형식과 일치하면 catch 블록이 실행된다. 하지만 적합한 catch 블록이 없다면 예외는 완료되지 못하고 예외 처리가 없는 경우처럼 처리되지 않는다. 제어 흐름의 결과를 그림 5.1에서 나타냈다.

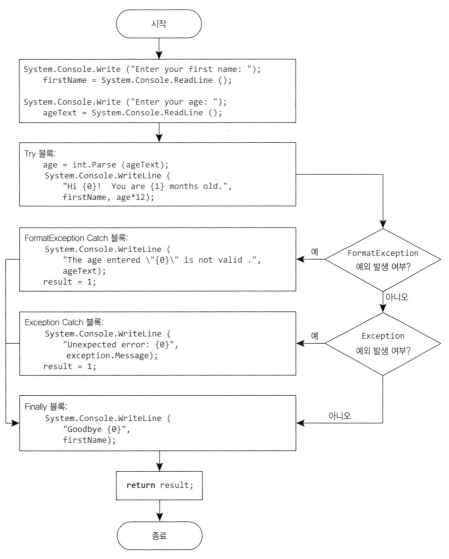

그림 5.1 예외 처리 제어 흐름

예를 들어, 앞서의 예제에서 사용자가 나이를 'forty-two'라고 입력했다고 해보자. 이 경우 int.Parse()는 System.FormatException 형식의 예외를 던지고 제어는 일련의 catch 블록으로 이동한다. (System.FormatException은 해당 문자열을 적합하게 분석할 수 있는 올바른 형식이 아님을 가리킨다.) 첫 번째 catch 블록이 int.Parse()에서 던진 예외 형식과 일치하므로 이 블록 내의 코드가 실행된다. try 블록 내의 구문이 다른 예외를 던지면 모든 예외는 System.Exception 형식에 속하기 때문에 두 번째 catch 블록이 동작한다.

System.FormatException catch 블록이 없다면 int.Parse가 System.FormatException을 던지더라도 System.Exception catch 블록이 실행된다. System.FormatException 또한 System.Exception의 한 유형이기 때문이다. (System.FormatException이 일반적인 예외인 System.Exception의 더 구체적인 구현이다.)

예외를 처리하는 순서가 중요하다. catch 블록은 가장 구체적인 것에서 덜 구체적인 순으로 배치해야 한다. System.Exception 데이터 형식은 구체화 정도가 가장 낮으므로 마지막에 배치한다. 예제 5.23이 치리히는 System.FormatException은 더 구체적인 예외이기 때문에 맨 처음에 나타냈다.

제어가 try 블록을 정상적으로 벗어나든 try 블록의 코드가 예외를 던지든 상관없이 **finally 블록**의 코드는 제어가 try로 보호된 영역을 벗어난 후 실행된다. finally 블록의 목적은 try/catch 블록의 종료(예외가 있든 없든)에 상관없이 실행되는 코드를 넣는 위치를 제공하는 것이다. finally 블록은 예외를 던졌는지 여부에 관계없이 리소스를 정리하는 데 유용하다. 사실 catch 블록 없이 finally 블록만 있는 try 블록도 가능하다. finally 블록은 try 블록에서 예외를 던지든 catch 블록에서 예외를 처리하도록 작성했든 상관없이 실행된다. 예제 5.24에서 try/finally 블록을 나타냈고 결과 5.14에서 실행 결과를 나타냈다.

예제 5.24 catch 블록이 없는 finally 블록

```csharp
using System;

class ExceptionHandling
{
    static int Main()
    {
```

```
        string firstName;
        string ageText;
        int age;
        int result = 0;

        Console.Write("Enter your first name: ");
        firstName = Console.ReadLine();

        Console.Write("Enter your age: ");
        ageText = Console.ReadLine();

        try
        {
            age = int.Parse(ageText);
            Console.WriteLine(
                $"Hi { firstName }! You are { age*12 } months old.");
        }
        finally
        {
            Console.WriteLine($"Goodbye { firstName }");
        }

        return result;
    }
}
```

결과 5.14

```
Enter your first name: Inigo
Enter your age: forty-two

Goodbye Inigo
----Exception----
Unhandled exception. System.FormatException: Input string was not in a correct
format.
    at System.Number.ThrowOverflowOrFormatException(ParsingStatus status,
TypeCode type)
    at System.Int32.Parse(String s)
    at AddisonWesley.Michaelis.EssentialCSharp.Chapter05.Listing05_24.
ExceptionHandling.Main() in C:\Projects\EssentialCSharp-8.0\src\Chapter05\
Listing05.24.FinallyWithoutCatch.cs:line 22
```

```
--- End of stack trace from previous location ---
    at AddisonWesley.Michaelis.EssentialCSharp.Shared.Program.Main(String[] args)
in C:\Projects\EssentialCSharp-8.0\src\Shared\Program.cs:line 144
```

결과를 보고서 흥미로운 점을 발견했을 것이다. 런타임은 finally 블록을 실행하고 나서 처리되지 않은 예외를 보고했다(.NET Core 3.1에서는 반대였다). 이런 특이한 동작이 설명하는 것은 무엇일까?

우선 이 동작은 예외가 처리되지 않을 때 런타임의 동작이 정의한 구현이기 때문에 정상이다. 모든 동작은 이유가 있다! 런타임은 finally 블록 실행을 선택하기 전에 예외가 처리되지 않을 것을 알기 때문에 이런 특정한 동작을 선택한다. 런타임은 이미 호출 스택의 모든 활성 프레임을 검사했고 이들 중 어떤 것도 던진 예외와 일치하는 catch 블록과 연결되지 않는다고 확인했다.

런타임이 해당 예외가 처리되지 않는다고 결정하자마자 런타임은 여러분이 이런 실패를 분석하는 소프트웨어 개발자라고 보고 바로 디버거가 해당 컴퓨터에 설치됐는지 여부를 확인한다. 디버거가 있다면 finally 블록 실행 전에 사용자에게 디버거를 해당 프로세서에 연결할 기회를 제공한다. 설치된 디버거가 없거나 사용자가 해당 문제의 디버깅을 거부하면 기본 동작은 콘솔에 처리되지 않은 예외를 출력하고 나서 실행할 finally 블록이 있는지 여부를 검사한다. 해당 상황의 '구현 시 정의된' 본질에 따라 런타임은 이런 상황에서 finally 블록을 실행하지 않아도 된다. 구현하면서 그렇게 하도록 선택하거나 선택하지 않을 수도 있다.

가이드라인

- finally 블록에서 명시적으로 예외를 던지지 않도록 한다. (메서드 호출의 결과로 암시적으로 던진 예외는 수용.)
- 코드 정리에 try/catch보다는 try/finally를 사용한다.
- 발생한 예외적 상황이 어떤 것인지 그리고 가능한 그 예외를 방지하는 방법을 잘 묘사한 예외를 던진다.

예외 클래스 상속

예외로 던진 모든 개체는 System.Exception에서 파생된 것이다.[8] (System.Exception에서 파생되지 않은 다른 언어에서 던진 개체는 예외를 던진 개체에 의해 자동으로 래핑된다.) 따라서 이들 개체는 catch(System.Exception exception) 블록으로 처리할 수 있다. 하지만 더 구체적으로 파생된 형식(예를 들어, System.FormatException)의 catch 블록을 포함할 때 예외에 관한 대부분의 정보를 얻고 더 구체적으로 처리할 수 있다. 그렇게 하면 구체적으로 파생된 형식을 사용하는 catch 구문이 예외 형식을 구체적으로 처리할 수 있으며 던진 예외와 관련된 데이터를 액세스하고 발생한 예외의 유형을 확인하는 조건 로직을 피할 수 있다.

이 때문에 C#은 catch 블록을 구체적으로 파생된 것에서 덜 구체적으로 파생된 순으로 나타내는 규칙을 적용한다. 예를 들어, System.Exception을 처리하는 catch문이 System.FormatException을 처리하는 구문 다음에 나와야 하는 이유는 System.FormatException이 System.Exception에서 파생된 것이기 때문이다.

메서드는 많은 예외 형식을 던질 수 있다. 표 5.2 목록은 프레임워크 내의 일반적인 예외 몇 가지를 나타냈다.

표 5.2 일반적인 예외 유형

예외 유형	설명
System.Exception	모든 다른 예외가 파생되는 '기본' 예외다.
System.ArgumentException	메서드로 전달되는 인수 중 하나가 유효하지 않음을 나타낸다.
System.ArgumentNullException	특정 인수가 null이며 그 매개변수에 대한 유효한 값이 아님을 나타낸다.
System.ApplicationException	사용하지 않도록 한다. 원래 아이디어는 '시스템' 예외 처리와 '애플리케이션' 예외에 대한 또 다른 처리를 원했고, 일견 타당해 보이기는 했지만 실제로 현실에서는 동작하지 않는다.
System.FormatException	문자열 서식이 변환에 유효하지 않음을 가리킨다.

---

8 C# 2.0에서 시작.

예외 유형	설명
System.IndexOutOfRangeException	존재하지 않는 배열이나 다른 컬렉션 요소에 접근을 시도할 때를 나타낸다.
System.InvalidCastException	한 데이터 형식에서 또 다른 형식으로의 변환 시도가 유효하지 않은 변환임을 나타낸다.
System.InvalidOperationException	애플리케이션이 더 이상 유효한 동작 상태가 되지 못하는 예상치 못한 시나리오가 발생함을 가리킨다.
System.NotImplementedException	메서드 시그니처가 존재하지만 완전히 구현되지 않음을 나타낸다.
System.NullReferenceException	코드가 null인 참조로 참조되는 개체를 찾으려 할 경우 발생한다.
System.ArithmeticException	유효하지 않은 수학 연산을 가리키며 0으로 나누는 경우는 포함하지 않는다.
System.ArrayTypeMismatchException	잘못된 형식의 요소를 배열에 저장하려고 할 때 발생한다.
System.StackOverflowException	예기치 않은 너무 깊은 재귀 동작을 가리킨다.

■ 고 급 주 제

일반 catch

예제 5.25에서 보인 것처럼 매개변수를 받지 않는 catch 블록을 지정할 수 있다.

예제 5.25 일반 Catch 블록

```
//이전 catch 절이 이미 모든 예외를 잡는다.
#pragma warning disable CS1058
...
try
{
    age = int.Parse(ageText);
    System.Console.WriteLine(
        $"Hi { firstName }!  You are { age*12 } months old.");
}
catch (System.FormatException exception)
{
    System.Console.WriteLine(
        $"The age entered ,{ ageText }, is not valid.");
    result = 1;
}
```

```
catch(System.Exception exception)
{
    System.Console.WriteLine(
        $"Unexpected error:  { exception.Message }");
    result = 1;
}
catch
{
    System.Console.WriteLine("Unexpected error!");
    result = 1;
}
finally
{
    System.Console.WriteLine($"Goodbye { firstName }");
}
...
```

데이터 형식이 없는 catch 블록을 **일반 catch 블록**^{general catch block}이라 하며 이는 object 데이터 형식을 받는 catch 블록을 지정하는 것과 같다. 이를테면 catch(object exception){...}과 같은 식이다. 이런 이유로 catch 블록이 이미 존재한다는 경고가 트리거된다. 따라서 #pragma warning disable 지시문을 사용했다.

모든 클래스는 결국 object에서 파생되기 때문에 데이터 형식이 없는 catch 블록은 맨 마지막에 나타내야 한다.

일반 catch 블록은 예외에 관한 정보를 잡아낼 방법이 없으므로 거의 사용하지 않는다. 게다가 C#은 object 형식의 예외를 던지는 기능을 지원하지 않는다. (C++와 같은 언어에서 작성된 라이브러리만 모든 형식의 예외를 허용한다.)

가이드라인

- 일반 catch 블록을 피하고 System.Exception의 catch로 바꾼다.
- 적절한 동작이 알려지지 않은 예외는 잡지 않는다. 부정확하게 처리하기보다 처리되지 않은 예외로 다루는 편이 더 낫다.
- 예외를 다시 던지기 전에 예외를 잡아서 로그를 남긴다. 대신 적절히 처리될 수 있을 때까지 해당 예외가 빠져나가도록 허용한다.

throw 문을 사용한 에러 보고

C#을 사용하는 개발자는 예제 5.26과 결과 5.15에서 나타낸 것처럼 자신의 코드에서
예외를 발생시킬 수 있다.

예제 5.26 예외 던지기

```csharp
//이전 catch 절이 이미 모든 예외를 잡는다.
using System;
public class ThrowingExceptions
{
    public static void Main()
    {
        try
        {
            Console.WriteLine("Begin executing");

            Console.WriteLine("Throw exception...");
            throw new Exception("Arbitrary exception");
            Console.WriteLine("End executing");
        }
        catch (FormatException exception)
        {
            Console.WriteLine(
                "A FormateException was thrown");
        }
        catch(Exception exception)
        {
            Console.WriteLine(
                $"Unexpected error: { exception.Message }");
        }
        catch
        {
            Console.WriteLine("Unexpected error!");
        }

        Console.WriteLine(
            "Shutting down...");
    }
}
```

```
Begin executing
Throw exception...
Unexpected error:    Arbitrary exception
Shutting down...
```

예제 5.26에서 표시한 화살표처럼 예외를 던지면 예외를 던진 곳에서 던진 예외 형식과 호환되는 스택 내의 첫 번째 catch 블록으로 실행을 건너뛴다.[9] 이 경우 두 번째 catch 블록이 해당 예외를 처리하고 에러 메시지를 출력한다. 예제 5.26에는 finally 블록이 없으므로 try/catch 블록 다음의 System.Console.WriteLine() 구문을 실행한다.

예외를 던지려면 예외 인스턴스가 있어야 한다. 예제 5.26은 new 키워드 다음에 해당 예외 형식을 사용해 인스턴스를 생성했다. 대부분의 예외 형식은 예외가 발생할 때 해당 메시지를 가져올 수 있도록 예외 던지기의 일부로 메시지를 생성할 수 있다.

catch 블록이 예외를 잡겠지만 적절히 또는 완전히 처리하지 못하는 경우도 있다. 이러한 상황에서 예제 5.27에서 보인 것처럼 catch 블록은 아무 예외도 지정하지 않고 throw 구문을 사용해 예외를 다시 던질 수 있다.

예제 5.27 예외 다시 던지기

```
...
    catch(Exception exception)
    {
        Console.WriteLine(
            $@"Rethrowing unexpected error:  {
                exception.Message }");
        throw;
    }
...
```

예제 5.27에서 throw 문은 exception 변수로 참조되는 예외를 던지지 않고 비어 있다. 이 코드는 미묘한 차이를 준다. throw;는 해당 예외의 '호출 스택' 정보를 보존하지

---

9 기술적으로 호환되는 catch 필터가 예외를 잡아낼 수도 있다.

만 'throw exception;'는 그 정보를 현재 호출 스택 정보로 바꾼다. 디버깅의 목적상 이 방식은 원래 호출 스택을 알아내는 더 나은 방법이다.

가이드라인

- 예외를 잡아서 다시 던질 때 빈 throw를 사용해 호출 스택을 보존하자.
- 에러 코드를 반환하기보다는 예외를 던져 실행이 실패한 것을 보고하자.
- 반환 값이나 out 매개변수로 예외를 반환하는 공용 멤버를 사용하지 말자. 예외를 던져 에러를 보여 주자. 에러를 나타내기 위해 이들 예외를 반환 값으로 사용하지 않도록 하자.

예상된 상황을 다루는 경우 예외 처리 사용을 피한다

개발자는 예상된 조건이나 정상 제어 흐름의 경우 예외를 던지지 않아야 한다. 예를 들어, 개발자는 사용자가 나이를 지정할 때 유효한 텍스트를 입력할 것이라고 예상하면 안 된다.[10] 따라서 사용자가 입력한 데이터의 유효성을 검사하는 예외에 의존하지 말고 변환을 시도하기 전에 해당 데이터를 검사하는 수단을 제공해야 한다. (무엇보다 사용자가 유효하지 않은 데이터를 입력하지 않도록 하는 게 더 좋다.) 예외는 예외적이고 예상치 못한 잠재적인 심각한 상황을 추적하려고 특별히 설계됐다. 예상한 상황에도 예외 처리를 사용하는 것처럼 의도하지 않은 목적에 예외를 사용하는 것은 코드의 가독성, 이해, 유지보수를 어렵게 할 수 있다.

예를 들어, 문자열을 정수로 변환하려고 2장에서 사용한 int.Parse() 메서드를 고려해 보자. 이 시나리오에서 해당 코드는 항상 숫자가 아닐 것이라고 예상하고 사용자 입력을 변환했다. Parse() 메서드의 문제 중 하나는 변환이 성공적인지 여부를 결정하는 유일한 방법이 형 변환을 시도한 뒤 동작하지 않는 경우 예외를 잡는 것이다. 예외를 던지면 상대적으로 처리 비용이 많이 들기 때문에 예외 처리 없이 변환을 시도하는 편이 더 낫다. 이렇게 하고자 int.TryParse()처럼 TryParse() 메서드들 중 하나를 사용하는 것이 좋다. TryParse() 함수의 반환 값이 변환된 값이 아니라 bool이기 때문에 out 키워드를

---

10 대개 개발자는 사용자가 예상치 않은 동작을 수행한다고 예상하므로 '멍청한 사용자 트릭'을 다루고자 코드를 방어적으로 작성해야 한다.

사용해야 한다. 예제 5.28은 int.TryParse()를 사용해 변환하는 코드 조각을 나타냈다.

예제 5.28 int.TryParse()을 사용한 변환

```
if (int.TryParse(ageText, out int age))
{
    Console.WriteLine(
        $"Hi { firstName }!  "
        + $"You are { age*12 } months old.");
}
else
{
    Console.WriteLine(
        $"The age entered, { ageText }, is not valid.");
}
```

2.0 끝

TryParse() 메서드를 사용하면 문자를 숫자로 변환할 목적으로 더 이상 try/catch 블록을 포함할 필요가 없다.

예상된 시나리오에 대한 예외를 피해야 하는 또 다른 요인은 성능이다. 대부분의 언어처럼 C#은 예외를 던질 때 약간의 성능상 손해를 입는다(나노초 단위의 작업이 마이크로초 단위의 작업이 된다). 이런 지연은 예외가 처리되지 않을 때는 제외하고 일반적으로 사람이 느끼는 시간에 비하면 그다지 문제될 것이 없다. 예를 들어, 예제 5.22를 실행하고 유효하지 않은 나이를 입력할 때 예외가 처리되지 않고 런타임이 디버거를 로드할지 여부를 확인하고자 환경을 검사하는 동안 뚜렷한 지연이 나타난다. 다행스럽게도 프로그램이 종료될 때 느린 성능은 그다지 염려할 요소가 아니다.

가이드라인

- 정상 조건이나 예상한 조건을 처리하는 데 예외를 사용하지 말자. 예외적이고 예상치 않은 조건을 처리하는 데 사용하자.

요약

5장은 값이 아니라 out과 ref 키워드를 사용해 변수를 전달하고 반환하는 작업을 포함해 메서드를 선언하고 호출하는 내용을 자세히 설명했다. 메서드 선언 외에 예외 처리에 대해서도 다뤘다.

메서드는 가독성 있는 코드를 작성하는 핵심 기본 구문이다. 많은 구문이 있는 커다란 메서드를 작성하기보다는 코드 내에서 대략 10줄 또는 더 적은 구문의 '단락'을 만드는 데 메서드를 사용해야 한다. 큰 함수를 더 작은 조각으로 나누는 과정은 코드를 리팩토링해서 가독성과 유지보수성을 높이는 방법이다.

6장은 클래스 구조를 생각해 보고 메서드(동작)와 필드(데이터)를 하나의 단위로 캡슐화하는 방법을 설명한다.

■6■
클래스

1장에서 HelloWorld라는 새로운 클래스를 선언하는 방법을 간단히 살펴봤다. 2장과 3장에서는 C#에 포함된 내장 기본 형식을 배웠다. 제어 흐름과 메서드를 선언하는 방법도 배웠으므로 이제 자신만의 형식을 정의하는 방법을 설명할 때가 됐다. 형식 정의는 모든 C# 프로그램의 핵심 구조다. C#을 객체 지향 언어라고 하는 이유는 자체 형식으로 만든 클래스와 개체를 지원하기 때문이다.

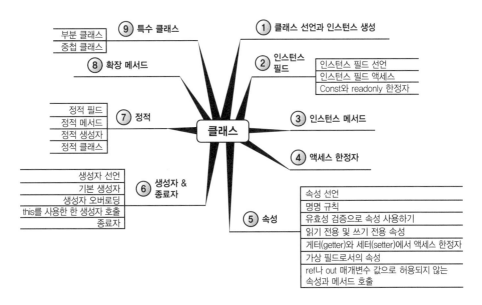

6장은 C#을 사용한 객체 지향 프로그래밍 기초를 소개한다. 핵심은 개체 자체의 템플릿인 **클래스**^{class}를 정의하는 방법이다.

5장에서 설명한 구조화된 흐름 제어 기반 프로그래밍의 모든 구문도 여전히 객체 지향 프로그래밍에 적용된다. 하지만 이들 구문을 클래스 내에 래핑^{wrapping}하면 더 크고 체계화된 프로그램을 만들 수 있고 유지 관리 가능성이 크게 향상된다.

객체 지향 프로그래밍의 주요 이점 중 하나는 새로운 프로그램을 처음부터 다시 만들지 않고, 이전에 작업한 기존 개체의 컬렉션을 조합하고 새로운 기능으로 클래스를 확장하며 클래스를 더 추가해 새로운 기능을 제공할 수 있다는 점이다.

객체 지향 프로그래밍에 익숙하지 않은 독자는 초급 주제 코너에서 객체 지향 프로그래밍 소개를 읽어 보기 바란다. 초급 주제 밖의 일반적인 내용은 독자가 이미 객체 지향 개념에 익숙하다는 가정하에 C#을 사용한 객체 지향 프로그래밍에 초점을 맞춘다.

6장은 C#이 클래스, 속성, 액세스 한정자와 같은 구문으로 캡슐화를 지원하는 방법을 살펴본다. 앞서 5장은 메서드를 다뤘다 7장은 객체 지향 프로그래밍을 가능케 하는 상속과 다형성의 소개를 바탕으로 설명을 이어간다.

■ 초 급 주 제

객체 지향 프로그래밍

요즘 뛰어난 프로그래밍의 핵심은 큰 애플리케이션에서 복잡한 요구 사항 구현에 대한 얼개와 구조를 제공하는 능력에 있다. 객체 지향 프로그래밍은 이 목적을 달성하는 핵심 방법론 중 하나를 제공하기 때문에 객체 지향 프로그래머는 아주 사소한 프로그램을 제외하고 다시 구조적 프로그래밍으로 전환하기가 쉽지 않을 정도다.

객체 지향 프로그래밍의 가장 기본 구문은 클래스다. 클래스로 프로그래밍 추상화나 모델, 종종 실세계 개념을 나타내는 템플릿을 구성한다. 예를 들어, OpticalStorageMedia 클래스는 미디어 재생 장치의 디스크를 추출하는 Eject() 메서드를 가질 것이다. Optical StorageMedia 클래스는 CD나 DVD 재생 장치라는 실세계 개체의 프로그래밍 추상화다.

클래스는 캡슐화, 상속, 다형성이라는 객체 지향 프로그래밍의 세 가지 주요 원리를 드러낸다.

캡슐화

캡슐화로 상세 내용을 숨길 수 있다. 필요할 때는 여전히 세부 구현에 접근할 수 있지만, 세부 구현을 캡슐화하면 큰 프로그램을 이해하기 더 쉽게 만들며, 부주의한 수정을 막을 수 있고, 코드 변경으로 인한 영향을 캡슐화 범위 내로 제한하기 때문에 코드의 유지 관리가 더 쉬워진다. 메서드는 캡슐화의 예다. 메서드의 코드를 직접 호출자의 코드로 사용할 수 있지만, 코드를 메서드로 리팩토링하면 캡슐화의 이점을 제공한다.

상속

DVD 드라이브를 예로 들어 보자. DVD 드라이브는 광 미디어 장치의 한 종류다. DVD는 디지털 영화를 담을 수 있는 일정한 용량을 제공한다. CD 드라이브도 광 미디어 장치의 한 종류지만 다른 특징이 있다. CD의 복사 방지는 DVD 복사 방지와 다르며, 저장소 용량 역시 다르다. CD 드라이브와 DVD 드라이브 모두는 하드 드라이브, 메모리 카드, 플로피 드라이브(기억할지 모르겠다)와 다르다. 모두가 저장 장치의 범주에 들지만 모두 저마다 특별한 특징을 지니며, 지원하는 파일 시스템과 미디어가 읽기 전용인지 읽기/쓰기인지 여부와 같은 기본 기능에서도 다르다.

객체 지향 프로그래밍에서 상속을 사용하면 이처럼 비슷하지만 다른 항목들 간에 'is a kind of'[1] 관계를 만들 수 있다. DVD 드라이버는 저장 미디어의 '일종'이고 CD 드라이브도 저장 미디어의 '일종'이며 이 둘은 각각 저장 용량을 가진다. 두 가지 모두 광학 저장 미디어와 'is a kind of' 관계를 맺으므로 저장 미디어의 '일종'이라는 말도 타당하다.

저장 장치의 각 타입에 해당하는 클래스를 정의하면 일련의 'is a kind of' 관계인 **클래스 계층 구조**^{class hierarchy}를 정의하는 것이다. 모든 저장 장치를 파생시킨 기본 클래스로 StorageMedia 클래스를 생각해 볼 수 있다. CD 드라이브, DVD 드라이브, 하드 드라이브, USB 드라이브, 플로피 드라이브는 StorageMedia 클래스에서 파생된다. 하지만 CD와 DVD 드라이브는 StorageMedia에서 직접 파생시킬 필요가 없다. 대신 중간 클래스인 OpticalStorageMedia에서 파생시킬 수 있다. 그림 6.1에서 나타낸 것처럼 UML^{Unified Modeling Language} 같은 클래스 다이어그램으로 클래스 계층 구조를 시각화해 볼 수 있다.

---

1 "~은 ~라는 종류에 속한다"라는 뜻이다. – 옮긴이

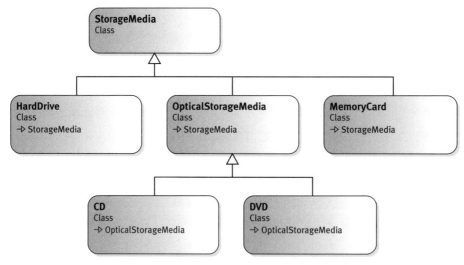

그림 6.1 클래스 계층 구조

상속 관계는 최소 2개의 클래스를 포함하며 한 클래스는 다른 클래스의 더 구체적인 종류다. 그림 6.1에서 HardDrive는 StorageMedia의 더 구체적인 종류다. 더 구체화된 형식인 HardDrive는 StorageMedia의 일종이지만 그 반대는 참이 아니다. 즉, StorageMedia의 인스턴스가 꼭 HardDrive인 것은 아니다. 그림 6.1이 보인 것처럼 상속은 둘 이상의 클래스를 포함한다.

더 구체화된 형식을 **파생 형식**derived type 또는 **하위 형식**subtype이라 한다. 더 일반적인 형식을 **기본 형식**base type 또는 **상위 형식**super type이라 한다. 기본 형식을 종종 '부모' 형식이라 하고, 파생 형식을 종종 '자식' 형식이라 한다. 이러한 사용법이 일반적이긴 하지만 혼란스러울 수 있다. 무엇보다 자식은 부모의 한 종류가 아니다. 이 책에서는 '파생 형식'과 '기본 형식'을 따른다.

또 다른 형식에서 **파생**시키거나 **상속**하는 것은 그 형식을 **구체화**하는 것으로, 특정 목적에 더 적합하도록 기본 형식을 조정한다는 의미다. 기본 형식은 파생 형식 모두에 공통인 구현 세부 사항을 포함할 수 있다.

상속의 핵심 기능은 모든 파생 형식이 기본 형식의 멤버를 상속하는 것이다. 기본 멤버의 구현을 수정할 때가 있지만, 그에 상관없이 파생 형식은 명시적으로 포함하는 다른 멤버 외에 기본 형식의 멤버들을 포함한다.

파생 형식을 사용하면 해당 클래스가 기본 형식보다 더 구체성을 갖는 응집 계층 구조로 구성할 수 있다.

다형성

다형성의 영어 표기인 polymorphism에서 'poly'는 '다양함'을 뜻하고 'morph'는 '형'을 뜻한다. 개체라는 맥락에서 다형성은 하나의 메서드나 형식이서 다양한 형태를 구현하고 있음을 뜻한다.

MP3를 담고 있는 음악 CD와 DVD 둘 다 재생할 수 있는 미디어 플레이어가 있다고 하자. 하지만 Play() 메서드의 정확한 구현은 미디어 유형에 따라 다르다. 음악 CD를 나타내는 개체나 음악 DVD를 나타내는 개체에서 Play()를 호출하면 각 개체 형식은 복잡한 재생 세부 사항을 알기 때문에 양쪽 모두 음악을 재생한다. 미디어 플레이어가 알고 있는 모든 것은 공통 기본 형식인 OpticalStorageMedia와 이 형식이 Play() 메서드를 정의하고 있다는 사실이다. 다형성은 해당 메서드가 여러 파생 형식으로 나타나고, 각 파생 형식은 동일한 메서드 시그니처를 포함하는 공통 기본 형식(인터페이스)을 공유하기 때문에 한 형식에서 메서드의 정확한 세부 구현을 다룰 수 있다는 원리다.

클래스 선언과 인스턴스 생성

클래스를 정의는 예제 6.1에서 나타낸 것처럼 class라는 키워드를 먼저 지정하고 그 다음 식별자를 쓴다.

예제 6.1 Defining a Class

```
public class Employee
{
}
```

클래스에 속하는 모든 코드는 클래스 선언 다음의 중괄호 사이에 나타난다. 필수는 아니지만 보통 각 클래스를 별도 파일에 넣는다. 이렇게 하면 클래스 이름으로 파일 이름을 붙이는 관례에 따라 특정 클래스를 정의하는 코드를 더 찾기 쉽다.

새로운 클래스를 정의했다면 프레임워크에 내장된 것처럼 이 클래스를 사용할 수 있다. 즉, 그 형식의 변수를 선언하거나 새로운 클래스 형식의 매개변수를 취하는 메서드를 선언할 수 있다. 예제 6.2에서 이를 나타냈다.

예제 6.2 클래스 형식의 변수 선언

```csharp
class Program
{
    static void Main()
    {
        Employee employee1, employee2;
        // ...
    }

    static void IncreaseSalary(Employee employee)
    {
        // ...
    }
}
```

■ 초 급 주 제

개체와 클래스 정의

일상적인 대화에서 클래스와 개체라는 용어는 혼용해서 사용하는 경우가 많다. 하지만 개체와 클래스는 의미가 다르다. **클래스**는 인스턴스 생성 시 개체의 모습에 대한 템플릿이다. 따라서 **개체**는 클래스의 인스턴스다. 클래스는 위젯의 모습을 나타낸 틀과 같다. 개체는 이 틀로 만든 위젯에 해당한다. 개체가 클래스의 인스턴스이기 때문에 클래스에서 개체를 만드는 과정을 **인스턴스화**instantiation라고 한다.

이제 새로운 클래스 형식을 정의했으니 이 형식의 개체를 인스턴스로 만들 때가 됐다. C#은 new라는 키워드를 사용해 개체를 인스턴스화한다(예제 6.3 참고).

예제 6.3 클래스 인스턴스 생성

```
class Program
{
    static void Main()
    {
        Employee employee1 = new Employee();
        Employee employee2;
        employee2 = new Employee();

        IncreaseSalary(employee1);
        IncreaseSalary(employee2);
    }
}
```

당연하지만 선언처럼 동일한 구문이나 별도 구문으로 할당할 수 있다.

지금까지 작업해 온 기본 형식과 달리 Employee를 지정하는 리터럴 방식은 없다. 대신 new 연산자가 Employee 개체를 위한 메모리 할당과 개체의 초기화, 해당 인스턴스에 대한 참조 반환을 런타임에 지시한다.

메모리 할당을 수행하는 명시적 연산자는 있어도 메모리 할당을 해제하는 그런 연산자는 없다. 대신 런타임은 해당 개체에 접근할 수 없게 되면 해당 개체가 차지하던 메모리를 자동으로 회수한다. **가비지 수집기**garbage collector가 자동 할당 해제를 담당한다. 가비지 수집기는 다른 동작 중인 개체에서 더 이상 참조하지 않은 개체라고 판단하면 이들 개체에 대한 메모리 할당을 해제한다. 결과적으로 메모리가 수집돼 시스템으로 복원되는 프로그램 위치는 컴파일 타임에 결정할 수 없다.

이 간단한 예제에서 명시적 데이터나 메서드가 Employee에 연결돼 있지 않으므로 기본적으로 이 개체는 쓸모가 없다. 다음 절은 개체에 데이터를 추가하는 데 초점을 맞춘다.

캡슐화 1편: 개체는 데이터와 메서드의 묶음이다

직원의 이름이 적힌 인덱스 카드 더미, 성이 적힌 인덱스 카드 더미, 봉급이 적힌 인덱스 카드 더미를 받는 경우 해당 카드가 각 더미에서 동일한 순서로 돼 있지 않다면 이 카드는 거의 가치가 없다. 사람의 성명을 결정할 때는 더미 2개를 모두 검색해야 하므로 이 데이터는 작업하기 어렵다. 더 나쁜 것은 더미들 중 하나를 잃어버리면 성, 이름, 봉급을 다시 연결할 방법이 없다는 점이다. 그래서 각 직원에 대한 데이터를 카드 하나에 모은 직원 카드 더미가 필요하다. 이런 방식으로 성, 이름, 봉급을 함께 추상화할 수 있다.

객체 지향 프로그래밍 맥락을 잠시 제쳐놓고 본다면 일련의 항목을 **캡슐화하는 작업**은 한 캡슐 내에 이들 항목을 동봉하는 셈이다. 마찬가지로 객체 지향 프로그래밍은 메서드와 데이터를 함께 한 개체로 캡슐화한다. 이는 더 이상 각각 다룰 필요가 없도록 클래스 **멤버**(한 클래스 내의 데이터와 메서드) 모두를 모은 것이다. 성, 이름, 봉급을 3개의 별도 매개변수로 메서드에 전달하지 않고, 개체는 호출을 사용해 식원 개체에 내한 참조를 전달한다. 호출된 메서드가 개체 참조를 받으면 개체가 메시지를 보내(예를 들면 AdjustSalary( ) 같은 메서드 호출) 특정 작업을 수행할 수 있다.

> **언어 비교: C++의 delete 연산자**
>
> C# 프로그래머는 new 연산자를 메모리를 할당하는 호출이 아닌 개체의 인스턴스를 만드는 호출로 봐야 한다. 힙(heap)에 할당된 개체와 스택에 할당된 개체 모두 new 연산자를 지원하므로 new는 메모리 할당을 일으키는 방식에 관한 것이 아니라 할당 해제가 필요한지 여부에 관한 것이라는 점이 중요하다.
>
> 따라서 C#은 C++가 제공하는 delete 연산자가 필요 없다. 메모리 할당과 해제와 같은 세부적인 사항은 해당 런타임에서 관리하므로 개발자는 도메인 로직에 더 집중할 수 있다. 하지만 메모리를 런타임에서 관리해도 런타임은 데이터베이스 연결과 네트워크 포트 등의 다른 리소스는 관리하지 않는다. C++와 달리 C#은 **암시적인 결정적 리소스 정리**를 지원하지 않는다(코드의 컴파일 시간에 정의된 위치에서 암시적 개체 소멸). 다행히 C#은 using 구문을 통해 **명시적인 결정적 리소스 정리**와 종료자를 사용한 **암시적인 비결정적 리소스 정리**를 지원한다.

인스턴스 필드

객체 지향 설계의 중요한 측면 중 하나는 데이터를 그룹화해서 구조를 제공하는 것이다. 이 절에서는 Employee 클래스에 데이터를 추가하는 방법을 설명한다. 클래스 내에데이터를 저장하는 변수에 대한 일반적인 객체 지향 용어가 **멤버 변수**^{member variable}다. 이 용어는 C#에서 잘 이해되지만 표준에 더 맞는 용어(명세에서 사용하는 용어)는 포함하는 형식과 연결된 명명된 저장소 단위인 **필드**^{field}다. **인스턴스 필드**^{instance field}는 개체와 연결된 데이터를 저장할 수 있도록 클래스 수준에서 선언된 변수다. 이런 이유로 **연관**^{association}이란 필드 데이터 형식과 포함하는 필드 사이의 관계다.

인스턴스 필드 선언하기

예제 6.4에서 FirstName, LastName, Salary라는 세 가지 필드를 포함하도록 Employee 클래스를 수정했다(Salary를 C# 8.0 null 허용 참조 형식으로 선언했지만 설명을 위해 이 예제와 관련 예제 전체에서 C# 8.0으로 표시하지 않았다).

예제 6.4 필드 선언

```
class Employee
{
    public string FirstName;
    public string LastName;
    public string Salary;
}
```

이러한 필드의 추가로 모든 Employee 인스턴스에 몇 가지 기본 데이터를 저장할 수 있다. 이 경우에 public 액세스 한정자를 필드의 접두어로 붙였다. 필드에서 public은 필드 내의 해당 데이터를 Employee 외의 클래스에서 액세스할 수 있음을 가리킨다(6장 뒤의 액세스 한정자 단원 참고).

지역 변수 선언처럼 필드 선언은 필드가 참조하는 데이터 형식을 포함한다. 예제 6.5에서 Salary 필드로 나타낸 것처럼 선언 시에 초기 값을 필드에 할당할 수 있다.

```
// 코드를 작성하는 동안 null을 허용하지 않는 필드의 초기화되지 않음 경고를 비활성화한다.
#pragma warning disable CS8618
class Employee
{
    public string FirstName;
    public string LastName;
    public string Salary = "Not enough";
}
```

C# 속성과 생성자를 먼저 소개한 후 필드의 명명과 코딩 지침은 6장의 뒤에서 설명한다. 그때까지는 예제가 표준 코딩 관례를 따르지 않을 때가 자주 있다. 사실 다음과 같은 경고가 자주 발생한다.

- "CS0649: 필드에는 할당되지 않으므로 항상 기본 값 null을 사용합니다."
- "CS8618: nullable이 아닌 속성이 초기화되지 않았습니다."

이 경우 FirstName과 LastName이 초기화되지 않았으므로 CS8618 경고가 발생한다.

설명을 위해 이러한 경고를 무시했으며 사실 6장 뒤에서 개념을 완전히 다룰 때까지는 함께 제공하는 코드에서 #pragma 지시문으로 비활성화했다.

인스턴스 필드 접근하기

필드 내에서 데이터를 설정하고 검색할 수 있다. 하지만 필드가 static 한정자를 포함하지 않으면 인스턴스 필드다. 포함하는 클래스(개체)의 인스턴스에서만 인스턴스 필드를 접근할 수 있다. 클래스에서 인스턴스 필드를 직접(즉, 인스턴스를 먼저 생성하지 않고) 액세스할 수 없다.

예제 6.6은 업데이트된 Program 클래스 모습과 Employee 클래스의 활용을 나타냈고 결과 6.1에서 해당 결과를 나타냈다.

```csharp
class Program
{
    static void Main()
    {
        Employee employee1 = new Employee();
        Employee employee2;
        employee2 = new Employee();

        employee1.FirstName = "Inigo";
        employee1.LastName = "Montoya";
        employee1.Salary = "Too Little";
        IncreaseSalary(employee1);
        Console.WriteLine(
            "{0} {1}: {2}",
            employee1.FirstName,
            employee1.LastName,
            employee1.Salary);
        // ...
    }

    static void IncreaseSalary(Employee employee)
    {
        employee.Salary = "Enough to survive on";
    }
}
```

결과 6.1

```
Inigo Montoya: Enough to survive on
```

예제 6.6은 앞서 본 것처럼 2개의 Employee 개체를 초기화한다. 다음으로 각 필드를 설정하고 IncreaseSalary()를 호출해 해당 급여를 변경한 뒤 employee1 개체로 참조해 연결된 각 필드를 표시한다.

먼저, 작업하는 Employee 인스턴스를 지정해야 한다. 따라서 해당 필드를 할당하고 액세스할 때 필드 이름에 employee1 변수가 접두어로 표시된다.

인스턴스 메서드

Main() 내의 WriteLine() 메서드 호출에서 이름에 서식을 지정하는 하나의 대안은 해당 서식을 처리하는 Employee 클래스에 메서드를 제공하는 것이다. Program의 멤버보다는 Employee 클래스 내에서 기능을 변경하는 것이 클래스의 캡슐화에 일관성을 준다. 이름 구성 데이터를 포함하는 클래스에 직원의 전체 이름 표시와 관련된 메서드를 넣지 않는 이유가 무얼까? 예제 6.7에서 이런 메서드를 보였다.

예제 6.7 포함하는 클래스 내의 필드 접근

```csharp
class Employee
{
    public string FirstName;
    public string LastName;
    public string Salary;

    public string GetName()
    {
        return $"{ FirstName } { LastName }";
    }
}
```

GetName() 메서드가 지역 변수가 아니라 개체의 필드를 접근한다는 점을 제외하고 4장에서 배운 것과 비교해 이 메서드에 관한 특별한 점은 없다. 게다가 이 메서드 선언은 static으로 표시하지 않았다. 6장 뒤에서 살펴보겠지만 정적 메서드는 클래스 내의 인스턴스 필드를 직접 접근할 수 없다. 메서드나 필드 등 인스턴스 멤버를 호출하려면 클래스의 인스턴스를 얻어야 한다.

GetName() 메서드를 추가했으므로 예제 6.8과 결과 6.2에서 보인 것처럼 Program. Main()을 업데이트해서 해당 메서드를 사용할 수 있다.

예제 6.8 포함하는 클래스 외부에서 필드 액세스

```csharp
class Program
{
    static void Main()
    {
```

```
        Employee employee1 = new Employee();
        Employee employee2;
        employee2 = new Employee();

        employee1.FirstName = "Inigo";
        employee1.LastName = "Montoya";
        employee1.Salary = "Too Little";
        IncreaseSalary(employee1);
        Console.WriteLine(
            $"{ employee1.GetName() }: { employee1.Salary }");
        // ...
    }
    // ...
}
```

결과 6.2

```
Inigo Montoya: Enough to survive on
```

this 키워드 사용하기

클래스에 속하는 인스턴스 멤버 내에서 클래스를 참조할 수 있다. C#이 액세스하는 필드나 메서드가 포함하는 클래스의 인스턴스 멤버라는 것을 명시적으로 가리키려고 this 키워드를 사용한다. this를 사용하면 모든 인스턴스 멤버를 호출할 때 암시적이며 개체 자체의 인스턴스를 반환한다.

예를 들어, 예제 6.9의 SetName() 메서드를 살펴보자.

예제 6.9 this를 사용한 필드의 소유자 명시적인 확인

```
class Employee
{
    public string FirstName;
    public string LastName;
    public string Salary;

    public string GetName()
```

```
    {
        return $"{ FirstName } { LastName }";
    }

    public void SetName(
        string newFirstName, string newLastName)
    {
        this.FirstName = newFirstName;
        this.LastName = newLastName;
    }
}
```

이 예제는 this 키워드를 사용해 FirstName과 LastName 필드가 클래스의 인스턴스 멤
버임을 가리킨다.

this 키워드는 지역 클래스 멤버에 대한 접두어와 모든 참조가 될 수 있지만, 꼭 필
요한 경우가 아니라면 코드에 집어넣지 않는 것이 일반적인 지침이다. 따라서 굳이 필
요하지 않으면 this 키워드 사용을 피하자. 예제 6.12는 이런 요구 사항이 존재하는 몇
가지 환경 중 하나다. 하지만 예제 6.9와 6.10은 좋은 예가 아니다. 예제 6.9는 코드의
의미를 훼손하지 않고 this를 완전히 없앨 수 있다. 그리고 예제 6.10은 필드에 대한 이
름 부여 관례를 변경하고 매개변수에 대한 이름 부여 관리를 따라서 지역변수와 필드
사이의 모든 모호함을 피할 수 있다.

■ 초 급 주 제

모호함을 피하는 코딩 스타일

SetName() 메서드에서 FirstName은 newFirstName과 분명히 다르기 때문에 this 키워드를
사용하지 않았다. 그러나 매개변수 'newFirstName'을 호출하지 않고 예제 6.10에서 보
인 것처럼 'FirstName'(파스칼 표기법 사용)을 호출했다고 가정해 보자.

예제 6.10 this를 사용한 모호성 회피

```
public class Employee
{
    public string FirstName;
    public string LastName;
```

```
public string Salary;

public string GetName()
{
    return $"{ FirstName } { LastName }"; }
}

// 주의: 매개변수 이름은 파스칼 표기법을 사용한다.
public void SetName(string FirstName, string LastName)
{
    this.FirstName = FirstName;
    this.LastName = LastName;
}
}
```

이 예제는 Employee 개체가 해당 변수를 소유하는지 명시적으로 가리키지 않고 FirstName 필드를 참조할 수 없다. this는 Program.Main() 메서드에서 사용된 employee1 변수 접두사처럼 동작한다(예제 6.8 참고). this는 SetName()이 호출된 employee1으로 참조한다.

예제 6.10은 매개변수를 지역 변수처럼 선언하는 C# 명명 규칙을 따르지 않고 카멜 표기법을 사용한다. 이는 FirstName(해당 필드에 대한 참조 목적)을 FirstName(매개변수)에 할당해도 여전히 컴파일되고 실행도 되는 코드를 낳기 때문에 미묘한 버그를 만들 수 있다. 이런 문제를 피하려면 필드에 대한 명명 규칙과 매개변수 및 지역 변수에 대해 다른 명명 규칙을 갖는 것이 좋다. 뒤에서 이러한 규칙을 한 가지 설명한다.

언어 비교: 비주얼 베이직은 Me로 클래스 인스턴스를 접근한다

C# 키워드 this는 비주얼 베이직 키워드 Me와 같다.

예제 6.9와 예제 6.10에서 this 키워드는 GetName() 메서드에서 사용되지 않았다. 이 키워드는 선택적이다. 하지만 지역 변수나 매개변수가 필드와 동일한 이름을 지닌다면 (예제 6.10에서 SetName() 메서드 참고) this를 생략할 경우 필드 액세스를 의도했지만 지역 변수/매개변수를 액세스하게 된다. 이런 시나리오는 this를 사용해야 한다.

this 키워드를 사용해 클래스의 메서드를 명시적으로 액세스할 수도 있다. 예를 들어, 새로 할당된 이름을 출력하도록 this.GetName()을 SetName() 메서드 내에서 사용할 수 있다(예제 6.11와 결과 6.3 참고).

예제 6.11 메서드에 this 사용

```csharp
public class Employee
{
    // ...

    public string GetName()
    {
        return $"{ FirstName } { LastName }";
    }

    public void SetName(string newFirstName, string newLastName)
    {
        this.FirstName = newFirstName;
        this.LastName = newLastName;
        Console.WriteLine(
            $"Name changed to '{ this.GetName() }'");
    }
}
```

```csharp
class Program
{
    static void Main()
    {
        Employee employee = new Employee();

        employee.SetName("Inigo", "Montoya");
        // ...
    }
    // ...
}
```

결과 6.3

```
Name changed to 'Inigo Montoya'
```

현재 실행 개체에 대한 참조를 전달하려고 this를 사용해야 할 때가 있다. 예제 6.12 의 Save() 메서드를 살펴보자.

예제 6.12 메서드 호출에 this 전달하기

```
public class Employee
{
    public string FirstName;
    public string LastName;
    public string Salary;

    public void Save()
    {
        DataStorage.Store(this);
    }
}
```

```
class DataStorage
{
    // employee 개체를 Employee라는 파일에 저장
    public static void Store(Employee employee)
    {
        // ...
    }
}
```

예제 6.12의 Save() 메서드는 DataStorage 클래스에서 Store()라는 메서드를 호출한다. 하지만 Store() 메서드는 유지해야 하는 Employee 개체를 전달해야 한다. 이 작업은 this 키워드를 사용해 수행되며 Save()가 호출되는 Employee 개체의 인스턴스를 전달한다.

파일을 저장하고 로드하기

예제 6.13에서 보인 것처럼 DataStorage 내의 Store() 메서드 실제 구현은 System.IO 네임스페이스 내의 클래스를 포함한다. Store() 내에서 직원의 성명에 해당하는 파일과 연결된 FileStream 개체 인스턴스를 먼저 생성한다. FileMode.Create 매개변수는 <firstname><lastname>.dat라는 이름의 파일이 없는 경우 새로운 파일을 만든다. 파일이

이미 있는 경우 덮어쓰기 한다. 다음으로 StreamWriter 클래스를 만드는데 이 클래스는 텍스트를 FileStream에 작성하는 일을 담당한다. 콘솔에 출력할 때처럼 WriteLine() 메서드를 사용해 데이터를 쓴다.

예제 6.13 데이터를 파일에 유지하기

```csharp
using System;
// IO 네임스페이스
using System.IO;

class DataStorage
{
    // employee 개체를 Employee라는 파일에 저장
    // 에러 처리는 보이지 않았다.
    public static void Store(Employee employee)
    {
        // 해당 파일 이름으로 FirstNameLastName.dat를 사용해
        // FileStream 인스턴스를 생성한다.
        // FileMode.Create는 새로운 파일을 만들거나
        // 기존 파일은 덮어 쓴다.
        FileStream stream = new FileStream(
            employee.FirstName + employee.LastName + ".dat",FileMode.Create);[2]

        // StreamWriter 개체를 만들어 FileStream에 텍스트를 작성한다.
        StreamWriter writer = new StreamWriter(stream);

        // employee에 연결된 모든 데이터를 작성한다.
        writer.WriteLine(employee.FirstName);
        writer.WriteLine(employee.LastName);
        writer.WriteLine(employee.Salary);

        // StreamWriter와 스트림을 닫는다.
        writer.Close(); // 자동으로 스트림을 종료한다.
    }
    // ...
}
```

---

2 using 문을 사용해 이 코드를 개선할 수 있지만 아직 소개하지 않았기 때문에 이 구문을 사용하지 않았다.

쓰기 작업이 끝나면 계속 열린 상태에 있다가 가비지 수집기의 대상이 되지 않도록 FileStream과 StreamWriter를 모두 닫아야 한다. 예제 6.13은 에러 처리를 포함하지 않았으므로 예외가 발생하는 경우 Close() 메서드도 호출되지 않는다.

파일에서 불러오는 과정도 비슷하다(예제 6.14 참고).

예제 6.14 파일에서 데이터 꺼내기

```csharp
class Employee
{
    // ...
}
```

```csharp
// IO 네임스페이스
using System;
using System.IO;

public class DataStorage
{
    // ...

    public static Employee Load(string firstName, string lastName)
    {
        Employee employee = new Employee();

        // 파일 이름으로 FirstNameLastName.dat를 사용해
        // FileStream 인스턴스를 생성한다.
        // FileMode.Open은 기존 파일을 열거나 에러를 보고한다.
        FileStream stream = new FileStream(
            firstName + lastName + ".dat", FileMode.Open);³

        // 파일에서 텍스트를 읽으려고 SteamReader를 만든다.
        StreamReader reader = new StreamReader(stream);

        // 파일에서 각 줄을 읽어 연결된 속성에 넣는다.
        employee.FirstName = reader.ReadLine()??
            throw new InvalidOperationException("FirstName cannot be null");
        employee.LastName = reader.ReadLine()??
            throw new InvalidOperationException("LastName cannot be null");
```

---

3 using 문을 사용해 이 코드를 개선할 수 있지만 아직 소개하지 않았기 때문에 이 구문을 사용하지 않았다.

```
        employee.Salary = reader.ReadLine();

        // StreamReader와 Stream을 닫는다.
        reader.Dispose(); // 스트림을 자동으로 닫는다.

        return employee;
    }
}
```

```
class Program
{
    static void Main()
    {
        Employee employee1;

        Employee employee2 = new Employee();
        employee2.SetName("Inigo", "Montoya");
        employee2.Save();

        // employee2를 저장 후 수정한다.
        IncreaseSalary(employee2);

        // employee2의 저장된 버전에서 employee1 로드
        employee1 = DataStorage.Load("Inigo", "Montoya");

        Console.WriteLine(
            $"{ employee1.GetName() }: { employee1.Salary }");

        // ...
    }
    // ...
}
```

결과 6.4에서 실행 결과를 나타냈다.

결과 6.4

```
Name changed to 'Inigo Montoya'
Inigo Montoya:
```

예제 6.14는 StreamWriter가 아니라 StreamReader를 사용해 저장 프로세스와는 반대로 동작한다. 데이터를 읽고 나면 FileStream과 StreamReader에서 모두 다시 Close()를 호출해야 한다.

결과 6.4는 'Inigo Montoya:' 다음에 급여 정보를 보여 주지 않는데 이는 Save() 호출 이후까지 IncreaseSalary() 호출로 Salary를 'Enough to survive on'으로 설정하지 않았기 때문이다.

Main()을 살펴보면 employee의 인스턴스에서 Save()를 호출할 수 있지만 새로운 직원을 로드하려고 DataStorage.Load()를 호출하고 있다. 직원을 로드하고자 가져올 employee 인스턴스가 아직 없기 때문에 Employee의 인스턴스 메서드는 적절하지 않다. DataStorage의 Load를 호출하는 대신 정적 Load 메서드(6장 뒤에 나오는 '정적 멤버' 참고)를 Employee에 추가해 Employee.Load()(Employee의 인스턴스가 아니라 Employee 클래스 사용)를 호출할 수 있다.

예제 코드의 맨 위에 'using System.IO' 지시문이 포함돼 있다. 이 지시문은 전체 네임스페이스와 IO 클래스의 접두사로 붙이지 않고 IO 클래스를 접근하게 한다.

액세스 한정자

6장 서두에서 필드를 선언할 때 필드 선언에 public 키워드를 접두사로 붙였다. public은 멤버와 연관된 캡슐화의 수준을 확인하는 **액세스 한정자**access modifier다. public, private, protected, internal, protected internal, private protected이라는 6개의 액세스 한정자를 사용할 수 있다. 이 절은 처음 2개를 살펴본다.

■ 초 급 주 제

캡슐화 2편: 정보 숨기기

캡슐화encapsulation는 데이터와 메서드를 함께 하나의 단위로 래핑하는 일 외에 개체의 데이터와 동작의 내부 세부 사항을 숨기는 처리도 한다. 메서드도 어느 정도 이런 일을 한다. 메서드 외부에서 호출자가 볼 수 있는 것은 메서드 선언이다. 내부 구현은 드러나지 않는다. 하지만 객체 지향 프로그래밍은 클래스의 외부에서 멤버가 보이는 정도를 제어

하는 기능을 제공한다. 클래스 외부에서 보이지 않는 멤버는 private **멤버**다.

객체 지향 프로그래밍에서 캡슐화는 데이터와 동작을 묶을 뿐만 아니라 클래스(캡슐) 내에서 데이터와 동작 구현 세부 사항을 숨겨 클래스의 내부 동작을 노출하지 않는 특징을 뜻하는 용어다. 캡슐화는 호출자가 부적절하게 데이터를 수정하거나 향후의 변경이 발생하는 경우 해당 구현에 따라서 프로그래밍의 필요성을 줄인다.

액세스 한정자의 목적은 캡슐화를 제공하는 것이다. public을 사용하면 Employee 클래스 외부에서 필드를 접근해 수정할 수 있다는 의미다. 예를 들어, Program 클래스에서 Employee 클래스의 필드를 접근할 수 있다.

Password 필드를 포함하는 Employee 클래스를 살펴보자. Employee 개체를 호출하고 Logon() 메서드를 사용해 암호를 확인해야 한다. 거꾸로 이 클래스 외부에서 Employee 개체의 Password 필드는 접근할 수 없어야 한다.

포함하는 클래스 외부에서 Password 필드를 숨기고 접근하지 못하도록 정의하려면 public 대신에 액세스 한정자로 private 키워드를 사용해야 한다(예제 6.15 참고). 결과적으로 이 Password 필드는 Program 클래스 내부에서만 액세스할 수 있다.

예제 6.15 private 액세스 한정자 사용하기

```csharp
public class Employee
{
    public string FirstName;
    public string LastName;
    public string Salary;
    //설명하려고 복호화된 암호를 사용했다.
    //실제에서는 권장하지 않는다.
    private string Password;
    private bool IsAuthenticated;


    public bool Logon(string password)
    {
        if(Password == password)
        {
            IsAuthenticated = true;
        }
        return IsAuthenticated;
```

```
    }

    public bool GetIsAuthenticated()
    {
        return IsAuthenticated;
    }
    // ...
}
```

```
class Program
{
    static void Main()
    {
        Employee employee = new Employee();

        employee.FirstName = "Inigo";
        employee.LastName = "Montoya";

        // ...

        // Password는 private이므로 해당 클래스 외부에서
        // 액세스하지 못한다.
        // Console.WriteLine(
        //     $"Password = { employee.Password}");
    }
    // ...
}
```

이 옵션은 예제 6.15에서 보이진 않았지만 메서드에 **private**이라는 액세스 한정자를 사용할 수도 있다.

액세스 한정자를 클래스 멤버에 붙이지 않으면 기본 선언은 private이다. 즉, 멤버의 기본 액세스 한정자가 private이므로 프로그래머는 필요한 경우 이 멤버를 public이라고 명시적으로 지정해야 한다.

속성

앞서 '액세스 한정자'를 다룬 절에서 private 키워드를 사용해 암호를 캡슐화하고 클래스 외부에서 접근을 막는 방법을 설명했다. 하지만 이런 형식의 캡슐화는 너무 경직된 구조다. 예를 들어, 외부 클래스는 읽기만 하고 내부에서 변경할 수 있는 값을 가진 필드를 정의해야 할 때가 있다. 대안으로 클래스의 일부 데이터를 수정할 수 있는 액세스를 허용할 수 있겠지만 데이터에 일어난 변경이 유효한지 확인해야 한다. 데이터를 즉석에서 구성해야 하는 또 다른 시나리오도 있다. 전통적으로 여러 언어가 다음에 나오는 예제처럼 필드를 private으로 표시한 뒤 데이터를 접근하고 수정할 수 있게 게터[getter]와 세터[setter] 메서드를 사용했다. 예제 6.16의 코드는 FirstName과 LastName을 모두 private 필드로 변경했다. 각 필드에 public 게터와 세터 메서드를 사용하면 해당 값을 액세스하고 수정할 수 있다.

예제 6.16 게터와 세터 메서드 선언하기

```
public class Employee
{

    private string FirstName;
    // FirstName 게터
    public string GetFirstName()
    {
        return FirstName;
    }
    // FirstName 세터
    public void SetFirstName(string newFirstName)
    {
        if(newFirstName != null && newFirstName != "")
        {
            FirstName = newFirstName;
        }
    }

    private string LastName;
    // LastName 게터
    public string GetLastName()
    {
        return LastName;
```

```
    }
    // LastName 세터
    public void SetLastName(string newLastName)
    {
        if(newLastName != null && newLastName != "")
        {
            LastName = newLastName;
        }
    }
    // ...
}
```

불행히도 이러한 변경은 Employee 클래스의 프로그래밍 가능성에 영향을 끼친다. 클래스 내에서 데이터를 설정하는데 할당 연산자를 더 이상 사용할 수 없고, 메서드 호출 없이 데이터를 접근할 수도 없다.

속성 선언하기

이런 형식의 패턴을 자주 인식하게 되면서 C# 설계자는 이를 위한 명시적인 구문을 제공했다. 이 구문을 **속성**property이라 한다(예제 6.17과 결과 6.5 참고).

예제 6.17 속성 정의하기

```
class Program
{
    static void Main()
    {
        Employee employee = new Employee();

        // FirstName 속성의 세터(setter) 호출
        employee.FirstName = "Inigo";

        // FirstName 속성의 게터(getter) 호출
        System.Console.WriteLine(employee.FirstName);
    }
}

public class Employee
```

```
{
    // FirstName 속성
    public string FirstName
    {
        get
        {
            return _FirstName;
        }
        set
        {
            _FirstName = value;
        }
    }
    private string _FirstName;

    // ...
}
```

결과 6.5

```
Inigo
```

예제 6.17에서 먼저 주목할 부분은 속성 코드 자체가 아니라 Program 클래스 내의 코드다. 더 이상 FirstName과 LastName 식별자를 갖는 필드가 없으며 Program 클래스를 살펴봐도 이를 확인할 수 없다. 직원의 성과 이름을 액세스하는 구문은 전혀 변하지 않았다. 간단한 할당 연산자를 사용해 여전히 이름 부분을 할당할 수 있다. 예를 들면, 다음과 같다.

```
employee.FirstName = "Inigo"
```

핵심 기능은 속성이 필드와 같은 프로그래밍 방식의 API를 제공한다는 점이다. 실제로 그런 필드는 존재하지 않는다. 속성 선언은 정확히 필드 선언과 같지만 바로 다음에 속성 구현을 넣는 중괄호가 나온다. 두 가지 선택적인 부분으로 속성을 구현한다. get 부분은 해당 속성의 게터 부분을 정의한다. 이것은 바로 예제 6.16에서 정의한 GetFirstName()과 GetLastName() 함수에 해당한다. FirstName 속성에 접근하려면

employee.FirstName을 호출한다. 마찬가지로 세터(구현의 set 부분)를 사용하면 다음과
같은 필드 할당 구문을 호출할 수 있다.

```
employee.FirstName = "Inigo";
```

속성 정의 구문은 세 가지 상황별 키워드를 사용한다. get과 set 키워드를 각각 사용
해 속성을 가져오거나 할당한다. 세터는 할당 연산자의 오른편에 value 키워드를 사용한
다. Program.Main()이 employee.FirstName = "Inigo"를 호출할 때 value는 세터 내부에서
"Inigo"로 설정돼 _FirstName에 할당된다. 예제 6.17의 속성 구현이 일반적인 사용 형태다.
게터가 호출될 때(Console.WriteLine(employee.FirstName)처럼) 해당 필드의(_FirstName) 값
을 얻어와 콘솔에 출력한다.

C# 7.0은 예제 6.18에서 보인 것처럼 식 본문 멤버를 사용해 속성 게터와 세터를 선
언할 수도 있다.

7.0 시작

예제 6.18 속성 선언하기

```csharp
class Employee
{
    // FirstName 속성
    public string FirstName
    {
        get
        {
            return _FirstName;
        }
        set
        {
            _FirstName = value;
        }
    }
    private string _FirstName;
    // LastName 속성
    public string LastName
    {
        get => _FirstName;
        set => _FirstName = value;
    }
    private string _LastName;
```

```
    // ...
  }
```

7.0 끝

예제 6.18은 두 가지 다른 구문을 사용해 동일한 속성 구현을 보였다. 실제 코드에서는 일관성 있게 구문을 선택하자.

3.0 시작

자동으로 구현된 속성

C# 3.0에서 속성 구문은 축약 버전을 쓸 수 있다. get과 set 접근자로 조회와 할당이 이뤄지는 단일 지원 필드를 갖는 속성이 주로 많이 사용되므로(FirstName과 LastName 구현) C# 3.0 이상 컴파일러는 접근자 구현이나 지원 필드 선언 없이 속성을 선언할 수 있다. 예제 6.19는 Title과 Manager 속성이 있는 구문을 나타냈고 결과 6.6에서 해당 결과를 보였다.

예제 6.19 자동 구현 속성

```csharp
class Program
{
    static void Main()
    {
        Employee employee1 =
            new Employee();
        Employee employee2 =
            new Employee();

        // FirstName 속성의 세터(setter) 호출
        employee1.FirstName = "Inigo";

        // FirstName 속성의 게터(getter) 호출
        System.Console.WriteLine(employee1.FirstName);

        // 자동으로 구현 속성 할당
        employee2.Title = "Computer Nerd";
        employee1.Manager = employee2;

        // employee1의 관리자 타이틀 출력
        System.Console.WriteLine(employee1.Manager.Title);
    }
```

```
    }
```

```csharp
class Employee
{
    // FirstName 속성
    public string FirstName
    {
        get
        {
            return _FirstName;
        }
        set
        {
            _FirstName = value;
        }
    }
    private string _FirstName;

    // LastName 속성
    public string LastName
    {
        get => _FirstName;
        set => _FirstName = value;
    }
    private string _LastName;

    public string Title { get; set; }

    public Employee? Manager { get; set; }

    public string? Salary { get; set; } = "Not Enough";
    // ...
}
```

결과 6.6

```
Inigo
Computer Nerd
```

자동 구현 속성은 속성을 읽고 쓰는 더 간단한 방법을 제공한다. 더욱이 세터에 대한 유효성 검증과 같은 기능을 추가할 때 해당 속성 선언이 구현을 포함하도록 변경돼도 속성을 호출하는 기존 코드는 변경할 필요가 없다.

이 책의 나머지는 C# 3.0에서 소개한 기능이라고 별도로 표시하지 않고 C# 3.0 이후의 구문을 자주 사용한다.

3.0 끝

자동으로 선언된 속성에 관해 주목할 만한 마지막 한 가지는 예제 6.19에서 Salary에 했던 것처럼 C# 6.0이 다음과 같이 초기화할 수 있다는 점이다.

6.0 시작

```
public string? Salary { get; set; } = "Not Enough";
```

C# 6.0 이전엔 속성 초기화는 메서드(6장 뒤에서 다루는 생성자 포함)를 통해서만 가능했다. 하지만 C# 6.0은 선언할 때 필드 초기화에 사용된 것과 매우 흡사한 구문을 사용해 자동으로 구현된 속성을 초기화할 수 있다.

6.0 끝

속성과 필드 지침

속성 외에 명시적 세터와 게터 메서드를 작성할 수 있으므로 속성이나 메서드 중 어느 것을 사용하는 게 좋은지 질문을 받을 때가 있다. 일반적인 지침은 메서드는 동작을 나타내야 하고 속성은 데이터를 나타내야 한다는 것이다. 속성은 간단한 계산을 포함한 단순 데이터를 간단히 접근하는 용도다. 속성 호출이 필드 접근보다 두드러질 정도로 비용이 많이 드는 것은 아니다.

이름을 붙이는 규칙과 관련해 예제 6.19에서 속성 이름은 FirstName이고, 앞서 예제에서 변경했던 필드 이름은 _FirstName(밑줄 접두사가 있는 파스칼 방식)으로 변경했다. 속성을 지원하는 private 필드에 대한 다른 일반적인 명명 규칙으로 _firstName이 있으며 가끔 지역 변수처럼 카멜 표기 방식camelCase 규칙을 쓰기도 한다.[4] 하지만 카멜 표기 방식 규칙은 피해야 한다. 속성 이름에 카멜 방식을 사용하면 지역 변수와 매개변수에 사용한 명명 규칙과 동일해서 이름이 겹칠 가능성이 상당히 높다. 또한 캡슐화의 원칙을 지키고자 필드는 public이나 protected로 선언하면 안 된다.

---

4 밑줄 '_'와 비교해 이름 앞에 m은 불필요하기 때문에 _FirstName을 선호한다. 속성처럼 동일한 표기법을 사용함으로써 속성 이름과 필드 이름 모두에 하나의 문자열을 사용하는 대신 Visual Studio 코드 템플릿 확장 도구 내에 한 문자열만 포함할 수 있다.

private 필드에 사용하는 명명 패턴과 상관없이 속성에 대한 코딩 표준은 파스칼 표기 방식이다. 따라서 속성은 명사나 명사구, 형용사를 나타내는 이름인 LastName과 FirstName 패턴을 사용해야 한다. 사실 속성 이름이 형식 이름과 같은 경우도 있다. 예를 들어, Person 개체에서 Address 형식의 Address 속성이 있는 경우를 고려할 수 있다.

유효성 검사가 있는 속성 사용하기

예제 6.20에서 Employee의 Initialize() 메서드 역시 필드보다는 속성을 사용해 할당하고 있다. 필수는 아니지만 속성 세터 내의 유효성 검사는 클래스 내/외부 모두에서 호출되는 결과를 낳았다. 예를 들어, LastName 속성을 _LastName에 할당하기 전에 value가

null이나 빈 문자열인지 검사하도록 변경하는 경우 어떤 일이 일어날지 생각해 보자.

(데이터 형식이 null을 허용하지 않는 문자열이더라도 호출자가 null 허용 참조 형식을 사용하지 않거나 메서드가 C# 7.0 이전(null 허용 참조 형식이 존재하기 전)에서 호출될 수 있기 때문에 이 단계가 필요하다는 점을 상기하자.)

예제 6.20 속성 유효성 검사 제공하기

```csharp
public class Employee
{
    // ...
    public void Initialize(
        string newFirstName, string newLastName)
    {
        // Employee 클래스 내부에서 속성 사용
        FirstName = newFirstName;
        LastName = newLastName;
    }

    // LastName 속성
    public string LastName
    {
        get => _LastName;
        set
        {
            // LastName 할당 유효성 검사
            if(value is null)
            {
                // 에러 보고
                // C# 6.0 이전 버전에서 "value"를 nameof(value)로 대치한다.
                throw new ArgumentNullException("value");
            }
            else
            {
                // 새로운 성(last name) 주위의 공백 제거
                value = value.Trim();
                if(value == "")
                {
                    // 에러 보고
                    throw new ArgumentException(
                        // C# 6.0 이전 버전에서 "value"를 nameof(value)로 대치한다.
```

```
                    "LastName cannot be blank.", nameof(value));
            }
            else
                _LastName = value;
        }
    }
}
    private string _LastName;
    // ...
}
```

이 새로운 구현에서 코드는 동일 클래스의 또 다른 멤버나 Program.Main() 내부에서 LastName에 대한 직접 할당을 통해 LastName에 유효하지 않은 값이 할당되는 경우 예외를 던진다. 필드와 같은 API를 제공함으로써 할당을 가로채 매개변수의 유효성을 검증하는 기능은 속성의 이점 중 하나다.

속성 구현 내에서만 속성 지원 필드를 액세스하는 것이 좋다. 달리 말하면 필드를 직접 호출하기보다는 항상 속성을 사용해야 한다. 대부분의 경우 이 원칙은 속성과 동일한 클래스 내의 코드에서도 지켜야 한다. 이런 관례를 따른다면 유효성 검사와 같은 코드가 추가될 때 전체 클래스에서 바로 이 코드를 활용한다.[5]

드물기는 하지만 예제 6.20처럼 세터 내에서 value를 할당할 수 있다. 이 경우 value. Trim()에 대한 호출은 새로운 성(패밀리 네임) 값 주위의 모든 공백을 제거한다.

C# 6.0 이전엔 예외의 paramName 값에 대한 "value"를 지정했다. 하지만 C# 6.0은 대신 nameof(value)를 사용한다. 더 자세한 내용은 '고급 주제 – nameof 연산자'를 참고하자. 6장의 나머지 내용은 nameof(value)를 사용하므로 C# 5.0 이전 버전에서 컴파일할 경우 코드를 다시 "value"로 전환해야 한다.

6.0 시작

---

5   6장 뒤에서 설명하는 것처럼 여기에 대한 한 가지 예외는 필드가 읽기 전용으로 표시됐을 때 발생하는데 값을 생성자에서만 설정할 수 있기 때문이다. C# 6.0에서 읽기 전용 속성의 값을 직접 할당할 수 있으므로 읽기 전용 필드는 필요 없어졌다.

nameof 연산자

속성 유효성을 검사해 새로운 값 할당이 유효하지 않다면 일반적으로 ArgumentException()
나 ArgumentNullException() 형식의 예외를 던져야 한다. 이들 예외 두 가지는 유효하지
않은 매개변수의 이름을 식별하는 paramName이라는 string 형식의 인수를 취한다. 예제
6.20에서 이 매개변수에 대한 인수로 "value"를 전달하지만 C# 6.0은 nameof 연산자로
개선했다. nameof 연산자는 value 변수와 같은 식별자를 취하며, 그 이름을 나타내는 문
자열을 반환한다(이 경우 "value"). 예제 6.20은 두 번째 에러를 보고할 때 이 접근 방식
을 따른다.

nameof 연산자를 사용할 때 이점은 식별자 이름이 바뀌는 경우 리팩터링 도구가 자
동으로 nameof에 대한 인수 역시 변경한다는 점이다. 리팩터링 도구가 사용되지 않으
면 해당 코드를 더 이상 컴파일할 수 없으므로 개발자가 직접 인수를 변경해야 한다.
결과적으로 nameof는 철사 오류까지도 검사한다. 따라서 지침은 이런 매개변수를 받는
ArgumentNullException 및 ArgumentNullException과 같은 예외로 전달되는 paramName 인
수에 항상 nameof를 사용하는 것이다. 더 자세한 내용은 18장을 참고하자.

가이드라인

- 속성 외부, 심지어 포함하는 클래스 내에서도 속성의 지원 필드를 액세스하지 않는다.
- ArgumentException()이나 ArgumentNullException() 형식 예외를 만들 때 paramName
  인수에   nameof(value)를 사용한다("value"는 속성 세터에서 매개변수의 암시적인 이름
  이다).

읽기 전용 및 쓰기 전용 속성

속성의 게터나 세터 부분 중 하나를 제거해 속성의 접근성을 변경할 수 있다. 세터만 있
는 속성은 쓰기 전용이며 비교적 드물다. 마찬가지로 게터만 제공하면 해당 속성은 읽
기 전용이 돼 값을 할당하려고 하면 컴파일 에러를 일으킨다. 예를 들어, Id를 읽기 전용
으로 만들려면 예제 6.21에서 보인 것 같은 코드를 사용한다.

```csharp
class Program
{
    static void Main()
    {
        Employee employee1 = new Employee();
        employee1.Initialize(42);

        // ERROR: 'Employee.Id' 속성 또는 인덱서는 읽기 전용이므로
        // 할당할 수 없다.
        // employee1.Id = "490";
    }
}

public class Employee
{
    public void Initialize(int id)
    {
        // Id 속성은 세터가 없어서 읽기 전용이기 때문에
        // 필드를 사용한다.
        _Id = id.ToString();
    }

    // ...
    // Id 속성 선언
    public string Id
    {
        get => _Id;
        // 세터가 제공되지 않는다.
    }
    private string _Id;
}
```

예제 6.21은 속성(_Id = id)이 아니라 Employee의 Initialize() 내에서 필드를 할당한다. Program.Main()에서처럼 속성을 통해 할당하면 컴파일 에러를 일으킨다.

C# 6.0은 다음처럼 읽기 전용 **자동 구현 속성**^{automatically implemented property}도 지원한다.

6.0 시작

```csharp
public bool[,,] Cells { get; } = new bool[2, 3, 3];
```

이 부분은 이전 C# 6.0 접근 방식에 비해 확실히 중요한 개선 사항이며, 특히 항목의 배열이나 예제 6.21의 Id와 같은 부분에 공통인 읽기 전용 속성을 제공했다.

읽기 전용 자동 구현 속성에 관해 한 가지 주목할 사항은 읽기 전용 필드처럼 컴파일러가 생성자나 이니셜라이저를 통해 이런 속성 초기화를 요구한다는 점이다. 앞서의 코드 조각에서 이니셜라이저를 사용하지만, 생성자 내에서 Cells의 할당 역시 허용된다는 것을 곧 보게 될 것이다.

필드는 래핑한 속성 외부에서 액세스하지 않아야 한다는 지침을 감안할 때 C# 6.0 세계에서 프로그래밍은 읽기 전용 속성을 위해 사실상 C# 6.0 이전 문법을 사용할 필요가 없다. 대신 프로그래머는 항상 읽기 전용 자동 구현 속성을 사용할 수 있다. 한 가지 유일한 예외는 읽기 전용으로 수정된 필드의 데이터 형식이 속성의 데이터 형식과 일치하지 않을 때 발생한다. 예를 들어, 필드가 int 형식이고 읽기 전용 속성이 double 형식인 경우다.

가이드라인

- 속성 값이 바뀌지 않아야 하는 경우 읽기 전용 속성을 만든다.
- 속성 값이 바뀌지 않아야 하는 경우 지원 필드가 있는 읽기 전용 속성보다는 C# 6.0 이상의 읽기 전용 자동 구현 속성을 만든다.

계산된 속성

경우에 따라서는 지원 필드가 전혀 필요 없다. 대신에 세터가 값을 파싱^{parsing}하고 그 값을 다른 멤버 필드(존재하는 경우)에 유지하면서 속성 게터가 계산된 값을 반환한다. 예를 들어, 예제 6.22에서 보인 Name 속성 구현을 생각해 보자. 결과 6.7은 이 구현의 결과를 보였다.

예제 6.22 계산된 속성 정의하기

```csharp
class Program
{
    static void Main()
    {
```

```
        Employee employee1 = new Employee();

        employee1.Name = "Inigo Montoya";
        System.Console.WriteLine(employee1.Name);

        // ...
    }
}
```

```
public class Employee
{
    // ...

    // FirstName 속성
    public string FirstName
    {
        get
        {
            return _FirstName;
        }
        set
        {
            _FirstName = value;
        }
    }
    private string _FirstName;

    // LastName 속성
    public string LastName
    {
        get => _LastName;
        set => _LastName = value;
    }
    private string _LastName;
    // ...

    // Name 속성
    public string Name
    {
        get
        {
```

```
                return $"{ FirstName } { LastName }";
            }
            set
            {
                // 할당된 값을 성과 이름을 분리
                string[] names;
                names = value.Split(new char[]{' '});
                if(names.Length == 2)
                {
                    FirstName = names[0];
                    LastName = names[1];
                }
                else
                {
                    // 전체 이름이 할당되지 않은 경우 예외를 던진다.
                    throw new System. ArgumentException (
                        $"Assigned value '{ value }' is invalid",
                        nameof(value));[6]
                }
            }
        }
    }
    public string Initials => $"{ FirstName[0] } { LastName[0] }";
    // ...

}
```

결과 6.7

```
Inigo Montoya
```

Name 속성에 대한 게터는 FirstName과 LastName 속성에서 반환된 값을 연결한다. 사실 할당된 이름값은 실제로 저장되지 않는다. Name 속성이 할당될 때 오른편의 값을 성과 이름 부분으로 파싱한다.

---

6 앞서 설명한 '고급 주제 – nameof 연산자'나 18장의 자세한 설명 참고.

게터와 세터의 액세스 한정자

앞서 언급한 것처럼 속성 외부에서 필드를 액세스하는 것은 모든 유효성 검사나 삽입될 수 있는 추가 로직을 회피할 수 있기 때문에 좋지 않다.

액세스 한정자는 속성 구현[7]의 get이나 set 부분 중 하나(양쪽 모두가 아니다)에 표시할 수 있고, 이렇게 되면 속성 선언에서 지정한 액세스 한정자를 재정의한다. 예제 6.23에서 그 방법을 소개했다.

예제 6.23 세터에 액세스 한정자 사용하기

```
class Program
{
    static void Main()
    {
        Employee employee1 = new Employee();
        employee1.Initialize(42);
                // ERROR: set 접근자에 액세스할 수 없으므로
                // 'Employee.Id' 속성 또는 인덱서는
                // 이 콘텍스트에서 사용할 수 없습니다.
                // employee1.Id = "490";
    }
}


public class Employee
{
    public void Initialize(int id)
    {
                // Id 속성 설정
                Id = id.ToString();
    }

    // ...
    // Id 속성 선언
    public string Id
    {
        get => _Id;
```

7   C# 2.0에서 C# 1.0은 속성의 게터와 세터 부분 사이의 캡슐화를 서로 다른 수준으로 허용하지 않았다. 따라서 해당 클래스 내의 코드가 속성에 쓰기를 하는 동안 외부 클래스가 그 속성에 읽기 전용 접근이 가능하도록 public 게터와 private 세터를 만들 수 없다.

```
        // 액세스 한정자는 C# 2.0 이상에서만 제공
        private set => _Id = value;
    }
    private string _Id;
}
```

세터에 private을 사용하면 속성은 Employee 이외의 클래스에 읽기 전용으로 나타난다. Employee 내의 해당 속성은 읽기/쓰기로 나타나므로 클래스 자체에서 이 속성을 할당할 수 있다. 게터나 세터에서 액세스 한정자를 지정할 때 액세스 한정자는 전체적으로 해당 속성의 액세스 한정자보다 더 제약적으로 처리해야 한다. 예를 들어, 속성을 private으로 선언하고 세터는 public으로 선언하면 컴파일 에러가 발생한다.

가이드라인

- 모든 속성에서 게터와 세터의 구현에 적절한 액세스 한정자를 적용한다
- 세터 전용 속성이나 게터보다 더 넓은 접근성을 가진 세터가 있는 속성을 제공하지 않는다.

ref나 out 매개변수 값으로 허용되지 않는 속성과 메서드 호출

C#은 필드를 ref나 out 매개변수 값으로 전달하는 경우를 제외하고 속성을 필드와 동일하게 사용할 수 있다. ref와 out 매개변수 값의 내부 구현을 살펴보면 메모리 주소를 대상 메서드로 전달한다. 하지만 속성은 지원 필드가 없는 가상 필드가 되거나 읽기 전용 또는 쓰기 전용이 될 수 있기 때문에 기본 저장소에 대한 주소를 전달할 수 없다. 결과적으로 속성을 ref나 out 매개변수 값으로 전달할 수 없다. 메서드 호출의 경우도 동일하다. 대신, 코드에서 속성이나 메서드 호출을 ref나 out 매개변수 값으로 전달해야 할 때 코드에서 먼저 값을 변수로 복사한 뒤 그 변수를 전달한다. 일단 메서드 호출이 끝나면 코드에서 변수를 다시 속성에 할당해야 한다.

속성의 내부 동작

예제 6.24는 CIL^{Common Intermediate Language}에서 게터와 세터를 get_FirstName()와 set_ FirstName()으로 노출하고 있음을 보였다.

예제 6.24 속성의 CIL 코드 결과

```
// ...

.field private string _FirstName
.method public hidebysig specialname instance string
      get_FirstName() cil managed
{
   // 코드 크기        12 (0xc)
   .maxstack  1
   .locals init (string V_0)
   IL_0000:  nop
   IL_0001:  ldarg.0
   IL_0002:  ldfld       string Employee::_FirstName
   IL_0007:  stloc.0
   IL_0008:  br.s        IL_000a

   IL_000a:  ldloc.0
   IL_000b:  ret
} // Employee::get_FirstName 메서드의 끝

.method public hidebysig specialname instance void
      set_FirstName(string 'value') cil managed
{
   // 코드 크기       9 (0x9)
   .maxstack  8
   IL_0000:  nop
   IL_0001:  ldarg.0
   IL_0002:  ldarg.1
   IL_0003:  stfld       string Employee::_FirstName
   IL_0008:  ret
} // Employee::set_FirstName 메서드의 끝

.property instance string FirstName()
{
```

```
    .get instance string Employee::get_FirstName()
    .set instance void Employee::set_FirstName(string)
} // Employee::FirstName 속성의 끝

// ...
```

일반적인 메서드처럼 메서드의 모양에 중요한 것은 속성 역시 CIL 내에서 명시적인 구조라는 사실이다. 예제 6.25에서 보인 것처럼 CIL 코드 내에서 명시적 구조인 CIL 속성이 게터와 세터를 호출한다. 이 때문에 언어와 컴파일러는 이름 규칙을 기반으로 속성을 해석하도록 항상 제한받지 않는다. 대신 CIL 속성은 컴파일러와 코드 편집기가 특별한 구문을 제공하기 위한 수단을 제공한다.

예제 6.25 속성은 CIL에서 명시적 구조다

```
.property instance string FirstName()
{
    .get instance string Program::get_FirstName()
    .set instance void Program::set_FirstName(string)
} // Program::FirstName 속성의 끝
```

예제 6.24에서 속성 부분인 게터와 세터는 specialname 메타데이터를 포함하고 있다. 이 한정자는 Visual Studio와 같은 IDE가 인텔리센스에서 해당 멤버를 숨기는 플래그로 사용하는 것이다.

자동 구현 속성은 명시적으로 지원 필드를 정의한 속성과 거의 동일하다. 직접 정의한 지원 필드 대신 C# 컴파일러는 CIL의 <PropertyName>k_BackingField 이름으로 필드를 생성한다. 이 생성된 필드는 System.Runtime.CompilerServices.CompilerGeneratedAttribute라는 특성(18장 참고)이 있다. 게터와 세터 모두 역시 예제 6.24와 6.25에서처럼 동일한 구현으로 생성되기 때문에 동일한 특성으로 꾸며져 있다.

생성자

이제 클래스에 필드를 추가해 데이터를 저장하게 했으므로 데이터의 유효성을 고려해야 한다. 예제 6.3에서 봤던 것처럼 new 연산자를 사용해 개체의 인스턴스를 생성할 수 있다. 하지만 결과는 유효하지 않은 데이터로 employee를 만드는 기능이다. employee를 할당한 바로 다음에 이름과 급여가 초기화되지 않은 Employee 개체를 갖게 된다. 예제 6.3에서 employee의 인스턴스를 생성한 다음 바로 초기화되지 않은 필드를 할당하지만, 초기화가 실패해도 컴파일러의 경고를 받지 않는다. 결과적으로 유효하지 않은 이름을 가진 Employee 개체를 얻게 된다. (기술적으로 C# 8.0에서 null을 허용하지 않는 참조 형식은 기본 값 null을 피하려고 데이터 형식이 null 허용으로 전환된다는 경고를 트리거한다. 그럼에도 필드가 잘못된 데이터를 포함하는 개체의 인스턴스 생성을 피하려면 초기화가 필요하다.)

생성자 선언하기

이 문제를 바로잡으려면 개체를 만들 때 필요한 데이터를 지정하는 수단을 제공해야 한다. 예제 6.26에서 나타낸 것처럼 생성자를 사용해 이 문제를 해결한다.

예제 6.26 생성자 정의하기

```csharp
class Employee
{
    // Employee 생성자
    public Employee(string firstName, string lastName)
    {
        FirstName = firstName;
        LastName = lastName;
    }

    public string FirstName{ get; set; }
    public string LastName{ get; set; }
    public string Salary{ get; set; } = "Not Enough";

    // ...
}
```

여기서 보인 것처럼 반환 형식이 없는 메서드를 만드는 생성자를 정의하고자 메서드의 이름은 클래스의 이름과 동일해야 한다. 생성자는 개체의 인스턴스를 초기화하려고 런타임이 호출하는 메서드다. 이 경우 프로그래머가 Employee 개체를 초기화할 때 이름을 지정할 수 있도록 생성자는 성과 이름을 매개변수로 받는다. 예제 6.27은 생성자를 호출하는 방법의 예다.

예제 6.27 생성자 호출하기

```
class Program
{
    static void Main()
    {
        Employee employee;
        employee = new Employee("Inigo", "Montoya");
        employee.Salary = "Too Little";

        System.Console.WriteLine(
            "{0} {1}: {2}",
            employee.FirstName,
            employee.LastName,
            employee.Salary);
    }
    // ...
}
```

new 연산자는 인스턴스가 되는 개체의 형식을 반환한다(반환 형식이나 반환 구문이 생성자의 선언이나 구현에 명시적으로 지정되지 않아도 개체의 형식을 반환한다). 생성자 내에서 초기화가 일어나기 때문에 성과 이름에 대한 초기화 코드를 제거했다. 이 예제는 생성자 내에서 Salary를 초기화하지 않으므로 salary를 할당하는 코드를 여전히 나타냈다.

개발자는 선언 시 할당과 생성자 내에서 할당을 사용할 때 모두 주의해야 한다. 생성자 내에서 할당은 필드를 선언하고(예제 6.5에서 string Salary = "Not enough") 모든 할당이 이뤄진 후 일어난다. 따라서 생성자 내의 할당은 선언 시 할당된 모든 값을 재정의한다. 이런 상황은 인스턴스 생성 이후 값이 필드 선언에서 할당한 값이라고 가정해 코드를 잘못 해석하는 미묘한 문제를 야기할 수 있다. 따라서 동일한 클래스 내에서 선언 할당과 생성자 할당을 섞지 않는 코딩 스타일을 고려해야 한다.

new 연산자의 세부 구현

내부적으로 new 연산자와 생성자 사이의 상호 작용은 이렇다. new 연산자는 메모리 관리
자에서 '빈' 메모리를 가져온 뒤 지정된 생성자를 호출하고, 그 빈 메모리의 참조를 암
시적인 this 매개변수로 전달한다. 다음으로 나머지 생성자 체인을 실행하고 생성자들
사이의 참조를 전달한다. 생성자는 반환 형식이 없다. 동작의 관점에서 생성자는 void를
반환한다. 생성자 체인의 실행이 끝날 때 new 연산자는 메모리 참조를 반환하고, 이제
초기화된 형식으로 메모리를 참조한다.

기본 생성자

생성자를 명시적으로 추가할 때 Main() 내에서 성과 이름을 지정하지 않고 Employee 인
스턴스를 더 이상 생성할 수 없다는 점을 주목하자. 따라서 예제 6.28에서 보인 코드는
컴파일 되지 않는다.

예제 6.28 더 이상 사용 할 수 없는 기본 생성자

```
class Program
{
    static void Main()
    {
        Employee employee;
        // ERROR: '0'개의 인수를 사용하는 'Employee' 메서드에 대한
        // 오버로드가 없습니다.
        employee = new Employee();

        // ...
    }
}
```

클래스에 명시적으로 정의한 생성자가 없다면 C# 컴파일러는 컴파일하는 동안 생성
자를 추가한다. 이 생성자는 매개변수가 없으므로 정의상 **기본 생성자**^{default constructor}라고
한다. 클래스에 명시적인 생성자를 추가하자마자 C# 컴파일러는 더 이상 기본 생성자를
제공하지 않는다. 따라서 Employee(string firstName, string lastName)을 정의하면 컴

파일러는 기본 생성자인 Employee()를 추가하지 않는다. 기본 생성자를 직접 추가할 수는 있는데 이때는 직원 이름을 지정하지 않는 Employee 생성자를 다시 작성한다.

컴파일러가 정의한 기본 생성자에 의존할 필요는 없다. 즉, 프로그래머가 일부 필드를 특정 값으로 초기화하는 기본 생성자를 명시적으로 정의할 수도 있다. 기본 생성자 정의는 단순히 매개변수가 없는 생성자를 선언하는 것이다.

개체 이니셜라이저

3.0 시작

C# 3.0 이후로 C# 언어 팀은 개체의 접근 가능 필드와 속성을 초기화하는 기능을 추가했다. 이를 가능하게 하는 개념이 **개체 이니셜라이저**object initializer이며, 개체를 만드는 생성자 호출 다음에 중괄호로 감싼 일련의 멤버 이니셜라이저들이다. 각 멤버 이니셜라이저는 접근 가능한 필드나 속성 이름에 값을 할당한 것이다(예제 6.29 참고).

예제 6.29 개체 이니셜라이저 호출

```csharp
class Program
{
    static void Main()
    {
        Employee employee1 = new Employee("Inigo", "Montoya")
            { Title = "Computer Nerd", Salary = "Not enough"};
        // ...
    }
}
```

개체 이니셜라이저를 사용할 때도 동일한 생성자 규칙을 적용한다. 사실 필드나 속성을 생성자 호출 바로 다음에 별도 구문 내에서 할당한 경우 결과 CIL은 정확히 동일하다. C#에서 멤버 이니셜라이저의 순서는 CIL 내에서 생성자 호출 다음의 구문에서 속성과 필드 할당 순서다.

대개 모든 속성은 생성자가 종료할 때까지 알맞은 기본 값으로 초기화돼야 한다. 세터에서 유효성 검사 로직을 사용해 유효하지 않은 데이터가 속성에 할당되는 것을 제한할 수 있다. 하나 이상 속성의 값이 동일한 개체의 다른 속성이 유효하지 않은 값을 포함하게 할 때가 있다. 이런 일이 일어날 때 유효하지 않은 상태로 인한 예외는 상호 연관된 유효하지 않은 속성 값이 적절해질 때까지 연기돼야 한다.

■ 고 급 주 제

컬렉션 이니셜라이저

C# 3.0에서 추가한 **컬렉션 이니셜라이저**collection initializer는 개체 이니셜라이저와 비슷한 구문을 사용한다. 컬렉션 이니셜라이저는 컬렉션에서 개체 이니셜라이저와 비슷한 기능 집합을 지원한다. 특히 컬렉션 이니셜라이저는 컬렉션의 인스턴스를 생성할 때 컬렉션 내에서 항목을 할당할 수 있다. 컬렉션 이니셜라이저는 배열에 사용한 동일한 구문을 빌려와 컬렉션 만들기의 일부로 컬렉션 내의 각 항목을 초기화한다. 예를 들어, Employee의 목록 초기화는 예제 6.30에서 보인 것처럼 생성자 호출 다음의 중괄호 내에서 각 항목 지정을 포함한다.

예제 6.30 컬렉션 이니셜라이저 호출하기

```
class Program
{
    static void Main()
    {
        List<Employee> employees = new List<Employee>()
            {
                new Employee("Inigo", "Montoya"),
                new Employee("Chuck", "McAtee")
            };
        // ...
    }
}
```

새로운 컬렉션 인스턴스를 할당한 후 컴파일러가 생성한 코드는 각 개체의 인스턴스를 순서대로 생성하고 이들을 Add() 메서드로 컬렉션에 추가한다.

■ 고 급 주 제

종료자

생성자는 클래스의 인스턴스 생성 동안 일어나는 작업을 정의한다. 개체가 소멸될 때 발생하는 일을 정의하고자 C#은 종료자 구조를 제공한다. C++의 소멸자와 달리 종료자는 개체가 범위를 벗어난 후 바로 동작하지 않는다. 오히려 종료자는 개체에 '접근할 수 없음'을 확인한 후 지정되지 않은 임의의 시간에 실행된다. 구체적으로 말하면 가비지 수집기가 가비지 수집 사이클 중에 종료자로 개체를 확인하고, 이들 개체를 즉시 해제하지 않고 종료 대기열에 추가한다. 별도 스레드가 종료 대기열의 각 개체를 훑으면서 해당 개체의 종료자를 호출해 대기열에서 제거하고 가비지 수집기가 다시 대기열을 사용할 수 있게 만든다. 10장은 리소스 정리와 함께 이 과정을 자세히 다룬다.

생성자 오버로딩

생성자를 오버로드할 수 있고, 매개변수의 수나 형식에 따라 여러 개의 생성자를 가질 수 있다. 예를 들어, 예제 6.31에서 보인 것처럼 성과 이름, 직원 ID를 갖는 생성자나 직원 ID만 갖는 생성자를 제공할 수 있다.

예제 6.31 생성자 오버로딩

```csharp
public class Employee
{
    public Employee(string firstName, string lastName)
    {
        FirstName = firstName;
        LastName = lastName;
    }

    public Employee(
        int id, string firstName, string lastName )
    {
        Id = id;
```

```
        FirstName = firstName;
        LastName = lastName;
    }

    //FirstName&LastName은 Id 속성 세터 내에서 설정
    #pragma warning disable CS8618
    public Employee(int id) => Id = id;
    #pragma warning restore CS8618

    public int Id
    {
        get => Id;
        private set
        {
            // 직원 이름 조회...
            // ...
        }
    }
    public string FirstName { get; set; }
    public string LastName { get; set; }
    public string Salary { get; set; } = "Not Enough";

    // ...
}
```

이 접근 방식은 `Program.Main()`이 직원 ID만 전달하거나 전체 이름과 ID를 모두 전달해 성과 이름으로 employee 인스턴스를 생성할 수 있게 한다. 시스템에서 새로운 직원을 만들 때 이름과 ID가 모두 있는 생성자를 사용한다. 파일이나 데이터베이스에서 직원 데이터를 로드할 때는 ID만 있는 생성자를 사용한다.

메서드 오버로딩을 사용하는 경우처럼 적은 수의 매개변수를 사용하는 간단한 시나리오와 추가적인 매개변수를 갖는 복잡한 시나리오를 지원하고자 다중 생성자를 사용한다. '기본 값' 속성에 대한 기본 값을 API에서 확인할 수 있도록 오버로딩에서 선택적 매개변수 사용을 고려하자. 예를 들어, `Person(string  rstName, string lastName, int? age = null)`라는 생성자 시그니처는 `Person`의 `Age`가 지정되지 않은 경우 기본 값을 `null`로 정하는 시그니처를 제공한다.

C# 7.0은 다음처럼 식 본문 멤버로 생성자를 구현할 수도 있다.

```
//FirstName&LastName은 Id 속성 세터 내에서 설정
#pragma warning disable CS8618
public Employee(int id) => Id = id;
```

이 경우 Id 속성을 호출해 FirstName과 LastName을 할당한다. 불행히도 컴파일러는 이 할당을 감지하지 못하므로 C# 8.0은 이 속성을 null 허용으로 표시하는 게 어떻겠냐는 경고를 표시한다. 사실 여기서는 null 허용으로 설정하고 있으므로 경고가 비활성화된다.

> **가이드라인**
>
> - 단순히 속성을 설정하는 데 생성자 매개변수가 사용된다면 생성자 매개변수(카멜 표기법) 와 속성(파스칼 표기법)에 동일한 이름을 사용한다.
> - 알맞은 기본 값으로 속성을 초기화하는 생성자 선택적 매개변수나 편리한 생성자 오버로 드를 제공한다.
> - 일시적으로 유효하지 않은 개체 상대가 되더라도 속성을 어떤 순서로든 설정할 수 있도 록 한다.

생성자 체인 – this를 사용한 또 다른 생성자 호출

예제 6.31에서 Employee 개체 초기화 코드는 여러 곳에서 중복되므로 중복된 곳 모두에서 관리해야 한다. 이 코드의 양은 얼마 되지 않지만 '**생성자 이니셜라이저**constructor initializer'를 사용해 또 다른 생성자에서 한 생성자를 호출해('생성자 체인'이라고 한다) 중복을 제거하는 방법이 있다. 생성자 이니셜라이저는 현재 생성자의 구현을 실행하기 전에 호출할 생성자를 확인한다(예제 6.32 참고).

예제 6.32 또 다른 생성자에서 생성자 호출하기

```
public class Employee
{
    public Employee(string firstName, string lastName)
    {
        FirstName = firstName;
        LastName = lastName;
```

```
        }

        public Employee(
            int id, string firstName, string lastName )
            : this(firstName, lastName)
        {
            Id = id;
        }

        //FirstName&LastName은 Id 속성 세터 내에서 설정
        #pragma warning disable CS8618
        public Employee(int id)
        {
            Id = id;

            // 직원 이름 조회...
            // ...

            // 노트: 멤버 생성자를 명시적으로 인라인 호출할 수 없다.
            // this(id, firstName, lastName);
        }
        #pragma warning restore CS8618

        public int Id { get; private set; }
        public string FirstName { get; set; }
        public string LastName { get; set; }
        public string Salary { get; set; } = "Not Enough";

        // ...
    }
```

동일한 클래스(동일한 개체 인스턴스) 내의 다른 생성자에서 한 생성자를 호출할 때 C#은 콜론 다음에 this 키워드와 호출되는 생성자 선언의 매개변수 목록을 사용한다. 이 경우 모두 3개의 매개변수를 취하는 생성자는 매개변수 2개를 받는 생성자를 호출한다. 종종 이 호출 패턴이 반대가 되기도 한다. 즉, 가장 적은 매개변수를 갖는 생성자가 대부분의 매개변수를 갖는 생성자를 호출하면서 알려지지 않은 매개변수에 기본 값을 전달한다.

한 곳에서 초기화하기

예제 6.32의 Employee(int id) 생성자 구현이 this(firstName, LastName)를 호출할 수 없는 이유는 이 생성자에 그런 매개변수가 없기 때문이다. 한 메서드를 통해 모든 초기화 코드가 동작하는 패턴을 사용하려면 예제 6.33에서 보인 것처럼 별도의 메서드를 만들어야 한다.

예제 6.33 초기화 메서드 제공하기

```csharp
public class Employee
{
    //FirstName&LastName은 Initialize() 메서드 내에서 설정
    #pragma warning disable CS8618
    public Employee(string firstName, string lastName)
    {
        int id;
        // 직원 ID 생성...
        // ...
        Initialize(id, firstName, lastName);
    }

    public Employee(int id, string firstName, string lastName )
    {
        Initialize(id, firstName, lastName);
    }

    public Employee(int id)
    {
        string firstName;
        string lastName;
        Id = id;

        // 직원 데이터 조회
        // ...

        Initialize(id, firstName, lastName);
    }
    #pragma warning restore CS8618
```

```
    private void Initialize(
        int id, string firstName, string lastName)
    {
        Id = id;
        FirstName = firstName;
        LastName = lastName;
    }
    // ...
}
```

이 경우 해당 메서드는 Initialize()이며 이름과 직원 ID 모두를 받는다. 이제 예제 6.32에서 보인 것처럼 계속해서 또 다른 생성자에서 한 생성자를 호출할 수 있다.

Id 속성을 통한 LastName과 FirstName을 설정이 컴파일러에서 감지되지 않았던 동일한 방식으로 Initialize 메서드를 통한 할당이 감지되지 않으므로 경고가 비활성화된다.

생성자가 있는 null 비허용 참조 형식 속성

6장 전체에서 다음과 같은 C# null 허용 경고를 일관되게 비활성화했다.

CS8618: nullable이 아닌 필드/속성이 초기화되지 않았습니다. nullable로 선언하세요.

참조 형식을 (1) null을 허용하지 않는 필드나 (2) null을 허용하지 않는 자동으로 구현된 속성으로 선언할 때, 포함하는 개체가 완전히 초기화되기 전에 이들 필드와 속성이 초기화돼야 한다. 이렇게 하지 않으면 이들 필드와 속성은 기본 null 값을 가진다. 따라서 이들은 null 비허용으로 선언되면 안 된다.

문제는 종종 null을 허용하지 않는 필드와 속성이 여전히 생성자가 호출하는 메서드와 속성을 통해 초기화되더라도 생성자의 직접 범위 밖에서 간접적으로 초기화되므로 컴파일러의 코드 분석 범위를 벗어난다는 것이다.[8] 다음은 이에 관한 몇 가지 예다.

---

8 또는 잠재적으로 리플렉션과 같은 외부 에이전트를 통한 초기화(18장 참고).

- 필드에 할당될 값의 유효성 검사를 포함하는 단순 속성은 컴파일러가 초기화되지 않았다고 알려 주는 지원 필드에 값을 할당하기 전엔 null이 아니다(예제 6.20 참고).
- 계산된 Name 속성(예제 6.22)은 해당 클래스 내에서 다른 null을 허용하지 않는 속성이나 필드를 설정한다.
- 초기화를 한 곳에서 하는 예는 예제 6.32와 6.33에서 보인 방식으로 발생한다.
- Public 속성은 인스턴스 생성을 트리거한 다음 해당 속성을 초기화하는 외부 에이전트에 의해 초기화된다.[9]

대개 null을 허용하지 않는 참조 형식 필드나 null을 허용하지 않는 자동 구현 속성(이 절에서 null을 허용하지 않는 필드/속성을 뜻함. 참조 형식을 암시)은 생성자가 호출하는 속성이나 메서드를 통해 간접적으로 할당된다. 불행히도 C# 컴파일러는 null을 허용하지 않는 필드/속성의 간접 할당을 인식하지 못한다.

더욱이 모든 null 비허용 필드/속성은 null 값이 할당되지 않도록 해야 한다. 필드의 경우 null 값이 할당되지 않도록 속성에서 세터 유효성 검사로 필드를 래핑해야 한다. (필드 유효성 검사는 필드를 래핑한 속성의 외부에서 필드를 액세스하지 못한다는 지침을 따른다.) 결과적으로 null을 허용하지 않는 읽기-쓰기 완전 구현 참조 형식 속성은 null 할당을 방지하는 유효성 검사가 있어야 한다.

null을 허용하지 않는 자동 구현 속성은 읽기 전용 캡슐화로 제한돼야 하는데 여기에 사용되는 값은 인스턴스 생성 동안 할당되고 할당 이전에 null이 아닌지 검증해야 한다. null을 허용하지 않는 읽기-쓰기 참조 형식 자동 구현 속성은 피해야 하는데 특히 public 세터가 있는 경우 null 할당 방지가 문제를 일으킬 수 있기 때문이다. 초기화되지 않은 비null 속성 컴파일러 경고는 생성자에서 속성을 할당함으로써 피할 수 있지만 이것으로 충분하지는 않다. 속성이 읽기-쓰기이므로 초기화 이후에 null이 할당될 수 있고 이 때문에 null을 허용하지 않으려는 의도가 무위로 돌아간다.

---

9 예제는 MSTest의 TestContext 속성이나 의존성 주입을 통해 초기화된 개체를 포함한다.

null을 허용하지 않는 참조 형식 속성 읽기/쓰기

예제 6.34는 null을 허용하지 않는 필드/속성이 초기화된다는 거짓 경고를 컴파일러에 알려 주고 피하는 방법을 설명한다. 목표는 컴파일러가 이들 속성/필드의 null (비)허용 여부에 관해 호출자에게 알려 줄 수 있도록 프로그래머가 컴파일러에 속성/필드가 null 을 허용하지 않는다는 정보를 제공하는 것이다.

예제 6.34 null을 허용하지 않는 속성에서 유효성 검사 제공하기

```csharp
public class Employee
{
    public Employee(string name)
    {
        Name = name;
    }

    public string Name
    {
        get => _Name!;
        set => _Name =
            value ?? throw new ArgumentNullException(nameof(value));
    }
    private string? _Name;
}
```

생성자가 직접 초기화하지 않는 null 비허용 속성/필드를 다루는 코드 조각은 몇 가지 중요한 특성이 있다(목록의 순서에 의미는 없다).

1. 속성 세터는 null을 허용하지 않는 필드의 값을 설정하기 전에 발생하는 null 검사를 포함한다. 이 검사는 예제 6.34에서 null 병합 연산자를 사용하고 새로운 값이 null인 경우 ArgumentNullException를 던져 수행한다.

2. 생성자는 null을 허용하지 않는 필드를 간접적으로 할당하는 메서드나 속성을 호출하지만 필드가 null 외의 값으로 초기화됐음을 인식하지 못한다.

3. 필드가 초기화되지 않았다는 컴파일러 경고를 피하려고 지원 필드를 null 허용으로 선언한다.

4. 게터는 세터 유효성 검사로 인해 null이 아님을 선언하는 null-forgiving 연산자로 필드를 반환한다.

null을 허용하지 않는 속성의 경우 지원 필드를 null 허용으로 선언하는 것은 적절하지 않아 보인다. 하지만 컴파일러가 생성자 외부에서 null을 허용하지 않는 필드/속성을 감지하지 못하므로 null을 허용하지 않는 속성이 필요하다. 다행스럽게도 이 경우가 세터의 필드가 null이 아님을 보장하는 'null 아님 검사'의 결과로 필드를 반환할 때 null-forgiving 연산자 사용이 올바른 한 가지 예다.

읽기 전용 자동으로 구현된 참조 형식 속성

이 절 앞에서 설명했듯이 null을 허용하지 않는 자동으로 구현된 참조 형식 속성은 유효하지 않은 null 할당을 피하고자 읽기 전용이어야 한다. 하지만 예제 6.35에서 보인 것처럼 인스턴스를 생성하는 동안 할당될 수 있는 모든 매개변수의 유효성을 여전히 검사해야 한다.

예제 6.35 null이 아닌 자동으로 구현된 참조 형식 속성의 유효성 검사

```csharp
public class Employee
{
    public Employee(string name)
    {
        Name = name ?? throw new ArgumentNullException(nameof(name));
    }

    public string Name { get; }
}
```

null을 허용하지 않는 자동으로 구현된 참조 형식 속성에서 private 세터를 허용해야 하는지 여부를 놓고 논쟁이 있을 수 있다. 하지만 더 적절한 질문은 클래스가 실수로 속성에 null을 할당할 수 있는지 여부다. 세터에서 필드를 유효성 검사로 캡슐화하지 않는다면 실수로 null 값을 할당하지 않을 것이라고 확신할 수 있을까? 컴파일러가 인스턴스 생성 동안 의도를 검증하겠지만 예제 6.35에서 보인 생성자처럼 개발자가 null을 허

용하지 않아야 하는 클래스로 들어오는 값이 null인지 여부를 검사해야 한다고 항상 기억할지는 의문이다.

가이드라인

- 게터에서 필드를 반환할 때 null-forgiving 연산자, 속성 세터에서 null 여부의 유효성 검사, null 허용 지원 필드를 사용해 완전히 구현된 null 비허용 읽기/쓰기 참조 속성을 구현한다.
- 인스턴스 생성을 완료하기 전에 null을 허용하지 않는 참조 형식 속성을 할당한다.
- null을 허용하지 않는 자동으로 구현된 참조 형식 속성을 읽기 전용으로 구현한다.
- 인스턴스 생성을 완료하기 전에 초기화되지 않은 모든 참조 형식 속성과 필드에 대해 null 허용인지 여부를 검사한다.

null 허용 특성

null 허용 또는 null 허용 경고를 비활성화하기보다 컴파일러에 null 허용 의도에 관한 힌트를 제공하는 것이 유용할 때가 있다. 이는 코드에 특성이라는 구조를 직접 집어넣을 수 있는 메타데이터를 사용해 가능하다(18장 참고). 7가지 서로 다른 null 허용 특성이 있는데 각 특성은 `System.Diagnostics.CodeAnalysis` 네임스페이스에 정의돼 있으며 사전 조건이나 사후 조건 중 하나로 식별될 수 있다.

데이터 형식의 null 허용 여부가 충분하지 않을 때가 있기 때문에 이런 특성이 유용하다. 이런 불충분한 점을 메서드에서 들어오는(사전 조건 null 허용 특성) 데이터 또는 나가는(사후 조건 null 허용 특성) 데이터 중 하나로 표시하는 특성으로 극복할 수 있다. 사전 조건은 지정한 값이 null인지 여부에 관해 호출자와 통신하는 반면, 사후 조건은 나가는 데이터의 null 허용 여부에 관해 호출자와 통신한다. 예를 들어, 예제 6.36에서 보인 try-get 패턴을 따르는 메서드를 살펴보자.

표 6-1 null 허용 특성

특성	범주	설명
AllowNull	사전 조건	null 비허용 입력 인수가 null일 수 있다.
DisallowNull	사전 조건	null 허용 입력 인수는 null이 아니어야 한다.
MaybeNull	사후 조건	null 비허용 반환 값은 null일 수 있다.
NotNull	사후 조건	null 허용 반환 값은 null이 될 수 없다.
MaybeNullWhen	사후 조건	null 비허용 입력 인수는 메서드가 지정된 bool 값을 반환할 때 null일 수 있다.
NotNullWhen	사후 조건	null 허용 입력 인수는 메서드가 지정된 bool 값을 반환할 때 null이 아니다.
NotNullIfNotNull	사후 조건	지정한 매개변수에 대한 인수가 null이 아니면 반환 값은 null이 아니다.

예제 6.36 NotNullWhen과 NotNullIfNotNull 특성 사용하기

```csharp
using System.Diagnostics.CodeAnalysis;
// ...
static public bool TryGetDigitAsText(
    char number, [NotNullWhen(true)]out string? text) =>
        (text = number switch
        {
            '1' => "one",
            '2' => "two",
            '3' => "three",
            '4' => "four",
            // ...
            '9' => "nine",
            _ => null
        }) is string;


[return: NotNullIfNotNull("text")]
static public string? TryGetDigitsAsText(string? text)
{
    if (text == null) return null;

    string result = "";
    foreach (char character in text)
    {
```

```
        if (TryGetDigitAsText(character, out string? digitText))
        {
            if (result != "") result += '-';
            result += digitText.ToLower();
        }
    }
    return result;
}
```

TryGetDigitAsText()에서 digitText.ToLower()로의 호출은 병합 연산자가 없으며 text가 null 허용으로 선언돼도 경고를 일으키지 않는다. 이것이 가능한 이유는 TryGetDigitAsText()의 text 매개변수가 NotNullWhen(true)로 표시됐기 때문이며, 메서드가 true를 반환하면(NotNullWhen 특성으로 지정된 값) 여러분의 의도는 digitText가 null이 아니라는 컴파일러에 알려 주는 것이다. NotNullWhen 특성은 메서드가 true를 반환하면 output (text)가 null이 아니라고 호출자에 알려 주는 사후 조건 선언이다.

마찬가지로 TryGetDigitsAsText()의 경우 text 매개변수에 지정한 값이 null이 아니면 반환 값은 null이 아니다. 이는 사전 조건 null 허용 특성인 NotNullIfNotNull 때문에 가능하다. 이 특성은 반환 값이 잠재적으로 null일 수 있는지 여부를 결정하려고 text 매개변수의 입력 값이 null인지 확인한다.

■ 고 급 주 제

제네릭 형식 매개변수를 null 한정자로 표시하기

제네릭 멤버나 형식을 선언할 때 형식 매개변수를 null 허용 한정자로 표시하고 싶을 때가 가끔 있다. 문제는 null 허용 값 형식(Nullable<T>)이 null 허용 참조 형식과는 다른 데이터 형식이라는 점이다. 결과적으로 null 허용 여부로 표시되는 형식 매개변수는 형식 매개변수를 값 형식이나 참조 형식 중 하나로 제한하는 제약 조건이 필요하다. 이 제약 조건이 없으면 다음과 같은 에러를 받는다.

```
Error       CS8627 A nullable type parameter must be known to be a value
type or non-nullable reference type. Consider adding a 'class', 'struct', or
type constraint.
```

하지만 해당 로직이 값 형식과 참조 형식 모두에 대해 동일하면 두 가지 다른 메서드를 구현하는 것이 불편할 수 있다. 특히 서로 다른 제약 조건은 다른 시그니처에서 오버로딩을 허용하지 않기 때문이다. 예제 6.37의 코드를 살펴보자.

예제 6.37 MaybeNull 특성으로 잠재적인 null 반환

```
// ...
[return: MaybeNull]
static public T GetObject<T>(
    System.Collections.Generic.IEnumerable<T> sequence, Func<T, bool> match)
=>
// ...
```

해당 동작은 일치 조건자를 만족하는 경우 컬렉션에서 항목을 반환하다고 가정해 보자. 하지만 그런 항목이 없다면 참조 형식의 경우 null인 default(T)를 반환할 것이다. 불행히도 컴파일러는 제약 조건 없이는 T?를 허용하지 않는다. 호출자에게 null을 반환할 수 있음을 선언하는 동안 경고를 피하려고 사후 조건 MaybeNull 특성을 사용하고 반환 형식을 T로 남겨 둔다(null 허용 한정자 없음).

8.0 끝

7.0 시작

분해자

생성자는 여러 매개변수를 받아서 이들 모두를 하나의 개체로 캡슐화할 수 있다. C# 7.0이 나오기 전까지는 캡슐화된 항목을 구성 요소로 다시 풀어내는 구현을 위한 명시적인 구조가 없었다. 물론 각 속성을 변수에 직접 할당할 수 있다. 하지만 그런 변수가 많이 있다면 그만큼 많은 별도 구문이 필요하다. C# 7.0의 튜플 구문을 사용하면 이 문제가 훨씬 간단해질 수 있다. 예를 들어, 예제 6.38에서 보인 Deconstruct() 메서드를 선언할 수 있다.

예제 6.38 분해자(deconstructor) 정의와 사용

```
public class Employee
{
    public void Deconstruct(
        out int id, out string firstName,
```

```
        out string lastName, out string salary)
    {
        (id, firstName, lastName, salary) =
            (Id, FirstName, LastName, Salary);
    }
    // ...
}
```

```
class Program
{
    static void Main()
    {
        Employee employee;
        employee = new Employee("Inigo", "Montoya");
        employee.Salary = "Too Little";

        employee.Deconstruct(out _, out string firstName,
            out string lastName, out string salary);

        System.Console.WriteLine(
            "{0} {1}: {2}",
            firstName, lastName, salary);
    }
}
```

5장에서 기대했던 것처럼 이런 메서드는 out 매개변수를 인라인으로 선언해 직접 호출할 수 있다.

C# 7.0은 개체 인스턴스를 직접 튜플로 할당해 암시적으로 Deconstruct() 메서드(분해자deconstructor)를 호출할 수 있다(이번에는 할당된 변수를 이미 선언했다고 가정한다).

```
(_, firstName, lastName, salary) = employee;
```

이 구문은 예제 6.38에서 강조 표시한 부분과 동일한 CIL 코드를 만든다. 단지 더 단순한 구문일 뿐이며 Deconstruct() 메서드가 호출된다는 것을 드러내지 않을 뿐이다. 이 구문은 튜플 구문을 사용해 out 매개변수 할당과 일치하는 변수를 허용한다. 다음 구문과 같은 튜플 형식을 할당할 수 없다.

```
(int, string, string, string) tuple = employee;
```

명명된 항목으로 사용하는 다음의 튜플 형식도 할당할 수 없다.

```
(int id, string firstName, string lastName, string salary) tuple = employee
```

분해자를 선언하려면 메서드 이름이 Deconstruct여야 하고 void를 반환하며 둘 이상의 out 매개변수를 배타적으로 받는 시그니처를 가져야 한다. 그리고 이런 시그니처가 제공되면 명시적인 메서드 호출 없이 개체 인스턴스를 튜플에 직접 할당할 수 있다.

7.0 끝

정적 멤버

1장의 HelloWorld 예제는 static 키워드를 간단히 건드려봤다. 이 단원은 static 키워드를 더 자세히 정의한다.

먼저, 예제를 하나 살펴보자. 직원 ID 값은 각 직원마다 고유해야 한다고 가정하자. 고유성을 확보하는 한 가지 방법은 각 직원 ID를 추적하는 카운터를 저장하는 것이다. 하지만 이 값이 인스턴스 필드로 저장된다면 개체의 인스턴스를 생성할 때마다 새로운 NextId 필드가 만들어져 Employee 개체의 모든 인스턴스는 그 필드에 해당하는 메모리를 사용한다. 가장 심각한 문제는 Employee 개체 인스턴스가 생성될 때마다 이전의 모든 Employee 개체 인스턴스의 NextId 값을 다음 ID 값으로 업데이트해야 한다는 점이다. 이런 경우 필요한 것은 모든 Employee 개체 인스턴스가 공유하는 단일 필드다.

언어 비교: C++/비주얼 베이직의 전역 변수와 함수

이전에 나온 많은 언어와 달리 C#은 전역 변수나 전역 함수가 없다. C#의 모든 필드와 메서드는 클래스라는 콘텍스트 내에서 나타난다. C#의 영역 내에서 전역 필드나 함수에 해당하는 것이 정적 필드 또는 메서드다. 정적 필드/메서드가 private 같은 액세스 한정자를 포함할 수 있어서 액세스를 제한하고 더 나은 캡슐화를 제공한다는 점을 제외하면 전역 변수/함수와 C# 정적 필드/메서드 간의 기능적 차이는 없다.

정적 필드

여러 인스턴스 간에 사용할 수 있는 데이터를 정의하고자 예제 6.39에서 나타낸 것처럼 static 키워드를 사용한다.

예제 6.39 정적 필드 선언하기

```csharp
public class Employee
{
    public Employee(string firstName, string lastName)
    {
        FirstName = firstName;
        LastName = lastName;
        Id = NextId;
        NextId++;
    }

    // ...

    public static int NextId;
    public int Id { get; set; }
    public string FirstName { get; set; }
    public string LastName { get; set; }
    public string? Salary { get; set; } = "Not Enough";

    // ...
}
```

이 예제에서 NextId 필드 선언에 static 한정자를 포함하고 있으므로 **정적 필드**static field 라고 한다. Id와 달리 NextId에 대한 단일 저장소 위치를 모든 Employee 인스턴스 간에 공유한다. Employee 생성자 내부에서 새로운 Employee 개체의 Id에 NextId 값을 할당한 직후 NextId를 증가시킨다. 또 다른 Employee 클래스가 만들어질 때 NextId가 증가되고 새로운 Employee 개체의 Id 필드는 다른 값을 유지한다.

인스턴스 필드instance field(비정적 필드)를 선언하면서 초기화할 수 있는 것처럼 정적 필드 도 예제 6.40에서 나타낸 것처럼 선언할 수 있다.

```
public class Employee
{
    // ...
    public static int NextId = 42;
    // ...
}
```

인스턴스 필드와 달리 정적 필드에 대한 초기화가 없다면 정적 필드는 자동으로 기본 값(0, null, false 등)을 할당한다. 이 기본 값은 default(T)와 같으며 여기서 T는 해당 형식의 이름이다. 결과적으로 C# 코드에서 명시적으로 기본 값을 할당하지 않아도 정적 필드에 액세스할 수 있다.

비정적 필드, 또는 인스턴스 필드는 이들 필드가 속하는 각 개체에 새로운 저장소 위치를 제공한다. 그에 반해 정적 필드는 인스턴스에 속하지 않으며 클래스 그 자체에 속한다. 예제 6.41에서 보인 새로운 Program 클래스를 살펴보자(예제 6.39의 Employee 클래스 사용).

예제 6.41 정적 필드 액세스하기

```
using System;

class Program
{
    static void Main()
    {
        Employee.NextId = 1000000;

        Employee employee1 = new Employee(
            "Inigo", "Montoya");
        Employee employee2 = new Employee(
            "Princess", "Buttercup");

        Console.WriteLine(
            "{0} {1} ({2})",
            employee1.FirstName,
            employee1.LastName,
            employee1.Id);
```

```
        Console.WriteLine(
            "{0} {1} ({2})",
            employee2.FirstName,
            employee2.LastName,
            employee2.Id);

        Console.WriteLine(
            $"NextId = { Employee.NextId }");
    }

    // ...
}
```

결과 6.8에서 예제 6.41의 결과를 나타냈다.

결과 6.8

```
Inigo Montoya (1000000)
Princess Buttercup (1000001)
NextId = 1000002
```

NextId 정적 필드의 초기 값을 설정하고 검색하고자 해당 형식의 인스턴스 참조가
아닌 Employee 클래스 이름을 사용한다. 클래스 이름을 생략할 수 있는 유일한 위치는
해당 클래스 자체 내(또는 파생 클래스)에서다. 즉, 코드가 Employee 클래스 자체의 콘텍
스트 내에서 나타났고 따라서 해당 콘텍스트를 이미 알고 있기 때문에 Employee(...) 생
성자는 Employee.NextId와 같은 식으로 사용할 필요가 없다. 변수의 범위는 해당 변수를
정규화되지 않은 이름으로 참조할 수 있는 프로그램 텍스트다. 즉, 정적 필드의 범위는
해당 클래스(그리고 파생 클래스)의 텍스트다.

인스턴스 필드 참조와는 약간 다르게 정적 필드를 참조하더라도 같은 클래스에서 동
일한 이름으로 정적 필드와 인스턴스 필드를 정의할 수 없다. 잘못된 필드를 실수로 참
조할 가능성이 높으므로 C# 설계자는 이런 코드를 방지하기로 했다. 따라서 이름이 겹
치면 선언 공간 내에서 충돌을 표시한다.

데이터는 클래스와 개체 모두와 연결될 수 있다

마치 금형과 금형에서 만들어진 장치처럼 클래스와 개체 모두 데이터와 연결될 수 있다.

예를 들어, 금형은 만들어진 장치의 수와 다음 장치의 시리얼 번호, 해당 금형에 주입된 플라스틱의 현재 색상, 시간당 생산하는 장치의 수에 해당하는 데이터가 있을 수 있다. 마찬가지로 장치는 고유한 시리얼 번호와 색상, 그리고 장치가 만들어진 날짜와 시간에 대한 데이터도 있을 것이다. 장치의 색상은 해당 장치가 만들어진 시간에 금형 내의 플라스틱 색에 해당하지만 금형의 현재 플라스틱의 색이나 생산될 다음 장치의 시리얼 번호에 해당하는 데이터는 분명히 포함하고 있지 않다.

개체를 설계할 때 프로그래머는 필드, 속성, 메서드를 static(또는 인스턴스 기반)으로 적절하게 선언하는 데 주의를 기울여야 한다. 대개 인스턴스 데이터에 액세스하지 않는 메서드를 정적 메서드로 선언해야 한다. 정적 필드는 새로운 인스턴스에 대한 기본 값이나 만들어신 인스턴스의 수처럼 해당 클래스에 해딩하는 데이터를 지장힌다. 인스턴스 필드는 개체와 관련된 데이터를 저장한다.

정적 메서드

정적 필드처럼 정적 메서드도 클래스 이름으로 직접 접근할 수 있다(예를 들어, Console.ReadLine()). 더욱이 이 메서드에 액세스하는 데 인스턴스도 필요하지 않다.

예제 6.42는 정적 메서드를 선언하고 호출하는 또 다른 예를 나타냈다.

예제 6.42 DirectoryInfoExtension에서 정적 메서드 정의하기

```
public static class DirectoryInfoExtension
{
    public static void CopyTo(
        DirectoryInfo sourceDirectory, string target,
        SearchOption option, string searchPattern)
    {
        if(target[target.Length - 1] !=
            Path.DirectorySeparatorChar)
        {
            target += Path.DirectorySeparatorChar;
```

```
        }
        if(!Directory.Exists(target))
        {
            Directory.CreateDirectory(target);
        }

        for(int i = 0; i < searchPattern.Length; i++)
        {
            foreach(string file in
                Directory.GetFiles(
                    sourceDirectory.FullName, searchPattern))
            {
                File.Copy(file,
                    target + Path.GetFileName(file), true);
            }
        }

        //하위 디렉터리 복사 (재귀적으로)
        if(option == SearchOption.AllDirectories)
        {
            foreach(string element in
                Directory.GetDirectories(
                    sourceDirectory.FullName))
            {
                Copy(element,
                    target + Path.GetFileName(element),
                    searchPattern);
            }
        }
    }
}
```

```
// ...
DirectoryInfo directory = new DirectoryInfo(".\\Source");
directory.MoveTo(".\\Root");
DirectoryInfoExtension.CopyTo(
        directory, ".\\Target",
        SearchOption.AllDirectories, "*");
// ...
```

예제 6.42에서 DirectoryInfoExtension.Copy() 메서드는 DirectoryInfo 개체를 받아서 기본 디렉터리 구조를 새로운 위치로 복사한다.

정적 메서드를 특정 인스턴스를 통해 참조하지 못하기 때문에 this 키워드는 정적 메서드 내에서 유효하지 않다. 게다가 해당 필드나 메서드가 속한 특정 인스턴스를 참조하지 않고 정적 메서드 내에서 인스턴스 필드나 인스턴스 메서드를 직접 액세스할 수 없다. (Main()은 정적 메서드의 또 다른 예다.)

System.IO.Directory 클래스에서 이런 메서드를 기대했거나 System.IO.DirectoryInfo 의 인스턴스 메서드 같은 것을 원했을지 모르겠다. 어디에도 이런 메서드는 존재하지 않으므로 예제 6.42은 완전히 새로운 클래스에서 이 메서드를 정의했다. 6장 뒤에서 '확장 메서드'를 다룰 때 DirectoryInfo의 인스턴스 메서드로 나타내는 방법을 살펴본다.

정적 생성자

정적 필드와 메서드 외에 C#은 **정적 생성자**static constructor도 지원한다. 정적 생성자는 클래스의 인스턴스보다는 클래스 자체를 초기화하는 수단으로 제공된다. 정적 생성자는 명시적으로 호출하지 못한다. 대신 런타임은 해당 클래스에 처음 액세스할 때 일반 생성자를 호출하는지 클래스의 정적 메서드나 필드를 액세스하는지 여부에 따라 자동으로 정적 생성자를 호출한다. 정적 생성자는 명시적으로 호출할 수 없으므로 정적 생성자에 매개변수를 사용할 수 없다.

클래스 내에서 정적 데이터를 특정 값으로 초기화하는 데 정적 생성자를 사용하며, 주로 선언 시 초기 값이 단순 할당이 아닌 더 복잡한 연산을 수반할 때다. 예제 6.43을 살펴보자.

예제 6.43 정적 생성자 선언하기

```
public class Employee
{
    static Employee()
    {
        Random randomGenerator = new Random();
        NextId = randomGenerator.Next(101, 999);
    }
```

```
    // ...
    public static int NextId = 42;
    // ...
}
```

예제 6.43은 `NextId`의 초기 값이 100과 1,000 사이의 임의의 정수 값이 되도록 할당한다. 초기 값은 메서드 호출을 포함하기 때문에 `NextId` 초기화 코드는 정적 생성자 내에 나타나며 선언의 일부가 아니다.

정적 생성자와 선언 모두에서 `NextId`의 할당이 발생한다면 초기화가 끝날 때 어떤 값이 될지 분명하지 않다. C# 컴파일러는 선언 할당이 정적 생성자 내의 첫 번째 구문이 되도록 이동한 CIL을 생성한다. 따라서 `NextId`는 선언 동안 할당된 값이 아니라 `random Generator.Next(101, 999)`에서 반환한 값을 포함한다. 그러므로 정적 생성자 내의 할당은 인스턴스 필드의 경우처럼 필드 선언의 일부로 발생하는 할당에 보다 높은 우선순위를 갖는다. 정적 종료자 정의는 지원하지 않는다.

정적 생성자에서 예외를 던지지 않도록 조심하지 않으면 이 예외가 애플리케이션의 나머지 수명 동안 해당 형식을 사용할 수 없게 만든다.[10]

■ 고 급 주 제

선언에서 정적 초기화 사용

정적 생성자는 클래스의 모든 멤버가 정적 필드나 또 다른 정적 멤버, 인스턴스 생성자인지 여부에 관계없이 이들 멤버를 처음 액세스하기 전에 실행된다. 이런 관례를 지원하고자 컴파일러는 모든 형식의 정적 멤버와 생성자에 검사를 주입해 정적 생성자가 먼저 실행되게 한다.

정적 생성자가 없으면 컴파일러는 모든 정적 멤버를 기본 값으로 초기화하며 정적 생성자 검사를 추가하지 않는다. 정적 할당 초기화는 모든 정적 필드를 접근하기 전에 호출되지만 모든 정적 메서드나 인스턴스 생성자가 호출되기 전에 반드시 필요하지는 않다.

---

10 기술적으로 말하자면 애플리케이션 도메인의 수명이다. 즉, CLR(Common Language Runtime)은 운영체제 프로세스의 가상 등가물이다.

이런 점은 정적 멤버의 초기화가 비용이 높고 정적 필드를 액세스하기 전에 필요하지 않는 경우 성능상의 개선을 제공할 수 있다. 이런 이유로 정적 생성자를 사용하거나 선언 시에 정적 필드를 초기화하기보다는 인라인으로 초기화를 고려해야 한다.

> **가이드라인**
> * 명시적으로 정적 생성자나 값을 할당한 선언을 사용하기보다는 정적 필드를 인라인으로 초기화하는 방법을 고려하자.

2.0 시작

정적 속성

속성을 정적으로 선언할 수도 있다. 예를 들어, 예제 6.44는 다음 ID의 데이터를 속성으로 래핑했다.

예제 6.44 정적 속성 선언하기

```
public class Employee
{
    // ...
    public static int NextId
    {
        get
        {
            return _NextId;
        }
        private set
        {
            _NextId = value;
        }
    }
    public static int _NextId = 42;
    // ...
}
```

public 정적 필드는 어느 곳에서나 호출할 수 있는 반면 정적 속성은 적어도 일정한 캡슐화의 수준으로 제공하기 때문에 대체로 public 정적 필드보다는 정적 속성을 사용하는 편이 더 낫다.

　　C# 6.0에서 전체 NextId 구현(액세스할 수 없는 지원 필드 포함)은 다음처럼 이니셜라이저가 있는 자동 구현 속성으로 단순화시킬 수 있다.

6.0 시작

6.0 끝

```
public static int NextId { get; private set; } = 42;
```

정적 클래스

인스턴스 필드를 포함하지 않는 클래스도 있다. 예를 들어, 예제 6.41이 보인 것처럼 수학 연산 Max()와 Min()에 해당하는 함수를 제공하는 Math 클래스를 살펴보자.

예제 6.45 정적 클래스 선언하기

```
// C# 2.0에서 정적 클래스를 소개했다.
public static class SimpleMath
{
    // params로 다양한 매개변수의 수 허용
    public static int Max(params int[] numbers)
    {
        // numbers에 최소 하나의 항목이 있는지 검사
        if(numbers.Length == 0)
        {
            throw new ArgumentException(
                "numbers cannot be empty", "numbers");
        }

        int result;
        result = numbers[0];
        foreach (int number in numbers)
        {
            if(number > result)
            {
                result = number;
            }
        }
        return result;
    }

    // params로 다양한 매개변수의 수 허용
```

2.0

```csharp
    public static int Min(params int[] numbers)
    {
        // numbers에 최소 하나의 항목이 있는지 검사
        if(numbers.Length == 0)
        {
            throw new ArgumentException(
                "numbers cannot be empty", "numbers");
        }

        int result;
        result = numbers[0];
        foreach (int number in numbers)
        {
            if(number < result)
            {
                result = number;
            }
        }
        return result;
    }
}

public class Program
{
    public static void Main(string[] args)
    {
        int[] numbers = new int[args.Length];
        for (int count = 0; count < args.Length; count++)
        {
            numbers[count] = args[count].Length;
        }

        Console.WriteLine(
            $@"Longest argument length = {
                SimpleMath.Max(numbers) }");
        Console.WriteLine(
            $@"Shortest argument length = {
                SimpleMath.Min(numbers) }");
    }
}
```

2.0

이 클래스는 인스턴스 필드(또는 메서드)가 없으므로 이런 클래스는 의미가 없다. 따라서 클래스를 static 키워드로 선언했다. 클래스에서 static 키워드는 두 가지 혜택을 제공한다. 첫째, 프로그래머가 SimpleMath 클래스의 인스턴스를 생성하는 코드를 작성하지 못하게 한다. 둘째, 클래스 내에서 모든 인스턴스 필드나 메서드의 선언을 방지한다. 이 클래스의 인스턴스를 생성할 수 없기 때문에 인스턴스 멤버는 무의미하다. 앞서 예제에서 Program 클래스 역시 정적 멤버만 포함하기 때문에 정적 클래스 후보로 적당하다.

2.0 끝

정적 클래스의 또 다른 구별되는 한 가지 특징은 C# 컴파일러가 CIL 내에서 정적 클래스를 자동으로 abstract와 sealed로 표시한다는 점이다. 이 표시는 클래스를 **확장할 수 없도록** 지정한다. 즉, 이 클래스에서 어떤 클래스도 파생시킬 수 없고 이 클래스로 인스턴스를 생성할 수도 없다.

5장에서 SimpleMath와 같은 정적 클래스에 'using static' 지시문을 사용할 수 있음을 살펴봤다. 예를 들어, 예제 6.45의 상단에 'using static SimpleMath;' 선언을 추가하면 다음처럼 SimpleMath 접두어 없이 Max를 호출할 수 있다.

3.0 시작

6.0 시작

6.0 끝

```
Console.WriteLine(
    $@"Longest argument length = { Max(numbers) }");
```

확장 메서드

파일 시스템 디렉터리를 다루는 데 사용되는 System.IO.DirectoryInfo 클래스가 있다. 이 클래스는 파일과 하위 디렉터리 목록을 확인하는 기능(DirectoryInfo.GetFiles())뿐만 아니라 디렉터리를 이동하는 기능(DirectoryInfo.Move())을 지원한다. 직접적으로 지원하지 않는 한 가지 기능이 복사 기능이다. 이런 메서드가 필요하다면 앞서 예제 6.42에서 보인 것처럼 직접 구현해야 한다.

DirectoryInfoExtension.Copy() 메서드는 표준 정적 메서드 선언이다. 하지만 이 Copy() 메서드 호출은 DirectoryInfo.Move() 메서드 호출과는 다르다. 안타까운 일이다. 이상적으로 생각하면 DirectoryInfo에 메서드를 추가해 인스턴스를 생성한 경우 인스턴스 메서드로 Copy(directory.Copy())를 호출할 수 있다.

C# 3.0은 **확장 메서드**^{extension method}를 통해 다른 클래스에서 인스턴스 메서드의 생성을 흉내 낼 수 있다. 이렇게 하려면 간단히 자신의 정적 메서드의 시그니처를 변경해 첫 번째 매개변수(즉, 확장하는 데이터 형식)에 **this** 키워드를 접두사로 붙인다(예제 6.46 참고).

예제 6.46 DirectoryInfo용 정적 Copy 메서드

```
public static class DirectoryInfoExtension
{
    public static void CopyTo(
        this DirectoryInfo sourceDirectory, string target,
        SearchOption option, string searchPattern)
    {
        // ...
    }
}
    // ...
    DirectoryInfo directory = new DirectoryInfo(".\\Source");
    directory.CopyTo(".\\Target",
        SearchOption.AllDirectories, "*");
    // ...
```

확장 메서드로 어셈블리 외부의 클래스를 포함해 어떤 클래스에도 '인스턴스 메서드'를 추가할 수 있다. 하지만 결과 CIL 코드는 일반 정적 메서드로 확장 메서드를 호출할 때 컴파일러가 만든 것과 동일하다.

확장 메서드 요구 사항은 다음과 같다.

* 첫 번째 매개변수는 메서드가 확장하거나 연산하는 형식에 해당한다.
* 확장 메서드를 지정하려면 this 한정자를 확장 형식에 접두사로 붙인다.
* 확장 메서드로 메서드를 액세스하고자 using 지시문을 통해 확장 형식의 네임스페이스를 포함한다. (또는 호출 코드와 동일한 네임스페이스에서 확장 클래스를 배치한다.)

확장 메서드 시그니처가 확장된 형식에 이미 있는 시그니처와 일치한다면(즉, DirectoryInfo에 CopyTo( )가 이미 존재한다면) 이 확장 메서드는 일반 정적 메서드를 제외하고는 결코 호출되지 않는다.

3.0

상속을 통해 형식을 구체화하는 것이(7장에서 자세히 다룬다) 일반적으로 확장 메서드 사용에 바람직하다. 확장 형식에 일치하는 시그니처를 추가하면 변경을 경고하지 않고 확장 메서드에 비해 높은 우선순위를 갖기 때문에 확장 메서드는 깔끔한 버전 관리 메커니즘을 제공하지 않는다. 이런 미묘한 동작은 제어하지 못하는 소스 코드의 확장 클래스에서 더 두드러진다. 또 다른 사소한 부분은 개발 IDE가 확장 메서드를 위한 인텔리센스를 지원하더라도 호출 코드를 간단히 읽어 보고 메서드가 확장 메서드인지 분명히 알 수 없다는 것이다.

대개 확장 메서드는 정말 필요할 때만 사용해야 한다. 예를 들어, object 형식에서 확장 메서드를 정의하지 않아야 한다. 8장은 인터페이스와 관련해 확장 메서드 사용 방법을 설명한다. 이런 관련성 없이 확장 메서드를 정의하는 일은 흔하지 않다.

> **가이드라인**
>
> - 확장 메서드를 경솔하게 정의하지 않도록 한다. 특히, 소유하지 않은 형식에서 정의는 피해야 한다.

3.0 끝

데이터 캡슐화

6장에서 앞서 살펴본 속성과 액세스 한정자 외에 클래스 내에서 데이터를 캡슐화하는 몇 가지 다른 특별한 방법이 있다. 이를테면 필드 한정자가 2개 더 있다. 첫 번째는 const 한정자로 지역 변수를 선언할 때 이미 만난 적이 있다. 두 번째는 읽기 전용으로 정의되는 필드 기능이다.

const

const 값과 마찬가지로 const 필드는 컴파일 타임에 결정되는 값을 포함하며 런타임에 변경할 수 없다. pi와 같은 값이 상수 필드 선언의 좋은 후보다. 예제 6.47은 const 필드 선언의 예를 보였다.

```
class ConvertUnits
{
    public const float CentimetersPerInch = 2.54F;
    public const int CupsPerGallon = 16;
    // ...
}
```

상수 필드는 각 개체 인스턴스용 새로운 필드 인스턴스가 필요치 않으므로 자동으로 정적이다. 명시적으로 상수 필드를 static으로 선언하면 컴파일 에러를 일으킨다. 상수 필드는 대개 리터럴 값(예를 들어, string과 int, double)을 갖는 형식에만 선언한다. Program이나 System.Guid 같은 형식은 상수 필드로 사용할 수 없다.

public 상수 식에서 사용된 값 형식은 시간이 흘러도 영구적이라는 사실이 중요하다. 원주율이나 아보가드로 수, 지구의 둘레와 같은 값이 좋은 예다. 하지만 시간에 따라 잠재적으로 변하는 값은 좋지 않다. 예를 들어, 빌드 번호와 인구 수, 환율은 상수로 적당하지 않다.

> **가이드라인**
> - 절대로 변하지 않는 값에 상수 필드를 사용한다.
> - 시간에 따라 변하는 값에는 상수 필드를 사용하지 않는다.

■ 고 급 주 제

Public 상수는 영구 값이어야 한다

공용으로 액세스할 수 있는 상수는 이 상수의 값을 사용하는 어셈블리에서 영향을 끼치지 않아야 하기 때문에 영구적이어야 한다. 한 어셈블리가 다른 어셈블리의 상수를 참조한다면 해당 상수의 값은 참조하는 어셈블리로 직접 컴파일된다. 따라서 참조된 어셈블리의 값이 변경되지만 참조하는 어셈블리를 다시 컴파일하지 않았다면 참조하는 어셈블리는 새로운 값이 아니라 여전히 원래 값을 사용한다. 대신 향후에 잠재적으로 변할 수 있는 값은 readonly로 지정해야 한다.

readonly

const와 달리 readonly(읽기 전용) 한정자는 필드에만(지역 변수가 아님) 사용할 수 있으며 그 필드 값은 생성자 내에서 또는 선언하는 동안 이니셜라이저를 통해서만 수정할 수 있다. 예제 6.48은 읽기 전용 필드를 선언하는 방법을 나타냈다.

예제 6.48 필드를 readonly로 선언하기

```csharp
public class Employee
{
    public Employee(int id)
    {
        _Id = id;
    }

    // ...

    public readonly int _Id;
    public int Id
    {
        get { return _Id; }
    }

    // ERROR: readonly 필드는 생성자 외부에서 설정할 수 없다.
    // (생성자나 변수 이니셜라이저에서는 예외)
    // public void SetId(int id) =>
    //          _Id = id;

    // ...
}
```

상수 필드와 달리 readonly 필드는 인스턴스에 따라 바뀔 수 있다. 사실 읽기 전용 필드의 값은 생성자 내에서 변경할 수 있다. 더욱이 읽기 전용 필드는 인스턴스나 정적 필드 중 하나로 사용한다. 또 다른 핵심적인 차이는 컴파일 시간뿐만 아니라 실행 시간에 읽기 전용 필드의 값을 할당할 수 있다는 점이다. 읽기 전용 필드가 생성자나 이니셜라이저에서 설정돼야 한다면 그 필드는 해당 속성 외부의 코드에서 액세스하는 필드가 필요한 경우다. 이런 한 가지 예외 외에 필드를 래핑한 속성이 아닌 다른 곳에서 지원 필드에 접근하는 일은 피해야 한다.

const 필드와 비교해 또 다른 readonly 필드의 중요한 기능은 읽기 전용 필드가 리터럴 값을 갖는 형식으로 한정되지 않는 것이다. 예를 들어, 다음과 같이 'readonly System.Guid' 인스턴스 필드를 선언할 수 있다.

```
public static readonly Guid ComIUnknownGuid =
        new Guid("00000000-0000-0000-C000-000000000046");
```

그에 반해서 Guid의 C# 리터럴 표현이 없기 때문에 상수를 사용해 동일한 작업을 할 수는 없다.

6.0 시작

필드를 래핑한 속성 외부에서 필드를 액세스하지 않아야 한다는 가이드라인을 감안해 C# 6.0 이후의 세계에서 프로그래밍할 때는 readonly 한정자를 사용할 필요가 없다. 대신, 6장 앞에서 설명한 것처럼 읽기 전용 자동 구현 속성을 사용하자.

예제 6.49는 하나 이상의 읽기 전용 예를 보였다.

예제 6.40 읽기 전용 자동 구현 속성 선언하기

```
class TicTacToeBoard
{
    // 양쪽 플레이어의 이동을 모두 false로 설정 (공백)
    //    |   |
    // ---+---+---
    //    |   |
    // ---+---+---
    //    |   |

    public bool[,,] Cells { get; } = new bool[2, 3, 3];
    // Error: 속성 Cells이 읽기 전용이기 때문에 할당될 수 없다.
    // public void SetCells(bool[,,] value) =>
    //         Cells = new bool[2, 3, 3];

    // ...
}
```

C# 6.0 읽기 전용 자동 구현 속성을 사용해 구현하든 필드에 readonly 한정자를 사용해 구현하든 배열 참조의 불변성을 보장하는 일은 유용한 방어적 코딩 기술이다. 배열 인스턴스를 동일하게 유지하면서 배열 내의 요소를 변경할 수 있게 하도록 해야 한다.

읽기 전용 제약 사항이 없다면 실수로 멤버에 새로운 배열을 할당하기 너무 쉬우므로 개별 배열 요소를 업데이트하기보다는 기존 배열을 폐기한다. 즉, 배열에 읽기 전용 접근 방법을 사용하면 배열의 콘텐츠를 고정하지 않는다. 오히려 새로운 인스턴스에 값을 다시 할당할 수 없기 때문에 배열 인스턴스(그리고 배열에서 요소의 수)가 고정된다. 배열의 요소는 여전히 쓰기 가능하다.

> **가이드라인**
>
> • C# 6.0 이상에서 읽기 전용 필드 대신 읽기 전용 자동 구현 속성을 사용한다.
> • C# 6.0 이전은 미리 정의된 개체 인스턴스에 'public static readonly' 한정 필드를 사용한다.
> • 버전 API 호환성이 필요하다면 C# 6.0 이전의 'public readonly' 한정 필드를 C# 6.0 이후의 읽기 전용 자동 구현 속성으로 변경하지 않도록 한다.

6.0 끝

중첩 클래스

클래스 내에서 메서드와 필드를 정의하는 것 외에 클래스 내에 클래스를 정의할 수 있다. 이런 클래스를 **중첩 클래스**^{nested class}라 한다. 포함하는 클래스의 콘텍스트 외부에 클래스를 선언하는 것이 덜 합리적일 때 중첩 클래스를 사용한다.

프로그램의 명령줄 옵션을 처리하는 클래스를 생각해 보자. 이런 클래스는 일반적으로 각 프로그램에 유일하므로 Main()을 포함하는 클래스 외부에서 CommandLine 클래스를 액세스하게 만들 이유가 없다. 예제 6.50은 이런 중첩 클래스를 나타냈다.

예제 6.50 중첩 클래스 정의하기

```
// CommandLine이 Program 내에 중첩돼 있다.
class Program
{
    // 명령줄 처리를 위한 중첩 클래스 정의
    private class CommandLine
    {
        public CommandLine(string[] arguments)
        {
```

```csharp
        for(int argumentCounter=0;
            argumentCounter<arguments.Length;
            argumentCounter++)
        {
            switch (argumentCounter)
            {
                case 0:
                    Action = arguments[0].ToLower();
                    break;
                case 1:
                    Id = arguments[1];
                    break;
                case 2:
                    FirstName = arguments[2];
                    break;
                case 3:
                    LastName = arguments[3];
                    break;
            }
        }
    }
    public string? Action { get; };
    public string? Id { get; };
    public string? FirstName { get; };
    public string? LastName { get; };
}

static void Main(string[] args)
{
    CommandLine commandLine = new CommandLine(args);

    switch (commandLine.Action)
    {
        case "new":
            // 새로운 직원 만들기
            // ...
            break;
        case "update":
            // 기존 직원의 데이터 업데이트
            // ...
            break;
        case "delete":
```

```
                // 기존 직원의 파일 제거
                // ...
                break;
        default:
            Console.WriteLine(
                "Employee.exe " +
        "new|update|delete <id> [firstname] [lastname]");
            break;
        }
    }
}
```

이 예제에서 중첩 클래스는 `Program.CommandLine`이다. 모든 클래스 멤버처럼 포함하는 클래스 식별자는 포함하는 클래스 내부에서 전혀 필요 없으므로 간단히 `CommandLine`으로 참조할 수 있다.

중첩 클래스의 한 가지 고유한 특징은 해당 클래스 자체에 대한 액세스 한정자로 `private`을 지정하는 기능이다. 이 클래스의 목적이 명령줄을 분석하고 각 인수를 별도의 필드에 넣는 것이기 때문에 `Program.CommandLine`은 이 애플리케이션의 `Program` 클래스에서만 의미가 있다. `private` 액세스 한정자는 해당 클래스의 접근성을 의도적으로 정의하고 클래스의 외부에서 액세스를 막을 때 사용한다. 클래스가 중첩되는 경우만 이 한정자를 사용할 수 있다.

중첩된 클래스 내에서 this 멤버는 포함하는 클래스가 아니라 중첩 클래스의 인스턴스를 참조한다. 중첩 클래스가 포함하는 클래스의 인스턴스에 액세스하는 한 가지 방법은 생성자나 메서드 매개변수를 통하는 것처럼 포함하는 클래스 인스턴스를 명시적으로 전달하는 경우다.

중첩 클래스의 또 다른 흥미로운 특징은 private 멤버를 포함해 포함하는 클래스의 모든 멤버를 액세스할 수 있다는 점이다. 하지만 그 반대는 참이 아니다. 포함하는 클래스가 중첩된 클래스의 private 멤버를 접근할 수는 없다.

중첩 클래스는 흔하지 않다. 포함하는 형식 외부에서 참조될지 모른다면 중첩 클래스로 정의하지 않아야 한다. 더욱이 public 중첩 클래스는 주의 깊게 봐야 한다. 이런 중첩 클래스는 혼란을 주고 발견하기 어려운 문제점을 가진 잠재적으로 빈약한 코드가 될 수 있다.

언어 비교: 자바의 내부(inner) 클래스

자바는 중첩 클래스의 개념뿐만 아니라 내부 클래스라는 개념도 있다. 내부 클래스는 구문 관계보다 포함하는 클래스 인스턴스에 관련된 개체에 해당한다. C#에서는 바깥 클래스 내에서 중첩된 형식의 인스턴스 필드를 포함함으로써 동일한 구조를 얻을 수 있다. 팩토리 메서드나 생성자는 내부 클래스 인스턴스 내에서도 바깥 클래스의 해당 인스턴스에 대한 참조가 설정되게 한다.

부분 클래스

부분 클래스partial class[11]는 컴파일러가 완전한 클래스를 구성하고자 결합하는 클래스의 일부다. 동일한 파일 내에서 둘 이상의 부분 클래스를 정의할 수 있지만 부분 클래스의 일반적인 목적은 여러 파일에 걸쳐 클래스를 분할하는 것이다. 주로 이 기능은 코드를 생성하거나 수정하는 도구에 유용하다. 부분 클래스를 사용하면 도구는 개발자가 직접 코딩하는 파일을 별도로 분리해 작업할 수 있다.

부분 클래스 정의하기

C#은 예제 6.51에서 보인 것처럼 class 바로 앞에 partial 키워드를 추가해 부분 클래스를 선언할 수 있다.

예제 6.51 부분 클래스 정의하기

```
// 파일: Program1.cs
partial class Program
{
}
```

---

11 C# 2.0에서 도입됐다.

```
// 파일: Program2.cs
partial class Program
{
}
```

이 경우 Program의 각 부분은 주석에서 표시한 것처럼 별도 파일에 있다.

코드 생성기에서 부분 클래스를 사용하는 것 외에 또 다른 일반적인 부분 클래스의
활용은 별도 파일에 중첩 클래스를 두는 경우다. 이 방식은 별도 파일 내에 각 클래스
정의를 배치하는 코딩 규칙을 따른다. 예를 들어, 예제 6.52는 핵심 Program 멤버와 분리
해 Program.CommandLine 클래스를 별도 파일에 넣었다.

예제 6.52 별도의 부분 클래스에서 중첩 클래스 정의하기

```
// 파일: Program.cs
partial class Program
{
    static void Main(string[] args)
    {
        CommandLine commandLine = new CommandLine(args);

        switch (commandLine.Action)
        {
            // ...
        }
    }
}
// 파일: Program+CommandLine.cs
partial class Program
{
    // 명령줄을 처리하기 위한 중첩 클래스 정의
    private class CommandLine
    {
        // ...
    }
}
```

2.0

부분 클래스는 확장 컴파일된 클래스나 다른 어셈블리의 클래스를 허용하지 않는다. 부분 클래스는 동일한 어셈블리 내에서 여러 파일 간에 클래스 구현을 분할하는 수단일 뿐이다.

부분 메서드

부분 클래스의 개념을 확장한 것이 부분 메서드라는 개념이며[12] 부분 클래스 내에서만 허용된다. 부분 클래스처럼 주목적은 코드 생성의 편의를 도모하는 용도다.

데이터베이스 내에서 Person 테이블을 바탕으로 한 Person 클래스용 Person.Designer.cs 파일을 생성하는 코드 생성 도구를 생각해 보자. 이 도구는 테이블을 검사하고 테이블의 각 칼럼에 대한 속성을 만든다. 하지만 문제는 모든 유효성 검사 로직이 데이터베이스 테이블 정의에 포함되지 않는 비즈니스 규칙을 기반으로 하기 때문에 필요한 모든 유효성 검사 로직을 도구가 빈번하게 생성할 수 없다는 것이다. 이 어려움을 극복하고자 Person 클래스 개발자는 유효성 검사 로직을 추가해야 한다. 파일이 다시 생성된다면 (예를 들어, 데이터베이스에서 추가 칼럼을 수용할 목적으로) 변경한 부분을 잃게 되기 때문에 Person.Designer.cs를 직접 수정하는 것은 바람직하지 않다. 대신 생성된 코드가 하나의 파일에 나타나도록 Person에 대한 코드 구조가 분리돼야 하고 사용자 지정 코드(비즈니스 규칙 포함)는 별도 파일에 배치해서 재생성이 일어나더라도 영향을 받지 않게 해야 한다. 앞 절에서 살펴본 것처럼 부분 클래스는 여러 파일에 걸쳐 클래스를 분할하는 작업에 적합하지만 이것만으로 충분하지는 않다. **부분 메서드**가 필요할 때도 종종 있다.

부분 메서드를 사용하면 메서드를 구현하지 않고도 선언할 수 있다. 하지만 선택적 구현이 포함될 때 이 구현은 부분 클래스 정의 중 하나(아마도 별도 파일)에 위치할 수 있다. 예제 6.53은 부분 메서드 선언과 Person 클래스에 대한 구현을 나타냈다.

예제 6.53 부분 메서드 구현에 액세스하는 부분 메서드 정의하기

```
// 파일: Person.Designer.cs
public partial class Person
{
    #region Extensibility Method Definitions
```

---

12 C# 3.0에서 소개.

```
        partial void OnLastNameChanging(string value);
        partial void OnFirstNameChanging(string value);
        #endregion
    // ...
    public string LastName
    {
        get
        {
            return _LastName;
        }
        set
        {
            if ((_LastName != value))
            {
                OnLastNameChanging(value);
                _LastName = value;
            }
        }
    }
    private string _LastName;

    // ...
    public string FirstName
    {
        get
        {
            return _FirstName;
        }
        set
        {
            if ((_FirstName != value))
            {
                OnFirstNameChanging(value);
                _FirstName = value;
            }
        }
    }
    private string _FirstName;

}
```

```
// 파일: Person.cs
partial class Person
{
    partial void OnLastNameChanging(string value)
    {
        if (value == null)
        {
            throw new ArgumentNullException(nameof(value));
        }
        if(value.Trim().Length == 0)
        {
            throw new ArgumentException(
                "LastName cannot be empty.",
                nameof(value));
        }
    }
}
```

Person.Designer.cs의 예제에는 OnLastNameChanging()과 OnFirstNameChanging() 메서드에 대한 선언이 있다. 게다가 성과 이름에 대한 속성은 해당하는 변경 메서드를 호출하고 있다. 변경 메서드의 선언에 구현을 포함하고 있지 않지만 이 코드는 성공적으로 컴파일된다. 핵심은 이 메서드 선언 앞에 partial 키워드가 붙어 있고 그 메서드를 포함하는 클래스가 추가된 것이다.

예제 6.53은 OnLastNameChanging() 메서드만 구현했다. 이 경우 구현은 제안된 새로운 LastName 값을 검사하고 유효하지 않은 경우 예외를 던진다. 두 위치 사이의 OnLastNameChanging()에 대한 시그니처는 일치한다.

부분 메서드는 void를 반환해야 한다. 메서드가 void를 반환하지 않고 구현이 제공되지 않았다면 구현되지 않은 메서드를 호출할 때 어떤 반환을 예상할 수 있을까? 반환에 관해 모든 유효하지 않은 가정을 피하고자 C# 설계자는 이 메서드가 void 이외의 반환을 하지 못하도록 막았다. 마찬가지로 out 매개변수는 부분 메서드에서 사용할 수 없다. 반환 값이 필요하다면 ref 매개변수를 사용할 수 있다.

요약하면, 부분 메서드는 구현하지 않고도 메서드를 호출하는 코드를 생성할 수 있도록 한다. 게다가 부분 메서드에 구현을 제공하지 않으면 CIL에서 부분 메서드의 흔적이 나타나지 않는다. 이는 높은 유연성을 유지하면서 코드 크기를 작게 유지하는 데 좋다.

요약

6장은 C#의 클래스와 객체 지향에 대한 구조를 설명했다. 필드를 설명했으며 클래스 인스턴스에서 이들 필드를 접근하는 방법도 다뤘다.

6장은 인스턴스 단위나 한 형식의 모든 인스턴스에 걸쳐 데이터를 저장할지 여부의 핵심 결정 사항도 설명했다. 정적 데이터는 클래스와 관련되며 인스턴스 데이터는 각 개체에 저장된다.

게다가 메서드와 데이터에 대한 액세스 한정자의 콘텍스트에서 캡슐화를 살펴봤다. C# 속성 구조를 소개했으며 private 필드를 캡슐화하려고 속성을 사용하는 방법을 살펴봤다.

다음 7장은 상속을 통해 클래스를 서로 연결하는 방법, 객체 지향 구조에서 얻을 수 있는 이점을 살펴본다.

7.

상속

6장은 한 클래스가 필드와 속성을 통해 다른 클래스를 참조하는 방법을 다뤘다. 7장은 클래스들 간의 상속 관계를 사용해 'is a' 관계를 형성하는 클래스 계층 구조를 만드는 방법을 설명한다.

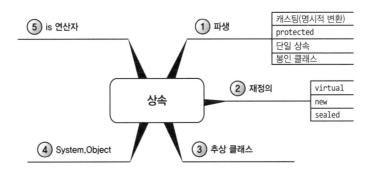

■ 초 급 주 제

상속 정의

6장은 상속의 개요를 설명했다. 여기서는 정의된 용어를 살펴본다.

- **파생/상속**: 추가 멤버나 기본 클래스 멤버의 사용자 지정을 포함하도록 기본 클래스를 구체화한다.

- **파생 형식/하위 형식/자식 형식**: 더 일반적인 형식의 멤버를 상속하는 구체화된 형식이다.
- **기본 형식/슈퍼 형식/부모 형식**: 파생 형식이 상속하는 멤버를 소유한 일반 형식이다.

상속은 'is a kind of' 관계를 만든다. 파생 형식은 항상 암시적으로 기본 형식이기도 하다. 하드 드라이브가 저장 장치의 일종인 것처럼 저장 장치 형식에서 파생된 모든 다른 형식은 저장 장치의 일종인 셈이다. 그 반대의 경우가 꼭 참은 아니다. 즉, 저장 장치가 꼭 하드 드라이브일 필요는 없다.

▪ 노트

코드 내에서 상속은 두 클래스 간의 'is a kind of' 관계를 정의하는 것인데 여기서 파생 클래스는 기본 클래스를 구체화한 것이다.

파생

동작과 데이터와 같은 기능을 추가하고자 주어진 형식을 확장하는 작업은 흔하다. 상속의 목적이 정확히 그렇다. Person 클래스가 있을 때 여기에 EmployeeId와 Department 속성을 추가적으로 포함하는 Employee 클래스를 만드는 것이다. 반대의 접근도 적용될 수 있다. 예를 들어, PDA^Personal Digital Assistant 내에 Contact 클래스가 있을 때 일정 관리 지원을 추가하기로 했다고 하자. 이 작업의 일환으로 Appointment 클래스를 만든다. 하지만 양쪽 클래스에 공통인 메서드와 속성을 다시 정의하지 않고 Contact 클래스를 **리팩터링**^refactoring하기로 선택할 수 있다. 특히 Contact의 공통 메서드와 속성을 PdaItem이라는 기본 클래스로 옮기고 그림 7.1에서 보인 것처럼 Contact와 Appointment 모두가 상속받을 수 있다.

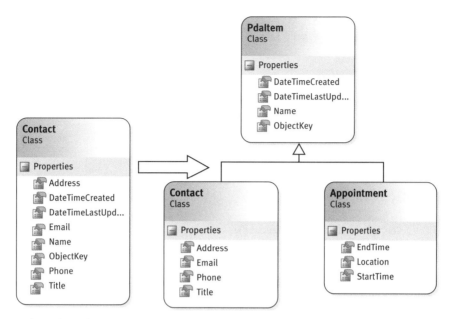

그림 7.1 기본 클래스로 리팩터링하기

이 경우 공통 항목은 Created, LastUpdated, Name, ObjectKey 등이다. 기본 클래스인 PdaItem에서 정의한 메서드를 파생^{derivation}을 통해 PdaItem을 상속한 모든 클래스에서 액세스할 수 있다.

파생 클래스를 선언할 때 예제 7.1에서 나타낸 것처럼 클래스 식별자 다음에 콜론이 나오고 그 뒤 기본 클래스를 표시한다.

예제 7.1 한 클래스에서 파생된 다른 클래스

```
public class PdaItem
{
    [DisallowNull]
    public string Name { get; set; }

    public DateTime LastUpdated { get; set; }
}
```

```
// PdaItem 클래스를 상속하는 Contact 클래스 정의
public class Contact : PdaItem
{
```

```
        public string Address { get; set; }
        public string Phone { get; set; }
    }
```

예제 7.2는 Contact에서 정의한 속성에 액세스하는 방법을 보였다.

예제 7.2 상속된 속성 사용하기

```
    public class Program
    {
        public static void Main()
        {
            Contact contact = new Contact();
            contact.Name = "Inigo Montoya";

            // ...
        }
    }
```

Contact는 직접적으로 Name이라는 속성을 갖지는 않지만 Contact의 모든 인스턴스는 여전히 PdaItem에서 Name 속성을 액세스하고 Contact의 일부인 것처럼 사용할 수 있다. 더욱이 Contact에서 파생한 모든 추가 클래스도 PdaItem의 멤버나 PdaItem에서 파생된 모든 클래스를 상속한다. 상속 체인은 실질적인 제한이 없으며 각 파생 클래스는 기본 클래스 상속 체인의 모든 멤버를 결합해서 갖는다(예제 7.3 참고). 즉, Customer가 PdaItem 에서 직접적으로 파생되지 않더라도 PdaItem의 멤버를 여전히 상속한다.

> **▪ 노트**
>
> 상속을 통해 기본 클래스의 각 멤버는 파생 클래스의 체인 내에서도 나타난다.

예제 7.3 서로 파생되는 클래스를 통한 상속 체인 형성

```
    public class PdaItem : object
    {
        // ...
    }
```

```
public class Appointment : PdaItem
{
    // ...
}

public class Contact : PdaItem
{
    // ...
}

public class Customer : Contact
{
    // ...
}
```

예제 7.3에서 PdaItem은 object에서 명시적으로 상속됐다. C#은 이런 구문을 허용하지만 다른 클래스에서 파생되지 않은 모든 클래스는 지정하지 않더라도 object에서 파생된 것으로 보기 때문에 이런 구문은 필요하지 않다.

> **■ 노트**
>
> 대체 기본 클래스를 지정하지 않는 한 모든 클래스는 기본적으로 object에서 파생된다.

기본 형식과 파생 형식 간의 캐스팅

예제 7.4에서 보인 것처럼 파생은 'is a' 관계를 형성하기 때문에 파생 형식 값을 항상 기본 형식 변수에 직접 할당할 수 있다.

예제 7.4 암시적 기본 형식 캐스팅

```
public class Program
{
    public static void Main()
    {
        // 파생 형식이 암시적으로 기본 형식으로 변환될 수 있다.
        Contact contact = new Contact();
```

```
        PdaItem item = contact;
        // ...

        // 기본 형식은 명시적으로 파생 형식으로 캐스팅돼야 한다.
        contact = (Contact)item;
        // ...
    }
}
```

파생 형식인 Contact는 PdaItem이며 PdaItem 형식의 변수에 직접 할당할 수 있다. 이 경우 캐스트 연산자 없이 변환이 일어나기 때문에 **암시적 변환**implicit conversion이라 하고 이 변환은 원칙적으로 항상 성공한다. 즉, 이런 변환은 예외를 던지지 않는다.

하지만 그 반대는 참이 아니다. PdaItem이 꼭 Contact는 아니다. Appointment나 다른 파생 형식일 수도 있다. 따라서 기본 형식에서 파생 형식으로 캐스팅에는 **명시적 캐스트**explicit cast가 필요하고 이는 런타임에 실패할 수도 있다. 명시적 캐스트를 수행하려면 예제 7.4에서 나타낸 것처럼 원래 참조 앞의 괄호 내에서 대상 형식을 확인한다.

명시적 캐스트를 사용하면 프로그래머는 기본적으로 컴파일러에 자신이 무엇을 하고 있는지 알고 있으니 신뢰하라고 알려 주며 C# 컴파일러는 대상 형식이 원래 형식에서 파생된다면 변환을 처리한다. C# 컴파일러가 컴파일 타임에 잠재적 호환 형식 간의 명시적 변환을 허용하더라도 CLRCommon Language Runtime은 실행 시간에 여전히 명시적 캐스트가 유효한지 검사해 개체 인스턴스가 실제로 대상 형식이 아니라면 예외를 던진다.

C# 컴파일러는 형식 계층 구조가 암시적 변환을 허용할 때도 캐스트 연산자의 사용을 허용한다. 예를 들어, contact를 item에 할당할 때 다음처럼 캐스트 연산자를 사용할 수 있다.

    item = (PdaItem)contact;

형 변환이 필요 없는 경우도 다음과 같이 실행할 수 있다.

    contact = (Contact)contact;

■ 초 급 주 제

상속 체인 내의 캐스팅

기본 클래스로의 암시적 변환은 새로운 인스턴스를 만들지 않는다. 대신 단순히 기본 형식으로 동일한 인스턴스를 참조하며 기능(접근 가능한 멤버)은 기본 형식의 멤버다. 이것은 CD-ROM 드라이브를 '저장 장치'로 참조하는 것과 같다. 모든 저장 장치가 꺼내기 작업을 지원하지는 않으므로 저장 장치로 참조한 CD-ROM 드라이브 역시 꺼내기를 할 수 없고, 인스턴스로 만들어진 개체가 Eject() 메서드를 지원하는 CDROM 개체였다고 해도 storageDevice.Eject()에 대한 호출은 컴파일되지 않는다.

마찬가지로 기본 클래스에서 파생 클래스로 캐스팅하는 작업은 기본 형식을 간단히 더 구체적으로 참조하는 것으로 시작해서 사용할 수 있는 연산을 확장한다. 제약 사항은 실제 인스턴스 형식이 대상 형식의 인스턴스(또는 그 형식에서 파생된 다른 형식)여야 한다는 것이다.

■ 고 급 주 제

사용자 지정 변환 정의하기

형식 간의 변환은 단일 상속 체인 내의 형식으로 제한받지 않는다. Address에서 string으로, 또 그 반대의 변환처럼 관계없는 형식 간에도 역시 변환을 할 수 있다. 핵심은 두 형식 간의 변환 연산자를 제공하는 것이다. C#은 형식에서 명시적 또는 암시적 변환 연산자 중 하나를 포함할 수 있게 한다. long에서 int로 캐스팅처럼 해당 작업이 실패할 수 있는 경우 개발자는 명시적 변환 연산자를 정의해야 한다. 이렇게 하면 개발자에게 성공이 확실할 때만 변환하거나 성공하지 못할 경우 예외를 잡을 준비가 된 경우만 변환하도록 경고한다. 변환에서 손실이 발생할 때도 암시적 변환 대신 명시적 변환을 사용해야 한다. 예를 들어, float에서 int로의 변환은 소수점 이하를 자르게 돼 리턴 캐스팅(int에서 다시 float으로)에서 복원되지 않는다.

예제 7.5는 암시적 변환 연산자 시그니처의 예를 나타냈다.

예제 7.5 캐스트 연산자 정의하기

```
class GPSCoordinates
{
    // ...

    public static implicit operator UTMCoordinates(
        GPSCoordinates coordinates)
    {
        // ...
    }
}
```

이 경우 GPSCoordinates에서 UTMCoordinates로 암시적 변환을 한다. 이 과정을 반대로 하는 비슷한 변환을 작성할 수 있다. implicit를 explicit로 바꿔 명시적 변환을 작성할 수도 있다.

private 액세스 한정자

파생 클래스는 생성자와 소멸자를 제외한 기본 클래스의 모든 멤버를 상속받는다. 하지만 멤버가 상속된다고 해서 액세스할 수 있다는 의미는 아니다. 예를 들어, 예제 7.6에서 private 필드인 _Name은 선언한 해당 형식 내의 코드 위치에서만 액세스할 수 있기 때문에 Contact에서 사용할 수 없다.

예제 7.6 private 멤버는 상속되지만 액세스할 수 없다

```
public class PdaItem
{
    private string _Name;
    public string Name
    {
```

```
            get { return _Name; }
            set { _Name = value; }
        }
        // ...
    }
    public class Contact : PdaItem
    {
        // ...
    }
    public class Program
    {
        public static void Main()
        {
            Contact contact = new Contact();

            // ERROR: 'PdaItem._Name'은 보호 수준으로 인해 액세스할 수 없다.
            //contact._Name = "Inigo Montoya";
        }
    }
```

캡슐화 원칙 준수의 일부로, 파생 클래스는 private으로 선언된 멤버를 액세스할 수 없다.[1] 이 원칙은 기본 클래스를 만드는 개발자가 파생 클래스에서 멤버에 액세스할 수 있는지 여부를 명시적으로 설정한다. 앞서의 경우 기본 클래스는 _Name을 Name 속성으로만 변경할 수 있는 API를 정의한다. 이런 방식은 유효성 검사를 추가한 경우 파생 클래스는 애초부터 _Name을 직접 접근할 수 없기 때문에 자동으로 유효성 검사의 이점을 얻게 된다.

■ 노트

파생 클래스는 기본 클래스에서 private으로 선언한 멤버를 액세스할 수 없다.

---

1 파생 클래스가 또한 기본 클래스의 중첩 클래스일 경우의 코너 케이스는 제외한다. – 지은이
   코너 케이스는 어떤 현상이 다른 변수와 상황에 따라 다른 결과를 가져오는 경우를 말한다. – 옮긴이

protected 액세스 한정자

하지만 캡슐화는 단지 public이나 private보다는 더 정교한 작업이다. 파생된 클래스만 액세스할 수 있는 기본 클래스의 멤버를 정의할 수 있다. 예제 7.7에서 보인 ObjectKey 속성을 생각해 보자.

예제 7.7 파생 클래스에서만 액세스할 수 있는 protected 멤버

```csharp
using System.IO;

public class PdaItem
{
    public PdaItem(Guid objectKey) => ObjectKey = objectKey;
    protected Guid ObjectKey { get; }
}

public class Contact : PdaItem
{
    public Contact(Guid objectKey)
        : base(objectKey) { }

    public void Save()
    {
        // 파일 이름에 대해 <ObjectKey>.dat를 사용해
        // FileStream 인스턴스 생성
        using FileStream stream = File.OpenWrite(
            ObjectKey + ".dat");
        // ...
        stream.Dispose();
    }

    static public Contact Copy(Contact contact) =>
        new Contact(contact.ObjectKey);

    static public Contact Copy(PdaItem pdaItem) =>
        // 에러: protected 멤버 PdaItem.ObjectKey를 액세스할 수 없다.
        new Contact(pdaItem.ObjectKey);
}

public class Program
{
```

```
public static void Main()
{
    Contact contact = new Contact(Guid.NewGuid());

    // 에러: 'PdaItem.ObjectKey'는 액세스할 수 없다.
    Console.WriteLine(contact.ObjectKey);
}
}
```

ObjectKey는 protected 액세스 한정자를 사용해 정의했다. 이로 인해 PdaItem을 상속한 클래스의 멤버만 PdaItem 외부에서 ObjectKey를 액세스할 수 있다. Contact는 PdaItem에서 파생됐기 때문에 Contact의 모든 멤버(예, Save())는 ObjectKey에 액세스할 수 있다. 이에 반해 Program은 PdaItem을 상속하지 않았으므로 Program 내에서 ObjectKey 속성을 사용하면 컴파일 타임 에러가 발생한다.

> **◼ 노트**
>
> 기본 클래스의 Protected 멤버는 기본 클래스와 상속 체인 내의 다른 클래스에서만 액세스할 수 있다.

정적 Contact.Copy(PdaItem pdaItem) 메서드에서 보인 중요하고도 미묘한 부분에 주목할 필요가 있다. 개발자들은 Contact가 PdaItem에서 파생됐더라도 Contact 내의 코드에서 PdaItem의 보호된 ObjectKey를 액세스할 수 없다는 것에 종종 놀란다. 그 이유는 PdaItem은 잠재적으로 Address가 될 수 있고 Contact는 Address의 protected 멤버를 액세스할 수 없어야 하기 때문이다. 따라서 캡슐화는 Contact가 Address의 ObjectKey를 잠재적으로 수정하는 것을 방지한다. Contact의 캐스팅이 성공한다면 contact.ObjectKey에 액세스하듯이 이런 제약 사항(예, ((Contact)pdaItem).ObjectKey)을 우회할 수 있다. 이 지배 규칙은 파생 클래스에서 protected 멤버 액세스는 protected 멤버가 파생 클래스의 인스턴스라는 컴파일 타임 결정이 필요하다는 것이다.

확장 메서드

확장 메서드는 기술적으로 확장한 형식의 멤버가 아니므로 상속되지 않는다. 그렇긴 해도 모든 파생 클래스는 기본 클래스의 인스턴스로 사용될 수 있기 때문에 한 형식에 대한 확장 메서드도 모든 파생 형식을 확장한다. 그렇지 않고 PdaItem처럼 기본 클래스를 확장한다면 모든 확장 메서드는 파생 클래스에서도 사용할 수 있을 것이다. 하지만 모든 확장 메서드를 망라해서 우선순위는 인스턴스 메서드에 있다. 호환되는 시그니처가 상속 체인 내에 나타난다면 이는 확장 메서드보다 우선순위가 높다.

기본 형식에서 확장 메서드가 필요한 경우는 드물다. 대개 확장 메서드에서처럼 기본 형식의 코드를 사용할 수 있다면 기본 형식을 직접 수정하는 것이 바람직하다. 기본 형식의 코드를 사용할 수 없는 경우에도 프로그래머는 기본 형식이나 각각의 파생 형식이 구현하는 인터페이스에 확장 메서드를 추가할지 여부를 고려해야 한다. 8장에서 인터페이스와 확장 메서드가 있는 인터페이스를 사용하는 방법을 다룬다.

단일 상속

이론상 상속 트리에 넣을 클래스의 수는 제한이 없다. 예를 들어, object에서 PdaItem이 파생되고 PdaItem에서 Contact가 파생되며 Contact에서 Customer가 파생되는 것이다. 하지만 C#은 **단일 상속**single inheritance 프로그래밍 언어다(C#이 컴파일하는 CIL 언어도 마찬가지). 그 결과 한 클래스가 2개의 클래스를 직접 상속할 수 없다. 예를 들어, Contact는 PdaItem과 Person 둘 다를 상속할 수 없다.

언어 비교: C++의 다중 상속

C#의 단일 상속은 C++의 주요 객체 지향 차이점 중 하나다.

드물지만 다중 상속 클래스 구조가 필요한 경우 한 가지 해결책은 **집합 관계**aggregation를 구현하는 방식이다. 한 클래스가 또 다른 클래스를 상속하지 않고 한 클래스가 다른 클래스의 인스턴스를 포함하는 방식이다. C# 8.0은 다중 상속을 위한 추가 구조를 제공하므로 8장에서 집합 구현의 세부 내용을 살펴본다.

봉인 클래스

파생 클래스를 통해 확장할 수 있는 클래스를 제대로 설계하는 일은 파생 클래스가 잘 동작하는지 검사하고자 예제로 테스트할 필요가 있는 까다로운 작업일 수 있다. 예제 7.8에서는 클래스에 sealed를 표시해 예상치 않은 파생 시나리오와 문제를 피하는 방법을 나타냈다.

예제 7.8 봉인 클래스를 사용한 파생 클래스 방지

```
public sealed class CommandLineParser
{
    // ...
}

// 에러: 봉인 클래스는 상속할 수 없다.
public sealed class DerivedCommandLineParser :
    CommandLineParser
{
    // ...
}
```

봉인 클래스는 sealed라는 한정자가 포함돼 있으므로 이 클래스는 파생될 수 없다. 파생 클래스를 방지하려고 sealed 한정자를 사용한 형식의 예로 string 형식이 있다.

기본 클래스 재정의

기본 클래스의 모든 멤버는 생성자와 소멸자를 제외하고 파생 클래스로 상속된다. 하지만 기본 클래스가 특정 멤버를 최적으로 구현하지 않을 때가 종종 있다. 예를 들어, PdaItem에서 Name 속성을 생각해 보자. 이 구현은 Appointment 클래스가 상속할 때 허용될 수 있을 것이다. 하지만 Contact 클래스의 경우 Name 속성은 FirstName과 LastName 속성을 결합해서 반환해야 한다. 마찬가지로 Name을 할당할 때 FirstName과 LastName을 분리해야 한다. 즉, 기본 클래스 속성 선언이 해당 파생 클래스에는 적절하지만 그 구현이 항상 유효한 것은 아니다. 따라서 파생 클래스에서 사용자 지정 구현으로 기본 클래스 구현을 **재정의**하는 메커니즘이 필요하다.

virtual 한정자

C#은 인스턴스 메서드와 속성의 재정의를 지원하지만 필드나 모든 정적 멤버는 지원하지 않는다. 재정의는 기본 클래스와 파생 클래스 모두에서 명시적 작업이 필요하다. 기본 클래스는 재정의를 허용하는 각 멤버에 `virtual`이라는 한정자를 사용해야 한다. `public`이나 `protected` 멤버가 `virtual` 한정자를 포함하지 않으면 서브클래스는 이들 멤버를 재정의할 수 없다.

언어 비교: 자바는 기본적으로 가상 메서드다

자바에서 메서드는 기본적으로 가상(virtual)이며 비가상(nonvirtual) 동작이 바람직한 경우는 명시적으로 봉인해야 한다. 이와 달리 C#은 비가상이 기본 값이다.

예제 7.9은 속성을 재정의하는 예를 나타냈다.

예제 7.9 속성 재정의하기

```csharp
public class PdaItem
{
    public virtual string Name { get; set; }
    // ...
}

public class Contact : PdaItem
{
    public override string Name
    {
        get
        {
            return $"{ FirstName } { LastName }";
        }

        set
        {
            string[] names = value.Split(' ');
            // 에러 처리는 나타내지 않는다[1].
            FirstName = names[0];
            LastName = names[1];
        }
```

```
        }

        public string FirstName { get; set; }
        public string LastName { get; set; }

        // ...
    }
```

PdaItem은 Name 속성에 virtual 한정자를 포함할 뿐만 아니라 Contact의 Name 속성은 override라는 키워드로 선언됐다. 곧 살펴보겠지만 virtual을 제거하면 에러를 일으키며 override를 생략하면 경고를 발생시킨다. C#은 메서드 재정의에 override 키워드를 명시적으로 사용해야 한다. 즉, virtual을 통해 파생 형식에서 대체(재정의) 가능한 메서드나 속성을 확인한다.

언어 비교: 자바와 C++의 암시적 재정의

자바와 C++과 달리 override 키워드는 파생 클래스에서 필요하다. C#은 암시적 재정의를 허용하지 않는다. 메서드를 재정의하려면 기본 클래스와 파생 클래스 멤버 모두가 일치해야 하며 해당하는 virtual과 override 키워드가 있어야 한다. 더욱이 override 키워드를 지정할 경우 파생된 구현이 기본 클래스 구현을 대체한다고 가정한다.

멤버를 오버로딩^{overloading}하면 런타임은 최하위 파생된 구현을 호출한다(예제 7.10 참고).

예제 7.10 런타임이 가상 메서드의 최하위 파생된 구현을 호출

```
public class Program
{
    public static void Main()
    {
        Contact contact;
        PdaItem item;

        contact = new Contact();
        item = contact;

        //PdaItem 변수를 통해 이름 설정
```

```
        item.Name = "Inigo Montoya";

        //FirstName & LastName 속성에 설정된 것 표시
        Console.WriteLine(
            $"{ contact.FirstName } { contact.LastName}");
    }
```

결과 7.1에서 예제 7.10의 결과를 나타냈다.

결과 7.1

```
Inigo Montoya
```

예제 7.10은 PdaItem으로 선언된 item.Name이 호출될 때 여전히 contact의 FirstName과 LastName이 설정된다. 이 규칙은 런타임이 가상 메서드를 만날 때마다 최하위 파생과 가상 멤버를 재정의한 구현을 호출하는 것이다. 이 경우 해당 코드는 Contact가 Name의 최하위 파생된 구현을 포함하기 때문에 Contact의 인스턴스를 만들고 Contact.Name을 호출한다.

가상 메서드는 기본 구현, 즉 파생 클래스가 완전히 재정의할 수 있는 구현만 제공한다. 하지만 상속 설계의 복잡성 때문에 기본적으로 멤버를 virtual로 선언하기보다는 가상 메서드 선언이 필요한 특정 시나리오를 고려하고 바람직하게 구현하는 것이 중요하다.

이 단계는 가상 메서드에서 비가상 메서드로의 메서드 변환이 해당 메서드를 재정의한 파생 클래스에 문제를 일으킬 수 있다. 가상 멤버가 게시되면 코드에 문제를 일으키는 변화를 피하고자 한다면 가상을 유지해야 한다. 따라서 가상 멤버를 도입할 때 주의해야 한다. 예를 들면, private protected로 만들 수 있다.

언어 비교: C++ – 생성자 실행 동안 메서드 호출 디스패치

C++에서 생성자 실행 동안 호출된 메서드는 가상 메서드를 디스패치하지 않는다. 대신 인스턴스를 생성하는 동안 해당 형식은 파생 형식이 아니라 기본 형식과 연결되며 가상 메서드는 기본 구현을 호출한다. 그에 반해 C#은 가상 메서드 호출을 최하위 파생 형식으로 디스패치한다. 이는 파생된 생성자가 완전히 실행되지 않았더라도 최하위 가상 멤버 호출의 원칙과 일관성을 갖는다. 그렇더라도 C#에서 이런 상황은 피해야 한다.

마지막으로, 인스턴스 멤버만 virtual이 될 수 있다. CLR은 인스턴스 생성 시 지정한 구체적 형식을 사용해 virtual 메서드 호출을 디스패치할지 여부를 결정하므로 static virtual 메서드는 의미가 없기 때문에 컴파일러가 이런 메서드를 차단한다.

new 한정자

재정의 메서드가 override를 사용하지 않을 때 컴파일러는 결과 7.2나 결과 7.3에서 보인 경고를 출력한다.

결과 7.2

> 경고 CS0114: '<파생된 메서드 이름>'은(는) 상속된 '<기본 메서드 이름>' 멤버를 숨깁니다. 현재 메서드가 해당 구현을 재정의하도록 하려면 override 키워드를 추가하십시오. 그렇지 않으면 new 키워드를 추가하십시오.

결과 7.3

> 경고 CS0108: '<파생된 속성 이름>'은(는) 상속된 '<기본 속성 이름>' 멤버를 숨깁니다. 숨기려면 new 키워드를 사용하십시오.

확실한 해결책은 override 한정자를 추가하는 것이다(기본 멤버가 가상이라고 가정). 하지만 경고에서 지적한 것처럼 new 한정자도 선택 사항이다. **취성**brittle 또는 **깨지기 쉬운 기본 클래스**fragile base class로 알려진 좀 더 일반적인 문제의 특정 예를 나타낸 표 7.1의 시나리오를 생각해 보자.

표 7.1 왜 New 한정자인가?

작업	코드

프로그래머 A는 FirstName과 LastName 속성을 포함하는 Person 클래스를 정의한다.	```public class Person```
	 ```{```
	 ``` public string FirstName { get; set; }```
	 ``` public string LastName { get; set; }```
	 ```}```

작업	코드
| 프로그래머 B는 Person을 상속해 Contact를 정의하고 추가 속성으로 Name을 넣었다. 게다가 Main() 메서드가 Contact 인스턴스를 만드는 Program 클래스를 정의하고 Name을 할당한 뒤 이름을 출력한다. | ```csharp
public class Contact : Person
{
    public string Name
    {
        get
        {
            return FirstName + " " + LastName;
        }

        set
        {
            string[] names = value.Split(' ');
            // 에러 처리는 보이지 않음.
            FirstName = names[0];
            LastName = names[1];
        }
    }
}
``` |
| 후에 프로그래머 A는 Name 속성을 추가하지만, FirstName + " " + LastName으로 게터(getter)를 구현하지 않고 LastName + ", " +FirstName를 구현했다. 더욱이 virtual로 이 속성을 정의하지 않고 Display() 메서드에서 그 속성을 사용한다. | ```csharp
// ...
public class Person
{
    public string Name
    {
        get
        {
            return LastName + ", " + FirstName;
        }

        set
        {
            string[] names = value.Split(", ");
            // 에러 처리는 보이지 않음.
            LastName = names[0];
            FirstName = names[1];
        }
    }
    public static void Display(Person person)
    {
        // 표시: <LastName>, <FirstName>
        Console.WriteLine( person.Name );
    }
}
``` |

Person.Name은 virtual이 아니므로 프로그래머 A는 Person 파생 데이터 형식인 Contact가 전달되더라도 Display()에서 Person 구현을 사용하리라 예상한다. 하지만 프로그래머 B는 변수 데이터 형식이 Contact인 모든 경우에는 Contact.Name이 사용되리라 기대한다. (초기에 Person.Name 속성이 존재하지 않았으므로 프로그래머 B는 Person.Name이 사용된 코드가 없다.) 두 프로그래머가 기대하는 동작을 훼손시키지 않고 Person.Name 추가를 허용하기 위해 virtual이 의도된 것이라고 가정할 수 없다. 더구나 C#은 재정의 멤버가 override 한정자를 명시적으로 사용하도록 요구하기 때문에 파생 클래스를 더 이상 컴파일하지 않도록 기본 클래스에서 멤버 추가를 허용하지 않고 다른 의미 체계를 가정해야 한다.

이 의미 체계가 new 한정자이며 기본 클래스에서 파생 클래스의 재선언 멤버를 숨긴다. 최하위 파생 멤버를 호출하는 대신 기본 클래스의 멤버는 new 한정자가 있는 멤버보다 앞선 상속 체인의 최하위 파생 멤버를 호출한다. 상속 체인이 2개의 클래스뿐이면 기본 클래스의 멤버는 파생 클래스에서 메서드가 선언되지 않은 것처럼 동작한다(파생 구현이 기본 클래스 멤버를 재정의한 경우). 컴파일러가 결과 7.2나 결과 7.3에서 보인 경고를 표시하더라도 override도 new도 지정하지 않은 경우 new를 가정해 원하는 버전 안정성을 유지한다.

한 예로 예제 7.11을 살펴보자. 결과 7.4에서 이 예제의 결과를 나타냈다.

예제 7.11 override와 new 한정자

```
public class Program
{
    public class BaseClass
    {
        public void DisplayName()
        {
            Console.WriteLine("BaseClass");
        }
    }

    public class DerivedClass : BaseClass
    {
        // 컴파일러 경고: DisplayName()이 상속된 멤버를 숨긴다.
        // 숨김을 의도한 경우 new 키워드 사용한다.
```

```csharp
    public virtual void DisplayName()
    {
        Console.WriteLine("DerivedClass");
    }
}


public class SubDerivedClass : DerivedClass
{
    public override void DisplayName()
    {
        Console.WriteLine("SubDerivedClass");
    }
}


public class SuperSubDerivedClass : SubDerivedClass
{
    public new void DisplayName()
    {
        Console.WriteLine("SuperSubDerivedClass");
    }
}


public static void Main()
{
    SuperSubDerivedClass superSubDerivedClass
        = new SuperSubDerivedClass();

    SubDerivedClass subDerivedClass = superSubDerivedClass;
    DerivedClass derivedClass = superSubDerivedClass;
    BaseClass baseClass = superSubDerivedClass;

    superSubDerivedClass.DisplayName();
    subDerivedClass.DisplayName();
    derivedClass.DisplayName();
    baseClass.DisplayName();
}
}
```

```
SuperSubDerivedClass
SubDerivedClass
SubDerivedClass
BaseClass
```

이러한 결과가 발생하는 원인은 다음과 같다.

- SuperSubDerivedClass: SuperSubDerivedClass.DisplayName()은 파생된 클래스가 없으며 따라서 재정의가 없기 때문에 SuperSubDerivedClass를 표시한다.
- SubDerivedClass: SubDerivedClass.DisplayName()은 기본 클래스의 가상 멤버를 재정의하는 최하위 파생 멤버다. SuperSubDerivedClass.DisplayName()는 new 한정자 때문에 숨겨진다.
- SubDerivedClass: DerivedClass.DisplayName()은 가상이고 SubDerivedClass.DisplayName()은 이를 재정의하는 최하위 파생 멤버다. 앞서처럼 new 한정자 때문에 SuperSubDerivedClass.DisplayName()은 숨겨진다.
- BaseClass: BaseClass.DisplayName()은 모든 기본 클래스 멤버를 다시 선언하지 않았으며 가상이 아니다. 따라서 직접 호출된다.

CIL에 관한 한 new 한정자는 컴파일러가 생성하는 구문에 영향을 끼치지 않는다. 하지만 'new' 메서드는 해당 메서드에서 newslot이라는 메타데이터 특성을 생성한다. C# 관점에서 유일한 효과는 나타날 컴파일러 경고를 없애 주는 것이다.

sealed 한정자

클래스에서 sealed 한정자를 사용해 상속을 막을 수 있듯이 가상 멤버 역시 봉인할 수 있다(예제 7.12 참고). 이 접근 방식은 서브클래스가 상속 체인의 더 상위에서 원래 virtual로 선언된 기본 클래스 멤버를 재정의하지 못하게 한다. 이런 상황은 서브클래스 B가 기본 클래스 A의 멤버를 재정의하고 나서 서브클래스 B 아래에서 다시 추가로 재정의하지 못하게 하는 데 필요하다.

```
class A
{
    public virtual void Method()
    {
    }
}
class B : A
{
    public override sealed void Method()
    {
    }
}

class C : B
{
    // 에러: 봉인된 멤버를 재정의할 수 없다
    // public override void Method()
    // {
    // }
}
```

이 예제에서 클래스 B의 Method() 선언에서 sealed 한정자를 사용해 클래스 C의 Method() 재정의를 방지한다.

보통 클래스를 sealed로 표시하는 일은 드물며 그런 제약 사항이 꼭 필요한 이유가 있는 경우만 사용해야 한다. 사실 실제 구현 대신에 모의 개체(테스트 더블, test double[2])를 만드는 것을 지원해야 하기 때문에 단위 테스트가 중요해진다는 가정에 따라서 봉인되지 않은 형식으로 남겨 두는 것이 더 바람직해졌다. 클래스 봉인이 정당화될 수 있는 한 가지 가능한 시나리오는 개별 가상 멤버를 봉인하는 비용이 클래스를 봉인되지 않은 채로 남겨 두는 이점보다 더 클 때다. 하지만 아마도 올바른 동작을 위한 기본 구현의 의존성 때문에 각 멤버를 대상으로 한 봉인이 더 바람직할 수 있다.

---

2 테스트 더블(test double): 코드를 테스트할 때 테스트 대상이 의존하는 실제 개체를 대체하는 개체. Stub, Mock, Fake를 테스트 더블이라고 한다. – 옮긴이

base 멤버

멤버 재정의를 선택하면서 개발자들은 기본 클래스의 멤버를 호출하고 싶을 때도 있다 (예제 7.13 참고).

예제 7.13 기본 멤버 접근하기

```csharp
using static System.Environment;

public class Address
{
    public string StreetAddress;
    public string City;
    public string State;
    public string Zip;

    public override string ToString()
    {
        return $"{ StreetAddress + NewLine }"
            + $"{ City }, { State } { Zip }";

    }
}

public class InternationalAddress : Address
{
    public string Country;

    public override string ToString()
    {
        return base.ToString() +
            NewLine + Country;
    }
}
```

예제 7.13에서 InternationalAddress는 Address를 상속하고 ToString()을 구현한다. 부모 클래스의 구현을 호출하려면 base 키워드를 사용한다. 이 구문은 사실상 생성자의 일부로 base를 사용하기 위한 지원을 포함해 this 키워드의 사용법과 동일하다(곧 다룬다). 덧붙이자면 Address.ToString() 구현에서 ToString()이 또한 object의 멤버이기 때문에 override가 필요하다. override로 표시한 모든 멤버는 가상으로 자동 지정되므로 추가 자식 클래스는 구현을 더 구체화할 수 있다.

> **노트**
>
> override로 표시한 모든 메서드는 자동으로 가상이다. 기본 클래스 메서드는 가상인 경우만 재정의될 수 있고 재정의 메서드 역시 가상 메서드다.

기본 클래스 생성자 호출

파생 클래스 인스턴스를 만들 때 먼저 런타임이 기본 클래스의 생성자를 호출해 기본 클래스 초기화를 회피하지 못하게 한다. 하지만 기본 클래스에 액세스할 수 있는 (nonprivate) 기본 생성자가 없다, 기본 클래스를 생성하는 방법이 명확하지 않게 되고 C# 컴파일러는 에러를 표시한다.

액세스할 수 있는 기본 생성자가 없어서 발생하는 에러를 피하려면 프로그래머는 파생 클래스 생성자 헤더에서 실행할 기본 생성자를 명시적으로 지정해야 한다(예제 7.14 참고).

예제 7.14 호출할 기본 생성자 지정하기

```
public class PdaItem
{
    public PdaItem(string name)
    {
        Name = name;
    }
    public virtual string Name { get; set; }
    // ...
}

public class Contact : PdaItem
{
    //Name 속성을 통해 FirstName&LastName을 설정하므로 경고 비활성화
    #pragma warning disable CS8618 // null을 허용하지 않는 필드가 초기화되지 않는다.
    public Contact(string name) :
        base(name)
    {
```

```csharp
    }
    #pragma warning restore CS8618


    public override string Name
    {
        get
        {
            return $"{ FirstName } { LastName }";
        }
        set
        {
            string[] names = value.Split(' ');
            // 에러 처리는 보이지 않았다.
            FirstName = names[0];
            LastName = names[1];
        }
    }


    [NotNull][DisallowNull]
    public string FirstName { get; set; }
    [NotNull][DisallowNull]
    public string LastName { get; set; }
    // ...
}

public class Appointment : PdaItem
{
    public Appointment(string name,
        string location, DateTime startDateTime, DateTime endDateTime) :
        base(name)
    {
        Location = location;
        StartDateTime = startDateTime;
        EndDateTime = endDateTime;
    }

    public DateTime StartDateTime { get; set; }
    public DateTime EndDateTime { get; set; }
    public string Location { get; set; }

    // ...
}
```

코드에서 기본 생성자를 확인함으로써 런타임이 파생 클래스 생성자를 호출하기 전에 호출할 기본 생성자를 알도록 한다.

추상 클래스

지금까지 상속 예제의 대부분은 PdaItem에서 파생된 형식 개체인 Contact와 Appointment 등에 공통인 메서드와 속성을 정의하는 PdaItem이라는 클래스를 정의했다. 하지만 PdaItem 그 자체는 인스턴스 생성을 위한 것이 아니다. PdaItem 인스턴스 단독으로는 의미가 없다. 대신 이런 클래스는 자신으로부터 파생되는 일련의 데이터 형식에 기본 메서드를 공유할 목적으로 기본 클래스로 사용할 때만 의미가 있다. 이러한 특징으로 인해 PdaItem은 **구체적인 클래스**concrete class가 아니라 **추상 클래스**abstract class가 돼야 한다. 추상 클래스는 파생만을 고려해 설계됐다. 추상 클래스는 이 클래스에서 파생되는 클래스의 인스턴스를 생성하는 상황을 제외하곤 인스턴스를 만들 수 없다. 추상이 아니며 직접 인스턴스를 만들 수 있는 클래스가 구체적인 클래스다.

8.0 시작

추상 클래스는 기본 객체 지향 원칙이므로 여기서는 그에 맞춰 설명한다. 하지만 C# 8.0과 .NET 코어 3.0에 와서 인터페이스가 앞서 추상 클래스로 제한되던 기능의 상위 집합을 대부분 지원한다(구체적으로 인스턴스 필드를 선언할 수 없었다). 새로운 인터페이스 기능의 자세한 내용은 8장에서 다루지만 추상 멤버 관련 개념 이해가 필요하므로 여기서는 추상 클래스를 자세히 설명한다.

8.0 끝

■ 초 급 주 제

추상 클래스

추상 클래스는 추상 엔터티를 나타낸다. **추상 멤버**는 추상 엔터티에서 파생된 개체가 포함해야 하는 것을 정의하지만 구현을 포함하지는 않는다. 추상 클래스 내에서 많은 기능이 구현되지 않는 경우도 종종 있다. 하지만 추상 클래스에서 클래스를 파생시킬 때는 추상 기본 클래스의 해당 추상 메서드에 대한 구현을 제공해야 한다.

추상 클래스를 정의하려면 C#은 예제 7.15에서 보인 클래스 정의에 abstract 한정자가 필요하다.

예제 7.15 추상 클래스 정의하기

```csharp
// 추상 클래스 정의
public abstract class PdaItem
{
    public PdaItem(string name)
    {
        Name = name;
    }

    public virtual string Name { get; set; }
}

public class Program
{
    public static void Main()
    {
        PdaItem item;
        // 에러: 추상 클래스의 인스턴스를 생성할 수 없다.
        // item = new PdaItem("Inigo Montoya");
    }
}
```

추상 클래스의 인스턴스를 생성할 수 없지만 이런 제약 사항은 추상 클래스의 중요한 단점이 아니다. 추상 클래스의 주요 목적은 **추상 멤버**를 포함할 때 얻는다. 추상 멤버는 구현이 없는 메서드나 속성이다. 목적은 모든 파생 클래스에서 구현을 제공하도록 강제하는 데 있다.

예제 7.16을 살펴보자.

예제 7.16 추상 멤버 정의하기

```csharp
// 추상 클래스 정의
public abstract class PdaItem
{
    public PdaItem(string name)
    {
```

```
            Name = name;
        }


        public virtual string Name { get; set; }
        public abstract string GetSummary();
    }
using static System.Environment;

public class Contact : PdaItem
{
    public override string Name
    {
        get
        {
            return $"{ FirstName } { LastName }";
        }
        set
        {
            string[] names = value.Split(' ');
            // 에러 처리는 나타내지 않음.
            FirstName = names[0];
            LastName = names[1];
        }
    }

    public string FirstName
    {
        get
        {
            return _FirstName!;
        }
        set
        {
            _FirstName = value ??
                throw new ArgumentNullException(nameof(value));
        }
    }
    private string? _FirstName;

    public string LastName
    {
        get
```

```
        {
            return _LastName!;
        }
        set
        {
            _LastName = value ??
                throw new ArgumentNullException(nameof(value));
        }
    }
    private string? _LastName;
    public string Address { get; set; }


    public override string GetSummary()
    {
        return @"FirstName: { FirstName + NewLine }"
            + $"LastName: { LastName + NewLine }"
            + $"Address: { Address + NewLine }";
    }


    // ...


}


public class Appointment : PdaItem
{
    public Appointment(string name) :
        base(name)
    {
        Location = location;
        StartDateTime = startDateTime;
        EndDateTime = endDateTime;
    }

    public DateTime StartDateTime { get; set; }
    public DateTime EndDateTime { get; set; }
    public string Location { get; set; }

    // ...

    public override string GetSummary()
    {
        return $"Subject: { Name + NewLine }"
```

```
              + $"Start: { StartDateTime + NewLine }"
              + $"End: { EndDateTime + NewLine }"
              + $"Location: { Location }";
       }
   }
```

예제 7.16은 GetSummary() 멤버를 abstract로 정의했으므로 구현을 포함하지 않았다. 그다음 Contact 내에서 이 멤버를 재정의하고 구현을 제공했다. 추상 멤버는 재정의를 가정했기 때문에 이런 멤버는 자동으로 가상이며 따라서 명시적으로 가상을 선언할 수 없다. 게다가 추상 멤버는 private으로 선언할 수 없는데 이유는 파생 클래스에서 확인할 수 없기 때문이다.

잘 설계된 개체 계층 구조를 개발하는 일은 대단히 어렵다. 이런 이유로 추상 형식을 프로그래밍할 때 설계를 검증하려고 해당 추상 형식에서 파생시킨 최소한 하나의 바람직한 구체적인 형식을 구현해야 한다.

Contact에서 GetSummary() 구현을 제공하지 않는다면 컴파일러는 에러를 표시한다.

> **▪ 노트**
>
> 추상 멤버는 재정의돼야 하므로 자동으로 가상이며 명시적으로 선언할 수 없다.

> **언어 비교: C++ - 순수 가상 함수**
>
> C++는 암호 같은 표기법인 =0을 사용해 추상 함수를 정의할 수 있다. 이들 함수를 C++에서는 순수 가상 함수라 부른다. 하지만 C#과 달리 C++는 클래스 자체에서 어떤 특수한 선언은 필요 없다. C#의 abstract 클래스 한정자와 달리 C++은 해당 클래스가 순수 가상 함수를 포함할 때 클래스 선언 변경이 없다.

> **▪ 노트**
>
> 추상 멤버를 선언한다는 것은 추상 클래스 프로그래머가 구체적인 클래스와 추상 기본 클래스(즉, Pdaltem) 간의 'is a' 관계를 구현하고자 추상 클래스가 적절한 기본 구현을 제공할 수 없는 멤버에 추상 멤버 구현이 필요하다고 명시하는 것이다.

다형성

동일한 멤버 시그니처의 구현이 둘 이상의 클래스 간에 차이가 있을 경우 이런 시나리오는 객체 지향 핵심 원칙인 **다형성**^{polymorphism}을 보여 준다. '다'는 '많은'을 의미하고 '형성'은 '모습'을 의미하므로 다형성은 동일한 시그니처의 구현이 여럿 존재함을 의미한다. 또한 동일한 시그니처는 한 클래스 내에서 여러 번 사용될 수 없기 때문에 해당 멤버 시그니처는 각각 다른 클래스에서 구현된다.

다형성을 떠받치는 개념은 해당 개체 자체가 특정 작업을 수행하는 최선의 방법을 알고 있다는 것이다. 더욱이 이들 작업을 호출하는 공통적인 방식을 강제함으로써 다형성은 공용성을 활용할 때 코드 재사용을 촉진한다. 여러 형식의 문서가 있다고 할 때 각 문서 형식 클래스는 Print() 메서드가 해당 문서 형식에 맞게 수행하는 최선의 방법을 알고 있다. 따라서 각 문서 형식을 출력하는 특별한 로직을 가진 switch 문을 포함하는 출력 메서드 하나를 정의하는 대신 다형성으로 출력하려는 특정 문서 형식에 해당하는 Print() 메서드를 호출한다. 예를 들어, 워드 프로세싱 문서 클래스의 Print() 호출은 워드 프로세싱의 특성에 따라 동작하는 반면, 그래픽 문서 클래스에서 동일한 메서드를 호출하면 그래픽에 특정한 출력 동작을 일으킨다. 문서 형식이 주어졌을 때 문서를 출력하고자 해야 할 작업은 그저 그 형식에 상관없이 Print()를 호출하는 것뿐이다.

switch 구문 밖으로 사용자 지정 출력 구현을 옮기면 유지관리상의 많은 이점을 얻을 수 있다. 먼저 해당 구현이 전혀 동떨어진 위치가 아니라 각 문서 형식 클래스의 콘텍스트에서 나타난다. 이는 캡슐화로 유지한다. 두 번째 새로운 문서 형식을 추가할 때 switch 구문을 변경할 필요가 없다. 대신 새로운 문서 형식 클래스에 대한 Print() 시그니처만 구현하면 된다.

추상 멤버는 다형성을 구현하는 방법이다. 기본 클래스는 해당 메서드의 시그니처를 지정하고 파생 클래스는 구현을 제공한다(예제 7.17 참고).

```csharp
public class Program
{
    public static void Main()
    {
        PdaItem[] pda = new PdaItem[3];

        Contact contact = new Contact("Sherlock Holmes");
        {
            Address = "221B Baker Street, London, England";
        }
        pda[0] = contact;

        new Appointment(
            "Soccer tournament", "Estádio da Machava",
            new DateTime(2008, 7, 19), new DateTime(2008, 7, 18));
        pda[1] = appointment;

        contact = new Contact("Hercule Poirot");
        contact.Address =
            "Apt 56B, Whitehaven Mansions, Sandhurst Sq, London";
        pda[2] = contact;

        List(pda);
    }

    public static void List(PdaItem[] items)
    {
        // 다형성을 사용해 구현된다.
        // 해당 파생 형식은 GetSummary() 구현의 세부 사항을 알고 있다.
        foreach (PdaItem item in items)
        {
            Console.WriteLine("_____");
            Console.WriteLine(item.GetSummary());
        }
    }
}
```

예제 7.17의 결과는 결과 7.5에서 나타냈다.

```
FirstName: Sherlock
LastName: Holmes
Address: 221B Baker Street, London, England

Subject: Soccer tournament
Start: 7/18/2008 12:00:00 AM
End: 7/19/2008 12:00:00 AM
Location: Est?dio da Machava

FirstName: Hercule
LastName: Poirot
Address: Apt 56B, Whitehaven Mansions, Sandhurst Sq, London
```

이런 방식으로 기본 클래스의 해당 메서드를 호출할 수 있지만 구현은 파생 클래스에 따라 다르다. 결과 7.5는 예제 7.17의 List() 메서드가 Contacts와 Addresses 둘 다를 성공적으로 표시할 수 있고 각각에 맞는 방식으로 표시할 수 있음을 보였다. abstract GetSummary() 메서드의 호출은 실제로 그 인스턴스에 특정한 재정의 메서드를 호출한다.

System.Object에서 파생된 모든 클래스

사용자 지정 클래스나 시스템에 내장된 클래스든 어떤 클래스라도 표 7.2에서 보인 메서드를 정의한다.

표 7.2 System.Object의 멤버

메서드 이름	설명
public virtual bool Equals(object o)	매개변수로 제공된 개체가 해당 인스턴스에 대한 값과 같으면 true를 반환하지만 참조에서는 꼭 그렇지는 않다.
public virtual int GetHashCode()	고르게 분포된 해시 코드에 해당하는 정수를 반환한다. 이는 HashTable 테이블 컬렉션처럼 컬렉션에 유용하다.
public Type GetType()	개체 인스턴스의 형식에 해당하는 System.Type 형식의 개체를 반환한다.

메서드 이름	설명
public static bool ReferenceEquals(object a, object b)	제공된 2개의 매개변수가 동일한 개체이면 true를 반환한다.
public virtual string ToString()	개체 인스턴스의 문자열 표현을 반환한다.
public virtual void Finalize()	소멸자에 대한 별칭. 개체에 종료를 준비하도록 알린다. C# 은 이 메서드를 직접 호출하지 못하게 한다.
protected object MemberwiseClone()	얕은 복사를 수행해 개체를 복제한다. 참조는 복사되지만 참 조된 형식 내의 데이터는 아니다.

표 7.2에서 나타낸 모든 메서드는 상속을 통해 모든 개체에서 나타난다. 모든 클래스
는 (직접적으로 또는 상속 체인을 통해) object를 상속한다. 리터럴도 이런 메서드를 포함
하며 다음과 같은 다소 독특해 보이는 코드도 가능하다.

```
Console.WriteLine( 42.ToString() );
```

object를 명시적으로 상속하지 않은 클래스 정의도 어쨌든 object에서 파생된다. 따
라서 예제 7.18의 PdaItem에 대한 두 가지 선언은 CIL이 동일하다.

예제 7.18 상속을 지정하지 않을 때 System.Object 암시적 상속

```
public class PdaItem
{
    // ...
}

public class PdaItem : object
{
    // ...
}
```

object의 기본 구현이 충분하지 않을 때 프로그래머는 3개의 가상 메서드 중 하나 이
상을 재정의할 수 있다. 10장에서 여기에 대한 상세 내용을 설명한다.

is 연산자를 사용한 패턴 매칭

C#은 C# 1.0 이후로 is 연산자를 제공했지만 C# 7.0과 C# 8.0 모두 패턴 매칭의 지원에 있어서 중요한 개선 사항을 제공한다. 하지만 이들 기능 대부분은 다음 절에서 설명한 것처럼 switch 구문이나 식의 맥락에서 사용될 때까지는 상대적으로 사소한 것이다.

is 연산자를 사용한 기본 형식 유효성 검사

C#이 상속 체인의 다운 캐스팅을 허용한 이후로 변환을 시도하기 전에 기본 형식이 무엇인지를 결정하는 것이 바람직할 때가 종종 있다. 형식 검사는 다형성이 구현되지 않은 형식별 동작에도 필요하다. 기본 형식을 알아내려면 C#이 제공하는 is 연산자를 사용한다(예제 7.19 참고).

예제 7.19 is 연산자를 통한 기본 형식 확인

```
public static void Save(object data)
{
    if (data is string)
    {
        string text = (string)data;
        if (text.Length > 0)
        {
            data = Encrypt(text);
            // ...
        }
    }
    else if (data is null)
    {
        // ...
    }
    // ...
}
```

예제 7.19는 기본 형식이 string인 경우 해당 데이터를 암호화한다. 많은 형식이 string으로의 변환을 지원하지만 이들 형식의 기본 형식이 string이 아니므로 string으로 성공적으로 변환한 데이터 형식을 암호화하는 것과는 상당히 다르다.

메서드를 시작할 때 null을 검사하는 것이 더 명확할 수 있지만 이 경우 나중에 검사한다. 의도는 대상이 null인 경우에도 is 연산자가 false를 반환하므로 null 검사가 여전히 실행되는 것을 보이는 것이다.

명시적 형 변환을 사용할 때 코드 로직을 이해해서 유효하지 않은 형 변환 예외를 충분히 피하는 일은 프로그래머의 책임이다. 잠재적으로 유효하지 않은 형 변환이 일어날 가능성이 있다면 is 연산자를 활용하고 예외를 완전히 피하는 것이 바람직하다. 이점은 is 연산자가 예외 처리 비용 없이 명시적인 형 변환 실패의 경우를 대비한 코드 경로를 활성화할 수 있는 것이다. C# 7.0 이후에서 is 연산자는 데이터 형식에 대한 검사 외에도 할당을 수행한다(is 연산자 기능이 중요해도 is 연산자 사용에 앞서 다형성에 관련된 문제를 고려해야 한다. 다형성은 동작을 정의하는 구현을 수정하지 않고 다른 데이터 형식으로 동작을 확장하도록 지원한다. 예를 들어, 공통 기본 형식을 상속한 뒤 그 형식을 Save( ) 메서드에 대한 매개변수로 사용하면 string에 대한 검사를 명시적으로 피하고 동일한 기본 형식을 상속함으로써 다른 데이터 형식이 저장 작업 동안 암호화를 지원하게 할 수 있다. – 옮긴이).

타입, var, 상수 패턴 매칭

C# 7.0에서 is 연산자는 패턴 매칭pattern matching을 지원하고자 개선됐다. 7장에서 앞서 설명한 is 연산자의 문제점은 데이터가 실제로 string인지 확인한 후에도 여전히 string으로 캐스팅해야 한다는 것이다(string으로 액세스하고 싶다고 가정). 바람직한 접근 방식은 양쪽 다 검사하고 검사가 참이면 새로운 변수에 결과를 할당하는 것이다. C# 7.0에서 패턴 매칭의 도입으로 타입, var, const 패턴 매칭이 가능해졌다. 이후 C# 8.0은 튜플과 위치, 속성, 재귀 패턴 매칭을 추가했다. 이들 옵션 모두는 대부분의 시나리오에서 기본 is 연산자를 대체할 수 있다.

표 7.3은 C# 7.0 패턴 매칭의 각 예를 나타냈다.

표 7.3 is 연산자와 타입, var, const 패턴 매칭

설명	메서드 이름
타입 패턴 매칭 GetObjectById(id)의 결과를 Employee 형식에 대해 검사하고 동일한 식에서 변수 employee에 할당한다. GetObjectById(id)의 결과가 null이거나 Employee가 아니면 false가 되고 else 절이 실행된다. employee 변수는 if 문 내에서 바로 사용할 수 있다. 하지만 else 절 내부 또는 뒤에서 액세스하기 전에 값이 할당돼야 한다.	```// ...
string id =
"92e80a67-d453-4998-8d85-f430fa02d6c7";
if(GetObjectById(id) is Employee employee)
{
Display(employee);
}
else
{
ReportError($"Employee id, {id} is invalid.")
}```
상수 패턴 매칭 4장에서 is 연산자를 사용해 null을 검사할 때(data is null) 상수 패턴 매칭을 보였다. 동일한 검사를 모든 상수에 대해서도 지원한다. 예를 들어, data is ""으로 data를 빈 문자열과 비교할 수 있다. 하지만 비교는 상수에 대해서 수행해야 한다. 상수가 아니라 속성인 "data is string.Empty"는 유효하지 않다.	```public static void Save(object data)
{
// ...
else if (data is "")
{
return;
// ...
}
}```
var을 사용한 패턴 매칭 타입 패턴 매칭과 달리 null을 포함해 모든 값을 얻을 수 있다. 물론 이러한 접근 방법의 이점이 미심쩍은 것은 var result = GetObjectById(id)와 같은 간단한 할당이 항상 성공하기 때문이다. 하지만 is는 선언과 함께 포괄적인 case를 다루는 switch 문에서 더 유용해지고 있다.	```// ...
else (GetObjectById(id) is var result)
{
// ...
}```

7.0 끝

패턴 매칭은 C# 8.0에서 튜플, 위치, 속성, 재귀 패턴 매칭 지원을 포함하면서 약간 더 복잡해졌다.

8.0 시작

튜플 패턴 매칭

튜플 패턴 매칭으로 튜플 내에서 상수 값을 검사하거나 변수에 튜플 항목을 할당할 수 있다(예제 7.20 참고).

```csharp
public class Program
{
    const int Action = 0;
    const int FileName = 1;
    public const string DataFile = "data.dat";

    static public void Main(params string[] args)
    {
        // ...

        if ((args.Length, args[Action]) is (1, "show"))
        {
            Console.WriteLine(File.ReadAllText(DataFile));
        }
        else if ((args.Length, args[Action].ToLower(), args[FileName]) is
            (2, "encrypt", string fileName))
        {
            string data = File.ReadAllText(DataFile);
            File.WriteAllText(fileName, Encrypt(data).ToString());
        }
        // ...
    }
}
```

이 예제에서 args의 길이와 요소로 채워진 튜플에 대해 패턴 매칭을 한다. 첫 번째 if 조건에서 하나의 인수와 동작 "show"를 검사한다. 두 번째 if 조건에서 배열의 첫 번째 항목이 "encrypt"인지 여부를 평가하고, 그렇다면 그다음 튜플의 세 번째 요소를 변수 fileName에 할당한다. 각 요소 매칭은 상수나 변수가 될 수 있다. 튜플은 is 연산자가 실행되기 전에 인스턴스화되므로 "show" 동작이 요청된다면 args[FileName]이 유효한 인덱스가 되지 않기 때문에 "encrypt" 시나리오를 먼저 사용할 수 없다.

위치 패턴 매칭

C# 7.0의 분해자 구문을 기반으로(6장 참고) C# 8.0은 튜플 패턴 매칭과 상당히 일치하는 구문을 가진 위치 패턴 매칭을 제공한다(예제 7.21 참고).

예제 7.21 is 연산자와 위치 패턴 매칭

```csharp
public class Person
{
    // ...

    public void Deconstruct(out string firstName, out string lastName) =>
        (firstName, lastName) = (FirstName, LastName);
}

public class Program
{
    static public void Main(string[] args)
    {
        Person person = new Person("Inigo", "Montoya");

        // 위치 패턴 매칭
        if(person is (string firstName, string lastName))
        {
            Console.WriteLine($"{firstName} {lastName}");
        }
    }
}
```

이 예제에서 const 요소는 없다. 대신 분해자의 모든 항목은 새로이 구성된 튜플 내
에서 변수에 할당된다. 튜플 내에서 상수 값 검사는 허용된다.

속성 패턴 매칭

속성 패턴을 사용하면 예제 7.22에서 보인 것처럼 switch 표현식에서 식별된 데이터 형
식의 속성 이름과 값을 기반으로 일치하는 표현식으로 전환할 수 있다.

예제 7.22 is 연산자와 속성 패턴 매칭

```csharp
// ...
Person person = new Person("", "");

// 속성 패턴 매칭
if(person is {FirstName: string firstName, LastName: string lastName })
{
```

```
        Console.WriteLine($"{firstName} {lastName}");
    }
    // ...
```

언뜻 보면 예제 7.22는 예제 7.21과 거의 동일해 보이며 위치 패턴 매칭과 비슷하다. 하지만 두 가지 중요한 차이점이 있다. 첫째, 속성 패턴 매칭은 일치하는 대상을 식별하고자 괄호보다는 중괄호를 사용한다. 둘째, 인수의 위치(위치와 튜플 매칭 모두에 중요)는 속성 이름이 일치하는 표현식을 매핑하는 데 사용되기 때문에 속성 패턴 매칭과 무관하다. 속성 패턴은 is {}로 null이 아닌지 검사할 때 사용된다는 점도 주목하자.

재귀 패턴 매칭

앞서 언급한 것처럼 속성 매칭의 진짜 힘은 switch 구문이나 표현식 내에서 활용되기 전까지는 실제로 드러나지 않는다. 하지만 한 가지 예외는 패턴 매칭이 재귀적으로 사용될 때다. 물론 예제 7.23은 말이 안 된다. 이 예제는 패턴을 재귀적으로 적용할 때 잠재적인 복잡성의 예를 든 것이다.

예제 7.23 is 연산자와 재귀 패턴 매칭

```
// ...
Person inigo = new Person("Inigo", "Montoya");
var buttercup =
    (FirstName: "Princess", LastName: "Buttercup");

(Person inigo, (string FirstName, string LastName) buttercup) couple =
 (inigo, buttercup);

if (couple is
    ( // 튜플
        ( // 위치
            { // 속성
                Length: int inigoLength1 },
            _ // Discard
        ),
    { // 속성
        FirstName: string buttercupFirstName }))
{
```

```
        Console.WriteLine($"({inigoFirstNameLength}, {buttercupFirstName})");
    }
    else
    {
        // ...
    }
    // ...
```

이 예제에서 couple은 다음과 같은 형식이다.

(Person, (string FirstName, string LastName))

이처럼 첫 번째 매칭은 바깥 튜플 (inigo, buttercup)에서 일어난다. 다음으로 위치 패턴 매칭은 Person 분해자를 활용해 inigo에 대해 사용된다. 이 매칭은 (FirstName, LastName) 튜플을 선택하는데 여기서 속성 패턴 매칭은 inigo.FirstName 값의 길이를 추출하는 데 사용된다. 위치 패턴 매칭의 LastName 부분은 밑줄을 사용해 삭제된다. 마지막으로 속성 패턴 매칭은 buttercup.LastName을 선택하는 데 사용된다.

C# 8.0의 속성 패턴 매칭 구문은 데이터를 선택하는 강력한 수단이지만 한계도 있다. 예를 들어, when절 포함하는 switch 구문(4장에서 설명)과 달리 술어적 표현(예, FirstName 과 LastName 길이가 0보다 더 큰지 검사)에서 패턴 매칭을 할 수 없다. 또한 가독성을 염두에 둬야 한다. 예제 7.23에서 주석이 있어도 코드를 이해하기 어려울 수 있다. 주석조차 없으면 다음에 보인 것처럼 더 난해해 보일 것이다.

```
if (couple is ( ( { Length: int inigoFirstNameLength }, _ ),
    { FirstName: string buttercupFirstName })) { ...}
```

그럼에도 패턴 매칭은 switch 구문과 표현식에서 실제로 유용하다.

switch 문 내에서 패턴 매칭

예제 7.23은 간단한 if-else 문이지만 단순 문자열 이상을 검사하는 비슷한 예제를 생각해 볼 수 있다. if 문이 잘 동작하겠지만 기본 형식과 동작하는 일치식(또는 구문)이 있는 switch 문이 더 나은 가독성을 제공한다. 예제 7.24는 다양한 형식으로 날짜 서식을 나타내는 예제다.

```csharp
public static string? CompositeFormatDate(
        object input, string compositFormatString) =>
    input switch
    {
        DateTime { Year: int year, Month: int month, Day: int day }
            => (year, month, day),
        DateTimeOffset
        { Year: int year, Month: int month, Day: int day }
                => (year, month, day),
        string dateText => DateTime.TryParse(
            dateText, out DateTime dateTime) ?
                (dateTime.Year, dateTime.Month, dateTime.Day) :
                default((int Year, int Month, int Day)?),
        _ => null
    } is { } date ? string.Format(
        compositFormatString, date.Year, date.Month, date.Day) : null;
```

switch 표현식의 첫 번째 케이스는 타입 패턴 매칭(C# 7.0)을 사용해 입력이 DateTime 형식인지 검사한다. 결과가 true이면 결과를 속성 패턴 매칭으로 전달해 year, month, day 를 선언하고 값을 할당한다. 그다음 이들 변수를 튜플(year, month, day)을 반환하는 튜플 표현식에서 사용한다. DateTimeOffset 케이스는 동일한 방식으로 동작한다.

string 케이스는 재귀 패턴 매칭을 사용하지 않으며 기본 값 (_)도 사용하지 않는 다. string에서 TryParse()가 성공하지 않으면 null인지 평가하는 default((int Year, int Month, int Day)?)를 반환한다.[3] (int Year, int Month, int Day)(다른 케이스가 반환 한 형식) 및 null에서 암시적 변환이 없기 때문에 단순히 null을 반환할 수 없다. 오히려 switch 표현식의 형식을 정교하게 결정하고자 null 허용 튜플이 지정돼야 한다. (기본 연 산자 대신 캐스팅을 사용할 수 있다. 즉, ((int Year, int Month, int Day)?) null) 추가적으로 파싱이 실패할 때 'input switch {} is { } date'가 true를 반환하지 않도록 null 허용 여부가 중요하다.

---

3 12장에서 더 자세한 내용 참고.

예제 7.24는 매칭을 추가로 제한하는 술어적인 표현이 있는 when 절을 포함하지 않았다. 날짜를 미래로 제한하는 다음과 같은 절이 지원된다.

```
DateTime
    { Year: int year, Month: int month, Day: int day } tempDate
        when tempDate < DateTime.Now => (year, month, day)
```

다형성이 사용될 때 패턴 매칭 피하기

패턴 매칭 기능이 중요하긴 하지만 is 연산자를 사용하기에 앞서 다형성과 관련한 문제를 고려해야 한다. 다형성은 동작을 정의하는 구현의 어떠한 수정을 요구하지 않고 다른 데이터 형식으로 동작 확장을 지원한다. 예를 들어, 기본 클래스 PdaItem에서 Name과 같은 멤버를 넣은 다음 PdaItem에서 파생된 값을 사용하는 것이 각 형식에 대한 case 구문으로 패턴 매칭을 사용하는 것보다 낫다. 전자는 다시 컴파일하지 않고도 PdaItem에서 파생되는 추가 형식을 허용한다(다른 어셈블리에 있는 경우도 마찬가지다). 그에 반해 후자는 새로이 소개된 형식을 다루도록 패턴 매칭 코드를 추가적으로 수정해야 한다. 그렇지만 다형성이 항상 가능한 것은 아니다.

다형성이 실패하는 한 가지 시나리오는 목적과 일치하는 개체 계층 구조가 없을 때다. 예를 들어, 관련이 없는 시스템의 일부인 클래스로 작업할 경우다. 더욱이 다형성이 필요한 코드는 여러분의 통제 밖에 존재하고 수정할 수 없다고 가정한다. 예제 7.24에서 날짜를 다룬 코드가 그런 예다. 두 번째 시나리오는 추가한 기능이 이들 클래스에 대한 핵심 추상화의 일부가 아닐 때다. 예를 들어, 자동차에 징수되는 통행료가 유료 도로를 주행하는 자동차의 종류에 따라 달라지지만 통행료가 자동차의 핵심 기능은 아니다.

> 7.0 끝

> 8.0 끝

■ 고 급 주 제

as 연산자를 사용한 변환

is 연산자에 더해 C#은 as 연산도 제공한다. 원래 as 연산자는 is 연산자에 비해 이점을 제공했다. 피연산자가 특정 형식인지 검사하는 것뿐만 아니라 특정 데이터 형식으로 변환을 시도하고 원본 형식이 본질적으로(상속 체인 내에서) 대상 형식이 아닌 경우 null

을 할당한다. 게다가 예외를 던지지 않기 때문에 캐스팅에 비해 이점을 제공한다. 예제 7.25는 as 연산자의 사용 예를 나타냈다.

예제 7.25 as 연산자를 사용한 데이터 변환

```csharp
public class PdaItem
{
    protected Guid ObjectKey { get; }
    // ...
}

public class Contact : PdaItem
{
    // ...
    static public Contact Load(PdaItem pdaItem)
    {
        #pragma warning disable IDE0019 // 패턴 매칭 사용
        Contact? contact = pdaItem as Contact;
        if (contact != null)
        {
            System.Diagnostics.Trace.WriteLine(
                $"ObjectKey: {contact.ObjectKey}");
            return (Contact)pdaItem;
        }
        else
        {
            throw new ArgumentException(
                $"{nameof(pdaItem)} was not of type {nameof(Contact)}");
        }
    }
}
```

as 연산자가 캐스팅이 실패하는 경우 예외를 던지지 않고 캐스팅을 시도하는 방식을 제공하기 때문에 as 연산자를 사용함으로써 변환이 유효하지 않는 경우 추가적인 try/catch를 피할 수 있다.

is 연산자와 비교해 as 연산자의 한 가지 단점은 기본 형식을 확인할 수 있다는 점이다. as 연산자는 캐스트 연산자를 지원하는 형식뿐만 아니라 암시적으로 상속 체인의 위 또는 아래로 캐스팅을 수행할 수 있다. as 연산자와 달리 is 연산자는 기본 형식을 알아낼 수

있다. as 연산자는 참조 형식에서만 동작하는 반면 is 연산자는 모든 형식에서 동작한다.

더 중요한 점은 as 연산자는 null의 경우 할당된 변수를 검사하는 추가 단계가 필요하다는 점이다. 패턴 매칭 is 연산자는 이 조건부 검사를 자동으로 포함한다. C# 7.0 이상을 사용할 수 있다고 가정할 때 as 연산자는 필요 없다.

요약

7장은 클래스를 파생시키고 메서드 및 속성을 추가해 클래스를 구체화하는 방법을 살펴봤다. 캡슐화의 수준을 제어하는 private과 protected 액세스 한정자도 다뤘다.

기본 클래스 구현 재정의와 대안으로 new 한정자를 사용해 기본 클래스 멤버를 숨기는 데 관한 세부 내용도 살펴봤다. 재정의를 제어하고자 C#은 virtual 한정자를 제공하므로 파생 클래스 개발자는 상속받아 구현할 멤버를 식별할 수 있다. 클래스에서 모든 상속을 방지하는 데 사용하는 sealed 한정자도 함께 배웠다. 마찬가지로 멤버에서 이 sealed 한정자를 사용하면 서브클래스에서 추가 재정의를 방지한다.

7장은 모든 형식이 object에서 어떻게 파생됐는지도 간단히 설명했다. 10장은 object가 오버로딩을 지배하는 특정 규칙과 가이드라인으로 세 가지 가상 메서드를 어떻게 포함하는지 살펴보면서 이러한 파생(상속) 개념을 더 깊이 다룬다. 하지만 그 전에 객체 지향 프로그래밍의 토대를 제공하는 또 다른 프로그래밍 패러다임인 인터페이스를 고려해야 한다. 이 주제를 8장에서 다룬다.

7장은 is 연산자와 switch 식/구문 두 가지와 패턴 매칭을 살펴보면서 끝을 맺었다. 이런 기능이 일반적으로 사용되지는 않지만 C# 7.0과 C# 8.0은 이들 기능을 상당히 확장했다. 특히 가능하다면 다형성을 활용하는 것이 패턴 매칭에 우선하는 솔루션이다.

8.

인터페이스

다형성은 상속을(7장에서 설명) 통해서 뿐만 아니라 인터페이스로도 구현할 수 있다. 추상 클래스와 달리 인터페이스는 C# 8.0까지 어떤 구현도 포함할 수 없다(C# 8.0에서조차 '버전 관리'와 인터페이스를 제외하고 다형성을 사용해야 하는지 여부는 의문이다). 하지만 인터페이스는 추상 클래스처럼 호출자가 구현 여부에 의존하는 일련의 멤버들을 정의한다.

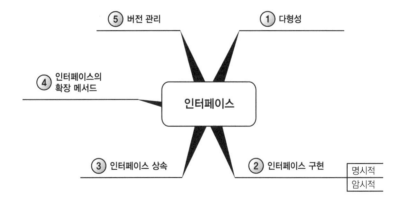

인터페이스를 구현함으로써 형식은 기능을 정의한다. **인터페이스 구현 관계를 'can do' 관계라 한다.** 인터페이스는 구현 형식이 해야 할 작업을 정의한다. 인터페이스는 해당 인터페이스를 구현하는 형식과 그 인터페이스를 사용하는 코드 간의 계약을 정의한다. 인터페이스를 구현하는 형식은 구현된 인터페이스가 선언한 메서드와 동일한 시그니처를

갖는 메서드를 선언해야 한다. 8장은 인터페이스를 구현하고 사용하는 내용을 다룬다. 인터페이스의 기본 구현 멤버와 이 새로운 기능이 소개하는 패러다임(그리고 복잡성)의 소개로 마무리한다.

인터페이스 소개

■ 초 급 주 제

왜 인터페이스인가?

인터페이스는 추상 클래스와 달리 제공하는 서비스와 상세 구현을 완전히 분리할 수 있기 때문에 유용하다. 실세계 사례를 들면 '인터페이스'는 벽면 전기 소켓과 같다. 전원을 해당 소켓에 연결하는 방법이 세부 구현 사항이다. 화학 에너지나 핵에너지 또는 태양 에너지로 전원을 생성할 수 있다. 발전기가 바로 옆방에 있거나 멀리 떨어져 있을 수도 있다. 소켓은 '계약'을 제공한다. 특정 주파수로서 특정 전압을 공급하고 대신 그 인터페이스를 사용하는 기기는 호환 플러그를 제공해야 한다. 이 기기는 소켓에서 전원을 얻는 세부 구현 사항에 관해 전혀 알 필요가 없다. 호환 플러그만 잘 제공하면 된다.

다음 예를 생각해 보자. 파일 압축 형식은 아주 많다(몇 가지만 나열해 봐도 .zip과 .7-zip, .cab, .lha, .tar, .tar.gz, .tar.bz2, .bh, .rar, .arj, .arc, .ace, .zoo, .gz, .bzip2, .xxe, .mime, .uue, .yenc 등이 있다). 각 압축 형식에 맞는 클래스를 만든다면 각 압축 구현에 대한 서로 다른 메서드 시그니처를 갖게 되고 이 형식들 사이에 표준 호출 관례를 적용할 수 없다. 대안으로, 바람직한 메서드를 기본 클래스에서 추상으로 선언할 수 있다. 하지만 공통 기본 클래스에서 파생은 클래스의 유일한 상속 기회(단일 상속)를 써버리게 된다. 기본 클래스에 집어넣을 수 있는 다양한 압축 구현의 공통 코드가 없기 때문에 기본 클래스 구현이라는 잠재적인 이점을 잃게 된다. 핵심은 기본 클래스는 멤버 시그니처와 함께 구현을 공유하게 하는 반면, 인터페이스는 구현을 공유할 필요 없이 멤버 시그니처 공유할 수 있다는 점이다.

공통 기본 클래스를 공유하는 대신 각 압축 클래스는 공통 인터페이스를 구현해야 한다. 인터페이스는 한 클래스가 그 인터페이스를 필요로 하는 다른 클래스와 상호 작용하려고 지원하는 계약을 정의한다. 모든 클래스가 IFileCompression 인터페이스와 Compress()와 Uncompress() 메서드를 구현했다면 특정 압축 클래스에서 알고리듬을 호출하는 코드는 단순히 IFileCompression 인터페이스로 변환하고 멤버를 호출한다. 각 압축 클래스는 동일한 메서드 시그니처를 갖지만 그 시그니처는 개별 구현을 갖기 때문에 결과는 다형성이다.

예제 8.1에서 보인 IFileCompression 인터페이스가 인터페이스 구현의 예다. 관례상 (강력한 보편적 관례다) 인터페이스 이름은 'I' 접두어를 붙여 파스칼 표기법을 따른다.

예제 8.1 인터페이스 정의하기

```
interface IFileCompression
{
    void Compress(string targetFileName, string[] fileList);
    void Uncompress(
        string compressedFileName, string expandDirectoryName);
}
```

IFileCompression은 다른 압축 관련 클래스와 동일한 방식으로 사용하도록 구현해야 하는 형식, 즉 메서드를 정의하고 있다. 인터페이스의 힘은 호출자가 호출 코드 수정 없이 각 구현 간에 전환할 수 있다는 것이다.

C# 8.0 이전에 인터페이스의 핵심 특징 중 한 가지는 구현과 데이터가 없다는 것이다. 인터페이스에서 메서드 선언은 항상 선언 뒤에 중괄호 대신 세미콜론을 하나 넣었다. 속성은 자동으로 구현된 속성처럼 보이지만 지원 필드가 없었다. 사실 필드(데이터)는 인터페이스 선언에 나타나지 않는다.

이러한 규칙은 C# 8.0에서 인터페이스 게시 후 일정 수준의 제한된 변경을 가질 수 있도록 완화됐다. 하지만 8장에서 'C# 8.0 이후의 인터페이스 버전 관리' 절이 나올 때까지는 새로운 기능은 무시하고 다형성 구현의 목적으로만 인터페이스를 설명한다. 다형성은 인터페이스의 진정한 힘이 존재하는 곳이며, 새로운 기능을 열고 예외를 만들기 위한 시나리오를 설명하기 전에 다형성의 맥락에서 인터페이스를 논의하는 것이 더 쉽다. 따라서 인터페이스가 어떤 구현도 갖지 않는다는 단순 명료한 사실에 집중(C# 8.0

8.0 시작

언급 없이)하고 C# 8.0 기능을 살펴보기 전까지는 이런 제약 사항을 제거하는 것과 관련된 내용은 잠시 미뤄 둔다.

인터페이스의 선언 멤버는 구현 형식에서 액세스해야 하는 멤버를 기술한다. 비 public(nonpublic) 멤버의 목적은 이들 멤버를 다른 코드에서 액세스할 수 없도록 만드는 데 있다. 따라서 C#은 인터페이스 멤버에서 액세스 한정자를 허용하지 않는다. 대신 자동으로 액세스 한정자를 public으로 정의한다.

> **가이드라인**
>
> - 인터페이스 이름으로 'I' 접두어를 붙이는 파스칼 명명법을 사용하자.

인터페이스를 통한 다형성

예제 8.2에서 보인 것처럼 또 다른 예를 살펴보자. IListable는 ConsoleListControl 클래스가 멤버를 표시하고자 해당 클래스가 지원해야 하는 멤버를 정의한다. 따라서 IListable를 구현하는 모든 클래스는 ConsoleListControl을 사용해 자신을 표시할 수 있다. IListable 인터페이스는 읽기 전용 속성인 CellValues가 필요하다.

예제 8.2 인터페이스 구현과 사용

```csharp
public interface IListable
{
    // 해당 행에서 각 셀의 값을 반환한다.
    string?[] CellValues { get; }
}

public abstract class PdaItem
{
    public PdaItem(string name)
    {
        Name = name;
    }

    public virtual string Name{get;set;}
```

```csharp
}

class Contact : PdaItem, IListable
{
    public Contact(string firstName, string lastName,
        string address, string phone) :
        base(GetName(firstName, lastName))
    {
        FirstName = firstName;
        LastName = lastName;
        Address = address;
        Phone = phone;
    }

    protected string LastName { get; }
    // ...
    protected string FirstName { get; }
    public string? Address { get; }
    public string? Phone { get; }
    public static string GetName(string firstName, string lastName)
        => $"{ firstName } { lastName }";

    public string[] CellValues
    {
        get
        {
            return new string?[]
            {
                FirstName,
                LastName,
                Phone,
                Address
            };
        }
    }

    public static string[] Headers
    {
        get
        {
            return new string[] {
                "First Name", "Last Name    ",
```

```csharp
                    "Phone        ",
                    "Address                   " };
        }
    }

    // ...
}

class Publication : IListable
{
    public Publication(string title, string author, int year)
    {
        Title = title;
        Author = author;
        Year = year;
    }

    public string Title { get; }
    public string Author { get; }
    public int Year { get; }

    public string[] CellValues
    {
        get
        {
            return new string[]
            {
                Title,
                Author,
                Year.ToString()
            };
        }
    }

    public static string[] Headers
    {
        get
        {
            return new string[] {
                "Title                     ",
                "Author            ",
                "Year" };
```

```
            }
        }

        // ...
    }

    class Program
    {
        public static void Main()
        {
            Contact[] contacts = new Contact[]
            {
                new Contact(
                    "Dick", "Traci",
                    "123 Main St., Spokane, WA 99037",
                    "123-123-1234");
                new Contact(
                    "Andrew", "Littman",
                    "1417 Palmary St., Dallas, TX 55555",
                    "555-123-4567");
                new Contact(
                    "Mary", "Hartfelt",
                    "1520 Thunder Way, Elizabethton, PA 44444",
                    "444-123-4567");
                new Contact(
                    "John", "Lindherst",
                    "1 Aerial Way Dr., Monteray, NH 88888",
                    "222-987-6543");
                new Contact(
                    "Pat", "Wilson",
                    "565 Irving Dr., Parksdale, FL 22222",
                    "123-456-7890");
                new Contact(
                    "Jane", "Doe",
                    "123 Main St., Aurora, IL 66666",
                    "333-345-6789");
            };

            // 클래스는 지원되는 인터페이스로 암시적으로 변환할 수 있다.
            ConsoleListControl.List(Contact.Headers, contacts);

            Console.WriteLine();
```

```
        Publication[] publications = new Publication[3] {
            new Publication(
                "The End of Poverty: Economic Possibilities for Our Time",
                "Jeffrey Sachs", 2006),
            new Publication("Orthodoxy",
                "G.K. Chesterton", 1908),
            new Publication(
                "The Hitchhiker's Guide to the Galaxy",
                "Douglas Adams", 1979)
            };
        ConsoleListControl.List(
            Publication.Headers, publications);
    }
}

class ConsoleListControl
{
    public static void List(string[] headers, IListable[] items)
    {
        int[] columnWidths = DisplayHeaders(headers);

        for (int count = 0; count < items.Length; count++)
        {
            string[] values = items[count].CellValues;
            DisplayItemRow(columnWidths, values);
        }
    }

    /// <summary>열 헤더 표시</summary>
    /// <returns>열 너비 배열 반환</returns>
    private static int[]  DisplayHeaders(string[] headers)
    {
        // ...
    }

    private static void DisplayItemRow(
        int[] columnWidths, string[] values)
    {
        // ...
    }
}
```

결과 8.1에서 예제 8.2의 결과를 나타냈다.

결과 8.1

```
First Name    Last Name    Phone         Address
Dick          Traci        123-123-1234  123 Main St., Spokane, WA  99037
Andrew        Littman      555-123-4567  1417 Palmary St., Dallas, TX  55555
Mary          Hartfelt     444-123-4567  1520 Thunder Way, Elizabethton, PA 44444
John          Lindherst    222-987-6543  1 Aerial Way Dr., Monteray, NH 88888
Pat           Wilson       123-456-7890  565 Irving Dr., Parksdale, FL 22222
Jane          Doe          333-345-6789  123 Main St., Aurora, IL 66666


Title                                                 Author          Year
The End of Poverty: Economic Possibilities for Our Time  Jeffrey Sachs   2006
Orthodoxy                                             G.K. Chesterton 1908
The Hitchhiker's Guide to the Galaxy                  Douglas Adams   1979
```

예제 8.2에서 ConsoleListControl은 관련 없어 보이는 클래스(Contact와 Publication)를 출력할 수 있다. 필요한 인터페이스를 구현한다면 어떤 클래스든 나타낼 수 있다. 결과적으로 ConsoleListControl.List() 메서드는 어떤 개체 집합을 전달하든 적절하게 표시하도록 다형성에 의존한다. 각 클래스는 CellValues의 고유한 구현을 제공하며 클래스를 IListable로 변환해도 여전히 특정 클래스의 구현을 호출할 수 있다.

인터페이스 구현

인터페이스를 구현하려고 클래스를 선언하는 것은 기본 클래스를 상속하는 것과 비슷하다. 구현된 인터페이스는 기본 클래스와 함께 콤마로 분리된 목록으로 표시한다. 기본 클래스 지정자(존재하는 경우)가 제일 먼저 나와야 하지만, 나머지 순서는 중요하지 않다. 클래스는 여러 인터페이스를 구현할 수 있지만, 기본 클래스는 하나만 직접 상속해야 한다. 예제 8.3에서 이 예를 나타냈다.

예제 8.3 인터페이스 구현하기

```csharp
public class Contact : PdaItem, IListable, IComparable
{
```

```
// ...

#region IComparable 멤버
/// <summary>
///
/// </summary>
/// <param name="obj"></param>
/// <returns>
/// Less than zero:        이 인스턴스는 obj보다 작다.
/// Zero                   이 인스턴스는 obj와 같다.
/// Greater than zero      이 인스턴스는 obj보다 크다.
/// </returns>
public int CompareTo(object? obj) => obj switch
{
    null => 1,
    Contact contact when ReferenceEquals(this, contact) => 0,
    Contact { LastName: string lastName }
        when LastName.CompareTo(lastName) != 0 =>
            LastName.CompareTo(lastName),
    Contact { FirstName: string firstName }
        when FirstName.CompareTo(firstName) != 0 =>
            FirstName.CompareTo(firstName),
    Contact _ => 0,
    _ => throw new ArgumentException(
        $"The parameter is not a value of type { nameof(Contact) }",
        nameof(obj))
};
#endregion

#region IListable 멤버
string[] IListable.CellValues
{
    get
    {
        return new string?[]
        {
            FirstName,
            LastName,
            Phone,
            Address
        };
    }
```

```
    }
    #endregion
}
```

클래스가 인터페이스 구현을 선언하면 이 인터페이스의 모든(추상[1]) 멤버를 구현해야 한다. 추상 클래스는 인터페이스 멤버의 추상 구현을 제공할 수 있다. 비추상 구현은 메서드 본문에서 `NotImplementedException` 형식 예외를 던질 수 있지만, 항상 멤버의 구현을 제공해야 한다.

인터페이스의 한 가지 중요한 특징은 인스턴스를 생성할 수 없다는 점이다. new를 사용해 인터페이스를 만들 수 없으므로 인터페이스는 인스턴스 생성자나 종료자를 갖지 못한다. 인터페이스 인스턴스는 해당 인터페이스를 구현한 형식의 인스턴스를 만들 때만 사용할 수 있다. 더욱이 인터페이스는 정적 멤버[2]를 포함할 수 없다. 한 가지 핵심 인터페이스 목적은 다형성이며, 구현 형식의 인스턴스가 없는 다형성은 별로 가치가 없다.

각(비구현[3]) 인터페이스 멤버는 추상이며 파생 클래스가 멤버를 구현하도록 강제한다. 따라서 인터페이스 멤버에서 명시적으로 abstract 한정자를 사용할 수 없다.[4]

한 형식에서 인터페이스 멤버를 구현할 때 **명시적**explicit이나 **암시적인**implicit 두 가지 방식이 있다. 지금까지는 암시적 구현만 살펴봤으며 여기서 인터페이스 멤버를 구현하는 형식 멤버는 구현하는 형식의 public 멤버다.

명시적 멤버 구현

명시적으로 구현된 메서드는 해당 인터페이스 자체로 호출할 때만 사용할 수 있다. 이는 보통 개체를 해당 인터페이스로 캐스팅함으로써 이뤄진다. 예를 들어, 예제 8.4에서 `IListable.CellValues`를 호출하려면 `CellValues`의 명시적 구현 때문에 먼저 contact을 `IListable`로 캐스팅해야 한다.

1　비추상 멤버를 인터페이스에 추가하는 기능은 C# 8.0에서 추가됐지만 8장 끝에서 다룰 때까지는 일단 무시한다.

2　C# 8.0 이전.

3　C# 8.0 이후에서만 사용 가능.

4　C# 8.0 이전.

```
string?[] values;
Contact contact = new Contact("Inigo Montoya");

// ...

// 에러: contact에서 CellValues()를 직접 호출할 수 없다.
// values = contact.CellValues;

// 먼저 IListable로 캐스트한다.
values = ((IListable)contact).CellValues;
// ...
```

이 경우 CellValues에 대한 캐스팅과 호출은 동일한 구문 내에서 일어난다. 아니면 contact를 IListable 변수에 할당한 뒤 CellValues를 호출할 수도 있다.

명시적 인터페이스 멤버 구현을 선언하고자 멤버 이름에 인터페이스 이름을 접두사로 붙인다(예제 8.5 참고).

예제 8.5 명시적 인터페이스 구현

```
public class Contact : PdaItem, IListable, IComparable
{
    // ...

    #region IListable 멤버
    string?[] IListable.CellValues
    {
        get
        {
            return new string?[]
            {
                FirstName,
                LastName,
                Phone,
                Address
            };
        }
    }
    #endregion
}
```

예제 8.5는 속성 이름 접두어로 IListable을 붙여 CellValues를 명시적으로 구현했다. 게다가 명시적 인터페이스 구현은 해당 인터페이스와 직접적으로 연결돼 있으므로 virtual이나 override, public으로 이들을 수정할 필요가 없다. 사실 이들 한정자는 사용하지도 못한다. 이 메서드를 클래스의 public 멤버로 다루지 못하므로 public으로 표시하면 안 된다.

override 키워드가 인터페이스에서 허용되지는 않더라도 인터페이스 정의 시그니처를 구현하는 멤버를 참조할 때는 'override' 용어를 여전히 사용한다.

암시적 멤버 구현

예제 8.5의 CompareTo()는 IComparable 접두사를 사용하지 않았다. 이 메서드는 암시적으로 구현된 것이다. 암시적 멤버 구현은 public 멤버여야 하고 멤버의 시그니처가 해당 인터페이스 멤버의 시그니처와 일치해야 한다. 인터페이스 멤버 구현은 override 키워드의 사용이나 이 멤버가 해당 인터페이스와 묶여 있다는 표시가 필요 없다. 게다가 멤버는 다른 클래스 멤버처럼 선언되므로 암시적으로 구현된 멤버를 호출하는 코드는 다른 클래스 멤버에 하듯이 다음처럼 직접 호출할 수 있다.

```
result = contact1.CompareTo(contact2);
```

즉, 구현하는 클래스에서 멤버를 직접 호출에서 숨기지 않기 때문에 암시적 멤버 구현은 캐스트가 필요 없다.

명시적 멤버 구현에서 허용하지 않는 많은 한정자가 암시적 구현에서 필요하거나 선택 사항이다. 예를 들어, 암시적 멤버 구현은 public이어야 한다. 더욱이 virtual은 파생 클래스가 해당 구현을 재정의하는지 여부에 따라 선택적이다. virtual을 제거하면 해당 멤버는 sealed인 것처럼 동작한다.

암시적 vs. 명시적 인터페이스 구현

암시적 및 명시적 멤버 인터페이스 구현 간의 핵심 차이점은 메서드 선언 구문에 있지 않고, 오히려 인터페이스를 통해서가 아닌 해당 형식의 인스턴스를 통해 이름으로 메서드를 액세스하는 기능에 있다.

클래스 계층 구조를 만들 때 예를 들어, '기린은 포유류다'처럼 실세계 'is a' 관계를 모델링하는 것이 바람직하다. 이런 것이 '시맨틱' 관계다. 인터페이스는 '메커니즘' 관계를 모델링하는 데 자주 사용되곤 한다. PdaItem은 'comparable(비교 가능)'은 아니지만 IComparable은 된다. 이 인터페이스는 시맨틱 모델과는 관계가 없다. 이것은 구현 메커니즘의 세부 사항이다. 명시적 인터페이스 구현은 모델 관점과 메커니즘 관점을 분리해 주는 기법이다. 해당 개체를 'comparable(비교 가능)'로 다루기 전에 호출자가 그 개체를 IComparable과 같은 인터페이스로 캐스팅하는 것은 코드에서 해당 모델과 통신할 때와 그 모델의 구현 메커니즘을 다룰 때를 명시적으로 분리하는 것이다.

일반적으로 클래스의 public 노출 면적은 가능한 한 거의 관련 없는 메커니즘을 갖는 '모든 모델'로 제한하는 것이 바람직하다. (불행히도 일부 메커니즘은 .NET에서 피할 수 없다. 예를 들어, 기린의 해시 코드를 얻거나 기린을 문자열로 변환할 수 없다. 하지만 .NET에서 Giraffe의 해시 코드[GetHashCode()]를 얻어 string [ToString()]으로 변환할 수 있다. 공통 기본 클래스로 object를 사용함으로써 세한된 범위의 경우에 한하더라도 .NET은 메커니즘 코드의 모델 코드를 혼합한다.)

명시적 구현과 암시적 구현 간의 선택에 도움을 주는 몇 가지 지침이 있다.

- 멤버가 클래스 기능의 핵심 부분인가?

  Contact 클래스에서 CellValues 속성 구현을 생각해 보자. 이 멤버는 Contact 형식의 필수 부분은 아니지만 ConsoleListControl 클래스로만 액세스하는 주변 멤버다. 따라서 Contact 개체에서 바로 멤버가 보이는 것은 적절하지 않으며 잠재적으로 이미 커다란 멤버 목록일 수 있는 Contact 개체를 뒤죽박죽으로 만든다. 대안으로 IFileCompression.Compress() 멤버를 고려해 보자. ZipCompression 클래스에서 암시적 Compress() 구현을 포함하는 것이 완벽히 합리적인 선택이다. Compress()는 ZipCompression 클래스의 동작에서 핵심 부분이므로 ZipCompression 클래스에서 바로 액세스할 수 있어야 한다.

- 인터페이스 멤버 이름이 클래스 멤버로 적절한가?

  클래스의 데이터를 추적 로그에 기록하는 Dump()라는 멤버를 갖는 ITrace가 있다고 하자. Person이나 Truck 클래스에서 암시적으로 Dump()를 구현하면 해당 메서드가 어떤 작업을 수행하는지 혼란을 줄 수 있다. 대신에 의미가 더 명확한 ITrace 의 데이터 형식에서만 Dump() 메서드가 호출되도록 해당 멤버를 명시적으로 구현 하는 것이 바람직하다. 멤버의 목적이 구현 클래스에서 명확하지 않다면 명시적 구현을 사용하자.

* 이미 동일한 시그니처를 갖는 클래스 멤버가 있는가?
  명시적 인터페이스 멤버 구현은 명명된 요소를 해당 형식의 선언 공간에 추가하 지 않는다. 따라서 어떤 형식의 잠재적으로 충돌하는 멤버가 이미 있다면 두 번째 멤버가 명시적 인터페이스 멤버인 경우 동일한 이름이나 시그니처를 제공할 수 있다.

인터페이스 멤버를 암시적으로 구현할지 명시적으로 구현할지에 관한 많은 결정 은 직관에서 나온다. 하지만 이러한 질문은 선택 시 고려할 문제에 관한 제안이다. 암시 적 구현을 명시적 구현으로 변경하면 버전에 문제를 일으키는 변경을 일으키므로 에러 를 일으키더라도 인터페이스를 명시적으로 정의하는 편이 좋으며, 나중에 암시적 구현 으로 변경을 허용할 수 있다. 게다가 암시적 구현과 명시적 구현 간의 결정이 모든 인터 페이스 멤버에 걸쳐 일관성을 유지해야 하는 것은 아니므로 일부 메서드는 명시적으로, 그리고 다른 메서드는 암시적으로 정의하는 방식도 완벽히 지원된다.

클래스와 인터페이스 구현 간의 변환

파생 형식과 기본 클래스에서처럼 구현 형식에서 구현된 인터페이스로 변환은 암시적 변환이다. 구현 형식의 인스턴스는 해당 인터페이스의 모든 멤버를 항상 제공하기 때문 에 캐스트 연산자가 필요하지 않다. 따라서 해당 개체는 항상 해당 인터페이스 형식으 로 변환할 수 있다.

구현 형식에서 구현된 인터페이스로의 변환이 항상 성공해도 대부분의 다른 형식은 특정 인터페이스를 구현할 수 있다. 따라서 인터페이스에서 구현 형식 중 하나로의 '하 향' 캐스팅이 성공하리라 확신할 수는 없다. 그러므로 인터페이스에서 구현 형식 중의 하나로 변환할 때는 명시적 캐스팅이 필요하다.

인터페이스 상속

인터페이스는 서로간의 상속이 가능해 기본 인터페이스의 모든 멤버를 상속하는 인터페이스가 나올 수 있다.[5] 예제 8.6에서 보인 것처럼 IReadableSettingsProvider에서 직접 파생된 인터페이스가 명시적 기본 인터페이스다.

예제 8.6 또 다른 인터페이스에서 파생된 인터페이스

```csharp
interface IReadableSettingsProvider
{
    string GetSetting(string name, string defaultValue);
}

interface ISettingsProvider : IReadableSettingsProvider
{
    void SetSetting(string name, string value);
}

class FileSettingsProvider : ISettingsProvider
{
    #region ISettingsProvider 멤버
    public void SetSetting(string name, string value)
    {
        // ...
    }
    #endregion

    #region IReadableSettingsProvider 멤버
    public string GetSetting(string name, string defaultValue)
    {
        // ...
    }
    #endregion
}
```

이 경우 ISettingsProvider는 IReadableSettingsProvider에서 파생됐으므로 해당 멤버를 상속한다. IReadableSettingsProvider에 명시적 기본 인터페이스도 있었다면

---

5   C# 8.0이 소개한 비private 멤버 제외.

ISettingsProvider는 이들 멤버 역시 상속하고, 파생 계층 구조의 전체 인터페이스 집합은 단순히 기본 인터페이스의 누적이 될 것이다.

GetSetting()이 명시적으로 구현된다면 IReadableSettingsProvider를 사용해야 한다. 예제 8.7에서 ISettingsProvider가 있는 선언은 컴파일되지 않는다.

예제 8.7 인터페이스를 포함하지 않은 명시적 멤버 선언(실패)

```
// 에러: GetSetting()은 ISettingsProvider에서 사용할 수 없다.
string ISettingsProvider.GetSetting(
    string name, string defaultValue)
{
    // ...
}
```

결과 8.2에서 예제 8.7의 결과를 나타냈다.

결과 8.2

```
'ISettingsProvider.GetSetting' in explicit interface declaration
is not a member of interface.Inigo Montoya: Enough to survive on
```

이 결과는 IReadableSettingsProvider.GetSetting()이 구현되지 않았다는 에러를 함께 나타낸다. 명시적 인터페이스 멤버 구현에 사용된 정규화된 인터페이스 멤버 이름은 원래 선언됐던 인터페이스 이름을 참조해야 한다.

클래스가 기본 인터페이스(IReadableSettingsProvider)에서 파생된 인터페이스(ISettings Provider)를 구현하더라도 예제 8.8에서 나타낸 것처럼 해당 클래스에서 여전히 명시적으로 양쪽 인터페이스 구현을 선언할 수 있다.

예제 8.8 클래스 선언에서 기본 인터페이스 사용하기

```
class FileSettingsProvider : ISettingsProvider,
    IReadableSettingsProvider
{
    #region ISettingsProvider 멤버
    public void SetSetting(string name, string value)
    {
        // ...
```

```
    }
    #endregion

    #region IReadableSettingsProvider 멤버
    public string GetSetting(string name, string defaultValue)
    {
        // ...
    }
    #endregion
}
```

이 예제에서 클래스의 인터페이스 구현에 대한 변경은 없으며, 클래스 헤더에서 추가 인터페이스 구현 선언은 필요 없지만 더 나은 가독성을 제공한다.

인터페이스 설계자가 클래스 구현에 요구하는 사항에 따라 하나의 결합된 인터페이스를 제공할지 다중 인터페이스를 제공할지 결정한다. IReadableSettingsProvider 인터페이스를 제공함으로써 설계사는 구현자가 설정을 가져오는 설정 공급자만 구현하도록 만든다. 설계자는 이러한 설정을 작성할 필요가 없다. 이렇게 하면 설정을 작성하는 복잡성을 강요하지 않음으로써 구현 부담을 줄인다.

그에 반해 ISettingsProvider 구현은 설정을 읽지 않고 설정을 작성할 수 있는 클래스는 없다고 가정한다. 따라서 ISettingsProvider와 IReadableSettingsProvider 간의 상속 관계는 ISettingsProvider 클래스에서 양쪽 인터페이스 전체를 결합해야 한다.

마지막으로 중요한 한 가지가 있다. 상속이 올바른 용어이긴 하지만 개념적으로 인터페이스는 계약을 표시하고 한 계약이 따라야 할 또 다른 계약의 규정을 지정할 수 있다고 말하는 것이 더 정확하다. 그래서 ISettingsProvider : IReadableSettingsProvider 코드는 개념적으로 ISettingsProvider가 IReadableSettingsProvider와 'is a kind of' 관계에 있다기보다는 ISettingsProvider 계약이 IReadableSettingsProvider 계약에 대해서도 필요하다고 기술한 것이다. 그렇긴 해도 8장의 나머지 부분은 표준 C# 언어에 따라 상속 관계 용어를 계속 사용한다.

다중 인터페이스 상속

클래스가 다중 인터페이스를 구현할 수 있듯이 인터페이스도 여러 인터페이스를 상속할 수 있다. 예제 8.9에서 보인 것처럼 이 목적에 사용된 구문은 클래스 파생과 구현에서 사용하는 구문과 일관성이 있다.

예제 8.9 다중 인터페이스 상속

```
interface IReadableSettingsProvider
{
    string GetSetting(string name, string defaultValue);
}

interface IWriteableSettingsProvider
{
    void SetSetting(string name, string value);
}

interface ISettingsProvider : IReadableSettingsProvider,
    IWriteableSettingsProvider
{
}
```

멤버가 없는 인터페이스는 드물지만 양쪽 인터페이스를 함께 구현해야 할 때 이런 인터페이스가 합리적인 선택이다. 예제 8.9와 예제 8.6 사이의 차이점은 이젠 읽기 기능을 제공하지 않고 IWriteableSettingsProvider를 구현할 수 있다는 점이다. 예제 8.6의 FileSettingsProvider는 영향을 받지 않는다. 하지만 명시적 멤버 구현을 사용한다면 멤버가 속한 인터페이스 지정을 약간 변경한다.

인터페이스의 확장 메서드

3.0 시작

확장 메서드의 가장 중요한 기능 중 하나는 이 메서드가 클래스뿐만 아니라 인터페이스와도 동작한다는 사실이다. 구문은 클래스의 확장 메서드 구문과 동일하다. 이 확장 형식(첫 번째 매개변수와 this를 접두사를 붙인 매개변수)은 우리가 확장한 인터페이스다. 예제 8.10은 Listable 클래스에서 선언한 IListable()에 대한 확장 메서드를 나타냈다.

```csharp
class Program
{
    public static void Main()
    {
        Contact[] contacts = new Contact[] {
            new Contact(
                "Dick", "Traci",
                "123 Main St., Spokane, WA 99037",
                "123-123-1234");
            // ...
        };

        // 클래스가 지원되는 인터페이스로 암시적으로 변환된다.
        contacts.List(Contact.Headers);

        Console.WriteLine();

        Publication[] publications = new Publication[3] {
            new Publication(
                "The End of Poverty: Economic Possibilities for Our Time",
                "Jeffrey Sachs", 2006),
            new Publication("Orthodoxy",
                "G.K. Chesterton", 1908),
            new Publication(
                "The Hitchhiker's Guide to the Galaxy",
                "Douglas Adams", 1979)
            };
        publications.List(Publication.Headers);
    }
}

static class Listable
{
    public static void List(
        this IListable[] items, string?[] headers)
    {
        int[] columnWidths = DisplayHeaders(headers);

        for (int itemCount = 0; itemCount < items.Length; itemCount++)
        {
```

3.0

```
                string?[] values = items[itemCount].CellValues;

                DisplayItemRow(columnWidths, values);
            }
        }
        // ...
    }
```

이 예제에서 확장 메서드는 IListable 매개변수(있었다 해도)가 아니라 IListable[]
매개변수용이다. 이 예제는 C#이 특정 형식의 인스턴스뿐만 아니라 이들 개체의 컬
렉션에서도 확장 메서드를 허용한다는 것을 보이고 있다. 확장 메서드에 대한 지원은
LINQ^{Language Integrated Query} 기능 구현의 토대다. IEnumerable은 모든 컬렉션을 구현하는
기본 인터페이스다. IEnumerable에 대한 확장 메서드를 정의함으로써 LINQ 지원이 모
든 컬렉션에 추가됐다. 이로 인해 컬렉션을 다루는 프로그래밍을 근본적으로 변화시켰
다. 이 주제를 15장에서 좀 더 자세히 살펴본다.

3.0 끝

■ 고 급 주 제 / 초 급 주 제

인터페이스 다이어그램 그리기

UML[6]과 비슷한 그림에서 가능한 인터페이스의 모습은 두 가지다. 먼저 그림 8.1에서
IPerson과 IContact 사이를 나타낸 것처럼 인터페이스를 클래스 상속과 유사한 상속 관
계로 나타낼 수 있다. 아니면 종종 롤리팝^{lollipop}이라고 하는 작은 원을 사용한 인터페이
스를 볼 수 있는데 그림 8.1에서 IPerson과 IContact으로 예시했다.

그림 8.1에서 Contact은 PdaItem을 상속하고 IContact을 구현한다. 게다가 IPerson을
구현하는 Person 클래스와 집합 연관을 이루고 있다. Visual Studio 클래스 디자이너는
이 방법을 지원하지 않으므로 클래스에 파생 형식 화살표를 사용해 인터페이스를 표시
할 때가 있다. 예를 들어, Person은 롤리팝 대신 IPerson으로 향하는 화살표를 사용할 수
도 있다.

---

6 UML(Unified Modeling Language)은 그래픽 표기를 사용해 개체 설계를 모델링하기 위한 표준 명세다.

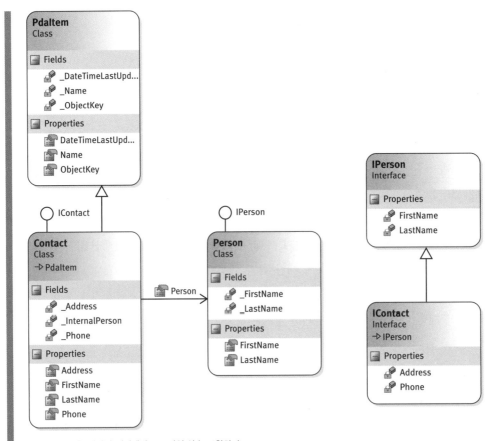

그림 8.1 집합 연관과 인터페이스로 단일 상속 보완하기

버전 관리

C# 8.0 이전엔 다른 개발자가 프로그래밍한 컴포넌트나 애플리케이션의 새로운 버전을 만들 때 인터페이스를 변경하지 않아야 했다. 인터페이스는 구현하는 클래스와 그 인터페이스를 사용하는 클래스 간의 계약을 정의하기 때문에 인터페이스 변경은 계약을 변경하는 것이고, 이 변경은 그 인터페이스를 대상으로 작성한 모든 코드에 문제를 일으킬 수 있다.

인터페이스 멤버 시그니처를 변경하거나 제거하는 것은 분명히 코드에 문제를 일으키는 변경이므로 그 멤버에 대한 모든 호출을 수정하지 않는다면 더 이상 컴파일되지 않는다. 클래스에서 public이나 protected 멤버 시그니처를 변경할 때도 동일하다. 하지만 클래스와 달리 인터페이스에 멤버를 추가하는 작업은 추가적인 변경이 없는데도 코드를 컴파일해야 되는 상황을 방지할 수도 있다. 문제는 인터페이스를 구현하는 모든 클래스는 완전히 구현해야 하며 모든 멤버에 대한 구현을 제공해야 한다는 것이다. 새로운 인터페이스 멤버를 제공하면 개발자는 컴파일러를 위해 해당 인터페이스를 구현하는 클래스에 새로운 인터페이스 멤버를 추가해야 한다.

C# 8.0에서 '인터페이스를 변경하지 마시오'라는 규칙은 약간 바뀌었다. C# 8.0은 인터페이스 멤버 기본 구현을 사용하는 메커니즘을 추가하면서 멤버를 추가하는 것으로 모든 구현에서 컴파일러 에러를 트리거하지 않도록 했다(버전 호환성을 위해 여전히 기존 멤버를 제거하거나 수정할 수 없다). C# 8.0 이전엔 인터페이스를 추가해 인터페이스를 변경하는 유사한 결과를 만들어 냈다. 이 절에서 두 가지 접근 방식을 다룬다.

가이드라인
- 이미 게시된 인터페이스에는 추상 멤버를 추가하지 않는다.

C# 8.0 이전의 인터페이스 버전 관리

예제 8.11의 IDistributedSettingsProvider는 버전 호환성을 제공하는 방식으로 인터페이스를 확장하는 좋은 예다. 초기에는 ISettingsProvider 인터페이스만 정의했다고 하자(예제 8.6에서 했다). 하지만 다음 버전은 설정이 여러 리소스(URI[7])에 분산될 수 있다고 결정했다(아마도 머신 단위). 이러한 제약 사항을 이용하고자 IDistributedSettingsProvider 인터페이스를 만들었고 ISettingsProvider에서 파생시켰다.

예제 8.11 또 다른 인터페이스에서 파생시킨 인터페이스

```
interface IDistributedSettingsProvider : ISettingsProvider
{
    /// <summary>
    /// 특정 URI에 대한 설정 가져오기
```

---

7 Universal resource identifiers.

```
/// </summary>
/// <param name="uri">
/// 해당 설정에 관련된 URI</param>
/// <param name="name">설정 이름</param>
/// <param name="defaultValue">
/// 해당 설정을 찾을 수 없는 경우 반환되는 값</param>
/// <returns>지정된 설정</returns>
string GetSetting(
    string uri, string name, string defaultValue);

/// <summary>
/// 특정 URI에 대한 설정 구성
/// </summary>
/// <param name="uri">
/// 해당 설정에 관련된 URI</param>
/// <param name="name">설정 이름</param>
/// <param name="value">유지하는 값</param>
/// <returns>지정된 설정</returns>
void SetSetting(
    string uri, string name, string value);
}
```

중요한 문제는 ISettingsProvider를 구현하는 클래스를 가진 프로그래머가 IDistributedSettingsProvider를 포함하도록 해당 구현을 업그레이드하거나 무시할 수 있다는 것이다.

새로운 인터페이스를 만드는 대신에 해당 URI 관련 메서드를 ISettingsProvider에 추가하면 이 인터페이스를 구현하는 클래스는 잠재적으로 런타임에 예외를 던지고 새로운 인터페이스 정의로 컴파일이 성공하지 못한다. 즉, ISettingsProvider 변경은 바이너리 수준과 소스 코드 수준에서 버전 문제를 일으키는 변경이다.

개발 단계 동안에 인터페이스를 변경하면 광범위하게 구현된 경우 힘들기는 하겠지만 수용할 수는 있다. 하지만 인터페이스를 릴리스하고 나면 변경하지 않아야 한다. 대신 원래 인터페이스를 상속하는 두 번째 인터페이스를 만들어야 한다(예제 8.11은 인터페이스 멤버를 설명하는 XML 주석을 포함했으며, 10장에서 더 자세히 다룬다).

C# 8.0 이후의 인터페이스 버전 관리

지금까지는 새로운 C# 8.0 인터페이스 기능이 존재한다는 점을 언급하는 정도로만 설명했다. 이 절에서 그런 제한 사항을 풀고 **기본 인터페이스 멤버**^{default interface member}로 알려진 C# 8.0 기능 집합을 설명한다. 앞서 설명한 것처럼 C# 8.0 이전엔 어떤 식으로든 게시된 인터페이스의 변경은 인터페이스를 구현하는 모든 코드가 문제를 일으킨다. 따라서 게시된 인터페이스는 변경하지 않아야 한다. 하지만 C# 8.0과 .NET Core 3.0 이상에서 마이크로소프트는 새로운 C# 언어 기능에서 구현이 있는 멤버를 갖는 인터페이스를 허용한다. 즉, 단지 선언만이 아니라 멤버를 구체화할 수 있다. 예를 들어, 예제 8.12에서 소개한 CellColors 속성을 생각해 보자.

예제 8.12 기본 인터페이스 멤버를 갖는 인터페이스 버전 관리

```csharp
public interface IListable
{
    // 해당 행에서 각 셀의 값을 반환한다.
    string?[] CellValues { get; }

    ConsoleColor[] CellColors
    {
        get
        {
            var result = new ConsoleColor[CellValues.Length];
            // 제네릭 Array 메서드를 사용해 배열을 채운다.
            // (12장 참고)
            Array.Fill(result, DefaultColumnColor);
            return result;
        }
    }
    static public ConsoleColor DefaultColumnColor { get; set; }
}

public class Contact : PdaItem, IListable
{
    //...

    #region IListable
    string[] IListable.CellValues
```

```
        {
            get
            {
                return new string[]
                {
                    FirstName,
                    LastName,
                    Phone,
                    Address
                };
            }
        }
        // *** CellColors 구현이 없음 *** //
        #endregion IListable
}

public class Publication : IListable
{
    //...

        #region IListable
        string?[] IListable.CellValues
        {
            get
            {
                return new string[]
                {
                    Title,
                    Author,
                    Year.ToString()
                };
            }
        }

    ConsoleColor[] IListable.CellColors
    {
        get
        {
            string?[] columns = ((IListable)this).CellValues;
            ConsoleColor[] result = ((IListable)this).CellColors;
            if (columns[YearIndex]?.Length != 4)
```

```
        {
            result[YearIndex] = ConsoleColor.Red;
        }
        return result;
    }


  }
  #endregion IListable
  // ...
}
```

이 예제는 CellColors 속성 게터를 추가했다. 보다시피 인터페이스의 멤버이지만 구현을 포함한다. 메서드의 기본*default* 구현을 제공해 인터페이스를 구현하는 모든 클래스가 기본 구현을 미리 갖도록 하기 때문에 이 기능을 기본 인터페이스 멤버라고 한다. 인터페이스가 추가 멤버를 갖는 어떠한 변경도 없이 코드는 계속 컴파일된다. 예를 들어, Contact 클래스는 CellColors 속성 게터에 대한 구현이 없지만 IListable 인터페이스가 제공한 기본 구현을 사용한다.

물론 구현하는 클래스에서 클래스에 더 합리적인 다른 동작을 제공하도록 메서드의 기본 구현을 재정의할 수 있다. 이런 동작은 8장을 시작하면서 개략적으로 설명한 다형성 사용의 목적과 일관성을 갖는다.

하지만 기본 인터페이스 멤버 기능이 제공하는 추가 기능이 있다. 이들 기능의 주목적은 기본 인터페이스 멤버의 리팩터링을 지원하는 것이다(이러한 해석에는 논쟁의 여지도 있다). 이들 기능을 다른 목적으로 사용하는 것은 인터페이스가 다형성 이상의 용도로 사용됨을 뜻하기 때문에 코드 구조에서 결함을 야기할 수 있다. 표 8.1은 이 기능의 중요한 제한 사항 몇 가지와 함께 추가 언어 구문 목록을 나타냈다.

표 8.1 기본 인터페이스 리팩터링 기능

C# 8.0이 소개한 인터페이스 구조	샘플 코드

정적 멤버
인터페이스에서 필드와 생성자, 메서드를 포함해 정적 멤버를 정의하는 기능. (이 기능은 프로그램의 진입점인 정적 Main 메서드 정의에 대한 지원을 포함한다.)
	``csharp
	public interface ISampleInterface
	{
	    private static string? _Field;
	    public static string? Field
	    {
	        get => _Field;
	        private set => _Field = value; }
	        static IsampleInterface() =>
	            Field = "Nelson Mandela";
	    public static string? GetField() => Field;
	}
	``

구현된 인스턴스 속성과 메서드
인터페이스에서 구현된 속성과 멤버를 정의할 수 있다. 인스턴스 필드는 지원되지 않으므로 속성은 지원 필드에 동작하지 않는다. 또한, 인스턴스 필드 지원 없이는 자동으로 구현된 속성 지원도 없다.
기본 구현된 속성을 액세스하고자 멤버를 포함하는 인터페이스로 캐스팅이 필요하다. 기본 인터페이스 멤버가 구현되지 않는 한 클래스(Person)는 이 인터페이스 멤버를 사용할 수 없다.
	``csharp
	public interface IPerson
	{
	    // 표준 추상 속성 정의
	    string FirstName { get; set; }
	    string LastName { get; set; }
	    string MiddleName { get; set; }
	
	    // 구현된 인스턴스 속성과 메서드
	    public string Name => GetName();
	    public string GetName() =>
	        $"{FirstName} {LastName}";
	}
	public class Person
	{
	    // ...
	}
	public class Program
	{
	    public static void Main()
	    {
	        Person inigo = new Person("Inigo",
	        "Montoya");
	        Console.Write(
	            ((IPerson)inigo).Name);
	    }
	}
	``

C# 8.0이 소개한 인터페이스 구조	샘플 코드
public 액세스 한정자 모든 인스턴스 인터페이스 멤버에 대한 기본 값. 이 키워드를 사용하면 코드의 접근성을 명확히 하는 데 도움이 된다. 하지만 컴파일러가 생성한 CIL 코드는 public 액세스 한정자가 있거나 없거나 동일하다.	```csharp\npublic interface IPerson\n{\n // 모든 멤버는 기본적으로 public이다.\n string FirstName { get; set; }\n public string LastName { get; set; }\n string Initials =>\n $"{FirstName[0]}{LastName[0]}";\n public string Name => GetName();\n public string GetName() =>\n $"{FirstName} {LastName}";\n}\n```
protected 액세스 한정자 'protected 액세스 한정자' 절 참고	
private 액세스 한정자 정적 멤버에 대해 기본 값. private 액세스 한정자는 멤버를 선언한 인터페이스에서만 호출할 수 있도록 제한한다. 기본 인터페이스 멤버의 리팩터링을 지원하고자 설계됐다. 모든 private 멤버는 구현을 포함해야 한다.	```csharp\npublic interface IPerson\n{\n string FirstName { get; set; }\n string LastName { get; set; }\n string Name => GetName();\n private string GetName() =>\n $"{FirstName} {LastName}";\n}\n```
internal 액세스 한정자 internal 멤버는 멤버가 선언된 동일한 어셈블리 내에서만 접근할 수 있다.	```csharp\npublic interface IPerson\n{\n string FirstName { get; set; }\n string LastName { get; set; }\n string Name => GetName();\n internal string GetName() =>\n $"{FirstName} {LastName}";\n}\n```
private protected 액세스 한정자 private과 protected의 상위 집합. private protected 멤버는 동일한 어셈블리 내에서와 포함하는 인터페이스에서 파생된 다른 인터페이스 내에서 접근할 수 있다. protected 멤버처럼 어셈블리 외부의 클래스는 protected 내부 멤버를 볼 수 없다.	```csharp\npublic interface IPerson\n{\n string FirstName { get; set; }\n string LastName { get; set; }\n string Name => GetName();\n protected internal string GetName() =>\n $"{FirstName} {LastName}";\n}\n```

C# 8.0이 소개한 인터페이스 구조	샘플 코드

private protected 액세스 한정자
private protected 멤버 액세스는 포함하는 인터페이스나 구현하는 인터페이스에서 파생된 인터페이스에서만 가능하다. 인터페이스를 구현하는 클래스조차도 Person의 PersonTitle 속성으로 보인 것처럼 private protected를 액세스할 수 없다.
	``csharp
	class Program
	{
	  static void Main()
	  {
	      IPerson? person = null;
	      // 비파생 클래스는 private protected
	      // 멤버를 호출할 수 없다.
	      // _ = person?.GetName();
	      Console.WriteLine(person);
	  }
	}
	public interface IPerson
	{
	  string FirstName { get; }
	  string LastName { get; }
	  string Name => GetName();
	  private protected string GetName() =>
	      $"{FirstName} {LastName}";
	}
	public interface IEmployee: IPerson
	{
	  int EmpoyeeId => GetName().GetHashCode();
	}
	public class Person : IPerson
	{
	  public Person(
	      string firstName, string lastName)
	  {
	      FirstName = firstName ??
	          throw new
	ArgumentNullException(nameof(firstName));
	      LastName = lastName ??
	          throw new
	ArgumentNullException(nameof(lastName));
	  }
	  public string FirstName { get; }
	  public string LastName { get; }
	
	  // private protected 인터페이스 멤버는
	  // 파생 클래스에서 액세스할 수 없다.
	  // public int PersonTitle =>
	  // GetName().ToUpper();
	}
	``

C# 8.0이 소개한 인터페이스 구조	샘플 코드
virtual 한정자 기본적으로, 구현된 인터페이스 멤버는 virtual인데 이는 인터페이스 멤버가 호출될 때 동일한 시그니처를 갖는 메서드의 파생된 구현이 호출된다는 뜻이다. 하지만 public 액세스 한정자에서처럼 멤버를 명시적으로 virtual로 표시해 명확히 할 수 있다. 비구현 인터페이스 멤버의 경우 virtual은 허용되지 않는다. 마찬가지로 virtual은 private, static, sealed 한정자와 호환되지 않는다.	```csharp\npublic interface IPerson\n{\n // virtual은 구현이 없는\n // 멤버에서 허용되지 않는다.\n /* virtual */ string FirstName { get; set; }\n string LastName { get; set; }\n virtual string Name => GetName();\n private string GetName() =>\n $"{FirstName} {LastName}";\n}\n```
sealed 한정자 파생된 클래스에서 메서드 재정의를 방지하고자 sealed를 표시하면 메서드 구현이 파생된 클래스에서 수정될 수 없게 한다. 더 자세한 정보는 예제 8.13을 참고하자.	```csharp\npublic interface IWorkflowActivity\n{\n // Private, 따라서 virtual이 아님\n private void Start() =>\n Console.WriteLine(\n "IWorkflowActivity.Start()...");\n\n // 재정의를 방지하고자 봉인\n sealed void Run()\n {\n try\n {\n Start();\n InternalRun();\n }\n finally\n {\n Stop();\n }\n }\n\n protected void InternalRun();\n\n // Private, 따라서 virtual이 아님\n private void Stop() =>\n Console.WriteLine(\n "IWorkflowActivity.Stop()..");\n}\n```

C# 8.0이 소개한 인터페이스 구조	샘플 코드
abstract 한정자 abstract 한정자는 구현이 없는 멤버에서만 허용되지만 이런 멤버는 기본적으로 추상이므로 이 키워드는 효과가 없다. 모든 추상 멤버는 자동으로 virtual이며 명시적으로 추상 멤버를 virtual로 선언하면 컴파일 에러를 일으킨다.	```csharp\npublic interface IPerson\n{\n // virtual은 구현이 없는\n // 멤버에서는 허용되지 않음\n /* virtual */ abstract string FirstName\n { get; set; }\n string LastName { get; set; }\n // abstract는 구현이 있는\n // 멤버에서는 허용되지 않음\n /* abstract */ string Name => GetName();\n private string GetName() =>\n $"{FirstName} {LastName}";\n}\n```
분할 인터페이스와 분할 메서드 이제 데이터를 내보내지 않는(ref/out 데이터 반환) 메서드의 분할 구현과 동일한 인터페이스의 두 번째 선언에서 선택적으로 완전히 구현된 메서드를 제공할 수 있다. 분할 메서드는 항상 private이며 액세스 한정자를 지원하지 않는나.	```csharp\npublic partial interface IThing\n{\n string Value { get; protected set; }\n void SetValue(string value)\n {\n AssertValueIsValid(value);\n Value = value;\n }\n\n partial void AssertValueIsValid(string value);\n}\n\npublic partial interface IThing\n{\n partial void AssertValueIsValid(string value)\n {\n // value가 유효하지 않으면 예외를 던진다.\n switch(value)\n {\n case null:\n throw new ArgumentNullException(\n nameof(value));\n case "":\n throw new ArgumentException(\n "Empty string is invalid",\n nameof(value));\n case string _ when\n string.IsNullOrWhiteSpace(value):\n throw new ArgumentException(\n "Can't be whitespace",\n nameof(value));\n```

C# 8.0이 소개한 인터페이스 구조	샘플 코드

	``
	        };
	    }
	}
	``

표 8.1은 두 가지 강조할 부분이 있다. 첫째, 자동으로 구현된 속성 지원은 인스턴스 필드(자동으로 구현된 속성을 뒷받침하는)가 지원되지 않기 때문에 사용할 수 없다. 이는 인스턴스 필드와 자동으로 구현된 속성을 지원하는 추상 클래스와 중요한 차이점이다.

둘째, 기본 접근성은 인스턴스와 정적 멤버 간에 바뀐다. 정적 멤버는 기본적으로 private이며 반면에 인스턴스 멤버는 기본적으로 public이다. 이 차이점은 정적 멤버는 항상 구현이 있고 기본적으로 private인 클래스 정적 멤버와 밀접하게 매핑되기 때문에 발생한다. 이에 반해 인터페이스 인스턴스 멤버의 목적은 다형성을 지원하는 것이므로 이들 멤버는 기본적으로 public이며 C# 8.0 이전의 전통적인 동작을 유지한다.

Protected 인터페이스 멤버를 사용한 추가 캡슐화와 다형성

클래스를 만들 때 프로그래머는 메서드의 재정의를 허용하는 경우 파생된 구현을 제어할 수 없으므로 이를 허용하는 데 주의해야 한다. 가상 메서드는 중요한 코드를 포함하지 않아야 하는데 파생된 클래스가 이들 메서드를 재정의하는 경우 이 코드가 호출되지 않기 때문이다.

예제 8.13은 Run() 메서드를 포함한다. WorkflowActivity 프로그래머가 중요한 Start() 및 Stop() 메서드가 호출될 것이라는 기대로 Run()을 호출하면 Run() 메서드는 실패할 수 있다.

예제 8.13 가상 메서드 구현에 의존하는 잘못된 사례

```
public class WorkflowActivity
{
    private void Start()
    {
        // 중요한 코드
    }
    public virtual void Run()
```

```
    {
        Start();
        // 실행 코드...
        Stop();
    }
    private void Stop()
    {
        // 중요한 코드
    }
}
```

Run() 재정의에서 개발자는 중요한 Start() 및 Stop() 메서드를 호출하지 않을 수도 있다.

이제 다음의 캡슐화 요구 사항이 고려된 이 시나리오의 완전히 구현된 버전을 생각해 보자.

- Run()을 재정의할 수 없어야 한다.
- Start()나 Stop()을 호출할 수 없어야 한다. 실행하는 순서가 완전히 포함하는 형식(예를 들어, IWorkflowActivity)의 제어 아래에 있어야 되기 때문이다.
- '실행 코드...' 블록에서 실행되는 것을 교체할 수 있어야 한다.
- Start() 및 Stop() 메서드를 재정의하는 것이 합리적이라면 구현하는 클래스는 기본 구현의 일부로 이들을 호출할 필요가 없다.
- 파생 형식은 Run() 메서드를 제공할 수 있어야 하지만 IWorkflowActivity에서 Run() 메서드가 호출될 때는 호출되지 않아야 한다.

이들 요구 사항을 만족시키고자 C# 8.0은 클래스의 protected 멤버와는 중요한 차이점이 있는 protected 인터페이스 멤버를 지원한다. 예제 8.14는 그 차이점을 나타냈고 결과 8.3에서 그 결과를 보였다.

예제 8.14 바람직한 Run() 캡슐화 강제하기

```
public interface IWorkflowActivity
{
    // Private, 따라서 virtual이 아님.
```

```csharp
    private void Start() =>
        Console.WriteLine(
            "IWorkflowActivity.Start()...");

    // 재정의를 방지하려고 봉인
    sealed void Run()
    {
        try
        {
            Start();
            InternalRun();
        }
        finally
        {
            Stop();
        }
    }

    protected void InternalRun();

    // Private, 따라서 virtual이 아님.
    private void Stop() =>
        Console.WriteLine(
            "IWorkflowActivity.Stop()...");
}

public interface IExecuteProcessActivity : IWorkflowActivity
{
    protected void RedirectStandardInOut() =>
        Console.WriteLine(
            "IExecuteProcessActivity.RedirectStandardInOut()...");

    // 재정의할 때 봉인이 허용되지 않음.
    /* sealed */
    void IWorkflowActivity.InternalRun()
    {
        RedirectStandardInOut();
        ExecuteProcess();
        RestoreStandardInOut();
    }
    protected void ExecuteProcess();
    protected void RestoreStandardInOut() =>
```

```csharp
        Console.WriteLine(
            "IExecuteProcessActivity.RestoreStandardInOut()...");
    }

class ExecuteProcessActivity : IExecuteProcessActivity
{
    public ExecuteProcessActivity(string executablePath) =>
        ExecutableName = executablePath
            ?? throw new ArgumentNullException(nameof(executablePath));

    public string ExecutableName { get; }

    void IExecuteProcessActivity.RedirectStandardInOut() =>
        Console.WriteLine(
            "ExecuteProcessActivity.RedirectStandardInOut()...");

    void IExecuteProcessActivity.ExecuteProcess() =>
        Console.WriteLine(
            $"ExecuteProcessActivity.IExecuteProcessActivity.
ExecuteProcess()...");

    public void Run()
    {
        ExecuteProcessActivity activity
            = new ExecuteProcessActivity("dotnet");
        // Protected 멤버는 클래스에서 구현된 경우에도
        // 구현하는 클래스에서 호출할 수 없다.
        // ((IWorkflowActivity)this).InternalRun();
        //   activity.RedirectStandardInOut();
        //   activity.ExecuteProcss();
        Console.WriteLine(
            @$"Executing non-polymorphic Run() with process '{
                activity.ExecutableName}'.");
    }
}

public class Program
{
    public static void Main()
    {
        ExecuteProcessActivity activity
            = new ExecuteProcessActivity("dotnet");
```

```
            Console.WriteLine(
                "Invoking ((IExecuteProcessActivity)activity).Run()...");
            // 출력:
            // Invoking ((IExecuteProcessActivity)activity).Run()...
            // IWorkflowActivity.Start()...
            // ExecuteProcessActivity.RedirectStandardInOut()...
            // ExecuteProcessActivity.IExecuteProcessActivity.ExecuteProcess()...
            // IExecuteProcessActivity.RestoreStandardInOut()...
            // IWorkflowActivity.Stop()..
            ((IExecuteProcessActivity)activity).Run();

            // 출력:
            // Invoking activity.Run()...
            // Executing non-polymorphic Run() with process 'dotnet'.
            Console.WriteLine();
            Console.WriteLine(
                "Invoking activity.Run()...");
            activity.Run();
        }
    }
```

결과 8.3

```
Invoking ((IExecuteProcessActivity)activity).Run()...
IWorkflowActivity.Start()...
ExecuteProcessActivity.RedirectStandardInOut()...
ExecuteProcessActivity.IExecuteProcessActivity.ExecutProcess()...
IExecuteProcessActivity.RestoreStandardInOut()...
IWorkflowActivity.Stop()..

Invoking activity.Run()...
Executing non-polymorphic Run() with process 'dotnet'.
```

예제 8.14가 앞서 설명한 요구 사항을 어떻게 만족시키는지 살펴보자.

• IWorkflowActivity.Run()은 봉인됐고 따라서 가상이 아니다. 이는 모든 파생된 형식이 구현에서 이 메서드를 변경하지 못하게 한다. IWorkflowActivity 형식이 제공된 Run()의 호출은 항상 IWorkflowActivity 구현을 실행한다.

- IWorkflowActivity의 Start() 및 Stop() 메서드는 private이므로 다른 모든 형식에 보이지 않는다. IExecutProcessActivity가 start/stop 형식 동작을 가진 것처럼 보이더라도 IWorkflowActivity는 대체 구현을 허용하지 않는다.

- IWorkflowActivity는 IExecuteProcessActivity(그리고 원하는 경우 ExecuteProcess Activity)가 오버로드할 수 있도록 protected InternalRun() 메서드를 정의한다. 하지만 ExecuteProcessActivity의 어떤 멤버도 InternalRun()을 호출할 수 없다. 메서드는 Start() 및 Stop()에서 순서를 벗어나 실행되면 안 되므로 계층 구조에서 인터페이스만(IWorkflowActivity나 IExecuteProcessActivity) protected 멤버를 호출할 수 있다.

- protected인 모든 인터페이스 멤버는 명시적으로 수행하는 경우 기본 인터페이스 멤버를 재정의할 수 있다. 예를 들어, ExecuteProcessActivity에서 Redirect StandardInOut() 및 RestoreStandardInOut() 구현 모두는 IExecuteProcessActivity를 접두사로 붙였다. 그리고 protected InternalRun() 메서드처럼 인터페이스를 구현하는 형식은 protected 멤버를 호출할 수 없다. 예를 들어, RedirectStandard InOut() 및 RestoreStandardInOut()을 같은 형식에서 구현했다 하더라도 Execute ProcessActivity는 이들을 호출할 수 없다.

- RedirectStandardInOut() 및 RestoreStandardInOut()는 하나만 명시적으로 virtual로 선언되더라도 모두 virtual이다(virtual은 멤버가 봉인되지 않는 한 기본 값이다). 그 결과 가장 많이 파생된 구현이 호출된다. 따라서 IExecuteProcessActivity. InternalRun()이 RedirectStandardInOut()를 호출할 때 IExecuteProcessActivity의 구현 대신 ExecuteProcessActivity()의 구현이 호출된다.

- 파생된 형식의 구현은 잠재적으로 부모의 봉인된 시그니처와 일치하는 메서드를 제공한다. 예를 들어, ExecuteProcessActivity가 IWorkflowActivity의 Run() 시그니처에 일치하는 Run() 메서드를 제공한다면 가장 많이 파생된 구현보다는 이 형식과 연결된 구현이 실행된다. 즉, Program.Main()의 ((IExecuteProcessActivity) activity).Run() 호출은 IExecuteProcessActivity.Run()을 호출하지만, activity. Run()은 activity가 ExecuteProcessActivity 형식인 ExecuteProessActivity.Run() 을 호출한다.

요약하면, 다른 멤버 한정자와 함께 protected 인터페이스 멤버를 사용할 수 있는 캡슐화는 복잡하기는 하지만 포괄적인 캡슐화 메커니즘을 제공한다.

확장 메서드 vs. 기본 인터페이스 멤버

게시된 인터페이스에 기능을 추가해 확장할 때 확장 메서드를 만들거나 첫 번째에서 파생한 두 번째 인터페이스를 만들고 멤버를 추가하는 것보다 기본 인터페이스 멤버를 언제 더 선호할까? 이런 결정을 내릴 때 다음의 요소를 고려해야 한다.

- 두 가지 모두 개념적으로 인터페이스의 인스턴스에서 동일한 시그니처의 메서드를 구현하는 재정의를 지원한다.
- 확장 메서드는 인터페이스 정의를 포함하는 어셈블리 외부에서 추가될 수 있다.
- 기본 인터페이스 속성은 허용되지만 속성 값을 위한 인스턴스 저장소 위치는 사용할 수 없으며(필드는 허용되지 않음) 적용은 계산된 속성으로 제한한다.
- 확장 속성은 지원하지 않지만 계산은 .NET Core 3.0 이상의 프레임워크로 제한하지 않고 게터 확장 메서드(예. GetData( ))를 제공받을 수 있다.
- 두 번째 파생된 인터페이스를 제공하면 버전 비호환성 또는 프레임워크 제한 없이 속성과 메서드 모두 정의할 수 있다.
- 파생된 인터페이스 접근 방식은 형식을 구현해 새로운 인터페이스를 추가하고 새로운 기능의 이점을 얻어야 한다.
- 기본 인터페이스 멤버는 해당 인터페이스 형식에서만 호출될 수 있다. 구현하는 개체도 인터페이스로 캐스팅해야 기본 인터페이스 멤버를 액세스할 수 있다. 즉, 기본 인터페이스 멤버는 베이스[base] 클래스가 구현을 제공하지 않는 한 명시적으로 구현된 인터페이스 멤버처럼 동작한다.
- protected 가상 멤버를 인터페이스에서 정의할 수 있지만 이들 멤버는 인터페이스를 구현하는 클래스가 아니라 파생 인터페이스에서만 사용할 수 있다.
- 기본 인터페이스 멤버는 구현 클래스가 재정의할 수 있기 때문에 원하는 경우 각 클래스는 해당 동작을 정의할 수 있다. 확장 메서드를 사용하면 바인딩은 컴파일

타임에 액세스할 수 있는 확장 메서드 기반으로 확인된다. 결과적으로 구현은 런타임이 아니라 컴파일 타임에 결정된다. 따라서 확장 메서드를 사용하면 구현 클래스 작성자는 라이브러리에서 호출될 때 해당 메서드에 대한 다른 구현을 제공할 수 없다. 예를 들면, `System.Linq.Enumerable.Count()`는 카운트를 가져오고자 리스트 구현으로 캐스팅해 특수한 구현인 인덱스 기반 컬렉션을 제공한다. 결과적으로 효율성 개선의 이점을 얻는 유일한 방법은 리스트 기반 인터페이스를 구현하는 것이다. 이에 반해 기본 인터페이스 구현을 사용하면 모든 구현 클래스는 이 메서드를 재정의해 더 나은 버전을 제공할 수 있다.

요약하면, 속성 다형성 동작 추가는 두 번째 인터페이스나 기본 인터페이스 멤버에서만 가능하다. 그리고 .NET Core 3.0 이전 프레임워크 지원이 필요하면 속성을 추가할 때 새로운 인터페이스를 만드는 것이 더 나은 해결책이다. 업데이트된 인터페이스의 일부가 속성이 아니라 메서드뿐이라면 확장 메서드가 낫다.

가이드라인

- 게시된 인터페이스에 메서드를 추가할 때 기본 인터페이스 대신 확장 메서드나 추가 인터페이스 사용을 고려하자.
- 다형성 동작을 제공하는 인터페이스를 통제하기 쉽지 않다면 확장 메서드를 사용하자.
- .NET Core 3.0 이전 프레임워크를 지원하도록 다형성 동작을 확장하는 데 속성이 필요할 때 추가 인터페이스를 사용하자.

인터페이스와 추상 클래스의 비교

인터페이스는 또 다른 데이터 형식의 범주를 도입했다. (인터페이스는 System.Object를 확장하지 않은 몇 가지 형식 범주 중 하나다.[8]) 하지만 클래스와 달리 인터페이스는 인스턴스를 만들 수 없다. 인터페이스 인스턴스는 해당 인터페이스를 구현한 개체에 대한 참조

---

8 그 밖에 포인터 형식과 형식 매개변수 형식이 있다. 모든 인터페이스 형식은 System.Object로 변환할 수 있지만, 인터페이스의 모든 인스턴스에서 System.Object의 메서드 호출이 가능하므로 이는 무의미한 구분이다.

로만 접근할 수 있다. 인터페이스에는 new 연산자를 사용할 수 없다. 따라서 인터페이스는 생성자나 종료자를 포함할 수 없다. C# 8.0 이전의 인터페이스는 정적 멤버를 허용하지 않는다.

인스턴스를 만들지 못하는 이런 기능을 보면 인터페이스는 추상 클래스에 더 가깝다. 표 8.2는 추가적인 비교 항목을 나타냈다. 추상 클래스와 인터페이스는 서로 장점과 단점이 있으므로 올바른 선택을 내리고자 표 8.2의 비교와 다음의 가이드라인을 기준으로 비용/이득 측면에서 결정해야 한다.

표 8.2 추상 클래스와 인터페이스 비교

추상 클래스	인터페이스
직접 인스턴스를 생성할 수 없지만 비추상 파생 클래스에서만 인스턴스를 생성할 수 있다.	직접 인스턴스를 생성할 수 없지만 구현 형식만 인스턴스를 생성할 수 있다.
파생 클래스는 그 자체가 추상이 되거나 모든 추상 멤버를 구현해야 한다.	구현 형식은 모든 추상 인터페이스 멤버를 구현해야 한다.
모든 파생 클래스는 버전 상호간 호환성을 깨뜨리지 않고 상속할 수 있는 비추상 멤버를 추가할 수 있다.	C# 8.0/.NET Core 3.0에서 모든 파생 클래스는 버전 상호간 호환성을 깨뜨리지 않고 상속할 수 있는 기본 인터페이스 멤버를 추가할 수 있다.
메서드와 속성, 필드를 선언할 수 있다(생성자와 종료자를 포함해 다른 모든 멤버 형식과 함께).	인스턴스 멤버는 메서드와 속성, 생성자, 또는 종료자, 필드가 아닌 것으로 제한된다. 정적 생성자와 정적 이벤트, 정적 필드를 포함해 모든 정적 멤버가 가능하다.
멤버는 인스턴스나 정적 및 선택적으로 추상일 수 있으며 파생 클래스에서 사용할 수 있는 비추상 멤버에 대한 구현을 제공할 수도 있다.	C# 8.0/.NET Core 3.0에서 멤버는 인스턴스나 추상, 정적일 수 있으며, 파생 클래스가 사용할 수 있는 비추상 멤버에 대한 구현을 제공할 수 있다.
멤버를 가상이나 비가상으로 선언할 수 있다. 재정의하지 않아야 하는 멤버(예제 8.13)는 가상으로 선언하지 않는다.	모든 (비봉인) 멤버는 명시적으로 지정됐는지 여부에 관계없이 가상이다. 따라서 인터페이스가 동작 재정의를 방지할 방법이 없다.
파생 클래스는 하나의 기본 클래스만 상속한다.	구현하는 형식은 여러 인터페이스를 구현할 수 있다.

가이드라인

- C# 8.0/.NET Core 3.0 이상에서는 다형성 동작을 위해 추상 클래스보다는 인터페이스를 C# 8.0 이전엔 추상 클래스를 고려하자.
- 다른 형식에서 이미 상속한 형식에서 기능을 지원해야 하는 경우 인터페이스를 정의하자.

요약하면, .NET Core 3.0 이상의 프레임워크를 사용할 수 있다고 가정할 때 C# 8.0 이상에서 정의된 인터페이스는 인스턴스 필드를 선언하는 기능을 제외한 추상 클래스의 모든 기능이 있다. 구현 형식이 인터페이스의 속성을 재정의해 인터페이스가 활용하는 저장소를 제공할 수 있다는 점을 감안하면 인터페이스는 사실상 추상 클래스가 제공하는 상위 집합을 제공한다. 게다가 인터페이스는 다중 상속에 더해 protected 액세스의 더 캡슐화된 버전을 지원한다. 따라서 C# 8.0 및 .NET Core 3.0 이후의 시나리오에서 모든 다형성 동작은 인터페이스를 사용해 구현 세부 사항(해당 형식이 수행하는 방식)과 계약(해당 형식이 수행하는 작업)을 분리하는 것이 좋다.

인터페이스와 특성 비교

상속되든 그렇지 않든 멤버가 전혀 없는 인터페이스를 어떤 형식에 관한 정보를 나타내는 데 종종 사용한다. 예를 들어, 한 형식이 또 다른 형식으로 대체됐음을 가리키는 IObsolete 마커marker 인터페이스를 만들 수 있다. 이런 방식은 인터페이스 메커니즘의 남용에 해당한다. 인터페이스는 특정 형식에 관한 사실을 나타내는 것이 아니라 한 형식이 어떤 기능을 수행할 수 있는지 보여 주는 데 사용해야 한다. 이런 목적에는 마커 인터페이스 대신 특성attribute을 사용하자. 더 자세한 내용은 18장을 참고하자.

> **가이드라인**
> - 멤버가 없는 '마커' 인터페이스를 사용을 피한다. 대신 특성을 사용하자.

요약

인터페이스는 C#에서 객체 지향 프로그래밍의 핵심 요소다. 클래스가 다중 인터페이스를 구현할 수 있기 때문에 인터페이스는 단일 상속 옵션을 사용하지 않고 추상 클래스와 비슷한 다형성 기능을 제공한다. C# 8.0/.NET Core 3.0 이상에서 인터페이스는 기본 인터페이스 멤버를 사용한 구현을 포함할 수 있으며, 하위 호환성이 필요 없는 경우 거의 추상 클래스 기능의 상위 집합을 제공한다.

C#에서 인터페이스 구현은 명시적 또는 암시적일 수 있으며, 구현하는 클래스가 인터페이스 멤버를 직접 노출하는 데 사용되는지 아니면 해당 인터페이스로 변환을 통해서만 노출하는 데 사용되는지에 달렸다. 게다가 해당 구현이 명시적인지 암시적인지 여부의 세부 사항이 멤버 수준에 따라 결정된다. 즉, 한 멤버는 암시적으로 구현되면서 동일한 인터페이스의 또 다른 멤버는 명시적으로 구현될 수 있다.

9장에서는 값 형식을 살펴보고 사용자 지정 값 형식 정의의 중요성을 설명한다. 게다가 이런 형식이 등장시킬 수 있는 미묘한 문제를 다룬다.

9

값 형식

이 책은 여러 곳에서 값 형식을 사용하고 있다. 예를 들어, int는 값 형식이다. 9장은 값 형식 사용에 관해서뿐만 아니라 사용자 지정 값 형식 정의도 다룬다. 구조체와 열거형 이라는 두 가지 범주의 사용자 지정 값 형식이 있다. 9장은 프로그래머가 구조체를 사용해 2장에서 설명한 대부분의 미리 정의된 형식과 아주 유사하게 동작하는 새로운 값 형식을 정의하는 방법을 다룬다. 핵심은 새로 정의된 모든 값 형식은 자체 사용자 지정 데이터와 메서드를 지닌다는 점이다. 9장은 열거형을 사용해 상수 값의 집합을 정의하는 방법도 설명한다.

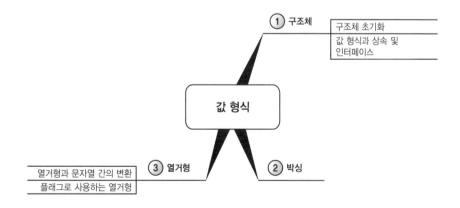

형식의 범주

지금까지 설명한 모든 형식은 참조 형식과 값 형식이라는 두 가지 범주 중 하나에 해당한다. 각 범주에서 형식 간의 차이는 복사 전략 차이로 인한 것인데 결과적으로 각 형식은 메모리에 다르게 저장된다. 이 초급 주제는 이러한 문제에 익숙하지 않는 독자를 위해 값 형식/참조 형식에 관해 다시 소개한다.

값 형식

값 형식^{value type} 변수는 그림 9.1에서 보인 것처럼 값을 담는다. 변수 이름은 메모리에서 값이 저장된 위치와 직접 연결된다. 이 때문에 두 번째 변수에 원래 변수의 값을 할당할 때 원래 변수 값의 사본이 두 번째 변수와 연결된 저장소 위치에 들어간다. 두 변수는 결코 같은 위치를 참조하지 않는다(한쪽 또는 양쪽이 또 다른 변수에 대한 별칭으로 정의한 out이나 ref 매개변수인 경우는 예외). 각 변수가 다른 저장소 위치에 연결되므로 원래 변수의 값을 변경해도 두 번째 변수의 값에는 영향을 끼치지 않는다. 결과적으로 하나의 값 형식 변수의 값을 변경해도 다른 값 형식 변수의 값에는 영향을 끼치지 않는다.

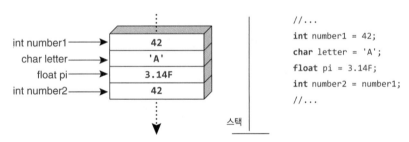

그림 9.1 데이터를 직접 담고 있는 값 형식

값 형식 변수는 종이 위에 쓰인 숫자와 같다. 그 숫자를 변경하려면 숫자를 지우고 다른 숫자를 써야 한다. 두 번째 종이가 있다면 첫 번째 종이에서 해당 숫자를 복사할 수 있지만 두 종이는 독립적이다. 이들 종이 중 하나에서 숫자를 지우고 다시 쓴다고 다른 쪽을 바꾸지는 못한다.

마찬가지로 Console.WriteLine()과 같은 메서드에 값 형식의 인스턴스를 전달하면 그 인수와 연결된 저장소 위치에서 해당 매개변수와 연결된 저장소 위치로 메모리 복사가 일어나며, 메서드 내에서 매개변수를 변경하더라도 호출자 내의 원래 변수에는 영향을 주지 않는다. 값 형식은 메모리 사본이 필요하므로 메모리를 적게 사용하도록 정의하는 것이 좋다(보통 16바이트 이하).

가이드라인
- 16바이트 이상의 메모리를 사용하는 값 형식을 만들지 않는다.

값 형식의 값은 대체로 수명이 짧다. 많은 상황에서 값은 식의 일부나 메서드의 동작에서만 필요하다. 이런 경우 변수와 값 형식의 임시 값은 '스택stack'이라는 **임시 저장소 풀** temporary storage pool에 저장된다. (스택은 부정확한 이름이다. 임시 풀이 스택에 저장소를 할당할 필요는 없다. 사실 세부 구현 측면에서 보면 사용할 수 있는 레지스터에서 저장소를 할당하는 방법을 빈번하게 선택한다.)

임시 풀을 정리하는 데 드는 비용이 힙을 가비지 수집하는 비용보다는 적다. 하지만 값 형식이 참조 형식보다 더 자주 복사되는 경향이 있으므로 아무래도 성능상의 비용을 더 치러야만 한다. '스택에 할당되는 값 형식이 더 빠르다'라는 선입견에 빠지지 않도록 하자.

참조 형식
반면에 참조 형식 변수의 값은 개체의 인스턴스에 대한 참조다(그림 9.2 참고). 참조 형식의 변수는 값 형식의 변수처럼 데이터를 직접적으로 저장하는 대신 해당 개체 인스턴스에 대한 데이터가 위치한 참조(일반적으로 메모리 주소로 구현)를 저장한다. 따라서 데이터를 접근하려면 런타임이 변수의 참조를 확인한 뒤, 이것을 역참조해 그 인스턴스에 대한 데이터를 실제로 담고 있는 메모리의 위치에 도달한다.

따라서 참조 형식 변수는 2개의 저장소 위치가 연결된다. 한 위치는 변수와 직접 연결되는 저장소 위치이고(주소 값), 또 다른 위치는 그 변수에 저장된 값이 있는 (주소 값에 의해) 참조되는 저장소 위치다.

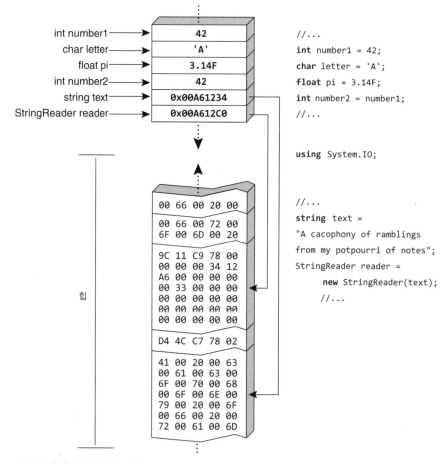

```
                                     //...
int number1  ──►  │    42    │        int number1 = 42;
char letter  ──►  │   'A'    │        char letter = 'A';
float pi     ──►  │  3.14F   │        float pi = 3.14F;
int number2  ──►  │    42    │        int number2 = number1;
string text  ──►  │0x00A61234│        //...
StringReader reader ──► │0x00A612C0│

                                     using System.IO;


       ┌─                           //...
       │     00 66 00 20 00          string text =
       │                             "A cacophony of ramblings
       │     00 66 00 72 00          from my potpourri of notes";
       │     6F 00 6D 00 20          StringReader reader =
       │                                 new StringReader(text);
       │     9C 11 C9 78 00              //...
       │     00 00 00 34 12
       │     A6 00 00 00 00
힙     │     00 33 00 00 00
       │     00 00 00 00 00
       │     00 00 00 00 00
       │     00 00 00 00 00
       │
       │     D4 4C C7 78 02
       │
       │     41 00 20 00 63
       │     00 61 00 63 00
       │     6F 00 70 00 68
       │     00 6F 00 6E 00
       │     79 00 20 00 6F
       │     00 66 00 20 00
       └─    72 00 61 00 6D
```

그림 9.2 힙을 가리키는 참조 형식

다시 말하면 참조 형식 변수란 항상 무엇인가가 쓰여 있는 종이와 같다. 예를 들어, 종이에 '서울시 양천구 목동 802-7번지'라고 집주소를 적었다고 가정해 보자. 이 종이는 변수이며 주소는 해당 건물에 대한 참조다. 종이나 그 종이에 쓰인 주소 어느 것도 건물이 아니며, 그 종이의 위치는 그 내용이 참조하는 건물의 위치와 아무 관련이 없다. 또 다른 종이로 해당 참조 내용을 복사한다면 양쪽 종이의 내용이 모두 같은 건물을 참조하게 된다. 건물이 녹색으로 칠해져 있다면 두 종이가 같은 건물을 참조하므로 종이를 거쳐 찾게 된 건물은 모두 녹색일 수밖에 없다.

변수(또는 임시 값)와 직접 연결된 저장소 위치는 값 형식 변수와 연결된 저장소 위치와는 다르게 취급한다. 변수의 수명이 짧다면 단기 저장소 풀에 할당된다. 참조 형식 변수의 값은 항상 가비지 수집되는 힙의 저장소 위치에 대한 참조이거나 null이다.

인스턴스의 데이터를 직접 저장하는 값 형식 변수와 달리 참조에 연결된 데이터에 액세스하려면 한 번 더 건너뛰어야 한다. 이와 같이 한 차례 더 건너뛰는 것을 '홉hop'이라고 한다. 실제 데이터의 저장소 위치를 찾으려면 먼저 해당 참조를 역참조한 다음에 데이터를 읽거나 쓸 수 있다. 참조 형식 값을 복사할 때는 참조만 복사하므로 크기가 작다. (참조는 해당 프로세서의 비트 크기보다 크지 않도록 보장된다. 32비트 컴퓨터의 참조 변수의 크기는 4바이트이고 64비트 컴퓨터의 참조 변수의 크기는 8바이트다.) 값 형식의 값을 복사할 때는 모든 데이터를 모두 복사해야 하므로 커질 수 있다. 따라서 어떤 상황에서는 참조 형식이 복사에 더 효과적이다. 이 때문에 값 형식의 경우 변수의 크기가 16바이트를 넘지 않도록 권장하는 이유다. 값 형식이 참조로 복사하는 것 대비 4배 이상의 비용이 든다면 그냥 참조 형식을 사용하는 편이 좋다.

참조 형식은 데이터에 대한 참조만 복사하므로 2개의 서로 다른 변수가 같은 데이터를 참조할 수 있다. 이런 경우 한 변수를 통해 데이터를 변경하면 역시 다른 변수에서도 해당 데이터가 변경된다. 이런 일은 할당과 메서드 호출 모두에서 일어난다.

앞서 나온 비유를 다시 돌아가서 건물 주소를 메서드로 전달한다면 참조를 담고 있는 종이의 복사본을 만들어 그 메서드에 이 복사본을 넘기는 셈이 된다. 이 메서드는 원래 종이의 내용을 변경해서 다른 건물을 참조할 수 없다. 하지만 이 메서드가 참조한 건물에 페인트칠을 한다면 메서드가 반환할 때 호출자는 참조하고 있는 건물이 이제 다른 색임을 알게 된다.

구조체

bool과 int 같은 C# '내장built-in' 형식은 모두 값 형식이지만 string과 object는 예외적으로 참조 형식이다. 프레임워크 내에서 다양한 값 형식을 추가로 제공한다. 개발자는 자신만의 값 형식을 정의할 수도 있다.

사용자 지정 값 형식을 정의하려면 클래스와 인터페이스 형식을 정의하는 데 사용하는 구문과 유사한 구문을 사용한다. 구문 측면의 주요 차이점은 예제 9.1에서 보인 것처

럼 값 형식이 struct라는 키워드를 사용하는 것이다. 예제를 보면 도, 분, 초의 순서로 각
도를 높은 정밀도로 나타내는 값 형식이 있다. ('분'은 1도의 1/60이고, '초'는 1분의 1/60이
다. 이 체계는 적도에서 바다의 표면 중 1분에 해당하는 호가 정확히 1해리라는 멋진 속성을 갖
기 때문에 항해에 사용된다.)

예제 9.1 struct 선언

```csharp
// struct 키워드를 사용해 값 형식 선언
struct Angle
{
    public Angle(int degrees, int minutes, int seconds)
    {
        Degrees = degrees;
        Minutes = minutes;
        Seconds = seconds;
    }

    // C# 6.0 읽기 전용, 자동 구현된 속성 사용
    public int Degrees { get; }
    public int Minutes { get; }
    public int Seconds { get; }

    public Angle Move(int degrees, int minutes, int seconds)
    {
        return new Angle(
            Degrees + degrees,
            Minutes + minutes,
            Seconds + seconds);
    }
}

// 참조 형식으로 클래스 선언
// (struct로 선언하면 16바이트보다 큰 값 형식을 만든다.)
class Coordinate
{
    public Angle Longitude { get; set; }

    public Angle Latitude { get; set; }
}
```

이 예제는 경도^{longitude}나 위도^{latitude}를 도, 분, 초로 구성한 각도^{angle}로 저장하는 값 형식으로 정의한다. 결과로 생긴 C# 형식은 **구조체**^{struct}다.

예제 9.1의 Angle 구조체는 모든 속성을 C# 6.0의 읽기 전용, 자동 구현 속성 기능을 사용해 선언했기 때문에 변경이 불가능하다. C# 6.0 없이 읽기 전용 속성을 만들려면 프로그래머는 readonly로 수정된 필드에서 데이터를 액세스하는 게터만으로 속성을 선언해야 한다. C# 6.0을 사용하면 변경 불가능한 형식을 정의할 때 코드 양을 크게 줄인다.

사실 C# 7.2는 다음처럼 선언해 읽기 전용인 구조체를 잘 정의했는지 검증할 수 있다.

```
readonly struct Angle {}
```

이제 컴파일러는 전체 구조체가 변경 불가능한지를 검사하고 읽기 전용이 아닌 필드나 세터를 가진 속성이 있는 경우 에러를 표시한다.

전체 클래스를 읽기 전용으로 선언하지 않고 더 세부적인 제어가 필요하다면 C# 8.0 은 모든 구조체 멤버를 읽기 전용으로 정의할 수 있다(메서드와 게터도 포함. 이 경우 그렇게 해서는 안 되지만 잠재적으로 개체의 상태를 수정할 수 있다). 예를 들어, 예제 9.1에서 Move() 메서드는 readonly 한정자를 포함할 수 있다.

```
readonly public Angle Move(int degrees, int minutes, int seconds) { ... }
```

(이렇게 할 수 있지만 클래스가 읽기 전용인 경우 중복된다.)

구조체의 데이터(속성이나 필드)를 수정하거나 비읽기 전용^{non-read-only} 멤버를 호출하는 모든 읽기 전용 멤버는 컴파일 타임 에러를 보고한다. 멤버에 대한 읽기 전용 액세스 개념을 지원함으로써 개발자는 멤버가 개체 인스턴스를 수정할 수 있는지 여부에 대한 동작 의도를 선언한다. 자동으로 구현되지 않은 속성은 게터나 세터 중 하나에서 readonly 한정자를 사용할 수 있다(후자는 좀 이상하긴 하지만). 두 가지 모두에 표시하고자 readonly 한정자는 게터와 세터 각각보다는 속성 자체에 배치한다.

놀랍게도 튜플(System.ValueTuple)은 변경 불가능 지침을 깨는 한 가지 예다. 튜플이 왜 예외인지 이해하려면 https://IntelliTect.com/WhyTupleBreaksTheImmutableRules 를 참고하자.

구조체 초기화

구조체는 속성과 필드 외에도 메서드와 생성자를 포함할 수도 있다. 하지만 구조체에 기본 생성자는 정의할 수 없다. 대신에 C# 컴파일러는 자동으로 모든 필드를 자체 기본 값으로 초기화하는 기본 생성자를 생성한다. 기본 값은 참조 형식 데이터의 경우 null이며 숫자 형식의 필드인 경우 0, 부울Boolean 형식의 필드인 경우 false다.

지역 값 형식 변수를 생성자에서 완전히 초기화하려면 구조체의 모든 생성자는 그 구조체 내에서 모든 필드(그리고 읽기 전용의 자동으로 구현된 속성)를 초기화해야 한다. (지원 필드는 알려져 있지 않고 초기화가 불가능하기 때문에 C# 6.0에서 읽기 전용의 자동 구현 속성을 통한 초기화는 충분하다.) 구조체 내에서 모든 데이터의 초기화 실패는 컴파일 타임 에러를 일으킨다. 설상가상으로 C#은 구조체에서 필드 초기화를 허용하지 않는다. 예를 들어, 예제 9.2는 '_Degrees = 42' 코드 줄의 주석을 해제한 경우 컴파일되지 않는다.

6.0

```
struct Angle
{
    // ...
    // 에러: 필드는 선언 시에 초기화될 수 없다.
    // int _Degrees = 42;
    // ...
}
```

new 연산자의 생성자 호출을 통해 명시적으로 초기화하지 않으면 구조체 내에 포함된 모든 데이터는 그 데이터의 기본 값으로 암시적으로 초기화한다. 하지만 값 형식 내의 모든 데이터는 명시적으로 초기화해서 컴파일러 에러를 피해야 한다. 아마 이런 의문이 들지 모르겠다. 그럼 '값 형식이 암시적으로 초기화되지만 명시적으로 초기화되지 않는 경우는 언제인가?' 이런 상황은 값 형식의 할당되지 않은 필드를 포함하는 참조 형식을 초기화할 때와 배열 이니셜라이저 없이 값 형식의 배열을 초기화할 때 발생한다.

구조체에서 초기화 요구 사항을 준수하고자 명시적으로 선언한 모든 필드는 초기화돼야 한다. 이런 초기화는 직접 수행해야 한다. 예를 들어, 예제 9.3에서 필드가 아니라 해당 속성(주석을 해제 하면)을 초기화하는 생성자는 컴파일 에러를 일으킨다.

예제 9.3 모든 필드를 초기화하기 전에 속성을 액세스하는 경우

```
struct Angle
{
    // 에러: 모든 필드를 할당하기 전에 'this' 개체를 사용할 수 없다.
    // public Angle(int degrees, int minutes, int seconds)
    // {
    //     Degrees = degrees; //"this.Degrees = ...;"의 줄임
    //     Minutes = minutes;
    //     Seconds = seconds;
    // }

    public Angle(int degrees, int minutes, int seconds)
    {
        _Degrees = degrees;
        _Minutes = minutes;
        _Seconds = seconds;
    }
}
```

```
        public int Degrees { get { return _Degrees; } }
        readonly private int _Degrees;

        public int Minutes { get { return _Minutes; } }
        readonly private int _Minutes;

        public int Seconds { get { return _Seconds; } }
        readonly private int _Seconds;

        // ...
    }
```

모든 필드가 초기화된 것을 컴파일러가 알 때까지 this를 액세스하는 것은 잘못이다. 즉, Degrees 속성 액세스는 암시적으로 this.Degrees와 같다. 이 문제를 해결하려면 주석을 제거하지 않은 예제 9.3의 생성자에서 묘사한 것처럼 해당 필드를 직접 초기화해야 한다.

구조체의 필드 초기화 요구 사항, C# 6.0의 읽기 전용의 자동으로 구현된 속성 지원의 간결함, 그리고 래핑한 속성의 외부에서 필드 액세스를 피하는 지침 때문에 C# 6.0의 구조체 내에서 필드보다 읽기 전용의 자동으로 구현된 속성을 사용해야 한다.

가이드라인

- 구조체의 기본 값이 유효한지 확인한다. 캡슐화는 구조체의 기본 값이 '모두 0'이 되는 것을 방지할 수 없다.

6.0 끝

■ 고 급 주 제

값 형식에 new 사용하기

new 연산자로 참조 형식을 호출하면 런타임이 가비지 수집되는 힙에 새로운 개체 인스턴스를 만들고, 모든 필드를 기본 값으로 초기화한 뒤에 해당 인스턴스에 대한 참조를 this로 전달해 생성자를 호출한다. 결과적으로 인스턴스에 대한 참조가 최종 목적지로 복사된다. 이에 반해 new 연산자로 값 형식을 호출하면 런타임이 임시 저장소 풀에서 해당 개체의 새로운 인스턴스를 만들고 모든 필드를 기본 값으로 초기화한 뒤에 생성자를 호출한다(임시 저장소 위치를 this처럼 ref 변수로 전달). 결과적으로 임시 저장소 위치에 값이 저장된 다음 최종 위치로 복사된다.

클래스와 달리 구조체는 종료자를 지원하지 않는다. 구조체는 값으로 복사되며 참조 형식처럼 '참조 ID'를 갖지 않는다. 따라서 종료자를 실행하는 안전한 시점과 구조체가 소유한 관리되지 않는 리소스를 해제할 시점을 알기 어렵다. 가비지 수집기는 참조 형식의 인스턴스에 대해 '사용 중인' 참조가 존재하지 않는 시점을 알고 있으며 더 이상 사용 중인 참조가 없다면 언제든지 참조 형식의 인스턴스에 종료자를 실행할 수 있다. 그렇지만 특정 순간에 주어진 값 형식의 사본이 얼마나 되는지 추적할 수 있는 런타임 기능은 없다.

언어 비교: C++ - struct는 Public 멤버로 형식을 정의한다

C++에서 struct로 선언한 형식과 class로 선언한 형식 간의 차이는 기본 접근성이 public인지 private 여부다. 이에 반해 C#에서 뚜렷한 차이점은 해당 형식의 인스턴스가 값에 의한 복사인지 참조에 의한 복사인지 여부에 달렸다.

값 형식이 있는 상속과 인터페이스

모든 값 형식은 암시적으로 봉인된다. 게다가 모든 비열거형non-enum 값 형식은 System.ValueType을 상속한다. 그 결과 구조체에 대한 상속 체인은 항상 object에서 System.ValueType, 구조체로 이어진다.

값 형식 역시 인터페이스를 구현할 수 있다. 프레임워크에 포함된 값 형식 중 대부분이 IComparable과 IFormattable과 같은 인터페이스를 구현한다.

System.ValueType은 값 형식의 동작을 제공하지만 다른 추가 멤버는 포함하지 않는다. System.ValueType 사용자 정의는 object의 가상 멤버 모두를 재정의하는 데 중점을 둔다. 구조체에서 이들 메서드를 재정의하기 위한 규칙은 클래스에서 메서드를 재정의하는 것과 거의 동일하다(10장 참고). 하지만 한 가지 차이점은 값 형식에서 GetHashCode()에 대한 기본 구현은 해당 호출을 구조체 내의 첫 번째 null이 아닌 필드에 전달한다. 또한 Equals()는 리플렉션을 많이 사용한다. 따라서 값 형식이 컬렉션 내에서 빈번하게 사용된다면 특히 해시 코드를 사용하는 사전 형식 컬렉션의 경우 값 형식은 좋은 성능을 보장하고자 Equals()와 GetHashCode() 모두에 재정의를 해야 한다. 보다 자세한 내용은 10장을 참고하자.

가이드라인

- 같음 연산이 의미 있는 경우라면 값 형식에서 같음 연산자(Equals()와 ==, !=)와 GetHashCode() GetHashCode()를 오버로드하자. (IEquatable⟨T⟩ 인터페이스 구현도 고려하자.)

박싱

값 형식의 변수는 직접적으로 데이터를 포함하는 반면, 참조 형식의 변수는 또 다른 저장소 위치에 대한 참조를 포함한다. 그러나 값 형식을 구현된 인터페이스 중 하나 또는 루트 기본 클래스인 object로 변환할 때 무슨 일이 일어날까? 변환의 결과는 참조 형식의 인스턴스 같은 것을 포함하는 저장소 위치에 대한 참조여야 하겠지만, 이 변수는 값 형식의 값을 포함한다. 이런 변환을 **박싱**boxing 변환이라 하고 특수한 동작을 한다. 데이터를 직접 참조하는 값 형식의 변수를 가비지 수집되는 힙heap의 위치를 참조하는 참조 형식으로 변환할 때는 다음의 몇 가지 단계를 거친다.

1. 메모리는 값 형식의 데이터를 담을 힙에서 할당되며 개체를 만드는 데 필요한 다른 오버헤드는 참조 형식의 관리되는 개체의 모든 다른 인스턴스와 같다(즉, SyncBlockIndex와 메서드 테이블 포인터).
2. 값 형식의 값은 현재 저장소 위치에서 힙의 새로 할당된 위치로 복사된다.
3. 변환 결과는 힙의 새로운 저장소 위치에 대한 참조다.

박싱의 역방향 동작을 **언박싱**unboxing이라고 한다. 언박싱 변환은 박싱한 값의 형식이 언박싱되는 값 형식과 호환되는지 확인한 다음 해당 힙 위치에 값의 복사본을 저장한다.

박싱은 성능과 동작에 영향을 주기 때문에 박싱과 언박싱은 중요한 고려 사항이다. C# 코드 내에서 이러한 변환을 인식하는 방법을 학습하는 것 외에 개발자는 CIL^Common ^Intermediate Language^을 살펴봄으로써 특정 코드 조각의 box/unbox 명령을 계산해 볼 수 있다. 각 작업은 표 9.1에서 보인 것처럼 특정 명령이 있다.

표 9.1 CIL의 박싱 코드

C# 코드	CIL 코드
| ```c#
static void Main()
{



    int number;
    object thing;


    number = 42;


    // Boxing
    thing = number;


    // Unboxing
    number = (int)thing;




return;
}
``` | ```
.method private hidebysig
    static void Main() cil managed
{
.entrypoint
// Code size       21 (0x15)
.maxstack 1
.locals init ([0] int32 number,
        [1] object thing)
IL_0000: nop
IL_0001: ldc.i4.s    42
IL_0003: stloc.0
IL_0004: ldloc.0
IL_0005: box         [mscorlib]System.Int32
IL_000a: stloc.1
IL_000b: ldloc.1
IL_000c: unbox.any   [mscorlib]System.Int32
IL_0011: stloc.0
IL_0012: br.s        IL_0014
IL_0014: ret
} // end of method Program::Main
``` |

박싱과 언박싱이 드물게 발생할 경우 성능에 미치는 영향은 미미하다. 하지만 박싱은 예기치 않은 상황을 초래할 수 있고 빈번하게 발생하면 성능에 중요한 영향을 끼칠 수 있다. 예제 9.4와 결과 9.1을 생각해 보자. ArrayList 형식은 개체에 대한 참조 목록을 보유하므로 이 목록에 정수나 부동 소수점 수를 추가하면 값을 박싱하고 참조를 얻을 수 있다.

예제 9.4 미묘한 박싱과 언박싱 명령

```c#
class DisplayFibonacci
{
    static void Main()
```

```csharp
{
    int totalCount;
    //박싱을 묘사하려고 의도적으로 ArrayList 사용
    System.Collections.ArrayList list =
        new System.Collections.ArrayList();

    Console.Write("Enter a number between 2 and 1000:");
    totalCount = int.Parse(Console.ReadLine());

    if (totalCount == 7) // Magic number used for testing
    {
        // 실행 시 에러:
        // list.Add(0); // double 또는 'D' 접미사로 변환 필수
        //             // 캐스트나 'D' 접미사 사용 시,
        //             // CIL은 동일.
    }
    else
    {
        list.Add((double)0);
    }

    list.Add((double)1);

    for (int count = 2; count < totalCount; count++)
    {
        list.Add(
            (double)list[count - 1]! +
            (double)list[count - 2]! );
    }

    //Console.WriteLine(string.Join(", ", list.ToArray())); 보다는
    //박싱/언박싱 작업을 명확히 하려고 foreach 사용
    foreach (double? count in list)
    {
        Console.Write("{0}, ", count);
    }
}
}
```

```
Enter a number between 2 and 1000:42
0, 1, 1, 2, 3, 5, 8, 13, 21, 34, 55, 89, 144, 233, 377, 610, 987, 1597,
2584, 4181, 6765, 10946, 17711, 28657, 46368, 75025, 121393, 196418,
317811, 514229, 832040, 1346269, 2178309, 3524578, 5702887, 9227465,
14930352, 24157817, 39088169, 63245986, 102334155, 165580141,
```

예제 9.4에서 보인 코드는 컴파일 시에 결과 CIL에 5개의 박싱과 3개의 언박싱 명령을 만든다.

1. 첫 번째 2개의 박싱 명령은 list.Add()에 대한 초기 호출에서 발생한다. ArrayList[1] 메서드의 시그니처는 int Add(object value)다. 따라서 이 메서드에 전달된 모든 값 형식은 박싱된다.

2. 다음으로 for 루프 내의 Add() 호출에 2개의 언박싱 명령이 있다. ArrayList의 인덱스 연산자에서 반환하는 것은 ArrayList가 담고 있는 것 때문에 항상 object다. 2개의 값을 추가하려면 이를 다시 double로 캐스팅해야 한다. 개체에 대한 참조에서 값 형식으로 캐스팅은 언박싱 호출로 구현된다.

3. 이제 덧셈한 결과를 가져와서 ArrayList 인스턴스에 채워 넣으면 다시 박싱 연산이 일어난다. 첫 2개의 언방식 명령과 이 박싱 명령이 한 루프 내에서 일어난다.

4. foreach 루프에서 ArrayList의 각 항목을 반복하면서 count에 할당한다. 앞서 살펴봤듯이 ArrayList 내의 해당 항목은 object에 대한 참조이므로 이를 double에 할당하면 실제로는 이들 개체 각각을 언박싱하는 것이다.

5. foreach 루프 내에서 호출되는 Console.WriteLine()의 시그니처는 void Console.Write(string format, object arg)다. 결과적으로 각 호출은 double을 object로 박싱한다.

---

1   12장에서 설명하는 것처럼 제네렉 컬렉션과 같은 강력한 형식 컬렉션이 아니라 object 형식의 컬렉션을 사용하는 것이 중요하다.

모든 박싱 연산은 할당과 복사를 모두 수반한다. 모든 언박싱 연산은 형식 검사와 복사를 수반한다. 언박싱된 형식을 사용해 동일한 작업을 수행하면 할당과 형식 검사를 없앤다. 확실히 많은 박싱 연산을 제거하면 코드의 성능을 쉽게 개선할 수 있다. 마지막 foreach 루프에서 double이 아니라 object를 사용하면 이런 개선 방법을 적용하는 것이다. 또 다른 개선 방법으로 ArrayList 데이터 형식을 제네릭 컬렉션(12장 참고)으로 변경하는 것도 한 방법이다. 요점은 박싱이 미묘한 영향을 끼치므로 개발자는 특별히 주의를 기울이고 잠재적으로 반복해서 일어나고 성능에 영향을 끼치는 상황을 주시해야 한다는 점이다.

또 다른 유감스런 박싱 관련 문제가 런타임에서도 발생한다. double로 초기 캐스팅을(또는 double 리터럴을) 하지 않고 Add()를 호출할 때 배열 목록에 정수를 삽입할 수 있다. int는 암시적으로 double로 변환되므로 수정해도 문제가 없다. 하지만 foreach 루프 내에서 값을 가져올 때 double로 캐스팅은 실패한다. 문제는 언박싱 연산 직후 박싱된 int의 값을 double로 메모리 복사를 수행하려고 시도하는 부분이다. 코드는 실행 시간에 InvalidCastException을 던질 것이기 때문에 먼저 int로 캐스팅을 하지 않고는 이 작업을 수행할 수 없다. 예제 9.5에서 비슷한 오류를 주석으로 나타냈고 이어서 올바른 캐스팅을 나타냈다.

예제 9.5 언박싱은 박싱된 형식과 같아야 한다

```
// ...
int number;
object thing;
double bigNumber;

number = 42;
thing = number;
// 에러: InvalidCastException
// bigNumber = (double)thing;
bigNumber = (double)(int)thing;
// ...
```

lock 구문에서 값 형식

C#에서는 동기화 코드용으로 lock 구문을 지원한다. lock 구문은 쌍으로 호출해야 하는 System.Threading.Monitor의 Enter()와 Exit() 메서드로 구성된다. Enter()는 전달된 고유한 참조 인수를 기록하고 이 동일한 참조로 Exit()를 호출하고 잠금을 해제한다. 값 형식 사용과 관련된 문제가 박싱이다. Enter()나 Exit()가 호출될 때마다 새로운 값이 힙에서 만들어진다. 한 사본의 참조와 다른 사본의 참조를 비교하면 항상 false를 반환하므로 Enter()를 해당 Exit()를 연결하지 못한다. 따라서 lock() 구문은 값 형식을 허용하지 않는다.

예제 9.6은 몇 가지 추가적인 런타임 박싱 특이점을 보였고 해당 결과를 결과 9.2에서 나타냈다.

예제 9.6 박싱의 미묘한 특이점

```
interface IAngle
{
    void MoveTo(int degrees, int minutes, int seconds);
}
```

```
struct Angle : IAngle
{
    // ...

    // 노트: 이 코드는 일반적인 지침에 반해 Angle을 변경할 수 있게 만든다.
    public void MoveTo(int degrees, int minutes, int seconds)
    {
            _Degrees = degrees;
            _Minutes = minutes;
            _Seconds = seconds;
    }
}

class Program
{
    static void Main()
    {
        // ...
```

```
        Angle angle = new Angle(25, 58, 23);
        //예 1: 간단한 박싱 연산
        object objectAngle = angle; // 박싱
        Console.Write( ((Angle)objectAngle).Degrees);

        //예 2: 언박싱, 언박싱된 값을 수정하고, 값을 버린다.
        ((Angle)objectAngle).MoveTo(26, 58, 23);
        Console.Write(", " + ((Angle)objectAngle).Degrees);

        //예 3: 박싱, 박싱된 값을 수정하고 박싱할 참조를 버린다.
        ((IAngle)angle).MoveTo(26, 58, 23);
        Console.Write(", " + ((Angle)angle).Degrees);

        //예 4: 박싱된 값을 직접 수정한다.
        ((IAngle)objectAngle).MoveTo(26, 58, 23);
        Console.WriteLine(", " + ((Angle)objectAngle).Degrees);

        // ...
    }
}
```

결과 9.2

```
25, 25, 25, 26
```

예제 9.6은 Angle 구조체와 IAngle 인터페이스를 사용한다. IAngle.MoveTo() 인터페이스가 Angle을 변경할 수 있게 바꾼 것도 주목하자. 이렇게 바꾼 부분이 변경이 가능한 값 형식이라는 몇 가지 특이점을 제공하고, 이렇게 함으로써 구조체를 불변으로 만들도록 해야 하는 지침의 중요성을 보여 준다.

예제 9.6의 예 1에서 angle을 초기화한 후 objectAngle이라는 변수로 박싱했다. 다음으로 _Degrees를 26으로 변경하려고 move를 호출한다. 하지만 결과에서 나타냈듯이 처음에는 실제로 아무런 변경도 일어나지 않는다. 문제는 MoveTo()를 호출하려고 컴파일러에서 objectAngle을 언박싱하고 (정의상) 해당 값의 사본을 만드는 것이다. 값 형식은 값으로 복사된다(값 형식이라고 하는 이유다). 결과 값을 실행시간에 잘 수정했다 하더라도 이 값의 사본은 버려지고 objectAngle에서 참조한 힙 위치는 어떤 변화도 발생하지

않는다.

제안된 값 형식의 변수가 종이에 적힌 값과 같다는 비유를 다시 생각해 보자. 값을 박싱할 때는 그 종이를 복사해서 박스에 그 복사본을 넣는 것이다. 값을 언박싱할 때는 박스에서 그 종이의 사본을 만드는 것이다. 이 두 번째 사본을 편집해도 박스에 있는 원래 사본은 변하지 않는다.

예 3에서 유사한 문제가 반대로 발생한다. MoveTo()를 직접 호출하지 않고 값을 IAngle로 캐스팅한다. 인터페이스 형식으로의 변환은 해당 값을 박싱하므로 런타임은 angle의 데이터를 힙에 복사하고 그 박스에 대한 참조를 제공한다. 다음으로 메서드 호출은 참조된 박스의 값을 수정한다. 변수 angle에 저장된 값은 수정되지 않은 채로 남는다.

마지막 예에서 IAngle로 캐스팅은 참조 변환이며 박싱 변환이 아니다. 이 경우 해당 값은 이미 object로 박싱 변환됐으므로 이 변환에서 값의 복사는 일어나지 않는다. MoveTo()에 대한 호출은 그 박스에 저장된 _Degrees 값을 업데이트하며 해당 코드는 원하는 대로 동작한다.

이 예제에서 살펴본 것처럼 변경이 가능한 값 형식은 실제로 변경하려는 저장소 위치가 아닌 값의 사본을 변경할 때 불명확할 때가 많기 때문에 상당한 혼란을 안겨 준다. 우선 변경 가능한 값 형식을 피함으로써 이러한 종류의 혼란을 피할 수 있다.

> **가이드라인**
> - 변경 가능한 값 형식을 피하자.

■ 고 급 주 제

메서드 호출 중에 박싱을 피하는 방법

메서드가 값 형식에서 호출될 때마다 이 메서드가 해당 수신자[2]를 변경하려 시도할 수 있기 때문에 호출을 수신하는 값 형식은(메서드의 본문에서 this로 표시됨) 변수여야 한다. 수신자 값의 사본을 변경한 다음 변경을 버릴 게 아니라 해당 수신자의 저장소 위치를

---

2   여기서 수신자(receiver)는 메서드의 호출 대상이 되는 개체다. 예를 들어, angle.MoveTo()에서 angle이 수신자다. – 옮긴이

변경할 수 있어야 한다. 예제 9.6의 예 2와 4는 이런 사실이 박싱된 값 형식에서 메서드 호출의 성능에 어떻게 영향을 끼치는지를 나타낸다.

예 2의 경우 언박싱 변환은 논리적으로 박싱된 사본이 있는 힙의 저장소 위치에 대한 참조가 아니라 박싱된 값을 생성한다. 그다음 변경을 일으키는 메서드 호출에 this로 전달되는 저장소 위치는 어딜까? 언박싱 변환은 저장소 위치에 대한 참조가 아니라 그 값의 사본을 생성하기 때문에 해당 박스의 저장소 위치가 힙이 될 수 없다.

이런 상황이 발생하면 즉, 값 형식의 변수가 필요하지만 값만 사용 가능할 경우에 두 가지 중 한 가지가 일어난다. C# 컴파일러는 새로운 임시 저장소 위치를 만들고 박스에서 값을 새로운 위치로 복사하는 코드를 생성해 임시 저장소 위치를 필요한 변수가 되게 하거나, 컴파일러에서 오류를 생성하고 해당 작업을 허용하지 않는다. 이 경우 전자의 전략이 사용된다. 새로운 임시 저장소 위치가 이 호출의 수신자다. 값이 변경된 후에 임시 저장소 위치는 폐기된다.

박싱된 값의 형식 검사 수행, 언박싱으로 박싱된 값의 저장소 위치 생성, 임시 변수 할당, 해당 박스에서 임시 변수로 값 복사, 그 뒤 임시 저장소의 위치를 사용해 메서드를 호출하는 과정은 해당 메서드가 실제로 그 변수를 변경하는지 여부와 상관없이 '언박싱 후 호출' 패턴을 사용할 때마다 발생한다. 분명히 이 패턴에서 변수를 변경하지 않는다면 이런 동작의 일부를 피할 수 있지만, C# 컴파일러는 호출하는 특정 메서드가 수신자를 변경하려고 하는지 알지 못하므로 신중해야 한다.

이러한 비용을 모두 제거하려면 박싱된 값 형식에서 인터페이스 메서드를 호출한다. 이런 경우 수신자는 박스의 저장소 위치라고 본다. 인터페이스 메서드가 저장소 위치를 변경하면 이 위치가 변경해야 할 박싱된 위치다. 따라서 형식 검사와 새로운 임시 저장소 할당, 복사 비용을 피하게 된다. 대신 런타임은 간단히 박스의 저장소 위치를 구조체의 메서드를 호출하는 수신자로 사용한다.

예제 9.7은 int 값 형식으로 구현한 IFormattable 인터페이스에 있는 ToString()의 매개변수 2개를 받는 버전을 호출한다. 이 예제에서 호출의 수신자는 박싱된 값 형식이지만 인터페이스 메서드 호출에서 언박싱은 일어나지 않는다.

```
int number;
object thing;
number = 42;
// 박싱
thing = number;
// 언박싱 변환 없음.
string text = ((IFormattable)thing).ToString(
    "X", null);
Console.WriteLine(text);
```

이제 값 형식 인스턴스를 수신자로 사용해 object로 선언한 가상 ToString() 메서드를 대신 호출했다고 가정하자. 이후 무슨 일이 일어날까? 이 인스턴스는 박싱일까 언박싱일까 아니면 다른 무엇일까? 다음의 세부 사항에 따른 몇 가지 다른 시나리오가 있다.

- 수신자가 언박싱되고 구조체가 ToString()을 재정의한다면 재정의된 메서드가 바로 호출된다. 메서드는 더 많은 파생 클래스에 의해 더 재정의될 수 없기 때문에 가상 호출이 필요 없다.
- 수신자가 언박싱되고 구조체가 ToString()을 재정의하지 않는다면 기본 클래스 구현이 호출돼야 하며 개체에 대한 참조를 수신자로 본다. 따라서 이 수신자는 박싱된다.
- 수신자가 박싱되고 구조체에서 ToString()을 재정의한다면 박스에서 저장소 위치는 언박싱 없이 재정의 메서드로 전달된다.
- 수신자가 박싱되고 구조체가 ToString()을 재정의하지 않는다면 참조를 받는 기본 클래스의 메서드 구현으로 박스에 대한 참조를 전달한다.

열거형

예제 9.8에서 보인 두 가지 코드 조각을 비교해 보자.

예제 9.8 정수 스위치와 열거형 스위치 비교

```
int connectionState;
// ...
switch (connectionState)
{
    case 0:
        // ...
        break;
    case 1:
        // ...
        break;
    case 2:
        // ...
        break;
    case 3:
        // ...
        break;
}

ConnectionState connectionState;
// ...
switch (connectionState)
{
    case ConnectionState.Connected:
        // ...
        break;
    case ConnectionState.Connecting:
        // ...
        break;
    case ConnectionState.Disconnected:
        // ...
        break;
    case ConnectionState.Disconnecting:
        // ...
        break;
}
```

가독성 측면에서의 차이점은 확실하다(두 번째 코드 조각에서 각 케이스가 더 설명적이다). 하지만 런타임에서 성능은 대동소이하다. 두 번째 코드 조각은 가독성을 얻고자 각 케이스에서 **열거형 값**enum value을 사용한다.

열거형은 개발자가 선언할 수 있는 값 형식이다. 열거형의 핵심 특징은 컴파일 시에 이름으로 참조할 수 있는 일련의 상수 값을 정의함으로써 코드를 더 읽기 쉽게 만든다는 점이다. 전형적인 열거형 선언을 위한 구문을 예제 9.9에서 나타냈다.

예제 9.9 열거형 정의

```
enum ConnectionState
{
    Disconnected,
    Connecting,
    Connected,
    Disconnecting
}
```

▪️ 노트

열거형 역시 부울 값에 대한 더 가독성 있는 대체제로 사용한다. 예를 들어, SetState(DeviceState.On)과 같은 메서드 호출이 SetState(true)보다 가독성이 좋다.

열거형 값을 사용할 때는 열거형 이름을 접두어로 붙인다. 예를 들어, Connected 값을 사용하려면 ConnectionState.Connected 구문을 사용한다. ConnectionState.Connection StateConnected와 비슷한 참조의 중복이 발생하지 않도록 열거형 형식 이름을 값의 이름 일부로 만들지 않도록 하자. 관례상 열거형 이름 자체는 단수형이어야 한다(곧 설명하겠지만 열거형이 비트 플래그가 아닌 한 이런 관례를 따른다). 즉, 명명법은 Connection States가 아니라 ConnectionState여야 한다.

열거형 값은 실제로 정수 상수 구현에 지나지 않는다. 기본적으로 첫 번째 열거형 값은 0이고 이어서 각 항목당 1씩 증가하는 구조다. 하지만 예제 9.10에서 보인 것처럼 열거형에 명시적 값을 할당할 수도 있다.

```
enum ConnectionState : short
{
    Disconnected,
    Connecting = 10,
    Connected,
    Joined = Connected,
    Disconnecting
}
```

이 코드에서 Disconnected는 0이라는 기본 값을 가지며, Connecting은 명시적으로 10이 할당되므로 결과적으로 Connected는 11이 할당된다. Joined는 Connected에 할당된 값인 11로 할당된다. (이 경우 범위 내에서 나타나므로 열거형 이름으로 Connected를 접두사로 붙일 필요는 없다.) Disconnecting은 12다.

열거형은 항상 char 외에 정수 계열 형식으로 기본 형식을 갖는다. 사실 열거형의 성능은 기본 형식의 성능과 동일하다. 기본적으로 기본 값 형식은 int이지만 상속 형식 구문을 사용해 다른 형식을 지정할 수 있다. 예를 들어, 예제 9.10은 int 대신 short를 사용한다. 일관성을 위해 열거형에 대한 구문은 상속처럼 동작하지만 실제로 상속관계를 만들지 않는다. 모든 열거형의 기본 클래스는 System.Enum이며 이는 결국 System.ValueType에서 파생된다. 더욱이 이들 클래스는 봉인돼 있어 멤버를 추가할 목적으로 기존 열거형 형식에서 파생시킬 수 없다.

가이드라인

- 열거형의 기본 형식으로 기본 32비트 정수 형식을 사용하자. 상호 운용성을 위해 그렇게 해야 한다면 더 작은 형식을 사용하자. 32개 이상의 플래그로 플래그 열거형[3]을 만드는 경우에만 더 큰 형식을 사용하자.

열거형이란 실제로는 기본 형식 위에 얇은 계층을 올린 이름 집합일 뿐이다. 열거한 형식의 변수 값을 선언에서 명명한 값으로 제한하는 메커니즘은 없다. 예를 들어, 정수

---

3 9장 뒤에서 '플래그로서 열거형' 절의 설명을 참고하자.

42를 short로 캐스팅할 수 있기 때문에 해당 ConnectionState 열거형 값이 없어도 42를 ConnectionState 형식으로 캐스팅할 수 있다. 값을 기본 형식으로 변환할 수 있다면 해당 열거형 형식으로 변환도 문제없다.

이런 특이한 기능의 이점은 열거형이 이전 버전에 영향을 주지 않고 나중에 API를 출시할 때 추가한 새로운 값을 가질 수 있는 것이다. 게다가 열거형 값은 런타임에 알려진 값의 이름을 제공하지만 알려지지 않은 값을 여전히 할당할 수 있다. 개발자는 명명되지 않은 값을 방어하는 코드를 작성해야 한다는 부담을 감수해야 한다. 예를 들어, case ConnectionState.Disconnecting을 default로 대체하고 default 케이스에 가능한 유일한 값이 ConnectionState.Disconnecting라고 예상하는 것은 바람직하지 않다. Disconnecting 케이스를 명시적으로 처리해야 하며 default 케이스는 오류를 보고하거나 무해한 동작을 해야 한다. 하지만 앞서 나타낸 것처럼 열거형과 기본 형식 간 변환과 그 반대의 경우도 명시적인 캐스팅이 필요하다. 즉, 암시적 변환이 아니다. 예를 들어, 메서드의 시그니처가 void ReportState(ConnectionState state)라면 코드에서 ReportState(10)를 호출할 수 없다. 0은 모든 열거형으로 암시적 변환이 가능하기 때문에 0을 전달할 때만 예외다.

나중에 나온 코드 버전에서 열거형에 값을 추가할 수 있지만 이런 작업에는 주의를 기울여야 한다. 열거형 가운데 열거형 값을 삽입하면 그다음의 모든 열거형 값이 이동한다. (예를 들어, Connected 전에 Flooded나 Locked를 추가하면 Connected 값이 변한다.) 이런 작업은 새로운 버전에 맞춰 다시 컴파일되는 모든 코드의 버전에 영향을 끼친다. 하지만 이전 버전을 컴파일한 모든 코드는 계속해서 이전 값을 사용하게 돼 의도한 값을 완전히 다르게 만들어 버린다. 목록의 끝에 열거형 값을 추가하는 경우를 제외하고 열거형 값의 변경을 피하는 유일한 길은 값을 명시적으로 할당하는 것이다.

가이드라인

- 기존 열거형에 새로운 멤버가 추가되는 상황을 고려하되 호환성 관련한 위험이 따를 수 있다는 점을 명심한다.
- 제품 버전 번호와 같은 '불완전한' 일련의 값을 나타내는 열거형을 만들지 않도록 한다.
- 열거형에서 '향후 사용할 목적으로 예약된' 값을 만들지 않도록 한다.
- 값이 하나뿐이라면 열거형을 사용하지 않는다.

열거형은 System.ValueType에서 파생되기 전에 System.Enum에서 파생되기 때문에 다른 값 형식과는 약간 다르다.

열거형 간의 형식 호환성

C#은 두 가지 다른 열거형 배열 간의 직접적인 캐스팅을 지원하지 않는다. 하지만 CLR은 두 열거형이 동일한 기본 형식을 공유하는 경우에 지원한다. C#의 이러한 제약 사항을 피하려면 예제 9.11의 끝에 보인 것처럼 처음에 System.Array로 캐스팅하는 트릭을 사용한다.

예제 9.11 열거형 배열 간의 형 변환

```
enum ConnectionState1
{
    Disconnected,
    Connecting,
    Connected,
    Disconnecting
}

enum ConnectionState2
{
    Disconnected,
    Connecting,
    Connected,
    Disconnecting
}

class Program
{
    static void Main()
    {
        ConnectionState1[] states =
            (ConnectionState1[])(Array)new ConnectionState2[42];
```

```
        }
    }
```

이 예제는 CLR의 할당 호환성의 개념이 C#의 개념보다 더 관대하다는 사실을 이용한다. (동일한 트릭이 int[]에서 uint[]로의 변환과 같은 다른 잘못된 변환에서도 가능하다.) 하지만 이 동작은 서로 다른 CLR 구현에 걸쳐 작동해야 하는 C# 명세가 없기 때문에 이러한 접근 방법은 주의해서 사용해야 한다.

열거형과 문자열 간의 변환

열거형과 관련된 편리한 점 중 하나는 System.Console.WriteLine() 같은 메서드가 호출하는 ToString() 메서드가 열거형 값 식별자를 출력하는 기능이다.

```
System.Diagnostics.Trace.WriteLine(
    $"The connection is currently { ConnectionState.Disconnecting }");
```

앞서의 코드는 결과 9.3의 텍스트를 추적 버퍼에 쓴다.

결과 9.3

```
The connection is currently Disconnecting.
```

문자열을 열거형으로 변환하기가 조금 더 어려운데 System.Enum 기본 클래스에서 정적 메서드를 수반하기 때문이다. 예제 9.12은 제네릭(12장 참고) 없이 변환하는 방법의 예를 나타냈고 그 결과를 결과 9.4에서 보였다.

예제 9.12 Enum.Parse()를 사용한 문자열에서 열거형 변환

```
ThreadPriorityLevel priority = (ThreadPriorityLevel)Enum.Parse(
    typeof(ThreadPriorityLevel), "Idle");
Console.WriteLine(priority);
```

결과 9.4

```
Idle
```

이 코드에서 Enum.Parse()의 첫 번째 매개변수는 typeof() 키워드를 사용해 지정한 형식이다. 이 예제는 해당 형식 값에 대한 리터럴처럼 형식을 확인하는 컴파일 타임 compile-time 방식을 표현한다(18장 참고).

Microsoft .NET 프레임워크 4에 와서 TryParse() 메서드가 생겼으므로 이전 버전을 대상으로 작성한 코드는 문자열이 열거형 값 식별자에 해당하지 않을 경우에 대비한 적절한 예외 처리가 있어야 한다. Microsoft .NET 프레임워크 4의 TryParse<T>() 메서드는 제네릭을 사용하지만, 형식 매개변수는 추론될 수 있으므로 예제 9.13에서 보인 열거형 변환 동작이 나온다.

예제 9.13 Enum.TryParse<T>()를 사용한 문자열에서 열거형으로 변환

```
System.Diagnostics.ThreadPriorityLevel priority;
if(Enum.TryParse("Idle", out priority))
{
    Console.WriteLine(priority);
}
```

이 기법을 사용하면 문자열 변환이 성공하지 못할 경우 예외 처리를 사용해야 할 필요를 없애 준다. 대신 코드는 TryParse<T>()에 대한 호출에서 반환된 부울 결과를 검사한다.

코드가 'Parse'나 'TryParse' 접근 방법을 사용하는지 여부와 상관없이 문자열에서 열거형으로 변환할 때 주로 조심할 부분은 이런 캐스팅은 지역화할 수 없다는 것이다. 따라서 개발자는 사용자(지역화가 필요한 경우)에게 노출되지 않는 메시지에만 이런 형식의 캐스팅을 사용해야 한다.

가이드라인

● 문자열을 사용자의 언어로 지역화해야 하는 직접적인 열거형/문자열 변환은 피하자.

플래그로서 열거형

많은 경우에 개발자는 열거형 값이 고유하기를 원할 뿐 아니라 값을 결합해서 표시할 수 있기를 원한다. 예를 들어, System.IO.FileAttributes를 생각해 보자. 예제 9.14에서 보인 이 열거형은 readonly, hidden, archive 등 파일의 다양한 특성을 나타내고 있다. 각 열거형 값이 상호 배타적인 ConnectionState 특성과 달리 FileAttributes 열거형 값은 결합을 목적으로 한다. 파일은 읽기 전용과 숨김 둘 다 될 수 있다. 이를 지원하고자 각 열거형 값은 고유한 비트다.

예제 9.14 플래그로서 열거형 사용하기

```
[Flags] public enum FileAttributes
{
    ReadOnly =          1<<0,    // 000000000000000001
    Hidden =            1<<1,    // 000000000000000010
    System =            1<<2,    // 000000000000000100
    Directory =         1<<4,    // 000000000000010000
    Archive =           1<<5,    // 000000000000100000
    Device =            1<<6,    // 000000000001000000
    Normal =            1<<7,    // 000000000010000000
    Temporary =         1<<8,    // 000000000100000000
    SparseFile =        1<<9,    // 000000001000000000
    ReparsePoint =      1<<10,   // 000000010000000000
    Compressed =        1<<11,   // 000000100000000000
    Offline =           1<<12,   // 000001000000000000
    NotContentIndexed = 1<<13,   // 000010000000000000
    Encrypted =         1<<14,   // 000100000000000000
    IntegrityStream =   1<<15,   // 001000000000000000
    NoScrubData =       1<<17,   // 100000000000000000
}
```

> **■ 노트**
>
> 비트 플래그 열거형의 이름은 대개 복수형이며, 형식의 값은 일련의 플래그로 나타낸다.

열거형 값을 연결하고자 비트 OR 연산자를 사용한다. 특정 플래그의 존재 여부를 테스트하려면 Enum.HasFlags() 메서드(Microsoft .NET 프레임워크 4.0에서 추가됨)를 사용하거나 비트 AND 연산자를 사용한다. 두 가지 경우 모두 예제 9.15에서 보였다.

예제 9.15 플래그 열거형에 비트 OR와 AND 사용하기[4]

```
using System;
using System.IO;

public class Program
{
    public static void Main()
    {
        // ...

        string fileName = @"enumtest.txt";

        System.IO.FileInfo file =
            new System.IO.FileInfo(fileName);

        file.Attributes = FileAttributes.Hidden |
            FileAttributes.ReadOnly;

        Console.WriteLine($"{file.Attributes} = {(int)file.Attributes}");

        // C# 4.0/Microsoft .NET 프레임워크에서 추가됨
        if (!(
            System.Runtime.InteropServices.RuntimeInformation.IsOSPlatform(
                OSPlatform.Linux)  ||
            System.Runtime.InteropServices.RuntimeInformation.IsOSPlatform(
                OSPlatform.OSX))))
        {
            if (!file.Attributes.HasFlag(FileAttributes.Hidden))
            {
                throw new Exception("File is not hidden.");
            }
        }
        // C# 4.0/.NET 4.0 이전의 비트 연산자 사용
        if (( file.Attributes & FileAttributes.ReadOnly) !=
```

---

4 FileAttributes.Hidden 값은 리눅스에서 동작하지 않는다.

```
        FileAttributes.ReadOnly)
    {
        throw new Exception("File is not read-only.");
    }

    // ...
}
```

결과 9.5에서 예제 9.15의 결과를 나타냈다.

결과 9.5

```
Hidden | ReadOnly = 3
```

비트 OR 연산자를 사용하면 파일을 읽기 전용과 숨김으로 설정할 수 있다.

열거형 내의 각 값을 한 플래그만 대응시킬 필요는 없다. 빈번한 값의 조합에 해당하는 추가 플래그를 정의하는 편이 나을 때도 있다. 예제 9.16은 그 예를 나타냈다.

예제 9.16 빈번한 조합에 대한 열거형 값 정의

```
[Flags] enum DistributedChannel
{
    None = 0,
    Transacted = 1,
    Queued = 2,
    Encrypted = 4,
    Persisted = 16,
    FaultTolerant =
        Transacted | Queued | Persisted
}
```

열거형 형식의 필드나 열거형 형식으로 된 배열 요소의 초기 기본 값이 0이기 때문에 플래그 열거형에서 제로^{zero}인 None 멤버를 갖는 것이 좋다. 마지막 열거형으로 Maximum과 같은 항목에 해당하는 열거형 값을 피하는 것이 좋은데 이는 Maximum이 유효한 열거형 값으로 해석될 수 있기 때문이다. 한 값이 열거형 내에 포함됐는지 여부를 검사하려면 System.Enum.IsDefined() 메서드를 사용하자.

■ 고 급 주 제

FlagsAttribute

비트 플래그 열거형을 사용하기로 했다면 열거형의 선언을 FlagsAttribute로 표시해야 한다. 이런 경우 특성은 예제 9.17에서 보인 것처럼 열거형 선언 바로 앞에 내팔호로 표시된다(18장 참고).

예제 9.17 FlagsAttribute 사용하기

```
// System.IO에서 정의된 FileAttributes.
```

```
[Flags] // FlagsAttribute로 열거형을 꾸민다.
public enum FileAttributes
{
    ReadOnly =      1<<0,        // 000000000000001
    Hidden =        1<<1,        // 000000000000010
    // ...
}

using System;
using System.Diagnostics;
using System.IO;

class Program
{
```

---

5   센티넬 값은 데이터의 종료를 나타내기 위해 사용하는 특수한 값을 말한다. - 옮긴이

```csharp
public static void Main()
{
    string fileName = @"enumtest.txt";
    FileInfo file = new FileInfo(fileName);
    file.Open(FileMode.Create).Dispose();

    FileAttributes startingAttributes =
        file.Attributes;

    file.Attributes = FileAttributes.Hidden |
        FileAttributes.ReadOnly;

    Console.WriteLine("\"{0}\" outputs as \"{1}\"",
        file.Attributes.ToString().Replace(",", " |"),
        file.Attributes);

    FileAttributes attributes =
        (FileAttributes) Enum.Parse(typeof(FileAttributes),
        file.Attributes.ToString());

    Console.WriteLine(attributes);

    File.SetAttributes(fileName,
        startingAttributes);
    file.Delete();
}
}
```

결과 9.6에서 예제 9.17의 결과를 나타냈다.

결과 9.6

```
"ReadOnly | Hidden" outputs as "ReadOnly, Hidden"
ReadOnly, Hidden
```

이 특성은 열거형 값을 조합할 수 있음을 나타냈다. 더욱이 ToString()과 Parse() 메서드의 동작을 변경한다. 예를 들어, FlagsAttribute로 꾸민 열거형에서 ToString() 호출은 설정된 각 열거형 플래그에 대한 문자열을 출력한다. 예제 9.17에서 file.Attributes.

ToString()은 ReadOnly, Hidden을 반환하지만 FileAttributes 플래그가 없다면 3이라는 값을 반환한다. 2개의 열거형 값이 동일하다면 ToString() 호출은 첫 번째 값을 반환한다. 앞서 언급한 것처럼 지역화를 할 수 없기 때문에 이 동작에 의존할 때는 주의해서 사용해야 한다.

문자열에서 열거형으로 파싱(분석)하는 작업 또한 잘 동작한다. 각 열거형 값 식별자는 콤마로 분리한다.

FlagsAttribute는 자동으로 고유한 플래그 값을 할당하거나 고유한 값을 갖는지 검사하지는 않는다. 이런 동작이 적당하지 않은 이유는 중복과 조합을 원하는 경우도 있기 때문이다. 대신 각 열거형 항목의 값을 명시적으로 할당해야 한다.

요약

이번 9장은 사용자 지정 값 형식을 정의하는 방법에 대한 설명으로 시작했다. 값 형식이 변경 가능할 때 혼란스런 코드나 버그 투성이 코드를 작성하기 쉽고, 값 형식이 일반적으로 변경 불가능한 값을 모델링하는 데 사용되기 때문에 값 형식을 변경할 수 없게 만드는 것이 좋다. 값 형식을 참조 형식으로서 다형성으로 다뤄야 할 때 값 형식이 어떻게 '박싱'되는지도 설명했다.

박싱에서 등장하는 특징은 미묘하며 대부분이 컴파일 시간보다 실행 시간에 문제를 야기한다. 이런 문제를 피하려면 이런 특징을 알아 둬야 하지만 잠재적인 위험에 너무 주목하면 값 형식의 유용성과 성능상의 이점에만 눈이 멀 수도 있다. 프로그래머는 값 형식의 사용에 너무 염려할 필요가 없다. 값 형식은 사실상 이 책의 모든 장에 퍼져 있으며 값 형식과 관련된 특이한 문제점은 자주 등장하지 않는다. 염려되는 사항을 설명하려고 각 문제를 둘러싼 코드를 등장시켰지만 실제로는 이러한 종류의 패턴은 거의 일어나지 않는다. 이러한 대다수 문제를 피하는 핵심은 변경 가능한 값 형식을 만들지 않는 지침을 따르는 것이며, 이 제약 사항을 따르면 내장 값 형식 내에서 이런 문제에 부딪히지 않는다.

가끔 발생하는 문제 중 하나는 루프 내에서 반복적인 박싱 작업을 할 때다. 제네릭은 박싱을 크게 줄이긴 하지만 제네릭이 없다 해도 박싱이 있는 특정 알고리듬이 병목으로 식별되지 않는 한 박싱을 무조건 회피해야 할 정도로 성능상의 영향은 크지 않다.

게다가 맞춤형^{custom-built} 구조체는 상대적으로 드물다. 이런 구조체는 분명히 C# 개발 내에서 중요한 역할을 하지만, 일반적인 개발자가 선언한 맞춤형 구조체의 수는 맞춤형 클래스의 수에 비해 대개 아주 적다. 맞춤형 구조체를 많이 사용하는 경우는 비관리 코드와 상호작용하려는 코드에 흔하다.

> **가이드라인**
>
> - 논리적으로 단일 값을 나타내고 16바이트 이하의 저장소를 사용하며 변경 불가능하고 박싱이 빈번하지 않다면 구조체를 사용하고 그렇지 않으면 구조체를 정의하지 않는다.

9장에서는 열거형도 소개했다. 열거된 형식은 많은 프로그래밍 언어에서 사용할 수 있는 표준 구조다. 열거형을 사용하면 API 사용성과 코드 가독성을 개선하는 데 도움을 준다.

10장은 잘 구성된 형식(값 형식과 참조 형식)을 만드는 추가 지침을 설명한다. 먼저 개체의 가상 멤버 재정의와 연산자 오버로딩 메서드 정의를 살펴본다. 이들 두 가지 주제는 구조체와 클래스 모두에 적용하지만 이들 주제는 구조체 정의를 완성하고 이를 잘 구성할 때 더 중요하다.

10

잘 구성된 형식

앞서 다룬 장들에서는 클래스와 구조체를 정의하는 데 사용하는 대부분의 구문을 다뤘다. 하지만 형식 정의에 관한 내용을 마무리하려면 남은 몇 가지 세부 내용을 다뤄야 한다. 10장은 형식 선언에서 마지막 손질 방법을 설명한다.

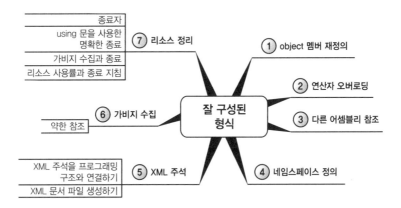

object 멤버 재정의

7장은 클래스와 구조체가 object에서 어떻게 파생되는지 설명했다. 게다가 object에서 사용 가능한 각 메서드를 살펴보고 이들 중 가상이 얼마나 되는지 설명했다. 이 단원은 가상 메서드 재정의를 상세히 다룬다.

ToString() 재정의

기본적으로 개체에서 ToString()을 호출하면 해당 클래스의 정규화된 이름을 반환한다. 예를 들어, System.IO.FileStream 개체에서 ToString()을 호출하면 System.IO.FileStream 문자열을 반환한다. 하지만 일부 클래스의 경우 ToString()은 더 의미 있는 결과를 낼수도 있다. 예를 들어, string에서 ToString()은 문자열 값 자체를 반환한다. 마찬가지로 Contact의 이름을 반환하는 것이 좀 더 합리적이다. 예제 10.1은 ToString()을 재정의해서 Coordinate의 문자열 표현을 반환한다.

예제 10.1 ToString() 재정의하기

```csharp
public struct Coordinate
{
    public Coordinate(Longitude longitude, Latitude latitude)
    {
        Longitude = longitude;
        Latitude = latitude;
    }

    public Longitude Longitude { get; }
    public Latitude Latitude { get; }

    public override string ToString() =>
        $"{ Longitude } { Latitude }";

    // ...
}
```

Console.WriteLine()과 System.Diagnostics.Trace.Write()와 같은 Write 메서드는 개체의 ToString() 메서드[1]를 호출하므로 이 메서드를 오버로딩하면 기본 구현보다 더 의미 있는 정보를 출력하곤 한다. 출력에서 관련 진단 정보를 제공할 수 있을 때는 언제나 ToString() 메서드의 오버로딩을 고려해야 한다. 특히 출력을 살펴보는 사람이 개발자이므로 object.ToString() 출력은 형식 이름이며 최종 사용자에게는 친숙하지 않다. 여하튼 출력이 부족하면 아주 당황스러울 수 있으므로 빈 문자열이나 null을 반환하지 않도록 해야 한다. ToString()은 개발자 IDE 내에서 디버깅이나 로그 파일 작성에 유용하다. 이런 이유로 문자열을 상대적으로 짧게(한 화면 길이) 유지해 화면에서 잘리지 않도록 하자. 하지만 지역화와 다른 고급 서식 기능이 부족해 이런 접근 방식은 대부분의 최종 사용자에게 텍스트를 표시할 때 그리 적합하지 않다.

가이드라인

- 유용한 개발자 지향 진단 문자열을 반환할 때는 언제나 ToString()을 재정의한다.
- ToString()에서 반환된 문자열을 가능한 짧게 유지한다.
- ToString()에서 null이나 빈 문자열을 반환하지 않는다.
- ToString()에서 예외를 던지거나 부효과(개체 상태 변경)를 만들지 않는다.
- 오버로드한 ToString(string format)을 제공하거나 반환 값이 서식이 필요하거나 문화권을 구분(DateTime)하는 경우 IFormattable을 구현한다.
- 개체 인스턴스를 식별하도록 ToString()에서 고유한 문자열 반환을 고려한다.

GetHashCode() 재정의

GetHashCode() 재정의는 ToString() 재정의보다 더 복잡하다. 복잡해도 Equals()를 재정의할 때는 GetHashCode()를 재정의해야 하며, 그렇게 하지 않으면 컴파일러에서 이 단계가 권장된다고 경고한다. GetHashCode() 재정의는 해시 테이블 컬렉션(예를 들어, System.Collections.Hashtable과 System.Collections.Generic.Dictionary)에 해시 코드를 키로 사용할 때 좋은 방식이다.

---

[1] '고급 주제 – 캐스트 연산자'에서 설명한 것처럼 암시적인 캐스트 연산자가 없는 경우.

해시 코드의 목적은 개체의 값에 해당하는 숫자를 생성해 효율적으로 해시 테이블의 균형을 잡는 것이다. 다음은 좋은 GetHashCode() 구현을 위한 몇 가지 구현 원칙이다.

- **필수**: 같은 개체는 같은 해시 코드를 가져야 한다(a.Equals(b)이면 a.GetHashCode() == b.GetHashCode()).

- **필수**: 특정 개체의 수명 동안 개체의 데이터가 변하더라도 GetHashCode()의 반환이 변함없어야 한다(동일한 값). 많은 경우 이 제약 사항을 강제하려면 메서드 반환을 캐시해야 한다. 하지만 값을 캐시할 때 같은지 확인하는 경우 해시 코드를 사용하지 않도록 한다. 해시 코드로 같음을 확인한다면 2개의 동일한 개체(변경된 ID 속성의 캐시된 해시 코드가 있는 개체)는 올바른 결과를 반환하지 않을 것이다.

- **필수**: GetHashCode()는 어떤 예외도 던지지 않아야 한다. GetHashCode()는 항상 값을 성공적으로 반환해야 한다.

- **성능**: 해시 코드는 가능하면 언제나 고유해야 한다. 하지만 해시 코드는 int만 반환하므로 int(사실상 모든 형식)에 담을 수 있는 것보다 잠재적으로 더 많은 값을 갖는 개체의 경우 해시 코드에서 중복이 일어날 수 있다. (명백한 예로 long을 들 수 있는데 int에서 고유하게 식별할 수 있는 것보다 long 값이 더 많이 존재한다.)

- **성능**: 가능한 해시 코드 값을 int의 범위에 고르게 분산해야 한다. 예를 들어, 라틴어 기반 언어의 문자열 분포가 주로 초기 128개 아스키 문자를 중심으로 한다는 것을 고려하지 않고 해시를 만들면 문자열 값의 분포가 매우 불균일하게 되고 강력한 GetHashCode() 알고리듬이 되지 않을 것이다.

- **성능**: GetHashCode()는 성능을 위해 최적화돼야 한다. GetHashCode()는 일반적으로 Equals() 구현에 사용돼 해시 코드가 다른 경우에 전체 등가 비교를 단락시킨다. 결과적으로 형식이 사전 컬렉션에서 키 형식으로 사용될 때 GetHashCode()를 빈번하게 호출한다.

- **성능**: 두 개체 간의 작은 차이가 해시 코드 값 사이에서 커다란 차이를 낳는다. 이상적으로 개체에서 1비트 차이는 대략 평균 16비트의 해시 코드 변경을 일으킨다. 이 차이로 인해 아무리 해시 값이 쏟아지더라도 해당 해시 테이블은 균형을 유지한다.

- **보안**: 공격자가 특정 해시 코드를 갖는 개체를 만들어 내기 어려워야 한다. 공격은 모든 데이터를 동일한 값으로 해시시키는 대량의 데이터로 해시 테이블을 넘치게 한다. 해시 테이블 구현이 비효율적일 수 있어 서비스 거부 공격이 가능해지기도 한다.

물론 이러한 지침과 규칙은 서로 모순된다. 즉, 이러한 지침을 모두 신속하게 만족시키는 해시 알고리듬이 나오기는 매우 어렵다. 다른 모든 설계 문제처럼 현실적인 성능 측정과 지혜로운 판단을 조합해야 좋은 해법이 나올 것이다.

예제 10.2에서 보인 Coordinate 형식에 대한 GetHashCode() 구현을 고려해 보자.

예제 10.2 GetHashCode() 구현하기

```
public struct Coordinate
{
    public Coordinate(Longitude longitude, Latitude latitude)
    {
        Longitude = longitude;
        Latitude = latitude;
    }

    public Longitude Longitude { get; }
    public Latitude Latitude { get; }

    public override int GetHashCode() =>
        HashCode.Combine(
            Longitude.GetHashCode(), Latitude.GetHashCode());

    // ...
}
```

GetHashCode() 구현을 위한 잘 확립된 알고리듬이 많으며 각 알고리듬은 설명한 지침에 따라 만족스런 결과를 제공한다(http://bit.ly/39yP8lm 참고). 하지만 가장 쉬운 접근 방식은 System.HashCode의 Combine() 메서드를 호출해 각 식별 필드(개체를 고유하게 하는 필드)에서 GetHashCode() 결과를 지정하는 것이다. (식별 필드가 숫자라면 해시 코드 값이 아닌 필드 자체를 사용하는 실수를 범하지 않도록 주의하자.) ValueTuple은 HashCode.Combine()

를 호출한다. 따라서 같은 식별 필드(해시 코드가 아님)로 ValueTuple을 적절하게 만들고 결과 튜플의 GetHashCode() 멤버를 호출할 수 있음을 기억하는 것이 더 쉬울지 모른다.

Coordinate는 해시 코드의 값을 캐시하지 않는다. 해시 코드 계산에서 각 필드는 readonly이므로 값은 바뀌지 않는다. 하지만 구현은 계산된 값이 변하거나 캐시된 값이 중요한 성능상 이점을 제공할 수 있는 경우 그 해시 코드를 캐시에 저장해야 한다. 하지만 해시 코드를 캐시하기로 결정하면 같은지 여부를 검사할 때 해시 코드를 사용하면 안 된다. 해시 코드를 사용하면 변경할 수 없는 ID 속성을 가진 개체가 ID 확인에 실패할 수 있는데 이 경우는 변경된 속성을 확인하기 전에 해시 코드가 계산됐기 때문이다.

Equals() 재정의

GetHashCode()를 재정의하지 않고 Equals()를 재정의하면 결과 10.1과 같은 경고를 표시한다.

결과 10.1

```
'<클래스 이름>'은(는) Object.Equals(object o)를 재정의하지만 Object.GetHashCode()를
재정의하지 않습니다.
```

일반적으로 개발자는 Equals()를 재정의하는 일이 사소하다고 생각하지만 주의 깊게 생각하고 테스트해야 할 미묘한 점이 많다.

개체 ID vs. 같은 개체 값

두 가지 참조는 양쪽 모두에서 같은 인스턴스를 참조하는 경우 동일하다. object는 이 개체의 ID를 명시적으로 검사하는 ReferenceEquals()라는 정적 메서드를 포함한다(그림 10.1 참고).

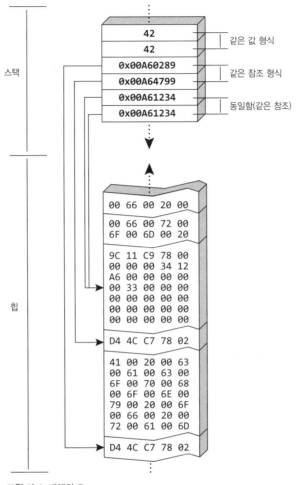

그림 10.1 개체의 ID

하지만 참조가 서로 같을 때만 두 개체가 같은 것은 아니다. 두 개체 인스턴스 멤버의 일부 또는 모두의 값이 같은 경우에도 두 개체 인스턴스가 같다고 할 수 있다. 예제 10.3에서 보인 2개의 ProductSerialNumbers 비교를 생각해 보자.

예제 10.3 같음 연산자 재정의

```
public sealed class ProductSerialNumber
{
    // ...
}
```

```csharp
class Program
{
    static void Main()
    {
        ProductSerialNumber serialNumber1 =
            new ProductSerialNumber("PV", 1000, 09187234);
        ProductSerialNumber serialNumber2 = serialNumber1;
        ProductSerialNumber serialNumber3 =
            new ProductSerialNumber("PV", 1000, 09187234);

        // 이들 시리얼 번호는 동일한 개체 ID다.
        if(!ProductSerialNumber.ReferenceEquals(serialNumber1,serialNumber2))
        {
            throw new Exception(
                "serialNumber1 does NOT " +
                "reference equal serialNumber2");
        }
        // 따라서 이들은 같다.
        else if(!serialNumber1.Equals(serialNumber2))
        {
            throw new Exception(
                "serialNumber1 does NOT equal serialNumber2");
        }
        else
        {
            Console.WriteLine(
                "serialNumber1 reference equals serialNumber2");
            Console.WriteLine(
                "serialNumber1 equals serialNumber2");
        }

        // 이들 시리얼 번호는 동일한 개체 ID가 아니다.
        if (ProductSerialNumber.ReferenceEquals(serialNumber1,
            serialNumber3))
        {
            throw new Exception(
                "serialNumber1 DOES reference " +
                "equal serialNumber3");
        }

        // 그러나 이들은 동일하다(Equals가 오버로드됐다고 가정).
        else if(!serialNumber1.Equals(serialNumber3) ||
```

```
        serialNumber1 != serialNumber3)
    {
        throw new Exception(
            "serialNumber1 does NOT equal serialNumber3");
    }

    Console.WriteLine( "serialNumber1 equals serialNumber3" );
    }
}
```

결과 10.2에서 예제 10.3의 결과를 나타냈다.

결과 10.2

```
serialNumber1 reference equals serialNumber2
serialNumber1 equals serialNumber3
```

마지막 어설션^{assertion}이 ReferenceEquals()를 사용해 보인 것처럼 serialNumber1과
serialNumber3는 같은 참조가 아니다. 하지만 이 코드는 이들 참조를 같은 값으로 구성
하고 양쪽은 논리적으로 같은 물리적 제품에 연결된다. 한 인스턴스는 데이터베이스의
데이터에서 만들어졌고 또 다른 인스턴스는 직접 입력한 데이터에서 만들어진 경우 이
들 인스턴스가 같다면 제품은 데이터베이스에서 중복(재입력)되지 않을 것이다. 2개의
동일한 참조는 분명히 서로 같다. 하지만 2개의 다른 개체가 같다고 해서 참조까지 같
은 것은 아니다. 이런 개체는 ID가 동일하지는 않지만 같은 개체로 식별하게 하는 핵심
데이터가 있을 수 있다.[2]

참조 형식만 참조가 같을 수 있으므로 ID^{identity} 개념을 지원한다. 값 형식에서
ReferenceEquals() 호출은 값 형식이 해당 호출에 대해 object로 변환될 때 박싱되기 때

---

2 이름이 서로 다르지만 담긴 내용이 같은 두 물건이 있을 때 두 물건은 같다(equal)고 말할 수 있다. 그런데 이름도 같고 내용도
   같은 물건이라면 아주 똑같다(identical)고 말할 수 있다. 어떤 인스턴스도 마찬가지다. 참조(물건 이름에 해당)도 같고 값(물건 내
   용에 해당)도 같은 두 인스턴스는 아주 똑같은(identical) 개체라고 한다. 즉, 동일한 인스턴스를 말하고 있는 것이다. 하지만 참조
   는 다르고 값만 같으면 두 인스턴스는 같은(equal) 개체라고 한다. 즉, 내용만 같고 메모에 놓인 위치는 서로 다른 인스턴스인 셈
   이다. 이런 면에서 값 형식으로 선언한 변수는 똑같을 수가 없다. 항상 메모리상의 다른 위치에 놓일 수밖에 없기 때문이다. 반면
   에 참조 형식으로 선언한 두 변수는 '똑같은' 인스턴스를 가리킬 수 있다. 이는 변수가 같은 메모리 장소를 가리킬 수 있기 때문
   이다. 같은 장소를 가리키므로 가리키는 값도 같게 된다. 즉, 참조와 값이 모두 같은 상황이 되는 것이다. 그래서 참조 형식으로
   선언한 개체만이 동일 참조를 지닐 수 있다. – 옮긴이

문에 항상 false를 반환한다. 같은 변수가 ReferenceEquals()에 대한 두 가지 (값 형식) 매개변수로 전달될 때도 값이 독립적으로 박싱되기 때문에 결과는 여전히 false가 된다. 예제 10.4는 이러한 동작을 나타냈다. 이 예제에서 각 인수는 '다른 박스'에 들어가기 때문에 결코 동일한 참조가 아니다.[3]

▪ 노트

값 형식에서 ReferenceEquals() 호출은 항상 false를 반환한다.

예제 10.4 참조 같음이 될 수 없는 값 형식

```csharp
public struct Coordinate
{
    public Coordinate(Longitude longitude, Latitude latitude)
    {
        Longitude = longitude;
        Latitude = latitude;
    }

    public Longitude Longitude { get; }
    public Latitude Latitude { get; }
    // ...
}

public class Program
{
    public void Main()
    {
        //...

        Coordinate coordinate1 =
            new Coordinate( new Longitude(48, 52),
                            new Latitude(-2, -20));

        // 값 형식은 결코 참조 같음이 될 수 없다.
```

---

3 처음에는 내용도 같고 이름도 같은 물건이었는데 이름이 바뀌면(여기서는 포장이 바뀌는 경우에 해당) 똑같다고 할 수 없다. 박싱이란 '포장한다'는 뜻이다. – 옮긴이

```
        if (Coordinate.ReferenceEquals(coordinate1,
            coordinate1) )
        {
            throw new Exception(
                "coordinate1 reference equals coordinate1");
        }

        Console.WriteLine(
            "coordinate1 does NOT reference equal itself" );
    }
}
```

9장에서 참조 형식으로서 Coordinate의 정의와 대조적으로 Longitude와 Latitude 데이터의 조합이 논리적으로 값이라 볼 수 있고 크기가 16바이트 이하이기 때문에 향후의 정의는 값 형식struct이다. (9장에서 Coordinate는 Longitude와 Latitude가 아니라 Angle을 집계한 것이다.) Coordinate를 값 형식으로 선언하는 주요 이유는 특정 연산을 갖는 (복잡한) 숫자 값이기 때문이다. 반면 Employee와 같은 참조 형식은 숫자로 조작하는 값이 아니라 실생활의 개체에 대한 참조다.

Equals() 구현하기

2개의 개체가 같은지 확인할 때(즉, 같은 식별 데이터가 있는지 여부) 개체의 Equals() 메서드를 사용한다. object에서 이 가상 메서드의 구현은 ReferenceEquals()을 사용해 같음 여부를 평가한다. 이런 구현이 부적당할 때가 있으므로 때로 Equals()를 더 적합한 구현으로 재정의해야 한다.

> ■ 노트
>
> 오버로딩 이전 모든 개체의 기본 구현인 object.Equals()은 ReferenceEquals()에만 의존한다.

개체가 서로 같은 경우 이들 개체 내의 식별 데이터가 같다고 기대한다. 예를 들어, ProductSerialNumber의 경우 ProductSeries, Model, Id가 같아야 한다. 하지만 Employee 개체의 경우 같음 결정은 EmployeeId 비교 정도로 충분할 것이다. object.Equals() 구현을 고치려면 재정의해야 한다. 예를 들어, 값 형식은 그 형식이 포함하는 필드를 사용하는 대신 Equals() 구현을 재정의하자.

Equals() 재정의 단계는 다음과 같다.

1. null 검사

2. 같은 형식인지 검사

3. 피연산자를 개체가 아니라 비교되는 형식으로 다룰 수 있는 형식화 헬퍼 메서드 호출(예제 10.5의 Equals(Coordinate obj) 참고)

4. 가능한 광범위한 필드 단위 비교를 단락시키고자 같은 해시 코드인지 검사(동일한 두 개체는 서로 다른 해시 코드를 갖지 않는다.)

5. base.Equals() 확인

6. 각 식별 필드가 같은지 비교

7. GetHashCode() 재정의

8. ==와 != 연산자 재정의(다음 절 참고)

예제 10.5에서 Equals() 구현의 예를 나타냈다.

예제 10.5 Equals() 재정의하기

```
public struct Longitude
{
    // ...
}

public struct Latitude
{
    // ...
}

public struct Coordinate: IEquatable<Coordinate>
{
    public Coordinate(Longitude longitude, Latitude latitude)
    {
        Longitude = longitude;
        Latitude = latitude;
    }
```

```csharp
public Longitude Longitude { get; }
public Latitude Latitude { get; }

public override bool Equals(object? obj)
{
    // STEP 1: null 검사
    if (obj is null)
    {
        return false;
    }
    // STEP 2: 같은 데이터 형식
    // 형식이 봉인된 경우 피할 수 있다.
    if (GetType() != obj.GetType())
    {
        return false;
    }
    // STEP 3: Equals()의 강력한 형식 헬퍼 버전 호출
    return Equals((Coordinate)obj);
}

public bool Equals(Coordinate obj)
{
    // STEP 1: 참조 형식인 경우 null인지 검사
    // (예를 들어, 참조 형식)
    // if (ReferenceEquals(obj, null))
    // {
    //     return false;
    // }

    // STEP 4: 같은 해시 코드인지 검사하지만
    // ID 속성이 변경 가능(mutable)하고 해시 코드가 캐시됐다면
    // 같은 해시 코드가 아니다.
    // if (this.GetHashCode() != obj.GetHashCode())
    // {
    //     return false;
    // }

    // STEP 5: 기본 클래스가 Equals()를 재정의한 경우 base.Equals 확인
    if ( !base.Equals(obj) )
    {
        return false;
    }
```

```
        // STEP 6: Longitude에서 Equals 오버로드를 사용해
        // 식별 필드가 같은지 비교
        return ( (Longitude.Equals(obj.Longitude)) &&
            (Latitude.Equals(obj.Latitude)) );
    }

    // STEP 7: GetHashCode 재정의
    public override int GetHashCode(){ /* ... */ }
}
```

이 구현에서 처음 2개의 검사는 상대적으로 명확하다. 하지만 2단계는 해당 형식이 봉인된 경우 피할 수 있다.

4~6단계는 명확히 Coordinate 데이터 형식을 받는 Equals()의 오버로드에서 발생한다. 이런 식으로 2개의 Coordinate 비교는 Equals(object? obj)와 GetType() 검사를 모두 회피한다.

GetHashCode()는 캐시되지 않고 6단계보다 효율적이지 않으므로 GetHashCode() 비교를 주석으로 처리했다. GetHashCode()가 고유한 값을 꼭 반환하지는 않기 때문에(단순히 피연산자가 다른 경우만 식별) 그 자체로 같은 개체라고 단정적으로 식별하지 않는다. 게다가 ID 값이 변경 가능하므로 그 해시 코드가 캐시될 때 해시 코드를 비교해서는 안 된다. 해시 코드를 비교한다면 정당한 개체 비교가 false를 반환한다.

base.Equals()이 구현되지 않으면 단계 5를 제거할 수 있다. 하지만 base.Equals()이 나중에 추가됐다면 중요한 검사를 놓친다. 이런 이유로 기본적으로 base.Equals()을 추가하는 것이 좋다.

GetHashCode()처럼 Equals()는 어떤 예외도 던지지 않아야 한다. 개체를 다른 개체와 비교할 수 있으며 이렇게 하는 데서 예외를 만들지 않아야 한다.

> **가이드라인**
> - GetHashCode()와 Equals(), == 연산자, != 연산자를 함께 구현하고 다른 3개의 연산자 없이 하나만 구현하지 않는다.
> - Equals(), ==, !=를 구현할 때 동일한 알고리듬을 사용한다.
> - GetHashCode(), Equals(), ==, !=의 구현에서 예외를 던지지 않도록 한다.

튜플을 사용해 GetHashCode()와 Equals() 재정의하기

앞서 2개의 절에서 보인 것처럼 Equals()와 GetHashCode()의 구현은 꽤 복잡했지만, 실제 코드는 일반적으로 보일러플레이트^{boilerplate} 코드다. Equals()의 경우 무한 재귀와 null 참조 예외를 피하면서 포함된 모든 식별 데이터 구조를 비교해야 한다. GetHashCode()의 경우 배타적 OR 연산에서 null이 아닌 포함된 식별 데이터 구조 각각의 고유한 해시 코드를 조합해야 한다. C# 7.0 튜플을 사용하면 이런 부분이 아주 간단하다.

Equals(Coordinate coordinate)의 경우 식별 멤버 각각을 튜플로 그룹을 만들고 이를 같은 형식의 대상 인수와 비교할 수 있다.

```
public bool Equals(Coordinate coordinate) =>
    return (Longitude, Latitude).Equals(
        (coordinate.Longitude, coordinate.Latitude));
```

(각 식별 멤버를 명시적으로 비교하는 경우 더 읽기 쉽다고 주장하는 사람도 있겠지만 이는 독자의 판단에 맡긴다.) 내부적으로 (System.ValueTuple<...>)은 IEquatable<T>라는 형식 매개변수 구현에 의존하는 EqualityComparer<T>(Equals<T>(T other) 멤버 하나만 포함)를 사용한다. 따라서 Equals를 올바로 재정의하려면 'Equals()를 재정의할 때 IEquatable<T>를 구현한다'는 지침을 따라야 한다. 이런 식으로 고유 사용자 지정 데이터 형식은 Object.Equals()보다는 Equals()라는 사용자 지정 구현을 활용할 것이다.

2개의 오버로드 중에서 더 강력한 것은 GetHashCode()와 튜플을 사용하는 것이다. null이 아닌 식별 멤버의 배타적 OR 연산의 복잡한 구조에 관여하는 대신 모든 식별 멤버의 튜플을 간단히 인스턴스로 만들어 다음처럼 그 튜플에 대한 GetHashCode() 값을 반환할 수 있다.

```
public override int GetHashCode() =>
    return (Radius, StartAngle, SweepAngle).GetHashCode();
```

튜플이 처음 구현됐을 때 있어야 했던 ==와 !=를 C# 7.3에서 구현했으며 다음에 살펴볼 주제다.

연산자 오버로딩

앞 절에서 Equals() 재정의를 살펴보고 클래스가 ==와 !=도 구현해야 한다는 지침을 말했다. 연산자 구현을 연산자 오버로딩이라고 한다. 이 절은 ==와 !=뿐만 아니라 다른 지원 연산자에 대한 연산자 오버로딩을 수행하는 방법을 살펴본다.

예를 들어, string은 2개의 문자열을 연결하는 + 연산자를 제공한다. string은 미리 정의된 형식이고 따라서 특별한 컴파일러 지원이 가능할 수 있기 때문에 이 사실이 그리 놀랍지 않을 수도 있다. 하지만 C#은 클래스나 구조체에 너하기 + 연산사를 시원한다. 사실 x.y, f(x), new, typeof, default, checked, unchecked, delegate, is, as, =, =>를 제외한 모든 연산자가 지원된다. 한 가지 구현할 수 없는 특별히 주목할 연산자가 할당 연산자다. = 연산자의 동작을 변경할 방법은 없다.

연산자 오버로드를 구현하는 연습으로 들어가기 전에 오버로드한 연산자는 IntelliSense로는 발견할 수 없다는 사실을 기억하자. 어떤 형식을 기본 형식(예를 들어, 숫자 형식)처럼 동작시킬 의도가 아닌 한 연산자 오버로딩을 피해야 한다.

비교 연산자(==, !=, 〈, 〉, 〈=, 〉=)

Equals()을 재정의했다면 일관성이 깨질 수 있다. 즉, 2개의 개체는 Equals()에 true를 반환할 수 있지만 ==는 기본적으로 참조가 같은지 검사하기 때문에 == 연산자의 경우는 false를 반환한다. 이 결함을 고치려면 같음(==) 연산자와 같지 않음(!=) 연산자 역시 오버로드해야 한다.

보통 이들 연산자에 대한 구현은 로직을 Equals()에 위임하거나 그 반대로 할 수 있다. 하지만 참조 형식의 경우 먼저 초기 null 검사가 필요하다(예제 10.6 참고).

```csharp
public sealed class ProductSerialNumber
{
    // ...

    public static bool operator ==(
        ProductSerialNumber leftHandSide,
        ProductSerialNumber rightHandSide)
    {

        // leftHandSide이 null인지 검사
        // (연산자 ==는 재귀로 동작한다.)
        if(leftHandSide is null)
        {
            // rightHandSide도 null이면 true 반환
            // 그렇지 않으면 false 반환
            return rightHandSide is null;
        }

        return leftHandSide.Equals(rightHandSide);
    }

    public static bool operator !=(
        ProductSerialNumber leftHandSide,
        ProductSerialNumber rightHandSide)
    {
        return !(leftHandSide == rightHandSide);
    }
}
```

이 예제에서는 null 값이라는 복잡성을 추가한 참조 형식에 대한 로직을 설명하고자 Coordinate보다는 ProductSerialNumber을 사용한다.

같음 연산자 내에서 같음 연산자를 사용하지 않아야 한다(leftHandSide == null). 그렇게 하면 메서드를 재귀적으로 다시 호출하고, 스택 오버플로가 일어날 때까지 루프가 계속 실행된다. 이 문제를 피하려면 null(C# 7.0 이후)이나 ReferenceEquals()을 사용해 null인지 검사할 수 있다.

이항 연산자(+, −, *, /, %, &, |, ^, ⟨⟨, ⟩⟩)

Coordinate에 Arc를 추가할 수 있다. 하지만 지금까지 제공한 코드는 더하기 연산자를 지원하지 않는다. 대신 예제 10.7에서 보인 것처럼 이런 메서드를 정의해야 한다.

예제 10.7 연산자 추가

```
struct Arc
{
    public Arc(
        Longitude longitudeDifference,
        Latitude latitudeDifference)
    {
        LongitudeDifference = longitudeDifference;
        LatitudeDifference = latitudeDifference;
    }

    public Longitude LongitudeDifference { get; }
    public Latitude LatitudeDifference { get; }
}

struct Coordinate
{
    // ...
    public static Coordinate operator +(
        Coordinate source, Arc arc)
    {
        Coordinate result = new Coordinate(
            new Longitude(
                source.Longitude + arc.LongitudeDifference),
            new Latitude(
                source.Latitude + arc.LatitudeDifference));
        return result;
    }
}
```

+, -, *, /, %, &, |, ^, <<, >> 연산자는 최소 1개의 매개변수가 포함하는 형식인 이항 정적 메서드로 구현된다. 이 메서드 이름은 키워드 operator라는 단어를 접두어로 붙인 연산자다. 예제 10.8에서 보인 것처럼 -와 + 이항 연산자를 정의했다면 해당 coordinate에 Arc를 더하거나 뺄 수 있다. Longitude와 Latitude는 source.Longitude + arc.LongitudeDifference와 source.Latitude + arc.LatitudeDifference로 호출될 수 있기 때문에 + 연산자의 구현 역시 필요하다.

예제 10.8 – 와 + 이항 연산자 호출하기

```
public class Program
{
    public static void Main()
    {
        Coordinate coordinate1,coordinate2;
        coordinate1 = new Coordinate(
            new Longitude(48, 52), new Latitude(-2, -20));
        Arc arc = new Arc(new Longitude(3), new Latitude(1));

        coordinate2 = coordinate1 + arc;
        Console.WriteLine(coordinate2);

        coordinate2 = coordinate2 - arc;
        Console.WriteLine(coordinate2);

        coordinate2 += arc;
        Console.WriteLine(coordinate2);
    }
}
```

결과 10.3에서 예제 10.8의 결과를 나타냈다.

결과 10.3

```
51° 52' 0 E    -1° -20' 0 N
48° 52' 0 E    -2° -20' 0 N
51° 52' 0 E    -1° -20' 0 N
```

Coordinate의 경우 -와 + 연산자를 구현해 Arc 더하기와 빼기 이후의 좌표 위치를 반환한다. 이렇게 구현하면 result = ((coordinate1 + arc1) + arc2) + arc3처럼 여러 연산자와 피연산자를 함께 묶을 수 있다. 더욱이 Arc에서 동일한 연산자 (+/-)를 지원함으로써(뒤에 나오는 예제 10.9) 괄호를 제거할 수 있다. 이런 접근 방법은 첫 번째 피연산자 (arc1 + arc2)의 결과가 Arc나 Coordinate 형식의 다음 피연산자에 더하기를 수행할 수 있는 또 다른 Arc이기 때문에 동작한다.

이에 반해 매개변수로 2개의 Coordinate를 갖는 - 연산자를 제공하고 2개의 Coordinate 사이의 거리에 해당하는 double 반환하는 경우를 생각해 보자. Coordinate에 double을 더하는 연산이 정의되지 않았으므로 연산자와 피연산자를 연결할 수 없다. 다른 형식을 반환하는 연산자를 정의하는 것은 직관에 어긋나기 때문에 주의를 기울여야 한다.

이항 연산자를 사용한 복합 할당(+=, -=, *=, /=, %=, &=…)

앞서 언급한 것처럼 할당 연산자 오버로딩은 지원하지 않는다. 하지만 이항 연산자와 결합한 할당 연산자(+=, -=, *=, /=, %=, &=, |=, ^=, <<=, >>=)는 이항 연산자를 오버로딩할 때 사실상 오버로드된다. 할당 없이 이항 연산자를 정의한 경우 C#은 자동으로 할당과 이항 연산자의 결합을 허용한다. 따라서 예제 10.7에서 Coordinate의 정의를 사용해 다음과 같은 코드가 가능하다.

```
coordinate += arc;
```

이 코드는 다음과 같다.

```
coordinate = coordinate + arc;
```

조건 논리 연산자 (&&, ||)

할당 연산자처럼 조건 논리 연산자는 명시적으로 오버로드할 수 없다. 하지만 논리 연산자 &와 |는 오버로드 가능하고 조건 연산자는 논리 연산자를 포함하기 때문에 사실상 조건 연산자를 오버로드할 수 있다. x && y는 x & y로 처리되는데 여기서 y는 true로 평

가돼야 한다. 마찬가지로 x || y는 x가 false인 경우만 x | y로 처리된다. 형식을 true나 false로 평가하려면(예를 들어, if 문에서) true/false 단항 연산자를 재정의해야 한다.

단항 연산자(+, −, !, ~, ++, ─, true, false)

단항 연산자 오버로딩은 포함하는 형식의 매개변수를 하나만 취한다는 점을 제외하면 이항 연산자 오버로딩과 아주 유사하다. 예제 10.9는 Longitude와 Latitude를 대상으로 +와 - 연산자를 오버로드한 뒤 Arc에서 동일한 연산자를 오버로드할 때 이들 연산자를 사용한다.

예제 10.9 −와 + 단항 연산자 오버로딩하기

```
public struct Latitude
{
    // ...
    public static Latitude operator -(Latitude latitude)
    {
        return new Latitude(-latitude.DecimalDegrees);
    }
    public static Latitude operator +(Latitude latitude)
    {
        return latitude;
    }
}

public struct Longitude
{
    // ...
    public static Longitude operator -(Longitude longitude)
    {
        return new Longitude(-longitude.DecimalDegrees);
    }
    public static Longitude operator +(Longitude longitude)
    {
        return longitude;
    }
}

public struct Arc
```

```
{
    // ...
    public static Arc operator -(Arc arc)
    {
        // Longitude와 Latitude에서 정의한
        // 단항 - 연산자 사용
        return new Arc(-arc.LongitudeDifference,
            -arc.LatitudeDifference);
    }
    public static Arc operator +(Arc arc)
    {
        return arc;
    }
}
```

숫자 형식처럼 이 예제의 + 연산자는 효과가 없으며 연산자의 대칭성을 위해 제공된다.

true와 false 오버로딩은 둘 중 하나가 아니라 양쪽 모두 오버로드돼야 한다. 시그니처는 다른 연산자 오버로드와 동일하다. 하지만 반환 형식은 예제 10.10에서 보인 것처럼 bool이어야 한다.

예제 10.10 true와 false 연산자 오버로딩하기

```
public static bool operator false(IsValid item)
{
    // ...
}
public static bool operator true(IsValid item)
{
    // ...
}
```

if, do, while, for 제어식에서는 오버로드한 true와 false 연산자가 있는 형식을 사용할 수 있다.

변환 연산자

현재는 Longitude, Latitude, Coordinate에서 대체 형식으로 캐스팅을 지원하지 않는다. 예를 들어, double을 Longitude나 Latitude 인스턴스로 캐스팅할 방법은 없다. 마찬가지로 string을 사용한 Coordinate 할당은 지원하지 않는다. 다행히 C#은 한 형식에서 또 다른 형식으로의 변환을 명확하게 다루는 메서드 정의를 제공한다. 더욱이 이 메서드를 선언하면 변환이 암시적인지 명시적인지 여부를 지정할 수 있다.

■ 고 급 주 제

캐스트 연산자(())

명시적 변환 연산자와 암시적 변환 연산자 구현은 기술적으로 캐스트 연산자(()) 오버로딩이 아니다. 하지만 이 동작은 실제로 일어나는 동작이므로 캐스트 연산자 정의는 명시적 또는 암시적 변환 구현에 대한 일반적인 용어다.

변환 연산자 정의는 이 '연산자'가 변환의 결과 형식이라는 점 외에는 다른 연산자를 정의하는 스타일과 비슷하다. 게다가 operator 키워드는 변환이 암시적 또는 명시적인지 여부를 가리키는 키워드 다음에 나온다(예제 10.11 참고).

예제 10.11 Latitude와 double 간의 암시적 변환 제공

```csharp
public struct Latitude
{
    // ...

    public Latitude(double decimalDegrees)
    {
        DecimalDegrees = Normalize(decimalDegrees);
    }

    public double DecimalDegrees { get; }

    // ...

    public static implicit operator double(Latitude latitude)
    {
        return latitude.DecimalDegrees;
```

```
    }
    public static implicit operator Latitude(double degrees)
    {
        return new Latitude(degrees);
    }

    // ...
}
```

이들 변환 연산자를 사용하면 이번에는 Latitude 개체와 double을 암시적으로 변환
할 수 있다. Longitude에 대한 비슷한 변환이 존재한다고 가정하면 각 좌표 부분의 십진
수 도degrees 부분을 지정해 Coordinate 개체를 쉽게 만들 수 있다(예를 들어, coordinate =
new Coordinate(43, 172);).

▪ 노트

변환 연산자를 구현할 때 반환이나 매개변수는 바깥쪽 형식이어야 하며 캡슐화를 지원한다. C#은 변환된
형식의 범위를 벗어나는 변환을 지정할 수 없다.

변환 연산자를 위한 지침

암시적 연산자 정의와 명시적 변환 연산자 정의 간의 차이는 의도하지 않은 암시적 변
환으로 원하지 않는 동작이 일어나는 것을 방지하는 데 있다. 명시적 변환 연산자를 사
용할 때는 두 가지 가능한 결과를 알고 있어야 한다. 첫째, 예외를 던지는 변환 연산자
는 항상 명시적이어야 한다. 예를 들어, 문자열은 string을 Coordinate으로 변환하는 데
필요한 포맷을 따르지 않을 가능성이 크다. 변환이 실패할 가능성이 있다면 명시적으
로 특정 변환 연산자를 정의해서 그러한 변환을 미리 고려하고 올바른 포맷을 보장하
거나 가능한 예외를 처리하는 코드를 제공해야 한다. 흔히 변환에 대한 패턴은 한 방향
(string에서 Coordinate)은 명시적이고 역방향(Coordinate에서 string)은 암시적이다.

두 번째 고려 사항은 일부 변환에서 손실이 일어날 수 있다는 점이다. float (4.2)에
서 int로 변환은 유효하지만 float의 소수 부분을 잃게 된다는 사실을 알아야 한다. 데

이터를 잃고 원래 형식으로 다시 성공적으로 변환하지 못하는 모든 변환은 명시적으로 정의해야 한다. 명시적 캐스팅이 예기치 않게 데이터를 잃거나 유효하지 않은 경우 System.InvalidCastException을 던지도록 만들자.

가이드라인

- 변환이 데이터 손실을 수반하는 경우 암시적 변환 연산자를 제공하지 않는다.
- 암시적 변환에서 예외를 던지지 않는다.

다른 어셈블리 참조하기

C#과 CLI 플랫폼은 모놀리식^{monolithic} 이진 파일 하나에 모든 코드를 넣지 않고, 여러 어셈블리에 코드를 분산할 수 있다. 이런 접근 방식은 여러 실행 파일에 어셈블리들을 재사용할 수 있다.

■ 초 급 주 제

클래스 라이브러리

HelloWorld 프로그램은 우리가 작성할 수 있는 가장 간단한 프로그램 중 하나다. 실세계 프로그램은 더 복잡하며, 복잡성이 증가함에 따라 프로그램을 여러 부분으로 나눠 복잡성을 체계화하는 것이 좋다. 이렇게 하려면 개발자는 프로그램의 일부를 **클래스 라이브러리**^{class library} 또는 간단히 **라이브러리**^{library}라는 별도의 컴파일 단위로 옮겨야 한다. 그다음 프로그램은 이들 라이브러리의 기능을 제공하고자 클래스 라이브러리를 참조한다. 이런 강력한 개념은 2개의 프로그램이 동일한 클래스 라이브러리를 의존할 수 있으므로 양쪽 프로그램이 이 클래스 라이브러리의 기능을 공유하고 필요한 전체 코드의 양을 줄인다.

이런 접근 방식을 사용해 일단 기능을 작성하고 클래스 라이브러리에 넣게 되면 여러 프로그램에서 같은 클래스 라이브러리를 참조해 이들 기능을 포함할 수 있다. 개발 주기의 후반에 개발자가 버그를 고치거나 기능을 클래스 라이브러리에 추가할 때 이젠 개선된 클래스 라이브러리를 계속 참조하기 때문에 모든 프로그램이 향상된 기능을 액세스하게 된다.

우리가 작성하는 코드가 하나 이상의 프로그램에 유용할 때가 있다. 예를 들어, 지도 프로그램과 디지털 사진 지오 코딩 프로그램에서 Longitude, Latitude, Coordinate 클래스를 사용하거나 명령줄 파서 클래스를 작성하는 경우를 생각해 보자. 이와 같은 클래스는 한 번 작성한 후 여러 프로그램에서 재사용될 수 있다. 그래서 라이브러리 또는 클래스 라이브러리라는 어셈블리로 함께 그룹을 짓고 한 프로그램만을 대상으로 하지 말고 재사용을 목적으로 작성해야 한다.

콘솔 프로젝트가 아니라 라이브러리를 만들려면 한 가지 경우를 제외하고 1장에서 제공했던 동일한 단계를 따른다. Dotnet CLI의 경우 템플릿으로 Class Library나 classlib을 사용한다.

마찬가지로 Visual Studio 2019/2022에서 **파일 › 새로 만들기 › 프로젝트**(Ctrl+Shift+N)를 클릭해 **새 프로젝트** 대화상자에서 **검색** 텍스트 상자를 사용해 모든 클래스 라이브러리를 찾은 다음 Visual C# 버전의 **클래스 라이브러리**를 선택한다. 프로젝트 이름은 GeoCoordinates로 한다.

다음으로 예제 10.9의 소스 코드를 각 구조체용 별도 파일에 넣고 구조체 이름을 파일 이름으로 지정한 다음 프로젝트를 빌드한다. 프로젝트를 빌드하면 C# 코드를 어셈블리(GeoCoordinates.dll 파일)로 컴파일하고 .\bin\의 하위 디렉터리에 넣는다.

라이브러리 참조하기

라이브러리가 준비되었다면 프로그램에서 그 라이브러리를 **참조**reference해야 한다. 예를 들어, 예제 10.8의 Program 클래스를 사용하는 새로운 콘솔 프로그램이 있을 때 GeoCoordinates.dll 어셈블리를 참조로 추가해 이 라이브러리가 있는 위치를 식별하고 프로그램에서 그 라이브러리를 고유하게 확인하는 메타데이터를 포함해야 한다. 이렇게 하는 몇 가지 방식이 있다. 먼저 라이브러리 프로젝트 파일을 참조함으로써 라이브러리 소스 코드를 포함하는 프로젝트를 확인하고 두 프로젝트 간의 종속성을 구성한다. 라이브러리가 컴파일될 때까지 이 라이브러리를 참조하는 프로그램을 컴파일할 수 없다. 이러한 종속성은 프로그램이 컴파일될 때 라이브러리를 컴파일(아직 컴파일되지 않았다면)한다.

두 번째 접근 방식은 어셈블리 파일 자체를 참조하는 것이다. 즉, 프로젝트가 아니라 컴파일된 라이브러리를 참조한다. 이 방식은 조직 내의 또 다른 팀이 수행하는 프로젝트처럼 프로그램에서 라이브러리가 별도로 컴파일될 때 좋다.

세 번째 접근 방식은 다음 절에서 설명하는 것처럼 NuGet 패키지를 참조할 수 있다.

콘솔 프로그램만 라이브러리와 패키지를 참조할 수 있는 것은 아니다. 사실 모든 어셈블리는 다른 어셈블리를 참조할 수 있다. 흔히 한 라이브러리가 또 다른 라이브러리를 참조해 종속성 체인을 만든다.

Dotnet CLI로 프로젝트 또는 라이브러리 참조하기

1장에서 콘솔 프로그램을 만드는 것에 관해 다뤘다. 그때 프로그램 실행을 시작하는 진입점인 Main 메서드를 포함한 프로그램을 만들었다. 새로 만든 어셈블리에 참조를 추가하려면 다음처럼 참조를 추가하는 명령을 추가해 계속한다.

```
dotnet add .\HelloWorld\HelloWord.csproj package .\GeoCordinates\bin\Debug\
net6.0\GeoCoordinates.dll
```

add 다음 인수는 프로젝트가 참조하는 컴파일된 어셈블리에 대한 파일 경로다.

어셈블리 참조 외에 프로젝트 파일을 참조할 수 있다. 이미 언급한 것처럼 이 방식은 프로그램 빌드가 아직 컴파일되지 않은 경우 클래스 라이브러리 컴파일을 트리거하도록 프로젝트들의 체인을 만든다. 이 점은 프로그램이 컴파일될 때 자동으로 컴파일된 클래스 라이브러리 어셈블리를 찾는 것이다(예를 들어, debug나 release 디렉터리). 프로젝트 파일을 참조하는 명령은 다음과 같다.

```
dotnet add .\HelloWorld\HelloWord.csproj reference .\GeoCoordinates \
GeoCoordinates.csproj
```

클래스 라이브러리 소스 코드가 있고 그 소스 코드가 자주 바뀐다면 컴파일된 어셈블리보다는 클래스 라이브러리 프로젝트 파일을 사용한 클래스 라이브러리 참조를 고려하자.

프로젝트나 컴파일된 어셈블리 참조가 끝나면 프로젝트는 예제 10.8의 Program 클래스 소스 코드로 컴파일할 수 있다.

Visual Studio 2019/2022에서 프로젝트나 라이브러리 참조하기

1장에서 Visual Studio로 콘솔 프로그램을 만드는 것도 다뤘다. 이 방법은 Main 메서드를 포함하는 프로그램을 만들었다. GeoCoordinates 어셈블리에 참조를 추가하려면 **프로젝트 > 프로젝트 참조 추가(R)...** 메뉴 항목을 클릭한다. 다음으로 **프로젝트/솔루션** 탭에서 GeoCoordinates 프로젝트를 선택하고 **확인**을 클릭해 참조를 추가한다.

마찬가지로 어셈블리 참조를 추가하려면 **프로젝트 > 프로젝트 참조 추가(R)...** 메뉴 항목을 클릭한 것처럼 같은 프로세스를 따른다. 하지만 이번에는 **찾아보기...** 버튼을 클릭하고 GeoCordinates.dll 어셈블리를 선택한다.

Dotnet CLI처럼 예제 10.8의 Program 클래스 소스 코드로 이 프로그램 프로젝트를 컴파일할 수 있다.

NuGet 패키징

4.0 시작

Visual Studio 2010에서 Microsoft는 NuGet이라는 라이브러리 패키징 시스템을 소개했다. 이 시스템은 라이브러리를 프로젝트들 간에 그리고 기업들 간에 쉽게 공유하는 수단을 제공하려는 것이다. 흔히 라이브러리 어셈블리는 하나의 컴파일된 파일 이상이다. 구성 파일과 추가 리소스, 여기에 연결된 메타데이터가 있을지도 모른다. 하지만 불행히도 NuGet 이전에는 모든 종속성을 확인하는 메니페스트가 없었다. 더욱이 참조된 어셈블리를 찾을 수 있는 표준 공급자나 패키지 라이브러리가 없었다.

NuGet은 두 가지 문제 모두를 다룬다. NuGet은 저작자, 회사, 종속성 등을 식별하는 메니페스트를 포함해 패키지를 업로드 및 업데이트, 인덱싱한 다음 이를 활용하려는 프로젝트에서 다운로드할 수 있는 기본 패키지 공급자를 NuGet.org에서 제공한다. NuGet으로 **NuGet 패키지**(*.nupkg)를 참조하고 사전 구성된 NuGet 공급자 URL 중 하나에서 자동으로 설치할 수 있다.

NuGet 패키지는 패키지에 포함된 모든 추가 메타데이터를 포함하는 메니페스트다(*.nuspec 파일). 게다가 이 패키지는 지역화 파일, 구성 파일, 콘텐츠 파일 등 원하는 추가 리소스를 모두 제공한다. 결국 NuGet 패키지는 하나의 ZIP 파일(.nupkg 확장자)로 모든 개별 리소스의 아카이브를 결합한 것이다. *.ZIP 확장자로 파일 이름을 변경하면 일반적인 압축 유틸리티를 사용해 이 파일을 열고 검사할 수 있다.

Dotnet CLI를 사용한 NuGet 참조

7.0 시작

Dotnet CLI를 사용해 프로젝트에 NuGet 패키지를 추가하려면 다음 한 줄의 명령을 실행하면 된다.

```
>dotnet add .\HelloWorld\HelloWorld.csproj package Microsoft.Extensions.Logging.
Console
```

이 명령은 지정된 패키지가 등록된 각 NuGet 패키지 공급자를 확인하고 다운로드한다. (dotnet restore 명령을 사용해 다운로드를 명시적으로 트리거할 수도 있다.)

로컬 NuGet 패키지를 만들려면 dotnet pack 명령을 사용한다. 이 명령은 GeoCoordinates.1.0.0.nupkg 파일을 생성하게 되므로 add ... package 명령을 사용해 참조할 수 있다.

어셈블리 이름 뒤에 오는 숫자는 패키지 버전 번호다. 버전 번호를 명시적으로 지정하려면 프로젝트 파일(*.csproj)을 편집하고 <Version>...</Version> 자식 요소를 PropertyGroup 요소에 추가한다.

7.0 끝

4.0

Visual Studio 2019/2022의 NuGet 참조

다음 단계는 1장에서 HelloWorld 프로젝트에서 이미 나왔다. 프로젝트를 시작하면서 다음처럼 Visual Studio 2019/2022을 사용해 NuGet 패키지를 추가할 수 있다.

1. **프로젝트 ❯ NuGet 패키지 관리...** 메뉴 항목을 클릭한다(그림 10.2 참고).

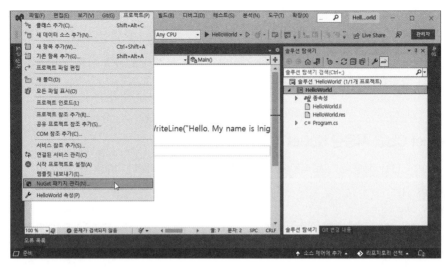

그림 10.2 프로젝트 메뉴

2. **찾아보기** 필터를 선택한 다음(일반적으로 설치된 필터가 선택되므로 **찾아보기**로 전환해 새로운 패키지 참조를 추가한다) **검색** 텍스트 상자에 'Microsoft.Extensions. Logging.Console'을 입력한다. Logging.Console처럼 이름 일부를 넣어서 필터링할 수도 있다(그림 10.3 참고).

그림 10.3 찾아보기 필터

3. 설치 버튼을 클릭해 프로젝트에 해당 패키지를 설치한다.

이들 단계를 완료하면 `Microsoft.Extensions.Logging.Console` 라이브러리와 필요한 종속성을 함께(프로세스에서 자동으로 추가됨) 사용할 수 있다.

Dotnet CLI처럼 Visual Studio를 사용해 **빌드 ＞ 〈프로젝트 이름〉 팩** 메뉴 항목을 사용해 자신만의 NuGet 패키지를 만들 수 있다. 마찬가지로 **프로젝트 속성**의 **패키지** 탭에서 패키지 버전 번호를 지정할 수 있다.

참조된 패키지 또는 프로젝트 호출하기

패키지가 참조되면 모든 소스 코드가 프로젝트에 포함된 것처럼 사용할 수 있다. 예를 들어, 예제 10.12는 `Microsoft.Extensions.Logging` 라이브러리를 사용하는 방법을 보였고 결과 10.4는 샘플 출력을 보였다.

예제 10.12 NuGet 패키지 참조 호출하기

```
public class Program
{
    public static void Main(string[] args)
    {
        using ILoggerFactory loggerFactory =
            LoggerFactory.Create(builder =>
                builder.AddConsole().AddDebug());

        ILogger logger = loggerFactory.CreateLogger(
            categoryName: "Console");

        logger.LogInformation($@"Hospital Emergency Codes: = '{
                string.Join("', '", args)}'");
        // ...

        logger.LogWarning("This is a test of the emergency...");

        // ...
    }
}
```

4.0

```
>dotnet run -- black blue brown CBR orange purple red yellow
info: Console[0]
      Hospital Emergency Codes: = 'black', 'blue', 'brown', 'CBR',
'orange', 'purple', 'red', 'yellow'
warn: Console[0]
      This is a test of the emergency...
```

이 라이브러리 Microsoft.Extensions.Logging.Console NuGet 패키지는 콘솔에 데이터를 로깅하는 데 사용된다. 이 경우 정보 메시지와 경고를 모두 로깅하고 메시지는 콘솔에서 표시된다.

Microsoft.Extensions.Logging.Debug 라이브러리도 참조한다면 AddConsole() 호출 전후에 .AddDebug() 호출을 추가할 수 있다. 결과적으로 결과 10.4와 비슷한 출력이 Visual Studio(디버그 ➤ 창 ➤ 출력) 또는 Visual Studio Code(보기 ➤ 디버그 콘솔) 디버그 창에도 나타난다.

Microsoft.Extensions.Logging.Console NuGet 패키지는 Microsoft.Extensions.Logging을 포함해 세 가지 종속성을 갖는다. 이들 종속성 각각은 Visual Studio의 **솔루션 탐색기** 창에서 프로젝트의 **종속성\패키지** 아래에 나열돼 있다. NuGet 패키지를 추가하면 모든 종속성이 자동으로 추가된다.

4.0 끝

형식의 캡슐화

클래스가 동작과 데이터에 대한 캡슐화 경계를 제공하는 것처럼 어셈블리는 형식 그룹들 간에 비슷한 경계를 제공한다. 개발자는 시스템을 여러 어셈블리로 나눈 뒤 이들 어셈블리를 여러 애플리케이션과 공유하거나 타사에서 제공한 어셈블리와 통합할 수 있다.

형식 선언에서 public 또는 internal 액세스 한정자

기본적으로 액세스 한정자가 없는 클래스는 internal로 정의한다.[4] 이렇게 하면 어셈블

---

4 기본적으로 private인 중첩 형식은 제외한다.

리 외부에서 이 클래스에 액세스할 수 없다. 또 다른 어셈블리가 이 클래스를 포함하는 어셈블리를 참조하더라도 참조한 어셈블리 내의 모든 internal 클래스는 액세스할 수 없다.

private과 protected가 클래스 내의 멤버에 대한 캡슐화 수준을 제공하는 것처럼 C#은 어셈블리 내에서 클래스의 캡슐화에 대한 제어를 위해 클래스 수준에서 액세스 한정자를 사용할 수 있다. 사용할 수 있는 액세스 한정자는 public과 internal이다. 어셈블리 외부에 클래스를 노출하려면 이 어셈블리는 public이어야 한다. 따라서 Coordinates.dll 어셈블리를 컴파일하기 전에 형식 선언을 public으로 수정해야 한다(예제 10.13 참고).

예제 10.13 어셈블리 외부에서 사용 가능한 형식 표시

```csharp
public struct Coordinate
{
    // ...
}
public struct Latitude
{
    // ...
}
public struct Longitude
{
    // ...
}
public struct Arc
{
    // ...
}
```

마찬가지로 class와 enum 같은 선언도 public이나 internal 중 하나여야 한다.[5] internal 액세스 한정자는 형식 선언에만 쓸 수 있는 것은 아니다. 즉, 형식 멤버에서도 사용할 수 있다. 따라서 한 형식을 public으로 지정할 수 있지만 형식 내의 특정 메서드를 internal로 지정하면 해당 멤버는 그 어셈블리 내에서만 사용할 수 있다. 멤버는 속한 형식보다

---

5 다른 클래스 멤버에 사용할 수 있는 액세스 한정자로(예를 들어, private) 중첩 클래스를 기술할 수 있다. 하지만 이 클래스 범위 외부에서 접근할 수 있는 유일한 액세스 한정자는 public과 internal이다.

더 큰 접근성을 가질 수 없다. 클래스를 internal로 선언했다면 이 형식의 public 멤버는 그 어셈블리 내에서만 액세스할 수 있다.

protected internal 형식 한정자

또 다른 형식 멤버 액세스 한정자는 protected internal이다. protected internal이라는 액세스 한정자를 갖는 멤버는 파생된 클래스가 동일한 어셈블리가 아니더라도 포함하는 어셈블리 내의 모든 위치와 해당 형식에서 파생한 클래스에서 액세스할 수 있다. 기본 멤버 액세스 한정자는 private이므로 액세스 한정자를 추가할 때(public 외에) 멤버의 가시성이 조금 더 넓어진다. 한정자를 2개 추가하면 이 효과가 혼합된다.

> ■ 노트
>
> protected internal이라는 액세스 한정자를 갖는 멤버는 파생된 클래스가 동일한 어셈블리가 아니더라도 포함하는 어셈블리 내의 모든 위치와 해당 형식에서 파생된 클래스에서 액세스할 수 있다.

■ 초 급 주 제

형식 멤버 액세스 한정자

액세스 한정자의 전체 목록을 표 10.1에서 나타냈다.

표 10.1 액세스 한정자

한정자	설명
public	형식을 액세스할 수 있는 어느 곳에서나 멤버를 액세스할 수 있다.
internal	이 멤버는 해당 어셈블리 내에서만 액세스할 수 있다.
private	이 멤버는 포함하는 형식 내에서 액세스할 수 있지만, 그 외의 경우는 액세스할 수 없다.
protected	이 멤버는 어셈블리에 상관없이 포함하는 형식 내에서 그리고 이 형식에서 파생된 모든 하위 형식에서 액세스할 수 있다.
protected internal	이 멤버는 파생된 형식이 다른 어셈블리 내에 있더라도 포함하는 어셈블리 내의 어느 곳에서나 액세스할 수 있고 포함하는 형식에서 파생된 어떤 형식에서도 액세스할 수 있다.
private protected	같은 어셈블리에 있는 포함하는 형식에서 파생된 모든 형식은 이 멤버를 액세스할 수 있다(이 기능은 C# 7.2에서 추가됨).

네임스페이스 정의

2장에서 언급한 것처럼 모든 데이터 형식은 네임스페이스와 이름의 조합으로 확인한다. 하지만 CLR에서는 '네임스페이스'와 같은 것은 없다. 형식의 이름은 실제로 정규화된 형식 이름이다. 앞서 정의한 클래스의 경우 명시적인 네임스페이스 선언이 없었다. 이와 같은 클래스는 기본 전역 네임스페이스의 멤버로 자동으로 선언된다. 이런 클래스는 2개의 클래스를 같은 이름으로 정의하려고 할 때 일어나는 이름 충돌을 경험할 수도 있다. 일단 타사의 어셈블리를 참조하기 시작하면 이름 충돌의 가능성은 앞으로 더 높아진다.

더 중요한 것은 CLI 프레임워크에는 수많은 형식이 있고 프레임워크 외부에는 그 몇 배의 형식이 더 있다는 점이다. 따라서 특정 문제에 대한 올바른 형식을 찾는 일이 잠재적으로 중요한 도전이 될 수 있다.

이들 문제 모두에 대한 해법은 모든 형식을 네임스페이스라고 하는 논리적 관계의 범주로 묶어 구조화하는 것이다. 예를 들어, System 네임스페이스 외부의 클래스를 일반적으로 회사나 제품 이름, 또는 둘 다에 해당하는 네임스페이스에 넣는 것이다. 이를테면 애디슨-웨슬리^{Addison-Wesley}의 클래스는 Awl나 AddisonWesley 네임스페이스에 배치하고 마이크로소프트의 클래스(System 클래스가 아닌)는 마이크로소프트 네임스페이스에 배치하는 식이다. 네임스페이스의 두 번째 수준은 버전들 간에 바뀌지 않는 안정적인 제품 이름이어야 한다. 사실 안정성은 모든 수준에서 핵심이다. 네임스페이스 이름 변경에서 버전이 호환되지 않는 변경은 피해야 한다. 이러한 이유로 불안정한 이름(조직 구조나 임시 브랜드 등)을 네임스페이스로 사용하지 않아야 한다.

네임스페이스는 파스칼 표기법을 사용해야 하지만 여러분의 브랜드가 종래와는 다른 표기법을 사용하는 경우 그 브랜드 표기법을 사용하는 것도 수용할 만하다. (일관성이 핵심이므로 파스칼 표기법이든 브랜드 기반 표기법이든 문제의 소지가 있다면 더 나은 일관성을 제공하는 쪽을 사용하는 편이 좋다.) 예제 10.14에서 보인 것처럼 namespace라는 키워드를 사용해 네임스페이스를 만들고 클래스를 이 네임스페이스에 할당한다.

```
// AddisonWesley라는 네임스페이스 정의
namespace AddisonWesley
{
    class Program
    {
        // ...
    }
}
// AddisonWesley 네임스페이스 선언의 끝
```

네임스페이스 선언에서 중괄호 사이의 모든 콘텐츠는 지정된 네임스페이스 내에 속한다. 예를 들어, 예제 10.14에서 Program은 AddisonWesley라는 네임스페이스에 들어 있으므로 전체 이름은 AddisonWesley.Program이 된다.

> **▪ 노트**
>
> CLR에는 '네임스페이스'와 같은 것이 없다. 형식의 이름은 정규화된 형식 이름이다.

클래스처럼 네임스페이스도 중첩을 지원한다. 네임스페이스의 중첩은 클래스의 계층 구조를 제공한다. 예를 들어, 네트워크 API에 관련된 모든 System 클래스는 System.Net 네임스페이스에 있으며 웹과 관련된 클래스는 System.Web에 있다.

네임스페이스를 중첩시키는 방식은 두 가지다. 첫 번째 접근 방법은 예제 10.15에서 나타낸 것처럼 네임스페이스를 서로 중첩시킨다(클래스와 비슷하다).

예제 10.15 한 네임스페이스 내에 네임스페이스 중첩하기

```
// AddisonWesley 네임스페이스 정의
namespace AddisonWesley
{
    // AddisonWesley.Michaelis 네임스페이스 정의
    namespace Michaelis
    {
        // 네임스페이스 정의
        // AddisonWesley.Michaelis.EssentialCSharp
```

```
namespace EssentialCSharp
{
    // 클래스 선언
    // AddisonWesley.Michaelis.EssentialCSharp.Program
    class Program
    {
        // ...
    }
}
}
// AddisonWesley 네임스페이스 선언의 끝
```

이런 중첩은 Program 클래스를 AddisonWesley.Michaelis.EssentialCSharp 네임스페이스에 할당한다.

두 번째 접근 방식은 예제 10.16에서 보인 것처럼 단일 네임스페이스 선언에서 각 식별자를 점으로 구분한 전체 네임스페이스를 사용한다.

예제 10.16 점으로 각 식별자를 구분하는 중첩 네임스페이스

```
// AddisonWesley.Michaelis.EssentialCSharp 네임스페이스 정의
namespace AddisonWesley.Michaelis.EssentialCSharp
{
    class Program
    {
        // ...
    }
}
// AddisonWesley 네임스페이스 선언의 끝
```

네임스페이스 선언이 예제 10.15나 예제 10.16에서 보인 패턴이나 두 가지 방식 조합을 따르는지 여부와 상관없이 결과 CIL 코드는 동일하다. 같은 네임스페이스가 여러 번 그리고 여러 파일에서 심지어 다수의 어셈블리에 걸쳐 발생할 수 있다. 예를 들어, 파일과 클래스 간의 일대일 상관관계의 관례로 각 클래스를 개별 파일에 정의하고 같은 네임스페이스 선언으로 이 클래스를 감쌀 수 있다.

네임스페이스가 형식을 구조화하는 핵심이라는 사실을 감안할 때 모든 클래스 파일

을 체계화하는 데 네임스페이스를 사용하는 것이 유용할 때가 많다. 이런 이유로 각 네임스페이스별 폴더를 만들고 `AddisonWesley.Fezzik.Services.RegistrationService`와 같은 클래스를 그 이름에 해당하는 폴더 계층 구조에 넣는 방식이 좋다.

Visual Studio 프로젝트를 사용할 때 프로젝트 이름이 `AddisonWesley.Fezzik`이라면 `Services`라는 하나의 하위 폴더를 만들고 그 안에 `RegistrationService.cs`를 넣는다. 그 다음 또 다른 하위 폴더(예를 들어, `Data`)를 만들고 프로그램 내의 엔터티에 관련된 클래스(예를 들어, `RealestateProperty`와 `Buyer`, `Seller`)를 넣는다.

> **가이드라인**
>
> - 네임스페이스 이름 접두사로 회사 이름을 사용해 다른 회사의 네임스페이스와 겹치는 일을 방지한다.
> - 네임스페이스 이름의 두 번째 수준으로는 안정되고 버전 독립적인 제품 이름을 사용한다.
> - 네임스페이스에 넣지 않는 형식은 정의하지 않는다.
> - 네임스페이스 계층 구조와 일치하는 폴더 구조를 만든다.

XML 주석

1장에서 주석을 소개했다. 하지만 XML 주석을 사용해 단지 메모 이상으로 다른 개발자가 소스 코드를 검토하도록 도와줄 수 있다. XML 기반 주석은 자바에서 대중화된 관례를 따른다. C# 컴파일러가 실행 파일을 만들 때 모든 주석을 무시하지만 개발자는 별도의 XML 파일로 XML 주석을 추출하도록 컴파일러에[6] 지시하는 명령줄 옵션을 사용할 수 있다. 개발자는 XML 파일 생성의 이점을 활용해 XML 주석에서 API의 문서를 생성할 수 있다. 게다가 C# 편집자는 XML 주석을 코드로 파싱하고 이를 개발자에게 특정 영역(예를 들어, 다른 나머지 코드와 다른 색으로)으로 나타내거나 XML 주석 데이터 요소를 분석해 이를 개발자에게 표시할 수 있다.

---

6 C# 표준은 C# 컴파일러나 별도 유틸리티가 XML 데이터 추출을 처리해야 하는지 여부를 지정하지 않는다. 하지만 모든 주류 C# 컴파일러는 추가 유틸리티가 아니라 컴파일러 스위치로 필수 기능을 제공한다.

그림 10.4는 IDE가 작성하는 코드에 관해 개발자에게 팁으로 도와주고자 XML 주석을 어떻게 다루는지 나타냈다. 이런 코딩 팁은 대규모 프로그램, 특히 여러 개발자가 코드를 공유할 때 큰 도움을 준다. 하지만 이러한 작업을 수행하려면 개발자는 해당 코드내에 XML 주석을 입력하는 시간이 있어야 하고 컴파일러에 XML 파일을 생성하도록 지시해야 한다. 다음 절에서는 이를 어떻게 수행할 수 있는지 설명한다.

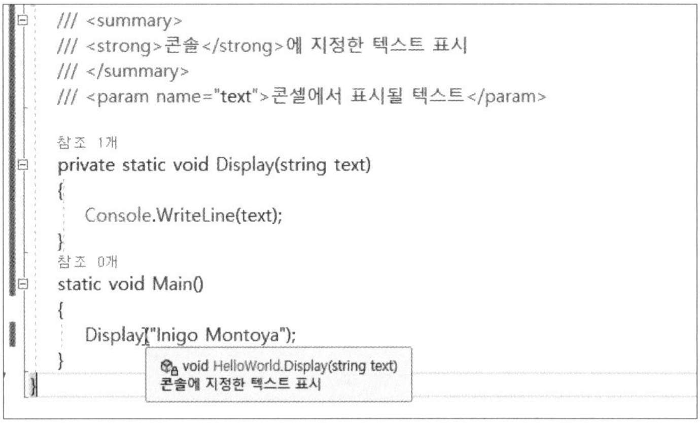

그림 10.4 XML 주석을 팁으로 표시하는 Visual Studio IDE

Visual Studio 2019/2022에서 간단한 HTML을 주석에 포함시켜 팁에 반영할 수도있다. 예를 들어, 콘솔을 와 로 감싸면 단어 '콘솔'은 그림 10.4에서 굵게 표시한다.

XML 주석과 프로그래밍 구조의 연결

예제 10.17에서 보인 것처럼 DataStorage 클래스 예제를 살펴보자.

예제 10.17 XML 주석으로 코드 주석 달기

```
/// <summary>
/// DataStorage는 파일에 직원 데이터를 유지하고 가져오는 데 사용된다.
/// </summary>
class DataStorage
{
    /// <summary>
    /// 직원 이름으로 명명된 파일에 직원 개체 저장
```

한 줄 XML 주석

```
        /// </summary>
        /// <remarks>
        /// 이 메서드는 다음 두 가지를 사용한다.
        /// <seealso cref="System.IO.FileStream"/>
        /// <seealso cref="System.IO.StreamWriter"/>        ┐
        /// </remarks>                                        ├ 한 줄 XML 주석
        /// <param name="employee">
        /// 파일에 유지할 직원 </param>
        /// <date>January 1, 2000</date>
        public static void Store(Employee employee)
        {
            // ...
        }


        /** <summary>                                        ┐
         * 직원 개체 로드
         * </summary>
         * <remarks>
         * 이 메서드는 다음 두 가지를 사용한다.
         * <seealso cref="System.IO.FileStream"/>
         * <seealso cref="System.IO.StreamReader"/>
         * </remarks>                                         ├ XML로 구분된 주석
         * <param name="firstName">
         * 직원의 이름</param>
         * <param name="lastName">
         * 직원의 성</param>
         * <returns>
         * 이름에 해당하는 직원 개체
         * </returns>
         * <date>January 1, 2000</date>**/                    ┘
        public static Employee Load(
            string firstName, string lastName)
        {
            // ...
        }
    }

    class Program
    {
        // ...
    }
```

예제 10.17은 여러 줄에 걸쳐 XML로 구분된 주석과 각 줄에서 별도의 슬래시 3개짜리 구분자(///)가 필요한 한 줄 XML 주석을 사용한다.

XML 주석은 API를 문서화하기 위한 용도로 설계한 것이므로 예제 10.17에서 보인 클래스나 메서드처럼 C# 선언과 연결하는 목적으로만 사용한다. 선언과 연결하지 않고 코드에서 XML 주석을 인라인으로 배치하면 컴파일러가 경고를 표시한다. XML 주석이 선언 바로 전에 나타나기 때문에 컴파일러는 간단히 연결을 만든다.

C#은 모든 XML 태그를 주석으로 허용하지만 C# 표준은 사용되는 여러 태그를 명시적으로 정의해 두고 있다. `<seealso cref="System.IO.StreamWriter"/>`는 seealso 태그 사용의 예다. 이 태그는 텍스트와 `System.IO.StreamWriter` 클래스 간의 연결을 만든다.

XML 문서 파일 생성

컴파일러는 XML 주석이 잘 구성됐는지 검사하고 잘 구성돼 있지 않으면 경고를 표시한다. XML 파일을 생성하려면 `ProjectProperties` 요소에 `DocumentationFile` 하위 요소를 추가한다.

```
<DocumentationFile>$(OutputPath)\$(TargetFramework)\$(AssemblyName).xml</
DocumentationFile>
```

이 하위 요소는 빌드하는 동안 출력 디렉터리에 `<assemblyname>.xml`이라는 파일 이름으로 XML 파일을 생성한다. 앞서 예제의 `DataStorage` 클래스와 컴파일러 옵션을 사용하면 예제 10.18에서 보인 것처럼 `Comment.xml` 파일을 결과로 받는다.

예제 10.18 Comments.xml

```
<?xml version="1.0"?>
<doc>
    <assembly>
        <name>DataStorage</name>
    </assembly>
    <members>
        <member name="T:DataStorage">
            <summary>
            DataStorage는 파일에 직원 데이터를 유지하고 가져오는 데 사용된다.
            </summary>
```

```
            </member>
            <member name="M:DataStorage.Store(Employee)">
                <summary>
                직원 이름으로 명명된 파일에 직원 개체 저장
                </summary>
                <remarks>
                이 메서드는 다음 두 가지를 사용한다.
                <seealso cref="T:System.IO.FileStream"/>
                <seealso cref="T:System.IO.StreamWriter"/>
                </remarks>
                <param name="employee">
                파일에 유지할 직원</param>
                <date>January 1, 2000</date>
            </member>
            <member name="M:DataStorage.Load(
                    System.String,System.String)">
                <summary>
                직원 개체 로드
                </summary>
                <remarks>
                이 메서드는 다음 두 가지를 사용한다.
                <seealso cref="T:System.IO.FileStream"/>
                <seealso cref="T:System.IO.StreamReader"/>
                </remarks>
                <param name="firstName">
                직원의 이름</param>
                <param name="lastName">
                직원의 성</param>
                <returns>
                이름에 해당하는 직원 개체
                </returns>
                <date>January 1, 2000</date>*
            </member>
        </members>
    </doc>
```

결과 파일은 요소를 해당 C# 선언에 다시 연결하는 데 필요한 메타데이터만 포함한다. 대개 XML 출력을 생성된 어셈블리와 결합해 의미 있는 문서를 만들어 내야 하기 때

문에 이 결과 파일이 중요하다. 다행히 무료 GhostDoc[7]와 같은 도구와 오픈 소스 프로젝트 NDoc[8]에서 문서를 생성할 수 있다.

가이드라인

- 공용 API가 API 시그니처만으로 제공하는 것 이상의 더 많은 콘텍스트를 제공할 경우 공용 API에서 XML 주석을 제공하자. 이 주석은 멤버 설명과 매개변수 설명, 해당 API 호출에 대한 예를 포함한다.

가비지 수집

가비지 수집은 분명히 런타임의 핵심 기능이다. 이 기능의 목적은 개체가 더 이상 참조하지 않는 메모리를 복원하는 것이다. 여기서 '메모리'와 '참조'라는 단어에 주목하자. 가비지 수집기는 메모리 복원만 담당한다. 데이터베이스 연결, 핸들(파일, 윈도우 등), 네트워크 포트와 같은 다른 리소스, 시리얼 포트 같은 하드웨어 장치는 다루지 않는다. 또한 가비지 수집기는 남은 참조가 있는지 여부를 기준으로 정리할 대상을 결정한다. 이는 암시적으로 가비지 수집기가 참조 개체를 통해 동작하고 힙의 메모리만 복원한다는 의미다. 게다가 개체에 대한 참조를 유지하는 상태는 가비지 수집기가 그 개체가 소비한 메모리 재사용 작업을 늦춘다는 의미이기도 하다.

■ 고 급 주 제

.NET의 가비지 수집

가비지 수집기에 관한 많은 세부 내용은 특정 CLI 프레임워크와 관련되므로 다를 수 있다. 이 절은 가장 일반적인 .NET 프레임워크 구현을 설명한다.

.NET에서 가비지 수집기는 Mark-Compact 알고리듬을 사용한다. 초기 반복 시에 개체에 대한 모든 **루트 참조**root reference를 확인한다. 루트 참조는 정적 변수, CPU 레지스

---

7   GhostDoc에 관해 더 알고 싶다면 다음 URL을 참고하자. http://submain.com/

8   NDoc에 관해 더 알고 싶다면 다음 URL을 참고하자. http://ndoc.sourceforge.net

터, 지역 변수 또는 매개변수 인스턴스(그리고 이 절 뒤에서 설명하는 f-reachable 개체)에서 하는 모든 참조다. 이 목록을 얻게 되면 가비지 수집기는 각 루트 참조로 확인한 트리를 탐색하고 루트 참조가 가리키는 모든 개체를 재귀적으로 결정한다. 이런 방식으로 가비지 수집기는 모든 참조할 수 있는 개체의 그래프를 만든다.

가비지 수집기는 액세스할 수 없는 모든 개체를 열거하는 대신 서로 참조할 수 있는 모든 개체를 압축해 가비지 수집을 수행함으로써 액세스할 수 없는 개체가 소모한 메모리(가비지)를 덮어쓴다.

모든 참조할 수 있는 개체를 찾고 이동시키는 작업은 가비지 수집기가 돌아가는 동안 시스템은 일관성 있는 상태를 유지해야 한다. 이를 위해 해당 프로세스 내의 모든 관리되는 스레드는 가비지 수집 동안 중단된다. 분명히 이런 동작은 애플리케이션에서 순간적인 일시 중지를 일으키지만 특히 대규모 가비지 수집 사이클이 필요하거나 자주 수행되지 않는 한 일반적으로 무시할 만하다. 적절하지 않은 시간에 가비지 수집 사이클이 일어날 가능성을 줄이려고 System.GC 개체는 중요한 코드를 수행하기 전에 바로 호출될 수 있는 Collect() 메서드를 제공한다. 이 메서드는 가비지 수집기의 실행을 막지는 못하지만 중요 성능 코드를 실행하는 동안 메모리 사용률이 최고조를 이루지 않는다는 가정을 바탕으로 가비지 수집기의 실행 가능성을 줄일 수 있다.

.NET 가비지 수집 동작의 한 가지 놀라운 측면은 수집 동작이 반복되는 동안 모든 가비지가 정리되는 것은 아니라는 점이다. 개체 수명을 조사해 보면 최근에 만들어진 개체가 오래된 개체보다 가비지 수집 필요성이 높다. 이런 동작에서 미루어 볼 때 .NET 가비지 수집기는 세대 개념이 있어서 이전 가비지 수집 반복에서 이미 생존해 있는 개체보다 수명이 짧은 개체를 더 자주 정리하려고 한다. 구체적으로 개체는 3개의 세대로 나뉜다. 개체가 가비지 수집 사이클에서 살아남을 때마다 이 개체는 다음 세대로 이동하고 2세대가 될 때까지 이동한다(0에서 시작). 그 뒤 가비지 수집기는 2세대 개체보다 0세대 개체에 대해 더 자주 실행한다.

비관리 코드와 비교해 초기 베타 릴리스 동안에 .NET이 직면한 앞날의 두려움에도 시간이 지남에 따라 .NET의 가비지 수집은 효율이 높다는 사실이 입증됐다. 더 중요한 것은 개발 생산성으로 얻은 이득이, 관리되는 코드가 특정 알고리듬 최적화에 빛이 바라는 몇 가지 사례에 대한 개발 비용보다 더 크다는 사실이다.

약한 참조

지금까지 설명한 모든 참조는 개체의 접근성을 유지하고 가비지 수집기가 개체에서 소비한 메모리를 정리하지 못하게 하기 때문에 **강한 참조**strong reference다. 프레임워크는 **약한 참조**weak reference라는 개념도 지원한다. 약한 참조는 개체의 가비지 수집을 막지는 않지만, 가비지 수집기가 해당 개체를 정리하지 않는 경우 재사용할 수 있도록 참조를 유지한다.

약한 참조는 만드는 비용이 높지만 유지에 드는 비용은 훨씬 더 비싼 참조 개체용으로 설계된 것이다. 예를 들어, 데이터베이스에서 대량의 개체 목록을 로드하고 사용자에게 표시한다고 하자. 이런 목록의 로드는 잠재적으로 비용이 크며, 사용자가 해당 목록을 종료해야 가비지 수집이 가능해진다. 하지만 사용자가 이 목록을 여러 번 요청한다면 두 번째 높은 비용의 가져오기 호출이 항상 필요하다. 약한 참조를 사용해 목록이 정리됐는지 여부를 검사하는 코드를 사용할 수 있고, 정리되지 않았다면 같은 목록을 다시 참조할 수 있다. 이런 식으로 약한 참조는 개체에 대한 메모리 캐시로 제공된다. 캐시내의 개체는 신속하게 가져오지만 가비지 수집기가 이들 개체의 메모리를 복구한다면 다시 만들어야 한다.

참조 개체(또는 개체의 컬렉션)가 잠재적인 약한 참조라고 여길 만하면 System.WeakReference에 할당해야 한다(예제 10.19 참고).

예제 10.19 약한 참조 사용하기

```
public static class ByteArrayDataSource
{
    static private byte[] LoadData()
    {
        // 엄청 큰 숫자를 상상해 보자.
        byte[] data = new byte[1000];
        // 데이터 로드
        // ...
        return data;
    }

    static private WeakReference<byte[]>? Data { get; set; }

    static public byte[] GetData()
```

```
        {
            byte[]? target;
            if (Data is null)
            {
                target = LoadData();
                Data = new WeakReference<byte[]>(target);
                return target;
            }
            else if (Data.TryGetTarget(out target))
            {
                return target;
            }
            else
            {
                // 데이터를 다시 로드하고 반환하기 전에
                // 저장한다.
                target = LoadData();
                Data.SetTarget(target);
                return target;
            }
        }
    }
}

// ...
```

물론 이 코드는 이 책 12장에서 다루고 있는 제네릭을 사용한다. 하지만 Data 속성을 선언할 때와 할당할 때 모두 <byte[]> 텍스트를 안전하게 무시할 수 있다. WeakReference 의 비제네릭 버전이 있지만 고려할 이유는 거의 없다.[9]

대부분의 논리는 GetData() 메서드에서 나타난다. 이 메서드의 목적은 캐시에서든 다시 로드하든 항상 데이터의 인스턴스를 반환하는 것이다. GetData()는 Data 속성이 null 인지 여부를 검사하는 것으로 시작한다. null이면 데이터가 로드되고 target이라는 로컬 변수에 할당된다. 이 메서드는 데이터에 대한 참조를 만들어 가비지 수집기가 데이터의 인스턴스를 정리하지 않도록 한다. 다음으로 WeakReference 인스턴스를 생성하고 로드된 데이터에 대한 참조를 전달해 WeakReference 개체가 그 데이터(해당 대상)에 대한

---

9 .NET 프레임워크 4.5 이상으로 프로그래밍해야 한다.

핸들을 갖도록 한다. 그 뒤 요청이 오면 이 인스턴스가 반환될 수 있다. WeakReference에 대한 지역 참조를 갖지 않은 인스턴스는 반환하기 전에 정리될 수 있기 때문에 이런 인스턴스는 전달하지 않아야 한다(예를 들어, `new WeakReference<byte[]>(LoadData())`를 호출하지 않는다).

Data 속성이 이미 WeakReference의 인스턴스를 가졌다면 코드는 TryGetTarget()을 호출하고 인스턴스가 있는 경우 가비지 수집기가 더 이상 데이터를 정리하지 않도록 target을 할당해 참조를 만든다.

마지막으로 WeakReference의 TryGetTarget() 메서드가 false를 반환하면 데이터를 로드하고 SetTarget() 호출로 참조를 할당해 새로 인스턴스화된 개체를 반환한다.

리소스 정리

가비지 수집은 런타임의 주요 책임이다. 그럼에도 불구하고 가비지 수집 프로세스는 코드의 메모리 활용에 초점을 맞춘다는 인식이 중요하다. 파일의 핸들, 데이터베이스 연결 문자열, 포트, 기타 제한된 리소스를 정리하는 데 관한 프로세스가 아니다.

종료자

개발자는 종료자를 사용해 클래스의 리소스를 정리하는 코드를 작성할 수 있다. new 연산자를 사용해 명시적으로 호출하는 생성자와 달리 종료자는 코드 내에서 명시적으로 호출할 수 없다. new와 동등한 delete 연산자 같은 것은 없다. 오히려 가비지 수집기가 개체 인스턴스에서 종료자 호출을 담당한다. 따라서 개발자는 컴파일 타임에 종료자를 실행하는 정확한 시기를 알 수 없다. 알고 있는 사실은 종료자가 개체가 마지막으로 사용된 시기와 애플리케이션이 정상적으로 종료될 때 사이의 어느 시점에 실행된다는 점이다. 일반적으로 종료자는 실행되지 않을 수도 있다. 프로세스가 비정상적으로 종료될 수 있기 때문이다. 이를테면 컴퓨터가 종료되거나 프로세스를 디버깅할 때처럼 프로세스가 강제 종료되는 이벤트는 종료자의 실행을 방해한다. 하지만 .NET 코어에서는 정상적인 환경 아래에서도 종료자는 애플리케이션 종료 전에 처리되지 않을 수 있다. 다음 절에서 살펴보겠지만 종료 작업을 다른 메커니즘에 등록하는 데 추가 조치가 필요할 수 있다.

종료자 선언은 C#의 이전 모델, 다시 말해 C++의 소멸자 구문과 동일하다. 예제 10.20에서 보인 것처럼 종료자를 선언할 때는 클래스의 이름 앞에 물결 모양 기호를 접두어로 붙인다.

예제 10.20 종료자 정의하기

```csharp
using System.IO;

class TemporaryFileStream
{
    public TemporaryFileStream()
    {
        File = new FileInfo(fileName);
        //바람직한 솔루션은 FileOptions.DeleteOnClose 사용
        Stream = new FileStream(
            File.FullName, FileMode.OpenOrCreate,
            FileAccess.ReadWrite);
    }

    public TemporaryFileStream()
        : this(Path.GetTempFileName()) { }

    // 종료자
    ~TemporaryFileStream()
    {
        try
        {
            Close();
        }
        catch (Exception exception)
        {
            // 로그나 UI에 이벤트 작성
            // ...
        }
    }
```

```csharp
public FileStream? Stream { get; }
public FileInfo? File { get; }

public void Close()
{
    Stream?.Dispose();
    try
    {
        File?.Delete();
    }
    catch(IOException exception)
    {
        Console.WriteLine(exception);
    }
}
```

종료자에 매개변수를 전달하지 못하므로 종료자를 오버로드할 수 없다. 더욱이 종료자는 명시적으로 호출될 수 없다. 즉, 가비지 수집기만 종료자를 호출할 수 있다. 따라서 종료자에서 액세스 한정자는 의미가 없으므로 액세스 한정자를 지원하지 않는다. 기본 클래스에서 종료자는 개체 종료 호출의 일부로 자동으로 호출된다.

▪ 노트

종료자는 명시적으로 호출할 수 없다. 가비지 수집기만 종료자를 호출할 수 있다.

가비지 수집기가 모든 메모리 관리를 다루기 때문에 종료자는 메모리 해제를 담당하지 않는다. 오히려 데이터베이스 연결과 파일 핸들 등 가비지 수집기가 알지 못하는 명시적 동작을 요구하는 리소스를 해제하는 작업을 담당한다.

예제 10.20의 종료자에서 FileStream을 제거한다. 이 단계는 FileStream이 Dispose()와 동일한 기능을 제공하는 자체 종료자를 갖고 있기 때문에 옵션이다. 지금의 Dispose()를 호출하는 목적은 TemporaryFileStream이 FileStream 인스턴스를 생성하므로 TemporaryFileStream이 종료됐을 때 FileStream 정리를 보장하려는 것이다. Stream?.

Dispose()를 명시적으로 호출하지 않으면 가비지 수집기는 TemporaryFileStream 개체가 가비지 수집되고 FileStream 개체의 참조를 해제하면 TemporaryFileStream과 독립적으로 FileStream을 정리한다. 즉, 리소스 정리를 위해 종료자가 필요하지 않으면 FileStream. Dispose()를 호출하려고 종료자를 정의하는 것은 의미가 없다.

사실 런타임이 아직 인식하지 못하는 리소스 정리가 필요한 개체(종료자가 없는 리소스)에 대해서만 종료자가 필요하다는 제한은 종료자를 구현해야 하는 시나리오의 수를 크게 줄이는 중요한 지침이다.

예제 10.20에서 종료자의 목적은 파일(이 경우 비관리 리소스)을 삭제하는 것이다.[10] 따라서 File?.Delete()를 호출한다. 이제 종료자가 실행될 때 파일이 정리된다.

종료자는 지정되지 않은 스레드에서 실행되므로 종료자의 실행은 덜 결정적이다. 이러한 불확정성은 예외를 일으키는 환경이 명확하지 않기 때문에 종료자 내(디버그의 외부)에서 처리되지 않은 예외가 애플리케이션을 중단시킬 수 있으며 문제의 원인을 진단하기 어렵게 만든다. 사용자의 관점에서 처리되지 않는 예외는 사용자가 수행하려는 작업에 거의 무관하게 상대적으로 무작위로 발생한다. 이러한 이유로 종료자 내에서 예외가 발생하지 않도록 주의해야 한다. 대신에 null에 대한 검사처럼 방어적 프로그래밍 기술을 사용해야 한다(예제 10.20의 null 조건부 연산자 사용 참고). 사실 종료자에서 모든 예외를 잡고 처리되지 않은 예외로 유지하기보다 대체 수단을 통해(예를 들어, 로깅이나 사용자 인터페이스를 통해) 예외를 보고하는 것이 바람직하다. 이 지침은 try/catch 블록으로 Delete() 호출을 감싼다.

종료자를 강제하는 또 다른 잠재적인 옵션은 System.GC.WaitForPendingFinalizers()를 호출하는 것이다. 이 메서드가 호출될 때 더 이상 참조되지 않은 개체에 대한 모든 종료자가 실행될 때까지 현재 스레드는 일시 중단된다.

using 구문을 사용한 명확한 종료

종료자 자체의 문제는 **명확한 종료**deterministic finalization(종료자가 실행하는 시기를 아는 능력)를 지원하지 않는 것이다. 그보다 종료자는 클래스를 사용하는 개발자가 필요한 정리 코드

---

10 예제 10.20은 FileStream 인스턴스를 생성할 때 FileOptions.DeleteOnClose 옵션(FileStream을 닫을 때 파일의 삭제를 트리거하는 옵션)이 있기 때문에 다소 인위적인 예제다.

를 명시적으로 호출하지 않는 경우 리소스를 정리하기 위한 중요한 백업 메커니즘의 역할을 한다.

예를 들어, 종료자뿐만 아니라 Close() 메서드를 포함하는 TemporaryFileStream을 생각해 보자. 이 클래스는 잠재적으로 상당한 양의 디스크 공간을 소비하는 파일 리소스를 사용한다. TemporaryFileStream을 사용하는 개발자는 명시적으로 Close()를 호출해 디스크 공간을 복원할 수 있다.

명확한 종료를 위해 제공하는 메서드는 종료자의 명확하지 않은 타이밍 동작에 대한 의존성을 제거하기 때문에 중요하다. 개발자가 Close()를 명시적으로 호출하는 데 실패해도 종료자가 이 호출을 처리한다. 그런 경우 종료자는 명시적으로 호출된 경우보다 나중에 실행된다.

명확한 종료의 중요성 때문에 기본 클래스 라이브러리는 이 패턴에 대한 특정 인터페이스를 포함하고 C#은 이 패턴을 언어에 통합했다. IDisposable 인터페이스는 소비한 리소스의 '해제'를 위해 개발자가 리소스 클래스에서 호출하는 Dispose()라는 단일 메서드로 이 패턴의 세부 사항을 정의한다. 예제 10.21은 IDisposable 인터페이스와 이를 호출하는 일부 코드를 나타냈다.

예제 10.21 IDisposable을 사용한 리소스 정리

```
using System;
using System.IO;

static class Program
{
    // ...
    static void Search()
    {
        TemporaryFileStream fileStream =
            new TemporaryFileStream();

        // 임시 파일 스트림 사용;
        // ...

        fileStream.Dispose();

        // ...
```

```csharp
        }
    }

class TemporaryFileStream : IDisposable
{
    public TemporaryFileStream(string fileName)
    {
        File = new FileInfo(fileName);
        Stream = new FileStream(
            File.FullName, FileMode.OpenOrCreate,
            FileAccess.ReadWrite);
    }

    public TemporaryFileStream()
        :this(Path.GetTempFileName()) { }

    ~TemporaryFileStream()
    {
        Dispose(false);
    }

    public FileStream? Stream { get; private set; }
    public FileInfo? File { get; private set; }

    #region IDisposable Members
    public void Dispose()
    {
        Dispose(true);

        // 종료 대기열에서 등록 취소
        System.GC.SuppressFinalize(this);
    }
    #endregion
    public void Dispose(bool disposing)
    {
        // 소유한 관리되는 개체 종료 메서드가 이미 처리 중인
        // 종료 대기열에 의해 호출되므로
        // 멤버 종료에 의해 호출되는 경우
        // 소유한 관리 개체를 (종료자로) 해제하지 않도록 한다.
        if (disposing)
        {
            Stream?.Close();
```

```
        }
        try
        {
            File?.Delete();
        }
        catch(IOException exception)
        {
            Console.WriteLine(exception);
        }
        Stream = null;
        File = null;
    }
}
```

Program.Search()에서 TemporaryFileStream을 사용한 후 Dispose()를 명시적으로 호출한다. Dispose()는 메모리에 관련되지 않은 리소스(이 경우 파일) 정리를 담당하는 메서드이며, 따라서 가비지 수집기에서 암시적 정리의 대상으로 삼는다. 그럼에도 여기서의 실행은 Dispose()의 실행을 막는 구멍이 있다. 즉, TemporaryFileStream 인스턴스가 만들어지는 시점과 Dispose()가 호출되는 시점 사이에 예외가 발생할 수 있다. 이런 일이 발생하면 Dispose()는 호출되지 않고 리소스 정리는 종료자에 의존하게 된다. 이 문제를 피하려면 호출자는 try/finally 블록을 구현해야 한다. 이런 코드 블록을 명시적으로 작성하지 않고도 C#이 제공하는 using 구문으로 목적을 빠르게 달성할 수 있다(예제 10.22 참고).

예제 10.22 using 구문 호출

```
static class Program
{
    // ...

    static void Search()
    {
        using (TemporaryFileStream fileStream2 =
            new TemporaryFileStream(),
            fileStream3 = new TemporaryFileStream())
        {
            // 임시 파일 스트림 사용;
```

```
        }

        // C# 8.0 이후
        using TemporaryFileStream fileStream1 =
            new TemporaryFileStream();
    }
}
```

첫 번째 강조한 코드 조각에서 결과 CIL 코드는 프로그래머가 명시적인 try/finally 블록을 지정하고 fileStream.Dispose()가 finally 블록을 호출한 경우에 생성되는 코드와 동일하다. 하지만 using 구문은 try/finally 블록에 대한 구문 바로가기를 제공한다.

using 구문 내에서 콤마로 각 변수를 분리해 여러 변수의 인스턴스를 생성할 수 있다. 핵심 고려 사항은 모든 변수가 같은 형식이어야 하고 이들이 IDisposable을 구현하는 것이다. 같은 형식을 사용하도록 강제하려고 데이터 형식은 각 변수 선언 전에 한 번만 지정한다.

C# 8.0은 리소스 정리와 관련해 단순화할 수 있는 방법을 소개했다. 예제 10.22의 두 번째 강조한 코드 조각에서 보인 것처럼 using 키워드로 해제하고 싶은 리소스 앞에 붙일 수 있다(IDisposable을 구현한 리소스). using 문의 경우처럼 이 방식은 변수가 범위를 벗어나기 직전에 finally 블록이 배치된 try/finally 동작을 생성한다(이 경우는 Search() 메서드의 중괄호를 닫기 전). using 선언에서 한 가지 추가 제약 사항은 해당 변수가 읽기 전용이므로 다른 값을 할당할 수 있다는 점이다.

가비지 수집, 종료, IDisposable

예제 10.21에서 몇 가지 추가적으로 주목할 만한 항목이 있다. 먼저 IDisposable.Dispose() 메서드는 System.GC.SuppressFinalize()에 대한 중요한 호출을 포함한다. 이 메서드의 목적은 **종료**f-reachable 대기열에서 TemporaryFileStream 클래스 인스턴스를 제거하는 것이다. 이는 모든 정리가 종료자 실행을 기다리는 것이 아니라 Dispose() 메서드에서 끝나기 때문에 가능하다.

SuppressFinalize()에 대한 호출이 없다면 개체의 인스턴스는 f-reachable 대기열(일반적으로 가비지 수집 대상인 모든 개체의 목록으로 종료 구현이 있는 경우는 제외)에 포함된다. 런타임은 개체의 종료 메서드가 호출될 때까지는 종료자를 사용해 개체를 가비지 수집하지 못한다. 하지만 가비지 수집 자체는 종료 메서드를 호출하지 않는다. 오히려 종료 개체에 대한 참조가 f-reachable 대기열에 추가되고, 실행 콘텍스트를 기반으로 적합하다고 여기는 시간에 추가 스레드에서 처리한다. 아이러니컬하게도 이러한 접근 방법은 관리되는 리소스에 대한 가비지 수집을 지연시킨다. 십중팔구 바로 이런 리소스가 더 일찍이 정리돼야 하는 리소스다. 지연의 원인은 f-reachable 대기열이 '참조'의 목록이기 때문이다. 이 개체는 종료 메서드가 호출되고 개체 참조가 f-reachable 대기열에서 제거될 때까지는 가비지로 여기지 않는다.

> **◼ 노트**
>
> 종료자가 있는 명시적으로 해제되지 않은 개체는 결국 개체 수명이 늘어난다. 모든 명시적 참조가 범위를 벗어난 후라서 f-reachable 대기열은 참조를 갖게 되고 f-reachable 대기열 처리가 끝날 때까지 개체는 계속 존속한다.

이런 이유로 첫째, Dispose()는 System.GC.SuppressFinalize를 호출한다. 이 메서드를 호출하면 개체를 종료 대기열에 추가하지 않아야 하지만 더 이상 참조하지 않을 때는 (모든 f-reachable 참조 포함) 가비지 수집기가 개체 할당을 해제하도록 허용해야 한다고 런타임에 알린다.

둘째, Dispose()는 true라는 인수로 Dispose(bool disposing)를 호출한다. 이 결과로 Stream에서 Dispose() 메서드가 호출된다(리소스 정리와 종료 제거). 다음으로 임시 파일 자체는 Dispose()를 호출하는 즉시 삭제된다. 이 호출은 종료 대기열에서 대기하지 않고도 잠재적으로 비용이 높은 리소스를 정리하게 해주므로 중요하다.

셋째, Close()를 호출하지 않고 종료자는 이제 false라는 인수로 Dispose(bool disposing)를 호출한다. 이 호출의 결과로 파일은 삭제돼도 Stream은 닫히지(해제되지) 않는다. Stream을 닫는 조건은 종료자에서 Dispose(bool disposing)를 호출하는 경우 Stream 인스턴스 자체도 종료 처리를 위해 대기열에 들어간다(순서에 따라 이미 실행했을 수도 있다). 따라서 종료자를 실행할 때 이 동작은 종료 대기열이 담당하므로 관리되는 리소스가 소유한 개체는 정리되지 않아야 한다.

넷째, Close() 형식과 Dispose() 메서드 두 가지 모두를 만들 때 주의해야 한다. API 만 보면 Close()가 Dispose()를 호출하는 것이 명확하지 않으므로 개발자는 Close()와 Dispose()를 명시적으로 호출해야 하는지 여부가 궁금할 것이다.

다섯째, .NET 코어에서도 프로세스가 종료되기 전에 종료자에서 정의된 기능이 실행될 가능성을 높이려면 AppDomain.CurrentDomain.ProcessExit에 코드를 등록해야 한다. 이 이벤트 핸들러에 등록된 모든 종료 코드는 비정상 프로세스 종료를 드러내며 호출된다(다음 절에서 설명한다).

가이드라인

- 부족하거나 비용이 높은 리소스를 갖는 개체에서 Dispose 패턴을 구현한다.
- 종료자가 있는 클래스에서 가능한 명확한 종료를 지원하고자 IDisposable을 구현한다.
- 종료자가 없지만 여전히 정리가 필요한 리소스를 가진 개체에서만 종료자 메서드를 구현한다.
- 종료 메서드를 리팩토링해 단순히 Dispose() 메서드를 호출하는 IDisposable과 같은 코드를 호출한다.
- 종료자 메서드에서 예외를 던지지 않는다.
- 프로세스 종료 전에 리소스 정리가 실행될 가능성을 높이려고 AppDomain.ProcessExit에 종료 코드 등록을 고려한다.
- 삭제(dispose)하는 동안 모든 AppDomain.ProcessExit 이벤트 등록을 해제한다.
- Dispose()에서 System.GC.SuppressFinalize()를 호출해 반복적인 리소스 정리와 개체에서 가비지 수집 지연을 피한다.
- Dispose()의 멱등성을 보장한다. (Dispose()를 여러 번 호출 가능해야 한다.)
- Dispose() 간결하게 유지하고 종료가 필요한 리소스 정리에 초점을 맞춘다.
- 종료자가 있는 소유한 개체에서 Dispose()를 호출하는 일을 피한다. 대신에 종료 대기열에 의존해 인스턴스를 정리한다.
- 종료하는 동안에 종료되지 않는 다른 개체를 참조하는 작업을 피한다.
- Dispose()를 재정의할 때 기본 클래스의 Dispose 메서드를 호출한다.
- Dispose()가 호출된 후 개체를 사용할 수 없게 만든다. 개체가 삭제된 후 Dispose()(여러 번 호출 가능) 외의 메서드는 ObjectDisposedException을 던져야 한다.
- 삭제 가능한 필드(또는 속성)를 소유한 형식에서 IDisposable을 구현하고 인스턴스를 삭제한다.
- 존재한다면 Dispose(bool disposing) 메서드에서 기본 클래스의 Dispose() 메서드를 호출한다.

종료자는 C++의 소멸자와 유사하지만 컴파일 타임에 실행을 결정할 수 없다는 사실이 큰 차이점이다. 가비지 수집기는 마지막으로 사용된 후이지만 프로그램이 종료되기 전에 종종 C# 종료자를 호출한다. C++ 소멸자는 해당 개체(포인터가 아니다)가 범위를 벗어날 때 자동으로 호출된다.

가비지 수집기 실행이 상대적으로 비용이 드는 프로세스이긴 하지만 프로세스 사용률이 다소 줄어들 때까지 실행을 지연시킬 정도로 가비지 수집이 충분히 지능적이라는 사실은 프로세서 요구가 높을 때도 컴파일 타임에 정의된 위치에서 실행하는 명확한 소멸자에 비해 이점을 제공한다.

■ 고 급 주 제

프로세스 종료 전에 리소스 정리 강제하기

.NET 코어에서 종료자는 프로세스가 종료될 때 실행되지 않을 수도 있다. 실행 가능성을 높이려고 프로세스[11]가 종료될 때 실행되도록 종료자 동작을 등록해야 한다. 이런 이유로 예제 10.23의 SampleUnmanagedResource 생성자에서 ProcessExit을 포함하는 구문을 주목하자. (이 코드는 LINQ와 이벤트 등록, 특별한 특성[12]을 수반하는데 12장, 14장, 18장에서 각각 다룬다.)

예제 10.23 프로세스 종료 등록하기

```
using System.IO;
using System.Linq;
using System.Runtime.CompilerServices;
using static ConsoleLogger;

public static class Program
{
    public static void Main(string[] args)
    {
        WriteLine("Starting...");
        DoStuff();
        if (args.Any(arg => arg.ToLower() == "-gc"))
        {
            GC.Collect();
```

---

11 적어도 .NET 프레임워크 프로젝트의 경우 기술적으로 app 도메인이다.

12 함께 제공하는 소스 코드 참고.

```csharp
            GC.WaitForPendingFinalizers();
        }
        WriteLine("Exiting...");
    }

    public static void DoStuff()
    {
        // ...

        WriteLine("Starting...");
        SampleUnmanagedResource? sampleUnmanagedResource = null;

        try
        {
            sampleUnmanagedResource =
                new SampleUnmanagedResource();
            // 관리되지 않는 리소스 사용
            // ...
        }
        finally
        {
            if (Environment.GetCommandLineArgs().Any(
                arg => arg.ToLower() == "-dispose"))
            {
                sampleUnmanagedResource?.Dispose();
            }
        }

        WriteLine("Exiting...");

        // ...
    }
}
```

```csharp
class SampleUnmanagedResource : IDisposable
{
    public SampleUnmanagedResource(string fileName)
    {
        WriteLine("Starting...",
            $"{nameof(SampleUnmanagedResource)}.ctor");

        WriteLine("Creating managed stuff...",
```

```csharp
        $"{nameof(SampleUnmanagedResource)}.ctor");
    WriteLine("Creating unmanaged stuff...",
        $"{nameof(SampleUnmanagedResource)}.ctor");

    WeakReference<IDisposable> weakReferenceToSelf =
        new WeakReference<IDisposable>(this);
    ProcessExitHandler = (_, __) =>
    {
        WriteLine("Starting...", "ProcessExitHandler");
        if (weakReferenceToSelf.TryGetTarget(
            out IDisposable? self))
        {
            self.Dispose();
        }
        WriteLine("Exiting...", "ProcessExitHandler");
    };
    AppDomain.CurrentDomain.ProcessExit
        += ProcessExitHandler;
    WriteLine("Exiting...",
        $"{nameof(SampleUnmanagedResource)}.ctor");
}

// Dispose () 또는 Finalize ()가 이미 호출된 경우
// 제거할 수 있도록 프로세스 종료 대리자 저장
private EventHandler ProcessExitHandler { get; }

public SampleUnmanagedResource()
    : this(Path.GetTempFileName()) { }

~SampleUnmanagedResource()
{
    WriteLine("Starting...");
    Dispose(false);
    WriteLine("Exiting...");
}

public void Dispose()
{
    Dispose(true);
}
public void Dispose(bool disposing)
{
```

```
            WriteLine("Starting...");

            // 소유된 관리 개체 종료 메서드는
            // 이미 종료 대기열 처리로 호출되거나 호출됐으므로
            // 멤버 종료 메서드가 호출하는 경우
            // 소유된 관리 개체(종료자가 있는 개체)를 삭제하지 마시오.
            if (disposing)
            {
                WriteLine("Disposing managed stuff...");

                // 종료 대기열에서 등록 해제.
                System.GC.SuppressFinalize(this);
            }

            AppDomain.CurrentDomain.ProcessExit -=
                ProcessExitHandler;

            WriteLine("Disposing unmanaged stuff...");

            WriteLine("Exiting...");
        }
    }
```

프로그램으로 매개변수를 전달하지 않을 때 출력을 결과 10.5에서 나타냈다.

결과 10.5

```
Main: Starting...
DoStuff: Starting...
SampleUnmanagedResource.ctor: Starting...
SampleUnmanagedResource.ctor: Creating managed stuff...
SampleUnmanagedResource.ctor: Creating unmanaged stuff...
SampleUnmanagedResource.ctor: Exiting...
DoStuff: Exiting...
Main: Exiting...
ProcessExitHandler: Starting...
Dispose: Starting...
Dispose: Disposing managed stuff...
Dispose: Disposing unmanaged stuff...
Dispose: Exiting...
ProcessExitHandler: Exiting...
```

WriteLine() 구문 전체를 무시하면 코드는 SampleUnmanagedResource 인스턴스를 생성하는 DoStuff() 호출로 시작한다.

SampleUnmanagedResource 인스턴스를 생성할 때 간단한 WriteLine() 호출을 사용해 관리 및 비관리 리소스 모두의 인스턴스 생성을 시뮬레이션한다. 다음으로 프로세스가 종료될 때 실행되는 대리자(핸들러)를 선언한다. 이 핸들러는 SampleUnmanagedResource 인스턴스에 WeakReference를 활용하고 호출할 인스턴스가 여전히 존재하는 경우 그 인스턴스에서 Dispose()를 호출한다. WeakReference는 ProcessExit가 인스턴스에 대한 참조를 유지하지 않게 해서 관리되지 않는 리소스가 범위를 벗어나고 종료가 실행된 후 가비지 수집기가 이 리소스를 정리하지 못하도록 보장하는 데 필요하다. 이 핸들러는 AppDomain.CurrentDomain.ProcessExit에 등록되고 ProcessExitHandler 속성에 저장된다. 후자의 단계는 Dispose()가 불필요하게 반복적으로 실행되지 않도록 하고 Dispose()를 실행할 때 AppDomain.CurrentDomain.ProcessExit 이벤트에서 핸들러를 제거할 수 있도록 하는 데 필요하다.

DoStuff() 메서드로 돌아가서 명령줄 인수 -Dispose가 프로그램 시작 시 인수로 지정되는지 여부를 검사한다. 인수로 지정된다면 Dispose()가 호출되고 종료자나 ProcessExit 핸들러, 어느 것도 호출되지 않는다. DoStuff()가 종료하면 SampleUnmanaged Resource의 인스턴스는 더 이상 루트 참조를 갖지 않는다. 하지만 가비지 수집기가 실행될 때 종료자를 확인하고 해당 리소스를 종료 대기열에 추가한다.

프로세스 종료가 시작되고 Dispose() 또는 종료자가 SampleUnmanagedResource 인스턴스에서 아직 실행되지 않았다고 가정하면 AppDomain.CurrentDomain.ProcessExit 이벤트가 발생하고 핸들러를 호출한 다음 Dispose()를 호출한다. 예제 10.21의 Dispose() 메서드와의 핵심 차이점은 Dispose()가 이전에 호출됐다면 프로세스 종료 동안 다시 Dispose()가 호출되지 않도록 AppDomain.CurrentDomain.ProcessExit에서 등록을 해제하는 점이다.

GC.Collect() 다음 GC.WaitForPendingFinalizers()를 호출해 루트 참조 없이 실행되는 개체들에 대한 모든 종료자를 강제로 실행하고 이론적으로는 프로세스 종료 직전에 종료자를 실행할 수도 있지만, 이렇게 하는 것은 오류에 빠지기 쉽다. 첫 번째 주의 사항은 라이브러리 프로젝트는 Main() 인스턴스가 없기 때문에 프로세스 종료 직전에 이들 메서드를 호출할 수 없다는 것이다. 두 번째 주의 사항은 정적 참조와 같은 간단한 참조조차도 루트 참조가 돼 정적 개체 인스턴스가 정리되지 않는 것이다. 이런 이유로 ProcessExit 핸들러가 권장되는 접근 방식이다.

■ 고 급 주 제

생성자에서 예외 전파하기

예외가 생성자 밖으로 전파될 때도 new 연산자로 반환되는 새로운 인스턴스는 없지만 개체의 인스턴스는 여전히 생성된다. 해당 형식이 종료자를 정의하면 이 메서드는 개체가 가비지 수집 대상이 될 때 실행된다(종료 메서드가 부분적으로 생성된 개체에서 실행되게 하는 추가적인 동기 부여). 생성자가 너무 이르게 this 참조를 공유하는 경우 생성자가 예외를 던지더라도 이 참조를 여전히 액세스할 수 있다. 그래도 이런 시나리오는 만들지 않아야 한다.

■ 고 급 주 제

개체 되살리기

개체의 종료 메서드가 호출될 즈음에는 개체에 대한 모든 참조가 사라지고 가비지 수집이 종료 코드를 실행하기 직전 단계가 된다. 그렇기는 하지만 루트 참조 그래프에 종료 개체에 대한 참조를 실수로 다시 추가할 수 있다. 이런 경우 다시 참조된 개체는 더 이상 액세스할 수 없으므로 가비지 수집 준비가 되지 않는다. 하지만 개체에 대한 종료 메서드가 이미 실행됐다면 종료를 위한 명시적인 표시를 하지 않는 한(GC.ReRegisterFinalize() 메서드 사용) 다시 실행되지는 않는다.

분명히 이런 방식의 개체 되살리기가 독특한 동작이지만 일반적으로는 이를 피해야 한다. 종료 코드는 간결해야 하며 참조한 리소스만 정리하는 데 집중해야 한다.

초기화 지연

앞 절에서 using 구문으로 개체의 명확한 삭제를 수행하는 방법과 종료 대기열에서 결
정적 접근법이 사용되지 않는 이벤트에서 리소스를 삭제하는 방법을 다뤘다.

관련 패턴이 **초기화 지연**^{lazy initialization}이나 **지연 로드**^{lazy load}다. 초기화 지연을 사용하면
개체를 미리 만들어 두기보다는 필요할 때 만들 수(또는 획득) 있다. 미리 만들어 두면
개체가 사용되지 않을 때 특히 문제 상황이 될 수 있다. 예제 10.23의 FileStream 속성
을 살펴보자.

예제 10.24 속성 지연 로드

```
using System.IO;

class DataCache
{
    // ...

        public TemporaryFileStream FileStream =>
            InternalFileStream??(InternalFileStream =
                new TemporaryFileStream());

        private TemporaryFileStream InternalFileStream
            { get; set; } = null;
    // ...
}
```

FileStream식 본문 멤버 속성에서 InternalFileStream의 값을 직접 반환하기 전에
null 여부를 검사한다. InternalFileStream이 null이면 먼저 새로운 인스턴스를 반환하
기 전에 TemporaryFileStream 개체의 인스턴스를 생성하고 이를 InternalFileStream에
할당한다. 따라서 FileStream 속성에서 필요한 TemporaryFileStream은 그 속성의 게터에
서 호출될 때만 만들어진다. 게터가 결코 호출되지 않는다면 TemporaryFileStream 개체
의 인스턴스가 만들어지지 않게 되고 인스턴스 생성과 같은 실행 시간에 드는 비용을 절
약한다. 인스턴스 생성이 무시할 만하거나 불가피하다면(그리고 이 불가피함을 미루는 것이
그다지 바람직하지 않다면) 선언하는 동안이나 생성자에서 간단히 할당하는 편이 좋다.

제네릭과 람다 표현식을 사용한 지연 로딩

Microsoft .NET 프레임워크 4.0은 초기화 지연을 돕고자 CLR에 새로운 클래스(System. Lazy<T>)를 추가했다. 예제 10.25에서 이 클래스를 사용하는 방법을 나타냈다.

예제 10.25 System.Lazy〈T〉를 사용한 속성 지연 로드하기

```csharp
using System.IO;

class DataCache
{
    // ...

    public TemporaryFileStream FileStream =>
        InternalFileStream.Value;
    private Lazy<TemporaryFileStream> InternalFileStream { get; }
        = new Lazy<TemporaryFileStream>(
            () => new TemporaryFileStream() );

    // ...
}
```

System.Lazy<T> 클래스는 형식 매개변수 (T)를 사용해 System.Lazy<T>의 Value 속성이 반환하는 형식이 무엇인지를 식별한다. 완전히 구성된 TemporaryFileStream을 _FileStream 필드에 할당하는 대신 Lazy<TemporaryFileStream>라는 인스턴스를 할당하고(경량 호출), Value 속성(그로 인한 FileStream 속성)이 액세스될 때까지 TemporaryFileStream 자체의 인스턴스 생성을 지연시킨다.

형식 매개변수(제네릭) 외에 대리자를 사용하는 경우 Value 속성이 액세스될 때 개체를 초기화하는 방법에 대한 기능을 제공할 수도 있다. 예제 10.25는 대리자(이 경우는 람다 표현식)를 System.Lazy<T>에 대한 생성자로 전달하는 코드를 나타냈다.

람다 식 '() => new TemporaryFileStream(FileStreamName)' 자체는 Value가 호출될 때까지 실행되지 않는다. 그보다 람다 식은 어떤 동작을 일으키는 명령을 전달하는 수단을 제공한다. 명시적으로 그렇게 하기 위한 요청이 있을 때까지 이런 명령을 실제로 실행하지 않는다.

한 가지 분명한 질문은 예제 10.24에서 보인 접근 방식보다는 System.Lazy<T>를 사용해야 하는 시기다. 차이점은 무시할 만하다. 사실 예제 10.24가 실제로 더 간단하다. 즉, 인스턴스 생성과 관련해 경합 상태가 발생할 수 있는 다중 스레드를 수반할 때까지는 더 간단하다. 예제 10.24에서 인스턴스 생성 전에 null에 대한 두 번 이상의 검사가 잠재적으로 일어날 수 있어서 다중 인스턴스가 만들어질 수 있다. 그에 반해 System.Lazy<T>는 스레드 안전한 메커니즘으로 하나의 개체만 만들어지도록 한다.

4.0 끝

요약

이번 10장은 견고한 클래스 라이브러리를 만드는 데 관련된 많은 주제를 살펴봤다. 모든 주제가 개발 내부에 관련돼 있기는 하지만 견고한 클래스를 만드는 데 더 없이 중요하다. 궁극적으로 여기서 초점은 더 견고하고 프로그래밍 가능한 API를 만드는 데 관한 것이다. 견고성이라는 범주에서 네임스페이스와 가비지 수집을 포함할 수 있다. 이들 주제 모두는 개체의 가상 멤버 재정의, 연산자 오버로딩, 문서화를 위한 XML 주석과 함께 프로그래밍 기능 범주에 넣는다.

예외 처리는 예외 계층 구조를 정의하고 이 계층 구조 내에 맞도록 사용자 지정 예외를 강제함으로써 상속에 크게 의존한다. 더욱이 C# 컴파일러는 상속을 사용해 catch 블록 순서를 확인한다. 다음 11장에서 왜 상속이 예외 처리의 핵심인지 살펴본다.

11

예외 처리

5장은 try/catch/finally 블록을 사용한 표준 예외 처리를 설명했다. 5장에서 catch 블록은 항상 System.Exception 형식의 예외를 잡는다. 11장은 몇 가지 추가적인 예외 처리의 세부 내용을 정의하며 구체적으로 추가적인 예외 형식을 둘러싼 세부 사항, 사용자 지정 예외 정의, 각 형식 처리를 위한 다중 catch 블록을 다룬다. 이번 11장은 상속에 의존하기 때문에 예외를 상세히 설명한다.

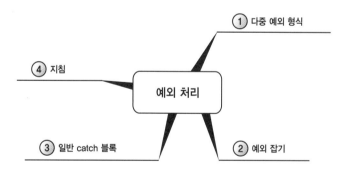

다중 예외 형식

예제 11.1은 5장에서 설명한 System.Exception 형식이 아니라 System.ArgumentException 을 던진다. C#은 System.Exception에서 파생한(간접적으로) 모든 형식을 예외로 던지는 코드를 작성할 수 있다. 예외를 던지려면 간단히 throw라는 키워드로 예외 인스턴스 instance에 접두어를 붙인다. 사용된 예외 형식은 예외를 일으킨 에러를 둘러싼 상황을 가장 잘 설명하는 형식어야 한다. 예를 들어, 예제 11.1의 TextNumberParser.Parse() 메서드를 살펴보자.

예제 11.1 예외 던지기

6.0 시작

7.0 시작

```csharp
public sealed class TextNumberParser
{
    public static int Parse(string textDigit)
    {
        string[] digitTexts =
            { "zero", "one", "two", "three", "four",
                "five", "six", "seven", "eight", "nine" };

        int result = Array.IndexOf(
            digitTexts,
                // C# 2.0의 null 병합 연산자 활용
            (textDigit??
                // C# 7.0의 throw 식 활용
                throw new ArgumentNullException(nameof(textDigit))
            ).ToLower());

        if (result < 0)
        {
            //C# 6.0의 nameof 연산자 활용
            throw new ArgumentException(
                "The argument did not represent a digit",
                nameof(textDigit));
        }

        return result;
    }
}
```

Array.IndexOf() 호출에서 textDigit 인수가 null일 때 C# 7.0 throw 식을 활용한다. C# 7.0 이전엔 throw 식이 허용되지 않았다. throw 문만 허용됐다. 결과적으로 2개의 다른 구문이 필요하다. 한 구문은 null을 검사하고 다른 구문은 예외를 던진다. 예를 들어, null 병합 연산자처럼 동일한 구문 내에서 throw를 포함할 수 없다.

7.0 끝

System.Exception을 던지는 대신 ArgumentException을 던지는 것이 더 적합한 이유는 형식 자체가 무엇이 잘못됐는지를 가리키고 오류가 있는 매개변수를 확인하는 특수한 매개변수를 포함하기 때문이다.

두 가지 유사한 예외가 ArgumentNullException과 NullReferenceException이다. ArgumentNullException은 null 인수를 부적절하게 전달할 때 발생한다. 이런 예외는 ArgumentException이나 ArgumentOutOfRangeException으로 던진 보다 일반적인 유효하지 않은 매개변수 예외(null이 아닐 때)의 특수한 경우다. NullReferenceException은 보통 null 값을 역참조하려고 시도(즉, 값이 null인 개체에서 멤버를 호출하려는 시도)할 때 기본 런타임만 던지는 예외다. 프로그래머는 NullReferenceException를 일으키기보다는 매개변수를 액세스하기 전에 매개변수가 null인지 검사한 뒤 매개변수 이름처럼 상황에 보다 잘 맞는 정보를 제공할 수 있는 ArgumentNullException을 던져야 한다. 인수가 null이더라도 처리되는 방식이 문제가 없다면 런타임이 NullReferenceException을 던지지 않도록 역참조할 때 C# 6.0 null 조건부 연산자를 사용해야 한다.

6.0

인수 예외 형식(ArgumentNullException, ArgumentNullException, Argument OutOfRange Exception 포함)의 한 가지 중요한 특징은 각 형식이 인수 이름을 문자열로 확인할 수 있는 생성자 매개변수를 갖는 것이다. C# 6.0 이전엔 매개변수 이름을 식별하고자 마법의 문자열(예를 들어, textDigit)을 하드코딩hardcoding하는 것을 의미했다. 이러한 접근 방식의 문제점은 매개변수 이름이 바뀐다면 개발자는 이 마법의 문자열을 업데이트해야 한다는 점이다. 다행히 C# 6.0부터 nameof 연산자를 지원하기 때문에 매개변수 이름 식별자를 취해 컴파일 타임에 매개변수 이름 문자열을 생성한다(예제 11.1의 nameof(textDigit) 참고). 이러한 접근 방식의 이점은 이제 IDE가 리팩터링 도구(예를 들어, 자동 이름 변경)를 사용해 어디서든(nameof 연산자에 대한 인수로 사용될 때를 포함) 식별자를 변경할 수 있다는 점이다. 게다가 매개변수 이름이 바뀌면(리팩터링 도구의 사용 없이) 컴파일러는 nameof 연산자로 전달한 식별자가 더 이상 존재하지 않는 경우 에러를 발생시킨다. 더 나아가서 C# 6.0 이후의 일반 지침은 인수 형식 예외의 매개변수 이름에 항상 nameof 연산자를 사용하는 것이다. 18장은 nameof 연산자를 자세히 설명한다. 그때까지는 nameof가 단순히 식별된 인수의 이름을 반환한다는 정도만 이해하자.

몇 가지 다른 예외는 런타임의 경우만 해당되며 System.SystemException에서 파생(때로는 간접적으로)된다. 이들 예외는 System.StackOverflowException과 System.OutOfMemoryException, System.Runtime.InteropServices.COMException, System.ExecutionEngineException, System.Runtime.InteropServices.SEHException을 포함한다. 이러한 형식의 예외를 던지지 않도록 하자. 마찬가지로 고작해야 원인이나 문제 해결에 대한 약간의 암시를 제공할 뿐인 System.Exception이나 System.ApplicationException과 같은 너무나 일반적인 예외를 던지지 않도록 하자. 대신 시나리오에 맞는 구체적으로 파생된 예외를 던지자. 개발자는 잠재적으로 시스템 실패를 낳을 수 있는 API를 만들지 않아야 한다. 하지만 실행 코드가 일정한 상태에 도달해 계속해서 실행하면 안전하지 않거나 복구할 수 없는 경우 System.Environemnt.FailFast()를 호출해야 한다. 이 예외는 잠재적으로 표준 에러와 마이크로소프트 윈도우의 경우 Windows Application 이벤트 로그에 메시지를 작성한 후 프로세스를 바로 종료한다.

가이드라인

- 잘못된 인수가 멤버로 전달되는 경우 ArgumentException이나 이 예외의 하위 형식 중 하나를 던진다. 가능하다면 더 구체적으로 파생된 예외 형식(예를 들어, ArgumentNullException)을 택하자.
- System.SystemException이나 여기에서 파생된 예외 형식을 던지지 않도록 한다.
- System.Exception이나 System.NullReferenceException, System.ApplicationException을 던지지 않도록 한다.
- 프로그램을 계속 실행하는데 안전하지 않는 시나리오를 만날 경우 System.Environment.FailFast( ) 호출로 해당 프로세스의 종료를 고려한다.
- 매개변수를 취하는 인수 예외 형식으로 전달되는 paramName 인수에 nameof를 사용하자. 이런 예외의 예에는 ArgumentException과 ArgumentOutOfRangeException, ArgumentNullException이 있다.

6.0 끝

예외 잡기

특정 예외 형식을 던진다는 것은 캐처^{catcher}가 예외 형식 자체를 사용해 문제를 식별하게 하는 것이다. 즉, 예외를 잡고 예외에 비춰 어떤 동작을 취할지 결정하도록 예외 메시지에서 switch 문을 사용할 필요는 없다. C#은 예제 11.2에서 보인 것처럼 여러 개의 catch 블록을 허용하므로 각 블록에서 특정 예외 형식을 대상으로 정할 수 있다.

예제 11.2 서로 다른 예외 형식 잡기

```csharp
using System;

public sealed class Program
{
    public static void Main(string[] args)
    {
        try
        {
            // ...
            throw new InvalidOperationException(
                "Arbitrary exception");
            // ...
        }
        catch(Win32Exception exception)
            when(exception.ErrorCode == 42)
        {
            // ErrorCode가 42인 Win32Exception 처리
        }
        catch (ArgumentException exception)
        {
            // ArgumentException 처리
        }
        catch (InvalidOperationException exception)
        {
            bool exceptionHandled=false;
            // InvalidOperationException 처리
            // ...
            if(!exceptionHandled)
            {
                throw;
            }
        }
```

```
        catch (Exception exception)
        {
            // Exception 처리
        }
        finally
        {
            // 예외든 아니든 상관없이 여기서 모든 정리 코드 처리
        }
    }
}
```

예제 11.2는 4개의 catch 블록이 있으며 각 블록은 서로 다른 형식의 예외를 처리한다. 예외가 발생할 때 실행은 그 예외와 가장 일치하는 예외 형식을 가진 catch 블록으로 건너뛴다. 일치성의 정도는 상속체인으로 결정된다. 예를 들어, System.Exception 형식의 예외가 발생하더라도 결과적으로 System.InvalidOperationException이 System.Exception에서 파생되기 때문에 상속을 통해 'is a' 관계가 발생한다. InvalidOperation Exception이 가장 일치하는 예외 형식이므로 catch(Exception...) 블록이 아니라 catch(InvalidOperation Exception...)에서 예외를 잡는다.

6.0 시작

C# 6.0에 와서 추가적인 조건식을 catch 블록에 사용할 수 있다. catch 블록은 예외 형식 일치만을 따지는 것으로 제한하는 대신 조건절도 있다. 이 when 절을 사용하면 부울식을 제공할 수 있다. catch 블록은 조건이 참인 경우만 예외를 처리한다. 예제 11.2에서 부울식은 같음 비교 연산자다. 좀 더 복잡한 로직의 경우 메서드 호출로 조건을 검사할 수 있다.

물론, catch 본문 내에 if 블록으로 조건 검사를 간단히 넣어 둘 수 있다. 하지만 그렇게 하면 catch 블록은 조건이 검사되기 전에 예외에 대한 핸들러가 된다. 이런 방식은 조건을 만족시키지 않는 시나리오에서 그 예외를 다른 catch 블록에서 처리하는 코드를 작성하기 어렵다. 하지만 이제는 **예외 조건**exception condition으로 예외를 잡아서 다시 던지지 않고 프로그램 상태(해당 예외 포함)를 검사할 수 있다.

조건절을 사용할 때는 주의를 기울여야 한다. 조건 식 자체가 예외를 던진다면 그때 새로운 예외는 무시되고 조건은 거짓으로 처리될 것이다. 이런 이유로 예외 조건식에 대한 예외를 던지지 않도록 해야 한다.

6.0 끝

컴파일 타임 에러를 피하려면 catch 블록은 가장 구체적인 것에서 가장 일반적인 순서로 나타나야 한다. 예를 들어, 모든 이전 예외가 상속 체인의 어떤 시점에서 System. Exception에서 파생되므로 다른 모든 예외에 앞서 catch(Exception...) 블록으로 이동하면 컴파일 에러를 일으킨다.

catch (SystemException){ }) 블록에서 보인 것처럼 catch 블록에 대한 명명된 매개변수는 필요하지 않다. 사실 형식 매개변수가 없는 최종 catch 블록도 가능한데 다음 절에서 이 부분을 살펴본다.

기존 예외 다시 던지기

InvalidOperationException의 catch 블록에서 다시 던져질 수 있는 catch 블록 범위에서 예외 인스턴스^{exception}가 나타나더라도 throw 문은 던질 예외 식별 없이 throw 단독으로 나타낸다. 특정 예외를 던지면 새로 던진 위치와 일치하도록 모든 스택 정보를 업데이트한다. 결과적으로 원래 예외를 일으켰던 호출 사이트를 가리키는 모든 스택 정보를 잃어버려 문제의 진단을 더 어렵게 만든다. 이런 이유로 C#은 catch 블록 내에서 예외가 발생하면 명시적 예외 참조 없이 throw 구문이나 식(C# 7.0 이후)을 지원한다. 이런 식으로 예외를 완전히 다룰 수 있는지 여부를 알고자 예외를 검사하고, 그렇지 않다면 예외가 한 번도 잡힌 적이 없고 따라서 스택 정보도 바꾸지 않은 것처럼 그 예외(명시적으로 지정되지 않더라도)를 다시 던진다.

■ 고급 주제

스택 정보를 바꾸지 않고 기존 예외 던지기

C# 5.0은 원래 예외의 스택 추적 정보를 잃지 않고 앞서 발생한 예외를 던질 수 있는 메커니즘을 추가했다. 예를 들어, 이 메커니즘을 사용하면 catch 블록 외부에서 'throw;'를 사용하지 않고도 예외를 다시 던질 수 있다. 이런 동작은 매우 드물지만 때때로 프로그램 실행이 catch 블록 외부로 이동할 때까지 예외를 래핑하거나 저장한다. 예를 들어, 멀티스레드 코드는 AggregateException으로 예외를 래핑할 수 있다. System.Runtime. ExceptionServices.ExceptionDispatchInfo 클래스는 정적 Catch()와 인스턴스 Throw() 메

서드를 사용해 이 시나리오를 처리하도록 특별히 설계됐다. 예제 11.3은 스택 추적 정보를 재설정하거나 빈 throw 구문을 사용하지 않고 예외를 다시 던지는 방법을 나타냈다.

예제 11.3 ExceptionDispatchInfo를 사용한 예외 다시 던지기

```
using System
using System.Runtime.ExceptionServices;
using System.Threading.Tasks;
Task task = WriteWebRequestSizeAsync(url);
try
{
    while (!task.Wait(100))
    {
        Console.Write(".");
    }
}
catch(AggregateException exception)
{
    exception = exception.Flatten();
    ExceptionDispatchInfo.Capture(
        exception.InnerException).Throw();
}
```

ExeptionDispatchInfo.Throw() 메서드를 사용하면 컴파일러가 일반적인 throw 구문처럼 이 메서드를 반환문으로 다루지 않는다. 예를 들어, 메서드 시그니처가 값을 반환했지만 ExceptionDispatchInfo.Throw()로 코드 경로에서 어떤 값도 반환하지 않았다면 컴파일러는 값이 반환되지 않았다는 에러를 발생시킨다. 그러므로 반환문이 런타임에 결코 실행되지 않아도(대신 예외가 발생한다) 개발자는 때때로 반환문이 있는 ExceptionDispatchInfo.Throw()를 따라야 할 때가 있다.

일반 catch 블록

2.0 시작

C#에서 코드가 던지는 모든 개체는 System.Exception에서 파생돼야 한다. 하지만 이 요구 사항이 모든 언어에 보편적인 것은 아니다. 예를 들어, C++은 System.Exception에서 파생되지 않은 관리되는 예외를 포함해 모든 개체 형식이 가능하다. 모든 예외[1]는 System.Exception에서 파생됐든 그렇지 않든 System.Exception에서 파생된 것처럼 C# 어셈블리로 전파된다. 결과적으로 System.Exception catch 블록은 이전 블록에서 잡지 않은 모든 예외를 잡는다.

C#은 형식이나 변수 이름이 없는 경우 외에는 catch(System.Exception exception) 블록과 동일한 동작을 하는 일반 catch 블록^{general catch block}(catch{ })도 지원한다. 일반 catch 블록은 catch 블록 목록의 맨 마지막에 나와야 한다. 일반 catch 블록은 catch(System.Exception exception) 블록과 동일하고 일반 catch 블록이 맨 마지막에 나와야 하므로 두 가지 형태가 동일한 try/catch 문 내에 존재하면 일반 catch 블록이 결코 호출되지 않기 때문에 컴파일러가 경고를 표시한다.

2.0 끝

---

1   C# 2.0

일반 catch 블록 내부 동작

사실 일반 catch 블록에 해당하는 CIL^{Common Intermediate Language} 코드는 catch(object) 블록이다. 따라서 던진 예외 형식에 상관없이 일반 catch 블록은 예외를 잡는다. 흥미롭게도 C# 코드 내에서 catch(object) 예외 블록을 명시적으로 선언할 수 없다. 따라서 비 System.Exception에서 파생된 예외를 잡아서 예외 인스턴스를 면밀히 살펴볼 수단이 없다.

사실 C++와 같은 언어의 관리되지 않은 예외는 일반적으로 System.Exception 형식에서 파생된 System.Runtime.InteropServices.SEHException 형식 예외를 일으킨다. 따라서 관리되지 않은 형식 예외를 일반적인 catch 블록을 사용해 잡을 수 있을 뿐만 아니라 발생한 비 System.Exception 관리 형식, 이를테면 string과 같은 형식 역시 잡을 수 있다.

예외 처리를 위한 지침

예외 처리는 선행하는 에러 처리 메커니즘에 매우 필요한 구조를 제공한다. 하지만 무턱대고 사용한다면 다루기 힘든 결과를 낳을 수 있다. 다음 지침은 예외 처리를 위한 몇 가지 모범 사례다.

* 처리할 수 있는 예외만 잡는다.

  일반적으로 모든 예외 형식을 다 처리할 수 있는 것은 아니다. 예를 들어, 배타적 읽기/쓰기 액세스를 위한 파일 열기는 그 파일이 이미 사용 중일 때 System.IO.IOException을 던진다. 이런 형식의 예외를 잡을 때 코드는 파일이 사용 중인지 알려 주고 사용자에게 작업을 취소하거나 재시도하는 옵션을 허용할 수 있다. 알려진 동작이 있는 예외만 잡아야 한다. 다른 예외 형식은 해당 스택의 더 상위 호출자의 몫으로 남겨야 한다.

* 완전히 처리하지 못하는 예외를 숨기지 않는다.

  신입 프로그래머는 모든 예외를 잡고 나서 처리되지 않은 예외는 사용자에게 알려 주지 않고 계속 실행하려는 유혹을 종종 받는다. 하지만 이는 중요한 시스템 문제를 감지하지 못하는 결과를 낳는다. 코드에서 명시적인 동작으로 예외를 처리하거나 어떤 예외가 무해한지를 명시적으로 결정하지 않는 한 catch 블록은 이들 예외를 잡아서 호출자에 숨기지 말고 예외를 다시 던져야 한다. 대개 예외를 다시 던져 해당 블록을 끝내지 않는 한 catch(System.Exception)와 일반 catch 블록은 호출 스택의 더 상위에 나와야 한다.

4.0 시작

- System.Exception과 일반적인 catch 블록은 될 수 있으면 사용하지 않는다.

  거의 모든 예외는 System.Exception에서 파생된다. 하지만 일부 System.Exception들을 처리하는 최상의 방법은 이들 예외를 처리하지 않고 진행하거나 늦기 전에 애플리케이션을 부드럽게 종료하는 것이다. 이러한 예외로는 System.OutOfMemoryException과 System.StackOverflowException등이 있다. 다행히[2] 이런 예외는 기본적으로 복구할 수 없으므로 이들을 다시 예외로 던지지 않고 잡으면 어쨌든 CLR이 이들 예외를 다시 던진다. 이런 예외는 개발자가 복구할 수 있는 코드를 작성할 수 없는 런타임 예외다. 따라서 최선의 동작 경로는 애플리케이션을 종료하는 것이다(런타임이 강제로 종료한다).

4.0 끝

- 호출 스택의 하위에서 예외 보고나 로그 기록을 피한다.

  프로그래머들은 호출 스택에서 가능한 한 빨리 예외의 로그를 기록하거나 사용자에게 예외를 알려 주고픈 유혹에 빠질 때가 종종 있다. 하지만 이런 위치에서는 예외를 완전히 처리하기 힘들다. 이들 위치는 그 예외를 다시 던지는 곳이다. 이런 catch 블록은 호출 스택에 깊숙이 들어가 있는 동안에 예외를 기록하거나 사용자에게 예외를 보고하지 않아야 한다. 예외가 기록되고 다시 던져지면 호출 스택의 상위 호출자가 같은 작업을 수행하게 될 것이고, 이 예외의 로그 항목을 복제하게 된다. 더 나쁜 것은 사용자에게 표시한 예외가 적절한 애플리케이션의 형식이 아닐 수 있다는 점이다. (예를 들어, 윈도우 애플리케이션에서 System.Console.WriteLine( )을 사용한 것을 사용자는 절대 보지 못하며 무인 명령줄 프로세스에서 대화상자 표시는 눈에 띄지 않아 애플리케이션 멈춤을 일으킬 수 있다.) 사용자 인터페이스 관련 로깅과 예외는 호출 스택의 상위에서 사용해야 한다.

---

2 CLR(Common Language Runtime) 4. CLR 4 이전의 코드는 애플리케이션 종료나 'throw;'로 예외를 다시 던지기 전에 정리를 실행하거나 응급 코드(휘발성 데이터 저장 등)를 실행하는 용도로만 이런 예외를 잡아야 한다.

- catch 블록 내에서 'throw <예외 개체>' 대신에 'throw;'를 사용한다.

  catch 블록 내에서 예외를 다시 던질 수 있다. 예를 들어, catch(ArgumentNull Exception exception)의 구현은 'throw exception'에 대한 호출을 포함할 수 있다. 하지만 이와 같은 예외를 다시 던지면 원래 던진 위치를 재사용하지 않고 스택 추적을 다시 던진 호출 위치로 재설정한다. 따라서 다른 예외 형식으로 다시 던지거나 원래 호출 스택을 일부러 숨기지 않는 한, 'throw;'를 사용하면 동일한 예외를 호출 스택 상위로 전파할 수 있다.

- catch 블록 내에서 예외를 다시 던지지 않고자 예외 조건을 선호한다.

  적절하게 처리할 수 없는 예외를 잡았다는 것을 알고 다시 던져야 할 때가 종종 있는데 이때는 우선 예외 조건을 사용해 예외를 잡지 않도록 한다.

- 예외 필터에서 예외를 던지지 않는다.

  예외 필터를 제공할 때 예외를 던지는 코드를 피하자. 예외 필터에서 예외를 던지면 서식 소션이 나오고 예외 발생이 무시된다. 이런 이유로 복잡한 조건 검사는 명시적으로 예외를 다루는 try/catch 블록으로 래핑한 별도 메서드에 넣는 걸 고려하자.

- 시간이 지남에 따라 바뀔 수 있는 예외 조건은 피한다.

  예외 필터가 지역화나 메시지 변경으로 잠재적으로 바뀔 수 있는 예외 메시지와 같은 조건을 평가하면 예상한 예외 조건이 잡히지 않아서 비즈니스 로직이 예상과 다르게 실행될 수 있다. 이런 이유로 예외 조건은 시간이 지나도 유효해야 한다.

- 다른 예외를 다시 던질 때 주의한다.

  catch 블록 내부에서 다른 예외를 다시 던지면 던진 위치도 재설정하며 원래 예외도 숨긴다. 원래 예외를 보존하려면 새로운 예외의 InnerException 속성(대개 생성자로 할당 가능)을 설정한다. 다른 예외를 다시 던지는 일은 다음의 상황에서만 고려한다.

  1. 예외 형식 변경이 문제를 명확하게 만든다.

     예를 들어, 사용자 목록이 있는 파일을 액세스할 수 없을 때 Logon(User user) 호출에서 다른 형식의 예외를 다시 던지면 System.IO.IOException을 전파하는 것보다 더 적합할 수 있다.

2. 전용^{private} 데이터가 원래 예외의 일부다.

    앞서 나온 시나리오에서 파일 경로가 System.IO.IOException에 포함돼 해당 시스템에 관한 전용 보안 정보를 노출한다면 그 예외를 래핑해야 한다. 물론 이는 InnerException을 원래 예외로 설정하지 않았음을 가정한다. (뜻밖이겠지만 아주 초기 버전의 CLR v1(심지어 알파 이전)은 '보안 예외: c:\temp\foo.txt의 경로에 대한 권한이 없습니다.'와 같은 예외가 있었다.)

3. 예외 형식이 해당 호출자가 적절히 처리하기에 너무 구체적이다.

    예를 들어, 특정 데이터베이스 시스템에 한정적인 예외를 던지지 않고 더 일반적인 예외를 던지면 호출 스택 상위에서 특정 데이터베이스에 한정적인 코드를 피할 수 있다.

가이드라인

- 호출 스택의 더 하위에서 예외를 보고하거나 로그를 기록하지 않는다.
- 과다한 catch를 사용하지 않는다. 호출 스택에서 하위 에러를 프로그래밍 방식으로 처리하는 방법을 명확히 이해하지 못하면 예외를 해당 호출 스택 상위로 전파할 수 있어야 한다.
- 특정 예외를 잡으려 할 때 주어진 콘텍스트에서 예외가 발생한 이유를 이해하고 프로그래밍 방식으로 실패에 대응할 수 있는지 고려한다.
- 예외를 다시 던지기 전에 최상위 수준 예외 처리기에서 정리 작업을 수행하는 것을 제외하고는 System.Exception이나 System.SystemException을 잡지 않도록 한다.
- catch 블록 내에서 'throw ⟨exception object⟩'보다 throw를 사용한다.
- catch 블록 내에서 예외를 다시 던지지 않도록 예외 조건을 사용한다.
- 다른 예외를 다시 던질 때 주의한다.
- 예외 필터에서 예외를 던지지 않는다.
- 시간이 지남에 따라 암시적으로 바뀔 수 있는 로직을 포함하는 예외 필터를 피한다.

사용자 지정 예외 정의하기

일단 예외를 던지는 것이 최상의 조치라면 프레임워크 예외가 잘 만들어졌고 이해가 쉽기 때문에 프레임워크 예외를 사용하는 편이 바람직하다. 예를 들어, 사용자 지정 유효하지 않은 인수 예외를 던지는 대신 System.ArgumentException 형식을 사용하는 것이 좋다. 하지만 개발자가 특정 API를 사용해 특별한 작업을 한다면(이를테면 예외 처리 로직이 사용자 지정 예외 형식에 따라 달라지는 경우) 사용자 지정 예외를 정의하는 것이 좋다. 예를 들어, 매핑 API가 유효하지 않은 우편번호의 주소를 받는다면 System.ArgumentException을 던지기보다는 별도로 만든 InvalidAddressException을 발생시키는 편이 더 나을 것이다. 핵심은 호출자가 일반 System.ArgumentException의 catch 블록보다 특별한 처리를 제공하는 InvalidAddressException을 작성할 수 있는지 여부다.

사용자 지정 예외 정의는 간단히 System.Exception이나 다른 예외 형식에서 파생된 것을 포함한다. 예제 11.4는 그 예를 나타냈다.

예제 11.4 사용자 지정 예외 만들기

```csharp
class DatabaseException : Exception
{
    public DatabaseException(
        string? message,
        System.Data.SqlClient.SQLException? exception)
        : base(message, innerException: exception)
    {
        // ...
    }

    public DatabaseException(
        string? message,
        System.Data.OracleClient.OracleException? exception)
        : base(message, innerException: exception)
    {
        // ...
    }

    public DatabaseException()
    {
        // ...
    }

    public DatabaseException(string? message)
    {
        // ...
```

```
    }

    public DatabaseException(
        string? message, Exception? exception)
        : base(message, innerException: exception)
    {
        // ...
    }
}
```

이 사용자 지정 예외는 상용 데이터베이스 예외를 래핑하려고 만들었다. 예를 들어, 오라클과 SQL 서버는 비슷한 에러에 대해 다른 예외를 던지므로 애플리케이션은 특정 데이터베이스 예외를 애플리케이션이 표준 방식으로 처리할 수 있는 공통 예외 래퍼로 표준화한 사용자 지정 예외를 정의할 수 있다. 이런 식으로 애플리케이션은 오라클이나 SQL 서버 백엔드 데이터베이스 사용 여부에 상관없이 동일한 catch 블록을 사용해 해당 스택 더 상위에서 에러를 처리할 수 있다.

사용자 지정 예외에 대한 유일한 요구 사항은 System.Exception이나 그 자식 중 하나에서 파생해야 한다는 점이다. 하지만 사용자 지정 예외를 위한 다른 모범 사례가 있다.

- 모든 예외는 'Exception' 접미사를 사용해야 한다. 이렇게 하면 이름으로 이들 예외의 목적을 쉽게 파악할 수 있다.
- 일반적으로 모든 예외는 매개변수가 없는 생성자와 문자열 매개변수, 문자열과 내부 예외의 매개변수 집합으로 이뤄진 생성자를 포함해야 한다. 더욱이 예외를 던지는 동일한 구문 내에서 보통 예외가 생성되므로 모든 추가 예외 데이터도 생성자의 일부로 허용해야 한다. (이들 모든 생성자를 만드는 데 있어서 명확한 예외는 특정 데이터가 필요하고 생성자에서 이런 요구 사항을 채우지 못한 경우다.)
- 상속 체인은 상대적으로 얕게 유지해야 한다(거의 5단계 수준 미만).

내부 예외의 중요한 목적은 잡은 예외와는 다른 예외를 던질 때다. 예를 들어, 데이터베이스 호출에서 System.Data.SqlClient.SqlException을 던지지만 데이터 액세스 계층 내에서 잡히고 DatabaseException으로서 다시 던져지면 SqlException(또는 내부 예외)

을 취하는 DatabaseException 생성자는 InnerException 속성에서 원래 SqlException을 저장한다. 이런 식으로 원래 예외에 관한 추가적인 세부 내용이 필요한 경우 개발자는 InnerException 속성에서 예외를 가져올 수 있다(예, exception.InnerException).

> **가이드라인**
>
> - 예외 계층 구조가 너무 깊어지지 않게 한다.
> - 예외가 기존 CLR 예외 외에 다르게 처리되지 못하는 경우 새로운 예외 형식을 생성하지 않는다. 대신에 기존 프레임워크 예외를 던진다.
> - 기존 CLR 예외를 사용해 다룰 수 없고 다른 모든 기존 CLR 예외 형식과는 다른 식으로 프로그래밍 방식의 처리할 수 있는 고유한 프로그램 에러를 다룰 때 새로운 예외 형식을 만든다.
> - 모든 사용자 지정 예외 형식에서 매개변수 없는 생성자를 제공한다. 메시지와 내부 예외를 취하는 생성자도 제공한다.
> - 예외 클래스 이름 끝에는 'Exception' 접미사를 붙인다.
> - 예외를 런타임 직렬화할 수 있게 만든다.
> - 예외와 관련한 추가 정보를 프로그래밍 방식으로 액세스하고자 예외 속성 제공을 고려한다.

■ 고 급 주 제

직렬화 예외

직렬화 개체는 런타임이 스트림(예를 들어, 파일 스트림) 내에서 보존할 수 있어서 해당 스트림 밖에서 다시 인스턴스로 만들 수 있는 개체다. 예외의 경우 이 동작은 특정 분산 통신 기술이 필요할 수 있다. 직렬화를 지원하려면 예외 선언이 System.SerializableAttribute 특성을 포함하거나 ISerializable을 구현해야 한다. 더욱이 이 선언은 System.Runtime.Serialization.SerializationInfo와 System.Runtime.Serialization.StreamingContext를 취하는 생성자를 포함해야 한다. 예제 11.5에서 System.SerializableAttribute를 사용하는 예를 나타냈다.

예제 11.5 직렬화 예외 정의하기

```
// 특성을 통한 직렬화 지원
[Serializable]
class DatabaseException : System.Exception
```

```
{
    // ...

    // 예외의 역직렬화를 위해 사용됨
    public DatabaseException(
        SerializationInfo serializationInfo,
        StreamingContext context)
            : base(serializationInfo, context)
    {
        //...
    }

}
```

앞서의 DatabaseException 예제는 예외 직렬화를 만들기 위한 특성과 생성자 요구 사항 모두를 보였다.

.NET 코어의 경우 System.SerializableAttribute은 .NET Standard 2.0을 지원해야 사용할 수 있다. .NET Standard 버전 2.0 이하를 포함해 여러 프레임워크에서 컴파일하는 코드를 작성하는 경우 **폴리필**polyfill로서 자체 System.SerializableAttribute 정의를 고려한다. 폴리필은 특정 버전의 기술에서 간격을 메워 기능을 추가하거나 빠진 부분에 대한 심shim을 제공하는 코드다.

래핑한 예외 다시 던지기

때로 스택의 하위 수준에서 던진 예외를 상위 수준에서 잡았는데 더 이상 의미가 없을 때가 있다. 예를 들어, 시스템이 서버의 디스크 공간이 없어서 일으키는 System.IO.IOException을 생각해 보자. 이런 예외를 잡는 클라이언트가 I/O 작업이 일어났던 이유의 콘텍스트를 반드시 이해하리라는 보장이 없다. 마찬가지로 System.UnauthorizedAccessException(호출 API에 전혀 관련 없는 예외)을 던지는 지리적 좌표 요청을 고려해 보자. 이 두 번째 예제에서 호출자는 API 호출이 보안과 어떤 관련이 있는지 이해하기 위한 콘텍스트가 없다. 이 API를 호출하는 코드의 관점에서 보면 이들 예외는 진단을 도와주기보다 혼란을 더 안겨 줄 뿐이다. 클라이언트에 이런 예외를 노출하기보다 시스템이 유효하지 않은 상태에 있음을 알리는 수단으로써 예외를 먼저 잡은 뒤 InvalidOperation Exception(또는 사용자 지정 예외)과 같은 다른 예외를 던지는 것이 좋다. 이런 시나리오에서 래핑한 예외의 InnerException 속성을 설정하면(통상 'new InvalidOperationException(String, Exception)'처럼 생성자 호출로) 호출한 프레임워크에 더 관련성이 높은 사람이 진단 목적으로 사용할 수 있는 추가 콘텍스트가 있다.

예외를 래핑하고 다시 던지는 일을 고려할 때 기억할 중요 세부 사항은 원래 스택 추적(예외를 던진 곳의 콘텍스트를 제공)이 래핑한 예외를 던진 새로운 스택 추적으로 바뀐다는 사실이다(ExceptionDispatchInfo이 사용되지 않았다고 가정). 다행히 원래 예외가 래핑한 예외에 포함될 때 원래 스택 추적도 여전히 사용할 수 있다.

궁극적으로 해당 예외를 다루는 대상은 API를 잘못 호출하는 코드를 작성했을 가능이 있는 프로그래머다. 그러므로 무엇을 잘못했는지 그리고 (어쩌면 더 중요한) 이 잘못을 고치는 방법을 프로그래머에게 알려 주는 풍부한 정보를 제공해야 한다. 예외 형식은 중요한 커뮤니케이션 메커니즘의 한 부분이다. 따라서 이 형식을 주의 깊게 선택해야 한다.

> **가이드라인**
> - 하위 계층 예외가 더 상위 계층 동작의 콘텍스트에 맞지 않다면 더 적합한 예외에서 하위 계층 예외로부터 던진 특정 예외의 래핑을 고려하자.
> - 예외를 래핑할 때 내부 예외를 지정한다.
> - 개발자를 예외에 대한 청중으로 삼아서 가능한 문제뿐만 아니라 문제를 해결하는 메커니즘을 확인한다.

■ 초 급 주 제

검사 변환과 비검사 변환

2장 고급 주제에서 처음 설명한 것처럼 C#은 대상 데이터 형식이 할당된 데이터를 포함하기에 너무 작은 경우 런타임에 수행해야 할 작업에 대한 명령을 코드 블록에 표시하는 특별한 키워드를 제공한다. 기본적으로 대상 데이터 형식이 할당된 데이터를 담을 수 없다면 이 데이터는 할당하는 동안 잘린다. 다음 예제 11.6이 그 예를 나타냈다.

```
using System;

public class Program
{
    public static void Main()
    {
        // int.MaxValue는 2147483647.
        int n = int.MaxValue;
        n = n + 1 ;
        System.Console.WriteLine(n);
    }
}
```

결과 11.1은 예제 11.6의 결과를 나타냈다.

결과 11.1

```
-2147483648
```

예제 11.6의 코드는 콘솔에 -2147483648라는 값을 출력했다. 하지만 checked 블록 내에 이 코드를 넣거나 컴파일러를 실행할 때 checked 옵션을 사용하면 런타임이 System. OverflowException 형식의 예외를 던질 것이다. 검사 블록을 위한 구문은 예제 11.7에서 보인 것처럼 checked 키워드를 사용한다.

예제 11.7 검사 블록 예제

```
using System;

public class Program
{
    public static void Main()
    {
        checked
        {
            // int.MaxValue는 2147483647.
            int n = int.MaxValue;
            n = n + 1 ;
            System.Console.WriteLine(n);
```

```
        }
    }
}
```

상수만 계산하는 경우라면 기본적으로 계산을 검사할 것이다. 결과 11.2에서 예제 11.7의 결과를 나타냈다.

결과 11.2

처리되지 않은 예외: System.OverflowException: 산술 연산으로 인해 오버플로가 발생했습니다.
위치: Program.Main() 파일 ...Program.cs:줄 12

결과 11.2에서 보인 것처럼 런타임에 checked 블록 내에서 오버플로 할당이 발생하면 예외를 던진다.[3] 디버그 컴파일인 경우(즉, 컴파일러의 /Debug 옵션을 사용한 컴파일)는 위치 정보(Program.cs:줄 X)를 표시한다.

전체 프로젝트가 비검사[unchecked] 또는 검사[checked]되도록 변경하려면 CheckForOver flowUnderflow 속성을 각각 false나 true로 설정한다.

```
<PropertyGroup>
  <CheckForOverflowUnderflow>true</CheckForOverflowUnderflow>
</PropertyGroup>
```

C#은 블록 내에서 할당에 대한 예외를 던지는 대신 데이터가 잘리는 비검사 블록도 지원한다(예제 11.8 참고).

예제 11.8 비검사 블록 예제

```
using System;

public class Program
{
    public static void Main()
    {
        unchecked
```

---

3 결과 11.2 외에 .NET 프레임워크 디버거가 설치돼 있다면 에러 메시지를 마이크로소프트에 보낼지 확인하거나 솔루션 검사 또는 애플리케이션을 디버깅하는 대화상자가 나타날 수 있다.

```
        {
            // int.MaxValue는 2147483647.
            int n = int.MaxValue;
            n = n + 1 ;
            System.Console.WriteLine(n);
        }
    }
}
```

결과 11.3에서 예제 11.8의 결과를 나타냈다.

결과 11.3

```
-2147483648
```

checked 옵션이 컴파일하는 동안에 설정됐어도 예제 11.8의 코드에서 unchecked 키
워드는 실행하는 동안에 런타임이 예외를 던지지 않도록 한다.

구문이 허용되지 않는 경우에도 동일한 checked와 unchecked 표현식을 사용할 수 있
다. 예를 들어, 다음처럼 필드 이니셜라이저는 구문이 아니라 식으로 구성된다.

```
int number = unchecked(int.MaxValue + 1);
```

요약

예외를 던지면 상당한 성능 저하가 일어난다. 하나의 예외가 수많은 런타임 스택 정보
를 로드하고 처리하게 되며 그 밖에 로드되지 않는 데이터도 있을 것이므로 예외 처리
에는 상당한 시간이 걸린다. 5장에서 지적한 것처럼 예외적인 상황을 처리할 때만 예외
를 사용해야 한다. API는 예외를 던졌는지 여부를 알고자 특정 API 호출을 강제하는 대
신 예외가 발생하는지 여부를 검사하는 메커니즘을 제공해야 한다.

다음 12장은 C# 1.0에서 작성한 코드를 크게 향상시켜 주는 C# 2.0 기능인 제네
릭을 소개한다. 사실 이전에 거의 모든 프로젝트에서 기본적으로 사용했던 System.
Collections 네임스페이스는 사용하지 않는다.

■12■
제네릭

프로젝트가 점점 더 복잡해짐에 따라 기존 소프트웨어를 재사용하고 조정하는 더 나은 방법이 필요해진다. 코드 재사용, 특히 알고리듬의 재사용을 촉진하고자 C#은 **제네릭**generic이라는 기능을 제공한다.

제네릭이라는 말만 보면 자바의 제네릭 형식과도 유사하고 C++의 템플릿과도 유사하다. 세 가지 언어 모두에서 이러한 기능은 알고리듬과 패턴을 한 번만 구현하면 알고리듬이나 패턴이 동작하는 각 형식에 대한 별도 구현의 필요성을 없앤다. 하지만 C# 제네릭은 세부 구현과 각 언어의 형식 시스템에 끼치는 영향에서는 자바 제네릭 및 C++ 템플릿과는 아주 다르다. 인수를 취할 수 있기 때문에 메서드처럼 강력하므로 형식 인수를 받는 형식과 메서드는 훨씬 많은 기능을 가진다.

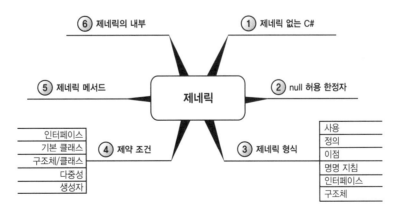

제네릭은 2.0에서 런타임과 C#에 추가됐다.

제네릭 없는 C#

제네릭을 사용하지 않는 클래스를 시험해 보면서 제네릭에 대한 얘기를 시작해 보자. 클래스 System.Collections.Stack은 컬렉션에 추가된 마지막 항목이 이 컬렉션에서 가져오는 첫 번째 항목이 되도록 개체의 컬렉션을 표시한다(last in, first out이라는 의미로 LIFO라 부른다). Stack 클래스의 Push()와 Pop()이라는 두 가지 주요 메서드는 각각 스택에 항목을 추가하고 제거한다. 이 스택 클래스의 메서드에 대한 선언을 예제 12.1에서 나타냈다.

예제 12.1 System.Collections.Stack 메서드 시그니처

```
public class Stack
{
    public virtual object Pop() { ... }
    public virtual void Push(object obj) { ... }
    // ...
}
```

프로그램은 실행 취소 작업을 여러 번 가능케 하는 스택 형식 컬렉션을 자주 사용한다. 예를 들어, 예제 12.2는 'Etch A Sketch' 게임을 시뮬레이션하는 프로그램 내에서 실행 취소 작업용으로 System.Collections.Stack 클래스를 사용한다.

예제 12.2 Etch A Sketch 게임과 유사한 프로그램에서 실행 취소 지원하기

```
using System.Collections;
class Program
{
    // ...

    public void Sketch()
    {
        Stack path = new Stack();
        Cell currentPosition;
        ConsoleKeyInfo key; // C# 2.0에서 추가됨
```

2.0

```
        do
        {
            // 사용자가 입력한 화살표 키로 가리킨 방향으로 파낸다.
            key = Move();

            switch (key.Key)
            {
            case ConsoleKey.Z:
                // 이전 이동 실행 취소
                if (path.Count >= 1)
                {
                    currentPosition = (Cell)path.Pop();
                    Console.SetCursorPosition(
                        currentPosition.X, currentPosition.Y);
                    Undo();
                }
                break;

            case ConsoleKey.DownArrow:
            case ConsoleKey.UpArrow:
            case ConsoleKey.LeftArrow:
            case ConsoleKey.RightArrow:
                // SaveState()
                currentPosition = new Cell(
                    Console.CursorLeft, Console.CursorTop);
                path.Push(currentPosition);
                break;

            default:
                Console.Beep(); // C# 2.0에서 추가된다.
                break;
            }

        }
        while (key.Key != ConsoleKey.X); // X를 사용해 종료

    }
}

public struct Cell
{
    // C# 6.0 이전은 읽기 전용 필드 사용
```

```
    public int X { get; }
    public int Y { get; }
    public Cell(int x, int y)
    {
        X = x;
        Y = y;
    }
}
```

결과 12.1에서 예제 12.2의 결과를 나타냈다.

결과 12.1

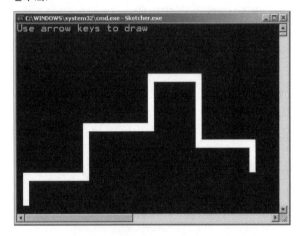

System.Collections.Stack으로 선언한 변수 path를 사용해 사용자 지정 형식 Cell을, path.Push(currentPosition)을 사용해 Stack.Push() 메서드로 전달해 이전 이동을 저장한다. 사용자가 Z(또는 Ctrl+Z)를 입력하면 Pop() 메서드를 사용해 스택에서 값을 가져와 커서 위치를 이전 위치로 설정하고 Undo()를 호출해 이전 이동을 취소한다.

이 코드는 동작하지만 System.Collections.Stack 클래스는 근본적인 단점이 있다. 예제 12.1에서 보인 것처럼 Stack 클래스는 object 형식의 값을 수집한다. CLR의 모든 개체가 object에서 파생되기 때문에 Stack은 배치한 요소가 동일하거나 의도한 형식인지 유효성 검사를 제공하지 않는다. 예를 들어, currentPosition을 전달하지 않고 X와 Y를 이들 사이에 소수점을 붙여 연결한 문자열을 전달할 수 있다. 하지만 stack 클래스는 특

2.0

정 형식에 상관없이 어떤 개체든 다룰 수 있도록 작성됐기 때문에 컴파일러는 일치하지 않는 데이터 형식을 허용해야 한다.

더욱이 Pop() 메서드를 사용해 스택에서 데이터를 가져올 때 반환 값을 Cell로 캐스팅해야 한다. 그러나 Pop() 메서드에서 반환된 값의 형식이 Cell이 아니면 예외가 발생한다. 캐스트를 사용해 런타임 때까지 형식 검사를 연기하면 프로그램을 더 불안정하게 만든다. 제네릭 없이 여러 가지 데이터 형식을 다루는 클래스를 만들면서 갖게 되는 근본 문제는 대개 object라고 하는 공통 기본 클래스(또는 인터페이스)로 작업해야 한다는 점이다.

object를 사용하는 클래스에서 구조체나 정수 값과 같은 값 형식을 사용하면 문제를 악화시킨다. 예를 들어, 값 형식을 Stack.Push() 메서드로 전달하면 런타임이 자동으로 박싱한다. 마찬가지로 값 형식을 가져올 때 데이터를 명시적으로 언박싱하고 Pop() 메서드에서 얻은 object 참조를 값 형식으로 캐스팅해야 한다. 참조 형식을 기본 클래스나 인터페이스로 캐스팅하는 것은 성능 영향을 무시해도 될 정도지만, 값 형식에 대한 박싱 작업은 메모리를 할당하고 값을 복사한 후 나중에 해당 메모리를 가비지 수집해야 하기 때문에 오버헤드가 더 크다.

C#은 '형식 안전성type safety'을 추구하는 언어다. C#은 정수를 string 형식의 변수에 할당하는 것과 같은 많은 형식 에러를 컴파일 타임에 잡을 수 있도록 설계됐다. 근본 문제는 Stack 클래스가 C# 프로그램에서 기대하듯이 형식 안전성을 제공하지 않는다는 점이다. Stack 클래스를 변경해 형식 안전성을 강제하고 스택의 콘텐츠를 특정 데이터 형식으로 제한하려면(제네릭 형식 없이) 예제 12.3에서처럼 특수한 Stack 클래스를 만들어야 한다.

예제 12.3 구체화된 Stack 클래스 정의

```
public class CellStack
{
    public virtual Cell Pop();
    public virtual void Push(Cell cell);
    // ...
}
```

2.0

CellStack은 Cell 형식 개체만 저장할 수 있기 때문에 이 솔루션은 이상적이진 않지만 스택 메서드의 사용자 지정 구현이 필요하다. 형식이 안전한 정수 스택을 구현하는 데는 또 다른 사용자 지정 구현이 필요하다. 각 구현은 다른 모든 구현과 상당히 유사하다. 여기에는 중복 코드가 아주 많을 것이다.

■ 초 급 주 제

또 다른 예제: null 허용 값 형식

3장은 값 형식 변수를 선언할 때 null 허용 한정자인 ?를 사용해 null을 포함할 수 있는 변수 선언 기능을 소개했다. 올바른 구현은 제네릭이 필요했기 때문에 C#은 2.0 버전에서만 이 기능을 지원하기 시작했다. 제네릭 소개 이전엔 프로그래머는 기본적으로 두 가지 옵션을 쓸 수 있었다.

첫 번째 옵션은 예제 12.4에서 보인 것처럼 각 값 형식에 null 값을 처리해야 하는 null 허용 데이터 형식을 선언하는 것이다.

예제 12.4 null을 저장하는 다양한 값 형식 버전 선언

```
struct NullableInt
{
    /// <summary>
    /// HasValue가 true를 반환할 때 해당 값 제공
    /// </summary>
    public int Value{ get; private set; }

    /// <summary>
    /// 값이 있는지 여부나 값이 'null'인지 여부를 가리킨다.
    /// </summary>
    public bool HasValue{ get; private set; }

    // ...
}

struct NullableGuid
{
    /// <summary>
    /// HasValue가 true를 반환할 때 해당 값 제공
    /// </summary>
```

```
        public Guid Value{ get; private set; }

        /// <summary>
        /// 값이 있는지 여부나 값이 'null'인지 여부를 가리킨다.
        /// </summary>
        public bool HasValue{ get; private set; }

        ...
    }
    ...
```

예제 12.4는 NullableInt와 NullableGuid의 가능한 구현을 나타냈다. 프로그램이 추가 null 허용 값 형식이 필요한 경우 원하는 값 형식을 사용하도록 수정된 속성을 가진 또 다른 구조체를 만들어야 한다. 이 구현의 개선(예를 들어, 기본 형식에서 null 허용 형식으로 사용자 정의 암시적 변환 추가)은 모든 null 허용 형식 선언을 수정해야 한다.

제네릭이 없는 null 허용 형식 구현을 위한 대체 전략은 예제 12.5에서 보인 것처럼 object 형식의 Value 속성을 갖는 단일 형식을 만드는 것이다.

예제 12.5 object 형식의 value 속성을 포함하는 null 허용 형식 선언하기

```
struct Nullable
{
    /// <summary>
    /// HasValue에서 true를 반환할 때 해당 값 제공
    /// </summary>
    public object Value{ get; private set; }

    /// <summary>
    /// 값이 있는지 여부나 값이 'null'인지 여부를 가리킨다.
    /// </summary>
    public bool HasValue{ get; private set; }

    ...
}
```

2.0

이 옵션은 null 허용 형식의 한 가지 구현일 뿐이지만 Value 속성을 설정할 때 런타임은 항상 값 형식을 박싱한다. 더욱이 Value 속성에서 기본 값을 가져오려면 런타임에 잠

재적으로 유효하지 않는 캐스트 연산이 필요하다.

어느 옵션도 특별히 매력적이지 않다. C# 2.0은 이 문제를 없앨 수 있게 제네릭을 도입했다. (그리고 사실 null 허용 형식은 실제로 Nullable<T>라는 제네릭 형식으로 구현됐다.)

제네릭 형식 소개

제네릭은 특정 형식을 처리하도록 구체화시킬 수 있는 데이터 구조를 만드는 기능을 제공한다. 프로그래머는 이들 **매개변수화된 형식**parameterized type을 정의해 특정 제네릭 형식의 각 변수가 동일한 내부 알고리듬을 갖지만, 데이터와 메서드 시그니처의 형식은 형식 매개변수에서 제공한 형식 인수를 기반으로 바뀔 수 있도록 한다.

개발자의 학습 곡선을 낮추기 위해 C# 설계자들은 표면적으로 C++ 템플릿과 닮은 문법을 선택했다. C#에서 제네릭 클래스와 구조체에 대한 문법은 형식 선언에서 꺾쇠 괄호를 사용해 제네릭 형식 매개변수를 선언하고 해당 형식이 사용될 때 제네릭 형식 인수를 지정한다.

제네릭 클래스 사용하기

예제 12.6은 제네릭 클래스가 사용하는 실제 형식 인수를 지정하는 방법을 보였다. 개체를 만드는 식과 선언 구문 모두에서 꺾쇠 괄호 표기 내에 Cell을 지정하고 path 변수를 'Cell의 스택' 형식으로 지정한다. 즉, 제네릭 데이터 형식을 사용해 변수(이 경우 path)를 선언할 때 C#을 사용하는 개발자는 제네릭 형식이 사용하는 실제 형식 인수를 식별해야 한다. 예제 12.6은 새로운 제네릭 Stack 클래스를 통해 이 과정을 나타냈다.

예제 12.6 제네릭 Stack 클래스로 실행 취소 구현하기

```
using System;
using System.Collections.Generic;

class Program
{
    // ...

    public void Sketch()
```

```
{
    Stack<Cell> path;                 // 제네릭 변수 선언
    path = new Stack<Cell>();         // 제네릭 개체 인스턴스 생성
    Cell currentPosition;
    ConsoleKeyInfo key;

    do
    {
        // 사용자가 입력한 화살표 키가 가리키는 방향으로 파낸다.
        key = Move();

        switch (key.Key)
        {
            case ConsoleKey.Z:
                // 이전 이동의 실행 취소
                if (path.Count >= 1)
                {
                    // 캐스팅이 필요하지 않음.
                    currentPosition = path.Pop();
                    Console.SetCursorPosition(
                        currentPosition.X, currentPosition.Y);
                    Undo();
                }
                break;

            case ConsoleKey.DownArrow:
            case ConsoleKey.UpArrow:
            case ConsoleKey.LeftArrow:
            case ConsoleKey.RightArrow:
                // SaveState()
                currentPosition = new Cell(
                    Console.CursorLeft, Console.CursorTop);
                // Cell 형식만 Push() 호출 허용
                path.Push(currentPosition);
                break;

            default:
                Console.Beep(); // Added in C# 2.0
                break;
        }

    } while (key.Key != ConsoleKey.X); // 종료는 X.
```

```
        }
    }
```

결과 12.2에서 예제 12.6의 결과를 나타냈다.

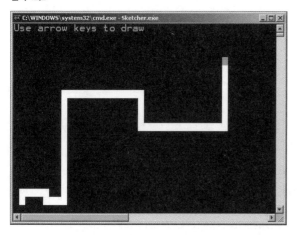

예제 12.6의 path 선언에서 변수를 선언하고 System.Collections.Generic.Stack<Cell> 클래스의 새로운 인스턴스로 초기화한다. 꺾쇠 괄호에서 스택 요소의 데이터 형식으로 Cell을 지정한다. 결과적으로 path에 추가하고 path에서 가져온 모든 개체는 Cell 형식 이다. 결국 더 이상 path.Pop()의 반환 값을 캐스팅하거나 Push 메서드에서 Cell 형식 개 체만 path에 추가되게 할 필요가 없다.

간단한 제네릭 클래스 정의하기

제네릭을 사용하면 알고리듬과 패턴을 작성하고, 다른 데이터 형식을 위해 코드를 재사 용할 수 있다. 예제 12.7은 예제 12.6의 코드에서 사용한 System.Collections.Generic. Stack<T> 클래스와 비슷한 제네릭 Stack<T>를 만들었다. 클래스 이름 뒤의 꺾쇠 괄호 내 에서 **형식 매개변수**type parameter(이 경우 T)를 지정한다. 그 뒤 제네릭 Stack<T>는 클래스에 서 T가 나타나는 모든 곳을 대체하는 단일 형식 인수를 제공할 수 있다. 따라서 스택 은 코드를 복제하거나 항목을 object 형식으로 변환하지 않고 명시된 모든 형식의 항목

2.0

을 저장할 수 있다. 형식 매개변수 T는 형식 인수를 제공해야 하는 위치 구분자다. 예제 12.7에서 형식 매개변수는 내부 Items 배열과 Push() 메서드에 대한 매개변수를 위한 형식, Pop() 메서드를 위한 반환 형식용으로 사용된다.

예제 12.7 제네릭 클래스 Stack⟨T⟩ 선언하기

```csharp
public class Stack<T>
{
    public Stack(int maxSize)
    {
        InternalItems = new T[maxSize];
    }

    // C# 6.0 이전은 읽기 전용 필드 사용
    private T[] InternalItems { get; }

    public void Push(T data)
    {
        ...
    }

    public T Pop()
    {
        ...
    }
}
```

제네릭의 이점

비제네릭^{nongeneric} 버전보다 제네릭 클래스를 사용할 경우(앞서 원래 System.Collections. Stack 형식 대신 System.Collections.Generic.Stack<T> 클래스가 사용된 것처럼)에는 몇 가지 이점이 있다.

1. 제네릭은 형식 안전성을 높이고 매개변수화된 클래스 내에서 멤버가 명시적으로 의도한 것 이외의 데이터 형식은 차단한다. 예제 12.7에서 매개변수화된 스택 클래스는 Stack<Cell>을 사용할 때 Cell 데이터 형식으로 제한한다(예를 들어, path. Push("garbage"). 구문은 Cell로 변환될 수 없기 때문에 문자열로 다룰 수 있는 System.

2.0

Collections.Generic.Stack<T>.Push(T)에 대해 오버로드한 메서드가 없다는 컴파일 타임 에러를 일으킨다).

2. 컴파일 타임 형식 검사는 런타임에 InvalidCastException 형식 에러를 일으킬 가능성을 줄인다.

3. 제네릭 클래스 멤버와 함께 값 형식을 사용하면 더 이상 object로의 박싱 변환을 일으키지 않는다(예를 들어, path.Pop()과 path.Push()는 항목이 추가될 때 박싱 또는 제거될 때 언박싱이 필요하지 않다).

4. C#에서 제네릭은 코드 부풀리기를 줄인다. 제네릭 형식은 오버헤드 없이 특정 클래스 버전의 이점을 유지한다(예를 들어, CellStack과 같은 클래스를 더 이상 정의할 필요가 없다).

5. 개체에서 캐스팅이 더 이상 필요하지 않아 형식 검사 작업을 없애기 때문에 성능이 향상된다. 값 형식에도 더 이상 박싱이 필요하지 않기 때문에 성능이 개선된다.

6. 제네릭은 박싱을 피하므로 힙에서 메모리를 덜 소모해 메모리를 적게 사용한다.

7. 캐스팅 검사를 더 적게 하고 형식별 구현의 필요가 더 적어 코드의 가독성은 더 좋아진다.

8. 인텔리센스^IntelliSense와 같은 도구를 사용해 코드작성을 도와주는 편집기는 제네릭 클래스의 반환 매개변수를 바로 사용한다. 인텔리센스의 동작을 위해 반환 데이터를 캐스팅할 필요가 없다.

제네릭의 핵심은 패턴 구현 코드를 작성하고서 패턴이 나타날 때마다 이들 구현을 재사용하는 기능을 제공하는 것이다. 패턴은 코드 내에서 반복적으로 일어나는 문제를 기술하고, 템플릿은 이들 반복 패턴에 대한 단일 구현을 제공한다.

형식 매개 변수 명명 지침

메서드의 정규 매개변수 이름을 정할 때처럼 형식 매개변수의 이름도 가능한 한 이해하기 쉽게 정해야 한다. 더욱이 매개변수를 형식 매개변수로 구별하고자 그 이름에는 접두어로 T를 포함해야 한다. 예를 들어, EntityCollection<TEntity>와 같이 클래스를 정의했다면 형식 매개변수 이름으로 'TEntity'를 사용한다.

2.0

설명적인 형식 매개변수 이름을 사용하지 않는 경우는 바로 그 설명이 어떤 가치를 주지 못할 때뿐이다. 예를 들어, Stack<T> 클래스에서 'T'는 형식 매개변수임을 충분히 나타내므로 'T'를 사용하는 것은 적절하다. 이 스택은 어느 형식의 경우나 잘 동작한다.

다음 절에서 제약 사항에 관해 배운다. 제약 조건 설명을 포함하는 이름을 사용하는 것이 모범 사례다. 예를 들어, 형식 매개변수가 IComponent를 구현해야 한다면 'TComponent'라는 형식 이름이 좋다.

> **가이드라인**
> - 형식 이름에 의미 있는 이름을 선택하고 이름에 'T'를 접두어로 붙인다.
> - 형식 매개변수의 이름에 제약 조건 표시를 고려한다.

제네릭 인터페이스와 구조체

C#은 인터페이스와 구조체를 포함해 언어 전체에서 제네릭의 사용을 지원한다. 이 문법은 클래스에서 사용한 문법과 동일하다. 형식 매개변수를 갖는 인터페이스를 선언할 때는 예제 12.8의 IPair<T>에서 보인 것처럼 인터페이스 이름 바로 뒤의 꺾쇠 괄호 안에 형식 매개변수를 넣는다.

예제 12.8 제네릭 인터페이스 선언하기

```
interface IPair<T>
{
    T First { get; set; }
    T Second { get; set; }
}
```

이 인터페이스는 한 점의 좌표나 사람의 유전적 부모, 이진 트리^{binary tree}의 노드와 같은 개체의 쌍을 나타낸다. 이 쌍에 포함된 형식은 양쪽 항목이 동일하다.

인터페이스를 구현하려면 비제네릭 클래스와 같은 문법을 사용한다. 예제 12.9에서 보인 것처럼 하나의 제네릭 형식을 위한 형식 인수가 또 다른 제네릭 형식의 형식 매개변수가 되는 일은 정말 흔하며 합리적이다. 인터페이스의 형식 인수는 클래스에서 선언

2.0

한 형식 매개변수다. 게다가 이 예제는 클래스보다는 구조체를 사용해 C#이 사용자 지정 제네릭 값 형식을 지원하고 있음을 나타내고 있다.

예제 12.9 제네릭 인터페이스 구현하기

```
public struct Pair<T>: IPair<T>
{
    public T First { get; set; }
    public T Second { get; set; }
}
```

제네릭이 가장 보편적인 컬렉션 클래스의 경우 제네릭 인터페이스에 대한 지원이 특히 중요하다. 제네릭이 나오기 전에 개발자는 System.Collections 네임스페이스 내의 여러 인터페이스에 의존했다. 클래스 구현처럼 이들 인터페이스는 object 형식만 사용했고, 결과적으로 인터페이스는 이들 컬렉션 클래스와의 모든 액세스에 캐스팅이 필요했다. 형식이 안전한 제네릭 인터페이스를 사용함으로써 캐스드 연신을 피할 수 있다.

■ 고 급 주 제

한 클래스에서 동일한 인터페이스를 여러 번 구현하기

같은 제네릭 인터페이스의 두 가지 다른 구조는 다른 형식이라고 여긴다. 결과적으로 '같은' 제네릭 인터페이스를 클래스나 구조체로 여러 번 구현할 수 있다. 예제 12.10의 예를 살펴보자.

예제 12.10 한 클래스에서 인터페이스 구현 복제하기

```
public interface IContainer<T>
{
    ICollection<T> Items { get; set; }
}

public class Person: IContainer<Address>,
    IContainer<Phone>, IContainer<Email>
{
    ICollection<Address> IContainer<Address>.Items
    {
        get{...}
```

```
            set{...}
        }
        ICollection<Phone> IContainer<Phone>.Items
        {
            get{...}
            set{...}
        }
        ICollection<Email> IContainer<Email>.Items
        {
            get{...}
            set{...}
        }
    }
```

이 예제에서 Items 속성은 형식 매개변수가 달라짐에 따라 명시적 인터페이스 구현을 사용해 여러 번 나타난다. 제네릭이 없다면 이 방식은 불가능하다. 대신 컴파일러는 명시적 IContainer.Items 속성만 허용할 것이다.

하지만 '같은' 인터페이스의 여러 버전을 구현하는 기법은 잠재적으로 혼란을 줄 수 있기 때문에(특히 그 인터페이스가 공변이나 반공변 변환을 허용하는 경우) 많은 개발자는 '나쁜 코드 냄새'가 날 수 있다고 여긴다. 더욱이 Person 클래스는 여기서 잠재적으로 잘못 설계된 것이다. 보통 사람을 '일련의 전자 메일 주소를 제공할 수 있는 것'이라고 생각하지 않는다. 같은 인터페이스의 세 가지 버전을 구현하고 싶은 유혹을 받을 때 대신 해당 제네릭 인터페이스의 적절한 구조를 각각 반환하는 세 가지 속성(예를 들어, EmailAddresses과 PhoneNumbers, MailingAddresses)을 구현하는 것이 더 나은지 생각해 보자.

가이드라인

- 한 형식에서 같은 제네릭 인터페이스의 여러 구조를 구현하지 않는다.

생성자와 종료자 정의

놀랍게도 제네릭 클래스나 구조체의 생성자(그리고 종료자)는 형식 매개변수가 필요 없다. 즉, 이들은 'Pair<T>(){...}'가 필요 없다. 예제 12.11의 Pair 예제에서 'public

Pair(T first, T second)'를 사용해 생성자를 선언했다.

예제 12.11 제네릭 형식의 생성자 선언하기

```
public struct Pair<T>: IPair<T>
{
    public Pair(T first, T second)
    {
        First = first;
        Second = second;
    }

    public T First  { get; set; }
    public T Second  { get; set; }
}
```

default 연산자로 기본 값 지정하기

예제 12.11은 First와 Second에 대한 초기 값을 받아서 이들을 First와 Second에 할당하는 생성자를 포함했다. Pair<T>가 구조체이므로 제공하는 모든 생성자는 모든 필드와 자동 구현 속성을 초기화해야 한다. 하지만 여기에는 문제가 있다.

인스턴스를 만드는 시점에 한 쌍의 절반만 초기화하는 Pair<T>에 대한 생성자를 생각해 보자. 예제 12.12에서 보인 것처럼 이런 생성자를 정의하면 Second 필드는 생성자의 마지막에 이를 때까지 여전히 초기화되지 않기 때문에 컴파일 에러를 일으킨다. Second에 대한 초기화를 제공하면 이제는 T라는 데이터 형식을 알지 못하므로 문제다. T가 참조 형식이라면 null이 동작하지만 T가 null을 허용하지 않는 값 형식인 경우 이 초기화는 동작하지 않을 것이다.

예제 12.12 모든 필드를 초기화하지 않으면 컴파일 타임 에러를 일으킨다

```
public struct Pair<T>: IPair<T>
{
    // ERROR: 제어가 생성자를 벗어나려면 'Pair<T>.Second' 필드가
    //         완전히 할당돼야 합니다.
    // public Pair(T first)
    // {
    //     First = first;
```

```
    // }

    // ...
}
```

이 시나리오를 다루고자 default 연산자를 제공한다. 예를 들어, int의 기본 값을 default(C# 7.1이라 가정)로 지정할 수 있다. Second가 필요로 하는 T의 경우 예제 12.13 에서 보인 것처럼 default를 사용할 수 있다.

예제 12.13 default 연산자로 필드 초기화하기

```
public struct Pair<T>: IPair<T>
{
    public Pair(T first)
    {
        First = first;
        Second = default;
    }

    // ...
}
```

default 연산자는 형식 매개 변수를 포함해 모든 형식에 대한 기본 값을 제공할 수 있다.

C# 7.1 이전엔 Second = default(T)처럼 형식 매개변수를 항상 default 연산자에 전달해야 했다. 하지만 C# 7.1은 데이터 형식을 유추할 수 있는 경우 매개변수를 지정하지 않고 기본 값을 사용하는 옵션을 포함했다. 예를 들어, 변수 초기화한 할당에서 Pair<T> pair = default(Pair<T>) 대신 Pair<T> pair = default를 사용할 수 있다. 더욱이 메서드가 int를 반환한다면 간단히 return default를 사용하고 컴파일러는 메서드의 반환에서 default(int)를 유추할 수 있다. 이런 유추가 가능한 다른 시나리오는 기본 매개변수(선택)와 메서드 호출 인수다.

모든 null 허용 형식은 default(T?)와 같은 null 허용 제네릭 형식과 마찬가지로 기본 값으로 null을 갖는다. 더욱이 모든 참조 형식에 대한 기본 값은 null이다. 결과적으로 C# 8.0에서 null 허용 참조 형식을 사용하는 경우 null을 허용하지 않는 참조 형식

에 default를 할당하면 경고를 받게 된다. 불행히도 C# 7.0 이전의 참조 형식에 default를 할당하는 모든 코드는 C# 8.0에서 null 허용 여부^{nullability}를 지원하도록 업그레이드될 때 경고를 표시한다. 이런 이유로 C# 8.0 이전(그리고 명백히 그 이후)엔 null이 유효한 값이 될 것이라고 보지 않는 한 default나 null을 참조 형식에 할당하지 않아야 한다. 유효한 값을 할당에 사용할 수 있을 때까지 가능하면 변수를 초기화되지 않은 상태로 두는 것이 좋다. 예제 12.13의 경우처럼 생성자가 Second에 대한 적절한 값을 알지 못하는 경우 Second는 참조 형식이나 null 허용 값 형식에 대해 null일 수밖에 없다. 따라서 default(잠재적으로 null일 수 있다)를 제네릭 형식 T에 할당할 때 경고를 표시한다. 이 경고를 적절히 처리하고자 Second 속성이 형식 T?가 되도록 선언하고 'struct/class 제약 조건' 절에서 설명한 것처럼 T가 struct/class 제약 조건이 있는 참조 형식이나 값 형식인지 여부를 식별해야 한다. (실제로 해당 형식이 클래스나 구조체로 제한되지 않는 한 제네릭 형식에 기본 값을 할당하지 않는 일반적인 지침이 된다.)

다중 형식 매개변수

제네릭 형식은 형식 매개변수를 얼마든지 선언할 수 있다. 초기 Pair<T> 예제는 한 가지 형식 매개변수만 포함했다. 개체가 이름/값 쌍과 같은 이분법적 정보를 저장하도록 지원하려면 예제 12.14에서 보인 것처럼 두 가지 형식 매개변수를 선언한 형식의 새로운 버전을 생성할 수 있다.

예제 12.14 다중 형식 매개변수를 갖는 제네릭 선언

```
interface IPair<TFirst, TSecond>
{
    TFirst First { get; set; }
    TSecond Second { get; set; }
}

public struct Pair<TFirst, TSecond>: IPair<TFirst, TSecond>
{
    public Pair(TFirst first, TSecond second)
    {
        First = first;
        Second = second;
```

```
    }

    public TFirst First { get; set; }
    public TSecond Second { get; set; }
}
```

Pair<TFirst, TSecond> 클래스를 사용할 때 선언과 인스턴스 생성 구문의 꺾쇠 괄호 내에 다중 형식 매개변수를 제공한다. 그다음 메서드를 호출할 때 메서드의 매개변수와 일치하는 형식을 제공한다. 예제 12.15에서 이러한 접근 방법을 나타냈다.

예제 12.15 다중 형식 매개변수를 갖는 형식 사용하기

```
Pair<int, string> historicalEvent =
    new Pair<int, string>(1914,
        "Shackleton leaves for South Pole on ship Endurance");
Console.WriteLine("{0}: {1}",
    historicalEvent.First, historicalEvent.Second);
```

형식 매개변수의 수(즉, 인자 수)는 이 클래스를 같은 이름의 다른 클래스와 구분한다. 인자 수가 다르기 때문에 같은 네임스페이스 내에 Pair<T>와 Pair<TFirst, TSecond> 두 가지를 정의할 수 있다. 더욱이 이들의 가까운 의미상의 관계 때문에 인자의 수만 다른 제네릭은 같은 C# 파일에 배치해야 한다.

가이드라인

- 제네릭 매개변수의 수만으로 제네릭 클래스가 구분된다면 다중 제네릭 의미상 등가 클래스를 한 파일에 배치한다.

■ 초 급 주 제

튜플 - 풍부한 인자의 수

3장에서 C# 7.0의 튜플 구문 지원을 소개했다. 내부적으로 튜플 구문을 구현하는 기본 형식은 사실 제네릭이며 구체적으로 System.ValueTuple이다. 'Pair<...>'와 마찬가지로 예제 12.16에서 보인 것처럼 인자 수에 따라 달라지기 때문에(각 클래스는 다른 수의 형식

7.0 시작

2.0

매개변수를 갖는다) 같은 이름을 재사용할 수 있다.

예제 12.16 인자의 수를 사용한 형식 정의 오버로드

```csharp
public class ValueTuple { ... }
public class ValueTuple<T1>:
    IStructuralEquatable, IStructuralComparable, IComparable {...}
public class ValueTuple<T1, T2>: ... {...}
public class ValueTuple<T1, T2, T3>: ... {...}
public class ValueTuple<T1, T2, T3, T4>: ... {...}
public class ValueTuple<T1, T2, T3, T4, T5>: ... {...}
public class ValueTuple<T1, T2, T3, T4, T5, T6>: ... {...}
public class ValueTuple<T1, T2, T3, T4, T5, T6, T7>: ... {...}
public class ValueTuple<T1, T2, T3, T4, T5, T6, T7, TRest>: ... {...}
```

클래스의 ValueTuple<...> 집합은 8개의 형식 인수를 함께 처리할 수 있다는 것을 제외하면 Pair<T>와 Pair<TFirst, TSecond> 클래스처럼 같은 목적을 위해 설계됐다. 사실 예제 12.16에서 보인 마지막 ValueTuple을 사용하면 또 다른 ValueTuple을 서상하는 네 TRest을 사용할 수 있어 튜플 요수 수에 대한 제한은 거의 없다. 그리고 C# 7.0의 튜플 구문을 사용해 이런 튜플을 정의하면 컴파일러가 생성한다.

클래스의 튜플 패밀리 중 또 다른 흥미로운 멤버는 비제네릭 ValueTuple 클래스다. 이 클래스는 다양한 제네릭 Tuple 형식의 인스턴스를 생성하기 위한 정적 '팩토리' 메서드 8개를 갖는다. 각 제네릭 형식은 클래스의 생성자를 사용해 바로 인스턴스화될 수 있지만, ValueTuple 형식의 팩토리 메서드를 사용하면 Create() 메서드를 통해 형식 인수를 추론할 수 있다. 코드는 var keyValuePair = ("555-55-5555", new Contact("Inigo Montoya"))처럼 간단하기 때문에(명명된 항목이 없다고 가정) C# 7.0에서는 중요하지 않다. 하지만 예제 12.17에서 보인 것처럼 C# 6.0의 경우 형식 유추와의 조합으로 Create() 메서드를 사용하는 것이 더 간단하다.

예제 12.17 System.ValueTuple 인스턴스 생성 접근 방식 비교하기

```csharp
#if !PRECSHARP7
    (string, Contact) keyValuePair;
    keyValuePair =
        ("555-55-5555", new Contact("Inigo Montoya"));
```

```
#else    // C# 7.0 이전은 System.ValueTupe<string,Contact> 사용
    ValueTuple<string, Contact> keyValuePair;
    keyValuePair =
        ValueTuple.Create(
            "555-55-5555", new Contact("Inigo Montoya"));
    keyValuePair =
        new ValueTuple<string, Contact>(
            "555-55-5555", new Contact("Inigo Montoya"));
#endif // !PRECSHARP7
```

확실히 ValueTuple이 커지면 Create() 팩토리 메서드 없이는 형식 매개변수의 수를 지정하는 일이 번거로울 수 있다.

비슷한 튜플 클래스(System.Tuple)가 C# 4.0에서 추가됐다. 하지만 C# 7.0에서 튜플 구문을 많이 사용하고 튜플이 널리 퍼짐에 따라 성능 향상을 제공하는 System.ValueTuple 형식을 만들어야 한다고 결정했다.

4.0 시작

7.0 끝

4.0 끝

프레임워크 라이브러리가 여덟 가지의 서로 다른 제네릭 System.ValueTuple 형식을 선언하고 있다는 사실에서 추론했듯이 CLR 형식 시스템에서는 'variadic' 제네릭 형식 을 지원하지 않는다. 메서드는 '매개변수 배열'을 사용해 원하는 수의 인수를 받을 수 있지만 제네릭 형식의 경우 해당하는 기법이 없다. 모든 제네릭 형식은 특정 인자의 수 에 맞아야 한다(초급 주제 '튜플 – 풍부한 인자의 수' 참고).

중첩 제네릭 형식

포함하는 제네릭 형식에서 형식 매개변수는 모든 중첩 형식 하위로 자동 '캐스케이드 cascade'된다. 예를 들어, 포함하는 형식이 형식 매개변수 T를 선언하면 모든 중첩 형식은 제네릭이 되고 형식 매개변수 T 역시 중첩 형식에서 사용할 수 있게 된다. 중첩 형식이 T 로 명명된 고유 형식 매개변수를 포함한다면 포함하는 형식 내에서 형식 매개변수를 숨 기고 중첩 형식에서 T에 대한 모든 참조는 중첩된 T 형식 매개변수를 참조한다. 다행히 도 중첩 형식 내에서 동일한 형식 매개변수 이름을 재사용하면 실수로 인한 겹침을 방 지할 수 있도록 컴파일러 경고가 표시된다(예제 12.18 참고).

2.0

```
class Container<T, U>
{
    // 중첩 클래스는 형식 매개변수를 상속한다.
    // 형식 매개변수 재사용은 경고를 표시한다.
    class Nested<U>
    {
        void Method(T1 param0, T2 param1)
        {
        }
    }
}
```

포함하는 형식의 형식 매개변수는 포함하는 형식의 멤버가 중첩 형식에서도 액세스 할 수 있는 동일한 방식으로 중첩 형식에서 액세스할 수 있다. 이 규칙은 단순히 형식 매개변수를 선언한 형식의 본문 내 어느 곳에서나 형식 매개변수를 사용할 수 있다는 것이다.

가이드라인

- 중첩 형식의 동일한 형식 매개변수 이름으로 외부 형식 매개변수를 숨기지 않도록 한다.

제약 조건

제네릭은 형식 매개변수에서 제약 조건을 정의하는 기능을 지원한다. 이들 제약 조건은 형식 매개변수로 제공된 형식이 다양한 규칙을 따르게 한다. 예를 들어, 예제 12.19에서 보인 BinaryTree<T> 클래스를 살펴보자.

예제 12.19 제약 조건 없는 BinaryTree<T> 클래스 선언하기

```
public class BinaryTree<T>
{
    public BinaryTree ( T item)
    {
```

2.0

```
            Item = item;
        }

    public T Item { get; set; }
    public Pair<BinaryTree<T>> SubItems { get; set; }
}
```

(흥미로운 점은 BinaryTree<T>가 내부적으로 Pair<T>를 사용하는데 이는 Pair<T>가 단순히 또 다른 형식이기 때문에 가능한 일이다.)

SubItems 속성에 값이 할당될 때 Pair<T> 값 내에서 값을 정렬한다고 하자. 예제 12.20 에서 보인 것처럼 정렬을 위해서 SubItems의 set 접근자는 제공된 키의 CompareTo() 메서드를 사용한다.

예제 12.20 인터페이스 지원에 필요한 형식 매개변수

```
public class BinaryTree<T>
{
    public BinaryTree(T item)
    {
        Item = item;
    }

    public T Item { get; set; }
    public Pair<BinaryTree<T>> SubItems
    {
        get{ return _SubItems; }
        set
        {
            IComparable<T> first;
            // ERROR: 암시적으로 형식을 변환할 수 없습니다...
            first = value.First; // 명시적 캐스트 필요

            if (first.CompareTo(value.Second) < 0)
            {
                // first는 second보다 작다.
                // ...
            }
            else
            {
```

```
                // first와 second는 같거나
                // second가 first보다 적다.
                // ...
            }
            _SubItems = value;
        }
    }
    private Pair<BinaryTree<T>> _SubItems;
}
```

컴파일 타임에 형식 매개변수 T는 제약 조건이 없는 제네릭이다. 예제 12.20에서
보인 것처럼 코드를 작성할 때 모든 형식이 기본 클래스로서 object를 가지므로 컴파
일러는 T에서 사용 가능한 멤버만 기본 형식 object에서 상속된다고 가정한다. 따라서
ToString()과 같은 메서드만 형식 매개변수 T의 인스턴스에서 호출할 수 있다. 결과적
으로 컴파일러는 CompareTo() 메서드가 object 형식에서 정의되지 않기 때문에 컴파일
에러를 표시한다.

CompareTo() 메서드에 액세스하고자 예제 12.21에서 보인 것처럼 T 매개변수를
IComparable<T> 인터페이스로 캐스팅할 수 있다.

예제 12.21 인터페이스나 발생된 예외 지원에 필요한 형식 매개변수

```
public class BinaryTree<T>
{
    public BinaryTree(T item)
    {
        Item = item;
    }

    public T Item { get; set; }
    public Pair<BinaryTree<T>?>? SubItems
    {
        get{ return _SubItems; }
        set
        {
            switch (value)
            {
                // 설명을 위해 null 처리 제거
```

```
            // C# 8.0 패턴 매칭 사용
            // C# 8.0 이전에서는 null 검사로 전환
            case { First: null}:
                // First가 null
                break;
            case { Second: null }:
                // Second가 null
                break;
            case {
                    First: {Item: IComparable<T> first },
                    Second: {Item: T second } }:
                if(first.CompareTo(second) < 0)
                {
                    // first는 second보다 작다.
                }
                else
                {
                    // second는 first보다 작거나 같다.
                }
                break;
            default:
                throw new InvalidCastException(
                    @$"Unable to sort the items as {
                        typeof(T) } does not support IComparable<T>.");
        };
        _SubItems = value;
    }
}
private Pair<BinaryTree<T>?>? _SubItems;
}
```

유감스럽게도 이제 BinaryTree<SomeType> 클래스 변수를 선언하면서도 형식 인수
^(SomeType)가 IComparable<SomeType> 인터페이스를 구현하지 않는다면 항목을 정렬할 방
법이 없다. 그러면 결국 해당 형식이 필수 인터페이스를 지원하지 않음을 가리키는
InvalidCastException을 던진다. 이런 결과는 형식 안전성을 개선하려고 처음부터 제네
릭을 도입한 핵심 이유를 무색하게 한 셈이다.

형식 인수가 인터페이스를 구현하지 않는 경우 이러한 실행을 피하고 대신 컴파일 타임 에러를 생성하고자 C#은 제네릭 형식에서 선언한 각 형식 매개변수에 대한 **제약 조건**constraint의 옵션 목록을 제공할 수 있다. 제약 조건은 제네릭 형식이 각 형식 매개변수에 대해 제공한 형식 인수를 필요로 한다. 제약 조건은 where 키워드를 사용해 선언하고 그 뒤에 '매개변수 요구 사항' 쌍이 오는데 이 매개변수는 해당 제네릭 형식에서 선언한 것들 중 하나여야 한다. 요구 사항은 형식 인수가 변환돼야 하는 클래스나 인터페이스, 기본 생성자의 존재, 또는 참조/값 형식 제약 조건이라는 세 가지 중 하나다.

인터페이스 제약 조건

이진 트리가 올바른 순서로 자신의 노드를 가지려면 BinaryTree 클래스에서 CompareTo() 메서드를 사용해야 한다. 이를 가장 효과적으로 수행하고자 T 형식 매개변수에서 제약 조건을 부과해야 한다. 즉, IComparable<T> 인터페이스를 구현하는 데 T 형식 매개변수가 필요하다. 이 제약 조건을 선언하는 구문을 예제 12.22에서 나타냈다.

예제 12.22 인터페이스 제약 조건 선언하기

```
public class BinaryTree<T>
        where T: System.IComparable<T>
{
    public BinaryTree(T item)
    {
        Item = item;
    }
    public T Item { get; set; }
    public Pair<BinaryTree<T>> SubItems
    {
        get{ return _SubItems; }
        set
        {
            switch (value)
            {
                // 설명을 위해 null 처리 제거

                // C# 8.0 패턴 매칭 사용
                // C# 8.0 이전에서는 null 검사로 전환
                case
```

2.0

```
            {
                First: { Item: T first },
                Second: { Item: T second }
            }:
            if (first.CompareTo(second) < 0)
            {
                // first는 second보다 작다
            }
            else
            {
                // second는 first보다 작거나 같다
            }
            break;
        default:
            throw new InvalidCastException(
                @$"Unable to sort the items as {
                    typeof(T) } does not support IComparable<T>.");
        }
        _SubItems = value;
    }
}
private Pair<BinaryTree<T>> _SubItems;
}
```

이 예제에서 코드 변경은 적지만 에러 식별을 런타임이 아니라 컴파일러로 이동했으며 이 부분이 중요한 차이점이다. 예제 12.22에서 인터페이스 제약 조건을 추가했을 때 컴파일러는 BinaryTree<T> 클래스를 사용할 때마다 IComparable<T> 인터페이스의 해당 구조를 구현하는 형식 매개변수를 지정하게 한다. 더욱이 CompareTo() 메서드를 호출하기 전에 변수를 IComparable<T> 인터페이스로 명시적 캐스팅을 할 필요가 없다. 심지어 명시적 인터페이스 구현을 사용하는 멤버를 액세스하는 데도 캐스팅이 필요하지 않으며 다른 맥락에서 캐스팅 없이 해당 멤버를 숨긴다. 제네릭 형식 매개변수로서 입력한 값에서 메서드를 호출할 때 컴파일러는 해당 메서드가 제약 조건으로 선언한 인터페이스의 메서드와 일치하는지 여부를 검사한다.

System.Text.StringBuilder를 형식 매개변수로 사용해 BinaryTree<T> 변수를 생성하려고 시도하면 StringBuilder는 IComparable<StringBuilder>를 구현하지 않기 때문에 컴파일 에러가 발생한다. 이 에러는 결과 12.3에서 보인 것과 비슷하다.

2.0

> error CS0311: 제네릭 형식 또는 메서드 'BinaryTree<T>'에서 'System.Text.StringBuilder'
> 형식을 형식 매개 변수 'T'(으)로 사용할 수 없습니다. 'System.Text.StringBuilder'에서
> 'System.IComparable<System.Text.StringBuilder>'(으)로의 암시적 참조 변환이 없습니다.

제약 조건에 대한 인터페이스를 지정하려면 **인터페이스 형식 제약 조건**^{interface type constraint}
을 선언한다. 이 제약 조건으로 명시적 인터페이스 멤버 구현을 호출하기 위한 캐스팅
의 필요성을 우회할 수 있다.

형식 매개변수 제약 조건

형식 인수를 특정 클래스 형식으로 변환하고 싶을 때가 종종 있다. 이는 예제 12.23에
서 보인 것처럼 **형식 매개변수 제약 조건**^{type parameter constraint}을 사용해 수행한다.

예제 12.23 클래스 형식 제약 조건 선언

```
public class EntityDictionary<TKey, TValue>
    : System.Collections.Generic.Dictionary<TKey, TValue>
    where TKey: notnull
    where TValue : EntityBase
{
    ...
}
```

예제 12.23에서 EntityDictionary<TKey, TValue>는 형식 매개변수 TValue용으로 제
공된 모든 형식 인수를 EntityBase 클래스로 암시적으로 변환할 수 있어야 한다. 변환을
요구함으로써 해당 제약 조건은 모든 형식 인수가 EntityBase 클래스로 암시적으로 변
환을 보장하기 때문에 제네릭 구현 내에서 TValue 형식의 값에서 EntityBase의 멤버를
사용할 수 있다.

클래스 형식 제약 조건에 대한 구문은 클래스 형식 제약 조건이 모든 인터페이스 형
식 제약 조건 이전에 나와야 한다는 점을 제외하면 인터페이스 형식 제약 조건과 같다
(클래스 선언에서 기본 클래스는 반드시 구현된 인터페이스 전에 나타나야 한다). 하지만 인터
페이스 제약 조건과 달리 다중 기본 클래스 제약 조건은 관련 없는 여러 클래스에서 파

2.0

생될 수 없으므로 다중 기본 클래스 제약 조건은 쓸 수 없다. 예를 들어, C#은 형식 매개 변수를 string이나 System.Nullable<T>로 제한하는 것을 허용하지 않는데 이유는 그 형식 매개변수에 대해 가능한 형식 인수가 한 가지뿐이기 때문이다. 이건 거의 '제네릭'이 아니다. 형식 매개변수를 단일 형식으로 제한하면 무엇보다 형식 매개변수를 쓸 필요가 없다. 그냥 그 형식을 바로 사용하면 된다.

어떤 '특별한' 형식은 클래스 형식 제약 조건으로 적합하지 않다. 12장 뒤에서 자세히 다루는 고급 주제 '제약 조건 제한'을 참고하자.

C# 7.3은 제약 조건으로서 System.Enum을 사용할 수 있기 때문에 형식 매개변수가 열거형임을 보장한다. 하지만 제약 조건으로서 System.Array 형식을 지정할 수 없다. 그 러나 어쨌든 다른 컬렉션 형식과 인터페이스가 선호되기 때문에 후자의 제약 조건은 영 향이 미미하다.

7.3 시작

■ 고 급 주 제

대리자 제약 조건

C# 7.3은 System.Delegate (그리고 System.MulticastDelegate) 사용도 지원한다. 이 추가 지 원은 형식이 안전한 방식으로 결합(정적 Combine( ) 메서드 사용)과 분리(정적 Remove( ) 메 서드 사용)를 허용한다. 제네릭 형식이 대리자를 호출하는 강력한 형식의 방식은 없지만 DynamicInvoke() 메서드가 이렇게 할 수 있다. 내부적으로 이 메서드는 리플렉션을 사 용한다. 제네릭 형식이 직접 대리자를 호출할 수 없어도(DynamicInvoke( )를 거치지 않고) 컴파일 타임에 T를 직접 참조하면 가능하다. 예를 들어, 예제 12.24에서 보인 것처럼 Combine() 메서드를 호출하고 필요한 형식으로 캐스팅할 수 있다.

예제 12.24 MulticastDelegate 제약 조건으로 제네릭 선언하기

```
static public object? InvokeAll<TDelegate>(
    object?[]? args, params TDelegate[] delegates)
    // 형식 Action/Func의 제약 조건은 허용하지 않음.
    where TDelegate : System.MulticastDelegate
{
    switch (Delegate.Combine(delegates))
    {
        case Action action:
```

2.0

```
            action();
            return null;
        case TDelegate result:
            return result.DynamicInvoke(args);
        default:
            return null;
    };
}
```

이 예제에서 result를 호출하기 전에 Action으로 캐스트하려고 했다. 이 노력이 성공적이지 못하면 TDelegate로 캐스트하고 DynamicInvoke()를 사용해 result를 호출한다.

제네릭 외부에서 T 형식을 알 수 있으므로 Combine()을 호출한 후 직접 result를 호출할 수 있다.

```
Action? result =
    (Action?)Delegate.Combine(actions);
result?.Invoke();
```

예제 12.24의 주석을 주목하자. System.Delegate와 System.MulticastDelegate를 지원하지만 Action이나 Func<T>, 관련된 형식 중 하나와 같은 특정 대리자 형식을 지정할 수 없다.

unmanaged 제약 조건

C# 7.3은 형식 매개변수가 sbyte 또는 byte, short, ushort, int, uint, long, ulong, char, float, double, decimal, bool, 열거형, 포인터, 모든 필드가 관리되지 않는 구조체로 제한하는 unmanaged 제약 조건을 소개했다. 이 제약 조건을 사용하면 관리되지 않는 제약 조건 형식 매개변수에 sizeof(또는 22장에서 설명한 stackalloc) 연산자를 사용하는 작업 등을 수행할 수 있다.

C# 8.0 이전엔 unmanaged 제약 조건은 형식 매개변수를 **생성된 구조체 형식**constructed struct type(즉, 제네릭이 아닌 값 형식)으로 제한했다. 하지만 C# 8.0은 이 제약 조건을 없앴다. 이제 Thing<T>가 T에 대해 unmanaged 제약 조건이 있더라도 Thing<Thing<int>> 형식의 변수를 선언할 수 있다.

notnull 제약 조건

예제 12.23에서 상황별 키워드 notnull을 사용한 비null 제약 조건인 두 번째 제약 조건이 있다. 이 제약 조건은 null 허용 형식이 notnull로 표시한 형식 매개변수용으로 지정되는 경우 경고를 트리거한다. 예를 들어, 이 경우 EntityDictionary<string?, EntityBase> 선언은 다음과 같은 경고를 야기한다.

Nullability of type argument 'string?' doesn't match 'notnull' constraint.

notnull 키워드는 기본적으로 null 허용이 아닌 struct나 class 제약 조건과 결합할 수 없다(다음 절에서 설명).

struct/class 제약 조건

또 다른 가치 있는 제네릭 제약 조건은 형식 인수가 모두 null을 허용하지 않는 값 형식이나 참조 형식이 되도록 제한하는 기능이다. T가 파생돼야 하는 클래스를 지정하기보다는, 예제 12.25에서 보인 것처럼 간단히 struct나 class 키워드를 사용한다.

예제 12.25 값 형식으로 형식 매개변수 지정하기

```
public struct Nullable<T> :
        IFormattable, IComparable,
        IComparable<Nullable<T>>, INullable
        where T : struct
{
    // ...
    public static implicit operator T?(T value) =>
        new T?(value);

    public static explicit operator T(T? value) => value!.Value;
}
```

class 제약 조건은 형식 인수를 인터페이스나 대리자, 배열 형식(그리고 키워드가 암시하듯 클래스 형식만 의미하지 않는다)을 포함한 참조 형식으로 제한하지 않는다.

C# 8.0에서 class 제약 조건은 기본적으로 null을 허용하지 않는다(물론 null 허용 참조 형식은 활성화됐다고 가정). null 허용 참조 형식 매개변수를 지정하면 컴파일러가 경고

를 트리거한다. 제네릭 형식을 변경해 class 제약 조건에서 nullable 한정자를 포함함으로써 null 허용 참조 형식을 허용할 수 있다. 10장에서 소개한 WeakReference<T>를 고려하자. 참조 형식만 가비지 수집되므로 이 형식은 다음처럼 class 제약 조건을 포함한다.

```
public sealed partial class WeakReference<T> : ISerializable
        where T : class?
{ ... }
```

이 코드는 형식 매개변수 T를 null을 허용할 수 있는 참조 형식이 되도록 제한한다.

class 제약 조건과 달리 struct 제약 조건은 nullable 한정자를 허용하지 않는다. 대신 매개변수를 사용해 null 허용 여부를 지정할 수 있다. 예를 들어, 예제 12.25에서 암시적 및 명시적 변환 연산자는 T와 T?를 사용해 T의 null 허용 또는 null을 허용하지 않는 버전 여부를 식별한다. 따라서 형식 매개변수는 형식 제약 조건이 아닌 멤버 선언에서 사용될 때 제약된다.

클래스 형식 세약 조건은 참조 형식이 필요하기 때문에 클래스 형식 제약 조건으로 struct 제약 조건을 사용하는 것은 모순이다. 따라서 struct와 class 제약 조건을 결합할 수 없다.

struct 제약 조건은 한 가지 특별한 특징이 있다. 즉, null 허용 값 형식은 struct 제약 조건을 만족하지 않는다. 왜 그럴까? null 허용 값 형식은 제네릭 형식 Nullable<T>로 구현돼, 그 자체로 struct 제약 조건을 T에 적용한다. null 허용 값 형식이 이 제약 조건을 만족한다면 Nullable<Nullable<int>>라는 터무니없는 형식을 정의할지도 모른다. 이 중 null 허용 정수는 의미 없는 혼란만을 줄 뿐이다. (예상했듯이 줄임 구문인 int??도 허용되지 않는다.)

8.0 끝

다중 제약 조건

2.0

주어진 형식 매개변수에 대해 인터페이스 형식 제약 조건을 여러 개 지정할 수 있지만 클래스 형식 제약 조건은 하나 이상 지정하지 못한다(마치 클래스가 여러 개의 인터페이스는 구현할 수 있지만 한 클래스에서만 상속할 수 있는 것처럼). 각각의 새로운 제약 조건은 제네릭 형식 매개변수와 콜론 다음에 콤마로 분리해서 선언한다. 둘 이상의 형식 매개변수가 있다면 이 둘은 각각 where 키워드 뒤에 나와야 한다. 예제 12.26에서 제네릭

EntityDictionary 클래스는 2개의 형식 매개변수인 TKey와 TValue를 선언했다. TKey 형식 매개변수는 2개의 인터페이스 제약 조건을 가지며 TValue 형식 매개변수는 하나의 클래스 형식 제약 조건을 갖는다.

예제 12.26 다중 제약 조건 지정하기

```
public class EntityDictionary<TKey, TValue>
    : Dictionary<TKey, TValue>
    where TKey : IComparable<TKey>, IFormattable
    where TValue : EntityBase
{
    ...
}
```

이 경우 TKey 자체에 다중 제약 조건이 있고 TValue에 제약 조건을 추가했다. 하나의 형식 매개변수에 여러 제약 조건을 지정할 때 AND 관계를 가정한다. 예를 들어, 형식 C가 TKey에 대한 형식 인수라면 C는 IComparable<C>와 IFormattable을 구현해야 한다.

각 where 절 사이에는 콤마가 없다.

생성자 제약 조건

경우에 따라서는 제네릭 클래스 내에서 형식 인수 형식의 인스턴스를 만드는 것이 바람직하다. 예를 들어, 예제 12.27에서 EntityDictionary<TKey, TValue> 클래스의 MakeValue() 메서드는 형식 매개변수 TValue에 해당하는 형식 인수의 인스턴스를 만들어야 한다.

예제 12.27 기본 생성자 제약 조건

```
public class EntityBase<TKey>
    where TKey: notnull
{
    public EntityBase(TKey key)
    {
        Key = key;
    }

    public TKey Key { get; set; }
}
```

2.0

```
public class EntityDictionary<TKey, TValue> :
    Dictionary<TKey, TValue>
    where TKey : IComparable<TKey>, IFormattable
    where TValue : EntityBase<TKey>, new()
{
    // ...

    public TValue MakeValue(TKey key)
    {
        TValue newEntity = new TValue
        {
            Key = key
        };
        Add(newEntity.Key, newEntity);
        return newEntity;
    }

    // ...
}
```

모든 개체가 public 기본 생성자를 갖는다고 보장하지 못하기 때문에 컴파일러는 제약 조건이 없는 형식 매개변수에서 기본 생성자 호출을 허용하지 않는다. 이런 컴파일러 제약 조건을 재정의하려면 다른 모든 제약 조건을 지정한 후 'new()'라는 텍스트를 추가할 수 있다. 이 텍스트가 '**생성자 제약 조건**constructor constraint'이며, 제한된 형식 매개변수에 해당하는 형식 인수는 public 또는 internal 기본 생성자가 필요하다. 기본 생성자 제약 조건만 사용할 수 있다. 제공된 형식 인수가 정식 매개변수를 받는 생성자를 제공하도록 보장하는 제약 조건을 지정할 수 없다.

예제 12.27은 매개변수 없는 공용public 생성자를 제공하도록 TValue에 제공된 형식 인수를 강제하는 생성자 제약 조건을 포함하고 있다. 다른 정식 매개변수를 받는 생성자를 제공하도록 형식 인수를 강제하는 제약 조건은 없다. 예를 들어, TValue에 제공된 형식 인수가 TKey에 제공된 형식 인수를 받는 생성자를 제공하도록 TValue 제약 조건을 원할 수 있겠지만 이는 불가능하다. 예제 12.28은 잘못된 코드를 나타냈다.

2.0

```
public TValue New(TKey key)
{
    // 에러: 'TValue': 변수 형식의 인스턴스를 만들 때
    // 인수를 제공할 수 없다.
    TValue newEntity = null;
    // newEntity = new TValue(key);
    Add(newEntity.Key, newEntity);
    return newEntity;
}
```

이러한 제한을 우회하는 한 가지 방법은 해당 형식의 인스턴스 생성을 위한 메서드를 포함하는 팩토리 인터페이스를 제공하는 것이다. 인터페이스를 구현하는 팩토리는 EntityDictionary 자체보다는 해당 엔터티의 인스턴스 생성을 담당한다(예제 12.29 참고).

예제 12.29 생성자 제약 조건 대신 팩토리 인터페이스 사용

```
public class EntityBase<TKey>
{
    public EntityBase(TKey key)
    {
        Key = key;
    }
    public TKey Key { get; set; }
}

public class EntityDictionary<TKey, TValue, TFactory> :
        Dictionary<TKey, TValue>
    where TKey : IComparable<TKey>, IFormattable
    where TValue : EntityBase<TKey>
    where TFactory : IEntityFactory<TKey, TValue>, new()
{
    ...
    public TValue New(TKey key)
    {
        TFactory factory = new TFactory();
        TValue newEntity = factory.CreateNew(key);
        Add(newEntity.Key, newEntity);
        return newEntity;
    }
```

2.0

```
        ...
    }

    public interface IEntityFactory<TKey, TValue>
    {
        TValue CreateNew(TKey key);
    }
    ...
```

이와 같이 선언하면 강제로 기본 생성자에 의존하게 하지 않고 새로운 key를 형식 매개변수를 받는 TValue 팩토리 메서드에 전달할 수 있다. TFactory는 값을 인스턴스로 만드는 일을 담당하기 때문에 TValue의 생성자 제약 조건을 더 이상 사용하지 않는다. (예제 12.29의 코드에 대한 한 가지 수정 사항은 다중스레드 지원이 필요한 경우 Lazy<T>를 활용할 수 있도록 팩토리 메서드에 대한 참조를 캐시하도록 했다. 이 수정으로 인해 매번 다시 인스턴스를 생성하지 않고 팩토리 메서드를 재사용할 수 있다.)

EntityDictionary<TKey, TValue, TFactory> 형식의 변수 선언은 예제 12.30의 Order 엔터티와 유사한 엔터티 선언이 된다.

예제 12.30 EntityDictionary⟨...⟩에 사용할 엔터티 선언

```
    public class Order : EntityBase<Guid>
    {
        public Order(Guid key) :
            base(key)
        {
            // ...
        }
    }

    public class OrderFactory : IEntityFactory<Guid, Order>
    {
        public Order CreateNew(Guid key)
        {
            return new Order(key);
        }
    }
```

2.0

제약 조건 상속

제네릭 형식 매개변수는 멤버가 아니기 때문에 제네릭 형식 매개변수나 이들의 제약 조건 중 어느 것도 파생된 클래스에 상속되지 않는다. (클래스 상속은 파생 클래스가 기본 클래스의 모든 멤버를 갖는 특성임을 기억하자.) 새로운 제네릭 형식을 만들 때 다른 제네릭 형식에서 상속하는 것이 일반적인 관례다. 그런 경우 파생된 제네릭 형식의 형식 매개변수는 제네릭 기본 클래스의 형식 인수가 되기 때문에 형식 매개변수는 기본 클래스의 제약 조건과 같거나 더 강한 제약 조건을 가져야 한다. 혼란스럽다면 예제 12.31을 살펴보자.

예제 12.31 명시적으로 지정한 상속된 제약 조건

```
class EntityBase<T> where T : IComparable<T>
{
    // ...
}
```

```
// ERROR:
// 형식 'U'는 제네릭 형식이나 메서드에서 매개변수 T로 사용하고자
// 'System.IComparable<U>'로 변환할 수 있어야 한다.
// class Entity<U> : EntityBase<U>
// {
//     ...
// }
```

예제 12.31에서 EntityBase<T>는 기본 클래스 지정자 EntityBase<U>가 T에 제공한 형식 인수 U가 IComparable<U>를 구현하도록 요구한다. 따라서 Entity<U> 클래스는 U에서 같은 제약 조건이 필요하다. 이렇게 하지 않으면 컴파일 에러가 발생한다. 이런 패턴은 파생 클래스에서 기본 클래스의 형식 제약 조건에 대한 프로그래머의 인식을 높여, 프로그래머가 파생 클래스를 사용하고 제약 조건을 발견하지만 어디서 유래했는지 이해하지 못할 때 일어날 수 있는 혼란을 피하게 해준다.

아직 제네릭 메서드는 다루지 않았다. 12장 뒤에서 제네릭 메서드를 다룬다. 지금은 간단히 메서드는 제네릭이 될 수도 있으며 메서드의 형식 매개변수에 제공된 형식 인수에 제약 조건을 둘 수도 있다는 정도만 알아두자. 그러면 가상 제네릭 메서드가 상속되

2.0

고 재정의될 때 제약 조건을 어떻게 다룰까? 제네릭 클래스에서 선언한 형식 매개변수가 있는 상황과 대조적으로 가상 제네릭 메서드 재정의(또는 명시적 인터페이스 메서드)에서 제약 조건은 암시적으로 상속되고 다시 설정될 수 없다(예제 12.32 참고).

예제 12.32 가상 멤버에서 상속된 제약 조건 반복 금지

```csharp
class EntityBase
{
    public virtual void Method<T>(T t)
        where T : IComparable<T>
    {
        // ...
    }
}
class Order : EntityBase
{
    public override void Method<T>(T t)
    //     제약 조건은 재정의한 멤버에서 반복되지 않는다.
    //     where T : IComparable<T>
    {
        // ...
    }
}
```

제네릭 클래스 상속 사례에서, 파생된 클래스의 형식 매개변수는 기본 클래스의 제약 조건뿐만 아니라(필수) 다른 제약 조건을 추가함으로써 더 제한될 수 있다. 하지만 가상 제네릭 메서드 재정의는 기본 클래스 메서드에서 정의한 제약 조건을 정확히 준수해야 한다. 추가적인 제약 조건은 다형성을 깨뜨리므로 이들 추가 제약 조건은 허용하지 않으며 재정의 메서드에서 형식 매개변수 제약 조건이 암시된다.

■ 고 급 주 제

제약 조건의 제한

제약 조건을 적절히 제한해야 터무니없는 코드를 피할 수 있다. 예를 들어, 클래스 형식 제약 조건과 struct나 class 제약 조건을 결합하거나 notnull을 어느 제약 조건과도 결합할 수 없다. object나 배열, System.ValueType과 같은 특수한 형식에 대한 상속을 제한

하는 제약 조건을 지정할 수도 없다. 앞서 언급한 것처럼 System.Enum (enum)과 System.Delegate, System.MulticastDelegate는 C# 7.3에서 지원되기 시작했다. 하지만 Action, Func<T>, 또는 관련된 형식과 같은 특정 대리자 형식에 대한 제약 조건은 가질 수 없다.

어떤 경우에는 제약 조건 제한이 어쩌면 더 바람직하지만 이런 제한은 여전히 지원되지 않는다. 아마도 그런 제한 한 가지는 기본 생성자를 요구하는 기능뿐일 것이다. 다음 이어지는 절에서 허용되지 않는 몇 가지 제약 조건의 예를 설명한다.

연산자 제약 조건은 허용되지 않는다

모든 제네릭은 모든 것이 object이므로 object로 암시적 캐스트와 함께 암시적으로 ==와 != 비교를 허용한다. 인터페이스 형식 제약 조건(메서드용)이나 클래스 형식 제약 조건(메서드와 연산자용)을 통한 경우를 제외하고, 형식 매개변수를 특정 메서드나 연산자(앞서 언급한 경우는 제외)를 구현하는 형식으로 제한할 수 없다. 이 때문에 예제 12.33의 제네릭 Add()는 동작하지 않는다.

예제 12.33 제약 조건 표현식은 연산자가 필요 없다.

```
public abstract class MathEx<T>
{
    public static T Add(T first, T second)
    {
        // Error: 연산자 '+'를 형식 'T' 와 'T'의
        // 피연산자에 적용할 수없다.
        // return first + second;
    }
}
```

이 경우 메서드는 T에 대한 형식 인수로 제공될 수 있는 모든 형식에서 + 연산자를 사용할 수 있다고 가정한다. 그러나 더하기 연산자와 연결되지 않는 형식 인수를 제공하지 못하게 하는 제약 조건이 없으므로 에러가 발생한다. 불행히도 클래스 형식이 더하기 연산자를 구현하는 클래스 형식 제약 조건을 사용하는 것 외에 더하기 연산자를 제약 조건 내에서 쓰도록 지정하는 방법은 없다.

더 일반적으로는 한 형식이 정적 메서드를 갖도록 제한하는 방법은 없다.

2.0

OR 조건이 지원되지 않음

형식 매개변수에 대한 다중 인터페이스나 클래스 제약 조건을 제공한다면 컴파일러는 항상 제약 조건들 사이의 AND 관계를 가정한다. 예를 들어, where T : IComparable<T>, IFormattable은 IComparable<T>와 IFormattable 모두가 지원돼야 한다. 제약 조건들 사이에 OR 관계를 지정하는 방법은 없다. 이런 이유로 예제 12.34과 같은 코드는 지원되지 않는다.

예제 12.34 OR 관계를 사용한 제약 조건 결합은 허용되지 않는다

```
public class BinaryTree<T>
    // Error: OR는 지원되지 않음.
    // where T: System.IComparable<T> || System.IFormattable
{
    ...
}
```

이 기능을 지원하면 컴파일러가 컴파일 타임에 호출할 메서드를 확인하지 못하게 한다.

제네릭 메서드

앞서 형식이 제네릭일 때 형식에 메서드를 추가하는 것이 비교적 간단한 문제임을 살펴 봤다. 이런 메서드는 그 형식으로 선언된 제네릭 형식 매개변수를 사용할 수 있다. 예를 들어, 지금까지 살펴본 제네릭 클래스 예제에서 이 내용을 다뤘다.

제네릭 메서드는 제네릭 형식과 마찬가지로 제네릭 형식 매개변수를 사용한다. 제네릭 메서드는 제네릭이나 비제네릭 형식으로 선언할 수 있다. 제네릭 형식으로 선언되는 경우 이들의 형식 매개변수는 포함하는 제네릭 형식의 매개변수와는 다르다. 제네릭 메서드를 선언하려면 제네릭 형식에 수행하는 동일한 방식으로 제네릭 형식 매개변수를 지정해야 한다. 예제 12.35의 MathEx.Max<T>와 MathEx.Min<T> 예에서 보인 것처럼 형식 매개변수 선언 구문을 메서드 이름 바로 다음에 추가한다.

```
public static class MathEx
{
    public static T Max<T>(T first, params T[] values)
        where T : IComparable<T>
    {
        T maximum = first;
        foreach (T item in values)
        {
            if (item.CompareTo(maximum) > 0)
            {
                maximum = item;
            }
        }
        return maximum;
    }

    public static T Min<T>(T first, params T[] values)
        where T : IComparable<T>
    {
        T minimum = first;

        foreach (T item in values)
        {
            if (item.CompareTo(minimum) < 0)
            {
                minimum = item;
            }
        }
        return minimum;
    }
}
```

이 예제에서 메서드는 정적이지만 필수는 아니다.

제네릭 메서드는 제네릭 형식처럼 하나 이상의 형식 매개변수를 포함할 수 있다. 인자 수(형식 매개변수의 수)는 메서드 시그니처를 구별하는 추가 특성이다. 즉, 메서드에서 형식 매개변수 인자 수가 다르면 이름과 정식 매개변수가 동일한 2개의 메서드를 사용할 수 있다.

2.0

제네릭 메서드 형식 추론

제네릭 형식을 사용할 때 형식 이름 뒤에 형식 인수를 제공한 것처럼 메서드 형식 인수는 메서드 형식 이름 뒤에 나온다. Min<T>와 Max<T> 메서드를 호출하는 데 사용된 코드는 예제 12.36에서 나타낸 것과 같다.

예제 12.36 명시적으로 지정한 형식 매개변수

```
Console.WriteLine(
    MathEx.Max<int>(7, 490));
Console.WriteLine(
    MathEx.Min<string>("R.O.U.S.", "Fireswamp"));
```

예제 12.36의 출력을 결과 12.4에서 나타냈다.

결과 12.4

```
490
Fireswamp
```

놀랄 일도 아니지만 형식 인수 int와 string은 제네릭 메서드 호출에서 사용된 실제 형식에 해당한다. 하지만 형식 인수 지정은 컴파일러가 메서드에 전달된 정식 매개변수에서 형식 매개변수를 추론할 수 있기 때문에 필요 없다. 분명히 예제 12.36에서 Max의 호출자는 메서드 인수 모두가 int 형식이기 때문에 형식 인수는 int라고 생각한다. 중복을 피하고자, 의도한 형식 인수를 컴파일러가 논리적으로 추론할 수 있을 때 호출에서 항상 형식 매개변수를 제외할 수 있다. 이런 관례를 '**메서드 형식 추론**method type inference'이라 하고, 예제 12.37에서 나타냈다. 결과 12.5는 실행 결과를 보였다.

예제 12.37 해당 인수에서 형식 인수 추론하기

```
Console.WriteLine(
    MathEx.Max(7, 490)); // 형식 인수가 없다!
Console.WriteLine(
    MathEx.Min("R.O.U.S'", "Fireswamp"));
```

2.0

650

```
490
Fireswamp
```

　메서드 형식 추론에 성공하려면 인수의 형식은 원하는 형식 인수가 추론될 수 있는 방식으로 제네릭 메서드의 정식 매개변수와 '일치'해야 한다. 생각해 볼 흥미로운 질문은 '모순되는 추론이 나올 때 무슨 일이 일어나는가?'다. 예를 들어, MathEx.Max(7.0, 490)를 사용해 Max<T> 메서드를 호출할 때 컴파일러는 첫 번째 인수에서 형식 인수가 double이어야 한다는 추론을 하고 두 번째 인수에서 형식 인수가 int여야 한다는 추론을 하는 모순을 낳는다. C# 2.0에서는 이러한 불일치로 에러가 발생한다. 더 정교한 분석을 해보면 모든 int가 double로 변환될 수 있기 때문에 모순이 해결될 수 있으므로 double이 해당 형식 인수로 최적이다. C# 3.0과 C# 4.0 모두는 컴파일러가 더 정교한 분석을 할 수 있도록 메서드 형식 추론 알고리듬을 개선했다.

　메서드 형식 추론이 여전히 형식 인수를 추론하기에 충분히 정교하지 않은 경우 추론에 사용돼야 하는 형식 인수를 컴파일러에 분명히 알려 주는 캐스트를 인수에 삽입하거나 형식 추론을 포기하고 해당 형식 인수를 명시적으로 포함해 에러를 해결할 수 있다.

　메서드 형식 추론 알고리듬은 추론이 일어날 때 그 인수와 인수의 형식, 제네릭 메서드의 정식 매개변수 형식만 고려한다. 실제 분석에 사용될 수 있는 다른 요인(제네릭 메서드의 반환 형식이나 메서드의 반환 값이 할당되는 변수의 형식, 그 메서드의 제네릭 형식 매개변수에서 제약 조건)은 이 알고리듬에서 전혀 고려하지 않는다.

제약 조건 지정

제네릭 메서드의 형식 매개변수는 제네릭 형식의 형식 매개변수에 제약 조건을 적용한 방식과 같은 방식으로 제약 조건을 지정할 수 있다. 예를 들어, 메서드의 형식 매개변수를 제한해 인터페이스를 구현하거나 클래스 형식으로 변환할 수 있다. 예제 12.38에서 보인 것처럼 인수 목록과 메서드 본문 사이에 이 제약 조건을 지정한다.

2.0

```
public class ConsoleTreeControl
{
    // 제네릭 메서드 Show<T>
    public static void Show<T>(BinaryTree<T> tree, int indent)
        where T : IComparable<T>
    {
        Console.WriteLine("\n{0}{1}",
            "+ --".PadLeft(5*indent, ' '),
            tree.Item.ToString());
        if (tree.SubItems.First != null)
            Show(tree.SubItems.First, indent+1);
        if (tree.SubItems.Second != null)
            Show(tree.SubItems.Second, indent+1);
    }
}
```

여기서 Show<T> 구현 자체는 IComparable<T> 인터페이스의 어느 멤버도 직접 사용하지 않으므로 제약 조건이 필요한 이유가 궁금할 것이다. 하지만 BinaryTree<T> 클래스가 이 제약 조건을 필요로 했다는 사실을 상기하자(예제 12.39 참고).

예제 12.39 IComparable〈T〉 형식 매개변수를 요구하는 BinaryTree〈T〉

```
public class BinaryTree<T>
    where T: System.IComparable<T>
{
    ...
}
```

BinaryTree<T> 클래스는 T에 이러한 제약 조건을 요구하고 Show<T>는 제약 조건이 적용된 형식 매개변수에 해당하는 형식 인수로 T를 사용하기 때문에 Show<T>는 클래스의 형식 매개변수의 제약 조건이 메서드 형식 인수에 부합하도록 해야 한다.

2.0

제네릭 메서드 내에서의 캐스팅

제네릭을 사용할 때 조심해야 하는 경우가 있는데 이를테면 특별히 캐스트 연산을 숨기는 데 제네릭을 사용할 때다. 스트림을 주어진 형식의 개체로 변환하는 다음의 메서드를 살펴보자.

```
public static T Deserialize<T>(
    Stream stream, IFormatter formatter)
{
    return (T)formatter.Deserialize(stream);
}
```

formatter는 스트림에서 데이터를 제거하고 개체로 변환하는 일을 담당한다. formatter에서 Deserialize() 호출은 object 형식의 데이터를 반환한다. Deserialize()의 제네릭 버전을 사용하는 호출은 다음과 같다.

```
string greeting =
    Deserialization.Deserialize<string>(stream, formatter);
```

이 코드의 문제점은 메서드의 호출자에 Deserialize<T>()가 형식이 안전한 것으로 보인다는 것이다. 하지만 다음에 보인 비제네릭의 동일한 메서드의 경우처럼 호출자를 대신해서 여전히 캐스트 연산이 수행된다.

```
string greeting =
    (string)Deserialization.Deserialize(stream, formatter);
```

이 캐스트는 런타임에 실패한다. 메서드는 보이는 만큼 형식이 안전하지 않을 수 있다. Deserialize<T> 메서드는 홀로 제네릭이어서 호출자에게 캐스트의 존재를 숨길 수 있지만 이는 속이는 것에 지나지 않는다. 해당 메서드를 비제네릭으로 만들고 object를 반환해서 호출자가 형식이 안전하지 않다는 것을 인지하게 하는 편이 더 낫다. 개발자는 캐스트 유효성을 확인하는 제약 조건이 없는 경우 제네릭 메서드에서 캐스팅할 때는 조심해야 한다.

2.0

공변과 반공변

제네릭 형식을 처음 사용하는 사람이 던지는 일반적인 질문은 List<string> 형식의
표현식을 왜 List<object> 형식의 변수에 할당할 수 없는가에 대한 것이다. string이
object 형식으로 변환된다면 분명히 문자열 목록은 개체의 목록과 비슷하게 호환될 것
이다. 실제로 이것은 일반적으로 얘기하자면 형식이 안전하지도 않고 적법하지도 않다.
같은 제네릭 클래스를 사용해 2개의 변수를 다른 형식 매개변수로 선언한다면 이 변수
는 더 구체적인 형식에서 더 일반적인 형식으로 할당되지만 형식 호환성이 있지는 않
다. 즉 이들은 **공변**^{covariance}이 아니다.

　공변은 범주론에서 나온 기술 용어이지만 기본 개념은 단순하다. 두 가지 형식 X와 Y
가 특별한 관계, 즉 형식 X의 모든 값을 형식 Y로 변환할 수 있는 관계가 성립한다고 하
자. 형식 I<X>와 I<Y>가 그와 같은 특별 관계를 항상 맺을 때 'I<T>는 T에서 공변'이라
고 한다. 하나의 형식 매개변수만 갖는 단순한 제네릭 형식을 다룰 때 이 형식 매개변수
를 'I<T>는 공변이다'라고 간단히 이해할 수 있다. I<X>에서 I<Y>로의 변환을 '**공변 변환**
covariant conversion'이라 한다.

　예를 들어, 제네릭 클래스의 인스턴스인 Pair<Contact>와 Pair<PdaItem>은 형식 인
수 자체가 호환 가능할 때도 형식 호환성이 없다. 달리 말하면 컴파일러는 Contact이
PdaItem에서 파생돼도 Pair<Contact>에서 Pair<PdaItem>으로 변환하지(암시적 또는 명시
적) 못하게 한다. 마찬가지로 Pair<Contact>를 인터페이스 형식 IPair<PdaItem>로의 변환
은 실패한다. 예제 12.40에서 그 예를 살펴보자.

```
// ...
// Error: ... 형식을 변환할 수 없습니다.
Pair<PdaItem> pair = (Pair<PdaItem>) new Pair<Contact>();
IPair<PdaItem> duple = (IPair<PdaItem>) new Pair<Contact>();
```

왜 이런 변환이 올바르지 않을까? List<T>와 Pair<T>는 왜 공변이 아닐까? 예제 12.41은 C# 언어가 제한 없는 제네릭 공변성을 허용하는 경우 무슨 일이 일어날 수 있는지 보였다.

예제 12.41 동질성 유지를 위한 공변 방지

```
//...
Contact contact1 = new Contact("Princess Buttercup"),
Contact contact2 = new Contact("Inigo Montoya");
Pair<Contact> contacts = new Pair<Contact>(contact1, contact2);

// 다음 코드는 에러를 일으킨다: ... 형식을 변환할 수 없습니다.
// 그러나 에러를 일으키지 않았다고 가정한다.
// IPair<PdaItem> pdaPair = (IPair<PdaItem>) contacts;
// 다음은 올바르지만 형식이 안전하지 않다.
// pdaPair.First = new Address("123 Sesame Street");
...
```

IPair<PdaItem>은 주소^{address}를 포함할 수 있지만 개체는 실제로 주소가 아니라 연락처^{contacts}만 포함할 수 있는 Pair<Contact>이다. 제한 없는 공변을 허용하면 형식 안전성이 완전히 훼손된다.

이제 문자열의 목록이 개체의 목록으로 사용되지 못하는 이유도 명확해졌다. 문자열의 목록에 정수를 삽입할 수 없지만 개체의 목록에는 정수를 삽입할 수 있다. 따라서 문자열 목록을 개체 목록으로 캐스팅하는 코드는 올바르지 않으며 컴파일러가 에러를 표시한다.

2.0

형식 매개변수 한정자 out과 공변성 사용하기

앞서 제한 없는 공변의 결과로서 묘사한 두 가지 문제는 제네릭 pair와 제네릭 리스트가 자신들의 콘텐츠를 작성할 수 있기 때문에 발생한다. 인터페이스에서 읽기만 하고 (즉, 메서드의 반환 형식이나 읽기 전용 속성) **쓰기**(즉, 정식 매개변수나 쓰기 가능한 속성 형식) 가 없도록 T만 노출하는 읽기 전용 IReadOnlyPair<T> 인터페이스를 만들어 이러한 수정 가능성을 없앴다고 해보자. T를 '출력 전용out-only' 인터페이스로 제한한다면, 방금 언급한 공변 문제는 일어나지 않는다(예제 12.42 참고).[1]

예제 12.42 잠재적으로 가능한 공변

```
interface IReadOnlyPair<T>
{
    T First { get; }
    T Second { get; }
}
interface IPair<T>
{
    T First { get; set; }
    T Second { get; set; }
}
public struct Pair<T> : IPair<T>, IReadOnlyPair<T>
{
    // ...
}
class Program
{
    static void Main()
    {
        // Error: out 형식 매개변수 한정자 없이 이론적으로만 가능
        Pair<Contact> contacts =
            new Pair<Contact>(
                new Contact("Princess Buttercupt"),
                new Contact("Inigo Montoya") );
        IReadOnlyPair<PdaItem> pair = contacts;
        PdaItem pdaItem1 = pair.First;
        PdaItem pdaItem2 = pair.Second;
```

---

1 C# 4.0에서 소개함.

```
        }
    }
```

제네릭 형식 선언을 해당 인터페이스에서 나오는 데이터만 노출하도록 제한할 때 컴파일러가 공변을 막을 이유는 없다. IReadOnlyPair<PdaItem> 인스턴스에서 모든 작업은 Contact를 (원래 Pair<Contact> 개체에서) 기본 클래스 PdaItem으로까지 변환할 수 있다(완벽히 유효한 변환). 이 인터페이스는 쓰기 가능 속성을 전혀 노출하지 않기 때문에 주소를 실제로 연락처 쌍인 개체로 작성할 방법이 없다.

예제 12.42의 코드는 여전히 컴파일되지 않는다. 하지만 안전한 공변에 대한 지원이 C# 4.0에 추가됐다. 제네릭 인터페이스가 형식 매개변수 중 하나에서 공변을 의도하고 있는지를 표시하려면 out 형식 매개변수 한정자로 형식 매개변수를 선언한다. 예제 12.43은 인터페이스 선언이 공변을 허용하는 경우 해당 인터페이스 선언을 수정하는 방법을 보였다.

예제 12.43 out 형식 매개변수 한정자를 사용한 공변

```
...
interface IReadOnlyPair<out T>
{
    T First { get; }
    T Second { get; }
}
```

4.0

IReadOnlyPair<out T> 인터페이스에서 형식 매개변수를 out으로 수정하면 컴파일러는 정말 T가 '출력'(메서드 반환 형식과 읽기 전용 속성 반환 형식)용으로만 사용되고 정식 매개변수나 속성 세터setter로는 결코 사용되지 않는지 검증한다. 이후로 컴파일러는 인터페이스에 관련된 모든 공변 변환을 허용한다. 예제 12.42의 코드를 이렇게 수정할 때 이 코드는 성공적으로 컴파일되고 실행된다.

공변 변환에는 중요한 제약 사항이 몇 가지 있다.

2.0

- 제네릭 인터페이스와 제네릭 대리자(13장에서 설명)만 공변이 될 수 있다. 제네릭 클래스와 구조체는 결코 공변이 아니다.

- '원본'과 '대상' 제네릭 형식 모두의 다양한 형식 인수는 값 형식이 아니라 참조 형식이어야 한다. 즉, string과 IReadOnlyPair<object>가 참조 형식이기 때문에 IReadOnlyPair<string>을 IReadOnlyPair<object>로 공변 방식으로 변환할 수 있다. int는 참조 형식이 아니기 때문에 IReadOnlyPair<int>를 IReadOnlyPair<object>로 변환할 수 없다.

- 인터페이스와 대리자는 공변성 지원으로 선언돼야 하며 컴파일러는 주석이 달린 형식 매개변수가 실제 '출력' 위치에서만 사용되는지 검증할 수 있어야 한다.

in 형식 매개변수 한정자로 반공변성 사용하기

역방향 공변을 **반공변**^{contravariance}이라고 한다. 다시 말하면 2개의 형식 X와 Y가 관계를 갖고 있고 형식 X의 모든 값이 형식 Y로 변환될 수 있다고 하자. 형식 I<X>와 I<Y>가 항상 같은 '역방향'의 특별한 관계를 맺는다면(즉, 형식 I<Y>가 형식 I<X>로 변환될 수 있다) 'I<T>는 T에서 반공변'이라고 한다.

대부분의 개발자는 반공변성을 공변성보다 이해하기 힘들다고 생각한다. 공변성의 표준 예가 비교자^{comparer}다. Apple이라는 파생된 형식과 Fruit이라는 기본 형식이 있다고 하자. 분명히 이들은 특별한 관계를 맺는다. 형식 Apple의 모든 값은 Fruit으로 변환할 수 있다.

이제 2개의 T를 준비해 첫 번째 것이 두 번째 것보다 나은지 여부를 알려 주는 bool을 반환하는 메서드인 'bool FirstIsBetter(T t1, T t2)'이 있는 인터페이스 ICompare Things<T>가 있다고 하자.

형식 인수를 제공할 때 무슨 일이 일어날까? ICompareThings<Apple>은 2개의 Apple을 비교하는 메서드가 있다. ICompareThings<Fruit>는 2개의 Fruit을 비교하는 메서드가 있다. 그러나 모든 Apple은 Fruit이므로 ICompareThings<Fruit> 형식의 값은 분명히 ICompareThings<Apple>이 필요한 모든 곳에서 안전하게 사용될 수 있다. 변환의 '방향'이 '거꾸로' 돼 있으므로 이를 '반공변'이라고 한다.

그리 놀랍지는 않겠지만 공변 인터페이스에 넣어 둔 제한과 정반대되는 제한이 안전한 반공변성을 보장하는 데 필요하다. 형식 매개변수 중 하나에서 반공변인 인터페이스는 정식 매개변수와 같은 입력 위치에서만 그 형식 매개변수를 사용해야 한다(아니면 극히 드물지만 쓰기 전용 속성에서 사용한다). 예제 12.44에서 보인 것처럼 in 한정자를 갖는 형식 매개변수를 선언해 인터페이스를 반공변으로 표시할 수 있다.[2]

예제 12.44 in 형식 매개변수 한정자를 사용한 반공변성

```
class Fruit {}
class Apple : Fruit {}
class Orange : Fruit {}

interface ICompareThings<in T>
{
    bool FirstIsBetter(T t1, T t2);

}

class Program
{
    class FruitComparer : ICompareThings<Fruit>
    { ... }
    static void Main()
    {
        // C# 4.0 이후에서 허용
        ICompareThings<Fruit> fc = new FruitComparer();
        Apple apple1 = new Apple();
        Apple apple2 = new Apple();
        Orange orange = new Orange();
        // fruit 비교자는 apple과 orange를 비교할 수 있음:
        bool b1 = fc.FirstIsBetter(apple1, orange);
        // 또는 apple과 apple 비교:
        bool b2 = fc.FirstIsBetter(apple1, apple2);
        // 다음은 인터페이스가 반공변이기 때문에 적합:
        ICompareThings<Apple> ac = fc;
        // 다음은 실제로 fruit 비교자이므로
        // 여전히 2개의 apple을 비교 가능
        bool b3 = ac.FirstIsBetter(apple1, apple2);
    }
}
```

4.0

2.0

---

2 C# 4.0에서 소개.

공변성 지원과 마찬가지로 반공변성은 in이라는 형식 매개변수 한정자를 사용하고 인터페이스의 형식 매개변수 선언에서 표시한다. 이 한정자는 T가 게터^getter 속성이나 메서드의 반환 형식으로 나타나지 않는다고 컴파일러에 알려 줌으로써 이 인터페이스에 대한 반공변 변환의 사용을 가능하게 한다.

반공변 변환은 앞서 공변 변환에 대해 설명한 것처럼 모든 유사한 제한을 갖는다. 이들 변환은 제네릭 인터페이스와 대리자 형식에 대해서만 유효하며, 다양한 형식 인수는 참조 형식이 돼야 하며, 컴파일러는 해당 인터페이스가 반공변 변환에 대해 안전한지를 확인할 수 있어야 한다.

인터페이스가 한 형식 매개변수에서 공변이고 다른 형식 매개변수에서는 반공변일 수 있지만 이런 경우는 대리자를 제외하고 실제로는 거의 일어나지 않는다. 예를 들어, 대리자의 Func<A1, A2, …, R> 패밀리는 반환 형식 R에서 공변이고, 모든 인수 형식에서는 반공변이다.

끝으로 컴파일러는 소스 전체에서 공변과 반공변 형식 매개변수 한정자의 유효성을 확인한다는 점을 유의하자. 예제 12.45의 PairInitializer<in T> 인터페이스를 살펴보자.

예제 12.45 공변성에 대한 컴파일러 유효성 검증

```
// ERROR: 잘못된 공변성, 형식 매개변수 'T'는 유효한 가변성이 아니다.
interface IPairInitializer<in T>
{
    void Initialize(IPair<T> pair);
}
// 위 코드가 올바르다고 가정하면 무엇이 잘못인지 살펴보자.
class FruitPairInitializer : IPairInitializer<Fruit>
{
    // apple과 orange로 fruit의 pair를 초기화하자.
    public void Initialize(IPair<Fruit> pair)
    {
        pair.First = new Orange();
        pair.Second = new Apple();
    }
}

// ... ... ...
var f = new FruitPairInitializer();
// 반공변성이 올바르면 이 코드는 문제없다.
```

4.0

2.0

660

```
IPairInitializer<Apple> a = f;
// 이제 apple의 pair에 orange를 작성한다.
a.Initialize(new Pair<Apple>());
```

주의 깊게 살펴보지 않으면 IPair<T>가 '입력' 정식 매개변수로만 사용되므로 IPairInitializer에서 반공변 in 한정자가 유효하다고 생각하는 유혹에 빠질 수 있다. 하지만 IPair<T> 인터페이스는 안전하게 다양한 변화를 줄 수 없으므로 변할 수 있는 형식 인수로 생성될 수 없다. 보다시피 이는 형식이 안전하지 않으므로 컴파일러는 IPairInitializer<T> 인터페이스의 반공변 선언을 애초에 허용하지 않는다.

배열에서 안전하지 않은 공변성 지원

지금까지 공변성과 반공변성을 제네릭 형식의 속성으로 설명했다. 모든 비제네릭 형식 중 배열이 제네릭과 가장 유사하다. 즉, 제네릭 'T의 리스트'나 제네릭 'T의 쌍'을 생각하 듯이 같은 종류의 패턴으로 'T의 배열'을 생각해 볼 수 있다. 배열은 읽기와 쓰기 둘 다를 지원하므로 공변성과 반공변성에 관해 알고 있는 내용에 비추어 보면 배열은 안전하게 반공변이나 공변이 될 수 없다고 가정할 수 있다. 즉, 배열은 쓰기가 일어나지 않은 경우만 안전하게 공변이 되며 배열에서 읽기가 일어나지 않는 경우만 안전하게 반공변이 될 수 있지만, 어느 쪽도 현실적인 제한 같지는 않다.

불행히도 C#은 배열의 이런 특징이 형식이 안전하지 않더라도 배열 공변을 지원한다. 예를 들어, 'Fruit[] fruits = new Apple[10];'은 C#에서 올바른 코드다. 그다음에 'fruits[0] = new Orange();'라는 표현식을 포함하면 런타임은 예외 형식으로 형식 안전성 위반을 일으킨다. Orange를 Fruit의 배열로 할당하면 문제가 된다는 사실이 매우 혼란스러울 수 있는데, 왜냐하면 이것이 실제로 Apple의 배열일 수 있지만 C#뿐만 아니라 런타임의 배열 구현을 사용하는 모든 CLR 언어가 처한 상황은 그렇지 않기 때문이다.

안전하지 않은 배열 공변 사용을 피해야 한다. 모든 배열은 읽기 전용(따라서 안전한 공변이 가능한) 인터페이스 'IEnumerable<T>;'로 변환할 수 있다. 즉, 모두가 읽기 전용 인터 페이스인 경우 Orange를 배열로 삽입할 수 있는 방법이 없기 때문에 'IEnumerable<Fruit> fruits = new Apple[10]'은 모두 안전하고 올바르다.

4.0

2.0

제네릭의 내부

CLI 형식 시스템 내에서 등장하는 개체를 앞선 여러 장에서 다뤘으므로 제네릭 또한 개체라는 사실이 놀랍지는 않을 것이다. 사실 제네릭 클래스에서 형식 매개변수는 필요시 런타임이 적합한 클래스를 만드는 데 사용하는 메타데이터다. 따라서 제네릭은 상속, 다형성, 캡슐화를 지원한다. 제네릭을 사용하면 메서드와 속성, 필드, 클래스, 인터페이스, 대리자를 정의할 수 있다.

이러한 목적을 달성하려면 제네릭은 기본 런타임에서 지원을 받아야 한다. 결국 C# 언어에 제네릭을 추가하는 것은 컴파일러와 플랫폼 양쪽의 특징이다. 예를 들어, 박싱을 피하기 위한 제네릭의 구현은 참조 형식 매개변수를 갖는 제네릭보다는 값 기반 형식 매개변수의 경우와 다르다.

■ 고 급 주 제

제네릭의 CIL 표현

제네릭 클래스가 컴파일될 때 비제네릭 클래스와 크게 다르지 않다. 컴파일의 결과는 메타 데이터와 CIL이 전부다. CIL은 코드에서 사용자 제공 형식을 받도록 매개변수화된다. 예제 12.46에서 보인 것처럼 간단한 Stack 클래스를 선언했다고 하자.

예제 12.46 Stack⟨T⟩ 선언

```
public class Stack<T> where T : IComparable
{
    private T[] items;
    // 클래스의 나머지
}
```

클래스를 컴파일할 때 생성된 CIL은 매개변수를 받을 수 있는 형태가 돼 예제 12.47 처럼 보인다.

예제 12.47 Stack⟨T⟩에 대한 CIL 코드

```
.class private auto ansi beforefieldinit
    Stack'1<([mscorlib]System.IComparable)T>
    extends [mscorlib]System.Object
{
    ...
}
```

첫 번째 주목할 항목은 두 번째 줄에서 Stack 다음에 나타나는 '1이다. 이 숫자는 제 네릭 형식 인수의 개수다. 이 줄은 제네릭 클래스가 형식 인수에 필요한 형식 매개변수의 수를 선언한다. EntityDictionary⟨TKey, TValue⟩처럼 선언하는 경우에 인수의 수는 2다.

생성된 CIL의 두 번째 줄은 클래스에 부과한 제약 조건을 보여 준다. T 형식 매개변 수는 IComparable 제약 조건으로 인터페이스 선언을 기술했다.

CIL 전체를 계속 살펴보면 형식 T의 항목 배열 선언이 CIL의 제네릭 가능한 버전의 특징인 '느낌표 표기'를 사용해 형식 매개변수를 포함하도록 변경된 부분을 찾을 수 있 다. 느낌표는 예제 12.48에서 보인 것처럼 클래스용으로 지정한 첫 번째 형식 매개변수 가 존재함을 가리킨다.

예제 12.48 제네릭을 지원하는 '느낌표 표기'를 사용한 CIL

```
.class public auto ansi beforefieldinit
    'Stack'1'<([mscorlib]System.IComparable) T>
    extends [mscorlib]System.Object
{
    .field private !0[ ] items
    ...
}
```

클래스 헤더에서 인수의 수와 형식 매개변수를 포함하고 코드에서 느낌표로 표기한 형식 매개변수를 나타낸 것 외에는 제네릭 클래스용으로 생성된 CIL과 비제네릭 클래 스용으로 생성된 CIL 간에 차이는 적다.

2.0

값 형식 기반 제네릭 인스턴스 생성

형식 매개변수로서 값 형식을 사용해 제네릭 형식을 처음 생성할 때 런타임은 CIL에서
적절히 배치한 제공된 형식 매개변수로 구체화된 제네릭 형식을 만든다. 따라서 런타임
은 새로운 매개변수 값 형식 각각에 대한 새로운 구체화된 제네릭 형식을 생성한다.

예를 들어, 예제 12.49에서 보인 것처럼 정수로 구성된 Stack을 선언한 코드가 있다
고 하자.

예제 12.49 Stack⟨int⟩ 정의

```
Stack<int> stack;
```

Stack⟨int⟩ 형식을 사용할 때 런타임은 먼저 형식 매개변수를 대신하는 형식 인수 int
를 갖는 Stack 클래스의 구체화된 버전을 생성한다. 그 이후로 해당 코드는 Stack<int>
를 사용할 때마다, 런타임은 생성된 특수화된 Stack<int> 클래스를 재사용한다. 예제
12.50에서 2개의 Stack<int> 인스턴스를 선언하고 있으며, 두 인스턴스는 Stack<int>에
대해 런타임에 이미 생성한 코드를 사용한다.

예제 12.50 Stack⟨T⟩ 형식의 변수 선언

```
Stack<int> stackOne = new Stack<int>();
Stack<int> stackTwo = new Stack<int>();
```

코드 후반에 형식 매개변수(long이나 사용자 정의 struct 등)를 대신하는 다른 값 형식
을 갖는 또 다른 Stack을 만든다면 런타임은 제네릭 형식의 또 다른 버전을 생성한다.
구체화된 값 형식 클래스의 이점은 더 나은 성능을 제공한다는 점이다. 더욱이 이 코드
는 각각의 구체화된 제네릭 클래스가 값 형식을 기본으로 포함할 수 있기 때문에 변환
과 박싱을 피할 수 있다.

2.0

참조 형식 기반 제네릭 인스턴스 생성

제네릭은 참조 형식과 약간 다르게 동작한다. 제네릭 형식이 처음 참조 형식을 사용해 구성될 때 런타임은 형식 인수에 기반을 둔 구체화된 제네릭 형식보다는 CIL의 형식 매개변수로 대체된 object 참조로 구체화된 제네릭 형식을 만든다. 그 이후에 구성된 형식이 참조 형식 매개변수로 인스턴스를 만들 때마다 런타임은 참조 형식이 처음 참조 형식과 다르다 해도 앞서 생성한 제네릭 형식 버전을 재사용한다.

예를 들어, Customer 클래스와 Order 클래스라는 2개의 참조 형식이 있다고 하자. 다음처럼 Customer 형식의 EntityDictionary를 만든다.

```
EntityDictionary<Guid, Customer> customers;
```

이 클래스를 액세스하기에 앞서 런타임은 구체화된 데이터 형식으로 Customer를 저장하지 않고 object 참조를 저장하는 EntityDictionary 클래스의 구체화된 버전을 생성한다. 코드의 다음 줄은 Order라는 또 다른 참조 형식의 EntityDictionary를 만든다고 하자.

```
EntityDictionary<Guid, Order> orders =
    new EntityDictionary<Guid, Order>();
```

값 형식과 달리 Order 형식을 사용하는 EntityDictionary를 위한 EntityDictionary 클래스의 새로운 구체화된 버전이 만들어지지 않는다. 대신 object 참조를 사용하는 EntityDictionary 버전의 인스턴스를 생성하고 이 인스턴스를 참조하도록 orders 변수를 설정한다.

계속해서 형식 안전성의 이점을 얻으려고 형식 매개변수를 대체하는 각 개체 참조에 대해 Order 형식의 메모리 영역이 구체적으로 할당되고 포인터를 이 메모리 참조로 설정한다. 다음처럼 Customer 형식의 EntityDictionary 인스턴스를 생성하는 코드를 만났다고 하자.

```
customers = new EntityDictionary<Guid, Customer>();
```

앞서 Order 형식을 사용해 만든 EntityDictionary 클래스를 사용한 경우처럼 구체화된 EntityDictionary 클래스의 또 다른 인스턴스(object 참조에 기반을 둔 것)가 생성되고

2.0

그 안에 포함된 포인터는 Customer 형식을 구체적으로 참조하도록 설정된다. 이런 제네릭의 구현은 컴파일러가 참조 형식의 제네릭 클래스에 대한 하나의 구체화된 클래스만 만들게 함으로써 코드 부풀리기를 줄인다.

제네릭 참조 형식의 형식 매개변수가 달라질 때 런타임이 같은 내부 제네릭 형식 정의를 사용하더라도 그 형식 매개변수가 값 형식인 경우 이 동작은 대체된다. 예를 들어, Dictionary<int, Customer>, Dictionary<Guid, Order>, Dictionary<long, Order>은 새로운 내부 형식 정의가 필요할 것이다.

언어 비교: C++의 short 데이터 형식

자바에서 제네릭의 구현은 자바 가상머신 내에서가 아닌 완전히 컴파일러 내에서 일어난다. 원래 자바를 개발했던 선 마이크로시스템스(오라클이 인수하기 훨씬 전에)는 제네릭이 사용됐다고 해서 최신의 자바 가상머신을 배포해야 할 필요가 없도록 이런 접근 방식을 적용했다.

자바의 구현은 형식 매개변수와 제약 조건을 포함해 C++의 템플릿과 C#의 제네릭과 비슷한 구문을 사용한다. 하지만 값 형식을 참조 형식과 다르게 취급하지 않기 때문에 수정되지 않은 자바 가상머신은 값 형식에 제네릭을 지원할 수 없다. 따라서 자바의 제네릭은 C#처럼 실행 효율에서 동일한 이득을 제공하지 않는다. 실제로 자바 컴파일러는 데이터를 반환해야 할 때마다 제약 조건이 선언된 경우에는 지정한 제약 조건에서 자동 다운캐스트(downcast)를 삽입하고, 제약 조건이 선언되지 않은 경우에는 기본 Object 형식을 삽입한다. 또한 자바 컴파일러는 컴파일 타임에 하나의 구체화된 형식을 생성하고, 그 뒤 이 형식을 모든 구성된 형식의 인스턴스를 생성하는 데 사용한다. 마지막으로 자바 가상머신은 근본적으로 제네릭을 지원하지 않기 때문에 실행 시간에 제네릭 형식의 인스턴스에 형식 매개변수를 어설션할 방법이 없으며 리플렉션의 다른 용도도 상당히 제한된다.

요약

제네릭 형식과 메서드가 C# 2.0에 추가됨으로써 기본적으로 C# 개발자의 코드 작성 스타일도 변했다. C# 1.0 코드 내에서 object를 사용한 프로그래머들은 거의 대부분 C# 2.0에서 제네릭이라는 더 나은 선택지를 지니게 됐다. 최신 C# 프로그램에서 object(특히 모든 컬렉션 형식이라는 맥락에서)를 사용하는 경우라면 문제를 제네릭으로 푸는 게 더 나은지 아닌지를 고려해야 한다. 형식 안전성이 높아지면서 캐스팅과 박싱 성능 저하를 없앴고, 반복 코드를 줄여 중요한 개선을 이뤘다.

15장은 가장 널리 알려진 제네릭 네임스페이스 중 하나인 System.Collections. Generic을 살펴본다. 이름이 의미하듯이 이 네임스페이스는 제네릭 형식을 거의 배타적으로 구성했다. 이 네임스페이스는 개체가 원래 사용된 형식을 제네릭을 사용하도록 변환한 방법의 명확한 예를 제공한다. 하지만 이들 주제와 씨름하기 전에 컬렉션 관련 작업을 위해 C# 3.0(이후)에서 의미 있는 개선을 제공하는 표현식을 살펴볼 것이다.

▪13▪
대리자와 람다 식

지금까지는 자료를 캡슐화하고 처리할 수 있게 클래스를 만드는 방법에 집중했다. 많은 클래스를 만들다 보면 클래스 사이의 관계에서 어떤 일반적인 패턴을 발견하는 경우가 있는데, 이 가운데 메서드에 개체를 전달하고 메서드 내에서 전달받은 개체의 메서드를 호출하는 패턴이 있다. 예를 들어, 어떤 메서드에 IComparer<int> 형식에 대한 참조를 전달하면 호출한 메서드 내에서 전달한 참조 개체의 Compare() 메서드를 호출할 수 있다. 메서드 하나를 호출하기 위한 참조를 전달하려고 인터페이스를 적용한 사례다. 또 다른 예로 어떤 새로운 작업을 시작시킨 다음, 작업이 끝났는지 확인하려고 작업을 중단하거나 지속적으로 폴링^{polling}하기보다 작업을 수행하는 메서드를 비동기적으로 실행하고 **콜백**^{callback} 함수를 이용해 피호출 메서드가 호출 측에 작업 완료를 통지하는 것이 낫다.

잠깐만 생각해 보면 이런 경우에 대해서 일일이 새로운 인터페이스를 만드는 것이 얼마나 불합리한지 알 수 있다. 13장에서는 메서드에 대한 참조를 처리할 수 있게 해 주는 **대리자**^{delegate}라고 불리는 특수한 유형의 클래스를 만들고 사용하는 방법을 살펴보고, 이어서 **람다 식**^{lambda expression}을 이용해서 사용자 지정 대리자를 빠르고 손쉽게 만드는 방법을 알아보겠다.

람다 식은 C# 3.0에서 추가됐으며, 그 이전 버전인 C# 2.0의 경우에는 무명 메서드^{anonymous method}라는, 람다 식에 비해서 약간 덜 다듬어진 형태로 사용자 지정 대리자를 지원했다. 호환성을 위해 2.0 이후의 모든 C#에서도 무명 메서드를 지원하고 있지만 새

로 작성하는 코드라면 람다 식을 이용하는 것이 바람직하다. 고급 주제에서는 기존의
C# 2.0 코드로 작업해야 하는 경우를 위해 무명 메서드를 사용하는 방법을 기술하고 있
는데 이 경우에 해당되지 않는다면 건너뛰어도 좋다.

13장의 마지막 부분에서는 람다 식에 대한 컴파일러 분석을 실행 시간에 이용할 수
있게 해 주는 식 트리expression trees를 다룰 것이다.

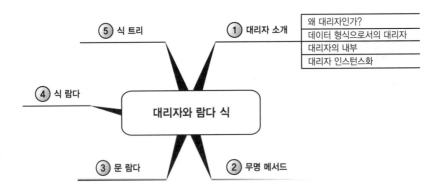

대리자 소개

숙련된 C/C++ 개발자라면 '함수 포인터'를 이용해 메서드 참조를 다른 메서드의 인수
로 전달하는 메커니즘에 익숙할 것이다. C#에서는 **대리자**로 이와 유사한 기능을 구현하
고 있다. 대리자를 이용하면 개체를 참조하듯이 메서드를 참조할 수 있고, 이렇게 획득
한 메서드를 일반적인 메서드처럼 호출할 수도 있다. 이것이 얼마나 유용한 기술인지
이해를 돕기 위한 예제를 살펴보도록 하자.

3.0

시나리오 정의

버블 정렬은 효율 측면에서 뛰어난 방법은 아니지만 간단하게 구현이 가능한 정렬 방법
가운데 하나다. 예제 13.1은 BubbleSort() 메서드를 보여 준다.

```
static class SimpleSort1
{
    public static void BubbleSort(int[] items)
    {
        int i;
        int j;
        int temp;

        if(items==null)
        {
            return;
        }

        for (i = items.Length - 1; i >= 0; i--)
        {
            for (j = 1; j <= i; j++)
            {
                if (items[j - 1] > items[j])
                {
                    temp = items[j - 1];
                    items[j - 1] = items[j];
                    items[j] = temp;
                }
            }
        }
        // ...
    }
}
```

이 메서드는 정수 배열을 오름차순으로 정렬한다.

예제 13.1을 오름차순뿐만 아니라 내림차순으로도 정렬할 수 있게 변경해야 한다고 생각해 보자. 코드 전체를 복사해서 앞 요소가 더 큰지를 비교하는 비교 연산자를 더 작은지 비교하도록 바꾸기만 하면 내림차순 정렬이 가능하다고 쉽게 생각할 수도 있지만, 그저 연산자 하나 바꾸면 되는데도 쓸데없이 나머지 코드 전체를 복사하는 것은 바람직하지 않다. 단순 복제보다 나은 방법 가운데 하나로 예제 13.2와 같이 정렬 방법을 지정하는 용도의 매개변수를 추가로 이용할 수 있다.

```
class SimpleSort2
{
    public enum SortType
    {
        Ascending,
        Descending
    }

    public static void BubbleSort(int[] items, SortType sortOrder)
    {
        int i;
        int j;
        int temp;

        if(items==null)
        {
            return;
        }

        for (i = items.Length - 1; i >= 0; i--)
        {
            for (j = 1; j <= i; j++)
            {
                bool swap = false;
                switch (sortOrder)
                {
                    case SortType.Ascending :
                        swap = items[j - 1] > items[j];
                        break;
                    case SortType.Descending :
                        swap = items[j - 1] < items[j];
                        break;
                }

                if (swap)
                {
                    temp = items[j - 1];
                    items[j - 1] = items[j];
                    items[j] = temp;
                }
```

3.0

```
                }
            }
        }
        // ...
    }
```

하지만 이 방법으로 처리할 수 있는 정렬 방식은 두 가지뿐이다. 사전적 순서(1, 10, 11, 12, 2, 20, ...)나 그 밖의 특정 규칙에 따라 정렬해야 한다면 SortType과 새로 정의되는 SortType에 대응하는 case 문이 늘어남에 따라 복잡도가 크게 높아질 것이다.

대리자 데이터 형식

앞에서 살펴본 예제에서 유연성을 확보하는 한편 코드 중복을 줄이려고 비교 메서드를 BubbleSort() 메서드에 매개변수로 전달할 수 있다. 어떤 메서드를 인수로 전달하려면 이 메서드를 나타낼 수 있는 데이터 형식이 필요한데 여기서 말하는 데이터 형식을 '대리자'라고 부른다. 이런 이름을 붙인 이유는 이 개체가 참조하는 메서드 호출을 '대리'하기 때문이다. 대리자 인스턴스로 메서드의 이름을 사용할 수 있으며, C# 3.0부터는 대리자에 람다 식을 이용함으로써 일일이 메서드를 만들지 않고 필요한 곳에 짧은 코드를 바로 작성해 넣을 수 있게 됐다(추가로 C# 7.0에서는 지역 함수를 만들고 이름을 대리자로 사용할 수 있다). 예제 13.3은 대리자 매개변수를 갖도록 개선한 BubbleSort() 메서드이며, 여기서 대리자 데이터 형식은 Func<int, int, bool>이다.

예제 13.3 대리자 매개변수를 갖는갖는 BubbleSort()

```
class DelegateSample
{
    // ...

    public static void BubbleSort(
        int[] items, Func<int, int, bool> compare)
    {
        int i;
        int j;
        int temp;
```

```
        if (compare == null)
        {
            throw new ArgumentNullException(nameof(compare));
        }

        if (items == null)
        {
            return;
        }

        for (i = items.Length - 1; i >= 0; i--)
        {
            for (j = 1; j <= i; j++)
            {
                if (compare(items[j - 1], items[j]))
                {
                    temp = items[j - 1];
                    items[j - 1] = items[j];
                    items[j] = temp;
                }
            }
        }
        // ...
    }
```

Func<int, int, bool>이 두 정수의 크기를 비교하는 메서드를 대리하는 대리자 형식이라면, BubbleSort() 메서드 내에서 compare 매개변수가 참조하고 있는 Func<int, int, bool> 인스턴스를 이용해서 더 큰 정수 값을 결정할 수 있다. compare는 메서드를 나타내므로 일반적인 메서드 호출과 같은 구문을 이용해서 호출한다. 예제의 Func<int, int, bool> 대리자는 정수형 매개변수를 2개 취하고 첫 번째 정수가 더 큰지를 의미하는 부울 값[Boolean value] 하나를 반환한다.

```
if(compare(items[j-1], items[j])) {...}
```

Func<int, int, bool> 대리자는 정확히 매개변수 2개를 가지며 bool 값 1개를 반환하도록 강력하게 형식화돼 있다는 점에 주목하자. 이것 역시 일반적인 메서드 호출과 맥락을 같이 하고 있는 부분으로, 호환되지 않는 데이터 형식을 인수로 사용하려고 하면 C# 컴파일러는 에러로 처리한다.

대리자 형식의 선언

지금까지 대리자를 이용하는 메서드를 선언하는 방법과 전달된 대리자 변수를 메서드 처럼 호출하는 방법을 살펴봤다. 하지만 아직 대리자 형식을 선언하는 방법은 논하지 않았다. 대리자 형식의 선언은 delegate 키워드, 그리고 메서드와 유사한 형태의 선언부 가 뒤따른다. 여기서 사용된 메서드 시그니처는 대리자가 참조할 수 있는 메서드의 시 그니처이며, 대리자의 이름은 선언 시 메서드 이름이 놓이는 곳에 위치한다. 예제 13.3 에서 사용한 Func<...> 선언을 예로 들면 다음과 같다.

```
public delegate TResult Func<int T1, int T2, out TResult>(
    in T1 arg1, in T2 arg2)
```

(뒤에서 다룰 in/out 형식 한정자는 C# 4.0에서 도입했다.)

범용 대리자: System.Func와 System.Action

C# 3.0을 기점으로 대리자를 직접 선언할 일은 거의 없다는 것이 기정사실화됐다. .NET 3.5 런타임 라이브러리(C# 3.0 대응)는 사용자 지정 대리자 형식의 생성을 줄이려 고 일련의 범용 대리자 집합을 포함하고 있는데 이들은 대부분이 제네릭 형태로 돼 있 다. System.Func류는 값을 반환하는 메서드를 참조하기 위한 대리자이고, System.Action 대리자는 void 형식의 메서드를 참조하기 위한 것이다. 이 대리자들의 시그니처는 다음 예제 13.4에서 보는 바와 같다.

3.0

예제 13.4 Func와 Action 대리자 선언

```
public delegate void Action ();
public delegate void Action<in T>(T arg)
public delegate void Action<in T1, in T2>(
    in T1 arg1, in T2 arg2)
public delegate void Action<in T1, in T2, in T3>(
```

```
        T1 arg1, T2 arg2, T3 arg3)
public delegate void Action<in T1, in T2, in T3, in T4(
        T1 arg1, T2 arg2, T3 arg3, T4 arg4)
...
public delegate void Action<
        in T1, in T2, in T3, in T4, in T5, in T6, in T7, in T8,
        in T9, in T10, in T11, in T12, in T13, in T14, in T16(
                T1 arg1, T2 arg2, T3 arg3, T4 arg4,
                T5 arg5, T6 arg6, T7 arg7, T8 arg8,
                T9 arg9, T10 arg10, T11 arg11, T12 arg12,
                T13 arg13, T14 arg14, T15 arg15, T16 arg16)


public delegate TResult Func<out TResult>();
public delegate TResult Func<in T, out TResult>(T arg)
public delegate TResult Func<in T1, in T2, out TResult>(
        in T1 arg1, in T2 arg2)
public delegate TResult Func<in T1, in T2, in T3, out TResult>(
        T1 arg1, T2 arg2, T3 arg3)
public delegate TResult Func<in T1, in T2, in T3, in T4,
        out TResult>(T1 arg1, T2 arg2, T3 arg3, T4 arg4)
...
public delegate TResult Func<
        in T1, in T2, in T3, in T4, in T5, in T6, in T7, in T8,
        in T9, in T10, in T11, in T12, in T13, in T14, in T16,
        out TResult>(
                T1 arg1, T2 arg2, T3 arg3, T4 arg4,
                T5 arg5, T6 arg6, T7 arg7, T8 arg8,
                T9 arg9, T10 arg10, T11 arg11, T12 arg12,
                T13 arg13, T14 arg14, T15 arg15, T16 arg16)

public delegate bool predicate<in T>(T obj)
```

3.0

이 대리자들은 제네릭이므로 사용자 지정 대리자 대신 사용할 수 있다.

예제 13.4의 첫 번째 대리자는 Action<...> 형식이다. 이 대리자는 반환 형식이 없고 최대 16개의 매개변수를 갖는 메서드를 위한 것이다. 한편, Func<...> 대리자는 반환 형식을 갖는 메서드를 대리하며, 마지막 매개변수인 TResult는 반환 형식이다. Func<...> 의 나머지 매개변수들은 대리자 매개변수들의 형식에 차례로 대응한다. 예를 들어, 예제 13.3에서 살펴본 BubbleSort 메서드는 2개의 int 매개변수와 bool 형식의 반환 값을 갖

676

는 대리자를 필요로 한다.

목록의 끝에 있는 Predicate<in T>는 **조건자**predicate이다. 조건자는 bool 형식을 반환하는 람다를 지칭하는데, 이 조건자는 보통 컬렉션을 필터링하거나 항목을 식별하기 위해 사용하기 위한 것이다. 조건자에 항목을 전달하면 이 항목의 필터링 대상 여부를 반환하는 방식이다. 예제의 BubbleSort()는 2개의 매개변수를 서로 비교해야 하기 때문에 Func<int, int, bool>이 적당하다.

> **가이드라인**
>
> - 별도의 사용자 지정 대리자를 정의함으로써 얻을 수 있는 가독성과 미리 정의된 제네릭 대리자 형식을 사용함으로써 얻는 간편함을 비교해서 상황에 따라 적절하게 선택하도록 한다.

■ 고 급 주 제

대리자 형식 선언

앞에서 말했듯이 .NET 프레임워크 3.5와 이후의 .NET Standard에 이르기까지 Func과 Action을 도입함으로써 사실상 직접 대리자 형식을 정의할 필요가 없어졌다. 하지만 코드의 가독성을 비약적으로 개선할 수 있거나 유사한 요구가 있는 경우에는 대리자 형식을 정의해서 사용할지 고민해 봐야 한다. 예를 들어, Comparer라는 대리자 이름은 이 대리자의 용도를 한눈에 짐작할 수 있지만, 같은 용도로 사용한 Func<int, int, bool>에서는 매개변수와 반환 형식을 알 수 있을 뿐이다. 예제 13.5는 2개의 정수를 비교하고 부울 값을 반환하는 Comparer 대리자 형식을 정의한다.

예제 13.5 대리자 형식 선언

```
public delegate bool Comparer(
    int first, int second);
```

예제 13.3의 Func<int, int, bool>는 다음과 같이 Comparer로 바꿀 수 있다.

```
public static void BubbleSort(int[] items, Comparer compare)
```

대리자도 클래스처럼 중첩할 수 있다. 이처럼 클래스 안에 선언한 대리자를 중첩 대리자 형식이라고 하며, 예제 13.6과 같은 형태를 따른다.

예제 13.6 중첩 대리자 형식의 선언

```
class DelegateSample
{
    public delegate bool ComparisonHandler (
        int first, int second);
}
```

이 대리자의 형식은 DelegateSample 내에 중첩돼 있기 때문에 DelegateSample. ComparisonHandler다. 중첩은 사용 범위가 해당 대리자를 포함하는 클래스 내부로 제한적인 경우에 고려해야 한다.

대리자 인스턴스 생성

이번 절은 대리자를 이용해서 구현한 BubbleSort() 메서드의 마지막 구현 단계로, 이 메서드를 호출할 때 Func<int, int, bool> 형식의 대리자 인스턴스를 전달하는 방법에 대해 살펴볼 것이다. 대리자를 인스턴스화하려면 대리자 형식의 시그니처와 일치하는 매개변수와 반환 형식을 갖는 메서드가 필요하다. 메서드의 이름은 대리자의 이름과 같을 필요가 없지만, 나머지 메서드 시그니처는 대리자 시그니처와 호환돼야 한다. 예제 13.7의 GreaterThan() 메서드는 대리자 형식에 적합한 시그니처를 갖고 있다.

예제 13.7 Func〈int, int, bool〉과 호환되는 메서드 정의

```
class DelegateSample
{
    public static void BubbleSort(
        int[] items, Func<int, int, bool> compare)
    {
        // ...
    }

    public static bool GreaterThan(int first, int second)
    {
        return first > second;
```

```
        }
    // ...
    }
```

이처럼 메서드를 정의하고 나면 예제 13.8과 같이 대리자가 참조할 메서드 이름을
인수로 BubbleSort() 메서드를 호출할 수 있다.

예제 13.8 메서드 이름을 인수로 사용하기

```
class DelegateSample
{
    public static void BubbleSort(
        int[] items, Func<int, int, bool> compare)
    {
        // ...
    }

    public static bool GreaterThan(int first, int second)
    {
        return first > second;
    }

    static void Main()
    {
        int i;
        int[] items = new int[5];

        for (i=0; i < items.Length; i++)
        {
            Console.Write("Enter an integer: ");
            items[i] = int.Parse(Console.ReadLine());
        }

        BubbleSort(items, GreaterThan);

        for (int i = 0; i < items.Length; i++)
        {
            Console.WriteLine(items[i]);
        }
    }
}
```

3.0

대리자는 분명 참조 형식이지만 인스턴스화하려고 new 연산자를 사용할 필요가 없다는 점에 주목하자. C# 2.0 이상의 환경에서 메서드를 대리자 형식으로 변환할 때는 자동으로 새로운 대리자 개체가 생성된다.

■ 고 급 주 제

C# 1.0에서의 대리자 인스턴스화

예제 13.8에서 BubbleSort() 메서드에 GreaterThan이라는 메서드 이름만 인수로 전달하면 대리자를 인스턴스화할 수 있었다. 하지만 최초의 C#에서는 예제 13.9에서 보는 바와 같이 대리자 인스턴스를 직접 만들어야 하는 번거로움을 감수해야 했다.

예제 13.9 C# 1.0에서 매개변수로 대리자 전달하기

```
BubbleSort(items,
    new Comparer(GreaterThan));
```

C# 1.0에서는 Func<int, int, bool>을 지원하지 않으므로 대신 Comparer를 이용하고 있다.

이후의 C# 버전에서는 두 가지 문법을 모두 지원하고 있으며, 이 책의 나머지 부분에서는 간략한 최근 방식을 이용할 것이다.

■ 고 급 주 제

대리자의 내부

엄밀히 말해 대리자는 클래스의 특수한 형태다. C# 표준에서 클래스 계층 구조를 명시하고 있지는 않지만, 대리자는 직간접적으로 System.Delegate로부터 파생돼야 한다. 사실 .NET 대리자 형식은 항상 System.MulticastDelegate로부터 파생되는데 이 클래스 역시 그림 13.1에서 보듯이 System.Delegate를 상속하고 있다.

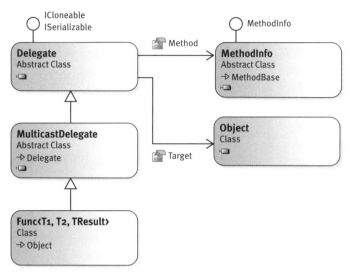

그림 13.1 대리자 형식 개체 모델

첫 번째 속성은 System.Reflection.MethodInfo 형식인데 MethodInfo는 이름, 매개변수, 반환 형식 등 특정 메서드의 시그니처를 기술한다. MethodInfo와 더불어 대리자는 호출하고자 하는 메서드를 포함하고 있는 개체의 인스턴스도 갖고 있어야 하는데 이것이 바로 두 번째 속성인 Target이다. 정적 메서드의 경우 Target은 null이다. Multicast Delegate 클래스의 필요성은 14장에서 상세하게 다룰 것이다.

모든 대리자는 변경이 불가능하므로 일단 생성하고 나면 수정할 수 없다. 예를 들어, 대리자를 참조하고 있는 변수가 참조하는 메서드를 바꾸고자 한다면 대리자를 새로 만들어 해당 변수에 할당해야 한다.

모든 대리자 데이터 형식이 간접적으로 System.Delegate를 상속하고 있지만, C#에서 System.Delegate나 System.MulticastDelegate를 직접 혹은 간접적으로 상속하는 클래스의 선언은 불가능하다. 따라서 예제 13.10과 같은 코드는 유효하지 않다.

예제 13.10 System.Delegate 직접 상속 불가

```
// ERROR: Func<T1, T2, TResult>는
// 특수 클래스인 System.Delegate를 상속할 수 없다.
public class Func<T1, T2, TResult>: System.Delegate
{
```

```
        // ...
    }
```

대리자를 이용해서 정렬 순서를 지정하는 것은 13장의 앞부분에서 소개했던 방법에
비해 훨씬 유연한 전략이라 할 수 있다. 이 경우에 알파벳 순서(사전상의 순서)로 숫자들
을 정렬하고 싶다면 정수를 문자열로 변경해서 비교하는 대리자를 추가하기만 하면 된
다. 예제 13.11은 알파벳 순서로 정렬하는 전체 소스 코드이며 실행 결과는 결과 13.1
과 같다.

예제 13.11 Func〈int, int, bool〉 호환 메서드 활용하기

```
using System;
class DelegateSample
{
    public static void BubbleSort(
        int[] items, Func<int, int, bool> compare)
    {
        int i;
        int j;
        int temp;

        for (i = items.Length - 1; i >= 0; i--)
        {
            for (j = 1; j <= i; j++)
            {
                if (compare(items[j - 1], items[j]))
                {
                    temp = items[j - 1];
                    items[j - 1] = items[j];
                    items[j] = temp;
                }
            }
        }
    }

    public static bool GreaterThan(int first, int second)
    {
        return first > second;
    }
```

3.0

```csharp
    public static bool AlphabeticalGreaterThan(
        int first, int second)
    {

        int comparison;
        comparison = (first.ToString().CompareTo(
            second.ToString()));

        return comparison > 0;
    }
```

```csharp
    static void Main(string[] args)
    {
        int i;
        int[] items = new int[5];

        for (i = 0; i < items.Length; i++)
        {
            Console.Write("Enter an integer: ");
            items[i] = int.Parse(Console.ReadLine());
        }

        BubbleSort(items, AlphabeticalGreaterThan);

        for (i = 0; i < items.Length; i++)
        {
            Console.WriteLine(items[i]);
        }
    }
}
```

결과 13.1

```
Enter an integer: 1
Enter an integer: 12
Enter an integer: 13
Enter an integer: 5
Enter an integer: 4
1
12
13
4
```

3.0

알파벳 순서는 수치적인 순서와 차이가 있다. 13장의 앞부분에서 살펴봤던 방법에 비해 정렬 메커니즘을 추가하는 방법이 얼마나 간편해졌는지 쉽게 알아챌 수 있을 것이다. 알파벳 순서로 정렬하려고 바꾼 것이라고는 AlphabeticalGreaterThan 메서드를 만들고 BubbleSort()를 호출할 때 매개변수로 사용한 것뿐이다.

람다 식

예제 13.7과 13.10을 통해 메서드 이름인 GreaterThan과 AlphabeticalGreaterThan이라는 식을 해당 메서드의 매개변수 및 반환 형식과 호환성을 갖는 대리자 형식으로 변환할 수 있다는 것을 확인했다. GreaterThan 메서드를 살펴보면 공용 접근성을 갖는 정적 메서드로 bool 반환 값을 갖고 first, second라는 2개의 int 형식 매개변수를 갖는데, 실제 간단한 비교만을 수행하는 메서드 본문에 비해 선언부가 훨씬 더 크다는 것을 알 수 있다. 그저 대리자 형식으로 변환할 수 있게 하려고 갖춰야 하는 '겉치레'가 너무 많다.

이런 이유로 C# 2.0에서는 대리자를 생성하기 위한 문법이 훨씬 더 간편해졌으며, C# 3.0은 그 간결함에 있어 C# 2.0에서 한 발자국 더 나아가는 모습을 보여 주는데, C# 2.0의 **무명 메서드**anonymous method와 C# 3.0의 **람다 식**lambda expression이 바로 그 주역이다. 이 두 가지를 일반화해서 **무명 함수**anonymous function라고 통칭하기도 한다. 두 가지 구문은 현재까지 모두 유효하지만 새로 개발하는 경우에는 무명 메서드보다 람다 식을 권장한다. 이 책에서는 특별한 경우를 제외하고 람다 식을 사용할 것이다.

3.0

람다 식은 다시 **문 람다**statement lambda와 **식 람다**expression lambda로 구분한다. 그림 13.2는 무명 함수의 계층 구조를 보여 준다.

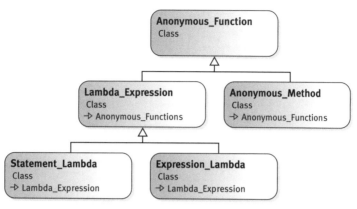

그림 13.2 무명 함수 용어

문 람다

람다 식을 이용하는 목적은 기본적으로 간단한 메서드의 대리자를 만들기 위해서 완전한 새 멤버를 선언해야 하는 번거로움을 떨쳐 내려는 데 있다. 이와 같은 람다 식에는 몇 가지 형태가 있는데 문 람다의 경우 정식 매개변수 목록, 람다 연산자 =>, 코드 블록이 순서로 구성된다.

예제 13.12는 GreaterThan 메서드를 만들지 않고 비교 메서드를 대신하는 문 람다를 이용하고 있다는 점을 제외하고 예제 13.8과 동등한 BubbleSort 호출 기능을 구현하고 있다. 보다시피 GreaterThan 메서드 선언에 포함된 대부분의 정보들이 문 람다에 포함된다. 정식 매개변수 선언과 블록은 동일하지만 메서드 이름과 한정자는 보이지 않는다.

예제 13.12 문 람다를 이용한 대리자 생성

```
// ...
    BubbleSort(items,
        (int first, int second) =>
        {
            return first < second;
        }
    );
// ...
```

3.0

람다 연산자를 포함하고 있는 코드를 읽을 때는 람다 연산자를 '전달하다' 정도로 해석해 볼 수 있다. 예를 들어, 예제 13.12에서 BubbleSort()의 두 번째 매개변수는 '정수 값 first와 second를 first가 second보다 작은가의 비교 결과를 반환할 수 있게 전달한다'라고 읽을 수 있다.

직접 살펴본 바와 같이 예제 13.12의 구문과 예제 13.8은 사실상 동일한데, 다른 점이라면 어딘가 다른 곳에 있는 메서드의 이름을 이용해서 참조하는 대신 직접 구문이 드러나고 이 구문이 대리자로 변환된다는 것이다. 이처럼 메서드의 이름이 없기 때문에 이런 메서드를 '무명 함수'라고 부른다. 반환 형식 역시 없지만 컴파일러는 람다 식으로부터 변환하려는 대리자 시그니처가 bool 반환 형식을 필요로 한다는 것을 알 수 있다. 컴파일러는 문 람다의 블록에서 발견되는 모든 return 문이 bool을 반환하는 메서드로서 요건을 충족하는지 확인한다. 람다 식을 사용하면서 메서드는 더 이상 클래스 멤버가 아니므로 public 접근 한정자는 필요가 없으며, static 한정자도 비슷한 이유로 필요 없다. 앞에서 언급했던 메서드의 형식을 갖추는 데 필요했던 '겉치레'는 이미 상당 부분 제거한 셈이다.

하지만 이 구문은 여전히 어딘가 장황하다. 대리자 형식으로부터 람다 식이 bool 값을 반환해야 한다는 것을 유추했듯이 컴파일러는 두 매개변수도 예제 13.13과 같이 int 형식이 돼야 한다는 사실을 추측해 낼 수 있다.

예제 13.13 문 람다의 매개변수 형식 생략

```
// ...
    BubbleSort(items,
        (first, second) =>
        {
            return first < second;
        }
    );
// ...
```

컴파일러가 람다 식을 대리자로 변환하는 과정에서 형식을 유추할 수 있는 경우에 람다 식에서 매개변수 형식을 선언하지 않아도 되는데, 간혹 명시적인 형식 선언이 가독성에 유리한 경우에는 사용하는 것이 좋을 때도 있다. 반면 컴파일러가 형식을 유추해 낼 수 없는 상황이라면 람다 매개변수 형식을 명시적으로 사용해야 한다. 람다 매개변수의 경우 일부만 명시적으로 사용할 수 없으므로 하나라도 명시적인 표기가 필요하다면 모든 매개변수의 형식 선언이 명시적으로 이뤄져야 하며 이들은 대리자 매개변수 형식과 같아야 한다.

가이드라인

- 람다 정식 매개변수의 형식이 너무나 분명해서 손쉽게 알아볼 수 있는 경우거나 별로 중요하지 않다고 판단되는 경우에 한해 생략하는 것을 고려해 보자.

예제 13.14는 구문을 줄일 수 있는 방법을 한 가지 더 보여 주고 있다. 이 예제처럼 람다 식이 형식을 유추할 수 있는 단 하나의 매개변수를 갖는 경우 매개변수 목록을 감싸는 괄호를 생략할 수 있다. 매개변수가 없거나 2개 이상인 경우 혹은 명시적으로 선언된 매개변수 1개를 지닌다면 람다 식은 반드시 매개변수 목록을 괄호 내에 표기해야 한다.

예제 13.14 단일 입력 매개변수를 갖는 문 람다

```
using System.Collections.Generic;
using System.Diagnostics;
using System.Linq;
    // ...
    IEnumerable<Process> processes = Process.GetProcesses().Where(
        process => { return process.WorkingSet64 > 1000000000; });
    // ...
```

예제 13.14에서 Where() 메서드는 물리적인 메모리 사용량이 1기가바이트 이상인 프로세스에 대한 질의를 반환한다. 이와 대조적으로 예제 13.15는 매개변수가 없는 문 람다의 예다. 매개변수가 없는 경우는 앞서 언급한 것처럼 괄호가 필요하다. 예제 13.15에서 문 람다의 본문은 문 블록 내에 중괄호를 이용한 여러 개의 문을 포함하고 있는데, 비록 문 람다가 포함할 수 있는 문의 개수에 제한이 있는 것은 아니지만 통상적으로 2~3개 정도의 문을 포함하는 경우에만 사용한다.

3.0

```
// ...
Func<string> getUserInput =
    () =>
    {
        string input;
        do
        {
            input = Console.ReadLine();
        }
        while(input.Trim().Length == 0);
        return input;
    };
// ...
```

식 람다

앞 절에서 살펴본 것처럼 문 람다를 사용하면 메서드 이름, 접근 한정자, 반환 형식, 매개변수 형식 등을 선언할 필요가 없으므로 메서드 선언에 비해 이미 많이 간소화됐다고 할 수 있다. 하지만 이번에 다룰 식 람다를 이용하면 더 간단하게 만들 수 있다. 예제 13.12, 13.13, 13.14에서는 단일 반환 문으로 구성된 문 람다를 살펴봤다. 여기서 형식적인 부분을 조금 더 제거한다면 어떨까? 이런 람다 블록에서 가치 있는 유일한 정보는 반환하는 식이다. 식 람다는 바로 이 반환 식만 가지며 구문 블록을 전혀 포함하지 않는다. 예제 13.16은 문 람다 대신 식 람다를 사용한다는 것만 빼고는 예제 13.12와 같다.

예제 13.16 식 람다를 이용해서 대리자 전달하기

```
// ...
BubbleSort(items, (first, second) => first < second );
// ...
```

일반적으로 람다 연산자 =>를 해석할 때는 식 람다의 경우도 문 람다에서처럼 '전달하다', '되다' 등으로 보면 된다. 한편 대리자가 조건자인 경우에는 람다 연산자를 보통 '~인', '~한 결과로' 등으로 읽는다. 예제 13.16의 람다는 'first가 second보다 작은

first와 second'라고 읽을 수 있다.

null의 경우처럼 무명 함수도 형식을 특정할 수 없으며 형식이 없다는 의미는 변환하고자 하는 형식에 의해 형식이 결정된다고 보는 것이 적절하다. 지금까지 살펴본 람다 식들은 본질적으로 Func<int, int, bool>(또는 Comparer) 형식이 아니지만, 호환성을 가지며 형 변환이 가능하다. 따라서 무명 메서드에 대해서는 typeof() 연산자를 사용할 수 없으며 무명 메서드를 특정 형식으로 변환한 이후에만 GetType()을 호출할 수 있다.

표 13.1은 추가로 알아두면 도움이 되는 람다 식의 특성들이다.

표 13.1 람다 식의 특성과 예제

설명	예제
람다 식은 형식이 없기 때문에 object 형식의 멤버를 포함해 어떠한 멤버에 대한 직접적인 접근도 불가능하다.	// 에러: '람다 식' 형식의 피연산자에 '.' 연산자를 적용할 수 없다. string s = ((int x) => x).ToString();
람다 식은 형식이 없으므로 is 연산자의 왼쪽에 사용할 수 없다.	// 에러: 'is' 혹은 'as' 연산자의 첫 번째 피연산자는 람다 식이나 무명 메서드일 수 없다. **bool** b = ((**int** x) => x) is Func<int, int>;
람다 식은 호환 가능한 대리자 형식으로만 변환할 수 있다. 예를 들어, int 형식을 반환하는 람다를 bool 형식을 반환하는 메서드에 대한 대리자 형식으로 변환할 수 없다.	// 에러: 람다 식이 Func<int, bool> 형식과 호환되지 않는다. Func<**int**, **bool**> f = (**int** x) => x;
람다 식은 형식이 없으므로 로컬 변수에서 형식을 추론할 수 없다.	// 에러: 람다 식을 암시적으로 형식화 되는 지역 변수에 할당할 수 없다. **var** v = x => x;

점프 문(break, goto, continue)을 이용해 람다 식의 내부에서 외부로 혹은 그 반대로 이동할 수 없다. 예제에서는 break 문을 통해 람다 식의 내부에서 switch 문의 끝으로 이동하려고 하는 경우다.	// 에러: 제어는 무명 메서드나 람다 식의 본문을 벗어날 수 없다.
	`string[] args;`
	`Func<string> f;`
	`switch(args[0])`
	`{`
	    `case "/File":`
	        `f = () =>`
	        `{`
	            `if (!File.Exists(args[1]))`
	            `break;`
	            `return args[1];`
	        `};`
	        `// ...`
	`}`

3.0

설명	예제

람다 식에서 선언한 매개변수와 지역 변수는 람다 본문 내에서만 유효하다.	```csharp
	// 에러: 'first'는 현재 콘텍스트에서 유효하지 않다.
	Func<int, int, bool> expression =
	    (first, second) => first > second;
	first++;
	``

컴파일러의 결정 할당 분석은 람다 식 내에서 이뤄지는 'outer' 지역 변수에 대한 초기화를 인식하지 못한다.	```csharp
	int number;
	Func<string, bool> f =
	    text => int.TryParse(text, out number);
	if (f("1"))
	{
	    // 에러: 할당되지 않은 지역 변수 사용
	    System.Console.Write(number);
	}
	``

	``csharp
	int number;
	Func<int, bool> isFortyTwo =
	    x => 42 == (number = x);
	if (isFortyTwo(42))
	{
	    // 에러: 할당되지 않은 지역 변수 사용
	    System.Console.Write(number);
	}
	``

무명 메서드

람다 식이 없었던 C# 2.0 시절에는 '**무명 메서드**^{anonymous method}'라고 불리는 구문을 사용했다. 무명 메서드는 문 람다와 비슷하지만 람다 식의 간결함을 이루는 많은 기능을 제공하지 않는다. 무명 메서드에서는 모든 매개변수 형식을 반드시 명시해야 하며 하나의 문 블록을 필수로 포함해야 한다. 무명 메서드는 매개변수 목록과 코드 블록 사이에 람다 연산자 =>를 사용하는 대신 **delegate** 키워드를 사용해서 해당 무명 메서드를 대리자 형식으로 변환해야 한다는 것을 표시한다. 예제 13.17은 예제 13.7, 13.12, 13.15를 무명 메서드로 다시 작성한 것이다.

예제 13.17 C# 2.0에서 무명 메서드 전달하기

```csharp
// ...
BubbleSort(items,
```

```
        delegate(int first, int second)
        {
            return first < second;
        }
    );
    // ...
```

그러다가 C# 3.0부터는 무명 함수를 선언하는 매우 유사한 방법이 두 가지로 늘어났다.

한편 무명 메서드에서는 일정 조건이 성립하면 전체 매개변수를 생략할 수 있는데 이 기능은 람다 식에서 지원하지 않는 부분이다.

■ 고급 주제

매개변수가 없는 무명 메서드

무명 메서드는 람다 식과 달리 무명 메서드 본문에서 매개변수를 사용하지 않고 대리자 형식이 오로지 '값' 매개변수만을 요구하는 경우 매개변수 목록 전체를 생략할 수 있다(즉, 매개변수는 out 혹은 ref가 아니어야 한다). 예를 들어, 무명 메서드 식 delegate { return Console.ReadLine() != ""; }는 대리자의 매개변수 개수와 무관하게 반환 형식이 bool인 모든 대리자로 변환할 수 있다. 비록 자주 사용되는 기능은 아니지만 기존 코드를 보다가 마주칠 수 있으니 알아두도록 한다.

■ 고급 주제

'람다'의 유래

'무명 메서드'라는 명칭은 비교적 쉽게 이해가 된다. 이들은 메서드 선언과 비슷한 형태를 지니지만 이름이 없는 경우를 의미한다. 그렇다면 람다 식에서 '람다'는 대체 어디서 온 것일까?

3.0

2.0 끝

람다 식의 아이디어는 1930년대 '람다 미적분'을 연구하던 논리학자 알론조 처치 Alonzo Church로부터 유래한다. 처치의 표기법에서 매개변수 x를 이용해서 y 식으로 귀결되는 함수는 전체 식의 접두어로 그리스 문자 람다를 사용하고 매개변수와 값을 점으로 구분해서 표현한다. C#의 람다 식 x=>y는 처치의 표기법에 따르면 $\lambda x.y$로 볼 수 있다. C# 언어에서 그리스 문자를 사용하는 데 어려움이 있고, 또 점의 경우 수많은 다른 역할을 내포하고 있기 때문에 C# 설계자들은 원래의 표기법 대신 '뚱뚱한 화살표'를 선택했다. 이처럼 '람다 식'이라는 이름과 달리 실제 람다 문자가 사용되고 있지는 않지만 이면의 이론적인 토대는 람다 미적분학에 있다.

대리자와 구조적 동등성

4.0 시작

.NET의 대리자 형식은 구조적 동등성을 보이지 않는다. 즉, 정식 매개변수와 반환 형식이 동일한 2개의 대리자 형식이라고 하더라도 서로 간의 형식 변환이 불가능하다. 예를 들어, 똑같이 2개의 int 매개변수와 bool 형식의 반환 값을 갖는 메서드를 대신하지만 Comparer에 대한 참조를 Func<int, int, bool> 형식의 변수에 할당할 수 없다. 구조적으로 동일하지만 다른 대리자 형식을 이용해 주어진 대리자를 사용할 수 있는 유일한 방법은 아쉽지만 기존 대리자의 Invoke 메서드를 참조하는 새로운 대리자를 만드는 것뿐이다. 예를 들어, Comparer 형식의 변수 c의 값을 Func<int, int, bool> 형식의 변수 f에 할당해야 한다면 f = c.Invoke;와 같이 처리할 수 있다.

이와 같은 상황에서 고맙게도 C# 4.0이 가변성을 지원하면서 일부 대리자 형식 간의 참조 변환이 가능해졌다. 다음과 같은 반공변 예를 생각해 보자. void Action<in T>(T arg)는 in 형식 매개변수 한정자를 가지므로 Action<object> 형식의 대리자에 대한 참조를 Action<string> 형식의 변수에 할당할 수 있다.

3.0

많은 사람들이 대리자 반공변성에 대해 혼란스러워하는데 모든 object에 적용할 수 있는 행위는 모든 string을 대상으로도 적용할 수 있다는 것만 기억하자. 하지만 반대의 경우는 성립하지 않는다. 즉, string에만 허용되는 행위는 모든 object에 대해 사용할 수 없다. 유사하게 Func 대리자 집합의 모든 형식은 out 형식 매개변수 한정자가 사용된 TResult 반환 형식과 공변성을 지닌다. 따라서 Func<string> 형식의 대리자에 대한 참조를 Func<object> 형식의 변수에 할당할 수 있다.

예제 13.18은 대리자 공변성과 반공변성의 예제다.

예제 13.18 대리자 공변성의 활용

```
// 반공변성
Action<object> broadAction =
    (object data) =>
    {
        Console.WriteLine(data);
    };
Action<string> narrowAction = broadAction;

// 공변성
Func<string> narrowFunction =
    () => Console.ReadLine();
Func<object> broadFunction = narrowFunction;

// 반공변성과 공변성 조합
Func<object, string?> func1 =
    (object data) => data.ToString();
Func<string, object?> func2 = func1;
```

예제의 마지막 부분에서는 두 가지 가변성 개념을 동시에 사용해 in과 out 형식 매개 변수가 함께 사용됐을 때 이들이 어떤 식으로 적용되는지 보여 준다.

제네릭 대리자 형식들 간의 참조 변환 허용은 C# 4.0에서 공변성과 반공변성 변환을 지원하게 되는 계기가 된 핵심 기능이라 할 수 있다. (다른 하나는 IEnumerable<out T>에 대한 공변성 지원이다.)

고 급 주 제

람다 식과 무명 메서드의 내부

람다 식(그리고 무명 메서드)은 본질적으로 CLR에 내장된 기능이 아니다. 컴파일러는 무명 함수를 숨겨진 특수한 클래스, 필드, 메서드로 상황에 맞게 변환한다. C# 컴파일러가 관련된 모든 구현 과정을 담당하므로 개발자들은 신경 쓸 필요가 없다. 예제 13.12, 13.13, 13.16, 13.17과 같은 코드에 대해 C# 컴파일러는 예제 13.19와 유사하게 CIL 코

13장 대리자와 람다 식   693

드를 생성할 것이다.

예제 13.19 람다 식에 대해 컴파일러가 생성한 C# CIL

```csharp
class DelegateSample
{
    // ...
    static void Main(string[] args)
    {
        int i;
        int[] items = new int[5];

        for (i=0; i<items.Length; i++)
        {
            Console.Write("Enter an integer:");
            items[i] = int.Parse(Console.ReadLine());
        }

        BubbleSort(items,
            DelegateSample.__AnonymousMethod_00000000);

        for (i = 0; i < items.Length; i++)
        {
            Console.WriteLine(items[i]);
        }
    }

    private static bool __AnonymousMethod_00000000(
        int first, int second)
    {
        return first < second;
    }
}
```

3.0

예제에서 컴파일러는 무명 메서드를 따로 선언된 정적 메서드로 변환하고 이를 참조하는 대리자 인스턴스를 매개변수로 전달한다. 별로 놀랄 일은 아니지만, 컴파일러가 만들어 낸 코드는 무명 메서드를 이용해서 간소화하려고 했던 예제 13.8과 놀랄 만큼 닮아 있다. 하지만 '외부 변수'가 포함되면 무명 메서드를 단순히 정적 메서드로 재작성하는 것보다 훨씬 더 복잡한 코드 변환이 필요하다.

외부 변수

람다 식의 외부에 선언된 지역 변수(람다를 포함하고 있는 메서드의 매개변수도 해당)를 람다의 **외부 변수**outer variable라고 한다(this 참조는 기술적으로 변수가 아니지만 역시 외부 변수로 판단한다). 람다 본문에서 외부 변수를 사용하는 경우 이런 변수를 람다에 의해 **캡처**(폐쇄)됐다고 한다. 예제 13.20에서는 외부 변수를 이용해 BubbleSort()를 호출한 횟수를 확인하는데 결과 13.2는 예제를 실행한 모습이다.

예제 13.20 람다 식의 외부 변수 이용

```csharp
class DelegateSample
{

    // ...

    static void Main(string[] args)
    {
        int i;
        int[] items = new int[5];
        int comparisonCount=0;

        for (i=0; i<items.Length; i++)
        {
            Console.Write("Enter an integer:");
            items[i] = int.Parse(Console.ReadLine());
        }

        BubbleSort(items,
            (int first, int second) =>
            {
                comparisonCount++;
                return first < second;
            }
        );

        for (i = 0; i < items.Length; i++)
        {
            Console.WriteLine(items[i]);
        }
    }
```

3.0

```
        Console.WriteLine("Items were compared {0} times.",
                          comparisonCount);
    }
}
```

```
Enter an integer:5
Enter an integer:1
Enter an integer:4
Enter an integer:2
Enter an integer:3
5
4
3
2
1
Items were compared 10 times.
```

예제에서 람다 식 외부에서 선언한 comparisonCount는 람다 식의 내부에서 증가되며 BubbleSort() 메서드 호출 이후에 콘솔을 통해 출력된다.

보통 지역 변수의 생명주기는 변수의 가용 범위에 국한된다. 제어가 연관된 저장 위치의 범위를 벗어나면 변수는 더 이상 유효하지 않다. 하지만 외부 변수를 캡처하는 람다로부터 생성된 대리자의 경우는 일반적인 지역 변수보다 길거나 혹은 짧은 생명주기를 가질 수 있으며, 이 대리자는 호출 시마다 외부 변수를 안전하게 접근할 수 있어야 한다. 따라서 캡처된 변수의 생명주기도 연장되며, 최소한 해당 변수를 캡처한 모든 대리자의 생명주기보다 더 길게 유지된다. (심지어 여기서 언급한 것보다 길게 연장되는 경우도 있는데 컴파일러가 생성한 코드에서 사용하는 외부 변수의 생명주기 연장을 구현하는 방법을 더 자세히 살펴보는 것은 본 주제를 벗어나므로 더 이상 다루지 않도록 한다.)

C# 컴파일러는 무명 메서드와 무명 메서드를 선언하고 있는 메서드 사이에서 comparisonCount를 공유할 수 있는 CIL 코드를 생성한다.

3.0

외부 변수의 CIL 구현

외부 변수를 캡처하고 있는 무명 함수를 구현하기 위해 컴파일러가 생성하는 CIL 코드는 외부 변수를 사용하지 않는 경우에 비해 복잡하다. 예제 13.21은 예제 13.20의 외부 변수를 구현하는 CIL 코드를 C#으로 표현한 것이다.

예제 13.21 외부 변수에 대한 컴파일러의 CIL 대응 C# 코드

```csharp
class DelegateSample
{
    // ...
    private sealed class __LocalsDisplayClass_00000001
    {
        public int comparisonCount;
        public bool __AnonymousMethod_00000000(
            int first, int second)
        {
            comparisonCount++;
            return first < second;
        }
    }
    // ...
    static void Main(string[] args)
    {
        int i;
        __LocalsDisplayClass_00000001 locals =
            new __LocalsDisplayClass_00000001();
        locals.comparisonCount=0;
        int[] items = new int[5];

        for (i=0; i<items.Length; i++)
        {
            Console.Write("Enter an integer:");
            items[i] = int.Parse(Console.ReadLine());
        }

        BubbleSort(items, locals.__AnonymousMethod_00000000);
        for (i = 0; i < items.Length; i++)
        {
            Console.WriteLine(items[i]);
```

3.0

```
        }

        Console.WriteLine("Items were compared {0} times.",
                           locals.comparisonCount);
    }
}
```

예제로 알 수 있듯이 캡처된 지역 변수는 절대 어딘가로 '전달' 혹은 '복사'되지 않으며, 캡처된 변수인 comparisonCount는 하나의 변수로서 컴파일러는 이 변수의 생명주기를 지역 변수가 아닌 인스턴스 필드 형태로 구현함으로써 연장시킨다. 또한, 기존 지역 변수를 이용하던 부분은 필드를 이용하도록 수정된다.

이렇게 만들어진 클래스 __LocalsDisplayClass는 **클로저**closure인데 클로저란 C# 클래스 형태의 데이터 구조체로, 하나의 식과 이 식을 평가하는 데 필요한 변수(공용 필드)를 포함한다.

■ 고 급 주 제

루프 변수 캡처

다음 예제 13.22를 실행하면 어떤 결과를 얻을지 생각해 보자.

예제 13.22 C# 5.0에서 루프(순환) 변수 캡처

```
class CaptureLoop
{
    static void Main()
    {
        var items = new string[] { "Moe", "Larry", "Curly" };
        var actions = new List<Action>();

        foreach (string item in items)
        {
            actions.Add( ()=> { Console.WriteLine(item); } );
        }

        foreach (Action action in actions)
        {
            action();
```

```
            }
        }
    }
```

대다수 사람은 결과 13.3과 같은 출력을 예상하는데 실제로도 C# 5.0에서는 그렇게 동작한다. 하지만 이전 버전의 C#에서는 결과 13.4와 같은 결과가 나온다.

결과 13.3: C# 5.0 결과

```
Moe
Larry
Curly
```

결과 13.4: C# 4.0 결과

```
Curly
Curly
Curly
```

람다는 변수를 캡처하면 항상 최종 값을 사용한다. 즉, 람다 대리자가 만들어졌을 당시에 변수가 갖고 있던 값을 캡처하고서 보관하지 않는다. 일반적으로 사람들이 원하는 바도 이것이다. 예제 13.20에서 comparisonCount를 캡처하는 가장 중요한 이유는 이 값을 증가시킬 때 최종 값을 이용하고자 하는 데 있다. 루프 변수의 경우도 다르지 않은데 순환 변수를 캡처하면 각 대리자는 모두 같은 순환 변수를 캡처한다. 루프 변수의 값이 변하면 이 변수를 바라보는 모든 대리자 역시 변경을 감지한다. 이러한 관점에서 보면 C# 4.0의 동작 방식은 정당해 보이지만 어떤 개발자도 이런 결과를 바라지 않을 것이다.

C# 5.0에 이르러 C# 언어는 foreach 문의 루프 변수를 루프 반복이 일어날 때마다 '새로운' 변수로 고려하기 시작했는데, 이에 따라 루프 내에서 생성되는 각 대리자는 같은 변수를 공유하는 대신 서로 다른 변수를 캡처하는 방식을 취한다. 하지만 이러한 변경이 for 반복문에 대해서는 적용되지 않았다는 점에 주의해야 한다. 즉, 비슷한 코드를 for 문으로 작성하면 for 문의 헤더에서 선언한 루프 변수는 캡처 시 하나의 외부 변

수로 간주한다. C# 5.0과 이전 버전에서 같은 동작을 보장하는 코드를 작성하려 한다면 예제 13.23의 패턴을 이용한다.

예제 13.23 C# 5.0 이전의 루프 변수 캡처 해법

```csharp
class DoNotCaptureLoop
{
    static void Main()
    {
        var items = new string[] { "Moe", "Larry", "Curly" };
        var actions = new List<Action>();
        foreach (string item in items)
        {
            string _item = item;
            actions.Add(
                ()=> { Console.WriteLine(_item); } );
        }
          foreach (Action action in actions)
        {
            action();
        }
    }
}
```

예제와 같이 처리하면 루프 반복마다 새로운 변수가 만들어지고 각 대리자는 서로 다른 변수를 이용한다.

> **가이드라인**
> • 무명 함수 내에서 루프 변수를 캡처하지 않도록 한다.

식 트리

이제까지 람다 식은 대리자 형식으로 변환할 수 있는 '인라인^{inline}' 메서드 선언의 간결한 표현이라는 것을 살펴봤다. 식 람다(문 람다나 무명 메서드가 아닌)는 **식 트리**^{expression}

^{trees}로 변환도 할 수 있다. 대리자를 이용하면 메서드를 마치 개체처럼 전달하고 원하는 시점에 호출할 수 있다.

식 트리는 컴파일러가 분석한 람다 본문을 전달할 수 있게 해 주는 개체다. 그런데 식 트리가 왜 필요한 것일까? 분명 컴파일러의 분석은 컴파일러가 CIL을 생성할 때 유용하다. 하지만 왜 이 분석을 나타내는 개체가 실행 시간에 개발자에게 필요할까? 우선 예제를 살펴보자.

람다 식을 데이터로 사용하기

다음 코드의 람다 식을 살펴보자.

```
persons.Where(
    person => person.Name.ToUpper() == "INIGO MONTOYA");
```

persons는 Person의 배열이고 Where 메서드의 정식 매개변수인 람다 식 인수는 Func<Person, bool> 형식이라고 하자. 컴파일러는 람다의 본문에 있는 코드를 포함하는 메서드를 노출한 다음 이 메서드에 대한 대리자를 만들고 이것을 Where 메서드에 전달하는 코드를 생성한다. Where 메서드는 질의 개체 1개를 반환하는데 이 개체는 실행 시에 대리자를 배열의 각 요소에 적용해서 질의 결과를 결정한다.

이제 persons가 Person[] 형식이 아니고 원격 데이터베이스 테이블에 저장된 사람 수백만 명에 대한 정보라고 생각해 보자. 테이블의 각 로우(row, 행) 데이터가 서버에서 클라이언트로 스트리밍되면 클라이언트는 로우에 대응하는 Person 개체를 만들 수 있다. Where 메서드 호출은 질의를 나타내는 개체를 반환한다. 클라이언트가 질의의 결과를 요청하면 결과는 어떤 방법으로 결정될까?

한 가지 방법은 로우 몇 백만 개를 서버에서 클라이언트로 모두 전송하는 것이다. 이렇게 전달받은 개별 로우에 대해 Person 개체를 만들고 람다로부터 대리자를 생성한 다음 각 Person의 대리자를 실행할 수 있다. 이 방법은 개념적으로 배열 시나리오와 다른 점이 없지만 성능 측면에서 엄청난 대가를 치러야 할 것이다.

이것보다 훨씬 좋은 기법으로 람다의 의미('이름이 Inigo Montoya가 아닌 로우는 제외한다')를 서버로 보내는 방법이 있다. 데이터베이스 서버들은 이런 형태의 필터링 작업을 재빨리 수행할 수 있도록 최적화돼 있으므로 서버는 필터링 후 결과 로우 몇 개만 클라이언트로 보낼 수 있다.

클라이언트는 Person 개체를 수백만 개나 만들 필요 없이 서버에서 보내 온, 이미 질의에 적합한 개체만 만들면 된다. 그렇다면 람다의 의미를 서버에 보내는 방법은 무엇일까?

이 시나리오가 바로 식 트리의 도입 배경이다. 즉, 람다 식을 무명 함수를 구현하는 컴파일된 코드로 만드는 것이 아니라 식 트리라고 하는 개체로 변환을 하는데 이 개체는 람다 식을 기술하는 데이터다. 이처럼 식 트리는 컴파일된 코드가 아니라 데이터를 표현하기 때문에 예를 들면 실행 시간에 람다를 분석하고 그 결과를 기반으로 데이터베이스에 대한 질의를 만들 수 있다. Where()에서 전달받은 식 트리는 예제 13.24와 같은 방식으로 데이터베이스로 전달할 SQL 질의로 변환할 수 있다.

예제 13.24 식 트리를 SQL where 절로 변환하는 과정

```
persons.Where( person => person.Name.ToUpper() == "INIGO MONTOYA");



select * from Person where upper(Name) = 'INIGO MONTOYA';
```

Where() 호출 시에 사용한 식 트리는 람다 인수가 다음과 같이 구성된다는 사실을 전달한다.

- Person 개체의 Name 속성 읽기
- ToUpper()라는 string 메서드 호출
- 상수 값, "INIGO MONTOYA"
- 동등 비교 연산자, ==

Where() 메서드는 이 데이터를 받아서 분석하고 SQL 질의 문자열에 바인딩하는 방법으로 SQL where 절로 변환한다. SQL은 그저 하나의 예시일 뿐이며 식 트리 분석기와 같은 도구를 만들면 어떤 질의 언어로도 변환할 수 있다.

식 트리는 개체 그래프

식 트리로 변환된 람다는 실행 시간에 System.Linq.Expressions 네임스페이스에 포함된 개체들로 이뤄진 개체 그래프가 된다. 그래프의 루트root 개체는 람다 자체를 나타낸다. 이 개체는 그림 13.3에서 보는 것처럼 매개변수, 반환 형식, 본문 식을 나타내는 개체를 참조한다. 개체 그래프는 컴파일러가 람다를 분석해서 추론해 낸 정보를 모두 포함하며 이 정보를 이용해 실행 시간에 질의를 만들 수 있다. 또한, 루트 람다 식은 Compile이라는 메서드를 갖고 있어서 원하는 시점에 CIL을 만들어 기술된 람다를 구현하는 대리자를 만들 수도 있다.

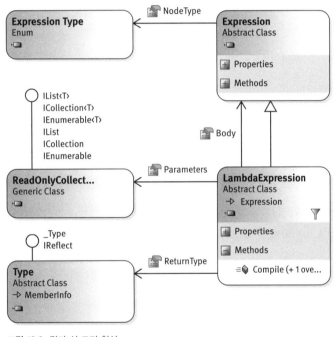

그림 13.3 람다 식 트리 형식

그림 13.4는 람다의 본문에 있는 단항식과 이항식에 대한 개체 그래프에서 볼 수 있는 형식들을 나타낸다.

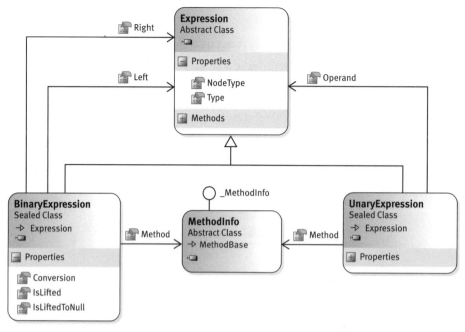

그림 13.4 단항 및 이항 식 트리 형식

UnaryExpression은 -count와 같은 식을 나타내는데 Expression 형식의 하위 피연산자를 1개 지닌다. BinaryExpression은 2개의 하위 식인 Left와 Right를 포함한다. 이 두 형식 모두 특정 연산자를 식별하는 NodeType 속성을 가지며, Expression을 기본 클래스로 하고 있다. 이 외에도 NewExpression, ParameterExpression, MethodCallExpression, LoopExpression 등 30여 개의 식이 제공돼 C# 및 Visual Basic에서 가능한 거의 모든 식을 지원하고 있다.

대리자 vs 식 트리

람다 식이 대리자로 변환되든 식 트리로 변환되든 컴파일 시점에 의미 체계에 대한 완전한 분석을 통해 검증이 이뤄진다. 대리자로 변환되는 람다의 경우 컴파일러는 람다를 메서드로 노출하고 런타임에 이 메서드를 호출할 수 있는 대리자를 생성하기 위한 코드를 만들어 내고, 식 트리로 변환되는 람다라면 실행 시간에 LambdaExpression 형식의 인스턴스를 생성하는 코드를 만들어 낸다. 그렇다면 통합 언어 질의^{LINQ, Language Integrated}

Query를 이용하는 경우 대리자를 만들어서 질의를 로컬에서 실행할 것인지, 아니면 식 트리를 만들어서 질의에 대한 정보를 원격 데이터베이스 서버로 전송할 수 있게 할 것인지에 대해 컴파일러는 어떻게 판단할까?

LINQ를 만드는 데 이용하는 Where()와 같은 메서드는 확장 메서드다. 이 메서드들의 IEnumerable<T> 인터페이스 확장형은 대리자 매개변수를 지니며, IQueryable<T> 인터페이스를 확장하는 메서드는 식 트리 매개변수를 지닌다. 따라서 컴파일러는 질의 대상인 컬렉션의 형식을 이용해서 인수로 전달된 람다로부터 식 트리를 생성할지 대리자를 생성할지 결정할 수 있다. 다음 Where() 메서드를 예로 들어 보자.

```
persons.Where( person => person.Name.ToUpper() ==
    "INIGO MONTOYA");
```

System.Linq.Enumerable 클래스에서 선언하고 있는 확장 메서드 Where()는 다음과 같다.

```
public IEnumerable<TSource> Where<TSource>(
    this IEnumerable<TSource> collection,
    Func<TSource, bool> predicate);
```

System.Linq.Queryable 클래스에서 선언하고 있는 확장 메서드 Where()는 다음과 같다.

```
public IQueryable<TSource> Where<TSource>(
    this IQueryable<TSource> collection,
    Expression<Func<TSource, bool>> predicate);
```

컴파일러는 persons의 컴파일 타임 형식에 기초해서 어떤 확장 메서드를 사용할지 결정한다. IQueryable<Person>과 호환성을 갖는 형식이라면 System.Linq.Queryable에서 제공하는 메서드를 사용하며, 람다를 식 트리로 변환한다. 실행 시간에 person이 참조하는 개체는 식 트리 데이터를 전달받는데, 이것을 이용해서 질의 결과가 요청되는 시점에 데이터베이스로 전달할 SQL 질의를 만드는 데 사용할 수 있다. Where의 호출 결과는 하나의 개체이며 질의 결과가 요청되면 질의를 데이터베이스로 보내고 결과를 생성한다.

한편, persons를 IQueryable<Person>으로 암시적으로 변환할 수 없고 IEnumerable<Person> 으로 암시적 변환이 가능하다면 System.Linq.Enumerable에서 제공하는 메서드가 선택돼 람다를 대리자로 변환한다. 이 경우에 Where의 결과는 역시 하나의 개체인데 질의 결과가 요청되면 생성된 대리자를 모든 컬렉션 멤버에 대한 조건자로 적용하고 조건에 맞는 결과를 만든다.

식 트리 검사

앞에서 람다 식을 Expression<TDelegate>로 변환하면 대리자가 아닌 식 트리를 생성한다는 것을 살펴봤고, 또 (x,y)=>x>y와 같은 람다 식을 어떻게 Func<int, int, bool>과 같은 대리자 형식으로 변환하는지도 살펴봤다. 이 람다 식을 식 트리로 바꾸려면 예제 13.25처럼 그저 Expression<Func<int, int, bool>>로 변환하면 된다. 그 이후에는 생성된 개체를 검사하거나 구조에 대한 정보를 표시할 수 있다.

예제 13.25 식 트리 검사

```csharp
using System;
using System.Linq.Expressions;
using static System.Linq.Expressions.ExpressionType;
public class Program
{
    public static void Main()
    {
        Expression<Func<int, int, bool>> expression;
        expression = (x, y) => x > y;
        Console.WriteLine("------------ {0} ------------",
            expression);
        PrintNode(expression.Body, 0);
        Console.WriteLine();
        Console.WriteLine();
        expression = (x, y) => x * y > x + y;
        Console.WriteLine("------------ {0} ------------",
            expression);
        PrintNode(expression.Body, 0);
    }

    public static void PrintNode(Expression expression,
        int indent)
    {
        if (expression is BinaryExpression binaryExpression)
            PrintNode(binaryExpression, indent);
        else
```

```
            PrintSingle(expression, indent);
        }

        private static void PrintNode(BinaryExpression expression,
            int indent)
        {
            PrintNode(expression.Left, indent + 1);
            PrintSingle(expression, indent);
            PrintNode(expression.Right, indent + 1);
        }

        private static void PrintSingle(
            Expression expression, int indent) =>
            Console.WriteLine("{0," + indent * 5 + "}{1}",
                "", NodeToString(expression));

        private static string NodeToString(Expression expression) =>
            expression.NodeType switch
            {
                // static ExpressionType 이용
                Multiply => "*",
                Add => "+",
                Divide => "/",
                Subtract => "-",
                GreaterThan => ">",
                LessThan => "<",
                _ => expression.ToString() +
                    " (" + expression.NodeType.ToString() + ")",
            };
    }
```

식 트리 인스턴스를 Console.WriteLine()에 전달하면 자동으로 식 트리를 기술하는 문자열로 변환해서 출력하는데, 이것은 식 트리를 구성하려고 생성한 모든 개체가 ToString()을 재정의하고 있기 때문이며, 덕분에 디버깅 시 간단히 식 트리의 내용을 한 눈에 확인할 수 있다.

다음 결과 13.5를 보면 Main()에서 호출하고 있는 Console.WirteLine() 문을 통해 출력한 식 트리 본문을 문자열 형태로 확인할 수 있다.

결과 13.5

```
------------ (x, y) => x > y -------------
    x (Parameter)
>
    y (Parameter)
------------ (x, y) => (x * y) > (x + y) -------------
        x (Parameter)
    *
        y (Parameter)
>
        x (Parameter)
    +
        y (Parameter)
```

여기서 중요한 점은 식 트리가 데이터의 컬렉션이며 이를 분석해 다른 형식의 자료로 변환할 수 있다는 사실이다. 예제에서는 식 트리를 람다 자신을 기술하는 문자열로 변환했는데 다른 질의 언어로 변환하는 것도 얼마든지 가능하다.

재귀 호출을 이용해서 `PrintNode()` 함수를 호출해 보면 식 트리에 포함된 노드가 아래에 0개 이상의 하위 식 트리를 갖는 트리임을 알 수 있다. 루트 트리는 `Body` 속성을 갖는 람다 본문을 나타낸다. 모든 식 트리 노드는 `NodeType` 속성을 가지며 `ExpressionType` 열거형 값으로 어떤 종류의 식인지 표시한다. 식의 종류에는 `BinaryExpression`, `ConditionalExpression`, `LambdaExpression`, `MethodCallExpression`, `ParameterExpression`, `ConstantExpression` 등이 있다. 이 형식들은 모두 `Expression`을 상속한다.

현재 식 트리 라이브러리는 C#과 Visual Basic에서 사용하는 대부분의 문을 표현할 수 있는 개체들을 포함하고 있지만 문 람다를 식 트리로 변환하는 기능은 제공하지 않는다. 즉, 식 람다를 식 트리로 전환하는 것만 가능하다는 점을 기억하자.

3.0

708

요약

13장은 대리자와 메서드 참조 혹은 콜백으로서의 대리자 활용에 대한 논의부터 시작했으며 작성한 명령어 코드를 직접적으로 실행하는 방법 대신 별도의 명령어들을 코드로 만든 다음 다른 위치에서 호출할 수 있도록 전달하는 강력한 개념을 소개했다.

한편, 람다 식의 개념을 소개하고 있는데 람다 식은 C# 2.0의 무명 메서드 문법을 대체한다(무명 메서드가 없어진 것은 아니다). 개발자는 람다 식을 이용해 명령어 집합을 하나의 변수에 직접 할당할 수 있게 돼 더 이상 명령어들을 포함하고 있는 메서드를 명시적으로 선언할 필요가 없어졌다. 이와 같은 구조는 메서드 내에서 동적으로 명령들을 수행하는 데 있어서 굉장한 유연성을 제공하는데, 이것이 바로 LINQ API를 이용해서 컬렉션을 한결 손쉽게 처리할 수 있게 해 주는 개념이다.

13장의 마지막 부분에서는 식 트리에 대한 개념과 이것이 어떤 방법으로 대리자로 구현되지 않고 람다 식의 의미를 표현하는 개체들로 만들어지는지를 다뤘다. 이것이 바로 엔터티 프레임워크^{Entity Framework}나 Linq to XML 등 익명 함수 외의 콘텍스트 내에서 식 트리를 해석하는 라이브러리들을 지원하는 핵심 기능이다.

람다 식이라는 용어는 문 람다와 식 람다 두 가지 모두를 포괄한다. 즉, 문 람다와 식 람다는 람다 식의 일종이다.

13장에서 언급은 됐으나 깊이 다루지 않은 부분으로 멀티캐스트 대리자가 있는데, 멀티캐스트 대리자의 세부 사항과 이벤트로 게시/구독 패턴을 구현함에 있어 멀티캐스트 대리자의 역할 등에 대해서는 14장에서 살펴볼 것이다.

3.0 끝

■14■
이벤트

13장에서는 대리자 형식 인스턴스를 이용해서 메서드를 참조하고 또 호출하는 방법을 살펴봤다. 대리자는 '게시/구독^{publish/subscribe}' 혹은 관찰자와 같은 보다 큰 패턴을 구성하는 요소다. 14장에서는 게시/구독 패턴에서 대리자를 어떻게 이용하는지에 관해 다룬다. 사실 14장에서 기술하는 모든 것은 대리자만 이용해도 가능하다. 하지만 14장에서 집중적으로 다룰 이벤트가 제공하는 추가적인 캡슐화를 이용하면 게시/구독 패턴을 더욱 간편하고 안전하게 구현할 수 있다.

13장에서 모든 대리자는 메서드를 1개만 참조했다. 하지만 대리자는 순서대로 호출하고자 하는 메서드의 컬렉션을 참조할 수 있는데 이와 같은 대리자를 **멀티캐스트 대리자**^{multicast delegate}라고 한다. 이와 같은 특성은 개체의 상태 변경과 같은 단일 이벤트 알림 내용을 여러 구독자에게 전달할 수 있게 한다.

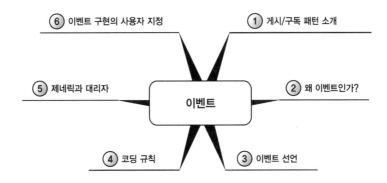

C# 1.0 시절에도 이벤트는 있었지만 C# 2.0에서 제네릭을 도입하면서 코딩 표준에 큰 변화를 가져왔다. 왜냐하면 제네릭 대리자 데이터 형식을 사용하게 되면서 더 이상 다양한 이벤트 시그니처를 지원하려고 수많은 대리자를 선언하지 않아도 됐기 때문이다. 따라서 14장에서는 최소 C# 2.0 이상임을 가정하고 진행하며, 여전히 C# 1.0을 이용하는 독자는 이벤트를 사용하고자 할 때 13장에서 설명한 방법으로 이벤트를 위한 대리자를 선언해야 할 것이다.

멀티캐스트 대리자를 이용한 게시-구독 패턴 구현

같은 온도 조절 장치에 연결된 히터와 쿨러를 이용한 온도 조절 예제를 생각해 보자. 적절한 조건에 따라 장치를 켜고 끄려면 온도 변화 값을 알려 줘야 한다. 온도 조절 장치는 가열 및 냉각 단위 즉, 온도 변화를 여러 개의 수신기(구독자)로 전달(게시)한다. 다음 절에서 코드를 살펴보도록 할 것이다.[1]

구독자 메서드 정의

먼저 Heater와 Cooler 개체를 정의하는 것에서 시작하자(예제 14.1).

예제 14.1 Heater 및 Cooler 이벤트 구독자 구현

```
class Cooler
{
    public Cooler(float temperature)
    {
        Temperature = temperature;
    }

    // 주변 온도가 이 값보다 높으면 Cooler를 켠다.
    public float Temperature { get; set; }

    // 이 인스턴스에 온도 변화를 알린다.
    public void OnTemperatureChanged(float newTemperature)
```

2.0

---

1 보다 많은 독자들(영어권에만 해당 – 옮긴이)의 이해를 돕고자 온도 조절 장치라는 용어를 이용했지만 예제에서는 온도계라는 표현이 보다 적절하다.

```
        {
            if (newTemperature > Temperature)
            {
                System.Console.WriteLine("Cooler: On");
            }
            else
            {
                System.Console.WriteLine("Cooler: Off");
            }
        }
    }

    class Heater
    {
        public Heater(float temperature)
        {
            Temperature = temperature;
        }

        public float Temperature { get; set; }

        public void OnTemperatureChanged(float newTemperature)
        {
            if (newTemperature < Temperature)
            {
                System.Console.WriteLine("Heater: On");
            }
            else
            {
                System.Console.WriteLine("Heater: Off");
            }
        }
    }
```

온도를 비교하는 부분을 제외하면 두 클래스는 근본적으로 동일하다(사실 OnTemperatureChanged 메서드에서 비교 함수의 대리자를 사용하면 둘 중 하나를 제거할 수도 있다). 각 클래스는 장치를 켜야 하는 기준 온도 값을 저장하고 있으며 OnTemperature Changed() 메서드를 제공한다. 이 메서드는 Heater와 Cooler 클래스에 온도가 변경됐음을 통보하는 수단인데 메서드 내에서 newTemperature와 설정된 기준 온도를 비교해서

2.0

장치를 켜야 할지 결정한다.

OnTemperatureChanged() 메서드들이 구독자(리스너^{listener}) 메서드 역할을 하게 되며 이들은 곧이어 살펴볼 Thermostat 클래스에서 정의하는 대리자와 일치하는 매개변수 및 반환 형식을 가져야 한다.

게시자 정의

Thermostat 클래스의 역할은 heater와 cooler 개체 인스턴스에 온도의 변화를 알리는 것으로 예제 14.2와 같이 구현한다.

예제 14.2 Thermostat 이벤트 게시자 정의

```
public class Thermostat
{
    // 이벤트 게시자 정의
    public Action< float >? OnTemperatureChange { get; set; }

    public float CurrentTemperature { get; set; }
}
```

Thermostat 클래스의 OnTemperatureChange 속성은 Action<float> 대리자 형식으로 구독자 목록을 저장한다. 다시 한번 말하지만 다수의 구독자를 저장하는 데 대리자 필드 하나면 된다. 즉, Cooler와 Heater 클래스는 단일 게시자로부터 온도 변경 알림을 받는다.

Thermostat의 마지막 멤버는 CurrentTemperature 속성이다. 이 속성은 Thermostat 클래스에서 제공하는 현재 온도 값을 설정하거나 가져온다.

게시자와 구독자의 연결

이제 Main() 메서드에서 모든 퍼즐 조각들을 끼워 맞추는 것만 남았다. 예제 14.3은 Main() 메서드를 구현한 예다.

2.0

예제 14.3 게시자와 구독자의 연결

```
class Program
{
```

```
public static void Main()
{
    Thermostat thermostat = new Thermostat();

    Heater heater = new Heater(60);
    Cooler cooler = new Cooler(80);
    string temperature;

    thermostat.OnTemperatureChange +=
        heater.OnTemperatureChanged;
    thermostat.OnTemperatureChange +=
        cooler.OnTemperatureChanged;

    Console.Write("Enter temperature: ");
    temperature = Console.ReadLine();
    thermostat.CurrentTemperature = int.Parse(temperature);
}
}
```

예제에서는 두 구독자(heater.OnTemperatureChanged와 cooler.OnTemperatureChanged)를
+= 연산자를 이용해서 OnTemperatureChange 대리자에 직접 할당했다.

사용자가 입력한 온도 값으로 thermostat의 CurrentTemperature를 설정할 수 있다. 하
지만 아직 구독자들에게 온도 변화를 알리기 위한 코드를 작성하지 않았다.

대리자 호출

Thermostat 클래스는 CurrentTemperature 속성의 변화에 따라 **대리자를 호출**해 구독자
(heater와 cooler)에 변화를 알려야 한다. 이를 위해 CurrentTemperature 속성 새 값을 저
장하고 개별 구독자에게 이를 알리도록 수정한다. 수정한 코드는 예제 14.4와 같다.

예제 14.4 null 확인 없이 대리자 호출하기

```
public class Thermostat
{
    ...
    public float CurrentTemperature
    {
        get{return _CurrentTemperature;}
```

2.0

```
        set
        {
            if (value != CurrentTemperature)
            {
                _CurrentTemperature = value;

                // 미완성: null 확인 필요
                // 구독자 호출
                OnTemperatureChange(value);
            }
        }
    }

    private float _CurrentTemperature;
}
```

이제 CurrentTemperature의 값이 변하면 구독자들에게 통보하는 특수한 로직이 CurrentTemperature의 값 설정 과정에 포함되며 OnTemperatureChange(value)라는 간단한 C# 문 하나로 모든 구독자를 호출할 수 있다. 이처럼 단 한 번에 cooler와 heater 개체로 온도 변경을 통지하는 구조를 이해한다면 왜 대리자를 멀티캐스트 대리자라고 부르는 지 짐작할 수 있을 것이다.

8.0 시작

한편, C# 8.0에서 CurrentTemperature 대리자를 직접 호출하면 널^{null} 참조 확인이 필요하다는 경고를 일으킨다.

8.0 끝

6.0 시작

null 확인

예제 14.4의 이벤트를 게시하는 코드에는 중요한 요소가 하나 빠져 있다. 알림을 받을 구독자가 하나도 없다면 OnTemperatureChange는 null이며 OnTemperatureChange(value) 문에서 NullReferenceException이 발생한다. 이와 같은 상황을 피하려면 이벤트를 발생 시키기 전에 null 여부를 확인해야 한다. 예제 14.5는 Invoke()를 호출하기에 앞서 C# 6.0의 널^{null} 조건 연산자를 이용하는 방법을 보여 준다.

2.0

```csharp
public class Thermostat
{
    // 이벤트 게시자 정의
    puclic Action< float >? OnTemperatureChange { get; set; }

    public float CurrentTemperature
    {
        get { return _CurrentTemperature; }
        set
        {
            if (value != CurrentTemperature)
            {
                _CurrentTemperature = value
                // 구독자가 있다면 온도 변화를
                // 통보한다.
                OnTemperatureChange?.Invoke(value); // C# 6.0
            }
        }
    }
    private float _CurrentTemperature;
}
```

널 조건 검사 바로 다음에 Invoke() 호출이 뒤따르고 있는 점에 주목하자. 점 연산자 다음에 바로 이 메서드를 호출할 수도 있지만, 이것은 앞서 살펴본 예제 14.4의 직접 호출 방식(OnTemperatureChange(value))과 거의 다를 바가 없다. 널 조건 연산자를 이용함으로써 얻을 수 있는 중요한 이점은 null 여부 확인이 이뤄진 다음에 대리자에 변경이 발생할 가능성을 없애 준다는 것이다.

■ 고 급 주 제

C# 6.0 이전의 대리자 호출

이와 같은 특별한 널 검사 기능은 C# 6.0에 와서야 가능하게 됐기 때문에 이전의 C# 버전에서는 예제 14.6처럼 훨씬 어렵게 확인해야 한다.

6.0 끝

2.0

```csharp
public class Thermostat
{
    // 이벤트 게시자 정의
    puclic Action< float > OnTemperatureChange { get; set; }

    public float CurrentTemperature
    {
        get{return _CurrentTemperature;}
        set
        {
            if (value != CurrentTemperature)
            {
                _CurrentTemperature = value
                // 구독자가 있다면 온도 변화를
                // 통보한다.
                Action< float > localOnChange =
                    OnTemperatureChange;
                if(localOnChange != null)
                {
                    // 구독자 호출
                    localOnChange(value);
                }
            }
        }
    }
    private float _CurrentTemperature;
}
```

null 여부를 직접 확인하는 대신 먼저 OnTemperatureChange를 두 번째 대리자 변수 localOnChange에 할당한다. 단순해 보이는 이 간단한 추가 작업은 null 확인과 알림 전송 사이에 (다른 스레드에 의해) OnTemperatureChange 구독자들이 모두 제거돼도 NullReferenceException이 발생하지 않게 한다.

이후의 예제에서는 대리자 호출은 C# 6.0의 널 조건 연산자를 이용한다.

2.0

> **가이드라인**
>
> - 대리자를 호출하기에 앞서 null 여부를 확인하자.
> - C# 6.0부터는 Invoke() 호출 전에 널 조건 연산자를 사용하자.

■ 고 급   주 제

대리자에 -= 연산자를 사용하면 새 인스턴스를 반환한다.

대리자가 참조 형식이라는 점을 고려할 때 지역 변수를 할당하고 이것을 사용하는 것만으로 스레드에 안전한 널 검사가 가능하다는 사실은 조금 놀라울 수도 있다. localOnChange는 OnTemperatureChange와 같은 위치를 가리키므로 OnTemperatureChange에 가해지는 모든 변경이 localOnChange에 반영될 것이라고 생각할 수 있다.

하지만 이 경우에는 해당되지 않는다. OnTemperatureChange -= <listener>는 OnTemperatureChange에서 그저 대리자 하나를 제거하는 과정이 아니라 localOnChange가 가리키고 있는 원래의 멀티캐스트 대리자는 그대로 둔 채 새로운 멀티캐스트 대리자를 할당하기 때문이다.

■ 고 급   주 제

스레드에 대해 안전한 대리자 호출

서로 다른 스레드에서 구독자를 추가하거나 제거할 수 있는 상황이라면 null 여부를 확인하기 전에 대리자 참조의 복사본을 지역 변수에 보관하는 것이 좋다. 이렇게 하면 null 대리자를 호출할 수 있는 가능성을 없앨 수 있기는 하지만 레이스 조건을 다 피해 갈 수는 없다. 예를 들어, 첫 번째 스레드에서 복사본을 만든 후에 다른 스레드에서 대리자를 null로 재설정했는데 이후에 첫 번째 스레드에서 대리자의 이전 값을 호출할 수 있으며, 그로 인해 더 이상 구독자 목록에 없는 구독자에 알림이 전달될 수 있다. 다중 스레드 프로그램의 구독자 측은 이러한 '변질된' 구독자가 호출될 수 있는 상황에 잘 대비해야 한다.

2.0

대리자 연산자

Thermostat 예제에서 두 구독자를 하나로 모으려고 += 연산자를 이용했다. 이 연산자는 첫 번째 대리자의 체인에 두 번째 대리자를 추가하며, 이제 첫 번째 대리자의 메서드가 반환하면 두 번째 대리자 메서드 호출한다. 반대로 대리자 체인에서 대리자를 제거하려면 예제 14.7과 같이 -= 연산자를 이용한다.

예제 14.7 +=, -= 대리자 연산자

```
// ...
Thermostat thermostat = new Thermostat();
Heater heater = new Heater(60);
Cooler cooler = new Cooler(80);

Action<float> delegate1;
Action<float> delegate2;
Action<float>? delegate3;

delegate1 = heater.OnTemperatureChanged;
delegate2 = cooler.OnTemperatureChanged;

Console.WriteLine("Invoke both delegates:");
delegate3 = delegate1;
delegate3 += delegate2;
delegate3(90);

Console.WriteLine("Invoke only delegate2");
delegate3 -= delegate1;
delegate3!(30);
// ...
```

예제 14.7을 실행한 결과는 다음과 같다.

결과 14.1

```
Invoke both delegates:
Heater: Off
Cooler: On
Invoke only delegate2
Cooler: Off
```

2.0

대리자를 조합하려고 +나 -연산자 역시 사용할 수 있으며 이에 대해서는 예제 14.8을 참고한다.

예제 14.8 +, - 대리자 연산자

```
// ...
Thermostat thermostat = new Thermostat();
Heater heater = new Heater(60);
Cooler cooler = new Cooler(80);

Action<float> delegate1;
Action<float> delegate2;
Action<float> delegate3;

// Note: C# 1.0 구문에 맞추려면
// new Action(cooler.OnTemperatureChanged) 형식을 따른다.
delegate1 = heater.OnTemperatureChanged;
delegate2 = cooler.OnTemperatureChanged;

Console.WriteLine("Combine delegates using + operator:");
delegate3 = delegate1 + delegate2;
delegate3(60);

Console.WriteLine("Uncombine delegates using - operator:");
delegate3 = (delegate3 - delegate2)!;
delegate3(60);
// ...
```

할당 연산자를 이용하면 이전 구독자를 모두 제거하고 새로운 구독자들로 대체할 수 있다. 그런데 이 작업이 너무 쉽게 만들어진 탓에 +=을 사용해야 하는 곳에 할당 연산자를 사용하는 실수를 범하기 쉬워서 한편으로는 아쉬운 점이라고 할 수도 있다. 이벤트는 이와 같은 문제점에 대한 해법이 될 수 있는데 14장의 뒷부분에서 살펴보도록 할 것이다.

+, - 연산자 및 할당 연산자와 결합된 +=, -= 연산자는 내부적으로 정적 메서드인 System.Delegate.Combine()과 System.Delegate.Remove()를 이용하고 있다는 점을 알아두자. 이들 메서드는 delegate 형식의 매개변수 2개를 갖는데 Combine()은 대리자 목록에서 첫 번째 매개변수가 두 번째 매개변수를 가리키도록 연결한다. 한편, Remove()는

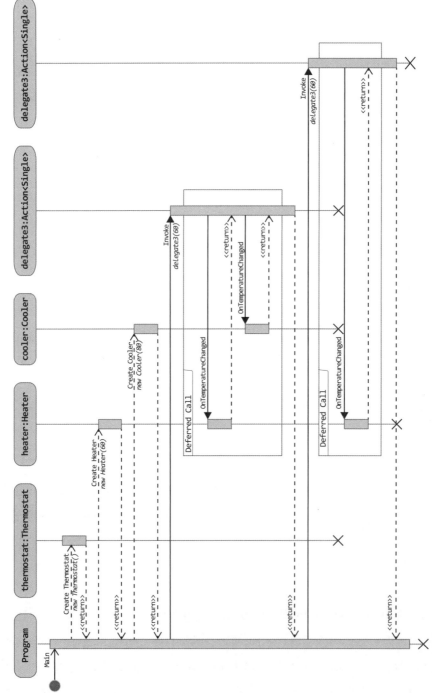

그림 14.1 대리자 호출 시퀀스 다이어그램

첫 번째 매개변수로 전달된 대리자 체인에서 두 번째 매개변수로 전달받은 대리자를 찾아서 제거한다. Remove()는 널을 반환할 수 있으므로 C# 8.0의 널 억제 연산자를 이용해 컴파일러로 하여금 유효한 인스턴스가 남아 있다고 가정하게 한다.[2]

Combine() 메서드에서 재미있는 사실은 매개변수 둘 중 하나 혹은 모두 null이 될 수 있다는 것이다. 매개변수 하나가 null이면 null이 아닌 매개변수를 반환하며, 두 매개변수가 모두 null이면 null을 반환한다. thermostat.OnTemperatureChange가 null인 경우라 하더라도 thermostat.OnTemperatureChange += heater.OnTemperatureChanged;와 같은 호출이 예외를 일으키지 않는 이유가 바로 여기에 있다.

순차적인 호출

그림 14.1은 heater와 cooler에 차례로 알림이 전달되는 과정이다.

OnTemperatureChange()를 호출하면 두 구독자로 브로드캐스트되며, 이 한 번의 호출로 cooler와 heater에 온도 변화가 전달된다. 더 많은 구독자를 추가한 경우라면 그들도 모두 OnTemperatureChange()로부터 온도 변화를 전달받는다.

비록 한 번의 OnTemperatureChange() 호출로 전체 구독자를 호출하지만 모두 같은 스레드에서 실행되고 있기 때문에 동시에 호출되지 않고 순서대로 호출된다.

■ 고 급 주 제

멀티캐스트 대리자의 내부

이벤트가 어떻게 동작하는지 이해하려면 System.Delegate의 내부를 살펴야 한다. delegate 키워드는 앞서 언급한 것처럼 System.MulticastDelegate의 별칭이다. 사실 System.MulticastDelegate는 System.Delegate를 상속하고 있는데 System.Delegate는 개체 참조(비정적 메서드 때문에 필요)와 메서드 참조로 구성된다. 대리자를 생성하면 컴파일러는 자동으로 System.Delegate 형식이 아닌 System.MulticastDelegate 형식을 선택한다. MulticastDelegate 클래스는 기본 클래스인 Delegate처럼 개체 참조와 메서드 참조를 포함하고 있으며 여기에 더해 또 다른 System.MulticastDelegate 개체에 대한 참조도

---

2 컴파일 과정의 널 참조 경고를 피할 수 있다. – 옮긴이

갖고 있다.

멀티캐스트 대리자에 메서드를 추가하면 MulticastDelegate 클래스는 대리자 형식의 인스턴스를 새로 만들고 새로 만든 개체 참조를 저장한 다음, 추가된 메서드에 대한 참조를 새로 만든 인스턴스에 저장하고 대리자 목록의 다음 항목으로 새로 만든 인스턴스를 추가한다. 결과적으로 MulticastDelegate 클래스는 Delegate 개체로 이뤄진 연결 리스트 형태를 유지하게 된다. 그림 14.2는 thermostat 예제를 개념적으로 표현한 것이다.

멀티캐스트 대리자를 호출하면 연결 리스트의 개별 대리자 인스턴스가 순서대로 호출된다. 일반적으로 추가된 순서에 따라 호출되지만 이런 규칙이 CLI 사양에 명시돼 있지는 않으며 순서를 재정의할 수도 있다. 그러므로 프로그래머는 호출 순서에 의존하는 실수를 저지르지 않도록 주의해야 한다.

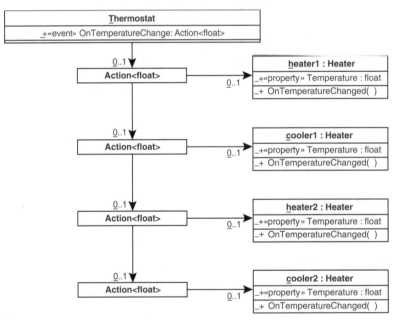

그림 14.2 연결된 멀티캐스트 대리자

2.0

724

오류 처리

대리자가 갖는 순차 알림 방식은 오류 처리 측면에서 치명적이다. 어떤 구독자에서 예외가 발생하면 이후의 구독자들은 알림을 받지 못한다. 예를 들어, 예제 14.9와 같이 Heater의 OnTemperatureChanged() 메서드를 수정해서 예외를 발생시켜 보자.

예제 14.9 OnTemperatureChanged()에서 예외가 발생하는 경우

```csharp
class Program
{
    public static void Main()
    {
        Thermostat thermostat = new Thermostat();
        Heater heater = new Heater(60);
        Cooler cooler = new Cooler(80);
        string temperature;

        thermostat.OnTemperatureChange +=
            heater.OnTemperatureChanged;
        // C# 2.0을 이용한다면 무명 메서드로 변경한다.
        thermostat.OnTemperatureChange +=
            (newTemperature) =>
                {
                    throw new InvalidOperationException();
                };
        thermostat.OnTemperatureChange +=
            cooler.OnTemperatureChanged;

        Console.Write("Enter temperature: ");
        temperature = Console.ReadLine();
        thermostat.CurrentTemperature = int.Parse(temperature);
    }
}
```

그림 14.3은 예제를 표현한 시퀀스 다이어그램이다. cooler와 heater가 메시지를 받을 수 있게 구독자로 등록돼 있지만 람다 식에서 발생하는 예외가 대리자 체인을 따라 진행되는 순차적인 알림을 중단 시켜 cooler 개체는 알림을 전달받지 못한다.

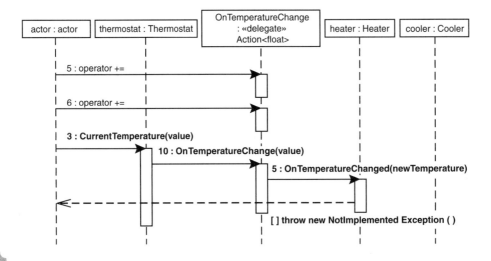

그림 14.3 대리자 호출 중 예외 발생 시퀀스 다이어그램

이런 문제점을 피하고 모든 구독자가 알림을 수신할 수 있게 하려면 수삭업으로 보든 구독자를 나열하고 개별적으로 호출해야 한다. 예제 14.10은 CurrentTemperature 속성에서 대리자를 개별 호출하도록 수정한 예로 실행한 모습은 결과 14.2와 같다.

예제 14.10 구독자에서 발생하는 예외 처리

```csharp
public class Thermostat
{
    // 이벤트 게시자 정의
    public Action< float >? OnTemperatureChange;

    public float CurrentTemperature
    {
        get { return _CurrentTemperature; }
        set
        {
            if (value != CurrentTemperature)
            {
                _CurrentTemperature = value
                Action< float >? onTemperatureChange = OnTemperatureChange;
                if (onTemperatureChange != null)
                {
                    List<Exception> exceptionCollection =
```

```
                        new List<Exception>();
                foreach (
                    Delegate handler in
                    onTemperatureChange.GetInvocationList())
                {
                    try
                    {
                        ((Action< float >) handler)( value );
                    }
                    catch (Exception exception)
                    {
                        exceptionCollection.Add(exception);
                    }
                }
                if (exceptionCollection.Count > 0)
                {
                    throw new AggregateException(
                        "There were exceptions thrown by OnTemperatureChange
Event subscribers",
                        exceptionCollection);
                }
            }
        }
    }
    private float _CurrentTemperature;
}
```

결과 14.2

```
Enter temperature: 45
Heater: On
Cooler: Off
There were exceptions thrown by OnTemperatureChange Event subscribers.
(Operation is not valid due to the current state of the object.)
```

이 예제는 대리자의 GetInvocationList() 메서드를 이용해서 구독자 목록을 추출하는 방법을 이용한다. 이렇게 확보한 목록의 항목을 열거함으로써 개별 구독자를 추출하고, 구독자에 호출을 try/catch 블록으로 감싸면 다음 구독자 호출로 넘어가기 전에 발

2.0

생할 수 있는 모든 에러에 대비할 수 있다. 예제에서는 온도 변화 알림을 받는 쪽에서 예외가 발생하더라도 cooler가 온도 변화를 안정적으로 전달받는다. 모든 알림이 전달되고 나서 발생한 예외가 있다면 AggregateException을 발생시키는데, 발생한 예외를 담고 있는 컬렉션을 InnerExceptions로 전달한다. 이와 같은 방법으로 모든 예외들을 한번에 보고하면서 한편으로는 모든 구독자에게 빠짐없이 온도 변화를 전달할 수 있다.

메서드 반환과 참조에 의한 전달

대리자의 반환 형식이 void가 아니거나 ref 혹은 out 매개변수를 지니는 경우라면 단순히 대리자를 직접 호출하기보다 대리자 호출 목록을 반복하는 방법을 사용하는 편이 적합하다. 지금까지 살펴본 온도 조절 장치 예제에서 OnTemperatureChange 대리자는 Action<float> 형식인데 void 반환 형식을 가지며 out 혹은 ref 매개변수는 없다. 즉, 게시자에게 반환하는 데이터가 전혀 없다. 이것이 중요한 이유는 대리자 호출이 잠재적으로 다수의 구독자에게 알림을 전달하는 구조이기 때문이다. 구독자가 값을 반환한다면 어떤 구독자가 반환한 값을 사용해야 할지 모호해진다.

OnTemperatureChange가 열거형 값을 반환하도록 변경해서 온도 변화에 의해 장치가 켜졌는지 알 수 있게 하면 이 새로운 대리자는 Func<float, Status>와 같은 형태가 될 것이고, 여기서 Status는 On과 Off를 나타낼 수 있는 열거형이다. 모든 구독자 메서드는 대리자와 같은 메서드 시그니처를 가져야 하므로 모든 구독자는 상태 값을 반환해야 한다. 그리고 OnTemperatureChange는 연결된 대리자의 집합이므로 에러 처리에 있어서도 동일한 패턴을 적용해야 한다. 다시 말해, 개별 반환 값을 확인하려면 반드시 GetInvocationList() 메서드를 이용해서 대리자 호출 목록을 열거해야 한다는 것이다. 반환 값의 경우와 비슷하게 ref와 out 매개변수를 이용하는 대리자 형식들도 그에 따른 적절한 대응이 필요하다. 이처럼 예외적인 상황에서는 호출 목록을 열거하는 방법으로 대리자를 이용할 수 있지만 가이드라인에서는 대리자의 반환 형식을 void로 권장함으로써 이러한 상황을 원천적으로 방지하고 있다.

2.0

이벤트

14장에서 지금까지 사용한 대리자는 크게 두 가지 문제점을 안고 있는데 C#은 event 키워드를 이용해 이를 극복하고 있다. 이번 절에서는 이벤트를 사용하는 이유와 동작 원리를 살펴볼 것이다.

왜 이벤트인가?

13장과 14장에서 대리자가 어떻게 동작하는지 알아봤다. 하지만 대리자 구조는 프로그래머가 의도치 않게 실수를 할 수 있는 여지를 내포하고 있다. 이 문제점들은 캡슐화와 관련돼 있는데 게시나 구독 어느 쪽도 충분히 통제하기 어렵다. 특히, 이벤트를 사용하면 외부 클래스가 += 연산자를 통해 게시자에 구독 메서드를 추가한 다음, -= 연산자를 사용해 구독을 취소하는 것만 가능하게 제한하며, 이벤트를 포함하는 클래스가 아니면 호출할 수 없게 제약한다.

구독자 캡슐화

앞에서 살펴본 것처럼 할당 연산자를 이용해 대리자를 다른 대리자에 할당할 수 있다. 그런데 불행히도 이것이 버그를 일으키는 주요 원인이 되는 경우가 많다. 예제 14.11을 살펴보자.

예제 14.11 += 대신 = 할당 연산자를 사용한 예

```
class Program
{
    public static void Main()
    {
        Thermostat thermostat = new Thermostat();
        Heater heater = new Heater(60);
        Cooler cooler = new Cooler(80);
        string temperature;

        // Note: C# 1.0의 경우
        // new Action(cooler.OnTemperatureChanged)를 이용한다.
        thermostat.OnTemperatureChange =
            heater.OnTemperatureChanged;
```

```
        // 버그: 할당 연산자를 이용하면
        // 이전 할당 값을 덮어쓴다.
        thermostat.OnTemperatureChange =
            cooler.OnTemperatureChanged;

        Console.Write("Enter temperature: ");
        temperature = Console.ReadLine();
        thermostat.CurrentTemperature = int.Parse(temperature);
    }
}
```

예제 14.11은 예제 14.7과 거의 같지만 += 연산자 대신 단순 할당 연산자를 사용하고 있다. 그 결과 코드에서 cooler.OnTemperatureChanged를 OnTemperatureChange에 할당하는 순간 heater.OnTemperatureChanged는 제거되고 완전히 새로운 체인이 기존의 것을 대체한다. 이와 같이 실수로 += 대신 = 연산자를 사용할 가능성이 너무 높기 때문에 포함하고 있는 클래스 내부에서만 - 연산자를 지원하는 것이 합리적이다. 이처럼 event 키워드를 이용하는 목적은 실수로 다른 구독자를 취소하지 않게 추가적인 캡슐화를 제공하는 것이다.

게시자 캡슐화

대리자와 이벤트의 두 번째 차이점은 이벤트의 경우 해당 이벤트를 포함하고 있는 클래스 안에서만 이벤트를 발생시킬 수 있다는 것이다. 예제 14.12를 살펴보자.

예제 14.12 이벤트 컨테이너 외부에서 이벤트 발생

```
class Program
{
    public static void Main()
    {
        Thermostat thermostat = new Thermostat();
        Heater heater = new Heater(60);
        Cooler cooler = new Cooler(80);
        string temperature;

        // Note: C#1.0의 경우
        // new Action(heater.OnTemperatureChanged)를 이용한다.
```

2.0

```
        thermostat.OnTemperatureChange +=
            heater.OnTemperatureChanged;

        thermostat.OnTemperatureChange +=
            cooler.OnTemperatureChanged;

        thermostat.OnTemperatureChange(42);
    }
}
```

예제 14.12에서 Program은 thermostat의 CurrentTemperature에 변화가 없어도 OnTemperatureChange 대리자를 호출할 수 있고, 그에 따라 온도 변화가 없음에도 불구하고 Program은 모든 thermostat 구독자들에게 알림을 전달한다. 앞에서 언급했듯이 대리자의 문제점은 이와 같은 불충분한 캡슐화다. Thermostat은 OnTemperatureChange 대리자를 다른 클래스가 호출할 수 없게 제한하는 것이 바람직하다.

이벤트 선언

C#의 event 키워드는 이 두 가지 문제점에 대응하고 있다. 필드 한정자처럼 보이지만 event는 새로운 형식의 멤버를 선언한다(예제 14.13 참고).

예제 14.13 이벤트 코딩 패턴에 따른 event 키워드의 활용

```
public class Thermostat
{
    public class TemperatureArgs : System.EventArgs
    {
        public TemperatureArgs(float newTemperature)
        {
            NewTemperature = newTemperature;
        }

        public float NewTemperature { get; set; }
    }

    // 이벤트 게시자 정의
    public event EventHandler<TemperatureArgs> OnTemperatureChange =
        delegate { };
```

2.0

```
    public float CurrentTemperature
    {
        ...
    }
    private float _CurrentTemperature;
}
```

새로운 Thermostat 클래스는 원래의 클래스에서 네 가지가 바뀌었다. 첫째, 기존의 OnTemperatureChange 속성 대신 공용 속성 OnTemperatureChange를 새로 선언했다. 어찌 보면 앞에서 언급한 캡슐화 문제점을 해결하는 것과는 거리가 있어 보인다. 필드를 공용으로 만들기보다는 캡슐화 정도를 강화하는 것이 바람직할 것이라 생각할 수 있다. 하지만 두 번째 변경 사항인 event 키워드를 필드 선언 바로 앞에 추가함으로써 필요한 모든 캡슐화 문제를 해소할 수 있다. event 키워드를 추가로 적용하면 공용 대리자 필드에 할당 연산자를 외부에서 사용할 수 없다(예를 들어, thermostat.OnTemperatureChange = cooler.OnTemperatureChanged와 같은 구문을 사용할 수 없다). 게다가 대리자를 포함하고 있는 클래스만 대리자를 호출해 구독자들에게 이벤트를 발행할 수 있다(예를 들어, thermostat.OnTemperatureChange(42)와 같은 호출이 외부에서는 불가능하다). 다시 말해 event 키워드가 제공하는 캡슐화로 클래스 외부에서 이벤트를 발행하거나 실수로 기존 구독자를 제거하지 못하게 한다. 이것은 일반 대리자를 사용할 때의 두 가지 문제점을 해결하며 C#에서 event 키워드를 사용하는 핵심 이유다.

일반 대리자를 사용할 때 발생할 수 있는 또 다른 잠재적인 문제점은 대리자를 호출하기 전에 null 여부에 대한 확인(C# 6.0에서는 널 조건 연산자를 이용)을 깜박 잊고 빼먹기 쉽다는 것이다. 실수로 null인 대리자를 호출하면 예기치 않은 NullReference Exception이 발생한다. 다행히 event 키워드에 적용된 캡슐화는 선언 시점에 이 문제를 해결할 방안을 제시하는데, 예제 14.13을 잘 살펴보면 이벤트를 선언할 때 delegate{} 즉, 빈 대리자(구독자가 없는 대리자)를 할당하고 있다. 빈 대리자를 할당함으로써 null 여부를 확인하지 않고 이벤트를 발생시킬 수 있다(이와 같은 과정은 변수에 요소가 하나도 없는 배열을 할당하는 것과 비슷한데, 이렇게 하면 배열 요소를 호출하기 전에 변수가 null인지를 확인할 필요가 없다). 물론 이후에 대리자가 null이 될 가능성이 있다면 확인 과정은 여전

2.0

히 필요하다. 그러나 event 키워드 덕분에 할당 및 재할당은 해당 클래스 내에서만 허용 된다. null 할당이 절대 발생하지 않는다면 코드에서 대리자를 호출할 때마다 null 여부 를 확인할 필요가 없다.[3]

코딩 관례

원하는 기능을 구현하려면 원래의 대리자 변수 선언을 필드로 바꾸고 event 키워드 를 추가하기만 하면 된다. 이 두 가지만 바꾸면 다른 모든 기능을 그대로 유지하면 서 필요한 캡슐화를 구현할 수 있다. 하지만 예제 14.13을 보면 대리자 선언에 추가 적인 변경도 눈에 띈다. 표준 C# 코딩 관례를 따르자면 Action<float>는 EventHandler <TemperatureArgs>라는 CLR 형식의 새로운 대리자 형식으로 대체해야 하는데 이 형식은 예제 14.14처럼 선언된다.

예제 14.14 제네릭 대리자 형식의 선언

```
public delegate void EventHandler<TEventArgs>(
    object sender, TEventArgs e);
```

결과적으로 Action<TEventArgs> 대리자 형식에 속한 온도 매개변수 1개가 새로운 매 개변수 2개로 대체됐으며 각각 이벤트 게시자(혹은 발행자)와 이벤트 데이터다. 이런 형 태를 C# 컴파일러에서 강제하고 있는 것은 아니지만 대리자를 이용해서 이벤트를 구현 하는 경우에 보편적인 방식이다.

첫 번째 매개변수인 sender는 대리자를 호출한 클래스의 인스턴스를 가리키고 있 어야 한다. 이 구조의 장점은 같은 구독자 메서드를 여러 이벤트에 등록한 경우에 효 과적으로 대처할 수 있다는 것이다. 예를 들어, heater.OnTemperatureChanged가 2개의 Thermostat 인스턴스를 구독한다고 생각해 보자. 이 시나리오에서 두 인스턴스 모두 heater.OnTemperatureChanged를 호출할 수 있으며 어떤 Thermostat 인스턴스에서 발생한 이벤트인지 구별하려면 Heater.OnTemperatureChanged() 내부에서 sender 매개변수를 이 용할 수 있다. 한편, 정적 이벤트에서는 이것이 불가능하므로 sender 인수의 값에 null을

2.0

---

3   드문 경우지만 이 패턴은 구조체 내의 이벤트에 사용할 수 없다.

전달하는 것이 일반적이다.

두 번째 매개변수인 TEventArgs e는 Thermostat.TemperatureArgs 형식(다음 예제 참고)이며 TemperatureArgs는 System.EventArgs를 상속하는 것이 코딩 관례다(사실 System. EventArgs 상속은 .NET 4.5에 이르기까지 프레임워크에서 강제하고 있는 제네릭 제약 조건이다). Empty는 System.EventArgs의 유일한 중요 속성으로 이벤트 데이터가 없음을 나타내기 위해 사용한다. 예제에서 System.EventArgs를 상속하는 TemperatureArgs는 추가로 New Temperature라는 속성을 정의해 구독자에게 보낼 온도를 저장하는 수단으로 이용한다.

이벤트에 대한 코딩 관례를 요약하면 우선 첫 번째 인수인 sender는 object 형식으로 대리자를 호출한 개체에 대한 참조를 포함하거나 정적 이벤트인 경우에는 null이다. 두 번째 인수는 System.EventArgs 형식 혹은 이것을 상속하는 형식으로 이벤트에 대한 부가적인 정보를 담는다. 추가된 매개변수 부분을 제외하고는 앞서 살펴본 것과 같은 방법으로 대리자를 호출하는데 예제 14.15를 참고한다.

예제 14.15 이벤트 알림의 발생

```csharp
public class Thermostat
{
    ...
    public float CurrentTemperature
    {
        get { return _CurrentTemperature; }
        set
        {
            if (value != CurrentTemperature)
            {
                _CurrentTemperature = value;
                // 구독자가 있다면
                // 온도 변화를 알린다.
                OnTemperatureChange?.Invoke( // C# 6.0 이용
                        this, new TemperatureArgs(value));
            }
        }
    }
    private float _CurrentTemperature;
}
```

2.0

이벤트를 포함하고 있는 클래스(this)가 이벤트에 대한 대리자를 호출할 수 있는 유일한 클래스이기 때문에 sender는 보통 이 클래스 인스턴스다.

예제에서 구독자는 sender 매개변수를 Thermostat으로 형 변환해서 현재 온도를 알아내거나 혹은 TemperatureArgs 인스턴스를 이용할 수도 있다. 하지만 Thermostat 인스턴스의 현재 온도는 다른 스레드에 의해서 변경될 가능성이 있다. 상태 변화에 따른 이벤트를 처리하고자 할 때는 현재의 값과 이전 값을 함께 전달해서 적절한 상태 변이를 제어하는 방법을 자주 사용한다.

가이드라인

- 대리자를 호출하기 전에는 null이 아닌지 확인한다(C# 6.0에서는 널 조건 연산자를 이용할 수 있다).
- 정적 이벤트가 아닌 경우에는 sender 값에 클래스 인스턴스를 전달한다.
- 정적 이벤트의 sender는 null을 전달한다.
- eventArgs 인수에 null을 전달하지 않는다.
- TEventArgs에는 System.EventArgs 또는 System.EventArgs의 파생 형식을 이용한다.
- 이벤트에서 이후에도 추가 데이터를 전혀 전달하지 않을 것이라는 확신이 없다면 System.EventArgs의 파생 클래스를 이벤트 인수 형식(TEventArgs)으로 사용한다.

제네릭과 대리자

앞 절에서는 EventHandler<TEventArgs> 대리자 형식을 이용해서 이벤트 형식을 정의하는 방법을 살펴봤다. 이론적으로 모든 대리자 형식을 사용할 수 있기는 하지만 관례에 따라 첫 번째 매개변수 sender는 object 형식이어야 하고 두 번째 매개변수 e는 System.EventArgs의 파생 형식이어야 한다. C# 1.0에서 대리자를 사용할 때 겪어야 했던 어려움 가운데 하나는 이벤트 처리기의 매개변수가 바뀔 때마다 새로운 대리자 형식을 선언해야 했다는 것이다. System.EventArgs로부터 새로운 파생 형식을 만들 때마다 이 형식을 이용하려면 그에 맞는 새 대리자 데이터 형식을 선언해야 했다. 예를 들어, 예제 14.15의 이벤트 알림 코드에서 사용하고 있는 TemperatureArgs를 이용하려면 TemperatureArgs를 매개변수로 갖는 TemperatureChangedHnadler 대리자 형식을 선언해야 한다(예제 14.16 참고).

2.0

```csharp
public class Thermostat
{
    public class TemperatureArgs: System.EventArgs
    {
        public TemperatureArgs( float newTemperature )
        {
            NewTemperature = newTemperature;
        }

        public float NewTemperature { get; set; }
    }

    public delegate void TemperatureChangeHandler(
        object sender, TemperatureArgs newTemperature);

    public event TemperatureChangeHandler?
        OnTemperatureChange;

    public float CurrentTemperature
    {
        ...
    }
    private float _CurrentTemperature;
}
```

TemperatureChangedHandler와 같은 사용자 지정 대리자를 사용하기보다 EventHandler<TEventArgs>를 사용하는 편이 일반적이긴 하지만 사용자 지정 대리자의 장점도 있다. 특히 사용자 지정 형식을 사용하면 매개변수 이름을 해당 이벤트에 알맞게 지을 수 있다. 예제 14.16에서 이벤트를 발생시키려고 대리자를 호출할 때 두 번째 매개변수의 이름은 그저 e가 아니라 newTemperature로 사용함으로써 의미를 명확하게 할 수 있다.

사용자 지정 대리자 형식을 사용해야 하는 또 다른 이유는 C# 2.0 이전에 정의된 CLR API에 대한 고려 때문이다. 즉, CLR API에서 발생하는 이벤트의 형식으로 제네릭이 아닌 특정 대리자 형식을 이용하는 경우를 간혹 접할 수 있다. 물론 C# 2.0 및 이후 버전의 환경에서는 이벤트에 군이 사용자 지정 대리자 데이터 형식을 이용할 필요는 거의 없다.

2.0

■ 고 급 주 제

이벤트의 내부

이벤트는 외부에 있는 클래스에서 += 연산자를 이용해서 구독자 메서드를 게시자에 추가하거나 -= 연산자를 이용해서 제거하는 것 이외의 작업은 할 수 없게 하고, 이벤트를 포함하고 있는 클래스에서만 이벤트를 호출할 수 있게 제약하고 있다. 이를 위해서 C# 컴파일러는 event 키워드 한정자와 함께 선언된 공용 대리자 변수를 찾고 대리자를 전용으로 선언한다. 컴파일러는 추가로 몇 개의 메서드와 특별한 이벤트 블록 2개를 추가한다. 이처럼 event 키워드는 C#이 적절한 캡슐화 로직을 생성하기 위한 지름길 역할을 한다고 볼 수 있다. 예제 14.17의 이벤트 선언을 살펴보자.

예제 14.17 OnTemperatureChange 이벤트 선언

```
public class Thermostat
{
    public event EventHandler<TemperatureArgs>? OnTemperatureChange
    ...
}
```

C# 컴파일러는 예제의 event 키워드를 발견하고 결과적으로 예제 14.18과 같은 C# 코드에 상응하는 CIL 코드를 생성한다.

예제 14.18 이벤트에 대해 컴파일러가 생성하는 CIL 코드의 C# 구현(개념)

```
public class Thermostat
{
    // ...
    // 구독자 목록을 저장하기 위한 대리자 필드 선언
    private EventHandler<TemperatureArgs> _OnTemperatureChange;
```

2.0

```
public void add_OnTemperatureChange(
    EventHandler<TemperatureArgs> handler)
{
    System.Delegate.Combine(_OnTemperatureChange, handler);
}

public void remove_OnTemperatureChange(
    EventHandler<TemperatureArgs> handler)
{
    System.Delegate.Remove(_OnTemperatureChange, handler);
}

public event EventHandler<TemperatureArgs> OnTemperatureChange
{
    add
    {
        add_OnTemperatureChange(value);
    }
    remove
    {
        remove_OnTemperatureChange(value);
    }
}
}
```

달리 말하자면 예제 14.17의 코드는 예제 14.18의 컴파일러 확장 형태를 개념적으로 간략하게 표현한 것이라 할 수 있다. ('개념적'이라는 제약을 둔 이유는 간단한 설명을 위해 스레드 동기화에 대해 고려하지 않고 있기 때문이다.)

C# 컴파일러는 먼저 원래의 이벤트 정의를 이용해서 전용 대리자 변수를 정의한다. 그 결과 외부 클래스에서 접근할 수 없으며 파생 클래스에서도 접근할 수 없다.

컴파일러는 다음으로 add_OnTemperatureChange()와 remove_OnTemperatureChange() 메서드를 선언한다. OnTemperatureChange 접미사는 원래의 이벤트 이름에서 가져온 것이다. 이 메서드들은 각기 +=과 -= 할당 연산자를 구현할 때 사용한다. 예제 14.18을 보면 이 메서드들을 구현하고자 앞에서 설명한 System.Delegate.Combine()과 System.Delegate.Remove() 메서드를 이용한다. 이들에게 전달하는 첫 번째 매개변수는 전용

EventHandler<TemperatureArgs>인 대리자 인스턴스인 OnTemperatureChange다.

event 키워드에서 시작한 이 코드의 가장 별난 부분은 마지막 부분일 것이다. 메서드 이름이 add와 remove라는 것을 제외하면 get과 set을 연상시킨다. add 블록은 += 연산자 역할을 담당하며 add_OnTemperatureChange()을 호출한다. 비슷한 방식으로 remove 블록 은 remove_OnTemperatureChange()를 호출함으로써 -= 연산자 역할을 한다.

이 코드와 속성에 대해 생성되는 코드 사이의 유사성을 알아두는 것이 중요하다. C# 의 속성에 대한 구현을 다시 떠올려 보면 get_<속성이름>, set_<속성이름>이며, get과 set 블 록에서 이들 메서드를 호출한다. 이벤트의 경우와 굉장히 비슷하다.

생성된 CIL 코드의 또 다른 중요한 특징은 CIL 내부에 event 키워드에 해당하는 키워 드가 별도로 존재한다는 것이다. 즉, CIL 코드는 이벤트를 단순히 특정한 C# 구조로 보 는 것이 아니라 명시적으로 인식한다. CIL 코드 수준에서 event 키워드를 지원함으로써 모든 언어와 편집기에서 이벤트를 특수한 클래스 멤버로 인식하고 별도의 기능을 제공 할 수 있다.

사용자 지정 이벤트 구현

컴파일러가 생성하는 += 및 -= 연산자에 대응하는 코드를 사용자 지정 방식으로 만들 수 있다. 예를 들어, OnTemperatureChange 대리자의 접근 제한을 private에서 protected 로 바꿀 수 있다. 물론 이렇게 하면 Thermostat을 상속받은 클래스는 대리자에 직접 접 근할 수 있다. 이와 같이 변경할 수 있도록 C#은 예제 14.18의 구문과 똑같은 속성을 허 용한다. 즉, C#은 사용자 지정 add, remove 블록을 허용함으로써 이벤트 캡슐화의 각 부 분을 구현할 수 있게 한다(예제 14.19 참고).

예제 14.19 사용자 지정 add, remove 처리기

```
public class Thermostat
{
    public class TemperatureArgs: System.EventArgs
    {
        ...
    }

    // 이벤트 게시자 정의
```

```
public event EventHandler<TemperatureArgs> OnTemperatureChange
{
    add
    {
        _OnTemperatureChange = (TemperatureChangeHandler)
            System.Delegate.Combine(value, _OnTemperatureChange);
    }
    remove
    {
        _OnTemperatureChange = (TemperatureChangeHandler?)
            System.Delegate.Remove(_OnTemperatureChange, value);
    }
}
protected EventHandler<TemperatureArgs>? _OnTemperatureChange;

public float CurrentTemperature
{
    ...
}
private float _CurrentTemperature;
}
```

예제의 경우는 개별 구독자를 저장하는 대리자인 _OnTemperatureChange를 protected
로 변경했으며, add 블록에서 대리자 저장 순서를 바꿔서 마지막으로 체인에 추가한 대
리자가 가장 먼저 알림을 수신하게 했다. 하지만 코드가 이 구현에 의존해서는 안 된다.

요약

이번에는 이벤트를 살펴봤다. 일반적으로 이벤트 범주 외에 대리자 변수를 이용하기 적
당한 작업은 메서드 참조가 유일하다. 즉, 이벤트에서 제공하는 추가적인 캡슐화와 필요
시 사용할 수 있는 사용자 지정 구현 기능을 고려하면 게시-구독 패턴에 대한 최선책은
이벤트다.

예제 코드 없이 이벤트를 자유롭게 구현하기까지는 다소 시간이 필요할 수 있지만,
이후의 장들에서 다룰 비동기 처리와 다중 스레드 코딩에 있어서 필수적인 요소이므로
잘 익혀 두자.

2.0 끝

15
컬렉션 인터페이스와 표준 질의 연산자

C# 3.0의 가장 큰 변화는 컬렉션 영역에 추가된 **언어 통합 질의**^{LINQ}다. 확장 메서드와 람다 식은 LINQ가 컬렉션을 다루는 최적의 API를 제공할 수 있는 원동력이었다. 사실 이 책의 이전 버전에서 컬렉션에 관한 장은 제네릭과 대리자에 관한 장 사이에 있었다. 하지만 람다 식이 LINQ의 기본으로 자리 잡고 있어 대리자(람다 식의 근간)를 다루지 않고 컬렉션을 논하는 것이 불가능해졌다. 14장에서 람다 식에 대해 충분히 이해했으므로 이제부터 3개의 장에 걸쳐 컬렉션에 대해 자세히 살펴볼 것이다. 시작 지점인 15장은 확장 메서드를 직접 호출함으로써 LINQ를 활용하는 방법인 **표준 질의 연산자**^{standard query operator}를 다룰 것이다.

15장에서는 먼저 컬렉션 이니셜라이저를 살펴보고 이어서 다양한 컬렉션 인터페이스와 그들이 어떻게 서로 연관돼 있는지 살펴볼 것이다. 컬렉션을 이해하는 데 기본이 되는 사항이므로 집중해서 본인의 것으로 만드는 노력이 필요한 대목이다. 컬렉션 인터페이스에 대한 부분에서는 C# 3.0에서 표준 질의 연산자 구현을 위해 추가된 IEnumerable<T> 확장 메서드에 대한 내용도 다룰 것이다.

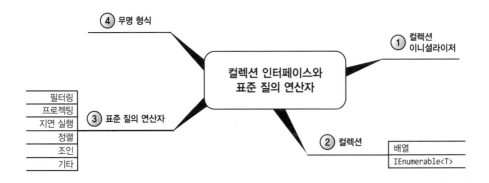

컬렉션과 관련한 클래스 및 인터페이스는 두 가지로 구분할 수 있는데 제네릭을 지원하느냐 그렇지 않느냐를 기준으로 나뉜다. 15장은 제네릭 컬렉션 인터페이스에 대해 중점적으로 다룰 예정이다. 비제네릭 컬렉션 클래스는 이전 버전의 런타임을 지원해야 하는 컴포넌트를 만들 때만 사용해야 한다. 왜냐하면 비제네릭 형태에서 가능했던 모든 것이 강력한 형식을 지원하는 제네릭 형태에서 가능하기 때문이다. 비록 개념은 이 두 가지 형태에 똑같이 적용되지만 책에서 비제네릭 형태에 대해 명시적으로 언급하지 않을 것이다.[1]

15장의 끝에서는 3장의 고급 주제에서 간략히 소개했던 무명 형식에 대해 자세히 다룰 것이다. 공교롭게도 C# 7.0의 튜플이 나타나면서 무명 형식이 설 자리를 잃게 되는데 이에 대해서도 함께 살펴보겠다.

컬렉션 이니셜라이저

컬렉션 이니셜라이저collection initializer를 이용하면 마치 배열처럼 컬렉션 인스턴스를 만드는 시점에 초기 요소 집합을 이용해서 초기화할 수 있다. 컬렉션 이니셜라이저를 이용하지 않는 경우 컬렉션 인스턴스를 먼저 만들고 System.Collections.Generic.ICollection<T>에서 제공하는 Add() 메서드를 이용하는 등의 방법으로 개별 요소를 명시적으로 추가해야 한다. 반면 컬렉션 이니셜라이저를 이용하면 개발자가 아닌 컴파일러가 생성한 코드

---

1   .NET Standards와 .NET Core에는 비제네릭 컬렉션이 없다.

에서 Add()를 호출한다. 예제 15.1은 컬렉션 이니셜라이저를 이용해서 컬렉션을 초기화하는 방법이다.

예제 15.1 컬렉션 초기화

```csharp
using System;
using System.Collections.Generic;

class Program
{
    static void Main()
    {
        List<string> sevenWorldBlunders;
        sevenWorldBlunders = new List<string>()
        {
            // 간디의 일곱 가지 사회악
            "Wealth without work",
            "Pleasure without conscience",
            "Knowledge without character",
            "Commerce without morality",
            "Science without humanity",
            "Worship without sacrifice",
            "Politics without principle"
        };

        Print(sevenWorldBlunders);
    }

    private static void Print<T>(IEnumerable<T> items)
    {
        foreach (T item in items)
        {
            Console.WriteLine(item);
        }
    }
}
```

문법을 보면 생성자 뒤에 중괄호가 따라오고 있는데 배열 초기화와 비슷할 뿐만 아니라 개체 이니셜라이저와도 비슷하다. 생성자에 전달하는 매개변수가 없다면 데이터 형식 다음의 괄호는 생략할 수 있다(개체 이니셜라이저와 함께 사용하는 경우).

컬렉션 이니셜라이저를 문제없이 컴파일하려면 지켜야 할 몇 가지 기본적인 요구 사항이 있는데 최선은 해당 컬렉션 형식이 System.Collections.Generic.ICollection<T>를 구현하는 것이다. 즉, 컴파일러가 만든 코드가 호출할 수 있는 Add() 메서드를 컬렉션이 포함하고 있다는 것을 의미한다. 한편, 이보다 조금 느슨한 형태의 제약을 따르는 방법도 있는데 ICollection<T> 구현 여부와 무관하게 IEnumerable을 구현하는 형식에서 확장 메서드(C# 6.0) 혹은 인스턴스 메서드 형태인 Add() 메서드를 포함하고 있으면 된다. 단, Add() 메서드는 컬렉션 이니셜라이저에서 사용하는 것과 호환성을 갖는 매개변수를 갖고 있어야 한다.

딕셔너리는 개별 요소가 키와 값을 요구하므로 컬렉션 이니셜라이저 구문이 약간 더 복잡하다(예제 15.2 참고).

예제 15.2 무명 형식 배열의 초기화

```csharp
using System;
using System.Collections.Generic;

#if !PRECSHARP6
    // C# 6.0 이후
    Dictionary<string, ConsoleColor> colorMap =
        new Dictionary<string, ConsoleColor>
        {
            ["Error"] = ConsoleColor.Red,
            ["Warning"] = ConsoleColor.Yellow,
            ["Information"] = ConsoleColor.Green,
            ["Verbose"] = ConsoleColor.White
        };
#else
    // C# 6.0 이전
    Dictionary<string, ConsoleColor> colorMap =
        new Dictionary<string, ConsoleColor>
        {
            { "Error", ConsoleColor.Red },
            { "Warning", ConsoleColor.Yellow },
            { "Information", ConsoleColor.Green },
            { "Verbose", ConsoleColor.White}
        };
#endif
```

예제에서는 두 가지 버전의 초기화 형태를 보여 준다. 첫 번째 블록은 C# 6.0 구문을 이용하며 할당 연산자로 이름(키)과 값 쌍을 명확하게 표현하고 있다. 두 번째 블록에서 사용하는 구문(C# 6.0 이상에서도 동작함)은 중괄호를 이용해 이름과 값을 관련 짓는다.

6.0 끝

이처럼 ICollection<T>를 구현하지 않는 컬렉션의 이니셜라이저를 허용하는 중요한 이유는 두 가지다. 첫 번째는 대다수의 컬렉션이 IEnumerable<T>를 구현하고 있지만 ICollection<T>를 구현하지 않고 있기 때문에 컬렉션 이니셜라이저의 활용도를 높이기 위해서다. 두 번째 이유는 컬렉션 이니셜라이저를 적용하고자 하는 요소에 따라 메서드 시그니처 호환성을 적절히 맞추는 방법으로 컬렉션에 담을 수 있는 요소의 다양성을 더욱 확대할 수 있다는 점이다. 예를 들어, 이니셜라이저에서 new DataStore(){a, {b, c}}를 지원고자 하는 경우 a를 처리할 수 있는 Add() 메서드와 b, c를 지원하는 Add() 메서드를 모두 제공하면 된다.

클래스를 컬렉션으로 만들어 주는 IEnumerable

.NET은 컬렉션을 기본적으로 IEnumerable을 구현하는 클래스로 정의한다. 이 인터페이스가 핵심인 이유는 IEnumerable 구현이 컬렉션에 대해 반복을 사용하기 위한 최소 요구사항이기 때문이다.

4장에서 foreach 문으로 반복을 이용해 배열 요소에 접근하는 방법을 살펴봤는데 이렇게 하면 요소의 개수를 몰라도 되며 문법도 간단하다. 하지만 런타임이 foreach 문을 직접 지원하는 것은 아니다. 대신 C# 컴파일러는 코드를 변환하는데 이번 절에서는 이것에 관해 자세히 살펴보도록 하겠다.

foreach 문과 배열

예제 15.3은 간단한 foreach 순환을 이용해 정수 배열을 반복하고 콘솔에서 개별 요소 값을 출력한다.

```
int[] array = new int[]{1, 2, 3, 4, 5, 6};

foreach (int item in array)
{
    Console.WriteLine(item);
}
```

C# 컴파일러는 이 코드를 예제 15.4와 같이 CIL 수준에서 for 순환문으로 변환한다.

예제 15.4 배열에 적용한 foreach를 컴파일한 모습

```
int[] tempArray;
int[] array = new int[]{1, 2, 3, 4, 5, 6};

tempArray = array;
for (int counter = 0; (counter < tempArray.Length); counter++)
{
    int item = tempArray[counter];
    Console.WriteLine(item);
}
```

예제에서 foreach 문이 결국 Length 속성과 인덱스 연산자([])에 의존한다는 것을 알 수 있으며, C# 컴파일러는 Length 속성과 for 문으로 배열의 모든 요소에 접근할 수 있다.

foreach 문과 IEnumerable〈T〉

길이가 고정적이고 인덱스 연산자를 항상 사용할 수 있다면 예제 15.7과 같은 코드는 잘 동작한다. 하지만 컬렉션의 요소 개수가 늘 고정적이지는 않다. 더욱이 Stack<T>, Queue<T>, Dictionary<TKey, TValue>를 포함한 많은 컬렉션 클래스에서 인덱스로 요소에 접근할 수 없다. 이를 해결하려면 컬렉션 요소를 반복하기 위한 보다 일반적인 방법이 필요한데 여기에 잘 어울리는 것이 바로 반복기 패턴이다. 첫 번째 요소, 다음 요소를 알 수 있다면 더 이상 요소 개수를 알아내거나 인덱스로 값에 접근할 필요가 없다.

예제 15.4의 길이-인덱스 패턴과 달리 System.Collections.Generic.IEnumerator<T>와 비제네릭 버전인 System.Collections.IEnumerator 인터페이스는 반복기 패턴을 이용

해서 컬렉션 요소를 반복하고자 설계됐다. 그림 15.1은 이들의 관계를 나타낸 클래스 다이어그램이다.

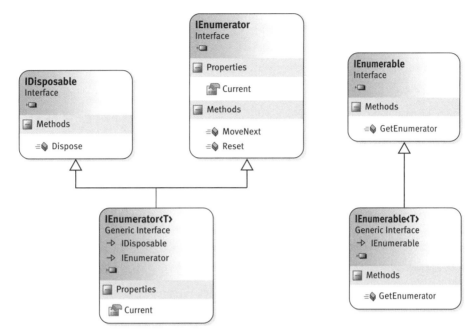

그림 15.1 IEnumerator〈T〉, IEnumerator 인터페이스 클래스 다이어그램

IEnumerator<T>가 상속하고 있는 IEnumerator는 3개의 멤버를 갖고 있다. 첫 번째는 bool MoveNext()로 이 메서드를 이용하면 컬렉션의 모든 요소를 열거했는지 확인하면서 다음 요소로 이동할 수 있다. 두 번째 멤버는 읽기 전용 속성인 Current로 현재 요소를 반환한다. IEnumerator<T>는 지정한 형식에 따른 구현을 제공하고자 Current를 재정의한다. 컬렉션에서 이 두 멤버만 이용하면 쉽게 while 문으로 컬렉션을 반복할 수 있으며 예제 15.5는 그 예다(보통 Reset( ) 메서드는 NotImplementedException이 발생하므로 절대 호출해서는 안 된다. 다시 열거해야 한다면 열거자를 다시 만들자).

예제 15.5 while 문을 통한 컬렉션 반복

```
System.Collections.Generic.Stack<int> stack =
    new System.Collections.Generic.Stack<int>();
int number;
// ...
```

```
// 개념 설명을 위한 코드
while (stack.MoveNext())
{
    number = stack.Current;
    Console.WriteLine(number);
}
```

예제 15.5에서 컬렉션의 끝에 도달하면 MoveNext()가 false를 반환하므로 순환문에
서 요소의 개수를 알 필요가 없다.

예제 15.5는 System.Collections.Generic.Stack<T>를 컬렉션 형식으로 사용하는데 이
외에도 많은 컬렉션 형식이 있다. Stack<T>의 가장 큰 특징은 마지막에 추가한 요소가
가장 먼저 나오는 컬렉션 설계다(LIFO). 여기서 형식 매개변수 T가 컬렉션 내 모든 요소
의 형식을 식별할 수 있게 한다는 점에 주목해야 한다. 하나의 컬렉션 내에는 특정한 형
식의 개체를 저장한다는 사실은 제네릭 컬렉션의 핵심적인 특징 중 하나로 프로그래머
는 컬렉션에 요소를 추가하거나 제거, 혹은 액세스할 때 반드시 컬렉션 내의 데이터 형
식을 이해하고 사용해야 한다.

앞서 살펴본 예제는 C# 컴파일러가 만들어 내는 결과물의 요점을 간단히 보여 주는
데 사실 컴파일러는 이런 방식으로 컴파일하지 않는다. 왜냐하면 구현에 있어서 중요한
두 가지인 인터리빙^{interleaving}과 에러 처리를 생략하고 있기 때문이다.

상태의 공유

예제 15.5와 같은 구현의 문제점은 예제와 유사한 순환문이 서로 겹친다면, 즉 foreach
문을 중첩하고 모두 같은 컬렉션을 이용한다면 컬렉션에서는 반드시 현재 요소에 대한
상태를 관리하고 MoveNext()를 호출했을 때 적합한 요소를 결정할 수 있어야 한다는 점
이다. 문제는 하나의 순환문이 다른 순환문에 영향을 줄 수 있다는 것이다(다중 스레드
환경에서 실행되는 순환문의 경우도 같은 상황이 벌어진다).

이 문제를 해결하려고 컬렉션 클래스들은 IEnumerator<T>와 IEnumerator 인터페이
스를 직접적으로 지원하지 않는다. 그림 15.1에서 보는 것처럼 두 번째 인터페이스인
IEnumerable<T>가 존재하며 이 인터페이스는 GetEnumerator() 메서드만 갖고 있다. 이 메

서드의 목적은 IEnumerator<T>를 지원하는 개체를 반환하는 것이다. 컬렉션 클래스가 상태를 관리하는 대신 컬렉션 내부에 접근할 수 있는 중첩 클래스 형태의 별도 클래스를 이용해서 IEnumerator<T> 인터페이스를 지원하고 반복 순환 내에서 상태를 유지하는 것이 보통이다. 열거자는 마치 '커서'나 '책갈피' 같은 존재다. 여러 개의 책갈피를 가질 수 있고 서로 다른 책갈피에 영향을 주지 않으면서 개별적으로 이동할 수 있다. 이 패턴으로 foreach 순환을 C#으로 만들어 보면 예제 15.6과 비슷할 것이다.

예제 15.6 반복하는 동안 상태를 유지하는 별도의 열거자

```
System.Collections.Generic.Stack<int> stack =
    new System.Collections.Generic.Stack<int>();
int number;
System.Collections.Generic.Stack<int>.Enumerator enumerator;

// ...

// IEnumerable<T>가 명시적으로 구현됐다면
// 형 변환이 필요하다.
// ((IEnumerable<int>)stack).GetEnumerator();
enumerator = stack.GetEnumerator();
while (enumerator.MoveNext())
{
    number = enumerator.Current;
    Console.WriteLine(number);
}
```

■ 고 급 주 제

반복 후 정리

IEnumerator<T> 인터페이스를 구현하는 클래스는 상태를 유지하므로 때로는 순환이 끝난 다음 정리가 필요하다(반복 작업이 다 끝났거나 예외가 발생한 경우이기 때문이다). 정리를 위해서 IEnumerator<T> 인터페이스는 IDisposable을 상속하고 있다. IEnumerator를 구현하는 열거자는 IDisposable을 구현할 필요가 없지만 구현한다면 역시 Dispose()가 호출될 것이다. 즉, foreach 순환문을 탈출하면 Dispose()가 호출될 수 있다는 뜻이며 예제 15.7은 이것을 C#을 이용해서 최종 CIL 코드로 만들어 본 것이다.

```
System.Collections.Generic.Stack<int> stack =
    new System.Collections.Generic.Stack<int>();
System.Collections.Generic.Stack<int>.Enumerator enumerator;
IDisposable disposable;

enumerator = stack.GetEnumerator();
try
{
    int number;
    while (enumerator.MoveNext())
    {
        number = enumerator.Current;
        Console.WriteLine(number);
    }
}
finally
{
    // IEnumerator<T>를 위한 명시적 형 변환
    disposable = (IDisposable) enumerator;
    disposable.Dispose();

    // 컴파일 타임에 IDisposable 지원 여부가 확인되지 않으면
    // IEnumerator는 as 연산자를 사용할 것이다.
    // disposable = (enumerator as IDisposable);
    // if (disposable != null)
    // {
    //    disposable.Dispose();
    // }
}
```

보다시피 IEnumerator<T>는 IDisposable 인터페이스를 지원하므로 예제 15.7의 코드에 using 문을 적용해 예제 15.8처럼 간단하게 바꿀 수 있다.

예제 15.8 using을 이용한 에러 처리 및 자원 해제

```
System.Collections.Generic.Stack<int> stack =
    new System.Collections.Generic.Stack<int>();
int number;
```

750

```
using(
    System.Collections.Generic.Stack<int>.Enumerator
        enumerator = stack.GetEnumerator())
{
    while (enumerator.MoveNext())
    {
        number = enumerator.Current;
        Console.WriteLine(number);
    }
}
```

하지만 CIL이 using 키워드를 직접적으로 지원하지 않다는 것을 기억한다면 실제로 foreach CIL 코드에 더 가까운 C# 표현은 예제 15.7이라는 것을 알 수 있다.

■ 고 급 주 제

IEnumerable이 없는 foreach

사실 C#에서 foreach로 데이터 형식을 반복하는 데 반드시 IEnumerable/IEnumerable<T>를 구현해야 하는 것은 아니다. 컴파일러는 **덕 타이핑**duck typing이라는 개념을 이용해 GetEnumerator() 메서드를 찾고 이 메서드가 Current 속성과 MoveNext() 메서드를 지원하는 형식을 반환하는지 확인한다. 여기서 말하는 덕 타이핑은 인터페이스나 명시적인 메서드 호출에 의존하지 않고 이름을 찾아보는 방법을 의미한다('덕 타이핑'이라는 이름은 어떤 개체를 오리라고 판단하는 데 굳이 개체가 IDuck 인터페이스를 구현할 필요는 없으며 단지 Quack()이라는 메서드를 구현하고 있으면 된다는 다소 엉뚱한 생각에서 붙여졌다).[2] 덕 타이핑으로 열거자 패턴에 적합한 구현 요건을 갖췄는지 확인하지 못하면 컴파일러는 그제야 컬렉션이 인터페이스를 구현하고 있는지 확인한다.

foreach 반복 내의 컬렉션 변경 금지

4장에서 컴파일러가 foreach 변수(number)에 대한 할당을 제한하고 있다는 것을 살펴봤다. 예제 15.7에서 알 수 있듯이 number에 대한 할당은 컬렉션 요소 자체에 대한 변경으

---

2 오리 울음소리(quack)를 내면 오리로 판단한다는 것을 의미한다. – 옮긴이

로 이어지지 않으며 결과적으로 C# 컴파일러는 컬렉션 요소의 변경을 방지할 수 있다.

또, 요소 개수나 요소 자체를 foreach 순환문 실행 중에 변경할 수 없다. 예를 들어, foreach 순환문 내에서 stack.Push(42)를 호출한다면 반복기가 stack에 발생한 변경을 받아들여 새로 추가된 요소를 포함한 반복을 수행해야 하는지, 혹은 이 명령을 무시하고 반복기를 초기화한 시점의 기준에 따라야 하는지 모호해진다.

이와 같은 모호성으로 인해 foreach 순환문 내에서 컬렉션에 변경이 발생하면 열거자에 접근하려 할 때 일반적으로 System.InvalidOperationException 형식의 예외를 이용해 열거자의 인스턴스화 시점 이후에 컬렉션에 변경이 발생했음을 알린다.

표준 질의 연산자

3.0 시작

IEnumerable<T>를 구현하는 형식은 System.Object에서 제공하는 메서드에 더해 GetEnumerator() 메서드 하나만 더 구현하면 된다. 그런데 IEnumerable<T>를 구현하는 형식에서 GetEnumerator() 메서드 외에 어떤 메서드도 명시적으로 구현하지 않고, 또 오버로딩도 하지 않은 상태에서도 이미 50개 이상의 메서드를 지원한다. 이 추가 기능들은 C# 3.0의 확장 메서드를 통해서 제공되며 모두 System.Linq.Enumerable에 있다. 그러므로 using 지시자로 System.Linq만 포함하면 이들 메서드를 이용할 수 있다.

IEnumerable<T>의 각 메서드를 **표준 질의 연산자**standard query operator라고 하며 컬렉션에 대한 질의 기능을 제공한다. 이어지는 몇 개의 절에 걸쳐 주요 표준 질의 연산자를 살펴볼 텐데 많은 예제에서 예제 15.9에서 정의하는 Inventor와 Patent 클래스를 이용할 것이다.

예제 15.9 표준 질의 연산자 사례를 위한 예제 클래스

```
using System;
using System.Collections.Generic;
using System.Linq;

public class Patent
{
    // 특허 출원 제목
    public string Title { get; }
```

```csharp
        // 공식적인 특허 출원 일자
        public string YearOfPublication { get; }

        // 특허 출원 번호
        public string? ApplicationNumber { get; set; }

        public long[] InventorIds { get; }

    public Patent(
        string title, string yearOfPublication, long[] inventorIds)
    {
        Title = title ?? throw new ArgumentNullException(nameof(title));
        YearOfPublication = yearOfPublication ??
            throw new ArgumentNullException(nameof(yearOfPublication));
        InventorIds = inventorIds ??
            throw new ArgumentNullException(nameof(inventorIds));
    }

        public override string ToString()
        {
            return $"{ Title } ({ YearOfPublication })";
        }
    }

public class Inventor
{
    public long Id { get; }
    public string Name { get; }
    public string City { get; }
    public string State { get; }
    public string Country { get; }

public Inventor(
    string name, string city, string state, string country, int id)
{
    Name = name ?? throw new ArgumentNullException(nameof(name));
    City = city ?? throw new ArgumentNullException(nameof(city));
    State = state ?? throw new ArgumentNullException(nameof(state));
    Country = country ?? throw new ArgumentNullException(nameof(country));
    Id = id;
}
```

3.0

```csharp
        public override string ToString()
        {
            return $"{ Name } ({ City }, { State })";
        }
    }

    class Program
    {
        static void Main()
        {
            IEnumerable<Patent> patents = PatentData.Patents;
            Print(patents);

            Console.WriteLine();

            IEnumerable<Inventor> inventors = PatentData.Inventors;
            Print(inventors);
        }

        private static void Print<T>(IEnumerable<T> items)
        {
            foreach (T item in items)
            {
                Console.WriteLine(item);
            }
        }
    }

    public static class PatentData
    {
        public static readonly Inventor[] Inventors = new Inventor[]
            {
                new Inventor(
                    "Benjamin Franklin", "Philadelphia",
                    "PA", "USA", 1),
                new Inventor(
                    "Orville Wright", "Kitty Hawk",
                    "NC", "USA", 2),
                new Inventor(
                    "Wilbur Wright", "Kitty Hawk",
                    "NC", "USA", 3),
                new Inventor(
```

```
            "Samuel Morse", "New York",
            "NY", "USA", 4),
        new Inventor(
            "George Stephenson", "Wylam",
            "Northumberland", "UK", 5),
        new Inventor(
            "John Michaelis", "Chicago",
            "IL", "USA", 6),
        new Inventor(
            "Mary Phelps Jacob", "New York",
            "NY", "USA", 7)
    };

    public static readonly Patent[] Patents = new Patent[]
    {
        new Patent("Bifocals","1784",
            inventorIds: new long[] { 1 }),
        new Patent("Phonograph", "1877",
            inventorIds: new long[] { 1 }),
        new Patent("Kinetoscope", "1888",
            inventorIds: new long[] { 1 }),
        new Patent("Electrical Telegraph", "1837",
            inventorIds: new long[] { 4 }),
        new Patent("Flying Machine", "1903",
            inventorIds: new long[] { 2, 3 }),
        new Patent("Steam Locomotive", "1815",
            inventorIds: new long[] { 5 }),
        new Patent("Droplet Deposition Apparatus", "1989",
            inventorIds: new long[] { 6 }),
        new Patent("Backless Brassiere", "1914",
            inventorIds: new long[] { 7 })
    };
}
```

예제 15.9는 샘플 데이터를 포함하며 실행 결과는 다음과 같다.

결과 15.1

```
Bifocals (1784)
Phonograph (1877)
Kinetoscope (1888)
Electrical Telegraph (1837)
```

```
Flying Machine (1903)
Steam Locomotive (1815)
Droplet Deposition Apparatus (1989)
Backless Brassiere (1914)

Benjamin Franklin (Philadelphia, PA)
Orville Wright (Kitty Hawk, NC)
Wilbur Wright (Kitty Hawk, NC)
Samuel Morse (New York, NY)
George Stephenson (Wylam, Northumberland)
John Michaelis (Chicago, IL)
Mary Phelps Jacob (New York, NY)
```

Where()를 이용한 필터링

컬렉션에서 일부 데이터를 필터링하려면 특정 요소를 포함하는지 여부를 true나 false 로 반환하는 필터 메서드가 필요하다. 1개의 인수를 가지며 부울 값을 반환하는 대리사 식을 **조건자**^{predicate}라고 하는데, 컬렉션의 Where() 메서드는 예제 15.10과 같이 필터링 조 건에 맞는지 판단하는 데 조건자를 이용한다(기술적으로 Where( ) 메서드의 결과는 주어진 조 건과 순서에 따른 필터링 작업을 캡슐화하는 개체^{object}다). 출력은 결과 15.2를 참고한다.

예제 15.10 System.Linq.Enumerable.Where()를 이용한 필터링

```
using System;
using System.Collections.Generic;
using System.Linq;

class Program
{
    static void Main()
    {
        IEnumerable<Patent> patents = PatentData.Patents;
        patents = patents.Where(
            patent => patent.YearOfPublication.StartsWith("18"));
        Print(patents);
    }
    // ...
}
```

3.0

```
Phonograph (1877)
Kinetoscope (1888)
Electrical Telegraph (1837)
Steam Locomotive (1815)
```

코드에서 Where() 호출 결과를 IEnumerable<T>에 할당한다는 것을 알 수 있다. 즉, IEnumerable<T>.Where()의 결과는 새로운 IEnumerable<T> 컬렉션이며, 예제 15.10에서는 IEnumerable<Patent>다.

Where() 식 인수가 할당 시점에 실행될 필요가 없다는 점은 조금 불분명한 부분인데 이것은 다른 많은 표준 질의 연산자도 마찬가지다. 예를 들어, Where()에 인수로 전달한 식은 컬렉션에 전달되고 '저장'되지만 실행되지는 않는다. 대신, 이 식은 컬렉션 내의 항목들에 대한 반복이 필요한 때 실행된다. 예제 15.9의 Print()에 포함된 foreach 순환문이 식의 실행을 촉발하는 역할을 하며, 이때 컬렉션 내의 각 항목에 대한 평가가 이뤄진다. 적어도 개념적으로 Where() 메서드를 컬렉션에 적용하려는 질의를 지정하는 수단으로 이해해야 하며, 반복을 이용해 일반적으로 더 적은 수의 항목으로 이뤄진 새 컬렉션을 만들기 위한 실제 작업이 아니라는 것을 명심해야 한다.

Select()를 이용한 프로젝션

앞서 알아본 것처럼 IEnumerable<T>.Where() 메서드는 IEnumerable<T> 컬렉션을 반환하므로 다시 표준 질의 연산자를 호출할 수 있다. 예를 들어, 원천 컬렉션에서 필터링한 데이터를 변형하는 것도 가능하다(예제 15.11).

예제 15.11 System.Linq.Enumerable.Select()를 이용한 프로젝팅

```
using System;
using System.Collections.Generic;
using System.Linq;

class Program
{
    static void Main()
    {
```

3.0

```
        IEnumerable<Patent> patents = PatentData.Patents;
        IEnumerable<Patent> patentsOf1800 = patents.Where(
            patent => patent.YearOfPublication.StartsWith("18"));
        IEnumerable<string> items = patentsOf1800.Select(
            patent => patent.ToString());

        Print(items);
    }
    // ...
}
```

예제 15.11에서는 IEnumerable<string> 컬렉션을 만든다. 이 경우 Select() 호출을 추가해도 출력 결과에는 아무런 차이가 없는데, 왜냐하면 Print()의 Console.WriteLine() 호출이 ToString()을 사용하기 때문이다. 그래도 분명한 것은 원천 컬렉션의 Patent 형식에서 items 컬렉션의 string 형식으로 변형이 이뤄진다는 것이다.

예제 15.12는 System.IO.FileInfo를 다루는 예다.

예제 15.12 System.Linq.Enumerable.Select()를 이용한 프로젝팅과 new

```
// ...
IEnumerable<string> fileList = Directory.GetFiles(
    rootDirectory, searchPattern);
IEnumerable<FileInfo> files = fileList.Select(
    file => new FileInfo(file));
// ...
```

fileList는 IEnumerable<string> 형식이다. 하지만 Select 이용하면 예제와 같이 이 컬렉션의 개별 항목을 System.IO.FileInfo 개체로 변형할 수 있다.

마지막으로 튜플을 이용하면 다음과 같이 튜플 형식인 T를 매개로 하는 IEnumerable<T> 컬렉션을 만들 수 있다(예제 15.13과 결과 15.3 참고).

예제 15.13 튜플 형식으로 프로젝션하기

```
// ...
IEnumerable<string> fileList = Directory.EnumerateFiles(
    rootDirectory, searchPattern);
IEnumerable<(string FileName, long Size)> items = fileList.Select(
```

3.0

```
    file =>
    {
        FileInfo fileInfo = new FileInfo(file);
        return (
            FileName: fileInfo.Name,
            Size: fileInfo.Length
        );
    });
// ...
```

결과 15.3

```
FileName = AssemblyInfo.cs, Size = 1704
FileName = CodeAnalysisRules.xml, Size = 735
FileName = CustomDictionary.xml, Size = 199
FileName = EssentialCSharp.sln, Size = 40415
FileName = EssentialCSharp.suo, Size = 454656
FileName = EssentialCSharp.vsmdi, Size = 499
FileName = EssentialCSharp.vssscc, Size = 256
FileName = intelliTechture.ConsoleTester.dll, Size = 24576
FileName = intelliTechture.ConsoleTester.pdb, Size = 30208
```

튜플 형식을 출력하면 튜플 형식에 대한 ToString() 메서드에서 자동으로 속성 이름과 값을 보여 준다.

Select() 메서드를 이용한 프로젝션은 굉장히 강력한 도구다. 앞서 Where() 표준 질의 연산자를 이용해서 컬렉션에 대해 수직 방향 필터링을 살펴보고(컬렉션 항목의 수를 줄여 가는 방법) 이어서 Select() 표준 질의 연산자로 컬렉션을 수평적으로 줄여 나가거나(칼럼을 줄이는 방법) 데이터 전체를 변형하는 방법도 알아봤다. Where()와 Select()를 적절히 조합하면 원본 컬렉션으로부터 현재 처리 중인 알고리듬에서 꼭 필요한 데이터 조각들만 추출할 수 있다. 이 두 가지 메서드만으로 강력한 컬렉션 조작 API를 구성할 수 있으며, 이들을 이용하지 않는다면 읽기도 어려운 엄청난 양의 코드를 작성해야 할 것이다.

3.0

■ 고 급 주 제

LINQ 질의 병렬 실행

다중 프로세서와 다중 코어 프로세서를 탑재한 컴퓨터가 늘어나면서 풍족한 처리 능력을 손쉽게 이용할 수 있게 해주는 기능의 중요성이 대두되고 있다. 이것을 가능하게 하려면 프로그램이 다중 스레드를 지원하게 수정해서 컴퓨터에 설치돼 있는 서로 다른 CPU에서 동시에 작업이 이뤄질 수 있게 해야 한다. 예제 15.14는 병렬 LINQ[PLINQ, Parallel LINQ]를 이용한 방법을 보여 준다.

예제 15.14 LINQ 질의의 병렬 실행

```
// ...
IEnumerable<string> fileList = Directory.EnumerateFiles(
    rootDirectory, searchPattern);
var items = fileList.AsParallel().Select(
    file =>
    {
        FileInfo fileInfo = new FileInfo(file);
        return new
        {
            FileName = fileInfo.Name,
            Size = fileInfo.Length
        };
    });
// ...
```

예제 15.14에서 보다시피 병렬 지원을 이용하기 위한 코드 변경은 크지 않다. 정적 클래스인 System.Linq.ParallelEnumerable에서 제공하는 표준 질의 연산자인 AsParallel()을 사용하기만 하면 된다(.NET 프레임워크 4에서 추가). 하지만 이 간단한 확장 메서드를 사용함으로 인해 런타임은 fileList 컬렉션이 포함하는 항목에 대한 처리와 결과 개체의 반환을 병렬로 수행한다. 예제의 경우 각각의 병렬 작업이 단순한 편이지만, 암호화라든가 압축과 같은 CPU 의존적인 작업을 고려한다면 의미가 커진다. 다중 CPU 시스템에서 병렬로 질의를 실행하면 CPU 코어 수에 비례해 실행 시간을 줄일 수 있다.

AsParallel()을 고급 주제에서 다루는 이유이자 반드시 알고 있어야 할 중요한 사항은 병렬 실행이 경합 상태^race condition를 유발해 데이터 손실을 일으킬 수 있다는 점이다. 이와 같은 경합 상태를 피하려면 동기화 메커니즘을 이용해서 다중 스레드가 공유하는 데이터를 보호하고 스레드별 작업의 원자성을 확보해야 한다. 하지만 동기화로 인해 또 다른 문제인 교착 상태^deadlock로 실행이 멈출 수 있으며, 결국 이 모든 것을 고려하면 효과적인 병렬 프로그래밍에 따르는 복잡성의 증가는 어느 정도 인정할 수밖에 없다.

19장부터 22장에 걸쳐 이와 관련한 세부 사항과 다중 스레딩에 대한 다양한 주제를 다룰 예정이다.

Count()를 이용한 요소 개수 세기

포함하는 항목 개수를 구하는 것도 컬렉션에 대해 자주 사용하는 질의다. 이를 위해 LINQ는 Count() 확장 메서드를 제공한다.

예제 15.15는 Count()의 오버로드된 형태를 이용해 간단히 전체 요소의 개수를 세거나(매개변수가 없는 형태) 조건자를 이용해 조건식을 만족하는 요소 개수를 확인하고 있다.

예제 15.15 Count()를 이용한 항목 개수 확인

```
using System;
using System.Collections.Generic;
using System.Linq;

class Program
{
    static void Main()
    {
        IEnumerable<Patent> patents = PatentData.Patents;
        Console.WriteLine($"Patent Count: { patents.Count() }");
        Console.WriteLine($@"Patent Count in 1800s: {
            patents.Count(patent =>
                patent.YearOfPublication.StartsWith("18"))
        }");
    }

    // ...
}
```

Count()의 사용법은 쉬워 보이지만 이면의 IEnumerable<T>는 변함없이 그대로이며 실행되는 코드는 여전히 컬렉션의 모든 항목에 걸쳐 반복을 수행한다. 그러므로 컬렉션이 직접적으로 Count 속성을 제공하면 LINQ의 Count() 메서드보다 속성을 사용하는 편이 낫다. 다행인 것은 ICollection<T>가 Count 속성을 포함하며 ICollection<T>를 지원하는 컬렉션에 대해서 Count() 메서드를 호출하면 캐스팅 후 Count를 직접 호출할 것이다. 하지만 ICollection<T>를 지원하지 않는다면 Enumerable.Count()에서 컬렉션의 전체 항목을 열거한다. 항목 개수를 세는 목적이 단지 0개 이상의 항목을 포함하고 있는지 (if(patents.Count() > 0){...})를 확인하기 위한 것이라면 Any() 연산자를 사용하는 것이 바람직하다(if(patents.Any()){...}). Any()는 컬렉션에서 단 한 개의 항목에 대해서만 반복을 시도하고 성공하면 true를 반환하기 때문에 전체 항목을 열거하지 않는다.

가이드라인

- 컬렉션 항목이 1개 이상 존재하는지를 확인할 때는 patents.Count()를 호출하지 말고 System.Linq.Enumerable.Any()를 이용한다.
- 가능하면 System.Linq.Enumerable.Count() 메서드 대신 컬렉션의 Count 속성을 사용하자.

지연된 실행

지연된 실행^{deferred execution}은 LINQ를 사용할 때 반드시 기억해야 할 중요한 개념이다. 예제 15.16과 예제를 실행한 결과 15.4를 살펴보자.

3.0 **예제 15.16** System.Linq.Enumerable.Where()를 이용한 필터링

```
using System;
using System.Collections.Generic;
using System.Linq;

// ...

    IEnumerable<Patent> patents = PatentData.Patents;
    bool result;
```

```
patents = patents.Where(
    patent =>
    {
        if (result = patent.YearOfPublication.StartsWith("18"))
        {
            // 여기서 살펴볼 부작용은 단지 원리를
            // 보여 주려고 사용한 것이며 일반적으로
            // 이런 방식의 코드는 피해야 한다.
            Console.WriteLine("\t" + patent);
        }
        return result;
    });

Console.WriteLine("1. Patents prior to the 1900s are:");
foreach (Patent patent in patents)
{
}

Console.WriteLine();
Console.WriteLine(
    "2. A second listing of patents prior to the 1900s:");
Console.WriteLine(
    $@" There are { patents.Count()
        } patents prior to 1900.");

Console.WriteLine();
Console.WriteLine(
    "3. A third listing of patents prior to the 1900s:");
patents = patents.ToArray();
Console.Write(" There are ");
Console.WriteLine(
    $"{ patents.Count() } patents prior to 1900.");

// ...
```

결과 15.4

```
1. Patents prior to the 1900s are:
        Phonograph (1877)
        Kinetoscope (1888)
        Electrical Telegraph (1837)
```

```
        Steam Locomotive (1815)

2. A second listing of patents prior to the 1900s:
        Phonograph (1877)
        Kinetoscope (1888)
        Electrical Telegraph (1837)
        Steam Locomotive (1815)
   There are 4 patents prior to 1900.

3. A third listing of patents prior to the 1900s:
        Phonograph (1877)
        Kinetoscope (1888)
        Electrical Telegraph (1837)
        Steam Locomotive (1815)
   There are 4 patents prior to 1900.
```

람다 식에 앞서 Console.WriteLine("1. Patents prior...)가 수행됐다는 점에 주목하자. 이것이 왜 중요한지를 제대로 이해하고 있어야 한다. 일반적으로 조건자는 조건 검사 외의 어떠한 부가적인 작업도 해서는 안 된다(예제와 같은 콘솔 출력 역시 금물이다).

무슨 말인지 이해하려면 람다 식이 메서드 참조를 전달하는 대리자라는 것을 기억해야 한다. LINQ와 표준 질의 연산자 컨텍스트 내에서 각 람다 식은 실행할 전체 질의의 일부를 형성한다.

람다 식은 선언 시점에 실행되지 않으며 람다 식이 호출돼 식 안에 포함된 코드가 실행되기 전에는 실행되지 않는다. 그림 15.2는 그 과정을 보여 준다.

그림 15.2를 보면 예제 15.14에서 발생하는 세 번의 호출이 람다 식을 실행하며 매번 상당히 암시적으로 이뤄진다. 람다 식이 데이터베이스 호출과 같은 무거운 작업을 수행한다면 람다 식의 실행을 최소화하는 것이 중요하다.

첫 번째 실행은 foreach 반복문에서 이뤄진다. 15장의 앞부분에서 살펴본 것처럼 foreach 반복은 MoveNext()를 호출하며 호출이 발생할 때마다 원본 컬렉션의 개별 항목에 대해 람다 식이 실행된다. 반복 과정에서 런타임은 각 항목이 조건자를 만족하는지 결정하기 위해 람다 식을 호출한다.

두 번째는 Enumerable의 Count() 함수를 호출함에 따라 개별 항목에 대해 람다 식이

다시 실행된다. 다시 말하지만 이 부분은 일반적으로 컬렉션의 Count(속성)를 많이 사용한다는 사실에 비추어 다소 애매한 점이 있다.

세 번째는 ToArray()(또는 ToList( ), ToDictionary( ), ToLookup( ))를 호출하는 시점에 람다 식이 항목에 대해 실행된다. 이들 'To'로 시작하는 메서드를 이용해 컬렉션을 변환하는 것은 꽤 도움이 된다. 이 메서드들이 반환하는 컬렉션은 표준 질의 연산자가 실행된 결과물이다. 예제 15.14의 마지막 Console.WriteLine()에서 Count()를 호출할 때 patents가 가리키는 개체는 실제로 배열(물론 IEnumerable<T>를 구현함)이며, 따라서 System.Array에서 구현하고 있는 Length가 호출되며 System.Linq.Enumerable의 구현을 실행하지 않는다. 결과적으로 'To' 메서드가 반환하는 컬렉션은 일반적으로 (다른 표준 질의 연산자가 호출되기 전에는) 컬렉션에 대한 안전한 작업이 가능하다. 그러나 이 과정에서 전체 결과물이 메모리에 적재될 것이라는 점을 인지해야 한다(대부분 이 과정 전에는 파일이나 데이터베이스에 적재돼 있다). 또한 'To' 메서드는 원본 데이터의 복사본을 이용하므로 'To' 메서드 결과에 대해서 다시 질의를 한다고 해서 갱신된 최신 결과를 얻을 수는 없다.

그림 15.2의 시퀀스 다이어그램을 예제 코드와 비교하며 살펴보고 표준 질의 연산자의 지연 실행 메커니즘이 표준 질의 연산자의 호출 시점에 대해 상당히 미묘한 영향을 미칠 수 있다는 사실을 반드시 이해하기 바란다. 충분한 이해 없이 부주의하게 사용하다가는 엉뚱한 호출로 인해 낭패를 볼 수 있다. 질의 개체는 결과가 아닌 질의를 대변한다. 여러분이 질의의 결과를 요구하면 전체 질의가 실행된다. 질의 개체는 질의 결과가 이전 실행(존재한다면) 결과와 같을지에 대해 판단할 수 없기 때문에 재실행하는 경우에도 전체 질의가 실행된다.

3.0

> **▪ 노트**
>
> 이와 같은 반복적인 실행을 피하려면 기존에 실행한 질의에 의해 추출된 결과 데이터를 캐시(cache)해야 한다. 이를 위해 'To' 메서드를 이용해서 추출된 데이터를 지역 컬렉션에 할당하는 방법을 쓸 수 있다. 'To' 메서드를 이용한 할당 시점에는 분명 질의가 실행된다. 하지만 이때 할당된 컬렉션에 대한 반복 시에는 질의 식을 더 이상 실행할 필요가 없다. 일반적으로 메모리 내의 컬렉션 스냅숏 형태를 이용하고자 한다면 이처럼 질의 식을 캐시 컬렉션에 할당함으로써 불필요한 반복을 피하는 것이 바람직하다.

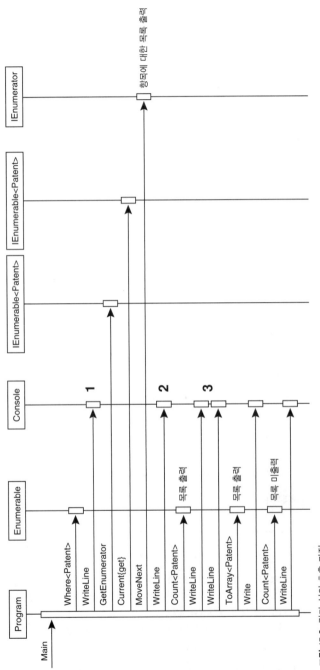

그림 15.2 람다 식의 호출 과정

OrderBy()와 ThenBy()를 이용한 정렬

정렬은 컬렉션에 대한 일반적인 작업 중 하나다. 정렬은 예제 15.17과 결과 15.5에서 보는 것처럼 System.Linq.Enumerable의 OrderBy()를 이용한다.

예제 15.17 System.Linq.Enumerable.OrderBy()/ThenBy()를 이용한 정렬

```csharp
using System;
using System.Collections.Generic;
using System.Linq;

// ...

        IEnumerable<Patent> items;
        Patent[] patents = PatentData.Patents;
        items = patents.OrderBy(
            patent => patent.YearOfPublication).ThenBy(
            patent => patent.Title);
        Print(items);
        Console.WriteLine();

        items = patents.OrderByDescending(
            patent => patent.YearOfPublication).ThenByDescending(
            patent => patent.Title);
        Print(items);

// ...
```

결과 15.5

```
Bifocals (1784)
Steam Locomotive (1815)
Electrical Telegraph (1837)
Phonograph (1877)
Kinetoscope (1888)
Flying machine (1903)
Backless Brassiere (1914)
Droplet deposition apparatus (1989)

Droplet deposition apparatus (1989)
Backless Brassiere (1914)
```

```
Flying machine (1903)
Kinetoscope (1888)
Phonograph (1877)
Electrical Telegraph (1837)
Steam Locomotive (1815)
Bifocals (1784)
```

OrderBy() 호출은 정렬 기준으로 삼으려는 키를 식별하는 람다 식을 취한다. 예제 15.17에서 초기 정렬은 특허를 출원한 연도를 기준으로 정렬한다.

OrderBy() 호출은 정렬을 위해 keySelector라고 이름 지어진 하나의 매개변수만을 취하고 있다. 만약 추가로 두 번째 칼럼에 대해 정렬을 하려면 ThenBy() 메서드를 사용해야 한다. 이런 방법으로 추가적인 정렬이 필요하다면 ThenBy()를 사용할 수 있다.

OrderBy()는 IEnumerable<T>가 아니라 IOrderedEnumerable<T> 인터페이스 형식을 반환한다. IOrderedEnumerable<T>는 IEnumerable<T>를 상속하므로 모든 표준 질의 연산자 (OrderBy() 포함)들을 OrderBy()의 반환 값에 사용할 수 있다. 그런데 OrderBy() 호출을 중복해서 사용하면 이전 호출의 결과를 무효화하기 때문에 최종 결과는 제일 마지막 OrderBy() 호출 시 사용한 keySelector에 대한 정렬이다. 따라서 OrderBy() 호출의 결과에 OrderBy()를 호출하지 않도록 주의해야 한다.

추가 정렬을 위해서는 반드시 ThenBy()를 써야 한다. ThenBy() 확장 메서드는 IEnumerable<T>의 확장이 아니라 역시 IOrderedEnumerable<T>의 확장이다. 이 메서드는 System.Linq.Extension.Enumerable에도 정의돼 있으며 다음과 같다.

```
public static IOrderedEnumerable<TSource>
    ThenBy<TSource, TKey>(
        this IOrderedEnumerable<TSource> source,
        Func<TSource, TKey> keySelector)
```

3.0

요약하면, 정렬을 위해서는 OrderBy()를 우선 사용하고, 다른 칼럼에 대한 정렬을 추가 적용하려면 ThenBy()를 필요에 따라 사용할 수 있다. OrderByDescending()과 ThenByDescending()은 내림차순으로 정렬하는 것을 제외하고는 같은 기능을 제공한다. 오름차순 혹은 내림차순 정렬을 혼합해서 사용할 수도 있으며, 추가적인 정렬 시에는 오름차순 혹은 내림차순에 적합한 ThenBy() 호출을 사용하도록 한다.

정렬에 관해 중요한 두 가지만 더 언급하도록 하겠다. 첫째, 실제 정렬은 전체 질의에 대한 처리가 끝난 시점, 즉 컬렉션의 멤버에 액세스를 시작할 때까지 일어나지 않는다. 왜냐하면 정렬하고자 하는 모든 항목을 확보하기 전에는 정렬을 할 수 없기 때문이며 어떤 항목이 첫 번째에 올지 결정할 수 없다. 이와 같이 정렬이 최초로 멤버에 액세스할 때까지 지연되는 것은 앞서 살펴본 지연된 실행 때문이다. 둘째, 데이터를 정렬하고자 이어서 호출(예를 들어, OrderBy( ) 호출 후에 ThenBy( )와 ThenByDescending( )을 차례로 호출하는 경우)되는 각각의 호출은 앞서 처리된 정렬 호출 시에 사용한 keySelector 람다 식에 대한 호출을 추가로 포함한다. 다시 말해 OrderBy()는 전달되는 keySelector 람다 식을 컬렉션에 대한 반복 시 한 번 호출하며, 뒤이어 호출되는 ThenBy()는 다시 OrderBy()의 keySelector를 호출할 것이다.

가이드라인

- OrderBy()에 이어 다시 OrderBy()를 호출하지 않도록 한다.
- 1개 이상의 값에 대해 정렬하고자 한다면 ThenBy()를 이용한다.

■ 초 급 주 제

조인 작업

그림 15.3의 벤 다이어그램과 같은 2개의 컬렉션을 생각해 보자.

다이어그램의 왼쪽 원은 모든 발명가를 포함하고 있고, 오른쪽 원은 모든 특허를 포함한다. 교집합에는 발명가와 특허가 공존하며, 실선은 특허와 발명가를 케이스별로 연결한다. 다이어그램에서 보듯이 각 발명가는 여러 개의 특허를 가질 수 있고 특허는 1명 이상의 발명가와 연관돼 있다. 모든 특허는 발명가가 있지만 발명가는 특허가 없는 경우도 있다.

3.0

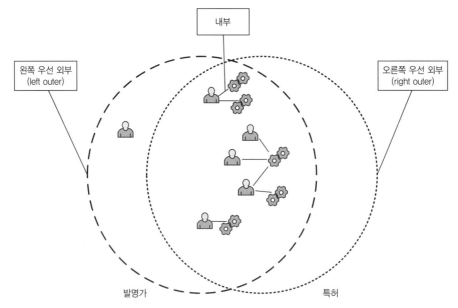

그림 15.3 발명가 컬렉션과 특허 컬렉션에 대한 벤 다이어그램

교집합 내에서 발명가를 특허와 연관 짓는 것을 **내부 조인**^{inner join}이라고 한다. 내부 조인의 결과는 발명가-특허 쌍으로 구성되는 컬렉션으로 특허와 발명가들은 모두 쌍으로 존재한다. 왼쪽 우선 **외부 조인**^{left outer join}은 특허를 갖는지 여부와 무관하게 좌측 원 내의 모든 항목을 포함한다. 예제 다이어그램에서는 발명가 없는 특허가 없기 때문에 오른쪽 우선 외부 조인은 내부 조인과 같은 결과를 갖는다. 나아가 왼쪽 오른쪽을 구분해서 부르는 것 자체가 임의적이므로 실제로 좌측과 외부 조인들은 구분되지 않는다. 반면에 **완전 외부 조인**^{full outer join}은 양쪽 외부를 포함하는데 비교적 사용하는 경우가 드물다.

발명가와 특허의 관계에 있어 또 다른 중요한 특성은 **다대다**^{many-to-many} 관계라는 것이다. 개별 특허는 1명 이상의 발명가와 관계를 갖고 있다(예를 들어, 비행기는 오빌과 윌버 라이트 형제가 발명했다). 또한 개별 발명가는 여러 개의 특허를 소유할 수 있다(이중 초점 렌즈와 축음기를 발명한 벤자민 프랭클린의 예).

일반적으로 쓰이는 또 다른 관계는 **일대다**^{one-to-many} 관계다. 예를 들어, 회사 내의 부서는 많은 직원을 포함할 수 있다. 그러나 개별 직원은 동시에 2개 이상의 부서 소속일 수 없다(일반적으로 일대다 관계이기는 하지만 시간이라는 기준을 추가함으로써 다대다 관계로 변형될 수도 있다. 특정 직원이 하나의 부서에서 다른 부서로 옮겨가는 경우 얼마 동안은 잠재적으로 여러 개의 부서와 관련을 맺는 경우가 있는데 이와 같은 다대다 관계도 존재한다).

예제 15.18은 직원^{employee}과 부서^{department}에 대한 예제이며 결과 15.6은 예제를 실행한 결과다.

예제 15.18 직원과 부서 데이터 예제

```csharp
public class Department
{
    public long Id { get; }
    public string Name { get; }
    public Department(string name, long id)
    {
        Id = id;
        Name = name ?? throw new ArgumentNullException(nameof(name));
    }

    public override string ToString()
    {
        return Name;
    }
}

public class Employee
{
    public int Id { get; }
    public string Name { get; }
    public string Title { get; }
    public int DepartmentId { get; }

    public Employee(
        string name, string title, int departmentId)
    {
        Name = name ?? throw new ArgumentNullException(nameof(name));
        Title = title ?? throw new ArgumentNullException(nameof(title));
        DepartmentId = departmentId;
    }
    public override string ToString()
    {
        return $"{ Name } ({ Title })";
    }
```

```
            }

        public static class CorporateData
        {
            public static readonly Department[] Departments =
                new Department[]
            {
                new Department("Corporate", 0),
                new Department("Human Resources", 1),
                new Department("Engineering", 2),
                new Department("Information Technology", 3),
                new Department("Philanthropy", 4),
                new Department("Marketing", 5),
            };

            public static readonly Employee[] Employees = new Employee[]
            {
                new Employee("Mark Michaelis", "Chief Computer Nerd", 0),
                new Employee("Michael Stokesbary", "Senior Computer Wizard", 2),
                new Employee("Brian Jones", "Enterprise Integration Guru", 2),
                new Employee("Anne Beard", "HR Director", 1),
                new Employee("Pat Dever", "Enterprise Architect", 3),
                new Employee("Kevin Bost", "Programmer Extraordinaire", 2),
                new Employee("Thomas Heavey", "Software Architect", 2),
                new Employee("Eric Edmonds", "Philanthropy Coordinator", 4)
            };
        }

        class Program
        {
            static void Main()
            {
                IEnumerable<Department> departments =
                    CorporateData.Departments;
                Print(departments);

                Console.WriteLine();

                IEnumerable<Employee> employees =
                    CorporateData.Employees;
                Print(employees);
            }
```

```
        private static void Print<T>(IEnumerable<T> items)
        {
            foreach (T item in items)
            {
                Console.WriteLine(item);
            }
        }
    }
```

결과 15.6

```
Corporate
Human Resources
Engineering
Information Technology
Philanthropy
Marketing

Mark Michaelis (Chief Computer Nerd)
Michael Stokesbary (Senior Computer Wizard)
Brian Jones (Enterprise Integration Guru)
Anne Beard (HR Director)
Pat Dever (Enterprise Architect)
Kevin Bost (Programmer Extraordinaire)
Thomas Heavey (Software Architect)
Eric Edmonds (Philanthropy Coordinator)
```

이어지는 절에서 본 예제의 데이터를 이용해 데이터를 조인하는 방법을 설명하겠다.

3.0

7.0 시작

join()을 이용한 내부 조인

클라이언트 측에 존재하는 개체들은 일반적으로 서로간의 관계가 미리 정해져 있다. 예를 들어, 파일과 파일이 위치하는 디렉터리의 관계는 DirectoryInfo.GetFiles() 메서드와 FileInfo.Directory 메서드를 이용해서 알 수 있게 미리 설정돼 있다. 하지만 이런 개체 유형이 아닌 데이터를 로드할 때는 이와 같은 관계가 성립하지 않는 경우가 비일비재하다. 대신, 이런 데이터는 그 의미에 어울리는 방법으로 서로 연관을 지어 줌으로써 개체 간의 탐색이 가능하게 할 수 있다.

직원과 부서의 예를 생각해 보자. 예제 15.19에서는 개별 직원과 그들의 부서를 조인하고 직원과 그 직원의 부서를 목록으로 보여 준다. 모든 직원은 단 하나의 부서에 속하므로 목록의 항목 수는 직원의 수와 같다(모든 직원이 한 번씩 나타나며 각 직원은 정규화normalize됐다고 한다). 예제를 실행한 모습은 결과 15.7과 같다.

예제 15.19 System.Linq.Enumerable.Join()을 이용한 내부 조인

```
using System;
using System.Linq;

// ...

    Department[] departments = CorporateData.Departments;
    Employee[] employees = CorporateData.Employees;

    IEnumerable<(int Id, string Name, string Title,
        Department Department)> items =
        employees.Join(
            departments,
            employee => employee.DepartmentId,
            department => department.Id,
            (employee, department) => (
                employee.Id,
                employee.Name,
                employee.Title,
                department
            ));

    foreach (var item in items)
    {
        Console.WriteLine(
            $"{ item.Name } ({ item.Title })");
        Console.WriteLine("\t" + item.Department);
    }

// ...
```

결과 15.7

```
Mark Michaelis (Chief Computer Nerd)
        Corporate
Michael Stokesbary (Senior Computer Wizard)
        Engineering
Brian Jones (Enterprise Integration Guru)
        Engineering
Anne Beard (HR Director)
        Human Resources
Pat Dever (Enterprise Architect)
        Information Technology
Kevin Bost (Programmer Extraordinaire)
        Engineering
Thomas Heavey (Software Architect)
        Engineering
Eric Edmonds (Philanthropy Coordinator)
        Philanthropy
```

Join()의 첫 번째 매개변수는 inner라고 하는데 departments 컬렉션을 지시하며 employees와 조인하려는 대상이다. 다음 2개의 매개변수는 람다 식으로 2개의 컬렉션을 연결 짓는 조건을 지정한다. employee => employee.DepartmentId(매개변수 이름 은 outerKeySelector)는 개별 직원의 키가 DepartmentId임을 나타낸다. 다음 람다 식 (department => department.Id)은 Department의 Id 속성을 키로 지정하고 있다. 다시 말해 개별 직원의 employee.DepartmentId와 department.Id가 동일한 부서와 조인한다는 의미 다. 마지막 매개변수는 무명 형식으로 조회 결과 요소를 나타내며, 예제의 경우 Employee 의 Id, Name, Title, 조인된 department 개체를 이용한 Department 속성을 포함하고 있는 튜플이다.

실행 결과를 보면 'Engineering'이 여러 번 나타나고 있음을 알 수 있다. 이 경우 Join() 호출은 모든 부서와 직원 간의 **카티전 곱**Cartesian product을 만드는데, 즉 두 컬렉션에 존재하고 지정한 부서 ID가 동일한 레코드들의 가능한 모든 조합에 대해 새로운 레코드 를 생성한다. 이와 같은 형태의 조인을 내부 조인이라고 한다.

반대로 부서를 직원에 대해 조인할 수도 있는데 결과는 부서의 개수보다 더 많은 레 코드를 포함하게 된다. 왜냐하면 각 부서에는 여러 명의 직원이 포함될 수 있으며 출력은 부서가 일치하는 경우에 대해 하나의 레코드를 생성하기 때문이다. 앞서 살펴본 바와 같이 Engineering 부서는 소속 직원당 한 번씩 여러 번 출력된다.

예제 15.20과 결과 15.8은 예제 15.19와 비교해서 Departments와 Employees 개체가 반대로 된 부분을 제외하고는 거의 같다. Join()의 첫 번째 매개변수는 employees로 departments가 조인할 대상을 나타낸다. 다음 2개의 매개변수는 람다 식으로 2개의 컬렉션을 어떻게 연결지을지를 표현한다(departments에 대해 department => department.Id, employees에 대해서는 employee => employee.DepartmentId). 앞서 살펴본 경우와 마찬가지로 department.Id가 employee.DepartmentId와 같은 모든 경우에 대해 조인이 일어난다. 마지막 튜플 매개변수는 int Id, string Name, Employee Employee 항목을 갖는 클래스를 지정한다(식에서 이름은 생략할 수 있다).

예제 15.20 System.Linq.Enumerable.Join()을 이용한 또 다른 내부 조인

```csharp
using System;
using System.Linq;

// ...

        Department[] departments = CorporateData.Departments;
        Employee[] employees = CorporateData.Employees;

        IEnumerable<(long Id, string Name, Employee Employee)> items =
            departments.Join(
                employees,
                department => department.Id,
                employee => employee.DepartmentId,
                (department, employee) => (
                    department.Id,
                    department.Name,
                    Employee: employee
            ));

        foreach (var item in items)
        {
            Console.WriteLine(item.Name);
            Console.WriteLine("\t" + item.Employee);
        }
```

776

```
// ...
```

결과 15.8

결과 15.8

```
Corporate
        Mark Michaelis (Chief Computer Nerd)
Human Resources
        Anne Beard (HR Director)
Engineering
        Michael Stokesbary (Senior Computer Wizard)
Engineering
        Brian Jones (Enterprise Integration Guru)
Engineering
        Kevin Bost (Programmer Extraordinaire)
Engineering
        Thomas Heavey (Software Architect)
Information Technology
        Pat Dever (Enterprise Architect)
Philanthropy
        Eric Edmonds (Philanthropy Coordinator)
```

GroupBy()를 이용한 결과 그룹화

개체의 컬렉션에 대한 정렬과 조인에 대해 살펴봤는데 때로는 비슷한 특징을 갖는 개체들을 그룹화해야 하는 경우도 있다. 예를 들어, 직원 데이터를 직원의 부서, 종교, 직무 등을 기준으로 그룹화하고자 할 수 있다. 예제 15.21은 GroupBy() 표준 질의 연산자를 이용해서 이와 같은 요구를 처리하는 방법이다(실행한 모습은 결과 15.9를 참고한다).

예제 15.21 System.Linq.Enumerable.GroupBy()를 이용한 그룹화

```csharp
using System;
using System.Linq;

// ...
    IEnumerable<Employee> employees = CorporateData.Employees;

    IEnumerable<IGrouping<int, Employee>> groupedEmployees =
        employees.GroupBy((employee) => employee.DepartmentId);
```

```
    foreach(IGrouping<int, Employee> employeeGroup in
        groupedEmployees)
{

    Console.WriteLine();
    foreach(Employee employee in employeeGroup)
    {
        Console.WriteLine("\t" + employee);
    }
    Console.WriteLine(
      "\tCount: " + employeeGroup.Count());
}
// ...
```

결과 15.9

```
Mark Michaelis (Chief Computer Nerd)
    Count: 1

Michael Stokesbary (Senior Computer Wizard)
Brian Jones (Enterprise Integration Guru)
Kevin Bost (Programmer Extraordinaire)
Thomas Heavey (Software Architect)
    Count: 4

Anne Beard (HR Director)
    Count: 1

Pat Dever (Enterprise Architect)
    Count: 1

Eric Edmonds (Philanthropy Coordinator)
    Count: 1
```

GroupBy()가 반환하는 항목은 IGrouping<TKey, TElement> 형식이며 질의에서 그룹화에 적용한 기준이 되는 키를 속성으로 갖고 있다(employee.DepartmentId). 하지만 그룹에 포함된 항목들에 대한 속성은 포함하고 있지 않다. 대신, IGrouping<TKey, TElement>는 IEnumerable<T>를 상속하므로 foreach 문으로 그룹 내의 항목을 반복하거나 그룹에 속한 항목 수(employeeGroup.Count())등의 합계 데이터를 알아낼 수 있다.

GroupJoin()을 이용한 일대다 관계 구현

예제 15.19와 15.20은 사실상 같다. 두 Join() 호출은 튜플 정의만 수정하면 같은 결과를 출력할 수도 있다. 직원 목록을 만들고자 한다면 예제 15.19는 정확한 결과를 제공한다. Department는 조인된 직원을 나타내는 두 튜플의 속성으로 역할을 다하고 있다. 그렇지만 예제 15.20이 최선의 답으로 보이지는 않는다. 각각의 부서-직원 관계 레코드마다 하나씩의 튜플을 만드는 것보다 같은 부서에 소속된 직원의 컬렉션을 출력하는 것이 더 자연스럽다. 예제 15.22와 결과 15.10은 이처럼 컬렉션 형태의 결과를 얻기 위한 코드와 실행 결과다.

예제 15.22 System.Linq.Enumerable.GroupJoin()을 이용한 자식 컬렉션 생성

```
using System;
using System.Linq;

// ...

        Department[] departments = CorporateData.Departments;
        Employee[] employees = CorporateData.Employees;

        IEnumerable<(long Id, string Name, IEnumerable<Employee> Employees)> items =
            departments.GroupJoin(
                employees,
                department => department.Id,
                employee => employee.DepartmentId,
                (department, departmentEmployees) =>
                (
                    department.Id,
                    department.Name,
                    departmentEmployees
                ));

    foreach (
        (_, string name, IEnumerable<Employee> employeeCollection) in items)
    {
        Console.WriteLine(name);
        foreach (Employee employee in employeeCollection)
        {
            Console.WriteLine("\t" + employee);
```

```
        }
    }
// ...
```

결과 15.10

```
Corporate
        Mark Michaelis (Chief Computer Nerd)
Human Resources
        Anne Beard (HR Director)
Engineering
        Michael Stokesbary (Senior Computer Wizard)
        Brian Jones (Enterprise Integration Guru)
        Kevin Bost (Programmer Extraordinaire)
        Thomas Heavey (Software Architect)
Information Technology
        Pat Dever (Enterprise Architect)
Philanthropy
        Eric Edmonds (Philanthropy Coordinator)
```

보다 나은 결과를 얻기 위해 System.Linq.Enumerable.GroupJoin() 메서드를 이용하고 있다. 마지막 튜플을 제외하고 매개변수는 예제 15.19와 같다. 예제 15.19에서 람다 식은 Func<Department, IEnumerable<Employee>, (long Id, string Name, IEnumerable<Employee> Employees)> 형식이다. 여기서 결과 부서 튜플의 각 부서에 대한 직원 컬렉션을 프로젝션하기 위해 두 번째 형식 인수(IEnumerable<Employee>)를 이용한다는 것을 기억하자.

(SQL에 익숙한 독자라면 Join()과 달리 GroupJoin()에 해당하는 SQL이 없다는 것을 알 수 있을텐데, 왜냐하면 SQL은 계층이 아닌 레코드 기반으로 데이터를 반환하기 때문이다.)

■ 고 급 주 제

GroupJoin()을 이용한 외부 조인 구현

앞에서 살펴본 조인은 모두 등가 조인^{equi-joins}으로 키 값을 이용한 동등성 평가 기반이다. 결과 컬렉션이 포함하는 레코드는 양쪽 컬렉션에 모두 포함된 개체만 대상으로 한다. 하지만 간혹 대응하는 개체가 없는 경우에도 레코드를 만들어야 한다. 예를 들어, 앞의 예제에서 마케팅^{Marketing} 부서는 직원이 없지만 부서 목록에는 보여 주는 것이 바람직할 수도 있다. 이렇게 하기 위해서는 GroupJoin()과 SelectMany()를 DefaultIfEmpty()와 함께 사용해서 왼쪽 우선 외부 조인을 사용해야 한다. 예제 15.23과 결과 15.11은 이 과정을 보여 준다.

예제 15.23 GroupJoin()과 SelectMany()를 이용한 외부 조인 구현

```csharp
using System;
using System.Linq;

// ...

    Department[] departments = CorporateData.Departments;
    Employee[] employees = CorporateData.Employees;

    var items = departments.GroupJoin(
        employees,
        department => department.Id,
        employee => employee.DepartmentId,
        (department, departmentEmployees) => new
        {
            department.Id,
            department.Name,
            Employees = departmentEmployees
        }).SelectMany(
            departmentRecord =>
                departmentRecord.Employees.DefaultIfEmpty(),
            (departmentRecord, employee) => new
                {
                    departmentRecord.Id,
                    departmentRecord.Name,
                    departmentRecord.Employees
                }).Distinct();

    foreach (var item in items)
    {
        Console.WriteLine(item.Name);
        foreach (Employee employee in item.Employees)
        {
            Console.WriteLine("\t" + employee);
```

```
        }
    }

// ...
```

결과 15.11

```
Corporate
        Mark Michaelis (Chief Computer Nerd)
Human Resources
        Anne Beared (HR Director)
Engineering
        Michael Stokesbary (Senior Computer Wizard)
        Brian Jones (Enterprise Integration Guru)
        Kevin Bost (Programmer Extraordinaire)
        Thomas Heavey (Software Architect)
Information Technology
        Pat Dever (Enterprise Architect)
Philanthropy
        Eric Edmonds (Philanthropy Coordinator)
Marketing
```

SelectMany() 호출

종종 컬렉션의 컬렉션을 다뤄야 하는 경우가 있다. 예제 15.24는 이런 시나리오의 예로 teams 배열은 2개의 팀을 포함하며, 각 팀은 문자열 배열 형식의 선수 목록을 갖고 있다.

예제 15.24 SelectMany() 호출

```
using System;
using System.Collections.Generic;
using System.Linq;

// ...

        (string Team, string[] Players)[] worldCup2006Finalists = new[]
        {
            (
                TeamName = "France",
                Players = new string[]
```

```
                {
                    "Fabien Barthez", "Gregory Coupet",
                    "Mickael Landreau", "Eric Abidal",
                    "Jean-Alain Boumsong", "Pascal Chimbonda",
                    "William Gallas", "Gael Givet",
                    "Willy Sagnol", "Mikael Silvestre",
                    "Lilian Thuram", "Vikash Dhorasoo",
                    "Alou Diarra", "Claude Makelele",
                    "Florent Malouda", "Patrick Vieira",
                    "Zinedine Zidane", "Djibril Cisse",
                    "Thierry Henry", "Franck Ribery",
                    "Louis Saha", "David Trezeguet",
                    "Sylvain Wiltord",
                }
            ),
            (

                TeamName = "Italy",
                Players = new string[]
                {
                    "Gianluigi Buffon", "Angelo Peruzzi",
                    "Marco Amelia", "Cristian Zaccardo",
                    "Alessandro Nesta", "Gianluca Zambrotta",
                    "Fabio Cannavaro", "Marco Materazzi",
                    "Fabio Grosso", "Massimo Oddo",
                    "Andrea Barzagli", "Andrea Pirlo",
                    "Gennaro Gattuso", "Daniele De Rossi",
                    "Mauro Camoranesi", "Simone Perrotta",
                    "Simone Barone", "Luca Toni",
                    "Alessandro Del Piero", "Francesco Totti",
                    "Alberto Gilardino", "Filippo Inzaghi",
                    "Vincenzo Iaquinta",
                }
            )
        };

    IEnumerable<string> players =
        worldCup2006Finalists.SelectMany(
            team => team.Players);

    Print(players);

// ...
```

예제를 실행하면 전체 선수들의 이름이 코드에 나타난 순서대로 나열된다. Select()
와 SelectMany()의 차이점은 Select()의 경우 원본(상위) 컬렉션의 항목당 하나를 반환
하기 때문에 2개의 항목을 반환할 것이라는 점이다. Select()는 원본 형식으로부터 변
형된 결과를 프로젝션하지만, 항목의 개수는 변하지 않을 것이다. 예를 들어, teams.
Select(team => team.Players)는 IEnumerable<string[]> 형식을 반환할 것이다.

이와는 대조적으로 SelectMany()는 람다 식에 의해 식별된 개별 항목을 반복하고 개
별 항목을 새로운 컬렉션에 넣는데 이 컬렉션은 자식 컬렉션 내 모든 항목의 합집합이
다. 즉, 예제에서 SelectMany()는 선수들에 대해 2개의 배열이 아니라 이들을 합쳐서 모
든 항목으로 이뤄진 하나의 컬렉션을 만든다.

기타 표준 질의 연산자

예제 15.25와 결과 15.12는 Enumerable에서 제공하는 몇 가지 간단한 API들의 용법과
처리 결과를 나타낸다.

예제 15.25 기타 System.Linq.Enumerable 메서드 호출 예

```csharp
using System;
using System.Collections.Generic;
using System.Linq;
using System.Text;

class Program
{
    static void Main()
    {
        IEnumerable<object> stuff =
            new object[] { new object(), 1, 3, 5, 7, 9,
                "\"thing\"", Guid.NewGuid() };
        Print("Stuff: {0}", stuff);
        IEnumerable<int> even = new int[] { 0, 2, 4, 6, 8 };
        Print("Even integers: {0}", even);

        IEnumerable<int> odd = stuff.OfType<int>();
        Print("Odd integers: {0}", odd);

        IEnumerable<int> numbers = even.Union(odd);
```

784

```csharp
        Print("Union of odd and even: {0}", numbers);

        Print("Union with even: {0}", numbers.Union(even));
        Print("Concat with odd: {0}", numbers.Concat(odd));
        Print("Intersection with even: {0}",
            numbers.Intersect(even));
        Print("Distinct: {0}", numbers.Concat(odd).Distinct());

        if (!numbers.SequenceEqual(
            numbers.Concat(odd).Distinct()))
        {
            throw new Exception("Unexpectedly unequal");
        }
        else
        {
            Console.WriteLine(
                @"Collection ""SequenceEquals""" +
                    " numbers.Concat(odd).Distinct())");
        }
        Print("Reverse: {0}", numbers.Reverse());
        Print("Average: {0}", numbers.Average());
        Print("Sum: {0}", numbers.Sum());
        Print("Max: {0}", numbers.Max());
        Print("Min: {0}", numbers.Min());
    }

    private static void Print<T>(
            string format, IEnumerable<T> items)
            where T : notnull =>
        Console.WriteLine(format, string.Join(
            ", ", items));
}
```

3.0

결과 15.12

```
Stuff: System.Object, 1, 3, 5, 7, 9, "thing",
24c24a41-ee05-41b9-958e-50dd12e3981e
Even integers: 0, 2, 4, 6, 8
Odd integers: 1, 3, 5, 7, 9
Union of odd and even: 0, 2, 4, 6, 8, 1, 3, 5, 7, 9
Union with even: 0, 2, 4, 6, 8, 1, 3, 5, 7, 9
```

```
Concat with odd: 0, 2, 4, 6, 8, 1, 3, 5, 7, 9, 1, 3, 5, 7, 9
Intersection with even: 0, 2, 4, 6, 8
Distinct: 0, 2, 4, 6, 8, 1, 3, 5, 7, 9
Collection "SequenceEquals" numbers.Concat(odd).Distinct()
Reverse: 9, 7, 5, 3, 1, 8, 6, 4, 2, 0
Average: 4.5
Sum: 45
Max: 9
Min: 0
```

예제 15.25의 API들은 람다 식이 필요하지 않다. 표 15.1과 15.2는 각 메서드에 대한 설명과 예제다. System.Linq.Enumerable은 집계 함수들을 포함하고 있어 이들을 이용하면 컬렉션을 열거하고 결과를 계산할 수 있다. 앞서 살펴본 Count는 집계 함수의 예다.

표 15.1과 15.2의 메서드들은 모두 지연된 실행을 따른다는 점에 유의한다.

표 15.1 기타 간단한 표준 질의 연산자늘

메서드	설명
OfType<T>()	컬렉션에 대해 OfType<T>의 형식 매개변수로 넘겨진 형식의 항목만을 반환하도록 질의 구성
Union()	2개의 컬렉션을 합치고 모든 항목을 포함하는 상위 집합을 형성한다. 최종 컬렉션은 두 컬렉션의 중복 항목을 하나만 포함한다.
Concat()	2개의 컬렉션을 합쳐서 상위 집합을 형성하며, 중복된 항목을 제거하지 않는다. Concat()은 정렬 형태를 유지하는데 {A, B}와 {C, D}를 연결(concatenate)하면 {A, B, C, D}가 된다.
Intersect()	원본 컬렉션에 공통으로 존재하는 항목의 컬렉션을 추출한다.
Distinct()	컬렉션 내의 중복된 항목을 제거해서 결과 컬렉션 항목의 고유성을 보장한다.
SequenceEquals()	2개의 컬렉션을 정렬 순서 그대로 비교해서 일치하는지 나타내는 Boolean 값을 반환한다. (테스팅 시 원하는 결과가 나왔는지 확인할 때 매우 유용하다.)
Reverse()	컬렉션 내 항목을 역순으로 정렬하며 이후 컬렉션을 반복하면 항목의 순서가 반대로 처리된다.

3.0

표 15.2 System.Linq.Enumerable의 집계 함수들

함수	설명
Count()	대상 컬렉션에 포함된 항목의 개수를 제공한다.
Average()	숫자형 컬렉션의 평균값을 계산한다.
Sum()	숫자형 컬렉션 내에서 합계 값을 계산한다.
Max()	숫자형 값을 갖는 컬렉션에서 최댓값을 결정한다.
Min()	숫자형 값을 갖는 컬렉션에서 최솟값을 결정한다.

■ 고 급 주 제

IQueryable<T>에 대한 질의 가능한 확장

IQueryable<T>는 IEnumerable<T>와 사실상 동등한 인터페이스다. IQueryable<T> 역시 IEnumerable<T>를 상속하고 있으며 IEnumerable<T>의 모든 멤버를 포함하고 있지만 직접적으로 선언된 멤버에 한한다(예, GetEnumerator()). 즉, 확장 메서드는 상속한 것이 아니므로 IQueryable<T>에는 Enumerable 확장 메서드가 하나도 없다. 하지만 이에 대응하는 System.Linq.Queryable이라는 확장 클래스를 갖고 있어 IEnumerable<T>에 대해 Enumerable이 제공하는 대부분의 메서드들을 IQueryable<T>에 추가하고 있다.

따라서 프로그래밍 인터페이스는 매우 유사할 수밖에 없다.

IQueryable<T>를 특별하게 해 주는 사실은 이것이 사용자 지정 LINQ 공급자를 가능케 한다는 점이다. LINQ 공급자는 식을 구성하는 세부 요소로 잘게 나누는데 일단 이렇게 나눠지면 식을 다른 언어로 변환하거나 원격 실행을 위해 직렬화하고 비동기 실행 패턴에 주입하는 등 다양한 작업을 할 수 있다. 근본적으로 LINQ 공급자는 표준 컬렉션 API에 대한 가로채기 메커니즘을 가능하게 하며, 이와 같은 무한한 가능성을 가진 기능을 통해 질의와 컬렉션과 관련한 동작을 구현해 넣을 수 있다.

예를 들어, LINQ 공급자를 이용하면 C# 질의 식을 원격 데이터베이스에서 실행할 SQL로 변환할 수 있다. 이렇게 함으로써 C# 프로그래머는 객체 지향 프로그래밍 언어 세계를 떠나지 않아도 되며, SQL로의 변환은 LINQ 공급자가 알아서 처리해 줄 수 있다. 이런 형태의 표현식을 통해 프로그래밍 언어는 객체 지향 세계와 관계형 데이터베이스

사이의 벽을 넘나들 수 있게 된다.

한편, IQueryable<T>의 경우 지연된 실행은 훨씬 더 중요하게 고려해야 한다. 데이터베이스로부터 데이터를 반환하는 LINQ 공급자를 생각해 보자. 람다 식은 데이터베이스로부터 자료를 추출하기보다 IQueryable<T>에 대한 구현을 제공할 텐데, 여기에 연결 문자열과 같은 내용 정보는 포함할 것이지만 데이터 자체는 포함하지 않는다. GetEnumerator() 혹은 MoveNext()에 대한 호출이 발생할 때까지 데이터 추출은 일어나지 않는다. 하지만 GetEnumerator() 호출은 일반적으로 foreach를 이용해서 컬렉션을 반복하거나 Count<T>() 등의 Enumerable 메서드를 호출할 때와 같은 경우 암시적으로 발생한다. 이런 유의 케이스에 대해 개발자들은 반드시 지연된 실행이 포함하고 있을지도 모르는 덩치 큰 작업이 모호하게 호출되거나 반복적으로 호출되는 상황에 대해 조심해야 한다. 예를 들어, GetEnumerator() 호출 시에 네트워크를 통해 원격 데이터베이스로 호출이 발생하는 경우라면 Count()나 foreach를 이용한 반복 때문에 발생하는 불필요한 중복 호출을 피해야 한다.

무명 형식과 LINQ

C# 3.0에 이르러 LINQ를 이용해 컬렉션 형태의 자료를 처리하기 위한 지원은 비약적인 향상을 이뤘다. 놀라운 것은 이와 같은 향상된 API를 제공하려고 새롭게 변경된 언어적인 개선 사항이 단 8개뿐이라는 사실이다. 하지만 이 개선 사항들이야말로 C# 3.0의 놀라운 혁신을 만들어 내는 핵심 요소들이며, 그중 두 가지가 바로 이제부터 살펴볼 무명 형식과 암시적인 지역 변수다. 그런데 C# 7.0에서 튜플 구문을 도입하면서 무명 형식은 자취를 감추고 있다. 이 책 6판의 무명 형식을 이용하던 모든 LINQ 예제는 튜플을 이용하는 것으로 수정했다. 그렇다 하더라도 15장의 나머지 부분에서 무명 형식에 관해 다루고 있으므로 C# 7.0(혹은 이후 버전)을 쓸 수 없거나 이전 버전으로 작성된 코드를 다루는 독자들도 무명 형식에 대해 충분한 이해를 얻을 수 있을 것이다. (C# 6.0 또는 이전 버전과 무관한 독자라면 이번 절을 건너뛰어도 좋다).

무명 형식

무명 형식은 6장에서 살펴본 것과 같이 명시적인 클래스 정의를 동반하지 않고 컴파일러가 선언하는 데이터 형식이다. 컴파일러가 무명 형식을 만나면 무명 함수의 경우와 비슷하게 마치 명시적으로 클래스를 선언한 것처럼 사용할 수 있게 해 준다. 예제 15.26의 선언을 참고한다.

예제 15.26 무명 형식의 암시적 지역 변수

```csharp
using System;

class Program
{
    static void Main()
    {
        var patent1 =
            new
            {
                Title = "Bifocals",
                YearOfPublication = "1784"
            };
        var patent2 =
            new
            {
                Title = "Phonograph",
                YearOfPublication = "1877"
            };
        var patent3 =
            new
            {
                patent1.Title,
                // 속성 명명법을 보여 주기 위해 이름 변경
                Year = patent1.YearOfPublication
            };

        Console.WriteLine(
            $"{ patent1.Title } ({ patent1.YearOfPublication })");
        Console.WriteLine(
            $"{ patent2.Title } ({ patent2.YearOfPublication })");

        Console.WriteLine();
```

3.0

```
        Console.WriteLine(patent1);
        Console.WriteLine(patent2);

        Console.WriteLine();
        Console.WriteLine(patent3);
    }
}
```

예제를 실행하면 결과 15.13과 같다.

결과 15.13

```
Bifocals (1784)
Phonograph (1877)

{ Title = Bifocals, YearOfPublication = 1784 }
{ Title = Phonograph, YearOfPublication = 1877 }

{ Title = Bifocals, Year = 1784 }
```

무명 형식은 C#이 지니는 한 가지 특징이며 런타임에 있어서는 전혀 새로운 종류의 형식이 아니다. 컴파일러는 무명 형식 구문을 만나면 무명 형식 선언에서 명명된 값과 데이터 형식에 대응하는 속성들을 갖는 CIL 클래스를 생성한다.

■ 초 급 주 제

암시적으로 형식화되는 지역 변수(var)

무명 형식은 말 그대로 이름이 없기 때문에 명시적으로 무명 형식의 지역 변수를 선언하는 것은 불가능하며, 대신 해당 지역 변수의 형식은 var로 대체한다. 하지만 그렇다고 해서 암시적인 형식의 변수들이 형식화되지 않는다는 의미가 아니다. 반대로 할당된 값의 데이터 형식으로 완벽하게 형식화된다. 암시적 형식의 변수에 무명 형식을 할당하면 지역 변수 선언에 대한 이면의 CIL 코드는 컴파일러가 만든 형식이 될 것이다. 이와 비슷하게 암시적으로 형식화된 형식에 string을 할당하면 대응되는 CIL 코드의 데이터 형식은 string이 된다. 사실 이처럼 암시적인 형식에 무명 형식을 할당한 경우에 의한 것과 그렇지 않고 직접적으로 string 등의 형식이 할당된 경우에 대해 만들어지는 CIL 코드는 차이가 없다. 선언문이 string text = "This is a test of the..."라면 이에 대해 만들어진 CIL 코드는 암시적으로 선언된 var text = "This is a test of the..."에 대해 생성된 CIL 코드와 일치할 것이다.

컴파일러는 할당된 식을 이용해서 암시적인 형식의 변수에 대한 데이터 형식을 결정한다. 이니셜라이저를 통해 명시적으로 형식화된 지역 변수(string s = "hello";)의 경우 컴파일러는 먼저 좌측에 선언된 형식으로부터 s의 형식을 결정하고 난 다음 우변을 분석하고 우변의 식을 좌변의 형식에 할당할 수 있는지 확인한다. 이러한 과정은 암시적으로 형식화되는 지역 변수의 경우와 어떻게 보면 반대인데, 암시적 지역 변수에 대해서는 먼저 우변을 분석해서 형식을 결정하고 나서 'var'를 이 형식으로 대체하기 때문이다.

C#에서 무명 형식은 이름을 갖지 않지만 강력하게 형식화 되는 것은 틀림없다. 예를 들어, 형식의 속성들이 완벽하게 접근할 수 있다. 예제 15.26에서 patent1.Title, patent2.YearOfPublication을 Console.WriteLine 문에서 이용하고 있는 것을 확인할 수 있다. 존재하지 않는 멤버를 호출하려고 하면 컴파일 오류가 발생할 것이며, 심지어 비주얼 스튜디오의 인텔리센스IntelliSense는 무명 형식에 대해서도 동작한다.

암시적인 형식의 변수 선언은 절제해서 사용해야 한다. 무명 형식에 대해서는 특정 데이터 형식을 지정할 수 없고 var를 사용해야 한다. 하지만 데이터 형식이 명확한 경우에는 데이터 형식을 명시적으로 사용하는 것이 나은 경우가 많다.

보통 개발자가 원하는 형식을 컴파일러가 정확하게 사용하도록 함과 동시에 코드의 구문을 보다 더 읽기 쉽게 하는 방향으로 생각해야 할 것이다. 그러기 위해 암시적으로 형식화되는 지역 변수들은 그 형식이 완벽하게 분명하게 확인되는 경우에만 사용하는 것이 좋다. 예를 들어, var items = new Dictionary<string, List<Account>>();와 같은 경우 결과 코드는 간결하고 읽기에도 좋다. 반대로 메서드 반환 값이 할당되는 형태와 같이 형식이 확실치 않은 경우에는 다음과 같이 명시적으로 변수 형식을 선언하는 것이 바람직할 것이다.

```
Dictionary<string, List<Account>> dictionary = GetAccounts();
```

LINQ를 이용해 무명 형식으로 프로젝션하기

마지막으로 무명 형식 T에 대해 IEnumerable<T>를 생각해 보자(예제 15.27, 결과 15.14 참고).

예제 15.27 무명 형식으로 프로젝션하기

```
// ...
IEnumerable<string> fileList = Directory.EnumerateFiles(
    ·rootDirectory, searchPattern);
var items = fileList.Select(
    file =>
    {
        FileInfo fileInfo = new FileInfo(file);
        return new
        {
            FileName = fileInfo.Name,
            Size = fileInfo.Length
        };
    });
// ...
```

결과 15.14

```
{ FileName = AssemblyInfo.cs, Size = 1704 }
{ FileName = CodeAnalysisRules.xml, Size = 735 }
{ FileName = CustomDictionary.xml, Size = 199 }
{ FileName = EssentialCSharp.sln, Size = 40415 }
{ FileName = EssentialCSharp.suo, Size = 454656 }
{ FileName = EssentialCSharp.vsmdi, Size = 499 }
{ FileName = EssentialCSharp.vssscc, Size = 256 }
{ FileName = intelliTechture.ConsoleTester.dll, Size = 24576 }
{ FileName = intelliTechture.ConsoleTester.pdb, Size = 30208 }
```

3.0

무명 형식을 출력하면 무명 형식에 대해 생성되는 ToString() 메서드에서 자동으로 속성 이름과 값을 보여 준다.

Select() 메서드를 이용한 프로젝션은 굉장히 강력한 도구다. 앞서 Where() 표준 질의 연산자를 이용해서 컬렉션에 대해 수직 방향 필터링을 살펴본 바 있다(컬렉션 항목의 수를 줄여가는 방법). 이제 Select() 표준 질의 연산자로 컬렉션을 수평적으로 줄여 나가거나(칼럼을 줄이는 방법) 혹은 데이터 전체를 변형하는 방법도 알아봤다. 무명 형식을 이용하면 Select()로 원본 컬렉션에서 현재 알고리듬에 꼭 필요한 부분만 임의의 '개체'로 추출할 수 있으며 이 과정에서 별도의 클래스 선언을 필요로 하지도 않는다.

무명 형식과 암시적인 지역 변수에 대한 추가 사항

예제 15.26에서 무명 형식의 멤버 이름은 patent1과 patent2에 대해 이름을 이용한 할당(예, Title = "Phonograph")을 이용해서 명시적으로 식별할 수 있었다. 하지만 할당된 값이 속성이나 필드 호출이라면 해당 멤버의 이름은 호출에 사용된 필드나 속성의 이름이 사용될 것이다. patent3을 예로 들면, 명시적으로 이름을 할당하지 않고 속성 이름인 'Title'을 이용해서 정의했다. 결과 15.13에서 보듯이 컴파일러는 값을 추출한 속성으로부터 무명 형식의 속성 이름을 결정한다.

patent1과 patent2는 같은 데이터 형식의 같은 속성들을 갖고 있다. 그러므로 C# 컴파일러는 이 2개의 무명 선언에 대해 데이터 형식을 1개만 만든다. 한편, patent3은 특허 연도를 나타내는 속성 이름이 patent1, patent2와 다르기 때문에 컴파일러는 새로운 무명 형식을 만들어야 한다. 만일 patent1과 patent2의 속성 배치 순서가 다르다면 이들도 형식 호환성을 갖지 못한다. 즉, 어셈블리 내에서 2개의 무명 형식이 형식 호환성을 가지려면 속성 이름, 데이터 형식, 속성의 순서가 같아야 한다. 이들 요건을 만족한다면 각 무명 형식이 서로 다른 메서드나 클래스에서 사용되는 경우에도 형식 호환성을 갖는다. 예제 15.28은 형식 호환성을 갖지 않는 경우를 보여 준다.

예제 15.28 무명 형식의 형식 안전성과 불변성

```
class Program
{
    static void Main()
    {
        var patent1 =
            new
            {
                Title = "Bifocals",
                YearOfPublication = "1784"
            };
```

3.0

```
var patent2 =
    new
    {
        YearOfPublication = "1877",
        Title = "Phonograph"
    };

var patent3 =
    new
    {
        patent1.Title,
        Year = patent1.YearOfPublication
    };

// 에러:'무명 형식#2'를 '무명 형식#1'
//      형식으로 암시적으로 변환할 수 없음.
patent1 = patent2;

// 에러:'무명 형식#3'을 '무명 형식#1'
//      형식으로 암시적으로 변환할 수 없음.
patent1 = patent3;

// 에러: 읽기 전용인 '무명 형식#1.Title'
//      속성 혹은 인덱서에 값을 할당할 수 없음.
patent1.Title = "Swiss Cheese";
    }
}
```

앞선 2개의 컴파일 에러는 형식이 호환되지 않음을 증명해 주고 있으며, 따라서 이 2개의 형식은 서로 변환할 수 없다. 세 번째 컴파일 에러는 Title 속성에 대한 재할당 과정에서 발생했다. 무명 형식은 변경할 수 없으므로 무명 형식이 인스턴스화되고 난 후에 속성을 변경하려고 하면 컴파일 에러가 발생한다.

예제 15.28에서 살펴보지는 못했지만 암시적인 데이터 형식 매개변수(var)를 갖는 메서드를 선언하는 것은 불가능하다. 따라서 무명 형식의 인스턴스를 그들이 생성된 메서드 외부로 전달하는 방법은 두 가지 경우에 한해 가능하다. 첫 번째, 메서드 매개변수가 object 형식이라면 무명 형식에 대한 암시적인 변환을 통해 메서드 외부로 전달이 가능하다. 두 번째 경우는 메서드 형식 유추를 이용하는 것인데 이때 무명 형식 인스턴스는 컴파일러가 유추해 낼 수 있는 메서드 형식 매개변수로 전달된다. 그러므로 Function(patent1)을 이용해서 void Method<T>(T parameter)를 호출하는 것이 가능하다. 단, Function() 내부에서 parameter에 대해 처리할 수 있는 작업은 object에서 제공하는 범위로 제한된다.

C#에서 예제 15.26과 같은 형태의 무명 형식을 허용하는 것은 사실이지만, 일반적으로 이런 방법으로 정의하는 것을 권장하지 않는다. 무명 형식은 C# 3.0의 프로젝션 지원에 있어서 중요한 핵심 기능을 제공하고 있는데, 일반적으로 다양한 형식의 데이터를 포함하는 집합체를 다뤄야 하는 경우 등과 같이 무명 형식을 필요로 하는 환경에 한해서 적용을 고려해야 한다.

무명 메서드의 출현으로 완전한 형식 선언 없이 임시로 형식을 만드는 획기적인 방법이 현실화됐다. 하지만 지금까지 설명한 것처럼 몇 가지 단점을 갖는데 C# 7.0의 튜플은 이 한계를 극복하고 결과적으로 무명 형식을 더 이상 이용하지 않아도 되는 상황으로 이끌고 있다. 튜플이 갖는 대표적인 장점은 다음과 같다.

7.0 시작

- 선언이나 매개변수를 포함해 형식이 필요한 어디에나 사용할 수 있는 명명된 형식을 제공한다.
- 인스턴스를 만든 메서드 외부에서도 사용할 수 있다.
- 만들고 나서 거의 사용하지 않는 형식으로 인한 형식 '공해'를 피할 수 있다.

튜플과 무명 형식을 구별 짓는 큰 차이점은 무명 형식이 참조 형식인 반면 튜플은 값 형식이라는 사실이다. 이 차이점은 성능 측면에서 어느 것이 더 어울리느냐에 따라 장점이 되기도 하고 그렇지 않기도 한다. 예를 들어, 메모리 사용량이 128bit를 초과하는 튜플 형식의 데이터를 자주 복사해야 한다면 참조 형식이 더 어울리는 경우다. 그 외의 경우라면 튜플이 대체로 성능적인 우위에 있으므로 튜플을 이용하는 것이 낫다.

3.0

7.0 끝

■ 고 급 주 제

무명 형식 생성
Console.WriteLine()이 ToString()을 호출하도록 구현돼 있지만 예제 15.26에서 Console.WriteLine()의 출력은 완전히 형식화된 데이터 형식 이름을 출력하는 이 기본

ToString()을 호출한 결과가 아니다. 그보다는 무명 형식의 각 속성에 대해 '속성 이름 = 값' 쌍의 목록을 출력한 모습이다. 이런 결과를 가져온 이유는 무명 형식에 대한 코드를 생성하는 과정에서 컴파일러가 ToString()을 재정의하고 이렇게 재정의된 ToString()의 출력 형태에 따르기 때문이다. Equals() 및 GetHashCode() 역시 ToString()의 경우처럼 재정의 대상이다.

자체적으로 ToString()을 구현하는 것은 속성의 순서 변화가 새로운 데이터 형식 생성으로 귀결되는 중요한 이유다. 2개의 완전히 구분되는 무명 형식이 통합돼 사용된 이후에 속성 순서가 바뀌는 경우 한쪽 구현이 속성 순서 변경이 커서 다른 쪽의 ToString()에서 수용하기 어려울 수 있다. 한 걸음 더 나아가 실행 시간에 특정 형식으로 리플렉션을 이용해서 멤버를 확인하고 심지어 동적으로 멤버를 호출할지도 모른다 (어떤 멤버를 호출할지 런타임에 결정한다). 이처럼 다양한 상황에서 겉보기에 같은 2개의 형식에 포함된 멤버의 순서 변화는 예측하지 못한 결과를 초래할 수 있기 때문에 이를 피하고자 C# 설계자들은 이런 경우 2개의 다른 형식을 만들기로 결정했다.

■ 고 급 주 제

무명 형식 컬렉션 이니셜라이저

컬렉션 이니셜라이저는 생성자 호출을 동반하기 때문에 생성자 이름을 지정할 수 없는 무명 형식에 대해서는 컬렉션 이니셜라이저를 사용할 수 없다. 이에 대한 대안은 static List<T> CreateList<T>(T t) { return new List<T>; }와 같은 메서드를 정의하는 방법이다. 메서드 형식 유추를 통해 형식 매개변수를 명시하지 않아도 되기 때문에 이 방법을 이용하면 무명 형식의 컬렉션을 만들 수 있다.

무명 형식의 컬렉션을 만드는 또 다른 방법은 배열 이니셜라이저를 이용하는 것이다. 생성자에 데이터 형식을 지정할 수 없기 때문에 배열 초기화에서는 new[]를 이용해서 무명 배열을 만들 수 있다(예제 15.29 참고).

예제 15.29 무명 형식 배열의 초기화

```
using System;
using System.Collections.Generic;
using System.Linq;
```

```
class Program
{
    static void Main()
    {
        var worldCup2006Finalists = new[]
        {
            new
            {
                TeamName = "France",
                Players = new string[]
                {
                    "Fabien Barthez", "Gregory Coupet",
                    "Mickael Landreau", "Eric Abidal",
                    // ...
                }
            },
            new
            {
                TeamName = "Italy",
                Players = new string[]
                {
                    "Gianluigi Buffon", "Angelo Peruzzi",
                    "Marco Amelia", "Cristian Zaccardo",
                    // ...
                }
            }
        };

        Print(worldCup2006Finalists);
    }

    private static void Print<T>(IEnumerable<T> items)
    {
        foreach (T item in items)
        {
            Console.WriteLine(item);
        }
    }
}
```

3.0

결과적으로 만들어지는 변수는 무명 형식의 요소로 구성된 배열이며 따라서 모든 요소의 형식은 같아야 한다.

요약

15장에서는 foreach 반복의 동작 원리와 이때 필요한 인터페이스에 대해 살펴봤다. 개발자들은 자주 컬렉션을 필터링해서 항목을 줄이거나 컬렉션에 대한 프로젝션을 통해 항목의 형태를 바꾸기도 한다. 이를 위해 15장에서는 컬렉션 조작을 위해 표준 질의 연산자(LINQ에서 도입한 System.Linq.Enumerable 클래스의 컬렉션 확장 메서드들)를 이용하는 방법을 자세히 살펴봤다.

표준 질의 연산자에 대해 소개하면서 지연된 실행과 개발자들이 컬렉션 열거 중에 발생하는 모호한 호출로 인해 발생하는 의도하지 않은 식의 재실행을 피하는 데 어떻게 주의해야 하는지 살펴보려고 몇 페이지를 할애했다. 지연된 실행과 표준 질의 연산자의 암시적인 실행은 특히 질의 실행에 장시간이 소요되는 경우 굉장히 중요한 부분이다. 프로그래머는 질의 개체를 질의 개체 자체로 다뤄야 하며 결과 세트로 봐서는 안 된다. 그리고 이미 실행된 질의도 전체를 실행해야 할 수 있다는 것을 알고 있어야 한다. 질의 개체는 이전에 실행됐을 당시의 결과와 새로 실행했을 때의 결과가 동일한 값을 가질지 모르기 때문이다.

예제 15.23은 고급 주제로 분류했는데 여러 개의 표준 질의 연산자를 연속적으로 호출하고 있어서 복잡해졌기 때문이다. 이와 비슷한 실행 조건에 대한 요구 사항은 아주 흔하지만 그렇다고 표준 질의 연산자에 너무 의존할 필요는 없다. C# 3.0은 컬렉션 조작을 위해 SQL 문법과 유사한 질의 식을 포함하고 있는데 대체로 코딩하기 편하고 가독성도 좋은 편이다. 질의 식에 대해서는 16장에서 살펴보도록 하겠다.

마지막 부분에서는 무명 형식을 자세히 살펴보고 C# 7.0 이상의 사용자라면 왜 튜플이 나은 선택인지 설명했다.

3.0

■16■
LINQ와 질의 식

15장 마지막 부분에서는 GroupJoin(), SelectMany(), Distinct() 표준 질의 연산자를 이용하는 질의를 살펴봤다. 질의는 결과적으로 하나의 문 형태로 작성할 수 있는데 이 문은 대체로 다수의 라인으로 구성되고 이전 버전의 C#에서 제공하는 기능을 이용해서 작성한 코드에 비해 복잡하고 이해하기도 어려운 경향이 있다. 다양한 데이터 집합을 다루는 최근 프로그램들은 이처럼 복잡한 질의를 자주 이용한다. 따라서 언어 수준의 지원을 이용해 보다 읽기 쉽게 할 수 있다면 훌륭한 장점이 될 수 있다. SQL처럼 특정 도메인 전용인 질의 언어는 이해하고 읽기 쉽지만 C# 언어의 강력한 기능을 사용할 수 없다. 이것이 바로 C# 언어 설계자들이 C# 3.0에 **질의 식**query expression을 도입한 가장 큰 이유다. 질의 식을 이용하면 많은 표준 질의 연산자 식들을 SQL과 유사하게 읽기 쉬운 형태로 표현할 수 있다.

3.0

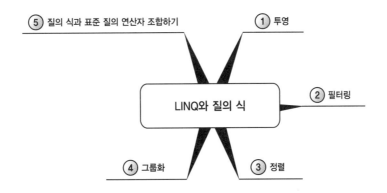

16장에서는 질의 식을 소개하고 15장에서 사용했던 질의를 질의 식으로 표현해 보겠다.

질의 식 소개

컬렉션에서 필요 없는 항목을 제거하는 **필터링**^{filtering}이나 컬렉션을 **투영**^{project}해 항목을 다른 형태로 바꾸는 것과 같은 처리는 개발자라면 익숙한 작업이다. 예를 들어, 주어진 파일 컬렉션에서 확장자가 .cs인 파일 혹은 크기가 1MB 이상인 것들을 골라 새 컬렉션에 담는 작업과 같은 것이다. 또 파일 컬렉션을 투영해 파일 경로와 디렉터리 크기를 갖는 컬렉션을 만들 수도 있다. 질의 식은 이처럼 일반적인 작업을 위한 직관적인 문법을 제공한다. 예제 16.1과 결과 16.1은 문자열 컬렉션을 다루는 질의 식 처리 및 실행 결과다.

예제 16.1 간단한 질의 식 예

```
namespace Listing16
{
    static public class CSharp
    {
        public static readonly ReadOnlyCollection<string> Keywords =
            new ReadOnlyCollection<string>(
                new string[]
            {
                "abstract","add*","alias*","as","ascending*",
                "async*","await*","base","bool","break",
                "by*","byte","case","catch","char","checked",
                "class","const","continue","decimal","default",
                "delegate","descending*","do","double","dynamic*",
                "else","enum","equals*","event","explicit","extern",
                "false","finally","fixed","float","for","foreach",
                "from*","get*","global*","goto","group*","if","implicit",
                "in","int","interface","internal","into*","is","join*",
                "let*","lock","long", "nameof*", "namespace","new","nonnull*",
                "null","object","on*","operator","orderby*","out","override",
                "params","partial*","private","protected","public",
                "readonly","ref","remove*","return","sbyte","sealed",
                "select*","set*","short","sizeof","stackalloc","static",
                "string","struct","switch","this","throw","true","try",
```

3.0

```
                    "typeof","uint","ulong","unchecked","unsafe","ushort",
                    "using","value*","var*","virtual","void","volatile"
                    ,"when*","where*","while","yield*"
              });
        }
    }

// ...
using System;
using System.Collections.Generic;
using System.Linq;

//...
    private static void ShowContextualKeywords()
    {
        IEnumerable<string> selection =
            from word in CSharp.Keywords
                where !word.Contains('*')
                select word;

        foreach(string keyword in selection)
        {
            Console.Write(keyword + " ");
        }
    }
//...
```

결과 16.1

```
abstract as base bool break byte case catch char checked class const continue
decimal default delegate do double else enum event explicit extern false finally
fixed float for foreach goto if implicit in int interface internal is lock
long namespace new null object operator out override params private protected
public readonly ref return sbyte sealed short sizeof stackalloc static string
struct switch this throw true try typeof uint ulong unsafe ushort using virtual
unchecked void volatile while
```

질의 식을 보면 selection에 C# 예약어 컬렉션을 할당한다. 예제의 질의 식은 문맥 키워드가 아닌 것을 걸러내기 위해 where 절을 이용한다.

질의 식은 항상 'from 절'로 시작해서 'select 절' 혹은 'group 절'로 끝나며 from, select, group과 같은 문맥적 키워드로 식별할 수 있다. from 절의 word 식별자는 **범위 변수**range variable라고 하며 컬렉션 내의 개별 항목을 나타내기 때문에 foreach 문의 반복 변수와 비슷하다.

SQL에 익숙한 개발자라면 질의 식이 SQL과 비슷하다고 생각할 것이다. SQL을 알고 있는 개발자들이 LINQ를 쉽게 익힐 수 있도록 고려한 설계를 엿볼 수 있는 부분이다. 하지만 분명한 차이점도 있다. SQL에 익숙한 개발자라면 쉽게 알아챘을 텐데 예제의 C# 질의 식을 보면 from, where, select의 순서를 따르고 있다. SQL이라면 SELECT 절이 가장 먼저 오고 FROM 절과 WHERE 절이 뒤따랐을 것이다.

이렇게 했던 주요 이유는 인텔리센스를 가능하게 하기 위함인데 인텔리센스란 IDE에서 제공하는 기능으로 코딩 편의를 위해 주어진 개체의 멤버를 보여 주는 드롭다운 목록을 실시간으로 제공한다. 예제의 경우 from이 가장 앞에 위치해서 Keywords 문자열 배열을 데이터 원본으로 식별하고 있으므로 코드 편집기는 범위 변수 word가 string 형식이라는 것을 추론해 낼 수 있다. 편집기를 이용해서 코드를 타이핑하면서 word 뒤에 점을 찍으면 편집기는 string의 멤버만 화면에 표시할 것이다.

만일 SQL처럼 from 절이 select 절 다음에 위치한다면 질의를 편집하는 중에 편집기가 word의 데이터 형식을 알 방법이 없기 때문에 word의 멤버를 보여 줄 수 없다. 예를 들어, 예제 16.1에서 word에 대해서 Contains() 멤버를 호출할 수 있는지 알 방법이 없다는 것이다.

또, C# 질의 식의 구성 순서는 실제로 처리되는 작업의 논리적 순서와 좀 더 잘 들어맞는다. 즉, 질의를 확인할 때는 우선 컬렉션을 식별하고(from 절로 기술) 필요 없는 항목을 제거한 다음(where 절을 이용) 마지막을 원하는 결과를 기술한다(select 절).

마지막으로 C# 질의 식의 순서는 범위 변수가 지역 변수의 범위 규칙과 일관성을 유지할 수 있게 해 준다. 예를 들어, 범위 변수는 반드시 변수를 사용하기 전에 앞선 절(보통 from 절)에서 선언해야 하는데 이것은 지역 변수가 따르는 규칙과 같다.

3.0

투영

질의 식의 결과는 IEnumerable<T> 혹은 IQueryable<T> 형식의 컬렉션이다.[1] T의 실제 형식은 select나 group by 절을 통해서 유추한다. 예제 16.1에서 컴파일러는 Keywords가 string[] 형식이고 이것은 IEnumerable<string>과 호환된다는 것을 알 수 있기 때문에 word를 string 형식으로 추론해 낸다. 질의는 select word로 끝나는데 이것은 질의 식의 결과가 문자열 컬렉션이어야 함을 의미하므로 결국 질의 식의 형식은 IEnumerable<string>이다.

이 경우에서 질의의 '입력'과 '출력'은 모두 문자열 컬렉션이다. 하지만 select 절의 식이 완전히 다른 형식이라면 '출력' 형식이 '입력' 형식과 전혀 다를 수 있다. 예제 16.2와 결과 16.2의 질의 식을 살펴보자.

예제 16.2 질의 식을 이용한 투영

```
using System;
using System.Collections.Generic;
using System.Linq;
using System.IO;

// ...

    static void List1(string rootDirectory, string searchPattern)
    {
        IEnumerable<string> fileNames = Directory.GetFiles(
            rootDirectory, searchPattern);
        IEnumerable<FileInfo> fileInfos =
            from fileName in fileNames
            select new FileInfo(fileName);

        foreach (FileInfo fileInfo in fileInfos)
        {
            Console.WriteLine(
                $@".{ fileInfo.Name } ({
                    fileInfo.LastWriteTime })");
```

3.0

---

1 현실적으로 질의 식의 결과는 거의 대부분 IEnumerable<T> 혹은 그 하위 형식을 갖는다. 어떤 면으로 바람직하지 않지만 다른 형식을 반환하는 질의 메서드를 구현한다고 해서 잘못된 것은 아니다. 언어 스펙에서도 질의 식의 반환 형식이 IEnumerable<T>와 호환성을 가져야 한다는 요구 사항은 없다.

```
            }
        }

    // ...
```

```
Account.cs(11/22/2011 11:56:11 AM)
Bill.cs(8/10/2011 9:33:55 PM)
Contact.cs(8/19/2011 11:40:30 PM)
Customer.cs(11/17/2011 2:02:52 AM)
Employee.cs(8/17/2011 1:33:22 AM)
Person.cs(10/22/2011 10:00:03 PM)
```

여기서 질의 식의 결과는 Directory.GetFiles()에서 반환한 값을 저장하고 있는 IEnumerable<string> 형식이 아닌 IEnumerable<FileInfo> 형식이다. 질의 식의 select는 from 절의 식에서 수집된 것과 다른 데이터 형식으로 투영할 수 있는 기능을 내포하고 있다.

이 예제에서 FileInfo를 이용한 이유는 출력하고자 하는 값(파일 이름과 최종 변경 시간)에 적당한 필드를 포함하고 있기 때문이다. FileInfo 개체에서 수집하지 못한 다른 정보가 필요하다면 이런 편리를 누리지 못할 수도 있다. 튜플(또는 C# 7.0 이전의 무명 형식)은 이처럼 운 좋게 적당한 형식을 찾거나 새로운 형식을 만들 필요 없이 간편하게 필요한 데이터를 정확히 투영할 수 있는 방법을 제공한다. 예제 16.3은 예제 16.2와 유사한 결과를 제공하지만 FileInfo 대신 튜플을 이용하고 있다.

예제 16.3 질의 식에서 튜플 사용하기

3.0

```
using System;
using System.Collections.Generic;
using System.Linq;
using System.IO;

// ...

    static void List2(string rootDirectory, string searchPattern)
    {
```

```
        var fileNames = Directory.EnumerateFiles(
            rootDirectory, searchPattern);
        var fileResults =
            from fileName in fileNames
            select
            (
                Name: fileName,
                LastWriteTime: File.GetLastWriteTime(fileName)
            );

        foreach (var fileResult in fileResults)
        {
            Console.WriteLine(
                $@"{ fileResult.Name } ({
                    fileResult.LastWriteTime })");
        }
    }

// ...
```

이 예제의 질의는 파일 이름과 최종 수정 시간만 투영한다. 예제 16.3의 `FileInfo`와 같은 작은 데이터에 대한 투영의 경우에는 그 차이가 크지 않다. 하지만 컬렉션의 각 항목에 대해 필터링을 이용해서 데이터 양을 줄여 나가는 '수평적' 투영은 대규모 데이터를 다루거나 데이터 추출에 긴 시간이 걸리는 경우(네트워크를 통해 원격 접속이 필요한 경우 등) 매우 강력한 힘을 발휘한다. 튜플(또는 C# 7.0 이전의 무명 형식)을 이용하면 질의를 실행할 때 전체 데이터를 추출하는 대신 꼭 필요한 데이터만 추출해 컬렉션에 저장할 수 있다.

칼럼이 30개 혹은 그 이상인 테이블들로 구성된 대규모 데이터베이스를 가정해 보자. 튜플이 없다면 개발자들은 필요 없는 정보를 포함하는 개체를 사용하거나 특정 데이터의 처리에 전용으로 사용할 수 있는 작은 클래스를 따로 정의해야 할 것이다. 대신 튜플을 사용하면 시나리오에 딱 맞는 데이터만을 포함하는 형식을 컴파일러가 정의해서 사용할 수 있으며, 필요에 따라 투영할 속성을 조정함으로써 다양한 시나리오에 대응할 수 있다.

지연된 실행과 질의 식

질의 식을 이용해서 작성한 질의는 15장에서 작성했던 질의와 마찬가지로 지연된 실행 메커니즘을 따른다. 예제 16.1처럼 selection 변수에 질의 개체를 할당한다고 생각해 보자. 질의 생성과 변수 할당은 질의 실행과는 무관하며 질의를 표현하는 개체를 구축하는 과정일 뿐이다. word.Contains("*") 메서드는 질의 개체가 생성될 때까지 호출되지 않으며, 질의 식은 selection 변수에 의해 식별되는 컬렉션을 반복할 때 사용할 선택 조건을 저장한다.

예제 16.4와 결과 16.3을 이용해 이 과정을 살펴보자.

예제 16.4 지연된 실행과 질의 식(예1)

```csharp
using System;
using System.Collections.Generic;
using System.Linq;

// ...

    private static void ShowContextualKeywords2()
    {
        IEnumerable<string> selection = from word in CSharp.Keywords
                                        where IsKeyword(word)
                                        select word;
        Console.WriteLine("Query created.");
        foreach (string keyword in selection)
        {
            // 여기서는 공백을 출력하지 않음
            Console.Write(keyword);
        }
    }

    // 지연된 실행을 보여 주려고 조건자에 콘솔 출력을
    // 추가했으며 실제로는 피해야 할 코딩 방법이다.
    private static bool IsKeyword(string word)
    {
        if (word.Contains('*'))
        {
            Console.Write(" ");
```

```
            return true
        }
        else
        {
            return false
        }
    }
    // ...
```

결과 16.3

```
Query created.
add* alias* ascending* async* await* by* descending* dynamic*
equals* from* get* global* group* into* join* let* nameof* nonnull*
on* orderby* partial* remove* select* set* value* var* where* yield*
```

예제 16.4의 foreach 반복문 내에서는 공백을 출력하지 않는다는 점에 주목한다. IsKeyword() 조건자가 실행되면서 공백을 출력하는 동작은 질의를 만들었을 때가 아니라 반복이 발생할 때 이뤄진다.

요점은 selection이 컬렉션(IEnumerable<T> 형식)이기는 하지만 할당 시점에는 from 절 이후의 모든 것을 이용해서 투영 조건을 구성할 뿐이며, selection을 반복하기 전에는 조건이 적용되지 않는다.

이제 두 번째 예제를 살펴보자(예제 16.5, 결과 16.4).

예제 16.5 지연된 실행과 질의 식(예2)

```
using System;
using System.Collections.Generic;
using System.Linq;

// ...

    private static void CountContextualKeywords()
    {
        int delegateInvocations = 0;
        string func(string text)
        {
            delegateInvocations++;
```

```
            return text;
    }

    IEnumerable<string> selection =
        from keyword in Sharp.Keywords
        where keyword.Contains('*')
        select func(keyword);

    Console.WriteLine(
        $"1. delegateInvocations={ delegateInvocations }");

    // Count를 실행하면 선택된 각 항목에 대해
    // func에 대한 호출이 발생한다.
    Console.WriteLine(
        $"2. Contextual keyword count={ selection.Count() }");

    Console.WriteLine(
        $"3. delegateInvocations={ delegateInvocations }");

    // Count를 실행하면 선택된 각 항목에 대해
    // func에 대한 호출이 발생한다.
    Console.WriteLine(
        $"4. Contextual keyword count={ selection.Count() }");

    Console.WriteLine(
        $"5. delegateInvocations={ delegateInvocations }");

    // 값을 캐시하면 이후의 Count 호출에 의해
    // 질의 재실행이 발생하지 않는다.
    List<string> selectionCache = selection.ToList();

    Console.WriteLine(
        $"6. delegateInvocations={ delegateInvocations }");

    // 캐시된 컬렉션에서 카운트를 구한다.
    Console.WriteLine(
        $"7. selectionCache count={ selectionCache.Count() }");

    Console.WriteLine(
        $"8. delegateInvocations={ delegateInvocations }");
}
```

```
// ...
```

결과 16.4

```
1. delegateInvocations=0
2. Contextual keyword count=28
3. delegateInvocations=28
4. Contextual keyword count=28
5. delegateInvocations=56
6. delegateInvocations=84
7. selectionCache count=28
8. delegateInvocations=84
```

예제 16.5에서는 메서드 호출 횟수를 세려고 별도의 메서드를 정의하지 않고 문 람 다를 사용한다.

결과를 보면 두 가지가 눈에 띈다. 첫째, selection에 할당이 이뤄진 다음에도 DelegateInvocations은 0이 유지된다는 점이다. selection 할당 시점에는 Keywords에 대한 반복이 일어나지 않는다. Keywords가 속성이었다면 속성 호출이 일어나고 다시 말해 할당 시점에 from 절이 실행된다. 하지만 투영이나 필터링 등 from 절 이후의 모든 작업은 selection 내의 값을 반복하기 전에 처리하지 않는다. 할당 시점에는 selection을 '질의'라고 부르는 것이 좀 더 적절할 것으로 보인다.

하지만 일단 Count()나 ToList()를 호출하면 컨테이너 혹은 컬렉션을 가리키는 질의 결과 혹은 항목들이라는 용어를 사용하는 편이 문맥상 더 어울린다. 왜냐하면 실제로 컬렉션 항목의 수를 세기 시작하기 때문이다. 다시 말해 selection 변수를 질의 정보를 저장하는 역할과 데이터 추출을 위한 대상 컨테이너의 역할 두 가지 목적으로 사용한다고 할 수 있다.

두 번째로 눈에 띄는 특징은 Count()를 두 번 호출하면 선택된 개별 항목에 대해 func 역시 재호출한다는 것이다. selection이 질의와 컬렉션의 두 가지 역할을 하기 때문에 항목 수를 요청하면 selection이 참조하고 있는 IEnumerable<string> 컬렉션을 반복하고 질의가 다시 실행되면서 항목 개수를 세야 한다. C# 컴파일러는 호출 사이에 배열에 포함된 문자열에 대한 변경이 발생했는지 모르므로 정확한 값을 제공하려고 매번 Count()

3.0

를 호출할 때마다 처음과 같은 방식으로 개수를 센다. 이와 유사하게 selection에 대한 foreach 반복도 개별 항목에 대해 func 호출을 유발한다. System.Linq.Enumerable에서 제공하는 모든 확장 메서드에 대해서 같은 규칙이 적용된다는 것을 기억하자.

■ 고 급 주 제

지연된 실행 구현

지연된 실행은 대리자와 식 트리를 이용해서 구현한다. 대리자는 차후에 호출할 수 있는 식을 포함하는 메서드 참조를 만들고 조작할 수 있는 기능을 제공한다. 식 트리를 이용하면 이후에 조사나 조작이 가능한 식에 대한 정보를 생성하고 조작할 수 있다.

예제 16.5에서 where 절의 조건자 식과 select 절의 투영 식들은 컴파일러에 의해 식 람다로 바뀌고, 이후에 람다는 다시 대리자 생성으로 변형된다. 질의 식의 결과는 이렇게 만들어진 대리자들에 대한 참조를 갖는 개체이며, 질의 결과를 반복하는 경우에만 질의 개체가 대리자를 실제로 실행한다.

필터링

예제 16.1에서 where 절을 이용해 예약어를 필터링했는데 여기서 where 절은 컬렉션을 '수직적'으로 필터링한다. 컬렉션이 세로로 쌓여 있는 항목들의 목록이라고 생각하면 where 절은 세로로 쌓인 목록을 짧게 줄이는 작업을 하는 것이다. 필터 조건은 **조건자**predicate로 표현하는데 조건자는 bool을 반환하는 람다 식이다. 예를 들어, 예제 16.1에서 word.Contains() 혹은 file.GetLastWriteTime(file) < DateTime.Now.AddMonths(-1) 등이다. 후자는 예제 16.6과 결과 16.5를 참고한다.

예제 16.6 where를 이용한 질의 식 필터링

```
using System;
using System.Collections.Generic;
using System.Linq;
using System.IO;

// ...

    static void FindMonthOldFiles(
```

```
        string rootDirectory, string searchPattern)
    {
        IEnumerable<FileInfo> files =
            from fileName in Directory.EnumerateFiles(
                rootDirectory, searchPattern)
            where File.GetLastWriteTime(fileName) <
                DateTime.Now.AddMonths(-1)
            select new FileInfo(fileName);

        foreach (FileInfo file in files)
        {
            // 예제의 단순화를 위해 현재 디렉터리는
            // 루트 디렉터리의 하위 디렉터리라고 가정한다.
            string relativePath = file.FullName.Substring(
                Environment.CurrentDirectory.Length);
            Console.WriteLine(
                $".{ relativePath } ({ file.LastWriteTime })");
        }
    }

    // ...
```

결과 16.5

```
.\TestData\Bill.cs(8/10/2011 9:33:55 PM)
.\TestData\Contact.cs(8/19/2011 11:40:30 PM)
.\TestData\Employee.cs(8/17/2011 1:33:22 AM)
.\TestData\Person.cs(10/22/2011 10:00:03 PM)
```

정렬

order by 절을 이용하면 질의 식을 이용해 항목을 정렬할 수 있다(예제 16.7).

예제 16.7 orderby 절과 질의 식을 이용한 정렬

```
using System;
using System.Collections.Generic;
using System.Linq;
using System.IO;
```

```
// ...

    static void ListByFileSize1(
        string rootDirectory, string searchPattern)
    {
        IEnumerable<string> fileNames =
            from fileName in Directory.EnumerateFiles(
                rootDirectory, searchPattern)
            orderby (new FileInfo(fileName)).Length descending, fileName
            select fileName;

        foreach (string fileName in fileNames)
        {
            Console.WriteLine(fileName);
        }
    }

// ...
```

예제 16.7은 Directory.EnumerateFiles()를 이용해 얻은 파일 목록을 orderby 절로 정렬하는데 먼저 파일 크기를 기준으로 내림차순으로 정렬하고 다음으로 파일 이름의 오름차순으로 정렬한다. 다중 정렬 조건은 쉼표로 구분하며 예제에서는 파일 크기를 기준으로 먼저 정렬을 수행하고 크기가 같은 파일이 있다면 파일 이름순으로 정렬한다. ascending과 descending은 정렬 방향을 가리키는 키워드다. 오름차순[ascending] 혹은 내림차순[descending]으로 지정하는 정렬 방향은 선택 사항이며 생략 시 기본 값은 ascending이다.

let 절

3.0

예제 16.8은 예제 16.7과 비슷한데 IEnumerable<T>의 형식 인수가 FileInfo라는 점만 다르다. 이 질의에는 문제가 있는데 orderby 절과 select 절에서 FileInfo를 반복해서 만들어야 한다는 것이다.

예제 16.8 FileInfo 컬렉션 투영과 파일 크기에 따른 정렬

```
using System;
using System.Collections.Generic;
```

```
using System.Linq;
using System.IO;

// ...

    static void ListByFileSize2(
        string rootDirectory, string searchPattern)
    {
        IEnumerable<FileInfo> files =
            from fileName in Directory.EnumerateFiles(
                rootDirectory, searchPattern)
            orderby new FileInfo(fileName).Length, fileName
            select new FileInfo(fileName);

        foreach (FileInfo file in files)
        {
            // 예제의 단순화를 위해 현재 디렉터리는
            // 루트 디렉터리의 하위 디렉터리라고 가정한다.
            string relativePath = file.FullName.Substring(
                Environment.CurrentDirectory.Length);
            Console.WriteLine(
                $".{ relativePath }({ file.Length })");
        }
    }

// ...
```

결과가 정상적이기는 하지만 예제 16.8은 원본 컬렉션의 각 항목에 대해 FileInfo 개
체를 두 번씩 생성하며 이것은 두말할 것 없이 자원의 낭비다. 예제와 같은 불필요한 비
용을 초래하는 오버헤드를 피하고자 할 때 사용할 수 있는 것이 let 절인데 예제 16.9에
서 사용 방법을 살펴보겠다.

예제 16.9 질의 식에서 결과 정렬하기

```
// ...
IEnumerable<FileInfo> files =
    from fileName in Directory.EnumerateFiles(
        rootDirectory, searchPattern)
    let file = new FileInfo(fileName)
    orderby file.Length, fileName
```

```
    select file;

// ...
```

예제를 보면 let 절에서 새로운 범위 변수를 도입하는데 이 변수는 이후의 질의 식에서 사용할 수 있는 임의의 값을 보관할 수 있다. let 절은 from 절과 마지막 select/group by 절 사이에 필요한 만큼 자유롭게 추가해서 쓸 수 있다.

그룹화

서로 관련이 있는 항목을 그룹으로 묶는 시나리오는 매우 흔한 작업이다. 일반적으로 SQL에서 대상 항목들에 대한 집계를 통해 요약, 합계 등의 값을 산출하는 작업이 여기에 해당한다. 하지만 LINQ는 이보다 풍부한 표현이 가능하다. LINQ 식을 이용하면 개별 항목을 일련의 하위 컬렉션으로 그룹화할 수 있고 질의 대상 컬렉션이 포함하는 항목과 그룹을 연관시켜 준다. 예제 16.10과 결과 16.6은 문맥 키워드와 일반 키워드를 그룹화하는 방법을 보여주고 있다.

예제 16.10 질의 결과의 그룹화

```
using System;
using System.Collections.Generic;
using System.Linq;

// ...

    private static void GroupKeywords1()
    {
        IEnumerable<IGrouping<bool, string>> selection =
            from word in CSharp.Keywords
            group word by word.Contains('*');

        foreach (IGrouping<bool, string> wordGroup
            in selection)
        {
            Console.WriteLine(Environment.NewLine + "{0}:",
                wordGroup.Key ?
```

```
                            "Contextual Keywords" : "Keywords");
            foreach (string keyword in wordGroup)
            {
                Console.Write(" " +
                    (wordGroup.Key ?
                        keyword.Replace("*", null) : keyword));
            }
        }
    }

    // ...
```

결과 16.6

```
Keywords:
abstract as base bool break byte case catch char checked class
const continue decimal default delegate do double else enum event
explicit extern false finally fixed float for foreach goto if
implicit in int interface internal is lock long namespace new null
operator out override object params private protected public
readonly ref return sbyte sealed short sizeof stackalloc static
string struct switch this throw true try typeof uint ulong unsafe
ushort using virtual unchecked void volatile while
Contextual Keywords:
add alias ascending async await by descending dynamic equals from
get global group into join let nameof nonnull on orderby partial remove
select set value var where yield
```

이 예제에서 몇 가지 짚고 넘어가야 할 것이 있다. 먼저 질의 결과가 일련의 IGrou ping<bool, string> 형식 요소들이다. 첫 번째 인수는 by 다음에 따라오는 '그룹 키' 식 이 bool 형식임을 가리키며, 두 번째 형식 인수는 group 다음에 따라오는 '그룹 요소' 식 의 형식이 string임을 나타낸다. 즉, 이 질의는 키 값이 같은 문자열들을 그룹화한다.

group by 절을 이용하는 질의를 실행한 결과는 일련의 컬렉션들이므로 결과를 반복 하는 일반적인 패턴은 foreach 문을 중첩해서 사용하는 방법이다. 예제 16.10에서 바깥 쪽 반복은 그룹 수준을 대상으로 하며 헤더로 키워드의 형식을 출력한다. 내부에 중첩 된 foreach 반복은 그룹에 속한 키워드를 앞서 출력한 헤더 하위 항목으로 출력한다.

3.0

이 질의 식의 결과는 그 자체가 또 하나의 시퀀스(일정한 순서로 배열된 자료)이므로 다른 것과 마찬가지로 결과 시퀀스를 다시 질의할 수 있다. 예제 16.11과 결과 16.7은 질의의 결과로 얻어 낸 그룹들로 구성된 시퀀스를 투영하기 위한 추가 질의를 만드는 방법을 보여 준다. (뒤에 살펴볼 질의 연속에서는 완전한 형식의 질의에 더해 질의 절을 추가하는 흥미로운 문법을 다룰 것이다.)

예제 16.11 group 절에 이은 튜플을 이용한 선택

```csharp
using System;
using System.Collections.Generic;
using System.Linq;

// ...

    private static void GroupKeywords1()
    {
        IEnumerable<IGrouping<bool, string>> keywordGroups -
            from word in CSharp.Keywords
            group word by word.Contains('*');

        IEnumerable<(bool IsContextualKeyword, IGrouping<bool, string> Items)>
          selection =
            from groups in keywordGroups
            select
            (
             IsContextualKeyword: groups.Key,
                 Items: groups
            );

        foreach (
          (bool isContextualKeyword, IGrouping<bool, string> items) in selection)
        {
            Console.WriteLine(Environment.NewLine + "{0}:",
                isContextualKeyword ?
                    "Contextual Keywords" : "Keywords");
            foreach (string keyword in items)
            {
                Console.Write(" " +
                    keyword.Replace("*", null));
            }
```

```
        }
    }
}

// ...
```

결과 16.7

```
Keywords:
abstract as base bool break byte case catch char checked class
const continue decimal default delegate do double else enum
event explicit extern false finally fixed float for foreach goto if
implicit in int interface internal is lock long namespace new null
operator out override object params private protected public
readonly ref return sbyte sealed short sizeof stackalloc static
string struct switch this throw true try typeof uint ulong unsafe
ushort using virtual unchecked void volatile while
Contextual Keywords:
add alias ascending async await by descending dynamic equals from
get global group into join let nameof nonnull on orderby partial remove
select set value var where yield
```

질의에서 group 절의 결과는 GroupBy() 표준 질의 연산자(15장 참고)와 마찬가지로 IGrouping<TKey, TElement> 개체다. 이어지는 select 절은 튜플을 이용해서 IGrouping<TKey, TElement>.Key를 IsContextualKeyword로 바꾸고 하위 컬렉션 속성을 Items로 명명한다. 이렇게 바꿈으로써 예제 16.10처럼 중첩된 foreach는 wordGroup을 직접 이용하지 않고 wordGroup.Items를 이용한다. 여기에서 사용한 튜플에 추가해 볼 만한 속성으로는 하위 컬렉션의 항목 수 정도를 생각해 볼 수 있다. 하지만 이것은 wordGroup. Items.Count()를 이용하면 되므로 추가해서 얻을 수 있는 이득은 별로 없어 보인다.

3.0

into를 이용한 질의 연속

예제 16.11에서 본 것처럼 질의를 또 다른 질의의 입력 값으로 이용할 수 있다. 하지만 이런 경우 완전히 새로운 두 번째 질의 식을 만들지 않고 문맥 키워드인 into를 이용하는 **질의 연속 절**query continuation clause로 질의를 확장하는 방법을 택할 수 있다. 질의 연속은 하나의 질의를 두 번째 질의의 입력으로 사용할 수 있는 편리함을 제공한다. into 절에서 이용하는 범위 변수(예제 16.11의 groups)는 이후의 질의에서 유효한 범위 변수가 되며, 논리적으로 앞서 나온 질의에 포함된 다른 모든 범위 변수들은 질의 연속에서 사용할 수 없다. 예제 16.12는 2개의 질의를 만드는 대신 질의 연속을 사용해서 예제 16.11을 다시 작성한 것이다.

예제 16.12 질의 연속 이용하기

```csharp
using System;
using System.Collections.Generic;
using System.Linq;

// ...

    private static void GroupKeywords1()
    {
        IEnumerable<(bool IsContextualKeyword, IGrouping<bool, string> Items)>
            selection =
                from word in CSharp.Keywords
                group word by word.Contains('*')
                into groups
                    select
                    (
                        IsContextualKeyword: groups.Key,
                         Items: groups
                    );

        // ...

    }

// ...
```

into를 이용해서 어떤 질의의 결과를 다른 질의에서 사용하는 방법은 group 절로 끝나는 질의뿐만 아니라 모든 질의 식에서 쓸 수 있다. 질의 연속은 간단히 다른 질의의 결과를 이용하는 질의 식을 작성하기 위한 간편한 표현 방법이라고 할 수 있다. 질의 연속에서 into는 첫 번째 질의의 결과를 두 번째 질의로 보내 주는 역할을 하기 때문에 '파이프라인 연산자'라고 볼 수 있다. 이와 같은 방법으로 다수의 질의를 연결해서 처리할 수 있다.

다중 from 절을 이용한 다중 시퀀스 평면화

예를 들어, 여러 고객이 있고 개별 고객은 자신만의 주문과 연관되어 있는 경우 혹은 디렉터리들과 각 디렉터리에 포함된 일련의 파일 목록과 같은 경우를 생각해 보자. 이처럼 어떤 시퀀스들의 시퀀스가 존재하는 경우가 많은데 이것을 하나의 시퀀스로 만드는 평면화^{flattening}가 필요한 경우가 종종 있다. 15장에서 살펴본 SelectMany 시퀀스 연산자는 모든 하위 시퀀스를 합치는데 예제 16.13과 같이 질의 식에서 다중 from 절을 사용하면 SelectMany와 같은 결과를 얻을 수 있다.

예제 16.13 다중 선택

```
var selection =
    from word in CSharp.Keywords
    from character in word
    select character;
```

이 질의는 a, b, s, t, r, a, c, t, a, d, d, *, a, 1, i, a, … 라는 문자 시퀀스를 만들어 낼 것이다.

다중 from 절은 예제 16.14와 같은 방법으로 몇 개의 시퀀스에 대해 가능한 모든 조합의 집합을 만들어 내는 **카티전 곱**^{Cartesian product}을 만드는 데 사용할 수 있다.

예제 16.14 카티전 곱

```
var numbers = new[] { 1, 2, 3 };
IEnumerable<(string Word, int Number)> product =
    from word in CSharp.Keywords
    from number in numbers
    select (word, number);
```

예제의 결과는 (abstract, 1), (abstract, 2), (abstract, 3), (as, 1), (as, 2), …와 같은 값의 쌍으로 구성되는 하나의 시퀀스다.

중복 제거

때로는 컬렉션에서 중복을 제거하고 고유한 항목들만 반환하려는 경우가 있다. 질의 식에는 이렇게 중복을 제거할 수 있는 명시적인 문법이 없지만 15장에서 살펴본 Distinct() 질의 연산자를 이용하면 된다. 질의 연산자를 질의 식에 사용하려면 질의 식은 반드시 괄호 안에 위치해야 하며 이렇게 함으로써 컴파일러는 Distinct()가 select 절의 일부가 아니라는 것을 알 수 있다. 예제 16.15와 결과 16.8을 참고하자.

예제 16.15 질의 식에서 중복을 제거한 결과 구하기

```csharp
using System;
using System.Collections.Generic;
using System.Linq;

// ...

    public static void ListMemberNames()
    {
        IEnumerable<string> enumerableMethodNames = (
            from method in typeof(Enumerable).GetMembers(
                System.Reflection.BindingFlags.Static |
                System.Reflection.BindingFlags.Public)
                orderby method.Name
                select method.Name).Distinct();
        foreach(string method in enumerableMethodNames)
        {
            Console.Write($"{ method }, ");
        }
    }

// ...
```

결과 16.8

```
Aggregate, All, Any, AsEnumerable, Average, Cast, Concat, Contains,
Count, DefaultIfEmpty, Distinct, ElementAt, ElementAtOrDefault,
Empty, Except, First, FirstOrDefault, GroupBy, GroupJoin,
Intersect, Join, Last, LastOrDefault, LongCount, Max, Min, OfType,
```

```
OrderBy, OrderByDescending, Range, Repeat, Reverse, Select,
SelectMany, SequenceEqual, Single, SingleOrDefault, Skip,
SkipWhile, Sum, Take, TakeWhile, ThenBy, ThenByDescending, ToArray,
ToDictionary, ToList, ToLookup, Union, Where, Zip,
```

예제에서 typeof(Enumerable).GetMembers()는 System.Linq.Enumerable이 포함하는 멤버(메서드, 속성 등)의 목록을 반환한다. 하지만 이 가운데 많은 멤버가 오버로드를 지원하며 하나 이상의 오버로드 멤버를 지원하는 경우도 많다. 예제에서는 이처럼 오버로드된 멤버들을 다 보여 주지 않고 Distinct()를 이용해 중복된 이름을 제거했다(typeof( )와 리플렉션(GetMembers( ) 같은 메서드 제공)에 대해서는 18장에서 살펴볼 것이다).

질의 식은 메서드 호출

질의 식을 C# 3.0에 추가하면서 공용 언어 런타임^{CLR}이나 공용 중간 언어^{CIL}에는 아무런 영향이 없었다는 사실은 어떤 면으로 꽤 놀라운 사실이다. 이를 위해서 C# 컴파일러는 질의 식을 단순히 일련의 메서드 호출로 변환하는 방식을 취한다. 예제 16.16에서 예제 16.1의 일부를 살펴보자.

예제 16.16 간단한 질의 식

```
private static void ShowContextualKeywords1()
{
    IEnumerable<string> selection =
        from word in CSharp.Keywords
            where word.Contains('*')
            select word;
    // ...
}
```

15장에서 이야기했던 것처럼 람다 식에 대해 컴파일러는 람다 본문을 이용해서 하나의 메서드로 변환하고 이 메서드를 참조하는 대리자를 이용해 메서드를 호출한다.

모든 질의 식은 (반드시) 메서드 호출로 변환이 가능하지만 그 반대는 성립하지 않는다. 예를 들어, 조건자가 true인 한 반복해서 컬렉션의 항목을 반환하는 확장 메서드

TakeWhile<T>(Func<T, bool> predicate)를 대체할 수 있는 질의 식은 없다.

그렇다면 메서드 호출(표준 질의 연산자)과 질의 식 형태 모두 가능한 질의가 있다면 과연 어떤 형태가 나을까? 이것은 어디까지나 개인이 판단할 문제인데 어떤 경우는 질의 식이 더 적합할 것이고 때로는 메서드 호출이 나은 가독성을 제공하기도 한다.

가이드라인

- 질의의 가독성을 높이려면 질의 식을 이용하도록 한다. 특히 복잡한 from, let, join, group 절을 포함하는 경우는 질의 식을 권장한다.
- Count(), TakeWhile(), Distinct() 등 질의 식 문법이 지원하지 않는 처리를 포함하는 질의 에는 표준 질의 연산자(메서드 호출 형태) 사용을 우선 고려하자.

요약

16장에서는 새로운 문법인 질의 식을 살펴봤다. SQL에 익숙한 독자는 질의 식과 SQL 의 유사점과 차이점을 쉽게 확인할 수 있었을 것이다. 질의 식은 여기에 그치지 않고 추 가적인 기능을 제공하는데, 예를 들면, 계층 구조를 갖는 새로운 개체의 집합으로 그룹 화할 수 있는 기능 등이 있다. 질의 식이 제공하는 모든 기능은 이미 표준 질의 연산자 에서 지원하지만 질의 식이 좀 더 간단한 형태의 구문으로 표현할 수 있다. 질의 식을 이용하든 표준 질의 연산자를 이용하든 컬렉션 API로 질의를 구현하는 것과 비교하면 실로 엄청난 개선이 아닐 수 없으며 이것은 객체 지향 언어가 관계형 데이터베이스에 접근하는 새로운 패러다임이다.

17장에서는 몇 가지 .NET 프레임워크 컬렉션 형식을 살펴보고 사용자 지정 컬렉션 을 정의하는 방법을 알아보는 것으로 컬렉션에 대한 이야기를 이어 가겠다.

3.0 끝

■17■
사용자 지정 컬렉션

2.0 시작

15장에서 살펴본 표준 질의 연산자는 모든 컬렉션에 적용할 수 있는 IEnumerable<T>의 확장 메서드 형식이다. 그렇다고 해서 컬렉션의 종류와 무관하게 어떤 작업에도 알맞게 사용할 수 있다는 의미는 아니다. 여전히 다양한 종류의 컬렉션 형식에 대한 요구는 존재한다. 키 값을 이용해서 검색하는 방법에 특화된 컬렉션들이 있을 수 있는 한편, 위치나 순서를 기반으로 항목에 접근하는 것에 강점을 갖는 컬렉션도 있게 마련이다. 또, 어떤 컬렉션은 첫 번째 요소가 가장 먼저 나타나는 큐^{queue}처럼 동작하고, 처음으로 들어간 항목이 가장 마지막에 나오는 스택과 같은 컬렉션도 있으며 순서와 무관한 것도 있다.

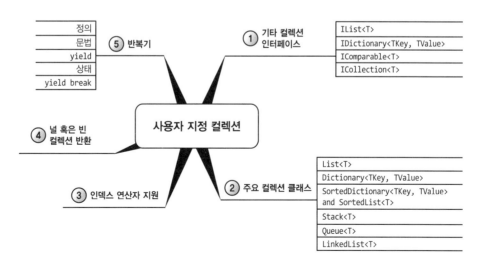

.NET 프레임워크에는 컬렉션을 필요로 하는 다양한 시나리오에 적합한 수많은 컬렉션 형식이 있다. 17장에서는 이 가운데 대표적인 컬렉션 형식과 그들이 구현하는 인터페이스를 소개하고, 인덱싱과 같은 표준 기능을 지원하는 사용자 지정 컬렉션을 만드는 방법을 알아본다. 또, IEnumerable<T>를 구현하는 클래스나 메서드를 만드는 데 yield return 문을 어떻게 사용하는지도 살필 것이다. 이 기능은 C# 2.0에서 도입한 것으로 foreach 문으로 열거할 수 있는 컬렉션을 구현하는 과정을 엄청나게 단순화했다.

.NET 프레임워크에는 비제네릭 컬렉션 클래스와 인터페이스가 많이 포함돼 있지만, 현재는 제네릭이 없을 때 만들었던 코드와의 호환성을 위해서 존재하는 정도의 의미를 가진다고 볼 수 있다. 비제네릭 컬렉션 형식에 비해 제네릭 컬렉션 형식은 박싱^{boxing} 비용이 필요 없기 때문에 더 빠르고 보다 나은 형식 안전성을 갖는다. 따라서 새로 작성하는 코드에서는 예외적인 상황을 제외하고는 무조건 제네릭 컬렉션 형식을 사용해야 한다. 이 책에서는 기본적으로 독자들이 제네릭 컬렉션 형식을 사용한다고 가정하고 있다.

기타 컬렉션 인터페이스

이미 컬렉션 요소 반복을 위한 핵심 인터페이스인 IEnumerable<T>를 어떻게 구현하고 있는지 살펴봤다. 이 외에도 보다 복잡한 컬렉션들이 구현하고 있는 많은 인터페이스가 있다. 그림 17.1은 컬렉션 클래스들이 구현하는 인터페이스 계층 구조다.

이 인터페이스들은 컬렉션에 대한 반복, 인덱싱, 항목수 세기 등의 공통적인 작업을 수행하기 위한 표준을 정의한다. 이번 절에서는 이 인터페이스들(적어도 모든 제네릭 형식들)을 그림 17.1의 하단에서부터 살펴볼 것이다.

2.0

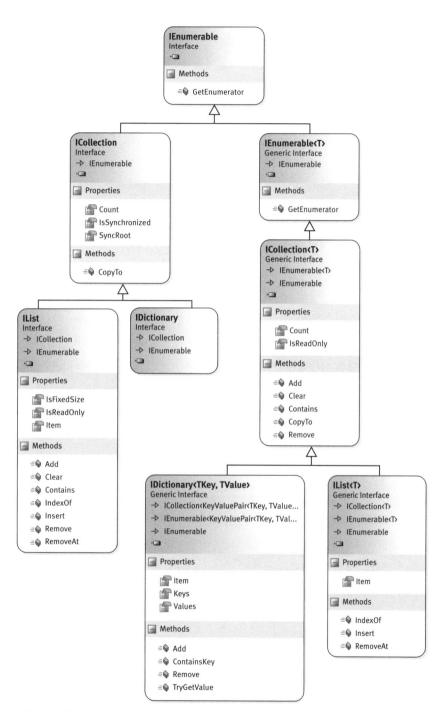

그림 17.1 제네릭 컬렉션 인터페이스 계층 구조

IList⟨T⟩와 IDictionary⟨TKey, TValue⟩

영어 사전은 수많은 정의를 포함하는 컬렉션이라 할 수 있고, 개별 정의는 '키key'로 대변되는 단어를 찾는 방법을 통해 반복적인 접근이 일어난다. 딕셔너리dictionary 컬렉션 클래스는 개별 값과 연관을 갖는 고유의 키를 이용한 빠른 액세스를 지원한다. 하지만 영어 사전은 대체로 알파벳 순서의 키 순서로 정렬돼 있는데 딕셔너리 클래스에서도 이방식을 선택할 수 있지만 일반적이지는 않다. 딕셔너리 형태의 클래스는 특별히 정렬을 지원한다고 명시되지 않았다면 정렬되지 않은 키들과 연관된 값들이라고 생각할 수 있다. '사전에서 여섯 번째로 나오는 것'이 무엇인지를 찾는 경우는 극히 이례적인 경우이며, 딕셔너리 클래스는 항목의 위치와 무관하게 오로지 키 값 기준의 인덱싱을 제공하는 것이 일반적이다.

이와는 대조적으로 리스트list는 특정 순서에 따라 값을 저장하고 항목의 위치(순서)를 기반으로 액세스한다. 어떤 의미에서 리스트는 '키'가 항상 정수이고, '키 집합'은 항상 0에서 시작하는 양수로 구성된 연속된 값으로 이뤄진 특수한 딕셔너리로 생각할 수 있다. 하지만 이 특수성은 이들에게 완전히 다른 형식으로서의 의미를 부여하기에 충분하다.

데이터 저장이나 추출 문제를 풀려고 컬렉션을 선택할 때 가장 먼저 고려해야 할 두가지 인터페이스는 IList⟨T⟩와 IDictionary⟨TKey, TValue⟩다. 이 인터페이스들은 이들을 구현하는 컬렉션 형식이 값을 추출함에 있어서 주어진 순서를 기준으로 하는지 혹은 주어진 키 값을 기준으로 하는지를 나타낸다.

이 두 인터페이스를 구현하고자 하는 클래스는 반드시 인덱서indexer를 제공해야 한다는 조건이 따른다. IList⟨T⟩의 경우 인덱서의 피연산자는 추출하고자 하는 항목의 위치를 의미한다. 이 경우 인덱서는 정수 값(n)을 취해서 리스트 내의 n번째 항목에 대한 액세스를 제공한다. 한편 IDictionary⟨TKey, TValue⟩ 인터페이스에서 인덱서의 피연산자는 값을 찾기 위한 키 값이며 인덱서를 이용해 키에 해당하는 항목을 액세스할 수 있다.

ICollection⟨T⟩

IList⟨T⟩와 IDictionary⟨TKey, TValue⟩ 모두 ICollection⟨T⟩를 구현한다. IList⟨T⟩나 IDictionary⟨TKey, TValue⟩를 구현하지 않는 컬렉션이라면 ICollection⟨T⟩를 구현할 가능성이 높다(이보다 느슨한 요구 사항을 갖는 IEnumerable이나 IEnumerable⟨T⟩를 구현할 수 있

기 때문에 꼭 필요한 사항은 아니다). ICollection<T>는 IEnumerable<T>를 상속하고 있으며 Count와 CopyTo()를 포함한다.

- Count 속성은 컬렉션이 포함하고 있는 항목의 수를 반환한다. 기본적으로 이 속성을 이용하면 for 반복문으로 컬렉션 요소를 반복하는 데 충분할 것 같지만, 그러기 위해서는 대상 컬렉션이 인덱스를 이용한 항목 액세스를 지원해야 하는데 ICollection<T> 인터페이스는 이를 지원하지 않는다(IList<T>는 지원).
- CopyTo() 메서드는 컬렉션을 배열로 변환한다. 이 메서드는 index 매개변수를 이용해 대상 배열의 특정 인덱스에 컬렉션 항목을 삽입할 수 있다. 이 메서드를 이용하려면 대상 배열을 초기화할 때 index 위치 이후로 원본 ICollection<T>가 포함하고 있는 모든 항목을 삽입할 수 있을 만큼 충분한 공간을 미리 확보해 둬야 한다.

주요 컬렉션 클래스

컬렉션 클래스들은 5개의 핵심 분류로 나눌 수 있으며 데이터를 삽입, 저장, 추출하는 방법에 따라 구별할 수 있다. 제네릭 클래스 형식은 System.Collections.Generic 네임스페이스에 위치하고 이들에 대응하는 비제네릭 형식은 System.Collections 네임스페이스에 있다.

리스트 컬렉션: List<T>

List<T> 클래스는 배열과 비슷하다. 가장 큰 차이는 배열과 달리 리스트 컬렉션은 항목이 증가함에 따라 자동으로 확장된다는 것이다. 한 발 더 나아가 TrimToSize()나 Capacity()를 이용해 크기를 줄일 수도 있다(그림 17.2 참고).

배열처럼 개별 항목을 인덱스로 접근 가능한 점은 **리스트 컬렉션**list collection으로 분류하는 클래스가 갖는 가장 큰 특징이다. 따라서 인덱스 연산자를 이용해 인덱스 값이 가리키는 컬렉션 요소를 설정하거나 액세스할 수 있다. 예제 17.1과 결과 17.1은 리스트 컬렉션의 예다.

2.0

```
     ○  IList<T>
     │   ICollection<T>
     │   IEnumerable<T>
     │   IList
     │   ICollection
     │   IEnumerable
  ┌──┴─────────────────────────────────────────────────────────────┐
  │ List<T>                                                         │
  │ Generic Class                                                   │
  │ ⊷▭                                                              │
  ├─────────────────────────────────────────────────────────────────┤
  │ ▣ Properties                                                    │
  │                                                                 │
  │   🔑 Capacity                                                   │
  │   🔑 Count                                                      │
  │   🔑 Item                                                       │
  │   🔑 System.Collections.Generic.ICollection<T>.IsReadOnly       │
  │   🔑 System.Collections.ICollection.IsSynchronized              │
  │   🔑 System.Collections.ICollection.SyncRoot                    │
  │   🔑 System.Collections.IList.IsFixedSized                      │
  │   🔑 System.Collections.IList.IsReadOnly                        │
  │   🔑 System.Collections.IList.Item                              │
  ├─────────────────────────────────────────────────────────────────┤
  │ ▣ Methods                                                       │
  │                                                                 │
  │   ≡◈ Add                                                        │
  │   ≡◈ AddRange                                                   │
  │   ≡◈ AsReadOnly                                                 │
  │   ≡◈ BinarySearch (+ 2 overloads)                               │
  │   ≡◈ Clear                                                      │
  │   ≡◈ Contains                                                   │
  │   ≡◈ ConvertAll<TOutput>                                        │
  │   ≡◈ CopyTo (+ 2 overloads)                                     │
  │   ≡◈ Exists                                                     │
  │   ≡◈ Find                                                       │
  │   ≡◈ FindAll                                                    │
  │   ≡◈ FindIndex (+ 2 overloads)                                  │
  │   ≡◈ FindLast                                                   │
  │   ≡◈ FindLastIndex (+ 2 overloads)                              │
  │   ≡◈ ForEach                                                    │
  │   ≡◈ GetEnumerator                                              │
  │   ≡◈ GetRange                                                   │
  │   ≡◈ IndexOf  (+ 2 overloads)                                   │
  │   ≡◈ Insert                                                     │
  │   ≡◈ InsertRange                                                │
  │   ≡◈ LastIndexOf (+ 2 overloads)                                │
  │   ≡◈ List (+ 2 overloads)                                       │
  │   ≡◈ Remove                                                     │
  │   ≡◈ RemoveAll                                                  │
  │   ≡◈ RemoveAt                                                   │
  │   ≡◈ RemoveRange                                                │
  │   ≡◈ Reverse (+ 1 overload)                                     │
  │   ≡◈ Sort (+ 3 overloads)                                       │
  │   ≡◈ ToArray                                                    │
  │   ≡◈ TrimExcess                                                 │
  │   ≡◈ TrimToSize                                                 │
  │   ≡◈ TrueFor All                                                │
  └─────────────────────────────────────────────────────────────────┘
```

그림 17.2 List〈T〉 클래스 다이어그램

2.0

```
using System;
using System.Collections.Generic;

class Program
{
    static void Main()
    {
        List<string> list = new List<string>()
        {"Sneezy", "Happy", "Dopey", "Doc", "Sleepy", "Bashful", "Grumpy"};

        list.Sort();

        Console.WriteLine(
            $"In alphabetical order { list[0] } is the "
            + $"first dwarf while { list[^1] } is the last.");

        list.Remove("Grumpy");
    }
}
```

결과 17.1

```
In alphabetical order Bashful is the first dwarf while Sneezy is the last.
```

C#은 인덱스의 시작을 0으로 하고 있으므로 예제 17.1에서 인덱스 0과 6은 각각 첫 번째와 일곱 번째 요소를 가리킨다. 인덱스를 이용한 항목 추출은 검색 과정을 통하지 않고 메모리상의 대상 위치로 빠르고 간단하게 '점프'하는 방법을 이용한다.

List〈T〉는 정렬된 형태의 컬렉션이며 Add() 메서드는 리스트의 마지막에 항목을 추가한다. 예제 16.1에서 Sort()를 호출하기에 전에는 "Sneezy"가 첫 번째 요소이고 "Grumpy"는 마지막 요소다. 하지만 Sort()를 호출하면 리스트는 항목을 추가한 순서가 아닌 알파벳 순서로 정렬된다. 일부 컬렉션은 항목을 추가할 때 자동으로 정렬하는 기능이 있지만 List〈T〉는 그렇지 않기 때문에 정렬하려면 Sort()를 호출해야 한다.

한편, 항목을 제거하려면 Remove()나 RemoveAt() 메서드를 이용할 수 있는데 각각 주어진 요소나 특정 인덱스의 요소를 제거한다.

2.0

사용자 지정 컬렉션 정렬

예제 17.1에서 List<T>.Sort() 메서드가 어떻게 항목들을 알파벳 순서로 정렬하는지 궁금한 독자가 있을 것이다. string 형식은 IComparable<string> 인터페이스를 구현하는데 이것은 CompareTo() 메서드를 갖고 있다. CompareTo()는 전달받은 항목이 현재 항목과 비교해서 크거나 작거나 혹은 같은지를 나타내는 정수를 반환한다. 컬렉션 항목의 형식이 제네릭 IComparable<T> 인터페이스(혹은 비제네릭 IComparable 인터페이스)를 구현한다면 정렬 알고리듬은 기본적으로 이 메서드를 이용해 정렬 순서를 판단한다.

그렇다면 항목 형식이 IComparable<T>를 구현하지 않거나 기본 비교 논리가 현재 필요한 논리와 맞지 않다면 어떻게 해야 할까? 기본 정렬 순서와 다른 비교 논리를 사용하고자 한다면 IComparer<T> 형식의 인수를 갖는 List<T>.Sort()의 오버로드를 호출하게 하면 된다.

IComparable<T>와 IComparer<T>의 차이점은 미묘하지만 중요하다. IComparable<T>가 '나는 나 자신을 나와 형식이 같은 다른 인스턴스와 비교하는 방법을 알고 있다'라는 의미라면 IComparer<T>는 '나는 주어진 형식을 갖는 2개를 비교하는 방법을 알고 있다'라는 의미를 갖는다.

보통 IComparer<T> 인터페이스는 어떤 데이터 형식을 정렬하는 데 가능한 방법이 많으나 무엇 하나 최선의 것이 없는 경우에 적합하다. 예를 들어, Contact(연락처) 개체의 컬렉션이 있다고 가정하면 이름을 기준으로 정렬하고자 하는 경우도 있고, 위치, 생일 등 수많은 기준들이 있을 수 있다. 이 경우 이 가운데 한 가지를 선택해서 Contact 클래스가 IComparable<Contact>를 구현하도록 하는 것보다는 IComparer<Contact>를 구현하는 몇 가지 형식의 클래스를 만드는 것이 현명한 방법이다. 예제 17.2는 LastName(성), FirstName(이름)을 이용해 비교를 구현한 예다.

예제 17.2 IComparer<T> 구현

```
class Contact
{
    public string FirstName { get private set; }
    public string LastName { get private set; }
```

```
    public Contact(string firstName, string lastName)
    {
        this.FirstName = firstName;
        this.LastName = lastName;
    }
}

using System;
using System.Collections.Generic;

class NameComparison : IComparer<Contact>
{
    public int Compare(Contact? x, Contact? y)
    {
        if (Object.ReferenceEquals(x, y))
            return 0;
        if (x == null)
            return 1;
        if (y == null)
            return -1;
        int result = StringCompare(x.LastName, y.LastName);
        if (result == 0)
            result = StringCompare(x.FirstName, y.FirstName);
        return result;
    }

    private static int StringCompare(string? x, string? y)
    {
        if (Object.ReferenceEquals(x, y))
            return 0;
        if (x == null)
            return 1;
        if (y == null)
            return -1;
        return x.CompareTo(y);
    }
}
```

2.0

List<Contact>를 성과 이름 순서로 정렬하려면 contactList.Sort(new NameComparer())를 호출하면 된다.

전순서

IComparable<T>나 IComparer<T>를 구현할 때는 **전순서**total order를 만들 필요가 있다. 즉, 구현한 CompareTo는 임의의 두 항목에 대해 일관된 순서 관계를 제공해야 한다. 순서를 부여한다는 것은 기본적으로 수많은 특징을 요구한다. 예를 들어, 모든 요소는 반드시 자신과 같아야 한다. 요소 X가 Y와 같고 Y와 Z가 같다면 X, Y, Z의 요소는 같아야 한다. 요소 X가 Y보다 크다면 Y는 X보다 작아야 한다. 또한, '전이성의 역설'이 없어야 한다. 즉, X가 Y보다 크고 Y가 Z보다 큰 데 Z가 X보다 클 수는 없다는 것이다. 전순서를 정의하지 못하면 정렬 알고리듬은 정의할 수 없으며 순서가 뒤죽박죽 섞이거나 무한 루프에 빠지는 등의 상황을 맞이할 수 있다.

예제 17.2에서 인수들이 null 참조인 경우에도 비교자가 전순서를 지원하는 방법에 주목한다. 예를 들어, '둘 중 하나가 null이면 0을 반환한다'라는 논리는 적절하지 않은데 왜냐하면 이렇게 되면 null이 아닌 2개의 요소가 널과 같아질 수 있지만 이 둘은 서로 다르기 때문이다.

> **가이드라인**
> ● 사용자 지정 비교 논리는 반드시 일관된 전순서를 제공해야 한다.

List⟨T⟩ 검색

List<T>에서 특정 요소를 검색하려면 Contains(), IndexOf(), LastIndexOf(), BinarySearch() 메서드를 사용한다. 앞에 위치한 세 메서드 첫 번째 요소에서 시작해서(LastIndexOf( )의 경우는 마지막 요소) 원하는 요소를 발견할 때까지 각 요소를 검사한다. 이 알고리듬의 수행에 소요되는 시간은 목표로 하는 요소를 발견하기까지 거쳐 간 요소의 수에 비례한다. (앞서 언급했듯이 컬렉션 클래스에서 컬렉션 내의 모든 요소가 고유할 필요는 없다. 만일 컬렉션 내의 2개 이상의 요소가 같다면 IndexOf( )는 이들 가운데 첫 번째 항목의 인덱스를 반환하고 LastIndexOf( )는 가장 뒤에 위치한 항목의 인덱스를 반환할 것이다.)

2.0

BinarySearch()는 이보다 훨씬 빠른 이진 검색 알고리듬을 이용하지만 요소들이 정렬돼 있어야 사용할 수 있다는 조건이 따른다. BinarySearch() 메서드의 유용한 특징 가운데 하나는 이 메서드가 검색에 실패하면 음의 정수를 반환한다는 것이다. 검색 결과 값에 1의 보수 연산자(~)를 적용한 값은 검색 중인 요소보다 큰 다음 값의 인덱스 혹은 더 큰 값이 없는 경우 전체 요소의 개수인데, 이것은 정렬을 유지하면서 리스트의 특정 위치에 새로운 값을 삽입하는 편리한 방법을 제공한다. 예제 17.3을 살펴보자.

예제 17.3 BinarySearch() 결과에 대한 1의 보수 이용

```csharp
using System;
using System.Collections.Generic;

class Program
{
    static void Main()
    {
        List<string> list = new List<string>();
        int search;

        list.Add("public");
        list.Add("protected");
        list.Add("private");

        list.Sort();

        search = list.BinarySearch("protected internal");
        if (search < 0)
        {
            list.Insert(~search, "protected internal");
        }

        foreach (string accessModifier in list)
        {
            Console.WriteLine(accessModifier);
        }
    }
}
```

2.0

알아 둬야 할 것은 검색 전에 리스트를 정렬하지 않으면 리스트가 검색 대상을 포함하고 있는 경우에도 찾지 못할 수 있다는 것이다. 예제를 실행한 모습은 결과 17.2와 같다.

결과 17.2

```
private
protected
protected internal
public
```

■ 고 급 주 제

FindAll()을 이용한 다중 항목 검색

때로는 여러 개의 항목을 검색해야 하는 복잡한 경우도 있다. 이러한 요구를 위해 System.Collections.Generic.List<T>는 FindAll() 메서드를 제공한다. FindAll()은 Predicate<T> 형식의 매개변수를 이용해 대리자 형태의 메서드 참조를 얻는다. 예제 17.4는 FindAll() 메서드를 사용하는 방법이다.

예제 17.4 FindAll()과 조건자 매개변수 사용법

```
using System;
using System.Collections.Generic;

class Program
{
    static void Main()
    {
        List<int> list = new List<int>();
        list.Add(1);
        list.Add(2);
        list.Add(3);
        list.Add(2);

        List<int> results = list.FindAll(Even);

        foreach(int number in results)
        {
            Console.WriteLine(number);
```

2.0

```
        }
    }

    public static bool Even(int value) =>
        (value % 2) == 0;
}
```

예제 17.4를 보면 FindAll() 메서드를 호출하면서 Even() 메서드에 대한 대리자 인스턴스를 함께 전달한다. Even() 메서드는 전달받는 정수형 인수가 짝수면 true를 반환한다. FindAll()은 이 대리자 인스턴스를 매개변수로 받아 리스트 내의 개별 항목에 대해 Even()을 호출한다(이때 C# 2.0의 대리자 형식 유추가 사용됨). Even()이 true를 반환할 때마다 새로운 List<T> 인스턴스에 해당 항목을 추가하고 목록에 대한 검사가 완료되면 이 리스트 인스턴스를 반환한다. 대리자에 대한 자세한 논의는 13장을 참고한다.

딕셔너리 컬렉션: Dictionary〈TKey, TValue〉

컬렉션 클래스 분야에서 하나의 분류를 차지하는 또 하나는 Dictionary<TKey, TValue>로 대변되는 딕셔너리 클래스들이다(그림 17.3 참고). 리스트와 달리 딕셔너리 클래스는 이름과 값의 쌍으로 된 자료를 저장한다. 이름은 고유한 키 역할을 하는데 이것은 데이터베이스에서 주 키Primary Key를 이용해 레코드를 액세스하는 것과 같은 기능을 한다. 이런 방식을 취하기 때문에 딕셔너리 요소에 액세스하기 위해서는 일정 수준의 복잡도가 추가되지만 키를 이용해 효과적으로 검색할 수 있기 때문에 꽤 유용한 컬렉션 형태다. 이때 키는 문자열이나 숫자뿐만 아니라 어떤 형태의 데이터 형식도 가능하다.

2.0

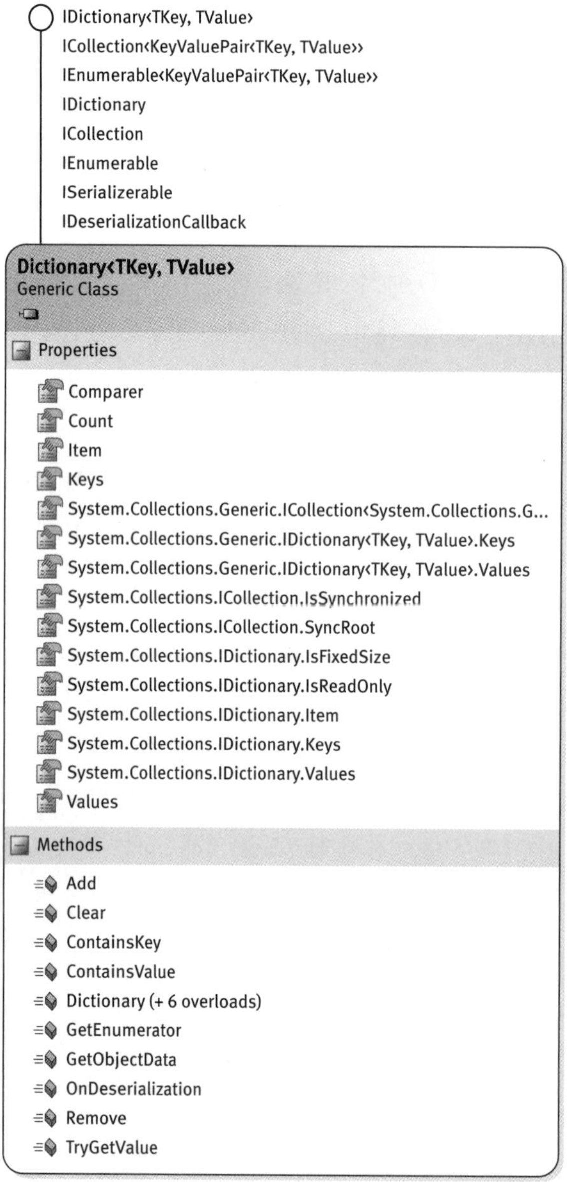

○ IDictionary‹TKey, TValue›
  ICollection‹KeyValuePair‹TKey, TValue››
  IEnumerable‹KeyValuePair‹TKey, TValue››
  IDictionary
  ICollection
  IEnumerable
  ISerializable
  IDeserializationCallback

Dictionary‹TKey, TValue›
Generic Class

☐ Properties

  🔧 Comparer
  🔧 Count
  🔧 Item
  🔧 Keys
  🔧 System.Collections.Generic.ICollection‹System.Collections.G...
  🔧 System.Collections.Generic.IDictionary‹TKey, TValue›.Keys
  🔧 System.Collections.Generic.IDictionary‹TKey, TValue›.Values
  🔧 System.Collections.ICollection.IsSynchronized
  🔧 System.Collections.ICollection.SyncRoot
  🔧 System.Collections.IDictionary.IsFixedSize
  🔧 System.Collections.IDictionary.IsReadOnly
  🔧 System.Collections.IDictionary.Item
  🔧 System.Collections.IDictionary.Keys
  🔧 System.Collections.IDictionary.Values
  🔧 Values

☐ Methods

  ≡◆ Add
  ≡◆ Clear
  ≡◆ ContainsKey
  ≡◆ ContainsValue
  ≡◆ Dictionary (+ 6 overloads)
  ≡◆ GetEnumerator
  ≡◆ GetObjectData
  ≡◆ OnDeserialization
  ≡◆ Remove
  ≡◆ TryGetValue

그림 17.3 딕셔너리 클래스 다이어그램

2.0

딕셔너리에 요소를 추가하려면 예제 17.5와 같이 Add() 메서드를 호출하면서 키와
값을 전달하는 방법을 사용할 수 있다.

```csharp
using System;
using System.Collections.Generic;

class Program
{
    static void Main()
    {
        // C# 6.0 (C# 6.0 이전 버전에서는 {"Error", ConsoleColor.Red} 이용)
        var colorMap = new Dictionary<string, ConsoleColor>
        {
            ["Error"] = ConsoleColor.Red,
            ["Warning"] = ConsoleColor.Yellow,
            ["Information"] = ConsoleColor.Green
        };

        colorMap.Add("Verbose", ConsoleColor.White);
        // ...
    }
}
```

예제에서는 C# 6.0 방식의 딕셔너리 이니셜라이저(15장 '컬렉션 이니셜라이저' 절 참고)
를 이용해 딕셔너리를 초기화하고 ConsoleColor의 White에 대해 "Verbose"를 키로 요소
를 추가한다. 만일 이미 추가된 요소와 같은 키를 갖는 값을 삽입하려 하면 예외가 발생
한다.

Add() 메서드를 이용하는 대신 예제 17.6처럼 인덱서를 이용할 수도 있다.

예제 **17.6** 인덱서 연산자를 이용해서 Dictionary〈TKey, TValue〉에 항목 추가하기

```csharp
using System;
using System.Collections.Generic;

class Program
{
    static void Main()
    {
        // C# 6.0 (C# 6.0 이전 버전에서는 {"Error", ConsoleColor.Red} 이용)
        var colorMap = new Dictionary<string, ConsoleColor>
        {
```

2.0

```
            ["Error"] = ConsoleColor.Red,
            ["Warning"] = ConsoleColor.Yellow,
            ["Information"] = ConsoleColor.Green
        };

        colorMap["Verbose"] = ConsoleColor.White;
        colorMap["Error"] = ConsoleColor.Cyan;
        // ...
    }
}
```

예제 17.6에서 우선 눈에 띄는 것은 인덱서 연산자가 정수 값을 이용하지 않고 있다는 점이다. 대신 인덱스 피연산자 형식은 첫 번째 형식 인수(string)에 의해 결정되며, 인덱서를 이용해서 추출되는 값의 형식은 두 번째 형식 인수(ConsoleColor)를 따른다.

한편, 예제 17.6을 보면 같은 키("Error")를 두 번 사용하고 있다. 첫 번째 할당에서는 주어진 키에 해당하는 딕셔너리 값이 없다. 딕셔너리 컬렉션은 이 경우 사용된 키를 이용해서 할당된 값과 함께 컬렉션의 새 항목으로 추가한다. 두 번째 할당의 경우에는 지정된 키에 해당하는 값이 이미 존재하기 때문에 새 항목을 컬렉션에 삽입하지 않고 사용된 키에 해당하는 값인 ConsoleColoe.Red를 ConsoleColor.Cyan으로 대체한다.

딕셔너리에 없는 키로 값을 읽으려고 하면 KeyNotFoundException이 발생한다. 이렇게 예외가 발생하는 것을 피하고자 ContainsKey() 메서드로 특정 키가 컬렉션에 있는지 확인할 수 있다.

Dictionary<TKey, TValue>는 '해시 테이블hash table' 형태로 구현돼 있는데 해시 테이블 구조는 딕셔너리가 포함하고 있는 항목의 수와 무관하게 키를 이용한 빠른 액세스를 제공한다. 반면, 특정한 값이 딕셔너리에 있는지 확인하는 작업은 항목의 수에 비례한 만큼의 시간이 필요하며 정렬되지 않은 리스트에서의 검색과 비슷한 경우라고 볼 수 있다. 딕셔너리에서 이렇게 키와 무관하게 값을 찾고자 한다면 ContainsValue() 메서드를 이용하면 되는데 이 메서드는 컬렉션 내의 각 요소를 순차적으로 검색한다.

2.0

Remove() 메서드를 이용하면 호출 시 전달하는 키에 해당하는 딕셔너리 요소를 삭제할 수 있다.

딕셔너리에 항목을 추가할 때는 키와 값이 모두 필요하므로 딕셔너리 요소를 반복하는 foreach 문의 반복 변수는 반드시 KeyValuePair⟨TKey, TValue⟩ 형식이다. 예제 17.7은 딕셔너리의 키와 값을 열거하려고 foreach 반복을 사용하는 방법을 보여 주며 실행한 모습은 결과 17.3과 같다.

예제 17.7 foreach를 이용한 Dictionary⟨TKey, TValue⟩ 반복

```csharp
using System;
using System.Collections.Generic;

class Program
{
    static void Main()
    {
        // C# 6.0 (C# 6.0 이전 버전에서는 {"Error", ConsoleColor.Red} 이용)
        Dictionary<string, ConsoleColor> colorMap =
            new Dictionary<string, ConsoleColor>
            {
                ["Error"] = ConsoleColor.Red,
                ["Warning"] = ConsoleColor.Yellow,
                ["Information"] = ConsoleColor.Green,
                ["Verbose"] = ConsoleColor.White
            };

        Print(colorMap);
    }

    private static void Print(
        IEnumerable<KeyValuePair<string, ConsoleColor>> items)
    {
        foreach (KeyValuePair<string, ConsoleColor> item in items)
        {
            Console.ForegroundColor = item.Value;
            Console.WriteLine(item.Key);
        }
    }
}
```

2.0

```
Error
Warning
Information
Verbose
```

결과에서 보다시피 딕셔너리의 경우도 리스트와 마찬가지로 항목이 추가된 순서대로 정렬된다는 것을 알 수 있다. 딕셔너리는 이처럼 항목을 추가한 순서대로 반복하도록 구현하는 경우가 많은데, 이것은 규정된 요구 사항도 아니고 문서화된 사항도 아니기 때문에 이런 특징에 의존해서는 안 된다.

가이드라인

- 컬렉션의 반복 시 항목의 열거 순서에 대해 임의로 가정해서는 안 된다. 특정 순서에 따라 열거하도록 문서화하고 있는 경우가 아니라면 정렬 순서를 보장하지 않기 때문이다.

딕셔너리 클래스 내의 키들에 대해서만 어떤 처리가 필요하거나 혹은 키를 제외한 값들에 대해서만 처리를 하는 경우 Keys와 Values 속성을 이용할 수 있다. 이 속성들의 데이터 형식은 ICollection<T>다. 이 속성들이 반환하는 데이터는 원본 딕셔너리 컬렉션의 데이터에 대한 복사가 아닌 참조이므로 딕셔너리 내에서 변경이 발생하면 Keys와 Values 속성이 반환한 컬렉션에도 자동으로 적용된다.

■ 고 급 주 제

사용자 지정 딕셔너리 동일성

딕셔너리는 주어진 키가 딕셔너리에서 갖고 있는 키 가운데 하나와 일치하는지 검사하고자 2개의 키를 비교할 수 있어야 한다. 이것은 마치 리스트가 순서를 결정하기 위해서 2개의 항목을 비교할 수 있어야 했던 상황과 비슷하다(17장의 앞에서 살펴본 고급 주제 '사용자 지정 컬렉션 정렬' 참고). 기본은 2개의 값 형식 인스턴스를 비교해서 값이 같은지 확인하거나 2개의 참조 형식 인스턴스가 같은 개체를 참조하고 있는지 비교하는 방법을 사용한다. 하지만 때로는 같은 값도 아니고 참조하고 있는 개체 역시 다른 경우임에

2.0

도 불구하고 2개의 인스턴스에 대해 동일성을 검사해야 한다.

예를 들어, 예제 17.2의 Contact 형식을 이용해서 Dictionary<Contact, string>을 만들고자 한다고 하자. 그런데 두 개체의 참조가 같은지 여부와 무관하게 2개의 Contact 개체에서 성과 이름이 같으면 무조건 동일 개체로 보고자 한다. 리스트를 정렬하고자 IComparer<T>를 구현했던 것과 비슷하게 2개의 키가 같은지 판단하고자 IEquality Comparer<T>를 구현할 수 있다. 이 인터페이스는 2개의 메서드를 필요로 하는데 하나는 두 항목이 같은지를 반환하고, 다른 하나는 딕셔너리에서 빠른 인덱싱을 위해서 사용하는 '해시코드'를 반환한다. 예제 17.8을 살펴보자.

예제 17.8 IEqualityComparer〈T〉 구현

```csharp
using System;
using System.Collections.Generic;

class ContactEquality : IEqualityComparer<Contact>
{
    public bool Equals(Contact? x, Contact? y)
    {
        if (Object.ReferenceEquals(x, y))
            return true;
        if (x == null || y == null)
            return false;
        return x.LastName == y.LastName &&
            x.FirstName == y.FirstName;
    }

    public int GetHashCode(Contact x)
    {
        if (x is null)
            return 0;
        int h1 = x.FirstName == null ? 0 : x.FirstName.GetHashCode();
        int h2 = x.LastName == null ? 0 : x.LastName.GetHashCode();
        return h1 * 23 + h2;
    }
}
```

2.0

이 동등 비교자를 사용하는 딕셔너리를 만들려면 new Dictionary<Contact, string> (new ContactEquality) 생성자를 이용할 수 있다.

■ 초 급 주 제

동등 비교 요구 사항

10장에서 논했던 것처럼 동등성과 해시 코드 알고리듬에는 몇 가지 중요한 규칙이 있다. 이들 규칙에 대한 적합성은 컬렉션의 개념에서 매우 중요하다. 리스트의 정렬에서 전순서를 제공하려고 사용자 지정 비교를 제공했던 것처럼 해시 테이블도 이와 유사한 기능 보장을 위해 사용자 지정 동등 비교가 필요하다. 가장 중요한 요구 사항은 만일 2개의 개체에 대해 Equals()가 true를 반환한다면 GetHashCode()도 반드시 2개의 개체에 대해 같은 값을 반환해야 한다는 것이다. 하지만 그 역은 참이 아니라는 점에 주의한다. 즉, 서로 다른 항목이 같은 해시 코드를 가질 수 있다는 말이다. (사실 해시 코드는 가능한 값이 2^{32}개라서 해시 코드가 같은 서로 다른 항목은 존재할 수 있다.)

다음으로 중요한 요구 사항은 적어도 항목이 해시 테이블 내에 있다면 두 번의 GethashCode() 호출 시 반드시 같은 결과를 가져야 한다는 것이다. 그러나 '같아 보이는' 2개의 개체라 할지라도 프로그램을 두 번 실행했을 때 같은 해시 코드를 가져야 할 필요는 없다. 예를 들어, 주어진 연락처^{contact}가 오늘 갖고 있던 해시 코드와 몇 주 후에 실행했을 때 '같은' 연락처에 부여된 해시 코드가 다른 것은 잘못된 것이 아니다. 그러므로 해시 코드를 데이터베이스에 보관하고 프로그램이 실행될 때마다 같은 값으로 유지하기를 바라는 기능과 같은 것을 만들어서는 안 된다.

GetHashCode()는 '임의의' 값을 반환하는 것이 이상적이다. 즉, 입력의 작은 변화가 출력에서는 큰 변화로 이어지고 이 결과는 가능한 모든 정수 값에 거의 고르게 분포해야 한다. 하지만 굉장히 빠른 속도를 보장하면서도 출력 값도 매우 고른 분포를 보이는 해시 알고리듬을 고안하는 것은 어려운 일이다. 적당한 절충이 필요한 부분이다.

마지막으로 GethashCode()와 Equals()에서 예외가 발생해서는 안 된다. 예제 17.8에서 null 참조를 역참조하지 않게 하려고 어떻게 주의를 기울이고 있는지 참고한다.

다음은 핵심 원칙을 요약한 것이다.

2.0

- 동등한 개체는 반드시 같은 해시 코드를 가진다.
- 인스턴스의 라이프 사이클 동안 개체의 해시 코드는 변하지 않는다(적어도 해시 테이블 내에 있는 동안).
- 해시 알고리듬은 고르게 분포하는 해시를 재빨리 생성해야 한다.
- 해시 알고리듬은 개체 상태에 무관하게 어떠한 경우에도 예외가 발생하지 않아야 한다.

정렬된 컬렉션: SortedDictionary〈TKey, TValue〉와 SortedList〈T〉

정렬된 컬렉션 클래스(그림 17.4 참고)들은 요소를 정렬해서 저장하는데 SortedDictionary<TKey, TValue>의 경우 키를 기준으로 SortedList<T>의 경우는 값을 기준으로 정렬한다. 예제 17.7에서 Dictionary<string, string> 대신 SortedDictionary<string, string>를 사용하게 변경하고 실행한 모습은 결과 17.4와 같다.

결과 17.4

```
Error
Information
Verbose
Warning
```

결과를 보면 딕셔너리 요소들이 값이 아닌 키 값을 기준으로 정렬됐음을 알 수 있다.

이처럼 정렬된 컬렉션은 요소를 항상 정렬된 상태로 유지해야 하는 부담을 가지므로 정렬되지 않는 컬렉션에 비해서 요소의 삽입과 제거에 성능적 비용이 약간 더 필요하다.

정렬된 컬렉션은 지정된 순서에 따라 항목들을 정렬해야 하기 때문에 키뿐만 아니라 인덱스를 이용해서 값에 액세스할 수 있다. 인덱스를 이용해서 키나 값에 액세스하려면 Keys 혹은 Values 속성을 이용한다. 이 속성들은 각각 IList<TKey>와 IList<TValue> 인스턴스를 반환하며 다른 리스트처럼 인덱스를 쓸 수 있다.

2.0

IDictionary‹TKey, TValue›
ICollection‹KeyValuePair‹TKey, TValue››
IEnumerable‹KeyValuePair‹TKey, TValue››
IDictionary
ICollection
IEnumerable

IDictionary‹TKey, TValue›
ICollection‹KeyValuePair‹TKey, TValue››
IEnumerable‹KeyValuePair‹TKey, TValue››
IDictionary
ICollection
IEnumerable

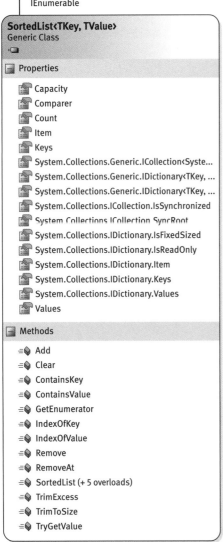

SortedList‹TKey, TValue›
Generic Class

Properties

- Capacity
- Comparer
- Count
- Item
- Keys
- System.Collections.Generic.ICollection‹Syste...
- System.Collections.Generic.IDictionary‹TKey, ...
- System.Collections.Generic.IDictionary‹TKey, ...
- System.Collections.ICollection.IsSynchronized
- System.Collections.ICollection.SyncRoot
- System.Collections.IDictionary.IsFixedSized
- System.Collections.IDictionary.IsReadOnly
- System.Collections.IDictionary.Item
- System.Collections.IDictionary.Keys
- System.Collections.IDictionary.Values
- Values

Methods

- Add
- Clear
- ContainsKey
- ContainsValue
- GetEnumerator
- IndexOfKey
- IndexOfValue
- Remove
- RemoveAt
- SortedList (+ 5 overloads)
- TrimExcess
- TrimToSize
- TryGetValue

SortedDictionary‹TKey, TValue›
Generic Class

Properties

- Comparer
- Count
- Item
- Keys
- System.Collections.Generic.ICollection‹Syste...
- System.Collections.Generic.IDictionary‹TKey, ...
- System.Collections.Generic.IDictionary‹TKey, ...
- System.Collections.ICollection.IsSynchronized
- System.Collections.ICollection.SyncRoot
- System.Collections.IDictionary.IsFixedSized
- System.Collections.IDictionary.IsReadOnly
- System.Collections.IDictionary.Item
- System.Collections.IDictionary.Keys
- System.Collections.IDictionary.Values
- Values

Methods

- Add
- Clear
- ContainsKey
- ContainsValue
- CopyTo
- GetEnumerator
- Remove
- SortedDictionary (+ 3 overloads)
- TryGetValue

2.0

그림 17.4 정렬된 컬렉션

스택 컬렉션: Stack⟨T⟩

12장에서 스택 컬렉션 클래스에 대해서 살펴봤다(그림 17.5 참고). 스택 컬렉션 클래스들은 마지막에 들어간 항목이 가장 먼저 나오는(LIFO) 구조를 따르며, 주요 메서드는 Push()와 Pop()이 있다.

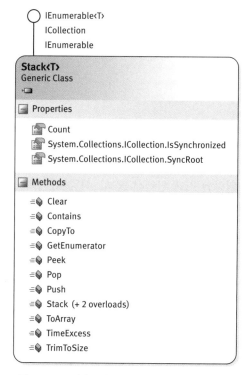

그림 17.5 Stack⟨T⟩ 클래스 다이어그램

- Push()는 컬렉션에 요소를 삽입하며 삽입할 요소가 고유한 값일 필요는 없다.
- Pop()은 컬렉션에 추가된 역순으로 요소를 제거한다.

2.0

스택에 변경을 가하지 않으면서 요소에 액세스하려면 Peek()이나 Contains() 메서드를 이용해야 한다. Peek() 메서드는 Pop()이 추출할 다음 요소를 반환한다.

대부분의 컬렉션 클래스와 마찬가지로 Contains() 메서드를 이용하면 스택 내에 어떤 요소가 있는지 확인할 수 있다. 또한 다른 컬렉션처럼 foreach 반복문을 이용해서 스택 내의 모든 요소를 반복하는 작업도 할 수 있다. 이 같은 방법으로 스택상의 위치에 무관하게 값을 액세스할 수 있다. 하지만 foreach 반복을 이용해서 항목에 접근하는 방법은 스택에서 해당 요소를 제거하지 않으며 요소를 꺼내면서 제거하는 것은 Pop() 메서드만의 기능이다.

큐 컬렉션: Queue〈T〉

그림 17.6의 큐 컬렉션 클래스는 맨 먼저 들어간 항목이 가장 먼저 나오는(FIFO) 설계 패턴을 따른다는 점을 제외하면 스택 컬렉션 클래스와 같다. 큐는 스택의 Pop()과 Push() 메서드에 대응하는 Enqueue()와 Dequeue() 메서드를 갖고 있다. 큐 컬렉션은 마치 파이프처럼 동작하는데, Enqueue() 메서드를 이용해서 큐의 한쪽 끝에 개체를 삽입할 수 있고 Dequeue() 메서드는 반대쪽 끝에서 개체를 꺼내는 역할을 하기 때문이다. 스택과 마찬가지로 개체의 고유성을 요구하지 않으며, 항목이 늘어남에 따라 자동으로 크기가 조절된다. 큐의 크기가 줄어들 때는 이전에 사용했던 공간에 대한 회수가 필수적인 사항이 아니기 때문에 새로운 요소를 삽입하는 비용이 상대적으로 더 많이 든다. 긴 시간에 걸쳐 큐의 크기에 변경이 없을 것으로 예상된다면 TrimToSize() 메서드로 저장 공간을 회수할 수 있다.

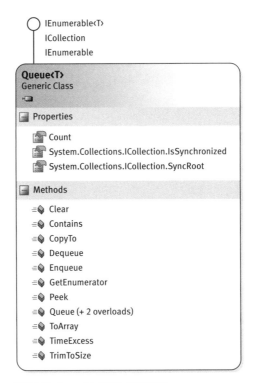

그림 17.6 Queue〈T〉 클래스 다이어그램

2.0

연결 리스트: LinkedList〈T〉

System.Collections.Generic에는 양방향 탐색이 가능한 연결 리스트 컬렉션이 있다. 그림 17.7의 클래스 다이어그램을 참고한다(비제네릭 형식은 지원하지 않는다).

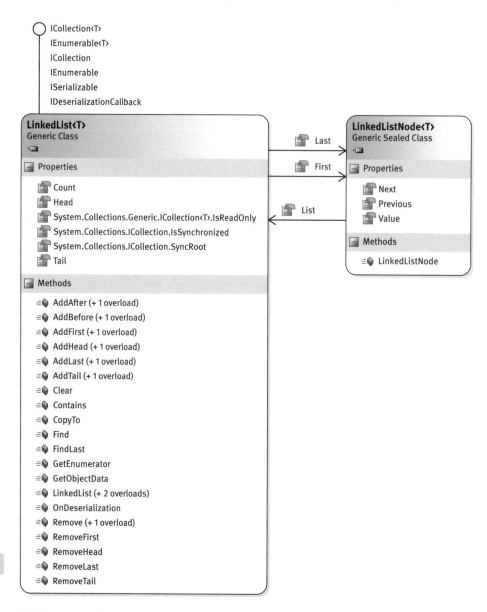

그림 17.7 LinkedList〈T〉와 LinkedListNode〈T〉 클래스 다이어그램

인덱서 지원

배열과 딕셔너리 및 리스트는 **인덱서**^{indexer}를 이용해 편리하게 키나 인덱스(순서)에 해당하는 컬렉션 항목을 얻거나 설정할 수 있다. 앞에서 살펴본 것처럼 인덱서를 쓰려면 그저 컬렉션 다음에 대괄호를 사용하고 여기에 인덱스를 입력하면 된다. 별도의 인덱서를 정의하는 것도 가능한데 예제 17.9는 Pair<T>를 이용하는 예제다.

예제 17.9 인덱서 정의

```
interface IPair<T>
{
    T First { get; }
    T Second { get; }
    T this[PairItem index] { get; }
}

public enum PairItem
{
    First,
    Second
}

public struct Pair<T> : IPair<T>
{
    public Pair(T first, T second)
    {
        First = first;
        Second = second;
    }
    public T First { get; } // C# 6.0 게터 전용 Auto 속성
    public T Second { get; } // C# 6.0 게터 전용 Auto 속성

    public T this[PairItem index]
    {
        get
        {
            switch (index)
            {
                case PairItem.First:
                    return First;
                case PairItem.Second:
```

2.0

```
                    return Second;
                default:
                    throw new NotImplementedException(
                        $"The enum { index.ToString() } has not been mplemented");
            }
        }
    }
}
```

인덱서 선언은 속성을 선언하는 방법과 비슷하다. 속성 이름 대신 this 키워드와 뒤이어 대괄호로 감싼 매개변수 목록을 사용한다는 점만 다르다. 본문 역시 속성과 유사하게 get 및 set 블록을 포함한다. 예제 17.9처럼 매개변수가 int 형식일 필요는 없다. 사실 인덱스로 여러 개의 매개변수를 가질 수 있으며 심지어 오버로드도 가능하다. 예제에서는 enum 형식을 사용해서 호출하는 측에서 존재하지 않는 항목을 가리키는 인덱스를 사용하는 실수를 줄이고 있다.

결과적으로 인덱스 연산자에 대해 C# 컴파일러가 만들어 내는 공용 중간 언어^{CIL}는 한 개의 인수를 갖는 Item이라는 특수한 속성이다. C#에서 인수를 갖는 속성은 명시적으로 생성하는 것이 불가능하므로 이런 측면에서 Item 속성은 매우 특별하다고 볼 수 있다. 다른 멤버가 Item이라는 식별자를 갖는 경우에 완전히 다른 시그니처를 지정한 경우라고 해도 컴파일러가 생성한 멤버와 충돌이 발생해서 사용할 수 없다.

■ 고 급 주 제

IndexerName을 이용한 인덱서 속성 이름 할당

앞서 살펴본 것처럼 인덱서에 대해 CIL이 부여하는 기본 속성 이름은 Item이다. 하지만 IndexerNameAttribute를 이용해서 다른 이름을 사용할 수 있다. 예제 17.10은 "Entry"라는 이름을 지정한 예다.

예제 17.10 인덱서의 기본 이름 변경하기

```
[System.Runtime.CompilerServices.IndexerName("Entry")]
public T this[params PairItem[] branches]
{
```

```
    // ...
}
```

C#을 이용해서 이 인덱서를 호출하는 경우에 위와 같은 변경은 아무런 영향을 주지 않는다. 하지만 인덱서를 직접적으로 지원하지 않는 언어들에 대해서 이 이름을 지정하는 기능을 한다.

IndexerNameAttibute는 단지 컴파일러에게 해당 인덱서를 다른 이름으로 사용하도록 알리는 기능만하며, 컴파일러는 이 특성을 메타데이터에 반영하지 않기 때문에 리플렉션을 이용해서 이 특성 정보에 접근할 수 없다.

■ 고 급 주 제

가변 매개변수를 이용하는 인덱스 연산자 정의

인덱스 연산자는 가변 매개변수 목록도 허용한다. 예제 17.11은 12장에서 살펴본 BinaryTree<T>(다음 절에서도 살펴볼 것이다)에 대한 인덱스 연산자를 정의하고 있다.

예제 17.11 가변 매개변수를 이용하는 인덱스 연산자 정의

```csharp
using System;

public class BinaryTree<T>
{

    // ...

    public BinaryTree<T> this[params PairItem[]? branches]
    {
        get
        {
            BinaryTree<T> currentNode = this;

            // 루트 노드가 빈 배열이나 널일 수 있음.
            int totalLevels = branches?.Length ?? 0;
            int currentLevel = 0;

            while (currentLevel < totalLevels)
            {
```

2.0

```
                    System.Diagnostics.Debug.Assert(branches != null,
                        $"{ nameof(branches) } != null");
                    currentNode = currentNode.SubItems[
                        branches[currentLevel]];
                    if (currentNode == null)
                    {
                        // 이진트리가 널인 경우
                        throw new IndexOutOfRangeException();
                    }
                    currentLevel++;
                }
                return currentNode;
            }
        }
    }
```

branches 내의 개별 항목은 PairItem이며 이진트리에서 탐색할 가지를 가리킨다. 예를 들어, tree[PairItem.Second, PairItem.First].Value는 루트에서 두 번째 가지 아래 첫 번째 항목 값을 추출한다.

null 혹은 빈 컬렉션의 반환

배열이나 컬렉션을 반환할 때는 항목이 없는 경우 이것을 알리고자 null 혹은 비어 있는 컬렉션 인스턴스를 반환해야 한다. 일반적으로 비어 있는 컬렉션 인스턴스를 반환하는 것이 더 나은 방법이다. 이렇게 하면 호출하는 측에서 컬렉션을 반복하기 전에 불필요한 null 검사를 하지 않아도 된다. 예를 들어, 크기가 0인 IEnumerable<T> 컬렉션이 있다고 할 때 호출 측은 GetEnumerator() 호출이 NullReferenceException을 일으킬 수 있다는 걱정 없이 안전하게 foreach 반복문을 이용할 수 있다. Enumerable.Empty<T>() 메서드를 사용하면 주어진 형식의 빈 컬렉션을 손쉽게 만들 수 있다.

한편, 항목이 없다는 것 이외의 상태를 의미하려고 null을 의도적으로 사용하는 경우는 이 가이드라인을 약간 빗겨 나가는 경우라 할 수 있다. 예를 들어, 어떤 웹 사이트의 사용자 이름을 보관하는 컬렉션에 대해 모종의 원인으로 인해서 최신 컬렉션을 얻지 못한 경우를 가리키려고 null을 할당했다면 이것은 빈 컬렉션과 의미상으로 다르다고 할 수 있다.

반복기

15장에서 foreach 반복의 이면을 자세히 살펴봤다. 이번 절에서는 **반복기**를 이용해서 사용자 지정 컬렉션에 대해 IEnumerator⟨T⟩, IEnumerable⟨T⟩, 혹은 이들의 비제네릭 버전 인터페이스를 구현하는 방법에 대해서 논하려 한다. 반복기는 특히 foreach 반복을 사용함에 있어 컬렉션 클래스에 포함된 데이터를 어떻게 반복할 것인지를 지정하는 명확한 구문을 제공한다. 컬렉션의 최종 사용자는 반복기를 이용해서 컬렉션의 내부 구조에 대한 이해 없이도 데이터를 탐색할 수 있다.

■ 고 급 주 제

반복기의 기원

1972년 바바라 리스코프[Barbara Liskov]와 MIT의 과학자들로 구성된 팀이 사용자 정의 데이터 추상화를 위한 프로그래밍 방법론을 연구하기 시작했다. 그들은 연구 성과를 증명하기 위한 언어를 고안했는데 이 언어는 '클러스터[cluster]'라는 개념을 기반으로 하며 CLU(clusters의 앞 세 글자)라고 이름 붙여졌다. 클러스터는 현재 우리가 '개체[object]'를 통해 사용하는 핵심 데이터 추상화 개념의 근간이다. 그들은 연구를 통해 CLU 언어를 이용해서 최종 사용자로부터 일부 데이터 표현을 추상화해서 분리해 낼 수 있지만 결국 데이터를 보다 지능적으로 사용하려면 데이터의 내부 구조를 드러낼 수밖에 없다는 것을 깨달았으며, 이와 같은 실망감이 반복기라는 언어 구조의 탄생을 이끌었다(CLU 언어는 결국 객체 지향 프로그래밍으로 빛을 보게 된 많은 개념에 대한 연구를 제시했다).

2.0

클래스가 foreach 반복 구조를 이용한 반복을 지원하게 하려면 열거자 패턴을 구현해야 한다. 15장에서 설명한 것처럼 컴파일러는 C#의 foreach 반복 구조를 IEnumerator<T> 인터페이스를 기반으로 while 반복 구조로 확장하는데 IEnumerator<T>는 IEnumerable<T>에서 추출한 인터페이스다.

열거자 패턴의 문제점은 컬렉션 내에서 현재 위치를 기술하는 데 필요한 모든 상태를 유지해야 하기 때문에 직접 구현하기에는 부담스러울 수 있다는 것이다. 리스트 컬렉션 형식의 클래스라면 현재 위치의 인덱스만 상태로 관리하면 되기 때문에 상대적으로 간단할 수도 있다. 하지만 이진트리처럼 재귀적인 탐색을 필요로 하는 데이터 구조의 경우 상태가 매우 복잡해질 수 있다. 이 패턴의 구현과 관련된 어려움을 줄이고자 C# 2.0은 foreach 반복에서 클래스의 내부 데이터를 어떻게 반복할 것인지를 보다 쉽게 해석할 수 있는 프로그래밍 구조를 도입하기에 이르렀다.

반복기 정의

반복기는 클래스의 메서드를 구현하는 방식으로 복잡한 열거자 패턴을 구현하는 데 보다 쉬운 방법을 제공한다. C# 컴파일러는 반복기를 발견하면 반복기 내용을 확장해서 열거자 패턴을 구현하는 CIL 코드로 만든다. 따라서 반복기를 구현하기 위한 런타임 의존성은 존재하지 않는다. C# 컴파일러가 CIL 코드로 구현하기 때문에 반복기를 사용함으로 인한 실질적인 런타임 성능상의 이점은 없다. 하지만 열거자 패턴을 직접 구현하는 대신 반복기를 사용함으로써 얻는 프로그래머의 생산성 향상은 무시할 수 없을 만큼 크다. 먼저 다음 절을 통해 코드에서 반복기를 정의하는 방법을 살펴보자.

반복기 구문

반복기는 IEnumerable<T>와 IEnumerator<T>의 조합인 반복기 인터페이스의 간략한 구현을 제공한다. 예제 17.12는 GetEnumerator() 메서드를 만들어서 제네릭 BinaryTree<T> 형식에 대한 반복기를 선언한다. 뒤이어 반복기 인터페이스에 대한 지원을 추가할 것이다.

2.0

```csharp
using System;
using System.Collections.Generic;

public class BinaryTree<T> :
    IEnumerable<T>
{
    public BinaryTree(T value)
    {
        Value = value;
    }

    #region IEnumerable<T>
    public IEnumerator<T> GetEnumerator()
    {
        //...
    }
    #endregion IEnumerable<T>

    public T Value { get; } // C# 6.0 게터 전용 Auto 속성
    public Pair<BinaryTree<T>> SubItems { get; set; }
}

public struct Pair<T>
{
    public Pair(T first, T second) : this()
    {
        First = first;
        Second = second;
    }
    public T First { get; } // C# 6.0 게터 전용 Auto 속성
    public T Second { get; } // C# 6.0 게터 전용 Auto 속성
}
```

예제 17.12에서 보듯이 반복기를 사용하려면 GetEnumerator() 메서드를 구현해야 한다.

2.0

반복기의 값 반환

반복기는 함수 같지만 하나의 값을 반환하는 대신 시퀀스를 이루고 있는 값을 하나씩 차례로 반환한다. BinaryTree<T>의 경우 형식 인수 T 형식의 값들을 반환한다. 비제네릭 형식의 IEnumerator를 사용했다면 반환 형식은 object다.

반복기 패턴을 적절하게 구현하려면 컬렉션을 열거하는 동안 현재 위치가 어디인지를 추적 관리하기 위한 몇 가지 내부 상태 값을 유지해야 한다. BinaryTree<T>에서는 트리 내에서 이미 열거한 요소와 아직 열거하지 않은 요소를 관리한다. 컴파일러는 반복기를 현재 위치를 추적하고 다음 위치로 자신을 옮기는 기능을 가진 '상태 기계^{state machine}'로 변환한다.

한편, 반복기는 yield return 문을 만날 때마다 값을 반환하며 제어는 즉시 호출 측으로 값을 반환한다. 호출 측이 다음 값을 요구하면 즉시 코드는 이전에 실행된 yield return 문에 이어서 실행을 재개한다. 예제 17.13은 C#의 내장 데이터 형식 키워드를 차례로 반환한다.

예제 17.13 반복기를 이용한 C# 키워드 반환

```csharp
using System;
using System.Collections.Generic;

public class CSharpBuiltInTypes: IEnumerable<string>
{
    public IEnumerator<string> GetEnumerator()
    {
        yield return "object";
        yield return "byte";
        yield return "uint";
        yield return "ulong";
        yield return "float";
        yield return "char";
        yield return "bool";
        yield return "ushort";
        yield return "decimal";
        yield return "int";
        yield return "sbyte";
        yield return "short";
        yield return "long";
```

```
        yield return "void";
        yield return "double";
        yield return "string";
    }

    // IEnumerable<T>가 IEnumerable을 상속하기 때문에
    // IEnumerable.GetEnumerator() 메서드도 구현한다.
    System.Collections.IEnumerator
        System.Collections.IEnumerable.GetEnumerator()
    {
        // 위의 IEnumerator<string> GetEnumerator() 호출
        return GetEnumerator();
    }
}

public class Program
{
    static void Main()
    {
        var keywords = new CSharpBuiltInTypes();
        foreach (string keyword in keywords)
        {
            Console.WriteLine(keyword);
        }
    }
}
```

예제 17.13을 실행한 결과는 다음 결과 17.5와 같다.

결과 17.5

```
object
byte
uint
ulong
float
char
bool
ushort
decimal
int
```

```
sbyte
short
long
void
double
string
```

예제의 실행 결과는 C# 내장 형식의 목록이다.

반복기와 상태

foreach 문에서 처음으로 GetEnumerator()를 호출하면(예제 17.13의 경우 foreach (string keyword in keywords)), 반복기 개체가 만들어지고 개체의 상태는 '시작start' 상태로 초기화된다. 시작 상태는 해당 반복기의 코드가 실행된 적이 없으며 따라서 값을 반환한 적이 없음을 나타낸다. 호출 측에서 foreach 문을 계속 실행하는 한 반복기는 상태를 관리한다. 반복 과정에서 다음 값을 요청하면 제어가 반복기로 넘어가고 이전 반복이 끝난 지점에서 실행을 이어가는데, 이때 반복기 개체에서 저장하고 있는 상태 정보를 이용해 제어를 이어갈 위치를 결정한다. 호출 측에서 foreach 문이 끝나면 더 이상 반복기 상태를 저장하지 않는다.

GetEnumerator()는 얼마든지 호출해도 안전성을 보장하며 필요한 경우 새로운 열거자 개체가 생성된다.

그림 17.8은 이러한 전반적인 과정에 대한 시퀀스 다이어그램이다. IEnumerator<T> 인터페이스의 MoveNext() 메서드를 눈여겨보자.

2.0

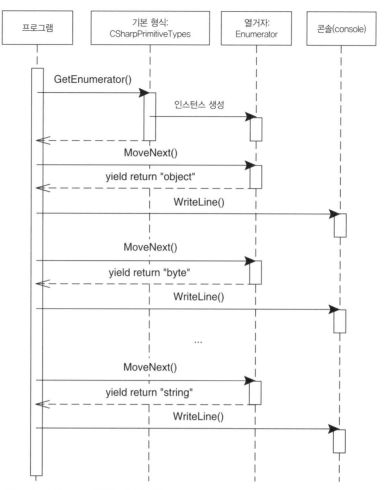

그림 17.8 yield return 시퀀스 다이어그램

예제 17.13에서 호출 측의 foreach 문은 keywords라고 명명된 CSharpBuiltInTypes 인스턴스의 GetEnumerator()를 호출하는 역할을 한다. foreach는 주어진 반복기 인스턴스를 이용해서 각 반복을 시작할 때마다 MoveNext()를 호출한다. 반복기 내부에서는 호출 측의 foreach 문으로 값을 반환한다. yield return 문 이후에 GetEnumerator() 메서드는 다음 MoveNext() 요청이 있기까지 외견상으로는 멈춰 있다. 반복 본문으로 다시 돌아오면 foreach 문에서 반환된 값을 화면에 출력한다. 그런 다음 반복을 재개하면서 반복기의 MoveNext()를 호출한다. 두 번째 호출의 경우 제어는 두 번째 yield return 문을 선택

한다는 점에 주목한다. 이제 foreach 문은 다시 CSharpBuiltInTypes가 반환한 값을 화면에 출력하고 다음 반복을 계속한다. 이 과정은 반복기에 더 이상의 yield return이 없을 때까지 계속된다. 마지막에 도달하면 MoveNext()가 false를 반환하고 호출 측의 foreach 문은 반복을 끝낸다.

기타 반복기 예제

BinaryTree<T>를 수정하기에 앞서 Pair<T>가 IEnumerable<T> 인터페이스를 지원하도록 변경해야 한다. 예제 17.14는 Pair<T> 내의 각 요소를 반환하게 수정한 것이다.

예제 17.14 BinaryTree⟨T⟩ 구현을 위한 yield 사용 예

```csharp
public struct Pair<T>: IPair<T>,
    IEnumerable<T>
{
    public Pair(T first, T second) : this()
    {
        First = first;
        Second = second;
    }
    public T First { get; } // C# 6.0 게터 전용 Auto 속성
    public T Second { get; } // C# 6.0 게터 전용 Auto 속성


    #region IEnumerable<T>
    public IEnumerator<T> GetEnumerator()
    {
        yield return First;
        yield return Second;
    }
    #endregion IEnumerable<T>

    #region IEnumerable Members
    System.Collections.IEnumerator
        System.Collections.IEnumerable.GetEnumerator()
    {
        return GetEnumerator();
    }
    #endregion
}
```

2.0

예제 17.14에서 Pair<T> 데이터 형식의 반복은 두 번에 걸쳐 일어나는데 각각 yield return First와 yield return Second에 의해 순서대로 발생한다. GetEnumerator() 내에서 yield return 문이 실행될 때마다 상태가 저장되고 실행은 GetEnumerator() 메서드 콘텍스트를 벗어나 반복문의 본문으로 넘어간다. 두 번째 반복을 시작하면 GetEnumerator()는 yield return Second 문을 실행한다.

System.Collections.Generic.IEnumerable<T>는 System.Collections.IEnumerable을 상속한다. 그러므로 IEnumerable<T>를 구현할 때는 IEnumerable도 구현해야 한다. 예제 17.14에서는 명시적으로 IEnumerable을 구현하며 간단히 IEnumerable<T>의 GetEnumerator()를 호출하고 있다. 이렇게 IEnumerable.GetEnumerator()에서 IEnumerable<T>.GetEnumerator()를 호출하는 것은 IEnumerable<T>와 IEnumerable의 상속 관계에서 형식 호환성을 보장하기 때문에 항상 동작한다. 이 두 GetEnumerator()는 시그니처가 같기(반환 형식은 시그니처의 구분 기준에 포함되지 않는다) 때문에 하나 혹은 둘 모두의 구현이 반드시 명시적이야 한다. IEnumerable<T> 버전이 보다 나은 형식 안전성을 제공하기 때문에 IEnumerable의 구현을 명시적으로 구현하도록 한다. 예제 17.15는 Pair<T>.GetEnumerator() 메서드를 이용해서 "Inigo"와 "Montoya"를 한 줄에 하나씩 출력한다.

예제 17.15 foreach를 통한 Pair〈T〉.GetEnumerator() 이용

```
var fullname = new Pair<string>("Inigo", "Montoya");
foreach (string name in fullname)
{
    Console.WriteLine(name);
}
```

보다시피 foreach 반복에서 GetEnumerator() 호출은 암시적으로 일어난다.

반복 내에 yield return 배치하기

CSharpBuiltInTypes와 Pair<T>에서 했던 것처럼 각각의 yield return 문을 하드코딩해야 할 필요는 없다. yield return 문을 이용하면 반복 구조에서 값을 반환할 수 있다. 예제

2.0

17.16은 foreach 반복을 사용 예이며, 반복 시 GetEnumerator()를 실행할 때마다 다음 값을 반환한다.

예제 17.16 반복 구조에서 yield return 사용하기

```
public class BinaryTree<T>: IEnumerable<T>
{
    // ...
    #region IEnumerable<T>
    public IEnumerator<T> GetEnumerator()
    {
        // 현재 노드의 항목을 반환한다.
        yield return Value;

        // 트리의 각 항목에 대한 반복을 처리한다.
        foreach (BinaryTree<T>? tree in SubItems)
        {
            if (tree != null)
            {
                // 값 쌍을 이루는 개별 요소가 트리이므로
                // 트리를 가로지르며 각 요소를 반환한다.
                foreach (T item in tree)
                {
                    yield return item;
                }
            }
        }
    }
    #endregion IEnumerable<T>

    #region IEnumerable Members
    System.Collections.IEnumerator
        System.Collections.IEnumerable.GetEnumerator()
    {
        return GetEnumerator();
    }
    #endregion
}
```

예제 17.16의 첫 번째 반복은 이진트리의 루트 요소를 반환하며, 두 번째 반복에서는 하위 요소의 쌍을 모두 거쳐 지나간다. 하위 요소의 쌍이 널이 아닌 값을 갖고 있다면 다시 자식 노드로 검색해 들어가서 요소들을 반환한다. foreach (T item in tree)는 자식 노드에 대한 재귀 호출이라는 점에 주의한다.

CSharpBuiltInTypes와 Pair<T>를 살펴봤고, 이제 foreach 반복을 이용해서 Binary Tree<T>를 반복할 수 있게 됐다. 예제 17.17과 결과 17.6을 이용해 이 과정을 살펴보자.

예제 17.17 BinaryTree〈string〉에 foreach문 사용하기

```
// JFK
var jfkFamilyTree = new BinaryTree<string>(
    "John Fitzgerald Kennedy")
{
    SubItems = new Pair<BinaryTree<string>>(
        new BinaryTree<string>("Joseph Patrick Kennedy")
        {
            // 아버지 측 조부모
            SubItems = new Pair<BinaryTree<string>>(
                new BinaryTree<string>("Patrick Joseph Kennedy"),
                new BinaryTree<string>("Mary Augusta Hickey"))
        },
        new BinaryTree<string>("Rose Elizabeth Fitzgerald")
        {
            // 어머니 측 조부모
            SubItems = new Pair<BinaryTree<string>>(
                new BinaryTree<string>("John Francis Fitzgerald"),
                new BinaryTree<string>("Mary Josephine Hannon"))
        })
};

foreach (string name in jfkFamilyTree)
{
    Console.WriteLine(name);
}
```

2.0

결과 17.6

```
John Fitzgerald Kennedy
Joseph Patrick Kennedy
```

```
Patrick Joseph Kennedy
Mary Augusta Hickey
Rose Elizabeth Fitzgerald
John Francis Fitzgerald
Mary Josephine Hannon
```

재귀 반복기의 위험성

예제 17.16의 코드에서는 이진트리를 따라 탐색하면서 새로운 중첩된 반복기 생성이 일어난다. 즉, 어떤 노드가 반환할 값을 결정하면 이 값은 이 노드의 반복기에 의해 반환되며, 이어서 그 부모의 반복기에 의해 다시 반환되는 식으로 최종적으로 루트 반복기에 의해 원본 반복문으로 반환이 이뤄질 때까지 이어진다. n 수준의 깊이에 있는 값은 n 개의 반복기 체인을 따라 값을 위로 전달하는 과정을 거친다. 이진트리의 수준이 비교적 얕은 경우라면 크게 문제될 것 없지만, 특정 트리가 매우 깊고 복잡하게 형성된 경우 이와 같은 재귀 반복은 큰 성능상의 대가를 치러야 할 수도 있다.

> **가이드라인**
> - 구조적으로 깊은 형태를 갖는 데이터 구조를 반복해야 한다면 재귀적인 알고리듬을 피하는 것이 좋다.

구조체와 클래스 비교

Pair<T>를 클래스가 아니라 구조체로 정의했기 때문에 나타나는 재미있는 현상이 하나 있다. 바로 세터가 공용 접근을 허용한다고 해도 SubItems.First와 SubItems.Second에 직접 할당이 불가능하다는 점이다. 세터를 공용으로 변경하고 다음 코드를 실행하려 하면 '변수가 아니기 때문에' SubItems는 변경할 수 없다는 컴파일러 에러가 발생할 것이다.

```
jfkFamilyTree.SubItems.First =
    new BinaryTree<string>("Joseph Patrick Kennedy");
```

2.0

SubItems는 Pair<T> 형식의 속성이며 구조체다. 따라서 속성은 SubItems의 복사본을 만든 다음 이것을 반환하기 때문에 복사본의 First에 할당하는 것은 명백히 잘못이며, 다행히 컴파일러는 이런 오류를 미리 막아 주고 있다.

이 문제점을 피하려면 할당을 하지 않거나(예제 17.17에서 사용하고 있는 접근 방법 참고) Pair<T>를 클래스로 정의하거나 SubItems 속성 대신 필드를 사용한다거나 혹은 BinaryTree<T>에서 SubItems 멤버에 직접 액세스하는 속성을 제공하는 방법을 이용한다.

yield break를 이용한 반복 중단

때로는 반복 중에 더 이상 진행하지 않고 반복을 끝내야 할 때가 있다. if 문을 이용하면 나머지 코드의 실행을 피할 수 있다. 하지만 한편으로 yield break를 이용하면 MoveNext()가 false를 반환하며, 제어는 그 즉시 호출 측으로 되돌아가면서 반복을 종료한다. 예제 17.18은 yield break의 사용 방법이다.

예제 17.18 yield break를 이용한 반복 탈출

```
public System.Collections.Generic.IEnumerable<T>
    GetNotNullEnumerator()
{
    if((First == null) || (Second == null))
    {
        yield break
    }
    yield return Second;
    yield return First;
}
```

이 메서드는 Pair<T> 클래스의 요소 중 하나라도 null이면 반복을 취소한다.

yield break 문은 함수를 시작하는 부분에서 처리할 일이 없다고 판단하면 즉시 반환할 수 있도록 삽입하는 return 문과 비슷하다. yield break는 if 블록을 이용하는 것보다 간편하게 이후의 반복에서 탈출하는 방법을 제시한다. 이는 탈출 지점을 여러 곳에 설정할 수 있다는 것을 뜻하며, 부주의하게 사용하면 자칫 읽기 어려운 코드가 될 수 있다.

2.0

반복기의 동작 원리

C# 컴파일러는 반복기를 발견하면 적당한 열거자 디자인 패턴에 따라 CIL로 만든다. 이렇게 만들어진 코드에서 C# 컴파일러는 우선 IEnumerator<T> 인터페이스를 구현하는 전용 중첩 클래스를 생성하고 Current 속성과 MoveNext() 메서드를 구현한다. Current 속성은 반복기의 반환 형식에 알맞은 형식을 반환한다. 예제 17.14의 Pair<T>는 T 형식을 반환하는 반복기를 포함하고 있다. C# 컴파일러는 반복기에 포함된 코드를 분석하고 MoveNext 메서드와 Current 속성에 필요한 코드를 작성해서 반복기의 동작을 그대로 처리할 수 있게 한다. 예제 17.19는 Pair<T> 반복기를 위해 C# 컴파일러가 만들어 내는 코드의 대략적인 모습이다.

예제 17.19 반복기에 대해 컴파일러가 생성하는 C# 코드의 형태

```csharp
using System;
using System.Collections;
using System.Collections.Generic;

[NullableContext(1)]
[Nullable(0)]
public struct Pair<[Nullable(2)] T> : IPair<T>, IEnumerable<T>, IEnumerable
{
    public Pair(T first, T second)
    {
        First = first;
        Second = second;
    }

    public T First { get; }

    public T Second { get; }

    public T this[PairItem index]
    {
        get
        {
            PairItem pairItem = index;
            PairItem pairItem2 = pairItem;
```

2.0

```
        T result;
        if (pairItem2 != PairItem.First)
        {
            if (pairItem2 != PairItem.Second)
            {
                throw new NotImplementedException(
                    string.Format("The enum {0} has not been implemented",
                        index.ToString()));
            }
            result = Second;
        }
        else
        {
            result = First;
        }
        return result;
    }
}

public IEnumerator<T> GetEnumerator()
{
    yield return First;
    yield return Second;
    yield break;
}

IEnumerator IEnumerable.GetEnumerator()
{
    return GetEnumerator();
}
}
```

이처럼 yield return 문에 대해 프로그래머가 작성한 것과 비슷한 클래스를 컴파일러가 생성하기 때문에 C#은 열거자 디자인 패턴을 직접 작성한 것과 비슷한 성능 특성을 보여 준다. 비록 성능 향상까지 기대하기는 어렵지만, 이것으로 인해 얻을 수 있는 생산성 이득은 상당하다.

2.0

문맥 키워드

많은 C# 키워드는 '예약된 키워드'로 @마크 다음에 사용하지 않는 한 식별자로 사용할 수 없다. 한편, yield 키워드는 예약된 키워드가 아닌 문맥 키워드^{contextual keyword}이므로 yield라는 지역 변수를 선언할 수 있다(혼란스럽기는 하다). 사실 1.0 이후에 C#에 추가된 키워드는 모두 문맥적 키워드인데 이렇게 함으로써 키워드 추가로 인해 기존 프로그램에서 문제가 발생하지 않는다.

C# 설계자들이 yield return value; 형식 대신 yield value;를 사용하도록 선택했다면 yield(1+2);와 같은 문이 값을 반환하는 것인지 yield라는 메서드에 값을 전달하는 것인지 구분이 어려웠을 것이다.

이전부터 return이나 break 바로 앞이 아닌 경우 yield를 사용하는 것을 허용하지 않았기 때문에 C# 컴파일러는 이런 경우 yield를 식별자가 아닌 키워드로 구분할 수 있다.

하나의 클래스 내에 다중 반복기 생성하기

앞선 예제들은 IEnumerable<T>.GetEnumerator()를 구현하고 있는데 foreach는 이 메서드를 암시적으로 찾는다. 그런데 때로는 좀 다른 순서로 반복하고자 할 때가 있는데 예를 들어, 반대 방향으로 반복한다거나 결과를 필터링하고 혹은 개체 투영에 대한 반복을 원하는 경우 등이다. 이럴 때는 해당 클래스에 IEnumerable<T>나 IEnumerable을 반환하는 속성이나 메서드를 만들고 이들을 이용해서 추가로 제공하고자 하는 반복기를 캡슐화하는 방법을 쓸 수 있다. 예를 들어, Pair<T>의 요소를 역방향으로 반복하고자 한다면 예제 17.20처럼 GetReverseEnumerator() 메서드를 제공하면 된다.

예제 17.20 IEnumerable〈T〉를 반환하는 메서드와 yield return 문 사용하기

```
public struct Pair<T>: IEnumerable<T>
{
    ...

    public IEnumerable<T> GetReverseEnumerator()
    {
        yield return Second;
```

2.0

```
        yield return First;
    }

    ...
}

public static void Main()
{
    var game = new Pair<string>("Redskins", "Eagles");
    foreach (string name in game.GetReverseEnumerator())
    {
        Console.WriteLine(name);
    }
}
```

예제에서 IEnumerator<T>가 아니라 IEnumerable<T>를 반환하고 있음에 주목한다. 이 것은 IEnumerator<T>를 반환하는 IEnumerable<T>.GetEnumerator()와 명백히 다르며, Main()에서는 foreach 반복문에서 GetReverseEnumerator()를 호출하는 방법을 보여 준다.

yield 문 요구 사항

yield return 문은 오직 IEnumerator<T>나 IEnumerable<T> 형식 혹은 이들의 비제네릭 형 식을 반환하는 멤버 내에서만 사용할 수 있다. yield return 문을 포함하고 있는 멤버에 는 단순 return 문이 없을 수도 있다. C# 컴파일러는 yield return 문을 사용하는 멤버 에 대해 반복기의 상태를 유지하는 데 필요한 코드를 생성한다. 이 멤버가 yield return 이 아닌 일반 return 문을 사용한다면 컴파일러가 해주던 부분을 프로그래머가 대신해 야 하며, 자체적으로 상태 기계를 유지하고 반복기 인터페이스 형식을 반환하게 해야 한다. 반환 형식이 지정된 메서드의 모든 코드 경로가 값을 반환하는 return 문으로 끝 나야 하는 것(예외를 발생시키는 경우는 제외)과 마찬가지로 반복기 내의 값을 반환해야 하는 모든 코드 경로는 yield return 문을 포함해야 한다.

yield 문을 사용함에 있어서 컴파일러 에러를 일으키는 추가적인 제약 사항으로는 다음과 같은 것들이 있다.

2.0

- yield 문은 메서드, 사용자 정의 연산자, 혹은 인덱서나 속성의 get 접근자 안에서만 사용할 수 있다. 해당 멤버는 ref나 out 매개변수를 가질 수 없다.
- 무명 메서드나 람다 식(13장 참고)에는 yield 문을 사용할 수 없다.
- try 문의 catch나 finally 절에 yield 문을 사용할 수 없다. try 블록에 yield 문을 사용할 수 있는 경우는 catch 블록이 없을 때뿐이다.

요약

17장에서는 중요한 컬렉션 클래스와 관련 인터페이스를 알아보면서 이들이 어떻게 고유한 컬렉션의 특성을 반영하는지 살펴봤다. 컬렉션 클래스들은 컬렉션에 항목을 추가하거나 추출하는 것에 집중하며 이때 키나 인덱스, FIFO, LIFO 등의 메커니즘을 이용한다. 또, 컬렉션을 반복하는 방법과 더불어 사용자 지정 컬렉션을 정의하고 사용자 지정 반복기를 이용해서 항목을 열거하는 방법을 설명했다(반복기는 yield라는 키워드를 이용하는데 C#은 이 키워드를 이용해서 foreach 반복을 지원하기 위한 반복기 패턴을 구현하는 CIL 코드를 생성한다).

18장에서는 앞에서 살짝 언급했던 리플렉션에 대해서 살펴볼 것이다. 리플렉션을 이용하면 런타임에 CIL 코드 내에서 형식의 구조를 확인할 수 있다.

2.0 끝

■18■
리플렉션, 특성, 동적 프로그래밍

특성은 어셈블리에 추가적인 메타데이터를 주입하고 이 메타데이터와 클래스, 메서드, 속성 등과 같은 프로그래밍 구조를 연관시키기 위한 도구다. 18장에서는 프레임워크에서 제공하는 특성과 관련된 세부 사항들에 대해 살펴보고 사용자 지정 특성을 정의하는 방법에 대해서도 다루도록 하겠다. 사용자 지정 특성의 장점을 살리려면 우선 이들을 식별해 내야 하는데, 이때 리플렉션을 이용한다. 18장은 리플렉션에 대해 살펴보는 것으로부터 시작하려 한다. 컴파일 타임에 이름(혹은 메타데이터)을 이용한 멤버 호출을 기반으로 리플렉션을 통해 실행 시간에 동적 바인딩을 활용하는 방법도 여기에 포함된다. 이것은 코드 생성기와 같은 도구에서 자주 사용되는 기능이다. 또한 호출 대상이 정해지지 않은 경우에 대해 실행 시간에도 리플렉션이 사용된다.

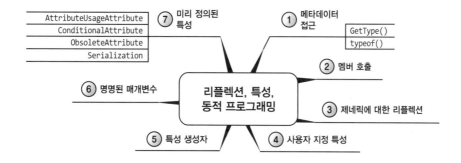

마지막 부분에서는 C# 4.0에서 추가된 동적 프로그래밍을 논의할 예정인데, 이것을 이용하면 컴파일 타임보다는 실행 시간에 바인딩을 필요로 하는 동적인 데이터에 대한 각종 처리가 훨씬 용이하다.

리플렉션

다음은 리플렉션을 이용해서 할 수 있는 것들이다.

- 어셈블리 내의 형식에 대한 메타데이터에 접근할 수 있으며, 여기는 전체 형식 이름, 멤버 이름, 특성 등이 포함된다.
- 컴파일 타임에 정의되는 바인딩 대신 메타데이터를 사용해서 런타임에 동적으로 형식의 멤버를 호출할 수 있다.

리플렉션^{reflection}은 어셈블리에 포함된 메타데이터를 검사하는 프로세스다. 전통적으로 코드를 기계 언어로 컴파일할 때 형식이나 메서드 이름과 같은 코드에 관한 메타데이터는 제거된다. 이와는 대조적으로 C#은 공용 중간 언어^{CIL}로 컴파일할 때 대부분의 메타데이터를 유지한다. 나아가 리플렉션을 통해 어셈블리 내의 모든 형식을 열거하고 특정 조건에 부합하는 정보를 찾을 수 있다. 형식의 메타데이터에 접근할 때는 System. Type의 인스턴스를 이용하며 이 개체는 해당 형식 인스턴스의 멤버를 열거하는 메서드를 포함하고 있다. 추가로 이렇게 검사한 형식의 특정 개체에 대해 멤버를 호출할 수도 있다.

리플렉션을 지원하기 위한 기반 기능들 덕분에 리플렉션은 새로운 패러다임을 가능케 한다. 예를 들어, 리플렉션을 이용하면 어셈블리가 포함하고 있는 모든 형식과 그들의 멤버를 열거하고 동시에 어셈블리 API를 문서화할 수 있는 스텁^{stub}을 만들 수도 있다. 그런 다음에는 리플렉션으로 추출한 메타데이터와 XML 주석(/doc 스위치 이용)으로부터 만들어진 XML 문서를 합쳐서 API 문서를 만들 수 있다. 비슷한 방법으로 프로그래머들은 비즈니스 개체를 데이터베이스에 영구화(직렬화)하는 코드를 생성하는 데 메타데이터 리플렉션을 이용할 수 있다. 또 리스트 컨트롤을 이용해서 개체 컬렉션을 보여 줄 수도 있다. 컬렉션이 제공되면 리스트 컨트롤이 리플렉션을 이용해서 컬렉션에 포함돼 개체들의 모든 속성을 반복해서 각 속성에 대해 리스트상의 칼럼을 정의할 수도 있다. 한 발 더 나아가 각 개체의 개별 속성들을 호출해서 리스트 컨트롤의 행과 열에 해당 개체가 갖고 있는 속성 값을 출력할 수 있을 것이다. 컴파일 시점에 개체의 형식을 알 수 없다 해도 문제될 것은 없다.

리플렉션을 활용하는 프레임워크 클래스로는 XmlSerializer, ValueType, .NET 프레임워크의 DataBinder 등이 있다.

System.Type을 이용한 메타데이터 접근

어떤 형식의 메타데이터를 읽기 위해서는 대상 인스턴스의 System.Type 형식 인스턴스를 얻는 것이 핵심이다. System.Type은 형식에 관한 정보를 추출하기 위한 모든 메서드를 갖고 있으며, 이들을 이용하면 다음과 같은 의문에 대한 답을 얻을 수 있다.

- 형식의 이름은 무엇인가(Type.Name)?
- 공용 형식인가(Type.IsPublic)?
- 기본 형식은 무엇인가(Type.BaseType)?
- 인터페이스를 지원하고 있는가(Type.GetInterfaces())?
- 형식을 정의하고 있는 어셈블리는 무엇인가(Type.Assembly)?
- 형식에서 제공하는 속성, 메서드, 필드 등에는 어떤 것들이 있는가(Type.GetProperties(), Type.GetMethods(), Type.Getfields() 등)?
- 형식에 적용된 특성에는 어떤 것들이 있는가(Type.GetCustomAttributes())?

이보다 훨씬 많은 것들이 제공되고 있지만, 결국 모두 특정한 형식에 대한 정보를 제공하기 위한 것들이다. 다시 말하지만 핵심은 대상 형식의 Type 개체에 대한 참조를 얻는 것인데 Type 개체 참조를 얻는 두 가지 대표적인 방법은 object.GetType()과 typeof()를 이용하는 것이다.

참고로, GetMethod()는 확장 메서드를 반환하지 않는데, 이들 메서드는 구현하는 형식의 정적 멤버로만 사용할 수 있기 때문이다.

GetType()

GetType()은 object의 멤버이므로 모든 형식은 이 함수를 제공한다. GetType()을 호출하면 원본 개체에 해당하는 System.Type 형식의 인스턴스를 추출할 수 있다. 예제 18.1과 결과 18.1은 DateTime 형식으로부터 얻은 Type 인스턴스를 이용하는 방법을 보여 준다.

예제 18.1 Type.GetProperties()를 이용해서 개체의 공용 속성 얻기

```
DateTime dateTime = new DateTime();

Type type = dateTime.GetType();
foreach (
    System.Reflection.PropertyInfo property in
        type.GetProperties())
{
    Console.WriteLine(property.Name);
}
```

결과 18.1

```
Date
Day
DayOfWeek
DayOfYear
Hour
Kind
Millisecond
Minute
Month
Now
UtcNow
Second
Ticks
TimeOfDay
Today
Year
```

예제는 GetType()을 호출해 Type 형식의 개체를 얻고, Type.GetProperties()가 반환하는 System.Reflection.PropertyInfo 개체들을 반복하면서 속성 이름을 출력한다. 이처럼

GetType() 호출의 핵심은 반드시 대상 개체 인스턴스를 확보해야 한다는 것인데, 때로는 이것이 불가능할 때가 있다. 예를 들어, 인스턴스를 만들 수 없는 정적 클래스를 대상으로 GetType()을 호출할 방법은 없다.

typeof()

typeof 식을 이용해도 Type 개체를 얻을 수 있다. typeof는 컴파일 시점에 특정 Type 인스턴스에 바인딩되며 형식을 직접 매개변수로 사용한다. 제네릭 형식의 매개변수는 예외적으로 런타임에 결정된다. 예제 18.2는 Enum.Parse()와 함께 typeof를 사용하는 방법을 보여 준다.

예제 18.2 typeof()를 이용해서 System.Type 인스턴스 만들기

```
using System.Diagnostics;
// ...
    ThreadPriorityLevel priority;
    priority = (ThreadPriorityLevel)Enum.Parse(
            typeof(ThreadPriorityLevel), "Idle");
// ...
```

Enum.Parse()는 열거형을 나타내는 Type 개체를 매개변수로 받아서 문자열을 특정 열거 형식의 값으로 변환한다. 예제에서는 "Idle"을 System.Diagnostics.ThreadPriorityLevel.Idle로 변환한다.

예제 18.3에서는 CompareTo(object obj) 메서드 내에서 typeof 식을 이용해 obj 매개변수가 실제로 요구되는 형식이 맞는지 확인하고 있다.

```
if(obj.GetType() != typeof(Contact) { ... }
```

typeof 식은 컴파일 타임에 해석이 되므로 GetType() 호출로부터 구한 형식이 특정 형식인지 확인할 수 있다.

멤버 호출

리플렉션의 가능성은 단지 메타데이터를 추출하는 것에서 멈추지 않고, 추출한 메타데이터로 식별한 멤버를 동적으로 호출할 수도 있다. 응용 프로그램의 명령줄을 대변하는 클

래스를 정의하고 있다고 생각해 보자.[1] CommandLineInfo 클래스의 어려운 점은 응용 프로그램을 실행한 실제 명령줄 데이터로 클래스를 채워야 한다는 것과 같은 부분이다. 하지만 리플렉션을 이용하면 명령줄 선택 사항들을 속성 이름으로 매핑할 수 있고 런타임에 동적으로 설정할 수도 있다. 예제 18.3을 통해 이 과정을 확인해 보도록 하자.

예제 18.3 동적 멤버 호출

```csharp
using System;
using System.Diagnostics;

public partial class Program
{
    public static void Main(string[] args)
    {
        string errorMessage;
        CommandLineInfo commandLine = new CommandLineInfo();
        if (!CommandLineHandler.TryParse(
            args, commandLine, out string? errorMessage))
        {
            Console.WriteLine(errorMessage);
            DisplayHelp();
        }

        if (commandLine.Help)
        {
            DisplayHelp();
        }
        else
        {
            if (commandLine.Priority !=
                ProcessPriorityClass.Normal)
            {
                // 스레드 우선순위 변경
            }
        }
        // ...
    }
```

---

1 .NET Standard 1.6의 CommandLineUtils NuGet 패키지는 명령줄 파싱 기능을 포함한다. 자세한 정보는 http://itl.tc/sept2016 MSDN 문서를 참고한다.

```
        private static void DisplayHelp()
        {
            // 명령줄 도움말 표시
            Console.WriteLine(
                        "Compress.exe /Out:< file name > /Help "
                        + "/Priority:RealTime | High | "
                        + "AboveNormal | Normal | BelowNormal | Idle");
        }
    }

using System;
using System.Diagnostics;

public partial class Program
{
    private class CommandLineInfo
    {
        public bool Help { get; set; }

        public string? Out { get; set; }

        public ProcessPriorityClass Priority { get; set; }
            = ProcessPriorityClass.Normal;
    }
}

using System;
using System.Diagnostics;
using System.IO;
using System.Reflection;

public class CommandLineHandler
{
    public static void Parse(string[] args, object commandLine)
    {
        if (!TryParse(args, commandLine, out string? errorMessage))
        {
            throw new InvalidOperationException(errorMessage);
        }
    }
```

```csharp
public static bool TryParse(string[] args, object commandLine,
    out string? errorMessage)
{
    bool success = false;
    errorMessage = null;
    foreach (string arg in args)
    {
        string option;
        if (arg[0] == '/' || arg[0] == '-')
        {
            string[] optionParts = arg.Split(
                new char[] { ':' }, 2);

            // 슬래시와 대시 제거
            option = optionParts[0].Remove(0, 1);
            PropertyInfo? property =
                commandLine.GetType().GetProperty(option,
                    BindingFlags.IgnoreCase |
                    BindingFlags.Instance |
                    BindingFlags.Public);

            if (property != null)
            {
                if (property.PropertyType == typeof(bool))
                {
                    // 인덱서 처리를 위한 마지막 매개변수
                    property.SetValue(
                        commandLine, true, null);
                    success = true;
                }
                else if (
                    property.PropertyType == typeof(string))
                {
                    property.SetValue(
                    commandLine, optionParts[1], null);
                    success = true;
                }
                else if (
                // property.PropertyType.IsEnum 사용 가능
                    property.PropertyType ==
                        typeof(ProcessPriorityClass))
                {
```

```
                    try
                    {
                        property.SetValue(commandLine,
                            Enum.Parse(
                                typeof(ProcessPriorityClass),
                                optionParts[1], true),
                            null);
                        success = true;
                    }
                catch (ArgumentException )
                {
                    success = false;
                    errorMessage =
                        $@"The option '{
                            optionParts[1]
                            }' is invalid for '{
                            option }'";
                }
            }
            else
            {
                success = false;
            errorMessage =
                $@"Data type '{
                    property.PropertyType
                    }' on {
                    commandLine.GetType()
                    } is not supported.";
            }
        }
        else
        {
            success = false;
        errorMessage =
            $"Option '{ option }' is not supported.";
        }
    }
}
return success;
    }
}
```

예제 18.3은 길지만 코드는 비교적 단순하다. Main()은 CommandLineInfo 클래스를 인스턴스화하는 것으로 시작하는데, 이것은 이 응용 프로그램의 명령줄 데이터를 보관하고자 정의된 형식이다. 각 속성은 결과 18.2와 같이 이 프로그램을 실행하면서 적용한 명령줄 선택 사항에 대응하고 있다.

결과 18.2

```
Compress.exe /Out:<file name> /Help
    /Priority:RealTime|High|AboveNormal|Normal|BelowNormal|Idle
```

CommandLineInfo 개체는 CommandLineHandler의 TryParse() 메서드에 전달되는데 이 메서드는 개별 선택 사항들을 모두 나열하고 선택 사항 이름(예를 들어, Help나 Out 등)을 기준으로 분류하는 작업을 우선 수행한다. 일단 이름이 결정되면 CommandLineInfo 개체에 대해 리플렉션을 수행하고 같은 이름을 갖는 인스턴스 속성이 있는지 확인한다. 속성을 발견하면 SetValue()를 이용해서 속성 형식에 맞는 데이터를 지정한다. (이 메서드는 값을 설정하기 위한 새로운 값과 추가로 index 매개변수를 받는데 속성이 인덱서가 아니라면 null 값을 가진다.) 예제에서는 부울, 문자열, 열거형인 세 가지 속성 형식을 다루고 있다. 열거형의 경우에는 선택 사항 값을 파싱하고 열거형의 문자열과 같은 값을 속성에 할당한다. TryParse() 호출이 성공했다고 가정하고, 메서드가 종료되면 CommandLineInfo 개체는 명령줄에서 입력한 값으로 초기화된다.

흥미로운 점은 CommandLineInfo가 Program에 중첩된 private 클래스인데 Command LineHandler가 리플렉션을 수행하는 데 아무런 문제가 없고 또 멤버 호출도 할 수 있다는 것이다. 즉, 리플렉션은 적절한 권한 설정을 통해 접근성 규칙을 피해갈 수 있다. 예를 들어, Out이 private 멤버라고 해도 TryParse() 메서드를 이용해서 값을 할당하는 것이 가능할 것이다. 이 때문에 CommandLineHandler를 별도의 어셈블리에 두고 여러 프로그램이 공유해서 각자의 CommandLineInfo 클래스와 함께 이용할 수 있을 것이다.

또 예제에서 PropertyInfo.SetValue()를 이용해서 CommandLineInfo의 멤버를 호출하고 있다. PropertyInfo는 속성의 값을 추출할 수 있는 GetValue()라는 메서드도 갖고 있다. 한편, 메서드에 대해서는 Invoke() 멤버를 포함하는 MethodInfo 클래스를 제공한다. 그림 18.1에서 보는 것처럼 MethodInfo와 PropertyInfo는 둘 다 MemberInfo를 상속하고 있다.

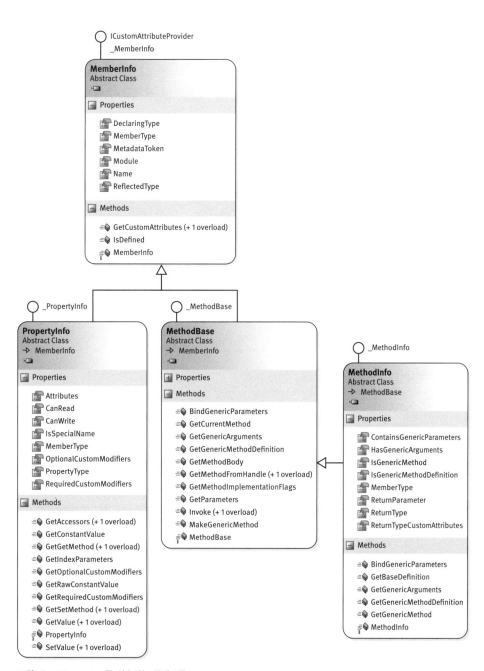

그림 18.1 MemberInfo를 상속하는 클래스들

제네릭 형식의 리플렉션

공용 언어 런타임^{CLR} 2.0에서 제네릭 형식을 도입하면서 리플렉션에도 추가적인 기능이 필요하게 됐다. 제네릭에 대한 런타임 리플렉션은 클래스나 메서드가 제네릭 형식을 포함하고 있는지, 형식 매개변수나 인수를 포함하고 있는지를 확인한다.

형식 매개변수의 형식 결정

비제네릭 형식에 대해 System.Type 인스턴스를 추출하려고 typeof 연산자를 사용했던 것과 같은 방법으로 제네릭 형식이나 제네릭 메서드의 형식 매개변수에도 typeof 연산자를 사용할 수 있다. 예제 18.4는 typeof 연산자를 Stack 클래스의 Add 메서드에서 사용하고 있는 형식 매개변수에 사용하고 있다.

예제 18.4 Stack〈T〉 클래스 선언

```csharp
public class Stack<T>
{
    // ...
    public void Add(T i)
    {
        // ...
        Type t = typeof(T);
        // ...
    }
    // ...
}
```

일단 형식 매개변수에 대한 Type 개체 인스턴스를 얻으면 형식 매개변수 자체에 리플렉션을 사용해서 동작을 제어하고 Add 메서드가 특정 형식에 보다 특화된 처리를 할 수 있도록 만들 수도 있다.

클래스나 메서드의 제네릭 지원 여부 판단

CLR 2.0의 System.Type 클래스에 주어진 형식이 제네릭 매개변수나 인수를 지원하는지를 판단할 수 있는 유용한 메서드 하나가 추가됐다. 제네릭 인수는 제네릭 클래스가 인스턴스화될 때 전달되는 형식 매개변수다. 예제 18.5와 같이 Type.ContainsGeneric

Parameters 속성을 확인하면 클래스나 메서드가 제네릭 매개변수를 포함하고 있는지 판단할 수 있다.

```
using System;

public class Program
{
    static void Main()
    {
        Type type = typeof(System.Nullable<>);
        Console.WriteLine(type.ContainsGenericParameters);
        Console.WriteLine(type.IsGenericType);

        type = typeof(System.Nullable<DateTime>);
        Console.WriteLine(type.ContainsGenericParameters);
        Console.WriteLine(type.IsGenericType);
    }
}
```

예제 18.5을 실행한 결과 18.3은 다음과 같다.

결과 18.3

```
True
True
False
True
```

Type.IsGenericType은 부울 속성으로 해당 형식이 제네릭인지 나타낸다.

제네릭 클래스나 메서드의 형식 매개변수 얻기

제네릭 클래스에 대해 GetGenericArguments() 메서드를 호출하면 제네릭 인수나 형식 매개변수의 목록을 얻을 수 있다. 결과는 System.Type 형식의 인스턴스 배열이며 제네릭 클래스에서 정의하고 있는 형식 매개변수의 선언 순서에 따라 배열된다. 예제 18.6과 결과 18.4는 리플렉션을 이용해서 제네릭 형식에서 매개변수들을 얻는 방법을 보여 주고 있다.

2.0

```
using System;
using System.Collections.Generic;

public partial class Program
{
    public static void Main()
    {
        Stack<int> s = new Stack<int>();

        Type t = s.GetType();

        foreach(Type type in t.GetGenericArguments())
        {
            System.Console.WriteLine(
                "Type parameter: " + type.FullName);
        }
        // ...
    }
}
```

결과 18.4

2.0 끝

```
Type parameter: System.Int32
```

6.0 시작

nameof 연산자

11장에서 ArgumentException의 매개변수 이름을 전달하려고 다음과 같이 nameof 연산자를 이용하는 경우에 대해 간단히 살펴본 바 있다.

```
throw new ArgumentException(
    "The argument did not represent a digit", nameof(textDigit));
```

nameof 문맥 연산자는 C# 6.0에서 도입됐으며, 인수로 지정된 프로그램 요소의 형식화되지 않은 이름을 저장하는 상수 문자열을 생성한다. 예제의 경우 textDigit이 매개변수로 사용됐으므로 nameof(textDigit)은 'textDigit'을 반환한다(이러한 동작은 컴파일 시점에 이뤄지므로 nameof를 기술적으로는 리플렉션이라 할 수 없다. nameof를 여기에 배치한 이유는 어쨌든 궁극적으로 어셈블리 및 그 구조에 관련된 데이터를 전달받기 때문이다).

"textDigit" 대신 nameof(textDigit)을 이용함으로써 얻을 수 있는 이득이 대체 무엇인지 궁금한 독자들이 있을 것이다(전자를 이용하는 것이 더 쉬워 보일수도 있다). nameof의 장점은 다음 두 가지 꼭지로 설명할 수 있다.

- C# 컴파일러는 nameof 연산자의 인수를 실제로 정상적인 프로그램 요소로서 인식하게 된다. 이것은 프로그램 요소 이름이 변경됐을 때 발생할 수 있는 에러 혹은 오타 등을 방지하는 데 도움이 된다.
- 리터럴 문자열보다 nameof 연산자를 이용하는 방법이 IDE 도구에서 보다 효과적이다. 예를 들어, '모든 참조 찾기'와 같은 기능은 nameof에서 사용된 프로그램 요소들은 찾아 주지만 리터럴 문자에 대해서는 동작하지 않으며, 자동으로 이름을 변경해 주는 리펙터링 역시 nameof가 강점을 가진다.

앞서 살펴본 예제 코드에서 nameof(textDigit)은 매개변수의 이름을 생성한다. 하지만 nameof 연산자는 매개변수뿐만 아니라 어떠한 프로그램 요소에도 사용할 수 있다. 예제 18.7에서는 nameof를 이용해 속성 이름을 INotifyPropertyChanged.PropertyChanged에 전달한다.

예제 18.7 동적 멤버 호출

```
using System.ComponentModel;

public class Person : INotifyPropertyChanged
{
    public event PropertyChangedEventHandler PropertyChanged;
    public Person(string name)
    {
        Name = name;
    }
    private string _Name = string.Empty;
    public string Name
    {
        get { return _Name; }
        set
```

```
    {
        if (_Name != value)
        {
            _Name = value;
            // C# 6.0 조건부 널 참조 이용
            PropertyChanged?.Invoke(
                this,
                new PropertyChangedEventArgs(
                    nameof(Name)));
        }
    }
}
// ...
}
```

형식화되지 않은 'Name'을 이용(접근 범위 내에 있으므로)하든 Person.Name과 같이 형식화된 이름을 이용하든 결과는 맨 마지막 식별자다(점으로 구분된 이류의 마지막 요소).

속성 이름을 얻어 오려고 C# 5.0의 CallerMemberName 매개변수 속성을 이용하는 것도 여전히 할 수 있다(https://intellitect.com/leveraging-the-callermembername-attribute-for-inotifypropertychangedinotifypropertychangings-events/ 참고).

특성

특성^{attribute}을 사용하는 방법에 대해 세부적으로 들어가기에 앞서 특성을 언제 사용하는 것인지를 알고 있어야 한다. 예제 18.3의 CommandLineHandler에서 속성 이름에 알맞은 명령줄 선택 사항을 찾아서 클래스의 속성을 동적으로 설정했다. 하지만 이와 같은 접근 방식으로는 무언가 부족하다. 예를 들어, 명령줄 선택 사항에 /?와 같이 잘못된 속성 이름인 경우에는 지원되지 않는다. 또 어떤 선택 사항이 필수 입력 사항인지도 식별하지 못한다.

선택 사항 이름과 속성 이름이 정확하게 일치하는지에 의존하는 대신, 특성을 이용하면 특성으로 장식된 대상(이 경우 특성이 적용된 선택 사항)에 대해 추가적인 메타데이터를 식별할 수 있도록 하는 방법을 제공한다. 특성을 이용하면 속성을 필수 항목으로 설정할 수도 있고 /?를 선택 사항에 대한 별칭으로 허용하게 할 수도 있다. 즉, 특성은 속성(다른 구조들도 해당됨)과 추가적인 데이터를 연관 지어 주는 수단이다.

특성은 적용하고자 하는 대상 구조에 앞서 배치된 대괄호 안에 위치한다. 예제 18.8은 CommandLineInfo 클래스에 특성을 적용한 예다.

예제 18.8 속성에 특성 적용하기

```csharp
class CommandLineInfo
{
    [CommandLineSwitchAlias("?")]
    public bool Help { get; set; }

    [CommandLineSwitchRequired]
    public string? Out { get; set; }

    public System.Diagnostics.ProcessPriorityClass Priority
        { get; set; } =
            System.Diagnostics.ProcessPriorityClass.Normal;
}
```

예제 18.8에서 Help와 Out 속성에 특성을 적용했다. 이 특성들을 사용한 목적은 /Help에 대한 별칭으로 /?를 사용할 수 있도록 하고, /Out은 필수 항목이라는 것을 지정하기 위함이다. 이 생각은 CommandLineHandler.TryParse() 메서드로부터 나왔는데 이 메서드에서 선택 사항에 대한 별칭을 지원하게 하고 파싱이 성공했다면 모든 필수 항목이 지정됐는지 확인할 수 있을 것이라는 점이다.

여러 개의 특성을 하나의 대상에 지정할 수 있는 방법은 두 가지다. 같은 대괄호 내에서 쉼표로 구분하는 방법을 사용하거나 각 특성별로 대괄호를 이용해서 지정하는 방법을 사용할 수 있으며 예제 18.9를 참고한다.

예제 18.9 2개 이상의 특성 배치하기

```csharp
[CommandLineSwitchRequired]
[CommandLineSwitchAlias("FileName")]
public string? Out { get; set; }
```

```csharp
[CommandLineSwitchRequired,
```

```
CommandLineSwitchAlias("FileName")]
public string Out { get; set; }
```

특성을 사용할 수 있는 프로그램 요소에는 속성 외에도 클래스, 인터페이스, 구조체, 열거형, 대리자, 이벤트, 메서드, 생성자, 필드, 매개변수, 반환 값, 어셈블리, 제네릭 매개변수, 모듈 등이 있다. 대부분의 경우에는 예제 18.9와 같이 대괄호를 이용하면 특성을 적용할 수 있지만 반환 값, 어셈블리, 모듈에 대해서는 이와 같은 문법을 사용할 수 없다.

어셈블리 특성은 어셈블리에 부가적인 메타데이터를 추가하고자 할 때 사용한다. .NET 프레임워크 프로젝트(.NET Core 프로젝트 아님)를 만들어 주는 Visual Studio 프로젝트 마법사는 어셈블리에 관한 수많은 특성을 포함하고 있는 AssemblyInfo.cs 파일을 생성한다. 예제 18.10은 AssemblyInfo.cs 파일의 예다.

예제 18.10 AssemblyInfo.cs에 포함된 어셈블리 특성들

```
using System.Reflection;
using System.Runtime.CompilerServices;
using System.Runtime.InteropServices;

// 어셈블리에 대한 일반 정보는 다음 특성 집합을 통해
// 제어됩니다. 어셈블리와 관련된 정보를 수정하려면
// 이러한 특성 값을 변경하세요.
[assembly: AssemblyTitle("CompressionLibrary")]
[assembly: AssemblyDescription("")]
[assembly: AssemblyConfiguration("")]
[assembly: AssemblyCompany("IntelliTect")]
[assembly: AssemblyProduct("Compression Library")]
[assembly: AssemblyCopyright("Copyright? IntelliTect 2006-2018")]
[assembly: AssemblyTrademark("")]
[assembly: AssemblyCulture("")]

// ComVisible을 false로 설정하면 이 어셈블리의 형식이 COM 구성 요소에
// 표시되지 않습니다. COM에서 이 어셈블리의 형식에 액세스하려면
// 해당 형식에 대해 ComVisible 특성을 true로 설정하세요.
[assembly: ComVisible(false)]

// 이 프로젝트가 COM에 노출되는 경우 다음 GUID는 typelib의 ID를 나타냅니다.
[assembly: Guid("417a9609-24ae-4323-b1d6-cef0f87a42c3")]
```

```
// 어셈블리의 버전 정보는 다음 네 가지 값으로 구성됩니다.
//
//      주 버전
//      부 버전
//      빌드 번호
//      수정 버전
//
// 모든 값을 지정하거나 아래와 같이 '*'를 사용해 빌드 번호 및 수정 번호가 자동으로
// 지정되도록 할 수 있습니다.
// [assembly: AssemblyVersion("1.0.*")]
[assembly: AssemblyVersion("1.0.0.0")]
[assembly: AssemblyFileVersion("1.0.0.0")]
```

assembly 특성들은 회사, 제품, 어셈블리 버전 번호 등을 정의한다. assembly 특성과 마찬가지로 module의 경우도 module:이라는 접두어를 사용해야 한다. assembly와 module 특성은 using 지시자 뒤에 위치하지만 다른 모든 네임스페이스나 클래스 선언에 앞서 적용돼야 한다는 제약을 받는다. 위에서 살펴본 특성들은 Visual Studio 프로젝트 마법 사가 작성한 것이며 모든 프로젝트에 포함돼 실행 파일이나 동적 링크 라이브러리^{DLL}의 내용에 관한 정보를 결과 바이너리에 표기한다.

예제 18.11의 return 특성은 메서드 선언에 앞서 사용하는 경우이지만 assembly나 module과 같은 형식의 문법 구조를 이용한다.

예제 18.11 return 특성 지정하기

```
[return: Description(
    "Returns true if the object is in a valid state.")]
public bool IsValid()
{
    // ...
    return true;
}
```

C#은 assembly:와 return:뿐만 아니라 module:, class:, method:에 대해서도 명시적인 대상 식별을 허용하는데 이들은 각각 모듈, 클래스, 메서드에 적용할 수 있는 특성들이다. 하지만 앞에서 살펴본 바와 같이 class:와 method:는 선택 사항이다.

특성을 이용할 때 얻는 편리함 가운데 하나는 언어 차원에서 특성의 명명 규칙에 개입해서 이름의 마지막에 `Attribute`를 붙여 준다는 것이다. 하지만 앞서 살펴본 모든 예제에서 특성의 사용 예를 보면 모든 속성이 명명 규칙을 따르고 있음에도 불구하고 이 접미사가 보이지 않는다. 이것은 비록 전체 이름(`DescriptionAttribute`, `AssemblyVersionAttribute`, 등)을 사용할 수 있지만 C#에서 선택 사항으로 하고 있기 때문이다. 일반적으로 특성을 적용할 때는 접미사를 붙여 쓰지 않으며, 주로 특성을 정의할 때나 인라인 형태(`typeof(DescriptionAttribute)`와 같은 형식)로 사용할 때에만 표시된다.

.NET Core 프로젝트는 `AssemblyInfo.cs` 파일 대신 `*.CSPROJ` 파일에 어셈블리 정보를 저장할 수 있다. 예제 18.12처럼 CSPROJ 파일에서 어셈블리 정보를 정의하면 컴파일 시점에 적합한 특성이 어셈블리에 주입된다.

예제 18.12 .NET Core 프로젝트 파일의 어셈블리 정보

```
<Project>
    <PropertyGroup>
        <Company>Addison Wesley</Company>
        <Copyright>Copyright © Addison Wesley 2020</Copyright>
        <Product>Essential C# 8.0</Product>
        <Version>8.0</Version>
    </PropertyGroup>
</Project>
```

이 정보는 다음과 같이 CIL로 변환 과정을 거친다.

결과 18.5

```
[assembly:    AssemblyCompany("Addison Wesley")]
[assembly:    AssemblyCopyright("Copyright © Addison Wesley 2020")]
[assembly:    AssemblyFileVersion("8.0.0.0")]
[assembly:    AssemblyInformationalVersion("8.0")]
[assembly:    AssemblyProduct("Essential C# 8.0")]
[assembly:    AssemblyVersion("8.0.0.0")]
```

사용자 지정 특성

사용자 지정 특성을 정의하는 방법은 비교적 간단하다. 특성은 개체이기 때문에 특성을 정의하려면 클래스를 정의해야 한다. System.Attribute를 상속하면 일반 클래스를 특성으로 바꿀 수 있다. 예제 18.13은 CommandLineSwitchRequiredAttribute 클래스를 만드는 방법을 보여 준다.

예제 18.13 사용자 지정 특성의 정의

```
public class CommandLineSwitchRequiredAttribute : Attribute
{
}
```

이렇듯 간단한 정의를 마치면 예제 18.8에서 살펴본 것처럼 이 특성을 사용할 수 있다. 지금까지는 특성에 대해 반응하는 코드가 전혀 없기 때문에 이 특성이 적용된 Out 속성은 명령줄 파싱에서 어떤 동작도 하지 않을 것이다.

특성 찾기

Type은 데이터 형식의 멤버에 대한 리플렉션을 제공하는 속성들뿐만 아니라 해당 형식에 적용한 특성들을 추출할 수 있는 메서드도 갖고 있다. 이와 비슷한 맥락으로 모든 리플렉션 형식(PropertyInfo, MethodInfo 등)은 특성의 목록을 추출할 수 있는 멤버를 포함하고 있다. 예제 18.14는 명령줄에서 누락된 필수 항목의 목록을 반환하는 메서드를 정의하고 있다.

예제 18.14 사용자 지정 특성의 추출

```
using System;
using System.Collections.Specialized;
using System.Reflection;

public class CommandLineSwitchRequiredAttribute : Attribute
{
    public static string[] GetMissingRequiredOptions(
        object commandLine)
    {
        List<string> missingOptions = new List<string>();
        PropertyInfo[] properties =
            commandLine.GetType().GetProperties();

        foreach (PropertyInfo property in properties)
        {
            Attribute[] attributes =
                (Attribute[])property.GetCustomAttributes(
                    typeof(CommandLineSwitchRequiredAttribute),
                    false);
            if (attributes.Length > 0 &&
                property.GetValue(commandLine, null) == null)
            {
                missingOptions.Add(property.Name);
            }
        }
        return missingOptions.ToArray();
    }
}
```

보다시피 특성을 확인하는 코드는 비교적 간단하다. 리플렉션을 이용해서 얻은 PropertyInfo 개체에서 GetCustomAttributes()를 호출하면서 찾고자 하는 특성의 형식과 오버로드된 메서드에 대해서도 확인할 것인지 지정한다(GetCustomAttributes() 메서드에 특성 형식을 전달하지 않으면 모든 특성을 반환한다).

CommandLineSwitchRequiredAttribute 특성을 검색하는 코드를 CommandLineHandler 코드에 직접 삽입할 수도 있지만 CommandLineSwitchRequiredAttribute 클래스에 포함하는 방법이 보다 나은 캡슐화 방법이다. 이것은 사용자 지정 특성에서 자주 사용하는 패턴이다. 특정 특성을 찾는 코드를 포함시키기에 해당 특성 클래스의 정적 메서드보다 나은 곳이 있을까?

생성자에서 특성 초기화하기

GetCustomAttributes()가 반환하는 개체의 배열은 Attribute 배열로 변환할 수 있다. 그렇지만 이 예제의 특성은 인스턴스 멤버가 없기 때문에 반환받은 특성으로부터 얻을 수 있는 메타데이터 정보는 기껏해야 특성이 나타났는지 여부뿐이다.

앞선 예제에서는 알 수 없었지만 특성은 데이터를 캡슐화할 수 있다. 예제 18.15는 CommandLineAliasAttribute라는 또 하나의 사용자 지정 특성을 정의하고 있는데 이 특성은 명령줄 선택 사항으로 별칭을 쓸 수 있게 하기 위한 것이다. 예를 들어, /Help 대신 /?를 사용하거나 명령을 하위 디렉터리들에 대해 모두 수행할 것인지를 지정하는 /Subfolders 에 대해서는 /S를 별칭으로 사용할 수 있다.

이렇게 별칭을 지원하려면 특성에 생성자가 필요하다. 별칭을 지정하기 위해 이 경우에는 하나의 문자열 인수를 갖는 생성자가 필요하다(만일 둘 이상의 별칭을 허용하고 싶다면 params string 배열을 매개변수로 갖는 특성을 정의해야 할 것이다).

예제 18.15 특성에 생성자 사용하기

```
public class CommandLineSwitchAliasAttribute : Attribute
{
    public CommandLineSwitchAliasAttribute(string alias)
    {
        Alias = alias;
    }
```

```
    public string Alias { get; }

}
class CommandLineInfo
{
    [CommandLineSwitchAlias("?")]
    public bool Help { get; set; }

    // ...
}
```

프로그램 요소에 특성을 적용할 때 사용할 수 있는 인수는 상수 값과 typeof() 식뿐
이다. 이것은 결과적으로 만들어질 CIL로 이들을 직렬화하기 위함이며 특성의 생성자가
여기에 부합하는 형식의 매개변수를 필요로 한다는 것을 암시한다. 예를 들어, System.
DateTime 형식의 인수를 갖는 생성자는 만들어 봤자 C#에는 System.DateTime 형식의 상
수가 없기 때문에 아무 의미가 없다.

PropertyInfo.GetCustomAttributes()에서 반환한 개체들은 지정된 생성자 인수로 초
기화돼 있을 것이다. 예제 18.16을 살펴보자.

예제 18.16 특정 특성의 추출 및 초기화 확인

```
PropertyInfo property =
    typeof(CommandLineInfo).GetProperty("Help");
CommandLineSwitchAliasAttribute attribute =
    (CommandLineSwitchAliasAttribute)
        property.GetCustomAttribute(
        typeof(CommandLineSwitchAliasAttribute), false);
if(attribute?.Alias == "?")
{
    Console.WriteLine("Help(?)");
};
```

한 발 더 나아가 예제 18.17과 예제 18.18에서 보는 것처럼 비슷한 코드를 Command
LineAliasAttribute의 GetSwitches() 메서드에 사용할 수 있다. 이 메서드는 모든 명령줄
스위치 값의 딕셔너리 컬렉션을 반환하는데 여기에는 모든 속성 이름이 포함돼 있으며
각 이름과 여기에 해당하는 명령줄 개체의 특성을 연관시킨다.

```csharp
using System;
using System.Reflection;
using System.Collections.Generic;

public class CommandLineSwitchAliasAttribute : Attribute
{
    public CommandLineSwitchAliasAttribute(string alias)
    {
        Alias = alias;
    }

    public string Alias { get; set; }

    public static Dictionary<string, PropertyInfo> GetSwitches(
        object commandLine)
    {
        PropertyInfo[] properties;
        Dictionary<string, PropertyInfo> options =
            new Dictionary<string, PropertyInfo>();

        properties = commandLine.GetType().GetProperties(
            BindingFlags.Public | BindingFlags.Instance);
        foreach (PropertyInfo property in properties)
        {
            options.Add(property.Name, property);
            foreach (CommandLineSwitchAliasAttribute attribute in
                property.GetCustomAttributes(
                    typeof(CommandLineSwitchAliasAttribute), false))
            {
                options.Add(attribute.Alias.ToLower(), property);
            }
        }
        return options;
    }
}
```

예제 18.18 별칭을 처리할 수 있도록 CommandLineHandler.TryParse() 개선

```csharp
using System;
using System.Reflection;
```

```csharp
using System.Collections.Generic;

public partial class CommandLineHandler
{
    // ...

    public static bool TryParse(
        string[] args, object commandLine,
        out string? errorMessage)
    {
        bool success = false;
        errorMessage = null;

        Dictionary<string, PropertyInfo> options =
            CommandLineSwitchAliasAttribute.GetSwitches(
                commandLine);

        foreach (string arg in args)
        {
            string option;
            if (arg[0] == '/' || arg[0] == '-')
            {
                string[] optionParts = arg.Split(
                    new char[] { ':' }, 2);
                option = optionParts[0].Remove(0, 1).ToLower();

                if (options.TryGetValue(option, out PropertyInfo? property))
                {
                    success = SetOption(
                        commandLine, property,
                        optionParts, ref errorMessage);
                }
                else
                {
                    success = false;
                    errorMessage =
                        $"Option '{ option }' is not supported.";
                }
            }
        }
        return success;
    }
```

```csharp
private static bool SetOption(
    object commandLine, PropertyInfo property,
    string[] optionParts, ref string? errorMessage)
{
    bool success;

    if (property.PropertyType == typeof(bool))
    {
        // 인덱서를 처리하기 위한 마지막 매개변수
        property.SetValue(
            commandLine, true, null);
        success = true;
    }
    else
    {
        if (optionParts.Length < 2
            || optionParts[1] == "")
        {
            // 해당 스위치에 대한 설정 값이 없다.
            success = false;
            errorMessage =
                $"You must specify the value for the { property.Name }
option.";
        }
        else if (
            property.PropertyType == typeof(string))
        {
            property.SetValue(
                commandLine, optionParts[1], null);
            success = true;
        }
        else if (
            //property.PropertyType.IsEnum도 사용 가능하다.
            property.PropertyType == typeof(ProcessPriorityClass))
        {
            success = TryParseEnumSwitch(
                commandLine, optionParts,
                property, ref errorMessage);
        }
        else
        {
            success = false;
```

```
                errorMessage =
                    $@"Data type '{ property.PropertyType.ToString() }' on {
                        commandLine.GetType().ToString() } is not supported.";
            }
        }
        return success;
    }
}
```

System.AttributeUsageAttribute

대부분의 특성은 일부 특정한 프로그램 요소에 적용하는 것을 목적으로 하고 있다. 예를 들어, CommandLineOptionAttribute를 클래스나 어셈블리에 적용할 수 있게 해 봐야 아무 의미가 없다. 이와 같은 특성의 부적절한 사용을 방지하고자 사용자 지정 특성에 System.AttributeUsageAttribute를 적용할 수 있다(사용자 지정 특성 선언에 또 다른 특성을 적용하는 모습이다). 예제 18.19는 AttributeUsageAttribute의 사용 방법을 보여 준다.

예제 18.19 특성을 사용할 수 있는 프로그램 요소의 제한

```
[AttributeUsage(AttributeTargets.Property)]
public class CommandLineSwitchAliasAttribute : Attribute
{
    // ...
}
```

이렇게 선언한 특성을 제약에 맞지 않게 사용한 경우에는 예제 18.20과 결과 18.6에서 보는 것처럼 컴파일 타임 오류가 발생한다.

예제 18.20 AttributeUsageAttribute 제약의 적용

```
// 에러: 속성에만 사용할 수 있는 특성임
[CommandLineSwitchAlias("?")]
class CommandLineInfo
{
}
```

결과 18.6

```
...Program+CommandLineInfo.cs(24,17): error CS0592: Attribute
'CommandLineSwitchAlias' is not valid on this declaration type. It is
valid on 'property, indexer' declarations only.
```

AttributeUsageAttribute의 생성자는 AttributesTargets 플래그를 매개변수로 갖고 있다. 이 열거형은 런타임에서 특성을 배치할 수 있게 허용하는 모든 대상의 목록을 제공한다. CommandLineSwitchAliasAttribute를 필드에 적용할 수 있게 하고자 한다면 AttributeUsageAttribute를 예제 18.21과 같이 적용하면 된다.

예제 18.21 AttributeUsageAttribute를 이용한 특성 사용 제한

```
// 필드와 속성에 대해서만 특성을 사용할 수 있도록 제약한다.
[AttributeUsage(
    AttributeTargets.Field | AttributeTargets.Property)]
public class CommandLineSwitchAliasAttribute : Attribute
{
    // ...
}
```

가이드라인

● 사용자 지정 특성에는 AttributeUsageAttribute를 적용하도록 한다.

명명된 매개변수

AttributeUsageAttribute는 특성의 적용 대상을 제약하는 것 외에 하나의 프로그래밍 요소에 같은 특성을 여러 번 적용할 수 있게 설정하는 메커니즘도 제공한다. 예제 18.22의 문법을 참고한다.

```
[AttributeUsage(AttributeTargets.Property, AllowMultiple=true)]
public class CommandLineSwitchAliasAttribute : Attribute
{
    // ...
}
```

앞서 살펴본 생성자 초기화 문법과는 차이를 보이는데 AllowMultiple 매개변수는 **명명된 매개변수**named parameter로 C# 4.0에서 도입된 선택적 메서드 매개변수에 대해 사용하는 명명된 매개변수 문법과 유사한 모습을 하고 있다. 명명된 매개변수는 특성의 생성자가 이에 대응하는 매개변수를 포함하고 있지 않은 경우에도 지정된 공용 속성이나 필드를 특성 생성자 호출 시 설정할 수 있게 해준다. 명명된 매개변수는 선택적으로 지정할 수 있으며 생성자에 의도적으로 매개변수를 지정하지 않은 경우에도 추가로 인스턴스 데이터를 설정할 수 있는 방법을 제공한다. 예제의 경우에서는 AttributeUsageAttribute는 AllowMultiple이라는 공용 멤버를 갖고 있으므로 특성을 사용할 때 명명된 매개변수 할당을 통해서 이 멤버를 설정할 수 있다. 이처럼 명명된 매개변수를 사용할 때는 반드시 명시적으로 선언한 생성자 매개변수들을 먼저 설정한 이후에 배치해야 한다.

명명된 매개변수는 특성의 인스턴스 속성 가운데 설정이 필요한 조합을 할 수 있는 모든 경우에 대응 가능하도록 생성자를 정의할 필요 없이도 적절하게 원하는 값을 설정할 수 있게 해준다. 많은 경우 특성의 속성들은 선택 사항이므로 매우 유용하게 사용되고 있다.

FlagsAttribute

9장에서 열거형을 소개하면서 고급 주제를 통해 FlagsAttribute를 언급한 적이 있다. 프레임워크에서 제공하고 있는 이 특성은 플래그형 값을 표현하는 열거형에 특화돼 있다. 이번에는 초급 주제를 통해 이것에 대해 조금 더 살펴보도록 하겠다. 먼저 예제 18.23을 살펴보자.

예제 18.23 FlagsAttribute 용법

```
// System.IO에서 정의하는 FileAttributes

[Flags] // 열거형에 FlagsAttribute 특성 적용
public enum FileAttributes
{
    ReadOnly =      1<<0,    // 000000000000001
    Hidden =        1<<1,    // 000000000000010
    // ...
}
```

```
using System;
using System.Diagnostics;
using System.IO;

class Program
{
    public static void Main()
    {
        // ...

        string fileName = @"enumtest.txt";
        FileInfo file = new FileInfo(fileName);

        file.Attributes = FileAttributes.Hidden |
            FileAttributes.ReadOnly;

        Console.WriteLine("\"{0}\" outputs as \"{1}\"",
            file.Attributes.ToString().Replace(",", " |"),
            file.Attributes);
```

```
        FileAttributes attributes =
            (FileAttributes)Enum.Parse(typeof(FileAttributes),
            file.Attributes.ToString());

        Console.WriteLine(attributes);

        // ...
    }
}
```

예제의 실행 결과는 다음과 같다.

결과 18.7

```
"ReadOnly | Hidden" outputs as "ReadOnly, Hidden"
```

이 플래그는 열거형 값들을 조합해서 사용할 수 있다고 기술하고 있으며 ToString() 과 Parse() 메서드의 동작 방식에도 영향을 미친다. 예를 들어, FlagsAttribute가 적용 된 열거형에 ToString()을 호출하면 설정된 열거형의 flag 값에 대한 문자열을 출력한 다. 예제 18.23을 보면 file.Attributes.ToString()이 "ReadOnly, Hidden"을 반환하고 있 음을 확인할 수 있는데 FlagsAttribute를 사용하지 않았다면 3을 반환했을 것이다. 또한, 2개의 열거형 값이 같다면 ToString()은 첫 번째 것을 반환할 것이다. 한편, 이 기능은 지역화가 불가능하기 때문에 주의해서 사용해야 한다.

쉼표로 구분된 열거형 값 식별자를 제공함으로써 문자열을 이용해서 열거형 값으로 파싱하는 것도 가능하다.

FlagsAttribute는 자동으로 고유한 플래그 값을 할당하거나 고유한 값을 갖는지 검 사하는 기능을 수행하지 않는다는 점을 기억해야 한다. 따라서 개별 열거형 항목의 값 을 명시적으로 할당해야 한다.

미리 정의된 특성

AttributeUsageAttribute 특성은 지금까지 이 책에서 살펴본 사용자 지정 특성들에서 볼 수 없는 특별한 특징이 있다. 이 특성은 컴파일러의 동작에 관여해서 때로 컴파일러로 하여금 에러를 보고하도록 하기도 한다. CommandLineRequiredAttribute와 CommandLine SwitchAliasAttribute를 추출하려고 사용했던 리플렉션 코드와 달리 AttributeUsage Attribute는 런타임 코드가 없는 대신 미리 설치된 컴파일러 지원 기능을 갖고 있다.

AttributeUsageAttribute는 미리 정의된 특성이다. 이런 종류의 특성들은 적용할 수 있는 프로그래밍 요소에 관한 추가 메타데이터를 제공할 뿐만 아니라 특성의 기능을 지원하고자 컴파일러와 런타임의 동작이 달라진다. AttributeUsageAttribute, FlagsAttribute, ObsoleteAttribute, ConditionalAttribute는 미리 정의된 특성의 예다. 이들은 CLI 공급자나 컴파일러만 제공할 수 있는 특별한 동작들을 포함하고 있는데 이것은 추가적인 비사용자 지정 특성을 확장할 수 없기 때문이다. 이와는 대조적으로 사용자 지정 특성들은 완전히 수동적이다. 예제 18.23은 미리 정의된 특성의 사용 예이며 19장에서 몇 가지를 더 살펴보도록 하겠다.

System.ConditionalAttribute

단일 어셈블리 내에서 System.Diagnostics.ConditionalAttribute 특성은 어떻게 보면 #if/#endif 전처리기 식별자와 살짝 비슷한 면이 있다. 하지만 System.Diagnostics. ConditionalAttribute는 어셈블리에서 CIL 코드를 제거하는 대신 아무것도 하지 않는 no-op처럼 동작하게 한다. 예제 18.24와 결과 18.8은 이러한 개념을 보여 주고 있다.

예제 18.24 호출을 제거하기 위한 ConditionalAttribute 이용

```
#define CONDITION_A

using System;
using System.Diagnostics;

public class Program
{
    public static void Main()
    {
        Console.WriteLine("Begin...");
        MethodA();
        MethodB();
        Console.WriteLine("End...");
    }
```

```
[Conditional("CONDITION_A")]
static void MethodA()
{
    Console.WriteLine("MethodA() executing...");
}

[Conditional("CONDITION_B")]
static void MethodB()
{
    Console.WriteLine("MethodB() executing...");
}
}
```

결과 18.8

```
Begin...
MethodA() executing...
End...
```

예제에서는 CONDITION_A를 정의하고 있으므로 MethodA()는 정상적으로 실행된다. 하지만 CONDITION_B는 #define이나 csc.exe /Define 등 어떤 방법으로도 정의하고 있지 않기 때문에 어셈블리 내에서 Program.MethodB()에 대한 호출은 아무런 처리도 하지 않는다.

기능적으로 보면 ConditionalAttribute는 #if/#endif를 이용해서 메서드 호출 부를 감싸는 것과 유사하다. 하지만 호출 측에 대해 어떠한 변경도 없이 대상 메서드에 ConditionalAttribute를 추가하면 같은 효과를 얻을 수 있기 때문에 문법적으로 더 깔끔하다.

C# 컴파일러는 컴파일 과정에서 호출하는 메서드에 설정한 특성을 인식하며, 전처리기 식별자가 있는 것과 같이 취급해 해당 메서드에 대한 호출을 모두 제거한다. 하지만 ConditionalAttribute는 컴파일된 대상 메서드 자체의 CIL 코드에 대해 특성 메타데이터 추가 외의 어떠한 영향도 미치지 않는다. 대신, 컴파일 과정에서 해당 메서드를 호출하는 부분을 모두 제거한다. 이 점이 어셈블리 간의 호출을 고려할 때 ConditionalAttribute와 #if/#endif를 더욱 극명하게 구분 짓는다. 특성을 사용하고 있는 메서드는 여전히 컴파일돼 대상 어셈블리에 포함되기 때문에 메서드의 호출 여부가

피호출자^{callee} 어셈블리의 전처리기 식별자를 기준으로 결정되는 것이 아니라 호출자 ^{caller} 어셈블리에 따라 결정하게 된다. 즉, CONDITION_B를 정의하는 두 번째 어셈블리를 만들었다고 가정하면 이 어셈블리에서 Program.MethodB()를 호출하면 정상적으로 처리된다. 이와 같은 특징은 많은 추적 및 테스팅 시나리오에서 유용하게 사용할 수 있다. 실제로 System.diagnostics.Trace나 System.Diagnostics.Debug는 TRACE와 DEBUG 전처리기 식별자에 ConditionalAttribute를 적용해서 사용한다.

전처리기 식별자가 정의돼 있지 않으면 메서드가 실행되지 않기 때문에 Conditional Attribute는 out 매개변수를 포함하거나 void 이외의 반환 형식을 갖는 경우에는 사용하지 않아야 하며, 무시하고 사용하는 경우에는 컴파일 타임 에러가 발생한다. 이 특성이 설정된 메서드 내부의 코드는 실행되지 않을 것이므로 호출 측에 무엇이 반환될지 알 도리가 없기 때문에 에러로 취급하는 것이 적절해 보인다. 비슷한 이유로 속성에 대해서도 ConditionalAttribute를 적용할 수 없다. ConditionalAttribute[2]에 적용된 AttributeUsage(18장의 앞에서 소개한 System.AttributeUsageAttribute 절 참고) 특성은 AttributeTargets.Class(.NET 프레임워크 2.0부터)와 AttributeTargets.Method를 적용한다. 따라서 ConditionalAttribute는 메서드나 클래스에 사용할 수 있다. 그러나 클래스의 경우에는 System.Attribute를 상속하고 있는 클래스에만 ConditionalAttribute를 사용할 수 있기 때문에 사용에 제한이 있는 것이 사실이다.

ConditionalAttribute를 사용자 지정 특성에 적용(.NET 프레임워크 2.0부터 적용)하면 호출 측 어셈블리에 조건 문자열이 정의된 경우에 한해서 리플렉션으로 특성을 추출할 수 있다. 조건 문자열이 없다면 리플렉션을 이용해서 사용자 지정 특성을 찾을 수 없다.

System.ObsoleteAttribute

앞에서 알아본 바와 같이 미리 정의된 특성은 컴파일러와 런타임의 동작에 영향을 미친다. ObsoleteAttribute는 컴파일러의 동작에 영향을 주는 또 하나의 예다. Obsolete Attribute는 코드의 버전 관리에 도움을 주려고 만들어졌으며 특정 멤버나 형식이 구 버전임을 호출하는 측에 알려 주기 위한 수단을 제공한다. 예제 18.25는 ObsoleteAttribute

---

2 .NET 프레임워크 2.0에서 도입.

를 사용하는 방법이다. 결과 18.9에서 보듯이 코드를 컴파일할 때 ObsoleteAttribute 특성이 표기된 멤버를 호출하면 컴파일 타임 경고 혹은 에러를 일으키기도 한다.

예제 18.25 ObsoleteAttribute 사용

```
class Program
{
    public static void Main()
    {
        ObsoleteMethod();
    }

    [Obsolete]
    public static void ObsoleteMethod()
    {
    }
}
```

결과 18.9

```
c:\SampleCode\ObsoleteAttributeTest.cs(24,17): warning CS0612:
Program.ObsoleteMethod()' is obsolete
```

예제의 경우 ObsoleteAttribute는 단순히 경고를 보여 준다. ObsoleteAttribute는 2개의 생성자를 더 제공하고 있는데 이 가운데 하나인 ObsoleteAttribute(string message)는 컴파일러의 메시지에 생성자로 전달한 메시지를 추가하는 기능을 제공한다. 이 추가 메시지를 이용해서 해당 멤버를 대체하는 최신 정보를 제공하는 방법은 이 생성자를 이용하는 좋은 사례다. 추가로 제공하는 다른 하나의 생성자를 이용하면 bool error 매개 변수를 통해 경고가 아닌 에러가 발생하게 할 수 있다.

서드 파티 제공자들은 개발자들에게 더 이상 지원하지 않는 API를 알리는 수단으로 ObsoleteAttribute 특성을 활용하기도 하는데, 경고 메시지를 이용해서 대상 API를 사용할 수 있는 기한을 알려 주어 개발자들이 제때에 코드를 수정하게 할 수 있다.

동적 개체를 이용하는 프로그래밍

C# 4.0에서 도입한 동적 개체는 많은 프로그래밍 시나리오를 간편하게 해주고 이전에는 불가능하던 새로운 시나리오를 가능케 한다. 근본적으로 동적 개체를 이용하면 동적 디스패치 메커니즘을 사용하도록 코딩할 수 있는데, 동적 디스패치 메커니즘이란 컴파일러가 컴파일 시 디스패치를 검증하고 바인딩하기보다는 런타임이 실행 시에 디스패치를 결정하는 메커니즘을 말한다.

이것이 왜 필요한가 하면 개체들은 정적으로 형식화되기보다는 상속적인 측면으로 형식화되는 경우가 많기 때문이다. XML/CSV 파일, 데이터베이스 테이블, 인터넷 익스플로러 돔DOM, COM의 IDispatch 인터페이스 혹은 IronPython 개체와 같은 동적 언어에서 호출하는 코드로부터 데이터를 로드하는 경우를 예로 들 수 있다. C# 4.0의 동적 개체 지원은 컴파일 시점에 정의되는 요소를 갖지 않는 것이 보통인 런타임 환경과 의사소통할 수 있는 일반적인 해법을 제공한다. C# 4.0에서 제공하는 동적 개체에 대한 기본적인 구현에서는 네 가지 바인딩 방식이 가능하다.

1. 이면의 CLR 형식에 대해 리플렉션을 사용하는 방법
2. DynamicMetaObject를 사용할 수 있게 해주는 사용자 지정 IDynamicMetaObject Provider 호출
3. COM에서 제공하는 IUnknown과 IDispatch 인터페이스 호출을 이용하는 방법
4. IronPython과 같은 동적 언어에 의해 정의된 형식을 호출하는 방법

여기서는 이들 가운데 앞의 두 가지에 대해서 집중적으로 살펴보도록 하겠다. 이 과정에서 드러나는 원칙들은 나머지 케이스들(COM 및 동적 언어 상호 운용성)에 대해서도 적용된다.

dynamic을 이용한 리플렉션 호출

실행 시간에 특정 형식에 대해 멤버 이름이나 특성 등을 동적으로 식별해 내고 이렇게 식별해 낸 멤버를 호출하는 것은 리플렉션의 핵심 기능 가운데 하나다(예제 18.3 참고). 하지만 C# 4.0에 추가된 동적 개체는 컴파일 타임에 멤버 시그니처를 알고 있다는 가정

하에 리플렉션을 이용한 멤버 호출을 좀 더 간편하게 해준다. 즉, 동적 개체를 사용하고자 따라야 하는 제약은 컴파일 시점에 멤버 이름과 시그니처(매개변수의 개수와 지정된 매개변수가 시그니처와 형식 호환성을 가질 것인가)를 알아야 한다는 것이다. 이에 대해 예제 18.26과 결과 18.10을 통해 살펴보도록 하자.

예제 18.26 리플렉션을 이용한 동적 프로그래밍

```csharp
using System;

// ...
dynamic data =
    "Hello! My name is Inigo Montoya";
Console.WriteLine(data);
data = (double)data.Length;
data = data*3.5 + 28.6;
if(data == 2.4 + 112 + 26.2)[3]
{
    Console.WriteLine(
        $"{ data } makes for a long triathlon.");
}
else
{
    data.NonExistentMethodCallStillCompiles();
}
// ...
```

4.0

결과 18.10

```
Hello! My name is Inigo Montoya
140.6 makes for a long triathlon.
```

이 예제에는 개체 형식을 결정하거나 특정 MemberInfo 인스턴스를 찾고 나서 그것을 호출하는 등의 코드가 없다. 대신 data를 dynamic으로 선언하고 이 변수에 대해 메서드를 직접적으로 호출하고 있다. 컴파일 시점에는 지정된 멤버를 사용할 수 있는지 혹은 dynamic 개체의 기반이 되는 형식이 무엇인지 등 어느 것도 확인하지 않는다. 따라서 문

---

3 숫자 셋은 철인 3종 경기를 구성하는 수영, 자전거, 달리기의 개별 구간 거리다(마일 단위).

법만 올바르다면 어떤 호출도 할 수 있다. 컴파일 시점은 실제로 대응하는 멤버가 있는 가와 무관하다는 의미다.

그렇다고 형식 안전성을 완전히 포기한 것은 아니다. 표준 CLR 형식들(예를 들어, 예제 18.26에 사용된 형식)의 경우 비 dynamic 형식에 대해서 컴파일 시점에 사용하는 형식 검사와 같은 검사가 dynamic의 경우에는 실행 시점에 호출된다. 그러므로 실행 시점에 멤버가 가용하지 않다면 Microsoft.CSharp.RuntimeBinder.RuntimeBinderException이 발생한다.

18장의 앞에서 살펴본 리플렉션과 비교하면 유연성에서는 분명 떨어지는 감이 있지만 API는 분명 간결하다. 리플렉션과의 가장 큰 차이점은 동적 개체를 사용할 때는 런타임에 멤버 이름 등을 확인(명령줄 인수를 파싱하는 예제에서 했던 것처럼)하지 않고 컴파일 시점에 시그니처를 알고 있어야 한다는 것이다.

dynamic의 규칙과 동작

예제 18.26과 설명을 통해 dynamic 데이터 형식에 대해 다음과 같은 몇 가지 특징을 알 수 있다.

- dynamic은 컴파일러가 코드를 생성하도록 하는 지시문이다.

  dynamic은 일종의 인터셉션(가로채기) 메커니즘을 포함하고 있어서 런타임에 동적 호출이 일어나면 dynamic은 이 요청을 CIL로 컴파일하고 새로 컴파일된 호출을 실행할 수 있다. (더 자세한 내용은 18장의 이후에 나오는 고급 주제 'dynamic의 안쪽'을 참고한다.)

  좀 더 실제적으로 이야기하자면 예를 들어, 어떤 형식이 dynamic으로 할당된 상태는 개념적으로 원본 형식을 한 겹 감싸고 있기 때문에 컴파일 시점에는 아무런 확인 과정을 거치지 않는다. 또한, 런타임에 멤버를 호출하면 감싸고 있던 래퍼^{wrapper}가 호출을 가로채고 적절하게 처리(혹은 거부)한다. dynamic 개체에 대해 GetType()을 호출하면 dynamic을 형식으로 반환하지 않고 dynamic 인스턴스에 내재하고 있는 원본 형식을 드러낸다.

4.0

- object로 변환되는 모든 형식은 dynamic으로 변환할 수 있다.[4]

  예제 18.26에서 이미 값 형식(double)과 참조 형식(string)을 dynamic으로 변환한 바가 있다. 사실 어떤 형식이라도 dynamic 개체로 변환할 수 있으며, 모든 참조 형식을 dynamic으로 바꿀 수 있는 암시적 변환이 존재한다. 이와 비슷하게 값 형식을 dynamic으로 바꿀 수 있는 암시적 변환(박싱 변환)도 존재하며, 심지어 dynamic을 dynamic으로 변환할 수 있는 암시적 변환도 제공된다. 어찌 보면 당연한 것 같지만 dynamic에 대해서는 그저 '포인터'를 복사하는 것보다는 더 복잡한 작업을 수반한다.

- dynamic에서 대체 형식으로의 성공적인 변환은 내재된 기본 형식이 이것을 지원하는가에 의존한다.

  dynamic 개체를 표준 CLR 형식으로 변환할 때는 명시적인 캐스팅이 일어난다(예, (double)data.Length). 당연한 이야기지만 대상 형식이 값 형식이면 언박싱^{unboxing} 변환이 필요하다. dynamic의 기본 형식이 대상 형식으로의 변환을 제공하는 경우 역시 변환할 수 있다.

- dynamic의 기본 형식은 할당을 통해 바뀔 수 있다.

  다른 형식으로 재할당이 불가능한 암시적으로 형식화된 변수(var)와 달리 dynamic은 기본 형식의 코드가 실행되기 전에 인터셉션 메커니즘을 통한 컴파일을 수행한다. 그러므로 기본 형식 인스턴스를 완전히 다른 형식으로 바꿀 수 있다. 이 경우 새로운 인터셉션 호출 사이트가 생성되며 마찬가지로 호출이 일어나기 전에 컴파일돼야 한다.

- 지정된 시그니처가 기본 형식에 존재하는지에 대한 확인은 런타임에 이뤄진다.

  data.NonExistentMethodCallStillCompiles() 메서드 호출을 통해서 알 수 있듯이 컴파일러는 dynamic 형식의 작업에 대해서는 거의 아무런 검사도 하지 않는다. 이것은 그대로 코드가 실행되는 런타임 시점으로 모두 넘겨진다. 만일 해당 코드가 실행되지 않는다면 주변의 코드가 모두 실행된다고 하더라도(예제의 data.NonExistentMethodCallStillCompiles()와 같은 경우) dynamic 멤버에 대한 검사와 바인딩은

---

4 따라서 안전하지 않은 포인터, 람다, 메서드 그룹은 제외된다.

이뤄지지 않는다.

- dynamic의 멤버 호출 결과는 컴파일 시점 형식인 dynamic을 기반으로 한다.

  dynamic 개체의 멤버를 호출하면 dynamic 개체를 반환할 것이다. 그러므로 `data.ToString()`도 기본 형식인 string 형식이 아닌 dynamic 개체를 반환할 것이다. 그러나 실행 시점에는 dynamic 개체에 대해 `GetType()`을 호출하면 런타임 형식을 대변하는 개체가 반환된다.

- 런타임에 지정한 멤버를 찾을 수 없는 경우 런타임은 `Microsoft.CSharp.RuntimeBinder.RuntimeBinderException` 예외를 발생시킨다.

  실행 시점에 멤버에 대한 호출이 일어나면 런타임은 해당 멤버 호출이 유효한지 검사한다(리플렉션의 경우 시그니처가 형식 호환성을 갖는지 확인하는 과정). 호출하려는 메서드 시그니처가 호환되지 않는다면 런타임은 `Microsoft.CSharp.RuntimeBinder.RuntimeBinderException` 예외를 발생시킨다.

- dynamic에 대한 리플렉션은 확장 메서드를 지원하지 않는다.

  `System.Type`을 이용한 리플렉션의 경우와 같이 dynamic을 이용하는 리플렉션은 확장 메서드를 지원하지 않는다. 하지만 dynamic 형식에서 직접 호출하는 것이 아니라 `System.Linq.Enumerable`과 같이 확장 메서드를 구현하는 형식에서 호출하는 경우는 여전히 가능하다.

- 근본적으로 dynamic은 `System.Object`다.

  모든 개체는 dynamic으로 변환할 수 있고 dynamic은 다른 개체 형식으로 명시적인 변환이 될 수 있다는 전제로 인해 dynamic은 `System.Object`와 비슷하게 동작한다. 심지어 `System.Object`처럼 참조 형식임을 의미하는 기본 값(`default(dynamic)`)을 null로 반환하는 것도 같다. `System.Object`와 dynamic을 구별할 수 있게 하는 특별한 동적인 동작은 오직 컴파일 시점에만 드러난다.

4.0

■ 고 급 주 제

dynamic의 안쪽

사실, ILDASM을 이용해서 CIL을 들여다보면 dynamic은 `System.Object`다. dynamic 형식을 선언하고 아무런 호출을 하지 않으면 `System.Object`와 구분할 수가 없다. 그러나 멤버를 호출하면 차이점이 드러나기 시작한다.

멤버를 호출하고자 컴파일러는 System.Runtime.CompilerServices.CallSite<T> 형식의 변수를 선언한다. T는 멤버 시그니처에 따라 변하는데 예를 들어, 간단히 ToString()을 호출하는 경우라면 CallSite<Func<CallSite, object, string>> 형식의 인스턴스화 및 CallSite site, object dynamicTarget, string result를 매개변수로 하는 메서드 호출이 필요하다. site는 호출 측을 의미하며 result는 ToString() 메서드 호출의 반환 값이다. 한편, CallSite<Func<CallSite _site, object dynamicTarget, string result>>는 직접적으로 인스턴스화하는 대신 Create() 팩토리 메서드를 이용해서 인스턴스를 만든다 (Create( )는 Microsoft.CSharp.RuntimeBinder.CSharpConvertBinder 형식의 매개변수를 취한다). CallSite<T>의 인스턴스를 만들고 나면 마지막 단계로 CallSite<T>.Target()을 호출해서 실제 멤버를 호출한다.

실행 시점에 프레임워크는 리플렉션을 이용해서 멤버를 찾고 시그니처가 일치하는지 확인한다. 다음으로 런타임이 식 트리를 만드는데 이것은 호출 측에서 정의한 동적 식을 표현한다. 식 트리가 컴파일 되면 동적이 아닌 경우에 대해 컴파일러가 만들어 내는 것과 비슷한 CIL 메서드 본문을 얻는다. 이제 CIL 코드는 호출 측에 캐시되고 대리자 호출 방식으로 호출이 일어난다. CIL을 호출 측에서 캐시하고 있기 때문에 다음 호출은 처음과 같은 리플렉션과 컴파일로 인한 오버헤드 없이 이뤄진다.

왜 동적 바인딩인가?

리플렉션을 이용하는 방법 이외에 사용자 지정 형식을 정의해서 동적인 호출이 가능하도록 할 수 있다. 예를 들어, 동적 호출을 이용해서 XML 요소를 추출하는 경우를 생각해 보자. 예제 18.27과 같이 강력하게 형식화된 문법을 이용하는 대신 동적 호출을 이용해서 person.FirstName이나 person.LastName을 호출할 수 있다.

예제 18.27 dynamic을 이용하지 않는 XML 요소 런타임 바인딩

```
using System;
using System.Xml.Linq;

// ...
XElement person = XElement.Parse(
```

```
    @"<Person>
        <FirstName>Inigo</FirstName>
        <LastName>Montoya</LastName>
    </Person>");

Console.WriteLine("{0} {1}",
    person.Descendants("FirstName").FirstOrDefault().Value,
    person.Descendants("LastName").FirstOrDefault().Value);
// ...
```

예제 18.27도 그렇게 복잡해 보이지는 않는다. 동적으로 형식화된 개체를 사용하는 접근 방법으로 구현한 예제 18.28과 비교해 보자.

예제 18.28 dynamic을 이용한 XML 요소 런타임 바인딩

```
using System;

// ...
// 13.32 DynamicXml 예제 참고
dynamic person = DynamicXml.Parse(
    @"<Person>
        <FirstName>Inigo</FirstName>
        <LastName>Montoya</LastName>
    </Person>");

    Console.WriteLine(
        $"{ person.FirstName } { person.LastName }");
// ...
```

4.0

예제에서 드러나는 동적 프로그래밍의 장점은 명확해 보인다. 하지만 그렇다고 해서 동적 프로그래밍이 정적인 컴파일 방식보다 낫다고 할 수 있을까?

정적 컴파일과 동적 프로그래밍 비교

예제 18.28은 예제 18.27과 같은 기능을 구현하고 있지만 한 가지 굉장히 큰 차이점이 있다. 예제 18.27은 전체가 정적으로 형식화 돼 있다. 즉, 컴파일 시점에 모든 형식과 그들의 멤버 시그니처가 확인된다는 것을 의미한다. 메서드 이름들이 일치하는지 확인하

고 모든 매개변수의 형식 호환성을 검사한다. 이것은 C#의 핵심적인 특징이며 이 책의 전반에 걸쳐 강조하고 있는 것이기도 하다.

반대로 예제 18.28은 사실상 정적으로 형식화된 코드가 없으며 person 변수는 dynamic이다. 결과적으로 컴파일 시점에는 person이 FirstName이나 LastName 속성을 갖는지 혹은 다른 멤버를 갖는지 등 일체의 확인이 이뤄지지 않는다. 게다가 통합 개발 환경에서 코드를 작성할 때 person에 대해서는 인텔리센스도 제공되지 않는다.

형식화를 포기함으로써 엄청난 기능적인 손실을 입는 것으로 생각할 수 있는 부분이다. 왜 이런 가능성을 C#에서 굳이 열어 두고 있는 것일까?

그것도 이 기능은 C# 4.0에서 도입했다. 이제 예제 18.28을 다시 살펴보자. "FirstName" 요소를 추출하고자 Element.Descendants("LastName").FirstOrDefault().Value를 호출하고 있음에 주목한다.

예제는 문자열("LastName")을 이용해서 요소 이름을 식별하는 데 사용한다. 하지만 컴파일 시점에는 이 문자열이 정확한 값인지 확인하지 않는다. 요소 이름과 대소문자가 다르다거나 공백이 들어간 경우 심지어 Value 속성을 호출하는 과정에서 NullReferenceException이 발생하는 경우에도 여전히 컴파일은 정상적으로 이뤄질 것이다. 게다가 컴파일러는 "FirstName"이라는 요소가 존재하는지조차 확인하지 않으며 실제로 존재하지 않는다면 역시 NullReferenceException과 마주치게 될 것이다. 다시 말해 형식 안전성의 많은 강점에도 불구하고 XML 요소에 저장된 동적인 데이터에 액세스하는 경우에는 이것이 별 힘을 쓰지 못한다는 사실이다.

컴파일 시점의 요소 추출에 대한 확인 수준에서 봤을 때 예제 18.28은 예제 18.27에 비해 나은 것이 없다. 대소문자가 틀렸다거나 FirstName 요소가 존재하지 않는다면 여전히 예외는 발생할 것이다.[5] 그러나 예제 18.28에서 성^first name에 액세스하려고 사용한 코드(person.FirstName)와 예제 18.27의 경우를 비교해 보자. 두말할 것도 없이 예제 18.28이 훨씬 간결하다. 요약하면 형식 안전성 확인이 제대로 동작할 수 없는 상황들은 분명 존재한다. 그리고 이런 경우에는 런타임에 검증이 이뤄지는 동적 호출을 이용하는 방

---

5 FirstName 속성 호출 식에서 공백을 사용할 수는 없으며 XML도 마찬가지로 공백을 허용하고 있지 않으므로 일단 이 점에 대해서는 무시하고 넘어가도록 하자.

법이 보다 훌륭한 가독성과 간결함을 제공한다. 컴파일 시점의 검사가 가능한 경우라면 정적으로 형식화된 프로그래밍이 더 나은 선택일 것이다. 하지만 이것이 효과적이지 않은 경우에 대해 C# 4.0은 동적 프로그래밍을 허용함으로써 형식 안전성의 강제보다는 좀 더 간략한 코드를 선택할 수 있게 한다.

사용자 지정 동적 개체의 구현

예제 18.28에서 호출하고 있는 DynamicXml.Parse(...) 메서드는 DynamicXml에 대한 팩토리 메서드인데 DynamicXml은 CLR 프레임워크에 내장된 것이 아닌 사용자 지정 형식이다. 하지만 DynamicXml은 FirstName이나 LastName 속성을 구현하고 있지 않다. 이런 속성을 지원하게 한다면 실행 시간에 XML 파일에서 데이터를 추출하기 위한 동적인 지원이 무너질 것이다. 즉, DynamicXml은 멤버에 액세스하려고 리플렉션을 사용하는 대신 XML 콘텐츠의 값을 기반으로 동적인 바인딩을 시도하는 형태를 지닌다.

사용자 지정 동적 형식 구현의 핵심은 System.Dynamic.IDynamicMetaObjectProvider 인터페이스의 구현 여부다. 하지만 인터페이스를 하나하나 다 구현하기보다는 System.Dynamic.DynamicObject를 상속하는 방법을 주로 사용한다. 이 클래스를 상속하면 인터페이스에 대한 기본 구현을 그대로 사용할 수 있으며 기본 구현이 마음에 들지 않으면 얼마든지 재정의할 수 있다. 예제 18.29는 전체적인 구현 예를 보여 준다.

예제 18.29 사용자 지정 동적 개체 구현

```
using System;
using System.Dynamic;
using System.Xml.Linq;

public class DynamicXml : DynamicObject
{
    private XElement Element { get; set; }

    public DynamicXml(System.Xml.Linq.XElement element)
    {
        Element = element;
    }

    public static DynamicXml Parse(string text)
```

```csharp
    {
        return new DynamicXml(XElement.Parse(text));
    }

    public override bool TryGetMember(
        GetMemberBinder binder, out object? result)
    {
        bool success = false;
        result = null;
        XElement firstDescendant =
            Element.Descendants(binder.Name).FirstOrDefault();
        if (firstDescendant != null)
        {
            if (firstDescendant.Descendants().Any() > 0)
            {
                result = new DynamicXml(firstDescendant);
            }
            else
            {
                result = firstDescendant.Value;
            }
            success = true;
        }
        return success;
    }

    public override bool TrySetMember(
        SetMemberBinder binder, object value)
    {
        bool success = false;
        XElement firstDescendant =
            Element.Descendants(binder.Name).FirstOrDefault();
        if (firstDescendant != null)
        {
            if (value.GetType() == typeof(XElement))
            {
                firstDescendant.ReplaceWith(value);
            }
            else
            {
                firstDescendant.Value = value.ToString();
            }
```

```
            success = true;
        }
        return success;
    }
}
```

이 케이스에서 동적 구현의 핵심 메서드는 TryGetMember()와 TrySetMember()다(요소 할당도 필요하다고 가정). 동적 getter와 setter 속성의 호출을 지원하는 데 필요한 것은 이 2개의 메서드 구현뿐이며 매우 직관적으로 구현되고 있다. 이들은 우선 포함하고 있는 XElement에서 호출하고자 하는 이름인 binder.Name이 있는지 찾는다. 해당하는 XML 요소를 발견하면 값을 추출하거나 설정한다. 요소가 존재하면 true를 반환하고 그렇지 않은 경우에는 false를 반환한다. 한편, false를 반환하는 경우 런타임은 자동으로 Microsoft.CSharp.RuntimeBinder.RuntimeBinderException 예외를 동적 멤버 호출 측에 발생시킨다.

System.Dynamic.DynamicObject는 이 외의 동적 호출을 지원하기 위한 가상 메서드들을 추가로 제공하고 있다. 예제 18.30은 재정의할 수 있는 모든 멤버의 목록이다.

예제 18.30 System.Dynamic.DynamicObject의 재정의할 수 있는 멤버 목록

```
using System.Dynamic;

public class DynamicObject : IDynamicMetaObjectProvider
{
    protected DynamicObject();

    public virtual IEnumerable<string> GetDynamicMemberNames();
    public virtual DynamicMetaObject GetMetaObject(
        Expression parameter);
    public virtual bool TryBinaryOperation(
        BinaryOperationBinder binder, object arg,
            out object result);
    public virtual bool TryConvert(
        ConvertBinder binder, out object result);
    public virtual bool TryCreateInstance(
        CreateInstanceBinder binder, object[] args,
            out object result);
```

4.0

```
    public virtual bool TryDeleteIndex(
        DeleteIndexBinder binder, object[] indexes);
    public virtual bool TryDeleteMember(
        DeleteMemberBinder binder);
    public virtual bool TryGetIndex(
        GetIndexBinder binder, object[] indexes,
            out object result);
    public virtual bool TryGetMember(
        GetMemberBinder binder, out object result);
    public virtual bool TryInvoke(
        InvokeBinder binder, object[] args, out object result);
    public virtual bool TryInvokeMember(
        InvokeMemberBinder binder, object[] args,
            out object result);
    public virtual bool TrySetIndex(
        SetIndexBinder binder, object[] indexes, object value);
    public virtual bool TrySetMember(
        SetMemberBinder binder, object value);
    public virtual bool TryUnaryOperation(
        UnaryOperationBinder binder, out object result);
}
```

예제 18.30에서는 캐스트, 인덱스 호출을 이용한 다양한 처리 등 많은 종류의 작업
에 대한 멤버 구현을 보여 주고 있는데 특히 GetDynamicMemberNames()를 이용하면 모든
멤버 이름을 추출할 수도 있다.

4.0 끝

요약

18장에서는 CIL로 컴파일되는 메타데이터를 읽으려고 리플렉션을 이용하는 방법을 살
펴봤다. 리플렉션을 이용해서 호출을 컴파일 시점이 아닌 실행 시점에 정의하는 늦은
바인딩을 제공하는 방법도 알아봤다. 리플렉션을 이용하면 완전한 동적 시스템을 구현
할 수도 있겠지만 컴파일 시점에 정적으로 링크된 코드에 비하면 상당히 느리다는 단점
을 피할 수 없다. 이런 특징으로 인해 리플렉션은 일반적으로 성능이 크게 문제가 되지
않는 경우에 대해 개발 도구에서 유용하게 사용된다.

리플렉션을 이용하면 다양한 프로그래밍 요소에 특성 형태로 설정된 추가적인 메타 데이터를 추출할 수도 있다. 일반적으로 사용자 지정 특성은 리플렉션을 이용해서 찾는다. 사용자 지정 특성을 이용해서 CIL에 추가적인 메타 데이터를 삽입한 다음 런타임에 이 메타 데이터를 추출하고 프로그래밍 논리에서 사용할 수 있다.

많은 사람이 특성을 관점 지향 프로그래밍 개념의 선구자로 보기도 하는데 관점 지향 프로그래밍이란 필요한 기능을 일일이 수작업으로 구현하지 않고 특성과 같은 구조를 이용해서 추가하는 것을 말한다. C#에서 특성의 진면목을 알게 되기까지는 어느 정도 시간이 걸릴 것이다. 하지만 특성은 언어의 안정성을 크게 해치지 않는 범위 내에서 분명하게 그러한 방향(관점 지향 프로그래밍)으로 나아갈 수 있도록 징검다리와 같은 역할을 해줄 것이다.

18장의 끝부분에서는 C# 4.0에서 도입된 dynamic 형식을 이용하는 동적 프로그래밍을 설명했다. 이 부분에서는 동적인 데이터를 이용하는 상황에서 정적 바인딩이 갖는 한계를 살펴봤다.

19장에서는 다중 스레딩을 살펴보도록 하겠다. 특성은 다중 스레딩에서 동기화를 위해 사용하기도 하는데 이것도 함께 살펴볼 것이다.

▪19▪

다중 스레딩

지난 십여 년간 소프트웨어 개발 분야에 엄청난 영향을 가져온 변화로 두 가지 정도를 꼽을 수 있다. 첫째, 저렴한 다중 CPU 지원 하드웨어 보급에 따라 지속적인 연산 비용 절감은 더 이상 클록 속도나 트랜지스터 집적도에 의존하지 않게 됐다(그림 19.1 참고).

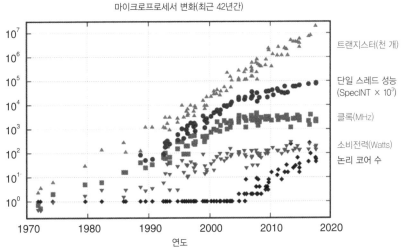

그림 19.1 시간에 따른 클록 속도의 변화

둘째, 최근 전산 처리 형태는 많은 **대기 시간**latency을 요구한다. 대기 시간이란 원하는 결과를 얻으려고 필요한 시간을 기다리는 것으로 대기 시간이 필요한 주요 원인은 두 가지 정도로 볼 수 있다. **프로세서로 인한 대기 시간**processor-bound latency은 복잡한 연산 작업에 의해 발생하는데 예를 들어, 120억 개의 산술 연산이 필요한 작업을 초당 60억 개의 작업을 처리할 수 있는 시스템으로 처리한다면 작업을 시작해 결과를 얻기까지 적어도 2초간 프로세서 대기 시간이 필요하다. 한편, **I/O로 인한 대기 시간**I/O-bound latency은 디스크 드라이브, 웹 서버 등 외부에 있는 데이터 원본에서 정보를 얻어야 할 때 발생한다. 예를 들어, 클라이언트에서 물리적으로 멀리 떨어진 웹 서버로 접근하는 경우 엄청난 프로세서 사이클에 해당하는 대기 시간이 필요할 것이다.

이 두 가지 변화는 개발자들에게 크나큰 도전 과제를 던져 줬다. 하드웨어는 어느 때보다 훌륭한 처리 능력을 제공하고 있는데, 어떻게 하면 이것을 효과적으로 이용해 사용자 경험을 해치지 않으면서도 원하는 결과를 재빨리 전할 수 있을까? 대기 시간이 많이 필요한 작업 도중에 사용자 인터페이스를 멈춤 없이 사용할 수 있게 하려면 어떻게 해야 할까? 또, 어떻게 하면 여러 개의 프로세서에 일을 할당해 처리 시간을 줄일 수 있을까?

다중 스레드multithread 프로그램은 여러 개의 연산을 병렬 처리할 수 있는 방법으로 사용자 인터페이스 응답성을 확보하면서 동시에 CPU 사용을 극대화하고자 주로 사용하는 기술이다. 반면, 다중 스레딩을 제대로 구현하려면 엄청난 노력이 필요한데 이처럼 다중 스레딩이 어려운 이유가 무엇인지 그리고 이와 같은 부담을 줄이고자 언어에서 지원하는 새로운 기능과 더 높은 수준의 추상화 방법을 다음 4개의 장에 걸쳐 알아보겠다.

높은 수준의 추상화 방법으로는 첫째, .NET 4.0과 함께 발표된 병렬 확장 라이브러리를 들 수 있다. 이 라이브러리는 19장에서 살펴볼 **태스크 병렬 라이브러리**TPL, Task Parallel Library와 21장에서 다룰 **병렬 LINQ**PLINQ, Parallel LINQ를 포함한다. 그리고 둘째로 **태스크 기반 비동기 패턴**TAP, Task-based Asynchronous Pattern과 이와 관련한 C# 5.0 언어 지원 기능을 들 수 있다.

이런 높은 수준의 추상화 방법을 사용하도록 권고하지만, 이전 버전의 .NET 런타임에서 제공하는 저수준의 스레딩 API를 이용하는 방법에 대해서도 19장의 후반부에서 살펴볼 것이다. 추가로 C# 5.0 이전의 다중 스레딩 패턴에 관한 내용은 http://IntelliTect.com/EssentialCSharp에서 다운로드할 수 있다. 필요에 따라 최신 기능에 대한 내용은 배제하고 다중 스레드 프로그래밍에 대해 깊은 이해를 원하는 독자들은 이전 버전을 참고하기 바란다.

다중 스레딩이 생소한 독자들을 위해 19장은 몇 가지 초급 주제로 시작할 것이다.

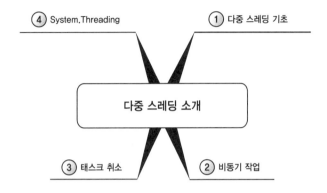

다중 스레딩 기초

■ 초 급   주 제

다중 스레딩 용어

다중 스레딩을 다루다 보면 용어로 인해 혼란스러울 때가 있다. 우선 몇 가지 기본적인 용어를 정의하자.

중앙 처리 장치^{CPU} 또는 **코어**^{core1}는 실제로 프로그램을 실행하는 하드웨어 장치를 말한다. 모든 컴퓨터는 적어도 1개의 CPU를 가지며 최근에는 다중 CPU가 일반적인 추세다. 최근의 많은 CPU들은 **동시 다중 스레딩**$^{simultaneous\ multithreading}$(인텔의 하이퍼 스레딩$^{Hyper-Threading}$은 이것을 의미하는 상표다)을 지원하는데 이것은 하나의 모드를 뜻하며 이 모드하에서 단일 CPU를 여러 개의 '가상' CPU로 인식한다.

프로세스^{process}는 현재 실행 중인 프로그램의 인스턴스를 의미하는데 바로 이 프로세스들을 관리하는 것이 운영체제의 기본 목적이기도 하다. 개별 프로세스는 하나 이상의

---

1   기술적으로 보면 'CPU'는 항상 물리적인 칩을 가리키고 '코어'는 물리적인 혹은 가상의 CPU를 가리키는 의미로 사용해야 옳다. 하지만 이 책의 범주 내에서는 이와 같은 정확한 구분이 그리 중요한 의미를 갖지 않기 때문에 적당히 혼용하기로 한다.

스레드를 포함한다. 한편, 프로세스는 System.Diagnostics 네임스페이스에 있는 Process 클래스의 인스턴스로 표현된다.

문statement과 식expression의 수준에서 C# 프로그래밍은 기본적으로 **흐름 제어**flow of control 를 기술하는 것이다. 책에서 지금까지는 암시적으로 주어진 프로그램이 단일 제어 점을 갖는다고 가정해 왔다. 제어 점이란 커서와 같은 개념으로 볼 수 있으며 문자열을 입력 하고 다양한 조건이나 반복, 메서드 호출 등에 따라 프로그램의 구석구석을 이동한다. 이와 같은 제어 점이 바로 스레드thread다. System.Threading.Thread 클래스를 포함하는 System.Threading 네임스페이스는 스레드를 조작하기 위한 API를 제공한다.

단일 스레드single-thread 프로그램은 프로세스 내에 스레드가 1개만 있는 경우를 말하며 2개 이상의 스레드를 포함하는 프로세스를 갖는 경우 **다중 스레드** 프로그램이라고 한다.

스레드에 안전한thread safe 코드란 다중 스레드 프로그램에서 정확한 동작을 보장한다는 의미다. 어떤 코드의 **스레딩 모델**threading model이라 함은 이 코드를 호출하는 측에 스레드 안전성을 제공하기 위한 요구 사항의 집합을 말한다(예를 들어, '정적 메서드는 스레드에 무관하게 호출할 수 있으나, 인스턴스 메서드는 인스턴스가 할당된 스레드에서의 호출만 허용한 다'라는 표현은 많은 클래스에서 자주 사용하는 스레딩 모델이다).

태스크task란 어떤 결과 값이나 효과를 얻으려고 수행하는 잠재적으로 큰 대기 시간을 요구하는 작업의 단위다. 태스크와 스레드는 다음과 같이 구분한다. 태스크는 해야 할 일을 나타내는 반면 스레드는 실제로 그 일을 처리하는 작업자를 의미한다. 태스크는 부가적인 용도로만 의미를 두며 Task 클래스의 인스턴스로 표현한다. 태스크에 형식을 지정하기도 하는데 이 경우에는 비제네릭 Task 형식을 상속하는 Task<T> 클래스를 이용 한다. 이들은 모두 System.Threading.Tasks 네임스페이스에서 찾아볼 수 있다.

스레드 풀thread pool은 스레드의 컬렉션으로 포함하는 스레드에 작업을 할당하는 방법 을 정의한다. 프로그램이 처리해야 할 태스크가 있다면 풀에 있는 작업자 스레드 가운 데 하나에 작업을 위임해서 처리하게 할 수 있다. 작업이 끝나면 할당을 해제해 차후 작 업에 활용할 수 있다.

다중 스레딩의 필요성과 방법

다중 스레딩의 대표적인 두 가지 시나리오는 다중 스레딩을 가능하게 하는 것과 대기 시간을 다루는 부분이라 할 수 있다.

사용자들은 수십 개의 프로세스를 동시에 실행하는 것이 대수롭지 않다고 생각할 수 있다. 프레젠테이션과 스프레드시트를 편집하면서 인터넷에서 문서를 검색하고, 동시에 음악을 듣기도 하고, 인스턴트 메시지를 보내고, 어느 순간 이메일 수신 알림 음이 울리기도 하며 화면의 구석에 있는 조그만 시계를 확인하기도 한다. 이런 개별 프로세스는 컴퓨터가 처리해야 할 유일한 작업은 아니지만 어찌됐든 계속해서 주어진 작업을 수행해야 한다. 일반적으로 이와 같은 수준의 다중 작업은 프로세스 수준에서 구현하는데, 때로는 단일 프로세스 내에서 비슷한 형태의 다중 작업을 해야 할 때가 있다.

이 책의 목적에 비춰 우리는 대부분의 경우 다중 스레딩을 대기 시간을 다루기 위한 기술로 고려할 것이다. 예를 들어, 대용량의 파일을 불러오는 작업을 진행하는 동안 사용자가 작업 취소를 클릭할 수 있게 하려고 개발자가 파일을 불러오는 작업을 수행하는 별도의 스레드를 만드는 경우가 여기에 해당한다. 파일 불러오기를 다른 스레드에서 처리하면 사용자는 불러오기 작업이 끝날 때까지 멈춰 있는 화면을 기다리지 않고 작업을 취소할 수 있다.

스레드별로 할당할 수 있을 만큼 코어 수가 충분하다면 각 스레드는 자신만을 위한 조그만 컴퓨터를 갖는 것과 같다. 하지만 다중 코어 시스템이라 해도 일반적으로 코어 수는 그리 많지 않은 반면 개별 프로세스에서 많은 스레드를 포함하는 경우가 대부분이므로 코어의 수가 턱없이 부족하다.

이처럼 적은 수의 코어와 수많은 스레드 간의 수치적인 차이를 극복하기 위해 운영체제는 **시분할**time slicing 방식을 이용해 여러 스레드를 동시에 구동한다. 운영체제가 하나의 스레드에서 다음 스레드로 전환하는 속도가 워낙 빠르기 때문에 마치 스레드를 동시에 실행하는 것과 같은 효과를 얻는다. 스레드를 다음 스레드로 전환하기 전까지 현재의 스레드를 실행하는 데 할당된 시간을 **시간 조각**time slice 또는 **퀀텀**quantum이라고 하며 주어진 코어에서 실행 중인 스레드를 바꾸는 것을 **콘텍스트 변경**context switch이라고 한다.

이런 동작 방식은 마치 광섬유 전화선에 비유할 수 있는데 이때 광섬유는 프로세서에 해당하고, 전송하는 개별 통화는 스레드에 해당한다. 광섬유 전화선은 한 번에 하나의 신호만 전달할 수 있지만 많은 사람들이 선 하나로 동시에 대화할 수 있다. 광섬유 채널은 극도로 빠른 대화 간 전환을 이용해 개별 통화가 끊임이 없는 것처럼 이어지게 한다. 다중 스레드 프로세스에 포함된 스레드도 이와 유사한 방법으로 끊임없이 실행되는 것과 같은 효과를 얻는다.

진정한 다중 코어 혹은 시분할 방식을 이용해 '병렬'로 실행되는 두 작업을 우리는 **동시**concurrent에 실행된다고 표현한다. 이와 같은 동시성을 구현하려면 **비동기 방식**asynchronously으로 호출한 작업의 실행과 완료를 호출 측 제어 흐름에서 분리해야 한다. 그러므로 동시성이 발생하는 것은 비동기로 호출한 작업이 현재의 제어 흐름과 병렬로 실행될 때다. **병렬 프로그래밍**parallel programming이란 하나의 문제를 정의하고 동시에 처리할 수 있는 여러 조각으로 나눈 다음, 이렇게 나눈 각 조각을 처리하는 개별 프로세스를 비동기적으로 처리하는 과정이다.

■ 초 급 주 제

성능에 대한 고려

입출력과 관련된 작업을 수행하는 스레드를 입출력 대상 시스템에서 결과를 얻을 때까지 프로세서 처리 영역과 분리하면 결과를 기다리는 동안 프로세서가 다른 일을 할 수 있어 프로세서를 더 잘 활용할 수 있다.

하지만 이와 같은 콘텍스트 변경에서도 현재 CPU 내부 상태를 메모리에 저장해야 하고 새로운 스레드와 관련한 상태를 읽어 들여야 하는 등의 작업으로 일정 수준의 성능 비용이 발생한다. 예를 들어, 스레드 A가 어떤 메모리 영역에서 대량의 작업을 처리하는 한편, 또 다른 영역에서 스레드 B가 다른 작업을 하고 있을 때 콘텍스트 변경이 일어나면 스레드 A가 적재한 캐시 데이터는 스레드 B의 데이터로 교체되며 반대의 경우도 마찬가지 비용이 발생한다. 또, 스레드 수가 너무 많으면 콘텍스트 변경이 급격한 성능 저하를 초래할 수 있다. 스레드를 계속해서 추가하면 어느 순간 프로세서는 각 스레드의 작업을 수행하는 시간보다 스레드 간의 변경에 더 많은 시간을 쏟을 것이다.

이와 같은 콘텍스트 변경 비용을 무시한다 해도 시분할 자체가 성능에 큰 영향을 줄 수 있다. 예를 들어, 프로세서에 의존적이면서 긴 대기 시간을 필요로 하는 2개의 작업이 있다고 가정하자. 이들은 각각 십억 개의 숫자 목록에 대해 평균값을 구하는 작업을 수행한다. 프로세서가 1초에 십억 개의 작업을 처리할 수 있다고 가정해 보자. 2개의 작업을 개별 스레드에서 처리하고, 이 2개의 스레드에서 사용할 수 있는 전용 코어를 가지고 있다면 결과는 1초 만에 얻을 수 있다.

하지만 1개의 프로세서를 두 스레드가 공유해야 한다면 시분할 방식에 따라 먼저 하나의 스레드가 수십만 개의 연산을 처리하고 다른 스레드로 콘텍스트 변경이 발생해서 다음 스레드가 일을 할 수 있도록 하는 방법이 계속 이어진다. 각 작업은 전체적으로 1초의 프로세서 시간을 사용하며 2개의 결과는 2초 후에 얻는다(다시 말하지만 콘텍스트 변경 비용은 없다고 가정한다). 결과적으로 2개의 개별 작업을 수행하는 데 소요된 평균 작업 시간은 2초다.

만일 이 2개의 작업을 하나의 스레드에서 순서대로 처리하도록 하면 첫 번째 작업의 결과는 1초 만에 얻을 것이고 다음 결과는 다시 1초 후에 얻게 된다. 이 경우 두 작업에 대한 평균 처리 시간은 1.5초다(하나는 1초가 걸리고 다른 하나는 2초가 걸리므로 평균은 1.5초가 된다).

가이드라인

- 스레드를 많이 사용할수록 무조건 처리 속도가 빨라진다는 속설에 빠져 실수를 범하지 말자.
- 다중 스레딩으로 프로세서에 의존적인 작업 처리 속도를 개선하려면 세심한 성능 측정이 필요하다.

■ 초 급 주 제

스레딩 문제

앞서 다중 스레드 프로그램이 복잡하고 어렵다고 언급했는데 왜 그런지는 설명하지 않았다. 간단히 말해 단일 스레드 프로그램에서 당연시 하는 많은 가정이 다중 스레드 프로그램에서는 성립하지 않는 경우가 많다. 이와 같은 다중 스레드 이슈에는 원자성의 결핍, 경합 상태, 복잡한 메모리 모델, 교착 상태 등이 있다.

대부분의 작업은 원자성이 결여돼 있다

원자성 작업은 무조건 시작되지 않았거나 완료된 상태로만 관찰된다. 즉, 절대로 외부에서 봤을 때 '진행 중'인 상태를 갖지 않는다. 다음 코드를 보자.

```
if (bankAccounts.Checking.Balance >= 1000.00m)
{
    bankAccounts.Checking.Balance -= 1000.00m;
    bankAccounts.Savings.Balance += 1000.00m;
}
```

이 작업은 수표 계좌의 잔액을 확인하고 조건에 맞으면 이 계좌에서 인출하고 인출한 돈을 다른 계좌에 입금하는 것으로 원자성으로 처리해야 한다. 즉, 정확한 실행을 위해서는 어떠한 시점에라도 일부만 완료된 상태로 확인돼서는 안 된다는 점을 확실히 해야 한다. 예를 들어, 이 코드에서 2개의 스레드를 동시에 사용하고 있다고 생각해 보자. 잔액이 한 번의 이체가 가능할 만큼만 남아 있다고 하더라도 두 스레드가 동시에 충분한 잔액이 있음을 확인하고 금액을 인출 및 입금하는 처리를 시도할 수 있다. 더욱 최악인 점은 이 코드 조각의 어느 것도 원자성을 제공하지 않는다는 것이다. 심지어 덧셈과 뺄셈 혹은 숫자 형식의 속성에 대한 읽기와 쓰기를 혼용하는 작업들은 C#에서 비원자성 작업이다. 따라서 이들은 다중 스레드 시나리오에서 일부만 증가/감소된 상태, 즉 '일부만 완료'된 상태를 가질 수 있다. 이처럼 일부만 완료된 상태 때문에 발생하는 일관성의 결여는 **경합 상태**race condition라는 보다 일반화된 문제의 특별한 경우다.

경합 상태로 인한 불확실성

앞서 논한 것처럼 동시성은 시분할에 의해 종종 발생한다. 22장에서 살펴볼 특수한 제어 흐름 구조가 없다면 운영체제는 아무 제약 없이 언제라도 콘텍스트를 변경할 수 있다. 즉, 2개의 스레드가 같은 개체에 액세스할 때 어떤 스레드가 경주에서 1등을 할지 예측할 수 없다는 것을 의미한다. 예를 들어, 앞에서 살펴본 코드에서 2개의 스레드가 실행되고 있다면 어느 하나의 스레드가 경주에서 승리해 두 번째 스레드가 처리를 시작하기도 전에 끝까지 처리를 할 수도 있고, 혹은 첫 번째 스레드가 잔액을 확인한 직후 콘텍스트 변경이 일어나 두 번째 스레드가 첫 번째 스레드보다 먼저 끝까지 실행을 마칠 수도 있다.

경합 상태를 내포하고 있는 코드의 동작은 이와 같이 콘텍스트 변경의 시점에 의존한다. 이와 같은 의존성은 프로그램의 실행에 굉장한 불확실성을 가져온다. 어떤 명령어의 실행 시점과 다른 스레드에 있는 또 하나의 명령어 실행 사이에 상대적인 처리 순서 관계는 전혀 알 도리가 없다. 그러나 단연 최악은 이처럼 경합 조건을 포함한 코드가 99.9%의 경우에는 정상적으로 동작하다가 극히 드물게 어떤 불규칙한 타이밍 문제로 인해 적절치 않은 스레드가 경합에서 승리하는 경우에만 문제를 드러낸다는 사실이다. 이런 불확실성은 다중 스레드 프로그래밍을 더욱 어렵게 만드는 요소다.

경합 조건은 개발 팀에서 그대로 재현하기가 매우 까다롭기 때문에 다중 스레드 코드의 품질 보증은 대부분 장기간의 부하 시험과 특수하게 설계된 코드 분석 도구, 전문가에 의한 코드 분석/리뷰 등에 의존한다. 이런 측면에서 무엇보다 중요한 것은 가능한 한 간단하게 문제에 접근하고 해결하는 접근 방식이다. 확실치 않은 성능 개선이라는 미명하에 lock이라는 간단한 방법을 쓰지 않고 보다 저수준의 기술을 사용하는 경우가 종종 있는데 취약한 코드가 되기 쉬우므로 주의해야 한다. 훌륭한 다중 스레드 프로그래밍을 위해 가장 중요한 것은 지속적으로 '단순함'을 추구하는 것이다.

경합 조건에 대응하는 방법은 22장에서 살펴보겠다.

복잡한 메모리 모델

2개의 제어 점이 예측불가하고 일관성 없는 속도로 경주를 벌이는 경합 조건은 존재만으로도 충분히 나쁘지만 심지어 더 나빠진다. 서로 다른 프로세서에서 실행 중인 2개의 스레드가 어떤 개체의 같은 필드에 액세스한다고 생각해 보자. 현대 프로세서들은 변수를 사용할 때마다 주 메모리에 액세스하는 방법을 사용하지 않고 프로세서상의 특별한 캐시 메모리에 복사본을 만들어 사용하는데 이 캐시는 주기적으로 주 메모리와 동기화 과정을 거친다. 즉, 같은 위치에 읽고 쓰기를 수행하는 서로 다른 프로세서상의 두 스레드는 이 메모리에 대한 상대방의 업데이트를 정확하게 관찰하지 못하고 일관성이 무너질 수 있다. 결국 지금 우리가 이야기하고 있는 경합 조건이란 본질적으로 프로세서가 캐시를 동기화하는 시점에 의존한다는 것이다.

잠금에 이은 교착 상태

분명 어딘가에 비원자성 작업을 원자성 작업으로 만들고 운영체제로 하여금 경합이 발생하지 않도록 스레드를 조작하게 지시하거나 프로세서 캐시가 적시에 동기화될 수 있게 하는 메커니즘이 있어야 한다. C# 프로그램에서 이 모든 문제점에 대응하기 위한 주된 메커니즘은 lock 문이다. 프로그래머는 lock 문을 이용해서 특정 코드 구역을 '임계' 코드로 지정해 이 코드에는 한 번에 단 하나의 스레드만 진입할 수 있게 할 수 있다. 여러 개의 스레드가 이 임계 영역에 진입하려고 하면 운영체제가 하나를 제외한 나머지 스레드의 실행을 일시중단[2]시킨다. 운영체제는 또한 lock 문을 만나면 프로세서 캐시가 적절하게 동기화될 수 있게 하는 역할도 한다.

그러나 잠금은 성능상의 오버헤드와 함께 나름의 문제점을 갖는다. 특히 스레드 사이의 잠금 요청 순서에 따라 **교착 상태**deadlock에 이를 수 있다. 교착 상태에 빠지면 스레드들이 멈추고 서로 상대방이 잠금을 풀기를 기다리는 상태가 계속된다.

예를 들어, 다음과 같다.

스레드 A	스레드 B
A에 대한 잠금 획득	B에 대한 잠금 획득
B에 대한 잠금 해제 요청	A에 대한 잠금 해제 요청
교착 상태, B의 잠금 해제 대기	교착 상태, A의 잠금 해제 대기

시간 ↓

그림 19.2 교착 상태 진입 과정

이 시점에서 각 스레드는 더 이상 진행하지 않고 다른 스레드의 진행을 기다리기 때문에 모든 스레드가 대기 상태에 빠지고 결국 전체적인 교착 상태에 이른다.

다양한 잠금 기법은 22장에서 자세히 살펴보겠다.

> **가이드라인**
> - 일반적으로 단일 스레드 코드에서 원자성으로 이뤄지는 작업이 다중 스레드 코드에서도 원자성을 가질 것이라는 위험한 생각을 버려야 한다.

---

2 스레드를 유휴(sleep) 혹은 회전 기반 대기 상태에 두거나 회전 기반 대기와 유휴 상태를 반복하는 방법을 이용하기도 한다.

- 모든 스레드가 공유 메모리 사용 시 발생할 수 있는 부작용들에 대해 일관성 있게 대처할 것이라는 가정을 버려야 한다.
- 동시에 다중 잠금 상태를 허용해야 하는 코드는 항상 같은 순서에 따라 잠금을 획득하게 해야 한다.
- 모든 '경합 조건'(운영체제가 스레드의 실행 순서를 선택하는 방법에 따라 프로그램의 의존성이 드러나는 조건)을 피하도록 한다.

비동기 태스크

4.0 시작

다중 스레드 프로그래밍을 복잡하게 하는 요인에는 다음과 같은 것들이 있다.

1. **비동기 작업의 완료 여부 감시**: 가급적 폴링이나 대기 이외의 방법으로 비동기 작업 완료 여부 판단이 필요하다.

2. **스레드 풀링**: 스레드 풀링을 이용하면 스레드를 시작하거나 제거하는 데 드는 비용을 크게 절약할 수 있다. 또한, 너무 많은 스레드를 만들어서 스레드를 실행하는 것보다 콘텍스트 변경에 더 많은 시간을 낭비하게 되는 상황도 피할 수 있다.

3. **교착 상태 회피**: 서로 다른 2개의 스레드가 보호되는 데이터에 동시에 접근하려고 해서 발생하는 교착 상태를 방지해야 한다.

4. **데이터 액세스에 대한 동기화와 일련의 작업들에 대한 원자성 제공**: 작업에 동기화를 적용하면 일련의 작업들을 단일 작업 단위로 묶고 다른 스레드와 연관된 작업을 적절하게 수행할 수 있다. 잠금 기능으로 두 스레드가 같은 데이터를 동시에 접근하지 못하게 할 수 있다.

긴 실행 시간을 요구하는 메서드는 비동기식 작업을 위해 다중 스레드 프로그래밍을 이용해야 할 경우가 많은데 C# 5.0 이전에는 System.Threading.Thread 클래스를 이용한 비교적 저수준의 개발을 필요로 했으며 복잡성을 피하기 어려웠다. 하지만 이와 같은 시나리오에 대응하기 위한 개발자들의 피나는 노력으로 자주 사용하는 시나리오 집합과 프로그래밍 패턴이 속속 등장했다. C# 5.0에서는 프로그래밍 모델을 간소화하기 위한 패턴으로 새로운 스레드 형식을 도입했는데 그것이 바로 System.Threading.Tasks.Task다. Task는 .NET 4.0의 TPL[3]과 C# 언어의 새로운 구조를 이용해 TAP[4]와 같은 패턴 구현을 훨씬 쉽게 개선했다. 이번 절과 다음 절에 걸쳐 우선 TPL 자체에 대해 살펴보고 TAP 프로그래밍을 간편하게 해주는 async/await 문맥 키워드를 TPL과 사용하는 방법을 자세히 살펴보겠다.

왜 TPL인가?

스레드를 만드는 것은 비교적 많은 자원이 필요한 작업이며 개별 스레드의 가상 메모리 소비량도 큰 편이다(예, 윈도우는 기본 1MB). 앞에서 살펴본 것처럼 스레드 풀을 이용하면 스레드를 만들어서 비동기 작업을 처리하고 작업이 끝난 스레드를 재사용할 수 있기 때문에 매번 새로 스레드를 만드는 것보다 효과적이다.

.NET 프레임워크 4 이상에서는 비동기 작업을 시작할 때마다 운영체제 스레드를 만들어서 사용하는 대신 TPL이 Task를 만들고 **작업 스케줄러**task scheduler에게 처리할 비동기 작업이 있음을 통보하는 방식을 도입했다. 작업 스케줄러를 이용하는 수많은 방법이 있겠지만 기본적으로 작업 스케줄러는 스레드 풀에 작업 스레드를 요청한다. 스레드 풀은 효율성을 높이려고 현재 진행 중인 다른 작업이 끝난 다음에 요청받은 작업을 처리하는 것이 낫다고 판단할 수도 있고, 혹은 요청된 비동기 작업을 처리하기 위한 작업 스레드를 특정 프로세서에 할당할 수도 있다. 스레드 풀은 또한 새 작업을 실행하는 데 기존의 스레드를 재활용하는 것이 나을지 새 스레드를 만들어서 사용하는 것이 효과적일지도 판단한다.

Task 개체의 안쪽에 내장하도록 비동기 작업을 추상화함으로써 TPL은 비동기 작업을 대변하는 개체를 제공하고 필요한 작업과 상호작용이 가능한 객체 지향 API를 제공할 수 있다. 그리고 작업의 단위를 표현하는 개체를 제공함으로써 TPL은 프로그래밍을 통해 작은 작업들로 구성되는 큰 작업을 워크플로workflow로 구성할 수 있으며 여기에 대해서는 이후에 살펴볼 것이다.

3　TPL = 태스크 병렬 라이브러리.

4　TAP = 태스크 기반 비동기 패턴.

태스크는 비동기로 수행할 작업을 캡슐화하는 개체다. 코드를 대변하는 개체라는 점에서 대리자의 개념과 비슷하게 들릴 수 있다. 태스크와 대리자의 차이는 대리자는 **동기적**synchronous이며 태스크는 **비동기적**asynchronous이라는 점에 있다. 예를 들어, Action과 같은 대리자를 실행하면 현재 스레드의 제어 점은 즉시 대리자 코드로 이동하고 대리자 실행이 끝날 때까지 제어를 반환하지 않는다. 이와 대조적으로 태스크는 처리해야 할 작업의 양과 무관하게 태스크 시작과 동시에 호출 측으로 제어를 반환한다. 태스크는 비동기적으로 실행되며 보통 별도의 스레드를 이용한다(20장에서 살펴보겠지만 사실 스레드 1개만 이용해서 태스크들을 비동기적으로 실행하는 것이 가능하며 이렇게 하는 것이 이득이기도 하다). 태스크는 본질적으로 대리자를 동기적인 형태에서 비동기 실행 패턴으로 변환한다.

비동기 태스크 소개

대리자는 작업이 끝날 때까지 호출 측에서 다른 작업이 불가능하므로 현재 스레드에서 대리자의 작업이 언제 끝났는지 알 수 있다. 그렇다면 태스크는 어떨까? 처리 결과가 있다면 어떻게 얻을 수 있을까? 동기 방식의 대리자를 비동기 방식의 태스크로 바꾸는 예제를 고려해 보자. 작업자 스레드는 '-'를 출력하고 메인 스레드는 '+'를 콘솔에 출력한다.

태스크를 시작하면 스레드 풀에서 스레드를 얻어 두 번째 '제어 점'을 만들고 새 스레드에서 대리자 형태의 작업을 실행한다. 예제 19.1에서 보는 것처럼 주 스레드의 제어 점은 태스크를 시작(Task.Run())한 다음 일반적인 실행을 계속한다.

예제 19.1 비동기 태스크 호출

```
using System;
using System.Threading.Tasks;

public class Program
{
    public static void Main()
    {
        const int repetitions = 10000;
        // .NET 4.5 전의 TPL에서는
        // Task.Factory.StartNew<string>()를 이용한다.
        Task task = Task.Run(() =>
            {
```

```
            for(int count = 0;
                count < repetitions; count++)
            {
                Console.Write('-');
            }
        });

        for(int count = 0; count < repetitions; count++)
        {
            Console.Write('+');
        }

        // 작업이 끝나기를 기다린다.
        task.Wait();
    }
}
```

새 스레드에서 실행할 코느는 대리자(위 예제의 경우 Action 형식) 내에 정의하고 Task.
Run() 메서드에 전달한다. 람다 식 형태의 이 대리자는 콘솔을 통해 빼기 기호를 반복
적으로 출력한다. 태스크 시작 직후에 위치하는 반복문은 더하기 기호를 출력하는 것만
제외하고 실질적으로 동일한 모습이다.

Task.Run()을 호출하면 인수로 전달한 Action이 뒤이어 실행된다. 실행을 시작하도록
이미 요청된 이 단계의 태스크 상태를 '핫hot'이라 하며, 비동기 작업을 시작하기 전인
상태를 '콜드cold'라고 한다.

Task 생성자를 이용해서 콜드 상태로 Task를 인스턴스화할 수도 있지만 일반적으로
이것은 Task.Start() 호출에 따라 이미 실행 중인(핫) 상태인 태스크를 반환하는 API류
내부에서만 구현하는 정도가 적절하다.

Run() 호출 직후의 핫 태스크에 대한 정확한 상태는 쉽게 정의를 내리기 어렵다. 이
상태는 운영체제와 운영체제의 부하 상태 및 관련 작업 라이브러리가 복합적으로 관여
해 결정한다. 이 조합은 Run()이 즉시 작업 스레드를 실행하게 하거나 추가로 자원이 확
보되기를 기다릴 수도 있다. 사실 호출 측 스레드가 다시 실행 차례가 돼 시간이 할당됐
을 때는 핫 태스크가 이미 끝난 상태일 수도 있다. Wait()은 주 스레드가 해당 태스크에
할당된 모든 작업이 끝날 때까지 기다리게 한다.

이 시나리오에서는 단일 태스크를 사용했지만 많은 수의 태스크를 비동기적으로 실행할 수도 있다. 때에 따라 한 무리의 태스크가 모두 끝나기를 기다리거나 그 가운데 하나라도 끝나기를 기다려서 주 스레드의 실행을 계속하게 해야 하는 경우가 있다. 이와 같은 경우에는 Task.WaitAll()과 Task.WaitAny() 메서드를 이용하면 된다.

이제까지 태스크가 Action을 비동기적으로 실행하는 방법을 살펴봤다. 그런데 태스크에서 실행하는 작업이 결과를 반환하고자 한다면 어떻게 할까? 이와 같은 경우에 Func<T>를 비동기로 실행하려면 Task<T>를 이용한다. 대리자를 동기식으로 실행할 때는 결과를 반환하기 전까지 제어를 반환하지 않는다. Task<T>를 비동기로 실행할 때는 작업이 종료됐는지 폴링polling하다가 종료되면 결과를 패치할 수 있다.[5] 예제 19.2는 콘솔 응용 프로그램에서 이것을 모의하고 있다. 이 예제에는 PiCalculator.Calculate() 메서드가 있는데 이 메서드에 대해서는 21장에서 루프 반복의 병렬 처리를 살펴볼 때 좀 더 자세히 다루겠다.

예제 19.2 Task⟨T⟩ 폴링 처리

```
using System;
using System.Collections.Generic;
using System.Threading.Tasks;

public class Program
{
    public static void Main()
    {
        // .NET 4.5 이전의 TPL에서는
        // Task.Factory.StartNew<string>() 이용
        Task<string> task =
            Task.Run<string>(
                () => PiCalculator.Calculate(100));

        foreach (
```

4.0

---

5 이와 같은 폴링 기법을 사용할 때는 주의해야 한다. 책에서 살펴본 것처럼 대리자로 태스크를 만들면 스레드 풀에서 할당한 작업자 스레드에서 이 태스크가 실행되게 스케줄할 것이다. 즉, 현재 스레드는 작업자 스레드의 작업이 끝날 때까지 순환을 계속할 것이다. 이 기법은 정상적으로 동작하지만 불필요한 CPU 자원의 낭비를 수반할 수 있다. 한편, 작업을 작업자 스레드에서 실행하도록 스케줄링하지 않고 미래의 어느 시점에 현재의 스레드에서 처리하도록 구현하면 이와 같은 폴링 기법은 정상적으로 동작하지 않는다. 왜냐하면 현재 스레드가 작업에 대한 폴링을 위한 순환문을 수행하게 되는데 이 순환이 끝나지 않으면 절대 작업이 완료되지 않을 것이기 때문에 무한 루프에 빠지는 결과를 초래한다.

```
            char busySymbol in Utility.BusySymbols())
        {
            if (task.IsCompleted)
            {
                Console.Write('\b');
                break;
            }
            Console.Write(busySymbol);
        }

        Console.WriteLine();

        Console.WriteLine(task.Result);
        System.Diagnostics.Trace.Assert(
            task.IsCompleted);
    }
}
public class PiCalculator
{
    public static string Calculate(int digits = 100)
    {
        // ...
    }
}
public class Utility
{
    public static IEnumerable<char> BusySymbols()
    {
        string busySymbols = @"-\|/-\|/";
        int next = 0;
        while (true)
        {
            yield return busySymbols[next];
            next = (next + 1) % busySymbols.Length;
            yield return '\b';
        }
    }
}
```

예제에서 태스크의 데이터 형식은 Task<string>이다. 이 제네릭 형식은 Result 속성을 포함하고 있는데 이 속성을 이용하면 Task<string>이 실행하는 Func<string>의 반환 값을 추출할 수 있다.

예제 19.2에서 또 하나 눈에 띄는 점은 Wait()을 호출하지 않는다는 것이다. 대신 자동으로 Result 속성을 읽음으로써 결과가 확인될 때까지 현재 스레드를 대기 상태에 있게 하는데 이 경우 결과가 패치됐을 때 작업이 완료됐다는 것을 알 수 있다.

Task<T>에는 IsCompleted와 Result 속성 외에도 알아 두면 좋은 몇 가지가 더 있다.

- IsCompleted는 태스크가 완료됐을 때 true로 설정되는데 이때 태스크가 정상적으로 완료됐는지 이상(예외)에 의해 완료됐는지는 무관하다. 태스크 상태에 대한 보다 자세한 정보는 Status 속성을 이용하면 되며 이 속성은 TaskStatus 형식의 값을 반환한다. TaskStatus에서 제공하는 값은 Created, WaitingForActivation, WaitingToRun, Running, WaitingForChildrenToComplete, RanToCompletion, Canceled, Faulted가 있다. IsCompleted는 Status값이 RanToCompletion, Canceled, 혹은 Faulted일 경우에 true로 설정된다. 물론 다른 스레드에서 실행 중인 태스크의 상태가 실행 중이라고 해도 확인 후 언제라도 이 상태가 '완료'로 변할 수 있다는 것을 감안해야 한다. 실행 중 이외의 상태들에 대해서도 마찬가지이며 심지어 또 다른 스레드에서 대상 스레드를 시작하는 경우에는 Created 역시 설정될 수 있는 상태에 포함된다. 상태 값 가운데 최종 상태를 의미하기 때문에 더 이상 변경이 없는 것에는 RanToCompletion, Canceled, Faulted가 있다.

- Id 속성은 태스크에 고유한 식별 값을 부여한다. 정적 속성인 Task.CurrentId를 이용하면 현재 실행 중인 태스크의 식별자를 확인할 수 있다(즉, Task.CurrentId 호출을 실행하는 태스크). 이 속성들은 특히 디버깅 시에 유용하게 사용할 수 있다.

- AsyncState를 이용하면 추가적인 데이터와 태스크를 연관시킬 수 있다. 예를 들어, 다양한 태스크의 연산 결과를 저장하는 List<T>를 가정해 보자. 개별 태스크는 연산 결과 값을 저장하고 있는 리스트 인덱스를 AsyncState 속성에 포함할 수 있다. 이와 같은 방법으로 작업이 완료되고 나서 AsyncState(int로 캐스팅 필요)를

4.0

이용해서 리스트에 접근하는 방법으로 연산 결과를 확인할 수 있다.[6]

몇 가지 유용한 속성들이 더 있는데 이들은 태스크 취소를 다루는 과정에서 살펴보도록 하겠다.

태스크 연속

이제까지 '제어 흐름'에 대해서 몇 차례 언급한 적이 있지만 '다음에 무엇을 할 것인지 결정하는 것'이라는 제어 흐름의 근본적인 속성에 대한 언급은 없었다. 간단하게 `Console.WriteLine(x.ToString());`에 대해 제어 흐름 측면에서 살펴보자. 제어 흐름은 `ToString` 호출이 정상적으로 끝나면 반환된 값을 인수로 `WriteLine`을 호출해야 함을 알려 준다. '다음에 무엇을 할 것인지'라는 개념을 **연속**continuation이라고 하며 제어 흐름의 각 지점은 하나의 연속을 가진다. 예에서 `ToString`의 연속은 `WriteLine`이다(`WriteLine`의 연속은 코드에서 다음에 오는 문에 포함돼 있는 무엇인가가 된다). 이와 같은 제어 흐름과 연속의 개념은 마치 숨을 쉬는 공기 같은 존재로 C# 프로그래밍의 기본이 되고 있어 대부분의 개발자들은 특별히 인식할 필요성조차 느끼지 못하는 것이 현실이다. C#으로 프로그램을 작성하는 것은 전체 프로그램의 제어 흐름이 끝날 때까지 끊임없이 연속을 구조화하는 행위라고 할 수 있다.

주어진 일반 C# 코드 조각의 연속은 이 코드 조각의 실행이 끝나는 즉시 실행될 것이다. `ToString()`이 반환하면 현재 스레드의 제어 점은 동시에 `WriteLine`에 대한 동기 호출을 처리한다. 사실 주어진 코드 조각에 대한 연속을 처리하는 방법에는 두 가지가 있는데 하나는 '일반' 연속이고 다른 하나는 현재 코드 조각에서 예외가 발생한 경우에 실행되는 '예외' 연속이다.

태스크를 시작시키는 것과 같은 비동기 메서드 호출은 제어 흐름에 있어서 마치 새로운 차원과 같다. 비동기 태스크 호출의 경우 제어 흐름은 `Task.Start()` 다음의 문으로 즉시 이동하는 동시에 태스크 대리자의 본문을 실행하기 시작한다. 즉, 비동기 작업이

---

6 태스크를 이용해서 비동기적으로 컬렉션에 변경을 가하는 작업은 주의를 요한다. 태스크는 작업 스레드에서 동작할 수 있는데 한편으로 컬렉션이 스레드에 대해 안전하지 않을 수 있다. 따라서 태스크가 완료된 다음에 주 스레드에서 컬렉션의 값을 변경하는 것이 안전한 방법이다.

포함된 '다음에 무엇을 할 것인지'(연속)는 다차원으로 분기된다. 단지 이동하는 경로가 달라지는 예외 발생의 경우와 달리 연속은 추가적인 비동기적 병렬 경로다.

비동기 태스크를 이용하면 큰 태스크를 작은 태스크들의 비동기적 연속들로 기술함으로써 조합할 수 있다. 일반적인 제어 흐름의 경우와 마찬가지로 태스크도 에러 상황을 처리하기 위한 연속을 달리할 수 있으며 태스크들의 연속을 조작함으로써 여러 태스크를 조합할 수 있다. 이것을 구현하기 위해 사용할 수 있는 몇 가지 기법 가운데 가장 명확한 방법은 ContinueWith() 메서드를 활용하는 것이다(예제 19.3과 결과 19.1을 참고한다).

예제 19.3 Task.CuntinueWith() 호출

```csharp
using System;
using System.Threading.Tasks;

public class Program
{
    public static void Main()
    {
        Console.WriteLine("Before");
        // .NET 4.5 이전의 TPL에서는
        // Task.Factory.StartNew<string>() 이용
        Task taskA =
            Task.Run( () =>
                Console.WriteLine("Starting..."))
            .ContinueWith(antecedent =>
                Console.WriteLine("Continuing A..."));
        Task taskB = taskA.ContinueWith( antecedent =>
            Console.WriteLine("Continuing B..."));
        Task taskC = taskA.ContinueWith( antecedent =>
            Console.WriteLine("Continuing C..."));
        Task.WaitAll(taskB, taskC);
        Console.WriteLine("Finished!");
    }
}
```

결과 19.1

```
Before
Starting...
```

```
Continuing A...
Continuing C...
Continuing B...
Finished!
```

ContinueWith() 메서드는 2개의 태스크를 연결해 준다. 즉, **선행 태스크**antecedent task가 완료되면 두 번째 태스크(연속 태스크continuation task)가 비동기적으로 자동 실행된다. 예제 19.3을 예로 들면, Console.WriteLine("Starting...")이 선행 태스크 본문이고 Console.WriteLine("Continuing A...")는 연속 태스크 본문이다. 연속 태스크는 Task 형식을 인수antecedent로 받아서 연속 태스크의 코드가 선행 태스크의 완료 상태에 접근할 수 있게 한다. 선행 태스크가 완료되면 연속 태스크가 자동으로 시작되고 두 번째 대리자를 비동기적으로 실행하는데 이때 잠시 전에 완료한 선행 태스크를 대리자의 인수로 전달한다. 또한, ContinueWith() 메서드는 Task 형식을 반환하는데 물론 이 태스크는 또 다른 태스크의 선행 태스크가 될 수 있으며 이와 같은 방법으로 계속해서 연결할 수 있기 때문에 연속으로 연결된 태스크의 체인은 임의의 길이로 구성할 수 있다.

동일한 선행 태스크에 대해 ContinueWith()를 두 번 호출하면(예제 19.3에서 taskB, taskC는 taskA의 연속 태스크를 구성한다), 선행 태스크(taskA)는 2개의 연속 태스크를 가지며 선행 태스크 수행을 마치면 2개의 연속 태스크 모두 비동기 방식으로 실행될 것이다. 단일 선행 태스크에 대한 다중 연속 태스크의 실행 순서는 컴파일 시점에 알 수 없다는 점에 주의한다. 결과 19.1에서 taskC가 taskB에 앞서 실행된 것으로 나타나지만 다시 실행한다면 순서가 바뀔 수도 있다. 하지만 taskB와 taskC의 선행 태스크인 taskA는 항상 앞서 실행되므로 taskB와 taskC는 taskA가 완료되기 전에 절대로 시작될 수 없다. 이와 유사하게 Console.WriteLine("Starting...") 대리자는 항상 이 대리자에 대한 연속 태스크인 taskA(Console.WriteLine("Continuing A..."))에 앞서 끝날 것이다. 한편 Task.WaitAll(taskB, taskC)을 호출해 taskB와 taskC가 완료될 때까지 제어 흐름을 막고 있기 때문에 'Finished!'는 항상 가장 마지막에 출력된다.

ContinueWith()는 다양한 오버로드를 제공하는데 그 가운데 일부는 TaskContinuationOptions 값을 이용해서 연속 체인의 동작에 변화를 주기도 한다. 이 값은 플래그 형식으로 OR 연산자(|)를 이용하면 조합해서 사용할 수 있다. 표 19.1은 사용할 수

4.0

있는 몇 가지 플래그 값에 대한 간단한 설명이며 보다 자세한 사항은 온라인 문서[7]를 참고하도록 한다.

표 19.1 TaskContinuationOptions 열거형

멤버 이름	설명
None	기본 동작이며 선행 태스크가 완료되면 선행 태스크의 상태와 무관하게 연속 태스크가 실행된다.
PreferFairness	2개의 비동기 작업이 순서대로 시작됐다고 해도 어떤 것이 실제로 먼저 시작될지는 알 수 없다. 이 플래그는 최대한 먼저 등장하는 태스크가 먼저 실행되도록 태스크 스케줄러에 요청하는 역할을 하는데 특히 서로 다른 스레드 풀의 스레드에서 기술되는 2개의 태스크를 이용하는 경우에 적합하다.
LongRunning	이 플래그는 태스크 스케줄러에게 해당 태스크가 입출력과 같은 긴 대기 시간을 필요로 하는 경우임을 알리는 데 사용할 수 있다. 이 플래그를 적용하면 스케줄러는 큐에서 대기 중인 다른 작업이 처리될 수 있도록 해서 대기 시간이 긴 태스크로 인해 다른 작업들에 미치는 영향을 줄여 준다. 이 선택 사항은 남용하지 않도록 주의해야 한다.
AttachedToParent	태스크가 태스크 계층 구조상의 부모에 연결되도록 지정한다.
DenyChildAttach(.NET 4.5)	자식 태스크를 만들려고 할 때 예외를 발생하도록 지정한다. 연속 코드 내에서 AttachedToParent를 사용하면 부모가 없는 것처럼 동작할 것이다.
NotOnRanToCompletion*	선행 태스크의 실행이 완료된 경우 연속 태스크가 예약되지 않도록 지정한다. 이 선택 사항은 다중 태스크 연속에 대해서 유효하지 않다.
NotOnFaulted*	선행 태스크가 처리되지 않은 예외를 throw한 경우 연속 태스크가 예약되지 않도록 지정한다. 이 옵션은 다중 태스크 연속에 대해서 유효하지 않다.
OnlyOnCanceled*	선행 태스크가 취소된 경우에만 연속 태스크가 예약되도록 지정한다. 이 옵션은 다중 태스크 연속에 대해서 유효하지 않다.
NotOnCanceled*	선행 태스크가 취소된 경우 연속 태스크가 예약되지 않도록 지정한다. 이 옵션은 다중 태스크 연속에 대해서 유효하지 않다.
OnlyOnFaulted*	선행 태스크가 처리되지 않은 예외를 throw한 경우에만 연속 태스크가 예약되도록 지정한다. 이 옵션은 다중 태스크 연속에 대해서 유효하지 않다.
OnlyOnRanToCompletion*	선행 태스크의 실행이 완료된 경우에만 연속 태스크가 예약되도록 지정한다. 이 옵션은 다중 태스크 연속에 대해서 유효하지 않다.

4.0

---

7 마이크로소프트 .NET 설명서(https://docs.microsoft.com/dotnet/api/system.threading.tasks.taskcontinuationoptions) 참고.

멤버 이름	설명
ExecuteSynchronously	연속 태스크가 동기적으로 실행되도록 지정한다. 이 옵션을 지정하면 태스크를 실행하려고 스케줄러가 지정하는 연속 태스크에 대한 스레드와 선행 태스크를 최종 상태로 진행시키는 스레드가 동일하게 된다. 연속 태스크가 만들어질 때 선행 태스크가 이미 완료된 경우 연속 태스크는 해당 태스크를 만드는 스레드에서 실행된다.
HideScheduler(.NET 4.5)	생성된 태스크에서 주변 스케줄러가 현재 스케줄러로 보이는 것을 방지한다. 즉, 생성된 태스크에서 수행되는 Run/StartNew, 혹은 ContinueWith와 같은 작업들이 TaskScheduler.Default(null)을 현재 스케줄러로 표시함을 의미한다. 이것은 연속 태스크가 특정 스케줄러에서 수행돼야 하지만 이 태스크가 호출하는 추가 코드가 같은 스케줄러에 작업을 예약해서는 안 되는 경우에 유용하게 사용할 수 있다.
LazyCancellation(.NET 4.5)	선행 태스크가 완료되기 전까지 연속 태스크 취소 요청에 대한 모니터링을 지연시킨다. 태스크 t1, t2, t30이 연속으로 이어지는 경우를 생각해 보자. 만일 t1이 완료되기 전에 t2가 취소되면 t10이 완료되기 전에 t30이 시작될 수도 있다. LazyCancellation을 설정하면 이러한 상황을 피할 수 있다.
RunContinuationsAsynchronously (.NET 4.6)	RunContinuationsAsynchronously 옵션으로 태스크를 만들면 연속을 비동기로 실행해야 한다는 것을 설정한다. 해당 태스크가 연속인 것과 무관하게 이어지는 연속을 어떻게 실행할 것인지에만 영향을 준다. 연속 태스크는 TaskContinuationOptions.ExecuteSynchronously와 TaskContinuationOptions.RunContinuationsAsynchronously 두 가지 옵션으로 만들 수 있다. 이렇게 하면 선행 태스크 완료 후에 연속을 동기식으로 실행하고, 연속의 연속을 비동기로 실행하게 한다.

표 19.1에서 별표(*)로 표기된 항목들은 어떤 조건하에서 연속 태스크가 실행될 것인지를 나타내는 것들이며 따라서 선행 태스크의 행위에 따른 이벤트 처리기처럼 동작하는 연속 태스크를 생성하는 데 유용하다. 예제 19.4는 선행 작업이 어떻게 완료되는가에 따라 조건적으로 실행되는 다중 연속을 보여 준다.

예제 19.4 ContinueWith()를 이용해서 태스크 동작에 대한 알림 등록하기

```
using System;
using System.Threading.Tasks;
using System.Diagnostics;
using AddisonWesley.Michaelis.EssentialCSharp.Shared;

public class Program
{
    public static void Main()
```

```
        {
            // .NET 4.5이전 버전의 TPL인 경우에는
            // Task.Factory.StartNew<string>() 이용
            Task<string> task =
                Task.Run<string>(
                    () => PiCalculator.Calculate(10));

            Task faultedTask = task.ContinueWith(
                (antecedentTask) =>
                {
                    Trace.Assert(antecedentTask.IsFaulted);
                    Console.WriteLine(
                        "Task State: Faulted");
                },
                TaskContinuationOptions.OnlyOnFaulted);

            Task canceledTask = task.ContinueWith(
                (antecedentTask) =>
                {
                    Trace.Assert(antecedentTask.IsCanceled);
                    Console.WriteLine(
                        "Task State: Canceled");
                },
                TaskContinuationOptions.OnlyOnCanceled);

            Task completedTask = task.ContinueWith(
                (antecedentTask) =>
                {
                    Trace.Assert(antecedentTask.IsCompleted);
                    Console.WriteLine(
                        "Task State: Completed");
                }, TaskContinuationOptions.
                OnlyOnRanToCompletion);

            completedTask.Wait();
        }
    }
```

예제는 선행 태스크가 완료될 때 발생하는 '이벤트'에 대해 '수신기'를 효과적으로 사용하고 있는데 수신 결과에 따라 특정 태스크를 실행한다. 이런 구조는 원본(이벤트

발생) 태스크 실행 후 연속 태스크를 연결한 다음에는 다시 참조를 하지 않는 유형인 경우 매우 강력한 힘을 발휘한다. 즉, 예제 19.4를 보면 Task.Run()을 이용해서 생성한 원본 선행 태스크에 대해 대기하는 부분은 찾아볼 수 없으며 completedTask에 대한 최종 Wait() 호출만 있다. 개별 대리자의 antecedentTask는 선행 태스크(task)를 참조하고 있지만, 외부의 대리자 수신자에 대해서는 최초 태스크에 대한 참조를 효과적으로 제거할 수 있다. 결과적으로 최초 태스크의 상태를 확인할 필요 없이 태스크 연속만으로 비동기 방식의 연속 태스크 실행을 이어갈 수 있다.

예제에서는 대신 completedTask.Wait()를 호출해서 완료에 대한 출력이 이뤄지기 전에 주 스레드가 프로그램을 종료하지 않게 한다(결과 19.2 참고).

결과 19.2

```
Task State: Completed.
```

예제에서는 최초 태스크가 성공적으로 끝날 것이라는 점을 우리가 알고 있기 때문에 completedTask.Wait() 호출이 약간은 억지스러워 보인다. 하지만 canceledTask나 faultedTask에 대해 Wait()을 호출하면 예외가 발생할 것이라는 점에 주의한다. 이 연속 태스크들은 선행 태스크가 취소되거나 예외를 발생시켰을 때만 실행되며, 이 프로그램에서는 이런 경우가 발생하지 않을 것이기 때문에 절대로 실행이 예약되지 않을 것이므로 이들이 완료되기를 대기하면 예외가 발생할 수 있다. 예제 19.1의 연속 옵션은 상호 배타적이므로 선행 태스크가 완료되고 completedTask와 연관된 태스크가 실행될 때 태스크 스케줄러는 자동으로 canceledTask와 faultedTask와 연관된 태스크들을 취소한다. 취소되는 태스크들은 최종 상태를 Canceled로 설정한다. 그러므로 이들 태스크 가운데 어느 것에 대해 Wait()(혹은 현재 스레드로 하여금 태스크 완료를 기다리게 하는 모든 다른 호출)을 호출하면 취소된 작업임을 알리는 예외가 발생할 것이다. 조금 덜 억지스러운 방법은 Task.WaitAny(completedTask, canceledTask, faultedTask)를 이용하는 것인데 이 경우에는 대신 AggregateException을 처리해야 한다.

AggregateException을 이용해서 태스크에서 처리되지 않은 예외에 대처하기

메서드를 동기 방식으로 호출할 때는 try 블록으로 호출을 감싸고 예외가 발생했을 때 실행하려는 코드를 catch 블록에 둬 컴파일러가 예외에 대응하게 할 수 있다. 하지만 비동기 환경에서는 이와 같은 구조가 통하지 않는다. 비동기에서는 Start() 호출을 단순히 try 블록 내부에 두는 것만으로는 예외를 인지할 수 없다. 왜냐하면 제어는 호출 직후에 즉시 반환돼 try 블록을 벗어나게 될 것이고 이 과정은 아마도 작업자 스레드에서 예외가 발생하기 한참 전에 이뤄질 것이기 때문이다. 한 가지 해법은 태스크 대리자의 본문을 try/catch 블록으로 감싸는 것이다. 예외가 발생하면 결과적으로 작업자 스레드에서 식별(catch)하고 적절하게 처리할 것이다. 하지만 문제는 이것이 아니라 작업자 스레드가 catch하지 않는 처리되지 않은 예외다.

일반적으로(CLR 버전 2.0[8]에서 시작) 모든 스레드에서 발생하는 처리되지 않은 예외는 치명적인 에러로 간주돼 운영체제 에러 보고 대화 상자가 팝업되면서 응용 프로그램의 비정상 종료로 이어진다. 스레드에서 발생하는 모든 예외는 반드시 적절하게 대응해야 하며 그렇지 않으면 응용 프로그램은 실행을 계속할 수 없다. (처리되지 않은 예외에 대처하기 위한 몇 가지 기법에 대해서는 고급 주제 '처리되지 않은 예외 다루기'를 참고한다.) 다행히 비동기로 실행하는 태스크에서 발생하는 처리되지 않은 예외는 여기에 해당하지 않는다. 대신, 태스크 스케줄러는 대리자 주변에 모든 예외에 대응할 수 있는 예외 처리기를 삽입하고 태스크에서 처리되지 않은 예외가 발생하면 예외 처리기에서 태스크 내의 예외에 대한 세부 사항을 저장하게 함으로써 CLR이 자동으로 프로세스를 종료시키는 상황을 피할 수 있게 한다.

예제 19.4에서 본 것처럼 태스크에 대한 '실패 처리기' 역할을 하는 연속 태스크를 명시적으로 만들어 주는 것은 실패한 태스크가 발생했을 때 적절히 대응할 수 있는 한 가지 방안이다. 선행 태스크에서 처리되지 않은 예외가 발생한 것을 감지하면 태스크 스케줄러는 자동으로 연속 태스크를 예약할 것이다. 하지만 예약할 처리

---

8 CLR 1.0에서는 스레드에서 처리되지 않은 예외가 발생하면 스레드는 강제 종료되고 응용 프로그램은 계속 실행됐다. 그 결과 작업자 스레드는 모두 종료되고 주 스레드만 살아남은 오류투성이 프로그램이 아무 일도 하지 않으면서 계속 실행되는 상황이 벌어졌다. 사용자 입장에서 이것은 매우 당황스러운 상황으로 응용 프로그램이 더 이상의 문제를 일으키기 전에 사용자에게 이를 알리고 강제 종료하는 것이 낫다.

기가 없거나 Wait()(또는 결과를 추출하려는 시도)이 실패한 태스크에 대해 실행되면 AggregateException이 발생할 것이다(예제 19.5 및 결과 19.3 참고).

예제 19.5 태스크에서 발생한 처리되지 않은 예외 처리

```
using System;
using System.Threading.Tasks;

public class Program
{
    public static void Main()
    {
        // .NET 4.5 이전의 TPL에서는
        // Task.Factory.StartNew<string>() 이용
        Task task = Task.Run(() =>
            {
                throw new InvalidOperationException();
            });

        try
        {
            task.Wait();
        }
        catch(AggregateException exception)
        {
            exception.Handle(eachException =>
                {
                    Console.WriteLine(
                        $"ERROR: { eachException.Message }");
                    return true;
                });
        }
    }
}
```

결과 19.3

```
ERROR: Operation is not valid due to the current state of the object.
```

집합 예외(AggregateException)는 그 이름에서 알 수 있듯이 실패한 태스크들로부터 수집한 많은 예외를 포함할 수 있다. 예를 들어, 10개의 비동기 작업을 동시에 실행시켰는데 그 가운데 5개에서 예외가 발생했다고 생각해 보자. .NET 프레임워크에서는 이들 예외를 빠짐없이 하나의 catch 블록에서 처리할 수 있게 하려고 AggregateException을 이용한다. 작업자 태스크에서 하나 이상의 예외가 발생할 것인지 여부는 알 수 없기 때문에 처리되지 않은 실패한 태스크는 항상 AggregateException을 발생시킨다. 이것은 예제 19.5와 결과 19.3을 통해 확인하도록 한다. 작업자 스레드에서 발생한 처리되지 않은 예외가 InvalidOperationException 형식이라 해도 주 스레드에서 인식하는 예외 형식은 여전히 AggregateException이다. 그리고 당연한 결과로 이 예외를 처리하려면 catch 블록에서 AggregateException을 이용해야 한다.

AggregateException 안에 포함된 예외의 목록에 접근하려면 InnerException 속성을 이용한다. 따라서 이 속성을 반복하면서 개별 예외를 검사하고 그 결과에 따라 적절한 처리를 결정하면 된다. 한편, 예제 19.5처럼 AggregateException.Handle() 메서드를 이용하면 AggregateException에 포함된 개별 예외에 대해 실행할 식을 지정할 수 있다. 하지만 Handle() 메서드를 사용할 때 주의해야 할 것은 이것이 조건자라는 사실이다. 이 조건자는 Handle() 대리자에 전달된 모든 예외에 대해 true를 반환해야 한다. 그렇지 않고 예외 처리 호출 과정에서 false를 반환하면 Handle() 메서드는 상황에 따른 예외의 목록을 담고 있는 새로운 AggregateException을 발생시킨다.

예외를 다시 전파하는 방법 대신 태스크의 Exception 속성을 참조하는 방법으로 실패한 태스크[9]의 상태를 살필 수도 있다. 예제 19.6에서는 실패한 연속 태스크의 완료를 대기하는 상태를 모의하는 과정에서 이 방법을 사용하고 있다.

예제 19.6 ContinueWith()를 이용한 태스크의 처리하지 않은 예외

```
using System;
using System.Diagnostics;
using System.Threading.Tasks;

public class Program
```

---

9 실패한 연속이 끝나기를 대기하는 것은 앞에서 논했던 것처럼 다소 이상한데 왜냐하면 대부분의 경우 절대로 실행이 예약되지 않을 것이기 때문이다. 이 코드는 예시를 위한 것임을 밝힌다.

```
{
    public static void Main()
    {
        bool parentTaskFaulted = false;
        Task task = new Task(() =>
            {
                throw new InvalidOperationException();
            });
        Task continuationTask = task.ContinueWith(
            (antecedentTask) =>
            {
                parentTaskFaulted =
                antecedentTask.IsFaulted;
            }, TaskContinuationOptions.OnlyOnFaulted);
        task.Start();
        continuationTask.Wait();
        Trace.Assert(parentTaskFaulted);
        Trace.Assert(task.IsFaulted);
        task.Exception!.Handle(eachException =>
        {
            Console.WriteLine(
                $"ERROR: { eachException.Message }");
            return true;
        });
    }
}
```

예제를 보면 Exception 속성으로 원본 태스크의 처리되지 않은 예외를 추출한다(null 이 아님을 알고 있기 때문에 !연산자를 이용해 역참조). 실행한 모습은 결과 19.3과 일치한다.

태스크 내에서 발생한 예외를 적절히 조치하지 않으면(즉, (1) 태스크 내에서 캐치되지 않은 경우 (2) Wait()이나 Result 혹은 Exception 속성 등을 이용해서 태스크 완료를 살피지 않은 경우 혹은 (3) 실패한 ContinueWith()를 적절히 처리하지 않은 경우), 이것은 결국 프로세스 수준의 처리되지 않은 예외가 된다. .NET 4.0에서 이와 같이 실패한 태스크는 완료자 스레드에 의해 예외가 다시 전파되고 결국 프로세스가 비정상 중단된다. 한편, 이와는 대조적으로 .NET 4.5에 와서는 중단을 무시하게 됐다(원한다면 중단하도록 CLR을 설정할 수 있다).

둘 중 어떤 경우에도 TaskScheduler.UnobservedTaskException 이벤트를 이용해서 처리되지 않은 태스크 예외에 대해 이벤트를 등록할 수 있다.

스레드에서 처리되지 않은 예외 다루기

스레드에서 발생한 처리되지 않은 예외는 앞서 살펴본 것처럼 기본적으로 응용 프로그램 중단으로 이어진다. 예상치 못한 치명적인 버그로 인한 처리되지 않은 예외는 중요한 데이터의 손실에 따른 것일 수도 있다. 따라서 이후의 프로그램이 취할 동작을 예측할 수 없으므로 가장 안전한 방법은 즉시 전부 중단하는 것이다.

이상적으로는 어떠한 스레드에서도 처리되지 않은 예외가 발생하지 않는 것인데 그러기 위해서는 고객에게 제품을 제공하기 전에 모든 버그를 찾아내서 고치는 것이 최선이다. 그러나 처리되지 않은 예외가 발생하는 즉시 응용 프로그램을 중단하는 대신 작업 중인 데이터를 저장하고 로그를 남겨 에러 보고 및 이후의 디버깅에 활용하는 것이 적합한 경우도 있을 수 있다. 이것이 가능하려면 처리되지 않은 예외에 대한 알림을 등록할 수 있는 메커니즘이 필요하다.

마이크로소프트 .NET 프레임워크 및 .NET Core 2.0(또는 이후 버전)의 모든 App Domain은 이런 메커니즘을 제공하며 AppDomain에서 발생한 처리되지 않은 예외를 관찰하려면 UnhandledException 이벤트에 처리기를 등록해야 한다. UnhandledException 이벤트는 응용 프로그램 도메인 내의 스레드에서 발생하는 모든 처리되지 않은 예외에 대해 발생한다. 다시 말하지만 이 메커니즘의 목적은 알림을 제공하는 것이며 이것을 이용한다고 해서 응용 프로그램에서 처리되지 않은 예외를 복구하고 실행을 계속할 수 있는 방법은 없다. 이벤트 처리기가 실행되고 나면 응용 프로그램에서 운영체제 에러 보고 대화 상자를 표시하고 응용 프로그램을 종료할 것이다(콘솔 응용 프로그램인 경우 콘솔을 통해 예외에 대한 세부 사항이 제공된다).

예제 19.7은 두 번째 스레드를 만들고 이 스레드에서 발생한 예외를 응용 프로그램 도메인의 처리되지 않은 예외용 이벤트 처리기에서 처리하는 과정을 보여 준다. 예제에서는 보여 주기 위한 목적으로, 스레드의 타이밍 문제가 끼어들지 않게 하려고 Thread.Sleep을 이용해서 임의로 지연을 일으키고 있다. 실행한 모습은 결과 19.4와 같다.

4.0

```csharp
using System;
using System.Diagnostics;
using System.Threading;

public static class Program
{
    public static Stopwatch _Clock = new Stopwatch();

    public static void Main()
    {
        try
        {
            _Clock.Start();
            // 처리되지 않은 예외에 대한 알림을
            // 수신하기 위한 콜백 등록
            AppDomain.CurrentDomain.UnhandledException +=
                (s, e) =>
                {
                    Message("Event handler starting");
                    Delay(4000);
                };

            Thread thread = new Thread(() =>
            {
                Message("Throwing exception.");
                throw new Exception();
            });
            thread.Start();

            Delay(2000);
        }
        finally
        {
            Message("Finally block running.");
        }
    }

    static void Delay(int i)
    {
        Message($"Sleeping for {i} ms");
```

```
        Thread.Sleep(i);
        Message("Awake");
    }

    static void Message(string text)
    {
        Console.WriteLine("{0}:{1:0000}:{2}",
            Thread.CurrentThread.ManagedThreadId,
            _Clock.ElapsedMilliseconds, text);
    }
}
```

결과 19.4

```
3:0047:Throwing exception.
3:0052:Event handler starting
3:0055:Sleeping for 4000 ms
1:0058:Sleeping for 2000 ms
1:2059:Awake
1:2060:finally block running.
3:4059:Awake
처리되지 않은 예외: System.Exception: 'System.Exception' 형식의 예외가 Throw됐습니다.
...
```

결과 19.4를 보면 새로 만든 스레드의 스레드 ID는 3이고 주 스레드의 ID는 1이다. 한편, 운영체제는 잠시 동안 스레드 3을 실행하는데 곧 처리되지 않은 예외가 발생하고 이벤트 처리기가 호출된 다음 유휴 상태로 들어간다. 잠시 후 운영체제는 스레드 1이 작업을 계속할 수 있다는 것을 알게 되는데 이어지는 스레드 1의 코드는 바로 스레드 1을 유휴 상태에 들어가게 한다. 다시 스레드 1이 깨어나면 finally 블록을 실행하고 이어서 2초 후에 스레드 3이 깨어나며, 마침내 처리되지 않은 예외에 의해 프로세스가 종료된다.

이벤트 처리기의 실행과 이어지는 프로세스 종료로 구성되는 이 순서는 전형적이기는 하지만 항상 이와 같은 순서가 보장되지는 않는다.[10] 프로그램에서 처리되지 않은 예

---

10 실제로 실행해 보면 결과 시퀀스가 조금 달리 나타나기도 하지만 타이밍의 문제로 본 절에서 설명하고자 하는 내용을 전달하는 데는 문제가 되지 않는다. - 옮긴이

외가 발생하는 순간 모든 계획은 무효화되며 프로그램은 매우 불안정하고 알 수 없는 상태에 놓이게 되고 결과적으로 이후의 동작을 예측할 수 없다. 예제의 경우 보다시피 CLR은 주 스레드가 실행을 계속해서 finally 블록을 처리하도록 하는데 심지어 제어가 finally 블록을 실행하는 시점에 CLR은 이미 다른 스레드가 AppDomain의 처리하지 않은 예외에 대한 이벤트 처리기에 도달해 있다는 것을 알고 있다.

이 사실을 강조하고자 지연 시간을 변경해서 주 스레드가 이벤트 처리기보다 더 오랫동안 유휴 상태에 있도록 만들어 보자. 이렇게 하면 finally 블록은 실행되지 않을 것이다. 왜냐하면 스레드 1이 유휴 상태에서 깨어나기 전에 프로세스가 처리되지 않은 예외로 인해 중단될 것이기 때문이다. 예외를 발생시키는 스레드를 만들 때 스레드 풀을 이용했느냐에 따라서 또 다른 결과를 얻을 수도 있다. 그러므로 최선의 방법은 예외가 발생한 곳이 작업자 스레드이든 주 스레드이든 무관하게 어떻게든 처리되지 않은 예외가 발생하지 않게 하는 것이다.

그렇다면 이것이 태스크와는 무슨 관계일까? 시스템을 종료시키려 하는데 종료되지 않은 태스크들이 있는 경우에 어떻게 해야 할까? 이와 관련해 다음 절에서는 태스크를 취소하는 방법을 살펴보겠다.

가이드라인

- 스레드에서 처리되지 않은 예외가 발생하지 않게 프로그래밍한다.
- 디버깅이나 로그 저장, 비정상 종료 등에 대응하는 방법으로 처리되지 않은 예외에 대한 이벤트 처리기 사용을 고려한다.
- 응용 프로그램이 종료될 때는 완료되지 않은 태스크를 취소한다.

태스크 취소

19장의 앞부분에서 스레드가 처리 중인 작업을 취소하려고 스레드를 강제로 종료하는 것이 왜 나쁜지 살펴봤다. TPL은 이보다 훨씬 강력하고 믿을 수 있는 기술인 **협조적 취소**cooperative cancellation를 이용해서 더 이상 필요 없는 태스크를 취소하는 기능을 제공한

4.0

다. 취소를 지원하는 태스크는 취소 요청이 이뤄졌는지 알려고 CancellationToken 개체 (System.Threading 네임스페이스에 존재)를 주기적으로 폴링하는 방식으로 모니터링한다. 예제 19.8과 결과 19.5는 취소 요청과 그 요청에 대한 응답을 처리하는 과정을 보여 준다.

예제 19.8 CancellationToken을 이용한 태스크 취소

```csharp
using System;
using System.Threading;
using System.Threading.Tasks;
using AddisonWesley.Michaelis.EssentialCSharp.Shared;

public class Program
{
    public static void Main()
    {
        string stars =
            "*".PadRight(Console.WindowWidth - 1, '*');
        Console.WriteLine("Push ENTER to exit.");

        CancellationTokenSource cancellationTokenSource =
            new CancellationTokenSource();

        // .NET 4.5 이전 버전의 TPL에서는
        // Task.Factory.StartNew<string>() 이용
        Task task = Task.Run(
            () =>
            WritePi(cancellationTokenSource.Token),
                cancellationTokenSource.Token);

        // 사용자 입력을 기다린다.
        Console.ReadLine();

        cancellationTokenSource.Cancel();
        Console.WriteLine(stars);
        task.Wait();
        Console.WriteLine();
    }

    private static void WritePi(
        CancellationToken cancellationToken)
    {
```

```
        const int batchSize = 1;
        string piSection = string.Empty;
        int i = 0;

        while (!cancellationToken.IsCancellationRequested
            || i == int.MaxValue)
        {
            piSection = PiCalculator.Calculate(
                batchSize, (i++) * batchSize);
            Console.Write(piSection);
        }
    }
}
```

결과 19.5

```
Push ENTER to exit.
3.141592653589793238462643383279502884197169399375105820974944592307816
406286208998628034825342117067982148086513282306647093844609550582231725
359408128481117450
**********************************************************************
2
```

태스크를 시작하고 나면 Console.Read()에서 주 스레드가 멈추고 사용자 입력을 기다린다. 그러는 중에도 태스크는 실행을 계속하면서 pi의 다음 숫자를 계산하고 화면을 통해 출력한다. 사용자가 엔터키를 누르면 CancellationTokenSource.Cancel()을 호출한다. 예제 19.8에서는 task.Cancel()과 task.Wait() 호출을 나누고 그 사이에 한 줄의 별 기호(*)를 출력했다. 이렇게 한 이유는 취소 토큰을 확인하기 전에 추가로 반복이 끼어들 여지가 있기 때문이며 결과 19.5에서 마지막에 2가 출력된 것이 그로 인한 것이다. 즉, CancellationTokenSource.Cancel() 호출이 태스크를 즉시 강제로 종료 처리하지 않기 때문에 2가 출력되며, 태스크는 토큰을 확인할 때까지 실행을 계속하고 토큰의 소유자가 태스크 취소를 요구한 것을 확인하면 구현된 논리에 따라 종료된다.

Cancel()을 호출하면 CancellationTokenSource.Token에서 복사된 모든 취소 토큰의 IsCancellationRequested 속성을 설정하며 다음은 몇 가지 주목해야 할 사항들이다.

- 비동기 태스크에는 CancellationTokenSource가 아니라 하나의 CancellationToken이 주어진다. CancellationToken은 취소 요청 여부를 폴링할 수 있게 해주며 CancellationTokenSource는 토큰을 제공하고 취소됐을 때 토큰에 이것을 알린다(그림 19.3 참고). CancellationTokenSource 대신 CancellationToken을 전달하고 따라서 CancellationTokenSource는 계속해서 원본 스레드에서만 액세스할 수 있는 상태로 남기 때문에 스레드 동기화 관련 문제는 걱정할 필요 없다.
- CancellationToken은 구조체이므로 값에 의한 복사가 일어난다. Cancellation TokenSource.Token에서 반환한 값은 토큰의 복사본이다. 이런 연유로 Cancellation TokenSource.Token은 스레드에 대해 안전하게 액세스할 수 있다(WritePi() 메서드 내에서만 사용할 수 있다).

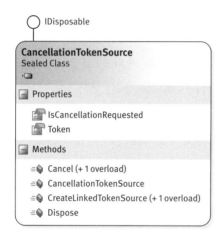
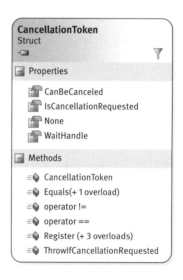

그림 19.3 CancellationTokenSource 및 CancellationToken 클래스 다이어그램

IsCancellationRequested 속성을 모니터링하고자 CancellationToken(CancellationTokenSource.Token에서 추출)의 복사본이 태스크에 전달된다. 예제 19.7에서는 개별 숫자 연산을 마칠 때마다 CancellationToken 매개변수의 IsCancellationRequested 속성을 확인하고 IsCancellationRequested가 true를 반환하면 while 반복을 탈출한다. 임의의 위치

에서 예외가 발생하는 스레드 강제 중단과 달리 일반적인 제어 흐름에 따라 반복을 탈출하고 있으며 취소 요청에 대해 폴링 주기만큼의 응답성을 보장한다.

CancellationToken에서 또 하나 짚고 넘어가야 할 부분은 Register() 메서드의 오버로드다. 오버로드된 메서드를 이용하면 토큰이 취소될 때 호출하고자 하는 작업을 등록할 수 있다. 즉, Register() 메서드를 이용해서 해당 CancellationTokenSource의 Cancel()에 대한 수신기 대리자를 구독할 수 있다.

완료 전에 취소가 발생할 것이 당연하기 때문에 예제 19.7의 코드에서는 System.Threading.Task.TaskCanceledException을 발생시키지 않는다. 따라서 task.Status는 Task.RanToCompletion을 반환하며 이것을 봐서는 실제로 작업이 취소됐는지 알 수 없다. 하지만 TPL은 이를 알릴 수 있는 기능을 포함하고 있다. 강제적인 취소 호출인 경우에는 정상적인 결과가 반환되지 않으며 TaskCanceledException(System.Operation CanceledException 상속)을 발생시키는 것이 TPL의 에러 보고 패턴이다. CancellationToken 인스턴스를 사용할 수 있다고 가정하면, 명시적으로 예외를 발생시키는 대신에 CancellationToken에서 제공하는 ThrowIfCancellationRequested() 메서드를 이용해서 보다 간편하게 예외를 보고할 수 있다.

TaskCanceledException이 발생한 태스크에 Wait()을 호출하려 하면(혹은 결과를 얻으려고 하면) 태스크에서 예외가 발생한 다른 모든 경우와 마찬가지로 AggregateException이 발생할 것이다. 이 예외는 태스크 실행 상태가 잠재적으로 미완료라는 것을 알리는 수단이다. 예정된 모든 작업을 정상 수행하고 성공적으로 완료한 태스크와 달리 취소한 태스크는 미완료 작업을 내포할 가능성이 있으므로 작업 상태를 신뢰할 수 없다.

이 예제는 장기간 수행되는 프로세서 작업(파이 계산은 거의 무한히 계속 된다)에서 취소 요청을 모니터링하고 요청에 대해 처리하는 방법을 보여 준다. 하지만 어떤 경우에는 대상 태스크 내에서 취소에 대해 명시적으로 구현하지 않은 경우에도 취소가 발생할 수 있다. 예를 들어, 21장에서 다룰 Parallel 클래스는 이런 동작이 기본적으로 가능하다.

가이드라인

- 응용 프로그램 종료 시에 미완료 태스크가 있다면 내버려두지 말고 취소하도록 한다.

Task.Factory.StartNew()를 간소화한 Task.Run()

.NET 4.0에서 태스크를 만들려고 사용하는 일반적인 방법은 Task.Factory.StartNew() 이었는데 .NET 4.5에 와서는 Task.Run()을 이용해서 좀 더 간략한 호출이 가능해졌다. Task.Run()처럼 Task.Factory.StartNew()를 이용하면 C# 4.0에서 CPU 의존도가 높은 메서드를 별도의 스레드로 만들어서 호출할 수 있다.

.NET 4.5에서는 특별한 경우가 아니라면 기본적으로 Task.Run()을 사용해야 한다. 부득이 TaskCreationOptions를 이용해서 태스크를 제어해야 하거나 대체 스케줄러를 지정해야 하는 경우 혹은 성능적인 이유로 개체 상태를 전달하고자 하는 등의 경우에는 Task.Factory.StartNew() 사용을 고려하도록 한다. 굉장히 드문 경우로 태스크 생성과 스케줄링을 분리해야 할 수도 있는데 이때는 생성자를 이용해서 인스턴스를 만들고 Start()를 호출하게 할 수 있다.

예제 19.9는 Task.Factory.StartNew()를 사용하는 방법을 보여 준다.

예제 19.9 Task.Factory.StartNew() 이용

```
public Task<string> CalculatePiAsync(int digits)
{
    return Task.Factory.StartNew<string>(
        () => CalculatePi(digits));
}

private string CalculatePi(int digits)
{
    // ...
}
```

장기 실행 태스크

스레드 풀은 작업 항목이 프로세서 의존적이며 비교적 짧은 것이라는 가정을 갖는데 이러한 가정하에 생성하는 스레드의 숫자를 효과적으로 줄여 나갈 수 있다. 또, 이것으로 인해 비싼 스레드 자원을 과하게 할당하지 않도록 하고 프로세서 초과 구독으로 인해 지나친 콘텍스트 변경과 시간 분할의 발생도 방지할 수 있다.

하지만 태스크의 실행 시간이 길어져서 스레드 자원을 긴 시간 동안 유지하고 있어야 한다는 것을 알고 있는 상황이라면 이것을 스케줄러에게 알려 줄 수 있다. 이렇게 함으로써 얻는 효과는 두 가지가 있다. 첫째, 스레드 풀에게 해당 태스크에 대해서 스레드 풀을 이용하는 것보다 지정된 전용 스레드를 생성하는 것이 더 나을 수도 있다는 힌트를 제공한다. 둘째, 일반적으로 프로세서가 처리하는 것보다 많은 태스크를 허용해도 되는 시점일 수 있다는 것을 스케줄러에게 알린다. 결과적으로 더 많은 시간 분할이 이뤄지게 되며 이것은 바람직한 대응이다. 우리는 긴 처리 시간을 요하는 태스크가 전체 프로세서를 독차지하고 짧은 태스크가 프로세서를 사용하지 못하는 상황을 바라지 않는다. 짧은 태스크들은 그들에게 할당된 시간에 상대적으로 높은 비율의 처리할 수 있게 되고, 긴 태스크 입장에서는 그리 큰 지연을 초래하지 않을 것이다. 이렇게 하려면 예제 19.10과 같이 StartNew()를 호출할 때 TaskCreationOption.LongRunning을 이용하면 된다 (참고로 Task.Run()은 TaskCreationOptions 매개변수를 지원하지 않는다).

예제 19.10 장기 실행 태스크의 효과적인 실행

```
using System.Threading.Tasks;

// ...
    Task task = Task.Factory.StartNew(
        () =>
            WritePi(cancellationTokenSource.Token),
        TaskCreationOptions.LongRunning);
// ...
```

4.0

가이드라인

- 새로 만드는 태스크가 장기간 실행될 가능성이 크다면 태스크 팩토리에 이것을 알려 적절한 관리를 유도한다.
- TaskCreationOptions.LongRunning은 주의해서 사용해야 한다.

태스크 삭제 가능성

Task는 IDisposable을 지원한다. IDisposable을 지원하는 이유는 작업 완료를 대기할 때 Task에서 WaitHandle을 할당할 수 있는데 WaitHandle이 IDisposable을 지원하고 있으므로 관례적으로 Task도 IDisposable을 지원하게 됐다. 하지만 지금까지 살펴본 예제들은 직접적인 Dispose() 호출이나 using 문을 이용한 간접 호출을 사용하지 않는다. 대신, 예제에서는 프로그램 종료 시 자동으로 이뤄지는 WaitHandle 종료자 호출에 의존하고 있다.

결과적으로 핸들은 조금 더 길게 유지되기 때문에 예정보다 자원이 더 필요하며 종결된 개체들이 다음 세대에서도 살아남아 가비지 수집기의 효율을 떨어뜨린다. 하지만 굉장히 많은 수의 태스크가 종료되는 경우가 아니라면 이 부분에 대해 그리 걱정할 정도는 아니다. 따라서 기술적으로는 모든 코드에서 태스크를 삭제해야 하지만 성능을 위해 필요한 경우가 아니라면 신경 쓰지 않아도 된다. 또 Task 개체들이 모두 완료됐고 다른 코드에서 사용하고 있지 않다는 것만 확실히 한다면 이 방법이 더 편리하기도 하다.

System.Threading 이용하기

5.0 시작

병렬 확장 라이브러리를 이용하면 스레드를 직접적으로 이용하는 대신 태스크라는 상위 수준의 추상화된 형태를 이용할 수 있기 때문에 매우 편리하다. 하지만 TPL이나 PLINQ가 나오기 전(.NET 4.0 전)의 코드를 이용해서 작업해야 하는 경우도 있고, 혹은 병렬 확장 라이브러리를 이용해서 해결할 수 없는 문제에 직면할 수도 있다. 이런 경우

4.0

에 System.Threading의 Thread 클래스 및 관련 API를 사용할 수 있다. System.Threading. Thread는 프로그램의 제어점을 나타내며 운영체제 스레드를 감싸는 한편, 네임스페이스는 해당 스레드를 관리하기 위한 추가 API를 제공한다. Sleep()은 Thread의 잘 알려진 메서드 중 하나지만 편리함에도 불구하고 사용하지 않는 것이 좋다. Thread.Sleep()은 현재 스레드를 유휴 상태로 만드는 데 주어진 시간 동안 운영체제로 하여금 현재 스레드에 시간을 할당하지 않게 한다. 꽤 그럴듯하게 들리지만 이런 상황에 대처하기에 더 좋은 방법이 있을 것 같은 '나쁜 코드 냄새'가 난다. 스레드처럼 값비싼 리소스를 할당해 놓고 일을 시키지 않는 것은 바람직한 프로그래밍이 아니다(잠만 자고 있으라고 직원

에게 월급을 주는 직장이 없듯이 수백만 혹은 수십억 프로세서 주기를 허송세월로 흘려 보낼 바에는 힘들게 스레드를 할당하지 않는 것이 바람직하다).

한편, Thread.Sleep()을 적절하게 사용하는 경우도 물론 있다. 유휴 대기 시간을 0으로 설정해서 호출하는 방법을 이용하면 운영체제에게 남아 있는 시간 할당을 포기할 의사를 전달함으로써 대기 중인 다른 스레드로 순서를 재빨리 넘길 수 있다. 이렇게 양보한 스레드는 추가적인 대기 시간 없이 다시 일반적인 스케줄에 따라 작업을 진행한다. 다음으로 테스트 코드에서는 종종 실제로 프로세서에 의미 없는 연산을 시켜 부하를 주는 방법 대신 Thread.Sleep()을 이용해서 일부 장기간의 대기 시간을 요하는 작업을 모의하기도 한다. 혹시 다른 이유로 스레드를 유휴 상태로 만들고 있다면 원하는 기능을 구현할 수 있는 더 좋은 방안이 없는지 조심스럽게 검토해 보는 것이 좋을 것이다.

System.Threading의 또 다른 유형은 성능에 부정적인 영향을 미칠 수 있는 과도한 스레드 수를 제한하도록 설계된 ThreadPool(스레드 풀)이다. 스레드는 비교적 비싼 대가를 요구하는 자원이며 스레드 콘텍스트 변경은 공짜가 아닐 뿐더러 시분할 방식을 이용해서 2개의 작업을 병렬 처리 형태로 모의하는 것은 하나씩 실행하는 방식에 비해서 훨씬 느릴 수 있다. 그리고 스레드 풀은 작업을 잘 수행하지만 오랜 시간이 필요하거나 다른 스레드와 동기화가 필요한 작업에는 적합하지 않다. 진정 우리에게 필요한 것은 스레드와 스레드 풀을 이용할 수 있는 상위 수준의 추상화 계층을 구현하는 것인데 TPL^{Task} ^{Parallel Library}이 바로 이러한 것을 가능하게 해주므로 ThreadPool은 쓸 필요가 없어졌다 할 수 있다. .NET 4.0 이전에 일반적으로 사용하던 작업 스레드 형태를 관리하는 다른 기법들에 대한 세부 사항은 https://IntelliTect.com/EssentialCSharp에서 C# 3.0 다중 스레딩 부분을 참고하도록 한다.[11]

가이드라인
- 프로덕션 코드에서 Thread.Sleep()을 사용하지 않도록 한다.
- System.Threading의 Thread나 ThreadPool 같은 클래스 대신 태스크나 관련 API들을 사용하는 것이 좋다.

---

11 https://intellitect.com/interfacing–multithreading–patterns/ – 옮긴이

System.Threading.ThreadPool이 제공하는 메서드와 System.Threading.Thread의 Sleep() 메서드에 대한 보다 많은 정보는 https://IntelliTect.com/legacy-system-threading을 참고한다.

요약

19장을 시작하면서 개발자들이 다중 스레드 프로그램을 작성하면서 마주치는 일부 어려운 문제점들을 간략히 살펴봤는데 여기에는 원자성 문제, 교착 상태 및 기타 경합 조건들이 포함되며 이들은 다중 스레드 프로그램에 불확실성과 오동작을 불러일으키는 주요 원인이다. 그런 다음 작업 병렬 라이브러리[TPL]와 Task 개체로 표현하는 작업 단위를 생성하고 예약하기 위한 새로운 API인 태스크 기반 비동기 패턴[TAP]을 살펴봤고 어떻게 다중 스레드 프로그래밍을 단순화하는지 알아봤다. 또, 이들이 큰 작업을 작은 작업들로 구성하기 위한 연속 '연결'을 관리하려고 자동으로 프로그램을 재작성하는 것을 살펴봤다. 20장과 21장에서는 추가 시나리오에 대응하고 TAP를 더욱 단순화하는 상위 수준의 추상화를 소개한다.

22장에서는 교착 상태를 피해 공유 리소스에 대한 동기화된 액세스로 원자성 문제를 해결하는 방법을 설명한다.

5.0 끝

4.0 끝

■20■
태스크 기반 비동기 패턴

4.0 시작

5.0 시작

19장에서 살펴본 것처럼 비동기 작업에 있어 태스크는 스레드보다 우수한 추상화를 제공한다. 태스크는 적정 수의 스레드 개수로 자동으로 관리되고 거대한 프로그램이 작은 메서드로 나뉘는 것처럼 큰 태스크는 작은 태스크로 나눠서 구성할 수 있다.

하지만 태스크에는 몇 가지 단점도 있다. 태스크의 가장 큰 어려움은 이들이 프로그램 논리를 뒤집어 놓는다는 것이다. 좀 더 쉽게 묘사하고자 우선 입출력 및 웹 요청과 같은 긴 대기 시간을 요구하는 작업으로 인해 응답성이 떨어지는 동기 방식의 메서드를 생각해 보고, 같은 예제를 C# 5.0의 async/await 문맥적 키워드를 이용해 개선한 예와 비교하면서 비동기 코드 작성이 얼마나 쉽고 읽기 쉬워지는지 설명하겠다.

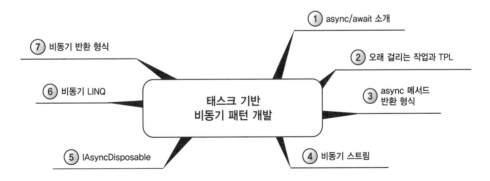

마지막으로 20장의 끝부분에서는 C# 8.0의 비동기 스트림을 이용해 비동기 반복기를 정의하고 활용하는 방법을 알아보겠다.

긴 대기 시간을 요구하는 작업의 동기적 호출

예제 20.1은 WebClient를 이용해 웹페이지를 다운로드하고 특정 문자열이 몇 번이나 나오는지 확인하며 실행한 모습은 결과 20.1과 같다.

예제 20.1 동기 방식의 웹 요청

```csharp
using System;
using System.IO;
using System.Net;

static public class Program
{
    public const string DefaultUrl =
        "https://IntelliTect.com";

    public static void Main(string[] args)
    {
        if (args.Length == 0)
        {
            Console.WriteLine("ERROR: No findText argument specified.");
            return;
        }
        string findText = args[0];

        string url = DefaultUrl;
        if (args.Length > 1)
        {
            url = args[1];
            // 더 이상의 매개변수는 무시
        }
        Console.Write(
            $"Searching for '{findText}' at URL '{url}'.");

        Console.Write("\nDownloading....");
        using WebClient webClient = new WebClient();
```

```
            byte[] downloadData =
                webClient.DownloadData(url);

        Console.Write("\nSearching....");
        int textOccurrenceCount = CountOccurrences(
            downloadData, findText);

        Console.WriteLine(
            @$"{Environment.NewLine}'{findText}' appears {
                textOccurrenceCount} times at URL '{url}'.");
    }

    private static int CountOccurrences(byte[] downloadData, string findText)
    {
        int textOccurrenceCount = 0;

        using MemoryStream stream = new MemoryStream(downloadData);
        using StreamReader reader = new StreamReader(stream);

        int findIndex = 0;
        int length = 0;
        do
        {
            char[] data = new char[reader.BaseStream.Length];
            length = reader.Read(data);
            for (int i = 0; i < length; i++)
            {
                if (findText[findIndex] == data[i])
                {
                    findIndex++;
                    if (findIndex == findText.Length)
                    {
                        // 문자열 발견
                        textOccurrenceCount++;
                        findIndex = 0;
                    }
                }
                else
                {
                    findIndex = 0;
                }
            }
```

```
        }
        while (length != 0);

        return textOccurrenceCount;
    }
}
```

```
Searching for 'IntelliTect' at URL 'https://IntelliTect.com'.
Downloading....
Searching....
'IntelliTect' appears 33 times at URL 'https://IntelliTect.com'.
```

예제 20.1의 논리는 비교적 직관적이고 일반적인 C# 구조를 쓴다. url과 findText 를 결정하면 Main()은 CountOccurrences()를 호출하는데 이 메서드에서 WebClient 인 시턴스를 만들고 대상을 다운로드하려고 동기식 메서드 DownloadData()를 호출한 다. CountOccurrences()는 다운로드한 데이터를 전달받아 MemoryStream에 저장하고 StreamReader의 Read() 메서드를 이용해 데이터 블록을 추출해 findText 값이 있는지 확 인한다. (보다 단순한 버전인 DownloadString( )이 아닌 DownloadData( )를 이용하는 이유는 예제 20.2와 20.3에서 스트림에서 데이터를 읽을 때 추가로 비동기 호출을 이용하는 것을 보여 줄 수 있기 때문이다.)

당연히 이런 접근 방식의 문제점은 입출력 작업이 끝날 때까지 호출하는 스레드가 차단된다는 것인데, 비동기적으로 작업을 수행하면 이런 차단 시간 동안 스레드가 다 른 유용한 일을 처리할 수 있으므로 이런 차단 기간을 스레드 낭비라고 할 수 있다. 그 런 이유로 예를 들어, 작업 진행 상태를 보여 주는 코드를 실행할 수 없다. 즉, 예제에서 'Downloading....'과 'Searching....'은 관련 작업 진행 중이 아닌 시작 전에 호출한다. 예제와는 약간 상황이 다르지만, 추가 작업을 병행하거나 작업 중임을 보여 주는 최소 한의 애니메이션을 보여 주고 싶다면 어떨까?

긴 대기 시간을 요구하는 작업의 비동기적 호출(TPL 이용)

이 문제를 해결하려고 예제 20.2는 비슷한 접근 방법을 취하지만 대신 TPL을 이용하는 태스크 기반의 비동기 처리를 적용하고 있다.

예제 20.2 비동기 웹 요청

```csharp
using System;
using System.IO;
using System.Net;
using System.Runtime.ExceptionServices;
using System.Threading.Tasks;

static public class Program
{
    public const string DefaultUrl =
        "https://IntelliTect.com";

    public static void Main(string[] args)
    {
        if (args.Length == 0)
        {
            Console.WriteLine("ERROR: No findText argument specified.");
            return;
        }
        string findText = args[0];

        string url = DefaultUrl;
        if (args.Length > 1)
        {
            url = args[1];
            // 더 이상의 매개변수는 무시
        }
        Console.Write(
            $"Searching for '{findText}' at URL '{url}'.");

        using WebClient webClient = new WebClient();
        Console.Write("\nDownloading...");
        Task task = webClient.DownloadDataTaskAsync(url)
            .ContinueWith(antecedent =>
            {
                byte[] downloadData = antecedent.Result;
```

```
                Console.Write("\nSearching...");
                return CountOccurrencesAsync(
                    downloadData, findText);
            })
            .Unwrap()
            .ContinueWith(antecedent =>
            {
                int textOccurrenceCount = antecedent.Result;
                Console.WriteLine(
                    @$"{Environment.NewLine}'{findText}' appears {
                        textOccurrenceCount} times at URL '{url}'.");

            });

    try
    {
        while (!task.Wait(100))
        {
            Console.Write(".");
        }
    }
    catch (AggregateException exception)
    {
        exception = exception.Flatten();
        try
        {
            exception.Handle(innerException =>
            {
                // 유형을 검사하는 대신 현재 위치에서 예외를 다시 throw한다.
                ExceptionDispatchInfo.Capture(
                    innerException)
                    .Throw();
                return true;
            });
        }
        catch (WebException)
        {
            // ...
            throw;
        }
        catch (IOException)
        {
```

```
            // ...
            throw;
        }
        catch (NotSupportedException)
        {
            // ...
            throw;
        }
    }
}

private static Task<int> CountOccurrencesAsync(
    byte[] downloadData, string findText)
{
    // ...
}
}
```

실행 결과는 기본적으로 결과 20.1과 같지만 'Downloading...'과 'Searching...' 뒤에 추가로 점이 찍히는 것이 다른데 점의 개수는 작업 실행 시간에 따라 다르다.

예제 20.2를 실행하면 페이지를 다운로드하는 동안 'Downloading...' 뒤에 추가로 점들을 출력하며 'Searching...' 뒤에도 같은 방식으로 점을 찍는다. 결과적으로 예제 20.2는 단순히 4개의 점(....)을 찍는 대신 파일을 다운로드하고 문자열을 검색하는 동안 꾸준히 점을 출력할 수 있다.

이와 같은 비동기 처리의 대가는 불행히도 복잡성의 증가다. 코드 전반에 걸쳐 TPL 관련 코드가 제어를 인터럽트한다. 단순히 WebClient.DownloadTaskAsync(url)에 이어서 횟수를 세는 구문(CountOccurrences() 비동기 버전 호출)을 두는 대신 여기서 사용한 비동기 버전 코드는 ContinueWith() 문과 Unwrap() 호출을 이용해 간결성을 추구하면서 하나의 복잡한 try/catch 처리 구조를 도입했다. 세부 사항은 고급 주제 'TPL을 이용한 비동기 요청의 복잡성'에서 다룰 텐데 C# 5.0에서 async/await을 이용한 태스크 기반 비동기 패턴을 도입한 것에 고마운 마음이 절로 들 것이다.

5.0

4.0

TPL을 이용한 비동기 요청의 복잡성

첫 번째 ContinueWith() 문은 WebClient.DownloadDataTaskAsync(url) 다음에 실행할 것을 지정한다. 주의해야 할 것은 첫 번째 ContinueWith() 식의 반환 문이 CountOccurrencesAsync(downloadData, findText)를 반환하는데 이것은 Task<int> 형식의 또 다른 태스크를 반환한다. 따라서 첫 번째 ContinueWith() 문의 반환 형식은 Task<Task<byte[]>>다.

그러므로 Unwrap() 호출이 없다면 두 번째 ContinueWith() 문의 선행 태스크도 Task<Task<byte[]>> 형태의 복잡성을 띠므로 Result를 두 번 호출해야 하는데 antecedent에 대해 직접 한 번 호출하고 두 번째는 antecedent.Result가 반환하는 Task<byte[]>.Result다. 두 번째 호출은 DownloadDataTaskAsync() 작업이 끝날 때까지 차단된다. 하지만 예제에서는 Task<Task<TResult>> 구조를 피하려고 두 번째 ContinueWith() 호출을 Unwrap() 호출로 시작함으로써 외부의 Task를 제거하고 에러나 취소 요청에 적절하게 대응하고 있다.

그러나 복잡성은 Task와 ContinueWith()에서 끝나지 않는데 예외 처리에 있어서는 완전히 새로운 차원의 복잡성이 더해진다. 20장의 앞에서 언급했던 것처럼 TPL은 일반적으로 AggregateException을 이용해 비동기 작업에서 발생할 수 있는 다중 예외 상황에 대응한다. 하지만 ContinueWith() 블록 내에서 Result 속성을 호출하고 있기 때문에 작업자 스레드 내에서도 AggregateException이 발생할 수 있다.

앞서 배운 것처럼 다양한 방법으로 이 같은 예외에 대처할 수 있다.

1. 각 ContinueWith() 메서드 호출에 대응하는 태스크를 반환하는 모든 *Async 메서드에 대해 연속 태스크를 추가한다. 그러나 이렇게 하면 ContinueWith()를 차례로 연결해서 사용하는 API 연결 호출 방식을 사용할 수 없을 것이고 또 간단한 예외 처리에 의존하는 대신 에러 처리 로직을 제어 흐름 깊숙이 내장해야 할 것이다.

2. 개별 대리자 본문을 try/catch로 감싸서 태스크에서 처리되지 않은 예외가 발생하는 것을 원천적으로 방지하는 방법이 있다. 안타깝게도 이 방법 역시 모든 것을 해결해 주지 않는다. 우선 어떤 예외(antecedent.Result를 호출했을 때 발생하는 것과 같은 경우)는 AggregateException을 발생시키는데 이런 예외들은

InnerException(들)을 확인해서 개별적으로 처리를 해야 할 수도 있다. 내부 예외를 확인하는 과정에서는 특정 형식을 캐치하기 위해 예외를 다시 전파하거나 예외 형식을 확인하는 조건식을 이용해 예외를 구분한다. 다음으로 여러 블록에서 같은 형식의 예외들이 중복된다 하더라도 각 대리자 본문은 개별적으로 분리된 try/catch 처리기가 필요하다. 셋째, webClient.DownloadDataTaskAsync()나 CountOccurrencesAsync()는 예외를 일으킬 가능성을 잠재하고 있고 이것을 try/catch 블록으로 감쌀 수 있는 방법이 없기 때문에 Main의 task.Wait() 호출은 여전히 예외 발생의 소지가 있다. 따라서 Main에서 task.Wait()을 감싸는 try/catch 블록은 필수적이다.

3. 예제 20.2에서는 DownloadDataTaskAsync()에서 발생하는 모든 예외를 무시하고 Main의 task.Wait()을 감싸는 try/catch 문에만 의존한다. 그리고 AggregateException이 발생할 것을 알고 있으므로 이 예외에 대한 캐치 문만 사용한다. 캐치 블록 안에서는 AggregateException.Handle()을 호출해서 예외를 처리하고 ExceptionDispatchInfo 개체를 이용해 개별 예외를 전파함으로써 원본 스택 추적을 유지한다. 이 예외들은 다시 적절한 예외 처리기에 의해 처리된다. 한편, AggregateException의 InnerExceptions를 처리할 때는 먼저 AggregateException.Flatten()을 호출한다는 것에 주목하자. 이렇게 하면 AggregateException의 내부에 계층적으로 존재할 수 있는 모든 AggregateException을 제거하고 이들이 포함하고 있는 모든 예외를 첫 번째 수준의 내부 예외로 이동시켜 준다.

예제 20.2처럼 3번이 아마도 가장 적절한 접근 방식인데 왜냐하면 대부분의 경우에 대해 제어 흐름의 외부에서 예외 처리를 할 수 있기 때문이다. 이것이 에러 처리의 복잡성을 완전히 제거해 주지는 못하지만 일반적인 제어 흐름 내에서 에러 처리를 최소화해 준다.

예제 20.2의 비동기 방식과 예제 20.1의 동기 방식이 실질적으로는 같은 논리적인 제어 흐름을 갖고, 두 경우 모두 서버로부터 자원을 다운로드하려고 시도하며 성공하는 경우에는 결과가 반환된다(다운로드가 실패하면 적절한 조치를 위해 예외의 형식을 확인한다). 하지만 예제 20.2의 비동기 방식이 예제 20.1 동기 방식에 비해 훨씬 읽기 어렵고

5.0

4.0

수정도 어렵다. 표준 제어 흐름 문을 이용하고 있는 동기 방식의 구현과 달리 비동기 방식은 다중 람다 식을 만들고 대리자 형식의 연속 논리를 만들어야 한다.

설상가상으로 여기서 살펴본 것은 비교적 간단한 예제다(심지어 CountOccurrences Async( ) 구현은 제외했다). 비동기 코드에서 실패한 경우에 세 번의 재시도를 처리하는 반복을 포함하거나 여러 개의 서로 다른 서버에 접근하려고 하는 경우 1개가 아닌 컬렉션 형태의 자원을 다운로드하거나 또는 이 모든 것이 복합적으로 이뤄지는 경우를 상상해보라. 동기적인 구현에서 이런 기능을 추가하는 것은 비교적 직관적으로 이뤄지지만 비동기 방식에서는 전혀 그렇지 않다. 동기 방식 연속으로 매우 간단한 제어 흐름으로 구성되는 메서드들을 개별 태스크의 연속을 명시적으로 지정하는 방법으로 비동기 메서드로 재작성하는 과정은 순식간에 굉장한 복잡성을 띠게 된다.

async와 await을 이용한 태스크 기반의 비동기 패턴

복잡성을 해결하려고 예제 20.3에서는 C# 5.0에서 도입한 async/await을 이용한 태스크 기반 비동기 처리 방법을 사용한다. async/await을 이용하면 컴파일러가 복잡한 부분들 대신 처리하기 때문에 개발자는 비즈니스 논리 구현에 집중할 수 있다. 즉, ContinueWith() 문을 연결하거나 antecedents.Result를 추출하고, 적절한 시점에 Unwrap()을 호출해 준다거나 복잡한 오류 처리를 고민하는 대신 async/await을 이용하면 코드에 간단한 문법을 추가하는 것만으로 컴파일러가 적당한 스레드에서 남은 코드를 자동으로 호출한다. 예를 들어, 2개의 서로 다른 스레드가 단일 스레드 UI 플랫폼과 상호작용할 수 없지만 async/await은 이러한 이슈에 대응할 수 있는 방법을 제공한다(뒤에서 이와 관련해 윈도우 UI에 async/await 기능을 이용하는 것에 관해 다룰 예정이다).

다시 말해 async/await 문을 이용하면 비교적 간단한 코드 작성으로 컴파일 시점에 컴파일러가 대상 코드를 재구성하고 개발자 대신 복잡한 부분을 모두 해결하게 한다.

예제 20.3 TAP를 이용한 비동기 작업 호출

```csharp
using System;
using System.IO;
using System.Net;
```

```
using System.Threading.Tasks;

static public class Program
{
    public const string DefaultUrl = "https://IntelliTect.com";

    public static async Task Main(string[] args)
    {
        if (args.Length == 0)
        {
            Console.WriteLine("ERROR: No findText argument specified.");
            return;
        }
        string findText = args[0];

        string url = DefaultUrl;
        if (args.Length > 1)
        {
            url = args[1];
            // 다른 매개 변수는 무시한다.
        }
        Console.Write($"Searching for '{findText}' at URL '{url}'.");

        using WebClient webClient = new WebClient();
        Task<byte[]> taskDownload =
            webClient.DownloadDataTaskAsync(url);

        Console.Write("\nDownloading...");
        while (!taskDownload.Wait(100))
        {
            Console.Write(".");
        }

        byte[] downloadData = await taskDownload;

        Task<int> taskSearch = CountOccurrencesAsync(
          downloadData, findText);

        Console.Write("\nSearching...");

        while (!taskSearch.Wait(100))
        {
```

```csharp
            Console.Write(".");
        }

        int textOccurrenceCount = await taskSearch;

        Console.WriteLine(
            @$"{Environment.NewLine}'{findText}' appears {
                textOccurrenceCount} times at URL '{url}'.");
    }

    private static async Task<int> CountOccurrencesAsync(
        byte[] downloadData, string findText)
    {
        int textOccurrenceCount = 0;

        using MemoryStream stream = new MemoryStream(downloadData);
        using StreamReader reader = new StreamReader(stream);

        int findIndex = 0;
        int length = 0;
        do
        {
            char[] data = new char[reader.BaseStream.Length];
            length = await reader.ReadAsync(data);
            for (int i = 0; i < length; i++)
            {
                if (findText[findIndex] == data[i])
                {
                    findIndex++;
                    if (findIndex == findText.Length)
                    {
                        // 찾고자 하는 문자열을 발견한 경우
                        textOccurrenceCount++;
                        findIndex = 0;
                    }
                }
                else
                {
                    findIndex = 0;
                }
            }
        }
```

7.0

5.0

4.0

```
        while (length != 0);

        return textOccurrenceCount;
    }
}
```

예제 20.1과 20.3을 비교하면 소스 코드 상의 큰 차이점은 없다. 하지만 실행 결과는 출력한 점의 수에 차이가 있다는 점 외에 예제 20.2를 실행한 결과와 같다. 이것이 async/await 패턴의 핵심 가운데 하나로 동기 방식으로 작성한 코드에 작은 변경만으로 비동기 작업이 가능하게 해준다.

이 패턴을 이해하고자 먼저 CountOccurrencesAsync() 메서드에 집중하고 예제 20.1과의 차이점을 살펴보겠다. 첫째, CountOccurrences() 메서드 선언에 새로운 문맥적 키워드 async를 시그니처 한정자로 추가하고 int 대신 Task<int>를 반환하게 바꿨다. async 키워드를 사용하는 메서드는 반드시 적절한 비동기 반환 형식^{valid async return type}을 반환해야 하는데 void, Task, Task<T>, 또는 C# 7.0의 ValueTask<T>, C# 8.0에서 도입한 IAsyncEnumerable<T>/IAsyncEnumerator<T>가 여기에 속한다.[1] 예제는 메서드 본문에서 반환하는 데이터가 없지만 비동기 행위에 대한 정보를 호출 측으로 반환하는 기능이 필요하므로 CountOccurrencesAsync()에서 Task를 반환한다. 태스크를 반환하므로 호출 측에서 비동기 호출 상태와 작업이 끝났을 때 결과(int 값)를 확인할 수 있다. 다음으로 메서드 이름 끝에 'Async'를 붙여 주는데 이 명명법은 await을 이용한 비동기 호출이 가능하다는 것을 나타내고자 이용한다. 마지막으로 CountOccurrencesAsync() 내에서 비동기 메서드의 태스크를 비동기적으로 대기해야 하는 모든 곳에 await 연산자를 사용한다. 예제에서는 reader.ReadAsync()만 해당한다. CountOccurrencesAsync()처럼 StreamReader. ReadAsync()도 async 메서드로서 같은 특징을 갖는다.

Main()으로 눈을 돌리면 비슷한 변경들이 보이는데 CountOccurrencesAsync() 메서드를 호출할 때 await 키워드를 사용하는 것이 예다. 이렇게 함으로써 작업의 복잡성을 피해갈 수 있다. await 메서드 방식을 이용하면 Task<int>가 아닌 int에 결과를 할당할 수

---

1 GetAwaiter() 메서드를 구현하는 형식이라면 어떤 것이라도 가능하다. 20장의 뒤에서 다룰 고급 주제인 '유효한 비동기 반환 형식 확장'을 참고한다.

있으며 마치 메서드가 Task를 반환하지 않는 것처럼 보인다.

CountOccurrencesAsync() 메서드 시그니처를 다시 한번 살펴보자.

```
private static async Task<int> CountOccurrencesAsync(
    byte[] downloadData, string findText)
```

Task<int>를 반환하지만 await을 이용해 CountOccurrencesAsync()를 호출하면 int를 반환한다.

```
int textOccurrenceCount = await CountOccurrencesAsync(
    downloadData, findText);
```

예제는 await이 마법이라도 부리듯 태스크에서 추출한 결과를 직접 반환하는 과정을 보여 준다.

비동기 작업을 실행하는 동안 코드를 실행하고 싶다면 병렬 작업(콘솔에 쓰기)이 끝날 때까지 await 호출을 연기할 수 있다. CountOccurrencesAsync() 호출 앞에 있는 코드를 보면 비슷한 방식으로 webClient.DownloadDataTaskAsync(url)을 호출하고 있는데 await 연산자를 이용해 byte[]에 할당하는 대신, 콘솔에 병렬로 점을 출력하는 동안 await 호출을 뒤로 미뤘다.

```
using WebClient webClient = new WebClient();
Task<byte[]> taskDownload =
    webClient.DownloadDataTaskAsync(url);
while (!taskSearch.Wait(100)){Console.Write(".");}
byte[] downloadData = await taskDownload;
```

await 연산자는 Task로부터 결과를 추출하는 것뿐만 아니라 await 호출 이후의 코드가 적절한 스레드에서 실행되도록 코드를 생성해 컴파일러를 돕는다. 이것은 찾기 어려운 결함을 방지하는 데 매우 중요한 이점이다.

제어의 흐름을 이해하기 쉽게 그림 20.1에서는 개별 태스크와 거기에서 일어나는 실행을 별도의 칼럼으로 구분해서 설명한다.

다음은 오해하기 쉬운 몇 가지 중요한 사항으로, 그림 20.1을 참고하면 이해에 도움이 될 것이다.

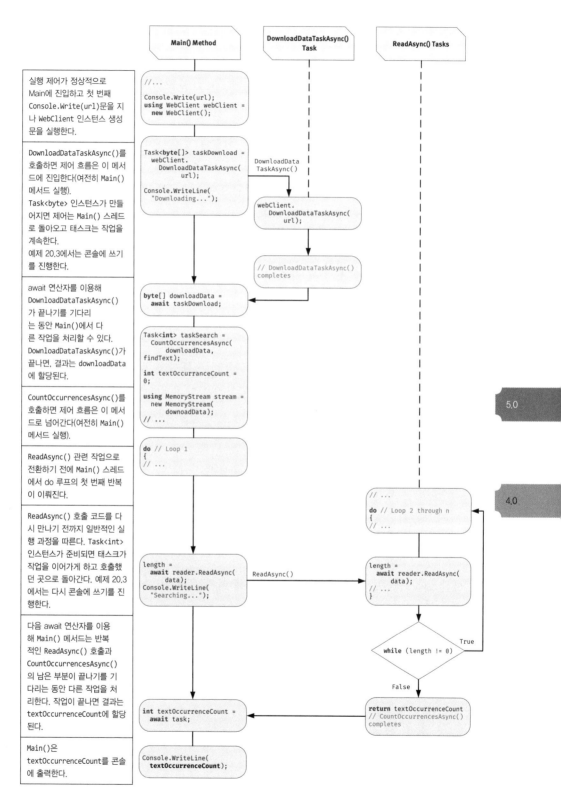

그림 20.1 개별 태스크 내의 제어 흐름

- 오해 #1: 'async 키워드를 사용한 메서드를 호출하면 자동으로 작업자 스레드에서 실행된다.' 이것은 절대 사실이 아니며 메서드는 호출하는 스레드에서 정상적으로 실행된다. 또한 구현부에서 대기가 필요한 태스크를 기다리는 부분이 없다면 동일한 스레드에서 동기적으로 완료될 것이다. 따라서 비동기 작업을 할 것인가에 대한 책임은 메서드 구현부에 있다. 그저 async 키워드를 사용했다는 이유만으로 메서드의 코드를 실행하는 데 변화를 주지는 않는다. 또한 async 메서드를 호출하는 측은 특이 사항이 전혀 없으므로 유효한 비동기 반환 형식을 갖는 메서드를 일반적인 방법으로 호출한다. Main()을 예로 들어, CountOccurrencesAsync()를 Task<int>에 할당하는데 이것은 특별할 것이 없는 일반적인 코드다. 그런 다음 태스크가 끝나기를 대기한다.
- 오해 #2: 'await 키워드는 대상 태스크가 완료될 때까지 현재 스레드를 차단한다.' 이것 또한 정말 말도 안 되는 것이다. 태스크를 완료할 때까지 현재 스레드를 차단해야 한다면 19장에서 이미 살펴본 것처럼 Wait() 메서드를 호출하면 된다(교착 상태에 빠지지 않게 주의). await 키워드는 뒤따르는 식을 평가하는데 보통 await의 뒤에는 Task나 Task<T> 혹은 ValueTask<T> 형식이 오며 결과적으로 얻어지는 태스크에 하나의 연속을 추가하고 나면 즉시 제어를 호출 측으로 반환한다. 이 태스크의 생성은 비동기 작업의 시작을 수반한다. 즉, await 키워드는 개발자가 비동기 작업이 진행되는 동안 해당 메서드의 호출 측이 현재 스레드에서 자신의 작업을 계속해서 실행하기를 바란다는 의미를 갖는다. 비동기 작업이 끝난 후 어느 시점에 도달하면 await 식의 다음에 위치하는 제어 점에서 실행이 계속될 것이다.

사실 async 키워드가 필요한 중요한 첫 번째 이유는 뒤따르는 코드가 컴파일러에 의해 재작성될 것이라는 점을 코드를 보는 이에게 명확하게 알리는 것이며, 둘째는 컴파일러에게 해당 메서드 내에서 await 키워드를 사용하는 부분을 비동기 제어 흐름으로 취급하도록 알리고 await을 일반적인 식별자로 인식하지 않게 하기 위함이다.

C# 7.1부터는 async Main 메서드를 이용할 수 있다. 그에 따라 예제 20.3의 Main은 public static async Task Main(string[] args) 형식을 취한다. 이로써 await 연산자를 이용해 비동기 메서드를 호출할 수 있게 했다. async Main() 메서드가 없다면 유효한 비

동기 반환 형식을 명시적으로 이용해야 할 뿐만 아니라 예상치 못한 결과를 피하고자 프로그램을 끝내기 전에 태스크 완료 여부를 확실히 하기 위한 대기도 필요하다.

덧붙여 C# 5.0과 6.0에서는 예외 처리를 위한 catch나 finally 문에서 await 연산자를 쓸 수 없었는데 이 제약은 C# 7.0에서 없어졌다. 이것은 특히 호출 스택상 가장 외곽예외 처리기에서 비동기적으로 예외를 로그로 남기는 작업 등에 유효한 개선이다.

7.1

비동기 ValueTask⟨T⟩ 반환

보통 실행 시간이 길고 응답성이 떨어지는 작업에 비동기 메서드를 이용한다. 또한 Task/Task<T>가 반환 형식이므로 항상 이들 가운데 하나의 형식을 받아야 한다. null을 반환할 수도 있지만 그로 인해 호출 측은 항상 Task를 이용하기에 앞서 null 여부를 확인해야 하는 불합리한 상황에 빠질 수밖에 없다. 일반적인 상황에서 비동기 메서드로 고려하는 오래 걸리거나 지연 가능성이 높은 작업 대비 Task/Task<T> 생성에 필요한 비용은 미미한 수준이라 할 수 있다.

5.0

그런데 만약 이 작업이 순식간에 끝나서 즉시 반환할 수 있는 것이라면 어떨까? 예를 들어, 버퍼를 압축하는 작업을 떠올려 보자. 데이터가 대량이라면 비동기 처리에 의미가 있다. 하지만 데이터 크기가 0이면 작업은 즉시 반환할 것이고 이런 작업을 위한 태스크는 불필요하기 때문에 Task/Task<T>를 얻는 것 자체가 쓸모없다. 이럴 때 완전한 Task/Task<T>보다 적은 리소스를 요구하면서 이와 비슷하게 비동기 작업을 관리할 수 있는 개체의 필요성이 대두된다. C# 5.0 시절의 async/await에서는 이런 상황에 대처할 수 있는 방법이 없었는데 C# 7.0에서 이를 위해 GetAwaiter() 메서드를 제공하는 형식들을 유효한 비동기 반환 형식에 추가했다. 자세한 사항은 고급 주제인 '비동기 반환 형식 확대'에서 다루겠다.

4.0

예를 들어, C# 7.0을 지원하는 .NET 프레임워크는 ValueTask<T>를 포함하는데 이것은 값 형식으로 장기 실행 작업이 빨리 끝난 경우를 위해 경량 인스턴스화를 지원하며 그 외의 경우에는 완전한 Task로 변환할 수도 있다. 예제 20.4는 파일 압축 예로 압축 작업이 순식간에 끝난 경우 ValueTask<T>를 이용해 작업을 마무리한다.

```csharp
using System.IO;
using System.Text;
using System.Threading.Tasks;

public static class Program
{
    public static async ValueTask<byte[]> CompressAsync(byte[] buffer)
    {
        if (buffer.Length == 0)
        {
            return buffer;
        }
        using MemoryStream memoryStream = new MemoryStream();
        using System.IO.Compression.GZipStream gZipStream =
            new System.IO.Compression.GZipStream(
                memoryStream, System.IO.Compression.CompressionMode.Compress);

        await gZipStream.WriteAsync(buffer, 0, buffer.Length);

        return memoryStream.ToArray();
    }
    // ...
}
```

GZipStream.WriteAsync() 같은 비동기 메서드가 Task⟨T⟩를 반환한다 해도 Value Task⟨T⟩를 반환하는 메서드 내에서 **await** 구현은 문제없이 동작한다. 예제 20.4의 경우 ValueTask⟨T⟩ 대신 Task⟨T⟩를 반환하게 바꿔도 다른 변경은 전혀 필요치 않다.

그렇다면 어떤 경우에 Task/Task⟨T⟩ 대신 ValueTask⟨T⟩를 써야 할까? 원하는 작업이 값을 반환하지 않는다면 **Task**를 사용한다(ValueTask⟨T⟩의 비제네릭 형식이 없는 이유는 아무런 이득이 없기 때문이다). 작업이 비동기적으로 완료되거나 일반적인 결과 값들을 캐시 할 수 없는 상황이라면 Task⟨T⟩를 선택하는 것이 좋다. 하지만 동기적으로 끝날 가능성이 있고 공통적인 반환값을 전부 캐시해야 할 근거가 부족한 경우라면 ValueTask⟨T⟩가 어울릴 수 있다. 예를 들어, 대개 Task⟨bool⟩ 대신 ValueTask⟨bool⟩을 반환하는 것으로 얻을 수 있는 이득은 아무것도 없다. 왜냐하면 **true**나 **false** 값을 위한 Task⟨bool⟩을 손쉽게 캐시할 수 있기도 하고 비동기 인프라스트럭처에서 이것을 자동으로 처리해 주기 때문이다. 즉, Task<bool>을 반환하는 비동기 메서드가 동기적으로 완료되는 경우에는 캐시된 결과인 Task<bool>을 반환할 것이다. 하지만 작업이 동기적으로 끝날 가능성이 높고 공용 반환 값들을 모두 캐시할 이유가 없다면 ValueTask<T>가 적절할 것이다.

■ 초 급 주 제

공용 비동기 반환 형식 확대

await 키워드 다음에는 보통 Task, Task<T>, ValueTask<T> 식이 뒤따른다. 문법적으로 Task에 사용한 await은 기본적으로 void를 반환하는 식과 실질적으로 같다. 사실 컴파일러는 태스크의 결과 형식은커녕 결과를 갖는지도 알지 못하기 때문에 이와 같은 식은 void를 반환하는 메서드를 호출하는 것처럼 취급하며 따라서 문Statement 표현식에서만 사용할 수 있다. 예제 20.5에서 몇 가지 사례를 살펴보자.

예제 20.5 문 표현식으로 사용한 await 식

```
async Task<int> DoStuffAsync()
{
    await DoSomethingAsync();
    await DoSomethingElseAsync();
    return await GetAnIntegerAsync() + 1;
}
```

예제의 앞선 2개 메서드는 Task<T>나 ValueTask<T>가 아니라 Task를 반환하는 메서드라고 가정한다. 이들 태스크는 결과 값이 없으므로 일반적인 문 형태로 사용한다. 세 번째 태스크는 Task<int>로 추정할 수 있으며, DoStuffAsync()가 반환하는 태스크의 값 연산에 이용할 수 있다.

비동기 스트림

C# 8.0은 **비동기 스트림**async stream 구현을 소개했는데 반복기에 비동기 패턴을 활용하는 기능이 핵심이다. 15장에서 논한 것처럼 C#의 모든 컬렉션은 IEnumerable<T>와 IEnumerator<T>를 근간으로 하며 IEnumerable<T>의 GetEnumerator<T>() 함수가 반환하는

IEnumerator<T>를 이용한 반복 작업을 할 수 있다. 그리고 yield return을 지원하는 반복기를 구현할 때는 IEnumerable<T>나 IEnumerator<T>를 반환해야 한다. 한편, 유효한 비동기 반환 형식은 Task, Task<T> 또는 ValueTask<T>처럼[2] 반드시 GetAwaiter() 메서드를 지원해야 한다. 따라서 async 메서드와 반복기는 공존할 수 없다. 예를 들어, 컬렉션을 반복하는 동안 async 메서드를 호출할 때는 반복을 모두 끝내기 전에 결과를 호출 함수에 반환할 수 없다.

이 문제를 해결하고자 C# 팀에서 제시한 방안이 바로 C# 8.0의 비동기 스트림이다. 이 기능은 비동기 반복과 yield return을 지원하는 비동기 컬렉션 및 열거할 수 있는 형식 메서드를 만들고자 설계됐다.

예를 들어, 암호화 처리를 위한 async 메서드 EncryptFilesAsync()를 생각해 보자(기본 값은 현재 디렉터리를 대상으로 한다). 예제 20.6은 이를 구현한 코드다.

예제 20.6 비동기 스트림

```
using System;
using System.IO;
using System.Linq;
using System.Threading.Tasks;
using System.Collections.Generic;
using System.Threading;
using System.Runtime.CompilerServices;
using AddisonWesley.Michaelis.EssentialCSharp.Shared;

public static class Program
{
    static public async void Main(params string[] args)
    {
        string directoryPath = Directory.GetCurrentDirectory();
        string searchPattern = "*";

        // ...

        using Cryptographer cryptographer = new Cryptographer();

        IEnumerable<string> files = Directory.EnumerateFiles(
```

2　또는 void.

```
                    directoryPath, searchPattern);

        // 작업이 1분을 초과하면 취소하려고
        // 취소 토큰 생성
        using CancellationTokenSource cancellationTokenSource =
            new CancellationTokenSource(1000*60);


        await foreach ((string fileName, string encryptedFileName)
            in EncryptFilesAsync(files, cryptographer)
            .Zip(files.ToAsyncEnumerable())
            .WithCancellation(cancellationTokenSource.Token))
        {
            Console.WriteLine($"{fileName}=>{encryptedFileName}");
        }


    }


    static public async IAsyncEnumerable<string> EncryptFilesAsync(
        IEnumerable<string> files, Cryptographer cryptographer,
        [EnumeratorCancellation] CancellationToken cancellationToken = default)
    {
        foreach (string fileName in files)
        {
            yield return await EncryptFileAsync(fileName, cryptographer);
            cancellationToken.ThrowIfCancellationRequested();
        }
    }


    private static async ValueTask<string> EncryptFileAsync(
        string fileName, Cryptographer cryptographer)
    {
        string encryptedFileName = $"{fileName}.encrypt";
        await using FileStream outputFileStream =
            new FileStream(encryptedFileName, FileMode.Create);

        string data = await File.ReadAllTextAsync(fileName);
        await cryptographer.EncryptAsync(data, outputFileStream);

        return encryptedFileName;
    }
}
```

예제 20.6은 Main() 메서드로 시작하며, 내부로 들어가면 C# 8.0의 비동기 foreach 문에서 EncryptFilesAsync() 비동기 메서드를 반복한다(WithCancellation() 호출은 뒤에서 짧게 다루겠다). EncryptFilesAsync() 메서드는 foreach 루프를 이용해 지정된 파일들을 반복한다. foreach 루프 내에는 2개의 비동기 메서드 호출이 있다. 첫 번째 호출인 File.ReadAllTextAsync()는 해당 파일의 모든 내용을 읽는다. 메모리에 파일 내용이 올라 오면 yield return 문으로 암호화 파일을 반환하기 전에 EncryptAsync() 메서드로 암호화를 진행한다. 이 메서드는 호출 측에 비동기 반복기를 제공해야 할 필요성을 보여 주는 예다. 이를 가능하게 하는 핵심은 EncryptFilesAsync()에 붙인 async 키워드와 IAsyncEnumerable<T> 반환 형식이다(예제에서 T는 string이다).

즉, IAsyncEnumerable<T>를 반환하는 메서드가 있다면 예제 20.6의 Main 메서드처럼 await foreach 문에서 이용할 수 있다. 이 예제는 비동기 스트림을 만들고 사용하는 두 가지를 다 보여 주고 있다.

GetAsyncEnumerator()의 시그니처는 CancellationToken 매개변수를 포함한다. await foreach 루프가 생성하는 코드가 GetAsyncEnumerator()를 호출하므로 취소 토큰을 전달해 취소 기능을 제공하려고 WithCancellation() 확장 메서드를 이용한다(그림 20.2에서 보는 것처럼 IAsyncEnumerable<T>에서 WithCancellation() 메서드를 직접 제공하지 않는다). 비동기 스트림 메서드에서 작업 취소를 지원하려면 다음과 같이 EncryptFilesAsync 메서드 선언에서 EnumeratorCancellation 특성에 CancellationToken을 추가하면 된다.

```csharp
static public async IAsyncEnumerable<string>
    EncryptFilesAsync(
        string directoryPath = null,
        string searchPattern = "*",
        [EnumeratorCancellation] CancellationToken
            cancellationToken = default)
{ ... }
```

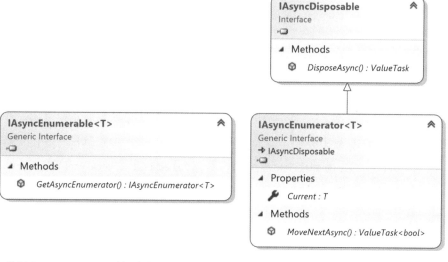

그림 20.2 IAsyncEnumerable⟨T⟩ 및 관련 인터페이스

예제 20.6에서는 IAsyncEnumerable<T> 인터페이스를 반환하는 비동기 스트림 메서드를 이용한다. 비동기 방식이 아닌 반복기에서도 IAsyncEnumerable<T> 인터페이스와 GetAsyncEnumerator() 메서드를 구현할 수 있으며, 이 인터페이스를 구현하는 모든 클래스는 예제 20.7처럼 await foreach 문을 이용해 반복할 수 있다.

예제 20.7 await foreach를 이용한 비동기 스트림 호출

```csharp
class AsyncEncryptionCollection : IAsyncEnumerable<string?>
{
    public async IAsyncEnumerator<string> GetAsyncEnumerator(
        CancellationToken cancellationToken = default)
    {
        // ...
    }

    static public async void Main()
    {
        AsyncEncryptionCollection collection =
            new AsyncEncryptionCollection();
        // ...

        await foreach (string fileName in collection)
```

```
        {
            Console.WriteLine(fileName);
        }
    }
}
```

한 가지 주의해야 할 것은 async 메서드를 선언하는 것이 병렬 실행으로 저절로 이어
지는 것이 아니라는 것이다. 즉, EncryptFilesAsync()가 비동기 메서드라는 것이 개별 파
일을 반복하면서 File.ReadAllTextAsync()와 Cryptographer.EncryptAsync()를 호출하는
과정이 병렬로 이뤄진다는 것을 뜻하지 않는다. 병렬 처리를 원한다면 Task 호출 또는
System.Threading.Tasks.Parallel.ForEach() 등을 이용해야 한다(21장 참고).

IAsyncEnumerable<T> 인터페이스와 단짝인 IAsyncEnumerator<T>는 C# 8.0에서 추
가된 것으로 이들에 대응하는 기존 인터페이스의 비동기 버전이다. IAsyncDisposable.
DisposeAsync() 및 IAsyncEnumerator<T>.MoveNextAsync() 메서드는 모두 IEnumerators<T>
에서 제공하는 메서드의 비동기 버전이다. Current 속성은 비동기가 아니다(또한 비동기
구현에는 Reset() 메서드가 없다).

IAsyncDisposable과 await using 이용

IAsyncDisposable은 IDisposable의 비동기 버전이므로 C# 8.0에서 새로 도입한 await
using 문statement이나 await using 선언declaration에서 호출할 수 있다. 예제 20.6에서
outputFileStream을 선언하면서 후자를 이용했는데 IAsyncEnumerable<T>처럼 FileStream
은 IAsyncDisposable 역시 구현하고 있기 때문에 가능하다. using 선언을 이용하면 비동
기 using으로 선언한 변수에 값을 다시 할당할 수 없다.

await using 문은 일반 using 문과 같은 문법을 따른다.

```
await using FileStream outputFileStream =
    new FileStream(encryptedFileName, FileMode.Create);
{ ... }
```

두 가지 다 형식이 IAsyncDisposable을 구현하거나 DisposeAsync() 메서드를 제공하면 제약 없이 이용할 수 있다. 결과적으로 C# 컴파일러는 try/finally 블록으로 선언부와 변수 사용 범위를 감싸고 finally 블록에서 await DisposeAsync()를 호출함으로써[3] 사용이 끝난 자원을 정리한다.

IAsyncDisposable과 IDisposable은 아무런 상속 관계가 없다. 따라서 구현상 서로 의존성이 없어 하나만 구현해도 문제가 없다.

LINQ에서 IAsyncEnumerable 이용하기

예제 20.6의 await foreach 문에서 LINQ AsyncEnumerable.Zip() 메서드를 이용해서 원본 파일명과 암호화 파일명을 엮어 줬다.

```
await foreach(
    (string filename, string encryptedFileName) in
        EncryptFilesAsync(files)
            .Zip(files.ToAsyncEnumerable()))
{
    Console.WriteLine($"{filename}=>{encryptedFileName}");
}
```

AsyncEnumerable은 IAsyncEnumerable<T>를 위한 LINQ 기능을 제공한다. 하지만 이 라이브러리는 BCL에 포함돼 있지 않아 비동기 LINQ 기능을 이용하려면 System.Linq.Async NuGet 패키지 참조를 추가해야 한다.[4]

AsyncEnumerable은 System.Linq(비동기를 구별하는 별도 네임스페이스가 아님)에서 정의하는데 당연히 Where(), Select(), Zip()과 같은 표준 LINQ 연산자의 비동기 버전을 포함하고 있다. 이들은 IEnumerable<T>가 아닌 IAsyncEnumerable의 확장 메서드이므로 '비동기 버전'이라 보는 것이 적절하다. 그 외에도 AsyncEnumerable은 *Async(), *AwaitAsync(), *AwaitWithCancellationAsync() 메서드들을 포함한다. 예제 20.8은 이들의 Select*() 버전을 보여 준다.

---

3 C# 6.0부터 finally 블록 내에서 await 사용 가능.
4 이 책을 집필하는 시점(.NET Core 3.0/3.1) 기준.

```
namespace System.Linq
{
    public static class AsyncEnumerable
    {
        // ...
        public static IAsyncEnumerable<TResult> Select<TSource?, TResult?>(
            this IAsyncEnumerable<TSource> source,
            Func<TSource, TResult> selector);
        public static IAsyncEnumerable<TResult> SelectAwait<TSource?, TResult?>(
            this IAsyncEnumerable<TSource> source,
            Func<TSource, ValueTask<TResult>>? selector);
        public static
            IAsyncEnumerable<TResult> SelectAwaitWithCancellation<TSource?,
            TResult?>( this IAsyncEnumerable<TSource> source,
            Func<TSource, CancellationToken,
            ValueTask<TResult>> selector);
        // ...
    }
}
```

동기 버전의 것과 비교하면 '인스턴스' 시그너처는 비슷하지만 TResult와 TSource는 다르다. 'Await'이 붙은 두 시그너처는 ValueTask<T>를 반환하는 선택기를 포함한다. 예를 들면, 다음처럼 SelectAwait()에서 예제 20.6의 EncryptFileAsync()를 호출할 수 있다.

```
IAsyncEnumerable<string> items = files.ToAsyncEnumerable();
items = items.SelectAwait(
            (text, id) => EncryptFileAsync(text));
```

여기서 중요한 것은 EncryptFileAsync() 메서드가 *Await()과 *AwaitWithCancellation Async()에서 요구하는 ValueTask<T>를 반환한다는 점이다. 후자의 경우 물론 취소 토큰을 지정할 수도 있다.

LINQ 메서드 가운데 추가로 언급할 만한 것으로 예제 20.6의 ToAsyncEnumerable() 메서드를 들 수 있다. 비동기 LINQ 메서드는 IAsyncEnumerable<T> 인터페이스와 어우

---

5 SelectMany() 계열의 메서드는 제외.

러져 기능하므로 ToAsyncEnumerable()이 IEnumerable<T>를 IAsyncEnumerable<T>로 바꾸는 것을 담당한다. 비슷하게 ToEnumerable() 메서드는 반대의 변환 기능을 갖는다(files. ToAsyncEnumerable( )은 IAsyncEnumerable<string>을 추출하기 위한 인위적인 예제다).

스칼라 버전의 비동기 LINQ 메서드들은 *Await(), *AwaitAsync(), *AwaitWithCancellation() 형태로 IEnumerable<T>와 매우 유사한데 가장 큰 차이점은 모두 ValueTask<T>를 반환한다는 점이다. 다음 코드 조각은 AverageAsync() 메서드를 사용하는 방법을 보여준다.

```
double average = await AsyncEnumerable.Range(0, 999).AverageAsync();
```

이런 방식을 쓰면 await이 ValueTask<double> 대신 double을 반환하게 사용할 수 있다.

8.0 끝

void 반환 비동기 메서드

앞서 살펴본 Task, Task<T>, ValueTask<T>, IAsyncEnumerable<T>는 모두 GetAwaiter() 메서드를 제공하는 비동기 반환 형식이다. GetAwaiter()를 지원하지 않지만 비동기 메서드 반환 형식으로 지정할 수 있는 마지막 반환 유형은 void로, void를 반환하는 비동기 메서드를 **async void 메서드**라고 한다. async void 메서드는 사용을 피해야 한다. 왜냐하면 Task/Task<T>를 반환하는 경우와 달리 return을 만났을 때 메서드 실행 완료가 불확실하며 예외 발생 시에 void를 반환한다는 것은 예외를 보고하기 위한 컨테이너가 없다는 의미이기 때문이다. 보통 async void 메서드에서 발생한 예외는 UI Synchronization Context에까지 전파돼 처리되지 않은 예외로 끝난다(19장 고급 주제 '스레드에서 처리되지 않은 예외 다루기' 참고).

5.0

4.0

그렇다면 사용하지 말라고 하면서도 쓸 수 있게 하고 있는 이유는 뭘까? 그것은 async void 메서드를 async 이벤트 처리기로 사용할 수 있기 때문이다. 14장 내용을 되짚어 보면 이벤트는 EventHandler<T> 형식으로 선언해야 하며 EventHandler<T>의 시그니처는 다음과 같다.

```
void EventHandler<TEventArgs>(object sender, TEventArgs e)
```

따라서 EventHandler<T> 시그니처를 따르는 이벤트 규격에 맞추려면 async 이벤트가 void를 반환해야 한다. 누군가는 이 규격을 바꾸는 걸 떠올릴 수도 있겠지만 (14장에서 논했던 것처럼) 다양한 구독자가 있을 수 있고 이들이 반환하는 값을 추출하는 형태는 직관적이지도 않고 골치 아픈 작업이 될 것이 뻔하다. 이런 이유로 가이드라인은 이벤트 처리기로 쓰는 경우(예외를 발생시키지 않아야 한다) 외에 async void 메서드 사용을 피하게 하고 있다. 한편, 작업 스케줄 처리(예, Task.Run( ))와 같은 동기화 이벤트 알림 또는 더욱 중요한 처리되지 않은 예외를 수신하기 위해서는 동기화 콘텍스트를 이용해야 한다. 예제 20.9와 결과 20.2는 이 과정을 어떻게 구현하는지 보여 준다.

예제 20.9 async void 메서드의 예외 처리

```csharp
using System;
using System.Threading;
using System.Threading.Tasks;

public class AsyncSynchronizationContext : SynchronizationContext
{
    public Exception? Exception { get; set; }
    public ManualResetEventSlim ResetEvent { get; } =
        new ManualResetEventSlim();

    public override void Send(SendOrPostCallback callback, object? state)
    {
        try
        {
            Console.WriteLine($@"Send notification invoked...(Thread ID: {
                Thread.CurrentThread.ManagedThreadId})");
            callback(state);
        }
        catch (Exception exception)
        {
            Exception = exception;
#if !WithOutUsingResetEvent
            ResetEvent.Set();
#endif
        }
    }

    public override void Post(SendOrPostCallback callback, object? state)
```

```
        {
            try
            {
                Console.WriteLine($@"Post notification invoked...(Thread ID: {
                    Thread.CurrentThread.ManagedThreadId})");
                callback(state);
            }
            catch (Exception exception)
            {
                Exception = exception;
#if !WithOutUsingResetEvent
                ResetEvent.Set();
#endif
            }
        }
    }
}

public static class Program
{
    public static bool EventTriggered { get; set; }

    public const string ExpectedExceptionMessage = "Expected Exception";

    public static void Main()
    {
        SynchronizationContext? originalSynchronizationContext =
            SynchronizationContext.Current;
        try
        {
            AsyncSynchronizationContext synchronizationContext =
                new AsyncSynchronizationContext();
            SynchronizationContext.SetSynchronizationContext(
                synchronizationContext);

            OnEvent(typeof(Program), new EventArgs());

#if WithOutUsingResetEvent
            Task.Delay(1000).Wait();  //
#else
            synchronizationContext.ResetEvent.Wait();
#endif
```

```csharp
            if (synchronizationContext.Exception != null)
            {
                Console.WriteLine($@"Throwing expected exception....(Thread ID: {
                    Thread.CurrentThread.ManagedThreadId})");
                System.Runtime.ExceptionServices.ExceptionDispatchInfo.Capture(
                    synchronizationContext.Exception).Throw();
            }
        }
        catch (Exception exception)
        {
            Console.WriteLine($@"{exception} thrown as expected.(Thread ID: {
                Thread.CurrentThread.ManagedThreadId})");
        }
        finally
        {
            SynchronizationContext.SetSynchronizationContext(
                originalSynchronizationContext);
        }
    }

    static async void OnEvent(object sender, EventArgs eventArgs)
    {
        Console.WriteLine($@"Invoking Task.Run...(Thread ID: {
                Thread.CurrentThread.ManagedThreadId})");
        await Task.Run(() =>
        {
            EventTriggered = true;
            Console.WriteLine($@"Running task... (Thread ID: {
                Thread.CurrentThread.ManagedThreadId})");
            throw new Exception(ExpectedExceptionMessage);
        });
    }
}
```

결과 20.2

```
Invoking Task.Run...(Thread ID: 8)
Running task... (Thread ID: 9)
Post notification invoked...(Thread ID: 8)
Post notification invoked...(Thread ID: 8)
Throwing expected exception....(Thread ID: 8)
```

```
System.Exception: Expected Exception
  at AddisonWesley.Michaelis.EssentialCSharp.Chapter20.Listing20_09.
Program.Main() in
...Listing20.09.AsyncVoidReturn.cs:line 80 thrown as expected.(Thread ID: 8)
```

이 코드는 OnEvent() 내에서 await Task.Run()을 호출할 때까지 순서대로 실행된다. 이 작업의 완료와 함께 제어는 AsyncSynchronizationContext의 Post() 메서드로 넘어간다. Post() 호출이 끝나면 Console.WriteLine("throwing expected exception....")를 실행하고 예외를 발행한다. 이 예외는 AsyncSynchronizationContext.Post() 메서드가 수집해 Main()에 전달한다.

예제에서 Task.Run()을 호출하기 전에 프로그램이 끝나는 것을 피하려고 Task. Delay()를 쓰는데 22장에서 소개할 ManualResetEventSlim을 이용하는 방법을 권장한다.

8.0 시작

5.0

4.0

8.0 끝

■ 고 급 주 제

비동기 반환 형식 확대

await 키워드 뒤에는 Task, Task<T>, ValueTask<T>, 이따금 void, C# 8.0의 IAsyncEnumerable<T>/IAsyncEnumerator<T>를 사용하는 것이 일반적이다. 여기서 '일반적'이라고 한 이유는 의도적으로 불확실성을 표현하기 위한 것이다. 사실 await이 요구하는 반환 형식에 관한 정확한 요건은 여기서 나열한 형식보다 더 일반적이다. 즉, GetAwaiter() 메서드를 제공하는 대기 가능한 형식도 허용한다. 이 메서드는 컴파일러의 재작성 로직에서 요구하는 특정 속성과 메서드를 갖는 개체(INotifyCompletion 인터페이스와 GetResult() 메서드를 제공하는 개체)를 생성한다. 대기 가능한 형식을 허용함으로써 서드 파티에서 확장할 수 있는 시스템 요건을 충족한다. 즉, 비동기 작업을 표현하려고 무언가 다른 형식을 사용하는 비Task 기반 비동기 시스템을 설계할 수 있고, 여전히 await 구분을 쓸 수 있다는 것을 뜻한다.

C# 8.0 이전에는 메서드 내에서 대기하는 형식과 무관하게 비동기 메서드는 void, Task, Task<T>, ValueTask<T> 이외의 형식을 반환할 수 없었다. 하지만 보다 일반적인 GetAwaiter() 접근 방식으로 C# 8.0은 IAsyncEnumerable<T>/IAsyncEnumerator<T> 비동기 반환을 도입했다.

비동기 람다와 지역 함수

일반 메서드를 선언하는 대신 람다 식을 이용해서 대리자로 변환했던 것처럼 C# 5.0(및 이후 버전)에서는 await 식을 포함하는 람다 역시 대리자로 변환하는 것이 가능한데 그저 람다 식 앞에 async 키워드를 쓰기만 하면 된다. 예제 20.10에서는 Func<string, Task> writeWebRequestSizeAsync 변수에 비동기 람다를 할당하고 await 연산자를 이용해 호출하는 방법을 보여 준다.

예제 20.10 람다 식을 이용한 비동기 클라이언트-서버 상호 작용

```
using System;
using System.IO;
using System.Net;
using System.Linq;
using System.Threading.Tasks;

public class Program
{
    public static void Main(string[] args)
    {
        string url = "http://www.IntelliTect.com";
        if(args.Length > 0)
        {
            url = args[0];
        }

        Console.Write(url);

        Func<string, Task> writeWebRequestSizeAsync =
            async (string webRequestUrl) =>
            {
                // 설명의 위해 에러 처리는 생략한다.
                WebRequest webRequest =
                    WebRequest.Create(url);

                WebResponse response =
                    await webRequest.GetResponseAsync();

                // 다중 await 연산자 사용 예제를 보여 주고자
                // webRequest.ContentLength를 쓰지 않고 명시적으로 길이를 확인한다.
                using(StreamReader reader =
```

```
                new StreamReader(
                    response.GetResponseStream()))
            {
                string text =
                    (await reader.ReadToEndAsync());
                Console.WriteLine(
                    FormatBytes(text.Length));
            }
        };

    Task task = writeWebRequestSizeAsync(url);

    while (!task.Wait(100))
    {
        Console.Write(".");
    }
}

// ...
}
```

5.0

7.0 시작

4.0

C# 7.0부터는 지역 함수를 이용해서 같은 목적을 달성할 수 있다. 예를 들어, 예제 20.10의 람다 식 헤더(=> 연산자까지)는 다음과 같이 바꿀 수 있다.

```
async Task WriteWebRequestSizeAsync(string webRequestUrl)
```

나머지 중괄호를 포함한 본문은 변경할 필요가 없다.

async 람다 식은 명명된 async 메서드와 정확하게 같은 제약들을 적용받는다.

- async 람다 식은 유효한 비동기 반환 형식을 반환하는 대리자로 변환돼야 한다.
- 람다 식은 재작성돼 return 문은 람다에 의해 반환되는 태스크가 주어진 결과로 완료됐음을 나타내는 신호 역할을 하게 된다.
- 람다 식 내에서의 실행은 완료되지 않은 대기 가능한 코드에 배치된 첫 번째 await이 실행될 때까지 동기적으로 이뤄진다.
- await을 뒤따르는 모든 명령어들은 호출된 비동기 메서드의 반환에 대한 연속으로서 실행될 것이다(즉, await 뒤의 비동기 작업이 이미 완료됐다면 연속으로서가 아니라 단순히 동기적으로 실행될 것이다).

- **async** 람다 식을 **await**을 이용해서 호출할 수 있다(예제 20.10에서는 사용되지 않음).

■ 고 급 주 제

사용자 지정 비동기 메서드 구현

await 키워드를 이용하면 비교적 쉽게 다른 비동기 메서드들(이들은 또 다른 비동기 메서드에 의존적일 수 있다)에 의존하는 비동기 메서드를 구현할 수 있다. 하지만 어쨌든 호출 계층의 어느 지점에 이르러서는 결국 비동기 **Task**를 반환하는 메서드를 작성해야 한다. 예를 들어, 명령 줄 프로그램을 위한 비동기 메서드가 있는데 이 메서드는 최종적으로 결과물에 액세스할 수 있어야 한다고 가정해 보자. 이 메서드의 선언은 다음과 같다.

```
public static Task<Process> RunProcessAsync(string filename)
```

물론 가장 간단하게 구현하는 방법은 **Task.Run()**에 의존해서 System.Diagnostics. **Process**의 **Start()**와 **WaitForExit()** 메서드를 호출하는 것이다. 하지만 호출된 프로세스가 자체적으로 하나 이상의 스레드로 구성되는 자신의 스레드 컬렉션을 소유하는 경우 현재 프로세스에 추가로 스레드를 생성하는 것은 불필요한 작업이다. **RunProcessAsync()** 메서드를 구현해서 호출된 프로세스의 작업이 끝났을 때 호출 측의 동기화 콘텍스트로 되돌아가기 위해서는 예제 20.11과 같이 **TaskCompletionSource<T>** 개체를 이용할 수 있다.

예제 20.11 사용자 지정 비동기 메서드 구현

```
using System.Diagnostics;
using System.Threading;
using System.Threading.Tasks;
class Program
{
    static public Task<Process> RunProcessAsync(
        string fileName,
        string arguments = "",
        CancellationToken cancellationToken = default)
    {
        TaskCompletionSource<Process> taskCS =
            new TaskCompletionSource<Process>();

        Process process = new Process()
```

```
    {
        StartInfo = new ProcessStartInfo(fileName)
        {
            UseShellExecute = false,
            Arguments = arguments
        },
        EnableRaisingEvents = true
    };

    process.Exited += (sender, localEventArgs) =>
    {
        taskCS.SetResult(process);
    };

    cancellationToken
        .ThrowIfCancellationRequested();

    process.Start();

    cancellationToken.Register(() =>
    {
        Process.GetProcessById(process.Id).Kill();
    });

    return taskCS.Task;
}

// ...
}
```

　　일단은 하이라이트 부분에 대해서 무시하고 프로세스 완료를 알리려고 이벤트를 이용하는 패턴을 살펴보도록 하자. System.Diagnostics.Process는 종료에 따른 알림 기능을 포함하고 있기 때문에 알림을 등록하고 이것을 TaskCompletionSource.SetResult()를 호출하기 위한 콜백으로 사용할 수 있다. 예제 코드는 Task.Run()에 의존하지 않고 비동기 메서드를 만드는 꽤 일반적인 패턴을 보여 주고 있다.

　　async 메서드에서 필요한 또 하나의 중요한 요소는 취소 기능인데, TAP는 TPL과 마찬가지로 System.Threading.CancellationToken에 기반하고 있다. 앞서 살펴본 예제에서는 취소 기능을 지원하기 위한 부분이 하이라이트로 표기돼 있다. 이 예제는 프로세스가 시작되기 전에 취소를 허용하며 취소 요청에 따라 응용 프로그램의 메인 윈도우를 닫으려고 하기도 한다. 보다 공격적인 접근 방법으로 Process.Kill()을 호출할 수도 있겠지만 이것은 실행 중인 프로그램에 문제를 일으킬 수 있는 가능성이 있다.

한 가지 주목할 점은 프로세스가 시작되기 전에 취소 이벤트를 등록하고 있지 않다는 것이다. 이것은 프로세스가 실제로 시작되기 전에 취소가 요청된 경우에 발생할 수 있는 경합 조건을 피하기 위함이다.

마지막으로 진행 상태의 업데이트를 제공하는 기능에 대해 생각해 보자. 예제 20.12는 진행률 갱신 기능을 제공하는 RunProcessAsync()의 전체 소스 코드다.

예제 20.12 진행률 갱신을 지원하는 사용자 지정 비동기 메서드 구현

```
using System;
using System.Diagnostics;
using System.Threading;
using System.Threading.Tasks;

class Program
{
    static public Task<Process> RunProcessAsync(
        string fileName,
        string arguments = "",
        CancellationToken cancellationToken =
            default(CancellationToken),
        IProgress<ProcessProgressEventArgs>? progress =
            null,
        object? objectState = null)
    {
        TaskCompletionSource<Process> taskCS =
            new TaskCompletionSource<Process>();

        Process process = new Process()
        {
            StartInfo = new ProcessStartInfo(fileName)
            {
                UseShellExecute = false,
                Arguments = arguments,
                RedirectStandardOutput =
```

```
                    progress != null
        },
        EnableRaisingEvents = true
};

process.Exited += (sender, localEventArgs) =>
{
    taskCS.SetResult(process);
};

if(progress != null)
{
    process.OutputDataReceived +=
        (sender, localEventArgs) =>
        {
            progress.Report(
                new ProcessProgressEventArgs(
                    localEventArgs.Data,
                    objectState));
        };
}

if(cancellationToken.IsCancellationRequested)
{
    cancellationToken
        .ThrowIfCancellationRequested();
}

process.Start();

if(progress != null)
{
    process.BeginOutputReadLine();
}

cancellationToken.Register(() =>
{
    process.CloseMainWindow();
    cancellationToken
        .ThrowIfCancellationRequested();
});
```

5.0

4.0

```
            return taskCS.Task;
        }

        // ...
    }

    class ProcessProgressEventArgs
    {
        // ...
    }
```

async 메서드에 대해서 세부적인 것까지 완벽하게 이해하기는 어려울 수 있지만 람다에서 명시적인 연속으로 작성된 비동기 코드에서 무엇을 하려고 하는지 이해하는 것은 훨씬 쉽다. 어쨌든 관련해서 기억해야 할 핵심 사항은 다음과 같다.

- 제어가 await 키워드에 도달하면 뒤따르는 식을 이용해서 태스크를 생성한다.[6] 이후에 제어는 호출 측으로 반환돼 태스크가 비동기적으로 실행되는 동안 다른 작업을 계속할 수 있게 한다.
- 비동기 태스크가 완료되고 일정 시간이 지난 시점에 보면 제어는 await 키워드 이후의 실행을 계속한다. 대기했던 태스크에서 반환한 결과 값이 있다면 결과를 확인할 수 있으며 오동작이 있었다면 예외가 발생한다.
- async 메서드의 return 문은 메서드 호출과 연관된 태스크를 완결하는 역할을 한다. return 문이 값을 반환한다면 이것이 태스크의 결과가 된다.

태스크 스케줄러와 동기화 콘텍스트

20장을 진행하면서 태스크 스케줄러와 스레드들에게 효과적으로 작업을 할당하기 위한 스케줄러의 역할을 자주 언급하고 있다. 프로그램이라는 측면에서 태스크 스케줄러는 System.Threading.Tasks.TaskScheduler의 인스턴스다. 이 클래스는 기본적으로 스레드 풀을 이용해서 태스크를 적절하게 스케줄링하고 재사용해야 할 시점과 해제해야 할

---

6   고급 주제 '비동기 반환 형식 확대'에서 설명한 것처럼 기술적으로는 대기 가능한 형식이라고 하는 것이 옳다.

시점 또는 추가로 스레드를 만들어야 하는 시점을 기반으로 효과적이고 안전하게 태스크를 실행하는 방법을 결정한다.

TaskScheduler 클래스를 상속하는 새로운 클래스를 만들어서 독자적인 태스크 스케줄링 규칙을 갖는 스케줄러를 만들 수도 있다. 현재 스레드(현재 스레드와 연관된 동기화 콘텍스트synchronization context라고 하는 것이 보다 정확한 표현이다)에서 태스크를 관리할 TaskScheduler를 얻으려면 FromCurrentSynchronizationContext() 정적 메서드를 이용하면 된다.[7]

태스크와 연속 태스크들을 실행하는 동기화 콘텍스트가 중요한 이유는 대기하는 태스크가 효과적이고 안전한 실행을 위해 동기화 콘텍스트(동기화 콘텍스트가 존재한다고 가정)를 참조하기 때문이다. 예제 20.13과 결과 20.3은 예제 19.3과 비슷한데 메시지를 출력할 때 스레드 ID를 함께 출력한다.

예제 20.13 Task.ContinueWith() 호출

```
using System;
using System.Threading;
using System.Threading.Tasks;

public class Program
{
    public static void Main()
    {
        DisplayStatus("Before");
        Task taskA =
            Task.Run(() =>
                DisplayStatus("Starting..."))
            .ContinueWith( antecedent =>
                DisplayStatus("Continuing A..."));
        Task taskB = taskA.ContinueWith( antecedent =>
            DisplayStatus("Continuing B..."));
        Task taskC = taskA.ContinueWith( antecedent =>
            DisplayStatus("Continuing C..."));
        Task.WaitAll(taskB, taskC);
        DisplayStatus("Finished!");
    }
```

5.0

4.0

---

7   IntelliTect.com/EssentialCSharp5에서 제공하는 C# 5.0 이전의 다중 스레드 패턴에 관한 예제 C.8을 참고한다.

```
        private static void DisplayStatus(string message)
        {
            string text = string.Format(
                    $@}{ Thread.CurrentThread.ManagedThreadId
                        }: { message }");
            Console.WriteLine(text);
        }
    }
```

결과 20.3

```
1: Before
3: Starting...
4: Continuing A...
3: Continuing C...
4: Continuing B...
1: Finished!
```

예제의 결과에서 주목할 만한 것은 스레드 ID가 때로는 바뀌고 그렇지 않은 경우도 있다는 것이다. 예제와 같은 단순한 콘솔 응용 프로그램에서 동기화 콘텍스트(SynchronizationContext.Current를 통해서 액세스 가능)는 null이며 대신 기본 동기화 콘텍스트가 스레드 풀로 하여금 스레드를 할당하게 한다. 스레드 ID가 태스크별로 달라지거나 반복되는 이유가 여기에 있으며, 스레드 풀은 때에 따라 새로운 스레드를 사용하기도 하고 기존의 스레드를 재사용하기도 하기 때문이다.

고맙게도 동기화 콘텍스트는 응용 프로그램의 형태에 따라 자동으로 설정된다. 예를 들어, 태스크를 생성하는 코드가 ASP.NET에서 생성한 스레드에서 실행되고 있다면 이 스레드는 AspNetSynchronizationContext 형식의 동기화 콘텍스트와 연관을 맺을 것이며 윈도우 UI 응용 프로그램(WPF나 Windows Forms)에서 생성한 스레드에서 실행되는 코드인 경우 DispatcherSynchronizationContext나 WindowsFormsSynchronizationContext 인스턴스를 동기화 콘텍스트로 가질 것이다(콘솔 응용 프로그램이나 윈도우 서비스의 경우에는 기본 SynchronizationContext 인스턴스를 갖는다). 이렇게 동기화 콘텍스트는 실행 환경에 따라 변하며 그에 맞춰 TPL은 동기화 콘텍스트와의 조율을 통해 안전하고 효과적으로 콘텍스트 내에서 실행되는 연속을 스케줄링할 수 있다.

동기화 콘텍스트를 활용하도록 코드를 수정하려면 우선 (1) 동기화 콘텍스트를 설정하고 (2) async/await을 사용해서 동기화 콘텍스트를 이용할 수 있게 해야 한다.[8]

특정 시나리오에서 성능 향상을 위해 기존의 동기화 콘텍스트를 이용해서 작업을 수행하도록 하거나 또는 사용자 지정 동기화 콘텍스트를 정의해서 사용할 수도 있다. 하지만 이 책의 범위를 벗어나는 부분이므로 여기서 다루지는 않겠다.

async/await과 윈도우 UI

UI는 동기화가 특히 중요한 영역이다. 예를 들어, 윈도우 UI의 경우 메시지 펌프라는 구조가 마우스 클릭이나 이동 이벤트를 처리한다. 또한 UI는 단일 스레드 기반이며 텍스트 박스와 같은 UI 구성 요소와 상호 작용은 반드시 단일 UI 스레드에서 이뤄져야 한다. async/await 패턴의 핵심적인 장점 가운데 하나는 바로 동기화 콘텍스트를 활용해서 await 문 다음에 오는 연속 작업이 항상 await 문을 호출한 동일한 동기화 작업에서 실행되게 한다는 것이다. 컨트롤을 갱신하기 위해서 명시적으로 UI 스레드로 전환해야 할 필요가 없게 해준다는 면에서 이것은 굉장한 가치를 지닌다.

예제 20.14는 이것을 살펴보기 위한 것으로 WPF에서 버튼 클릭에 대한 UI 이벤트를 구현하고 있다.

예제 20.14 WPF에서의 대기 시간이 긴 동기적 호출

```
using System;

private void PingButton_Click(
    object sender, RoutedEventArgs e)
{
    StatusLabel.Text = "Pinging…";
    UpdateLayout();
    Ping ping = new Ping();
    PingReply pingReply =
```

---

8 스레드의 동기화 콘텍스트를 설정하고 이 스레드에 태스크를 할당하도록 태스크 스케줄러를 이용하는 방법에 대한 간단한 예는 https://IntelliTect.com/EssentialCSharp에서 C# 5.0 이전의 다중 스레드를 다루는 주제 영역의 예제 C.8을 참고한다.

```
        ping.Send("www.IntelliTect.com");
    StatusLabel.Text = pingReply.Status.ToString();
}
```

StatusLabel은 WPF System.Windows.Controls.TextBlock 컨트롤이며 PingButton_
Click() 이벤트 처리기에서 이 컨트롤의 Text 속성을 두 번 업데이트하고 있는데 구현
된 모습을 보고 생각해 보면 첫 번째 "Pinging..."을 Ping.Send()가 반환될 때까지 보여
주고 그다음에 Send()의 응답 상태를 보여 주도록 컨트롤을 다시 갱신할 것처럼 보인다.
윈도우 UI 프레임워크를 사용해 본 사람이라면 잘 알겠지만 절대로 이렇게 동작하지 않
는다. 실상 'Pinging...'으로 컨트롤을 갱신하라는 메시지가 윈도우 메시지 펌프에 송신
되지만 UI 스레드는 PingButton_Click() 메서드를 실행하는 데 묶여 있기 때문에 메시
지 펌프가 처리되지 않는다. 마침내 UI 스레드가 여유를 되찾아 윈도우 메시지 펌프를
확인할 때면 이미 두 번째 Text 속성 갱신 요청이 수신된 상태이기 때문에 사용자가 볼
수 있는 것은 최종 상태뿐이다.

TAP를 이용해서 이 문제를 해결하기 위해 예제 20.15의 강조된 부분과 같이 코드를
수정할 수 있다.

예제 20.15 await을 이용한 WPF에서의 대기 시간이 긴 동기적 호출 처리

```
using System;

async private void PingButton_Click(
    object sender, RoutedEventArgs e)
{
    StatusLabel.Text = "Pinging...";
    UpdateLayout();
    Ping ping = new Ping();
    PingReply pingReply =
        await ping.SendPingAsync("www.IntelliTect.com");
    StatusLabel.Text = pingReply.Status.ToString();
}
```

변경을 적용함으로써 얻을 수 있는 두 가지 장점이 있다. 먼저 ping 호출이 비동기
로 이뤄지기 때문에 호출 스레드가 윈도우 메시지 펌프 호출자의 동기화 콘텍스트로 반

환되도록 하고 따라서 StatusLabel.Content에 대한 갱신이 이뤄지기 때문에 사용자는 'Pinging...'을 확인할 수 있게 된다. 두 번째 장점으로 ping.SendTaskAsync()에 대한 대기가 완료될 때 항상 호출 측과 같은 동기와 콘텍스트에서 실행될 것이라는 것이다. 그리고 사용되는 동기화 콘텍스트가 윈도우 UI에 최적화돼 있고 단일 스레드 기반이므로 항상 같은 스레드 즉 UI 스레드로 반환하게 될 것이다. 다시 말해, 바로 연속 태스크를 실행하는 대신 TPL은 동기화 콘텍스트와 조율하고 연속 작업을 위한 메시지를 메시지 펌프로 송신한다. 다음으로 UI 스레드는 메시지 펌프를 모니터링하므로 연속 작업 메시지를 수신하면 await 호출 뒤의 코드를 호출한다(결과적으로 연속 코드의 호출은 메시지 펌프를 처리한 호출자와 같은 스레드에서 이뤄진다).

TAP 언어 패턴에는 코드 가독성을 위한 특징이 담겨 있다. 예제 20.15에서 pingReply.Status를 반환하는 호출은 자연스럽게 await 다음에 위치하게 함으로써 이전 라인에 이어 즉시 실행될 것이라는 의미를 명쾌하게 한다. 하지만 다양한 이유로 인해서 실제로 이면에서 무엇이 벌어지는지를 이해하는 것은 쉽지 않다.

■ 초 급 주 제

await 연산자

하나의 메서드 내에서 await을 사용할 수 있는 횟수에는 제약이 없다. 그리고 사실 줄줄이 이어서 사용하는 것도 이러한 제약이 없기 때문에 가능하다. await을 반복문의 내에서 사용하면 반복적으로 처리하는 작업을 할 수 있으며 코드가 배치된 순서에 따라 자연스러운 제어 흐름을 따른다. 예제 20.16의 경우를 살펴보도록 하자.

예제 20.16 await 연산자에 대한 반복

```csharp
async private void PingButton_Click(
    object sender, RoutedEventArgs e)
{
    List<string> urls = new List<string>()
        {
            "www.habitat-spokane.org",
            "www.partnersintl.org",
            "www.iassist.org",
            "www.fh.org",
            "www.worldvision.org"
```

```
        };
    IPStatus status;

    Func<string, Task<IPStatus>> func =
        async (localUrl) =>
        {
            Ping ping = new Ping();
            PingReply pingReply =
                await ping.SendPingAsync(localUrl);
            return pingReply.Status;
        };

    StatusLabel.Text = "Pinging…";

    foreach (string url in urls)
    {
        status = await func(url);
        StatusLabel.Text +=
            $@"{ url }: { status.ToString() } ({
                Thread.CurrentThread.ManagedThreadId })";
    }
}
```

중요한 것은 일련의 await들을 반복문 형식으로 사용하거나 혹은 개별적으로 사용하거나 무관하게 이들은 호출하는 스레드에서 호출된 순서대로 하나씩 실행될 것이라는 점이다. await 연산자들 사이의 코드들이 모두 호출 측의 동기화 콘텍스트에서 실행된다는 점을 빼고 이면에 깔린 구현은 Task.ContinueWith()를 이용하는 것과 의미적으로 동일한 방법으로 서로 연결하는 것이다.

이와 같이 UI에서 TAP를 지원하는 것은 TAP를 만들게 된 주요 시나리오 가운데 하나다. 또 하나의 시나리오는 클라이언트에서 서버로 대량의 데이터베이스를 질의하는 경우다. 이런 데이터 질의는 긴 처리 시간이 필요하기 때문에 스레드 풀에서 제한된 숫자로 할당된 스레드 하나를 사용하기보다는 새로운 스레드를 만들어야 한다. 이와 같은 접근의 문제점은 데이터베이스의 자료를 질의하는 작업이 완전히 다른 컴퓨터에서 실행된다는 것이다. 이런 스레드는 대체로 활동이 없기 때문에 전체 스레드를 차단할 이유가 전혀 없다.

다음은 TAP를 만든 동기가 된 문제점들이다.

- UI 스레드를 차단하지 않으면서 긴 실행 시간을 필요로 하는 행위를 허용해야 한다.
- CPU 의존적인 작업이 필요하지 않은데 새로운 스레드나 태스크를 만드는 것은 처리해야 할 일에 비해 비용이 많이 드는 경우로 볼 수 있다(특히 스레드가 일련의 작업이 끝날 때까지 기다리는 데 대부분의 시간을 보내게 되는 경우라면 더욱 그러하다).
- 새로운 스레드나 콜백을 이용한 작업이 완료됐을 때 스레드 동기화 콘텍스트를 애초에 작업을 시작한 호출 측으로 변경해야 하는 경우가 자주 발생한다.

TAP는 CPU 의존성 여부와 무관하게 모든 .NET 언어가 명시적으로 지원하는 비동기 호출을 위한 새로운 패턴을 제공한다.

요약

8.0 시작

20장의 대부분은 async/await 구문을 특징으로 하는 C# 5.0의 태스크 기반 비동기 패턴을 다루는 데 할애했다. 특히 코드를 동기식에서 비동기식으로 변환할 때 TPL에만 의존하는 것보다 TAP를 활용하는 것이 얼마나 간단한지 예제를 통해 자세히 살펴봤다. 이 과정에서 비동기 메서드에 필요한 반환 형식의 요건도 설명했다. 요약하면 async/await 기능을 이용하면 큰 작업을 작은 작업으로 나눠 처리하는 수단으로 연속의 '연결'을 관리할 수 있도록 프로그램을 자동으로 재작성해 줌으로써 복잡한 작업 흐름을 프로그래밍하기가 훨씬 쉬워졌다고 할 수 있다.

또 20장에서는 비동기 스트림과 C# 8.0에서 도입한 IAsyncEnumerable<T> 형식을 소개하면서 이 기능을 활용해 비동기 반복기를 만드는 방법과 이를 비동기 foreach 문에서 효과적으로 이용하는 방법을 살펴봤다.

8.0 끝

5.0 끝

이것으로 21장, 22장에서 살펴볼 병렬 반복과 스레드 동기화를 제외한 비동기 코드 작성에 대한 확고한 기반 다지기는 끝났다.

4.0 끝

■21■

병렬 반복

19장에서 더 빠르고 많은 CPU, 그리고 CPU 내에 더 많은 코어를 내장하면서 연산 작업에 드는 비용이 어떻게 감소했는지 언급한 바 있다. 결국 이와 같은 트렌드는 늘어난 컴퓨팅 파워를 잘 활용하기 위한 방안으로서 병렬 처리가 갖는 가성비 향상으로 이어졌다. 21장에서는 향상된 컴퓨팅 기능을 활용하는 가장 쉬운 방법 중 하나인 루프를 병렬로 실행하는 방법을 살펴볼 텐데 초급 및 고급 주제 블록을 이용해 많은 내용을 다룰 예정이다.

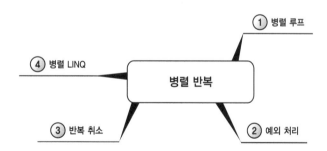

루프 반복의 병렬 처리

예제 21.1과 결과 21.1의 for 문과 관련 코드를 살펴보자. 예제에서는 원주율(PI)의 일정 부분을 계산하는 메서드를 호출하는데, 이 메서드는 계산할 숫자의 개수와 계산을 시작할 자릿수 위치를 매개변수로 전달받는다. 실제 계산 논리는 지금 다루고 있는 주제와 관련이 없다고 볼 수 있는데 재미있는 점은 이 계산이 놀라울 정도로 병렬 처리에 적합하다는 사실이다. 즉, 큰 작업을 작은 작업으로 분리하기가 굉장히 쉬운데 예를 들어, 백만 자릿수의 원주율을 계산하고자 얼마든지 원하는 만큼의 작은 작업들로 쪼개서 이들을 병렬로 실행할 수 있다. 이런 유형은 병렬 처리를 통해 성능을 향상하기에 가장 적합한 연산의 형태라고 할 수 있다.

예제 21.1 동기적으로 원주율을 분할 계산하는 for문

```csharp
using System;
using AddisonWesley.Michaelis.EssentialCSharp.Shared;

class Program
{
    const int TotalDigits = 100;
    const int BatchSize = 10;

    static void Main()
    {
        string pi = "";
        const int iterations = TotalDigits / BatchSize;
        for(int i = 0; i < iterations; i++)
        {
            pi += PiCalculator.Calculate(
                BatchSize, i * BatchSize);
        }

        Console.WriteLine(pi);
    }
}
```

```csharp
using System;

class PiCalculator
```

```
{
    public static string Calculate(
        int digits, int startingAt)
    {
        // ...
    }

    // ...
}
```

결과 21.1

>3.1415926535897932384626433832795028841971693993751058209749445923078
1640628620899862803482534211706798214808651328230664709384460955058223
1725359408128481117450284102701938521105559644622948954930381964428810
9756659334461284756482337867831652712019091456485669234603486104543266
4821339360726024914127372458700660631558817488152092096282925409171536
4367892590360011330530548820466521384146951941511609433057270365759591
9530921861173819326117931051185480744623799627495673518857527248912279
3818301194912

예제에서 for 문은 개별 반복을 동기적으로 순서대로 실행한다. 하지만 이 원주율 계산 알고리듬은 원주율 계산을 완전히 독립된 조각들로 나누고 있기 때문에 각 조각의 계산 결과를 순서대로 모을 수만 있다면 굳이 개별 조각을 구하기 위한 계산을 순서대로 처리할 필요가 없다. 따라서 이 반복문의 개별 반복을 모두 동시에 실행할 수 있다고 생각해 보자. 개별 프로세서는 단일 반복을 맡아서 처리함으로써 다른 반복을 담당하는 또 다른 프로세서와 병렬 처리를 할 수 있다. 이처럼 반복들을 쪼개서 동시에 실행한다면 설치된 프로세서의 수에 비례해서 실행 시간을 줄여 나갈 수 있다.

TPL은 Parallel.For()라는 편리한 메서드를 제공하는데 위 시나리오에 딱 맞는 기능을 제공한다. 예제 21.2는 이 메서드를 이용해서 예제 21.1에서 살펴본 순차적으로 실행하는 단일 스레드 기반 프로그램을 변경하는 방법을 보여 준다.

예제 21.2 병렬 처리를 통해 원주율을 분할 계산하는 for문

```
using System;
using System.Threading.Tasks;
```

```
using AddisonWesley.Michaelis.EssentialCSharp.Shared;

// ...

class Program
{
    static void Main()
    {
        string pi = "";
        const int iterations = TotalDigits / BatchSize;
        string[] sections = new string[iterations];

        Parallel.For(0, iterations, i =>
        {
            sections[i] = PiCalculator.Calculate(
                BatchSize, i * BatchSize);
        });

        pi = string.Join("", sections);
        Console.WriteLine(pi);
    }
```

예제 21.2를 실행하면 결과 21.1과 일치하지만 다중 CPU 시스템에서 실행했다면 엄청난 처리 속도 향상을 가져온다(다중 CPU 환경이 아니라면 오히려 느려질 수도 있다). Parallel.For() API는 표준 for 반복문과 비슷하게 보이도록 설계됐다. 첫 번째 매개변수는 fromInclusive 값이고 두 번째는 toExclusive 값, 마지막은 반복의 본문에서 수행할 Action<int>이다. 마지막 매개변수에 식 람다를 사용하면 코드는 개별 반복이 병렬로 처리된다는 것만 빼고 일반적인 for 문과 유사한 형태를 갖는다. for 반복문에서처럼 Parallel.For()의 경우도 모든 반복이 완료될 때까지 끝나지 않는다. 즉, 예제에서 string.Join() 문에 도달했을 때는 pi 값을 구성하는 모든 조각들이 계산된 상태다.

pi를 구성하는 조각들을 합치기 위한 코드가 더 이상 반복의 내부에 위치하지 않는다는 점에 주목한다. 개별 조각에 대한 계산이 순서대로 끝나지 않을 가능성이 높기 때문에 반복이 끝날 때마다 값을 합치게 되면 뒤죽박죽 섞인 결과를 얻을 것이다. 가령 순서에 문제가 없었다고 하더라도 += 연산자가 원자성을 갖지 않기 때문에 여전히 경합 조건이 발생할 가능성이 잠재해 있다. 이 두 가지 문제점을 해결하려고 pi의 개별 구역을 별도의 배열에 저장하고 2개 이상의 반복에서 배열 내의 요소에 동시에 액세스하지 않도록 한다. pi의 모든 구역에 대한 계산이 끝난 경우에만 단 한 번 string.Join()을 이용해서 이들을 합친다. 즉, Parallel.For() 루프가 완료될 때까지 결과 조각들을 합치지 않고 연기하는 것이다. 이렇게 함으로써 계산되지 않은 구역에 의해 발생하는 경합 조건 혹은 잘못된 순서로 결과가 구성되는 것을 피할 수 있다.

TPL은 병렬 반복에서 최고의 성능을 이끌어 내기 위해 태스크 스케줄링 시에 사용하는 것과 같은 유형의 스레드 풀링 기술을 사용한다(CPU에 과도한 예약이 발생하지 않도록 하는 등의 작업이 뒤따른다).

> **가이드라인**
>
> • 프로세서에 의존하는 연산을 손쉽게 분할하고 또 분할된 연산을 순서와 무관하게 여러 개의 스레드를 이용해서 처리할 수 있는 경우에는 병렬 반복을 사용한다.

TPL은 또한 비슷한 병렬 버전의 foreach 문도 제공하는데 예제 21.3을 통해 살펴보자.

예제 21.3 foreach 반복의 병렬 실행

```
using System;
using System.Collections.Generic;
using System.IO;
using System.Threading.Tasks;

class Program
{
    // ...

    static void EncryptFiles(
        string directoryPath, string searchPattern)
    {
        IEnumerable<string> files = Directory.EnumerateFiles(
            directoryPath, searchPattern,
            SearchOption.AllDirectories);

        Parallel.ForEach(files, fileName =>
```

```
        {
            Encrypt(fileName);
        });
    }
    // ...
}
```

예제에서는 files 컬렉션 내의 개별 파일을 암호화하는 메서드를 호출하게 되는데 이 과정은 병렬로 처리되며 TPL의 판단에 따라 스레드 개수가 조절된다.

■ 고 급 주 제

TPL은 어떻게 성능을 조정하는가

TPL의 기본 스케줄러는 스레드 풀을 대상으로 다양한 탐구 학습을 통해 항상 적절한 스레드 수를 결정하려 한다. 여기에서 사용되는 두 가지 탐구 학습 방법은 **언덕 오르기**hill climbing와 **작업 가로채기**work stealing다.

언덕 오르기 알고리듬은 일단 태스크들을 실행하려고 스레드들을 만들고 태스크의 성능 변화를 모니터링함으로써 스레드를 추가했을 때 성능이 오히려 저하되는 지점을 실험적으로 결론짓는다. 일단 이 지점에 도달하면 스레드의 수를 최고의 성능을 이끌어 내는 만큼으로 줄일 수 있다.

TPL은 실행을 대기하고 있는 최상위 수준의 태스크들을 특정 스레드와 연관 짓지 않는다. 하지만 어떤 스레드에서 실행되는 태스크에서 또 다른 태스크를 생성한 경우 새로 만들어진 태스크는 자동으로 자신을 생성한 스레드와 연관관계가 성립된다. 새로 생성된 '자식' 태스크가 실행될 때는 보통 자식 태스크를 생성한 태스크와 같은 스레드에서 실행된다. 작업 가로채기 알고리듬은 비정상적으로 크거나 작은 작업을 대기하고 있는 스레드를 식별해 내고, 너무 적은 태스크와 연관된 스레드로 하여금 반대로 너무 많은 대기 태스크를 보유한 스레드로부터 아직 실행되지 않은 태스크를 가로채서 처리하도록 하는 것이다.

이들 알고리듬의 핵심 기능은 TPL로 하여금 동적으로 스스로의 성능을 조절할 수 있게 함으로써 프로세서에 작업이 몰리거나 혹은 너무 부족해지는 것을 완화하고 프로세

4.0

서 간 균형 있는 작업의 분배가 가능하게 하는 것이다.

일반적으로 TPL이 스스로 성능 조절을 잘 해내지만 여러분이 이것을 도와주는 것도 가능하다. 앞서 19장의 장기간 실행되는 태스크에 대한 절에서 살펴본 TaskCreation Options.LongRunning 옵션을 TPL에 적용하는 것도 그 가운데 하나다. 뿐만 아니라 태스크 스케줄러에게 병렬 반복문을 처리하는 데 필요한 스레드의 개수를 명시적으로 알려줄 수도 있는데 이것에 관한 보다 자세한 사항은 고급 주제로 다룰 병렬 반복 옵션 부분을 참고한다.

■ 초 급 주 제

AggregateException을 이용한 병렬 반복 예외 처리

TPL이 태스크와 관련된 예외를 캐치하고 하나의 AggregateException에 저장한다는 사실은 이미 살펴봤으며 이렇게 하는 이유는 주어진 태스크가 하위 태스크에서 발생한 예외들을 전파시키는 경우도 있기 때문이다. 이러한 상황은 반복을 병렬로 처리하는 경우에도 그대로 적용된다. 즉, 개별 반복에서 예외가 발생할 수 있기 때문에 이들을 모아서 하나의 예외 집합을 만들어야 한다. 예제 21.4와 결과 21.2를 살펴보자.

예제 21.4 병렬 반복에 대한 처리되지 않은 예외 처리

```csharp
using System;
using System.Collections.Generic;
using System.IO;
using System.Threading;
using System.Threading.Tasks;

public static class Program
{
    // ...
    static void EncryptFiles(
        string directoryPath, string searchPattern)
    {
        IEnumerable<string> files = Directory.EnumerateFiles(
            directoryPath, searchPattern,
            SearchOption.AllDirectories);
        try
        {
```

4.0

```
        Parallel.ForEach(files, fileName =>
        {
            Encrypt(fileName);
        });
    }
    catch(AggregateException exception)
    {
        Console.WriteLine(
            "ERROR: {0}:",
            exception.GetType().Name);
        foreach(Exception item in
            exception.InnerExceptions)
        {
            Console.WriteLine(" {0} - {1}",
                item.GetType().Name, item.Message);
        }
    }
}
// ...
}
```

결과 21.2

```
ERROR: AggregateException:
    UnauthorizedAccessException - Attempted to perform an unauthorized
operation.
    UnauthorizedAccessException - Attempted to perform an unauthorized
operation.
    UnauthorizedAccessException - Attempted to perform an unauthorized
operation.
```

결과 21.2는 Parallel.ForEach<T>(...) 반복을 수행하는 과정에서 3개의 예외가 발생했음을 나타낸다. 하지만 코드에서 System.AggregateException 형식에 대해 검사하는 부분은 단 한 군데이며 결과를 보면 AggregateException의 InnerExceptions 속성을 이용해서 UnauthorizedAccessException 형식의 예외들이 추출됐다. 요약하면 Parallel. ForEach<T>() 반복을 이용하는 경우 개별 반복에서 발생하는 예외는 메서드에서 발생한 System.AggregateException 예외의 InnerExceptions 속성을 이용해서 확인할 수 있다.

병렬 반복 취소

완료될 때까지 실행을 차단하는 데 명시적인 호출이 필요한 태스크와 달리 병렬 반복은 개별 반복을 병렬로 실행하지만 전체 병렬 반복이 끝날 때까지 반환하지 않는다. 따라서 병렬 반복을 취소하려면 일반적으로 병렬 반복을 실행하는 스레드와 다른 스레드로부터의 취소 요청이 개입된다. 예제 21.5에서는 Task.Run()을 이용해서 Parallel.ForEach<T>()를 호출한다. 이렇게 하면 요청된 작업을 병렬 처리하면서 동시에 비동기적으로 실행하기 때문에 사용자에게는 'Press ENTER to exit.'을 보여 주면서 대기할 수 있다.

예제 21.5 병렬 반복 취소

```
using System;
using System.Collections.Generic;
using System.IO
using System.Threading;
using System.Threading.Tasks;

public class Program
{
    // ...

    static void EncryptFiles(
        string directoryPath, string searchPattern)
    {
        string stars =
            "*".PadRight(Console.WindowWidth-1, '*');

        IEnumerable<string> files = Directory.EnumerateFiles(
            directoryPath, searchPattern,
            SearchOption.AllDirectories);

        CancellationTokenSource cts =
            new CancellationTokenSource();
        ParallelOptions parallelOptions =
            new ParallelOptions
                { CancellationToken = cts.Token };
        cts.Token.Register(
            () => Console.WriteLine("Canceling..."));
```

4.0

```
                Console.WriteLine("Press ENTER to exit.");

                Task task = Task.Run(() =>
                    {
                        try
                        {
                            Parallel.ForEach(
                                files, parallelOptions,
                                (fileName, loopState) =>
                                    {
                                        Encrypt(fileName);
                                    });
                        }
                        catch(OperationCanceledException){}
                    });

                // 사용자 입력을 기다린다.
                Console.Read();

                // 작업 취소
                cts.Cancel();
                Console.Write(stars);
                task.Wait();
            }
        }
```

병렬 반복은 태스크와 마찬가지로 취소 토큰 패턴을 이용한다. CancellationToken
Source에서 얻은 토큰은 ParallelOptions 형식의 매개변수를 갖는 ForEach() 오버로드
호출을 통해서 병렬 반복과 연관을 맺게 되는데 이 매개변수로 전달되는 개체가 취소
토큰을 갖고 있다.

병렬 반복 작업을 취소하면 IsCancellationRequested 속성을 확인함으로써 아직 시
작하지 않은 반복은 시작조차 되지 않는다. 반면, 실행 중인 반복들의 경우는 정상적인
반복 종료 지점까지 실행이 이뤄질 것이다. 모든 반복이 끝난 경우라고 해도 Cancel()을
호출하면 여전히 등록된 취소 이벤트(cts.Token.Register()를 통해 등록)가 발생한다.

ForEach() 메서드에서 반복이 취소됐다는 것을 알릴 수 있는 유일한 수단은
OperationCanceledException이다. 이 예제는 취소가 발생하도록 구현돼 있으며 그로

인해 발생하는 예외는 캐치된 이후에 무시함으로써 응용 프로그램이 종료하기 전에 'Canceling...'과 한 줄의 별 기호를 출력한다.

병렬 반복 옵션

일반적인 상황에서는 필요하지 않지만 Parallel.For와 Parallel.ForEach<T>() 반복에서 제공하는 오버로드의 ParallelOptions 매개변수를 이용해서 병렬 처리의 최대 수준(즉, 동시에 실행할 수 있는 스레드의 개수)을 제어할 수 있다. 몇몇 특정 상황 혹은 알고리듬에 대해서는 스레드 개수를 조정하는 것이 더 이득이라는 것을 개발자가 더 잘 알고 있는 경우가 있는데 예를 들어, 다음과 같은 경우가 해당된다.

- 디버깅 혹은 분석을 용이하게 할 목적으로 병렬 처리를 제한해야 하는 경우 병렬 처리의 최대 수준을 1로 설정함으로써 반복이 동시에 발생하지 않도록 할 수 있다.
- 하드웨어 제약 사항과 같은 외부적인 요인을 기반으로 병렬 처리의 최대 수준을 미리 알 수 있는 시나리오인 경우 예를 들어, 병렬 작업이 여러 개의 USB 포트를 대상으로 할 때 사용할 수 있는 포트의 숫자보다 더 많은 스레드를 만들어 봐야 소용없는 경우가 있다.
- 수분에서 길게는 몇 시간씩 걸리는 굉장히 긴 작업 시간을 요구하는 반복이 필요한 경우를 들 수 있다. 스레드 풀은 작업 시간이 길게 소요되는 경우와 차단된 작업인 경우를 구분하지 못하기 때문에 많은 수의 새로운 스레드를 만들게 되고 이들은 모두 for 반복문에서 점유하게 된다. 결과적으로 시간이 지남에 따라 스레드가 계속 증가하게 돼 프로세스 내에 너무 많은 수의 스레드가 생겨날 수 있다.

병렬 처리의 최대 수준을 제어하려면 ParallelOptions 개체에서 제공하는 MaxDegree OfParallelism 속성을 사용하면 된다.

또한 ParallelOptions 개체의 TaskScheduler 속성에 사용자 지정 태스크 스케줄러를 지정해서 개별 반복과 연관된 태스크를 스케줄링하도록 할 수 있다. 예를 들어, 사용자가 '다음' 버튼을 눌렀을 때 반응하는 비동기 이벤트 처리기가 있다고 생각해 보자. 사용자가 버튼을 여러 번 누른 상황에 대해 사용자 지정 스케줄러를 이용해서 대기 시간

4.0

이 긴 태스크보다 가장 최근에 생성된 태스크에 우선순위를 부여하고자 할 수도 있다. 이처럼 태스크 스케줄러는 태스크 간의 관계를 기반으로 태스크를 어떻게 실행할 것인 지를 지정하는 수단을 제공한다.

한편 ParallelOptions 개체에서 제공하는 CancellationToken 속성은 남아 있는 반복을 더 이상 시작하지 않게 하기 위한 루프와의 통신 메커니즘을 제공한다. 반복을 실행하는 본문은 이 취소 토큰을 보고 예정보다 빨리 반복을 끝내야 하는지 판단할 수 있다.

■ 고 급 주 제

병렬 반복 중단

표준 for 반복과 만찬가지로 Parallel.For() 반복에서도 반복을 탈출하고 남아 있는 반복을 취소하는 '중단breaking' 개념을 지원한다. 그러나 병렬 for 실행의 콘텍스트 내에서의 중단은 중단되는 반복 이후에 새로운 반복이 시작되면 안 된다는 것을 의미한다. 따라서 모든 현재 진행 중인 반복은 완료될 때까지 실행될 것이다.

병렬 반복을 중단하려면 앞의 고급 주제에서 기술한 것처럼 취소 토큰을 전 달해서 다른 스레드에서 반복을 취소하는 방법을 이용할 수 있다. 한편, index와 ParallelLoopState 개체를 매개변수로 갖는 대리자를 이용하는 Parallel.For() 메서드 의 오버로드를 이용하는 방법도 있다.

루프를 중단하고자 하는 반복에서는 대리자에 전달된 반복 상태 개체에서 제공하는 Break() 또는 Stop() 메서드를 호출할 수 있다. Break() 메서드는 현재 값보다 큰 인덱스 값을 갖는 반복을 더 이상 실행할 필요가 없음을 가리키며 Stop() 메서드는 더 이상 어 떠한 반복도 실행할 필요가 없다는 것을 의미한다.

예를 들어, 10개의 반복을 병렬로 처리하는 Parallel.For() 문이 있다고 생각해 보 자. 이 반복들 가운데 일부는 다른 것들보다 빨리 실행될 수 있으며 태스크 스케줄러는 처리 순서에 대해 어떠한 보장도 하지 않는다. 첫 번째 반복은 이미 완료됐고 반복 3, 5, 7, 9번은 서로 다른 4개의 스레드에서 실행 중이라고 가정하고, 반복 5와 7에서 Break() 를 호출했다고 하자. 이 시나리오의 경우 반복 6과 7은 절대로 시작되지 않을 것이며, 반면 반복 2와 4는 실행될 것이다. 또한, 반복 3과 9는 중단이 요청된 시점에 이미 실행 중이었으므로 완료될 때까지 실행을 계속할 것이다.

Parallel.For()와 Parallel.ForEach<T>() 메서드는 ParallelLoopResult 개체의 참조를 반환하는데 이것은 반복이 진행되는 과정에서 발생한 유용한 정보들을 담고 있다. 이 개체는 다음 속성들을 포함하고 있다.

- IsCompleted : 모든 반복이 시작됐는지를 나타내는 부울 값을 반환한다.
- LowestBreakIteration: 중단을 실행한 가장 하위의 반복을 식별한다. 값의 형식은 long?이며 null 값인 경우 중단 문이 없었음을 의미한다.

다시 10개의 반복을 처리하는 예제로 돌아가서 생각해 보면 IsCompleted 속성은 false를 반환할 것이고 LowestBreakIteration은 5를 반환할 것이다.

LINQ 질의의 병렬 실행

Parallel.For()를 이용해서 병렬로 반복문을 실행할 수 있었던 것처럼 병렬 LINQ APIPLINQ를 이용하면 LINQ 질의들을 병렬로 실행할 수 있다. 예제 21.6은 간단한 LINQ 식이며 예제 21.7에서는 이것을 병렬로 처리할 수 있는 형태로 변경해 볼 것이다.

예제 21.6 LINQ Select()

```
using System.Collections.Generic;
using System.Linq;

class Cryptographer
{
    // ...
    public List<string>
        Encrypt(IEnumerable<string> data)
    {
        return data.Select(
            item => Encrypt(item)).ToList();
    }
    // ...
}
```

예제 21.6은 LINQ의 Select() 표준 질의 연산자를 이용해서 문자열 컬렉션에 포함된 개별 문자열을 암호화하고 그 결과를 목록으로 변환한다. 이것은 '굉장히 병렬적인'

작업의 냄새를 풍기는데 개별 암호화는 아마도 긴 대기 시간이 필요한 프로세서 의존적인 작업이며 다른 CPU에서 실행되는 작업자 스레드에서 처리하도록 할 수 있다.

예제 21.7은 문자열 암호화를 병렬로 처리하도록 예제 21.6을 수정한 예다.

예제 21.7 병렬 LINQ Select()

```csharp
using System.Linq;

class Cryptographer
{
    // ...
    public List<string> Encrypt (IEnumerable<string> data)
    {
        return data.AsParallel().Select(
            item => Encrypt(item)).ToList();
    }
    // ...
}
```

예제 21.7에서 보는 것처럼 병렬 처리를 지원하게 하는 변경은 매우 간단하다. 그저 표준 질의 연산자 AsParallel()을 사용하면 되며 이것은 정적 클래스인 System.Linq.ParallelEnumerable에서 제공한다. 이 간단한 확장 메서드는 런타임에게 질의를 병렬로 실행할 수 있음을 알린다. 결과적으로 여러 개의 CPU를 사용할 수 있는 컴퓨터에서 이러한 질의를 처리하는 데 소요되는 전체 시간을 놀랄 만큼 줄일 수 있다.

System.Linq.ParallelEnumerable은 .NET 프레임워크 4.0에서 PLINQ를 지원하기 위한 엔진으로 System.Linq.Enumerable에서 지원하는 질의 연산자들의 상위 집합을 포함한다. 따라서 정렬과 필터링(Where()), 투영(Select()), 조인, 그룹화, 집계 등 모든 일반 질의 연산자들에 걸쳐 성능 향상의 가능성을 열어 주는 API를 제공한다. 예제 21.8은 병렬로 정렬하는 방법을 보여 준다.

예제 21.8 표준 질의 연산자를 이용한 병렬 LINQ

```csharp
// ...
OrderedParallelQuery<string> parallelGroups =
    data.AsParallel().OrderBy(item => item);
```

```
    // 원본과 전체 개수가 같음을 보여 준다.
    System.Diagnostics.Trace.Assert(
        data.Count == parallelGroups.Sum(
            item => item.Count()));
// ...
```

예제 21.8에서 보듯이 병렬 호출을 하려면 단지 AsParallel() 확장 메서드만 포함하면 된다. 병렬 표준 질의 연산자에서 반환하는 결과의 형식은 ParallelQuery<T> 또는 OrderedParallelQuery<T>이며 컴파일러에게 계속해서 병렬 표준 질의 연산자를 사용해야 함을 알려 준다.

질의 식은 그저 예제(21.5와 21.6)에서 사용한 것과 같은 메서드 호출 형식을 편리하게 표현하는 방식이므로 AsParallel()을 식 형태로 쉽게 사용할 수 있다. 예제 21.9는 질의 식 구문을 이용해서 그룹화 작업을 병렬로 처리하는 예다.

예제 21.9 질의 식을 이용한 병렬 LINQ

```
// ...
    ParallelQuery<IGrouping<char, string>> parallelGroups;
    parallelGroups =
        from text in data.AsParallel()
            orderby text
            group text by text[0];

    // 원본과 전체 개수가 같음을 보여 준다.
    System.Diagnostics.Trace.Assert(
        data.Count == parallelGroups.Sum(
            item => item.Count()));
// ...
```

4.0

예제들을 통해서 살펴본 것처럼 질의나 반복을 병렬로 실행되도록 변경하는 것은 비교적 간단하다. 그러나 여기에는 한 가지 중요한 규칙이 있다. 22장에서 자세히 살펴볼 예정이지만 여러 개의 스레드에서 같은 메모리를 부적절하게 동시에 액세스하거나 변경하지 못하도록 주의를 기울여야 한다. 그렇지 않으면 경합 조건이 발생할 것이다.

21장의 앞부분에서 살펴본 것처럼 Parallel.For()와 Parallel.ForEach<T>() 메서드는 병렬 반복을 처리하는 과정에서 발생한 모든 예외를 모아서 하나의 예외를 발생시킨다. PLINQ 작업도 다를 것이 없으며 같은 이유로 해서 여러 개의 예외를 반환할 가능성이 잠재해 있다. 즉, 병렬 처리 내의 개별 요소에 대한 질의를 실행할 때 개별 요소에 대해 실행되는 코드에서 독립적으로 예외가 발생할 수 있다. 이에 대해 PLINQ는 병렬 반복과 TPL에서 사용하는 것과 정확히 같은 방법으로 대응하므로 병렬 질의 실행 중에 발생한 예외들은 AggregateException의 InnerExceptions 속성을 이용해서 액세스할 수 있다. 그러므로 try/catch 블록 내에 PLINQ를 배치하고 System.AggregateException 형식을 캐치하도록 하면 개별 반복에서 처리되지 않은 어떠한 예외에 대해서도 적절하게 대응할 수 있다.

PLINQ 질의 취소하기

이미 짐작했을 수도 있지만 PLINQ 질의에서도 병렬 반복과 같은 취소 요청 패턴을 사용한다. 예제 21.10과 결과 21.3을 예로 들어 보자. 병렬 반복에서처럼 취소된 PLINQ 질의에서는 System.OperationCanceledException 예외가 발생하며 호출 스레드의 입장에서 PLINQ 질의 실행은 동기적인 작업이다. 따라서 병렬 질의를 태스크로 포장해서 다른 스레드에서 실행하고 필요한 경우 현재 스레드에서 작업을 취소할 수 있게 하는 방식이 일반적인데 이것은 예제 21.5에서 사용했던 것과 동일한 해법이다.

예제 21.10 PLINQ 질의 취소하기

```csharp
using System;
using System.Collections.Generic;
using System.Linq;
using System.Threading;
using System.Threading.Tasks;

public static class Program
{
    public static List<string> ParallelEncrypt(
        List<string> data,
        CancellationToken cancellationToken)
    {
        int govener = 0;
        return data.AsParallel().WithCancellation(
            cancellationToken).Select(
```

```
                (item) =>
                {
                    if (Interlocked.CompareExchange(
                        ref govener, 0, 100) % 100 == 0)
                    {
                        Console.Write('.');
                    }
                    Interlocked.Increment(ref govener);
                    return Encrypt(item);
                }).ToList();
}

public static async Task Main()
{
    ConsoleColor originalColor = Console.ForegroundColor;
    List<string> data = Utility.GetData(100000).ToList();

    using CancellationTokenSource cts =
        new CancellationTokenSource();

    Task task = Task.Run(() =>
    {
        data = ParallelEncrypt(data, cts.Token);
    }, cts.Token);

    Console.WriteLine("Press any key to Exit.");
    Task<int> cancelTask = ConsoleReadAsync(cts.Token);

    try
    {
        Task.WaitAny(task, cancelTask);
        // 끝나지 않은 작업 취소
        cts.Cancel();
        await task;

        Console.ForegroundColor = ConsoleColor.Green;
        Console.WriteLine("\nCompleted successfully");

    }
    catch (OperationCanceledException taskCanceledException)
    {
        Console.ForegroundColor = ConsoleColor.Red;
```

4.0

```
            Console.WriteLine(
                $"\nCancelled: { taskCanceledException.Message }");
        }
        finally
        {
            Console.ForegroundColor = originalColor;
        }
    }

    private static async Task<int> ConsoleReadAsync(
        CancellationToken cancellationToken = default)
    {
        return await Task.Run(async () =>
        {
            const int maxDelay = 1025;
            int delay = 0;
            while (!cancellationToken.IsCancellationRequested)
            {
                if (Console.KeyAvailable)
                {
                    return Console.Read();
                }
                else
                {
                    await Task.Delay(delay, cancellationToken);
                    if (delay < maxDelay) delay *= 2 + 1;
                }
            }
            cancellationToken.ThrowIfCancellationRequested();
            throw new InvalidOperationException(
                "Previous line should throw preventing this from ever executing");
        }, cancellationToken);
    }

    private static string Encrypt(string item)
    {
        Cryptographer cryptographer = new Cryptographer();
        return System.Text.Encoding.UTF8.GetString(cryptographer.Encrypt(item));
    }

    // ...
}
```

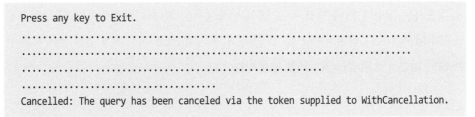

```
Press any key to Exit.
..............................................................
..............................................................
...................................................
..................................
Cancelled: The query has been canceled via the token supplied to WithCancellation.
```

병렬 반복과 태스크에서와 마찬가지로 PLINQ 질의를 취소하려면 CancellationToken 이 필요하며 이것은 CancellationTokenSource로부터 얻을 수 있다. 하지만 모든 PLINQ 질의에서 취소 토큰을 지원하도록 오버로드를 하는 대신 IEnumerable의 AsParallel() 메서드에서 반환하는 ParallelQuery<T> 개체가 포함하고 있는 WithCancellation() 확장 메서드에서 CancellationToken을 전달받는다. 결과적으로 CancellationTokenSource 개체의 Cancel()을 호출하면 병렬 질의에서 CancellationToken의 IsCancellationRequested 속성 확인을 통해서 작업을 취소할 것이다.

앞서 언급한 바와 같이 PLINQ 질의를 취소하면 완료 결과 대신 하나의 예외가 발생한다. 취소 가능성이 있는 PLINQ에 대처하는 일반적인 방법은 질의를 try 블록 안에 배치하고 OperationCanceledException 예외를 캐치하는 것이다. 두 번째 방법은 예제 21.10에서 사용한 것처럼 CancellationToken을 ParallelEncrypt()와 Run의 두 번째 매개변수로 전달하는 것이다. 이렇게 하면 task.Wait()에서 AggregateException을 발생시키게 하는데 이 예외의 InnerException 속성은 TaskCanceledException으로 설정될 것이다. 이렇게 집계된 예외는 병렬 작업에서 발생하는 다른 예외와 마찬가지로 식별해 낼 수 있다.

4.0 끝

요약

21장에서는 TPL에서 제공하는 Parallel 클래스를 for/foreach 형식의 반복에 적용해 보고 System.Linq의 AsParallel() 확장 메서드를 이용해 LINQ 질의를 병렬 처리하는 방법도 알아봤다. 이 과정을 통해 병렬 반복을 이용하면 간편하게 병렬 처리를 활용할 수 있다는 것을 배웠다. 경합 조건이나 교착 상태는 여전히 조심해야 하지만 태스크를 직접 이용하는 방법에 비해 병렬 루프 내의 반복에서는 데이터를 공유하는 경우가 훨씬 드물기 때문에 보다 안전하다고 볼 수 있다. 남은 일은 소스 코드에서 병렬 처리에 적합한 CPU 의존적인 작업을 찾아내는 것뿐이다.

22

스레드 동기화

21장에서 태스크 병렬 라이브러리[TPL]와 병렬 LINQ[PLINQ]로 다중 스레드 프로그래밍을 구현하는 방법을 자세히 살펴봤다. 하지만 경합 조건이나 교착 상태를 피하기 위한 스레드 동기화에 대해서는 별달리 언급하지 않았는데 이것이 바로 22장에서 살펴볼 주제다.

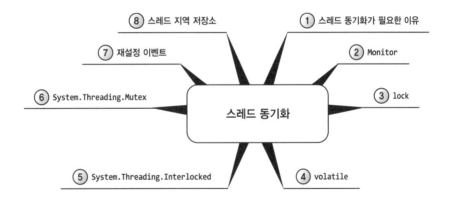

먼저 스레드 동기화 없이 데이터를 공유하는 예제를 살펴보는 것에서 시작하자. 동기화를 하지 않기 때문에 경합 조건이 발생하고 그로 인해 데이터 무결성을 확보하지 못한다. 이 예제를 통해 왜 스레드 동기화가 필요한지 알아보고 뒤이어 이에 대처하기 위해 이용할 수 있는 다양한 메커니즘과 모범 사례를 소개한다.

이 책의 이전 판에서도 추가적인 다중 스레딩 패턴과 다양한 타이머 콜백 메커니즘을 다루는 절들을 중요하게 다뤘다. 하지만 async/await 패턴 도입과 함께 이러한 접근법들은 C# 5.0/.NET 4.5 이전의 프레임워크를 이용하는 경우가 아니라면 기본적으로 대체됐다. 필요하다면 https://IntelliTect.com/EssentialCSharp에서 C# 5.0 이전의 자료를 참고할 수 있다.

22장은 전반에 걸쳐 TPL을 이용하므로 예제를 컴파일하기 위해서는 .NET 프레임워크 4 이상이 필요하다. 하지만 .NET 프레임워크 4 API라고 명시된 경우가 아니라면 .NET 프레임워크 4 이상이라는 제약 조건이 필요한 유일한 이유는 비동기 작업을 실행하기 위해 System.Threading.Task.Task 클래스를 이용하는 경우다. 대신 System.Threading.Thread 개체를 이용하고 또 Thread.Join()을 이용해 대기하도록 코드를 수정하면 대부분의 예제를 이전 버전의 프레임워크에서 컴파일할 수 있을 것이다.

한편, 22장의 전반에 걸쳐 태스크를 시작하고자 사용하는 API는 .NET 4.5(또는 이후 버전)에서 제공하는 System.Threading.Task.Task.Run()이다. 21장에서 이야기한 것처럼 이 메서드는 보다 간단하며 보통의 일반적인 시나리오에 대해 충분히 대응할 수 있다는 점에서 System.Threading.Tasks.Task.Factory.StartNew()보다 선호하는 경향이 있다. .NET 4를 사용해야 하는 독자들은 Task.Run()을 Task.Factory.StartNew()로 바꾸기만 하면 된다(이런 이유로 이 메서드를 이용하는 코드를 .NET 4.5에서만 유효하다고 따로 표시하지 않는다).

왜 동기화가 필요한가?

새로운 스레드를 실행하는 것은 비교적 간단하게 구현할 수 있다. 하지만 다중 스레드 프로그래밍이 어려운 이유는 여러 개의 스레드에서 동시에 안전하게 액세스할 수 있는 데이터를 식별해야 하기 때문이다. 프로그램은 이러한 '안전'을 확보하고자 공유 데이터에 대해서는 반드시 동시 접근을 방지하기 위한 동기화 처리를 해야 한다. 예제 22.1을 살펴보자.

```
using System;
using System.Threading.Tasks;

public class Program
{
    const int _Total = int.MaxValue;
    static long _Count = 0;

    public static void Main()
    {
        // .NET 4.0인 경우 Task.Factory.StartNew 사용
        Task task = Task.Run(()=>Decrement());

        // 증가
        for(int i = 0; i < _Total; i++)
        {
            _Count++;
        }

        task.Wait();
        Console.WriteLine("Count = {0}", _Count);
    }

    static void Decrement()
    {
        // 감소
        for(int i = 0; i < _Total; i++)
        {
            _Count--;
        }
    }
}
```

결과 22.1은 예제 22.1을 실행했을 때 얻을 수 있는 결과의 예다.

결과 22.1

```
Count = 113449949
```

예제 22.1에서 중요한 것은 결과가 0이 아니라는 것이다. 만약 Decrement()를 직접 (순차적으로) 호출했다면 0이 나왔을 것이다. 하지만 Decrement()를 비동기적으로 호출하면 _Count++과 _Count-- 문의 개별적인 처리 과정이 뒤섞이는 경합 조건이 발생한다 (19장에서 다중 스레딩 용어에 대한 초급 주제를 다루면서 살펴본 것처럼 C#에서 단일 문은 내부적으로는 여러 개의 단계를 포함하는 경우가 많다). 표 22.1에서는 예제의 실행 과정을 단계별로 살펴보도록 하겠다.

표 22.1 예제 의사코드 실행

주 스레드	감소 처리 스레드	Count
...	...	...
_Count에서 0 값을 복사한다.		0
복사한 값(0)을 증가시켜 1을 얻는다.		0
결과로 얻은 값(1)을 _Count에 복사한다		1
_Count로부터 1 값을 복사한다.		1
	_Count로부터 1 값을 복사한다.	1
복사한 값(1)을 증가시켜 2를 얻는다.		1
결과로 얻은 값(2)을 _Count에 복사한다.		2
	복사한 값(1)을 감소시켜 0을 얻는다.	2
	결과로 얻은 값(0)을 _Count에 복사한다.	0
...	...	...

표 22.1은 병렬 실행(스레드 콘텍스트 변경)을 표현하려고 칼럼을 구분해서 보여 준다. 특정 라인의 실행을 완료한 시점의 _Count 값은 마지막 칼럼에 표기된 것과 같다. 이 실행의 예에서 _Count++는 두 번, _Count--는 한 번 실행된다. 하지만 결과적으로 얻은 _Count 값은 1이 아니라 0이다. 계산 결과를 _Count에 복사하는 과정에서 기본적으로 동일 스레드에서 _Count의 값을 읽은 이후에 발생한 모든 변경을 무시하게 된다.

예제 22.1의 문제점은 경합 조건으로 여러 개의 스레드가 같은 데이터 요소에 동시에 접근하면서 발생하는 문제다. 이 예제의 실행에서 보듯이 여러 개의 스레드가 같은 데이터 요소에 액세스할 수 있는 경우 데이터 무결성을 훼손할 수 있으며 이것은 단일 프로세서 기반의 컴퓨터도 피해갈 수 없다. 이러한 현상을 해결하려면 코드에서 데이터에 대한 동기화 처리를 해줘야 할 필요가 있다. 여러 스레드가 액세스할 수 있게 동기화를 적용한 코드 또는 데이터는 **스레드 안전성**thread-safe을 갖는다.

변수를 읽거나 값을 할당할 때의 원자성에 관해 주의해야 할 중요한 사항이 하나 있다. 런타임은 그 크기가 네이티브 정수(포인터 크기)보다 크지 않은 형식에 대한 읽기나 쓰기가 부분적으로 일어나지 않는다는 것을 보장하고 있다. 64비트 운영체제를 예로 들면 long(64비트)에 대한 읽기와 쓰기는 원자성 작업이다. 하지만 decimal 같은 128비트 크기의 형식을 갖는 변수에 대한 읽기와 쓰기는 원자성으로 완료되지 않을 수 있다. 따라서 decimal 형식 변수의 값을 변경하는 작업에서 32비트를 복사한 시점에 다른 읽기가 이뤄지면 엉뚱한 값을 읽을 수 있는데 이것을 **찢어진 읽기**torn read라고 부르기도 한다.

■ 초 급 주 제

다중 스레드와 지역 변수

지역 변수는 동기화를 할 필요가 없다. 지역 변수들은 스택에 로드되며 개별 스레드들은 각자의 논리적인 스택을 소유한다. 따라서 각 지역 변수는 개별 메서드 호출에 전용 인스턴스를 이용한다. 기본적으로 지역 변수는 메서드 호출 간에 공유하지 않으므로 다중 스레드 상황에서도 공유되지 않는다.

하지만 이것만으로 지역 변수를 동시성 이슈에서 배제하기에는 이르다. 왜냐하면 코드에서 지역 변수를 다중 스레드에 쉽게 노출할 수 있기 때문이다.[1] 예를 들어, 지역 변수를 공유하는 병렬 for 문은 지역 변수를 동시에 액세스하는 경우로 경합 조건이 발생한다(예제 22.2 참고).

예제 22.2 동기화되지 않은 지역 변수

```
using System;
using System.Threading.Tasks;

public class Program
{
```

---

1 C# 수준에서 지역 변수는 IL 수준에서 필드이며 필드는 여러 스레드에서 액세스할 수 있다.

```
    public static void Main()
    {
        int x = 0;
        Parallel.For(0, int.MaxValue, i =>
            {
                x++;
                x--;
            });
        Console.WriteLine("Count = {0}", x);
    }
}
```

예제의 경우 병렬 for 문에서 x(지역 변수)에 대한 액세스가 이뤄지기 때문에 다중 스레드에서 변경이 동시에 발생하고 예제 22.1과 비슷한 경합 조건이 형성된다. 이에 따라 x에 대한 증가와 감소가 같은 횟수로 이뤄진다고 해도 결과가 0이 되기는 어렵다.

Monitor를 이용한 동기화

다중 스레드 환경에서 동기화를 이용해 특정 코드 구역을 동시에 실행할 수 없게 하려할 때 **모니터**monitor를 이용하면 첫 번째 스레드가 해당 구역을 벗어나기 전에 두 번째 스레드가 진입할 수 없게 차단할 수 있다. 모니터 기능은 System.Threading.Monitor 클래스가 제공하는 기능의 일부이며 보호하고자 하는 구역의 시작과 끝은 각각 정적 메서드인 Monitor.Enter()와 Monitor.Exit()을 호출하는 형태로 표기한다.

예제 22.3은 Monitor 클래스를 명시적으로 이용해 동기화하는 방법을 보여 준다. 예제에서 보는 것처럼 Monitor.Enter()와 Monitor.Exit() 사이의 코드를 try/finally 블록으로 감싸는 것에 주의한다. 이렇게 하지 않은 상태에서 보호되는 구역 내에서 예외가 발생하면 Monitor.Exit()이 호출하지 않아 보호 구역에 다른 스레드의 접근이 영원히 차단될 수 있다.

예제 22.3 명시적인 Monitor 사용을 통한 동기화

```
using System;
using System.Threading;
using System.Threading.Tasks;
```

```
public class Program
{
    readonly static object _Sync = new object();
    const int _Total = int.MaxValue;
    static long _Count = 0;

    public static void Main()
    {
        // .NET 4.0인 경우 Task.Factory.StartNew 사용
        Task task = Task.Run(()=>Decrement());

        // 증가
        for(int i = 0; i < _Total; i++)
        {
            bool lockTaken = false
            try
            {
                Monitor.Enter(_Sync, ref lockTaken);
                _Count++;
            }
            finally
            {
                if (lockTaken)
                {
                    Monitor.Exit(_Sync);
                }
            }
        }

        task.Wait();
        Console.WriteLine($"Count = {_Count}");
    }

    static void Decrement()
    {
        for(int i = 0; i < _Total; i++)
        {
            bool lockTaken = false
            try
            {
                Monitor.Enter(_Sync, ref lockTaken);
                _Count--;
```

```
                }
                finally
                {
                    if(lockTaken)
                    {
                        Monitor.Exit(_Sync);
                    }
                }
            }
        }
    }
```

예제 22.3의 결과는 다음과 같다.

```
Count =
```

Monitor.Enter()와 Monitor.Exit() 호출은 매개변수로 전달되는 같은 개체 참조를 공유함으로써 서로 연관된다(예제의 경우 _Sync). lockTaken 매개변수를 지원하는 Monitor.Enter()의 오버로드 메서드는 .NET 4.0에서 추가됐다. 그 이전에는 lockTaken과 같은 매개변수가 없었으며 Monitor.Enter와 try 블록 사이에서 발생하는 예외를 잡아낼 수 있는 믿을 만한 방법이 없었다. Monitor.Enter() 호출의 바로 뒤에 try 블록을 배치하는 것이 릴리즈 코드에서 바람직한 방식으로 여겨졌는데 JIT가 이 사이에 어떠한 비동기적인 예외도 끼어들지 못하도록 보장하기 때문이었다. 하지만 디버그 코드에서 컴파일러가 삽입할 수 있는 명령어들을 포함해서 Monitor.Enter() 호출 직후에 위치하는 try 블록 이외의 명령어들이 try 블록 내의 실행이 반드시 반환되게 하는 데 방해가 될 수 있다. 따라서 이런 경우 예외가 발생하면 finally 블록이 실행되지 않기 때문에 잠금이 해제되지 않아 다른 스레드가 잠금을 요청하려 하면 교착 상태에 빠진다. 따라서 .NET 4.0 이전 버전을 이용한다면 Monitor.Enter() 다음에 try/finally {Monitor.Exit(_Sync);} 블록을 적용해야 한다.

Monitor가 제공하는 Pulse() 메서드는 하나의 스레드가 다음 실행 순서를 의미하는 '준비 상태 큐ready queue'에 들어가도록 한다. 이것은 생산자-소비자 패턴producer-consumer pattern을 동기화하는 일반적인 방법이며 동기화 덕분에 '생산'이 있을 때까지 '소비'가 발생하지 않는다. 모니터를 소유(Monitor.Enter() 호출)하는 생산자 스레드는 Monitor. Pulse()를 호출함으로써 소비자 스레드(이미 Monitor.Enter()를 호출했을 수도 있음)에게 살 수 있는 품목이 있으니 '준비하세요'라고 알린다. Pulse()를 한 번 호출했을 때 단 하나의 스레드(소비자)만 준비 상태 큐에 진입할 수 있다. 생산자 스레드가 Monitor.Exit()를 호출하면 소비자 스레드가 잠금을 획득(Monitor.Enter()가 완료됨)하고 임계 영역에 진입하면서 '소비'를 시작한다. 소비자 스레드는 기다렸던 항목을 처리하고 Exit()을 호출해 생산자(현재 Monitor.Enter()를 호출하고 차단된 상태)가 다시 생산에 들어갈 수 있게 한다. 예제의 경우에는 한 번에 단 하나의 스레드만 준비 상태 큐에 들어갈 수 있게 함으로써 '생산'하지 않으면 '소비'도 없으며 반대도 마찬가지로 '소비'가 없으면 '생산'을 못하게 하고 있다.

lock 키워드

다중 스레드를 구현하는 코드에서 동기화를 위한 잦은 Monitor 사용 필요성과 부주의로 인해 자칫 try/finally 블록 사용이 누락될 수 있다는 점을 보완하고자 C#은 잠금 기반 동기화 패턴을 처리하는 특수한 키워드를 제공한다. 예제 22.4와 결과 22.3에서 lock 키워드 사용 방법을 살펴보자.

예제 22.4 lock 키워드를 이용한 동기화

```csharp
using System;
using System.Threading;
using System.Threading.Tasks;

public class Program
{
    readonly static object _Sync = new object();
    const int _Total = int.MaxValue;
    static long _Count = 0;

    public static void Main()
    {
        // .NET 4.0인 경우 Task.Factory.StartNew 사용
        Task task = Task.Run(()=>Decrement());
```

```csharp
    // 증가
    for(int i = 0; i < _Total; i++)
    {
        lock(_Sync)
        {
            _Count++;
        }
    }

    task.Wait();
    Console.WriteLine($"Count = {_Count}");
}

static void Decrement()
{
    for(int i = 0; i < _Total; i++)
    {
        lock(_Sync)
        {
            _Count--;
        }
    }
}
}
```

결과 22.3

```
Count = 0
```

lock 또는 Monitor를 이용해 _Count를 액세스하는 코드 블록을 잠금으로써 Main()과 Decrement() 메서드를 스레드에 안전하게 만들 수 있으며 따라서 이들 메서드는 여러 개의 스레드가 동시에 호출하는 경우에도 안전성을 보장한다(C# 4.0 이전의 개념과 차이점이라면 C# 4.0 이전의 경우 lockTaken을 지원하지 않는 Monitor.Enter()에 의존하는 컴파일러 생성 코드 및 Monitor.Enter() 호출이 try 블록에 앞서 위치했다는 점이다).

동기화의 대가는 성능 저하다. 예를 들어, 예제 22.4는 22.1보다 10배는 더 오랜 실행 시간을 요구하는데 이것은 lock이 카운트를 증가시키거나 감소시키는 것보다 느리다는 것을 보여 주는 단적인 예다.

동기화하고자 하는 작업에 비해 lock의 비중이 미미한 수준이라고 하더라도 프로그래머는 교착 상태의 가능성을 배제하고자 무분별한 동기화를 적용하거나 다중 프로세서를 이용해 병렬 처리를 할 수 있는 상황에서 불필요한 동기화를 해서는 안 된다. 개체 설계에 있어 일반적인 지향점은 인스턴스 데이터를 제외한 변경할 수 있는 정적 상태를 동기화하는 것이다(변경이 일어나지 않는 것은 동기화할 필요가 없다). 여러 스레드가 특정 개체를 액세스하게 하려면 반드시 이 개체에 대한 동기화를 제공해야 한다. 명시적으로 스레드를 다루는 클래스는 스레드로부터 안전한 인스턴스를 만들고자 하는 경향이 있다.

■ 초 급 주 제

await 없이 반환되는 태스크

예제 22.1를 보면 Task.Run(()=>Decrement())이 Task를 반환하고 있지만 await 연산자는 사용하지 않는다. 이것은 C# 7.1 하위 버전에서 Main()이 async를 지원하지 않기 때문이다. C# 7.1에서는 예제 22.5처럼 async/await 패턴을 이용할 수 있다.

예제 22.5 C# 7.1의 async Main()

```csharp
using System;
using System.Threading.Tasks;

public class Program
{
    readonly static object _Sync = new object();
    const int _Total = int.MaxValue;
    static long _Count = 0;

    public static async Task Main()
    {
        // .NET 4.0에서는 Task.Factory.StartNew 사용
        Task task = Task.Run(() => Decrement());

        // 증가
        for (int i = 0; i < _Total; i++)
        {
            lock (_Sync)
```

```
                {
                    _Count++;
                }
            }
        await task;
        Console.WriteLine($"Count = {_Count}");
    }

    static void Decrement()
    {
        for (int i = 0; i < _Total; i++)
        {
            lock (_Sync)
            {
                _Count--;
            }
        }
    }
}
```

7.1 끝

잠금 개체의 선택

lock 키워드를 사용했든 Monitor 클래스를 명시적으로 사용했든 개발자는 잠금 개체 선택에 신중을 기해야 한다.

앞서 살펴본 예제에서 동기화 변수 _Sync는 전용 및 읽기 전용으로 선언했다. 읽기 전용으로 선언한 이유는 Monitor.Enter()와 Monitor.Exit() 사이에서 값이 바뀌지 않게 하기 위함이며 이 변수로 동기화 블록에 대한 진입과 탈출 간의 상호 관계가 성립된다. 한편, _Sync는 전용이므로 클래스 외부의 동기화 블록에서 같은 개체 인스턴스를 이용해서 동기화함으로써 클래스 내부 코드 실행이 차단되는 것을 원천적으로 방지한다.

만일 _Sync가 공용이라면 다른 클래스에서 같은 개체 인스턴스를 이용해서 동기화할 수 있어 교착 상태를 피하기가 더 어려워진다. 다행인 것은 이렇게 해야 하는 경우가 극히 드물다는 것이다. 공용 데이터는 호출하는 코드에서 자체 동기화 개체를 이용해서 잠금을 할 수 있게 함으로써 전체적인 동기화를 클래스 외부로 돌리는 것이 낫다.

값 형식을 동기화 개체로 사용해서는 안 되는데 만일 lock 키워드를 값 형식에 사용하면 컴파일 오류가 발생할 것이다(lock을 사용하지 않고 System.Threading.Monitor 클래스를 명시적으로 액세스하는 경우에는 컴파일 시점에 이런 에러가 발생하지 않는다. 대신, 런타임에 코드에서 Monitor.Exit()을 호출하면 대응되는 Monitor.Enter() 호출을 찾을 수 없다는 예외가 발생한다). 이유는 다음과 같다. 값 형식을 사용하면 런타임에서 값의 사본을 만들어서 힙에 보관(박싱 발생)하고 이것을 Monitor.Enter()에 전달한다. 이와 비슷하게 Monitor.Exit()에서도 원본 변수의 박싱된 사본을 전달받으므로 결과적으로 Monitor.Enter()와 Monitor.Exit()은 서로 다른 동기화 개체 인스턴스를 전달받아 서로 연관을 지을 수 없게 된다.

this, typeof(type), string에 잠금을 적용해서는 안 되는 이유

클래스 내의 인스턴스 데이터를 동기화하고자 this 키워드에 대해 잠금 처리를 하는 경우 혹은 정적 데이터 동기화를 위해 typeof(type)에서 얻은 형식 인스턴스(예, typeof(MyType))를 잠그는 것은 꽤 일반적으로 사용되는 패턴이다. this를 사용한 경우 특정 개체 인스턴스와 관련된 모든 상태 값이 동기화 대상이 되고 typeof(type)을 사용하면 해당 형식의 모든 정적 데이터가 동기화 대상 범위에 포함된다. 문제는 this(혹은 typeof(type))가 가리키는 동기화 대상이 코드 내의 전혀 다른 동기화 블록을 위한 동기화 대상일 수 있다는 것이다. 즉, 인스턴스 내의 코드에서만 this 키워드를 이용해서 잠금 처리가 가능하지만 이 인스턴스를 만든 호출 측에서 동기화 잠금을 위해 인스턴스 자체를 전달할 수도 있다는 것이다.

그 결과 완전히 다른 데이터를 동기화하기 위한 2개의 서로 다른 동기화 블록이 서로 실행을 차단하는 상황이 발생할 수 있다. 비록 가능성이 크진 않지만 같은 동기화 대상을 공유하면 의도하지 않은 성능 저하나 심하면 교착 상태에 빠질 수도 있다. 따라서 this나 typeof(type)에 대한 잠금 대신, 액세스 권한을 가진 클래스에서만 사용할 수 있는 읽기 전용의 전용private 필드를 만들어서 사용하는 것이 낫다.

또 한 가지 피해야 할 잠금 형식은 string인데 이유는 문자열 인터닝interning 때문이다. 문자열 인터닝은 코드의 여러 군데에서 같은 string 상수를 사용하면 같은 인스턴스를 참조하게 해서 효율을 꾀하는 기능인데 이로 인해 의도한 것보다 훨씬 큰 범위에 걸쳐 잠금이 일어날 수 있다.

요약하면 잠금 대상에 대해 동기화 콘텍스트당 object 형식의 인스턴스를 하나씩 사용하라는 것이다.

MethodImplAttribute를 이용한 동기화를 피하라

MethodImplAttribute는 .NET 1.0에서 도입한 동기화 메커니즘 가운데 하나다. 이 특성은 MethodImplOptions.Synchronized와 함께 사용하면 대상 메서드가 동기화를 지원함을 표시해서 한 번에 단 하나의 스레드만 해당 메서드를 실행할 수 있게 한다. 이를 위해 JIT 컴파일러는 애초에 해당 메서드가 lock(this)로 둘러싸여 있거나 정적 메서드인 경우에는 형식에 대해 잠금이 설정된 것처럼 취급한다. 사실 이것은 대상 메서드뿐만 아니라 같은 특성 및 열거형 매개변수를 적용한 동일 클래스 내의 모든 메서드가 동기화 대상으로 지정된다는 것을 의미한다. 다시 말해 같은 클래스 내에 있는 하나 이상의 메서드에 이 특성이 적용됐을 경우 한 번에 단 하나의 메서드만 실행할 수 있으며 실행 중인 메서드는 다른 스레드에서 해당 메서드에 대한 호출뿐만 아니라 같은 클래스 내의 동일 특성이 적용된 메서드에 대한 호출도 차단할 것이다. 또한, this에 대한 동기화(형식에 대한 동기화라면 더욱 심각하다)이기 때문에 앞 절에서 살펴본 것과 같이 lock(this)과 같은 약점을 가진다. 결과적으로 이 특성(MethodImplAttribute)은 아예 사용하지 않는 것이 최선이다.

volatile 필드 선언

때로 컴파일러나 CPU에서 코드를 최적화하는 과정에 코드에서 작성된 순서와 다르게 명령어를 배치하거나 명령어가 아예 제거되는 경우도 있다. 단일 스레드 기반의 프로그램이라면 이와 같은 최적화는 전혀 문제되지 않는다. 하지만 다중 스레드에서는 의도하지 않은 결과를 초래할 수 있는데 왜냐하면 이런 최적화는 다른 스레드에서 액세스하는 경우에 대해 동일 필드의 읽기나 쓰기 작업의 실행 순서에 영향을 줄 수 있기 때문이다.

이와 같은 문제가 발생하지 않도록 하는 한 가지 방법은 volatile 키워드를 이용해서 필드를 선언하는 것이다. 이 키워드를 이용하면 최적화에 따른 영향을 받지 않고 코드상에서 가리키는 정확한 위치에서 필드에 대한 읽기와 쓰기가 이뤄지게 강제한다. volatile 한정자는 해당 필드가 하드웨어나 운영체제, 또는 다른 스레드에 의한 변경에 대해 민감하다는 의미를 부여한다. 말 그대로 데이터가 '불안정volatile'하므로 키워드를 이용해서 컴파일러와 런타임이 보다 정확하게 처리하도록 명령하는 것이다.

일반적으로 volatile 한정자를 사용하는 경우는 드물기도 하고 부적절한 결과로 이어질 가능성도 내포하고 있기 때문에 확실히 volatile을 사용해야 하는 경우가 아니라면 lock을 사용하는 편이 낫다.

System.Threading.Interlocked 클래스

지금까지 살펴본 상호 배제 패턴은 프로세스(응용 프로그램 도메인) 내의 동기화를 위한 최소한의 도구를 제공한다. 하지만 System.threading.Monitor를 이용하는 동기화는 비교적 비용이 큰 작업이며 특정 동기화 패턴을 대상으로 프로세서에서 직접적으로 지원하는 하나의 대안적인 해법이다.

예제 22.6은 _Data의 값이 null인 경우 새로운 값을 할당한다. 메서드 이름에서 나타낸 것처럼 이 패턴은 비교/교환 패턴이다. 동일한 비교 및 교환 작업을 수행하는 코드에 수작업으로 잠금을 사용하는 대신 Interlocked.CompareExchange() 메서드는 값 (null)을 확인하고 값이 세 번째 매개변수와 같다면 첫 번째 매개변수를 두 번째 매개변수 값으로 갱신하는 동기화 작업을 수행하는 내장된 기능을 제공한다. 표 22.2에서는 Interlocked에서 제공하는 다른 동기화 메서드에 대해 설명한다.

```csharp
public class SynchronizationUsingInterlocked
{
    private static object? _Data;

    // 아직 할당되지 않은 경우 데이터를 초기화한다.
    static void Initialize(object newValue)
    {
        // _Data가 null이면 newValue로 설정한다.
        Interlocked.CompareExchange(
            ref _Data, newValue, null);
    }

    // ...
}
```

표 22.2 Interlocked의 동기화 관련 메서드

메서드 시그니처	설명

`public static T CompareExchange<T>(`
`    T location,`
`    T value,`
`    T comparand`
`);`
	location의 값과 comparand와 비교하고 값이 같으면 location에 value를 할당하며 location에 저장돼 있던 원래 값을 반환한다.

`public static T Exchange<T>(`
`    T location,`
`    T value`
`);`
	location에 value 값을 할당하고 이전 값을 반환한다.

`public static int Decrement(`
`    ref int location`
`);`
	location의 값을 1 감소시킨다. 스레드로부터 안전한 -- 전위 연산자의 기능을 제공한다.

`public static int Increment(`
`    ref int location`
`);`
	location의 값을 1 증가시킨다. 스레드로부터 안전한 ++ 전위 연산자의 기능을 제공한다.

`public static int Add(`
`    ref int location,`
`    int value`
`);`
	location에 value를 더한 값을 location에 할당한다. += 연산자와 동등하다.

메서드 시그니처	설명
| ```
public static long Read(
    ref long location
);
``` | 단일 원자성 작업으로 64비트 값을 반환한다. |

2.0 끝

이 메서드들의 대부분은 long 등의 데이터 형식 시그니처를 지원하는 추가적인 오버로드를 제공하며 표 22.2는 대표적인 시그니처와 그에 관한 설명이다.

예제 22.5와 같이 동기화되는 ++나 --를 사용하는 대신 Increment()와 Decrement()를 이용할 수 있으며 이것이 성능적인 측면에서도 더 유리하다는 것을 기억하도록 한다. 한편, 다른 스레드에서 Interlocked에서 제공하지 않는 메서드를 통해서 location에 액세스하게 되면 적절한 동기화가 이뤄지지 않는다는 점에 주의한다.

다중 스레드에서의 이벤트 알림

이벤트를 발생시키는 부분은 개발자들이 간과하기 쉬운 동기화 영역이다. 예제 22.7은 이벤트를 발행함에 있어 스레드에 안전하지 않은 코드 예다.

예제 22.7 이벤트 알림의 발행

```
// 스레드로부터 안전하지 않음
if(OnTemperatureChanged != null)
{
    // 구독자 호출
    OnTemperatureChanged(
        this, new TemperatureEventArgs(value) );
}
```

이 메서드와 이벤트를 변경하는 과정 사이에 경합 조건만 없다면 문제가 없는 코드다. 하지만 원자성을 제공하지 않는 코드로 인해 다중 스레드의 경합 조건을 야기할 수 있다. 즉, OnTemperatureChanged가 null인지 검사하고 실제로 이벤트를 발생시키는 과정 사이에 OnTemperatureChanged가 null로 설정될 수 있으며 결과적으로 NullReferenceException이 발생할 수 있다. 즉, 여러 개의 스레드가 하나의 대리자를 동시에 액세스할 수 있는 상황이라면 대리자에 대한 할당과 호출을 동기화해야 한다.
```

이 문제에 대한 C# 6.0의 대응은 간단하다. 필요한 것은 그저 null 조건 연산자를 이용하는 것이다.

```
OnTemperatureChanged?.Invoke(
    this, new TemperatureEventArgs( value ));
```

null 조건 연산자는 원자성 작업으로 설계됐으며 따라서 대리자 호출 역시 원자성을 가진다. 핵심은 null 조건 연산자를 잊지 않고 사용해야 한다는 점이다.

한편, C# 6.0 이전에 이용했던 스레드에 안전한 대리자 호출 방식은 여기에 비해 약간 더 많은 코드를 필요로 하기는 하지만 딱히 어렵지는 않다. 리스너를 추가하고 제거하는 연산자들은 다행스럽게도 스레드로부터 안전하며 정적(정적 메서드를 이용해서 연산자 오버로딩을 구현하고 있다)이므로 가능한 접근 방식이다. 예제 22.7을 스레드로부터 안전하게 고치려면 복사본을 만들어서 이것에 대해 null 검사를 수행하고 복사본을 이용해서 이벤트를 발생시키면 된다(예제 22.8 참고).

예제 22.8 스레드로부터 안전한 이벤트 알림

```
// ...
TemperatureChangedHandler localOnChange =
    OnTemperatureChanged;
if(localOnChanged != null)
{
    // 구독자 호출
    localOnChanged(
        this, new TemperatureEventArgs(value) );
}
// ...
```

대리자는 참조 형식이라는 점에서 그저 지역 변수에 할당한 다음 이것을 이용해서 이벤트를 발생시키는 것이 null 검사 과정의 스레드 안전성을 보장하는 데 충분한 방법이라는 사실은 어쩌면 조금 놀라울 수도 있다. localOnChange는 OnTemperatureChanged와 같은 위치를 가리키고 있기 때문에 OnTemperatureChanged를 변경하면 localOnChange에도 변경이 반영될 것이라고 생각할 수도 있다.

하지만 이 경우에는 해당되지 않는데 왜냐하면 OnTemperatureChanged += <리스너>를 실행하면 OnTemperatureChanged에 새 대리자를 추가하는 것이 아니라 완전히 새로운 멀티캐스트 대리자를 할당하며 localOnChange가 가리키고 있는 원본 멀티캐스트 대리자에는 어떠한 영향도 미치지 않기 때문이다. 이러한 이유로 단 하나의 스레드만 localOnChange 인스턴스에 접근할 수 있게 되며 리스너의 추가/삭제가 발생하는 경우에 OnTemperatureChanged는 완전히 새로운 인스턴스를 가리키므로 예제의 방법을 이용해 스레드에 안전한 코드를 구현할 수 있다.

훌륭한 동기화 설계 사례

다중 스레드 프로그래밍은 근본적으로 복잡한데 이에 효과적으로 대처하기 위한 다양한 모범 사례들도 따라서 출현하게 됐다.

교착 상태의 회피

동기화는 교착 상태 발생 가능성을 내포하고 있다. 교착 상태는 둘 이상의 스레드가 서로 동기화 잠금이 풀리기를 대기할 때 발생한다. 예를 들어, 스레드 1이 _Sync1에 대해 잠금을 요청하고 나서 _Sync1에 걸린 잠금을 풀기 전에 _Sync2에 대한 잠금을 요청한다고 생각해 보자. 또, 이와 동시에 스레드 2는 _Sync2에 대해 잠금을 요청하고 이 잠금을 풀기에 앞서 _Sync1에 대한 잠금을 요구한다고 하자. 이것은 교착 상태를 위한 완벽한 조건이라고 할 수 있다. 교착 상태가 실제로 발생하는 시점은 스레드 1과 스레드 2가 두 번째 잠금을 획득하기 전에 첫 번째 잠금(순서대로 _Sync1과 _Sync2)을 성공적으로 얻어 냈을 때다.

이와 같은 교착 상태가 발생하기 위해서는 다음과 같은 네 가지 기본적인 조건이 만족돼야 한다.

1. **상호 배제**: 하나의 스레드(Thread A)가 다른 어떤 스레드(Thread B)도 동시에 소유할 수 없게 자원을 배타적으로 소유한다.
2. **대기**: 상호 배타적인 어떤 스레드(Thread A)가 또 다른 스레드(Thread B)가 소유하고 있는 자원을 사용하려고 대기한다.

3. **선점 불가**: 어떤 스레드(Thread A)가 소유하고 있는 자원을 강제로 해제할 수 없다 (Thread A가 자신 소유의 잠긴 자원을 해제해야 한다).

4. **순환 대기 상태**: 둘 이상의 스레드가 동일한 2개 이상의 자원을 잠그게 돼 있고 각각 체인으로 연결된 듯이 다음 스레드가 소유하고 있는 자원을 무기한 대기하는 순환적인 대기를 형성한다.

이 조건들 가운데 하나만이라도 피한다면 교착 상태를 막을 수 있다.

교착 상태를 일으키는 시나리오는 2개 이상의 스레드에서 2개 이상의 동기화 대상 (자원)에 대한 배타적인 소유권을 요구하며 잠금이 서로 다른 순서로 요청되는 경우를 들 수 있다. 이것은 다중 잠금이 항상 같은 순서에 따라 이뤄지게 하면 피할 수 있다. 교착 상태의 또 다른 원인은 **재진입**reentrant이 안 되는 잠금이다. 잠금이 같은 스레드의 요청을 차단할 수 있을 때 즉, 동일 잠금을 재요청하는 것을 차단한다면 이러한 잠금은 재진입이 불가한 형태다. 예를 들어, Thread A가 하나의 잠금을 소유하고 있는 상태에서 동일 잠금을 재요청했을 때 이미 자신이 소유하고 있기 때문에 요청이 차단된다면 이 잠금은 재진입이 불가하며 추가적인 요청은 교착 상태에 빠진다.

lock 키워드(내부적으로는 Monitor 클래스를 이용함)에 의해 생성된 코드는 재진입할 수 있다. 하지만 조금 뒤에서 살펴볼 기타 동기화 형식들 중에는 재진입이 불가능한 잠금 형식도 있다.

동기화 시점

앞에서 이야기했던 것처럼 모든 정적 데이터는 스레드에 안전해야 한다. 그러므로 변경할 수 있는 정적 데이터를 보호하기 위한 동기화가 필요하다. 이러한 요구에 대한 개발자들의 일반적인 대응은 전용 정적 변수를 선언하고 이들을 변경할 수 있는 공용 메서드를 제공하는 것이며, 다중 스레드 접근이 이뤄질 수 있는 상황이라면 이 메서드 내부에서 동기화를 처리해야 한다.

반대로 인스턴스 상태 값에 대한 동기화는 바람직하지 않다. 동기화는 심각한 성능 저하와 잠금 관련 문제 혹은 교착 상태를 가져올 가능성을 내포하고 있다. 다중 스레드 액세스를 위해 특별히 설계된 클래스를 제외하고 여러 개의 스레드에 걸쳐 개체들을 공유해야 한다면 공유되는 데이터에 대한 자체적인 동기화 처리를 개발자들이 구현해야 한다.

불필요한 잠금 방지

데이터 무결성을 깨트리지 않는 한 불필요한 동기화는 무조건 피해야 한다. 예를 들어, 스레드 간에 변경 불가능한 형식을 사용하면 동기화가 필요 없다(이 접근 방법의 가치는 F#과 같은 함수형 프로그래밍 언어에서 증명돼 왔다). 또한, 네이티브 정수(포인터 크기)보다 작은 값에 대한 간단한 읽기/쓰기와 같은 스레드로부터 안전한 작업은 자동적으로 원자성 작업이 보장되므로 잠금을 사용하지 않도록 한다.

가이드라인

- 동일한 2개 이상의 동기화 대상에 대해 정해진 순서 없이 배타적인 소유권을 요청하지 않도록 한다.
- 동시에 여러 개의 잠금을 유지하는 코드에서는 항상 같은 순서로 잠금을 얻어야 한다.
- 변경할 수 있는 정적 데이터는 동기화를 지원하는 공용 API 내부로 캡슐화한다.
- 네이티브 정수(포인터 크기)보다 크지 않은 값에 대한 간단한 읽기/쓰기와 같은 스레드에 안전한 작업은 자동으로 원자성 작업을 보장하므로 잠금을 사용하지 않는다.

기타 동기화 형식들

이제 System.Threading.Monitor와 System.Threading.Interlocked 외에 사용할 수 있는 몇 가지 동기화 기술을 추가로 살펴보자.

System.Threading.Mutex

2.0 시작

System.Threading.Mutex는 lock 키워드에서 사용하지 않는다는 점과 뮤텍스에 이름을 부여할 수 있기 때문에 다중 프로세스에 걸쳐 동기화를 지원한다는 점을 제외하면 System.Threading.Monitor 클래스(Pulse( ) 메서드 제외)와 유사한 개념을 갖고 있다. Mutex 클래스를 이용하면 파일이나 프로세스 간cross-process 공유 자원에 대한 액세스를 동기화할 수 있다. 뮤텍스는 프로세스 간 공유 자원이기 때문에 .NET 2.0에서 System.Security.

AccessControl.MutexSecurity 개체를 통해 접근 제어를 설정할 수 있는 지원이 추가됐다. Mutex 클래스를 이용하면 응용 프로그램을 동시에 여러 번 실행할 수 없게 제약할 수 있는데 예제 22.9에서 살펴보자.

예제 22.9 단일 인스턴스 응용 프로그램 만들기

```csharp
using System;
using System.Threading;
using System.Reflection;

public class Program
{
    public static void Main()
    {
        // 전체 어셈블리 이름을 뮤텍스 이름으로 한다.
        string mutexName =
            Assembly.GetEntryAssembly()!.FullName;

        // firstApplicationInstance는 첫 번째 응용 프로그램 인스턴스임을 표시한다.
        using Mutex mutex = new Mutex(false, mutexName,
            out bool firstApplicationInstance);

        if(!firstApplicationInstance)
        {
            Console.WriteLine(
                "This application is already running.");
        }
        else
        {
            Console.WriteLine("ENTER to shut down");
            Console.ReadLine();
        }
    }
}
```

다음은 첫 번째 응용 프로그램 인스턴스를 실행한 결과다.

2.0

결과 22.4

```
ENTER to shut down
```

첫 번째 인스턴스가 실행 중일 때 두 번째 인스턴스를 실행한 결과는 다음과 같다.

결과 22.5

```
This application is already running.
```

이 경우 심지어 다른 사용자가 실행하는 경우에도 동일한 컴퓨터에서 단 한 번만 실행할 수 있다. 사용자당 하나의 인스턴스를 허용하려면 mutexName을 할당할 때 System. Environment.UserName(.NET 프레임워크 혹은 .NET Standard 2.0 필요)을 뒤에 붙여 쓸 수 있다.

Mutex는 System.Threading.WaitHandle을 상속하므로 WaitAll(), WaitAny(), SignalAndWait()와 같은 메서드를 이용해 자동으로 다중 잠금을 획득할 수 있다(Monitor 는 이것을 지원하지 못한다).

2.0 끝

WaitHandle

Mutex의 기본 클래스는 System.Threading.WaitHandle이다. 이것은 Mutex, Event WaitHandle, Semaphore 등 동기화 클래스의 기반을 이루는 클래스다. WaitHandle의 핵심 메서드는 WaitOne() 메서드다. 이 메서드는 WaitHandle 인스턴스가 신호를 받거나 설정 set될 때까지 실행을 차단한다. WaitOne() 메서드에는 몇 가지 오버로드가 있는데 무제한 대기를 지원하기 위한 void WaitOne(), 밀리초 단위의 시간을 대기하는 데 이용할 수 있는 bool WaitOne(int milliseconds) 및 TimeSpan을 이용해서 대기 시간을 설정할 수 있는 bool WaitOne(TimeSpan timeout)이 있다. 부울 값을 반환하는 오버로드 형태들은 WaitHandle이 타임아웃 이전에 신호를 받은 경우에 true를 반환한다.

WaitHandle은 인스턴스 메서드에 더해 2개의 중요한 정적 멤버를 더 갖고 있는데 WaitAll()과 WaitAny()가 그것이다. 인스턴스 메서드와 비슷하게 이들 정적 멤버들도 타임아웃을 지원한다. 또한 이들은 WaitHandle로 구성되는 배열 형태의 컬렉션을 지원하기 때문에 컬렉션으로부터 받는 신호를 처리할 수 있다.

WaitHandle에서 마지막으로 짚고 넘어가야 할 것은 WaitHandle이 IDisposable을 구현하는 핸들(SafeWaitHandle 형식)을 포함하고 있다는 점이며 더 이상 필요 없어진 경우에는 WaitHandle이 적절히 삭제됐는지 확실히 하는 것에도 주의를 기울여야 한다.

재설정 이벤트: ManualResetEvent와 ManualResetEventSlim

재설정 이벤트는 다른 스레드 내에서 실행되는 명령어들과 관련된 현재 스레드 내의 특정 명령어 실행 시점에 있어서의 불확실성을 제어할 수 있는 한 가지 해법을 제시한다. 이벤트라는 용어를 사용하고 있지만 재설정 이벤트는 C#에서 말하는 대리자나 이벤트와 아무런 관계가 없다. 대신, 재설정 이벤트는 다른 스레드가 신호를 줄 때까지 코드가 실행을 멈추고 대기하게 강제한다. 이것은 특히 다중 스레드 코드를 테스트할 때 유용한데 특정 상태를 의미하는 결과를 확인하기 전에는 진행을 멈추고 대기하게 할 수 있기 때문이다.

재설정 이벤트 형식에는 System.Threading.ManualResetEvent와 .NET 프레임워크 4에서 추가된 간단한 형태인 System.Threading.ManualResetEventSlim이 있다(뒤에 나올 고급 주제에서 세 번째 형식인 System.Threading.AutoResetEvent를 살펴볼 것이지만 가급적 앞의 두 가지를 사용하고 AutoResetEvent 사용은 피해야 한다. 자세한 것은 다음에 오는 고급 주제를 참고한다). 재설정 이벤트의 중요 메서드에는 Set()과 Wait()(ManualResetEvent의 경우는 WaitOne())이 있다. Wait() 메서드를 호출하면 다른 스레드에서 Set()을 호출하거나 지정한 대기 시간이 끝날 때까지 해당 스레드를 차단할 것이다. 예제 22.10과 결과 22.6은 이 과정을 보여 준다.

예제 22.10 ManualResetEventSlim에 대한 대기

```csharp
using System;
using System.Threading;
using System.Threading.Tasks;

public class Program
{
    static ManualResetEventSlim _MainSignaledResetEvent;
    static ManualResetEventSlim _DoWorkSignaledResetEvent;

    public static void DoWork()
    {
        Console.WriteLine("DoWork() started....");
        _DoWorkSignaledResetEvent.Set();
        _MainSignaledResetEvent.Wait();
        Console.WriteLine("DoWork() ending....");
```

```
        }

    public static void Main()
    {
        using(_MainSignaledResetEvent =
            new ManualResetEventSlim())
        using (_DoWorkSignaledResetEvent =
            new ManualResetEventSlim())
        {
            Console.WriteLine(
                "Application started....");
            Console.WriteLine("Starting task....");

            // .NET 4.0에서는 Task.Factory.StartNew를 사용한다.
            Task task = Task.Run(()=>DoWork());

            // DoWork()이 시작될 때까지 차단
            _DoWorkSignaledResetEvent.Wait();
            Console.WriteLine(
                " Waiting while thread executes...");
            _MainSignaledResetEvent.Set();
            task.Wait();
            Console.WriteLine("Thread completed");
            Console.WriteLine(
                "Application shutting down....");
        }
    }
}
```

4.0

결과 22.6

```
Application started....
Starting thread....
DoWork() started....
Waiting while thread executes...
DoWork() ending....
Thread completed
Application shutting down....
```

예제 22.10은 새로운 Task의 인스턴스를 만들고 시작시키는 것에서 시작한다. 표 22.3은 칼럼으로 스레드를 구분해서 실행 경로를 설명하고 있다. 같은 행의 양쪽 칼럼에 모두 코드가 표기된 경우는 어느 쪽이 먼저 실행될지 알 수 없다.

표 22.3 Execution Path with ManualResetEvent Synchronization

Main()	DoWork()
...	
Console.WriteLine("Application started....");	
Task task = new Task(DoWork);	
Console.WriteLine("Starting thread....");	
task.Start();	
_DoWorkSignaledResetEvent.Wait();	Console.WriteLine("DoWork() started....");
	_DoWorkSignaledResetEvent.Set();
Console.WriteLine("Thread executing...");	_MainSignaledResetEvent.Set();
_MainSignaledResetEvent.Wait();	
task.Wait();	Console.WriteLine("DoWork() ending....");
Console.WriteLine("Thread completed");	
Console.WriteLine("Application exiting....");	

재설정 이벤트의 Wait() 메서드(ManualResetEvent의 경우 WaitOne())는 호출한 스레드를 다른 스레드가 신호를 줄 때까지 차단했다가 계속해서 실행할 수 있게 한다. 무제한으로 대기하는 대신 Wait()/WaitOne()의 오버로드 메서드는 밀리초 혹은 TimeSpan 개체를 매개변수를 이용해서 실행을 차단하는 최대 기간을 설정할 수 있게 하고 있다. 이렇게 타임아웃 기간을 설정한 경우 재설정 이벤트가 발생하기 전에 지정된 시간이 초과하

면 WaitOne()에서 false를 반환할 것이다. ManualResetEventSlim.Wait()은 또한 취소 토큰을 매개변수로 갖는 오버로드를 제공함으로써 19장에서 살펴본 취소 요청 메커니즘도 지원하고 있다.

ManualResetEventSlim과 ManualResetEvent의 차이점은 후자의 경우 기본적으로 커널 동기화를 사용하도록 돼 있는 반면 전자는 피치 못할 경우를 제외하고는 커널을 통하지 않도록 최적화돼 있다. 따라서 ManualResetEventSlim이 더 많은 CPU 사이클을 사용할 가능성이 있지만 더 우수한 성능을 나타낸다. 그러므로 여러 개의 이벤트를 대기하거나 프로세스 간 대기와 같은 요구가 없는 일반적인 경우에 대해서는 ManualResetEventSlim을 사용하도록 한다.

재설정 이벤트는 IDisposable을 구현하고 있으며 따라서 더 이상 필요가 없다면 삭제돼야 한다. 예제 22.10에서는 using 문을 이용해서 간편하게 삭제를 구현했다(참고로 CancellationTokenSource에서 IDisposable을 구현하고 있는 이유는 CancellationTokenSource가 ManualResetEvent를 포함하고 있기 때문이다).

정확히 같은 것은 아니지만 경우에 따라 System.Threading.Monitor에서 제공하는 Wait()과 Pulse() 메서드는 재설정 이벤트와 유사한 기능을 제공한다.

■ 고 급 주 제

AutoResetEvent 대신 ManualResetEvent와 세마포를 사용하자

System.Threading.AutoResetEvent라는 세 번째 재설정 이벤트가 있는데 이것도 ManualResetEvent와 마찬가지로 스레드가 코드상의 특정 위치까지 진행했음을 다른 스레드에 신호(Set() 호출을 통해서 전달)할 수 있게 해준다. 차이점은 AutoResetEvent의 경우 신호를 받은 첫 번째 스레드가 자동 재설정 게이트를 통과하면 자동으로 다시 잠금이 설정되기 때문에 단 하나의 스레드에 대해서만 차단이 해제된다는 것이다. 하지만 이와 같은 자동 재설정 이벤트를 사용할 때 생산자 스레드가 실수로 소비자 스레드의 개수보다 더 많은 반복을 할 위험성에 너무 쉽게 노출된다. 그러므로 일반적으로 Monitor의 Wait()/Pulse() 패턴 혹은 세마포(특정 블록에 대해 참여할 수 있는 스레드가 특정 개수보다 작은 경우)의 사용이 권장된다.

AutoResetEvent와 대조적으로 ManualResetEvent의 경우에는 Reset()을 명시적으로 호출하지 않으면 설정되기 전 상태(신호를 보내기 전)로 되돌아가지 않는다.

Semaphore/SemaphoreSlim과 CountDownEvent

Semaphore와 SemaphoreSlim은 ManualResetEvent와 ManualResetEventSlim 사이와 같은 성능적인 차이를 보인다. 하지만 MnaualResetEvent/ManualResetEventSlim과 달리 세마포semaphore의 경우 임계 영역을 동시에 지나갈 수 있는 호출의 개수가 N개로 제한된다. 이와 같이 세마포는 본질적으로 자원의 풀에 대한 카운트를 관리한다. 카운트가 영(0)에 도달하면 세마포는 자원이 하나 반환돼 큐에서 대기 중인 다음 요청에서 사용할 수 있게 될 때까지 더 이상의 풀에 대한 액세스를 차단한다.

CountdownEvent는 반대되는 개념으로 동기화를 제공한다는 점을 제외하고 세마포와 굉장히 비슷하다. 즉, 자원 풀이 모두 사용 중인 경우에 더 이상의 액세스를 차단해서 보호하는 대신, CountdownEvent는 카운트가 0에 도달했을 때 단 한 번 액세스를 허용한다. 예를 들어, 대량의 주식 시세 정보를 다운로드하는 병렬 처리를 생각해 보자. 모든 정보를 다운로드한 경우에만 지정된 검색 알고리듬을 실행할 수 있다면 CountdownEvent를 이용해서 검색 알고리듬을 동기화할 수 있는데, 개별 시세를 다운로드하면서 카운트가 감소하다가 0에 도달했을 때 검색을 시작하도록 할 수 있다.

SemaphoreSlim과 CountdownEvent는 .NET 프레임워크 4에서 도입했다. .NET 4.5에 와서는 SemaphoreSlim에서 WaitAsync() 메서드를 지원하므로 세마포 진입을 위해 대기할 때 태스크 기반 비동기 패턴(TAP)을 사용할 수 있다.

동시 액세스가 가능한 컬렉션 클래스

.NET 프레임워크 4에서 지원하기 시작한 또 하나의 클래스 집합으로 동시에 액세스할 수 있는 컬렉션 클래스를 들 수 있다. 이 클래스들은 동기화 코드를 내장하게 특별히 설계돼 경합 조건에 빠질 염려 없이 여러 개의 스레드에서 동시에 액세스할 수 있다. 표 22.4는 동시 액세스를 지원하는 컬렉션 클래스 목록이다.

동시 액세스 지원 컬렉션들은 스레드 안전성을 위해 공통적으로 공급자(생산자)/소비자 패턴을 이용한다. IProducerConsumerCollection<T>(표 22.4의 *표시로 구분)를 구현하고 있는 클래스가 바로 이를 지원하기 위한 설계를 따르는 것이다. 결과적으로 이들을 이용해서 하나 이상의 클래스에서 다른 클래스가 값을 읽거나 삭제하는 동안에도 데이터를 삽입할 수 있다. 데이터를 추가하거나 삭제하는 순서는 `IProducerConsumerCollection<T>` 인터페이스를 구현하는 개별 컬렉션 클래스가 결정한다.

표 22.4 동시 액세스할 수 있는 컬렉션 클래스

컬렉션 클래스	설명
`BlockingCollection<T>`	소비자가 데이터를 읽는 동안 컬렉션에 데이터를 쓰는 공급자로 구성되는 공급자/소비자 시나리오를 지원하기 위한 차단 클래스를 제공한다. 이 클래스는 기반 저장소의 형태(큐, 스택, 리스트 등)와 무관하게 추가/삭제 작업에 대한 동기화를 제공하는 제네릭 컬렉션 형식을 제공한다. `BlockingCollection<T>`은 IProducerConsumerCollection⟨T⟩을 구현하는 스레드로부터 안전한 컬렉션에 대한 차단 및 경계 기능을 제공한다.
`ConcurrentBag<T>*`	스레드로부터 안전한 정렬되지 않은 개체 컬렉션
`ConcurrentDictionary<TKey, TValue>`	여러 스레드에서 동시에 액세스할 수 있는 키/값 쌍의 스레드로부터 안전한 컬렉션
`ConcurrentQueue<T>*`	T형식의 개체에 대해 스레드로부터 안전한 FIFO(선입선출) 방식의 컬렉션
`ConcurrentStack<T>*`	T형식의 개체에 대해 스레드로부터 안전한 LIFO(후입선출) 방식의 컬렉션

* 표시된 클래스들은 IProducerConsumerCollection⟨T⟩를 구현한다.

한편, .NET/.NET 코어 프레임워크에 포함돼 제공되지는 않지만 NuGet 패키지 참조로 이용할 수 있는 `System.Collections.Immutable`이라는 변경 불가 컬렉션 라이브러리를 이용하는 방법도 있다. 변경 불가 컬렉션은 교착 상태나 원치 않는 변경 발생에 대한 걱정 없이 자유롭게 스레드 간에 이용할 수 있다. 변경 불가 컬렉션은 말 그대로 변경이 허용되지 않기 때문에 어떤 작업의 중간에 변경이 발생하지 않을 것이며 따라서 자동적으로 스레드에 대해 안전하다(접근을 잠글 필요도 없다).

스레드 로컬 저장소

경우에 따라 동기화 잠금은 용납하기 어려운 성능 저하나 확장성의 제약으로 이어지기도 한다. 또 다른 한편으로 특정 데이터 요소에 대해 동기화를 구현하는 것은, 특히 기존 코드에 추가로 적용하는 경우에 매우 복잡해질 수도 있다.

4.0

이러한 점을 비추어 동기화에 대한 대안이 될 수 있는 것의 하나로 격리^{isolation}를 고려할 수 있는데 **스레드 로컬 저장소**^{thread local storage}는 바로 격리를 구현하는 방법의 하나다. 스레드 로컬 저장소를 이용하면 개별 스레드는 변수의 전용 인스턴스를 가지며 결과적으로 단일 스레드 콘텍스트 내에 한정되므로 동기화가 필요 없다. ThreadLocal<T>와 ThreadStaticAttribute는 이와 같은 스레드 로컬 저장소를 구현하는 예다.

ThreadLocal⟨T⟩

.NET 프레임워크 4 혹은 이후 버전에서 스레드 로컬 저장소를 사용하려면 ThreadLocal<T> 형식의 필드를 선언해야 한다. 이렇게 하면 예제 22.11과 결과 22.7에서 보는 것처럼 개별 스레드는 해당 필드를 별도의 인스턴스로 이용한다. 주의할 것은 정적인 필드인 경우에도 다른 인스턴스를 갖는다는 사실이다.

예제 22.11 ThreadLocal⟨T⟩를 통한 스레드 로컬 저장소 활용

```
using System;
using System.Threading;

public class Program
{
    static ThreadLocal<double> _Count =
        new ThreadLocal<double>(() => 0.01134);

    public static double Count
    {
        get { return _Count.Value; }
        set { _Count.Value = value; }
    }

    public static void Main()
    {
        Thread thread = new Thread(Decrement);
        thread.Start();

        // 증가
        for(double i = 0; i < short.MaxValue; i++)
        {
            Count++;
        }
```

```
        thread.Join();
        Console.WriteLine("Main Count = {0}", Count);
    }

    static void Decrement()
    {
        Count = -Count;
        for (double i = 0; i < short.MaxValue; i++)
        {
            Count--;
        }
        Console.WriteLine(
            "Decrement Count = {0}", Count);
    }
}
```

결과 22.7

```
Decrement Count = -32767.01134
Main Count = 32767.01134
```

결과 22.7에서 보듯이 Main()을 실행하는 스레드의 Count 값은 Decrement()를 실행하는 스레드에 의해 절대 감소되지 않는다. Main()의 스레드에서는 초기 값이 0.01134이고 최종 값은 32767.01134이다. Decrement()도 같은 값을 갖지만 음수라는 점이 다르다. Count는 ThreadLocal<T> 형식의 정적 필드이기 때문에 Main()을 실행하는 스레드와 Decrement()를 실행하는 스레드가 _Count.Value에 저장된 독자적인 값을 가진다.

4.0 끝

ThreadStaticAttribute를 적용한 스레드 로컬 저장소

예제 22.12에서 보는 바와 같이 정적 필드에 ThreadStaticAttribute를 적용하면 역시 스레드당 지정된 정적 변수 인스턴스를 사용하게 할 수 있다. 이 방법은 ThreadLocal<T>에 비해 몇 가지 제약 사항이 따르지만 반대로 .NET 프레임워크 4 이전 버전에서도 사용할 수 있다는 장점을 지닌다(또한, ThreadLocal<T>가 ThreadStaticAttribute에 기반하고 있기 때문에 상대적으로 메모리 소비가 적고 규모가 작으면서 충분히 자주 호출되는 반복에서는 약간의 성능적인 장점도 얻을 수 있다).

```
using System;
using System.Threading;

public class Program
{
    [ThreadStatic]
    static double _Count = 0.01134;
    public static double Count
    {
        get { return Program._Count; }
        set { Program._Count = value; }
    }

    public static void Main()
    {
        Thread thread = new Thread(Decrement);
        thread.Start();

        // 증가
        for(int i = 0; i < short.MaxValue; i++)
        {
            Count++;
        }

        thread.Join();
        Console.WriteLine("Main Count = {0}", Count);
    }

    static void Decrement()
    {
        for(int i = 0; i < short.MaxValue; i++)
        {
            Count--;
        }
        Console.WriteLine("Decrement Count = {0}", Count);
    }
}
```

예제 22.12를 실행한 결과는 다음과 같다.

```
Decrement Count = -32767
Main Count = 32767.01134
```

앞의 예제에서 Main()을 실행하는 스레드의 Count 값은 Decrement()를 실행하는 스레드에 의해 감소하지 않는다. 즉, ThreadStaticAttribute를 사용하면 각 스레드의 Count 값은 해당 스레드에만 국한되며 스레드 간 공유되지 않는다.

예제 22.11과 달리 'Decrement Count'로 출력된 값에 소수점 아래 숫자를 포함하지 않고 있는 것은 0.01134로 초기화되지 않았다는 것을 의미한다. _Count의 값이 선언시에 할당(private double _Count = 0.01134)됐다고 하지만 정적 인스턴스의 생성자를 실행하는 스레드의 정적 인스턴스만 초기화한다. 예제 22.12의 경우 Main()을 실행하는 스레드만 0.01134로 초기화된 스레드 로컬 저장소 변수를 가진다. 한편, Decrement()에 의해 감소되는 _Count의 값은 항상 0(_Count가 double이므로 default(double))으로 초기화될 것이다. 비슷한 맥락으로 생성자가 스레드 로컬 저장소 필드를 초기화하면 그 스레드를 호출하는 생성자만 해당 스레드 로컬 저장소 인스턴스를 초기화하게 될 것이다. 이런 이유로 모든 개별 스레드에서 기본적으로 호출하는 메서드 내에서 스레드 로컬 저장소 필드를 초기화하는 것이 좋다. 하지만 이 방법이 항상 바람직하지는 않다. 특히 비동기 처리와 연관된 경우 여러 개의 부분 연산 작업이 서로 다른 스레드에서 실행될 수 있고, 결과적으로 스레드 로컬 저장소 값을 개별 연산 작업에서 예기치 않게 변경할 수 있으므로 주의해야 한다.

스레드 로컬 저장소를 사용할 것인가를 판단할 때는 일정 수준의 비용 편익cost-benefit에 대한 분석이 필요하다. 예를 들어, 데이터베이스 연결에 스레드 로컬 저장소를 사용하는 경우에 대해 생각해 보자. 데이터베이스 관리 시스템에 따라 다르지만 데이터베이스 연결은 비교적 큰 비용을 요구하는 작업이기 때문에 모든 스레드에서 각각 연결을 만든다면 비용 면에서 효과적이지 않을 수 있다. 이와 유사한 맥락에서 연결에 잠금을 적용해서 모든 데이터베이스 호출을 동기화하는 것은 확장성 면에서 큰 손해를 보게 될 수 있다. 모든 패턴은 그에 따라 필요한 비용과 장점을 갖고 있으며 어떤 것을 선택하느냐는 무엇을 구현하고자 하느냐에 따라 결정된다.

스레드 로컬 저장소를 사용해야 하는 또 다른 경우는 명시적인 매개변수를 통하지 않고 일반적으로 자주 필요한 콘텍스트 정보를 다른 메서드에 제공하고자 할 때다. 예를 들어, 호출 스택상에 있는 여러 개의 메서드에서 사용자 보안 정보를 요구한다면 매개변수 대신 스레드 로컬 저장소 필드를 이용해서 데이터를 전달할 수 있다. 이렇게 하면 API들을 깔끔하게 유지하면서도 스레드로부터 안전한 방법으로 메서드에 필요한 정보를 제공할 수 있다. 한편, 이와 같은 경우에는 스레드 로컬 저장소 데이터가 항상 설정된다는 보장을 해야 하며 이것은 특히 기반이 되는 스레드를 재사용하는 태스크나 스레드 풀의 스레드에 있어서 특히 중요한 과정이다.

타이머

응용 프로그램을 개발하다 보면 특정 시간 동안 코드 실행을 연기하거나 또는 지정된 시간이 지난 후에 제공하는 알림을 등록해야 하는 경우를 자주 마주하게 된다. 엄청나게 빠른 주기로 변화하는 데이터에 대해 변경이 있을 때마다 매번 화면을 갱신하는 대신 화면 갱신 주기를 별도로 가져가는 것을 예로 들 수 있다. 이런 경우에 필요한 타이머를 구현하는 한 가지 접근법은 C# 5.0의 async/await 패턴과 .NET 4.5에서 추가된 Task.Delay() 메서드를 활용하는 방법이 있다. 19장에서 지적했던 것처럼 비동기 호출 후의 코드 실행이 제공되는 같은 스레드 콘텍스트에서 계속해서 진행된다는 것은 TAP의 핵심 기능 가운데 하나이며 이로 인해 UI 스레드와 관련된 문제점들을 피해갈 수 있다. 예제 22.13은 Task.Delay() 메서드를 사용하는 방법을 보여 준다.

예제 22.13 Task.Delay() 활용

```csharp
using System;
using System.Threading.Tasks;

public class Pomodoro
{
    // ...

    private static async Task TickAsync(
        System.Threading.CancellationToken token)
    {
```

```
        for(int minute = 0; minute < 25; minute++)
        {
            DisplayMinuteTicker(minute);
            for(int second = 0; second < 60; second++)
            {
                await Task.Delay(1000);
                if(token.IsCancellationRequested) break;
                DisplaySecondTicker();
            }
            if(token.IsCancellationRequested) break;
        }
    }
}
```

Task.Delay(1000)은 1초 후에 끝나는 카운트다운 타이머를 설정하고 그 후에 연속 코드를 실행한다.

다행히 C# 5.0에서 TAP의 동기화 콘텍스트 사용 개념이 UI와 관련된 코드를 UI 스레드에서 실행하게 하는 데 잘 들어맞는다. 그 이전에는 UI 스레드로부터 안전한 지정된 타이머 클래스를 사용하거나 그렇게 설정할 수 있는 것을 사용해야 했다. System.Windows.Forms.Timer, System.Windows.Threading.DispatcherTimer, System.Timers.Timer(적절한 설정이 필요하다)와 같은 타이머들은 UI 스레드와 잘 어울린다. 한편, System.Threading.Timer는 성능을 위주로 최적화돼 있다.

5.0 끝

■ 고 급 주 제

STAThreadAttribute를 이용한 COM 스레딩 모델 제어

COM에서는 4개의 아파트 스레딩 모델들이 COM 개체들 간의 호출에 관한 스레딩 규칙을 결정한다. 다행히도 이러한 규칙들과 관련된 복잡성은 COM 구성 요소를 호출하는 프로그램이 아닌 한 .NET에서 사라졌다. COM Interop을 처리하기 위한 일반적인 접근 방식은 프로세스의 Main 메서드에 System.STAThreadAttribute를 배치함으로써 모든 .NET 구성 요소를 메인, 즉 단일 스레드 아파트STA, Single-Threaded Apartment에 포함시키는 것이다. 그렇게 함으로써 COM 구성 요소를 호출하려고 아파트 경계를 가로지를 필요가 없어지며 COM Interop 호출이 없다면 아파트 초기화도 발생하지 않는다. 이 접근 방법에서 주의할 점은 모든 다른 스레드(Task에서 사용하는 것도 포함)에서 기본 값으로 다중 스레드 아파트MTA, Multithreaded Apartment를 사용할 것이라는 점이다. 따라서 메인 스레드뿐만 아니라 다른 스레드에서 COM 구성 요소를 호출할 때 주의가 필요하다.

COM Interop이 반드시 개발자의 명시적인 구현을 필요로 하는 것은 아니다. 마이크로소프트에서는 모든 COM 기능을 관리되는 코드로 재작성하는 대신 많은 COM 구성 요소를 런타임 호출 가능 래퍼RCW, Runtime Callable Wrapper 형태로 .NET 프레임워크 내에 구현했다. 따라서 모르는 사이에 COM 호출이 일어나기도 한다. 이런 모든 호출이 항상 단일 스레드 아파트에서 이뤄지도록 보장하려면 모든 윈도우 폼 실행 모듈의 메인 메서드에 System.STAThreadAttribute를 사용하는 것이 좋다.

요약

22장에서는 다양한 동기화 메커니즘과 경합 조건을 피하기 위한 클래스들을 살펴봤다. lock 키워드도 여기에 포함되는데 이것은 내부적으로 System.Threading.Monitor를 이용한다. 다른 동기화 클래스에는 System.Threading.Interlocked, System.Threading.Mutex, System.Threading.WaitHandle, 재설정 이벤트, 세마포, 동시 액세스를 지원하는 컬렉션 클래스 등이 있다.

.NET 초기부터 현재까지 다중 스레드 프로그래밍 분야의 꾸준한 개선에도 불구하고 다중 스레드 프로그래밍의 동기화는 여전히 많은 위험성을 내포하고 있다. 이와 같은 위험을 피해 가기 위한 모범 사례도 살펴봤는데 여기에는 동기화 대상을 얻는 순서를 일관되게 유지하거나 정적 멤버를 동기화 로직으로 감싸는 방법 등이 있다.

22장의 마지막에서는 .NET 4.5 API인 Task.Delay() 메서드를 이용해서 TAP 기반의 타이머를 구현하는 방법을 알아봤다.

23장에서는 또 하나의 복잡한 .NET 기술로 플랫폼 호출(P/Invoke)을 이용한 비관리 코드와의 상호 운용을 살펴보도록 하겠다. 또, 23장에서 소개할 안전하지 않은 코드 개념을 이용하면 C#에서 비관리 코드(예. C++)와 같이 메모리 포인터에 직접 액세스할 수도 있다.

23

플랫폼 상호 운용성과
안전하지 않은 코드

C#이 가진 많은 뛰어난 기능들은 특히 기반 프레임워크가 전체적으로 관리되는 환경일 때 극대화된다. 하지만 때로는 C#이 제공하는 안전성에서 잠시 벗어나 메모리 할당이나 포인터를 이용해야 하는 경우가 있다. C#은 두 가지 방법으로 이를 지원한다. 첫 번째 방법은 플랫폼 호출(P/Invoke)을 이용해 관리되지 않는 DLL의 API를 호출하는 방식이고, 두 번째는 **안전하지 않은 코드**unsafe code를 이용하는 접근인데 이렇게 함으로써 메모리 포인터와 주소에 액세스할 수 있다.

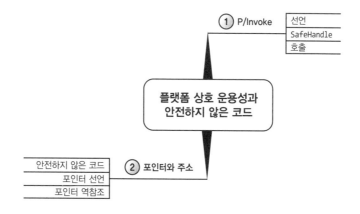

23장의 대부분은 비관리 코드와의 상호 운용성과 안전하지 않은 코드를 활용하는 방법에 대한 것이며, 뒷부분에서는 컴퓨터가 가상 컴퓨터인지를 결정하는 작은 프로그램을 살펴볼 텐데 이 코드는 다음 작업이 필요하다.

1. 운영체제 DLL을 호출하고 명령어 실행을 위한 메모리 할당 요청하기
2. 할당된 영역에 몇 가지 어셈블러 명령어 작성하기
3. 작성된 어셈블러 명령어에 주소 위치 삽입하기
4. 어셈블러 코드 실행하기

여기서 다룰 P/Invoke 및 안전하지 않은 코드 구조와 함께 살펴볼 예제는 C#의 강력함과 C#과 관리 코드를 이용해 안전하지 않은 코드의 기능에 접근하는 방법을 보여준다.

플랫폼 호출

개발자가 기존의 비관리 코드로 개발된 라이브러리를 호출하려 하거나 운영체제가 관리되는 API로 노출하고 있지 않은 비관리 코드에 액세스하려는 경우 또는 특정 알고리듬의 성능을 극대화하려고 형식 검사나 가비지 수집과 같은 런타임 오버헤드를 피하고자 한다면 어떻게든 비관리 코드를 호출할 수밖에 없다. 공용 언어 인프라[니]는 P/Invoke를 통해서 이와 같은 경우에 대응하고 있다. P/Invoke를 이용하면 관리되지 않는 DLL이 제공하는 함수를 호출할 수 있다.

이번 절에서 호출하는 모든 API는 윈도우 API다. 다른 플랫폼에서 이들과 같은 API가 가용하지는 않지만 개발자들은 대상 운영체제 API에 대해 P/Invoke를 필요에 따라 사용할 수 있고 자신이 개발한 DLL에 대해서 사용하는 것도 물론 가능하다. 가이드라인과 문법은 동일하다.

외부 함수 선언

호출 대상 함수를 정했다면 P/Invoke의 다음 단계는 관리되는 코드로 이 함수를 선언하는 것이다. 클래스가 포함하는 일반적인 메서드처럼 클래스의 콘텍스트 내에 해당 API를 extern 한정자를 사용해서 선언해야 한다. 예제 23.1은 선언 방법이다.

예제 23.1 외부 메서드 선언

```
using System;
using System.Runtime.InteropServices;
class VirtualMemoryManager
{
    [DllImport("kernel32.dll", EntryPoint="GetCurrentProcess")]
    internal static extern IntPtr GetCurrentProcessHandle();
}
```

예제의 VirtualMemoryManager는 메모리 관리 함수들을 갖는 클래스다(이 함수는 System.Diagnostics.Processor 클래스에서 직접 지원하고 있으므로 실제 코드에서는 선언할 필요가 없다). 메서드의 반환 형식 IntPtr이 중요한데 이것에 관해서는 다음 절에서 설명할 것이다.

extern 메서드는 절대 본문을 갖지 않으며 (거의) 항상 정적이다. 이들은 메서드 본문 대신 메서드 선언에서 DllImport 특성으로 구현 위치를 가리킨다. 따라서 이 특성은 최소한 함수를 정의하고 있는 DLL 이름을 포함해야 한다. 런타임은 메서드 이름으로부터 함수 이름을 결정한다. 하지만 명명된 매개변수 EntryPoint를 이용해 함수 이름을 따로 지정할 수 있다(.NET 프레임워크는 자동으로 유니코드 [...W] 혹은 아스키 [...A] API 버전의 호출을 시도할 것이다).

예제의 경우 외부 함수 GetCurrentProcess()는 현재 프로세스의 의사 핸들을 추출하며 VirtualMemoryManager는 이 핸들을 가상 메모리 할당에 이용할 것이다. 다음은 비관리 형태의 선언이다.

```
HANDLE GetCurrentProcess();
```

매개변수 데이터 형식

개발자가 대상 DLL과 외부로 노출하는 함수를 확인했다면 이제 가장 어려운 단계는 이 외부 함수에 있는 비관리 형식에 대응하는 관리되는 데이터 형식을 찾거나 생성하는 과정이다.[1] 예제 23.2는 보다 어려운 API의 예다.

예제 23.2 VirtualAllocEx() API

```
LPVOID VirtualAllocEx(
    HANDLE hProcess,          // 프로세서에 대한 핸들. 이 함수는
                              // 이 프로세스의 가상 주소 공간에
                              // 메모리를 할당한다.
    LPVOID lpAddress,         // 할당하고자 하는 페이지의 영역에
                              // 대한 원하는 시작 주소를 지정하는
                              // 포인터. lpAddress가 NULL인 경우
                              // 함수에서 영역을 할당할 곳을 결정한다.
    SIZE_T dwSize,            // 할당할 메모리 영역의 바이트 단위 크기.
                              // lpAddress가 NULL이면 함수에서 dwSize를
                              // 다음 페이지 경계로 반올림처리한다.
    DWORD flAllocationType,   // 메모리 할당 형식
    DWORD flProtect);         // 메모리 할당 형식
```

VirtualAllocEx()는 운영체제에서 주로 실행이나 데이터를 위해 사용하는 가상 메모리를 할당한다. 이 함수를 호출하려면 Win32 프로그래밍에서는 일반적이지만 CLI 관리 코드에서는 정의하고 있지 않은 HANDLE, LPVOID, SIZE_T, DWORD와 같은 데이터 형식에 적절히 대응할 수 있는 관리 코드를 정의해야 한다. 예제 23.3은 VirtualAllocEx()의 C# 선언을 보여 준다.

예제 23.3 C#에서 VirtualAllocEx() 선언하기

```
using System;
using System.Runtime.InteropServices;
class VirtualMemoryManager
{
    [DllImport("kernel32.dll")]
```

---

1 www.pinvoke.net에서 Win32 API를 선언하는 데 도움이 되는 자료를 찾아볼 수 있다. 이곳은 다양한 API 이용에 대한 훌륭한 시작점을 제공하며 아무것도 없는 상태에서 코드를 작성하기 시작할 때 겪을 수 있는 각종 미묘한 문제점을 피할 수 있게 도와준다.

```
    internal static extern IntPtr GetCurrentProcess();

    [DllImport("kernel32.dll", SetLastError = true)]
    private static extern IntPtr VirtualAllocEx(
        IntPtr hProcess,
        IntPtr lpAddress,
        IntPtr dwSize,
        AllocationType flAllocationType,
        uint flProtect);
}
```

관리되는 코드는 int 같은 기본 데이터 형식의 크기가 프로세서 종류와 무관하게 같다는 특징이 있다. 즉, 프로세서가 16비트든 32 혹은 64비트인 경우든 int는 항상 32비트다. 하지만 비관리 코드에서는 프로세서에 따라 메모리 포인터가 변한다. 그러므로 HANDLE, LPVOID를 단순히 int 형식에 매핑하는 대신 System.IntPtr에 매핑해야 프로세서 메모리 레이아웃에 따른 변화에 따라 크기를 달리 가져갈 수 있다. 한편, 예제에서는 AllocationType이라는 열거형을 사용하는데 이것에 대해서는 23장의 뒷부분에서 래퍼를 이용해 API 호출을 간편하게 하는 방법을 알아보면서 함께 논하겠다.

예제 23.3에서 한 가지 더 흥미로운 점은 IntPtr이 그저 포인터 용도로만 유용한 것이 아니라는 것이다. IntPtr은 양의 단위와 같은 다른 용도로도 사용할 수 있다. IntPtr은 단순히 '정수 형식으로 저장된 포인터'라는 의미와 함께 '포인터의 크기와 같은 정수 형식'을 의미하기도 한다. IntPtr은 단지 포인터를 저장하기 위한 것이 아니라 포인터의 크기에 해당하는 무엇인가를 저장하기 위한 것이라고 할 수 있다. 포인터가 아니지만 포인터와 같은 크기를 갖는 것은 매우 많다.

포인터가 아닌 ref의 사용

비관리 코드에서는 참조에 의한 전달을 위한 매개변수로서 포인터를 자주 사용한다. 이런 경우에 대해 P/Invoke에서는 관리되는 코드에서 포인터에 대한 데이터 형식을 매핑할 필요가 없다. 대신, 매개변수가 입/출력용인지 출력 전용인지에 따라 ref(혹은 out)으로 지정한다. 예제 23.4에서 PDWORD 형식의 lpflOldProtect는 '지정된 페이지 영역의 첫 번째 페이지의 이전 액세스 보호 값을 갖는 변수에 대한 포인터[2]를 반환하는 예제다.

예제 23.4 포인터가 아닌 ref/out 이용하기

```
class VirtualMemoryManager
{
    // ...
    [DllImport("kernel32.dll", SetLastError = true)]
    static extern bool VirtualProtectEx(
        IntPtr hProcess, IntPtr lpAddress,
        IntPtr dwSize, uint flNewProtect,
        ref uint lpflOldProtect);
}
```

MSDN에서 lpflOldProtect는 [out](시그니처에서 강제하고 있지는 않음)으로 문서화돼 있으나 기술 내용을 계속 살펴보면 이 매개변수는 반드시 NULL이 아닌 유효한 변수를 가리켜야 한다고 돼 있다. 이와 같은 비일관성은 혼란스럽지만 비일비재하다. 이에 대한 가이드라인은 P/Invoke 형식 매개변수로 out 대신 ref를 사용하는 것인데 피호출 측은 ref로 전달된 데이터를 언제든지 무시할 수 있지만 반대의 경우는 늘 성공하지는 않을 것이기 때문이다.

lpAddress가 VirtualAllocEx()에서 반환한 주소라는 것을 제외한 나머지 매개변수들은 실질적으로 VirtualAllocEx()와 같다. flNewProtect는 정확한 메모리 보호 형식을 지정한다(페이지 실행, 페이지 읽기 전용 등).

순차적 레이아웃에 대한 StructLayoutAttribute 적용

어떤 API는 관리 형식에서 적절히 대응하는 것을 찾을 수 없는 형식을 포함하고 있을 수 있다. 이런 API를 호출하려면 해당 형식을 관리 코드에서 다시 선언해야 한다. 예제 23.5는 비관리 형식인 COLORREF 구조체를 관리 코드로 선언한 예다.

---

2   MSDN 기술 내용이다.

```csharp
[StructLayout(LayoutKind.Sequential)]
struct ColorRef
{
    public byte Red;
    public byte Green;
    public byte Blue;
    // Unused의 미사용에 대한 경고를 끈다.
    #pragma warning disable 414
    private byte Unused;
    #pragma warning restore 414

    public ColorRef(byte red, byte green, byte blue)
    {
        Blue = blue;
        Green = green;
        Red = red;
        Unused = 0;
    }
}
```

COLORREF는 다양한 마이크로소프트 윈도우 색상 API들이 RGB 색상(빨간색, 녹색, 파란색의 수준)을 표현하는 데 사용하는 구조체다.

여기서 핵심은 StructLayoutAttribute다. 기본적으로 관리되는 코드는 형식의 메모리 레이아웃을 최적화할 수 있기 때문에 하나의 필드와 다음 필드가 레이아웃상에서 순차적이지 않을 수 있다. 예제에서는 레이아웃이 순차적인 구조를 따르도록 강제해서 관리 코드와 비관리 코드 간의 복사가 비트 수준에서 흐트러짐 없이 매핑되게 하려고 StructLayoutAttribute를 LayoutKind.Sequential 열거형 값과 함께 사용했다(순차적인 레이아웃이 필요한 파일 스트림을 이용한 데이터 읽기 쓰기에도 유용하다).

struct에 대한 비관리 (C++) 정의와 C# 정의가 서로 맞지 않기 때문에 비관리 구조체를 관리 구조체에 직접 매핑하는 것은 불가능하다. 개발자들은 대신 해당 형식이 값 형식처럼 동작하는지 참조 형식처럼 동작하는지 혹은 크기가 비교적 작은지(대략 16바이트 이하)에 따른 일반적인 C# 가이드라인을 따라야 한다.

에러 처리

Win32 API 프로그래밍의 불편한 점 가운데 하나는 에러 발생에 일관성이 없는 경우가 종종 있다는 사실이다. 예를 들어, 어떤 API들은 에러를 의미하는 값(0, 1, false 등)을 반환하기도 하고 다른 경우에는 out 매개변수를 설정하기도 한다. 한술 더 떠서 무엇이 잘못인지 알려면 추가로 GetLastError() API를 호출해야 하고 다시 에러에 대한 메시지를 확인하고자 FormatMessage()를 호출해야 한다. 요약하면, 비관리 코드에서는 Win32 에러 보고를 위해 예외를 이용하는 경우가 거의 없다.

다행스럽게도 P/Invoke 설계자들은 이 문제점에 대응하기 위한 메커니즘을 제공하기로 했다. 이 메커니즘을 사용하려면 DllImport 특성의 명명된 매개변수인 SetLastError를 true로 설정하면 되고 이렇게 하면 System.ComponentModel.Win32 Exception()을 사용할 수 있는데 이것은 P/Invoke 호출 직후의 Win32 에러 데이터로 자동으로 초기화된다(예제 23.6 참고).

예제 23.6 Win32 에러 처리

```
class VirtualMemoryManager
{
    [DllImport("kernel32.dll", ", SetLastError = true)]
    private static extern IntPtr VirtualAllocEx(
        IntPtr hProcess,
        IntPtr lpAddress,
        IntPtr dwSize,
        AllocationType flAllocationType,
        uint flProtect);

    // ...
    [DllImport("kernel32.dll", SetLastError = true)]
    static extern bool VirtualProtectEx(
        IntPtr hProcess, IntPtr lpAddress,
        IntPtr dwSize, uint flNewProtect,
        ref uint lpflOldProtect);

    [Flags]
    private enum AllocationType : uint
    {
        // ...
```

```
    }

    [Flags]
    private enum ProtectionOptions
    {
        // ...
    }

    [Flags]
    private enum MemoryFreeType
    {
        // ...
    }

    public static IntPtr AllocExecutionBlock(
        int size, IntPtr hProcess)
    {
        IntPtr codeBytesPtr;
        codeBytesPtr = VirtualAllocEx(
            hProcess, IntPtr.Zero,
            (IntPtr)size,
            AllocationType.Reserve | AllocationType.Commit,
            (uint)ProtectionOptions.PageExecuteReadWrite);

        if (codeBytesPtr == IntPtr.Zero)
        {
            throw new System.ComponentModel.Win32Exception();
        }

        uint lpflOldProtect = 0;
        if (!VirtualProtectEx(
            hProcess, codeBytesPtr,
            (IntPtr)size,
            (uint)ProtectionOptions.PageExecuteReadWrite,
            ref lpflOldProtect))
        {
            throw new System.ComponentModel.Win32Exception();
        }
        return codeBytesPtr;
    }

    public static IntPtr AllocExecutionBlock(int size)
```

```
        {
            return AllocExecutionBlock(
                size, GetCurrentProcessHandle());
        }
    }
```

이 방법으로 개발자들은 표준적인 형태로 에러를 보고하도록 하면서 동시에 개별 API가 사용자 지정 에러 처리를 수행할 수 있게 할 수 있다.

예제 23.1과 23.3에서는 P/Invoke 메서드를 internal 혹은 private로 선언했다. 간단한 수준의 API를 제외하고는 공용 래퍼를 이용해서 P/Invoke API 호출로 인한 복잡성을 줄이는 형태를 사용하는 것이 좋은데 이렇게 함으로써 API 사용성은 늘리면서 객체 지향적인 형식 구조에 한층 다가설 수 있다는 이점도 누릴 수 있다. 예제 23.6의 AllocExecutionBlock() 선언은 공용 래퍼를 사용한 좋은 예다.

> **가이드라인**
>
> - 비관리 메서드를 감싸는 공용 접근성을 지원하는 관리되는 래퍼를 만들어 두면 구조화된 예외 처리와 같은 관리 코드의 장점을 살릴 수 있다.

SafeHandle의 활용

2.0 시작

P/Invoke에서 자주 사용하는 자원 가운데 사용 후 자원을 해제해 줘야 하는 것들이 있는데 핸들도 그중 하나다. 개발자가 매번 이것을 기억하고 수작업으로 코드를 구현하기보다는 IDisposable과 종료자를 구현하는 클래스를 사용하는 편이 좋다. 예제 23.7을 보면 VirtualAllocEx()와 VirtualProtectEx() 호출로 반환된 주소에 대해서 VirtualFreeEx()를 호출해야 하는데 이 과정을 내장하게 하려고 System.Runtime.InteropServices.SafeHandle을 상속하는 VirtualMemoryPtr 클래스를 정의하고 있다.

예제 23.7 SafeHandle을 이용하는 관리되는 자원

```
    public class VirtualMemoryPtr :
        System.Runtime.InteropServices.SafeHandle
    {
```

```csharp
public VirtualMemoryPtr(int memorySize) :
    base(IntPtr.Zero, true)
{
    _ProcessHandle =
        VirtualMemoryManager.GetCurrentProcessHandle();
    _MemorySize = (IntPtr)memorySize;
    _AllocatedPointer =
        VirtualMemoryManager.AllocExecutionBlock(
        memorySize, ProcessHandle);
    _Disposed = false
}

public readonly IntPtr _AllocatedPointer;
readonly IntPtr _ProcessHandle;
readonly IntPtr _MemorySize;
bool _Disposed;

public static implicit operator IntPtr(
    VirtualMemoryPtr virtualMemoryPointer)
{
    return virtualMemoryPointer.AllocatedPointer;
}

// SafeHandle 추상 멤버
public override bool IsInvalid
{
    get
    {
        return _Disposed;
    }
}

// SafeHandle 추상 멤버
protected override bool ReleaseHandle()
{
    if (!_Disposed)
    {
        _Disposed = true
        GC.SuppressFinalize(this);
        VirtualMemoryManager.VirtualFreeEx(_ProcessHandle,
            _AllocatedPointer, _MemorySize);
    }
```

```
            return true
        }
    }
```

System.Runtime.InteropServices.SafeHandle은 추상 멤버인 IsInvalid와 Release Handle()을 포함한다. 이 가운데 후자에는 리소스를 정리하는 코드를 구현하면 되고 전자는 이 정리하는 코드가 실행됐는지를 가리킨다.

2.0 끝

VirtualMemoryPtr을 이용하면 인스턴스화하면서 필요한 메모리 할당량을 지정하는 방법으로 간단히 메모리를 할당할 수 있다.

외부 함수 호출

P/Invoke 함수를 선언하고 나면 일반적인 다른 클래스 멤버와 같이 호출할 수 있다. 하지만 반드시 대상 DLL이 경로 내에 있어서 정상적으로 로드할 수 있어야 한다는 것이 핵심이다. 예제 23.6과 예제 23.7에서 이것을 살펴봤는데 몇 가지 제약 조건이 더 있다.

flAllocationType과 flProtect는 플래그 값으로 상수나 열거형을 사용하는 것이 보편적이다. 호출하는 측에서 이들을 정의하도록 하는 대신 예제 23.8에서는 캡슐화를 통해서 API 선언의 일부로서 이들을 제공하는 방법을 제시하고 있다.

예제 23.8 캡슐화를 이용한 API 통합

```
class VirtualMemoryManager
{
    // ...

    /// <summary>
    /// The type of memory allocation. This parameter must
    /// contain one of the following values.
    /// </summary>
    [Flags]
    private enum AllocationType : uint
    {
        /// <summary>
        /// Allocates physical storage in memory or in the
        /// paging file on disk for the specified reserved
        /// memory pages. The function initializes the memory
```

```
        /// to zero.
        /// </summary>
        Commit = 0x1000,
        /// <summary>
        /// Reserves a range of the process's virtual address
        /// space without allocating any actual physical
        /// storage in memory or in the paging file on disk.
        /// </summary>
        Reserve = 0x2000,
        /// <summary>
        /// Indicates that data in the memory range specified by
        /// lpAddress and dwSize is no longer of interest. The
        /// pages should not be read from or written to the
        /// paging file. However, the memory block will be used
        /// again later, so it should not be decommitted. This
        /// value cannot be used with any other value.
        /// </summary>
        Reset = 0x80000,
        /// <summary>
        /// Allocates physical memory with read-write access.
        /// This value is solely for use with Address Windowing
        /// Extensions (AWE) memory.
        /// </summary>
        Physical = 0x400000,
        /// <summary>
        /// Allocates memory at the highest possible address.
        /// </summary>
        TopDown = 0x100000,
    }


    /// <summary>
    /// The memory protection for the region of pages to be
    /// allocated.
    /// </summary>
    [Flags]
    private enum ProtectionOptions : uint
    {
        /// <summary>
        /// Enables execute access to the committed region of
        /// pages. An attempt to read or write to the committed
        /// region results in an access violation.
        /// </summary>
```

```
        Execute = 0x10,
        /// <summary>
        /// Enables execute and read access to the committed
        /// region of pages. An attempt to write to the
        /// committed region results in an access violation.
        /// </summary>
        PageExecuteRead = 0x20,
        /// <summary>
        /// Enables execute, read, and write access to the
        /// committed region of pages.
        /// </summary>
        PageExecuteReadWrite = 0x40,
        // ...
    }

    /// <summary>
    /// The type of free operation
    /// </summary>
    [Flags]
    private enum MemoryFreeType : uint
    {
        /// <summary>
        /// Decommits the specified region of committed pages.
        /// After the operation, the pages are in the reserved
        /// state.
        /// </summary>
        Decommit = 0x4000,
        /// <summary>
        /// Releases the specified region of pages. After this
        /// operation, the pages are in the free state.
        /// </summary>
        Release = 0x8000
    }

    // ...
}
```

열거형의 장점은 개별 값을 하나의 그룹으로 모으고 그룹 내의 값을 허용하는 범위
로 제한할 수 있다는 것이다.

래퍼를 이용한 API 호출 단순화

다루는 것이 에러 처리든 구조체나 상수 값이든 뛰어난 API 개발자라면 누구나 이면의 Win32 API를 감싸서 간소화된 관리되는 API를 제공하는 것이 중요한 목표 가운데 하나다. 예제 23.9는 간편한 호출을 제공하기 위한 VirtualFreeEx() 함수의 재정의다.

예제 23.9 내부 API에 대한 래퍼 지원 예

```
class VirtualMemoryManager
{
    // ...

    [DllImport("kernel32.dll", SetLastError = true)]
    static extern bool VirtualFreeEx(
        IntPtr hProcess, IntPtr lpAddress,
        IntPtr dwSize, IntPtr dwFreeType);

    public static bool VirtualFreeEx(
        IntPtr hProcess, IntPtr lpAddress,
        IntPtr dwSize)
    {
        bool result = VirtualFreeEx(
            hProcess, lpAddress, dwSize,
            (IntPtr)MemoryFreeType.Decommit);
        if (!result)
        {
            throw new System.ComponentModel.Win32Exception();
        }
        return result;
    }

    public static bool VirtualFreeEx(
        IntPtr lpAddress, IntPtr dwSize)
    {
        return VirtualFreeEx(
            GetCurrentProcessHandle(), lpAddress, dwSize);
    }

    [DllImport("kernel32", SetLastError = true)]
    static extern IntPtr VirtualAllocEx(
        IntPtr hProcess,
```

```
        IntPtr lpAddress,
        IntPtr dwSize,
        AllocationType flAllocationType,
        uint flProtect);

    // ...
}
```

함수 포인터에 대한 대리자 매핑

마지막으로 알아볼 P/Invoke의 핵심 사항은 바로 비관리 코드의 함수 포인터가 관리되는 코드에서는 대리자에 해당한다는 것이다. 예를 들어, 윈도우 타이머를 설정하려는 경우 타이머가 만료됐을 때 호출할 함수 포인터를 제공해야 하는데 이 경우 콜백(함수 포인터로 전달하는 함수)의 시그니처와 같은 대리자 인스턴스를 전달해야 한다.

가이드라인

이상과 같은 다소 독특한 특성을 갖는 P/Invoke를 이용한 코드를 작성할 때 따라야 할 몇 가지 사항을 정리하면 다음과 같다.

> **가이드라인**
>
> - 이미 비관리 API의 기능을 제공하고 있는 관리되는 클래스가 있다면 필요 없이 또 만들지 않도록 한다.
> - 외부 메서드들은 private나 internal로 선언한다.
> - 구조적 예외 처리를 사용하고 특별한 값은 열거형으로 관리하는 등의 관리 코드 형태를 따르는 공용 래퍼 메서드를 제공한다.
> - 불필요한 매개변수에 대한 기본 값을 적절하게 제공하게 함으로써 래퍼 메서드를 간소화한다.
> - SetLastError 에러 코드를 사용하는 API에는 SetLastErrorAttribute를 사용해서 Win32Exception을 발생시키도록 한다.
> - SafeHandle을 확장하거나 IDisposable을 구현하고 종료자를 만드는 방법으로 비관리 자원을 효과적으로 확실히 해제할 수 있게 한다.

- 비관리 API에서 함수 포인터가 필요한 경우에는 필요한 메서드와 같은 시그니처를 갖는 대리자 형식을 이용한다.
- 가능하다면 포인터 형식보다는 ref 매개변수를 사용한다.

포인터와 주소

개발을 하다 보면 종종 메모리나 메모리 위치에 대한 포인터를 직접 이용해야 할 때가 있다. 이런 작업은 주로 특정 운영체제 상호 작용이 필요한 경우 혹은 처리 시간에 민감한 알고리듬을 다루는 경우 등에 필요하다. C#은 안전하지 않은 코드 요소를 이용해서 이러한 요구에 대응하고 있다.

안전하지 않은 코드

런타임 실행 전반에 걸친 강력한 형식화와 형식 검사는 C#의 뛰어난 특징 가운데 하나다. 그런데 이 특징을 더욱 강력하게 하는 것은 이러한 지원을 사용하지 않고 직접 메모리와 주소를 조작하는 것 역시 가능하다는 사실이다. 메모리 매핑된 장치를 다루는 경우나 시간 제약적인 알고리듬을 구현하고자 하는 경우 등이 이러한 지원을 사용해야 하는 때이며 일부 코드를 안전하지 않은 영역으로 지정하는 것이 그 핵심이다.

안전하지 않은 코드는 예제 23.10에서 보는 것처럼 하나의 명시적인 코드 블록이며 컴파일 옵션이다. unsafe 한정자는 생성된 CIL 코드 자체에서는 아무런 영향을 미치지 않는다. 이것은 단지 컴파일러로 하여금 지정된 안전하지 않은 블록 내에서 포인터와 주소 조작을 허용하도록 하기 위한 지시자일 뿐이며 unsafe가 비관리를 암시하지는 않는다.

예제 23.10 메서드에 대한 안전하지 않은 코드 지정

```
class Program
{
    unsafe static int Main(string[] args)
    {
```

```
        // ...
    }
}
```

unsafe는 형식 혹은 형식 내의 멤버 대한 한정자로 사용할 수 있다.

또한, C#에서는 unsafe를 코드 블록에 대해 안전하지 않은 코드를 허용하도록 설정하는 플래그 역할을 하는 하나의 구문으로 사용할 수 있다(예제 23.11 참고).

예제 23.11 안전하지 않은 코드 블록 설정

```
class Program
{
    static int Main(string[] args)
    {
        unsafe
        {
            // ...
        }
    }
}
```

unsafe 블록 내의 코드는 포인터와 같은 안전하지 않은 프로그래밍 요소를 포함할 수 있다.

> **▪ 노트**
>
> 안전하지 않은 코드의 지원을 컴파일러에게 명시적으로 알려야 한다는 것에 주의한다.

안전하지 않은 코드는 버퍼 오버플로나 비슷한 잠재적인 보안 취약점에 노출된다. 이런 이유로 안전하지 않은 코드의 존재 여부를 컴파일러에게 명시적으로 알려야 하며 방법은 CSPROJ 파일의 AllowUnsafeBlocks를 true로 설정하는 것이다(예제 23.12 참고).

예제 23.12 안전하지 않은 코드 이용 설정

```
<Project Sdk="Microsoft.NET.Sdk">
  <PropertyGroup>
```

```
      <OutputType>Exe</OutputType>
      <TargetFramework>netcoreapp1.0</TargetFramework>
      <ProductName>Chapter20</ProductName>
      <WarningLevel>2</WarningLevel>
      <AllowUnsafeBlocks>True</AllowUnsafeBlocks>
    </PropertyGroup>
    <Import Project="..\Versioning.targets" />
    <ItemGroup>
      <ProjectReference Include="..\SharedCode\SharedCode.csproj" />
    </ItemGroup>
  </Project>
```

다음 결과 23.1처럼 dotnet build를 실행할 때 속성을 전달하는 방법도 가능하다.

결과 23.1

```
dotnet buile /property:AllowUnsafeBlocks=True
```

또는 C# 컴파일러를 직접 호출해야 한다면 다음처럼 /unsafe 스위치를 이용해야 한다.

결과 23.2

```
csc.exe /unsafe Program.cs
```

비주얼 스튜디오를 사용한다면 프로젝트 속성 윈도우의 빌드 탭에서 안전하지 않은
코드 허용 체크 박스를 선택하면 된다.

/unsafe 스위치를 사용하면 메모리에 대한 직접적인 조작과 비관리 명령어들의 실행
이 가능하며 /unsafe를 요구함으로써 필요에 의해 잠재적인 위험에 대한 노출을 선택했
음을 명시한다. 강력한 힘에는 무거운 책임이 뒤따르기 마련이다.

포인터 선언

안전하지 않은 코드 블록을 설정했으므로 이제는 안전하지 않은 코드를 작성하는 방법
을 살펴보자. 먼저 안전하지 않은 코드에서는 포인터 선언을 할 수 있다. 다음 예를 보자.

```
byte* pData;
```

pData가 null이 아니라면 pData의 값은 하나 혹은 연속된 바이트를 포함하는 위치를 가리키는 값을 가지며 pData의 값은 이 위치를 의미하는 메모리 주소를 의미한다. * 앞에 지정된 형식은 **지시 대상 형식**^{referent type}, 즉 포인터가 가리키는 값의 위치에 있는 형식을 의미한다. 예제에서 pData는 포인터이며 byte는 지시 대상 형식이다(그림 23.1 참고).

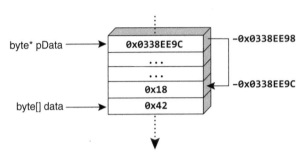

그림 23.1 데이터의 주소를 값으로 갖는 포인터

포인터는 단순히 메모리 주소를 참조하는 정수이며 가비지 수집의 대상이 아니다. C#에서는 **비관리 형식**^{unmanaged type}만 지시 대상 형식으로 사용할 수 있는데 이들은 참조 형식이나 제네릭이 아니며 참조 형식을 포함하는 형식이 아니어야 한다. 따라서 다음은 잘못된 예다.

```
string* pMessage;
```

다음의 경우 역시 잘못된 예다.

```
ServiceStatus* pStatus;
```

여기서 ServiceStatus는 예제 23.13에서 정의하고 있는데 문제는 ServiceStatus가 string 필드를 포함하고 있다는 것이다.

예제 23.13 잘못된 지시 대상 형식 예

```
struct ServiceStatus
{
    int State;
    string Description; // Description은 참조 형식이다.
}
```

유효한 지시 대상 형식에는 비관리 형식만으로 구성된 사용자 지정 구조체뿐만 아니라 미리 정의된 값 형식들(sbyte, byte, short, ushort, int, uint, long, ulong, char, float, double, decimal, bool)과 포인터 형식(예. byte**)도 포함된다. 마지막으로 알 수 없는 형식에 대한 포인터를 의미하는 void* 포인터 역시 유효한 구문이다.

포인터의 할당

포인터를 정의하고 나면 사용하기 전에 반드시 값을 할당해야 한다. 참조 형식과 마찬가지로 포인터는 null 값을 가질 수 있으며 null은 포인터의 기본 값이기도 하다. 포인터가 저장하고 있는 값은 어떤 위치를 가리키는 주소다. 그러므로 포인터에 값을 할당하려면 우선 데이터의 주소를 알아내야 한다.

정수는 명시적으로 포인터로 캐스팅할 수 있지만 실행 시간에 특정 데이터 값의 주소를 결정하는 수단 이외에는 거의 쓰이지 않는다. 값 형식의 주소를 알아내려면 주소 연산자(&)를 이용해야 한다.

```
byte* pData = &bytes[0]; // 컴파일 에러
```

문제는 관리되는 환경에서 데이터가 이동될 수 있기 때문에 주소가 무효화될 수 있다는 것이다. 이때 발생하는 에러 메시지는 '고정되지 않은 식의 주소는 fixed 문의 이니셜라이저를 통해서만 가져올 수 있습니다'다. 이 예제에서 참조되는 바이트는 배열 내에 있으며 배열은 참조 형식(이동할 수 있는 형식)이다. 참조 형식들은 힙에 위치하며 가비지 수집과 재배치 대상이다. 이와 유사한 문제점은 이동할 수 있는 형식의 값 형식 필드를 참조하는 경우에도 발생한다.

```
int* a = &"message".Length;
```

둘 중 어느 방법이든 어떤 데이터의 주소를 할당하려면 다음 조건을 만족해야 한다.

- 데이터는 반드시 변수로 분류돼야 한다.
- 데이터는 반드시 관리되지 않는 형식이어야 한다.
- 변수는 반드시 고정돼야 하며 이동가능해서는 안 된다.

데이터가 관리되지 않는 변수 형식이면서 고정되지 않은 경우에는 fixed 문을 이용해서 변수를 고정해야 한다.

데이터 고정

이동할 수 있는 데이터 항목의 주소를 추출하려면 예제 23.14처럼 주소를 고정해야 한다.

예제 23.14 fixed 문

```
byte[] bytes = new byte[24];
fixed (byte* pData = &bytes[0]) // pData = bytes도 가능
{
    // ...
}
```

fixed 문의 코드 블록 내에서 할당된 데이터는 위치가 바뀌지 않는다. 예제에서 bytes는 적어도 fixed 문이 끝나는 시점까지 같은 주소 값을 유지할 것이다.

fixed 문에서는 범위 내에서 포인터 변수를 선언해야 하며 이렇게 함으로써 고정되는 범위를 벗어난 데이터에 대해 fixed 문의 범위 밖에서 접근이 일어나는 것을 원천적

으로 방지한다. 하지만 API 호출 과정 등의 경우에서 fixed 문의 범위 밖에서도 유효한 다른 변수에 포인터를 할당하지 않게 하는 것은 개발자의 책임이다. 안전하지 않은 코드에서 '안전하지 않은'이라는 표현의 의미는 포인터를 사용할 때 런타임에 의존하지 않고 개발자 스스로 안전하게 사용해야 한다는 것이다. ref나 out 매개변수를 메서드 호출 이후에 유효하지 않은 데이터에 대해 사용하는 것도 이와 유사한 문제다.

string은 지시 대상으로 유효하지 않은 형식이므로 문자열을 가리키는 포인터를 선언할 수 없다. 하지만 C++의 경우 문자열은 내부적으로 문자 배열의 첫 번째 문자를 가리키는 포인터이며 char*를 이용해서 문자열에 대한 포인터를 선언할 수 있다. 이와 같은 맥락으로 C#은 fixed 문 안에서 char* 형식의 포인터를 선언하고 문자열을 할당할 수 있게 하고 있다. fixed 문은 이 포인터의 생명주기 동안 문자열의 위치가 이동하는 것을 방지한다. fixed 문을 이용하면 암시적 변환을 지원하는 이동 가능한 형식을 다른 형식의 포인터에 할당할 수 있다.

다소 장황한 감이 있는 &bytes[0]은 약식으로 bytes와 같이 바꿀 수 있으며 예제 23.15를 참고한다.

예제 23.15 주소 연산자 혹은 배열 인덱서를 사용하지 않은 fixed 문

```
byte[] bytes = new byte[24];
fixed (byte* pData = bytes)
{
    // ...
}
```

고정된 개체에 대해서는 가비지 수집기가 동작하지 않기 때문에 실행 빈도와 시간에 따라 fixed 문은 잠재적으로 힙의 조각화를 초래할 수 있다. 이 문제에 대처하는 좋은 방법은 실행 초기에 블록을 고정하도록 하고 많은 수의 작은 블록을 고정하기보다는 블록의 수를 줄이고 블록의 크기를 크게 가져가는 것이다. 불행히도 데이터가 고정된 사이에 가비지 수집이 일어날 확률을 최소화하려면 가능한 한 데이터 고정을 줄이고 필요한 경우 최소한의 시간 동안만 고정하도록 해야 한다. .NET 2.0에 와서 추가적인 조각화 인식 기능의 도입으로 이 문제점을 어느 정도 줄이고 있다.

어떤 메서드에서 고정해서 사용하는 개체를 다른 메서드가 호출될 때까지 고정한 채로 유지해야 하는 경우가 있는데 이것은 fixed 문을 이용해서 해결할 수 없는 문제다. 만일 여러분이 이와 같은 경우에 처해 있다면 GCHandle 개체에서 제공하는 메서드들을 이용해서 개체를 무기한으로 고정할 수 있다. 하지만 이 기능은 꼭 필요한 경우에만 사용해야 하며 개체를 오랜 시간 고정하면 가비지 수집기가 효과적으로 메모리를 관리하지 못하게 될 가능성이 커진다.

스택에 할당하기

가비지 수집기가 배열 데이터를 옮기지 못하도록 하려면 fixed 문을 사용해야 한다. 하지만 이렇게 하는 대신 배열을 호출 스택에 할당하는 방법을 이용할 수 있다. 스택에 할당된 데이터는 가비지 수집기나 종료자 패턴의 적용 대상이 아니다. 지시 대상 형식의 경우와 유사하게 여기서는 stackalloc 대상 데이터가 비관리 형식의 배열이라는 것이 요구 사항이다. 예를 들어, 바이트 배열을 힙에 할당하는 대신 예제 23.16의 방법을 이용해서 호출 스택에 할당할 수 있다.

예제 23.16 호출 스택에 데이터 할당하기

```
byte* bytes = stackalloc byte[42];
```

데이터 형식이 비관리 형식의 배열이기 때문에 런타임이 배열에 대해 고정된 버퍼 크기를 할당하고 포인터가 범위를 벗어나면 복원할 수 있다. stackalloc은 E가 배열의 크기이고 T가 지시 대상 형식일 때 sizeof(T) * E 크기의 메모리를 할당한다. stackalloc 은 비관리 형식의 배열만을 대상으로 한다는 요구 사항이 주어졌기 때문에 런타임은 간단히 스택을 해제함으로써 시스템에 사용한 버퍼를 되돌려 줘 f-reachable 큐(F-접근 가능 큐, 10장의 가비지 수집과 종료자에 관해 다루고 있는 절을 참고한다)를 반복하고 유효 데이터를 갱신하는 복잡한 작업을 제거할 수 있다. 따라서 stackalloc을 이용해서 할당한 데이터를 명시적으로 해제하는 방법은 없다.

스택은 작지만 매우 중요한 자원이며 스택 공간이 부족하면 프로그램이 중단되는 결과를 초래하므로 스택 공간을 확보하기 위한 모든 노력을 기울여야 한다. 다시 말하지만 프로그램이 스택 공간을 다 써버리면 종료 또는 즉시 중단되며, 일반적으로 프로그램은 1MB(혹은 훨씬 더 적을 수도 있음) 이하의 스택 공간을 가진다. 따라서 절대로 임의의 크기를 갖는 버퍼를 스택에 할당해서는 안 된다.

포인터 역참조

포인터로 지정한 형식의 변수에 저장된 데이터를 액세스하려면 식의 앞에 간접 연산자를 적용하는 방법으로 포인터를 역참조해야 한다. 예를 들어, byte data = *pData;는 pData가 가리키고 있는 byte의 위치를 역참조하며 byte 형식의 변수를 이끌어 낸다. 이 변수를 이용하면 해당 위치의 1 byte에 대해 읽기/쓰기를 할 수 있다.

안전하지 않은 코드에서 이 원리를 적용하면 예제 23.17과 같이 '변경할 수 없는' 문자열을 변경하는 변칙적인 처리를 할 수 있다. 이런 방법을 권하는 것은 절대 아니지만 한편으로 하위 수준의 메모리 조작에 대한 가능성을 열어 주고 있다고 볼 수 있다.

예제 23.17 변경할 수 없는 문자열의 수정

```csharp
string text = "S5280ft";
Console.Write("{0} = ", text);

unsafe // /unsafe 스위치 필요
{
    fixed (char* pText = text)
    {
        char* p = pText;
        *++p = 'm';
        *++p = 'i';
        *++p = 'l';
        *++p = 'e';
        *++p = ' ';
        *++p = ' ';
    }
}
Console.WriteLine(text);
```

다음은 예제 23.17의 실행 결과다.

```
S5280ft = Smile
```

예제 코드를 보면 시작 주소를 얻은 다음 전치 ++ 연산자를 이용해서 지시 대상 형식의 크기(sizeof(char))만큼 주소를 증가시킨다. 다음으로 간접 연산자를 이용해서 주소를 역참조하고 다른 문자를 할당한다. 비슷한 맥락으로 +와 -연산자를 포인터에 사용하면 * sizeof(T) 산식에 따라 주소가 바뀌며 여기서 T는 지시 대상 형식이다.

한편, 비교 연산자(==, !=, <, >, <=, >=)를 이용하면 포인터의 주소 값을 비교할 수 있다.

역참조 연산자의 한 가지 제약 사항은 void*를 역참조할 수 없다는 것이다. void* 데이터 형식은 알 수 없는 형식을 가리키는 포인터를 나타낸다. 데이터 형식을 알 수 없기 때문에 변수를 이용해서 역참조할 수 없다. void*로 참조하고 있는 데이터에 액세스하려면 일단 다른 포인터 형식으로 변환한 다음 변환된 형식으로 역참조해야 한다.

예제 23.17의 처리는 간접 연산자 대신 인덱스 연산자를 이용해서 구현할 수 있다 (예제 23.18 참고).

예제 23.18 인덱스 연산자를 이용해서 변경할 수 없는 문자열 수정하기

```
string text;
text = "S5280ft";
Console.Write("{0} = ", text);

unsafe // /unsafe 스위치 필요
{
    fixed (char* pText = text)
    {
        pText[1] = 'm';
        pText[2] = 'i';
        pText[3] = 'l';
        pText[4] = 'e';
        pText[5] = ' ';
        pText[6] = ' ';
    }
}
Console.WriteLine(text);
```

다음은 예제 23.18을 실행한 결과다.

결과 23.4

```
S5280ft = Smile
```

예제 23.17 및 23.18과 같은 변경은 예기치 않은 동작으로 이어질 수 있다. 예를 들어, Console.WriteLine() 문 다음에 text에 "S5280ft"를 다시 할당하고 text를 화면에 출력하면 결과는 여전히 Smile일 것이다. 왜냐하면 2개의 같은 문자열 리터럴의 주소는 하나의 문자열 리터럴로 최적화되고 이것이 두 변수 모두 이것을 역참조하기 때문이다. 예제 23.17의 안전하지 않은 코드 이후에 적절한 방법으로 할당(text = "S5280ft";)이 이뤄졌음에도 문자열 할당의 내부는 변경된 "S5280ft" 위치의 주소 할당을 가리키고 있기 때문에 text에 절대 원하는 값을 설정할 수 없다.

지시 대상 형식의 멤버 액세스

포인터를 역참조하면 포인터가 가리키는 형식의 변수를 만들 수 있다. 변수를 만들고 나면 일반적인 멤버 액세스에 이용하는 '점' 연산자를 이용해서 멤버에 접근할 수 있다. 하지만 연산자 우선순위 규칙에 따라 *x.y는 *(x.y)를 의미하게 되는데 이것은 원래 의도한 것이 아닐 수 있다. x가 포인터라면 올바른 코드는 (*x).y인데 그리 보기 좋은 모습이 아니다. 역참조되는 포인터의 멤버 액세스를 간편하게 하려고 C#에서는 특수한 멤버 액세스 연산자를 제공하는데 x->y 형태를 이용하면 예제 23.19처럼 (*x).y와 같은 역할을 수행한다.

예제 23.19 지시 대상의 멤버에 대한 직접적인 액세스

```
unsafe
{
    Angle angle = new Angle(30, 18, 0);
    Angle* pAngle = &angle;
    System.Console.WriteLine("{0} ° {1}' {2}\"",
        pAngle->Hours, pAngle->Minutes, pAngle->Seconds);
}
```

다음은 예제 23.19의 결과다.

결과 23.5

```
30° 18' 0
```

대리자를 통한 안전하지 않은 코드 실행

23장을 시작하면서 약속했던 것처럼 C#을 이용해서 가능한 어쩌면 가장 '안전하지 않은' 완전히 동작하는 예제로 마무리하겠다. 예제에서는 일정 블록의 메모리에 대한 포인터를 얻고 여기에 기계어 코드를 채운 다음 이 새로운 코드를 참조하는 대리자를 만들어서 실행할 것이다. 프로세서 ID를 확인하고자 어셈블리 코드를 사용할 것이며 윈도우에서 실행하면 프로세서 ID를 출력한다(예제 23.20 참고).

예제 23.20 안전하지 않은 코드 블록 지정

```csharp
using System;
using System.Runtime.InteropServices;
using System.Text;

class Program
{
    public unsafe delegate void MethodInvoker(byte* buffer);
    public unsafe static int ChapterMain()
    {
        if (RuntimeInformation.IsOSPlatform(OSPlatform.Windows))
        {
            unsafe
            {
                byte[] codeBytes = new byte[] {
                0x49, 0x89, 0xd8,       // mov     %rbx,%r8
                0x49, 0x89, 0xc9,       // mov     %rcx,%r9
                0x48, 0x31, 0xc0,       // xor     %rax,%rax
                0x0f, 0xa2,             // cpuid
                0x4c, 0x89, 0xc8,       // mov     %r9,%rax
                0x89, 0x18,             // mov     %ebx,0x0(%rax)
                0x89, 0x50, 0x04,       // mov     %edx,0x4(%rax)
```

```
                    0x89, 0x48, 0x08,          // mov     %ecx,0x8(%rax)
                    0x4c, 0x89, 0xc3,          // mov     %r8,%rbx
                    0xc3                       // retq
            };
                byte[] buffer = new byte[12];

                using (VirtualMemoryPtr codeBytesPtr =
                    new VirtualMemoryPtr(codeBytes.Length))
                {
                    Marshal.Copy(
                        codeBytes, 0,
                        codeBytesPtr, codeBytes.Length);

                    MethodInvoker method = Marshal.
GetDelegateForFunctionPointer<MethodInvoker>(codeBytesPtr);
                    fixed (byte* newBuffer = &buffer[0])
                    {
                        method(newBuffer);
                    }
                }
                Console.Write("Processor Id: ");
                Console.WriteLine(ASCIIEncoding.ASCII.GetChars(buffer));
            } // unsafe
        }
        else
        {
            Console.WriteLine("This sample is only valid for Windows");
        }
        return 0;
    }
}
```

예제 23.20을 실행한 결과는 다음과 같다.

결과 23.6

```
Processor Id: GenuineIntel
```

요약

이제까지 책을 통해서 C#이 제공하는 강력함과 유연성, 일관성, 멋진 구조들을 살펴봤고 23장에서는 C# 프로그램에서 기계어 수준의 코드 처리를 수행하는 기능도 시현했다.

이 책을 끝내기 전에 24장에서는 기반을 이루는 실행 프레임워크를 간략하게 기술하면서 논점을 C# 언어에 머물기보다 C# 프로그램이 실행되는 보다 큰 콘텍스트로 옮겨가 보겠다.

24

공용 언어 인프라

C# 프로그램을 실행하는 기반인 콘텍스트는 C# 프로그래머가 구문 이외에 접하는 첫 번째 항목 가운데 하나다. 24장에서는 C#에서 메모리 할당, 해제, 형식 검사, 타 언어와 의 상호 운용성, 크로스 플랫폼 실행, 프로그래밍 메타데이터를 위한 지원 등이 어떻게 이뤄지는지 살펴보겠다. 다시 말해, 24장은 C#이 컴파일 및 실행 시간에 걸쳐 깊게 의 존하고 있는 공용 언어 인프라^{CLI, Common Language Infrastructure}에 관한 것이다. CLI는 실행 엔 진을 포함하고 있는데 이것은 런타임에 C# 프로그램을 지배적으로 관리하며 같은 실행 엔진을 사용하는 다른 언어들과 C#을 조율하는 역할을 수행한다. C#과 CLI는 강한 밀 착 관계를 유지하고 있기 때문에 대부분의 CLI 기능은 C#에서 사용할 수 있다.

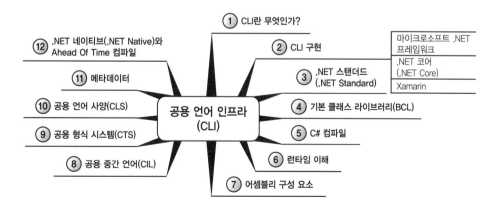

공용 언어 인프라의 정의

C# 컴파일러는 프로세서가 직접 해석할 수 있는 명령어를 만들어 내는 대신 공용 중간 언어^{CIL, Common Intermediate Language}라는 일종의 중간 언어에서 제공하는 명령어를 생성한다. 두 번째 컴파일 단계는 일반적으로 실행 시간에 이뤄지는데 이때 CIL을 기계어로 변환해서 프로세서가 해석할 수 있게 한다. 하지만 기계어 변환만으로 코드를 실행하기에 충분하지 않으며 C# 프로그램은 어떤 에이전트의 콘텍스트하에서 실행돼야 한다. C# 프로그램의 실행을 관리하는 에이전트는 보통 런타임으로 일컫는 가상 실행 시스템^{VES, Virtual Execution System}이다. 런타임(여기서 말하는 런타임은 실행 시간과 같은 시간적인 의미가 아니라 C# 프로그램의 실행을 담당하는 에이전트(VES)를 가리킨다)은 프로그램을 로드하고 실행하며 실행 과정에서 필요한 추가적인 서비스들(보안, 가비지 수집, 등)을 제공한다.

CIL과 런타임에 대한 사양은 **공용 언어 인프라**^{CLI}로 알려진 국제 표준에 포함돼 있다.[1] 이것은 C# 프로그램을 실행하고 끊임없이 다른 프로그램 및 라이브러리와 심지어 다른 언어로 작성된 경우에도 아무런 문제없이 상호 작용을 처리할 수 있게 하는 콘텍스트를 이해하는 데 필요한 핵심 사양이다. 주목할 것은 CLI가 표준에 대한 구현을 규정하고 있지는 않으며 표준을 따르는 CLI 플랫폼이 어떻게 동작해야 하느냐에 대한 요구 사항을 정의한다는 점이다. 이렇게 함으로써 CLI를 구현하고자 하는 이들에게 필요에 따라 개선할 수 있는 유연함을 제공함과 동시에 하나의 CLI 구현에서 생성된 프로그램을 다른 CLI 구현 혹은 심지어 다른 운영체제하에서도 실행할 수 있는 충분한 여건을 제공한다.

> **■ 노트**
>
> 매우 유사한 이 2개의 약자 즉, CLI와 CIL의 의미를 잘 이해해서 이후에 혼란을 겪지 않도록 주의한다.

CLI 표준은 다음에 대한 사양을 포함하고 있다.

- 가상 실행 시스템^{VES}(혹은 런타임)
- 공용 중간 언어^{CIL}

---

1 24장에서 CLI는 CLI 내의 명령줄 인터페이스(Command-Line Interface)가 아닌 공용 언어 인프라를 뜻한다.

- 공용 형식 시스템CTS, Common Type System
- 공용 언어 사양CLS, Common Language Specification
- 메타데이터
- 프레임워크

24장은 C# 프로그램의 동작, 다른 프로그램 및 운영체제와의 상호 작용에서 핵심적인 역할을 수행하는 CLI에 대한 이해하는 과정을 통해 C#에 대한 더욱 폭넓은 안목을 가질 수 있게 도와줄 것이다.

CLI 구현

현재 가장 영향력 있는 CLI 구현으로는 윈도우뿐만 아니라 유닉스/리눅스, 맥 OS에서 동작하는 .NET 코어, 윈도우용 .NET 프레임워크, iOS, 맥 OS, 안드로이드 응용 프로그램을 포함한 범용 크로스 플랫폼 솔루션 자마린Xamarin이 있다. 각 CLI 구현은 C# 컴파일러와 프레임워크 클래스 라이브러리를 포함하는데 지원하는 C# 버전이나 라이브러리에서 제공하는 클래스 집합은 차이가 있다. 많은 CLI 구현이 이제는 그저 역사적인 관심사일 뿐인 것이 현실이다. 표 24.1은 다양한 CLI 구현을 설명한다.

표 24.1 주요 C# 컴파일러

컴파일러	설명
마이크로소프트 .NET 프레임워크	전통적인(최초의) CLR로 윈도우에서 실행하는 응용 프로그램을 만들기 위한 것이다. WPF(Windows Presentation Foundation), Windows Forms, ASP.NET을 지원하며, .NET 프레임워크 기본 클래스 라이브러리(BCL)를 이용한다.
.NET 코어/CoreCLR	.NET 코어 프로젝트는 그 이름으로 짐작할 수 있듯이 마이크로소프트의 .NET에서 제공하는 모든 새로운 기능에서 공통적으로 사용하려는 핵심 기능을 포함한다. 이 프로젝트의 목표는 크로스 플랫폼 및 오픈 소스 형태로 고성능 응용 프로그램을 위한 .NET 프레임워크를 만드는 것이다. CoreCLR은 이 프로젝트를 위한 CLR 구현이다. 이 책을 집필하는 시점에 마이크로소프트는 윈도우, OS X, 리눅스, FreeBSD, NetBSD를 지원하는 .NET 코어 3.1 버전을 발표했다. 하지만 WPF를 포함한 일부 API는 윈도우만 지원한다. 더 자세한 사항은 https://github.com/dotnet/coreclr을 참고한다.

컴파일러	설명
자마린	자마린은 개발 도구이면서 플랫폼 이동성을 제공하는 .NET 프레임워크 라이브러리일 뿐만 아니라 윈도우, iOS, 맥 OS, 안드로이드 플랫폼에서 훌륭한 코드 재사용성을 제공하는 응용 프로그램 개발 지원 CLR 구현이다. 자마린은 모노(Mono) BCL을 이용한다.
마이크로소프트 실버라이트	CLI의 크로스 플랫폼 구현으로 브라우저 기반의 웹 클라이언트 응용 프로그램 개발을 목적으로 개발됐으나 마이크로소프트는 2013년 실버라이트 개발을 중단했다.
.NET 콤팩트 프레임워크	.NET 프레임워크를 PDA나 이동전화, 엑스박스(Xbox) 360에서 실행할 수 있도록 축소 구현한 형태다. 엑스박스 360 응용 프로그램 개발을 지원하기 위한 XNA 라이브러리 및 도구는 콤팩트 프레임워크 2.0을 기반으로 하는데 마이크로소프트는 XNA 개발을 2013년에 중단했다.
.NET 마이크로 프레임워크	마이크로소프트의 마이크로 프레임워크는 콤팩트 프레임워크를 실행할 수 없는 장치를 위한 오픈 소스 CLI 구현이다.
모노	모노는 오픈 소스, 크로스 플랫폼 CLI 구현으로, 수많은 유닉스 기반 운영체제, 안드로이드와 같은 모바일 운영체제, 그리고 플레이스테이션, 엑스박스와 같은 게임 콘솔 등을 지원한다.
DotGNU Portable.NET	크로스 플랫폼 CLI를 구현하려 했으나 2012년에 중단됐다.
Shared Source CLI (Rotor)	2001년에서 2006년 사이에 마이크로소프트는 'shared source' CLI에 대한 레퍼런스 구현을 발표했다(비영리용 라이선스).

CLI를 구현하는 데 필요한 작업을 고려하면 목록이 꽤 많은 편이지만 앞으로 가장 의미 있는 프레임워크는 세 가지 정도다.

마이크로소프트 .NET 프레임워크

마이크로소프트 .NET 프레임워크는 최초의 .NET CLI 구현이다(2000년 2월 릴리스). 결과적으로 현재 가장 성숙한 프레임워크로서 가장 광범위한 API 집합을 보유하고 있다. 이것을 이용해 웹, 콘솔, 윈도우 클라이언트 응용 프로그램을 만들 수 있으며, 가장 큰 약점은 마이크로소프트 윈도우에서만 실행할 수 있다는 제약이다(윈도우에 번들로 제공된다). .NET 프레임워크에 포함된 수많은 하위 프레임워크 가운데 중요한 몇 가지는 다음과 같다.

- **.NET 프레임워크 기본 클래스 라이브러리**^{BCL, Base Class Library}: 내장 CLI 데이터 형식을 표현하기 위한 형식을 제공하며 이들은 파일 입출력, 기본 컬렉션 클래스, 사용자 지정 특성, 문자열 처리 등의 기능을 지원한다. 또, BCL은 int나 string 등 C# 네이티브 형식을 정의한다.
- **ASP.NET**: 웹 사이트나 웹 API를 개발하는 데 이용한다. 이 프레임워크는 2002년 릴리스 이후 마이크로소프트 기반 웹 사이트의 기초를 형성했다. 현재는 운영체제 이식성과 함께 상당한 성능 향상과 개선된 API 및 보다 나은 패턴 일관성을 제공하는 ASP.NET Core에 서서히 자리를 내주고 있다.
- **WPF**: 마이크로소프트 윈도우용 UI 응용 프로그램을 만들기 위한 그래픽 사용자 인터페이스 프레임워크다. WPF는 UI 컴포넌트에 그치지 않고 XAML^{eXtended Application Markup Language}이라는 선언형 언어를 제공해 사용자 인터페이스를 계층적으로 정의할 수 있다.

마이크로소프트 .NET 프레임워크는 흔히 .NET 프레임워크^{.NET Framework}라고 줄여서 사용한다. 이때 F를 대문자로 사용함으로써 일반적인 CLI 구현 및 .NET framework라는 용어와 구별한다.

.NET 코어

.NET 코어는 .NET CLI의 크로스 플랫폼 구현이다. .NET 코어는 고성능과 크로스 플랫폼 호환성을 주요 목표로 .NET 프레임워크를 오픈 소스로 옮긴 것이다.

.NET 코어는 모든 응용 프로그램 시나리오에 대응할 수 있는 .NET 코어 런타임 (Core CLR), .NET 코어 프레임워크 라이브러리, Dotnet 명령줄 도구를 제공하는데 .NET 코어 SDK는 이들을 모두 포함한다. 지금까지 이 책의 예제를 따라해 왔다면 이미 .NET 코어와 Dotnet 도구를 사용한 셈이다.

.NET 코어 API는 .NET 스탠더드를 통해 기존 .NET 프레임워크, 자마린, 모노 구현과 호환성을 갖는다. .NET 스탠더드는 이후에 다시 다룰 것이다.

현재 .NET 코어는 고성능 및 휴대용 콘솔 응용 프로그램을 구축하고 ASP.NET Core 및 윈도우 10 UWP(유니버설 윈도우 플랫폼) 응용 프로그램을 위한 .NET의 기초 역할을 하는 것에 매진하고 있다. 점점 더 많은 운영체제가 지원됨에 따라 .NET 코어에서 추가 프레임워크가 등장하고 있다.

자마린

이 크로스 플랫폼 개발 도구는 안드로이드, 맥 OS, iOS를 위한 UI 개발 지원과 (.NET 스탠더드 2.0 릴리스와 함께) 윈도우 10, 엑스박스 원^{One}, 홀로렌즈^{HoloLens}에서 구동할 수 있는 유니버설 윈도우 응용 프로그램을 만들 수 있는 기능을 포함한다. 자마린의 강력함은 특히 같은 코드를 기반으로 지원하는 다양한 운영체제 고유의 사용자 인터페이스를 만들 수 있다는 점에 있다.

.NET 스탠더드

여러 운영체제 또는 같은 운영체제하의 서로 다른 .NET 프레임워크를 지원하는 라이브러리를 C#으로 작성하는 것은 꽤 어려운 과정이었다. 문제는 개별 프레임워크에서 제공하는 API들이 다른 클래스(또는 해당 클래스의 메서드)를 사용할 수 있다는 것이다. .NET 스탠더드는 프레임워크가 특정 버전의 .NET 스탠더드와 호환성을 갖고자 반드시 구현해야 하는 공통 API 집합을 정의함으로써 이 문제를 해결한다. 이와 같은 일관성 덕분에 .NET 스탠더드 버전을 준수하는 개별 .NET 프레임워크에서 일관된 API 집합을 사용할 수 있다. 모든 .NET 구현과 호환성을 갖는 핵심 응용 프로그램 논리를 한 번에 만들고자 할 때 .NET 스탠더드 라이브러리 프로젝트를 만드는 것이 최선의 방법이다(비주얼 스튜디오^{Visual Studio} 2017의 프로젝트 유형 혹은 Dotnet CLI와 클래스 라이브러리 템플릿을 이용할 수 있다). .NET 코어 컴파일러는 라이브러리의 모든 코드에서 개발자가 지정한 .NET 스탠더드 버전과 호환되는 API만 참조하는지 확인한다.

클래스 라이브러리 개발자는 어떤 표준을 지원할 것인지 신중하게 결정해야 한다. .NET 스탠더드 버전을 높게 선택할수록 낮은 버전에서 지원하지 않는 API를 직접 구현해야 하는 부담은 줄어든다. 하지만 .NET 스탠더드 버전이 높을수록 지원하는 .NET 프레임워크는 줄어들 것이다. 예를 들어, .NET 코어 1.0에서 동작하는 라이브러리를 만들려면 .NET 스탠더드 1.6을 지정해야 하며, 그에 따라 마이크로소프트 .NET 프레임워크에서 공통인 리플렉션 API를 쓸 수 없다. 다시 요약하면, 귀찮은 작업이 싫다면 높은 .NET 스탠더드 버전을 선택하고 업무를 줄이는 것보다 이식성이 중요하다면 낮은 버전을 선택하도록 한다.

다양한 .NET 프레임워크 구현별 버전과 호환되는 .NET 스탠더드 버전 매핑을 포함한 세부 정보는 http://itl.tc/NETStandard를 참고한다.

기본 클래스 라이브러리

CLI는 CIL 코드를 실행할 수 있는 플랫폼을 제공할 뿐만 아니라 기본 클래스 라이브러리BCL라고 불리는 핵심 클래스 라이브러리 집합을 정의해서 프로그램에서 사용할 수 있게 하고 있다. 이 라이브러리는 기본적인 형식과 API를 제공해서 프로그램이 런타임 및 운영체제와 일관된 상호 작용을 할 수 있게 한다. BCL은 컬렉션, 단순 파일 액세스, 일부 보안 기능, 기본 데이터 형식(string, 등), 스트림 등에 대한 지원을 포함한다.

여기에 더해 마이크로소프트에서 제공하는 전용 라이브러리인 **프레임워크 클래스 라이브러리**FCL, Framework Class Library는 풍부한 클라이언트 사용자 인터페이스, 웹 사용자 인터페이스, 데이터베이스 액세스, 분산 통신 등에 대한 지원을 포함하고 있다.

C#에서 기계어로의 컴파일

1장에서 예제를 통해 살펴본 HelloWorld 프로그램은 분명 C# 코드이며 실행하고자 C# 컴파일러를 이용해서 컴파일했다. 그러나 여전히 이렇게 컴파일된 C# 코드를 프로세서가 직접 해석할 수는 없으며, C# 컴파일 결과를 기계어 코드로 변환하는 추가적인 컴파일 단계가 필요하다. 뿐만 아니라 실행을 위해서는 에이전트의 참여가 필요한데 이에이전트는 코드에서 명시적으로 구현할 필요가 없는 부가적인 서비스들을 C# 프로그램에 추가한다.

모든 컴퓨터 언어는 프로그래밍을 위한 구문과 의미를 정의하고 있다. C나 C++와 같은 언어들은 기계어 코드로 컴파일되므로 이들 언어의 플랫폼은 기반이 되는 운영체제와 기계어 명령어 집합이며 마이크로소프트 윈도우, 리눅스, 맥 OS 등이 이에 해당한다. 한편, C#과 같은 언어들은 이들과 달리 기반 콘텍스트가 런타임(즉, VES)이다.

CIL은 C# 컴파일러가 만들어 내는 컴파일 결과물이며 '공용 중간 언어CIL'라고 불리는 이유는 이것을 프로세서가 이해할 수 있는 무엇인가로 가공하기 위해 추가적인 공정이 필요하기 때문이다. 그림 24.1은 이 과정이다.

다시 정리하면, C# 컴파일은 다음과 같은 두 가지 단계를 거친다.

1. C# 컴파일러가 C#을 CIL로 변환하는 단계
2. CIL을 프로세서가 실행할 수 있는 일련의 명령어로 변환하는 단계

런타임은 CIL 문을 해석해서 기계어 코드로 컴파일한다. 일반적으로 이와 같은 컴파일 단계를 담당하는 **구성 요소**가 런타임 내에 존재하는데 이 구성 요소는 JIT^{Just-In-Time} **컴파일러**라고 하며 JIT 컴파일은 프로그램을 설치하거나 실행할 때 일어날 수 있다. 대부분의 CLI 구현에서 실행 시간에 CIL을 컴파일하는 방식을 선호하고 있는데 CLI에서 컴파일 시점을 지정하고 있지는 않다. 사실 CLI는 심지어 컴파일하는 대신 많은 스크립트 언어들에서 채택하고 있는 방법과 비슷하게 해석^{interpret}하는 방법도 허용하고 있다. 또, .NET에서 제공하는 NGEN이라는 도구를 이용하면 프로그램을 실제로 실행하기 전에 기계어 코드로 컴파일해 볼 수 있다. NGEN을 이용한 실행 시간 전 컴파일은 프로세서나 메모리 등과 같은 컴퓨터의 특징에 대한 평가가 포함되기 때문에 보다 최적화된 코드를 생성하기 위해서는 실제로 프로그램을 실행할 컴퓨터에서 이뤄져야 한다. 설치 시점(또는 실행에 앞선 어느 시점이라도 여기에 해당한다)에 NGEN을 이용해서 미리 컴파일을 하면 프로그램을 구동하는 데 필요한 시간을 단축할 수 있다는 장점이 있다.

비주얼 스튜디오 2015 이후 버전에서는 C# 컴파일러의 '.NET 네이티브' 컴파일을 지원하는데 이것을 이용하면 NGEN과 유사하게 배포 버전의 응용 프로그램을 생성할 때 C# 코드를 네이티브 기계어 코드로 컴파일한다. 유니버설 윈도우 응용 프로그램은 이 기능을 이용한다.

```
                                                                    C# 코드
class HelloWorld
{
    static void  Main()
    {
        System.Console.WriteLine(
            "Hello. My name is Inigo Montoya");
    }
}
```

↓

```
C# 컴파일러
```

↓

```
                                                                    CIL 코드
.method private hidebysig static void Main() cil
managed
{
    .entrypoint
    //Code size        11 (0xb)
    .maxstack 8
    IL_0000: ldstr      "Hello. My name is Inigo Montoya"
    IL_0005: call       void
[mscorlib]System.Console::WriteLine(string)
    IL_000a: ret
} // end of method HelloWorld::Main
```

↓

```
런타임
```

↓

```
                                                                    기계어 코드
00000000    push            ebp
00000001    mov             ebp,esp
00000003    sub             esp,28h
00000006    mov             dword ptr [ebp-4],0
0000000d    mov             dword ptr [ebp-0Ch],0
00000014    cmp             dword ptr ds:[001833E0h],0
0000001b    je              00000022
0000001d    call            75F9C9E0
00000022    mov             ecx,dword ptr ds:[01C31418h]
00000028    call            dword ptr ds: [03C8E854h]
0000002e    nop
0000002f    mov             esp,ebp
00000031    pop             ebp
00000032    ret
```

그림 24.1 C# 코드의 기계어 코드 컴파일 과정

런타임

CIL 코드를 기계어 코드로 변환하고 실행을 시작한 다음에도 런타임은 계속해서 실행에 대한 제어를 유지한다. 런타임과 같은 에이전트의 콘텍스트하에서 실행되는 코드를 관리되는 코드managed code라고 하며, 런타임의 제어를 기반으로 하는 실행 과정을 관리되는 실행managed execution이라고 한다. 실행을 통제하는 제어는 데이터에 대해서도 적용돼 런타임에 의해 자동으로 메모리의 할당과 해제가 이뤄지는 데이터를 관리되는 데이터managed data라고 한다.

다소 모순되지만 공용 언어 런타임CLR, Common Language Runtime이라는 용어는 기술적으로 CLI의 일부를 의미하는 일반적인 용어가 아니다. 정확히 말하자면 CLR이란 .NET 프레임워크를 위해 마이크로소프트에서 구현한 런타임이라고 보는 것이 타당하다. CLR은 통상적으로 런타임을 의미하는 용어로 사용되고 있는 반면 기술적으로 정확한 표현인 가상 실행 시스템VES은 CLI 사양의 내용을 벗어나서는 거의 사용되지 않는다.

프로그램의 실행을 에이전트가 제어하기 때문에 프로그래머가 명시적으로 코드를 작성하지 않았다고 해도 프로그램에 추가적인 서비스를 주입할 수 있다. 그러므로 관리되는 코드에서는 이들 서비스를 추가할 수 있도록 정보를 제공한다. 관련해서 관리되는 코드는 형식 멤버에 관한 메타데이터의 저장소와 예외 처리, 보안 정보에 대한 액세스, 스택 워크 기능을 가능하게 해준다. 이번 절의 나머지 부분에서는 런타임과 관리되는 실행을 통해 제공되는 몇 가지 추가적인 서비스를 설명한다. CLI는 이들을 명시적으로 요구하고 있지 않지만 현재 자리를 잡은 CLI 프레임워크에서는 각각의 구현을 포함하고 있다.

가비지 수집

가비지 수집은 프로그램의 요구를 기반으로 메모리 해제를 자동으로 처리하는 과정이다. 분명 자동화된 메모리 해제 시스템을 제공하지 않는 언어의 경우 이것은 굉장히 중요한 프로그래밍 이슈다. 가비지 수집기가 없다면 프로그래머는 반드시 할당한 메모리를 모두 기억해 뒀다가 해제해 줘야 한다. 메모리 해제를 잊어버리거나 같은 메모리에 대해 중복해서 해제를 시도하기라도 하면 메모리 누수나 프로그램 손상으로 이어지고 웹 서버와 같은 장기간 수행되는 프로그램들의 경우 문제가 더 심각해지기도 한다. 다행히 런타임에 포함된 가비지 수집 기능 덕분에 런타임 실행을 이용하는 개발자는 골치 아픈 메모리 관리 이슈는 접어 두고 프로그램 기능을 추가하는 데 집중할 수 있게 됐다.

언어 비교: C++ – 결정론적 소멸

가비지 수집기의 정확한 동작 메커니즘은 CLI 사양에 포함되지 않는다. 따라서 서로 다른 CLI 구현에서 약간씩 다른 접근 방식을 사용할 수 있다(사실 가비지 수집은 CLI에서 명시적으로 요구하고 있지 않은 항목이기도 하다). C++ 프로그래머들에게 익숙해지기까지 아마도 약간의 시간이 걸릴 수 있는 한 가지 핵심 개념은 가비지 수집기에 의해 수집되는 개체들이 반드시 결정론적으로(deterministically) 수집되는 것은 아니라는 사실이다. 즉, 컴파일 시점에 확정되는 잘 정의된 위치에서 수집되는 것이 아니라는 것이다. 사실 개체들은 그들이 마지막으로 액세스된 시점과 프로그램이 종료되는 시점 사이의 어느 때라도 가비지 수집기에 의해 수집될 수 있다. 여기에는 범위를 벗어나기 직전이나 코드에서 개체 인스턴스에 접근이 있은 후 한동안 대기한 다음에 수집이 이뤄지는 경우가 포함된다.

기억해야 할 것은 가비지 수집기가 오로지 메모리 관리에 대해서만 책임을 가진다는 것이다. 즉, 메모리와 관련이 없는 자원을 관리하기 위한 자동화된 시스템은 제공하지 않는다. 그러므로 메모리 이외의 자원을 명시적으로 해제하는 과정이 필요한 경우 이런 자원을 사용하는 프로그래머는 자원 해제를 위해 고안된 특수한 CLI-호환 프로그래밍 패턴을 사용해야 한다(10장 참고).

■ 초 급 주 제

.NET의 가비지 수집

대부분의 CLI 구현에서는 메모리 해제를 위해 세대, 압축, 표시하고-비우기-기반의 알고리듬을 이용한다. 짧은 기간 동안만 사용된 개체들은 계속해서 사용되고 있기 때문에 가비지 수집기가 메모리를 비우는 처리를 몇 차례 넘기고도 살아남은 개체들에 비해서 더 빨리 메모리가 비워질 것인데 세대라는 의미는 여기에 기인한다. 계속해서 한동안 사용돼 온 개체들이 최근에 인스턴스화된 개체들보다 오래 살아남을 것이라는 측면에서 일반적인 메모리 할당 패턴과도 일맥상통하는 부분이다.

또한 .NET 가비지 수집기는 표시하고 비우기 알고리듬을 사용한다. 개별 가비지 수집의 실행 주기 동안 메모리 해제 대상 개체에 표시를 하고 계속 유지할 개체들을 서로 모아(압축) 뒤 이들 사이에 쓸데없는 공간을 없앤다. 해제되는 개체들에 의해 생긴 공간을 채우기 위해 압축을 사용하는 방법은 종종 비관리 코드에 비해 더 빨리 새 개체를 인스턴스화할 수 있게 하는데 이것은 새로운 할당을 위한 공간을 찾으려고 메모리를 검색할 필요가 없기 때문이다. 압축은 또한 더 많은 개체가 같은 페이지에 위치하게 되므로 페이징 횟수를 줄여 줘 성능 향상에도 도움이 된다.

가비지 수집기는 시스템 자원을 고려해서 실행 시간에 필요에 따라 자원을 요청한다. 예를 들어, 시스템 메모리가 계속 여유로운 상태를 유지한다면 자원 회수를 위한 가비지 수집도 그에 따라 보다 여유 있는 간격으로 실행된다. 가비지 수집 기반의 실행 환경과 언어가 아닌 경우에는 이와 같은 최적화를 수행하는 경우가 거의 없다.

■ 초급 주제

형식 안전선

런타임이 제공하는 주요 장점 가운데 하나로 형식 간의 변환에 대한 검사, 즉 **형식 검사** type checking가 있다. 런타임은 형식 검사를 통해 프로그래머가 실수로 잘못된 캐스팅을 하는 바람에 발생할 수 있는 버퍼 오버런 취약성을 방지한다. 이와 같은 취약점은 시스템에 침입하는 가장 일반적인 수단 가운데 하나로 이것을 런타임이 자동으로 차단해 준다는 사실은 굉장한 이점이다.[2] 런타임이 수행하는 형식 검사는 다음 사항을 확인한다.

- 변수와 변수가 참조하는 데이터 모두 형식화돼 있고 변수의 형식이 참조하려는 데이터와 호환성을 가진다.
- 해당 형식이 사용되는 모든 코드를 분석하지 않고 부분적인 분석을 통해 해당 형식의 멤버를 실행하는 데 필요한 권한을 결정할 수 있어야 한다.
- 개별 형식은 컴파일 시점에 정의되는 메서드와 데이터의 집합을 포함한다. 런타임은 이들 메서드와 데이터에 접근할 수 있는 클래스에 대한 규칙을 강제한다. 예를 들어, 'private'로 표시된 메서드는 이것을 포함하고 있는 형식만 접근할 수 있다.

---

2 물론 책을 보고 있는 독자는 이런 취약점을 찾고자 하는 부도덕한 개발자가 아니라고 가정한다.

캡슐화와 액세스 한정자 피해 가기

적절한 권한을 갖고 있다면 **리플렉션** 메커니즘을 이용해서 캡슐화와 액세스 한정자를 피해갈 수 있다. 리플렉션은 형식의 멤버들을 탐색할 수 있게 하고 특정 이름의 프로그래밍 요소를 개체 메타데이터에서 찾거나 해당 형식의 멤버를 호출할 수 있게 하는 등의 방법으로 늦은 바인딩을 제공한다.

플랫폼 이식성

C# 프로그램은 여러 가지 운영체제 및 서로 다른 CLI 구현하에서 실행할 수 있는 플랫폼 이식성을 제공한다. 여기에서 이식성이란 재컴파일이 필요한 소스 코드 수준에 제한적인 의미가 아니다. 특정 프레임워크 기반으로 컴파일한 단일 CLI 모듈은 재컴파일 없이 CLI 호환 프레임워크에서 실행할 수 있어야 한다. 이와 같은 이식성이 가능한 것은 코드의 변환이 개발자에 의해서가 아니라 런타임 구현에 의존하기 때문이다(.NET 스탠더드에 고마워해야 할 부분이다). 물론 제약 사항은 플랫폼에 의존적인 API를 크로스 플랫폼 코드에 사용하면 안 된다는 것이다. 크로스 플랫폼 응용 프로그램을 개발할 때 일반 코드를 크로스 플랫폼 라이브러리로 패키징 혹은 리팩터링한 다음 이 라이브러리를 호출하게 함으로써 크로스 플랫폼 응용 프로그램을 지원하는 데 필요한 코드 개발 양을 줄일 수 있다.

성능

비관리 코드에 익숙한 많은 개발자는 아무리 단순한 응용 프로그램이라 해도 관리되는 환경에서 동작하는 경우에 오버헤드를 내포한다는 점을 정확히 지적할 것이다. 이 오버헤드에 대한 보상은 런타임 성능 대비 관리되는 코드에서 향상된 생산성과 버그의 감소에서 찾을 수 있다. 이와 같은 양분 관계는 어셈블러에서 C와 같은 고급 언어로 넘어갈 때 또는 구조적 프로그래밍이 객체 지향 개발로 넘어갈 때도 나타난다. 대부분의 시나리오에서 개발 생산성이 우위를 점하는데 특히 고성능의 저렴한 하드웨어가 응용 프로그램에서 요구하는 수준을 훨씬 뛰어넘는 경우에 그러하다. 복잡함을 감수하고 저수준의 개발을 이용하는 것보다 아키텍처 설계에 시간을 투자하는 것이 성능 향상에 있어 훨씬 유리한 경향이 있다. 버퍼 오버런에 의해 발생하는 보안의 허점 측면에서 관리되는 실행은 더욱 경쟁력을 갖는다.

장치 드라이버 같은 특정 개발 시나리오는 당연히 관리되는 실행과 어울리지 않는다. 하지만 관리되는 실행이 계속해서 능력을 키워 나가고 성숙해 감에 따라 이와 같은 많은 성능적인 제약 사항들이 제거돼 나갈 것이다. 그렇게 되면 결국 비관리 실행은 정교한 제어나 런타임의 관여를 피해야 하는 용도로만 사용될 것이다.[3]

나아가 런타임은 네이티브 컴파일 이상의 성능 향상을 꾀할 수 있는 몇 가지 요인을 제시하고 있다. 예를 들어, 기계어 코드로의 변환이 대상 시스템에서 이뤄지기 때문에 최종적으로 컴파일된 코드는 해당 시스템의 프로세서와 메모리 레이아웃에 최적화돼 일반적으로 JIT 컴파일 방식을 사용하지 않는 언어에서는 얻을 수 없는 성능적인 이득이 있다. 또한, 런타임은 실행 조건에 따라 기계어 코드로 컴파일할 때 이것을 반영할 수 있다는 장점도 갖는다. 예를 들어, 필요한 것보다 많은 메모리가 존재하는 경우 비관리 언어에서는 여전히 컴파일 시점에 정해진 것에 따라 결정론적으로 메모리를 해제하게 될 것이다. 이에 반해 JIT 컴파일을 이용하는 언어에서는 메모리가 부족한 경우 혹은 프로그램이 종료될 때만 메모리를 해제할 것이다. JIT가 실행 프로세스에서 컴파일이라는 과정을 추가로 요구하지만 JIT가 가져올 수 있는 코드 효율성으로 얻는 성능 향상은 바로 기계어 코드로 컴파일된 프로그램의 성능과 경쟁할 만한 수준을 이룬다. CLI 프로그램이 비CLI 프로그램보다 빨라야 할 필요는 없지만 성능은 그에 견줄 만하다.

어셈블리, 매니페스트, 모듈

CLI가 포함하는 것은 원본 언어 컴파일러에서 만들어진 CIL 출력물의 사양으로 보통 하나의 어셈블리다. 어셈블리에는 CIL 명령어에 더해 다음 내용으로 구성되는 매니페스트를 포함하고 있다.

---

3 사실 마이크로소프트에서는 이미 향후에 윈도우 플랫폼을 위한 응용 프로그램 개발에 있어서 관리 코드가 주된 수단이 될 것이라고 밝힌 바 있으며 이것은 운영체제와 통합되는 응용 프로그램도 마찬가지다.

- 어셈블리에서 정의하거나 포함하는 형식들
- 어셈블리 버전 정보
- 어셈블리에서 의존하는 추가적인 파일에 대한 정보
- 어셈블리의 보안 권한 정보

이와 같은 매니페스트는 근본적으로 어셈블리의 헤더라고 할 수 있으며 어셈블리의 구성에 대한 모든 정보와 어셈블리를 식별할 수 있는 정보들을 제공한다.

어셈블리는 자체적으로 실행할 수 있거나 클래스 라이브러리일 수 있고 하나의 어셈블리가 다른 어셈블리들을 참조(참조되는 어셈블리는 또 다른 어셈블리를 참조할 수 있음)할 수 있기 때문에 하나의 응용 프로그램을 한 덩어리의 큰 프로그램이 아닌 수많은 컴포넌트로 구성할 수 있다. 이런 특성은 현대 프로그래밍 프레임워크에서 매우 중요시하는 것으로 유지 보수성에 있어 엄청난 향상을 제공하며 하나의 컴포넌트를 다양한 프로그램에서 공유할 수 있게 한다.

어셈블리는 매니페스트와 더불어 하나 이상의 모듈에 포함된 CIL 코드를 가진다. 일반적으로 어셈블리와 매니페스트는 1장의 HelloWorld.exe에서 살펴본 것처럼 하나의 파일에 통합된다. 하지만 모듈별로 개별 파일을 사용하는 것도 가능한데 이 경우 어셈블리 링커(al.exe)를 이용해서 개별 모듈을 참조하는 매니페스트를 포함하는 어셈블리 파일을 만든다.[4] 이것은 프로그램을 여러 개의 컴포넌트로 나눈다는 의미뿐만 아니라 하나의 어셈블리를 여러 개의 언어로 개발할 수 있다는 의미도 갖는다.

모듈과 어셈블리라는 용어는 무심코 비슷한 의미로 사용된다. 하지만 CLI 호환 프로그램이나 라이브러리를 언급할 때는 어셈블리라는 용어가 우세한 위치를 점하고 있다. 그림 24.2에서는 다양한 컴포넌트 용어들을 보여 준다.

---

4 이렇게 해야 하는 이유는 주요 CLI 통합 개발 환경인 비주얼 스튜디오 .NET이 다중 모듈로 구성되는 어셈블리를 다루는 기능을 제대로 지원하지 못하기 때문이기도 하다. 현재의 비주얼 스튜디오 .NET은 다중 모듈 어셈블리를 만들기 위한 통합된 도구를 제공하지 못하고 있으며 이와 같은 어셈블리를 사용하면 인텔리센스가 정상적으로 동작하지 않는다.

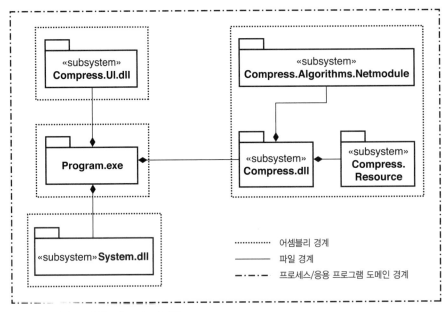

그림 24.2 어셈블리와 참조되는 모듈 및 파일

어셈블리와 모듈은 특정 언어에 지역화된 자원 파일 등의 파일을 참조할 수 있다. 극히 드물긴 하지만 2개의 서로 다른 어셈블리에서 같은 모듈이나 파일을 참조할 수도 있다.

하나의 어셈블리가 여러 개의 모듈과 파일을 포함할 수 있다는 사실에도 불구하고 전체 파일의 그룹에 대해 단 하나의 버전 번호만 어셈블리 매니페스트에 할당돼 있다. 따라서 어셈블리 내에 다수의 파일이 포함돼 있다고 해도 응용 프로그램 내에서 버전을 부여할 수 있는 가장 작은 컴포넌트 단위는 어셈블리다. 참조되는 파일을 변경한 경우에(패치를 배포하는 경우도 포함) 어셈블리 매니페스트를 갱신하지 않으면 매니페스트와 전체 어셈블리의 무결성을 해치게 된다. 결과적으로 어셈블리는 컴포넌트의 논리적 구조 혹은 배포의 단위를 형성한다.

> **▪ 노트**
>
> 어셈블리는 버전을 부여하거나 설치할 수 있는 가장 작은 단위를 형성하며, 그들을 구성하는 개별 모듈이 아니다.

하나의 어셈블리를 여러 개의 모듈로 구성할 수 있지만 대부분의 어셈블리는 하나의 모듈만 포함한다. 한편, 마이크로소프트에서 제공하는 ILMerge.exe 유틸리티를 이용하면 여러 개의 모듈을 합치고 그들의 매니페스트를 단일 파일 어셈블리로 통합할 수 있다.

매니페스트는 어셈블리가 의존하는 모든 파일에 대한 참조를 포함하고 있기 때문에 매니페스트를 이용하면 어셈블리의 의존성을 판단할 수 있다. 나아가 런타임은 실행 시간에 어떤 파일이 필요한지 확인하려고 매니페스트만 검사하면 된다. 다양한 응용 프로그램에서 공유되는 라이브러리를 제공하는 마이크로소프트와 같은 도구 공급자들의 경우에만 배포 시점에 이와 같은 파일들을 등록할 필요가 있다. 종종 CLI 기반 응용 프로그램의 배포를 xcopy 배포라고 하는데 이것은 윈도우에서 제공하는 xcopy 명령어처럼 단순히 파일만 복사하면 되는 수준이라는 비유에서 비롯됐다.

> ### 언어 비교: COM DLL 등록
> 과거의 마이크로소프트 COM 파일들과 달리 CLI 어셈블리는 거의 어떠한 등록 작업도 필요로 하지 않는다. 대신, 프로그램을 구성하는 모든 파일들을 특정 디렉터리에 복사하고 실행하면 된다.

공용 중간 언어

공용 언어 인프라^{CLI}라는 이름을 고려하면 CIL과 CLI의 또 다른 중요한 특징은 같은 응용 프로그램 내에서 다양한 언어의 상호 작용을 지원하는 것이라 할 수 있다(다양한 운영체제에 대한 소스 코드의 이식성 대신). 결과적으로 CIL은 C#뿐만 아니라 많은 다른 언어들을 위한 중간 언어의 역할을 하는데 여기에는 비주얼 베이직 .NET, 자바와 비슷한 J#, 스몰토크, C++, 및 기타 다양한 언어들(책을 쓰는 시점을 기준으로 코볼^{COBOL}과 포트란^{FORTRAN}을 포함한 20여 가지 이상의 언어를 지원한다)이 포함된다. CIL로 컴파일되는 언어들을 소스 언어라고 하며 개별 소스 언어는 CIL로 변환하는 기능을 제공하는 자체 컴파일러를 보유하고 있다. 일단 CIL로 컴파일되고 나면 소스 언어는 중요하지 않다. 이런 강력한 특징으로 인해 언어 선택에 대한 제약에서 벗어나 다양한 부서의 서로 다른 개발팀에서 라이브러리들을 개발하는 것이 가능해졌다. 즉, CIL은 운영체제 이식성뿐만 아니라 프로그래밍 언어의 상호 운용성도 제공한다.

> **▪ 노트**
>
> 다양한 언어에 대한 지원은 CLI의 강력한 특징 가운데 하나다. 이로 인해 여러 개의 언어를 이용해서 프로그램을 개발하거나 다른 언어로 개발한 라이브러리를 코드에서 접근할 수 있다.

공용 형식 시스템

프로그래밍 언어가 무엇이든 결과로 만든 프로그램은 내부적으로 데이터 형식들을 기반으로 동작하는데 이를 위해 CLI는 공용 형식 시스템$^{CTS, Common Type System}$을 제공한다. CTS는 형식의 구조와 메모리상의 레이아웃뿐만 아니라 형식에 관한 개념이나 행위들을 정의한다. CTS는 형식에 저장되는 데이터에 관한 정보외 함께 형식에 대한 조작 방법도 포함하고 있다. CTS 표준은 언어들 간의 상호 운용성을 확보하고자 언어의 경계 외부에서 형식들이 어떻게 드러나고 동작하는지에 대한 표준을 적용한다. 런타임은 CTS가 설정한 제약을 실행 시간에 강제하는 역할을 수행한다.

CTS 내부에서 형식들은 2개의 분류로 나뉜다.

- 값^{value}은 정수나 문자열 혹은 좀 더 복잡한 형태인 구조체와 같은 기본 형식을 표현하려고 사용하는 비트 패턴이다. 개별 값 형식은 이 데이터 비트에 포함되지 않은 별도의 형식 표시에 대응한다. 별도의 형식 표시는 값을 구성하는 개별 비트의 의미와 값이 지원하는 작업들을 제공하는 형식 정의를 의미한다.
- 개체^{object}의 경우에는 내부에 개체의 형식 표시를 포함한다(형식 검사에 유리하다). 개체는 개별 인스턴스를 고유하게 만들어 주는 ID를 갖고 있다. 또한 개체는 다른 형식(값 또는 개체 참조)을 저장할 수 있는 슬롯들을 갖고 있다. 값의 경우와 달리 내부의 슬롯에 있는 값을 변경해도 개체의 ID는 바뀌지 않는다.

이들 분류는 직접적으로 C# 구문으로 변환돼 개별 형식을 선언하는 수단을 제공한다.

공용 언어 사양

일반적으로 CTS에서 제공하는 언어 통합적인 장점이 구현 비용을 능가하기 때문에 대다수의 소스 언어에서 CTS를 지원한다. 한편, 공용 언어 사양CLS이라고 불리는 CTS 언어 적합성의 부분 집합이 있다. CLS는 라이브러리 구현에 초점을 맞추고 있으며 라이브러리 개발자에게 라이브러리를 사용하는 소스 언어가 CTS와 호환성을 갖느냐와 무관하게 대부분의 소스 언어에서 액세스할 수 있는 라이브러리를 작성하기 위한 표준을 제공한다. 이것이 공용 언어 사양이라고 불리는 이유는 CLI 언어를 이용해서 상호 운용성을 제공하는 라이브러리를 만들 수 있는 수단을 제공하거나 다른 언어에서 액세스할 수 있는 라이브러리를 만들 수 있게 하려는 의도를 갖고 있기 때문이다.

예를 들어, 언어에서 부호 없는 정수를 지원하는 것은 누가 봐도 타당하지만 이 형식은 CLS에 포함돼 있지 않다. 따라서 클래스 라이브러리 개발자는 부호 없는 정수를 외부로 노출해서는 안 되며 그렇지 않으면 부호 없는 정수를 지원하지 않는 CLS 호환 소스 언어에서 라이브러리를 접근하는 데 문제가 생길 수 있다. 그러므로 여러 가지 언어에서 액세스할 수 있는 라이브러리를 개발할 때는 CLS를 만족하게 하는 것이 이상적이다. 한편, CLS는 외부로 노출되지 않는 형식에 대해서는 아무런 관여를 하지 않는다.

또 한 가지 알아 둬야 할 점은 만일 CLS와 호환성을 갖지 않는 API를 만든 경우에 컴파일러에서 경고를 발생하게 할 수 있다는 것이다. 이렇게 하려면 System.CLSCompliant 어셈블리 특성을 사용하고 매개변수에 true 값을 지정하면 된다.

메타데이터

CIL은 실행할 명령어뿐만 아니라 프로그램이 포함하는 형식과 파일에 대한 메타데이터도 포함하는데 메타데이터가 포함하는 정보는 다음과 같다.

- 프로그램이나 클래스 라이브러리 내의 개별 형식에 대한 설명
- 프로그램 자체 및 참조하는 라이브러리에 관한 데이터를 포함하는 매니페스트 정보
- 코드에서 사용하는 사용자 지정 특성 정보 및 특성이 배치된 프로그래밍 요소에 관한 추가 정보

메타데이터는 CIL에 있어 형식적인 추가 사항이 아니라 CLI 구현의 핵심 영역이다. 메타데이터는 형식에 관한 표현과 행위 정보를 제공하고 특정 형식의 정의를 포함하는 어셈블리가 어떤 것인지에 관한 정보를 포함하고 있다. 또한 컴파일러의 데이터를 저장하고 실행 시간에 디버거나 런타임이 이 데이터에 접근할 수 있게 하는 데 있어 핵심적인 역할을 한다. 이 데이터는 CIL 코드에서 사용할 수 있을 뿐만 아니라 기계어 코드를 실행하는 동안에도 액세스할 수 있기 때문에 런타임이 필요한 형식 검사를 계속할 수 있게 한다.

메타데이터는 런타임이 네이티브 및 관리되는 코드가 섞여 있는 코드 실행을 처리할 수 있게 하는 메커니즘을 제공한다. 또한 컴파일 시점에 정의되는 바인딩을 로드 시점 구현으로 대체하고 라이브러리의 버전업 마이그레이션을 자연스럽게 해서 코드와 실행에 있어 안정성을 높인다.

라이브러리와 그 의존성에 관한 모든 헤더 정보는 매니페스트라고 알려진 메타데이터 영역에 위치한다. 따라서 개발자는 메타데이터의 매니페스트를 이용해 특정 버전이라든가 개발자 정보와 같은 모듈의 의존성을 확인할 수 있다. 실행 시간에는 런타임이 매니페스트를 이용해서 로드해야 할 종속 라이브러리가 무엇인지 라이브러리나 주 프로그램에 변동 사항이 없는지 또는 빠진 어셈블리가 없는지 등을 확인한다.

한편, 메타데이터는 코드에서 사용하는 **사용자 지정 특성**custom attribute도 포함한다. 특성은 실행 시간에 프로그램이 액세스할 수 있는 CIL 명령어에 대한 추가적인 메타데이터를 제공한다.

리플렉션reflection 메커니즘을 이용하면 실행 시간에 메타데이터에 접근할 수 있으며 실행 시간에 특정 형식 혹은 그 멤버를 찾고 찾아낸 멤버를 호출하거나 생성자에 특성이 적용돼 있는지 등을 확인할 수 있다. 이와 같은 리플렉션의 특징은 **늦은 바인딩**late binding을 제공함으로써 컴파일 시점이 아닌 실행 시점에 어떤 코드를 실행할지 결정할 수 있게 한다. 리플렉션을 이용해 메타데이터 전반을 반복하고 찾아낸 정보를 도움말 문서 등에 삽입해 넣음으로써 문서 생성에 리플렉션을 활용할 수도 있다(18장 참고).

.NET 네이티브와 Ahead Of Time 컴파일

.NET 네이티브(.NET 코어와 최근 .NET 프레임워크 구현에서 지원)는 플랫폼 전용 실행 파일을 만드는 기능을 가리키며 Ahead Of Time[AOT] 컴파일이라고도 한다.

.NET 네이티브는 JIT 컴파일 코드를 제거함으로써 C# 코드로 네이티브 코드의 성능과 재빠른 실행을 가능케 한다.

.NET 네이티브는 응용 프로그램 컴파일 시 .NET FCL을 정적으로 링크하는데 이때 정적 사전 컴파일에 최적화된 .NET 프레임워크 런타임 컴포넌트도 포함된다. 이 특별한 컴포넌트는 .NET 네이티브에 최적화돼 표준 .NET 런타임보다 우수한 성능을 제공한다. 컴파일 과정은 응용 프로그램에 어떠한 변경도 가하지 않으며 .NET이 제공하는 모든 프로그래밍 요소와 API를 자유롭게 이용할 수 있고 실행 파일이 .NET 프레임워크의 모든 컴포넌트를 포함하기 때문에 .NET의 관리되는 메모리 및 메모리 정리 지원을 사용할 수 있다.

요약

24장에서는 많은 새로운 용어와 약어를 기술했는데 이들은 C# 프로그램을 실행하는 콘텍스트를 이해하는 데 매우 중요하다. 비슷한 세 글자로 이뤄진 약어가 많아 특히 혼란스러울 수 있다. 마지막으로 표 24.2에서 CLI를 구성하는 용어 및 약어를 요약해 보겠다.

표 24.2 자주 사용하는 C# 관련 약어

약어	정의	설명
.NET	없음	CLI 전반에 대한 마이크로소프트의 구현으로 CLR, CIL 및 다양한 언어로 구성되며 모두 CLS와 호환성을 제공한다.
BCL	Base Class Library (기본 클래스 라이브러리)	CLI 사양의 일부이며 실질적으로 거의 모든 프로그램을 만드는 데 필요한 컬렉션, 스레딩, 콘솔 및 기타 기본 클래스들을 정의한다.
C#	없음	프로그래밍 언어의 일종이다. C# 언어 사양은 CLI 표준과 별개로 존재하며 ECMA와 ISO 표준을 만족하고 있다.

약어	정의	설명
CIL(IL)	Common Intermediate Language(공용 중간 언어)	CLI 사양에서 정의하는 언어로 CLI 구현 위에서 실행할 수 있는 코드에 대한 명령어들을 정의한다. 다른 중간 언어들과 구분하려고 IL 또는 마이크로소프트 IL(MSIL)이라고 부르기도 한다(마이크로소프트에 한정되지 않은 보다 넓은 표준의 의미로 사용하고자 MSIL이나 IL보다는 CIL이라는 용어를 사용하는 것이 좋다).
CLI	Common Language Infrastructure(공용 언어 인프라)	공용 실행 환경에서 다양한 소스 언어의 상호 운용성을 제공하는 가상 실행 시스템(VES)과 컴파일러를 개발자들이 만들 수 있게 해주는 중간 언어, 기본 클래스 및 기타 동작 특성들을 정의하는 사양이다.
CLR	Common Language Runtime(공용 언어 런타임)	마이크로소프트에서 CLI 사양에 정의된 바에 따라 구현한 런타임이다.
CLS	Common Language Specification(공용 언어 사양)	CLI 사양의 일부분으로 CLI 사양에 따라 구현된 런타임에서 실행할 수 있게 소스 언어가 반드시 지원해야 하는 핵심적인 기능을 정의한다.
CTS	Common Type System (공용 형식 시스템)	일반적으로 CLI 호환 언어에서 구현되는 하나의 표준으로 모듈의 외부로 노출하는 형식의 표현과 동작을 징의한다. 형식을 조합해서 새로운 형식을 형성하는 방법에 대한 개념도 포함하고 있다.
FCL	.Net Framework Class Library(.NET 프레임워크 클래스 라이브러리)	마이크로소프트 .NET 프레임워크를 구성하는 클래스 라이브러리다. 마이크로소프트에서 구현한 BCL을 포함해 웹 개발, 분산 통신, 데이터베이스 액세스, 클라이언트 사용자 인터페이스 개발 등에 관한 광범위한 라이브러리를 포함하고 있다.
VES (런타임)	Virtual Execution System (가상 실행 시스템)	CLI에 적합하게 컴파일한 프로그램 실행을 관리하기 위한 에이전트다.

■ 부록 ■
C# 9.0의 새로운 기능

C# 9.0은 .NET 5의 출시와 함께 지원하기 시작했다. C# 9.0은 코드를 더 짧고 간결하게 만들어 주는 새로운 기능을 제공한다. 이 부록은 C# 9.0의 다섯 가지 새로운 기능의 핵심을 설명한다.

C# 9.0의 기능을 사용하고 싶은 경우 다음 중 한 가지를 만족하면 된다.

- Visual Studio 2019 Community 16.8.1 이상
- .NET 5 SDK와 Visual Studio Code

record 형식

class나 struct 대신 record라는 키워드를 사용해 만들 수 있는 새로운 참조 형식이다. record는 변경할 수 있는 데이터 모델도 지원하지만 주된 목적은 변경할 수 없는 데이터 모델을 지원하는 데 사용한다. 즉 record 형식은 불변 참조 형식을 만들어 객체 내의 멤버가 변하지 않도록 보장한다. class나 struct도 불변 참조 형식을 만들 수 있지만 record 형식을 사용할 때 코드가 훨씬 간결해진다.

record 형식 선언

record 형식을 선언하는 몇 가지 방법이 있다. 가장 단순한 선언 형식은 다음과 같다.

```
public record BTSMember(string NickName, string RealName);
```

이 코드는 NickName과 RealName 매개변수의 읽기/쓰기 속성과 초기화 전용 속성을 가진 BTSMember 형식을 자동으로 만든다. 인스턴스를 만들고 멤버를 액세스하는 코드는 다음과 같이 작성할 수 있다.

```
var btsmember = new BTSMember("제이홉", "정호석");
Console.WriteLine(btsmember.NickName);    // 제이홉 출력
Console.WriteLine(btsmember.RealName);    // 정호석 출력
```

앞서의 BTSMember 레코드 선언을 다음의 코드처럼 전통적인 클래스처럼 정의하는 방식도 있다. 클래스처럼 일반 속성과 생성자 구문을 지원한다.

```
public record BTSMember
{
    public BTSMember(string nickName, string realName)
    {
        NickName = nickName;
        RealName = realName;
    }

    public string NickName { get; init; }
    public string LastName { get; init; }

    public void Deconstruct(out string nickName, out string realName)
    {
        nickName = NickName;
        realName = LastName;
    }
}
```

위치 구문으로 record 형식 만들기

레코드에 위치 구문을 사용해 입력을 더 줄이고 일부 상용구 코드를 제거할 수 있다. 예를 들어 위치 매개변수를 사용해 record 형식의 속성을 다음처럼 선언하고,

```
public record BTSMember(string NickName, string RealName);
```

인스턴스를 만들 때 클래스 접근 방식으로 변수를 선언하고 생성자 없이 속성을 이용해 데이터로 초기화하는 코드를 다음처럼 작성할 수 있다.

```
var btsmember = new BTSMember { NickName = "제이홉", RealName="정호석"};
```

이 코드를 위치 구문을 사용하면 다음과 같다.

```
BTSMember btsmember = new ("제이홉", "정호석");
```

record 형식의 속성 정의에 위치 구문을 사용하는 경우 컴파일러는 record 형식 선언에 사용한 각 위치 매개변수에 public 초기화 전용 자동 구현 속성을 만들고 매개변수가 레코드 선언의 위치 매개변수와 일치하는 기본 생성자를 만든다. 또한 record 형식 선언에 사용한 각 위치 매개변수에 대해 out 매개변수를 사용하는 Desconstruct 메서드를 만든다.

값 동등성

record 형식이 제공하는 기본 기능 중 하나가 값 동등성이다. 2개의 record 형식 인스턴스가 동일한지 검사할 때 참조가 아닌 각 속성의 값을 확인한다. 예를 들어 record 형식 선언이 다음과 같다고 하자.

```
public record BTSMember(string NickName, string RealName);
```

2개의 record 형식 인스턴스를 만들고 비교하는 코드를 다음과 같이 작성했다.

```
Person btsdancer = new ("제이홉", "정호석");
Person btsmember = new ("제이홉", "정호석");

Console.WriteLine(btsdancer == btsmember); // 출력: True
Console.WriteLine(ReferenceEquals(btsdancer, btsmember)); // 출력: False
```

btsmember는 btsdancer의 동일한 NickName과 RealName을 가지므로 형식과 속성 값이 일치한다. record 형식에서 값 동등성은 형식이 일치하고 모든 속성 및 필드 값이 일치하는 경우에 성립한다.

ToString() 개선

record 형식은 public 속성과 필드의 이름 및 값을 표시하는 ToString() 메서드를 제공한다. 이 메서드는 기존 ToString()을 개선해 다음과 같은 형식의 출력을 나타낸다.

```
<record type name> { <property name> = <value>, <property name> = <value>, ...}
```

record 형식 선언이 다음과 같다고 할 때,

```
public record BTSMember(string NickName, string RealName, string[] EmailAddress);
```

초기화 코드를 다음과 같이 작성했다고 하자.

```
BTSMember btsmember = new {"제이홉", "정호석", new string[0]{"jhope@bts.com"}};
```

ToString() 메서드 sms 다음과 같은 문자열을 출력한다.

```
Person { NickName = 제이홉, RealName = 정호석, EmailAddress = System.String[] }
```

배열 EmailAddress는 참조 형식이므로 속성 값 대신 System.String[]이라는 객체의 형식 이름이 출력된다.

상속과 복사

레코드는 클래스와 동일한 방식으로 다른 레코드에서 상속될 수 있지만 몇 가지 예외가 있다.

- 클래스에서 레코드를 상속할 수 없다.
- 레코드에서 클래스를 상속할 수 없다.
- 레코드를 비교할 때 값이 아니라 레코드의 형식이 비교에 사용된다.

레코드는 아주 쉽게 복사할 수 있다. 복사에 사용하는 문법도 코드를 읽기 쉽게 만들었다.

Member라는 레코드를 다음과 같이 정의했다고 하자.

```
public record Member
{
    string NickName { get; set;}
    string RealName { get; set;}
    string Role { get; set;}
        string Agency { get; set;}
}
```

Member 인스턴스를 하나 만들고 일부 속성만 바꿔 다수의 복제된 인스턴스를 만들고 자 할 경우 쉽게 가능해졌다. 예를 들어 앞서 선언한 Member 레코드의 인스턴스를 만들 고 Role 및 Agency 속성이 동일한 추가 인스턴스가 필요하다고 할 때 레코드에 with 키 워드를 사용해 다음과 같이 쉽게 작성할 수 있다.

```
var jhope = new Member("제이홉", "정호석", "래퍼", "하이브");
var rm = jhope with {NickName = "RM", RealName="김남준"};
var suga = jhope with {NickName = "슈가", RealName="민윤기"};
```

초기화 전용 세터(init only setter)

기존의 게터get만 존재하는 속성은 생성자 내에서 초기화를 완료해야 하고 개체 이니셜 라이저에서 초기할 수 없었다. 개체 이니셜라이저의 편리함을 사용할 수 있고 초기화 전용으로만 사용할 수 있다면 아주 편리할 것이다. 이번에 소개하는 새로운 init 키워 드를 사용해 초기화 전용으로만 설정할 수 있는 속성을 만들 수 있다. init 키워드는 set 접근자를 변경한 것으로 struct와 class, record에서 속성이나 인덱서와 함께 사용할 수 있고 초기화 중에만 쓸 수 있다.

NickName과 RealName, JoinOnDate 속성이 있는 Member 레코드를 정의한다고 하자. 여 기서 Birthday는 멤버 생일이므로 레코드를 초기화한 후에는 편집할 수 없어야 한다. 이 와 같은 제약 조건을 만족하는 레코드를 다음과 같이 선언할 수 있다. set 대신 init 키워드를 사용한 Birthday 속성은 초기화할 때만 설정할 수 있다.

```
public record Member
{
    public string NickName { get; set;}
    public string RealName { get; set;}
    public DateTime Birthday { get; init;}
}
```

Member 레코드를 다음과 같이 초기화한 후,

```
var member = new Member("제이홉", "정호석", DateTime.Now());
```

속성을 변경하는 코드를 이렇게 작성할 경우 Birthday 속성에 대한 값 할당 부분에서 컴파일 에러가 발생한다.

```
member.NickName = "슈가"
member.Birthday = new DateTime(1993, 3, 9, 0, 0, 0);
```

readonly 필드의 초기화

클래스에서 readonly로 선언한 필드를 생성자에서 초기화하는 방식과 동일하게 init 키워드로 readonly 속성인 값을 수정할 수 있다.

다음 코드는 init 전용 속성인 Birthday로 Member 클래스를 정의했기 때문에 초기화해야 한다.

```
public class Member
{
    public string NickName { get; set;}
    public string RealName { get; set;}
    private readonly DateTime _birthday;
    public DateTime Birthday
    {
        get => _birthday;
        init => (value ?? throw new ArgumentNullException(nameof(Birthday)));
    }
}
```

다음의 코드는 init 전용 속성에 대한 초기화가 포함되어 있기 때문에 유효하다.

```
var member = new Member{NickName="제이홉", RealName="정호석", DateOfBirth=new
DateTime(1994, 2, 18, 0, 0, 0)};
```

하지만 다음 코드는 init 전용 속성에 대한 초기화가 포함되어 있지 않으므로 런타임 예외가 발생한다.

```
var member = new Member{NickName="제이홉", RealName="정호석"};
```

최상위 문(Top-Level Statements)

C#을 처음 배울 때 작성한 "Hello World" 출력 프로그램에서 다음과 같은 코드를 작성한 경험이 있을 것이다.

```
using System;
namespace AcornPub.ConsoleApp
{
    class Program
    {
        static void Main()
        {
            Console.WriteLine("Hello World!");
        }
    }
}
```

이 코드의 사실상의 핵심은 'Console.WriteLine("Hello World!");'이다. 그 외의 나머지 코드는 일종의 상용구(보일러플레이트) 코드다.

이제 C# 9.0에 새로 도입된 최상위 문을 사용하면 다음과 같이 한 줄의 코드로 줄일 수 있다.

```
System.Console.WriteLine("Hello World");
```

최상위 문은 Main 메서드를 별도로 정의하지 않고 다른 class나 struct 등에 포함되지 않은 최상위 코드를 Main 메서드 본문으로 여기게 만드는 기능이다. 간단한 예제나 단순 기능을 구현하는 코드에서 유용할 수 있다. 최상위 문은 program.cs 파일 하나에서만 정의해야 하며 필요한 경우 네임스페이스나 타입도 같이 선언할 수 있다. 상태 코드를 반환하거나 await, args 등도 사용할 수 있다.

새로운 패턴 매칭

패턴 매칭은 C# 9.0의 새로운 기능은 아니지만 몇 가지 새로운 패턴이 추가됐다. 바로 타입 패턴과 관계형 패턴, 논리 패턴이다. 이들 패턴은 코드의 가독성을 향상시키는 데 도움을 준다.

타입 패턴

식의 런타임 형식을 확인할 수 있도록 패턴 매칭 조건에 타입^{type}을 직접 쓸 수 있다. 이전에는 식의 타입을 확인할 때 다음 예제 코드의 경우처럼 밑줄(_)을 사용해야 했다.

```
public static string GetRealName(this Member member) => member switch
{
                Suga _ => "민윤기",
                Jhope _ => "정호석",
                null => throw new ArgumentNullException(nameof(member)),
                _ => throw new ArgumentException("알려지지 않은 member 형식",
nameof(member)),
};
```

C# 9.0부터는 밑줄(discard parameter라고 한다)을 생략하고 다음과 같이 타입만으로 작성할 수 있다.

```
public static string GetRealName(this Member member) => member switch
{
                Suga => "민윤기",
                Jhope => "정호석",
                null => throw new ArgumentNullException(nameof(member)),
                _ => throw new ArgumentException("알려지지 않은 member 형식",
nameof(member)),
};
```

관계형 패턴

C# 9.0은 관계 연산자에 해당하는 패턴을 추가했다. switch 식에서 >, <, >=, <= 등의 관계 연산자를 사용할 수 있다. 관계형 패턴을 사용할 때는 오른쪽에 정수나 부동 소수점, char, enum 상수 식을 써야 한다.

C# 9.0 이전에 관계형 패턴이 들어간 다음과 같은 switch 식 패턴 식을 사용했다.

```
static decimal GetSpeed(object car) => car switch
{
            Car v when v.MaxSpeed < 120 => "경차",
            Car v when v.MaxSpeed >= 200 => "스포츠카",
            Car _ => "승용차",
            _ => throw new ArgumentException("이 자동차는 모르겠다.", nameof(car))
};
```

C# 9.0은 식 결과를 비교할 경우 더욱 향상된 다음과 같은 관계형 패턴을 사용해 코드를 더 간결하게 만들 수 있다.

```
static decimal GetSpeed(object car) => car.MaxSpeed switch
{
    < 120 => "경차",
    >= 200 => "스포츠카",
    _ => "승용차"
};
```

논리 패턴

C#은 부정을 나타내는 not, 결합을 나타내는 and, 분리를 나타내는 or를 사용해 논리 패턴을 구현할 수 있다. 논리 패턴은 다른 연산자들과 함께 사용할 수 있으며 관계형 패턴을 보완하는 용도로도 자주 사용된다.

예를 들어 앞서의 관계형 패턴에서 자동차의 속도에 따른 유형을 분류한 코드는 논리 패턴을 함께 사용해 보다 명확한 결정 구조를 만들 수 있다.

```
static decimal GetSpeed(object car) => car.MaxSpeed switch
{
    >= 80 and < 120 => "경차",
```

```
        >= 200 => "스포츠카",
        _ => "승용차"
};
```

특히 not은 is 연산자를 사용하는 if문에 사용할 때 뛰어난 가독성을 제공한다. 예를 들어 C# 9.0 이전에 사용했던 부정 연산자 !는 if문에서 주로 다음과 같이 사용했다.

```
if (!member is null)
```

하지만 입력할 글자 수는 조금 늘어나더라도 ! 대신 not을 사용하면 다음과 같은 명확한 코드를 작성할 수 있다.

```
if (member is not null)
```

타입 생략

C# 컴파일러는 우리가 하려는 것을 더 잘 이해하고 조금이라도 키 입력을 줄일 수 있도록 점점 더 똑똑해지고 있다. C# 9.0에서 대상으로 형식화된 new를 사용할 수 있게 되었다. 즉 변수 선언이나 메서드 시그니처를 기반으로 형식을 생략할 수 있다.

다음 코드는 List<Member> 유형의 변수 _member를 선언했다.

```
private List<Member> _member = new();
```

이 코드는 new List<Member>()로 _member를 초기화하지 않았다. C# 9.0을 지원하는 컴파일러는 Member 형식의 새로운 List를 원한다고 가정하기 때문이다.

메서드의 경우도 마찬가지다. 다음 예제의 CalculateBonus 메서드는 TotalAlbumSales 형식의 매개변수를 기대한다.

```
public Member CalculateBonus(TotalAlbumSales sales)
{
    // 코드 생략
}
```

변수를 만들지 않고 이 메서드에 대한 새로운 TotalAlbumSales 개체를 초기화하고 싶다면 다음과 같이 작성하면 된다.

```
var member = member.CalculateBonus(new())
```

하나 이상의 초기화된 속성으로 새로운 TotalAlbumSales 개체를 전달할 수 있다.

```
var member = member.CalculateBonus(new () {Sales = 10000000});
```

이런 new 식을 사용하는 방법은 처음엔 익숙하지 않겠지만 시간이 지나 익숙해지면 간결하고 가독성 높은 코드를 만드는 데 도움을 줄 것이다.

찾아보기

ESSENTIAL C# 7/e

가장 신뢰할 수 있는 C#의 고전

발 행 | 2022년 1월 26일

지은이 | 마크 미카엘리스
옮긴이 | 안 철 진 · 김 도 균

펴낸이 | 권 성 준
편집장 | 황 영 주
편 집 | 이 지 은
디자인 | 윤 서 빈

에이콘출판주식회사
서울특별시 양천구 국회대로 287 (목동)
전화 02-2653-7600, 팩스 02-2653-0433
www.acornpub.co.kr / editor@acornpub.co.kr

한국어판 ⓒ 에이콘출판주식회사, 2022, Printed in Korea.
ISBN 979-11-6175-598-4
http://www.acornpub.co.kr/book/essential-csharp-7e

책값은 뒤표지에 있습니다.